MARIO PUPPO   GIORGIO BARONI
MANUALE CRITICO-BIBLIOGRAFICO
PER LO STUDIO
DELLA LETTERATURA ITALIANA

QUARTA EDIZIONE

SOCIETÀ EDITRICE INTERNAZIONALE
TORINO

© by SEI - Società Editrice Internazionale
Torino 1994

L'Editore è a disposizione degli aventi diritto con i quali non gli è stato possibile comunicare, nonché per eventuali involontarie omissioni o inesattezze nella citazione delle fonti dei brani o delle illustrazioni riprodotti.

Tutti i diritti sono riservati. È vietata la riproduzione dell'opera o di parti di essa con qualsiasi mezzo, compresa stampa, copia fotostatica, microfilm e memorizzazione elettronica, se non espressamente autorizzata per iscritto.

La SEI potrà concedere a pagamento l'autorizzazione a riprodurre una porzione non superiore a un decimo del presente volume. Le richieste di riproduzione vanno inoltrate all'Associazione Italiana per i Diritti di Riproduzione delle Opere a Stampa / AIDROS - via delle Erbe, 2 - 20121 Milano Tel. 02/86.463.091 - Fax 02/89.010.863

Officine Grafiche Subalpine • Torino
Ristampa Novembre 1994

ISBN 88-05-02302-7

Indice

XI   *Avvertenza*

PARTE PRIMA

Orientamenti critici e sussidi bibliografici generali

3   1. Guide per lo studio della letteratura italiana

5   2. Bibliografie
2.1 Bibliografie di bibliografie, *5* – 2.2 Bibliografie nazionali, *5* – 2.3 Bibliografie della letteratura, *7*

9   3. Riviste e periodici
3.1 Riviste di letteratura, *9* – 3.2 Riviste di linguistica e filologia, *10* – 3.3 Riviste bibliografiche e di cultura, *11* – 3.4 Riviste di italianistica pubblicate all'estero, *12* – 3.5 Riviste cessate, *12* – 3.6 Bibliografia delle riviste, *12*

14   4. Collezioni di classici e antologie generali
4.1 Collezioni di classici, *14* – 4.2 Antologie, *17*

19   5. Enciclopedie della letteratura, dizionari e repertori biografici
5.1 Enciclopedie della letteratura, *19* – 5.2 Dizionari e repertori biografici, *21*

23   6. Storie della letteratura. Storie e antologie della critica
6.1 Storie della letteratura, *23* – 6.2 Storie e antologie della critica, *24*

PARTE SECONDA

Filologia e critica: metodi e teorie

29   1. Filologia e critica letteraria

31   2. La filologia e l'edizione critica dei testi
2.1 La filologia, *31* – 2.2 Il testo critico, *33* – 2.3 Cenni di storia dell'edizione critica, *34* – 2.4 Come si fa un'edizione critica, *35* – 2.5 Edizione di testi popolari, *38* – 2.6 Manoscritti e stampe, *38*
REPERTORIO BIBLIOGRAFICO, *41*

43 3. Le origini, le basi e il concetto di critica

48 4. La critica letteraria dalle origini al Croce
4.1 Dall'antichità al Seicento, *48* – 4.2 Il Settecento, *49* – 4.3 Il Romanticismo, *50* – 4.4 Francesco De Sanctis, *52* – 4.5 Il Positivismo, *53* – 4.6 Benedetto Croce, *54*

58 5. I metodi e le tendenze della critica letteraria contemporanea
5.1 Tendenze crociane nella critica letteraria italiana, *58* – 5.2 Dalla critica metafisica alla critica simbolica, *59* – 5.3 Il metodo storico e la critica marxista, *60* – 5.4 L'indagine stilistica, lo strutturalismo, la semiologia, *62*
REPERTORIO BIBLIOGRAFICO, *67*

71 6. La storiografia e i generi letterari
6.1 La storiografia letteraria, *71* – 6.2 I generi letterari, *76*
REPERTORIO BIBLIOGRAFICO, *81*

83 7. La retorica e la metrica
7.1 La retorica, *83* – 7.2 La metrica, *86* – 7.3 I versi italiani, *86*: 7.3.1 *Il verso*, *86*; 7.3.2 *Sillabe e accenti*, *87*; 7.3.3 *Principali versi italiani*, *87*; 7.3.4 *Rima e assonanza*, *88*; 7.3.5 *Il verso sciolto*, *91*; 7.3.6 *Il verso libero*, *91* – 7.4 Le strofe, *92*: 7.4.1 *La strofa*, *92*; 7.4.2 *Principali tipi di strofe*, *92* – 7.5 Le composizioni strofiche, *94*: 7.5.1 *Canzone*, *94*; 7.5.2 *Sestina*, *95*; 7.5.3 *Ballata*, *96*; 7.5.4 *Madrigale*, *97*; 7.5.5 *Sonetto*, *98*; 7.5.6 *Ode*, *101* – 7.6 L'imitazione della metrica classica, *101*: 7.6.1 *Primi tentativi*, *101*; 7.6.2 *Le odi barbare del Carducci*, *103*; 7.6.3 *La metrica neoclassica del Pascoli*, *104*
REPERTORIO BIBLIOGRAFICO, *105*

107 8. Territori di confine: il paratesto, la paraletteratura, la scrittura funzionale, la critica afunzionale
REPERTORIO BIBLIOGRAFICO, *110*

PARTE TERZA
La lingua della letteratura e della comunicazione

115 1. Lingua, grammatica, vocabolari
REPERTORIO BIBLIOGRAFICO, *120*

124 2. Storia della lingua italiana
2.1 Origine e caratteri dell'italiano, *124*: 2.1.1 *Mutamenti fonetici*, *125*; 2.1.2 *Mutamenti morfologici*, *126*; 2.1.3 *Mutamenti sintattici*, *126*; 2.1.4 *Elementi del lessico italiano*, *126* – 2.2 Fasi principali della storia dell'italiano, *128*
REPERTORIO BIBLIOGRAFICO, *133*

135 3. La questione della lingua
3.1 L'opposizione fra italiano e toscano, *135* – 3.2 Il sensismo, *138* – 3.3 Dal Romanticismo ai nostri giorni, *139*
REPERTORIO BIBLIOGRAFICO, *142*

PARTE QUARTA
Problemi generali di storia letteraria

147 1. Problemi delle origini
1.1 Il problema delle origini nella storiografia romantica, *147* – 1.2 Nuova visione del problema, *148* – 1.3 Il problema del "ritardo" della letteratura italiana, *149* – 1.4 Aspetti della letteratura italiana del Duecento. La scuola siciliana e il problema del "toscaneggiamento", *151* – 1.5 Lo Stilnovo, *153*
REPERTORIO BIBLIOGRAFICO, *155*

158 2. Medioevo, Umanesimo, Rinascimento
2.1 Il rapporto Medioevo-Rinascimento nella storiografia dall'Umanesimo al Positivismo, *158* – 2.2 Nuove ricerche sul Medioevo e loro conseguenze, *160* – 2.3 Mutamento di nozioni e di idee su Umanesimo e Rinascimento e convergenza di risultati con le ricerche sul Medioevo, *162* – 2.4 La nuova visione di Umanesimo e Rinascimento nella recente storiografia, *163*
REPERTORIO BIBLIOGRAFICO, *167*

171 3. Il problema del Barocco
3.1 Dalle condanne settecentesche alla rivalutazione moderna del Barocco, *171* – 3.2 Il Barocco nella critica italiana del primo Novecento, *173* – 3.3 Rovesciamento della prospettiva storiografica tradizionale: la poetica della "meraviglia" e l'interpretazione "interiore" del Barocco, *175* – 3.4 Caduta delle spiegazioni tradizionali e nuove interpretazioni della Controriforma, *177* – 3.5 Il Manierismo, *178*
REPERTORIO BIBLIOGRAFICO, *181*

184 4. Arcadia e Illuminismo
4.1 L'Arcadia nella critica dell'Ottocento e lo spostamento di visuale operato dal Croce, *184* – 4.2 Le interpretazioni del Fubini e del Toffanin e il rapporto Arcadia-Illuminismo, *185*
REPERTORIO BIBLIOGRAFICO, *188*

192 5. Neoclassicismo
5.1 Genesi della poetica neoclassica, *192* – 5.2 L'interpretazione romantica e il rovesciamento operato dal Carducci, *193* – 5.3 Le interpretazioni novecentesche del Neoclassicismo, *194*
REPERTORIO BIBLIOGRAFICO, *196*

199 6. Preromanticismo e Romanticismo
6.1 La formazione del concetto di Preromanticismo e l'interpretazione del Binni, *199* – 6.2 Le prime definizioni di Romanticismo. Romanticismo germanico e Romanticismo latino, *201* – 6.3 Valutazioni negative, *202* – 6.4 Il Romanticismo nella critica letteraria del ventesimo secolo, *204* – 6.5 Il Romanticismo italiano tra cultura e politica, *207*: 6.5.1 *Nota sulla storia del termine 'romantico'*, *209*
REPERTORIO BIBLIOGRAFICO, *211*

215 7. La Scapigliatura e il Verismo

7.1 La Scapigliatura: limiti e significato, *215* – 7.2 La Scapigliatura nelle interpretazioni della critica, *216* – 7.3 Il Verismo: le interpretazioni polemiche e la difesa desanctisiana del realismo nell'arte, *217* – 7.4 L'interpretazione del Croce e i rapporti fra Verismo e Romanticismo. Verismo e Naturalismo nella critica del Russo, *219* – 7.5 Il Verismo nella critica contemporanea, *220*

REPERTORIO BIBLIOGRAFICO, *222*

225 8. Il Decadentismo

8.1 Il Decadentismo: limiti e significato, *225* – 8.2 Polemiche e interpretazioni del Decadentismo nel primo Novecento, *226* – 8.3 Il Decadentismo secondo la critica letteraria contemporanea, *227*

REPERTORIO BIBLIOGRAFICO, *230*

232 9. Dal Futurismo al Postmoderno

9.1 Caratteristiche epocali e problemi di partizione, *232* – 9.2 Il Novecento nella critica, *234* – 9.3 Le avanguardie del primo Novecento: «La Voce» e il Futurismo, *235* – 9.4 Da «La Ronda» all'Ermetismo, *240* – 9.5 Il Neorealismo, *243* – 9.6 Dal gruppo della Neoavanguardia alla disseminazione postmoderna, *245*

REPERTORIO BIBLIOGRAFICO, *248*

255 10. La letteratura italiana e le letterature straniere

10.1 Letteratura italiana e letteratura francese e provenzale nel periodo delle origini, *255* – 10.2 Dante e Boccaccio nelle letterature straniere dal Trecento al Cinquecento, *256* – 10.3 L'influenza del Petrarca umanista e poeta fuori d'Italia, *257* – 10.4 L'influsso dell'Umanesimo e del Rinascimento italiani negli altri paesi europei, *257* – 10.5 Letteratura italiana e letteratura spagnola nel Cinquecento e nel Seicento, *259* – 10.6 Rapporti fra la letteratura italiana e le letterature straniere nel Settecento, *260* – 10.7 Il Romanticismo italiano e le letterature europee, *261* – 10.8 Influssi letterari stranieri nella letteratura contemporanea. La letteratura italiana all'estero oggi, *262*

REPERTORIO BIBLIOGRAFICO, *264*

PARTE QUINTA

Introduzioni critiche agli autori

269 1. Dante

1.1 La fama di Dante dal Trecento al Cinquecento, *269* – 1.2 Incomprensioni secentesche e settecentesche, *270* – 1.3 Rifioritura del culto di Dante nel primo Ottocento. La critica romantica, *272* – 1.4 Le ricerche filologiche della critica positivistica, *274* – 1.5 La *Poesia di Dante* del Croce e la polemica intorno al rapporto fra 'poesia' e 'struttura', *274* – 1.6 Al di là della posizione crociana: Momigliano, Getto, Apollonio, *276* – 1.7 Caratteri della moderna esegesi dantesca, *278* – 1.8 Indagini filologiche e culturali del Novecento, *280*

REPERTORIO BIBLIOGRAFICO, *282*

288 2. Petrarca
2.1 La celebrazione umanistica, il petrarchismo del Cinquecento e l'antipetrarchismo del Seicento, *288* — 2.2 Rifioritura del culto del Petrarca nell'Arcadia e nell'Illuminismo. I saggi del Foscolo, *289* — 2.3 La personalità del Petrarca entro la prospettiva della storiografia romantica e risorgimentale. Il *Saggio sul Petrarca* del De Sanctis, *290* — 2.4 Le ricerche erudite del periodo positivistico, *292* — 2.5 L'umanesimo del Petrarca secondo la critica del primo Novecento, *293* — 2.6 Interpretazioni unitarie e analisi stilistiche di metà Novecento, *294* — 2.7 Il sesto centenario, *296* — 2.8 Petrarca oggi, *296*
REPERTORIO BIBLIOGRAFICO, *298*

303 3. Boccaccio
3.1 Dal culto umanistico dello scrittore latino all'esaltazione cinquecentesca del prosatore volgare, *303* — 3.2 L'antiboccaccismo linguistico e moralistico del Seicento e del Settecento, *304* — 3.3 Il *Discorso* del Foscolo sul *Decameron*, *305* — 3.4 Le interpretazioni ideologiche della storiografia ottocentesca e la critica del De Sanctis, *306* — 3.5 Boccaccio "poeta": gli studi di Croce, Momigliano, Bosco e Petronio, *307* — 3.6 Gli elementi medievali dell'opera del Boccaccio, *309* — 3.7 Indagini biografiche nel Novecento, *310* — 3.8 Boccaccio oggi, *311*
REPERTORIO BIBLIOGRAFICO, *313*

317 4. Poliziano
4.1 Le valutazioni della critica fra Sette e Ottocento, *317* — 4.2 Poliziano nella critica novecentesca, *318*
REPERTORIO BIBLIOGRAFICO, *321*

324 5. Ariosto
5.1 La fortuna dell'Ariosto dal Cinquecento al Settecento, *324* — 5.2 La critica romantica dal Foscolo al De Sanctis, *325* — 5.3 I giudizi della critica del primo Novecento: Croce e altri, *327* — 5.4 Ariosto oggi, *329*
REPERTORIO BIBLIOGRAFICO, *331*

335 6. Machiavelli
6.1 Machiavellismo e antimachiavellismo dal Cinquecento al Settecento, *335* — 6.2 Le interpretazioni patriottiche del Risorgimento. Manzoni e De Sanctis, *337* — 6.3 Meinecke, Croce ed Ercole: il Machiavelli teorico della scienza politica, *338* — 6.4 L'esigenza storicistica e gli studi dello Chabod. Il Machiavelli "artista-eroe" della tecnica politica prospettato dal Russo. L'approfondimento dei modi espressivi negli studi del Chiappelli e del Montanari, *339* — 6.5 Machiavelli oggi, *341* — 6.6 Studi sul teatro, *342*
REPERTORIO BIBLIOGRAFICO, *345*

350 7. Guicciardini
7.1 Le prime valutazioni della *Storia d'Italia* nel Cinquecento e nel Seicento, *350* — 7.2 L'attacco al Guicciardini nell'Ottocento dal duplice punto di vista filologico e etico-politico: Ranke e Quinet, *351* — 7.3 Il De Sanctis e il saggio su *L'uomo del Guicciardini*, *351* — 7.4 Gli orientamenti della critica del primo Novecento: rivalutazione della *Storia* rispetto alle altre opere, studi sulla personalità del Guicciardini e sul suo stile, *353* — 7.5 Guicciardini oggi, *354*
REPERTORIO BIBLIOGRAFICO, *356*

358 8. Tasso

8.1 Le polemiche intorno al Tasso dal Cinquecento al Settecento, *358* – 8.2 Il Tasso "lirico" dei romantici e del De Sanctis, *359* – 8.3 Dalla monografia psicologistica del Donadoni alla critica estetica, *361* – 8.4 Tasso nella critica contemporanea. Studi particolari e sulle opere minori, *363*

REPERTORIO BIBLIOGRAFICO, *368*

372 9. Marino

9.1 Giovan Battista Marino dal trionfo presso i suoi contemporanei alla revisione critica del tardo Seicento e del Settecento, *372* – 9.2 Marino nell'Ottocento: la critica romantica e quella positivistica, *373* – 9.3 I giudizi della critica contemporanea, *375*

REPERTORIO BIBLIOGRAFICO, *379*

382 10. Galilei

10.1 La fortuna di Galileo presso i suoi contemporanei e nel Settecento, *382* – 10.2 Galileo nella critica dell'Ottocento, *383* – 10.3 Galileo Galilei nella critica contemporanea, *384*

REPERTORIO BIBLIOGRAFICO, *386*

389 11. Goldoni

11.1 Il "realismo" goldoniano nella critica dell'Ottocento, *389* – 11.2 Il rinnovamento critico operato dal Momigliano: il Goldoni "fantastico", *390* – 11.3 Goldoni oggi, *392*

REPERTORIO BIBLIOGRAFICO, *395*

398 12. Parini

12.1 L'accoglienza favorevole all'opera del Parini nel Settecento, *398* – 12.2 La trasfigurazione risorgimentale della personalità del Parini e il contrasto fra l'uomo e il letterato nella critica del Foscolo e del De Sanctis, *399* – 12.3 La nuova prospettiva critica inaugurata dal Croce e la conciliazione del contrasto nella critica del primo Novecento dal Momigliano al Fubini, *401* – 12.4 Parini oggi, *404*

REPERTORIO BIBLIOGRAFICO, *406*

408 13. Alfieri

13.1 Contrastanti valutazioni nei romantici del primo Ottocento. Gioberti e la prima interpretazione critica profonda e organica, *408* – 13.2 La critica del De Sanctis: l'uomo più grande del poeta, *410* – 13.3 Le interpretazioni psicopatologiche della critica positivistica e il libro del Bertana, *411* – 13.4 Nuovo orientamento della critica alfieriana determinato dal Croce: l'Alfieri individualista e protoromantico, *411* – 13.5 Temperamenti alla tesi individualistica nel Momigliano e nel Fubini, *413* – 13.6 L'Alfieri oggi, *415*

REPERTORIO BIBLIOGRAFICO, *418*

422 14. Foscolo

14.1 Il culto per il Foscolo nel primo Ottocento, *422* – 14.2 Primi giudizi sulle opere e il Foscolo critico di se stesso, *423* – 14.3 Giudizi della critica cattolica e romantica, *424* – 14.4 De Sanctis e la prima ricostruzione storica della personalità foscoliana, *425* – 14.5 Le monografie del Donadoni e del Citanna e l'interpretazione romantica del neoclassicismo foscoliano, *426* – 14.6 Altre interpretazioni del primo Novecento, *429* – 14.7 Foscolo oggi, *430*

REPERTORIO BIBLIOGRAFICO, *433*

438 15. Leopardi

15.1 I giudizi negativi dei romantici cattolici e quello positivo del Gioberti, *438* — 15.2 La ricostruzione storica del De Sanctis: tema del contrasto fra "cuore" e "intelletto" e valutazione negativa delle *Operette*, *439* — 15.3 Sviluppi e revisioni dell'interpretazione del De Sanctis, *441* — 15.4 La rivalutazione della prosa leopardiana agli inizi del Novecento, *442* — 15.5 La tesi "idillica" del Figurelli e il suo superamento (Binni), *444* — 15.6 Leopardi oggi, *445*

REPERTORIO BIBLIOGRAFICO, *448*

454 16. Manzoni

16.1 I giudizi goethiani sul Manzoni e il problema del rapporto storia-poesia, *454* — 16.2 Valutazioni contrastanti di classicisti e romantici. Scalvini e il problema del rapporto poesia-religione, *455* — 16.3 I saggi del De Sanctis e la formula della «misura dell'ideale», *457* — 16.4 La critica positivistica e la "questione della lingua". Le discussioni sul "giansenismo" del Manzoni e il capovolgimento della prospettiva critica nella monografia del Momigliano, *459* — 16.5 L'interpretazione del Croce e il problema poesia-oratoria nei *Promessi sposi*, *461* — 16.6 La negazione crociana del valore del Manzoni storico e gli studi del Nicolini. Manzoni e la cultura illuministica e romantica, *463* — 16.7 Manzoni oggi, *466*

REPERTORIO BIBLIOGRAFICO, *471*

479 17. Carducci

17.1 L'interpretazione "classica" del Croce e i suoi svolgimenti, *479* — 17.2 Inizio di un'interpretazione "romantica" nel Russo. Il Carducci romantico e decadente, *480* — 17.3 La lirica carducciana nell'interpretazione della critica degli ultimi decenni, *482* — 17.4 Carducci critico, *483*

REPERTORIO BIBLIOGRAFICO, *485*

488 18. Verga

18.1 Iniziali indifferenze e avversioni, *488* — 18.2 Prima organica interpretazione critica e storica nel libro del Russo: l'arte del Verga come «epos dei primitivi», *489* — 18.3 Verga oggi, *490*

REPERTORIO BIBLIOGRAFICO, *493*

496 19. Fogazzaro

19.1 I primi giudizi e il saggio del Croce, *496* — 19.2 La monografia del Donadoni. L'interpretazione antirealistica e "musicale" dell'arte fogazzariana (Momigliano, Trombatore, Nardi), *497* — 19.3 Fogazzaro oggi, *498*

REPERTORIO BIBLIOGRAFICO, *500*

502 20. Pascoli

20.1 Prime approssimazioni critiche dal Croce al Galletti, *502* — 20.2 Le "impressioni" del Momigliano e l'interpretazione decadentistica del Pascoli dal Petrini al Binni, *503* — 20.3 Il Pascoli non decadente del Pietrobono, del Giuliano e del Piemontese, *504* — 20.4 Tecnica e simboli pascoliani nella critica degli anni Cinquanta e Sessanta, *505* — 20.5 Pascoli oggi, *507*

REPERTORIO BIBLIOGRAFICO, *509*

513 21. D'Annunzio

21.1 La formula crociana del D'Annunzio «dilettante di sensazioni» e i suoi sviluppi nel Gargiulo e nel Flora, *513* – 21.2 D'Annunzio decadente e altre tesi della critica del primo Novecento, *514* – 21.3 D'Annunzio oggi, *515*
REPERTORIO BIBLIOGRAFICO, *518*

522 22. Svevo

22.1 Il "caso Svevo", *522* – 22.2 Nuovi studi fra il 1930 e il 1960, *524* – 22.3 Svevo oggi, *525*
REPERTORIO BIBLIOGRAFICO, *529*

532 23. Pirandello

23.1 Primi giudizi. L'interpretazione "filosofica" del Tilgher, *532* – 23.2 Il giudizio negativo del Croce, *533* – 23.3 Primi sondaggi nella struttura dell'universo di Pirandello e primi tentativi di studio sistematico della sua opera, *534* – 23.4 Il significato di Pirandello nel quadro della civiltà moderna, *535*
REPERTORIO BIBLIOGRAFICO, *538*

541 24. Saba

24.1 Il primo tempo della critica sabiana, *541* – 24.2 Dall'*Omaggio* di «Solaria» alla guerra, *542* – 24.3 La critica sul Saba dalla fine della guerra all'uscita delle «*Prose*», *543* – 24.4 Saba oggi, *543*
REPERTORIO BIBLIOGRAFICO, *546*

549 25. Ungaretti

25.1 I primi giudizi, *549* – 25.2 I saggi di Contini e di Bo, *550* – 25.3 Alle radici della poesia ungarettiana, *551* – 25.4 Le prime monografie, *552* – 25.5 Studi specialistici e l'edizione di tutte le poesie, *553*
REPERTORIO BIBLIOGRAFICO, *556*

559 26. Montale

26.1 Il primo tempo della critica montaliana, *559* – 26.2 Montale nella critica del dopoguerra, *560* – 26.3 Montale oggi, *561*
REPERTORIO BIBLIOGRAFICO, *563*

566 27. Calvino

27.1 I primi giudizi della critica, *566* – 27.2 Dagli anni Sessanta alla morte, *568* – 27.3 La critica degli ultimi anni, *571*
REPERTORIO BIBLIOGRAFICO, *573*

577 *Indice degli Autori e dei Critici*

AVVERTENZA

Questo manuale è stato realizzato per rispondere alle esigenze sia del giovane che inizia uno studio metodico della letteratura italiana, sia del docente di scuola secondaria che sente la necessità di aggiornarsi.

Infatti:

a) offre gli stumenti basilari di studio indirizzando, con gli opportuni chiarimenti, a specifiche bibliografie, a riviste, collezioni, trattati, dizionari, storie e antologie della critica e della letteratura italiana;

b) informa sui metodi e le teorie della filologia e della critica, spiegandone le origini e i significati; mostra come si fa un'edizione critica; traccia un sintetico panorama della critica dalle origini alle tendenze attuali, trattando l'evoluzione della storiografia, della retorica e della metrica; esplora «territori di confine» quali il paratesto e la paraletteratura, secondo le più avanzate elaborazioni teoriche che coinvolgono nel discorso critico-letterario anche scritture (dal risvolto di copertina alle serie rosa o gialle) sinora escluse;

c) guida allo studio della lingua italiana, per quanto occorre allo studioso della letteratura, con particolare riferimento alla storia e alla secolare questione della lingua, agli stumenti di base e alle acquisizioni della moderna scienza linguistica;

d) per ogni periodo letterario offre un inquadramento generale, un aggiornamento storico-critico e un'accurata bibliografia;

e) tratta i protagonisti della letteratura italiana, dando ragione della loro fortuna critica nel tempo e facendo il punto sugli orientamenti della critica più recente.

Il manuale è stato integralmente rielaborato con interventi che hanno coinvolto tutta l'opera, per l'inserimento delle più recenti metodologie, la trattazione di nuove parti e il completo aggiornamento degli argomenti già trattati.

Nel congedare l'opera, la mia memoria va al compianto e stimato Mario Puppo che l'ha ideata; un ringraziamento particolare rivolgo al dottor Paolo di Sacco per la collaborazione nella ricerca bibliografica.

Giorgio Baroni

Parte prima

Orientamenti critici e sussidi bibliografici generali

1 Guide per lo studio della letteratura italiana

G. MAZZONI, *Avviamento allo studio critico delle lettere italiane*, 4ª edizione aggiornata a cura di C. Iannaco, Firenze, Sansoni, 1951 (1ª ed. Verona-Padova, Drucker, 1892).

L. CARETTI, *Avviamento allo studio critico della letteratura italiana* (con appendice di G. Devoto su *Profilo di storia linguistica italiana*), Firenze, La Nuova Italia, 1953.

Problemi e orientamenti critici di lingua e letteratura italiana, direzione di A. Momigliano, 4 voll., Milano, Marzorati, 1948-1950 (1ª ed. riveduta e ampliata, 5 voll. in 10 tomi, 1956-1961). Questo il piano dell'opera: vol. I: *Notizie introduttive e sussidi bibliografici* (in 3 tomi); vol. II: *Tecnica e teoria letteraria*; vol. III: *Questioni e correnti di storia letteraria*; vol. IV: *Letterature comparate*; vol. V: *Momenti e problemi di storia dell'estetica* (in 4 tomi). Il complemento di quest'opera sono i 14 volumi degli *Orientamenti culturali. Letteratura italiana*, di cui si dirà in seguito.

W. BINNI - R. SCRIVANO, *Introduzione ai problemi critici della letteratura italiana*, Messina-Firenze, D'Anna, 1967.

G. PETROCCHI - F. ULIVI, *Stile e critica. Avviamento allo studio della letteratura italiana*, Bari, Adriatica, 1968.

R. NEGRI, *Italianistica. Lo studio e la ricerca*, Milano, Marzorati, 1980 (1ª ed. 1970).

Avviamento allo studio della letteratura italiana, a cura di S. Pasquazi, R. Frattarolo, G. Giacalone, G. Zappacosta, Roma, Elia, 1971.

F. DEL BECCARO, *Problemi e orientamenti critici di lingua e di letteratura italiana*, Milano, Mursia, 1975. Utile soprattutto per l'ampia parte dedicata agli ultimi due secoli.

C. MUSCETTA, *L'esame di italiano. Lingua, letteratura, metodologia*, Milano, Feltrinelli, 1979. Molto utile specialmente per la parte generale di linguistica, teoria della letteratura, metodologie critiche recenti.

Guida allo studio della letteratura italiana, a cura di E. Pasquini, Bologna, Il Mulino, 1989 (1ª ed. 1985), la cui *Parte prima*, molto ampia, è dedicata a questioni di carattere generale (pp. 17-230); la *Parte seconda* (pp. 231-529) è una rassegna di storia della critica e di aggiornamenti bibliografici sui vari momenti della storia letteraria.

All'interno della trattazione si aprono paragrafi specificamente dedicati agli autori maggiori.

L'Italianistica. Introduzione allo studio della letteratura italiana, Torino, UTET Libreria, 1992. Comprende interventi di ottimo livello su: teoria della letteratura (G. Bárberi Squarotti), critica, storia letteraria, contemporaneistica, letteratura teatrale, comparatistica, storia della lingua, filologia e grammatica.

2 Bibliografie

2.1 Bibliografie di bibliografie

G. MANFRÉ, *Guida bibliografica*, Napoli, Guida, 1978.

G. OTTINO - G. FUMAGALLI, *Bibliotheca bibliographica italica*, Roma, Pasqualucci; poi Torino, Clausen; poi Roma, Tip. Tiberina; poi Torino, Clausen, 1889-1902; rist. anast., 6 voll., Graz, Akademische Druck und Verlagsanstalt, 1957. Repertorio di scritti di bibliologia, bibliografia e biblioteconomia (fino al 1900).

G. FUMAGALLI, *La bibliografia*, Roma, Fondazione Leonardo per la cultura italiana, 1923. Riassunto parziale della *Bibliotheca bibliographica italica*, cit., e aggiornamento al 1920.

G. AVANZI, *La bibliografia italiana*, Roma, IRCE, 1946 (1ª ed. 1941). È costituita da cinque sezioni (Bibliologia; Bibliografia; Biblioteche e biblioteconomia; Legislazione del libro e della stampa; Tecnica delle arti grafiche) e da tre appendici (Indici e cataloghi di incunaboli; Esposizioni, mostre, fiere bibliografiche italiane; Stampa periodica di bibliologia e di bibliografia).

G.S. MARTINI, *Italia bibliographica*, Firenze, Sansoni, 1952-1956; B. ELDMANN, *Italia bibliographica*, 5 voll., Firenze, Sansoni, 1957-1961. Repertori (dal 1952 al 1961) delle opere di bibliografia in volumi o in periodici editi in Italia.

2.2 Bibliografie nazionali

Per un primo orientamento, si veda O. PINTO, *Le bibliografie nazionali*, Firenze, Olschki, 1970 (1ª ed. 1969).

Per quanto riguarda i cataloghi delle biblioteche nazionali italiane:

Biblioteca nazionale centrale, Firenze, *Bollettino delle pubblicazioni italiane ricevute per diritto di stampa dalla Biblioteca nazionale centrale di Firenze*, 72 voll., dal 1886 al 1957: l'intero contenuto si ritrova nel *Catalogo cumulativo 1886-1957 del Bollettino delle pubblicazioni italiane ricevute per diritto di stampa dalla Biblioteca nazionale centrale di Firenze* (CUBI), 41 voll. compresi gli indici, Kraus Reprint, Nendeln (Liechtenstein), 1968-1969.

Dal 1958 il *Bollettino* è diventato *Bibliografia nazionale italiana* (BNI), Firenze, Biblioteca nazionale centrale (in fascicoli a periodicità mensile, che adottano la Decimal Dewey Classification e si chiudono con un indice per autori, titoli e soggetti).

Bollettino delle opere moderne straniere acquistate dalle biblioteche pubbliche governative del Regno d'Italia, a cura della Biblioteca nazionale di Roma, dal 1886.

Biblioteca della Camera dei Deputati. Catalogo metodico degli scritti contenuti nelle pubblicazioni periodiche italiane e straniere, Roma, dal 1885.

Bollettino bibliografico delle nuove accessioni della Biblioteca della Camera dei Deputati, Roma, dal 1946.

Primo catalogo collettivo delle biblioteche italiane, a cura del Centro nazionale per il Catalogo unico delle biblioteche italiane e per le informazioni bibliografiche, Roma, dal 1962.

Diviene man mano sempre più importante allargare le ricerche alle biblioteche straniere. Questi sono in sintesi i cataloghi a stampa principali:

Bibliothèque nationale, Paris, *Catalogue général des livres imprimés*, dal 1897.

British Museum, London, *General Catalogue of Printed Books*, dal 1959.

Library of Congress, Washington, *A Catalogue of Books Represented by Library of Congress Printed Cards Issued to July 31, 1942*, Ann Arbor, Ewards, 1942-1946 (con supplementi successivi). Dal supplemento 1953-1977 reca il titolo *The National Union Catalog* e segnala i libri delle maggiori biblioteche degli Stati Uniti e del Canada. Della stessa Library of Congress sono un catalogo a stampa per soggetti, *A Cumulative List of Works* (Ann Arbor, Ewards, dal 1955) e un catalogo collettivo delle opere stampate dal 1455 al 1955: *The National Union Catalog. Pre-1956 Imprints. A Cumulative Author List Representing Library of Congress Printed Cards and Titles Reported by Other American Libraries*, London-Chicago, Mansell, dal 1968.

Per quanto concerne codici manoscritti e incunaboli:

Inventari dei manoscritti delle biblioteche d'Italia, a cura di G. Mazzatinti, A. Sorbelli, L. Ferrari, E. Casamassima, pubblicati fino al vol. XIX a Forlì, Bordandini; dal vol. XX in poi a Firenze, Olschki.

Indice generale degli incunaboli delle biblioteche d'Italia, a cura di T.M. Guarneschelli, E. Valenziani, E. Cerulli, I-III, Roma, 1943-1954.

Sulle biblioteche:

F. MARRARO, *Repertorio delle biblioteche italiane*, Roma, Edizioni Cassia, 1989 (suddiviso per regioni).

Per le riviste:

G. NOBILE STOLP, *Cataloghi a stampa di periodici delle biblioteche italiane (1859-1967)*, Firenze, Olschki, 1968.

Periodici italiani scientifici, tecnici e di cultura, I-III, a cura del Consiglio Nazionale delle Ricerche, Roma, s.d.

Per quanto riguarda i libri:

Catalogo dei libri italiani dell'Ottocento (1801-1900), (CLIO), 19 voll., Milano, Editrice Bibliografica, 1991.

A. e A.P. PAGLIAINI, *Catalogo generale della libreria italiana*, 18 voll., Milano, Associazione tipografico-libraria italiana, 1901-1939 (compresi i supplementi 1900-1920).

Associazione Italiana Editori, *Catalogo collettivo della libreria italiana*, Milano, SABE, varie date.

Catalogo dei libri in commercio, Milano, Editrice Bibliografica, varie date.

2.3 Bibliografie della letteratura

Manca a tutt'oggi una bibliografia sistematica completa della letteratura italiana. Validi sussidi al riguardo sono:

N.D. Evola, *Bibliografia degli studi sulla letteratura italiana (1920-1934)*, 5 voll., Milano, Vita e Pensiero, 1938-1948.

J.G. Fucilla, *Universal Author Repertoire of Italian Essay-Literature*, New York, S.F. Vanni, 1941.

Id., *Saggistica letteraria italiana. Bibliografia per soggetti (1938-1952)*, Firenze, Sansoni, 1954.

G. Prezzolini, *Repertorio bibliografico della storia e della critica della letteratura italiana (1902-1932)*, 2 voll., Roma, Edizioni Roma, 1937-1939: vol. I: *A-L*; vol. II: *M-Z*.

Id., *Repertorio bibliografico della storia e della critica della letteratura italiana (1933-1942)*, 2 voll., New York, S.F. Vanni, 1946-1948: vol. I: *A-L*; vol. II: *M-Z*.

R. Frattarolo, *Introduzione bibliografica alla letteratura italiana*, Roma, Edizioni dell'Ateneo, 1963 (precedentemente in *Orientamenti culturali. Letteratura italiana*: vol. I: *Le correnti*, Milano, Marzorati, 1956 e in *Bibliografia speciale della letteratura italiana*, Marzorati, Milano, 1959); in ordine cronologico, per epoche e per autori maggiori, con largo spazio alla letteratura dell'Ottocento e del Novecento.

Repertorio bibliografico della letteratura italiana, dir. da U. Bosco, a cura della Facoltà di Magistero dell'Università di Roma, 3 voll.: vol. I: *1948-1949*, Firenze, Sansoni, 1954; vol. II: *1950-1953*, ivi, 1960; vol. III: *1943-1947*, ivi, 1968.

E. Esposito, *La cultura italiana. Rassegna bibliografica*, Firenze, Olschki, 1971.

Bollettino di Italianistica, a cura del Dipartimento di Italianistica dell'Università «La Sapienza» di Roma, Roma-Leiden, E.J. Brill Publishers, dal 1983 al 1986; poi Firenze, La Nuova Italia; il primo spoglio bibliografico si riferisce al 1982. L'opera è giunta al 1987.

Liab: *Letteratura italiana. Aggiornamento Bibliografico*, direzione di B. Aschero, Trieste, Alcione Edizioni, dal 1991.

Letteratura italiana, a cura di P. Cudini, introduzione di N. Borsellino, coll. «Guide bibliografiche ragionate», Milano, Garzanti, 1988. Riproduce, in forma ampliata e aggiornata, i capitoli dedicati alla letteratura italiana già pubblicati nel vol. XVI dell'*Enciclopedia Europea*, Milano, Garzanti, 1984.

Un sistematico aggiornamento bibliografico, sulle edizioni degli autori e sugli studi critici (articoli e libri) dedicati alla letteratura italiana, è offerto dalle apposite rassegne di alcune riviste letterarie. Tra queste segnaliamo:

La ricca *Rassegna bibliografica*, ordinata per secoli, che chiude i numeri della rivista «La rassegna della letteratura italiana», nuova serie dal 1953.

Lo *Schedario* annuale, distinto per secoli e al cui interno la successione degli autori considerati segue l'ordine alfabetico, pubblicato dalla rivista «Italianistica», dal 1972; il primo *Schedario* è relativo al 1971. Sono escluse le schedature che riguardano Dante (a cui provvede la rivista «L'Alighieri») e la letteratura del Novecento.

La *Rassegna bibliografica*, che chiude le annate di «Studi novecenteschi», dal 1980.

Gli *Spogli delle riviste*, presenti in «Studi e problemi di critica testuale», con panorama degli studi critici pubblicati sui maggiori periodici italiani e stranieri.

Molto utile, ma limitatamente al periodo compreso tra il 1883 e il 1932, è C. DIONISOTTI, *Indice sistematico dei primi 100 volumi del «Giornale storico della letteratura italiana»*, Torino, Chiantore, 1948.

Una finalità d'informazione bibliografica, anche se non limitata al solo settore della letteratura italiana, hanno altre pubblicazioni periodiche:

«Libri e riviste d'Italia», pubblicato dal Centro di documentazione della Presidenza del Consiglio.

«Paideia», rivista letteraria d'informazione bibliografica.

«Il Ragguaglio librario», rassegna mensile bibliografico-culturale.

Si tengano presenti inoltre due preziosi bollettini in lingua inglese:

The Year's Work in Modern Language Studies, a cura di G. Price e D. A. Wells, The Modern Humanities Research Association, Cambridge, Mass., volumi annuali dal 1931 (il periodo 1940-1949 in unico volume), con preziosi *Indici* (attualmente si stampa a Londra).

M.L.A. International Bibliography of Books and Articles of the Modern Languages and Literatures, The Modern Language Association of America, New York, dal 1884 (nuova serie ivi, dal 1963). La prima serie era pubblicata sotto la sigla *P.M.L.A.* (Publication of the Modern Language Association of America). Include tutte le lingue e letterature moderne; è strutturato in 6 tomi per ogni annata: tt. I-II: *National Literatures*; t. III: *Linguistics*; t. IV: *General Literature and Related Topics*; t. V: *Folklore*; t. VI: *Subject Index*. È consultabile *on-line* via DIALOG per gli anni dal 1964 in poi; i dati dal 1981 sono disponibili su CD-ROM.

3 Riviste e periodici

Le *bibliografie*, per quanto accurate e aggiornate, non possono fornire tutte le indicazioni necessarie su tutti gli argomenti, né registrare immediatamente l'incessante movimento degli studi. Occorre perciò tenere presenti anche le riviste e i periodici dedicati interamente, o in parte, alla letteratura italiana.

3.1 Riviste di letteratura

«Giornale Storico della Letteratura Italiana» (GSLI). Fondato nel 1883 a Torino da A. Graf, F. Novati e R. Renier; è attualmente diretto da E. Bigi. Il «Giornale» è la rivista più illustre tra quelle dedicate specificamente alla letteratura italiana. Contiene saggi filologici e critici, recensioni e utili *Spogli bibliografici* di periodici italiani e stranieri.

«Lettere italiane». Fondata nel 1949 a Padova da V. Branca e G. Getto, poi stampata dal 1958 da Olschki di Firenze. Si interessa specificamente di letteratura italiana, con aperture sulla cultura europea.

«La rassegna della letteratura italiana». Fondata a Pisa nel 1893 da A. D'Ancona col titolo di «Rassegna bibliografica della letteratura italiana», acquisì l'attuale testata nel 1920; interruppe le pubblicazioni nel 1948 e le riprese nel 1953, con intenzioni più critiche e di metodologia. Ha conservato comunque l'originaria funzione informativa: ogni numero, oltre agli articoli e alle recensioni, contiene una ricca *Rassegna bibliografica*, divisa per secoli. È attualmente stampata da Le Lettere di Firenze.

«Italianistica». Fondata nel 1972 a Milano da R. Negri e F. Del Beccaro, si stampa dal 1982 a Pisa. Contiene articoli e ampia informazione d'aggiornamento bibliografico.

«Rivista di letteratura italiana», Pisa, dal 1983.

«Il Veltro», Roma, dal 1957.

«Misure critiche», Napoli, dal 1970.

«Critica letteraria», Napoli, dal 1973.

«Lavoro critico», stampato a Bari dal 1975 al 1984, a Manduria dal 1985.

«Testo», Milano, dal 1980.

«Inventario», Verona, nuova serie dal 1981.

«Schifanoia», Modena, dal 1985. Specializzato sulla letteratura rinascimentale.

«Studi medievali», Torino-Spoleto, dal 1904.

«Studi secenteschi», Firenze, dal 1960.

«Studi settecenteschi», Napoli, dal 1981.

Sulla **letteratura contemporanea:**

«Studi novecenteschi», dal 1972 pubblicata a Padova, dal 1977 a Pisa. Cura dal 1980 la pregevole rassegna bibliografica citata (cfr. cap. 2, 2.3).

«Otto-Novecento», Brunello, poi Azzate (Varese), dal 1977. Stampa periodicamente il *Bollettino* del Centro Nazionale di Studi manzoniani.

«Letteratura italiana contemporanea», Roma, dal 1981.

Sulla **comparatistica:**

«Rivista di letterature moderne e comparate», Pisa, dal 1946.

3.2 Riviste di linguistica e filologia

«Annali della Scuola Normale Superiore di Pisa», Classe di lettere, storia e filosofia, fondata a Pisa nel 1873. La serie III è diretta da G. Nenci.

«Studi di filologia italiana», Firenze, dal 1927. È il Bollettino dell'Accademia della Crusca.

«Rinascimento», Firenze, dal 1938 con titolo «La Rinascita»; nuova serie dal 1950.

«Giornale italiano di filologia», Roma, dal 1949.

«Italia medioevale e umanistica», Padova, dal 1958. Specializzata negli studi sulla trasmissione dei testi in età tardo-medievale.

«Lingua e stile», Bologna, dal 1966.

«Studi e problemi di critica testuale», Bologna, dal 1970.

«Filologia e critica», Roma, dal 1976.

«Autografo», Pavia, dal 1984.

Hanno **interessi più specifici** (linguistico, dialettologico, grammaticale ecc.):

«Archivio glottologico italiano». Fondato da G.I. Ascoli nel 1873, fu stampato a Torino da Loescher fino al 1944. Ha ripreso le pubblicazioni nel 1952 a Firenze, Le Monnier, diretto da V. Pisani e C.A. Mastrelli; ha prevalenti interessi dialettologici.

«Lingua nostra», Firenze, dal 1939.

«Studi di grammatica italiana», Firenze, dal 1971.

«Studi italiani di linguistica teorica ed applicata», Padova, dal 1972.

«Rivista italiana di dialettologia», Bologna, 1977.

«Metrica», Milano-Napoli, dal 1978.

3.3 Riviste bibliografiche e di cultura

Fra le riviste che superano l'ambito dell'italianistica o si interessano di letteratura in chiave interdisciplinare:

«Libri e riviste d'Italia», Roma, dal 1950.

«Il Ragguaglio librario», Milano, dal 1933.

«Uomini e libri», Milano, dal 1965.

«Letture», Milano, dal 1946.

«Accademie e biblioteche d'Italia», Roma, dal 1927.

«Paragone», fondata nel 1950 da R. Longhi a Firenze. Stampa alternativamente i fascicoli di «Paragone Arte» e «Paragone Letteratura».

«Nuovi Argomenti», Roma, 1953-1964; Milano, dal 1966.

«Il Verri», fondata a Milano nel 1956, diretta da L. Anceschi. Ha dato vita a sei serie successive e cambiato quattro editori; dal 1973 ha costituito una propria società editrice con sede a Bologna. Ha interessi prevalentemente fenomenologici, con importanti aperture sul settore delle avanguardie.

«Strumenti critici», fondata a Torino nel 1967; si stampa a Bologna dal 1986.

«Cultura e scuola», Roma, dal 1961-1962, con informate rassegne bibliografiche.

«Rivista di storia e letteratura religiosa», Firenze, dal 1968.

«Esperienze letterarie», Napoli, dal 1976.

«Intersezioni», Bologna, dal 1980-1981.

«Cultura oggi», Milano, dal 1982.

«L'Ombra d'Argo», Lecce, dal 1983.

Hanno carattere **politico-letterario:**

«La Nuova Antologia», fondata nel 1866 a Firenze da F. Protonotari; divenne poi la rivista ufficiale dell'Accademia d'Italia; attualmente ha periodicità trimestrale ed è diretta da G. Spadolini, Firenze, Le Monnier.

«Belfagor», Firenze, dal 1946. Fondata da L. Russo come rassegna di varia umanità; una nuova serie si stampa dal 1984 presso Sansoni di Firenze. È diretta attualmente da C.F. Russo.

«La Cultura», fondata nel 1885 da R. Bonghi; poi cessata e rinata nel 1921, diretta da C. De Lollis; fu quindi soppressa dal regime fascista. Ha ripreso le pubblicazioni nel 1963; è attualmente diretta da G. Sasso.

«Il Ponte», Firenze, dal 1945; rivista di politica e cultura fondata da P. Calamandrei.

«Humanitas», Brescia, dal 1946.

«L'Osservatore politico letterario», Roma-Milano, dal 1955.

«Problemi», Palermo, dal 1967.

«Studium», Roma, dal 1904.

3.4 Riviste di italianistica pubblicate all'estero

Fra le riviste pubblicate all'estero che si occupano di italianistica, le più importanti sono:

«Italica», The Quarterly Bulletin of the American Association of Teachers of Italian, Northwestern, USA.

«Revue des Etudes italiennes», Paris, dal 1936.

«Italian Studies», Manchester, N.Y., dal 1937.

«Studi italici», Kyoto, dal 1952.

«Italian Quarterly», New Brunswick, N.J., dal 1957-1958.

«Forum italicum», Buffalo, N.Y., dal 1967.

«Quaderni d'Italianistica», Toronto, dal 1980.

«Rivista di studi italiani», Toronto, dal 1983.

«L'anello che non tiene. Journal of Modern Italian Literature», New Haven, Conn., dal 1988.

L'AISLLI (Associazione Internazionale per gli Studi di Lingua e Letteratura Italiana) ha fornito un primo inventario dei periodici di italianistica nel suo «Notiziario» del giugno 1986 (aggiornamento nel maggio 1987).

3.5 Riviste cessate

Fra le riviste che non si pubblicano più, la più importante fu sicuramente «La critica», fondata e diretta da B. Croce dal 1903 al 1945 e stampata da Laterza di Bari. Venne poi sostituita dai «Quaderni della critica», pubblicati fino al n. 19-20 del settembre 1951, sempre sotto la direzione del Croce.

Ricordiamo anche «L'Italia che scrive», fondata nel 1918 da A.F. Formiggini (cessò le pubblicazioni nel 1978); «Convivium», fondata nel 1929 da C. Calcaterra, rivista storico-filologica, aperta alle letterature classiche (ha cessato le pubblicazioni nel 1969).

Parecchie riviste di carattere militante ebbero notevole importanza culturale e artistica: «Leonardo», «La Voce», «Lacerba», «La Ronda», «Solaria», «Letteratura», «Il Politecnico», «Officina».

3.6 Bibliografia delle riviste

Utili repertori bibliografici per l'individuazione dei periodici sono:

R. MAINI, *Catalogo dei periodici italiani 1988*, Milano, Editrice Bibliografica, 1988. Informa su quasi 13 000 testate, oltre 2000 delle quali cessate; si divide in due parti, *Titoli* e *Soggetti*.

Periodici italiani 1886-1957, Roma, Ist. Centrale per il Catalogo unico delle Biblioteche italiane, 1980 (è un'estrapolazione del cit. CUBI). Per gli anni successivi: *Bibliografia nazionale italiana. Periodici 1958-1967*, ivi, 1972 e *Periodici italiani: 1968-1981*, ivi, 1983. Si vedano anche la *Lista dei periodici stranieri posseduti dalle biblioteche statali*, ivi, 1983 e i *Cataloghi italiani di periodici 1966-1981*, ivi, 1982 (elenco di cataloghi di periodici organizzato per regioni e città, con indici di nomi e per materie).

Catalogo collettivo nazionale delle pubblicazioni periodiche, 2 voll., Istituto di studi sulla ricerca e documentazione scientifica del CNR, Roma, 1990. Contiene oltre 70 000 descrizioni bibliografiche e dati sul patrimonio di 1730 biblioteche italiane.

Esistono inoltre numerosi cataloghi collettivi di periodici: la delimitazione più frequente di tali elenchi è territoriale (comprende cioè i periodici posseduti dalle biblioteche di una regione, di una città ecc.); altre delimitazioni fanno riferimento alla data di acquisizione, alla circostanza che il periodico sia *corrente* (cioè ancora in vita), all'argomento.

Se ne indicano alcuni a titolo esemplificativo:

Catalogo collettivo dei periodici delle biblioteche piemontesi, Torino, Regione Piemonte, Assessorato alla Cultura.

Catalogo dei periodici delle biblioteche lombarde, Milano, Biblioteca Comunale - Catalogo Centrale delle Biblioteche Lombarde, 1964-1979.

Catalogo dei periodici correnti delle biblioteche lombarde, 4 voll., Milano, Editrice Bibliografica, 1985-1989.

Catalogo dei periodici correnti delle biblioteche universitarie del Lazio, a cura di L. D'Antone *et alii*, Roma, Università «La Sapienza», 1984.

Spesso per migliorare l'accessibilità e la conservazione dei periodici, le biblioteche ricorrono alla loro microfilmatura; esistono quindi dei cataloghi relativi. Per esempio: *Catalogo dei microfilm/microfiches dei periodici posseduti dalle biblioteche lombarde*, a cura di V. Salvadori, 2 voll., Milano, Regione Lombardia, 1988.

4 Collezioni di classici e antologie generali

4.1 Collezioni di classici

La collezione più vasta e impegnativa è costituita dagli «Scrittori d'Italia», Bari (poi Bari-Roma), Laterza. Fu iniziata nel 1910 per impulso e secondo il progetto editoriale di B. Croce, che ne curò il volume inaugurale (*Lirici marinisti*); attualmente è diretta da G. Folena; comprende oltre 270 volumi che si aprono direttamente col testo dell'autore. Note filologiche e bibliografiche e l'eventuale glossario compaiono in appendice. Secondo il disegno originario del Croce, concede largo spazio agli autori delle letterature regionali.

«Classici italiani», Torino, UTET. Una prima collezione, distinta in due serie, iniziò nel 1911, sotto la direzione di R. Balsamo Crivelli; durata fino al 1932, comprende 60 volumi per ciascuna serie, di pratico formato in 16°, per lo più curati da specialisti di valore come A. Momigliano, M. Fubini, C. Calcaterra, F. Flora e altri.

Una seconda collezione («Classici UTET») è iniziata nel 1948, in formato più grande; prevede la pubblicazione di circa 100 volumi, molti dei quali in più tomi. Diretta prima da F. Neri, poi da M. Fubini e attualmente da G. Bárberi Squarotti, si è imposta per il crescente rigore filologico delle edizioni. Comprende a tutt'oggi circa 70 volumi, che, come nelle due serie precedenti, sono aperti da introduzioni critiche e corredati di note ai testi.

«Biblioteca nazionale», Firenze, Le Monnier. La prima serie, fondata nel 1843, fu diretta, tra gli altri, da M. Barbi e I. Del Lungo. Nel 1943 P. Pancrazi avviò una seconda serie, poi diretta da V. Branca. Ha pubblicato oltre 500 volumi, con introduzione critica e (talora) sobrio commento. A queste due serie (in 24°) si è affiancata una nuova collezione di classici in grande formato (in 8°), che ospita tra l'altro un'importante edizione commentata delle *Opere* di Dante e l'edizione nazionale delle *Opere* del Foscolo, oltre agli epistolari di Mai, Monti e Leopardi.

«Classici Mondadori», Milano, Mondadori. Pubblica di ogni autore tutte le opere; ogni volume reca un'introduzione critica, note finali di carattere esplicativo e filologico e spesso utilissimi indici (come quello dello *Zibaldone* leopardiano). Fondamentali sono le edizioni del Goldoni a cura di G. Ortolani, del Manzoni a cura di A. Chiari e F. Ghisalberti, del Boccaccio a cura di V. Branca. Intrapresa nel 1934, sotto la direzione di F. Flora e poi di D. Isella, ha pubblicato circa 40 volumi, per poi cessare nel 1987 per sopravvenute difficoltà economiche. Ai «Classici Mondadori» si affianca l'altra collana dei «Classici Contemporanei Italiani», diretta da G. Ferrata: oltre 70 volumi che accolgono tra l'altro le edizioni integrali (ma senza commento) di Pascoli, D'Annunzio, Pirandello.

Lo stesso Mondadori pubblica dal 1969 «I Meridiani», diretti da L. De Maria, che accolgono classici italiani e stranieri, soprattutto contemporanei, per lo più in scelta antologica. Il catalogo è in forte espansione; tra i volumi pubblicati, ricordiamo l'edizione critica (in via di completamento) di Pirandello, le antologie di Marinetti, Palazzeschi, Papini, Cardarelli, Bontempelli, Svevo, Buzzati, Vittorini, Calvino, N. Ginzburg, Morante, L. Romano, l'opera poetica di Saba, Ungaretti, Quasimodo e Montale.

«Classici Rizzoli», Milano, Rizzoli. Fondata da U. Ojetti nel 1934, rimasta interrotta dopo i primi 20 volumi, la collezione è ripresa nel 1955, sotto la direzione di M. Vitale. Tipograficamente elegantissima, non pubblica però sempre opere complete; comprende circa 60 volumi, con introduzione critica e note finali. Tra i testi notevoli, il *Leopardi*, a cura di G. De Robertis, *Mistici del Duecento e del Trecento*, a cura di A. Levasti, *Lirici del Seicento e dell'Arcadia*, a cura di C. Calcaterra.

«Biblioteca di classici italiani», Firenze, Sansoni. Iniziata nel 1885, fu diretta inizialmente da G. Carducci. Concepita a scopi scolastici, non sempre reca testi completi, ma è dotata di ampi commenti esplicativi, sul piano linguistico e storico; nei volumi più recenti, il commento ha carattere anche critico-estetico. Specialmente i volumi più antichi sono spesso ottimi; qualcuno di essi è rimasto celebre, come il commento alle *Rime* del Petrarca approntato dal Carducci e da S. Ferrari. Dei volumi più notevoli, in gran parte introvabili, l'editore ha iniziato una ristampa anastatica, col titolo complessivo di «Biblioteca carducciana» (ogni volume è presentato da uno studioso di oggi).

L'editore Sansoni pubblica anche una collezione di «Classici italiani» in edizione di lusso, con introduzione critica e commento (10 volumi, dal 1957 al 1968). Infine, una nuova collana di «Classici Sansoni» comprende *Opere* di Cattaneo, Beccaria, Bembo, Tommaseo ecc.

«I classici italiani», Milano, Mursia. Curata da G. Getto, la collana comprende 12 volumi (Dante, Petrarca, Boccaccio, Ariosto, Machiavelli, Tasso, Goldoni, Parini, Alfieri, Foscolo, Leopardi, Manzoni), cui si aggiungerà l'imminente edizione dedicata a Pirandello. Offre vaste introduzioni critiche e un commento essenziale in nota.

«Nuova raccolta di Classici italiani annotati», Torino, Einaudi. Fondata nel 1939 da S. Debenedetti e successivamente diretta da G. Contini, ha pubblicato 7 volumi, fra cui ricordiamo: D. ALIGHIERI, *Rime*, a cura di G. Contini; C.M. MAGGI, *Il teatro milanese*, a cura di D. Isella. Altre collane dello stesso editore accolgono pregevoli edizioni di classici italiani; fra queste i «Millenni» (dal 1947) e la «Nuova Universale» (dal 1942). Della prima fanno parte gli 11 volumi del «Parnaso italiano», diretti da C. Muscetta: un'ampia raccolta antologica della nostra lirica dalle origini al Novecento (alcuni volumi monografici sono riservati a Dante, Petrarca, Ariosto, Tasso, Leopardi). Nella «Nuova Universale» sono invece accolte alcune edizioni fondamentali, come le *Rime* di Dante e il *Canzoniere* del Petrarca, a cura di G. Contini.

Tra le altre collezioni di classici, ricordiamo:
«I libri della Spiga», Milano, Garzanti. In questa collana è apparsa l'ottima

edizione della *Commedia*, curata nel 1987 da E. Pasquini e A. Quaglio, con vasta introduzione, puntuali note e rimario.

I «Classici italiani», Bologna, Zanichelli. È diretta da W. Binni (volumi antologici); tra questi si segnala l'antologia *Il Quattrocento* a cura di G. Ponte.

I «Novellieri italiani», Roma, Salerno. È diretta da E. Malato; si propone di raccogliere tutta la letteratura novellistica italiana, dal Duecento al Novecento. Dei circa 85 volumi previsti, ne sono usciti una dozzina.

La «Biblioteca dell'Ottocento italiano», Bologna, Cappelli. Comprende circa 30 titoli; tra gli autori: E. Praga, I.U. Tarchetti, F.D. Guerrazzi, R. Zena, L. Capuana e altri.

I «Classici italiani minori», Ravenna, Longo. È diretta da E. Esposito.

I «Classici italiani per l'uomo del nostro tempo», Milano, Rusconi. È diretta da V. Branca; tra i volumi spicca l'eccellente FRANCESCO D'ASSISI, *Gli scritti e la leggenda*, a cura di G. Petrocchi.

La «Nuova Corona», Milano, Bompiani. È diretta da M. Corti dal 1974.

L'interrotta serie degli «Scrittori italiani», Milano, Marzorati. Si tratta di volumi economici ma scientificamente curati; la collana pubblica soprattutto opere difficilmente reperibili.

Sono inoltre da tener presenti anche le collezioni di testi rari. La più importante è la «Collezione di opere inedite o rare de' primi tre secoli della lingua», a cura della Commissione dei testi di lingua nelle province dell'Emilia, Bologna, Romagnoli-Dell'Acqua. Fondata nel 1861, fu per molti anni diretta dal Carducci; una nuova serie s'inaugurò nel 1944, col titolo di «Collezione di opere inedite e rare», sotto la direzione di C. Calcaterra. Attualmente il direttore è E. Pasquini.

Un'altra collezione specializzata è quella degli «Autori classici e documenti di lingua», a cura dell'Accademia della Crusca, Firenze, Sansoni, dal 1926, nella quale sono apparsi circa 20 volumi, tra cui: *Testi fiorentini del Dugento e dei primi del Trecento*, a cura di A. Schiaffini (1926); *Nuovi testi fiorentini del Dugento*, a cura di A. Castellani (1952); opere del Boccaccio (*Teseida*, a cura di S. Battaglia; *Amorosa visione* e *Decameron*, a cura di V. Branca, *Comedia delle ninfe fiorentine*, a cura di A.E. Quaglio) e i *Ricordi* del Guicciardini, a cura di R. Spongano.

Da ricordare anche: «Documenti di storia letteraria», Roma, Società Filologica Romana; «Studi e testi dell'Istituto di Filologia romanza di Roma»; «Documenti di filologia», Milano-Napoli, Ricciardi, che ha pubblicato le edizioni critiche delle *Rime* di G. Cavalcanti, a cura di G. Favati (1957), il *Giorno* e le *Odi* di G. Parini a cura di D. Isella (1969 e 1975) ecc.; infine «Testi e strumenti di filologia italiana», Milano, Fondazione Arnoldo e Alberto Mondadori, dal 1979, che ha già prodotto alcune pregevoli edizioni critiche, tra cui il *Canzoniere 1921* di U. Saba, a cura di G. Castellani; *L'allegria* di G. Ungaretti, a cura di G. Maggi, e *Sentimento del tempo*, dello stesso Ungaretti, a cura di G. Maggi e R. Angelica.

Infine, anche alcune collane universali economiche stampano pregevoli edizioni di classici. Il loro livello filologico e critico è in sensibile aumento; in queste serie trovano così posto sempre più spesso edizioni di pregio, che non sfigurano accanto alle collezioni maggiori. Tra queste collane sono la «Biblioteca universale Rizzoli» (BUR), gli «Oscar Mondadori» (in più sezioni, una delle quali intitolata proprio agli «Oscar classici»), i «Grandi libri Garzanti» (nei quali sono recentemente comparse due serie di volumi dedicati, secolo per secolo, dal Duecento al Novecento, alla *Poesia italiana*, 8 volumi, di cui l'ultimo in 2 tomi, e alle *Novelle italiane*, 6 volumi, di cui gli ultimi due in 2 tomi ciascuno; e ancora la «Grande universale Mursia» (GUM), l'«Universale economica Feltrinelli», l'«Universale Laterza» ecc.

4.2   Antologie

Fisionomia particolare ha la collana «La letteratura italiana. Storia e testi», Milano-Napoli, Ricciardi. Direttori furono inizialmente R. Mattioli, P. Pancrazi, A. Schiaffini. Si propone di offrire, secondo un disegno organico, l'essenziale della nostra letteratura; poi il progetto si è allargato, i volumi previsti si sono smembrati in più tomi e progressivamente si sono venuti arricchendo i loro apparati critici (introduzioni e sobrie ma precise note di commento). È rimasto costante invece il criterio antologico, ad eccezione di alcune grandi opere, come la *Commedia*, il *Canzoniere* petrarchesco, il *Decameron* e così via, proposti in veste integrale. La collana venne iniziata nel 1951 da un'antologia delle opere di B. Croce (*Filosofia-Poesia-Storia*), a cura dell'autore, e ha in seguito pubblicato, a ritmo assai sollecito, circa 80 volumi di testi, tra cui segnaliamo: *Poeti del Duecento*, a cura di G. Contini; *Poeti minori del Trecento*, a cura di N. Sapegno; L. PULCI, *Il Morgante*, a cura di F. Ageno; *Trattatisti e narratori del Seicento*, a cura di E. Raimondi; G.B. VICO, *Opere*, a cura di F. Nicolini; L.A. MURATORI, *Opere*, a cura di G. Falco e F. Forti; *Lirici del Settecento*, a cura di B. Maier; P. METASTASIO, *Opere*, a cura di M. Fubini; I. NIEVO, *Opere*, a cura di S. Romagnoli; G. D'ANNUNZIO, *Poesie-Teatro-Prosa*, a cura di M. Praz e F. Guerra. Dei volumi di storia letteraria inizialmente previsti (uno per ogni secolo) è uscito finora soltanto: N. SAPEGNO, *Storia letteraria del Trecento*. A partire dal 1976, inoltre, l'editore Einaudi di Torino ha pubblicato, in veste più maneggevole, alcune ristampe parziali dei volumi della «Ricciardiana» (sono usciti finora oltre 80 titoli).

Un'antologia in più volumi incentrata sulle letterature regionali è quella proposta dell'editrice La Scuola di Brescia: «Letteratura delle regioni d'Italia. Storia e testi», dal 1986, per la direzione di P. Gibellini e G. Oliva. I volumi sono corredati di profilo storico-critico, di introduzione ai singoli autori, di ampie note di commento ai testi e guida bibliografica. Sono finora usciti: G. ORELLI, *Svizzera italiana*; G. TESIO, *Piemonte e Valle d'Aosta*; A. STELLA - C. REPOSSI - F. PUSTERLA, *Lombardia*; I. CALIARO, *Veneto e Trentino Alto Adige*; P. SARZANA, *Friuli Venezia Giulia*; A. DE GUGLIELMI, *Liguria*; R. BERTACCHINI, *Emilia Romagna*; C. INCANTI, *Toscana*; S. BOLDONCINI, *Marche*; P. TUSCANO, *Umbria*; F. BONANNI, *Lazio*; G. OLIVA - C. DE MICHELIS, *Abruzzo*; R. GIGLIO, *Campania*; T. SPINELLI, *Basilicata*; M. DELL'AQUILA, *Puglia*; P. TUSCANO, *Calabria*; F. IMBORNONE, *Sicilia*; G. PIRODDA, *Sardegna*.

Un discorso a parte meritano le antologie di Gianfranco Contini per l'editore Sansoni di Firenze, in una serie di volumi di grande affidabilità filologica, corredati in taluni casi da ampi *Indici* lessicali, metrici, retorici. Le introduzioni ai singoli autori costituiscono in molti casi un sintetico e illuminante profilo critico; più brevi le introduzioni dei singoli testi. Questi i volumi usciti: *Letteratura italiana delle origini*, 1968; *Letteratura italiana delle origini*, 1970 (fondamentale); *Letteratura italiana del Quattrocento*, 1976 (11ª ed. 1987); *Letteratura italiana del Risorgimento*, 1986, tomo I: *Da Monti a Leopardi*. Ad esse vanno affiancate l'*Antologia leopardiana*, 1988, e l'*Antologia manzoniana*, 1989.

Tra le **altre antologie**, ricordiamo anzitutto alcune opere fatalmente invecchiate: G. CARDUCCI, *Primavera e fiore della lirica italiana*, Firenze, Sansoni, 1903 (rist. a cura di G. Bárberi Squarotti, Milano, Bompiani, 1969); *I classici italiani (testi e storia)*, diretta da L. Russo, Firenze, Sansoni, 1968 (in 2 edizioni, una maggiore in 6 volumi, e una minore in 3), fornita di introduzioni critiche, profili degli autori, bibliografie e commento; l'*Antologia della letteratura italiana*, diretta da M. Vitale, Milano, Rizzoli, 1968.

Fra le **antologie scolastiche** restano affidabili: M. MARTI-G. VARANINI, *Problemi e testimonianze della civiltà letteraria italiana*, 6 voll., Firenze, Le Monnier, 1976 e ristampe; il vasto ma discusso, e comunque utile a uno studio interdisciplinare, R. CESERANI-L. DE FEDERICIS, *Il materiale e l'immaginario*, 10 voll. (di cui l'VIII e il X in 2 tomi), Torino, Loescher, 1979 e ristampe (un'edizione ridotta è uscita in 5 voll. nel 1986); il recente C. SEGRE-C. MARTIGNONI, *Testi nella storia*, 4 voll., Milano, Bruno Mondadori, 1991.

Delle antologie settoriali, dedicate a momenti specifici della nostra storia letteraria, si dirà nelle bibliografie dei capitoli delle parti IV e V.

Infine, per quanto riguarda il **teatro,** una vasta antologia in più volumi è stata pubblicata dall'editrice Nuova Accademia di Milano. Un'altra serie è in corso di pubblicazione presso l'editore Einaudi di Torino; sono finora usciti: *Dalle origini al Quattrocento*, a cura di E. Faccioli, 2 tomi, 1975; *La tragedia del Cinquecento*, a cura di M. Ariani, 2 tomi, 1977; *La commedia del Seicento*, a cura di G. Davico Bonino, 3 tomi, 1977-1978; *La commedia del Settecento*, a cura di R. Turchi, 2 tomi, 1987-1988; *La commedia e il dramma borghese dell'Ottocento*, a cura di S. Ferrone, 3 tomi, 1979; *La tragedia dell'Ottocento*, a cura di E. Faccioli, 2 tomi, 1981; *Il libretto del melodramma dell'Ottocento*, a cura di C. Dapino, introd. di F. Portinari, 3 tomi, 1983-1985.

5 Enciclopedie della letteratura, dizionari e repertori biografici

Un valido avviamento alle indagini letterarie e culturali in genere si può trovare nelle *voci* dell'*Enciclopedia italiana*, meglio conosciuta come la «Enciclopedia Treccani», pubblicata dall'Istituto dell'Enciclopedia Italiana di Roma, dal 1929 al 1937, in 35 volumi, di cui uno di indici, e con 8 volumi complessivi di *Appendici* d'aggiornamento (1938-1981). Affidate a specialisti, tali *voci* contengono una trattazione sistematica (per quanto riguarda gli scrittori: notizie biografiche, esposizione critica delle opere, fortuna), chiusa da una bibliografia essenziale.

Tuttavia, dopo oltre mezzo secolo, parecchie di esse risultano fatalmente invecchiate; per cui si potrà ricorrere ad altri utili sussidi enciclopedici. Citiamo anzitutto l'*Enciclopedia Europea*, 12 voll., Milano, Garzanti, 1976-1984, con un ultimo volume di *Bibliografia. Repertorio. Statistiche*; più ampio, ma non sempre altrettanto affidabile, è il *Grande Dizionario Enciclopedico* fondato da P. Fedele, 20 voll., Torino, UTET, 1985-1990.

5.1 Enciclopedie della letteratura

Punto di partenza per la ricerca critica è stata per molti anni la *Storia letteraria d'Italia* dell'editore Vallardi di Firenze, avviata nel 1878 in parecchi volumi, ciascuno dedicato a un secolo specifico e affidato a uno specialista.

Questo il piano della 1ª edizione dell'opera, 1898-1926: F. NOVATI-A. MONTEVERDI, *Le origini*, 1900-1926 (fondamentale); G. BERTONI, *Il Duecento*, 1911; N. ZINGARELLI, *Dante*, 1903; G. VOLPI, *Il Trecento*, 1898, 1907²; V. ROSSI, *Il Quattrocento*, 1898 (eccellente); F. FLAMINI, *Il Cinquecento*, 1903 (ottimo); A. BELLONI, *Il Seicento*, 1899; T. CONCARI, *Il Settecento*, 1900; G. MAZZONI, *L'Ottocento*, 2 voll., 1913.

A partire dal 1929 fu pubblicata una 2ª edizione, secondo il seguente piano: A. VISCARDI, *Le origini*, 1939; G. BERTONI, *Il Duecento*, 1929 (rifatto); N. SAPEGNO, *Il Trecento*, 1934 (fondamentale); V. ROSSI, *Il Quattrocento*, 1933 (rifatto); G. TOFFANIN, *Il Cinquecento*, 1929; A. BELLONI-C. JANNACO, *Il Seicento*, 1929; G. NATALI, *Il Settecento*, 2 voll., 1929; G. MAZZONI, *L'Ottocento*, 2 voll., 1934 (rifatti). Si aggiunse infine un volume *ex novo*: A. GALLETTI, *Il Novecento*, 1935. Più recentemente apparve: M. APOLLONIO, *Dante*, 1951, e A. VALLONE, *Dante*, 1971. Infine, dal 1981, con l'aggiornamento di quest'ultimo volume, si è avviata la nuova edizione della *Storia letteraria*, a cura di A. Balduino e pubblicata dalla Piccin-Nuova Libraria di Padova.

Il piano dell'opera è così articolato: C. LEONARDI, *Le origini*; F. BRUNI-A. VARVARO, *Il Duecento*; A. VALLONE, *Dante*, 1971 (1981²); A. VALLONE, *Storia della critica dantesca dal XIV al XX secolo*, 2 tomi, 1981; N. SAPEGNO, *Il Trecento*, 1931 (1981⁴); *Il Quattrocento* (in preparazione); *Il Cinquecento* (in preparazione); M. CAPUCCI-C. JANNACO, *Il Seicento*, 1986³ (1ª ed. del solo Jannaco, 1963; 11ª ed., C. JANNACO-M. CAPUCCI, 1966); G. NATALI, *Il Settecento*, nuova ed., a cura di S. Romagnoli; L. TOSCHI-R. TURCHI, X vol.; R. ASSUNTO-A. BALDUINO *et alii*, *L'Ottocento*; R. JACOBBI, *Il Novecento*.

Un'opera oggi ridimensionata per il diseguale spessore dei singoli contributi (alcuni, peraltro, di valore) e per l'oggettivo invecchiamento critico complessivo, è *Orientamenti culturali. Letteratura italiana*, 19 voll., Milano, Marzorati, 1956-1974, preceduti dai *Problemi e orientamenti critici di lingua e letteratura italiana*, 5 voll., di cui si è detto al capitolo 1. L'opera si articolava in 14 tomi complessivi: 2 per *Le correnti*, 1956; 2 per *I maggiori*, 1956; 4 per *I minori*, 1961-1962; 6 per *I contemporanei*, 1963-1974; 5 per *I critici*, 1969. Particolarmente ponderoso è infine *Il Novecento*, della stessa collana dell'editore Marzorati, 10 voll., a cura di G. Grana, 1979.

Tra le più recenti storie letterarie collettive, la più importante è la *Storia della letteratura italiana*, diretta da E. Cecchi e N. Sapegno per l'editore Garzanti di Milano, 1965-1969, in 9 volumi, organizzati tradizionalmente: un volume per secolo, più uno di collegamento *Dall'Ottocento al Novecento*. Si registrano fra parte e parte alcuni scompensi; certi argomenti anche importanti vi hanno trattazione parziale, per altri sono state riutilizzate pagine già pubblicate altrove. Nell'insieme sono però comprese monografie molto valide; tra i volumi spicca il III, E. GARIN-D. DE ROBERTIS-L. CARETTI, *Dal Quattrocento all'Ariosto*.

Una seconda edizione dell'opera, diretta dal solo N. Sapegno, è uscita nel 1987. I primi 8 volumi sono stati aggiornati solo nelle bibliografie; l'ultimo, *Il Novecento*, è invece stato sdoppiato in 2 tomi, con capitoli nuovi e altri parzialmente riscritti.

Carattere particolare ha *La letteratura italiana. Storia e testi*, diretta da C. Muscetta, Bari, Laterza, 1970-1980: 10 volumi e 20 tomi complessivi: un volume in 2 tomi per ogni secolo; 2 volumi per complessivi 4 tomi sono invece dedicati a Ottocento e Novecento. È una storia della letteratura affidata a diversi autori, nella quale la trattazione storica è accompagnata da una ricca antologia di testi.

La stessa opera è stata ripubblicata in edizione economica, 66 volumi, in brossura, col titolo *Letteratura italiana Laterza* (LIL).

Più recente è *La letteratura italiana*, diretta da A. Asor Rosa, Torino, Einaudi, 1982-1986: 10 volumi, per complessivi 13 tomi. I primi 6 volumi sono impostati per «generi» e per «problemi»: vol. I: *Il letterato e le istituzioni*, 1982; vol. II: *Produzione e consumo*, 1983; vol. III: *Le forme del testo*, in 2 tomi: 1°: *Teoria e poesia*; 2°: *Prosa*, 1984; vol. IV: *L'interpretazione*, 1985; vol. V: *Le Questioni*, 1986; vol. VI: *Teatro, musica, tradizione dei classici*, 1986. Segue la sezione che più si avvicina a una storia letteraria tradizionale: i 3 volumi di *Storia e geografia* (secondo l'impostazione del celebre volume di C. DIONISOTTI, *Storia e geografia della letteratura italiana*, Torino, Einaudi, 1967), in 4 volumi: vol. I: *L'età medioevale*, 1987; vol. II: *L'età moderna*, in 2 tomi, 1988; vol. III: *L'età contemporanea*, 1989. Chiudono l'opera i 2 volumi de *Gli Autori: Dizionario bio-bibliografico e Indici*: vol. I: *A-G*; vol. II: *H-Z*, 1991.

A questi 10 volumi della *Letteratura italiana* si collegano i 3 previsti volumi delle *Opere*: cento capolavori selezionati, dal *Cantico delle creature* di Francesco d'Assisi alle

Città invisibili di I. Calvino. Finora è uscito il I vol.: *Dalle origini al Cinquecento*, 1992, con ricerche su Dante e Petrarca, Boccaccio e L.B. Alberti, Poliziano e Machiavelli ecc.

Si avvicina maggiormente alla storiografia letteraria tradizionale la *Storia della civiltà letteraria italiana*, diretta da G. Bárberi Squarotti, Torino, UTET, dal 1990, prevista in 8 volumi (10 o più tomi complessivi, compresi i 2 volumi finali del *Dizionario bio-bibliografico*). Questo il piano generale dell'opera: vol. I: G. BÁRBERI SQUAROTTI-F. BRUNI-U. DOTTI, *Dalle origini al Trecento*, 2 tomi, 1990; vol. II: R. RINALDI, *Umanesimo e Rinascimento*, 2 tomi (è uscito nel 1990 solo il primo tomo); vol. III: M. GUGLIELMINETTI, *Manierismo e Barocco*, 1990; vol. IV: M. CERRUTI-F. PORTINARI-A. NOVAJRA, *Il Settecento e il primo Ottocento*, 1992. Non sono ancora usciti i restanti volumi previsti: vol. V: G. BALDISSONE-G. BÁRBERI SQUAROTTI-A. PALERMO-F. PORTINARI-F. SPERA, *Il secondo Ottocento e il Novecento*; vol. VI: G.L. BECCARIA-C. DEL POPOLO-C. MARAZZINI, *Profilo dell'italiano letterario. Indice generale*; vol. VII e VIII: *Dizionario bio-bibliografico*.

Infine, per quanto riguarda il teatro, si ricordi l'*Enciclopedia dello Spettacolo*, fondata e diretta da S. D'Amico, Roma, Le Maschere, 1954-1968, in 9 volumi di vasta mole.

5.2 Dizionari e repertori biografici

Un utile repertorio è il *Dizionario letterario Bompiani delle opere e dei personaggi di tutti i tempi e di tutte le letterature*, 9 voll., Milano, Bompiani, 1947-1950 (con *Appendice*, 2 tomi, 1964-1966; *Appendice III*, 1979). La seconda edizione riveduta e ampliata è stata pubblicata nel 1983-1984; dei suoi 12 volumi, 10 sono dedicati alle *Opere*, l'XI ai *Personaggi*, l'ultimo contiene gli *Indici*. L'opera è completata dal *Dizionario degli autori di tutti i tempi e di tutte le letterature*, 3 voll., ivi, 1956-1957; 11ª ed., 4 voll., 1987.

Indispensabile strumento di lavoro è il *Dizionario critico della letteratura italiana*, diretto da V. Branca, con la collaborazione di A. Balduino, M. Pastore Stocchi, M. Pecoraro, 4 voll., Torino, UTET, 1986 (1ª ed. 1973). Le *voci*, ampie e criticamente impostate, sono dedicate, oltreché a singoli scrittori, anche a fenomeni e momenti storici cruciali, a movimenti, riviste, schemi storiografici, tipologie, concetti letterari (Barocco, Romanticismo, Decadentismo, «Il Conciliatore», Volgarizzamenti ecc.).

Altri repertori, alcuni dei quali fatalmente un po' invecchiati, sono: *Dizionario enciclopedico della letteratura italiana*, diretto da G. Petronio, 6 voll., Bari-Roma, Laterza-Unedi, 1966-1970; *Dizionario degli autori italiani* (con un sommario dello svolgimento della cultura italiana), diretto da B. Cordati e M. Farina, Messina-Firenze, D'Anna, 1973; M.E. COSENZA, *Biographical and Bibliographical Dictionary of the Italian Humanists and of the World of Classical Scholarship in Italy 1300-1800*, 6 voll., Boston, Mass., G.K. Hall and Co., 1962-1967²; *Dizionario generale degli autori italiani contemporanei*, coordinato da E. Ronconi, 2 voll., Firenze, Vallecchi, 1974; M. CUCCHI, *Dizionario della poesia italiana*, Milano, Mondadori, 1983 (con appendici di E. ESPOSITO, *Dizionario di metrica* e *Metrica e linguaggio poetico*).

Per la letteratura contemporanea: *Dizionario della letteratura mondiale del '900*, diretto da F.L. Galati, 3 voll., Roma, Edizioni Paoline, 1980; *Dizionario universale della letteratura contemporanea*, diretto da A. Mondadori, 4 voll. più 1 di *Indici*, Milano, Mondadori, 1959-1963. Da segnalare anche il *Columbia Dictionary of Modern European Literature*, a cura di Y.A. Bedé e W.B. Edgerton, New York, Columbia University Press, 1980.

Un repertorio informativo è il *Dizionario dei capolavori*, a cura di S. Jacomuzzi, 3 voll., Torino, UTET, 1987. Infine due utili prontuari sono il *Dizionario della letteratura italiana*, a cura di E. Bonora, 2 voll., Milano, Rizzoli, «BUR», 1977, e la *Nuova enciclopedia Garzanti della letteratura*, Milano, Garzanti, 1985 (11ª ed. 1986 e successive ristampe).

Per quanto riguarda le **biografie,** uno strumento basilare d'informazione, non solo per l'aspetto letterario, è il *Dizionario biografico degli italiani*, Roma, Istituto dell'Enciclopedia italiana, dal 1960 (il volume più recente è il LX: DI FAUSTO-DONADONI). Per le *voci* restanti, si ricorra alla vecchia *Biografia universale antica e moderna*, 77 voll., tradotti dal francese, Venezia, Missiaglia, 1822-1841; o all'ancora utile L. FERRARI, *Onomasticon. Repertorio bio-bibliografico degli scrittori italiani dal 1501 al 1850*, Milano, Hoepli, 1947 (1ª ed. 1943). Innovativo è l'*Archivio biografico Italiano* (ABI) = *Italienisches biographisches Archiv*, a cura di S. Furlani, München, Saur, 1987-1989: è costituito da circa 1200 *microfiches*, che raccolgono le notizie desunte da 321 repertori biografici preesistenti e copre un arco cronologico che giunge fino alla fine del XIX secolo.

6 Storie della letteratura
Storie e antologie della critica

6.1 Storie della letteratura

Tra le storie letterarie dovute a un solo autore, il primo posto spetta naturalmente alla classica *Storia della letteratura italiana* di F. DE SANCTIS, Napoli, Morano 1870-1871; ristampata a cura di N. Gallo, introduzione di N. Sapegno, 2 voll., Torino, Einaudi, 1971 (1ª ed. 1952), da integrarsi coi successivi *Saggi critici* dello stesso autore.

Non hanno scritto una storia sistematica della letteratura italiana, ma ne hanno – si può dire – esplorato tutti i settori nei loro numerosi scritti critici, il Carducci e il Croce (le loro opere verranno citate di volta in volta nei successivi capitoli). Le più notevoli pagine del Croce sulla nostra letteratura si leggono in *La letteratura italiana per saggi*, a cura di M. Sansone, Bari, Laterza, 1972.

Fra le storie letterarie più recenti, sono da ricordare: G. ZONTA, *Storia della letteratura italiana*, Torino, UTET, 1929-1932; F. FLORA, *Storia della letteratura italiana*, 4 voll., Milano, Mondadori, 1940-1941 (2ª ed. in 5 voll., 1952-1953; 3ª ed. economica, 5 voll., 1966). È uscito soltanto il vol. I: *Da Francesco d'Assisi a Girolamo Savonarola*, Firenze, Sansoni, 1957, di una *Storia della letteratura italiana* di L. RUSSO, nella quale l'autore intendeva fondere in un disegno unitario i risultati delle sue varie indagini critiche, pubblicate via via in parecchi volumi e specialmente nella serie dei *Ritratti e disegni storici*, Bari, Laterza, 1953. Notevole anche A. VISCARDI, *Storia della letteratura italiana dalle Origini al Rinascimento*, Milano, Nuova Accademia, 1960.

Concepita come manuale scolastico, ma spiccante per l'originalità e la sensibilità dei giudizi, è la *Storia della letteratura italiana* di A. MOMIGLIANO, 1ª ed. Messina-Milano, Principato, 1936. Raccomandabili, per l'ampiezza e la precisione dell'informazione e la chiarezza dell'esposizione, V. ROSSI, *Storia della letteratura italiana*, nuova edizione ampliata e aggiornata da U. Bosco, Milano, Vallardi, 1943; N. SAPEGNO, *Compendio di storia della letteratura italiana*, 3 voll., Firenze, La Nuova Italia, 1936-1941-1947 (l'ultima ristampa è del 1989); ne esiste anche un'edizione ridotta: *Disegno storico della letteratura italiana*; M. SANSONE, *Storia della letteratura italiana*, Milano-Messina, Principato, 1938 (ultima ed. 1971); M. APOLLONIO, *Storia della letteratura italiana*, Brescia, La Scuola, 1954.

Tra le storie letterarie collettive si ricordi *La letteratura italiana*, Firenze-Milano, Sansoni-Accademia, 1971-1974, in 2 volumi suddivisi in 4 tomi, di taglio manualistico. Tra quelle a uso delle scuole uscite negli ultimi anni: E. GIOANOLA, *Storia della letteratura italiana dalle origini ai giorni nostri*, Milano, Librex, 1987; U. DOTTI, *Storia della letteratura italiana*, Roma-Bari, Laterza, 1991 (con ampia bibliografia).

Fra le storie letterarie meno recenti presentano ancora un certo interesse: A. Bartoli, *Storia della letteratura italiana*, 7 voll., Firenze, 1878-1889 (fino a Petrarca); A. Gaspary, *Geschichte der italienischen Literatur*, Berlin, 1884-1888 (giunge fino al Cinquecento); un'edizione italiana fu allestita da N. Zingarelli e V. Rossi, Torino, Loescher, I vol. 1914, II vol. 1900-1902.

In molti casi sono ancora utili le grandi trattazioni erudite del Sette-Ottocento: G. Gimma, *Idea della storia dell'Italia letterata*, Napoli, Mosca, 1723; G.M. Crescimbeni, *Storia della volgar poesia*, Venezia, Besegio, 1730-1731; F.S. Quadrio, *Della storia e della ragione d'ogni poesia*, Bologna-Milano, Pisani e Agnelli, 1739-1752; G.M. Mazzucchelli, *Gli scrittori d'Italia*, Brescia, Bossini, 1753-1763; G. Tiraboschi, *Storia della letteratura italiana*, Modena, 1772-1782 (rist. a Milano, Tip. dei Classici, 1822-1826).

Per quanto riguarda il **teatro,** oltre alle due opere di M. Apollonio, *Storie del teatro italiano*, 4 voll., Firenze, Sansoni, 1938-1949 (più volte ristampata, l'ultima nel 1981) e di S. D'Amico, *Storia del teatro drammatico*, 4 voll., Milano, Garzanti, 1939-1940 (ora nella coll. «Biblioteca di cultura», Roma, Bulzoni, 1982), si vedano i vari volumi su «Teatro e spettacolo», serie diretta da L. Angelini, Bari, Laterza.

Sulla **storia della storiografia letteraria:** G. Getto, *Storia delle storie letterarie*, Firenze, Sansoni, 1981^4 (1^a ed. Milano, Bompiani, 1942; e cfr. il compendio del tema in *Letteratura e critica nel tempo*, Milano, Marzorati, 1979). Sulle più recenti prospettive: M. Pazzaglia, *Letteratura e storia della letteratura*, coll. «Letteratura e problemi», Bologna, Zanichelli, 1978, con ampia bibliografia e sezione antologica. E si veda anche G. Petronio, *Teorie e realtà della storiografia letteraria*, Bari-Roma, Laterza, 1981.

6.2 Storie e antologie della critica

L'opera più importante è *I classici italiani nella storia della critica*, a cura di W. Binni, Firenze, La Nuova Italia, 1954-1977, in 3 volumi, i primi 2 dei quali risultano ormai superati. Questo il piano dell'opera, articolata in 37 monografie, affidate a diversi specialisti, che ricostruiscono la storia della critica relativa agli autori maggiori della nostra letteratura: I vol.: *Da Dante al Marino*, 1954; II vol.: *Da Vico a D'Annunzio*, 1955 (1971^3); III vol.: *Da Fogazzaro a Moravia*, 1977.

L'editore Palumbo di Palermo ha pubblicato una collana di «Storia della critica», 1958-1975, diretta da G. Petronio e articolata in 32 volumi, ciascuno dedicato a uno degli autori maggiori o ai movimenti letterari della letteratura italiana. I volumi, che sono accompagnati da pagine di antologia, hanno valore diseguale.

Tra le antologie della critica, che possono integrare utilmente le storie della letteratura, presentando di volta in volta i giudizi e le analisi dei critici più accreditati su questo o quell'autore, ricordiamo:

Antologia della critica letteraria, a cura di M. Fubini e E. Bonora, Torino, Petrini, 1952-1960: 3 volumi, più un IV volume curato dal solo E. Bonora e dedicato ai contemporanei, ivi, 1960 (opera più volte aggiornata e ristampata).

L. Russo, *Antologia della critica letteraria*, 3 voll., Messina-Firenze, D'Anna, 1958.

W. Binni-R. Scrivano, *Antologia della critica letteraria*, Milano-Messina, Principato, 1971 (10ª ed. 1961).

G. Getto-S. Jacomuzzi, *Poeti e prosatori italiani nella critica*, Bologna, Zanichelli, 1961 (3ª ed. ampliata 1973).

F. Ulivi-R. Macchioni Jodi, *Prospettive e problemi. Antologia della critica letteraria e della civiltà italiana*, Messina-Firenze, D'Anna, 1971.

L. Caretti-G. Luti, *La letteratura italiana per saggi storicamente disposti*, 5 voll., Milano, Mursia, 1972-1973. È la più accurata di queste antologie, sia per il rigore delle scelte, sia per la ragionata bibliografia critica offerta ad apertura di ogni capitolo.

P. Pullega, *Scrittori e idee in Italia. Antologia della critica*, Bologna, Zanichelli, 1975.

G. Petronio, *Antologia della critica letteraria*, Bari, Laterza, 1990 (1ª ed. 1986).

Un'opera di grande respiro, anche se non specificamente orientata sulla letteratura italiana, fondamentale per lo studio della critica letteraria nei paesi di civiltà europea, è l'ampia ricostruzione di R. Wellek, *Storia della critica moderna*, trad. it. di A. Lombardo e F. Gambino, Bologna, Il Mulino, 1990 (1ª ed. 1961), titolo originale *A History of Modern Criticism*, 1955: 6 volumi, di cui gli ultimi 2 riservati alla critica inglese e a quella americana del periodo 1900-1950.

Parte seconda

Filologia e critica: metodi e teorie

1 Filologia e critica letteraria

È difficile stabilire una distinzione rigorosa fra queste due attività, sorte in servizio al testo letterario, in quanto ogni critica presuppone una filologia e la filologia, a sua volta, a meno che non sia pura e semplice raccolta di dati, implica una valutazione, un'interpretazione, cioè una critica. S'intende generalmente per *filologia* quella disciplina che mira alla ricerca e alla costruzione dei testi letterari e alla loro illustrazione specialmente dal punto di vista linguistico e storico, e per *critica* quella che s'impegna nella loro valutazione o dal punto di vista estetico o secondo criteri particolari, a volte mutuati, almeno in parte, da altre discipline. In concreto il critico, che non voglia limitarsi a offrire delle pure impressioni soggettive, deve fondare il suo giudizio su una interpretazione filologicamente esatta del testo nella sua struttura linguistica e nelle sue implicazioni storiche; d'altra parte anche il filologo, com'è venuta sempre più ampiamente riconoscendo la filologia moderna, non può lavorare in maniera astrattamente impersonale, come una macchina, applicando rigidamente e in ogni caso dei metodi di presunta validità scientifica e prescindendo totalmente da una interpretazione ideale ed estetica del testo che è oggetto del suo lavoro. Tuttavia è chiaro che sul terreno empirico la distinzione sussiste sempre, come quella fra due attività che, pur non essendo assolutamente indipendenti l'una dall'altra, sono però orientate in senso diverso.

La cultura positivistica del secondo Ottocento attribuiva carattere scientifico soltanto alla filologia, in quanto credeva che fossero applicabili in essa dei metodi impersonali e obiettivamente sicuri, quali erano ritenuti quelli delle scienze naturali, mentre considerava la valutazione estetica (per es. i giudizi del DE SANCTIS) come soggettiva e arbitraria. La scienza moderna ha riconosciuto molti limiti alle "matematiche certezze" di umane teorie applicate alla natura; nel contempo la critica ha allargato l'ambito dei suoi interessi, fruendo delle scoperte delle moderne scienze umane e anche di particolari tecniche di registrazione e di consultazione di dati. Appaiono quindi innegabili le basi scientifiche sia della filologia sia della critica, nell'unico significato accettabile che può avere la parola, nel senso cioè che entrambe procedono non a caso o arbitrariamente, ma secondo un metodo che, però, non ha nulla di rigido, ma si adegua via via alla variabile esperienza storica, e attraverso un continuo controllo dei propri dati e dei propri risultati, in costante riferimento all'esperienza del passato.

Ciò non toglie tuttavia che anche il critico più rigoroso racconti in qualche modo se stesso, forse tradendo così il proprio compito di servizio, ma evitando anche l'aridità di un'analisi esclusivamente tecnica e contribuendo, pur con una interferenza,[1] a rendere attuale il testo e a farne sentir vivo l'autore.

---

[1] In senso proprio, in fisica, si parla di *interferenza* a proposito della sovrapposizione di due moti ondulatori o di due suoni, i cui effetti possono giungere ad annullarsi a vicenda. Più comunemente si parla di *interferenza* radiofonica o telefonica, quando suoni estranei disturbano la ricezione. Per analogia si ha *interferenza* linguistica quando una lingua subisce mutamenti in seguito al contatto con un'altra. Per nuova estensione si parla di *interferenza in ambito critico*, quando il critico nell'interpretare un testo, sovrappone la propria personalità a quella dell'autore.

2 La filologia e l'edizione critica dei testi

2.1 La filologia

Col termine *filologia* (dal greco *philólogos*: secondo l'etimologia significa «amante della conversazione elevata e dotta») l'antichità classica indicava genericamente l'attività erudita. Come disciplina relativamente autonoma la filologia comincia a organizzarsi in Grecia a partire dal sec. III a.C., quando si sente il bisogno di inventariare e di descrivere il patrimonio letterario del passato. Suo compito principale è catalogare e restituire i testi antichi. Analogamente a Roma la filologia nasce a metà del sec. II a.C., quando s'incomincia ad avere coscienza di una letteratura nazionale. Il Medioevo ebbe scarso interesse filologico, perché la dominante mentalità acritica dell'epoca non avvertiva l'esigenza di rispettare la realtà oggettiva della tradizione: lo si può verificare nelle molte opere medievali in cui la storia e la cultura dell'antichità subiscono deformazioni, a volte anche grottesche. Tuttavia, nel Medioevo, l'affermarsi di una cultura cristiana accanto a quella classica determina la nascita di un nuovo ramo di attività filologiche, legate alla cura dei testi sacri; come, più tardi, nuovi rami e metodi nasceranno insieme con le nuove letterature nazionali o con la necessità di ricostruire l'originaria integrità di qualsiasi testo, anche non verbale.

La filologia scaturisce sempre da un particolare interesse critico e storico e dalla coscienza del valore del passato per il presente. Questa coscienza ha straordinario risalto nell'Umanesimo, quando un certo passato, la civiltà greco-latina, acquista un valore esemplare e si avverte la necessità di riportare alla luce la sua fisionomia propria e genuina. Con gli umanisti e, prima, con quel loro geniale precursore che è il Petrarca, si può dire che rinasca la filologia. Essi impostano alcuni dei problemi e dei metodi essenziali della filologia moderna, e si pongono già le domande: la filologia dev'essere scienza delle sole *parole* o anche delle *cose*? studio esclusivamente letterario o propedeutica a tutte le scienze?

Nel Seicento la filologia si confonde con una ricerca di erudizione illimitata e fine a se stessa.

Nel Settecento la mentalità cartesiana, razionalistica e antistoricistica, minaccia di distruggerla, ma finisce per dar vita a un nuovo indirizzo filologico, che si avvicina al testo con estremo spirito critico, per liberarlo dagli errori delle "età oscure e ignoranti". Conseguenza di questo indirizzo è un esagerato scetticismo nei riguardi delle testimonianze del passato a cui si reagisce nella seconda metà del secolo, fissando il carattere proprio delle certezze filologiche, le quali non sono riducibili a evidenze matematiche. Intanto GIAMBATTISTA VICO afferma l'unione di *filologia* e *filosofia*, definendo la prima come coscienza del *certo*, che deve compiersi e illuminarsi nella scienza del *vero*. Nel corso del Settecento si manifesta in maniera via via più accentuata un atteggiamento storicistico, il quale si sforza di aderire a mentalità diverse da quella coeva e di comprendere, per esempio, i poeti primitivi e Omero.

La mentalità storicistica domina nell'età romantica, insieme con la coscienza della necessaria unione di filologia e filosofia. La determinazione e l'interpretazione della lettera di un testo appaiono possibili solo in riferimento a una visione organica della civiltà di cui è espressione. HEINRICH HEINE afferma che bisogna interpretare le parole degli autori secondo il *genio* del popolo e dell'età loro non con la nostra mentalità, e FRIEDRICH VON SCHLEGEL dichiara: «fine della filologia è la storia», «filologia è filosofia», «ermeneutica e critica sono inseparabili». Secondo FRIEDRICH AUGUST WOLF autore dei famosi *Prolegomena ad Omero* (1795), scopo della filologia è la conoscenza di una nazione attraverso le sue opere letterarie. AUGUST BÖCKH distingue l'*ermeneutica*, il cui oggetto è l'intendere, dalla *critica,* il cui compito è giudicare, ma concepisce le due operazioni non come separate, bensì in un rapporto circolare fra di loro.

Nella seconda metà dell'Ottocento il dominio della mentalità positivistica, con la sua pretesa di obiettività *scientifica* in tutti campi e con il timore dell'interpretazione soggettiva, provoca il distacco fra momento filologico-erudito e momento storico-filosofico. Ogni elaborazione di *fatti e documenti* appare fallace e la filologia assorbe in sé storia e filosofia. Anche la critica letteraria viene ridotta a filologia. Nella costituzione dei testi si ricercano procedimenti obiettivi, "scientificamente sicuri", senza nessun intervento della "soggettività" dello studioso. Si forma così il metodo di KARL LACHMANN, che costituirà fino ai nostri giorni un punto di riferimento costante nel lavoro dell'edizione testuale.

Nella prima metà del Novecento, in Italia, la reazione del pensiero idealistico (e in particolare di BENEDETTO CROCE) al Positivismo ha influito anche sugli orientamenti della filologia. Il principio che non sono obiettivamente determinabili realtà al di fuori dello spirito, e la concezione del carattere individuale degli atti umani e dei problemi storici, hanno contribuito a dissolvere il mito di una filologia assolutamente obiettiva e impersonale. I due maggiori filologi italiani del tempo, MICHELE BARBI e GIORGIO PASQUALI convengono nel riconoscere che l'attività filologica non è "meccanica", ma "metodica", e, mentre il Barbi afferma che il "soggettivo" non è di necessità l'arbitrario e che la ragione è il «principale fattore in ogni operazione veramente critica», il Pasquali mette in rilievo il necessario intervento nell'esegesi testuale della "soggettività" dello studioso, come gusto, capacità intuitiva, esperienza stilistica. Queste posizioni sono il risultato sia della nuova atmosfera culturale sia dell'esperienza diretta in vasti campi di ricerca.

Il crocianesimo ha avuto in questo ambito anche un influsso negativo. Il Croce non ha mai mostrato disprezzo per la filologia; tuttavia l'ha distaccata polemicamente dalla critica come un antecedente di questa e ha spesso insistito sui suoi limiti. Tale atteggiamento, e la concezione della poesia come realtà metastorica, nettamente distinta dalla vita pratica, hanno certo favorito una forma di impressionismo arbitrario, insofferente di mediazioni culturali e di precisi accertamenti linguistici e storici.

In questi ultimi decenni si è manifestato un nuovo gusto del concreto e del particolare, corrispondente all'esigenza di dare fisionomia precisa all'oggetto dell'indagine, di controllare fino ai limiti del possibile la validità obiettiva di questa. Nei migliori filologi moderni il legame con gli aspetti più validi della tradizione ottocentesca (simbolicamente riassunti nel Barbi) si fonde con la consapevolezza del nesso tra filologia e critica, e col riconoscimento della finale destinazione estetica anche dell'attività filologica: del fatto, cioè, che la filologia ha un significato e una giustificazione in quanto sia orientata verso una valutazione critica e estetica, sia da questa sollecitata e illuminata. Valgono a conferma le parole di uno dei più valenti filologi italiani contemporanei, DANTE ISELLA: «la costituzione critica del testo che è l'operazione principe, è operazione non meccanica ma eminentemente spirituale» e la nuova filologia, a differenza di quella positivistica, non è più «agnostica davanti al documento».

Altro aspetto essenziale di questa nuova concezione della filologia è l'affermazione dell'individualità dei problemi, la quale non consente l'applicazione di regole generali, anche se l'esperienza può fornire indicazioni empiriche utili per più di un caso.

La moderna filologia, sia quando si applica ai testi letterari, sia quando si pone al servizio di altre scritture, sacre e profane, o anche quando è al servizio delle arti figurative (e si parla, infatti, di "restauro filologico" anche a proposito di dipinti o di monumenti), fa un uso sempre più ampio di metodi e di strumenti derivati dalle altre scienze o comunque offerti dalle recenti tecnologie. Mentre perdono di importanza alcune attività come l'*edizione diplomatica* (cfr. 2.4), superata nei fatti dalla comodità della riproduzione fotografica, ormai largamente accessibile, aumenta l'attenzione per aspetti sinora trascurati (come, per esempio, il peritesto) e viene dedicata filologica cura persino ai testi letterari contemporanei.

2.2 Il testo critico

L'operazione fondamentale della filologia è la costituzione del *testo critico*. Si chiama convenzionalmente "testo critico" di un'opera quello che intende riprodurre più fedelmente possibile l'opera stessa nella forma ultima voluta dall'autore. Non è detto che la forma *ultima* coincida necessariamente con quella artisticamente *più perfetta*, per quanto questo avvenga nella grande maggioranza dei casi. Così, per esempio, la redazione definitiva di certe rime del Tasso è indubbiamente meno felice artisticamente che non le redazioni primitive; e analogamente la *Gerusalemme conquistata* ha nel complesso minor valore artistico della *Gerusalemme liberata*. In questi casi si presentano allo studioso problemi particolari, che egli cercherà di risolvere secondo il criterio che gli apparirà più opportuno. Per queste ragioni oggi il testo critico appare non tanto una realtà rigidamente determinata, quanto un'"ipotesi di lavoro", variabile a seconda delle singole situazioni concrete.

Il problema dell'edizione critica si presenta di importanza fondamentale soprattutto per le opere antiche, di cui generalmente non possediamo gli autografi, sicché dobbiamo rifarci a copie manoscritte, spesso assai scorrette, dalle quali solo attraverso un lungo e difficile lavoro di confronti si tenta di risalire a quella che presumibilmente era la *lezione* (ossia la forma, l'espressione precisa) voluta dall'autore. Questo è per esempio il caso della *Divina Commedia*. Ma anche di opere recenti, stampate vivente l'autore, può esser necessaria, per ragioni varie, l'edizione critica. Di un libro così diffuso come *I promessi sposi*, la cui stampa fu curata direttamente dall'autore, solo da non molto tempo si è potuto dare un testo esatto, riproducente le correzioni che il Manzoni apportò durante la stampa. E anche per un'opera di cui possediamo l'autografo può accadere di dover compiere un lavoro di ricostruzione critica del testo, come per il *Teseida* del Boccaccio (in copie dell'opera l'autore ha aggiunto note ed eseguito correzioni che non compaiono nell'autografo).

Si comprende facilmente quanto sia importante per la retta interpretazione di un'opera il possederne un *testo* esatto. Questa esigenza fu sentita fin dai tempi antichi, in forme diverse a seconda delle varie epoche; ma i canoni fondamentali della metodologia critica attualmente seguiti furono fissati abbastanza recentemente.

2.3 Cenni di storia dell'edizione critica

Si può considerare come inizio del lavoro di critica testuale l'edizione dei poemi di Omero promossa nel sec. VI in Grecia da Pisistrato (alla quale risale la divisione dei due poemi in libri). Più tardi i filologi alessandrini compirono una vasta opera di edizione di testi, che erano spesso accompagnati da un commento, da una introduzione storico-letteraria e talvolta da giudizi estetici.

Dopo la parentesi medievale, come s'è detto, la filologia rinasce con gli *umanisti*. Tuttavia anche gli umanisti furono assai meno rispettosi che non i filologi moderni di una fedele riproduzione dei testi. Spesso, di fronte a lezioni diverse, accordarono la preferenza a una di esse esclusivamente per ragioni estetiche e sostituirono anche arbitrariamente alle lezioni dei manoscritti altre che loro preferivano. Dopo l'invenzione della stampa, si limitarono di solito a riprodurre un solo manoscritto senza alcun criterio preciso.

Benché AGNOLO POLIZIANO cominciasse a usare il sistema della *collazione* (= confronto, dal latino *conferre*) dei vari testi esistenti di un'opera, fino all'Ottocento prevalse un criterio soggettivo. I canoni fondamentali della filologia moderna furono fissati nella prima metà dell'Ottocento da un gruppo di studiosi, fra i quali il più insigne è il tedesco KARL LACHMANN, autore di celebri edizioni di Properzio, di Lucrezio e del Nuovo Testamento, onde l'insieme dei nuovi princìpi di edizione dei testi antichi ha preso il nome di "metodo del Lachmann". Con questo metodo si volle sostituire al criterio soggettivo, più o meno arbitrario, un criterio oggettivo e scientifico. Il Lachmann stabilì tre gradi del lavoro di edizione: *recensere, emendare, originem detegere*. Il primo consiste nel raccogliere i manoscritti, eliminando quelli che presentano delle *interpolazioni* (aggiunte arbitrarie dei copisti), e nello stabilire i rapporti che intercorrono fra di essi, formando il cosiddetto *albero genealogico* o *stemma codicum* (la rappresentazione grafica dei rapporti intercorrenti fra i manoscritti), per ricostruire poi l'*archetipo*, cioè il capostipite, quella copia perduta dell'originale, dalla quale derivano i testi noti. Il secondo grado consiste nel risalire dall'archetipo all'autografo; il terzo nello scoprire la storia e la fortuna del testo.

Il metodo del Lachmann (al quale si deve anche la terminologia tuttora in uso) ebbe grande fortuna e fece progredire assai il lavoro di edizione dei testi, per quanto molti lo applicassero in maniera troppo meccanica. Questo accadde in particolare nell'epoca positivistica, quando, come abbiamo già detto, affascinati anche in questo campo dal miraggio della "scientificità", si pretese che si dovessero applicare in ogni caso rigidamente le medesime norme, come se l'edizione critica dovesse essere il risultato di operazioni quasi automatiche, senza intervento della soggettività dello studioso. Donde la reazione della più recente filologia (il cui più insigne maestro in Italia fu Michele Barbi), che riconosce invece in ogni opera la presenza di problemi particolari, che non si possono risolvere con nessun metodo a priori, benché certi criteri siano in genere applicabili. Fra l'altro, come ha avvertito Vittore Branca a proposito del *Decameron*, bisogna tener conto anche delle vie e dei modi attraverso cui l'opera è stata trasmessa «sempre singolarissimi e imprevedibili».

2.4 Come si fa un'edizione critica

L'edizione di un testo può essere di tre tipi: *meccanica*, *diplomatica* e *critica*. L'edizione meccanica si limita a riprodurre materialmente il testo (manoscritto o a stampa) con mezzi meccanici (fotocopie, xerocopie, microfilm ecc.). Sono riproduzioni meccaniche i facsimili, che si trovano anche in edizioni scolastiche. L'edizione diplomatica riproduce per la stampa un testo, contenuto di solito in un manoscritto, conservando tutte le caratteristiche che quel testo presenta: abbreviazioni, cancellature, correzioni, errori ecc. Il lettore in questo caso si trova quasi nelle medesime condizioni di chi avesse davanti agli occhi il manoscritto stesso (la facilità che si ha oggi di ottenere ottime riproduzioni meccaniche tende a far scomparire le edizioni diplomatiche).

L'edizione critica invece si propone, partendo dalle copie attualmente possedute, di ricostruire l'originale di un'opera. La nozione di *originale* non ha significato univoco. La metodologia dell'edizione critica si è formata inizialmente per la restituzione di testi manoscritti (classici o medievali) e si è quindi designato come originale «l'esemplare manoscritto che risale all'autore». Ma, in concreto, non sempre è facile determinare in che cosa realmente sia consistito questo originale. Dei testi dell'antichità greca e latina non possediamo nessun autografo, e le notizie che abbiamo sulla costituzione dei testi medievali rivelano che si trattava spesso di un'operazione complessa, con interventi successivi dell'autore. Dopo l'invenzione della stampa può accadere (come si sa per certi libri dell'Ottocento) che l'autore continuamente rielabori il testo sulle bozze e in questo caso non esista più un originale manoscritto, ma solo una prima edizione a stampa. Si noti inoltre che di un'opera possono anche esistere più redazioni originali, fra le quali non sempre è possibile stabilire con assoluta sicurezza quale sia l'ultima. D'altra parte in molti casi è utile possedere testi corretti e distinti delle varie redazioni. Questo è il caso, per esempio, del *Giorno* del Parini, e dei *Promessi sposi*, del quale si sono procurate edizioni che comprendono il testo del primo abbozzo del romanzo (*Fermo e Lucia*), il testo della prima stampa (1825-1827) e quello dell'edizione definitiva (1840). Analogamente l'edizione critica delle *Ultime lettere di Jacopo Ortis* a cura di Giovanni Gambarin contiene i testi delle tre diverse edizioni del romanzo foscoliano (1798, 1802, 1817). Le varianti di alcuni autori contemporanei sono spesso lette quasi come composizioni autonome o intenzionalmente proposte in alternativa all'ultima stesura. A volte lo stesso autore (pensiamo a Ungaretti), giocando a occupare anche lo spazio del filologo, si è così compiaciuto.

In ogni caso la ripresa integrale di testi "superati" può avere vari significati, dalla riscoperta epocale, alla valutazione dell'accoglienza (critica, sociale ecc.) di un testo.

Si possono distinguere nel lavoro di chi fa un'edizione critica, in linea di massima, quattro momenti principali:

1. *recensio*: raccolta di tutto il materiale esistente (manoscritti, stampe, fonti, versioni, commenti ecc.);

2. *collatio*: confronto dei manoscritti e delle stampe;

3. *eliminatio codicum*: eliminazione dei testi che sono evidentemente copie di altri, perché tali copie non servirebbero a nulla (alla loro identificazione si perviene tenendo conti di vari fatti: lacune, interpolazioni, scambi di parti del testo, righe omesse di senso non compiuto in passi di prosa, le cosiddette *finestre*, cioè spazi bianchi della copia che corrispondono a fori, macchie ecc. dell'originale);

4. *classificazione* dei manoscritti e delle stampe non eliminati e *ricostruzione dell'originale*.

Nel rapporto fra i vari testi normalmente si tengono presenti alcuni passi particolarmente significativi (*loci critici*), dato che un confronto completo di solito occuperebbe troppo tempo. Con i manoscritti e le stampe non eliminate si costruisce lo *stemma*, ossia il loro albero genealogico. In esso ogni manoscritto o stampa viene indicato con una lettera dell'alfabeto latino (A, B, C, D ecc.), mentre con le lettere dell'alfabeto greco si indicano i capostipiti perduti, autografo e archetipo. Spesso si scelgono lettere che richiamino la collezione alla quale appartiene il manoscritto o la stampa: per esempio, con V si indica un esemplare della Biblioteca Vaticana di Roma; con L della Laurenziana di Firenze ecc.

Ecco un esempio di ipotetico *stemma* semplicissimo:

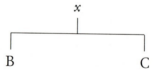

In esso x indica l'autografo non conosciuto, B e C le copie che ne derivano e attraverso le quali dobbiamo ricostruirlo. In questo caso il lavoro si presenta relativamente facile. Ma nella realtà in genere le cose sono più complicate. Osserviamo questo esempio:

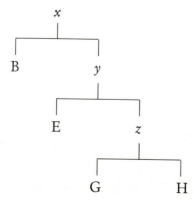

In esso *x*, *y*, *z* rappresentano manoscritti perduti, la cui esistenza è stata supposta come necessaria in quanto i quattro manoscritti conosciuti (B, E, G, H) sono risultati indipendenti l'uno dall'altro, ma tuttavia legati tra di loro da particolari rapporti: cioè G e H sono risultati avere degli aspetti comuni che li distaccano da B e E; si è quindi dovuto supporre un genitore loro proprio, che è *z*. Si è constatato poi che parecchie volte E concorda con G e H, distaccandosi invece da B; si è quindi dovuto postulare un ascendente perduto comune a E e, attraverso *z*, a G e H, e questo è *y*. Passando allora al confronto dei manoscritti posseduti, quando E G H concordano, avremo la lezione di *y*; e, quando questa lezione si accorda con quella di B, saremo sicuri di possedere la lezione di *x*, ossia dell'originale. Questo, come abbiamo avvertito, è un caso teorico; in pratica ci sono sempre particolari complicazioni; ma l'esempio può essere sufficiente per dare un'idea della linea fondamentale del procedimento. Se al termine del processo ricostruttivo si giunge a un'unica lezione originaria, si parla di tradizione *unitaria* o *chiusa*. Ma può darsi anche il caso che il raffronto dei testi conduca a due o più lezioni non riducibili l'una all'altra. Si parla allora di tradizione *aperta* o *a due e più rami*.[1]

Fra i vari criteri che si seguono nella ricostruzione del capostipite perduto, uno dei più comuni e più importanti è quello della cosiddetta *lectio difficilior*. Normalmente fra due lezioni di uno stesso passo, una più facile e una più difficile o meno comune, la più difficile ha maggiori probabilità di essere autentica, mentre quella più facile di solito rappresenta la sostituzione effettuata da un copista che non ha capito il testo. Per esempio Giuseppe Vandelli, nella edizione critica della *Divina Commedia*, al v. 31 del canto III dell'*Inferno* ha preferito la lezione più difficile «E io ch'avea d'*error* la testa cinta» a quella più facile «E io ch'aveva d'*orror* la testa cinta» e il Petrocchi in *Inf.*, I, 48 ha preferito «sì che parea che l'aer ne *tremesse*» a «sì che parea che l'aer ne *temesse*». Ma si tenga presente l'avvertenza del Pasquali che la nozione di difficoltà è relativa e che ciò che è difficile per noi poteva essere facile per uomini di altra età.[2]

Anche dopo un diligente raffronto di testi si può pervenire a lezioni che per ragioni varie non soddisfino (per es. che non diano un senso accettabile) e che quindi occorre correggere. Quest'operazione si chiama *emendazione*. Svariatissimi sono i casi che si possono presentare. Per esempio: un'edizione cinquecentesca della *Vita nuova* legge *parole prima* invece di *parole per rima*. Si tratta di una svista dipendente dal sistema di abbreviazione (nei manoscritti antichi sono di uso frequentissimo le abbreviazioni). Nei manoscritti spesso non esiste la divisione delle parole, per cui al v. 83 del canto XIV dell'*Inferno* ci doveva essere nell'originale un gruppo *fatteranpietra*, che nella tradizione comune è stato risolto in *fatt'eran pietra*, mentre poi il Barbi ha proposto la molto più felice divisione, che si accorda assai meglio col contesto, *fatt'era 'n pietra* (= era fatto di pietra). Il lavoro di emendazione è assai delicato e richiede grande discrezione e intuito, insieme con la conoscenza delle abitudini linguistiche particolari dello scrittore e generali della sua epoca, e con la preparazione a decifrare le scritture

---

[1] Sistemi antiquati per la ricostruzione dell'originale, oggi abbandonati, sono quelli del *codex receptus*, dei *codices plurimi* e del *codex optimus*. Nel primo caso si seguiva la vulgata, nel secondo la lezione offerta dal maggior numero di codici, nel terzo si riproduceva fedelmente il manoscritto ritenuto più completo e corretto.

[2] Un esempio: in *Paradiso*, XV, 71 *arrosemi* può apparire lezione più difficile rispetto ad *arrisemi*; in realtà è l'inverso: nell'italiano antico "arrogere" era più diffuso di "arridere".

antiche (competenza che si acquista mediante lo studio di una scienza particolare, la cui conoscenza è indispensabile al filologo: la *paleografia*). Le proposte di correzione si chiamano *congetture*.

Stabilito il testo, si procede alla pubblicazione. In essa vengono comunemente usati alcuni segni tipografici con particolare significato: tra < > si pongono le aggiunte congetturali, tra { } o [[ ]] le parole espunte per congettura; tra [ ] i complementi del testo nei punti dove esso risulta danneggiato meccanicamente; con † si indicano i guasti che non si sono potuti sanare. In un'edizione critica il testo è accompagnato a piè di pagina dall'*apparato critico*, cioè dalla documentazione del lavoro attraverso il quale l'editore è arrivato a quella data costituzione. In esso si contengono le *varianti*, cioè le lezioni diverse da quelle accettate nel testo, in modo che il lettore possa controllare, e in certo senso rifare, il ragionamento dell'editore.[3] Precede il testo una *Prefazione* (o segue una *Nota critica*), nella quale l'editore rende conto delle indagini fatte e dei criteri seguiti nella costituzione e nella pubblicazione del testo.

2.5 Edizione di testi popolari

Il procedimento descritto nel paragrafo precedente è quello che si usa normalmente per l'edizione critica dei testi dotti o d'autore. Caratteri diversi presenta la critica dei testi popolari. La poesia popolare vive attraverso un processo di rielaborazione continua, onde non esiste una redazione originale da ricostruire attraverso il confronto di successive redazioni diverse, ma una molteplicità di varianti, tutte ugualmente valide. La *recensio* quindi non ha valore puramente strumentale, come nei testi dotti, ma la tradizione dei testi coincide con i testi stessi; e siccome tutti gli elementi che la costituiscono hanno uguale valore, non ha luogo la *eliminatio codicum*. Non è possibile costituire un albero genealogico vero e proprio per tutto un testo, perché ogni variante sta e vive a sé. Fine principale della critica dei testi popolari è quello di stabilire la cronologia relativa delle varie redazioni; i princìpi fondamentali per lo studio dei testi popolari sono stati stabiliti dal grande filologo spagnolo Ramón Menéndez Pidal; in Italia hanno approfondito questi problemi il Barbi e Vittorio Santoli; discorda in parte dalle loro tesi Gianfranco Contini.

2.6 Manoscritti e stampe

Tutti i testi più antichi erano manoscritti, prima su papiro e pergamena, poi, dal sec. XII circa, anche su carta. Essi si chiamano *codici*. Spesso, per il caro prezzo o per la scarsità del materiale disponibile, si cancellava il testo primitivo e se ne scriveva un altro che in quel momento interessava di più. Tali codici si chiamano *palinsesti*. Con

---

[3] Si tenga presente che esistono due tipi di varianti: quelle dovute ad errori di trascrizione o a modificazioni del testo, in ogni caso risalenti ai copisti o agli editori, e quelle invece che possono risalire all'autore stesso (*varianti d'autore*). Quest'ultimo caso si verifica di frequente per gli autori moderni, dei quali spesso possediamo edizioni diverse della stessa opera, tutte curate dall'autore, diversi autografi, bozze di stampa con le correzioni ecc. Le varianti d'autore vanno naturalmente considerate in maniera diversa dalle altre, e generalmente vengono utilizzate nell'indagine sulla elaborazione stilistica dell'opera. Diverso ancora è il caso di opere che sono state pubblicate più volte a cura dell'autore con cambiamenti di varia entità da lui voluti: lo studio di tali varianti riguarda tanto l'elaborazione dell'opera, quanto quello della sua fortuna e può essere pure posto in correlazione con avvenimenti del tempo.

tecniche particolari si possono far riapparire le scritture nascoste. Fra i primi, più grandi scopritori e decifratori di palinsesti, fu mons. Angelo Mai (cfr. la canzone del Leopardi *Ad Angelo Mai*).

I testi a stampa cominciarono ad apparire, com'è noto, nella seconda metà del Quattrocento. Questi primi esemplari si chiamano *incunaboli*[4] e conservano in gran parte la struttura del manoscritto. Infatti, come i manoscritti, essi non hanno ancora la numerazione delle pagine secondo il sistema moderno. Inizialmente si distinguevano soltanto, con le lettere dell'alfabeto, i singoli quaderni; in seguito si numerarono le pagine e infine anche le facciate.

Fino a un'epoca abbastanza recente si conservò anche l'abitudine di segnare come richiamo in basso alla pagina le parole con le quali cominciava la pagina seguente: per questo le pagine di un codice, come quelle di un incunabolo, si sogliono chiamare *carte*; nella carta si distingue il *recto* e il *verso*, corrispondenti alle nostre facciate. Per esempio, carta 4 *recto* (o anche, abbreviato, c. 4*r*) indica la prima facciata, la diritta, della carta; la facciata che sta sul rovescio di questa si indicherà con carta 4 *verso* o più semplicemente c. 4*v* (si usa scrivere anche c. 4*a* e c. 4*b*).

Il formato di un codice come di un libro a stampa si calcola in base al *foglio* di stampa. Se la carta, o pagina, ha la grandezza del foglio piegato una sola volta, il codice o libro si chiama *in-folio*; se ha quella di un foglio piegato in quattro si ha l'*in-quarto*; analogamente si avrà l'*ottavo*, il *sedicesimo*, il *trentaduesimo*, il *sessantaquattresimo* ecc. Il foglio non ha misura uguale in tutti i codici, perciò nel caso di manoscritti si preferisce indicare la misura in centimetri. Per i libri a stampa esistono invece misure convenzionali: i volumi oltre i 38 cm di altezza sono *in-folio*, quelli fra i 28 e i 38 cm *in-quarto*, fra 20 e 28 cm *in-ottavo*, da 15 a 20 cm *in-sedicesimo*, e *in-trentaduesimo* quelli al di sotto dei 10 cm (le misure si indicano di solito abbreviate in-4., in-8. ecc.). Recentemente tuttavia, data l'estrema varietà di formati di stampa, a volte non dipendenti quanto nel passato da esigenze di piegatura dei fogli, si tende anche per i libri a indicare le misure in centimetri.

Di un manoscritto si può fare una descrizione esterna e una descrizione interna. Nella descrizione esterna si indica la segnatura (es. *Laurenziano-Ashburnamiano* 1524, che significa: Codice che si trova nella Biblioteca Medicea-Laurenziana di Firenze e appartiene alla raccolta pervenuta a quella Biblioteca per donazione di lord Ashburnham, dove ha il numero d'ordine 1524), la *materia* (membranaceo, cartaceo ecc.), la *misura* (in centimetri o millimetri), l'*età*, la *scrittura*, la *composizione*, la *numerazione delle carte*. La descrizione interna indica l'*autore*, il *titolo* (o gli autori e i titoli se si tratta di un codice contenente opere diverse), l'*incipit* e l'*explicit* (cioè l'inizio e la fine). Ecco due esempi di descrizione:

1. II, VIII, 41. (Magl. Cl. xxv, num. 621).

Storia fiorentina di *Ricordano Malespini*; precede la tavola delle rubriche: Proemio sopra il presente libro. «Ad honore et reverentia dello Dio padre onnipotente da cui disciende

---

[4] La prima edizione di opere dei classici, o comunque di opere scritte prima della scoperta della stampa, condotta con un certo scrupolo, si chiama *editio princeps*, "edizione principe". La denominazione è stata estesa anche a designare genericamente la prima stampa di un libro, che rappresenta rispetto al testo la definitiva volontà dell'autore.

il sommo bene / la quale risposta molto dispiacque loro. Più non seguita questa opera composta da Riccardo Malispini». Cart., in 8., sec. XV, ff. scr. 133. Leg. in pelle ed assi. Sulla membr. di custodia: «Questa istoria che termina nel 1281 e ha il nome dell'autore in fine, è diversa in molte cose dalla stampata. Sembra essere copiata o riepilogata nel 1400 perché si dice in un capitolo il campanile di S. Maria del Fiore. M.A. Mozzi». Provenienza: Strozzi, num. 114 dei mss. in 4.

da G. MAZZATINTI-F. PINTOR, Inventari dei manoscritti delle Biblioteche d'Italia, vol. XI, Firenze, Olschki, 1980, p. 238.

2. Tübingen, Universitätsbibliothek (Tübinger Depots der Berliner Staatsbibliothek), lat. folio 437.
Famosissimo codice più e più volte minuziosamente descritto. Basti qui riferirsi alla bibliografia citata da F. SCHNEIDER, in *Die Monarchia Dantes aus der Berliner Handschrift, cod. lat. folio* 437, Weimar, 1930.
Legatura in cuoio, ottocentesca; membranaceo: della metà del Trecento; ff. 98; cm 36 × 22; scrittura su due colonne di più mani. Il codice entrò nella Staatsbibliothek di Berlino il 18 novembre 1878 per acquisto dall'antiquario L. Prager; e fu per la prima volta utilizzato da L. Bertalot per le sue edizioni del *De Vulgari eloquentia* (Friedrichsdorf apud Francofurtum ad M., 1917) e della *Monarchia* (Friedrichsdorf in monte Tauno apud Francofurtum, 1918).
Il codice contiene nei suoi primi 88 fogli il commento a Valerio Massimo di Dionigi da Borgo-Sansepolcro. Al f. 89 comincia, anonima e anepigrafa, la *Monarchia*. Una mano diversa da quella che copiò il testo, ma pur sempre trecentesca, scrisse sul margine superiore: *Incipit Rectorica Dantis [ ] Domini Bini de Florentia*. Il testo termina al f. 94 con il curioso *Explicit. Endivinalo sel voy sapere*. Cui subito segue, di mano diversa (ma sempre trecentesca) *monarchia Dantis*.
Alla *Monarchia* è accodato il *De vulgari eloquentia*, anch'esso anepigrafo e anonimo, che occupa i ff. 95-98.

da D. ALIGHIERI, Monarchia, a cura di P.G. Ricci, Milano, Mondadori, 1965, p. 7.

Repertorio bibliografico

Due opere classiche sull'argomento sono: M. BARBI, *La nuova filologia e l'edizione dei nostri scrittori da Dante a Manzoni*, Firenze, Le Monnier, 1938; G. PASQUALI, *Storia della tradizione e critica del testo*, intr. di D. Pieraccioni, Firenze, Le Lettere, 1988 (1ª ed. Firenze, Le Monnier, 1934). Questo secondo volume si riferisce a problemi della filologia classica, ma può essere proficuamente utilizzato anche dallo studioso di filologia moderna. Molto importante, anche se più settoriale, è pure E. AUERBACH, *Introduzione alla filologia romanza*, trad. it. di M. Massei, Torino, Einaudi, 1973 (1ª ed. 1963).

Per un primo accostamento: P. MAAS, *Critica del testo*, trad. it. di N. Martinelli, Firenze, Le Monnier, 1980³ (1ª ed. Leipzig, 1927); A. FRAENKEL, *Testo critico e critica del testo*, Firenze, Le Monnier, 1969; A. BALDUINO, *Manuale di filologia italiana*, 3ª ed. aggiornata e ampliata, Firenze, Sansoni, 1989 (1ª ed. 1979); A. STUSSI, *Nuovo avviamento agli studi di filologia italiana*, Bologna, Il Mulino, 1988; con antologia di testi *Letteratura e filologia*, a cura di B. Basile, Bologna, Zanichelli, 1975; un panorama di carattere problematico è V. BRANCA-J. STAROBINSKI, *La filologia e la critica letteraria*, Milano, Rizzoli, 1977.

Sono anche da consultarsi: la voce succinta, ma limpida e sicura, di A. CHIARI, *L'edizione critica*, in *Problemi e orientamenti critici*, vol. II, Milano, Marzorati, 1956-1961; la voce *Filologia*, firmata da G. CONTINI, in *Enciclopedia del Novecento*, Roma, Istituto dell'Enciclopedia Italiana, 1975-1984, pp. 954-972, ripresa con altri studi nell'importante volume dello stesso Contini, *Breviario di ecdotica*, Torino, Einaudi, 1990 (1ª ed. Milano-Napoli, Ricciardi, 1986); infine R. ANTONELLI, *Interpretazione e critica del testo*, in *Letteratura italiana*, vol. IV: *L'interpretazione*, Torino, Einaudi, 1985, pp. 141 sgg.

Sui problemi della critica testuale: D.S. AVALLE, *Principi di critica testuale*, Padova, Antenore, 1970; F. BRAMBILLA AGENO, *L'edizione critica dei testi volgari*, Padova, Antenore, 1984² (1ª ed. 1975); C. SEGRE, *Due lezioni di ecdotica*, Pisa, Scuola Normale Superiore, 1991. Tre voll. miscellanei: *Studi e problemi di critica testuale*, Atti del Convegno di studi di Filologia italiana, Bologna, Commissione per i testi di lingua, 1961; *La critica del testo*, Firenze, Olschki, 1971; *La critica del testo. Problemi di metodo ed esperienze di lavoro*, Atti del Convegno di Lecce, ott. 1984, a cura di V. Pollidori, Roma, Salerno, 1985.

Per la storia della filologia: A. BERNARDINI-G. RIGHI, *Il concetto di filologia e di cultura classica nel pensiero moderno*, Bari, Laterza, 1947. Sulla filologia classica un classico è U. VON WILAMOWITZ MOELLENDORF, *Storia della filologia classica*, trad. it. di F. Codino, Torino, Einaudi, 1971². Si veda anche R. PFEIFFER, *Storia della filologia classica. Dalle origini alla fine dell'età ellenistica*, Napoli, Macchiaroli, 1973. Sulla filologia umanistica: S. RIZZO, *Il lessico filologico degli umanisti*, (rist. anast.), Roma, Edizioni di Storia e Letteratura, 1984 (1ª ed. 1973). Sulla trasmissione dei testi antichi e medievali: R. SABBADINI, *Storia e critica di testi latini*, Padova, Antenore, 1971²; L.D. REYNOLDS-N.G. WILSON, *Copisti e filologi. La tradizio-*

ne dei classici dall'antichità al Rinascimento, trad. it. di M. Ferrari, Padova, Antenore, 1987 (1ª ed. 1969). Fondamentale per ogni ricerca sulla letteratura e filologia umanistiche è il censimento dei codici compilato da P. O. KRISTELLER, *Iter Italicum*, London-Leiden, Warburg Inst.-Brill, 1965-1967; e si veda adesso l'*Iter italicum III*, ivi, 1983.

Sulla filologia italiana dal primo dopoguerra a oggi si veda I. BALDELLI-U. VIGNUZZI, *Filologia, linguistica, stilistica*, in *Letteratura italiana*, vol. IV: *L'interpretazione*, cit., pp. 451 sgg. Su alcune figure di filologi: A. LIMENTANI, *Alle origini della filologia romanza*, a cura di M. Mancini, Parma, Pratiche, 1991 (su alcuni filologi tra Ottocento e Novecento); *Ugo Angelo Canello e gli inizi della filologia romanza in Italia*, Atti del Convegno di Padova, apr. 1984, a cura di A. Daniele e L. Renzi, Firenze, Olschki, 1987.

Per l'aggiornamento si tengano presenti soprattutto le riviste «Studi di filologia italiana», «Studi e problemi di critica testuale», «Italia medioevale e umanistica», «Filologia e critica», «Autografo».

3 Le origini, le basi e il concetto di critica

Sul significato e sulla definizione di critica esiste varietà di indirizzi; c'è tuttavia concordia nell'individuare l'etimologia del termine: così già in Platone è attestata una κριτική (τέχνη) (*kritikḗ téchnē*), "arte del giudicare", e l'aggettivo è variamente ripreso da Aristotele per "proprio del giudice" o "adatto a discernere". L'aggettivo italiano 'critico' risente tanto di questa origine quanto della parallela, da κρίσις (*krísis*) seguendo l'evoluzione di questo termine da 'scelta', e quindi ancora 'giudizio', a 'cambiamento'; perciò, accanto al primo significato greco, ha in italiano, specialmente in medicina (o anche parlando normalmente del corpo e della salute), quello di "annunciatore, apportatore o tipico di crisi". Tuttavia anche qui conserva, ma non sempre, la primitiva accezione perché nel "momento critico" (che nelle scienze naturali corrisponde a un cambiamento) è possibile una diagnosi attendibile che, ovviamente, spetta all'"occhio critico", tale certamente per giudicare.

Κρίσις e κριτικός peraltro riconducono entrambi al verbo κρίνειν (*krínein*) 'giudicare', ma prima di tutto 'distinguere, sceverare, scegliere, decidere', e anche 'esaminare, valutare, stimare, spiegare, interpretare'. In Erodoto e in Eschilo significa la decodificazione di un sogno, o di una visione.

Nei dizionari più recenti, fra le prime accezioni dell'aggettivo 'critico' si legge "concernente la critica", "atto alla critica", "fondato sulla critica", tale intenso rimandare al sostantivo 'critica' ne dimostra l'aumento di rilievo e l'acquisizione di autonomia. Compare intanto, ma non in tutti i vocabolari, accanto all'aggettivo, anche il sostantivo maschile 'critico', detto di "chi esercita la critica".

Si ritorna così al sostantivo 'critica', per il quale il *Grande Dizionario della lingua italiana* di SALVATORE BATTAGLIA registra come primo significato:

1. Esame rigoroso a cui la ragione sottopone le cose (e si riferisce in particolare a fatti, notizie, dottrine, istituzioni, opere scientifiche e artistiche) per determinare il loro grado di verità, certezza, bontà, bellezza, anziché accettarle immediatamente come vengono proposte (dall'autorità, dalla tradizione, dall'opinione comune, ecc.) – Anche: il giudizio con cui si esprime il risultato dell'esame.

[...]

— Raro. Capacità di giudicare.

[...]

— Filos. Nella filosofia kantiana, processo attraverso il quale la ragione prende conoscenza di sé, cioè delle sue facoltà e dei suoi limiti [...].

Da questa definizione generale, entrando dichiaratamente nel particolare, passa al secondo significato:

2. In partic.: il complesso delle operazioni e delle indagini eminentemente conoscitive e valutative che conducono, sul fondamento di particolari concezioni estetiche e con diverse metodologie, a riconoscere, chiarire e descrivere i caratteri dell'opera d'arte (letteraria, figurativa, musicale, cinematografica, ecc.; e può rivolgersi essenzialmente all'aspetto filologico dei testi: *critica filologica, testuale*; oppure muovere dagli elementi stilistici per la descrizione e il giudizio: *critica stilistica*; o tendere alle distinzioni assolute di valore: *critica estetica*). – Per anton.: a indicare la critica letteraria.
[...]
— Come personificazione.
[...]
— *Critica storica*: esame delle testimonianze raccolte intorno a un evento storico, allo scopo di accertarne l'autenticità e la veridicità e raggiungere un'obiettiva certezza su l'evento stesso.

A questo significato si collegano i due seguenti (nn. 3 e 4), mentre il successivo, che corrisponde a una corruzione dell'uso di 'giudizio' inteso come condanna, è senza dubbio accessorio per una definizione della disciplina.

3. Scritto di critica (letteraria, artistica, storica, ecc.).
[...]
4. Figur. I critici, le opere critiche.
[...]
5. Denuncia di un'imperfezione, di un difetto, di un errore, di una colpa; obiezione, riprensione, censura (rivolta a istituzioni, usanza, ideologie, ecc., o all'opera di una persona, alla sua condotta, al suo aspetto fisico: e spesso, specie se colpisce la persona, indica il pettegolezzo maligno, la mormorazione calunniosa).

Il *Dizionario della lingua italiana nuovamente compilato dai signori Nicolò Tommaseo e cav. professore Bernardo Bellini*[1] tratta anche di critica «teologica, giudiciaria, delle leggi positive, morale, giuridica, biblica, etimologica, estetica». In altri dizionari si riscontrano ulteriori distinzioni per oggetto e, infatti, si accenna alla critica sociale, politica ecc.; si può tranquillamente concludere che non c'è campo di attività umana che non sia oggetto di critica e che essa tragga di volta in volta gli strumenti d'approccio dalle discipline scientifiche più adeguate. Si nota, nel contempo, la tendenza a considerare emblematica, fra i vari generi di critica, quella che riguarda le opere creative o artistiche, siano esse letterarie, iconiche, musicali ecc.

Questo per altro avviene anche nelle altre principali lingue europee, nelle quali il termine appare uguale o quasi: si segnala la particolarità dell'inglese *criticism*, corrispondente all'italiano 'critica', laddove in italiano esiste anche 'criticismo' con un significato diverso, e l'affermazione in Germania di *Literaturwissenschaft*, letteralmente "scienza della letteratura", accanto a *Kritik*, mantenuto quasi solo per la più effimera attività giornalistica recensoria.

I punti di disaccordo prevalenti nelle definizioni correnti riguardano soprattutto le finalità e il modo di esercitare la critica, elementi dai quali dipende anche una certa

---

[1] Torino, Soc. L'Unione tipografico-editrice, 1865.

varietà nel datarne l'inizio: si va da chi inizia l'osservazione dai tempi di Socrate e di Platone, a chi, invece, relegando il resto in una sorta di preistoria, considera solamente l'attività critica degli ultimi secoli. Acquistano così rilevanza le partizioni basate sulla tecnica o sul metodo, anche queste per lo più designate da un aggettivo: si parla quindi di critica storicistica, sociologica, marxista, estetica, stilistica, formalistica, strutturalistica, fenomenologica, semiologica, ermetica, ontologica, psicanalitica, filologica, testuale, emergendo così una seconda coordinata dopo quella che distingue per oggetto; infatti, molte di queste partizioni valgono, con gli opportuni adattamenti, per qualunque o per parecchi tipi/oggetto di critica. Per esempio, un'indagine testuale occorre tanto per la letteratura, la musica, la pittura, il cinema, quanto per un testo biblico o di diritto o per un tracciato strumentale, a prescindere che si tratti di un elettrocardiogramma o di una sismografia. In diverso modo, ma altrettanto diffusamente, si è visto applicare un approccio psicanalitico nella critica tanto delle creazioni artistiche quanto della politica, degli avvenimenti storici o militari, dell'economia ecc.

Non sarà male osservare che, oltre a queste due coordinate che già consentirebbero di creare un reticolo in cui incasellare le varie operazioni designabili con due aggettivi, è possibile individuarne un'altra fondamentale ed eventuali altre accessorie. Fondamentale è la distinzione per mezzo espressivo: l'assoluta prevalenza della scrittura, infatti, non deve far dimenticare l'esistenza di altri strumenti di espressione della critica, dal parlato che, insieme allo scritto, costituisce la categoria della critica verbale, al cinema o alla televisione (rampante soprattutto quest'ultima); e sarebbe tutta da verificare la possibilità di ascrivere in alcuni casi all'ambito critico la fotografia, l'illustrazione, l'accompagnamento musicale ecc.

Si arriverebbe così a ottenere tre dimensioni e, per ogni attività critica, sarebbe possibile individuare almeno tre aggettivi o specificazioni: con riferimento all'oggetto, all'approccio e al mezzo espressivo.

Fra le ulteriori distinzioni si segnalano quelle relative alla storia, alla geografia o a un personaggio: esse o informano sul critico (per esempio 'francese' e 'crociana' possono significare "scritta da un francese" e "scritta dal Croce") oppure rientrano nella casistica precedente, riguardando o l'oggetto ('dantesca' per "su Dante"), o il mezzo ('francese' per "scritto in francese"). Peraltro l'ambiguità di taluni vocaboli e il processo di specializzazione richiedono precisazioni sempre maggiori: per esempio, in apertura della propria *Storia della critica teatrale* (Roma, Studium, 1990) GIOVANNI ANTONUCCI precisa che la sua opera

> si occupa esclusivamente della critica militante, e non della saggistica e della storiografia che hanno obiettivi e sviluppi assai diversi. [...] Nulla a che fare, insomma, con la critica che si occupa di testi teatrali dal punto di vista letterario, filosofico, religioso.

E una distinzione del genere, fra critico militante e accademico, si potrebbe operare anche in altri settori, sia pure con il rischio di scoprire che a volte le due figure coincidono, magari dietro il tenue velo di uno pseudonimo adottato per la produzione più divulgativa. Del resto, come gran parte dei fenomeni umani, l'attività critica tende a sottrarsi a classificazioni troppo rigide e precise, e per ogni critico sarebbe arduo trovare una collocazione certa nel testé accennato pluridimensionale reticolo classificatorio.

Per altro le possibilità offerte dalle moderne tecnologie stanno mutando spesso anche il lavoro del critico, sottraendo spazio alle valutazioni dell'esperto, sostituite dai dati forniti dalla macchina (si pensi alle tecniche di datazione, agli inventari elettronici, alle analisi chimiche ecc.).

Nell'idea di critica appare in genere preponderante il giudizio, mentre rimane ambiguo se la critica esista già nella riflessione sul fatto artistico o solo nella sua comunicazione. È pacifico che la letteratura critica, come qualsiasi altra, sia costituita solamente dalle opere. Ma non sembra altrettanto pacifico che la critica sia solo quella materialmente espressa: il giudizio, in effetti, si genera nella mente e non necessita di una forma propria per esistere; ma la stesura del giudizio, con le sue motivazioni, pone in essere un procedimento complesso che non è limitato al passaggio dalla mente al mezzo espressivo; esiste inevitabilmente una continuazione della riflessione, vengono apportate modificazioni e riscritture; a volte la ricerca di opportuni argomenti causali induce il critico a rimeditare e a mutare le proprie scelte.

L'accettare l'idea che la sola riflessione sia già critica, non offre comunque risvolti pratici, poiché la nostra attenzione potrà soffermarsi soltanto sulle espressioni della critica di qualunque genere, purché documentate e, quindi, storicizzabili.

Fra i principali compiti del critico si colloca l'*interpretazione*, parola particolarmente significativa per la stessa definizione di critica e delle sue funzioni, risultando chiara così quella di servizio al testo, di mediazione fra autore e pubblico: attuale è il dibattito sui *limiti dell'interpretazione*, un argomento che si accosta alle radici del problema critico, riguardando la possibilità e la probabilità di riuscire a razionalizzare il messaggio poetico, gli elementi che vi contribuiscono, l'alternativa fra ricerca dell'intenzione dell'autore e illimitata ricerca di significati, o fra significato originario e quello acquisito dall'opera nel tempo.

Ma la critica è anche *lettura* e *commento*, *analisi formale* e *proclamazione di parti non originali*, *comparazione fra opere*, comprende *indagini sull'autore, sulla sua epoca, sulle fonti, sulle circostanze compositive*. Le forme della critica variano a loro volta dal *trattato* in uno o più volumi, anche di diversi autori; al *saggio* che può vedere la luce in rivista o in volume unitamente ad altri saggi, o può essere pronunziato come *relazione* a un congresso, o ancora collocato in apertura di un volume come *presentazione* o *prefazione* o *introduzione* all'opera, la quale può essere accompagnata da altri interventi del critico, quali le *note* (esplicative, storiche, filologiche ecc.) o la *postfazione*. Un'altra forma della critica è la *recensione*, breve scritto di presentazione e di giudizio su un'opera, per lo più destinato a giornali, a riviste o a testate radiotelevisive; appartiene in sostanza al genere critico qualsiasi testo creato per intervenire su un altro testo.

Il fatto che l'*interpretazione* sia al centro di qualsiasi tipo di critica depone a favore di una fondamentale unità concettuale della stessa, pur con diversi ambiti, anche estremamente caratterizzati dalla stessa competenza specifica e tecnica di ogni critico, comportante diversità di metodo e di linguaggio.

Il critico letterario, in relazione al metodo seguito e all'oggetto dei suoi interessi, attinge spesso a competenze di discipline diverse e molto varie: dalla sociologia alla psicanalisi, dall'informatica alla chimica, dalla linguistica alla geografia, per non parlare della storia che va frammentandosi e specializzandosi in numerosi settori particolari, riguardanti, per esempio, l'editoria, la stampa, i giornali ecc. Tenue e spesso inafferrabile è il confine fra l'attività critica che usa altre discipline in funzione ancillare e quella dello studioso che si accosta a un testo letterario come a qualsiasi altro documento per ricavarne elementi utili per una particolare disciplina. Un consenso generale sui confini richiederebbe innanzitutto concordia nella definizione della stessa opera letteraria, che è invece ancora oggetto di acceso dibattito, e in quella dei compiti del critico, la quale varia in relazione all'ideologia con pratiche conseguenze sul metodo.

Spicca infine la vitalità di un genere che dalla sostanziale univocità di indirizzo del principio del secolo, attraverso alterne fasi di sviluppo e dissidi dilaceranti, guadagnando in apertura e in internazionalità, ha raggiunto varietà e dimensioni imprevedibili, anche sotto il profilo dell'interesse del pubblico, attratto dal gusto di partecipare a una conversazione di elevato livello. L'ipotesi che la critica possa avere dignità artistica (su cui altri ovviamente potranno intervenire, creando critica al quadrato, ovvero letteratura al cubo...) corrisponde alla sua attuale forza trainante; le sue anticipazioni teoriche influenzano non di rado gli artisti, mentre una peculiare forma di creatività in proprio consente di configurarla come una sorta di supergenere che assorbe competenze disparate e tende a suddividersi in filoni e settori con diversi gradi di autonomia.

Per il Repertorio bibliografico *cfr. cap. 5.*

4 La critica letteraria dalle origini al Croce

4.1 Dall'antichità al Seicento

L'attività critica è strettamente collegata con la creazione artistica, si può quindi ben intendere come essa sia sempre esistita.

I primi documenti di espressione critica risalgono all'antica Grecia e, in particolare, alla *Poetica* di ARISTOTELE, opera filosofica riguardante la natura dell'arte e considerabile il primo trattato di estetica della storia. Scritti di teoria della letteratura e dell'arte, volti soprattutto a stabilire delle regole, si riscontrano in tutta l'antichità, da ORAZIO intento nell'*Ars poetica* a sottolineare l'importanza del diletto generato dall'opera, a QUINTILIANO, teorico, nelle *Istitutiones oratoriae*, di un'arte finalizzata alla pubblica utilità. Fra i cristiani, che in alcuni casi rifiutarono l'arte giungendo persino a distruggerla, si segnalano per le loro riflessioni estetiche sant'AGOSTINO e san TOMMASO. Si giunge così a DANTE che fa risalire a Dio la scintilla prima dell'opera d'arte, intesa come copia della natura, e propone quattro sensi di interpretazione della letteratura: il letterale, l'allegorico, il morale e l'anagogico.

In epoca umanistica la riflessione sull'arte acquisisce nuovo spazio; partendo dal problema già posto dalla religione cristiana dell'ammissibilità della poesia, si giunge ad attribuire al bello la funzione di attrarre l'animo umano verso l'amore del bene. La poetica del Rinascimento, organizzatasi in Italia nel Cinquecento e poi diffusasi negli altri paesi e specialmente in Francia, ha come suoi princìpi fondamentali l'imitazione (PIETRO BEMBO ne tratta nel *De imitatione*) dei modelli antichi e l'obbedienza alle regole proprie dei singoli generi letterari. Partendo dal postulato di origine aristotelica che l'arte imita la natura, si conclude che, siccome gli antichi sono stati i più perfetti imitatori della natura, i moderni devono modellare le loro opere su quelle degli antichi. La letteratura degli antichi presenta (o sembrava presentare ai critici del Rinascimento) una netta distinzione dei generi letterari, per ognuno dei quali valgono regole particolari. La più nota di queste regole è quella che Aristotele avrebbe stabilito per la tragedia, cioè quella delle tre unità di luogo, di tempo e di azione. I generi vengono considerati nel Rinascimento come forme chiuse, ognuna avente esigenze e regole particolari: l'originalità dello scrittore si manifesta solo entro i limiti di queste regole e di queste esigenze. Il valore di un'opera viene quindi commisurato alla sua maggiore o minore osservanza delle regole e alla sua maggiore o minore approssimazione ai modelli del genere stesso. La più grande polemica del Cinquecento, quella intorno all'*Orlando furioso* e alla *Gerusalemme liberata*, è accentrata intorno al problema del modo come i rispettivi autori abbiano osservato le regole del poema epico.

Di fronte alle opere della nuova letteratura (la *Divina Commedia*, l'*Orlando furioso*, la *Gerusalemme liberata*, il *Pastor fido*) si delineano tre atteggiamenti possibili: 1) far rientrare l'opera in uno dei generi conosciuti; 2) condannarla quando la prima operazione appare impossibile (ciò che accade spesso per la *Divina Commedia*); 3) creare un genere nuovo (come qualche critico fa per l'*Orlando furioso*, contrapponendo al poema "epico", secondo il modello degli antichi, il poema "romanzesco", che ha sue regole particolari).

Manifestazioni sporadiche di insofferenza contro questa concezione si hanno già nel Cinquecento e, in qualche caso, al criterio di giudizio secondo le regole si contrappone quello secondo l'effetto dell'opera su spettatori e lettori; così contro il concetto di arte come imitazione si esprimeva Francesco Patrizi, mentre Giordano Bruno sosteneva che «la poesia non nasce da le regole [...] ma le regole derivano da le poesie». Nel Seicento si diffonde largamente un atteggiamento di ribellione contro il preteso valore esemplare degli antichi (da ricordare soprattutto certe pagine dei *Pensieri diversi* di Alessandro Tassoni) e di esaltazione dell'originalità (Giambattista Marino diceva che «la vera regola è saper rompere le regole a tempo e luogo»). Criterio di giudizio diventa quello della "novità" e il "nuovo", che distingue gli scrittori moderni e li rende superiori agli antichi, consiste nelle "arguzie" e nelle "acutezze" dei concetti e dello stile, secondo una concezione dell'arte fondata soprattutto sulla metaforicità, teorizzata da Emanuele Tesauro nel suo *Cannocchiale Aristotelico* (1654) e da Baltasar Gracián in *Agudeza y arte de ingenio* (1642). Il principio rinascimentale dell'"imitazione" degli antichi viene trasformato in quello del "perfezionamento" e, secondo questo principio, si abbozzano disegni di storia della letteratura (o meglio dei "generi letterari"), come il *Ritratto del sonetto e della canzone* (1678) di Federico Meninni nel quale il Tasso appare il perfezionatore del Petrarca e il Marino il perfezionatore del Tasso.

4.2 Il Settecento

Un rinnovamento profondo della critica si attua solo nel Settecento. Nell'età arcadica, in contrapposizione al gusto dell'originalità e della novità e alla stravaganza dei critici del Seicento, si tenta una giustificazione razionale della validità dei modelli e delle regole e si pone come ideale estetico, e quindi come criterio valutativo, la contemperanza dell'*ingegno* col *giudizio*. È questo l'atteggiamento di Ludovico Antonio Muratori nella *Perfetta poesia italiana* (1706) e di Gian Vincenzo Gravina nella *Ragione poetica* (1708). Ma, già nella stessa epoca, Giambattista Vico elabora una nuova estetica secondo la quale la poesia non è opera del raziocinio, che procede seguendo le regole, né dell'imitazione, ma è opera della fantasia spontaneamente creatrice. Per il Vico al sommo della scala dei valori poetici non stanno i poeti fini, misurati, coltivati, come Orazio e Petrarca, i più ammirati dai classicisti italiani e francesi, ma i poeti primitivi e impetuosi, agitati da violente passioni e dotati di robusta fantasia, che non seguono altra regola che il loro genio, come Omero e Dante. Nelle pagine del Vico è contenuta tutta una nuova interpretazione critica di Dante e di Omero. Inoltre nasce con lui il mito del "primitivo", identificato con "spontaneo" e "originale", che avrà grande fortuna nel Romanticismo, e si viene affermando la concezione che la lingua poetica, con le sue metafore e le sue immagini, non è un prodotto della riflessione e dello studio, ma della fantasia eccitata. Questa concezione, sviluppata, dovrà necessariamente portare alla distruzione della *retorica*, le cui norme avevano invece grande importanza nei giudizi critici sia dell'antichità sia del Medioevo e del Rinascimento (cfr. cap. 7, 7.1).

Il pensiero del Vico non ebbe influenza immediata; ma concetti analoghi venivano enunciati quasi contemporaneamente in Germania da JOHANN HAMANN e da JOHANN GOTTFRIED HERDER. Allo Herder risale principalmente la distinzione fra *poesia d'arte* e *poesia di natura*. Soltanto la seconda, che nasce non ad opera della cultura e della riflessione ma per creazione spontanea, è per lo Herder la vera poesia. Di conseguenza vengono esaltati Omero, la Bibbia, Shakespeare, e tutta la poesia popolare, considerata come la poesia più schietta e genuina, prodotto inconscio dell'anima collettiva. Intanto attraverso la conoscenza reciproca delle varie letterature e la diffusione del pensiero razionalistico, che produce un atteggiamento critico nei confronti dei valori tradizionali, si va facendo strada il concetto che possano esistere opere altrettanto belle di quelle degli antichi, per quanto costruite secondo criteri diversi, dipendenti dalle caratteristiche e dalle condizioni diverse delle nazioni che le producono. Si osserva che ogni nazione ha un gusto particolare in fatto di opere dello spirito e che è assurdo voler giudicare e condannare il gusto di una nazione in base a quello di un'altra. Questa nozione della relatività del gusto, e cioè dell'influenza del luogo, del clima, dell'epoca ecc., sui caratteri delle varie opere, dà un fiero colpo ai princìpi dell'imitazione e delle regole. MELCHIORRE CESAROTTI proclama che il buon critico «concittadino di tutti i popoli, intende tutti i linguaggi del bello», e insieme dichiara che «l'imitazione della natura è inesauribile come la natura medesima» e che è vano volerla restringere entro certi limiti. In questo periodo si viene affermando il concetto del "genio" come attività pienamente originale, spontanea, indipendente da ogni legame con la tradizione e da ogni impaccio di regole: i grandi capolavori sono appunto prodotti del genio. E mentre comincia a diffondersi la convinzione che le opere letterarie non possono essere giudicate in astratto, secondo canoni retorici, ma in riferimento allo stato politico e sociale del popolo da cui sorgono, si richiede al critico di non lasciarsi guidare nel suo giudizio da regole pedantesche, ma soltanto dalla viva impressione individuale e dall'effetto che l'opera ha sul pubblico (polemizzando con Voltaire, GIUSEPPE BARETTI afferma che non c'è ragione di prendersela con Shakespeare se ha ottenuto, senza seguire le regole di Aristotele, il medesimo effetto sugli Inglesi che Corneille ha ottenuto sui Francesi seguendole). Il critico non deve possedere tanto un perfetto sistema di princìpi e di norme quanto un'«anima armonica» capace di vibrare all'unisono con quella del poeta.

4.3 Il Romanticismo

Queste tendenze vengono sviluppate nell'Ottocento dalla critica romantica che le arricchisce di elementi metafisici e di canoni di interpretazione nuovi. Prima di tutto viene sviluppata la concezione della letteratura come relativa ai paesi e ai tempi in cui sorge. Essa trova una celebre definizione, diffusa soprattutto da MADAME DE STAËL: «la letteratura è l'espressione della società».

La definizione è ripetuta da tutti i teorici e i critici del Romanticismo nei due sensi in cui può essere intesa, cioè come criterio di interpretazione storica delle opere già prodotte e come norma per le opere da produrre, che dovrebbero rispecchiare il momento storico a loro contemporaneo. Nel primo significato essa esprime una conquista definitiva della metodologia critica, in quanto è quasi universalmente riconosciuto che le opere letterarie non possono essere capite e giudicate rettamente se non si tengano presenti le condizioni ambientali da cui sorsero. Questo criterio storicistico in Italia fu applicato nei primi dell'Ottocento con piena consapevolezza soprattutto dal Foscolo (si vedano principalmente i saggi su Dante e sul Petrarca). I romantici tedeschi, seguiti poi da quelli inglesi e latini, ne trassero la conseguenza della fondamentale distinzione fra letterature antiche e letterature moderne, in quanto riflettono la mentalità e la civiltà di popoli diversi. Tale distinzione divenne uno dei principali criteri di valutazione critica e di orientamento storico. AUGUST WILHELM VON SCHLEGEL nel suo *Corso di letteratura drammatica* (1809-1811) divide tutta la letteratura drammatica europea in due gruppi: *classico*, che comprende i Greci e i loro imitatori francesi e italiani, e *romantico*, che comprende gli Spagnoli (Calderón, Lope de Vega) e gli Inglesi (Shakespeare). Secondo lo Schlegel, mentre i Greci, gli Spagnoli, gli Inglesi e i Tedeschi sono originali, i Francesi e gli Italiani non hanno fatto che imitare gli antichi e perciò le loro opere sono di valore assai inferiore a quello delle altre. Infatti al criterio dell'interpretazione storica si collega logicamente quello della valutazione in base all'originalità. Si considera ora come pregio di un'opera non più la sua fedeltà al modello degli antichi, ma, al contrario, la novità della sua ispirazione e della sua forma. I romantici concepiscono ogni opera d'arte come un organismo individuale retto da leggi proprie, animato, come gli organismi naturali, da un principio vitale che collega tutte le parti. Ne consegue che è assurdo voler giudicare l'opera singola secondo norme di carattere generale. Di qui deriverebbe logicamente la dissoluzione del concetto di genere letterario, alla quale non si può dire però, come vedremo, che i romantici siano arrivati prima del De Sanctis. E dovrebbe anche derivare, come effettivamente avviene nel De Sanctis, la distruzione della concezione retorica della forma come indipendente dal contenuto. È certo comunque che con i romantici viene distrutto definitivamente il significato delle regole (in particolare delle regole drammatiche) e si assume come canone fondamentale di giudizio l'originalità dello scrittore. I romantici italiani della rivista «Il Conciliatore», oltre a condurre una vigorosa polemica contro le regole, e a esaltare come grandi poeti autori stranieri non "regolari" (Shakespeare, Goethe, Schiller), operano una forte svalutazione della nostra letteratura di carattere umanistico e classico, tradizionalmente ammirata: molti scrittori del Quattrocento e del Cinquecento, già stimati dei modelli, vengono giudicati negativamente, perché considerati pedanti imitatori degli antichi. In questa svalutazione agiscono fortemente anche motivi etico-politici, perché la letteratura di quei periodi (insieme con quella del Seicento) appare come l'espressione di una società in decadenza, priva di ideali e di volontà combattiva e caduta per questo in mano agli stranieri. Così viene interpretato in una maniera particolarmente polemica il principio che «la letteratura è l'espressione della società».

Motivi di questo genere si trovano già in Vittorio Alfieri (cfr. il trattato *Del Principe e delle lettere*, 1778-1786), ma sono sviluppati specialmente da Ugo Foscolo che è il nostro primo grande critico letterario dell'Ottocento. I princìpi essenziali della critica foscoliana sono: la concezione dello stretto legame fra la letteratura e la vita; il senso della verità e del valore del sentimento; la ricerca dell'individuale e del concreto, della personalità caratteristica degli individui e delle opere. Il Foscolo afferma che «gli egregi lavori del genio dell'uomo non saranno mai probabilmente stimati da chi guarda il genio diviso dall'uomo e l'uomo dalla fortuna della vita e de' tempi», e che «a intendere le parole degli scrittori più di mille commentatori giova la conoscenza delle loro anime». La sua critica ha così assunto una prevalente intonazione storico-psicologica: esempio significativo ne sono i *Saggi sul Petrarca* (1821), dove i caratteri della poesia del Petrarca sono spiegati in funzione della psicologia dell'autore, e dove, nel *Parallelo fra Dante e il Petrarca*, la fisionomia diversa delle opere dei due scrittori è ricondotta alla profonda diversità dei loro temperamenti e alla differenza delle epoche in cui vissero. Molta parte della critica foscoliana è occupata da indagini sulla lingua e sullo stile, dove questi non sono considerati in astratto secondo modelli di perfezione retorica (come nella critica classicistica), ma storicisticamente, in base al principio che la storia della lingua non si può tracciare se non nella storia letteraria della nazione e che lo stile ha carattere individuale, in quanto ogni scrittore ricrea personalmente la lingua. Estranea alla critica del Foscolo rimane invece la concezione, molto diffusa nel Romanticismo straniero, specialmente tedesco, dell'arte come *organismo ideale*, nel quale si riflette una particolare visione della realtà. Rappresentante di questo tipo di critica in Italia è VINCENZO GIOBERTI il quale, per esempio, definisce l'Ariosto «il poeta della fisica» e Dante «il vate della metafisica». Anche GIUSEPPE MAZZINI ricerca nelle opere soprattutto il *concetto informatore*, il riflesso di un mondo ideale: così egli vede nel teatro di Eschilo il dramma della *fatalità*, in quello di Shakespeare il dramma dell'*individuo* e finalmente nel teatro di Schiller il dramma della *libertà* e della *Provvidenza*. Il Foscolo per il gusto e la finezza delle sue indagini psicologiche può essere invece avvicinato al grande critico francese Charles-Augustin de Sainte-Beuve.

4.4 Francesco De Sanctis

Se la critica classicistica (che non cessa del tutto nell'Ottocento) si concentrava soprattutto sulla forma, sia come lingua e stile, sia come struttura esteriore del genere, la critica romantica spesso si interessò unicamente del contenuto, inteso tanto come sentimento dell'artista, quanto come realtà storica o concettuale, trascurando il modo del tradursi di tale contenuto in una forma concreta. Alla confluenza di queste tendenze si trova FRANCESCO DE SANCTIS il quale le supera in virtù di un principio sintetico nuovo. Per il De Sanctis l'arte è *forma*, ma in un significato ben diverso da quello della critica rinascimentale. *Forma* non significa certe strutture ritenute esemplari o certe parole ed espressioni e movenze stilistiche considerate in se stesse e applicabili a ogni contenuto, ma l'incarnazione organica del contenuto. Ogni contenuto ha la sua forma particolare, che non esiste a *priori*, ma è determinata dal contenuto stesso («tal contenuto tal forma»). Il valore e il carattere specifico dell'opera d'arte consistono in questa incarnazione organica: se essa non si realizza l'opera d'arte non esiste. La nobiltà dei sentimenti morali, la fedeltà al vero storico, la verità e la profondità dei concetti filosofici ecc., non contano finché non si siano trasformati e fusi in una forma vivente. Per fare un esempio, i sentimenti patriottici e politici di Dante, la sua ammirazione per la grandezza eroica in genere e per le grandi figure del passato fiorentino in particolare, il suo gusto dei contrasti drammatici ecc., sono ancora elementi astratti, al di qua dell'arte finché non si siano fusi organicamente, creando quella realtà personale e vivente, che è la figura di Farinata, e quella determinata, concreta "situazione" che è il suo dialogo con Dante. Questa funzione viene prodotta dalla *fantasia*, che è la vita propria del poeta. Soltanto sulla considerazione di essa si fonda il giudizio critico, al quale quindi non interessa se l'opera esaminata sia, per il suo contenuto, morale o immorale, vera o falsa, animata o meno da determinati sentimenti o ideali, se possieda uno stile e una lingua ubbidienti ai precetti retorici ecc., ma unicamente se essa costituisca un organismo vivo, nel quale il contenuto si sia interamente "calato e fuso" nella forma. In pratica il De Sanctis, uomo del Risorgimento, non prescinde sempre dai suoi convincimenti politici e morali nel valutare singole opere e nel tracciare le linee della nostra storia della letteratura. Per esempio, la sua interpretazione della letteratura del Cinquecento è ancora in gran parte legata all'atteggiamento negativo che abbiamo già ricordato come proprio dei nostri primi romantici. Inoltre la sua sensibilità ama soprattutto le forme plastiche, rilevate, le situazioni appassionate: ciò spiega la sua preferenza per l'*Inferno* rispetto alle altre due cantiche (specialmente la poesia del *Paradiso* si può dire che gli sia rimasta assai scarsamente accessibile) e, nell'*Inferno* stesso, la sua ammirazione per i grandi caratteri dei primi canti.

Il principio dell'inscindibilità di forma e contenuto produce necessariamente la dissoluzione della retorica e dei generi letterari come categorie del giudizio critico. Compito del critico non è di stabilire se un'opera rispetti le regole e i canoni stilistici stabiliti dalle retoriche, ma di ricostruire il processo attraverso il quale il poeta ha trasformato la sua materia da confuso e meccanico aggregato in vivente unità organica, di rifare su di un piano riflesso la creazione spontanea del poeta. Invece di giudicare l'opera dall'esterno, applicandole supposte norme obiettive, egli deve penetrarla e comprenderla dall'interno cogliendo e rilevando le leggi che le sono proprie.

4.5 Il Positivismo

Dopo il Romanticismo, e in Italia dopo il De Sanctis, che rappresenta la vetta più alta raggiunta dalla critica e dalla storiografia letteraria dell'Ottocento, un deciso cambiamento di rotta si ha con l'affermarsi della cultura positivistica. Dalla critica positivistica l'arte viene assimilata a un fatto naturale, da studiarsi con metodi *scientifici*. Uno dei massimi rappresentanti del Positivismo, HIPPOLYTE-ADOLPHE TAINE postula un'identità di metodo fra le scienze naturali e quelle dello spirito, definendo come sua idea principale «l'assimilazione della ricerca storica e psicologica alle ricerche fisiologiche e chimiche». Egli ha, in conseguenza, una concezione deterministica della storia letteraria: la letteratura è il prodotto necessario di tre cause: «*razza-ambiente-momento*». L'assimilazione dei metodi della critica a quelli delle scienze naturali porta alla ricerca di un'*impersonale obiettività* nella critica come nella stessa creazione artistica, organizzata nella corrente del Naturalismo sulla base delle enunciazioni teoriche di Emile Zola. Come lo scienziato accetta solo ciò che sia dimostrabile per mezzo dell'esperienza, così il critico positivista vuol limitarsi a constatare i fatti senza giudicarli. Questa critica (che in Italia, con una denominazione un po' ambigua, venne anche chiamata critica "storica") è consistita quindi soprattutto in una ricerca e illustrazione di documenti, in un accertamento di fatti biografici o relativi alla natura dei testi, alle fonti, alla fortuna delle opere ecc. In particolare la ricerca delle fonti è l'operazione alla quale la critica positivistica si è dedicata con maggior interesse ed entusiasmo, nella convinzione di cogliere in essa la genesi delle opere d'arte. Frutto di questa convinzione sono alcune opere famose, come *Le fonti dell'Orlando furioso* (1876) di PIO RAJNA il quale tende a sminuire nella creazione letteraria l'aspetto individuale. Scrive il Rajna: «Creatori nel senso assoluto della parola non esistono. I prodotti della fantasia non si sottraggono alle leggi universali della natura. Anche qui il nuovo, considerato da vicino, non è che la metamorfosi del vecchio; ogni forma presuppone una catena di forme anteriori, gli incrementi possono essere più o meno rapidi, ma sono sempre graduali». In queste parole appare un altro dei princìpi fondamentali della critica positivistica, anch'esso trasportato al campo della letteratura da quello delle scienze: il principio dell'"evoluzione". Da esso deriva la concezione (che in Francia ebbe un celebre rappresentante in FERDINAND BRUNETIÈRE) della storia della letteratura come storia dei generi letterari. Si riteneva in tal modo di dare alla storia letteraria un carattere scientifico, affidandole il compito non di narrare vicende di individui, soggettive e arbitrarie, ma l'"evoluzione necessaria" di specie organiche.

Data la sua impostazione, la critica positivistica ha raggiunto risultati di notevole valore soprattutto in sede filologica (costituzione e illustrazione storico-linguistica dei testi, accertamento di fonti, ricerche biografiche e bibliografiche ecc.). Si avverte inoltre che essa continua a nutrirsi, sia pure trasponendoli su altro piano, di molti motivi della cultura romantica: il mito delle *origini*, il gusto del primitivo e del popolare, l'interesse per il Medioevo, la concezione della storia come sviluppo.

4.6 Benedetto Croce

La metodologia di BENEDETTO CROCE si afferma come opposizione e superamento della metodologia positivistica, come una ripresa e uno sviluppo dell'ideologia romantica e del De Sanctis. Suo carattere essenziale, che ne garantisce la saldezza e l'organicità, è di essersi formata contemporaneamente in contatto con il lavoro critico concreto e in collegamento con l'elaborazione di un'estetica, a sua volta inquadrata in un generale sistema filosofico. Dell'estetica del Croce fermeremo qui soltanto alcune proposizioni e tappe fondamentali per esaminare più diffusamente i suoi riflessi sulla concezione e in metodi della critica.

Per il Croce l'arte è una categoria spirituale autonoma e necessaria: la categoria dell'intuizione o forma conoscitiva dell'individuale. In un primo tempo egli la definì semplicemente «*intuizione pura*», intendendo che "pura" significasse costituita di pure immagini, prive di riferimenti intellettuali. Con ciò egli accentuava soprattutto il suo carattere fantastico, che la distingue dai rapporti concettuali della filosofia. In un secondo tempo la definì «*intuizione lirica*», volendo significare che essa trasfigura in immagini fantastiche i sentimenti. Infine le attribuì il carattere di «*intuizione cosmica*», il quale distingue la "poesia" dalla semplice "letteratura". Per il Croce, infatti, mentre nella vera poesia l'immagine individuale vibra di una vita universale, si riempie di un afflato cosmico, nell'espressione letteraria rimane sempre un particolare motivo pratico che ne limita il significato. Questi tre momenti fondamentali dell'estetica crociana sono rappresentati da tre opere principali: la prima *Estetica* (1902), la memoria *L'intuizione pura e il carattere lirico dell'arte* (1908) e il saggio su *Il carattere di totalità dell'espressione artistica* (1917) con gli ulteriori sviluppi intorno al rapporto poesia-letteratura nel volume *La poesia* (1936). Ad essi si collega lo svolgimento della metodologia e della critica concreta del Croce, di cui ora indichiamo gli aspetti principali.

Prima affermazione fondamentale è quella della spiritualità e del valore autonomo dell'arte. Per il Croce l'arte non è, come per i positivisti, un fatto naturale, ma un atto spirituale creativo, dotato di caratteri propri che lo distinguono dagli altri atti spirituali (logici, morali, economici). Compito essenziale della critica è quello di distinguere questo atto da tutti gli altri. Di qui il famoso canone della distinzione di *poesia* e *non poesia*, come suona il titolo di uno dei più noti libri di saggi critici del Croce. Uno sviluppo di questo canone è la distinzione fra *poesia* e *struttura*, che il Croce ha applicato a certe opere, come, per citare il caso più celebre, la *Divina Commedia*. Le parti *strutturali* non sono quelle *brutte* di un'opera, ma i «punti d'appoggio per l'effetto poetico». Così per il Croce *struttura* è nella *Divina Commedia* tutto ciò che riguarda meramente il racconto del viaggio ultraterreno, entro la cui trama volta per volta fiorisce la poesia dantesca; o nell'*Eneide* il personaggio di Enea, in sé impoetico, ma "costruito" unicamente al fine di rappresentare e celebrare la storia di Roma.

In quanto atto spirituale creativo l'opera d'arte ha sempre un carattere di assoluta originalità e individualità. Discende da questo principio la negazione di ogni significato critico ai generi letterari, considerati come astrazioni, classificazioni di uso unicamente pratico (la realtà estetica non è "il romanzo", ma volta per volta *I promessi sposi*, *Madame Bovary*, *Guerra e pace* ecc., opere originali e imparagonabili).

Il principio della individualità delle opere si connette con quello del *valore universale della bellezza*. In quanto categoria spirituale la bellezza ha carattere universale e le opere d'arte vanno giudicate unicamente in riferimento a questa categoria e non a particolari tipi di bello (per es., bello classico o bello romantico, bello latino o bello germanico ecc.). Non si giudica un'opera in quanto rifletta il gusto italiano o il gusto francese, i caratteri della razza germanica o di quella slava, gli ideali del proletariato o quelli della borghesia, ma unicamente in quanto sia bella o brutta. In questo senso è particolarmente significativa la soluzione che il Croce dà del contrasto fra Romanticismo e Classicismo: non esistono opere romantiche e opere classiche, ma unicamente opere *belle* e opere *brutte*; l'opera riuscita è insieme romantica e classica: romantica per il sentimento, classica per la forma. In quanto categoria universale, inoltre, la bellezza, secondo il Croce, è *unica* e la distinzione fra le varie arti (poesia, pittura, scultura ecc.) ha valore soltanto empirico, al pari della distinzione fra generi letterari.

Nell'atto artistico, sempre nuovo e individuale, c'è identità fra l'intuizione e l'espressione. Questo è un altro principio essenziale del Croce, dal quale deriva la *negazione di ogni valore alle categorie retoriche* e a una distinzione astratta della lingua e degli stili, e la considerazione di lingua e stile come prodotti assolutamente personali. Infatti, identificando intuizione ed espressione, il Croce ha identificato anche lingua e poesia. Questa sua teoria ha influito pure sui linguisti e ne riparleremo in seguito.

Compito essenziale del critico è per il Croce quello di distinguere la *poesia* dalla *non poesia*, cioè di identificare la presenza di quell'intuizione insieme lirica e cosmica, o, come egli si esprime altre volte, di quella *sintesi* a *priori di sentimento e intuizione*, nella quale la poesia stessa consiste. Perciò egli non dovrà preoccuparsi della natura del contenuto dal punto di vista morale, politico, filosofico ecc., né della rispondenza dell'espressione a tipi esterni di perfezione stilistica. Unicamente, dato che l'arte è la traduzione fantastica di un contenuto sentimentale, procederà a qualificare questo complesso sentimentale, cioè a definire il *motivo lirico* dell'opera. In questo motivo lirico consiste la *personalità* dal punto di vista estetico. Il Croce, distaccandosi qui decisamente dalla critica romantica, che tendeva spesso a rivolgere l'opera nella personalità dell'autore e a considerarla come un documento psicologico o storico, distingue in maniera radicale *personalità poetica* e *personalità pratica*. In sede estetica quella che conta è soltanto la prima: la *Divina Commedia* e non Dante Alighieri, l'*Amleto* o il *Macbeth* e non Shakespeare. Nel saggio sullo Shakespeare egli si è proposto appunto di dimostrare come si possa benissimo ricostruire la personalità poetica di uno scrittore, anche ignorando tutto o quasi della sua vita e della sua psicologia. In altre parole per il Croce la *personalità* è costituita dalle *opere*, non dagli *autori*. Questa personalità egli la concepisce dapprima in un senso piuttosto limitato, come vibrazione o modulazione sentimentale; ma via via ne arricchisce il concetto fino a farla coincidere con la piena coscienza morale, con la integra umanità (e perciò, per esempio, mentre prima aveva riconosciuto in D'Annunzio un poeta, anche se di ispirazione limitata, gli negò in seguito questa qualifica, perché privo di coscienza morale, di piena umanità).

Il principio di non coincidenza fra personalità empirica e personalità artistica, nelle sue logiche conseguenze conduce alla netta distinzione, anche nell'ambito di una singola opera, fra i momenti o aspetti poetici e quelli di altra natura. L'esempio più evidente dal punto di vista metodologico, e polemicamente più radicale, è in questo senso il libro su *La poesia di Dante* (1920). Esso appare come il risultato di una serie di deduzioni logiche rigorosamente ricavate da alcune premesse fondamentali. Dante vale nella storia dell'umanità non come teologo, o filosofo, o uomo politico, o riformatore, ma come poeta. La sua personalità coincide con la sua opera poetica, cioè sostanzialmente con la *Divina Commedia*. Ma nella *Divina Commedia* non tutto è poesia; parecchio è teologia o filosofia in versi, oratoria politica o religiosa, allegoria ecc. Sono gli *elementi allotri*, estranei, che bisogna idealmente espungere per fissare lo sguardo sui momenti schiettamente poetici. Essi costituiscono quella che il Croce chiama, con un termine destinato a grande fortuna, la *struttura*, entro la quale fiorisce la *poesia*. Considerato così il poema, ne viene distrutta l'*unità* nel senso tradizionale. L'*unità* in questo senso è solo della *struttura*, retta da un'intenzione intellettualistica e didascalica, non della poesia, la quale sgorga dall'animo di Dante secondo le occasioni offerte dalla struttura, con libertà e varietà di forme e di toni in funzione del vario e libero moto del sentimento (cfr. nella *Parte quinta*, il cap. 1, 1.5).

La distinzione fra personalità poetica e personalità pratica non vuol significare nel Croce ripudio della collocazione storica delle opere e riduzione della critica a un impressionismo soggettivo. Per giudicare bisogna prima comprendere, e a questo è indispensabile la preparazione filologica e storica: per cui la vera critica non è *storica* o *estetica*, ma insieme storica ed estetica, anzi veramente *storica* solo in quanto *estetica*, perché la vera storia non consiste in una brutta raccolta di fatti e di dati, ma nel giudizio che il pensiero esercita su quei fatti.

La concezione del carattere individuale e imparagonabile delle opere e insieme la distinzione fra la poesia e la vita pratica conducono il Croce all'affermazione (che è fra le sue più discusse, come vedremo) che la storiografia artistica e letteraria non può essere altro che storiografia individualizzante e monografica, storia di singoli autori e di singole opere. Una storia diversa è storia della cultura e non storia della poesia. Questo è un punto nel quale egli si allontana di nuovo in maniera decisa dalla critica romantica, la quale, anche nel De Sanctis, aveva sempre fuso la storia della letteratura con quella della civiltà, anzi aveva visto nella prima un riflesso della seconda (cfr. il cap. seguente).

Altra conseguenza è la dissoluzione del mito romantico e positivistico della poesia popolare come prodotto dell'anima collettiva del popolo: come quelli della poesia d'arte, i prodotti della cosiddetta "poesia popolare", anche se anonimi, sono sempre l'opera di determinati individui e l'unico carattere che distingue l'uno dall'altro tipo di poesia è la maggiore o minore complessità e profondità psicologica, intellettuale e morale (cfr. il vol. *Poesia popolare e poesia d'arte*, 1933).

Uno sviluppo dell'estetica crociana assai importante per i suoi riflessi nella critica letteraria è la distinzione fra *poesia* e *letteratura*. Essa produce un affinamento delle categorie del giudizio, che supera la troppo rigida contrapposizione fra *poesia e non poesia* e consente il ricupero e la caratterizzazione positiva di una schiera di autori e di opere che il primo Croce, nel suo radicalismo romantico, tendeva a classificare come esteticamente negative: cioè di tutta quella produzione che si può genericamente definire come "umanistica", la quale se non appartiene alla "poesia" nel senso pieno della parola, può avere il suo pregio come bella "letteratura".

Per il Repertorio bibliografico *cfr. cap. 5.*

5 I metodi e le tendenze della critica letteraria contemporanea

5.1 Tendenze crociane nella critica letteraria italiana

Per un lungo periodo la critica letteraria in Italia è rimasta condizionata dalle impostazioni crociane. O le segue e le applica fedelmente, o ne svolge motivi impliciti, o si sforza di risolvere difficoltà che sorgono da esse. Caratteri dominanti nella critica di questo primo periodo sono, in contrasto con le tendenze romantiche e positivistiche, la lettura delle opere in chiave né biografica né culturale, ma estetica, e la realizzazione di ricerche monografiche e di saggi su singoli artisti o su singole opere. Nuovo impegno viene dedicato alle storie letterarie, delle quali sono autori Attilio Momigliano, Francesco Flora, Eugenio Donadoni, Natalino Sapegno, Luigi Russo, Mario Fubini.

Pur con diversa personalità e sensibilità si muovono in un ambito di posizioni teoriche e di interpretazioni critiche assai vicine a quelle del Croce, due fra i migliori studiosi moderni di letteratura italiana: il Fubini e il Flora. Mario Fubini ha indagato con finezza particolarmente il rapporto fra la letteratura e la cultura, fra storia della poesia e storia della critica letteraria, integrando la propria formazione crociana con una particolare attenzione allo stile e alla metrica; al suo insegnamento si collegano le opere di Mario Marti, Ettore Bonora ed Emilio Bigi. Francesco Flora ha svolto soprattutto con originale sensibilità e acume il motivo della *parola poetica* come immagine e metafora primigenia, nella quale lo spirito inizialmente ordina e conosce la realtà (cfr. i suoi volumi *I miti della parola* e *Orfismo della parola*). Il suo metodo di lettura enuclea e illumina le più significative immagini poetiche, lasciando parzialmente in ombra i nessi storici e il contesto ideologico, tendendo all'antologia: la sua storia della letteratura, infatti, è costruita soprattutto su un gran numero di citazioni esemplari.

Partono dal Croce, ma mirano a superare certi limiti, a integrare certi aspetti della metodologia crociana, i due più notevoli critici di questo periodo, Attilio Momigliano e Luigi Russo, l'uno soltanto con l'opera concreta di critico (fra i più fini e sensibili della nostra epoca), l'altro anche con riflessioni e polemiche di carattere metodologico. L'aspetto principale della loro opera, in questo senso, si può dire sia quello di compiere uno sforzo per colmare il distacco che il Croce sembra aver posto fra la poesia e la vita, isolando troppo puntualmente i momenti poetici dal resto della realtà. La nota più significativa del metodo del Russo è la preoccupazione di tener fermo il nesso fra la vita poetica e la vita morale e di non isolare la personalità poetica dalla complessa vita che la circonda e la condiziona. Egli ha fatto valere il concetto di *poetica* come mondo delle teorie estetiche, dei miti passionali, morali, politici, che costituiscono l'*humus* su cui nasce in concreto la poesia, mondo nel quale le singole personalità, pur conservando la loro individuale nota lirica, possono comunicare. Così egli pensa di poter ricuperare le esigenze più valide dello storicismo romantico, attuando una critica che sia individualizzante, ma nello stesso tempo «circolare, umana, cosmica». Sulla scia del Russo, ha lavorato, pur con particolari esigenze, il suo discepolo WALTER BINNI, il quale ritiene compito del critico far convergere tutti i risultati del suo lavoro «in un giudizio storico-critico che accerti e spieghi la consistenza, la realtà e i modi particolari della realizzazione artistica attraverso il suo processo formativo entro la storia della personalità e nella tensione espressiva di un'epoca». Su posizioni simili e variamente fedeli al magistero crociano appaiono collocati MARIO SANSONE, CESARE FEDERICO GOFFIS, MARIO PUPPO e ALDO VALLONE.

5.2 Dalla critica metafisica alla critica simbolica

Le tendenze finora delineate prendono tutte, più o meno, ispirazione dal pensiero del Croce, e in parte anche di GIOVANNI GENTILE. Ad esse si è andata contrapponendo una tendenza che possiamo chiamare *metafisica*, perché si appoggia consapevolmente a una metafisica vera e propria, a un'ontologia, e ritiene che soltanto su di un piano metafisico possano essere risolti anche i problemi della critica letteraria. Essa è rappresentata soprattutto dal Montanari e dall'Apollonio. FAUSTO MONTANARI considera la letteratura come una forma di cultura in cui l'uomo soddisfa non certi passeggeri impulsi del suo sentimento individuale, ma degli oggettivi bisogni ontologici, fondati sulla immutabile struttura della personalità umana, e perciò interessanti tutti gli uomini, e affida alla critica il compito di chiarire come nelle singole opere, condizionate dalla cultura del tempo, si sia concretata l'aspirazione umana all'eterno. MARIO APOLLONIO definisce l'opera d'arte come il segno, il simbolo, intorno al quale lo spirito, e non solo quello individuale dell'artefice, ma lo spirito di un popolo, di una cultura converge per riconoscersi; e chiede alla critica di accertare non solo la vita storica che confluisce nell'opera, ma quella che da essa si diparte. In una prospettiva religiosa, pur avendo dei punti di riferimento nella lezione crociana, si è svolta la multiforme attività critica di GIOVANNI GETTO, incentrata sul rapporto esistente fra ispirazione religiosa ed espressione letteraria.

Non poche analogie con questa tendenza ha la cosiddetta *critica ermetica*, nata in riferimento quasi esclusivo alle correnti più irrazionali della poesia moderna e che ha considerato la critica letteraria come dialogo perennemente aperto con una realtà ineffabile, come un'operazione quindi di carattere piuttosto mistico che logico. Il più noto rappresentante è CARLO BO; accanto a lui si collocano ORESTE MACRÌ e alcuni poeti, come PIERO BIGONGIARI e MARIO LUZI, che hanno trovato modo di collegare più intimamente l'attività creativa con quella critica.

Partendo da posizioni non dissimili, LUCIANO ANCESCHI è giunto a creare un filone a sé, la *critica fenomenologica*, esplicitamente tributaria del pensiero di Edmund Husserl, attenta a un discorso sulle poetiche, cioè su «sintesi dottrinali disposte a formulare e a sistemare precetti, norme, ideali generalissimi dell'arte in rapporto a una definita situazione storica ed estetica dell'arte stessa nel suo farsi», e aperta ai miti innovativi della poesia contemporanea.

Volta a scandagliare nel profondo dell'animo degli autori, ma con un approccio diverso da quello degli ermetici, è pure la *critica psicanalitica*: le sue origini risalgono ovviamente alle teorie di Sigmund Freud e dei suoi continuatori; secondo Freud, la fantasia poetica sarebbe assimilabile al gioco infantile e sarebbe promossa da desideri insoddisfatti; il godimento della lettura sarebbe motivato dalla liberazione di tensioni della psiche del lettore. Al francese CHARLES MAURON si deve la proposta di un organico metodo di indagine dei testi letterari basato sulla psicologia dell'inconscio. Il primo critico di rilievo che, pur senza adottare un metodo legato alla psicanalisi, ne usò i concetti e i termini fu GIACOMO DEBENEDETTI.

Più sistematico appare l'impegno di MICHEL DAVID, autore dei saggi *La psicanalisi nella cultura italiana* (1966) e *Letteratura e psicanalisi* (1967); hanno variamente usato i mezzi forniti dalla psicanalisi per esaminare opere letterarie FRANCESCO ORLANDO, MARIO LAVAGETTO, ELIO GIOANOLA, GIUSEPPE SAVOCA e GIORGIO BÁRBERI SQUARROTTI.

Quest'ultimo appare tuttavia meglio collocabile fra coloro che praticano una *critica simbolica* la quale «postula che un'opera letteraria contenga un senso nascosto o implicito e che tocchi alla strategia del lettore di portare alla luce questo significato profondo, immanente alla costruzione, alla forma interna di un testo»: a questo metodo, aperto all'uso di qualsiasi altro strumento utile per raggiungere l'obiettivo indicato, e collegato con diverse esperienze straniere da MAURICE BLANCHOT a NORTHROP FRYE, ha dato cospicui contributi anche teorici EZIO RAIMONDI; a tale filone sono variamente collegabili MARIO PETRUCCIANI, soprattutto nei suoi studi sulla lirica del Novecento, EMERICO GIACHERY, il germanista CLAUDIO MAGRIS e NEURO BONIFAZI.

5.3 Il metodo storico e la critica marxista

Mentre nella prima metà del Novecento la critica italiana presenta una certa unità d'indirizzo, fondata sul rapporto col pensiero crociano, negli ultimi decenni essa offre una varietà di tendenze contrastanti, il cui unico legame comune è forse proprio l'avversione (in qualche caso aprioristica e programmata) al crocianesimo. Già per i critici sinora citati si è spesso dato avviso dell'impossibilità di riassumere in un solo filone o metodo la loro attività. Lo stesso avviso potrebbe essere ripetuto nella generalità dei casi, quasi senza eccezioni.

La critica degli ultimi decenni ha per lo più un carattere sperimentale e, dopo il controllo esercitato per tanto tempo dal Croce sulla cultura italiana, si apre alle esperienze straniere. Il contrasto con orientamenti del periodo crociano sembra manifestare una duplice esigenza: di *storicità*, contro il distacco dell'arte dalla vita, contro il vero o presunto platonismo evasivo dell'estetica crociana; di *scientificità*, contro l'impressionismo individualistico, nel quale non di rado effettivamente era caduta la critica del periodo precedente. Questa duplice esigenza spiega la rinnovata fortuna della *filologia*: anche se, naturalmente, non si tratta (come abbiamo già visto, cfr. il cap. 2, 2.1) di un puro e semplice ritorno alla filologia di tipo positivistico.

I due principali indirizzi critici affermatisi in questo periodo sono il *marxismo* e lo *strutturalismo*. Accomunati dal rifiuto della metodologia crociana, essi divergono radicalmente su punti essenziali: il primo vuol essere *storicista* e *giudicativo* (e solo in quanto tale, *scientifico*), il secondo *scientifico*, ma in senso fondamentalmente *a-storico* ed esplicitamente *a-valutativo*.

In tutto il Novecento ha continuato tuttavia a evolversi e a dare frutti il *metodo storico*: tra i suoi propugnatori si segnalano due illustri comparatisti vicini alle posizioni marxiste, PIETRO PAOLO TROMPEO e MARIO PRAZ, il cui fondamentale saggio *La carne, la morte, il diavolo nella letteratura romantica* (1931) tocca pure aspetti della psicologia degli scrittori; a CARLO DIONISOTTI, impegnato a ridefinire i giusti ambiti del discorso culturale, si deve una *Geografia e storia della letteratura italiana* (1967). Si colloca in questa linea, con varia autonomia e con collegamenti con metodi e scuole diverse, l'opera di UMBERTO BOSCO, CLAUDIO VARESE, GAETANO MARIANI, NINO BORSELLINO, RICCARDO SCRIVANO, GIORGIO LUTI e GIUSEPPE FARINELLI. In quest'ambito, nonostante l'iniziale rilevante influenza del Croce, si colloca anche BRUNO MAIER. Filologia e storia praticate congiuntamente hanno dato proficui esiti negli studi medievali e umanistici di GIORGIO PETROCCHI, GIUSEPPE BILLANOVICH e di VITTORE BRANCA; tra filologia e critica, applicate pure a testi letterari recenti, si svolge la ricerca attuale di un rilevante numero di studiosi, soprattutto d'ambito accademico.

Non è facile delineare sinteticamente i caratteri della critica marxista in quanto, pure ispirata ad alcuni princìpi comuni, mostra una grande varietà di metodi. Il tentativo più organico e completo di dedurre dai princìpi marxisti un'estetica e una metodologia della critica è stato compiuto dall'ungherese GYÖRGY LUKÁCS, le cui opere hanno esercitato notevole influsso su alcuni studiosi italiani. Secondo il Lukács compito dell'arte è quello di "rispecchiare" la realtà nella sua essenza più profonda, cioè i contrasti sociali ed economici, e lo svolgimento della letteratura non si produce per una dialettica interna, autonoma e immanente, ma è determinato, sia pure in maniera non immediata, dall'evoluzione della società. «La formazione e lo sviluppo della letteratura sono una parte del processo storico totale della società. L'essenza e il valore estetico delle opere letterarie, e quindi della loro azione, è una parte di quel processo generale e unitario, per cui l'uomo si appropria del mondo mediante la sua coscienza». In conseguenza di questi princìpi, l'unica autentica forma d'arte è per il Lukács il *realismo*, inteso però non come meccanica e passiva riproduzione degli aspetti quotidiani e superficiali della realtà, ma come rappresentazione della «totalità della vita umana nel suo moto, nel suo svolgersi ed evolversi». Funzione principale del critico è quella di individuare ciò che nelle varie epoche è oggettivamente valido come realismo, o, per usare la definizione di un seguace italiano del Lukács, «la critica dev'essere rigorosamente concepita come scienza, avente come compito d'individuare la conoscenza della realtà che è stata acquistata attraverso l'opera d'arte». Il punto di maggior distacco dal Croce è rappresentato dalla negazione assoluta della trascendenza della poesia rispetto al mondo della storia. La critica marxista italiana ha in genere riconosciuto la paternità di ANTONIO GRAMSCI, cui si deve il rifiuto dell'autonomia dell'arte e della separazione della teoria dalla prassi, rientrando anche la creazione artistica nell'organizzazione politica, dato che «l'arte è sempre legata a una determinata cultura o civiltà». Su una linea gramsciana si collocano NATALINO SAPEGNO, GIUSEPPE PETRONIO e CARLO SALINARI, tutti e tre autori fra l'altro di fortunate storie letterarie per le scuole, CARLO MUSCETTA e ARCANGELO LEONE DE CASTRIS.

In ambito marxista si collocano anche le esperienze critiche di ALBERTO ASOR ROSA, storico della cultura oltre che della letteratura e intellettuale direttamente impegnato nell'azione politica. FRANCO FORTINI, CESARE CASES e AMEDEO QUONDAM studiano invece la letteratura soprattutto in rapporto alla società praticando una *critica sociologica*.

5.4 L'indagine stilistica, lo strutturalismo, la semiologia

In ambito stilistico le teorie del Croce stimolarono, o favorirono, una serie di interessanti e talvolta geniali indagini, specialmente ad opera di due studiosi tedeschi, KARL VOSSLER e LEO SPITZER, nelle quali l'interpretazione dei fenomeni linguistici è rovesciata rispetto a quella dei glottologi positivisti. Lo spirito "disturbatore" diventa qui il protagonista, anzi l'attore unico della vicenda: morfologia, sintassi, fonologia, metrica ecc. sono esaminate alla luce dell'estetica, e le trasformazioni linguistiche, anche le più insignificanti e in apparenza accidentali, vengono ricondotte a una causa estetica, ossia, come si esprime il Vossler, «fondata sull'individualità di chi parla». Questo principio il Vossler applicò nella sua storia della lingua francese, che è una storia della civiltà francese riflessa nello specchio della sua evoluzione linguistica (*Frankreichs Kultur im Spiegel seiner Sprachentwicklung*, 1913). Lo Spitzer definì in questo modo il postulato sul quale si fondano le sue numerose e acutissime indagini stilistiche (comprese soprattutto nelle due raccolte delle *Stilstudien* del 1928, nelle *Romanische Stil- und Literaturstudien* del 1931 e negli *Essay in Stylistics* del 1948): «A ogni emozione che devia dal nostro stato d'animo normale, corrisponde, nel linguaggio, una deviazione dal modo di esprimersi consueto; e viceversa, da un modo linguistico che devia dall'uso normale si inferisce uno stato psichico inconsueto: insomma quella particolare espressione linguistica riflette una particolare condizione dello spirito».

Le indagini del Vossler e dello Spitzer suscitarono la diffidenza, o anche l'aperta opposizione, di molti glottologi, i quali osservarono soprattutto che nel linguaggio non c'è solo un aspetto individuale, ma anche uno collettivo; non sarebbe quindi possibile spiegare fenomeni evolutivi a volte di straordinaria imponenza con l'azione dell'individuo singolo; il metodo estetico sarebbe utile e valido a studiare la lingua degli scrittori, dove è dominante l'attività creativa personale, il gusto individuale, non lo sarebbe altrettanto per l'interpretazione dei fenomeni linguistici di carattere generale, nei quali intervengono molti fattori di altro ordine. Effettivamente le analisi del Vossler e dello Spitzer sono apparse a tutti più convincenti quando affrontano non fenomeni di carattere generale e appartenenti alla lingua comune ma singoli testi letterari. Sotto questo aspetto destarono l'interesse dei critici letterari, generando l'illusione, almeno in taluni, che fosse nata una nuova scienza per lo studio degli scrittori: la *stilistica*. Di stilistica si parlava certo anche prima, ma con significato completamente diverso, cioè per indicare o una serie di precetti di stile, fondata sul presupposto dell'esistenza di un ideale stile perfetto (e in questo caso la stilistica non era che una parte o aspetto della *retorica*), o una semplice rassegna statistica dei mezzi espressivi di un dato scrittore (di quest'ultimo tipo sono per esempio gli studi di F. COLAGROSSO su *Le dottrine stilistiche del Leopardi e la sua prosa*). Invece il Vossler e lo Spitzer partono dal principio che la lingua di uno scrittore riflette la sua personalità e in riferimento a questa ne spiegano tutti gli aspetti particolari. Questo stesso principio regge talune indagini compiute in Italia da filologi e da critici letterari, sotto l'influsso diretto dell'estetica crociana, come i saggi sulla *Vita* del Cellini e sulla prosa di Giordano Bruno (1916) di Ernesto Giacomo Parodi, i noti *Saggi sulla forma poetica italiana dell'Ottocento* (1929, post.) di Cesare De Lollis, gli studi di Domenico Petrini sul Parini e sul Pascoli (*La poesia e l'arte di Parini* e *La poesia di Giovanni Pascoli*, 1929-1930) ecc. Ora nell'opera di tutti questi studiosi è evidente che la *stilistica* non è altro che una forma, un aspetto, un atteggiamento particolare della critica letteraria. È quello che avvertì quasi subito il Vossler e che lo Spitzer dichiarò poi con molta chiarezza: «La stilistica non è altro che un procedimento speciale dello studio letterario e non è destinata a uno studio indipendente». Infatti il critico stilista di fronte a un testo letterario esamina l'espressione in tutti i particolari, anche minimi, osserva se presenta aspetti caratteristici, e cerca di risalire da questi allo stato d'animo che li ha generati; o, inversamente, partendo dallo stato d'animo, discende a giustificare le forme particolari in cui si è concretato. Nell'un caso e nell'altro non fa nulla di diverso da quello che fa il comune critico letterario, il quale risale sempre dalla periferia al centro e ridiscende dal centro alla periferia dell'opera d'arte. Soltanto, per un particolare interesse o attitudine, lo studio dello stilista è più analitico, attento alle più piccole sfumature dell'espressione, e insieme più sistematico, perché generalmente non si limita a interpretare qualche fenomeno isolato, ma cerca di interpretare e coordinare l'intera gamma delle abitudini espressive di uno scrittore. Critici come il De Sanctis e il Croce si interessano soprattutto di determinare il sentimento della vita e i caratteri della fantasia del Boccaccio: solo per incidenza si soffermano a indicare rapidamente nella struttura del periodare boccaccesco il riflesso di quel sentimento e di quei caratteri. Un linguista-critico come Alfredo Schiaffini, invece, si preoccupa di ricostruire appunto il lento affermarsi attraverso le opere giovanili della tecnica espressiva del novelliere, per ritrovarla nella prosa del *Decameron* non più quale schema esterno o quale indice di una particolare tendenza del gusto, ma come la forma naturale della visione poetica dello scrittore, inscindibile dal suo contenuto (cfr. *Tradizione e poesia nella prosa d'arte italiana dalla latinità medievale al Boccaccio*, 1934). La descrizione psicologica viene sostituita da una descrizione formalistica, ma la radice dell'indagine è la stessa: la concezione, cioè, dell'opera d'arte come un tutto organico, nel quale ogni elemento e aspetto è in funzione di tutti gli altri, e dello stile non come un'entità esistente in sé al di qua o al di là del contenuto, sicché si possa giudicarlo in funzione di princìpi generali o di modelli, ma come individuazione concreta del contenuto stesso. Quindi nei due casi si hanno punti di vista diversi tramite i quali viene illuminato il medesimo oggetto, non princìpi interpretativi diversi. In questo senso vanno intese anche le indagini del Fubini sullo stile del Vico (*Stile e umanità di Giambattista Vico*, 1946) o il capitolo del Russo sulla lingua del Verga nel suo noto volume *Giovanni Verga* (1919). Su princìpi analoghi si fondano i lavori della fiorente scuola stilistica spagnola, rappresentata soprattutto da Amado Alonso e Dámaso Alonso: del primo ricordiamo gli studi raccolti in *Materia y forma en poesía* (1954), del secondo il volume *Poesía española. Ensayo de métodos y límites estilísticos* (1950). Al medesimo indirizzo di studi, e in particolare alle analisi dello Spitzer, si ricollega consapevolmente Erich Auerbach nei suoi volumi *Mimesis* (1946) e *Literatursprache und Publikum in der lateinischen Spätantike und im Mittelalter* (1958).

Ma, mentre lo Spitzer mira soprattutto a cogliere il significato delle forme individuali di un singolo scrittore, egli, partendo da testi singoli, scelti come "campioni", risale a delineare i caratteri generali delle varie epoche, estraendo dai dati stilistici le implicazioni culturali, sociali, ideologiche ecc. In *Mimesis* con questo metodo egli delinea la storia della rappresentazione della realtà nella letteratura occidentale da Omero all'età moderna.

Il diffondersi dell'indagine di tipo stilistico è dovuto alla crescente convinzione che un accurato esame degli aspetti formali di un'opera sia necessario per dar concretezza al giudizio critico e per sfuggire al pericolo, così facile, di considerare soltanto il contenuto astratto, generico, al di qua dell'individuazione espressiva, senza la quale non esiste ancora come arte. Per questo esame le categorie espressive elaborate dai linguisti moderni, assai più varie, raffinate e aderenti di quelle conosciute dalla grammatica e dalla stilistica tradizionali, possono essere di grande aiuto.

È stato anche compiuto un tentativo di costruire una stilistica che non si confonda con la grammatica e la retorica, e tuttavia non si dissolva nella critica letteraria, ma si costruisca come scienza autonoma. Il tentativo è di Giacomo Devoto, il quale nei suoi *Studi di stilistica* (1950), concepisce la stilistica come studio delle *scelte espressive* di un autore in rapporto alle possibilità offertegli dalla lingua collettiva del suo tempo, prescindendo dal valore estetico della sua opera presa in esame, e limitandosi a un apprezzamento funzionale, in vista delle necessità espressive della collettività. Non è escluso tuttavia che indagini condotte con questo criterio possano offrire utili elementi anche alla critica letteraria: infatti un'analisi critica dello stile non può non tener conto della tradizione espressiva che ogni nuovo scrittore riassume e trasfigura nella propria opera. In un contesto mentale ispirato all'idealismo storicistico, un altro illustre linguista, Benvenuto Terracini, nel volume *Analisi stilistica* (1966), ha cercato di definire in maniera più sfumata l'area entro cui si muove la stilistica, fra la linguistica da un lato e la critica letteraria dall'altro. Il Terracini constata una sostanziale identità dell'analisi stilistica e della critica, che si distinguono solo per la diversità dei punti di vista da cui considerano l'opera letteraria.

Accenneremo infine alla tendenza, manifestatasi in alcuni dei critici contemporanei e collegata con l'esigenza di un'indagine del linguaggio poetico, dello stile, a studiare la storia della poesia nel suo "divenire", seguendo da vicino l'elaborazione del linguaggio poetico attraverso l'esame delle "varianti", degli abbozzi, delle correzioni. In questo senso hanno preso posizione soprattutto Gianfranco Contini e Lanfranco Caretti.

Abbiamo trattato della stilistica letteraria in maniera specifica, in quanto essa, soprattutto in Italia, più o meno direttamente si collega all'estetica e alla linguistica di ispirazione idealistica. Ma si avverta che spesso, nei procedimenti e nei risultati concreti, *stilistica, strutturalismo, formalismo*, finiscono per coincidere: per esempio, certe analisi del Contini non si saprebbe se assegnarle più legittimamente alla stilistica o allo strutturalismo e lo Spitzer degli ultimi anni amava definirsi piuttosto uno strutturalista che un critico stilista.

Difficile è dare una definizione chiara e univoca dello *strutturalismo* (che in Italia comincia a destare interesse dopo il '60). Il termine *strutturalismo* è stato trasportato nel campo della critica letteraria da quello della linguistica, ma non senza suggestioni anche dell'uso fattone in alcuni settori delle scienze biologiche e della psicologia. In linguistica esso indica la tendenza a concepire il linguaggio come un sistema di elementi solidali e interdipendenti. Analogamente, principio fondamentale dello strutturalismo critico è la concezione dell'opera d'arte come una "totalità autonoma", come un "sistema" di rapporti formali, che vengono analizzati restando all'interno dell'opera stessa, senza riferimento a elementi esterni. Si ritiene che tale analisi possa condurre a conclusioni obiettive, sfuggenti al pericolo dell'impressionismo soggettivo e dell'arbitrio, connesso al "giudizio" di valore: sul criterio del *valore* prevale quello della *funzionalità*. Nei rappresentanti più radicali di tale indirizzo l'assoluta *avalutatività* è proclamata condizione essenziale del carattere *obiettivo* e *scientifico* della critica.

Tali posizioni estremistiche sono tuttavia piuttosto rare in Italia, dove incontrano tenace resistenza nella mentalità storicisticamente educata anche di coloro che accolgono certi procedimenti strutturalistici come nuovi strumenti tecnici, utili alla miglior intelligenza della compagine dell'opera d'arte nei suoi interni rapporti, ma sanno che vera "comprensione" non ci può essere fuori della storia e del rapporto fra l'opera e la personalità del critico, con le sue doti di sensibilità e d'intuizione. È sintomatico che lo strutturalismo sia stato anticipato in Italia da alcuni saggi sul "sistema" correttorio del Leopardi e dell'Ariosto e sul "sistema" linguistico del Petrarca di un critico di formazione crociana come Gianfranco Contini, il quale, pur applicando con rigore le rilevazioni obiettive, non esita a dichiarare che all'inizio dell'operazione critica c'è sempre una scoperta, un'illuminazione, e che il resto è lo svolgimento e la conferma di ciò che era in essa implicito.

Con lo strutturalismo si collega, e in parte si confonde, il *formalismo* russo, conosciuto in Italia dopo il '60. Il formalismo si affermò negli anni fra il 1915 e il 1930, in contrapposizione alle tendenze verso un'interpretazione psicologica o sociologica dell'opera letteraria, allora dominanti nella critica russa. Esso interpretava invece l'*opera come autonoma realtà formale*, indipendente dalla vita sia dell'autore sia della società, considerando anche il contenuto come elemento della struttura estetica ed esaltando contro lo psicologismo l'aspetto "tecnico", "artificiale" dell'attività artistica. Sua intenzione era di creare una scienza letteraria autonoma, partendo dalle qualità intrinseche dei "materiali letterari" e istituendo un rapporto indissolubile fra storia della poesia e scienza del linguaggio, fino a concepire la poesia stessa come una "funzione" del linguaggio, un particolare tipo di discorso, totalmente organizzato a fini estetici, e nettamente distinto dal linguaggio della comunicazione quotidiana. C'è qualche evidente analogia fra le teorie dei formalisti russi e quelle del Croce, ma anche profonde differenze a cominciare dal concetto stesso di *forma*, dai formalisti russi intesa come complesso di procedimenti tecnici, di artifici (e persino di "trucchi"), non soltanto verbali ma compositivi, di correlazioni tematiche, come una struttura a più livelli e dimensioni. Sulla base di questa concezione essi tentarono di costituire una nuova fenomenologia delle forme letterarie accanto alla retorica classica e prospettarono la possibilità di una storia della letteratura come sviluppo di "generi" e successione di "canoni": orientamenti lontanissimi da quelli del pensiero crociano. Anche sul rapporto lingua-poesia la differenza è profonda. Infatti, mentre i formalisti tendono ad assorbire la poesia nel linguaggio, e quindi la critica nella linguistica, all'inverso il Croce afferma l'origine poetica della lingua e, nella *stilistica* che si ispira ai suoi princìpi teorici, l'indagine linguistica degli scrittori si risolve nella critica letteraria.

A un'indagine di carattere prevalentemente tecnico-formale tende anche il cosiddetto *New Criticism* americano, che ha avuto una certa influenza in Italia.

Sulla medesima linea di strutturalismo e formalismo, ma con carattere ancora più tecnico, è la *semiologia*, la quale considera l'opera letteraria come un complesso di segni, quindi non come attività espressiva o creativa, ma come fatto di comunicazione, legato all'uso di determinati *codici*, variabili da epoca a epoca, da ambiente ad ambiente, da genere letterario a genere letterario, e ritiene proprio compito la determinazione dei valori di *segnicità* dei vari codici, dei gradi di informazione che essi trasmettono, e lo studio del loro funzionamento nelle singole opere. Per le opere narrative l'indagine segue le regole specifiche della *narratologia* (la semiotica della narrativa) i cui elementi costitutivi sono la *fabula*, cioè l'insieme degli eventi, l'*intreccio*, ovvero l'ordine secondo il quale gli eventi si snodano, e il *discorso* costituito dall'espressione, ovvero dalla veste linguistica. Il semiologo più noto oggi in Italiè Umberto Eco; un preciso punto di riferimento è rappresentato dalla rivista «Strumenti critici» e quindi da Maria Corti, Dante Isella, D'Arco Silvio Avalle e Cesare Segre.

La punta più avanzata nelle analisi formalistiche è rappresentata da studi recenti (Gian Luigi Beccaria, Stefano Agosti) fondati sul principio dell'"autonomia del significante", cioè della carica di senso che nella poesia assume in proprio l'elemento verbale (o, meglio, fonico).

Riflessi hanno avuto in Italia anche taluni indirizzi della più recente critica francese, nei quali s'intrecciano, spesso in forme di raffinata acutezza (quando non si tratti di troppo sottile e difficile ingegnosità), gli influssi della linguistica, della psicanalisi e dell'esistenzialismo. Tali indirizzi vengono genericamente compresi sotto l'etichetta comune di *nouvelle critique* (critica nuova, in contrapposto alla critica *tradizionale* o *accademica*). Tra i critici "nuovi" il più noto e discusso in Italia è forse Roland Barthes, il quale concepisce la critica come autonoma attività letteraria, un «discorso sopra un discorso», un *metalinguaggio* che si esercita sul linguaggio primitivo del testo (un altro di questi critici francesi la definisce «letteratura sopra la letteratura»).

Al centro dei dibattiti attuali vi è il problema dell'interpretazione, se cioè di un dato testo sia possibile mettere in luce *il* significato o se, invece, da ogni testo sia possibile ricavare un'infinità di significati, ovvero se tutte le letture siano accettabili, o quali siano i parametri necessari per stabilire il grado di attendibilità di una lettura e le implicazioni storiche delle letture peregrine. Il problema dell'interpretazione non riguarda solo i testi tradizionalmente intesi, ma il mondo intero, per il quale è pur possibile proporre un significato fisso, una pluralità di significati o nessun significato.

Repertorio bibliografico

a) Panorama generale

Un panorama completo dei problemi trattati nei capitoli 3, 4 e 5 è nel volume miscellaneo *L'interpretazione*, vol. IV della *Letteratura italiana*, Torino, Einaudi, 1985; un'ampia introduzione anche nella voce di R. WELLEK, *Critica letteraria*, in *Enciclopedia del Novecento*, Milano, Marzorati, 1979. Altre opere di carattere generale: F. MONTANARI, *Introduzione alla critica letteraria*, Modena, Società Editrice Modenese, 1942²; L. RUSSO, *Problemi di metodo critico*, Bari, Laterza, 1950²; I. A. RICHARDS, *I fondamenti della critica letteraria*, trad. it. di E. Chinol e F. Marenco, Torino, Einaudi, 1972 (1ª ed. 1961); S. DOUBROVSKY, *Critica e oggettività*, trad. it. F. De Michelis Barnabò, Padova, Marsilio, 1967; N. FRYE, *Anatomia della critica*, trad. it. di R. Clot e S. Stratta, Torino, Einaudi, 1972 (ed. or. 1957); C. SEGRE, *I segni e la critica*, Torino, Einaudi, 1969; E.D. HIRSCH, *Teoria dell'interpretazione e critica letteraria*, Bologna, Il Mulino, 1983 (1ª ed. 1973); C. BRANDI, *Teoria generale della critica*, Torino, Einaudi, 1974; I.M. ELLIS, *The Theory of Literary Criticism: A Logical Analysis*, Berkeley-Los Angeles-London, University of California Press, 1974; J. STAROBINSKI, *La critica letteraria*, in V. BRANCA-J. STAROBINSKI, *La filologia e la critica letteraria*, Milano, Rizzoli, 1977; E. RAIMONDI, *Tecniche della critica letteraria*, Torino, Einaudi, 1983² (1ª ed. 1967); J. CULLER, *On Deconstruction. Theory and Criticism after Structuralism*, Ithaca, N.Y., Cornell University Press, 1983; C. DI GIROLAMO-A. BERARDINELLI-F. BRIOSCHI, *La ragione critica*, Torino, Einaudi, 1986; G. BOTTIROLI, *Interpretazione e strategia*, Milano, Guerini & Associati, 1987.

Utili in ambito metodologico anche alcune trattazioni di teoria della letteratura, tra cui: R. WELLEK-A. WARREN, *Teoria della letteratura*, trad. it. di P.L. Contessi, Bologna, Il Mulino, 1979³ (ed. or. 1949); R.E. SCHOLES-R. KELLOGG, *La natura della narrativa*, Bologna, Il Mulino, 1970 (ed. or. 1968); M. CORTI, *Principi della comunicazione letteraria*, Milano, Bompiani, 1980 (1ª ed. 1976); D.W. FOKKEMA-E. KUNNE IBSCH, *Teorie della letteratura del XX secolo*, trad. it. di G. Beltrani, Laterza, 1981; F. BRIOSCHI, *La mappa dell'impero. Problemi di teoria della letteratura*, Milano, Il Saggiatore, 1983; E.N. GIRARDI, *Letteratura come arte. Lezioni di teoria della letteratura*, Napoli, Edizioni Scientifiche italiane, 1991. Una ricca antologia di testi è: *Teoria della letteratura*, a cura di E. Raimondi e L. Bottoni, Torino, Einaudi, 1978.

b) Storia della critica

Sulla storia della critica è fondamentale, benché orientata prevalentemente sul mondo anglosassone, l'ampia opera di R. WELLEK, *Storia della critica moderna*, 6 voll., trad. it. di A. Lombardo, F. Gambino, R.M. Colombo e G. Luciani, Bologna, Il Mulino, 1990 (1ª ed. it. 1961; ed. or. 1955 sgg.). Di vasto respiro anche il volume miscellaneo *La critica come forma caratteristica della civiltà moderna*, a cura di V. Branca, Firenze, Sansoni, 1970, e l'opera di

A. Scaglione, *The Classical Theory of Composition from its Origins to the Present*, Chapel Hill, N. Car., The University of North Carolina Press, 1972. Concerne sia la metodologia sia la storia della critica il volume a cura di R.S. Crane, *Figure e momenti di storia della critica*, trad. it. di L. Formigari, Milano, Feltrinelli, 1967.

Sulla critica in età rinascimentale: J.E. Spingarn, *La critica letteraria nel Rinascimento*, trad. it. di A. Fusco, Bari, Laterza, 1905; B. Weinberg, *A History of Literary Criticism in the Italian Renaissance*, Chicago, Ill., The University of Chicago Press, 1961. Sui momenti successivi di storia della critica: M. Puppo, *Critica e linguistica del Settecento*, Verona, Fiorini, 1975; G.A. Borgese, *Storia della critica romantica in Italia*, Milano, Il Saggiatore, 1965 (1ª ed. 1905); M. Puppo, *Poetica e critica del Romanticismo italiano*, Roma, Studium, 1988 (1ª ed. 1973); G. Petrocchi, *Lezioni di critica romantica*, Milano, Il Saggiatore, 1975; M.H. Abrams, *Lo specchio e la lampada. La teoria romantica e la tradizione critica*, trad. it. di R. Zelocchi, Bologna, Il Mulino, 1976; A. Ferraris, *Letteratura e impegno civile nell'«Antologia»*, Padova, Liviana, 1978; L. Foscolo Benedetto, *Ai tempi del metodo storico*, in *Uomini e tempi*, Milano-Napoli, Ricciardi, 1953; D. Consoli, *La scuola storica*, Brescia, La Scuola, 1979; B. Romani, *La critica letteraria tra l'Otto e il Novecento*, Roma, Gremese, 1975; E.N. Girardi, *Manzoni, De Sanctis, Croce e altri studi di storia della critica italiana*, Milano, Vita e Pensiero, 1986.

c) Francesco De Sanctis e Benedetto Croce

Sul De Sanctis: B. Croce, *Francesco De Sanctis*, in *Estetica*, p. II, cap. XV, Milano, Adelphi, 1990; F. Montanari, *Francesco De Sanctis*, Brescia, Morcelliana, 1939; L. Russo, *Francesco De Sanctis e la cultura napoletana*, Firenze, Sansoni, 1959 (1ª ed. Venezia, 1928); G. Contini, *Introduzione a De Sanctis*, in *Varianti e altra linguistica*, Torino, Einaudi, 1979 (1ª ed. 1970); *De Sanctis e il realismo*, Atti del Convegno di Napoli, ott. 1977, 2 voll., intr. di G. Cuomo, Napoli, Giannini, 1978.

Di B. Croce si vedano, in particolare, le seguenti opere (pubblicate tutte, e ancora ristampate, dall'editore Laterza di Bari): *Estetica come scienza dell'espressione e linguistica generale*, 1ª ed. 1902; *Problemi di estetica*, 1ª ed. 1910; *Nuovi saggi di estetica*, 1ª ed. 1920; *La poesia*, 1ª ed. 1936; *Storia dell'estetica per saggi*, 1ª ed. 1942. Importanti anche in sede metodologica alcune opere di carattere critico, tra cui: *Ariosto, Shakespeare e Corneille*, 1ª ed. 1920; *La poesia di Dante*, 1ª ed. 1921; *Poesia popolare e poesia d'arte*, 1ª ed. 1933; *Ultimi saggi*, 1ª ed. 1935.

Sul Croce: G. Contini, *L'influenza culturale di Benedetto Croce*, Milano-Napoli, Ricciardi, 1957; A. Caracciolo, *L'estetica e la religione di Benedetto Croce*, Genova, Tilgher, 1988 (1ª ed. Arona, 1958); M. Puppo, *Il metodo e la critica di Benedetto Croce*, Milano, Mursia, 1966² e Id., *Benedetto Croce e la critica letteraria*, Firenze, Sansoni, 1974 (con antologia di testi); E.G. Caserta, *Croce critico letterario*, Napoli, Giannini, 1972; G.N.G. Orsini, *L'estetica e la critica di Benedetto Croce*, Milano-Napoli, Ricciardi, 1976; M.G. Riccobono, *Tra desiderio e realtà. Pratica poesia storia in Benedetto Croce*, Napoli, Edizioni Scientifiche italiane, 1990.

d) La critica novecentesca

Sulla critica novecentesca, un vasto repertorio, di valore però disuguale, è offerto da *I critici*, 5 voll., dir. da G. Grana, Milano, Marzorati, 1969. Si vedano inoltre: M. Sansone, *La critica post-crociana*, in «Cultura e Scuola», 1961; L. Russo, *La critica letteraria contemporanea*, 3 voll., Firenze, Sansoni, 1967 (1ª ed. 1942-1943); L. Baldacci, *I critici italiani del Novecento*, Milano, Garzanti, 1969; A. Noferi, *Le poetiche critiche novecentesche*, Firenze,

Le Monnier, 1970; A. BORLENGHI, *La critica letteraria postdesanctisiana*, Milano, Istituto Editoriale Cisalpino, 1972; S. BRIOSI, *Da Croce agli strutturalisti*, Bologna, Calderini, 1972; M. PUPPO, *La critica letteraria del Novecento*, Roma, Studium, 1977; A. BOCELLI, *Posizioni critiche del Novecento*, Palombi, Roma 1979; M. GUGLIELMINETTI-G. ZACCARIA, *La critica letteraria dallo storicismo alla semiologia*, Brescia, La Scuola, 1980.

Sulle più recenti tendenze e metodologie della critica un'utile introduzione, con antologia di testi, è A. GRANESE-G. PAPARELLI, *Storia e metodologie della critica letteraria*, Napoli, Conte, 1982 (1ª ed. 1978). Si vedano inoltre: D.S. AVALLE, *L'analisi letteraria in Italia. Formalismo, strutturalismo, semiologia*, Milano-Napoli, Ricciardi, 1970; *I metodi attuali della critica in Italia*, a cura di C. Segre e M. Corti, Torino, ERI, 1970; AA. VV., *Sette modi di fare critica*, a cura di O. Cecchi e E. Ghidetti, Roma, Editori Riuniti, 1984; *Teoria e critica letteraria oggi*, a cura di R. Luperini, Milano, Franco Angeli, 1991.

In particolare sulla critica fenomenologica fondamentali sono le opere di L. ANCESCHI, *Autonomia ed eteronomia dell'arte. Saggio di fenomenologia delle poetiche*, Milano, Garzanti, 1992 (1ª ed. Firenze, 1936); *Barocco e Novecento con alcune prospettive metodologiche*, Milano, Rusconi e Paolazzi, 1960; *Il caos e il mondo. Primi lineamenti di una nuova estetica fenomenologica*, Napoli, Tempi moderni, 1981; *Gli specchi della poesia. Riflessione, poesia, critica*, Torino, Einaudi, 1989. Sulla critica ermeneutica si veda il numero monografico de «L'ombra d'Argo», 9, 1986, e inoltre H.R. JAUSS, *Esperienza estetica ed ermeneutica letteraria*, 2 voll., trad. it. di B. Argenton, Bologna, Il Mulino, 1987-1988 (ed. or. 1977); H.G. GADAMER, *L'attualità del bello. Saggi di estetica ermeneutica*, trad. it. di R. Dottori e L. Bottani, Genova, Marietti, 1988 (1ª ed. 1986); E. NICOLETTI, *Fenomenologia e interpretazione*, Milano, Franco Angeli, 1989.

Sulla critica psicanalitica: S. FREUD, *Il poeta e la fantasia* (1907), in *Opere*, vol. V, trad. it. di C.L. Musatti, Torino, Bollati Boringhieri, 1985; M. DAVID, *Letteratura e psicanalisi*, Milano, Mursia, 1976 (1ª ed. 1967); F. ORLANDO, *Per una teoria freudiana della letteratura*, Torino, Einaudi, 1987 (1ª ed. 1973); J. STAROBINSKI, *Psicanalisi e critica letteraria*, in *L'occhio vivente. Studi su Corneille, Racine, Rousseau, Stendhal e Freud*, trad. it. di G. Guglielmi, Torino, Einaudi, 1975; G. DESIDERI, *Psicanalisi e critica letteraria*, Roma, Editori Riuniti, 1975; A. PAGNINI, *Psicanalisi ed estetica*, Firenze, Sansoni, 1975; C. TOSCANI, *La metastasi analitica (Letteratura e critica letteraria nei confronti della psicanalisi)*, Milano, FM, 1978; S. AGOSTI, *Modelli psicanalitici e teoria del testo*, Feltrinelli, Milano, 1987; M. BIONDI, *Il sogno e altro. Note di letteratura e psicoanalisi*, Verona, Gutenberg, 1988; E. GIOANOLA, *Psicanalisi, ermeneutica e letteratura*, Milano, Mursia, 1991. Un'antologia di testi è *Letteratura e psicoanalisi*, a cura di R. Bodei, Bologna, Zanichelli, 1974.

Sulla critica marxista: L. COLLETTI, *Ideologia e società*, Bari, Laterza, 1969; R. LUPERINI, *Marxismo e letteratura*, Bari, De Donato, 1971; S. MORAWSKI, *Il marxismo e l'estetica*, Roma, Editori Riuniti, 1973; H. GALLAS, *Teorie marxiste della letteratura*, Bari, Laterza, 1974; T. EAGLETON, *Marxism and Literary Criticism*, London, Methuen, 1976; R. WILLIAMS, *Marxismo e letteratura*, trad. it. di B. Stetrema, Bari, Laterza, 1979 (ed. or. 1977).

Sulla critica stilistica è fondamentale il volume di B. TERRACINI, *Analisi stilistica. Teoria, storia, problemi*, Milano, Feltrinelli, 1975 (1ª ed. 1966). Dei critici stilistici più importanti si vedano K. VOSSLER, *Civiltà e lingua di Francia*, trad. it. di L. Vertova, Bari, Laterza, 1948; L. SPITZER, *Critica stilistica e semantica storica*, a cura di A. Schiaffini, Bari, Laterza, 1975; ID., *Saggi italiani*, a cura di C. Scarpati, Milano, Vita e Pensiero, 1976; C. DE LOLLIS, *Saggi sulla forma poetica italiana dell'Ottocento*, Bari, Laterza, 1929 (ora in *Scrittori d'Italia*, a cura di G. Contini e V. Santoli, Milano-Napoli, Ricciardi, 1968); E. AUERBACH, *Mimesis. Il reali-*

smo nella letteratura occidentale, 2 voll., trad. it. di A. Romagnoli e H. Hinterhauser, Torino, Einaudi, 1981⁹; Id., *Lingua letteraria e pubblico nella tarda antichità latina e nel Medio Evo*, trad. it. di F. Codino, Milano, Feltrinelli, 1983 (1ª ed. 1960); D. Alonso, *Saggio di metodo e limiti stilistici*, Bologna, Il Mulino, 1965; G. Devoto, *Studi di stilistica*, Firenze, Le Monnier, 1950; Id., *Nuovi studi di stilistica*, Firenze, Le Monnier, 1962; G. Contini, *Varianti e altra linguistica*, Torino, Einaudi, 1979; Id., *Esercizi di lettura*, Torino, Einaudi, 1978 (1ª ed. 1970). Sulla critica incentrata sullo studio delle varianti, oltre ai volumi citati di Contini, si veda L. Caretti, *Filologia e critica*, Milano-Napoli, Ricciardi, 1955.

Sullo strutturalismo: G. Genette, *Strutturalismo e critica letteraria*, in *Figure. Retorica e strutturalismo*, trad. it. di F. Madonia, Torino, Einaudi, 1969; L. Malagoli, *Strutturalismo contemporaneo*, Bologna, Pàtron, 1969; Aa.Vv., *Che cos'è lo strutturalismo*, Milano, ili, 1971. Per i testi: *Letteratura e strutturalismo*, a cura di L. Rosiello, Bologna, Zanichelli, 1974; G. Catalano, *Teoria della critica. Dalla stilistica allo strutturalismo*, Napoli, Guida, 1974. Sul formalismo russo: V. Erlich, *Il formalismo russo*, Milano, Bompiani, 1973 (1ª ed. 1966); un'antologia è *I formalisti russi*, a cura di T. Todorov, Torino, Einaudi, 1972 (1ª ed. 1968). Sul *New Criticism* americano: A. Rossi, *La critica letteraria in America*, in *L'arte e le arti*, Pisa, Nistri-Lischi, 1960; W. Sutton, *Modern American Criticism*, Englewood Cliffs N.I., Prentice Hall, 1963; K. Cohen, *Le New Criticism aux Etats Units (1935-1950)*, in «Poétique», 10, 1972.

Sulla semiologia basi teoriche fondamentali sono R. Jakobson, *Linguistica e poetica*, in *Saggi di linguistica generale*, a cura di L. Heilmann, trad. it. di L. Heilmann e L. Grassi, Milano, Feltrinelli, 1974 (1ª ed. 1966; ed. or. 1963); Id., *Questions de poétique*, Paris, Seuil, 1973; R. Barthes, *Elementi di semiologia. Linguistica e scienza delle significazioni*, trad. it. di A. Bonomi, Torino, Einaudi, 1992¹³; Id., *Il grado zero della scrittura*, Torino, Einaudi, 1982. Si vedano anche M. Corti, *Il viaggio testuale. Le ideologie e le strutture semiotiche*, Torino, Einaudi, 1978; G.P. Caprettini, *Aspetti della semiotica*, Torino, Einaudi, 1980; S. Zólkiewski, *La cultura letteraria. Semiotica e letteraturologia*, Bologna, Signum, 1982; N. Ruwet, *Linguistica e poetica*, trad. it. di V. Lalli, Bologna, Il Mulino, 1986. Per un approccio alla semiologia applicata alla letteratura: A. Marchese, *L'analisi letteraria*, Torino, sei, 1983 (1ª ed. 1976); Id., *Il segno letterario. I metodi della semiotica*, Messina-Firenze, D'Anna, 1987.

Sulla narratologia: Aa.Vv., *L'analisi del racconto*, Milano, Bompiani, 1980 (1ª ed. 1969); C. Bremond, *Logica del racconto*, Milano, Bompiani, 1977 (ed. or. 1973); P. Ricoeur, *Tempo e racconto*, 3 voll., Milano, Jaca Book, 1986; G. Genette, *Nuovo discorso del racconto*, trad. it. di L. Zecchi, Torino, Einaudi, 1987; G.P. Caprettini, *Semiologia del racconto*, Bari, Laterza, 1992. Sull'analisi semiologica del testo poetico: J.M. Lotman, *La struttura del testo poetico*, a cura di E. Bazzarelli, trad. it. di E. Bazzarelli, E. Klein e G. Schiaffino, Milano, Mursia, 1990 (1ª ed. 1976; ed. or. Mosca, 1970); M. Riffaterre, *Semiotica della poesia*, trad. it. di G. Zanetti, Bologna, Il Mulino, 1983 (ed. or. 1978); più divulgativo A. Marchese, *L'officina della poesia*, Milano, Mondadori, 1986. Un'applicazione non rigida è in G.L. Beccaria, *L'autonomia del significante. Figure del ritmo e della sintassi. Dante, Pascoli, D'Annunzio*, Torino, Einaudi, 1989 (1ª ed. 1975). Sulla *Nouvelle critique* francese: E. Giachery, *Per una nuova critica*, in «Atti e memorie dell'Accademia dell'Arcadia», s. iii, vol. iv, fasc. 4°, 1967; R. Emmet Jones, *Panorama de la nouvelle critique en France*, Paris, Sedes, 1968.

6 La storiografia e i generi letterari

6.1 La storiografia letteraria

Il concetto e lo schema di una storia della letteratura come trattazione autonoma e organica nasce nel Settecento e si sviluppa soprattutto all'inizio dell'Ottocento, in evidente connessione con l'affermarsi della visione della storia come svolgimento e della concezione della nazione come entità spirituale e organica. Prima si avevano, da una parte, trattazioni di carattere esemplificativo e polemico, a sostegno di particolari dottrine poetiche o retoriche, come, per fare due esempi cronologicamente estremi, le pagine di DANTE sulle prime scuole poetiche nel *De vulgari eloquentia* e quelle di LUDOVICO ANTONIO MURATORI sulle «vicende del buon gusto» fino all'Arcadia nel trattato *Della perfetta poesia italiana* (1708); dall'altra, raccolte di documenti determinate dal gusto erudito.

La storia letteraria sorge dall'incontro e dal superamento di queste due tendenze. I primi esemplari settecenteschi offrono due forme opposte: una storia della letteratura concepita come storia della pura poesia, rappresentata dalla *Istoria della volgar poesia* (1ª ed. 1698, 2ª ed. 1714) di GIOVANNI MARIO CRESCIMBENI e una storia della letteratura come storia soprattutto della cultura, rappresentata dall'*Idea della storia dell'Italia letterata* (1723) di GIACINTO GIMMA. Dal confluire di questi generi storiografici nasce la maggior opera settecentesca del genere, la *Storia della letteratura italiana* in 9 tomi (1772-1782) di GIROLAMO TIRABOSCHI, la quale è una storia della cultura con ampio rilievo dato alla storia della poesia.

Un profondo rinnovamento subisce la storiografia letteraria all'inizio dell'Ottocento, quando la storiografia italiana risente l'influsso delle teorie romantiche e di famosi esemplari storiografici stranieri, fra i quali l'opera di JEAN-CHARLES-LÉONARD SIMONDE DE SISMONDI *De la littérature de l'Europe* (1813), l'*Histoire littéraire d'Italie* (1802-1815) di PIERRE-LOUIS GINGUENÉ e la *Storia della nuova poesia e dell'eloquenza* in 12 volumi (1801-1819) di FRIEDRICH BOUTERWEK.

Il concetto dominante della storiografia romantica è quello dell'influenza esercitata dall'evoluzione della società sullo svolgimento della letteratura. Lo si ritrova più o meno evidente in tutte le storie di questo periodo ed esso costituisce anche il principio informatore della storia del De Sanctis, la quale è una storia della letteratura italiana narrata in continua connessione con la storia della coscienza italiana. Se ne rammenti la linea fondamentale. L'Italia ha una grande letteratura nell'epoca di Dante, quando la sua coscienza è ricca di profondi interessi etici, religiosi, politici. A cominciare dall'età del Boccaccio questi ideali vanno decadendo e parallelamente la letteratura perde di significato e di valore, finché nel Rinascimento si riduce a gioco formalistico, a gusto di belle immagini, come nell'*Orlando furioso*. Questo processo di decadenza si accentua nel periodo seguente, per culminare nell'età dell'Arcadia, quando la parola poetica, svuotata di ogni serio contenuto, diventa puro suono. Frattanto, già a cominciare dal Cinquecento col Machiavelli, fuori del campo specifico della letteratura si va elaborando un nuovo contenuto, che alla fine del Settecento, con gli illuministi e col Parini, verrà a riempire il vuoto lasciato nella coscienza dalla decadenza degli ideali religiosi ed etici del Medioevo: è ciò che il De Sanctis chiama «nuova scienza», cioè una nuova visione della realtà, fondata sull'esperienza, che genera nuovi ideali morali. Si restaura allora l'unità della coscienza e la parola ricupera tutta la sua ricchezza e il suo valore. Da questo nuovo spirito è animata tutta la letteratura moderna a cominciare dal Parini.

Il pericolo di questa impostazione, al quale non sfugge sempre lo stesso DE SANCTIS, è quello di attribuire una eccessiva importanza al contenuto e di costringere qualche volta le singole opere a essere forzatamente rappresentative di determinati atteggiamenti spirituali e culturali, con una deformazione della loro reale fisionomia e, quindi, una deviazione del giudizio sul loro valore. Ma essa costituisce un grande progresso sulla storiografia precedente, in quanto permette un approfondimento del significato ideale delle vicende della letteratura e un loro ordinamento secondo linee di svolgimento meno esteriori. Anche i migliori critici del Settecento, come GIUSEPPE BARETTI, SAVERIO BETTINELLI, MELCHIORRE CESAROTTI avevano osservato la connessione fra letteratura e vita morale e politica, ma senza che questo concetto riuscisse a produrre una visione unitaria della civiltà e della letteratura da loro studiate.

Il contributo dell'età del Positivismo alla storia della letteratura consisté specialmente in ricerche di carattere particolare ed erudito. Quando volle sollevarsi a sintesi di maggior respiro, cercò uno schema di ordinamento dei fenomeni letterari nell'evoluzione dei "generi" o in altre forme di classificazione esterna, oppure nel gioco meccanico di vari "elementi", concepiti naturalisticamente come entità fisse. Quest'ultimo principio informa i noti discorsi *Dello svolgimento della letteratura nazionale* del CARDUCCI che, nell'intenzione dell'autore, avrebbero dovuto contrapporsi alla *Storia della letteratura* del De Sanctis. Secondo il Carducci tutto lo svolgimento della nostra letteratura risulta dalla varia combinazione di tre elementi: ecclesiastico, cavalleresco e nazionale. Il primo a sua volta si suddivide in due forme, ascetico ed ecclesiastico propriamente detto; l'ultimo comprende un elemento romano e dotto e uno italiano e popolare. Quest'ultimo è l'elemento propriamente originale e creativo; e quando esso prevale si hanno i periodi di maggior fioritura della vita e della letteratura nazionale. In relazione a ciò il Carducci, per esempio, dà del periodo rinascimentale un'interpretazione assai diversa da quella del De Sanctis. Egli afferma che nel Rinascimento lo spirito italiano giunse al sommo della sua ascesa, abbracciando e fondendo in sé antichità e Medioevo, Occidente e Oriente, e che la letteratura di quel periodo produsse dei miracoli d'arte composita, nei quali si operò la fusione dell'antico e del nuovo, del classico e del moderno. Mentre per il De Sanctis, in ciò profondamente romantico, il legame con la classicità vizia alle origini la nostra letteratura, per il Carducci in esso risiede la forza viva della nostra tradizione.

Una proposta radicalmente innovatrice fu esposta dal CROCE nel saggio *La riforma della storia letteraria e artistica* (1917). Il Croce intende sostenerla proprio in consapevole opposizione allo schema sociologico della storiografia romantica. Egli osserva che quel tipo di storiografia (come quello, diverso per contenuto, ma affine per tendenza, che concepisce la storia dell'arte quale storia di procedimenti formali, di stili) è costretto a fare la storia di caratteri generici e che gli sfugge il carattere individuale delle opere e degli scrittori, ossia proprio ciò che costituisce l'arte in quanto arte; afferma inoltre che la forma spontanea e legittima della storiografia letteraria e artistica è la caratteristica del singolo poeta e artista, cioè della sua personalità e dell'opera sua, le quali formano un tutt'uno. Per comprendere bene questa posizione sono necessari alcuni chiarimenti. Per il Croce ogni storia, non solo quella artistica e letteraria, ma quella politica, filosofica ecc., è sempre storia di fatti e di atti particolari, di una determinata dottrina, di un determinato istituto, di un determinato avvenimento politico ecc. Inoltre per lui la personalità artistica, come si è già visto, non è l'individuo pratico o empirico (Dante, Shakespeare), ma l'opera (la *Divina Commedia*, l'*Amleto*, il *Macbeth*), nella quale volta per volta confluisce e s'individua tutto il passato. Perciò, da una parte non c'è ragione di creare particolari collegamenti fra un'opera artistica e la serie delle altre opere artistiche, perché il collegamento è sempre con tutta la storia e i poeti non si generano dai poeti in uno svolgimento progressivo, ma ogni volta da tutto il complesso della realtà storica; dall'altra il carattere monografico della storiografia non implica necessariamente che essa sia limitata in ogni caso alla considerazione di un singolo individuo fisico, perché diversi individui fisici possono concorrere alla creazione di una sola opera d'arte e, inversamente, un medesimo individuo fisico può presentare due o più personalità artistiche diverse. Quindi il carattere monografico va inteso in senso non materiale, ma ideale. La storia della poesia si risolve nella storia di personalità ideali, di "stati d'animo", di motivi poetici (esempio tipico, in questo senso, è il saggio crociano su Shakespeare). La preoccupazione fondamentale del Croce è quella di garantire la possibilità di una storia puramente "poetica" della poesia; di una storia, cioè, in cui la poesia non venga giudicata secondo i criteri a lei estranei (politici, morali o filosofici) o spiegata ricorrendo a entità astratte e immaginarie come la "razza", l'"ambiente geografico", la "romanità", la "germanicità" ecc. Le storie concepite e condotte con questi criteri sono tutte, per il Croce, false storie della poesia.

La riduzione della storia della poesia a quella della singola personalità poetica è stata accolta con molte perplessità e riserve anche dagli studiosi più vicini all'indirizzo filosofico ed estetico del Croce. Fra questi Luigi Russo, specialmente, si è sforzato di superare quelle che a lui sembrano le angustie dell'impostazione crociana, riprendendo e svolgendo alcuni aspetti del sociologismo romantico, pur senza rinnegare le esigenze fondamentali fatte valere dal Croce. Come abbiamo già accennato, il Russo crede di poter risolvere il problema di una storia nella quale i singoli scrittori, pur non perdendo la loro individualità, non rimangono isolati mediante il concetto di *poetica*. Incomunicabili nel mondo della pura poesia, i poeti possono incontrarsi e inserirsi in una linea di svolgimento storico nel mondo della poetica. Questo nesso fra artista e artista non è concepito come un collegarsi dell'uno con l'altro in una linea di finalità trascendente e nemmeno in una linea di continuità stilistica, ma come «l'emergere comune dal fondo religioso, filosofico, politico, di gusto di una stessa età» (Caracciolo). Infatti il Russo dice che «nell'arte di un creatore si assomma e si contrae tutto il passato, come è vivo nella sua anima di artista, di cittadino del mondo, ma anche di cittadino della sua nazione e perfino della sua provincia e di un suo villaggio» e che ciascun artista vive «con la sua individualità, netta e rilevata, ma ciascuno pur radicato nella *humus* storica del proprio paese, e però diversissimo, ma pur vicino al progenitore e al nipote». Per esempio, Alfieri, Foscolo, Manzoni, Leopardi, pur dotati ognuno di una inconfondibile personalità poetica, hanno in comune parecchie tendenze sentimentali e di gusto e dall'uno all'altro si può tracciare la storia di certi motivi comuni, come quello della "poesia della morte".

Altri studiosi hanno proposto di concepire la storia della poesia e dell'arte come *storia della forma, di nessi stilistici* (PETRINI), o come *storia di poetiche, di correnti del gusto e della sensibilità* (PRAZ), o come *storia di una civiltà letteraria* (GETTO). Tutte queste concezioni, pur divergendo dalle conclusioni del Croce, non si presentano però come conseguenti a una nuova e opposta teoria estetica. Lo stesso può dirsi della proposta storiografica del BINNI, il quale ritiene che, partendo dalla poetica, sia possibile costruire una storia letteraria come storia di rapporti e di nessi entro cui si svolgono personalità e opere, nelle quali la varia tensione artistica di un'epoca diventa, dove diventa, valore.

A presupposti di pensiero completamente diversi s'ispirano i tentativi di una storiografia letteraria di tipo marxistico. Abbiamo già accennato alla diversità di indirizzi metodologici concreti nei vari critici che intendono applicare il marxismo anche al campo letterario. Rispetto allo specifico problema della storia letteraria, tuttavia, un principio appare valido e fondamentale per tutti i critici marxisti: il legame fra evoluzione della letteratura ed evoluzione della società. La storiografia d'ispirazione marxista, all'opposto della tendenza crociana a isolare e a descrivere il momento poetico individuale come espressione di pura e universale umanità, studia nelle opere letterarie proprio il riflesso dell'evoluzione sociale.

Il difficile problema che deve affrontare la storia letteraria è quello di rispettare, da un lato, l'originalità e l'individualità del poeta (e questa preoccupazione è uno dei motivi principali della teoria del Croce), e di tener conto, dall'altro, di tutti quei fattori tradizionali e collettivi che condizionano l'opera individuale e che, in un modo o nell'altro, in essa si rispecchiano (e questo spiega il ritorno a forme storiografiche di tipo sociologico). Di fronte alle opposte esigenze, LUIGI PAREYSON inquadrando il problema in una nuova e ampia prospettiva, ha affermato che una storia dell'arte e della poesia è possibile «se i concetti di storicità e specificazione e di continuità e originalità non s'irrigidiscono rispettivamente in modo da escludersi a vicenda, ma convergono e si conciliano». Egli ritiene che un'attenta e spregiudicata considerazione del fenomeno artistico riveli come non esista una corrispondenza fra l'arte e la civiltà di un popolo o di un'età, nel senso che la prima dipenda o derivi dalla seconda, ma invece una indentità fra la spiritualità di un'epoca e lo stile in cui essa si traduce, e come l'originalità e la continuità non si escludano, ma anzi si possano spiegare soltanto insieme. Tenendo presente questa convergenza, può sorgere la storia dell'arte, la quale sarà storia per l'attenzione data alla condizionalità storica e alla continuità dell'arte, e sarà veramente storia dell'arte per l'accento posto sulla specificazione e l'originalità di questa.

Si registra quindi una definitiva caduta della fiducia, non solo nella validità del modulo romantico di storia della letteratura come storia dello spirito nazionale riflesso nelle opere letterarie (il modulo del De Sanctis), ma anche nella validità di qualsiasi tentativo di ricostruire uno svolgimento unitario e continuo della letteratura. Su questo punto sono d'accordo studiosi di diversa formazione e mentalità, come HANS ROBERT JAUSS (cfr. *Perché la storia della letteratura*, 1969) e GIUSEPPE PETRONIO (*Invito alla storia letteraria*, 1970), anche se non rinunziano a proporre nuovi modi di risolvere il problema della storia letteraria. Lo Jauss prospetta un'ipotesi in cui ha parte fondamentale il rapporto fra l'opera e il pubblico col suo particolare «orizzonte d'attesa», e la relazione fra letteratura e storia, o fra letteratura e società, è concepita non in un'unica direzione (come nella teoria marxistica del «rispecchiamento»), ma in maniera dinamica, come sistema di condizionamenti reciproci. Anche il Petronio, pur maggiormente legato a presupposti marxistici, intende il rapporto fra letteratura e società non in senso unico, ma come «processo continuo e difficile di interazione».

Su di un piano d'indagine storica concreta, e con oggetto specifico la letteratura italiana, ha suscitato vivo interesse la prospettiva offerta da CARLO DIONISOTTI nel saggio *Geografia e storia della letteratura italiana* (1951), dove, a spiegare lo svolgimento dei fatti letterari, interviene come elemento di primaria importanza la considerazione della dimensione spaziale e geografica.

A parte il problema fondamentale della possibilità stessa di una "storia" della letteratura, la caduta dello schema romantico della storia della letteratura come storia dello spirito nazionale, o «spirito del popolo» (*Volksgeist*), ha determinato l'apertura di una serie di difficili problemi parziali, che deve affrontare chi voglia impostare una storia letteraria con rigore metodologico. I problemi riguardano in primo luogo la delimitazione stessa del campo d'indagine, nel senso temporale e nel senso spaziale. Ha osservato VITTORIO SANTOLI che, se lo schema romantico tuttora persiste, «è nella forma di un neutro schema spaziale in cui opportunamente possono venire ordinati certi fatti al fine di una rappresentazione diacronica della cultura letteraria in un certo territorio», uno «schema didattico», che non può «sollevare pretese scientifiche»; sicché, per esempio, non è scientificamente corretto parlare di una letteratura francese, con caratteri omogenei e continuità di sviluppo, ma almeno di *due*, con spirito, lingua, stile ecc. diversi. Analogamente LADISLAO MITTNER ha affermato che «i tre periodi in cui la letteratura tedesca si divide sono tanto nettamente isolati da dover essere considerati non tre periodi ma tre letterature». D'altra parte, la storiografia romantica considerava come segno eminentemente distintivo della personalità nazionale la lingua. Ma allora come trattare le opere prodotte in uno stesso territorio geografico, ma in lingua diversa? La produzione umanistica in latino e, al lato opposto, quella in dialetto di Carlo Porta, di Giuseppe Gioachino Belli ecc., fanno parte della letteratura italiana o no? E, al contrario, come trattare le opere scritte in una medesima lingua da autori di nazioni diverse (per esempio, da Inglesi e da Americani)?

La rottura dello schema romantico paradossalmente ha messo in crisi anche la cosiddetta "letteratura comparata", almeno nel suo significato tradizionale. Le origini della letteratura comparata sono infatti da ricercare nell'atmosfera, insieme nazionalistica ed europeistica, della cultura romantica e il suo sviluppo ha inoltre risentito della concezione positivistica della letteratura come insieme di "fatti", spiegabili nei termini di un meccanismo di "fonti" e di "influssi". Tale concezione fu aspramente combattuta dal Croce, la cui polemica produsse praticamente la scomparsa dalla cultura italiana della letteratura comparata come disciplina autonoma. Se però è decaduta la letteratura comparata nel significato romantico-positivista, si avverte invece sempre più viva l'esigenza di allargare gli orizzonti storiografici, di ricostruire aspetti e momenti di una unitaria tradizione letteraria europea e di studiare autori, opere, problemi della letteratura italiana in connessione con gli svolgimenti delle altre letterature, e anche delle altre arti.

Se negli anni Sessanta, con il successo dello strutturalismo, la storiografia letteraria sembrava definitivamente accantonata, proprio verso il finire del decennio s'iniziava a registrare un'inversione di tendenza. Dopo il citato intervento di Jauss, nel 1969 RALPH COHEN fondava in America la rivista «New Literary History», che diede spazio a diverse proposte di rifondazione della storia letteraria. Formalisti e semiotici di diversa estrazione riprendevano a inserire il concetto di storia persino nei titoli delle loro opere e la stessa sociologia letteraria tendeva a uscire dal ghetto di disciplina riguardante mercato, pubblico, letteratura di consumo ecc., cui sembrava definitivamente confinata. La nuova tendenza si conferma con i numeri di «New Literary History» (Baltimora) e di «Poetics» (Amsterdam) del 1985 dedicati al tema *On writing History of Literature*. Anche in Italia, dove mai si era cessato di scrivere storie letterarie quanto meno a uso didattico, si avvertono nel contempo segni di ripresa di questo che, non sarà male ricordarlo, è innanzitutto un genere letterario della grande famiglia della narrativa, secondo quanto osserva Remo Ceserani (*Raccontare la letteratura*, 1990): «le circostanze della produzione dei testi letterari, le vicende biografiche degli autori, i loro programmi, il loro raggrupparsi in scuole, gli alti e bassi della fortuna dei testi e l'accoglienza ricevuta dal pubblico, i reciproci influssi tematici e formali, il posto loro spettante nei sistemi dei generi, i caratteri nuovi o convenzionali della loro organizzazione retorica, le stesse loro qualità all'interno di un qualche sistema di valori estetici: tutti questi elementi, o parte di essi, vengono nelle storie della letteratura organizzati in una successione narrativa, conforme ai precetti della consequenzialità e della linearità, funzionale agli effetti della complicazione e della risoluzione, del sistema delle attese e delle sorprese».

6.2 I generi letterari

La teoria dei generi letterari ha dominato a lungo il pensiero estetico e l'attività critica, costituendo anzi, almeno fino a tutto il Rinascimento, il punto d'appoggio più comune di quest'ultima. Secondo questa teoria ogni singola opera d'arte appartiene a una categoria generale, il "genere" (romanzo, tragedia, lirica ecc.) la cui struttura è retta da particolari leggi, e il valore dell'opera viene commisurato al rispetto di queste leggi. Come si vede, la teoria dei generi è strettamente collegata, per non dire che fa tutt'uno, con il principio delle regole che il poeta dovrebbe osservare nella sua produzione.

La teoria del "genere" fu fissata nell'antichità da ARISTOTELE, il quale nella *Poetica*, ispirandosi all'osservazione della produzione letteraria del suo popolo, distinse i caratteri propri e le norme particolari dell'*epopea*, della *commedia* e, specialmente, della *tragedia*, per la quale definì la regola dell'*unità di azione*, a cui i trattatisti posteriori aggiunsero quelle di unità di *luogo* e di *tempo* (l'azione tragica deve svolgersi sempre nello stesso luogo e nel giro di ventiquattro ore). Si formò così quel sistema tragico fondato sull'osservanza delle tre unità, che fu uno dei canoni più comuni di giudizio e insieme uno dei punti più fertili di discussioni fino al Romanticismo. Le definizioni aristoteliche dei generi si riferiscono in parte a caratteri contenutistici (la commedia è «imitazione di persone più volgari dell'ordinario», mentre la tragedia e l'epopea sono «mimèsi di soggetti eroici», in parte a caratteri formalistici (la tragedia ha forma drammatica e l'epopea forma narrativa, il poema epico è scritto in esametri e la tragedia in metri vari ecc.).

La dottrina dei generi continua a dominare nel Medioevo, anche se i nomi antichi vengono usati con significato diverso. Per DANTE, che si ispira ai precetti comuni della retorica del suo tempo, *tragedïa* è un componimento «ammirabile e quieto» al principio, «fetido e orribile» alla fine, scritto in stile elevato e sublime; invece *comedia* è un componimento che comincia con «asprezza» in qualche parte, ma termina felicemente, ed è scritto in linguaggio umile e dimesso. Questo spiega perché egli chiami «alta tragedïa» il poema di Virgilio e «comedïa» il suo.

Il Rinascimento è il periodo nel quale, come abbiamo già accennato nel capitolo precedente, la teoria dei generi domina tutti i giudizi e le discussioni dei critici e viene sviluppata teoricamente in tutti gli aspetti possibili. I critici del Rinascimento si trovarono di fronte alla necessità di sistemare una molteplice produzione letteraria volgare, che presentava forme e caratteri nuovi, non sempre riconducibili alle forme proprie delle letterature classiche. Essi allora procedettero in due direzioni: o allargarono i limiti dei vecchi generi, per farvi entrare le opere nuove, o crearono generi nuovi, non conosciuti dagli antichi, ma di cui si sforzarono di dimostrare la "regolarità", come la "poesia cavalleresca", la "tragi-commedia" ecc. Ma sempre tennero fede al principio dell'esistenza dei generi concepiti come, si direbbe, idee platoniche, che le varie opere si sforzano di realizzare in concreto e rispetto alle quali quindi vanno giudicate.

Tuttavia già nel Cinquecento emerge qualche voce di ribellione. Particolarmente significativa quella di GIORDANO BRUNO, il quale nel dialogo *Degli eroici furori* (1585) afferma che «la poesia non nasce da le regole, se non per leggerissimo accidente; ma le regole derivano da le poesie» e che «tanti sono geni (cioè "generi") et specie de vere regole, quanti sono geni et specie de veri poeti». Ma una critica organica e consapevole ai generi comincia nel Settecento. Un preannunzio importante è rappresentato dal discorso di GIAN VINCENZO GRAVINA sull'*Endimione* di Alessandro Guidi (1692). Il Gravina lamenta che la facoltà poetica venga «ristretta dagli ambiziosi e avari precetti; in modo tale che non può uscire alla luce opera alcuna che non sia subito avanti al tribunale de' critici chiamata all'esame, ed interrogata in primo luogo del nome e dell'esser suo [...] e si forma in un tratto controversia sopra lo stato di essa se sia poema o romanzo, o tragedia, o commedia, o d'altro genere prescritto. E se quell'opera travia in qualche modo dai precetti nati dalla falsa interpretazione di Aristotele [...] e se vi è cosa che non si possa agevolmente ridurre a quelle definizioni, vogliono tosto che quell'opera sia bandita e in eterno proscritta. E pure per quanto scuotano e dilatino i loro aforismi, non potranno comprendere mai tutti i vari generi dei componimenti che il vario e continuo moto dell'umano ingegno può produrre di nuovo».

Per tutto il sec. XVIII la ribellione continua sempre più vigorosa in nome dei diritti della ragione e del genio, mentre al criterio del giudizio per generi si viene sostituendo quello fondato sul sentimento e l'impressione individuale. Si combatte specialmente con argomenti razionali il fondamento della regola delle tre unità drammatiche. Per giustificarla si osserva che non si potrebbero rendere verosimili nel corto spazio di tre o quattro ore, quanto dura una rappresentazione drammatica, fatti che sono durati anni interi, a gente che sa di non essere a teatro che per quelle tre o quattro ore (e argomentazione analoga si rifaceva per l'*unità di luogo*). Ma GIUSEPPE BARETTI, nel *Discours sur Shakespeare et sur Monsieur de Voltaire* (1777) rileva la debolezza di simile argomentazione, consistente nel supporre che veramente lo spettatore creda di assistere ai fatti rappresentati e non invece sappia di vivere in un mondo unicamente di immaginazione. Altrimenti dovrebbe credere anche che quel tale attore sia veramente Tiberio e che un re di Macedonia possa parlare in bei versi alessandrini rimati a due a due. Il Baretti, cioè, coglie la differenza fra il *tempo ideale* del dramma e il *tempo reale* dello spettatore.

I ragionamenti dei critici del Settecento furono ripresi e sviluppati dai critici romantici. Non si deve credere però che l'estetica e la critica dei romantici pervenissero a una completa dissoluzione del concetto di *genere*. Nel loro pensiero su questo punto vi è una contraddizione. Infatti, mentre proclamano la libertà e l'individualità dell'artista e la natura individuale e organica, quindi imparagonabile, di ogni opera d'arte, si sforzano poi di dare un'interpretazione storica o filosofica dei generi letterari. Essi talvolta concepiscono i tre generi *lirica*, *epica* e *drammatica*, come momenti dialettici dell'arte, il primo soggettivo, il secondo oggettivo e il terzo la sintesi degli altri due. Anche questa è una delle ragioni per le quali i romantici ebbero tanta simpatia per il dramma, considerato come la forma d'arte più completa, la sintesi estetica suprema. Residui di queste concezioni rimangono anche nel DE SANCTIS, che tuttavia fu energico assertore della individualità degli artisti e delle opere e manifestò la sua insofferenza per le logomachie intorno ai generi. Egli non criticò mai direttamente il concetto di genere, per quanto non lo facesse intervenire se non in rari casi come fondamento del suo giudizio sulle opere singole.

Dominante, come s'è già accennato, fu il concetto dei "generi" nella critica positivistica, quando si applicò alla poesia la teoria dell'evoluzione della specie del Darwin e si ideò una storia letteraria come storia dell'evoluzione dei generi concepiti come organismi che nascono, crescono, si moltiplicano, lottano fra di loro, muoiono. Così PIO RAJNA considerava le *Chansons de geste* come il prodotto di un lunghissimo processo di elaborazione collettiva, che ha le sue origini nei canti popolari dei Germani ricordati da Tacito, e GASTON PARIS riteneva tutta la poesia lirica d'Europa come lo sviluppo di un germe costituito dalle canzoni di maggio della Francia centrale. ALESSANDRO D'ANCONA, inoltre, fa nascere tutto il teatro medievale dalle *Laudi* cantate dai Disciplinati umbri (fissandone persino l'anno di nascita, il 1259, anno in cui Raniero Fasani iniziò da Perugia il moto dei Flagellanti) e ne segue tutto il "naturale" sviluppo fino al Rinascimento, quando sarà troncato dal sorgere della commedia "dotta" di imitazione classica.

Anche il CARDUCCI imposta spesso i suoi saggi critici come storie dell'evoluzione di un genere: il suo saggio sull'*Aminta* è in gran parte una storia del genere pastorale a cominciare dagli antichi fino alla favola pastorale del Tasso, che segna il culmine dell'evoluzione. Uno dei maggiori rappresentanti di questa tendenza, ARTURO GRAF, afferma che «le forme artistiche o i generi che dir si voglia hanno una specie di plenitudine e di integrità ideale che mai in nessun particolare tempo e in nessuna particolare letteratura si realizzano in tutto».

Avversario irriducibile della critica positivistica anche in questo settore fu il CROCE, il quale ha compiuto la più radicale critica del concetto di genere. Per il Croce la teoria dei generi letterari nasce dall'indebito trasferimento di una classificazione legittima e utile sul piano pratico, qual è quella delle opere d'arte in certe grandi categorie comuni per la generica affinità di taluni loro aspetti non intrinseci, a principio direttivo del giudizio estetico, come quando si giudica positivamente un'opera non perché è bella, ma perché rispetta i caratteri del "romanzo" o della "tragedia" ecc. Nell'intrinseco le singole opere, in quanto intuizioni individuali, sono, secondo il Croce, imparagonabili. Esse realizzano in modi infinitamente vari quella categoria della bellezza che è indivisibile e che costituisce l'unico legittimo criterio del giudizio estetico. Anche i tre generi supremi e fondamentali, *lirica*, *epica* e *dramma*, che anche l'estetica romantica aveva dialettizzato come eterne categorie della poesia, appaiono al Croce nient'altro che il risultato di un'empirica astrazione di certi contenuti e certe forme di singole opere. Nella realtà concreta ogni vera poesia è sempre insieme lirica, epica e drammatica. Esclusi dal dominio del giudizio estetico, i generi possono però, secondo il Croce, venir presi in considerazione nella storia culturale, sociale e morale. In questo ambito, per esempio, ha un significato la restaurazione dei generi antichi del Rinascimento, «con la quale si volle metter fine alla elementarità e rozzezza medievali», o «la concezione del dramma borghese contro la tragedia di corte, che era uno degli aspetti della trasformazione sociale che si andava compiendo nel secolo decimonono».

Questa è la posizione fondamentalmente accettata dalla maggior parte dei critici moderni. Tuttavia essa può essere integrata, come ha fatto il FUBINI, nel senso di considerare i generi come un aiuto per il critico nel suo compito di caratterizzazione e di individualizzazione dell'opera che è oggetto del suo giudizio, compito per il quale deve servirsi necessariamente di classi storiche o psicologiche. Infatti non è possibile discorrere di un'opera senza valersi di termini come 'lirico', 'epico', 'elegiaco', 'idillico', 'eroicomico', 'arcadico' ecc., con tutte le risonanze e i riferimenti in essi impliciti a certi gruppi di opere storicamente esistenti. Dal punto di vista dell'artista, poi, i generi sono parte di quella tradizione culturale nella quale egli si trova immerso e che in certo senso orienta e condiziona la sua creazione, e che nell'atto della creazione verrà trascesa come ogni altro elemento o presupposto di vita o di cultura. Da questo punto di vista i generi possono essere paragonati alle parole, agli schemi espressivi, preesistenti e registrati in vocabolari e grammatiche, che costituiscono il presupposto storico di ogni nuova espressione, la quale, appunto perché nuova, li trasforma e li trascende. Essi quindi possono essere tenuti presenti nell'indagine critica come tutti gli altri elementi confluiti nella creazione artistica.

Per fare un esempio, la commedia del Cinquecento costituisce una tradizione di situazioni, caratteri, modi stilistici di cui ogni autore ha tenuto conto nella costruzione delle sue opere personali. Lo stesso può dirsi per il romanzo storico dell'Ottocento, uno schema culturale nel quale i singoli scrittori hanno volta per volta inserito le loro particolari intuizioni e costruzioni sentimentali e fantastiche. In questo senso anche il Croce si è servito dei generi letterari, anzi si può dire che ne ha creati dei nuovi, come quando ha distinto e definito i caratteri della poesia popolare e della poesia d'arte (cfr. il vol. *Poesia popolare e poesia d'arte*, dove, fra l'altro, vi sono capitoli sulla *commedia*, sulla *tragedia*, sulla *lirica* ecc. del Cinquecento).

I generi letterari sono tornati ad assumere una funzione di rilievo negli indirizzi critici più recenti. La necessità per formalisti e semiologi di "smontare" il testo letterario nelle sue componenti per poterne distinguere le diverse funzioni e per identificarne i collegamenti interni, indagando sulle forme letterarie specifiche, ha fra queste riportato in primo piano il genere letterario sia come strumento per comprendere e descrivere le scelte dell'autore, sia come punto di riferimento per verificare il contributo innovativo dello scrittore al genere. Per i formalisti russi la storia letteraria consiste in gran parte nello studio dell'evoluzione dei generi, continuamente modificati dalle nuove opere. Altri studiosi ritengono necessario il riferimento al genere come al "codice" linguistico-strutturale secondo cui va interpretato il "messaggio" poetico. Negli studi di sociologia della letteratura il genere letterario e le sue strutture divengono elementi privilegiati di riscontro dei collegamenti della produzione letteraria con la società e la cultura del tempo, proprio perché il genere, svincolato da alcune tipicità della singola opera, meglio sembra prestarsi a tali verifiche.

Repertorio bibliografico

a) Storiografia letteraria

Un contributo fondamentale è dato dalle opere di G. GETTO, *Storia delle storie letterarie*, Firenze, Sansoni, 1981 (1ª ed. Milano, 1942); un compendio è in *Letteratura e critica nel tempo*, Milano, Marzorati, 1979. Contributi importanti sono stati offerti da B. CROCE, *La riforma della storia letteraria e artistica*, in *Nuovi saggi di estetica*, Napoli, Bibliopolis, 1992 (1ª ed. Bari, 1920); e in particolare sulla storiografia letteraria ottocentesca, ID., *Storia della storiografia italiana nel sec. XIX*, Bari, Laterza, 1947³; sulla possibilità stessa di storia della letteratura: ID., *La poesia*, Bari, Laterza, 1936 (specie la parte II, capp. IV, V, VI) e le due postille al vol. II di *Poeti e scrittori del pieno e del tardo Rinascimento*, Bari, Laterza, 1945.

Tra gli altri studi: N. SAPEGNO, *Prospettive della storiografia letteraria*, in *Ritratto del Manzoni e altri saggi*, Bari, Laterza, 1992 (1ª ed. 1961); W. BINNI, *Poetica, critica e storia letteraria*, Bari, Laterza, 1980 (1ª ed. 1963); M. APOLLONIO, *Studi sul periodizzamento della storiografia letteraria italiana*, Milano, Bietti, 1968; H.R. JAUSS, *Perché la storia della letteratura?*, trad. it. di A. Varvaro, Napoli, Guida, 1989 (1ª ed. 1969; ed. or. 1967). Sulle prospettive più recenti: *Letteratura e storia della letteratura*, a cura di M. Pazzaglia, Bologna, Zanichelli, 1978, con ampia bibliografia e sezione antologica; G. PETRONIO, *Teorie e realtà della storiografia letteraria. Guida storica e critica*, Bari-Roma, Laterza, 1981; *Fare storia della letteratura*, a cura di O. Cecchi e E. Ghidetti, Roma, Editori Riuniti, 1986; R. CESERANI, *Raccontare la letteratura*, Torino, Bollati Boringhieri, 1990; *Storiografia letteraria in Italia e Germania. Tradizioni e problemi attuali*, a cura di G. Petronio, Firenze, Olschki, 1990.

b) Letteratura comparata

F. BALDENSPERGER - W.P. FRIEDRICH, *Bibliography of Comparative Literature*, Chapel Hill, N.C., University of North Carolina Press, 1950; A. PORTA, *La letteratura comparata nella storia e nella critica*, Milano, Marzorati, 1951; L. FOSCOLO BENEDETTO, *La letteratura mondiale*, in *Uomini e tempi*, Milano, Ricciardi, 1953; S. JEUNE, *Littérature générale et Littérature comparée*, Paris, Minard, 1968; AA.VV., *Comparative Literature: Method and Perspective*, a cura di N.P. Stallknecht e H. Frenz, Carbondale, Ill., Southern Illinois Press, 1971; H. RÜDIGER, «Letteratura» e «Weltliteratur» nella moderna comparatistica, in «Annali della Scuola Normale Superiore di Pisa», Classe di Lettere e Filosofia, s. III, vol. III, 2, 1973; AA.VV., *Actes du VIᵉ Congrés de l'Association Internationale de Littérature comparée*, Stuttgart, Bieber, 1975; F. MEREGALLI, *Per la letteratura comparata*, in «Nuova Antologia», sett. 1976; M.-F. GUYARD, *La Littérature comparée*, Paris, PUF, 1978 (6ª ed. riveduta con R. Lauverjat); R.J. CLEMENTS, *Comparative Literature as Academic Discipline*, New York, The Modern Language Association of America, 1978; AA.VV., *Proceedings of the IXᵗʰ Congress of the International Comparative*

Literature Association, 4 voll., a cura di Z. Konstantinovic, Innsbruck, 1980; C. Guillén, *L'uno e il molteplice. Introduzione alla letteratura comparata*, trad. it. di A. Gargano, Bologna, Il Mulino, 1992 (ed. or. 1985).

c) Generi letterari

B. Croce, *La storia dei generi letterari*, in *Estetica*, Milano, Adelphi, 1990, p. II, cap. XIX (*Sguardo alla storia di alcune dottrine*); Id., *L'irrigidimento dei generi letterari e la loro dissoluzione*, in *La poesia*, Bari, Laterza, 1936; M. Fubini, *Genesi e storia dei generi letterari*, in *Critica e poesia. Saggi e discorsi di teoria letteraria*, Roma, Bonacci, 1973 (1ª ed. Bari, 1956) (fondamentale); L. Anceschi, *Le istituzioni della poesia*, Milano, Bompiani, 1968; A. Caracciolo, *Il problema dei generi letterari*, in *Arte e linguaggio*, Milano, Mursia, 1970; M. Corti, *Generi letterari e codificazioni*, in *Principi della comunicazione letteraria*, Milano, Bompiani, 1976; *I canoni letterari: storia e dinamica*, a cura di G. Petronio, Trieste, Lint, 1981.

7 La retorica e la metrica

7.1 La retorica

L'arte retorica sorse in Grecia con significato e scopi diversi da quelli poi assunti nell'epoca moderna: cioè come insieme di precetti per gli avvocati e gli uomini politici. I primi retori siciliani, che ne furono gli inventori, la definirono «operatrice di persuasione». Con questo significato essa fu coltivata anche dai Latini (basti ricordare i nomi di Cicerone e di Quintiliano) e dagli uomini del Medioevo (quando i suoi precetti vennero raccolti nelle *Artes dictaminis o dictandi*). Essa consisteva di elementi molteplici e disparati, dalla descrizione degli affetti e delle passioni alle teorie del sillogismo e ai precetti sull'elocuzione. Nel Rinascimento JUAN LUÍS VIVES staccò da questo complesso eterogeneo la dottrina dell'*elocuzione*, che estese anche alla storia, alla novella, alla poesia ecc. Si venne così formando la retorica nel senso moderno, come teoria della *elocuzione* e del bel parlare. L'idea di questa dottrina si ritrova già fra gli antichi, per esempio nella trattazione aristotelica della *metafora*. Si partiva dal principio che esiste una doppia forma di espressione, la semplice o disadorna e la bella o *ornata*: un medesimo concetto può essere espresso in forma semplice dall'uomo comune, in forma *ornata* dall'oratore o dallo scrittore. L'ornato, che Quintiliano definiva «quod perspicuo ac probabili plus est», venne distinto in varie classi e così nacquero le cosiddette "figure retoriche": metafora, metonimia, sineddoche, iperbato ecc. Le figure retoriche venivano poi divise in *figure di parola e figure di pensiero*. Si avvertì già dagli antichi che se l'ornato rappresenta un di più rispetto all'espressione comune, semplicemente *chiara* e *propria*, bisognava stabilire in che misura fosse conveniente usarne. I retori foggiarono allora il concetto appunto del "conveniente" (*prépon, décorum*), secondo il quale dell'ornato bisogna usare solo entro una certa misura, né troppo né troppo poco (corrisponde all'incirca a quello che oggi chiameremmo 'buon gusto'). La *teoria dell'ornato* connessa con quella del *conveniente* continua attraverso il Medioevo e il Rinascimento. Nel Seicento con la dottrina del *concettismo* (EMANUELE TESAURO, BALTASAR GRACIÁN), l'ornato ebbe uno sviluppo abnorme sulla base di ragionamenti di questo tipo: se l'espressione ornata è migliore di quella semplice, lo stile sarà tanto più bello quanto più numerosi saranno gli ornamenti. Fra questi era posta in primo piano la *metafora* che il Tesauro definisce «il più ingegnoso e acuto, il più pellegrino e mirabile, il più gioviale e giovevole, il più facondo e fecondo parto dell'umano intelletto».

Già nel Seicento il *concettismo* ebbe degli oppositori (MATTEO PELLEGRINI, GIAN GIUSEPPE FELICE ORSI), i quali però non seppero criticare il fondamento stesso della teoria, cioè il principio della doppia espressione. Contro l'abuso dell'ornato si scagliarono soprattutto i Francesi, come il padre Dominique Bouhours, il quale anzi considerava tale abuso un difetto particolare della poesia italiana, donde scoppiò fra lui e i letterati italiani una vivace polemica di carattere anche nazionalistico.

Nel Settecento un primo colpo vigoroso alla teoria dell'ornato fu dato dal Vico, il quale sostenne l'origine non riflessa e intellettualistica, ma naturale e fantastica, del linguaggio, dalla quale consegue che le figure retoriche, e in particolare la *metafora*, inizialmente non sono il prodotto della riflessione o di una ricerca di ornamenti stilistici, ma di uno spontaneo slancio della fantasia, che attribuisce alle cose inanimate i caratteri di quelle animate. Sempre nel Settecento, César Chesneau Du Marsais negò che le "figure" si allontanassero dal parlar comune, perché anzi «niente è più naturale, ordinario e comune di esse: si fanno più figure in un giorno di mercato, nella piazza, che in molte giornate di riunioni accademiche», e Hugh Blair, autore di una *Retorica* che fu diffusissima, definì le figure «linguaggio suggerito dall'immaginazione e dalla passione». Affermazioni analoghe si trovano in altri scrittori del Settecento, come nel Cesarotti, il quale distinse dai *termini-cifre* o vocaboli semplicemente indicativi, privi di risonanza fantastica, i *termini-figure* o vocaboli rappresentativi, che non solo ricordano l'oggetto ma lo dipingono. Nel Settecento la retorica assume un carattere psicologico e una retorica psicologica è una delle opere più significative di questo periodo, le *Ricerche intorno alla natura dello stile* (1770) di Cesare Beccaria.

Il Romanticismo combatté in pratica la teoria dello stile ornato, in quanto ricercò l'espressione o passionalmente spontanea o naturale o semplice, popolare, disadorna (basti ricordare il Manzoni); ma una critica diretta alla teoria fu condotta forse soltanto dal De Sanctis, il quale dichiara che «insegnando retorica, esponeva invece l'antiretorica». Il fondamento della sua critica è il concetto della relazione necessaria fra la forma e il contenuto: «La forma non è a priori, non è qualche cosa che stia da sé e diversa dal contenuto, quasi ornamento o apparenza o aggiunto di esso; anzi essa è generata dal contenuto attivo nella mente dell'artista: tal contenuto tal forma». Tale critica fu ripresa e proseguita con maggior coerenza e più serrata dialettica dal Croce, il quale, identificando espressione con intuizione, e negando l'esistenza di gradi diversi dell'espressione, veniva naturalmente ad abbattere la teoria delle categorie retoriche, che si fonda precisamente sulla divisione dell'espressione in varie classi. Facciamo un esempio: la metafora viene spesso definita come «un'altra parola messa in luogo della parola propria». Il Croce si domanda: «E perché darsi quest'incomodo, perché sostituire alla parola propria la impropria e prendere la via più lunga e peggiore, quando è nota la più corta e migliore? Forse perché, come si suol dire volgarmente, la parola propria, in certi casi, non è tanto espressiva quanto la pretesa parola impropria o metafora?»; e risponde: «Ma, se è così, la metafora è appunto, in quel caso, la parola "propria"; e quella che si suol chiamare "propria", se fosse adoperata in quel caso, sarebbe poco espressiva e perciò improprissima».

La critica del Croce praticamente provocò per decenni la scomparsa dalle nostre scuole dei manuali di *Retorica*, almeno come precettistiche del "bello scrivere", nonostante che lo stesso Croce riconoscesse più tardi il significato e l'utilità della retorica, dato che l'espressione letteraria non si genera mai in un vuoto storico, come creazione assoluta, ma sempre in relazione a espressioni presenti, nel legame con una tradizione, e la poesia non è soltanto "spontaneità", ma anche "disciplina"; quindi i precetti della retorica possono valere per lo scrittore come «suggerimento, in rapporto al lavoro che lo occupa, di dare attenzione a questa o quella delle forme di espressione storicamente esistenti», non per riprodurle, ma «per lasciare che operino nel suo animo e lo dispongano in un certo senso». Riservava perciò alla retorica una funzione simile a quella delle grammatiche, dei vocabolari, dei trattati di metrica ecc., i quali non possono obbligare all'uso di determinate espressioni, ma solo richiamarne alla mente l'esistenza, come impulso e freno della nuova espressione, che naturalmente solo il parlante o scrivente può foggiare secondo il proprio genio e il proprio gusto.

La retorica, confinata entro spazi sempre più angusti e usata nel parlar comune come sinonimo di sproloquio, ha conosciuto negli ultimi tempi una rinnovata fortuna, in connessione soprattutto con gli orientamenti formalistici di molta parte della critica letteraria contemporanea. Già il Croce, in funzione della distinzione fra *poesia* e *letteratura*, giustificò l'uso delle categorie retoriche nella valutazione delle opere appartenenti alla letteratura (mentre esse non sono applicabili alla poesia, nella quale è impossibile distinguere forma da contenuto). ERNST ROBERT CURTIUS ricostruendo nella sua monumentale opera sulla letteratura europea e il Medioevo latino (*Europäische Literatur und lateinisches Mittelalter*, 1948) il sistema di forme che regge, nella sua continuità, la letteratura dell'Occidente, diede grande rilievo alla trasmissione attraverso i secoli della traduzione retorica. L'importanza della retorica nella storia della lingua e della letteratura italiana venne documentata da ALFREDO SCHIAFFINI (*Divagazioni e testimonianze sulla retorica nella lingua e letteratura italiana*, 1956) il quale, del resto, già molti anni prima, nel volume *Tradizione e poesia* (1934), proprio alla luce dei precetti della retorica medievale aveva illuminato la formazione della nostra antica prosa d'arte.

Ma la vera rinascita si ha con la *neoretorica*, cioè con lo sviluppo di tutta una serie di nuovi indirizzi a partire dalla fine degli anni Cinquanta. Nel 1958 usciva in Francia, e nel 1966 in edizione italiana, il *Trattato dell'argomentazione. La nuova retorica* di CHAÏM PERELMAN e di LUCIE OLBRECHTS-TYTECA, già autori di *Réthorique et philosophie* (1952) e rispettivamente giurista e studiosa di psicologia sociale: il trattato, riguardante prevalentemente l'espressione scritta, si occupa «dei mezzi discorsivi per ottenere l'adesione delle menti» e quindi delle «tecniche di persuasione e di convinzione che fanno uso del linguaggio». L'opera coinvolge tra l'altro letteratura, sociologia, diritto e psicologia, proponendo una teoria per condurre a razionalità tutte le scienze dell'uomo operanti con mezzi di prova non dimostrativi. Sulla traccia di questo trattato si sono mossi diversi studiosi anche italiani, fra i quali si cita VINCENZO LO CASCIO, autore di *Grammatica dell'argomentare. Strategie e strutture* (1991).

Il successo della nuova retorica appare certamente legato a quello della linguistica e risponde a molte necessità di analisi della moderna comunicazione, della quale l'espressione artistica è solo una delle forme. Una saldatura con gli interessi della retorica classica si riscontra nella teoria del linguaggio metaforico del Gruppo di Liegi (*La Rhétorique générale*, 1970; in edizione italiana nel 1976).

Intorno a questi temi si sviluppa un dibattito internazionale con apporti di ROLAND BARTHES, GÉRARD GENETTE, TZVETAN TODOROV, JURIJ MICHAJLOVIČ LOTMAN e dell'italiano UMBERTO ECO, mentre la nuova retorica viene proposta come una «semiotica di tutti i discorsi» (Genette) e trova applicazione alle discipline più varie.

Per ricondurre il discorso all'ambito letterario e all'Italia si rinvia particolarmente allo studio di Ezio Raimondi *Retorica e linguaggio letterario* (1983), da cui deriva la trattazione sistematica della retorica attraverso le varie espressioni letterarie nei secoli: *Le figure della retorica. Una storia letteraria italiana* (1990) di Andrea Battistini e dello stesso Raimondi.

7.2 La metrica

Il termine 'poesia' è stato utilizzato per distinguere la più elevata espressione verbale artistica dalla più comune produzione letteraria, e il CROCE accetta di distinguere *poesia* e *prosa* solamente sul piano categoriale, definendo la poesia espressione della *fantasia* e la prosa espressione del *pensiero*. Tuttavia sia nel parlar comune sia sul piano tecnico la distinzione fra *poesia* e *prosa* si realizza sulla base di osservazioni tecniche piuttosto che estetiche. Parte in sostanza dalla verifica dell'esistenza di tecniche e di procedimenti tipici della poesia (versi, rime, particolari figure retoriche, strofe ecc.), anche se in tal modo vengono compresi nella "poesia" filastrocche, canzonette e slogan di scarso o di nessun valore estetico, ma certamente non "prosastici".

La netta delimitazione di una lingua della poesia rispetto a una lingua della prosa era anche uno dei canoni fondamentali della poetica e della critica classica, non sostenuto da giustificazioni teoriche, ma soltanto da un'osservazione storica (la frequenza di certi vocaboli piuttosto che di altri nelle opere in versi di un certo periodo), eretta in principio. La premessa storica venne a mancare col Romanticismo, che operò la mescolanza delle due lingue. E non a caso col Romanticismo ebbe fortuna il genere ibrido della cosiddetta *prosa poetica*. Da questo punto di vista alcune opere, o parti di opere, possono risultare poetiche, anche se scritte in forme convenzionalmente considerate prosastiche, e viceversa.

Già Aristotele aveva per altro osservato che non potevano essere considerati poemi certi trattati di medicina scritti in versi, ma privi di "mimesi". ROMAN JAKOBSON nel 1966 ha tentato di risolvere il problema adottando la distinzione fra "poesia" (quella riconoscibile come tale sul piano estetico) e "funzione poetica" (che si realizza soltanto adottando particolari tecniche, quali il verso, le strofe ecc.).

Rimane anche in tal modo l'aggettivo 'poetico' legato a un aspetto di facile riconoscibilità empirica, quello del discorso in versi opposto a quello in forme libere dalle misure del verso.

7.3 I versi italiani

7.3.1 *Il verso*

Il discorso in versi è caratterizzato dalla ripetizione, più o meno regolare, di determinate figure foniche, ubbidienti a leggi (almeno entro certi limiti) fisse. Queste leggi sono di natura varia a seconda delle diverse lingue. Nella poesia classica (greca e latina) esse sono fondate sulla *quantità* delle sillabe e la fisionomia di un verso è determinata dalla particolare alternanza di sillabe lunghe e sillabe brevi (indipendentemente dal numero delle sillabe). Nella poesia italiana, invece, la misura del verso, o *metro*, risulta dal *numero* delle *sillabe* e dalla *posizione* degli *accenti*. La metrica germanica si avvicina per certi aspetti a quella classica, per altri a quella italiana. Si tenga presente, però, che gli schemi metrici descritti dai trattatisti sono delle astrazioni, alle quali è impossibile ridurre la concreta realtà dei singoli versi inventati dai poeti. Come scrive il FUBINI, «è impossibile separare il metro dal significato; il verso nella sua totalità, non nell'astrazione degli studiosi di metrica, risulta insieme dagli accenti, dai suoni, dal significato delle parole, dalle parole, la cui varia composizione e lunghezza ha un particolare valore» (*Metrica e poesia*, p. 27).

7.3.2 *Sillabe e accenti*

I versi italiani ricevono il nome dal numero rispettivo delle sillabe, che può variare da un minimo di tre (*trisillabo* o *ternario*) a un massimo di undici (*endecasillabo*). Nei versi doppi il numero delle sillabe può arrivare anche a sedici.

Nel computo delle sillabe bisogna tener conto, fra l'altro, che:

1. se il verso termina con una parola sdrucciola, ha una sillaba in più del corrispondente verso terminante in parola piana; se termina con parola tronca, una sillaba in meno: cioè, per esempio, «sparsa le trecce morbide» e «stende l'estremo vel» sono ugualmente settenari, benché abbiano rispettivamente una sillaba in più e una sillaba in meno del settenario piano «sull'affannoso petto»;

2. quando s'incontrano due parole, di cui l'una termina e l'altra comincia per vocale, la prima vocale si elide (*elisione* o *sinalefe*): nel verso «Non era ancor di là Nesso arrivato», si elidono la *a* finale di *era* e la *o* finale di *Nesso*. L'elisione non avviene, quando una delle due vocali, o entrambe, sono accentate. Si ha allora il fenomeno dello *iato* (o *dialefe*), come nel verso dantesco «Ella giunse e levò) (*àmbe le palme*»;

3. le due vocali componenti un dittongo, che di per sé formano una sola sillaba, possono essere considerate due sillabe. Il fenomeno è chiamato *dièresi* e viene indicato segnando due puntini sopra la prima vocale. Nel verso di Dante «O animal grazïoso e benigno», *grazïoso* è calcolato di quattro sillabe e non di tre.

Queste avvertenze (e altre meno importanti che tralasciamo) vanno tenute presenti per calcolare esattamente il numero delle sillabe secondo gli astratti schemi dei trattati; non certo per averne una norma meccanica nella lettura dei versi, la cui musica concreta ubbidisce all'intimo respiro lirico del poeta e non a una norma esteriore. Il divino endecasillabo leopardiano «Dolce e chiara è la notte e senza vento» (*La sera del dì di festa*), secondo le norme di sopra indicate andrebbe letto così: «Dolc'e chiar'è la nott'e senza vento»; ma una simile lettura ne distruggerebbe irreparabilmente l'incanto, che nasce in gran parte proprio dall'ampiezza dilatata del suo ritmo.

L'uscita più comune dei versi italiani è quella *piana*. Serie di versi *sdruccioli* o *tronchi* (detti anche *ossitoni*) sono usate per particolari ragioni. L'Ariosto adottò l'endecasillabo sdrucciolo nelle commedie per imitare il ritmo del senario giambico latino. Il Poliziano, nelle *Stanze per la Giostra*, descrisse in versi tutti sdruccioli il corteo di Bacco e Sileno per riprodurne più vivamente l'orgiastico movimento.

7.3.3 Principali versi italiani

I versi italiani possono essere *parisillabi* (*quaternario, senario, ottonario, decasillabo*) e *imparisillabi* (*quinario, novenario, endecasillabo*). Nei parisillabi gli accenti sono, in linea di massima, fissi; negli imparisillabi, mobili. In tutti i versi è sempre accentata la penultima sillaba.

Il verso che offre maggior possibilità di variare gli accenti è l'endecasillabo, che costituisce così lo strumento più duttile della poesia italiana. Ci limitiamo a indicare i tre schemi ritmici più comuni:

1. accento su 6ª e 10ª:

   All'ombra de' ciprèssi e dentro l'ùrne
   FOSCOLO

2. accento su 4ª, 8ª e 10ª:

   La vita fùgge e non s'arrèsta un'òra
   PETRARCA

3. accento su 4ª, 7ª e 10ª:

   Caron dimònio con òcchi di bràgia
   DANTE

Anche per gli accenti valgono osservazioni analoghe a quelle fatte per il computo delle sillabe. Non sempre l'accento ritmico coincide con l'accento espressivo. Nel verso dantesco «Ruppemi l'alto sonno nella testa» gli accenti ritmici principali cadono sulla sesta (*sònno*) e decima (*tèsta*) sillaba. E tuttavia, dal punto di vista espressivo, ha un rilievo pari, se non superiore, il forte accento della prima sillaba: *Rùppemi*.

Alcuni versi (in particolare quinario, senario, settenario) possono venire accoppiati in modo da formare un verso solo con una pausa nel mezzo (o *cesura*).

Il Manzoni usò il *senario doppio*, o *dodecasillabo*, nel coro del terzo atto dell'*Adelchi*:

> Dagli atrii muscosi, / dai fori cadenti,
> dai boschi, dall'arse / fucine stridenti,
> dai solchi bagnati / di servo sudor.

Il *settenario doppio* si chiama anche *martelliano*, perché, dopo qualche raro esempio nella nostra antica poesia, fu rimesso in onore nel secolo XVIII da Pier Iacopo Martello come verso adatto al dialogo drammatico, sul modello dell'*alessandrino francese* (che è il verso delle tragedie di Pierre Corneille e di Jean Racine). In *martelliani* è scritta una delle più belle *rime nuove* del Carducci, *Sui campi di Marengo*:

> Sui campi di Marengo / batte la luna; fosco
> tra la Bormida e il Tanaro / s'agita e mugge un bosco;
> un bosco d'alabarde, / d'uomini e di cavalli,
> che fuggon d'Alessandria / i mal tentati valli.

7.3.4 Rima e assonanza

L'impressione generale di ritmo regolare, di *parallelismo* (come dice il poeta inglese Gerard Manley Hopkins), che caratterizza il discorso in versi, può essere intensificata dall'impiego di mezzi espressivi come la *rima* e l'*assonanza*.

La *rima* consiste nell'*identità*, dalla vocale tonica in poi, dei suoni con cui terminano le parole finali di due versi (consecutivi o distaccati): cammi*no*-matti*no*, acqui*sta*-at*trista*, vi*aggio*-selv*aggio*, m*olce*-d*olce*, cort*eccia*-boscher*eccia*. L'*assonanza* è una rima meno perfetta, nella quale le vocali (sempre dall'accentata in avanti) sono identiche, mentre le consonanti sono diverse: f*ame*-p*ane*, gr*eto*-muretto, sp*arto*-c*anto*, sper*anze*-d*anzante* (si ha *consonanza* nel caso inverso, cioè identità di consonanti e diversità di vocali: a*more*-*mare*). La rima è detta *ricca* quando sono identiche anche le consonanti che precedono la vocale tonica: rino*velli*-*favelli*, au*lisce*-*lisce*, bi*cipite*-pre*cipite*). La rima ricca, sentita insieme come ornamento del verso e come difficoltà nel cui superamento si dimostra la valentia dell'artista, fu amata da poeti di gusto letterariamente prezioso quali, in Francia, i Parnassiani, e, in Italia, D'Annunzio.

Non sempre rimano le parole finali dei versi. In certi casi la parola finale rima con una che sta a metà di un verso successivo, come in questo esempio del Leopardi (*Sabato del villaggio*):

> ornare ella s'appr*esta*
> dimani, al dì di f*esta*, il petto e il crine.

Questo tipo di rima si chiama *rima al mezzo* o *rima interna*.

La disposizione delle rime nella successione dei versi segue schemi molto vari. I più frequenti sono:

1. *rima baciata*: rimano due versi successivi (schema AA-BB-CC...):

Nella Torre il silenzio era già *alto*.	A
Sussurravano i pioppi del Rio *Salto*.	A
I cavalli normanni alle lor p*oste*	B
frangean la biada con rumor di cr*oste*.	B

PASCOLI, La cavalla storna

2. *rima alternata*: rimano il primo verso col terzo, il secondo col quarto, ecc. (schema: ABAB...):

Dante il mover gli diè del cherub*ino*	A
e d'aere azzurro e d'or lo circonf*use*:	B
Petrarca il pianto del suo cor, div*ino*	A
rio che pe' rivi mormora, gl'inf*use*.	B

CARDUCCI, Il sonetto

3. *rima incrociata* o *chiusa*: il primo verso rima col quarto e il secondo col terzo (schema: ABBA):

Solo e pensoso i più deserti c*ampi*	A
vo mesurando a passi tardi e l*enti*	B
e gli occhi porto per fuggire int*enti*	B
ove vestigio uman l'arena st*ampi*.	A

PETRARCA, Canzoniere, XXXV

4. *rima rinterzata*: in due gruppi di tre versi (*terzine*) il primo rima col primo del secondo gruppo, il secondo col secondo, il terzo col terzo (schema: ABC, ABC):

Ma ben veggio or sì come al popol t*utto*	A
favola fui gran tempo, onde sov*ente*	B
di me medesmo meco mi verg*ogno*;	C
e del mio vaneggiar vergogna è 'l fr*utto*	A
e 'l pentersi, e 'l conoscer chiaram*ente*	B
che quanto piace al mondo è breve s*ogno*.	C

PETRARCA, Canzoniere, I

5. *rima incatenata*: in una successione di terzine, il primo verso rima col terzo, il secondo col primo della terzina seguente, il quale a sua volta fornisce la rima per il primo e per il terzo verso della terzina successiva, e così di seguito (schema: ABA, BCB, CDC...). È lo schema proprio delle terzine della *Divina Commedia*:

La gloria di colui che tutto m*ove*	A
per l'universo penetra e rispl*ende*	B
in una parte più e meno altr*ove*	A
Nel ciel che più della sua luce pr*ende*	B
fu' io, e vidi cose che rid*ire*	C
né sa né può di chi là su disc*ende*;	B
perché appressando sé al suo d*isire*,	C
nostro intelletto si profonda t*anto*,	D
che dietro la memoria non può *ire*.	C

Par., I, 1-9

La rima, non del tutto ignota, ma molto rara nella poesia classica, s'impose generalmente nella poesia romanza, come elemento costante e necessario del verso, fino al Rinascimento. In certi periodi, o da certi scrittori, l'uso della rima venne invece attaccato come fatto irrazionale e come un impedimento alla libera espressione del pensiero e del sentimento. Vivaci polemiche intorno alla rima scoppiarono soprattutto nel Settecento razionalista, sia in Francia sia in Italia, quando l'abate DUBOS la definì una difficoltà arbitraria che non appartiene ai veri princìpi dell'arte e il GRAVINA la chiamò «sozza invenzione», che alla distinzione «delicata e gentile del verso dalla prosa per mezzo di piedi» sostituì quella «grossolana, violenta e stomachevole delle desinenze simili». Tuttavia la rima, come mezzo per sottolineare il rapporto fra certe parole, e quindi fra certe immagini, come espressione del gusto di più o meno aperte o segrete e allusive rispondenze musicali, esercita una suggestione così forte sui poeti che rime dissimulate s'incontrano spesso anche all'interno di una serie di versi apparentemente non rimati, come questi di Salvatore Quasimodo (nei quali s'intrecciano rime vere e proprie e assonanze):

> Tu non m'aspetti più col *cuore* vile
> dell'orologio. Non importa se apri
> o fissi lo *squallore*: restano *ore*
> irte, brulle, con battito di foglie
> *improvvise* sui vetri della *tua*
> *finestra*, alta su *due* strade di nuvole.

> Mi *resta* la lentezza d'un *sorriso*,
> il cielo buio d'una *veste*, il velluto
> color ruggine *avvolto* ai capelli
> e *sciolto* sulle spalle e quel tuo *volto*
> affondato in un'acqua appena mossa.
> *Il falso e vero verde*

Anche in pagine di prosa compare non di rado la rima. Il Medioevo possedette un genere letterario particolare, la *prosa rimata*; nella prosa del Seicento si possono trovare frasi come «quel che per *fede* oscuramente si *crede*, in te per grazia chiaramente si *vede*» (G.B. Marino, *Dicerie sacre*); D'Annunzio scrive nel *Libro segreto*: «contro il viso *mascherato*, contro il cuore *fasciato*», «salgono e crosciano i *sussulti*, i *singulti*, gli *insulti*». E persino il Manzoni prosatore ha ceduto al fascino della rima: «ville sparse e biancheggianti sul *pendio*, come branchi di pecore pascenti; *addio*» (*I promessi sposi*, VIII).

L'impiego e la funzione espressiva della rima variano nei diversi poeti. Dante le imprime in genere una forte carica espressiva, collocando in rima le parole di maggior significato concettuale e fantastico (spesso il suo verso sembra costruito a ritroso in funzione della parola in rima), oppure parole rare e di spiccato rilievo e peso fonico. Il gusto melodico del Petrarca tende invece ad attenuare il rilievo della rima. Nei più caratteristici sonetti del Foscolo (*Alla sera*, *A Zacinto*), percorsi da una struttura melodica fluida e unitaria, le rime quasi non si avvertono, assorbite dall'onda periodale e soverchiate dal gioco degli accenti e delle pause.

7.3.5 *Il verso sciolto*

Nel Rinascimento, in parte per effetto del rinnovamento degli studi classici e dell'imitazione della poesia e della poetica antica, cominciò l'uso consapevolmente artistico dei versi liberi da rima o *versi sciolti* (qualche esempio sporadico di versi non rimati si trova anche in epoca anteriore). Principale campione, in teoria e in pratica, ne fu Gian Giorgio Trissino, il quale scrisse in endecasillabi sciolti il poema *L'Italia liberata dai Goti* e la tragedia *Sofonisba* e nella sua *Poetica* affermò che «i versi senza rima [...] sono più atti a servire a quasi tutte le parti della poesia che con le rime». Gli endecasillabi sciolti furono anche impiegati da Annibal Caro nella traduzione dell'*Eneide* e da Giovanni Rucellai nel poema didascalico *Le api*. L'uso dello sciolto si diffuse largamente nel Settecento, in connessione con le dominanti tendenze verso la razionalità e la naturalezza. Esso apparve soprattutto necessario nel teatro, che riproduce (o si riteneva dovesse riprodurre) il dialogo vivo dei personaggi. Ma ebbe largo impiego anche nella poesia didascalica, uno dei generi letterari più coltivati del tempo. Primo grande artefice di versi sciolti fu il Parini nel *Giorno*. A elaborare la tecnica di questo tipo di versi contribuì molto anche il Cesarotti con la traduzione di *Ossian*. Ai modelli del Parini e del Cesarotti si riallacciano il Monti nella traduzione dell'*Iliade* e il Foscolo nei *Sepolcri* e nelle *Grazie*.

7.3.6 *Il verso libero*

Tra la fine dell'Ottocento e gli inizi del Novecento l'esigenza, già postulata dal Romanticismo, di garantire la schietta espressione del sentimento individuale, affrancando il poeta da ogni vincolo esterno, provocò una crisi della metrica tradizionale.

Nell'ambiente dei simbolisti francesi venne elaborata la teoria del *verso libero*, cioè di un verso indipendente da ogni schema tradizionale e regolato soltanto dal personale respiro ritmico del poeta. In Italia già nel 1883 Luigi Capuana sperimentava i suoi *Semiritmi*; la necessità di un profondo rinnovamento tecnico della poesia fu proclamata da Enrico Thovez, che volle anche fornire un'esemplificazione delle sue teorie nel *Poema dell'adolescenza* (1901). Un primo artisticamente cospicuo esempio di verso libero venne offerto dal D'Annunzio nella *Laus vitae* (1903), i cui versi si succedono volubilmente senza seguire alcuno schema prefissato, con variabile alternanza di misure sillabiche e di rime. Anche molte delle odi di *Alcyone* (*Novilunio, La pioggia nel pineto, L'onda*) sono costruite secondo un disegno musicale che segue il mobile flusso dell'ispirazione.

Nel 1905, in collegamento con analoghe esperienze francesi, veniva promossa e pubblicata da «Poesia» (la rivista di Filippo Tommaso Marinetti non ancora futurista), un'inchiesta sul verso libero, con risposte anche dall'estero e l'adesione entusiastica di alcuni giovani scrittori destinati a divenire il gruppo forte del primo Futurismo. La stessa rivista nel suo ultimo numero, nel 1907, annunciava il volume *Il verso libero* dello scrittore, prima scapigliato e poi futurista, Gian Pietro Lucini. Molto presto (1913) gli stessi futuristi si dichiararono insoddisfatti del verso libero, proponendone il superamento con le *parole in libertà* liberate cioè oltre che dal metro, anche dalla sintassi e persino dalla sequenzialità ordinata della riga (cfr. di F.T. MARINETTI *L'immaginazione senza fili e le parole in libertà. Manifesto futurista*).

Il verso libero era tuttavia ormai lanciato e ha costituito l'ossatura principale della poesia del Novecento.

7.4 Le strofe

7.4.1 *La strofa*

I versi normalmente non si trovano isolati, ma riuniti in organismi più ampi, che si chiamano *strofe*. Le varie specie di strofe sono determinate dal numero e dalla qualità dei versi di cui sono composte e dal modo con cui questi sono legati fra loro. I versi possono essere in numero fisso oppure vario; tutti di uguale misura o di misura differente (per es. endecasillabi e settenari alternati); con rime che seguono uno schema dato oppure sono intrecciate liberamente.

7.4.2 *Principali tipi di strofe*

La strofa più semplice è il *distico*, composto di due versi:

> La giovin donna ch'i' amo d'amore,
> m'ama con tutte le forze del core.
> TOMMASEO

La *terzina* è composta di tre versi, di solito endecasillabi, a rima incatenata (cfr. sopra 7.3.4). Sull'esempio di Dante essa venne usata dal Petrarca nei *Trionfi*, dal Boccaccio nell'*Amorosa visione*, e da poeti minori, come metro tipico degli argomenti narrativi o didascalici. Fra il Quattro e il Cinquecento, mentre si eleva e nobilita una nuova forma metrica, l'*ottava* (vedi più sotto), la terzina decade a un impiego più modesto: con l'Ariosto (che scrisse in terzine le *Satire*) «le due forme vengono a distinguersi nettamente: l'ottava assume ampiezza e dignità classica, diventa la forma epica e romanzesca per eccellenza; di contro ad essa la terzina è il metro dello sfogo, della confessione, delle elegie e capitoli, delle satire, discorso poetico più vicino alla prosa, alla maniera di Orazio» (FUBINI): confinata per molto tempo quasi solo nei generi, diciamo così, «minori», la terzina fu ripresa più tardi per consapevole volontà di imitazione dantesca dal Monti nella *Bassvilliana* e nella *Mascheroniana*. Al modello dantesco sembra ancora volersi ispirare D'Annunzio nelle *Canzoni della gesta d'oltremare* e in taluni componimenti di *Alcyone*. Da uno di questi, *La tregua*, ricaviamo questo esempio:

> O magnanimo Dèspota, concedi
> al buon combattitor l'ombra del lauro,
> ch'ei senta l'erba sotto i nudi piedi,
> ch'ei consacri il suo bel caval sauro
> alla forza dei Fiumi e in su l'aurora
> ei conosca la gioia del Centauro.

Anche il Pascoli adoperò la terzina nei *Primi poemetti* e nei *Nuovi poemetti*.

La *quartina* è composta di quattro versi, la cui natura e combinazione possono variare in modi innumerevoli. Diamo due esempi, nel primo dei quali i quattro versi sono uguali, nel secondo differenti:

> Io l'onda in misura conduco
> perché su la riva si spanda
> con l'alga con l'ulva e col fuco
> che fànnole amara ghirlanda.
> D'ANNUNZIO, *Undulna*

> Intorno al fregio l'edera seguace
> co 'l verde che non muore
> par che nel freddo de la nuova pace
> ombri l'antico ardore.
> CARDUCCI, *Intermezzo*

La *sestina* è composta di sei versi generalmente settenari o endecasillabi. La sestina di settenari, uno dei metri più antichi della nostra poesia, fu usata dal Parini nelle *Odi*, la sestina di endecasillabi da Antonio Guadagnoli nelle *Poesie giocose*, da Guido Gozzano in vari componimenti dei *Colloqui*, come *La signorina Felicita*. Diamo un esempio di sestina di settenari:

> Oh tiranno signore
> de' miseri mortali,
> oh male, oh persuasore
> orribile di mali,
> bisogno, e che non spezza
> tua indomita fierezza!
> PARINI, *Il bisogno*

La strofa di sette versi, o *settima rima*, è piuttosto rara. L'adopera il Manzoni negli *Inni sacri*:

> Era l'alba; e molli in viso,
> Maddalena e l'altre donne
> fean lamento sull'Ucciso;
> ecco tutta di Sionne
> si commosse la pendice,
> e la scolta insultatrice
> di spavento tramortì.
>
> *La Risurrezione*

L'*ottava*, in senso generico, è una strofa di otto versi, con varietà di versi e di rime analoga a quella della quartina; nel senso specifico, e più comune, una strofa di otto endecasillabi rimati secondo lo schema ABABABCC:

Quanto è più dolce, quanto è più securo	A
seguir le fere fugitive in caccia	B
fra boschi antichi fuor di fossa o muro,	A
e spiar lor covil per lunga traccia!	B
Veder la valle, e 'l colle e l'aer più puro,	A
l'erbe e' fior, l'acqua viva chiara e ghiaccia!	B
Udir gli augei svernar, rimbombar l'onde,	C
e dolce al vento mormorar le fronde.	C

POLIZIANO, *Stanze per la Giostra*

Secondo alcuni studiosi l'ottava ebbe origine popolare, secondo altri il merito della sua invenzione va attribuito al Boccaccio, che l'adoperò come metro narrativo nel *Ninfale fiesolano*, nel *Filostrato*, nel *Teseida*. Essa divenne il metro caratteristico dei poemi cavallereschi ed epici, dal *Morgante* all'*Orlando innamorato*, all'*Orlando furioso*, alla *Gerusalemme liberata*. In epoca più moderna l'usò ancora il Tommaseo nei poemetti *La Contessa Matilde* e *Una serva*. Largo impiego essa ebbe sempre nella poesia popolare e popolareggiante.

7.5 Le composizioni strofiche

7.5.1 *Canzone*

Il più illustre tipo di componimento poetico italiano è la *canzone*, che, secondo Dante, è il canto «per eccellenza». Alla canzone Dante riserva gli argomenti più nobili e attribuisce lo stile più alto (o *tragico*) che comporta l'uso del *volgare illustre*. La canzone è formata da un numero variabile di strofe, o *stanze* il cui schema non è fisso, ma deve rimanere uguale in tutte le stanze del medesimo componimento, meno l'ultima che può essere più breve e si chiama *commiato*. La stanza è costituita di endecasillabi misti a settenari ed è suddivisa in due parti, *fronte* e *sìrima*. La *fronte* è generalmente suddivisa in due membri di analoga struttura, i *piedi*. Anche la *sìrima* può essere divisa in membri o *volte*. Tra fronte e sìrima può essere intercalato un verso, che si chiama *chiave*. Diamo come esempio la prima stanza della più musicalmente perfetta delle canzoni petrarchesche:

Fronte	1° *piede*	Di pensier in pensier, di monte in monte	A
		mi guida Amor, ch'ogni segnato calle	B
		provo contrario alla tranquilla vita.	C
	2° *piede*	Se 'n solitaria piaggia rivo o fonte,	A
		se 'nfra duo poggi siede ombrosa valle,	B
		ivi s'acqueta l'alma sbigottita;	C
Chiave		e, come Amor l'envita,	c
Sirima	1ª *volta*	or ride or piange, or teme or s'assecura,	D
		e 'l volto che lei segue ov'ella il mena,	E
		si turba et rasserena,	e
	2ª *volta*	et in un esser picciol tempo dura;	D
		onde a la vista uom di tal vita esperto	F
		dirìa: «Questo arde, et di suo stato è incerto».	F

Canzoniere, CXXIX

Usata dai Provenzali, ripresa dai Siciliani e dagli antichi poeti toscani, la canzone assume con Dante, e soprattutto col Petrarca, una grande regolarità e uniformità di schemi. Ai moduli petrarcheschi si attennero in genere i poeti lirici successivi. Variazioni all'interno della stanza furono operate già nel Cinquecento da Annibal Caro, che venne imitato dai lirici barocchi. Alessandro Guidi variò anche lo schema da strofa a strofa, componendo *canzoni a strofe libere*. Il Leopardi, ricercando la piena adesione della struttura metrica all'intimo moto dell'ispirazione (egli riteneva che la lirica debba esprimere con immediatezza il sentimento «attuale» del poeta) creò forme di canzone libere da ogni modulo prefissato, sia per la corrispondenza fra le strofe sia per la distribuzione dei versi e delle rime, mescolando anche ai versi rimati versi privi di rima (in tutta la 4ª strofa de *La ginestra*, che comprende ben 44 versi, s'incontrano solo due coppie di versi a rima baciata e alcuni altri versi che rimano fra di loro a così grande distanza che quasi la rima non si avverte).

Con varia libertà lo schema della canzone è stato ripreso anche da Guido Gozzano in *Paolo e Virginia*, da Eugenio Montale nelle *Stanze* (1927) e da Mario Luzi nella *Serenata di piazza D'Azeglio* (1934).

7.5.2 *Sestina*

Una forma particolare di canzone è la *sestina lirica* o, più brevemente, *sestina* (non si confonda questo componimento col tipo di strofa che porta il medesimo nome). Essa è composta di sei strofe di sei endecasillabi ciascuna, più una strofa finale di tre versi. La sua singolarità consiste nel fatto che i versi non hanno rime normali, ma *parole-rima* (o *parole-chiave*), che vengono ripetute nelle varie strofe secondo una legge complicata e insieme ferrea. I versi della prima strofa terminano con sei parole diverse. Il primo verso della seconda strofa riprende la parola finale del sesto verso della prima, il secondo la parola finale del primo verso della prima, il terzo la parola finale del quinto, il quarto la parola finale del secondo, il quinto la parola finale del quarto e il sesto la parola finale del terzo, secondo un procedimento a incrocio o a spirale. Se indichiamo con i numeri, 1, 2, 3, 4, 5, 6 le parole finali della prima strofa, nella seconda l'ordine diventa 6, 1, 5, 2, 4, 3. La terza strofa riprende le parole finali della seconda, seguendo il medesimo procedimento, e così di seguito. Nell'ultima strofa tutte le sei parole-rima ricompaiono, in parte alla fine e in parte in mezzo al verso. Ecco un esempio del Petrarca:

A qualunque animale alberga in *terra*,	1
se non se alquanti ch'anno in odio il *sole*	2
tempo da travagliare è quanto è 'l *giorno*	3
ma poi che 'l ciel accende le sue *stelle*	4
qual torna a casa e qual s'annida in *selva*	5
per aver posa almeno infin a l'*alba*.	6
Et io, da che comincia la bella *alba*	6
a scuoter l'ombra intorno de la *terra*	1
svegliando gli animali in ogni *selva*,	5
non ho mai triegua di sospir col *sole*;	2
poi quand'io veggio fiammeggiar le *stelle*	4
vo lagrimando, et disïando il *giorno*	3
. . . .	

Ma io sarò sot*terra* in secca *selva*	1	5
e 'l *giorno* andrà pien di minute *stelle*	3	4
prima ch'a sì dolce *alba* arrivi il *sole*.	6	2

Canzoniere, sestina I, canzone 3

Componimento che impegna al massimo l'abilità tecnica dell'artista, la sestina fu inventata dal poeta provenzale Arnaldo Daniello, amante dell'arte difficile, e per questo viene pure denominata *sestina provenzale*. Essa piacque a Dante nel periodo in cui componeva le difficili e aspre «rime petrose». Una delle più potenti fra le «rime petrose» è la sestina *Al poco giorno e al gran cerchio d'ombra*. La sestina, col ritorno insistente delle stesse parole, è particolarmente adatta a esprimere, come nel caso di quella dantesca citata, una situazione psicologica d'immobilità quasi ossessiva. Anche il Petrarca scrisse otto di questi componimenti. In lui la sestina «diventa, più precisamente che negli altri, una fuga e un ritorno sui medesimi temi» (FUBINI). Sul suo esempio composero numerose sestine i petrarchisti del Cinquecento.

Nell'età moderna la sestina fu ripresa dal Carducci e dal D'Annunzio. Giuseppe Ungaretti la utilizzò per il *Recitativo di Palinuro* ne *La terra promessa* e Franco Fortini per *Sestina per Firenze*.

7.5.3 Ballata

È, come la canzone, uno dei più antichi componimenti italiani. Il suo nome deriva dal fatto che veniva cantata con accompagnamento di danza (si chiama infatti anche *canzone a ballo*). La sua caratteristica fondamentale, connessa con la sua origine, è la presenza in apertura del ritornello o *ripresa*. La ripresa può essere di un verso o di più versi, ed è seguita da una stanza, divisa di solito in due *mutazioni* uguali di struttura (come i *piedi* della stanza di canzone), e da una *volta*, che riproduce lo schema della ripresa. Il verso finale della volta rima con l'ultimo della ripresa. Una ballata può essere composta soltanto di una ripresa e di una stanza oppure contenere più stanze. In certi casi la ripresa è ripetuta alla fine di ogni stanza. Ecco la ripresa e la prima stanza di una leggiadra ballata di Dante:

Ripresa	{	Per una ghirlandetta ch'io vidi, mi farà sospirare ogni fiore.	A B C
Stanza {	1ª *mutazione* {	I' vidi a voi, donna, portare ghirlandetta di fior gentile,	D E
	2ª *mutazione* {	e sovr'a lei vidi volare un angiolel d'amore umile;	D E
	volta {	e 'n suo cantar sottile dicea: «Chi mi vedrà lauderà 'l mio signore».	E B C

Rime, 15

Fra i componimenti prediletti fino a tutto il Quattrocento (elegantissime ballate composero Lorenzo il Magnifico e il Poliziano), la ballata fu in seguito trascurata. Nella seconda metà dell'Ottocento la ripresero il Carducci e altri poeti di gusto fortemente letterario e incline a vagheggiare e a rinnovare le forme dell'antica lirica italiana.

N.B. Con la *canzone a ballo* non va confusa la *ballata romantica*, racconto in versi di carattere fantastico, d'intonazione per lo più cupa e drammatica, che anche in Italia ebbe grande voga per imitazione dei poeti inglesi e tedeschi (ballate sono *Eleonora* e *Il cacciatore feroce*, i due testi che GIOVANNI BERCHET nella *Lettera semiseria di Crisostomo* del 1816, propose agli Italiani come modelli di poesia romantica). Ballate divenute popolarissime composero Luigi Carrer e Giovanni Prati.

7.5.4 *Madrigale*

Connesso con la musica, anzi di natura essenzialmente musicale, è il *madrigale*, breve componimento in endecasillabi e settenari, di origine popolare. Inizialmente aveva uno schema fisso: due o tre terzine di endecasillabi, seguite da uno o due distici a rima baciata. In seguito l'unico elemento costante rimase la chiusa a rima baciata. Ecco un esempio del poeta trecentesco Niccolò Soldanieri, che riproduce lo schema primitivo:

> Come da lupo pecorella presa
> spande il be be in voce di dolore
> perch'allo scampo suo tragga il pastore,
> simil piatà d'una ch'i' presa avea,

> la qual «ohmè» dicea con alti guai,
> mi fe' lasciarla: ond'io non poso mai.
> E quel che di tal fatto più mi scorna
> è ch'io raspetto il caso e quei non torna.

Ed ecco un bellissimo madrigale del Tasso, di più libero schema:

> Qual rugiada o qual pianto
> quai lacrime eran quelle
> che sparger vidi dal notturno manto
> e dal candido volto de le stelle?
> E perché seminò la bianca luna
> di cristalline stelle un puro nembo
> a l'erba fresca in grembo?
> Perché ne l'aria bruna
> s'udian, quasi dolendo, intorno intorno
> gir l'aure insino al giorno?
> Fur segni forse de la tua partita,
> vita de la mia vita?

L'esempio del Tasso mette in evidenza il carattere musicale del componimento. Di argomento in genere amoroso, dal Cinquecento in poi, soprattutto fra secentisti e arcadi, il madrigale finì per trasformarsi nell'espressione di un complimento galante o di un'arguzia. Dopo la polemica romantica contro la poesia di argomento frivolo o ingegnoso cadde in disuso.

7.5.5 *Sonetto*

È la forma metrica più diffusa e più resistente della poesia italiana. In origine *sonetto* significava genericamente componimento poetico accompagnato da musica; poi il nome assunse il significato specifico attuale di componimento formato da 14 endecasillabi rimati, per consuetudine suddivisi in due quartine e in due terzine. Le due quartine hanno rime uguali, alternate (ABBA-ABBA), oppure incrociate (ABAB-ABAB), le terzine rime uguali, ma distribuite in combinazioni svariatissime: CDE-CDE, CDC-DCD, CDE-DCE, CDE-DCD, CDD-DCC, CDE-EDC ecc.

Esemplifichiamo, con tre dei più celebri sonetti italiani, tre diverse combinazioni di rime:

> Tanto gentile e tanto onesta pare   A
> la donna mia quand'ella altrui saluta   B
> ch'ogne lingua deven tremando muta,   B
> e li occhi no l'ardiscon di guardare.   A
>
> Ella si va, sentendosi laudare,   A
> benignamente d'umiltà vestuta;   B
> e par che sia una cosa venuta   B
> da cielo in terra a miracol mostrare.   A

Mostrasi sì piacente a chi la mira,   C
che dà per li occhi una dolcezza al core,   D
che 'ntender no la può chi non la prova: E

e par che da la sua labbia si mova   E
uno spirito soave pien d'amore   D
che va dicendo a l'anima: Sospira.   C

                                DANTE, *Vita nuova*

Solo e pensoso i più deserti campi   A
vo mesurando a passi tardi e lenti,   B
e gli occhi porto per fuggire intenti   B
ove vestigio uman l'arena stampi.   A

Altro schermo non trovo che mi scampi   A
dal manifesto accorger de le genti,   B
perché negli atti d'allegrezza spenti   B
di fuor si legge com'io dentro avampi: A

sì ch'io mi credo omai che monti e piagge   C
e fiumi e selve sappian di che tempre   D
sia la mia vita, ch'è celata altrui.   E

Ma pur sì aspre vie né sì selvagge   C
cercar non so ch'Amor non venga sempre   D
ragionando con meco, e io con lui.   E

                          PETRARCA, *Canzoniere*, XXXV

Forse perché de la fatal quïete   A
tu sei l'immago a me sì cara vieni   B
o sera! E quando ti corteggian liete   A
le nubi estive e i zefiri sereni,   B

e quando dal nevoso aere inquïete   A
tenebre e lunghe all'universo meni,   B
sempre scendi invocata, e le secrete   A
vie del mio cor soavemente tieni.   B

Vagar mi fai co' miei pensier su l'orme   C
che vanno al nulla eterno; e intanto fugge   D
questo reo tempo, e van con lui le torme   C

delle cure onde meco egli si strugge;   D
e mentre io guardo la tua pace, dorme   C
quello spirto guerrier ch'entro mi rugge.   D

                          FOSCOLO, *Alla sera*

Si disputò a lungo sull'origine del sonetto: se italiana o francese o provenzale; se siciliana o toscana; se popolare o letteraria. Secondo alcuni studiosi il sonetto sarebbe di origine popolare e risulterebbe dalla fusione, compiuta dal poeta siciliano Iacopo da Lentini, di due *strambotti* (lo strambotto è un breve componimento popolare di otto o sei versi). Secondo altri, invece (ed è la tesi oggi prevalente) deriverebbe dalla canzone: sarebbe cioè una stanza di canzone isolata a costituire una forma metrica autonoma. A favore di questa seconda ipotesi lo Spitzer osserva acutamente che la forma del sonetto appare «piuttosto la contrazione di una poesia più lunga che la combinazione di due poesie brevi».

Per la sua brevità e per la sua struttura semplice e insieme varia, atta a racchiudere in un compiuto giro armonioso un sentimento o un pensiero, il «breve e amplissimo carme», come lo definì il Carducci, ebbe immensa fortuna. La sua forma stessa venne vagheggiata e celebrata in sé, quasi una bella creatura, come nei sonetti sul sonetto del Carducci, del Graf, del D'Annunzio e di molti poeti stranieri. Essa poté accogliere i più diversi contenuti e assumere le più varie modulazioni. Fino al Cinquecento, sull'esempio del Petrarca, il sonetto fu il metro preferito della lirica d'amore e come tale passò in tutte le principali letterature europee. Scrissero sonetti Clément Marot, Pierre de Ronsard e Joachim Du Bellay, William Shakespeare e Francisco de Quevedo, Luis Vaz de Camões e William Wordsworth, Johann Wolfgang Goethe e August von Platen, Alfred de Musset, Charles Augustin de Sainte-Beuve e Charles-Marie Leconte de Lisle, Charles Baudelaire e Antonio Machado. In Italia il sonetto assunse col Petrarca una struttura solidamente architettonica e insieme musicalmente equilibrata, in virtù di un sapiente gioco di simmetrie e corrispondenze e della quasi regolare coincidenza fra divisioni strofiche e divisioni sintattiche di membri in sé conchiusi.

Il modulo petrarchesco, ripetuto più o meno felicemente dai suoi imitatori del Quattro e del Cinquecento, fu variato in maniera geniale da Giovanni Della Casa con l'uso insistente dell'*enjambement*, per il quale non c'è più corrispondenza fra periodo sintattico e periodo ritmico, per cui l'unità sintattica eccede i limiti del verso e trabocca in quello seguente e la melodia dei versi, come osserva, ammirando, il Foscolo, viene spezzata in modo «da far risultare l'effetto che i maestri di musica ottengono dalle dissonanze». L'esempio del Della Casa influì certamente sulla tecnica con cui il Foscolo costruì il suo sonetto, e che, di fronte a quella "architettonica" del Petrarca, si potrebbe metaforicamente chiamare "sinfonica", perché compenetra e fonde immagini e sentimenti molteplici in un'unica onda musicale (l'esempio più evidente di questa tecnica è *A Zacinto*, in cui un solo amplissimo e complesso periodo sintattico abbraccia le due quartine e la prima terzina). È una tecnica che risponde a una nuova concezione della realtà, drammatica e dinamica, rispetto a quella statica ed equilibrata che si riflette nella forma del sonetto petrarchesco. Lungo la linea che va dal Petrarca al Foscolo un momento di grande importanza, anche per i riflessi sulla poesia europea, è rappresentato dal Tasso, il quale conferisce al sonetto, come a tutte le altre forme metriche da lui usate, una più accentuata liquidità melodica, che negli arcadi potrà qualche volta trasformarsi addirittura in musica da canzonetta.

Una forma caratteristica di sonetto, che ebbe fortuna soprattutto nel Seicento e nel Settecento, è il cosiddetto *sonetto-quadro* o *sonetto pittorico*, descritto da Francesco Torti nel suo *Prospetto del Parnaso italiano* (3 voll., 1806-1812) come «un quadro vivo e parlante, in cui gli oggetti presi dalla favola e dalla storia e atteggiati con energia colpiscono l'immaginazione e le aprono una vasta carriera a percorrere». Celebri, e ancor oggi apprezzati, sono i sonetti pittorici di Giuliano Cassiani. A questo schema si possono ricondurre i dodici sonetti del *Ça ira* del Carducci, che fissano come in tanti quadri i momenti culminanti della Rivoluzione francese. Sonetti pittorici composero i parnassiani francesi e, a loro imitazione, il D'Annunzio.

Stilizzato già spesso in forme convenzionali dai petrarchisti da un lato e dai poeti «giocosi» dall'altro, il sonetto divenne con l'Arcadia uno strumento di esercitazione accademica, buono per tutte le occasioni, sicché contro la moda dilagante dei sonetti elevarono ripetutamente la loro protesta i letterati illuministi. Da allora, malgrado le alte prove dell'Alfieri e soprattutto del Foscolo, il sonetto conobbe un periodo di decadenza, ed è significativo che il Leopardi e il Manzoni lo confinassero in zone marginali e occasionali della loro produzione.

Intorno alla fine dell'Ottocento e nel Novecento si è invece riaffermato come la forma tradizionale più diffusa, ottenendo gli elogi del D'Annunzio (*Il sonetto d'oro*, in *Intermezzo*), di Arturo Graf (*Il sonetto*, in *Danaidi*, 1897) e di Guido Gozzano (*Elogio del sonetto*, in *Poesie sparse*). La ripresa del sonetto ha coinvolto quasi tutti i maggiori poeti del Ventesimo secolo e anche molti dei minori; le sue forme canoniche sono state spesso rispettate o innovate moderatamente nella rima o nel ritmo (come nel caso dei *Versi militari* di Umberto Saba, 1908); a volte, invece, in un'assoluta libertà di versi e di rime sopravvive del sonetto solo la misura dei quattordici versi (cfr. *Ipocalisse. 49 sonetti* di Nanni Balestrini, 1986). Andrea Zanzotto, riallacciandosi ad antiche tradizioni, ha realizzato in *Il galateo in bosco* (1978) un *Ipersonetto*, costituito da una corona di quattordici sonetti (quanti sono i versi del sonetto) più uno di premessa e uno di postilla.

7.5.6 Ode

Per imitazione dei modelli classici, soprattutto Orazio e Pindaro, nel Rinascimento alla canzone petrarchesca cominciò a far concorrenza come metro lirico l'*ode*. Nel Cinquecento compose odi sul modello oraziano Bernardo Tasso, mentre Gian Giorgio Trissino e Luigi Alamanni cercarono di imitare l'ode pindarica. Analogo tentativo compì nel Seicento Giuseppe Chiabrera in componimenti che egli chiamò *canzoni eroiche*. In seguito, soprattutto per opera del Parini, l'*ode* venne a sostituire la canzone, accogliendone, in forme di tono piuttosto elevato e dignitoso, i vari contenuti: morale, civile, amoroso. Il metro preferito dal Parini nelle *Odi* è la strofa di sei settenari, con l'eventuale introduzione di un endecasillabo. Il numero delle strofe è variabile. Tennero presente il metro del Parini il Foscolo nelle due odi *A Luigia Pallavicini caduta da cavallo* (1799) e *All'amica risanata* (1802) e il Manzoni nel *Cinque maggio* (1821). Metricamente anche alcuni degli *Inni sacri* manzoniani rientrano nel genere delle odi. Odi scrisse anche Vincenzo Monti (come quella *Al signor di Montgolfier*, 1784).

7.6 L'imitazione della metrica classica

7.6.1 *Primi tentativi*

Come s'è già accennato (7.3.1), la differenza essenziale fra la metrica italiana e quella classica è che nella prima la misura del verso si fonda sul numero delle sillabe e sulla posizione degli accenti e nella seconda sulla quantità delle sillabe. Ciò perché nell'italiano si è perduto il senso della quantità. Tuttavia fin dall'Umanesimo si fecero tentativi per trasportare nella nostra lingua i metri antichi. I primi di essi, compiuti da Leon Battista Alberti, Leonardo Dati e Claudio Tolomei, partivano dal presupposto che anche in italiano si potesse in qualche maniera fissare la quantità delle sillabe (e il Tolomei in *Versi e regole de la nuova poesia toscana*, 1539, si propose di fornire all'idioma toscano una propria prosodia quantitativa). Secondo questo sistema vennero costruiti esametri, distici elegiaci, strofe saffiche. Ecco un distico di Leon Battista Alberti:

> Questa per estrema miserabile pìstola mando
> a te che sprezzi miseramente noi.

Questi tentativi non ebbero seguito. Si riconobbe presto che le differenze di quantità in italiano non erano più percepibili e che versi del genere non solo erano artificiosi, ma non potevano sonare come versi all'orecchio italiano. Si procedette allora per un'altra via: quella, cioè, di riprodurre i metri latini con versi italiani accennati di analogo schema ritmico. Per esempio, la strofa saffica latina è composta di tre endecasillabi saffici e di un adonio, che ha cinque sillabe. Venne perciò riprodotta congiungendo tre endecasillabi e un quinario, inizialmente rimati fra loro (mentre i versi latini non hanno rima):

> Tante bellezze il Cielo ha in te consparte,
> che non è al mondo mente sì maligna
> che non conosca che tu dèi chiamarte
>   nova Ciprigna.

La strofa citata è di Angelo di Costanzo, che nel Cinquecento introdusse nella lirica italiana un tipo di saffica destinato a grande fortuna. Saffiche di schema simile composero, fra gli altri, Giovanni Fantoni, il Parini, il Manzoni. Ecco la prima strofa dell'ode del Parini *Alla Musa*:

> Te il mercadante che con ciglio asciutto
> fugge i figli e la moglie ovunque il chiama
> dura avarizia nel remoto flutto,
>   Musa, non ama.

In maniera analoga si procedette con altre strofe, come l'alcaica di Orazio, che è composta di quattro versi, due di undici sillabe, uno di nove e uno di dieci. Gabriello Chiabrera nel Seicento la riprodusse mediante due doppi quinari sdruccioli (che hanno undici sillabe), un novenario e un decasillabo:

> Sesto d'agosto, dolci luciferi,
> sesto d'agosto, dolcissimi esperi,
> sorgete dal chiuso orizzonte
> tutti sparsi di faville d'oro.

7.6.2 Le odi barbare *del Carducci*

Più o meno sporadici continuarono gli esperimenti di metrica classica nel Settecento, con Paolo Rolli e col Fantoni, e persino nella prima metà dell'Ottocento, in pieno clima romantico, il Tommaseo osò comporre una poesia in esametri (bellissimi): *Voluttà e rimorso*. Ma solo il Carducci compì un rinnovamento ampio e sistematico degli antichi metri con risultati artisticamente felici. Il Carducci giustificò tale rinnovamento, non con un proposito di restaurazione classicistica, ma con la novità della sua ispirazione personale: «avendo ad esprimere pensieri e sentimenti che mi parevano diversi da quelli che Dante, il Petrarca, il Poliziano, il Tasso, il Metastasio, il Parini, il Monti, il Foscolo, il Manzoni e il Leopardi (ricordo in specie i lirici) originalmente e splendidamente espressero, anche credei che questi pensieri e sentimenti io poteva esprimerli con una forma metrica meno discordante dalla forma organica con la quale si andavano determinando nella mente». Egli chiamò le sue odi *barbare*, «perché tali sembrerebbero al giudizio dei greci e dei romani, se bene volute comporre nelle forme metriche della loro lirica». Ma non è escluso che a suggerirgli il titolo abbiano influito l'epiteto «barbare» attribuito dal Foscolo alle poesie del Fantoni e il titolo dei *Poèmes barbares* del poeta parnassiano Leconte de Lisle.

Il metodo del Carducci è quello proposto dal Chiabrera e seguito anche dal Fantoni. Tuttavia, per maggior fedeltà allo schema latino, alla saffica egli tolse la rima:

> Corrono tra 'l Celio fosche e l'Aventino
> le nubi; il vento dal pian tristo move
> umido: in fondo stanno i monti Albani
> bianchi di neve.
> *Dinanzi alle Terme di Caracalla*

Oltre la saffica, il Carducci riprodusse, con varie combinazioni di metri italiani, tutti i principali metri antichi: alcaico, asclepiadeo, esametro, pentametro. Diamo un esempio di ciascuno di essi:

Strofa alcaica

> Oh quei fanali come s'inseguono
> accidïosi là dietro gli alberi,
> tra i rami stillanti di pioggia
> sbadigliando la luce sul fango!
> *Alla stazione in un mattino d'autunno*

Strofa asclepiadea

> Tu parli; e, della voce alla molle aura
> lenta cedendo, si abbandona l'anima
> del tuo parlar su l'onde carezzevoli,
> e a strane plaghe naviga.
> *Fantasia*

Esametri

> Tra le battaglie, Omero, nel carme tuo sempre sonanti
> la calda ora mi vinse: chinommisi il capo tra 'l sonno
> in riva di Scamandro, ma il cor mi fuggì sul Tirreno.
>
> *Sogno d'estate*

Distico elegiaco (*esametro* più *pentametro*)

> Surge nel chiaro inverno la fosca turrita Bologna,
> e il colle sopra bianco di neve ride.
>
> *Nella piazza di San Petronio*

Tralasciamo esempi di altre forme meno comuni.

7.6.3 La metrica neoclassica del Pascoli

Al metodo del Carducci si uniformarono i suoi scolari e anche il D'Annunzio (per es., nelle *Elegie romane*, in distici elegiaci). Invece il Pascoli elaborò una sua teoria di *metrica neoclassica* (cfr. gli scritti *A Giuseppe Chiarini: della metrica neoclassica* e *Regole di metrica neoclassica*), di nuovo fondata sul presupposto che anche in italiano si possano distinguere sillabe lunghe e sillabe brevi (praticamente, considerando lunghe le sillabe accentate e brevi le non accentate). Il Pascoli applicò questo sistema nelle sue traduzioni omeriche e nel rifacimento di testi di altri poeti antichi, come nella saffica, riecheggiante frammenti diversi di Saffo, che egli mette in bocca alla cantatrice in *Solon* (*Poemi conviviali*):

> Splende al plenilunio l'orto; il melo
> trema appena d'un tremolio d'argento...
> Nei lontani monti color di cielo
>   sibila il vento.

I risultati ottenuti dal Pascoli furono in genere poco convincenti. Manara Valgimigli definì il suo esametro «una serie di parole sdrucciole [...] appena variata qua e là di parole piane», di suono «uniforme e monotono».

Repertorio bibliografico

a) Retorica

Utili strumenti introduttivi sono R. BARILLI, *Retorica*, Milano, Isedi, 1979 (poi Milano, Mondadori, 1984); A. MARCHESE, *Dizionario di retorica e di stilistica*, Milano, Mondadori, 1981; F.P. MANNO, *Dizionario di retorica italiana*, Roma, Edizioni dell'Ateneo, 1983; P.L. CERISOLA, *Trattato di retorica e semiotica letteraria*, Brescia, La Scuola, 1983; B. GARAVELLI MORTARA, *Manuale di retorica*, Milano, Bompiani, 1988; P. GUARAGNELLA, *Elementi di retorica e poetica. Figure, metrica, generi letterari*, Bari, Adriatica, 1988.

Si vedano inoltre B. CROCE, *La Rettorica o teoria della forma ornata*, cap. XIX della p. II dell'*Estetica*, Milano, Adelphi, 1990; A. DEL MONTE, *Retorica, stilistica, versificazione. Introduzione allo studio della letteratura*, Torino, Loescher, 1955; C. BROOKS - R.P. WARREN, *Modern Rhetoric*, New York, Harcourt Brace of World, 1958^2; H. LAUSBERG, *Elementi di retorica*, trad. it. di N. Pasero, Bologna, Il Mulino, 1983 (1^a ed. 1969; ed or. 1949); A. KIBÉDI VARGA, *Rhétorique et littérature*, Paris, Didier, 1970; AA. VV., *Attualità della retorica*, Padova, Liviana, 1975; GRUPPO μ, *Retorica della poesia*, Milano, Mursia, 1985 (ed. or. 1977); E. RAIMONDI, *Poesia come retorica*, Firenze, Olschki, 1980; J. LOTMAN, *Retorica*, voce in *Enciclopedia Einaudi*, vol. IX, Torino, Einaudi, 1982-1986; P. VALESIO, *Ascoltare il silenzio: la retorica come teoria*, Bologna, Il Mulino, 1986. Trattano angolature parziali del tema P. RICOEUR, *La metafora viva*, trad. it. di G. Grampa, Milano, Jaca Book, 1981 (ed. or. 1975); H. WEINRICH, *Metafora e menzogna: la serenità dell'arte*, trad. it. di P. Barbon, P. Battafarano e L. Ritter Santini, Bologna, Il Mulino, 1983 (1^a ed. 1976); T. TODOROV, *Teorie del simbolo*, trad. it. di E. Klersy Imberciadori, Milano, Garzanti, 1991 (1^a ed. 1984); S. BRIOSI, *Il senso della metafora*, Napoli, Liguori, 1985.

Sulla storia della retorica: V. FLORESCU, *La retorica nel suo sviluppo storico*, Bologna, Il Mulino, 1971 (ed. or. 1960); H. WHITE, *Retorica e storia*, trad. it. di P. Vitulano, Napoli, Guida, 1978 (ed. or. 1973). Su alcuni momenti particolari: G. FUNAIOLI, *La retorica antica in Grecia e Roma*, in *Studi di letteratura antica*, vol. I, Bologna, 1948; R. MC KEON, *La retorica medioevale*, in *Figure e momenti di storia della critica*, a cura di R.S. Crane, trad. it. di L. Formigari, Milano, Feltrinelli, 1967; J.J. MURPHY, *Rhetoric in Middle Age. A History of Rhetorical Theory from Saint Augustine to the Renaissance*, Berkeley-Los Angeles-London, University of California Press, 1974 (trad. it. di R. Licitra, Napoli, Liguori, 1984); F. TATEO, *Retorica e poetica fra Medioevo e Rinascimento*, Bari, Adriatica, 1960.

b) Metrica

V. PERNICONE, *Storia e svolgimento della metrica*, in *Problemi e orientamenti critici*, vol. II: *Tecnica e teoria letteraria*, Milano, Marzorati, 1948; R. SPONGANO, *Nozioni ed esempi di metrica italiana*, Bologna, Pàtron, 1974 (1^a ed. 1966); M. FUBINI, *Metrica e poesia. Lezioni sulle forme metriche italiane*, vol. I: *Dal Duecento al Petrarca*, Milano, Feltrinelli, 1970²; W. TH. ELWERT, *Metrica italiana*, Firenze, Le Monnier, 1972; M. PAZZAGLIA, *Teoria e analisi metrica*, Bologna, Il Mulino, 1976², recentemente aggiornato col *Manuale di metrica italiana*, Firenze, Sansoni, 1990; C. DI GIROLAMO, *Teoria e prassi della versificazione*, Bologna, Il Mulino, 1983 (1ª ed. 1976); M. RAMOUS, *La metrica*, Milano, Garzanti, 1984; P. G. BELTRAMI, *La metrica italiana*, Bologna, Il Mulino, 1991; F. BAUSI - M. MARTELLI, *La metrica italiana. Teoria e storia*, Firenze, Le Lettere, 1993.

Per l'aggiornamento si consulti la rivista annuale «Metrica», edita dal 1978, da Ricciardi, Milano-Napoli. Interessante soprattutto il IV numero (1986), che riporta gli interventi del Convegno su *La metrica: storia e metodi*, Università di Messina-Facoltà di Lettere, 1982.

8 Territori di confine: il paratesto, la paraletteratura, la scrittura funzionale, la critica afunzionale

In direzione opposta alle più estreme posizioni crociane volte a distillare dell'universo della scrittura le sole parti degne del nome di poesia, si muove gran parte degli odierni critici e teorici della letteratura, i quali tendono al contrario ad allargare il campo delle loro possibili osservazioni, concentrando la propria attenzione su aspetti parzialmente trascurati o almeno lasciati ai cultori di discipline diverse.

Vengono così visitati e, a volte, addirittura colonizzati nuovi territori posti ai confini della letteratura e della critica.

Nei "dintorni del testo" è stata così delimitata una "zona indecisa", il *paratesto*, particolarmente studiato da GÉRARD GENETTE nel suo *Soglie* (1989), versione italiana di *Seuils* del 1987: il *paratesto* è formato dal *peritesto*, cioè da tutto ciò che un libro comprende senza essere il testo vero e proprio, e dall'*epitesto*, ovvero da quello che si collega al testo senza entrare nel libro. Il *peritesto* comprende: 1) aspetti tipicamente editoriali, quali il *formato*, la *collana*, la *copertina*, il *frontespizio*, la *composizione*, la *tiratura*, e altri elementi simili, interessanti soprattutto per studi particolari, di carattere sociologico o storico; 2) la presentazione del libro, con particolare riferimento all'indicazione dell'autore, ai titoli, alle dediche, alle epigrafi e agli scritti introduttivi; 3) le prefazioni; 4) gli intertitoli e le note. Si tratta di elementi che non sempre riflettono la volontà dell'autore; nel caso di edizioni successive alla morte riflettono piuttosto la volontà dell'editore o del curatore, nonché le esigenze del mercato. Eppure non di rado si nascondono nel peritesto significativi e apprezzabili testi: si va dal caso delle prefazioni d'autore a volte programmatiche e altre illuminanti, a quello delle presentazioni scritte da Italo Calvino per «i libri degli altri». L'*epitesto pubblico* comprende tutti gli interventi pubblici di fiancheggiamento del libro, dalla scheda editoriale al manifesto pubblicitario, dalle interviste alle repliche, fino ai colloqui e ai dibattiti. Ogni studio sull'editoria e la stampa non può fare a meno di considerare, oltre al peritesto, anche l'epitesto pubblico. Quello *privato* è fatto dalle corrispondenze, dalle carte segrete (diari, memorie ecc.), dalle confidenze orali e dall'*avantesto*, ambiguo territorio in cui testo e paratesto spesso si confondono, lasciando alla fine al lettore la possibilità di scegliere fra numerose fasi di un lavoro, quale sia la migliore; l'*avantesto*, secondo Genette, comprende ogni scritto non incluso nel testo definitivo, dall'appunto alla correzione. Si approda così a una zona cui spesso il lettore si rivolge non solo per cercare un concorrente al testo, ma anche per il piacere in sé di leggere per esempio un carteggio o un diario, non solo o non tanto per meglio intendere l'"opera", quanto per l'interesse, di vario ordine, per tali avantesti, usati come testi e divenuti quindi tali.

Il caso di scritti nati per comunicazione privata o anche per memoria personale e approdati a uso pubblico non è assolutamente nuovo. Come non è una novità che, una volta accolti fra i generi pubblicabili, epistolari e diari siano stati creati apposta per essere pubblicati, vuoi con la previsione del doppio uso, vuoi con la riduzione dell'uso privato a mera finzione. L'interesse del lettore per tali scritti scaturisce variamente dalle notizie contenute o dai riferimenti ad altri scritti, fino al caso del gusto per la lettura in sé, raggiungendo quindi quella gratuità della letteratura indicata come presupposto di letterarietà. Lettere e diari non sono l'unico caso di *scrittura funzionale* approdata alla letteratura, il cui ambito appare, specialmente nelle zone di confine, in continuo movimento. Si segnala così che, sino a qualche anno fa, tutta la trattatistica moderna non rientrava in linea di massima negli interessi dello storico della letteratura, che pure solitamente dedicava spazio al *De vulgari eloquentia* o alla *Quaestio de aqua et terra*, attestando implicitamente la teorica possibilità che anche più recenti trattati meritassero un tale onore. Negli ultimi anni si è assistito a un graduale ritorno di interessi per alcune scritture funzionali: si tratta a volte di testi che hanno perduto gran parte del valore comunicativo originario (difficilmente, per esempio, qualcuno si accosterebbe a un trattato del Cinquecento per imparare la medicina), mantenendo solamente un valore documentario. Altre volte il senso della comunicazione rimane, sia pure con una diversa ottica, come nel caso dei libri di viaggio attraverso i quali si può ricostruire tanto il modo di viaggiare del tempo, quanto lo stato dei luoghi nell'epoca. Qualcosa del genere vale anche per i trattati di cucina o di buone maniere. La riscoperta di tutte queste opere non si riduce tuttavia a una rielaborazione delle notizie, ma si basa prevalentemente sull'interesse per l'opera in sé e nel suo insieme, quindi per la sua letterarietà.

Sotto questo profilo acquisiscono un senso ulteriore termini come "letteratura medica" o "letteratura scientifica", indicando sì l'insieme degli scritti riguardanti la disciplina specificata, ma anche un campo di scritture nate con finalità prettamente funzionali eppur suscettibili di svelarsi nel tempo di interesse letterario, come già avvenuto per il manuale di cucina dell'Artusi.

Ai confini della letterarietà si colloca pure tutta una produzione di larga fortuna editoriale definita *letteratura di massa* o *di consumo* o *paraletteratura* o, alla tedesca, *Trivialliteratur*. Si tratta di una vasta area comprendente scritti creati con l'esclusivo o prevalente intento di soddisfare determinate esigenze del mercato editoriale, avendo come riferimento non la creazione artistica, ma il gusto del grosso pubblico. Interi generi narrativi sono caratterizzati da una produzione per lo più di consumo: il giallo, il rosa, la fantascienza, il romanzo erotico, per non parlare di alcuni generi misti (verbali e iconici), quali il fumetto e il fotoromanzo. Tale produzione, in genere legata alla *serialità*, cioè alla vendita del prodotto a puntate (sia che si tratti di una serie di capitoli della stessa opera, sia che diverse vicende siano raccolte in un'unica collana o altro genere di serie) in modo da legare stabilmente il pubblico e da ottenere un utile economico prevedibile e costante.

Alla *Trivialliteratur* nel suo complesso si sono dedicati soprattutto gli studiosi di sociologia della letteratura, che vi hanno individuato una sorta di laboratorio privilegiato per l'analisi dei fenomeni della comunicazione, della diffusione, della ricezione. E con tali specifiche finalità è sorto a Trieste il Centro Internazionale di Studio per la Letteratura di Massa, per iniziativa del quale si svolgono periodicamente congressi, i cui Atti segnano le tappe più significative di tali studi settoriali in Italia.

Il fatto che la *paraletteratura* si distingua per definizione dalla letteratura d'arte non esclude che molti suoi prodotti finiscano con l'attirare l'attenzione e l'apprezzamento dei critici letterari. Così fra le innumerevoli appendici letterarie ottocentesche si celano i nomi dei più illustri narratori di fine secolo, Giovanni Verga innanzitutto; ma anche scrittori "audaci" come il primonovecentesco Pitigrilli (Dino Segre) o la campionessa del rosa, Liala (Liana Negretti), vengono rivisitati: si finisce coll'avvertire una continuità oltre che una contiguità fra produzione "alta" e produzione "di consumo". La serialità non appare quindi un discrimine sufficiente per accantonare un'opera rifiutandone l'omologazione letteraria. Lo stesso avviene per altre espressioni destinate al consumo: è il caso delle canzonette popolari o delle didascalie di illustrazioni e manifesti.

Un altro particolare territorio di confine è quello della *produzione giornalistica*, in genere viziata all'origine sia di serialità sia di funzionalità. Il riuso non raro di testi giornalistici raccolti in volume costituisce la premessa perché alcuni di essi superino di gran lunga i tempi di vita programmati e possano trovare spazio nell'ambito letterario.

In definitiva lo stato attuale degli studi mostra interesse verso dei settori che solo artificialmente si possono tenere lontani e totalmente divisi dall'ambito letterario, in quanto in ogni arte esiste accanto a quella artistica una produzione artigianale; e fra le due esiste un ricambio continuo determinato da varietà di relazioni. L'usuale epigonalità dell'artigianato non esclude che attraverso l'esercizio e grazie alla quantità non emergano esiti sorprendentemente originali.

Quando per altro alcuni scrittori che collaborano a collane narrative "d'arte" si adattano a commissionare o a consultare le ricerche di mercato per scegliere le caratteristiche generali del loro prossimo "capolavoro", essi finiscono coll'accettare le regole della produzione industriale, adattandosi in definitiva, nonostante le pretese di livello, a una produzione di consumo.

A tali regole finisce coll'obbedire pure molta parte della critica, attenta alle indicazioni dell'industria editoriale, che governa premi letterari e pubbliche manifestazioni e anche sollecita, se non commissiona addirittura, le recensioni e manovra i sondaggi. La stessa critica, quindi, finisce col nuotare nel mare della pubblicità o della produzione seriale, cercando tuttavia riscatto nell'impegno volto a conoscere, a smontare e a "sterilizzare" l'industria del controllo intellettuale. Provando a proporre la critica come genere letterario libero e autonomo, alcuni critici tendono a usare il testo letterario, oggetto d'analisi, come un mero spunto per divagare da un'interpretazione a un'altra, in assoluta libertà creativa: l'approdo è in un testo critico che interviene su un'opera letteraria non effettivamente esistente, ma solamente supposta o strumentalmente immaginata. Modellata sulle forme della critica di servizio al testo, nasce così la *critica afunzionale*.

Repertorio bibliografico

Per quanto riguarda il *paratesto* si vedano: C. DUCHET, *Pour une socio-critique*, in «Littérature», 6, 1971; A. COMPAGNON, *La seconde main*, Paris, Seuil, 1979; G. GENETTE, *Soglie. I dintorni del testo*, trad. it. di C.M. Cederna, Torino, Einaudi, 1989.

Per la *paraletteratura* un punto di partenza si può ravvisare in B. CROCE, *Poesia popolare e poesia d'arte*, Napoli, Bibliopolis, 1991 (1ª ed. Bari, 1933). Per un'ampia panoramica sulle problematiche recenti si vedano le due sillogi curate da G. Petronio, E. Guagnini e U. Schulz-Buschhaus per il gruppo che ha dato vita al Centro Internazionale di Studio per la Letteratura di Massa (CILM): *"Trivialliteratur?". Letterature di massa e di consumo*, Trieste, Lint, 1979; *I canoni letterari. Storia e dinamica*, ivi, 1981; *Critica e società di massa*, ivi, 1983; *Livelli e linguaggi letterari nella società delle masse*, ivi, 1984; *Il "giallo" degli anni Trenta*, ivi, 1988; *Scrittore e Lettore nella Società di Massa. Sociologia della letteratura e ricezione. Lo stato degli studi*, ivi, 1991. Un approccio più divulgativo in U. ECO, *Il superuomo di massa. Retorica e ideologia nel romanzo popolare*, Milano, Bompiani, 1978².

Altri studi: E. BLOCH, *Philosophische Ansicht des Detektivromans*, in *Literarische Aufsätze, Gesamtausgabe*, IX, Frankfurt a. M., Suhrkamp, 1965; J. SYMONS, *Bloodt Murder*, London, Faber, 1972; H. KREZER, *Trivialliteratur als Forschungsproblem*, in *Methodenfragen*, a cura di R. Grimm e J. Hermand, Darmstadt, 1973; S. KRACAUER, *Sociologia del romanzo poliziesco*, in *Saggi di sociologia critica*, Bari, De Donato, 1974; F. FERRINI, *Il ghetto letterario*, Roma, Armando, 1976; M. ROMANO, *Mitologia romantica e letteratura popolare. Struttura e sociologia del romanzo d'appendice*, Ravenna, Longo, 1977; N. FRYE, *La scrittura secolare. Studio sulla struttura del «Romance»*, trad. it. di A. Lorenzini, Bologna, Il Mulino, 1978; G.B. BRONZINI, *Letteratura popolare*, in «Lares», XLV, 1979; ID., *Linguistica, folklore e letteratura nelle tesi praghesi del '29: specificità della produzione folklorica (Bogatyrëv e Jakobson)*, in «Lingua e storia di Puglia», VII, 1980; AA.VV., *La trama del delitto*, a cura di R. Cremante e L. Rambelli, Parma, Pratiche, 1980; G. FRANCI, *La messa in scena del terrore*, Ravenna, Longo, 1982; G.R. CARDONA, *Culture dell'oralità e culture della scrittura*, in *Letteratura italiana*, dir. da A. Asor Rosa, vol. II: *Produzione e consumo*, Torino, Einaudi, 1983; AA.VV., *Il punto su: Il romanzo poliziesco*, a cura di G. Petronio, Bari, Laterza, 1985; D. PINTER, *Storia della letteratura del terrore*, Roma, Editori Riuniti, 1985; U. EISENZWEIG, *Le récit impossible*, Paris, Bourgois, 1986; S.S. NIGRO, *Popolo e popolarità*, in *Letteratura italiana*, dir. da A. Asor Rosa, vol. III: *Le Questioni*, cit., 1986; *Oralità e scrittura. Le letterature popolari europee*, a cura di G. Cusatelli, in «La ricerca folklorica», 15, 1987.

Sulla **sociologia della letteratura**: L. GOLDMANN, *Per una sociologia del romanzo*, trad. it. di G. Buzzi, Milano, Bompiani, 1981 (1ª ed. 1967); R. ESCARPIT, *Sociologia della letteratura*, Napoli, Guida, 1977² (ed. or. 1970); *Letteratura e società*, a cura di R. Escarpit, Bologna,

Il Mulino, 1972; AA. VV., *Sociologia della letteratura*, Roma, Newton Compton, 1974; *Sociologia della letteratura*, a cura di A. Luzi, Milano, Mursia, 1977; E. GRASSI, *Sociologie del fatto letterario*, Nuova Universale Studium, Roma, 1979; A. ZAMBARDI, *Elementi di semiologia del testo letterario*, Roma, Bulzoni, 1988. Sulla fenomenologia della ricezione: U. ECO, *Lector in fabula*, Milano, Bompiani, 1985 (1ª ed. 1979); *Teoria della ricezione*, a cura di R.C. Holub, Torino, Einaudi, 1989.

Parte terza
La lingua della letteratura e della comunicazione

1 Lingua, grammatica, vocabolari

Allo studioso di problemi letterari e filologici, come all'insegnante di lingua e letteratura italiana, occorre anche un orientamento sui problemi generali della linguistica e sulla storia della lingua italiana. La linguistica, o glottologia, è una scienza relativamente giovane, sorta nei primi decenni del sec. XIX, come grammatica comparativa delle lingue. Essa era guidata da un concetto materialistico e meccanico della lingua, come prodotto naturale sottoposto nella sua evoluzione a leggi di carattere fisico, le cosiddette *leggi fonetiche*, le cui eccezioni venivano spiegate con l'intervento "perturbatore" dello spirito. Ma verso la fine del secolo un grande linguista, HUGO SCHUCHARDT, dimostrò che le leggi fonetiche, in quanto norme trascendenti che reggono lo sviluppo linguistico, non hanno esistenza reale. Le sue idee vennero riprese e sviluppate in Francia da EDMOND EDMONT e JULES-LOUIS GILLIÉRON, fondatori della "geografia linguistica". Le loro indagini chiarirono che un'innovazione fonetica nasce prima in un determinato vocabolo, poi da questo si estende ai vocaboli similari; che ogni vocabolo va studiato singolarmente in connessione col suo significato e in rapporto con le condizioni sociali in cui sorge, si trasforma e muore, e che la storia delle parole deve essere studiata insieme con la storia delle cose. Ne scaturiva la naturale conclusione che la vita del linguaggio non può essere considerata come un prodotto materiale o meccanico, ma come una manifestazione dello spirito umano. Che il linguaggio sia una realtà spirituale e che la sua evoluzione sia connessa con lo svolgimento dello spirito umano, era tesi già ripetutamente sostenuta in campo filosofico. Già il VICO aveva affermato che le lingue nascono per opera della fantasia e che le origini delle lingue e delle lettere vanno cercate dentro le origini della poesia, e tesi analoghe sostenne JOHANN GOTTFRIED HERDER in Germania. Le concezioni del Vico non ebbero subito grande influenza; ma, ad ogni modo, verso la fine del Settecento è assai diffusa l'idea che le lingue si svolgono in connessione con lo svolgimento della società e del pensiero. Il notevolissimo *Saggio sulla filosofia delle lingue* (1785) del CESAROTTI fonda tutti i suoi ragionamenti su questo principio.

Nei primi decenni dell'Ottocento il tedesco WILHELM VON HUMBOLDT affermò che la lingua non è *fatto*, ma *attività*, che essa non nasce dal bisogno della comunicazione esterna, ma dal bisogno di conoscere e di procurarsi un'intuizione delle cose, e parlò di una *forma interna del linguaggio*, che è la visione soggettiva che l'uomo si fa delle cose. In tutto il periodo romantico fu in genere assai vivo il senso (anche se non tradotto in teorie precise e rigorose) della spiritualità e della creatività del linguaggio e del suo intimo legame con la poesia. Per l'Italia basta ricordare il Foscolo, che ebbe sensibilità finissima per il rapporto fra la lingua e la situazione storica, e il Tommaseo, il quale in tutta la sua vastissima e spesso geniale opera di carattere linguistico considerò sempre il linguaggio come creazione spirituale di natura essenzialmente artistica.

Queste tendenze ebbero una sistemazione e giustificazione filosofica al principio del Novecento nell'*Estetica* del Croce, la quale operò la fusione di linguistica ed estetica, come risulta fin dal titolo, che suona *Estetica come scienza dell'espressione e linguistica generale*. Il Croce parte dal principio dell'identità di intuizione ed espressione e dal concetto dell'arte come "espressione" per dedurre che arte e lingua (intesa nel senso generale di ogni forma d'espressione) fanno una cosa sola, e che la lingua non esiste in concreto come realtà data e retta da leggi fisse, ma soltanto come sempre nuova creazione soggettiva. Le idee del Croce ebbero un influsso notevole su linguisti e filologi, in Italia e all'estero, per tutta la prima metà del Novecento. I successivi studi filologici e di storia della lingua ne furono influenzati, anche in relazione alla cosiddetta questione della lingua (come vedremo nei capitoli seguenti) e ad alcuni problemi di carattere non storico, ma pratico e normativo, come quelli riguardanti la struttura dei vocabolari e delle grammatiche.

Se è vero che ogni individuo si crea continuamente, parlando o scrivendo, il suo linguaggio, come individuale, concreta espressione del suo modo di sentire e di intuire, appare assurdo il concetto di una lingua modello, alla quale tutti si debbano riferire e adeguare. Di una lingua in perenne svolgimento, in connessione con lo svolgimento del pensiero, non è possibile determinare delle norme grammaticali che abbiano validità assoluta, al disopra della realtà storica, concreta del linguaggio effettivamente parlato o scritto, ma solo registrare una realtà passata. Già il Manzoni aveva affermato che le parole non hanno valore in se stesse, ma come segni delle cose, e che non c'è nessuna norma estrinseca per giudicare della loro bontà; l'arbitro e il giudice supremo delle lingue è l'*Uso*, e non esiste una lingua "corretta" in astratto, ma soltanto una lingua "viva", che, in quanto tale, è anche "corretta". Il Settecento razionalista aveva coltivato la tenace illusione della possibilità di determinare logicamente le leggi grammaticali, partendo dal presupposto che logica e grammatica si identifichino (si parlava di una grammatica universale come riflesso delle leggi logiche, giacenti al fondo di tutte le grammatiche delle lingue particolari); ma l'ulteriore riflessione, insieme con un più sagace esame di come le grammatiche storicamente si formano, dissolse questa illusione.

Secondo una distinzione tradizionale le grammatiche si dividono in *storiche* e *normative*. Le prime registrano obiettivamente la lingua del passato, senza discriminazione fra lingua *corretta* e lingua *scorretta;* le seconde invece propongono delle norme, fissano non la lingua che si è *parlato*, ma quella che si *deve parlare*. Ma è facile accorgersi che anche le grammatiche normative non fanno altro che erigere in norme le abitudini linguistiche di un determinato momento storico. Esse presentano come corrette certe forme che in realtà sono quelle vive e comuni oggi e che forse un tempo furono giudicate errate, e che non è detto non possano tornare a esserlo nel futuro. Lo stesso ragionamento si può fare per il caso inverso delle forme riprovate: forme lessicali e sintattiche vive, e sentite come corrette, per esempio, all'epoca del Boccaccio o nel Cinquecento, sono oggi condannate, mentre oggi sentiamo come giuste altre forme che un tempo sarebbero apparse scorrette. Una quantità di vocaboli o di giri di frase che sulla fine del Settecento erano ancora sentiti da molti come di natura esotica e perciò da respingere, si sono ora perfettamente connaturati alla nostra lingua e nessuno ne avverte più l'origine.

Anche le grammatiche normative, dunque, malgrado l'apparenza, sono grammatiche storiche. Che non sia possibile costruirle secondo leggi obiettive è dimostrato dal fatto che permangono sempre dei punti di disaccordo fra le varie grammatiche anche di uno stesso periodo e che in determinate proposte e suggerimenti o norme interviene chiaramente il gusto personale del compilatore. Infatti è impossibile imprigionare in schemi rigidi quella realtà perennemente fluida che è il linguaggio. Osservazioni analoghe si possono fare a proposito dei vocabolari, i quali si distinguono praticamente in vocabolari storici e vocabolari dell'uso vivo. Ma la distinzione ha sempre qualche cosa di molto empirico e provvisorio. Infatti le parole considerate "morte" possono sempre rivivere, specialmente nella lingua letteraria e poetica, e nessun vocabolario dell'uso vivo può pretendere di contenere tutto il materiale linguistico che potrà acquistare "vita" espressiva. Nei vocabolari moderni, perciò, si va diffondendo piuttosto la distinzione dei vocaboli a seconda dei diversi ambienti in cui vengono usati in prevalenza, distinzione giustificata dal fatto che effettivamente si possono differenziare, entro certi limiti, una lingua comune parlata e una lingua comune scritta, una lingua letteraria, particolari lingue tecniche, ognuna con proprie abitudini e caratteristiche. Così il vocabolario di CAPPUCCINI-MIGLIORINI appone spesso ai vocaboli indicazioni come *burocratico*, *amministrativo*, *giudiziario*, *letterario* ecc. Naturalmente anche queste indicazioni, come altre del tipo: *termine dialettale*, *fiorentino*, *forestiero* ecc., hanno sempre un valore relativo.

L'aspetto più o meno rigido o oscillante di vocabolari e grammatiche dipende pure dalla storia della lingua a cui si riferiscono. Infatti, se l'uso linguistico si presenta con caratteri di relativa stabilità e uniformità, con un centro di riferimento concordemente riconosciuto, come accade per esempio in Francia, la grammatica può assumere un tono più risoluto e imperativo, una fisionomia più precisa e sicura. Assai diverso è il caso dell'Italia, dove non esiste un'autorità appositamente delegata a emanare norme legali (per esempio sull'ortografia o sull'introduzione di un nuovo segno di interpunzione) in campo linguistico.

Ci si può chiedere infine, dal momento che grammatiche e vocabolari non possono prescrivere norme di carattere assoluto, in che cosa propriamente consista la loro funzione. Essi hanno una utilità pratica, in quanto tengono presenti alla coscienza del parlante e dello scrivente l'esistenza e quindi le esigenze della tradizione e della società nel cui seno egli storicamente parla o scrive. È vero che ogni espressione è una novità, ma non nel senso di creazione dal nulla, in una specie di vuoto storico. La nuova espressione, per essere compresa e accettata, deve accordarsi con la tradizione e con la coscienza linguistica comune. Grammatiche e vocabolari orientano intorno al modo di quest'accordo, il quale però non è per questo fisso e predeterminato e si realizza ogni volta per un atto spontaneo di misura e di armonia, che fa evitare l'arbitrio senza intaccare la sincerità e la personalità dell'espressione. Come scrive uno dei nostri maggiori linguisti, GIACOMO DEVOTO, «il dizionario non è mai un testo che detta legge. È un punto di riferimento, un centro di smistamento». Così lo scrittore saprà anche trasgredire la norma, ma in modo che la sua violazione non risulterà arbitraria e disarmonica, anzi diventerà essa stessa nuova norma e orientamento per le espressioni future.

Su queste conclusioni, in linea di massima, concordano alcuni dei più noti linguisti italiani moderni, come il Devoto, appunto, Bruno Migliorini ed Enrico Nencioni, i quali intendono la lingua come un "istituto", analogo a quello giuridico. Essi, in particolare il Migliorini, concepiscono la "norma linguistica" come «una norma sociale analoga alle regole di buona educazione», con un aspetto soltanto pratico e pedagogico. Così egli ritiene che sia necessario soddisfare alle esigenze della circolazione linguistica europea, che propone sempre nuovi vocaboli per la designazione di nuovi oggetti, nuove idee ecc., senza per questo venir meno alle necessità strutturali della lingua italiana.

Il paragone della lingua con l'"istituto" giuridico fu fatto dal Croce stesso il quale, nella fase più matura del suo pensiero, distinse la *lingua-espressione*, che è creazione individuale (poesia) e va studiata con criteri estetici, dalla *lingua-strumento* di comunicazione, fatto sociale, che è l'oggetto proprio dello studio dei linguisti (cfr. il saggio *La filosofia del linguaggio e le sue condizioni presenti*, 1941).

Distinzione analoga (non identica) è quella fra *langue* e *parole* proposta dal linguista svizzero Ferdinand De Saussure: la *langue* è l'aspetto sociale del linguaggio, la *parole* l'aspetto individuale. Oggetto della linguistica è la *langue* e questa costituisce un *sistema di segni* arbitrari solidali fra loro. Compito del linguista è descrivere scientificamente come *funziona* il sistema ai fini della comunicazione. La descrizione scientifica della lingua come strumento di comunicazione implica la separazione sul piano metodologico fra descrizione del funzionamento attuale della lingua (studio *sincronico* di uno stadio linguistico) e descrizione della sua evoluzione storica (studio *diacronico* di stadi linguistici successivi).

Alle idee del De Saussure si ispira l'indirizzo linguistico dello *strutturalismo* (sviluppatosi all'incirca dopo il 1930), il cui fondamento è appunto la concezione della lingua come *sistema*, nel quale tutte le parti sono reciprocamente funzionali, e dove un mutamento in un punto determina un cambiamento in tutto l'insieme del sistema.[1] Conseguentemente la *ratio* di una lingua risiede nella sua stessa organizzazione interna; la sua "necessità" coincide con il sistema e non è rintracciabile, invece, nel *referente*, cioè nel senso, ovvero nei concetti riferiti dai singoli segni, perché il rapporto segno/senso è puramente convenzionale. Fra *significante*, consistente nell'immagine grafico/acustica del segno linguistico, e *significato* (il concetto) esiste un rapporto in sé arbitrario, in quanto condizionato dalle relazioni con gli altri segni del sistema, a sua volta finalizzato alla più efficiente trasmissione dei messaggi. La lingua, organizzazione finalizzata al comunicare e in continuo adattamento alle nuove esigenze, si presenta quindi come un'istituzione della società, un *codice* funzionale alle sue esigenze comunicative.

La concezione strutturalistica della lingua ha portato a modificare le nozioni tradizionali di *parola*, *frase*, *parte del discorso* ecc. Pure in Italia se ne è avvertito

---

[1] De Saussure per definire la natura della lingua usa il termine *sistema*. I suoi seguaci vi hanno associato quello di *struttura* (inizialmente nell'espressione «struttura di un sistema»), da cui si è ricavato l'estratto che ha finito per prevalere come designazione della nuova concezione del linguaggio.

l'influsso, non solo in opere di carattere scientifico, ma anche in grammatiche a uso scolastico. Successivamente nuove maniere di considerare i problemi grammaticali sono state introdotte dalla *grammatica trasformazionale*, fondata dall'americano NOAM CHOMSKY, secondo la quale i diversi tipi di frase sono spiegabili come generati da alcuni schemi primitivi attraverso determinate regole di trasformazione: una *competenza*, cioè un'innata facoltà di linguaggio, sarebbe preesistente all'effettivo uso linguistico (*performance*, ovvero *esecuzione*). Poiché tuttavia il linguista non può basarsi direttamente sull'astratta *competenza*, ma soltanto sulla *performance*, egli dovrà partire da questa per ricavare una teoria generale del linguaggio: tale *grammatica generativa*, coinvolgente sia l'innata *competenza*, sia l'attualizzazione teorica di questa compiuta dal linguista, tende a ricavare le *regole di trasformazione* che sovrintendono alla modifica delle strutture profonde in quelle superficiali che organizzano qualsiasi testo. La *grammatica trasformazionale*, rinnovando posizioni del pensiero illuministico, tende a identificare leggi razionali di formazione del linguaggio. Non distanti sono le posizioni di TZVETAN TODOROV che, verificando inizialmente l'uso della linguistica per analizzare testi letterari ed esclusa la validità di tale operazione, approda a proporre una *scienza della letteratura* avente come oggetto non le opere, ma un modello (*Ur-testo*) capace di spiegare qualsiasi testo.

Allo studio della lingua letteraria si è dedicato anche il russo JURIJ MICHAJLOVIČ LOTMAN, che la definisce lingua di secondo grado in quanto usa materialmente la lingua naturale, storicamente e geograficamente determinata, e il relativo contesto culturale, ma li struttura in modo diverso, così che anche le informazioni trasmesse appaiono diverse da quelle che pervengono tramite l'usuale canale linguistico: «la letteratura ha una sua lingua, che coincide con la lingua naturale, ma è costruita sopra di essa, [...] ha un suo sistema di segni e di regole per il collegamento di tali segni, sistema a lei proprio, che le serve per trasmettere delle comunicazioni particolari, non trasmissibili con altri mezzi».

Allo sviluppo degli studi linguistici ha contribuito in modo sorprendente anche l'applicazione dell'informatica all'esame dei testi: alcune operazioni, come l'*informatizzazione del testo*, cioè la trascrizione dello stesso con la definizione delle principali caratteristiche di ogni parola, hanno costretto spesso grammatici e filologi a rimeditare sulle proprie categorie e a verificarne la fondatezza e la coerenza. I vari censimenti e i confronti resi possibili dalla preliminare informatizzazione del maggior numero possibile di testi consentono inoltre una registrazione dei fenomeni linguistici sempre più completa e precisa.

Repertorio bibliografico

a) Linguistica

Due opere introduttive ai problemi generali della linguistica contemporanea sono A. AKMAJIAN-R.A. DEMERS-R.M. HARNISH, *Linguistica. Introduzione al linguaggio e alla comunicazione*, trad. it. di M. Cennamo e G. Mazzon, Bologna, Il Mulino, 1992 (1ª ed. 1982); R. SAMPSON, *Scuole di linguistica*, ed. it. a cura di A. Ancillotti, Milano, Mondadori, 1981. Due repertori più vasti sono O. DUCROT-T. TODOROV, *Dizionario enciclopedico delle scienze del linguaggio*, a cura di G. Caravaggi, Milano, Isedi, 1972; J. DUBOIS et alii, *Dizionario di linguistica*, trad. it. di U. Floris, C. Gilbert e C. Lecis, a cura di I. Loi Corvetto e L. Rosiello, Bologna, Zanichelli, 1979. Sintetico e chiaro è il manuale di M.L. ALTIERI BIAGI, *Linguistica essenziale*, Milano, Garzanti, 1985; raccomandabile anche M. DARDANO, *Manualetto di linguistica italiana*, Bologna, Zanichelli, 1991.

Altri studi di carattere generale: B. MIGLIORINI, *Linguistica*, Firenze, Le Monnier, 1966⁴; W. VON WARTBURG, *Problèmes et méthodes de la linguistique*, Paris, Presses Universitaires de France, 1963 (successivamente tradotto e ampliato: W. VON WARTBURG-S. ULLMANN, *Problemi e metodi della linguistica*, trad. it. di E. Arcaini, Bologna, Il Mulino, 1970); B. TERRACINI, *Guida allo studio della linguistica storica*, 1 vol., Roma, Edizioni dell'Ateneo, 1949; G. DEVOTO, *I fondamenti della storia linguistica*, Firenze, Sansoni, 1951; C. SCHICK, *Il linguaggio*, Torino, Einaudi, 1972 (1ª ed. 1960); B. SNELL, *La struttura del linguaggio*, Bologna, Il Mulino, 1966; L. PEIRONE, *Che cos'è la linguistica?*, Savona, Sabatelli, 1972; C. SEGRE, *Intorno alla linguistica*, Milano, Feltrinelli, 1983; G. NENCIONI, *Di scritto e parlato. Discorsi linguistici*, Bologna, Zanichelli, 1983 (dello stesso autore si veda anche *Idealismo e realismo nella scienza del linguaggio*, Firenze, La Nuova Italia, 1989 [1ª ed. 1946]).

Sulle moderne teorie della linguistica strutturale, un punto di partenza fondamentale è F. DE SAUSSURE, *Cours de linguistique général*, Lausanne-Paris, 1916 (trad. it.: *Corso di linguistica generale*, a cura di T. De Mauro, Bari, Laterza, 1979⁶). Ad esso si possono affiancare CH. BALLY, *Linguistique général et linguistique française*, Bern, 1950 (trad. it.: *Linguistica generale e linguistica francese*, Milano, Il Saggiatore, 1971 [1ª ed. 1963]); L. HJELMSLEV, *I fondamenti della teoria del linguaggio*, trad. it. di G. Lepschy, Einaudi, Torino, 1972 (1ª ed. 1968); R. JAKOBSON, *Saggi di linguistica generale*, trad. it. di L. Heilmann e L. Grassi, a cura di L. Heilmann, Milano, Feltrinelli, 1989³ (fondamentale). Un utile panorama generale in AA.VV., *La linguistica: aspetti e problemi*, a cura di R. Heilmann e E. Rognoni, Bologna, Il Mulino, 1975. Si vedano inoltre E. BENVENISTE, *Problemi di linguistica generale*, trad. it. di L. Aspesi, Milano, Il Saggiatore, 1980 (1ª ed. 1971); G. MOUNIN, *Guida alla linguistica*, trad. it. di L. Pero e M. Spada, Milano, Feltrinelli, 1987 (1ª ed. 1971); R.H. ROBINS, *Manuale di linguistica generale*, trad. it. di S. Speranza, Bari, Laterza, 1973²; U. RAPALLO, *Problemi di linguistica generale*, Genova, Il Basilisco, 1984. Sui problemi della ricezione linguistica: AA.VV., *Dalla parte del ricevente: percezione, comprensione, interpretazione*, Atti del XIX Congresso Internazionale, Società di Linguistica, Roma, 8-10 nov. 1985, a cura di T. De Mauro, S. Gensini e M.E.Piemontese, Roma, Bulzoni, 1988. Sulla linguistica testuale: T.A. VAN DIJK, *Testo e contesto. Semantica e pragmatica del discorso*, trad. it. di G. Collura, Bologna, Il Mulino, 1985 (1ª ed. 1980); M. VERLATO, *Avviamento alla linguistica del testo*, Padova, Unipress, 1983; *Linguistica testuale*, a cura di L. Coveri, Roma, Bulzoni, 1984; W. ROBERT-D. DE BEAUGRANDE, *Introduzione alla linguistica testuale*, Bologna, Il Mulino, 1984; R. QUIRK, *Words at Work. Lectures on Textual Structure*, London, Longman, 1986; M.E. CONTE, *Condizioni di coerenza. Ricerche di linguistica testuale*, Firenze, La Nuova Italia, 1988.

Di interesse didattico: *Lavorare sulla lingua*, a cura di C. Bazzanella, Milano, Bruno Mondadori, 1982; E. LUGARINI, *Insegnare la lingua: parlare e scrivere*, Milano, Bruno Mondadori, 1982; M. SERAFINI, *Come si fa un tema in classe*, Milano, Bompiani, 1985; AA.VV., *Prospettive didattiche della linguistica del testo*, Firenze, La Nuova Italia, 1986; *Le parole nella testa. Guida a un'educazione linguistica cognitivista*, a cura di I. Poggi, Bologna, Il Mulino, 1987.

Per la storia della linguistica: C. TAGLIAVINI, *Panorama di storia della linguistica*, Bologna, Pàtron, 1973 (1ª ed. 1963); G. MOUNIN, *Storia della linguistica dalle origini al XX secolo*, trad. it. di M. Maglione, Milano, Feltrinelli, 1989 (1ª ed. 1968); M. LEROY, *Profilo storico della linguistica moderna*, trad. it. di A.D. Morpurgo, Bari, Laterza, 1993⁶; AA.VV., *Prospettive di storia della linguistica. Lingua linguaggio comunicazione sociale*, Roma, Editori Riuniti, 1988. Un'antologia in: T. BOLELLI, *Linguistica generale, strutturalismo, linguistica storica*, Pisa, Nistri-Lischi, 1971. Una vasta *Bibliografia della linguistica italiana* è stata compilata da R.A. HALL jr., ed. it. in 3 voll., Firenze, Sansoni, 1958 (dà conto di tutti i contributi scientifici dal 1860 in poi). Un'edizione più maneggevole, curata dallo stesso autore, è la *Bibliografia essenziale della linguistica italiana e romanza*, ivi, 1973. Sulla moderna linguistica in Italia: C. BATTAGLIA, *Orientamenti generali della linguistica in Italia. 1930-1960*, in C. MOHRMANN-A. SOMMERFELT-I. WHATMOUGH, *Trends in European and American Linguistics. 1930-1960*, Utrecht-Antwerp, 1961; AA.VV., *Dieci anni di linguistica italiana (1965-1975)*, Roma, Bulzoni, 1977; AA.VV., *La linguistica italiana oggi*, Società di linguistica italiana, Roma, Bulzoni, 1992. Sulla linguistica crociana: S. CAVACUTTI, *La teoria linguistica di Benedetto Croce*, Milano, Marzorati, 1959; di B. CROCE si vedano i saggi dedicati al linguaggio in *Discorsi di varia filosofia*, vol. I, Bari, Laterza, 1945. Sulla sociolinguistica: G.R. CARDONA, *Introduzione alla sociolinguistica*, Torino, Loescher, 1987; G. BERRUTO, *Sociolinguistica dell'italiano contemporaneo*, Firenze, La Nuova Italia, 1987.

b) Grammatica

Sui problemi della grammatica: M. PUPPO, *Lingua e grammatica*, in *Orientamenti critici*, Genova, Fides, 1952; P. GUIRAUD, *La grammaire*, Paris, PUF, 1958.

Tra le recenti grammatiche, le più valide sono A. MARCHESE-A. SARTORI, *Grammatica moderna della lingua italiana*, Milano, Principato, 1970; *Grammatica trasformazionale italiana*, a cura di M. Medici e R. Simone, Società Linguistica Italiana, 1971; J. BRUNET, *Grammaire critique de l'italien*, Université de Paris VIII-Vincennes, 1978-1988; C. SCHWARZE, *Grammatik der Italienischen Sprache*, Tübingen, Niemeyer, 1988 (ispirato alla semantica pragmatica); L. SERIANNI, *Grammatica italiana. Italiano comune e lingua letteraria* (con la collaborazione di A. Castelvecchi), Torino, UTET, 1988; M. SENSINI, *La grammatica della lingua italiana. Guida alla conoscenza e all'uso dell'italiano scritto e parlato*, Milano, Mondadori, 1988. Scientificamente molto valida, anche se di impianto generativo, e quindi meno tradizionale nelle sue linee-guida, è la *Grande grammatica italiana di consultazione*, a cura di L. Renzi, vol. I, Bologna, Il Mulino, 1989; vol. II, ivi, 1991. Più accessibile è M. DARDANO-P. TRIFONE, *La lingua italiana*, Bologna, Zanichelli, 1985. Tra le molte grammatiche di uso scolastico, particolare menzione merita il libro di M. CORTI-M. CAFFI, *Per filo e per segno*, Milano, Bompiani, 1989.

Per lo studio della grammatica storica classica è l'opera di W. MEYER-LUEBKE, *Grammatica storica della lingua italiana e dei dialetti toscani*, trad. it. di M. Bartoli e G. Braun, Torino, Chiantore, 1948 (1ª ed. 1901). Eccellente è G. ROHLFS, *Grammatica storica della lingua italiana e dei suoi dialetti*, 3 voll., trad. it. di S. Persichino, T. Franceschi e M. Caciagli Fancelli, Torino, Einaudi, 1966-1970; molto affidabile anche P. TEKAVČIĆ, *Grammatica storica italiana*, 3 voll., Bologna, Il Mulino, 1980². Altre opere: L. PEIRONE, *Lineamenti di fonologia e grammatica storica dell'italiano*, Savona, Sabatelli, 1977; A. CASTELLANI, *Ricerche di grammatica storica italiana*, in *Saggi di linguistica e filologia italiana e romanza (1946-1976)*, vol. I, Roma, Salerno, 1980; M. FOGARASI, *Grammatica italiana del Novecento*, Bulzoni, Roma, 1983². Sulla storia della grammatica: C. TRABALZA, *Storia della grammatica italiana*, Bologna, Forni, 1963 (rist. anast. dell'editore Hoepli, 1908). Sulla fonetica e la pronuncia: Z. MULJAČIĆ, *Fonologia generale e fonologia della lingua italiana*, Bologna, Il Mulino, 1969; L. CANEPARI, *Manuale di pronuncia italiana*, Bologna, Zanichelli, 1992. Molto utile anche B. MIGLIORINI *et alii*, *Dizionario d'ortografia e di pronunzia*, Torino, Nuova ERI, 1982 (1ª ed. 1969).

Per un sistematico aggiornamento si consulti «Studi di grammatica italiana», rivista annuale dell'Accademia della Crusca.

c) Lessicografia e vocabolari

Sulla funzione e la struttura dei vocabolari: G. DEVOTO, *Dizionari di ieri e di domani*, Firenze, Sansoni, 1946; B. MIGLIORINI, *Che cos'è un vocabolario?*, Firenze, Le Monnier, 1968⁴; G. MASSARIELLO MERZAGORA, *La lessicografia*, Bologna, Zanichelli, 1983. Sui problemi e le prospettive di ricerca cfr. AA.VV., «Italiano e oltre», 2, 1986, Firenze, La Nuova Italia, 1986 e AA.VV., *Lessicografia. Filologia e critica*, Atti del Convegno di Catania-Siracusa, apr. 1985, a cura di G. Savoca, Firenze, Olschki, 1986.

L'Italia non dispone ancora di un grande vocabolario storico della propria lingua, rigorosamente completo e affidabile: il prestigioso *Vocabolario dell'Accademia della Crusca* si è interrotto nel 1923 con l'XI vol. alla lettera O; si ricorre perciò a N. TOMMASEO-B. BELLINI, *Dizionario della lingua italiana*, Torino, Pomba, 1861-1874 (riedito in 20 maneggevoli voll. da Rizzoli, Milano, 1977); su quest'opera si veda: C. DI BIASE, *Il dizionario dei sinonimi di Niccolò Tommaseo*, Napoli, Federico & Ardia, 1990. La UTET di Torino ha avviato la realizzazione di un *Grande dizionario della Lingua Italiana*, dir. da S. Battaglia e ora da G. Bárberi Squarotti, del quale sono usciti, a partire dal 1961, 17 voll. (l'ultimo, *ROBB-SCH*, nel 1994). Notevole è anche il *Lessico Universale Italiano*, Roma, Istituto dell'Enciclopedia Italiana, 1968, dir. da B. Migliorini e A. Duro; lo stesso A. Duro dirige il monumentale *Vocabolario della lingua italiana*, per il medesimo Istituto, in via di completamento (voll. I-II, *A-L*, 1986 sgg.). Un ampio tesoro linguistico, rappresentato cartograficamente, è il monumentale K. JABERG-J. JUD, *Atlante italo-svizzero* (AIS), Zofingen, 1928-1940 (rist. anast. Nendeln, Kraus, 1972-1974). Un'edizione ridotta in italiano, 2 voll., a cura di G. Sanga, trad. di S. Baggio, è stata pubblicata da Unicopli (Milano, 1987).

Tra i migliori dizionari moderni per l'uso corrente si segnalano N. ZINGARELLI, *Vocabolario della lingua italiana*, Milano, Bietti e Reggiani, 1917 sgg., poi radicalmente rifatto fino all'11ª ed. del 1983; F. PALAZZI, *Nuovissimo dizionario della lingua italiana*, Milano, Ceschina, 1939 (rist. a cura di G. Folena, Loescher, Torino, 1987); M. DARDANO, *Nuovissimo dizionario della lingua italiana*, Roma, Curcio, 1986²; *Il grande dizionario Garzanti della lingua italiana*, Milano, Garzanti, 1987; E. DE FELICE - A. DURO, *Vocabolario italiano*, Torino, SEI / G.B. Palumbo Editore, 1993. Raggruppa le voci per famiglie etimologiche il *Dizionario italiano ragionato* (DIR), Firenze, D'Anna, 1988.

Sui sinonimi: G. PITTANO, *Sinonimi e contrari*, Bologna, Zanichelli, 1987; G. CESANA, *Nuovissimo dizionario ragionato dei sinonimi e dei contrari*, Milano, De Vecchi, 1988. Sulle etimologie: C. BATTISTI - G. ALESSIO, *Dizionario etimologico italiano* (DEI), 5 voll., Firenze, Giunti Barbèra, 1950-1957; M. PFISTER, *Lessico etimologico italiano* (LEI), Wiesbaden, Reichert, dal 1979 (ed. it. Editoriale Umbra, Foligno); M. CORTELAZZO - P. ZOLLI, *Dizionario etimologico della lingua italiana* (DELI), 5 voll., Bologna, Zanichelli, 1979-1988. Utile anche S. VASSALLI, *Il neoitaliano. Le parole degli anni Ottanta*, Bologna, Zanichelli, 1989 (307 nuove parole raccolte e commentate).

Sugli spogli elettronici: AA.VV., *Lessicografia, filologia e critica*, Firenze, Olschki, 1986; AA.VV., *Problemi e prospettive delle imprese lessicografiche per un coordinamento programmatico e tecnologico*, Firenze, CNR-Centro di studi «Opera del Vocabolario Italiano», 1987; R. BUSA, *Fondamenti d'informatica linguistica*, Milano, Vita e Pensiero, 1987.

Un ottimo strumento sono le **Concordanze** dei testi, corredate di Liste di frequenza e indici: l'editore Olschki di Firenze ha fondato la collana «Strumenti di lessicografia letteraria italiana», dir. da G. Savoca, M. Guglielminetti e M. Petrucciani e dedicata alle concordanze della lingua poetica italiana dell'Ottocento-Novecento. Sono finora usciti 10 voll. (su D'Annunzio, 3 voll.; e poi su Gozzano, Montale, Corazzini, Cardarelli, Sbarbaro, Ungaretti, Palazzeschi), con la collaborazione dell'Istituto di Letteratura italiana dell'Università di Catania.

2 Storia della lingua italiana

2.1 Origine e caratteri dell'italiano

Come ogni consuetudine umana la lingua si trasforma lentamente, attraverso un processo continuo, nel quale soltanto *a posteriori*, in virtù di un'opera di astrazione e di schematizzazione, distinguiamo delle fasi nettamente delimitate. Si dice comunemente che l'italiano deriva dal latino, come il francese, lo spagnolo, il portoghese ecc., le quali si chiamano perciò lingue *neolatine*. Ma dal latino all'italiano si è giunti attraverso una lenta e complessa evoluzione senza soluzioni di continuità: perciò si può dire tanto che l'italiano è il latino di oggi quanto che il latino è l'italiano di ieri. Con l'espressione "origine dell'italiano" (che intesa in un'accezione rigorosa sarebbe assurda, quasi che a un certo momento, come per miracolo, fosse nata una lingua interamente nuova) si vuol dire semplicemente che, confrontando le varie fasi dell'evoluzione linguistica con un termine iniziale, cioè il latino classico, e un termine finale, l'italiano odierno, si è constatato che a una data epoca la struttura fondamentale della lingua appare ormai più vicina al secondo termine che al primo; che compaiono delle trasformazioni lessicali, grammaticali, sintattiche così profonde da far ragionevolmente parlare di una lingua nuova. Per l'italiano questo momento si può fissare all'incirca al sec. X, quando compaiono in documenti scritti frasi che hanno già fisionomia evidentemente italiana e si hanno testimonianze aperte della coscienza della esistenza di un'altra lingua accanto al latino (che continuava a essere la lingua ufficiale della Chiesa e della cultura). Intorno al 960 nei *placiti cassinesi*, documenti di carattere notarile, entro il corpo del testo che è in latino, compaiono delle forme di testimonianza in volgare, come: «Sao ko kelle terre per kelle fini que ki contene trenta anni le possette parte Sancti Benedicti». Contemporaneamente Gonzone, scrivendo ai monaci di Reichenau, ammette l'esistenza di una doppia lingua e degli inconvenienti che ne derivano: «licet aliquando retarder usu nostrae *vulgaris* linguae, quae latinitati vicina est»;[1] e l'autore dell'epitaffio di Gregorio V loda il pontefice perché era solito esporre la parola divina in tre diversi idiomi: «Usus francisca, *vulgari* et voce latina Instituit populos eloquio triplici».

Si dice anche comunemente che l'italiano deriva dal latino "volgare". Ciò significa che esso è il risultato dell'evoluzione di "tutto" il latino, parlato e scritto, comune e letterario, e non soltanto di quel particolare aspetto del latino che è il latino letterario (cioè il latino di Orazio, Virgilio, Cicerone ecc., quel latino che ancora oggi

---

[1] Come primo uso scritto del volgare si risalirebbe agli inizi del sec. IX, qualora si potesse determinare senza dubbi il carattere consapevolmente volgare della lingua in cui è composto l'*Indovinello veronese*.

si studia nelle scuole). Per esempio, l'italiano ha derivato certi termini non da quelli corrispondenti in uso latino letterario, ma da quelli in uso nella lingua comune, parlata, come *cavallo* da *caballus* e non da *equus*, *bocca* da *bucca* e non da *os* ecc. Del diffondersi in questa lingua di fenomeni difformi dal latino letterario e destinati a trionfare nelle lingue romanze abbiamo testimonianza da un documento del III sec. d.C., la cosiddetta *Appendix Probi*, la quale biasima e corregge talune forme, come *colonna* per *columna*, *oricla* (da cui il nostro *orecchia*) per *auris*, *veclus* e *speclum* (it. *vecchio*, *specchio*) per *vetulus* e *speculum*, *vinia* (it. *vigna*) per *vinea* ecc.

Possiamo distinguere i fenomeni principali che contrassegnano il passaggio dal latino all'italiano in fenomeni fonetici (che riguardano i mutamenti dei suoni) morfologici, lessicali e sintattici. Faremo un accenno ad alcuni dei più importanti e caratteristici.

2.1.1 *Mutamenti fonetici*

I mutamenti vocalici (in sillaba accentata) si possono rappresentare con questo specchietto:

LATINO		ITALIANO
ā ă	>	a
ī	>	i
ū	>	u
ĕ	>	e aperta (ę); ie (ię)
ŏ	>	o aperta (ǫ); uo (uǫ)
ē ĭ	>	e chiusa (ẹ)
ō ŭ	>	o chiusa (ọ)

Esempi:
- *pācem* > pace;   *cānem* > cane;
- *vīnum* > vino;   *amīcum* > amico;
- *lūnam* > luna;   *mūrum* > muro;
- *pĕctus* > pętto;   *fĕrum* > fięro;
- *cŏrpus* > cǫrpo;   *lŏcum* > luǫgo;
- *tēlam* > tẹla;   *trēs* > trẹ;
- *vĭdet* > vẹde;   *fĭrmum* > fẹrmo;
- *dolōrem* > dolọre; *nōmen* > nọme;
- *crŭcem* > crọce;   *mŭltum* > mọlto.

Per la massima parte questi mutamenti si erano già verificati (approssimativamente dal III sec. d.C.) nel latino volgare, il quale aveva sostituito alla distinzione delle vocali secondo la *quantità* (lunghe o brevi), propria del latino classico o letterario, quella secondo la *qualità* o timbro (suono chiuso o suono aperto). Il vocalismo del latino volgare è appunto la base del vocalismo delle lingue neolatine (o *romanze*).

I più notevoli mutamenti consonantici sono i seguenti:

1. caduta delle *m* e *s* finali. Es. *legionem* > legione, *regem* > re(ge), *caelum* > cielo, *curam* > cura, *pectus* > petto.

2. I gruppi *cl, gl, pl, fl* si sono trasformati rispettivamente in *ch, gh, pi, fi*. Es.: *speclum* (da *speculum*) > specchio, *glans* > ghianda, *platea* > piazza, *flamma* > fiamma. A proposito di *speclum* da *spéculum* si osservi la caduta della vocale intermedia non accentata, fenomeno molto comune.

3. I gruppi *ct, bt, pt* si sono trasformati in *tt*. Es.: *luctum* > lutto; *obtinere* > ottenere; *scriptum* > scritto; *baptizare* > battezzare.

4. La *x* è diventata *ss* e così il gruppo *ps*. Es.: *saxum* > sasso; *scripsit* > scrisse.

2.1.2 *Mutamenti morfologici*

I mutamenti morfologici principali sono:

1. Scomparsa della declinazione con conseguente introduzione dell'uso delle preposizioni a indicare le relazioni indicate prima dai casi.

2. Scomparsa del neutro, che si è conservato talvolta in nomi di significato collettivo al plurale: *ligna* > le legna, *gesta* > le gesta.

3. Creazione dell'articolo, che deriva dal pronome latino: *il* da *il* (le), *la* da *il* (la) ecc.

4. Nuova formazione del futuro e del condizionale: il futuro italiano è derivato da circonlocuzioni come *amare habeo*, da cui *amarabbo* > *ameraggio* > amerò (analoga è la formazione del condizionale).

5. Formazione del passato prossimo da una circonlocuzione di *habeo* col participio perfetto passivo (*amatum habeo* > ho amato).

Caratteristica è anche la formazione degli avverbi in *-mente* (ferocemente, fieramente ecc.), i quali derivano da espressioni come *honesta mente, prudenti mente, acri mente* ecc., in cui il sostantivo ha finito per assumere la funzione di suffisso.

2.1.3 *Mutamenti sintattici*

Il fenomeno più caratteristico, che si verifica già nel latino parlato o volgare, è la preferenza accordata alle forme più semplici, analitiche rispetto a quelle sintetiche e complesse proprie del latino letterario. In particolare la proposizione con l'accusativo e l'infinito è stata sostituita dalla dichiarativa introdotta col *che*. La dichiarativa introdotta dal *quod* o dal *quia* in luogo dell'infinitiva era già in uso nel latino della decadenza ed è molto frequente nella traduzione latina della Bibbia: «Scimus quia hic est filius noster» (Gv, 9, 20); «Iam autem, eo descendente, servi occurrerunt et nuntiaverunt dicentes quia filius eius viveret» (Gv, 4, 51). In italiano la forma infinitiva è adoperata soltanto da scrittori latineggianti o comunque di tono sostenuto, come il Boccaccio, il Guicciardini ecc. (Si danno anche casi, rari, di infinitiva introdotta da *che*). In genere l'italiano, come tutte le lingue moderne, preferisce la coordinazione alla subordinazione. Inoltre, come esse, ha di fronte al latino minor libertà rispetto all'ordine delle parole nella frase.

2.1.4 *Elementi del lessico italiano*

La grande maggioranza delle parole italiane deriva dal latino, ma bisogna distinguere due modi diversi di derivazione, che si sogliono chiamare (con terminologia in verità non troppo felice) *popolare* e *dotto*. Termini di origine *popolare* sono quelli che derivano dalla lenta evoluzione del linguaggio parlato, termini di origine *dotta* quelli introdotti in epoche diverse dagli scrittori, che li hanno ricalcati immediatamente sulla forma del latino letterario. Questi ultimi termini si distinguono dai precedenti perché non hanno subìto tutte le trasformazioni fonetiche a cui si è accennato (o in misura molto limitata). In molti casi la stessa parola latina ha dato così origine a due forme italiane diverse che hanno assunto significati diversi. Questi termini si chiamano *allòtropi*. Ecco alcuni esempi: da *iustitia* è derivato tanto *giustezza* (popolare) quanto *giustizia* (dotto); da *vitium*: *vezzo* (pop.) e *vizio* (dotto); da *causa*: *cosa* (pop.) e *causa* (dotto); da *stirps*: *sterpo* (pop.) e *stirpe* (dotto); da *macula*: *macchia* (pop.) e *macula*, *macola* (dotti); da *solidus*: *soldo* (pop.) e *solido* (dotto). Non in tutti i casi il termine popolare è nella lingua di oggi il più comune e viceversa: per noi *frale* è termine arcaico e letterario rispetto a *fragile*, mentre il primo è la derivazione popolare e il secondo è quella dotta del latino *fragĭlis*. Gli scrittori possono trarre dall'esistenza di questi allotropi degli ingegnosi effetti stilistici, di cui ecco un esempio: «assai più che fragil vetro frale» (Veronica Gambara). L'italiano ha attinto in ogni epoca dal latino e può farlo tuttora. Vi è una serie di parole latine che fin dal sec. V erano state confinate nella scuola e nei libri e non usate comunemente, ma che adesso sono ritornate in uso, come *abile*, *aderire*, *adibire*, *assurdo*, *atroce* ecc. Ve ne sono altre che hanno avuto esistenza nella lingua antica in forma popolare e che sono ricomparse nella lingua moderna con la forma più vicina al latino: *augusto*, *esalare*, *esame*, *diurno*, *bestia*, *plebe* ecc., risorte in questa forma dopo aver vissuto solo come *agosto* (Dante dice *agosto*, non *augusto*), *scialare*, *sciame*, *giorno*, *biscia*, *pieve* ecc.

Le altre lingue principali da cui l'italiano ha attinto elementi del suo lessico sono:

1. **greco**: soprattutto voci diffuse dal cristianesimo: *apostolo*, *profeta*, *diacono*, *vescovo*; o termini scientifici di nuova formazione: *piroscafo*, *velodromo*, *ippodromo*, *glottologia* (ma molti di questi termini sono penetrati nell'italiano attraverso altre lingue moderne);

2. **arabo**: in genere termini riferentisi al commercio, alla navigazione, alle scienze: *dogana*, *fondaco*, *magazzino*, *ammiraglio*, *arsenale*, *alchimia*, *algebra*, *cifra*;

3. **germanico**: termini di carattere militare: *borgo*, *guerra*, *uosa* ecc. e d'altro genere: *bargello*, *castaldo*, *panca* ecc. (sono di origine germanica i termini che presentano il nesso *gu*: *tregua*, *guardare*, *guancia*). Malgrado la durata e la quantità delle invasioni barbariche non sono però molti i termini germanici penetrati nell'italiano;

4. **francese**: le voci penetrate dal francese sono moltissime, un po' in tutte le epoche, ma specialmente in due grandi ondate, una nel periodo delle origini e l'altra nel Settecento. Si tratta in gran parte di parole connesse con la vita feudale: *feudo*, *barone*, *vassallo*, *vassallaggio*, *linguaggio*, *ostaggio*, *omaggio*, *messaggio*, *cavalleresco* ecc. e tutti i termini in *-iere*: *cavaliere*, *scudiere*, *levriere*; nonché parole come *torneo*, *giostra*, *giardino*. Altri termini sono penetrati attraverso la poesia lirica provenzale: *gioia*, *rimembranza*, *speranza*, *sollazzo*;

5. **spagnolo**: voci che si riferiscono alla navigazione: *amarrare*, *baia*, *caravella*; oppure alle consuetudini sociali: *creanza*, *complimento*, *disinvoltura*, *sussiego* (queste ultime sono entrate principalmente nell'età delle cerimonie, il Seicento). Sono di origine spagnola le parole in *-iglia* (*mantiglia*).

Negli ultimi decenni è vistosamente aumentato l'influsso delle lingue straniere, in particolare dell'*inglese*, dal quale si attinge soprattutto per i neologismi coniati per cose o concetti inventati di recente. La giustificazione più diffusa per tali operazioni è l'intraducibilità dei termini.

Anche il modo di assorbire i forestierismi è radicalmente mutato: non si tende più, come negli esempi sopra citati, a italianizzare le parole straniere, ma a lasciarle tali e quali: così dal francese *rail* = rotaia, e quindi dal verbo *dérailler* deriva l'ormai "vecchio" *deragliare*, forma italianizzata e già stigmatizzata dai puristi che proponevano un generico *sviare* o il neologismo *derotare*. Ma per la più recente importazione dall'inglese *guard-rail* (dove *guard* sta per guardia, protezione, e *rail*, pur cambiando lingua, è ancora una *sbarra* o una *rotaia*) non è avvenuta né un'italianizzazione (*guardaraglio*, tanto per mantenere l'accostamento "asinino" introdotto da *deragliare*) né la traduzione (*ringhiera*), né la sostituzione con il neologismo *guardavia* proposto da BRUNO MIGLIORINI.

Succede invece che molte parole straniere si stabilizzino in Italia con un significato diverso da quello che hanno nel paese d'origine: è noto il caso di *night* che in inglese significa notte, mentre in Italia vale per locale notturno, risultando l'abbreviazione di *night club*; ma anche gli inglesi *design*, *wafer*, *toast*, *water*, *basket* e il francese *caveau* hanno in italiano significati particolari, non esattamente corrispondenti a quelli posseduti nella lingua d'origine. Tale mutazione è interpretabile come un segno di appropriazione, quindi di inserimento del nuovo vocabolo nel contesto linguistico italiano; del resto l'assorbimento conosce varie vie e per alcuni vocaboli di recente importazione e ancora usati nella forma originaria già si conoscono derivati (per esempio: *handicappato*, *forfetario*, *stoppare*, *rulottopoli*) costruiti con le regole tipiche della lingua italiana.

2.2 Fasi principali della storia dell'italiano

Ogni lingua letteraria è sempre alle origini un dialetto, uno dei tanti parlati in un dato paese, il quale per ragioni varie, che mutano a seconda dei casi, assume la funzione di lingua comune, nazionale, di lingua della cultura di quel determinato paese. Così il *francese* è il dialetto di Parigi, il quale, per la posizione centrale e preminente assunta da Parigi nella vita politica e culturale della Francia, ha finito per prevalere su tutti gli altri dialetti francesi. Le ragioni del prevalere del castigliano sugli altri dialetti spagnoli sono di ordine analogo. Invece in Italia il toscano ha assunto la funzione di lingua letteraria principalmente per ragioni di ordine letterario: perché, cioè, in esso furono scritte assai presto delle opere di grande valore, come quelle di Dante, Petrarca e Boccaccio, che furono imitate largamente e finirono per imporre anche l'imitazione della lingua in cui erano scritte. Concorsero tuttavia anche ragioni di altro genere, come la posizione geografica centrale di Firenze, che favoriva l'accettazione del suo modello di lingua letteraria sia da parte di settentrionali sia di meridionali, e la struttura stessa del dialetto fiorentino, il quale è il meno lontano dal latino e consente quindi di assimilare più facilmente parole e costrutti latineggianti, dei quali, come sappiamo, fece uso frequente la lingua letteraria.

D'altra parte il toscano, o meglio il fiorentino, in cui furono scritte le opere dei tre grandi toscani del Trecento, era già il risultato di un processo di elaborazione e di raffinamento compiuto da scrittori non solo toscani (si pensi alle scuole poetiche *siciliana* e dello *stil novo*), sotto l'influsso anche del latino, del francese ecc. Quindi aveva già perduto molte delle caratteristiche strettamente locali e poteva più facilmente essere compreso e adottato anche da scrittori non toscani. Tuttavia fino al Cinquecento non si può dire che il toscano sia generalmente riconosciuto e adottato come lingua letteraria. Nel Quattrocento esso incontra l'opposizione umanistica, perché gli umanisti sostengono che la lingua volgare è indegna di venir adoperata nelle opere d'arte, che quindi dovranno ancora essere scritte in latino. Questa opposizione fa segnare una certa stasi al processo di assunzione del toscano come lingua d'arte. Inoltre, prima del Cinquecento, un po' tutti i dialetti tendono a farsi "illustri", ad assumere cioè le caratteristiche di lingua letteraria, e fino a metà del Cinquecento si riscontrano negli scritti tracce frequenti di dialetto. Molte caratteristiche dialettali si trovano in Matteo Maria Boiardo e la prima edizione dell'*Arcadia* di Jacopo Sannazaro ha un colorito assai napoletaneggiante, mentre l'edizione più recente è orientata invece sul modello toscano. Un avvicinamento al toscano da prime redazioni più dialettali si nota anche in parecchie opere del Cinquecento, come il *Cortegiano* di Baldassarre Castiglione e l'*Orlando furioso*.

Uno dei fattori più importanti di unificazione linguistica è stato l'invenzione della stampa, che ha fatto sentire la necessità di una grafia uniforme. Importantissima nel Cinquecento l'opera di Pietro Bembo, il quale nelle *Prose della volgar lingua* (1525) propose come modelli di lingua e di stile, per la poesia il Petrarca e per la prosa il Boccaccio. Le idee del Bembo, per quanto vigorosamente combattute da molti letterati (cfr. il cap. seguente su *La questione della lingua*), a poco a poco furono accettate dalla maggior parte degli scrittori: per esempio il Castiglione e l'Ariosto corressero in senso toscano la dizione delle loro opere principalmente per l'influsso del Bembo. La tesi del Bembo rappresenta anche un superamento del pregiudizio umanistico, in quanto egli afferma che il volgare è arrivato ormai a un livello di perfezione pari a quello del latino. Inoltre bisogna tener presente che la lingua che egli propone a modello non è il fiorentino parlato del Cinquecento: è il fiorentino riveduto, ripulito, perfezionato, non legato a particolarità locali. Si tratta di una lingua concepita in un certo senso fuori del tempo e dello spazio, tanto che un discepolo del Bembo, Sperone Speroni, potrà affermare che per scrivere in toscano è «meglio nascer lombardo che fiorentino».

L'uso del toscano si diffuse abbastanza rapidamente nella poesia, più lentamente nella prosa, secondo un indirizzo predominante legato all'ideale bembistico di un fiorentino arcaico, ma non senza notevoli divergenze e oscillazioni, nella seconda metà del Cinquecento e nel Seicento. Alle idee del Bembo si ispira in gran parte il primo grande vocabolario della nostra lingua, il *Vocabolario degli Accademici della Crusca* (1ª ed. 1612), opera della fiorentina Accademia della Crusca, fondata nel 1583.

Accanto alla tradizione che possiamo chiamare bembistica e che, avendo a suo modello il Petrarca e il Boccaccio, mira a una lingua elegante, depurata, eletta, ornata, si va formando già nel Cinquecento (si pensi al Machiavelli) e si sviluppa nel Seicento un'altra tradizione linguistica, che guarda soprattutto all'espressione chiara, precisa e concisa del pensiero. Questa tradizione "tecnica", scientifica ha il suo maggior rappresentante in Galileo Galilei, il cui ideale espressivo è racchiuso in queste parole:

«parlare oscuramente lo sa fare ognuno, ma chiaro pochissimi». L'importanza di Galileo è grande nella storia della lingua italiana, perché egli affermò e attuò l'uso del volgare nel campo della scienza, dove ancora dominava il latino. Nello stesso periodo il gusto barocco promuove la ricerca di una lingua ricca e fortemente metaforica con conseguenze notevoli sui caratteri e le possibilità del nostro lessico (un esempio significativo è già la lingua di Giordano Bruno).

Un'altra fase importante nella storia dell'italiano si ha nel Settecento, quando alla diffusione delle idee illuministiche si accompagna un largo influsso della lingua in cui queste idee erano principalmente espresse, il francese. È il momento di una vera e propria invasione di termini francesi, parecchi dei quali furono stabilmente assimilati dalla nostra lingua (sicché oggi l'origine ne è difficilmente riconoscibile), altri invece furono respinti. Si tratta di un fenomeno non materiale ed esterno, ma connesso agli svolgimenti della nostra cultura: si affermano idee nuove che chiedono nuove parole. I nostri illuministi hanno la sensazione chiara che l'Italia non è più la guida nel campo del pensiero in Europa e che, se vuol progredire, deve mettersi alla pari con la cultura europea. Deve quindi, anche nel campo della lingua, rinnovarsi, liberandosi da una troppo stretta fedeltà alla tradizione e foggiandosi uno strumento adeguato al nuovo pensiero, sul modello delle lingue in cui questo nuovo pensiero s'incarna. Per la cultura illuministica quel che contano non sono le parole, ma le "cose" e le parole vanno scelte non in rapporto a una loro astratta purezza o eleganza, ma in rapporto alla loro capacità di esprimere le cose. La manifestazione più caratteristica di questo atteggiamento è la polemica contro la sintassi boccaccesca e latineggiante, che viene assunta a paradigma dell'espressione innaturale, dell'espressione in cui le parole non sono disposte in un certo ordine per l'esigenza della chiarezza del pensiero, ma unicamente per la ricerca di uno splendore esterno, di un'armonia piacevole del periodo e della frase. Si afferma che la prosa del Boccaccio è un modello che snatura il "genio" della lingua italiana e che bisogna piuttosto prendere a modello l'ordine della frase di altre lingue romanze, l'ordine diretto del francese, che è quello naturale del pensiero. Per gli illuministi quel che vale non è l'eleganza della frase, ma la precisione e la chiarezza logica del pensiero. In conseguenza di queste idee si va formando nel Settecento un tipo di prosa semplice, chiara, analitica, che costituisce il precedente della struttura dominante nella prosa media moderna. Naturalmente tendenze simili hanno maggior difficoltà ad affermarsi in poesia, e basti pensare proprio alle inversioni e ai latinismi di un Parini e di un Alfieri.

Agli inizi dell'Ottocento si ebbe una reazione alle tendenze francesizzanti ad opera dei "puristi" (il più noto dei quali fu il padre Antonio Cesari), anche in connessione col risveglio di sentimenti nazionalistici, che fu uno degli aspetti principali del Romanticismo ottocentesco di fronte al cosmopolitismo del Settecento. I puristi volevano non soltanto liberata la nostra lingua dai francesismi, ma adottata come modello la lingua dell'*aureo* Trecento (almeno nel lessico; per la sintassi risalivano piuttosto al Cinquecento). L'opera dei puristi contribuì effettivamente a scacciare dall'italiano un certo numero di francesismi ed ebbe anche qualche efficacia sulla teoria e la pratica linguistica di scrittori come il Foscolo e il Leopardi. Ma molto più importante fu l'opera del Manzoni e dei suoi scolari. Il Manzoni dovette affrontare il problema di trovare una lingua italiana in cui scrivere opere che, dato il loro fine educativo, intendevano essere accessibili alla maggior parte dei lettori. Dopo lunghi studi e riflessioni (dell'argomento si occupò tutta la vita) venne alla conclusione che questa lingua poteva essere soltanto il fiorentino parlato (per maggiori particolari cfr. il capitolo seguente). In questo senso egli corresse la prima edizione dei *Promessi sposi* (con la famosa "risciacquatura in Arno"). La soluzione manzoniana è il risultato di bisogni e riflessioni personali, ma anche dell'esigenza romantica di una letteratura viva, aderente alla vita e adeguata ai lettori contemporanei. Una lingua adatta a una simile letteratura non esisteva ancora, perché la lingua letteraria italiana era ancora troppo lontana dalla lingua comune parlata (quella che riflette più immediatamente la vita), o meglio una lingua comune ancora non esisteva, perché la lingua di tutti i giorni era per la maggior parte degli Italiani il dialetto, e l'unica alternativa ad essa era la lingua dei libri. La ragione principale di questo stato di cose è di ordine politico: la mancata unificazione dell'Italia. Gli scritti linguistici del Manzoni, ma soprattutto l'esempio dei *Promessi sposi*, ebbero grande efficacia nel promuovere un tipo di prosa semplice e spontaneo, alieno dalla retorica, fondamentalmente modellato sul fiorentino parlato, ma non in modo esclusivo. Talune esagerazioni dei discepoli del Manzoni e del Manzoni stesso (come le *o* sistematicamente sostituite al dittongo *uo*: *core* per *cuore*, *bono* per *buono*) furono generalmente respinte; ma il tipo manzoniano è diventato quello della prosa media italiana, mentre esperienze linguistiche assai divergenti da esso, di gusto aristocratico, come la prosa del Carducci e più ancora quella del D'Annunzio, sono rimaste confinate in un ambito letterario.

Frattanto l'avvenuta unificazione politica, con la creazione di una capitale, dalla quale si diffondono in tutto il paese le voci dell'amministrazione e della burocrazia, il servizio militare, che obbliga i giovani ad adottare per un certo periodo la lingua comune, e negli ultimi decenni l'opera sempre più efficace della scuola, della televisione, del giornale, della radio, del cinema, hanno contribuito potentemente all'unificazione linguistica. Oggi una certa uniformità non soltanto lessicale, ma anche di pronunzia esiste. Naturalmente, dato che le lingue si muovono continuamente, l'uniformità totale è qualcosa di irrealizzabile. Bisogna inoltre ricordare che la lingua "comune" non coincide con la lingua "letteraria" la quale, rispetto alla prima, è sempre molto più libera e può adoperare, a seconda delle sue esigenze espressive, vocaboli in disuso o dialettali, costrutti latineggianti ecc. Per esempio sono ugualmente legittimi nell'ambito della lingua letteraria sia il linguaggio del D'Annunzio, che adopera rinnovandole parole arcaiche e foggia anche parole nuove, sia quello del Verga, così intimamente intriso di espressioni dialettali.

La lingua comune di oggi si è formata così, attraverso una complessa elaborazione storica, alla quale hanno contribuito insieme col fiorentino elementi di altri dialetti, di lingue straniere, del latino ecc.; però la sua struttura fondamentale è senza dubbio quella del fiorentino. Per convincersene occorre guardare non tanto al lessico, quanto alla fonetica e alla grammatica, dove essa presenta tratti che sono tipici del fiorentino, come le forme *calzolaio*, *gennaio* dove altri dialetti hanno *calzolaro*, *gennaro*; le forme verbali *lavoriamo*, *teniamo* invece dei tipi *lavoramo*, *tenemo*, o *amerò*, *amerei* invece dei tipi *amarò*, *amarei*. Questo "fiorentinismo", che appare ormai un fatto storico innegabile, ha però cessato di essere anche un ideale normativo. Il prestigio del toscano è definitivamente tramontato, anzi si è osservato che oggi un vocabolo che suoni spiccatamente fiorentino spesso trova proprio in questo suo carattere il limite della propria esistenza.

Uno dei fenomeni più evidenti e caratteristici dell'italiano odierno è la frequente e larga introduzione di vocaboli e modi dialettali in opere letterarie, che può giungere fino ai prodotti eccezionali di *pastiche* linguistico di scrittori come Carlo Emilio Gadda e Pier Paolo Pasolini. Anche di fronte agli esotismi si è assai attenuata la resistenza "puristica", ancora così forte nell'Ottocento. Sembra anzi che, dopo la difesa della purezza linguistica un po' rozzamente condotta dal fascismo, sia intervenuta per reazione una sorta di esterofilia che ha consentito le vistose intromissioni di parole soprattutto inglesi cui s'è accennato sopra. Tali effetti dipendono per altro dalla sempre più accentuata internazionalizzazione dell'economia e della cultura. Interi settori dello scibile sono stati fondati dal nulla in questi anni, dotandosi del relativo codice linguistico; il *computerese*, per esempio, appare come un misto di neologismi o di parole prese a prestito da ambiti diversi e spesso usate con un senso parzialmente nuovo; i comandi sono spesso espressi in inglese e molti neologismi sono l'esito di una frettolosa traduzione o italianizzazione del termine straniero originario.

Le peculiarità linguistiche non distinguono solamente le più recenti attività umane, ma anche quelle antiche: il fenomeno in assoluto non è nuovo, dato che una persona si è sempre qualificata "solo aprendo bocca", ma è più rilevante in conseguenza dell'organizzazione del lavoro per settori specialistici sempre più ristretti, comportanti espressioni tipiche non sempre necessarie per un osservatore, eppure largamente usate. Mentre qualche sintomo di inversione di tendenza nell'organizzazione sociale, che premia attualmente la flessibilità e la preparazione pluridisciplinare, lascia supporre che anche per gli *slang* professionali stia giungendo l'ora del rimescolamento, per molti di essi si è creato il termine corrispondente (*politichese, sindacalese, critichese*, e così via) e specifici studi sono stati effettuati per la tremenda *burolingua*, il linguaggio della burocrazia pubblica e privata, fornito di parole e soprattutto di costrutti propri, spesso inconfondibili.

La divulgazione culturale favorisce l'acquisizione nel linguaggio comune di parole originariamente settoriali: è il caso dei termini medici, magari storpiati, ma spesso largamente diffusi (dalla psicanalisi: *nevrotico, isterico, complesso, traumatizzare*), o quello di sostanze divenute improvvisamente famose (la *diossina* o il *cesio*). La pubblicità e i giornali, anch'essi forniti di un loro *slang*, hanno un vasto potere, variamente gestito, di favorire mutamenti linguistici.

Questi e altri fenomeni sembrano indicare che l'italiano si sta avviando a perdere, almeno entro certi limiti, quell'impronta fortemente letteraria e colta, che lo ha caratterizzato fin dalle origini.

Repertorio bibliografico

Per tutti i problemi relativi ai caratteri e alla storia dell'italiano si vedano le seguenti opere: Z. MULJAČIĆ, *Introduzione allo studio della lingua italiana*, Torino, Einaudi, 1971 (con ampia bibliografia); F. BRUNI, *L'italiano. Elementi di storia della lingua e della cultura*, Torino, UTET, 1984; curato dallo stesso Autore è il vol. miscell. *L'italiano nelle regioni. Lingua nazionale e identità regionali*, ivi, 1992 (un panorama storico in prospettiva regionale); più divulgativi: F. MONTANARI-L. PEIRONE, *Lineamenti di storia della lingua italiana*, Firenze, Le Monnier, 1975; G. DEVOTO-M.L. ALTIERI BIAGI, *La lingua italiana. Storia e problemi attuali*, Torino, ERI, 1979; A.L. LEPSCHY-G. LEPSCHY, *La lingua italiana: storia, varietà dell'uso, grammatica*, Bompiani, Milano, 1984 (1ª ed. 1981); T. POGGI SALANI, *Per lo studio dell'italiano. Avviamento storico-descrittivo*, Padova, Liviana, 1986; G.L. BECCARIA, *L'italiano*, Milano, Garzanti, 1988. D'interesse letterario oltreché linguistico sono: V. COLETTI, *Il linguaggio letterario*, Bologna, Zanichelli, 1978; G.L. BECCARIA-C. DEL POPOLO-C. MARAZZINI, *L'italiano letterario. Profilo storico*, Torino, UTET, 1989; V. COLETTI, *Storia dell'italiano letterario. Dalle origini al Novecento*, Torino, Einaudi, 1993.

Di fondamentale importanza resta, per tutti gli studi del settore, la documentatissima B. MIGLIORINI, *Storia della lingua italiana*, Firenze, Sansoni, 1991[10]; si spinge cronologicamente più avanti B. MIGLIORINI-I. BALDELLI, *Breve storia della lingua italiana*, Firenze, Sansoni, 1967[4]). Si segnala anche G. DEVOTO, *Profilo di storia linguistica italiana*, Firenze, La Nuova Italia, 1983[3]; molto limpido è il saggio di A. STUSSI, *Lingua, dialetto e letteratura*, in *Storia d'Italia*, vol. I, Torino, Einaudi, 1972. Altri studi: L. SERIANNI, *Saggi di storia linguistica italiana*, Napoli, Morano, 1989; M. CORTI, *Storia della lingua e storia dei testi*, Milano-Napoli, Ricciardi, 1989 (tra linguistica e filologia); G. NENCIONI, *Di scritto e di parlato. Discorsi linguistici*, Bologna, Zanichelli, 1983; ID., *Saggi di lingua antica e moderna*, Torino, Rosenberg & Sellier, 1989 (con alcuni profili d'insigni linguisti).

Su momenti particolari di storia della lingua italiana: E.G. PARODI, *Lingua e letteratura*, a cura di G. Folena, Venezia, Neri Pozza, 1957; C. TAGLIAVINI, *L'origine delle lingue neolatine*, Bologna, Pàtron, 1972 (1ª ed. 1959); M. DURANTE, *Dal latino all'italiano*, Bologna, Zanichelli, 1981; M. VITALE, *La lingua volgare della cancelleria visconteo-sforzesca dell'età di Ludovico il Moro*, in AA.VV., *Milano nell'età di Ludovico il Moro*, Comune di Milano, 1983; G.L. BECCARIA, *Spagnolo e spagnoli in Italia. Riflessi ispanici sulla lingua italiana del Cinque e Seicento*, Torino, Giappichelli, 1985 (1ª ed. 1968); L. SERIANNI, *Primo Ottocento*, Bologna, Il Mulino, 1989 e *Secondo Ottocento*, ivi, 1990. Sulla storiografia linguistica, si veda C. MARAZZINI, *Storia e coscienza della lingua in Italia dall'Umanesimo al Romanticismo*, Torino, Rosenberg & Sellier, 1989. Sull'italiano contemporaneo: B. MIGLIORINI, *La lingua italiana del Novecento*, intr. di

G. Ghinassi e note di M. L. Fanfani, Firenze, Le Lettere, 1990; T. DE MAURO, *Storia linguistica dell'Italia Unita*, Bari, Laterza, 1993²; M. DARDANO, *La formazione delle parole nell'italiano d'oggi. Primi materiali e proposte*, Bulzoni, Roma, 1978; G. BERRUTO, *Sociolinguistica dell'italiano contemporaneo*, Firenze, La Nuova Italia, 1987; AA.VV., *Gli italiani parlati. Sondaggio sopra la lingua di oggi*, Firenze, Accademia della Crusca, 1987; *I linguaggi settoriali in Italia*, a cura di G.L. Beccaria, Milano, Bompiani 1987 (1ª ed. 1973); V. COLETTI, *Italiano d'autore. Saggi di lingua e letteratura del Novecento*, Genova, Marietti, 1989. Si vedano anche: A. VARVARO, *La lingua e la società. Le ricerche sociolinguistiche*, Guida, Napoli, 1978 e C. CICCIA, *Lingua e costume*, Firenze, Athenaeum, 1990.

Sui rapporti tra lingua e dialetto e sulla dialettologia si vedano anzitutto gli studi di A. STUSSI, *Dialettologia, Storia della lingua, Filologia*, in «Rivista italiana di dialettologia», 11, 1987, pp. 101-124; ID., *Storia e documenti di storia della lingua e dei dialetti italiani*, Bologna, Il Mulino, 1982. E inoltre: G. CONTINI, *Dialetto e poesia in Italia*, in «L'Approdo», III, 2, 1954; *Letteratura e dialetto*, a cura di G.L. Beccaria, Bologna, Zanichelli, 1975; AA.VV., *Italiano d'oggi. Lingua nazionale e varietà regionali*, Lint, Trieste, 1977; *Il dialetto da lingua della realtà a lingua della poesia*, a cura di M. Chiesa e G. Tesio, Torino, Paravia, 1978; M. DARDANO, *Dialetti e lingue standard in Italia*, in «Il Veltro», 1-2, 1986.

3 La questione della lingua

3.1 L'opposizione fra italiano e toscano

Strettamente connessa con la storia della lingua italiana è la cosiddetta "questione della lingua". Essa consiste in una serie di problemi e di discussioni intorno all'origine e alla natura della nostra lingua e ai modi di usarla. Si tratta di una questione complessa, nella quale intervengono motivi di vario genere, non solo linguistici, ma culturali, estetici, filosofici, sociali, regionalistici ecc. I problemi fondamentali discussi sono in un primo momento quello del rapporto fra volgare e latino, cioè se nella lingua scritta si debba usare il volgare o il latino, poi quello della norma e del nome della lingua nazionale. Tre sono i momenti principali della "questione": il Cinquecento, la seconda metà del Settecento e la prima metà dell'Ottocento. In questi momenti, in relazione alle particolari condizioni storiche e culturali, assumono peculiare rilievo aspetti e sviluppi determinati della questione.

All'inizio del Cinquecento si discusse animatamente intorno ai diritti rispettivi del volgare e del latino. Già Dante nel *Convivio* aveva affermato la capacità del volgare a esprimere qualsiasi contenuto, anche scientifico, e sia il Petrarca sia il Boccaccio, pur grandi ammiratori in teoria del latino, nella loro opera di scrittori avevano usato ugualmente il latino e il volgare. Il culto del volgare ebbe invece un forte regresso nel periodo umanistico, quando molti umanisti proclamarono che la lingua volgare è indegna di venir usata nelle opere d'arte. Nel 1529 ROMOLO AMASEO pronunziò due orazioni *De linguae latinae usu retinendo*, nelle quali sostenne che il volgare non è che una corruzione del latino, che è meno utile di esso e che non può vantare la medesima diffusione. All'Amaseo replicò GIROLAMO MUZIO con i tre libri *Per la difesa della volgar lingua* (1582), mentre a difendere la superiorità del latino si facevano innanzi altri scrittori come FRANCESCO FLORIDO, CELIO CALCAGNINI, UBERTO FOGLIETTA. Tuttavia il volgare andava rapidamente affermando con i fatti la sua legittimità di lingua letteraria e trovava già un'autorevole conferma teorica nelle *Prose della volgar lingua* di PIETRO BEMBO (cfr. il capitolo precedente). Il latino rimase invece ancora la lingua comune delle scienze almeno fino a Galileo, che, come abbiamo già visto nel capitolo precedente, sentì la necessità di usare il volgare per diffondere la sua nuova visione dell'universo. Dispute intorno al latino e al volgare continuano però, per quanto assai meno aspre, anche nel Settecento. Il colpo più forte ai sostenitori del latino lo dà la nuova mentalità illuministica con le sue tendenze pratiche e divulgative.

La discussione fra sostenitori del latino e sostenitori del volgare si accentra intorno ad alcuni punti principali: l'ambito rispettivo delle due lingue, nel senso sia geografico sia sociale, il loro pregio intrinseco, l'autonomia o la dipendenza dell'italiano dal latino e la sua "regolarità". Questi due ultimi punti hanno riferimento anche ai problemi discussi nella ulteriore e più importante fase della questione, quella che non riguarda più il rapporto fra latino e volgare, ma la natura stessa del volgare concordemente riconosciuto come lingua letteraria.

Generalmente la questione in questo senso è fatta risalire al *De vulgari eloquentia* di DANTE, ma in realtà essa si pone in forma consapevole soltanto nel Cinquecento. Tuttavia l'opera di Dante va tenuta presente perché ad essa si riallacciano i controversisti del Cinquecento, sia per dedurne l'impostazione dei loro problemi, sia per addurla come autorità a conferma delle loro teorie oppure per combatterla come avversa, in genere però fraintendendone il significato. Il trattato dantesco è di difficile interpretazione, anche perché rimasto interrotto. In esso si intrecciano due ordini di problemi: linguistici e stilistici, senza una netta distinzione. Infatti Dante delinea al principio un quadro di linguistica storica e comparata, risalendo alle origini del linguaggio umano per seguirne le divisioni fino a quella delle lingue europee in tre rami, il greco, il germanico-slavo e il romanzo, il quale ultimo a sua volta si suddivide in francese, lingua d'*oc* (catalano, provenzale) e lingua del *sì* o italiano. Rispetto a questi tre linguaggi romanzi il latino è per Dante una lingua artificiale, che egli chiama la *grammatica*, dotata di stabilità e di regolarità, e determinata dal consenso di più genti. Dopo aver quindi diviso i dialetti italiani in quattordici gruppi, Dante inizia, esaminando questi dialetti uno per uno, la ricerca di quello che egli chiama il «volgare illustre», per concludere che esso non coincide con nessuno dei dialetti esaminati pur essendo contenuto un po' in tutti. In questa ricerca è chiaro che il problema non è più di carattere linguistico, ma stilistico. Infatti Dante giudica dei vari dialetti secondo criteri estetici di eleganza e di armonia e concepisce il suo volgare illustre come una lingua ideale che deve servir di norma a tutte le altre. Ciò si fa ancora più evidente nella seconda parte dell'opera, che assume la fisionomia di un trattato di arte retorica, dove Dante si occupa dei vari generi di componimenti e di argomenti e degli stili a loro convenienti, assegnando il volgare illustre unicamente ai più alti argomenti (armi, amore, moralità) e al più nobile componimento (la canzone). Una lingua adatta solo per certi argomenti e componimenti evidentemente non è una lingua, ma uno *stile*, cioè un modo particolarmente raffinato ed elegante di adoperare la lingua. Si tratta cioè di un ideale di lingua d'arte, che per Dante in concreto coincide poi con quella lingua che si era andata elaborando nella lirica d'arte del suo tempo dai Siciliani agli stilnovisti.

Invece nel Cinquecento il trattato fu in genere interpretato nel senso che Dante proponesse come lingua comune italiana una lingua risultante dal contemperamento di elementi dei vari dialetti. Appoggiandosi a un'interpretazione di questo genere appunto, GIAN GIORGIO TRISSINO, col dialogo *Il Castellano* (1529), se non proprio iniziò la polemica sulla lingua, diede l'avvio alla sua fase più accesa. Prima di lui il Bembo, come abbiamo già ricordato, nelle *Prose della volgar lingua* aveva proposto come modello di lingua italiana il fiorentino del Petrarca e del Boccaccio, mentre l'uso di una lingua "cortigiana" o comune o romana era stato difeso contro le pretese del toscano da VINCENZO DE' COLLI, detto il CALMETA, MARIO EQUICOLA, ANGELO COLOC-

CI, BALDASSARRE CASTIGLIONE. Il Trissino stesso aveva già parlato di una lingua *italiana* e di un uso *cortigiano* e *commune*, contrapposto a quello toscano, nella *Epistola de le lettere nuovamente aggiunte ne la lingua italiana* (1524), che suscitò molte proteste. Nel *Castellano* egli sostiene che la lingua si deve chiamare italiana e non toscana, e che non è vero che i più antichi scrittori abbiano adoperato il toscano; identifica il volgare illustre di Dante con la lingua italiana e ne allega come esempio la *Divina Commedia*, dove s'incontrano vocaboli e modi di dire di tutta Italia e non solo toscani, interpretando l'ideale dantesco come quello di una lingua risultante dalla mescolanza di tutti i dialetti. Idee analoghe a quelle del Trissino sostennero PIERIO VALERIANO e il MUZIO. Ad essi si opposero i Toscani, tra i quali i più importanti sono NICCOLÒ MACHIAVELLI, CLAUDIO TOLOMEI, BENEDETTO VARCHI. Tra questi sono manifeste due tendenze: quella che afferma la "fiorentinità" della lingua e quella di coloro, come il Tolomei, che si pronunziano piuttosto a favore di una tesi "toscana". È da rilevare che la maggior parte dei toscanisti non si riferiscono alla lingua arcaica, come il Bembo, ma a quella viva. Il più acuto e vivace è il Machiavelli, il quale nel *Discorso ovvero dialogo in cui si esamina se la lingua in cui scrissero Dante, il Boccaccio e il Petrarca si debba chiamare italiana o fiorentina*, si scaglia violentemente contro Dante, accusato di aver voluto infamare anche la lingua del suo paese e di aver contraddetto in pratica la sua teoria, e sostiene che la presenza di parole forestiere non cambia la natura di una lingua, perché essa le assimila a sé e quel che conta è che rimangano intatte le caratteristiche fonetiche e morfologiche (concetto questo che si trova anche in altri, come LUDOVICO MARTELLI e il Varchi). L'opera dei difensori del toscano in questa prima fase della polemica si conclude con la fondazione dell'*Accademia della Crusca* e con la pubblicazione del suo *Vocabolario*, la cui prima edizione è del 1612 e che, come abbiamo già accennato nel capitolo precedente, si ispira a un ideale di fiorentinismo arcaicizzante, assai vicino a quello del Bembo.

Senza entrare in ulteriori particolari sulle varie argomentazioni e le sfumature delle diverse tesi, riassumiamo il carattere di questa prima fase. L'opposizione è fra italiano e toscano (questo nelle sue due forme di toscano trecentesco e di toscano vivo) e i fautori del primo hanno presente un ideale stilistico più che linguistico, cioè l'ideale di una lingua letteraria, che ogni scrittore si foggia liberamente secondo il proprio gusto svincolato da ogni norma, mentre i fautori del toscano considerano piuttosto la realtà concreta di una lingua nella sua struttura totale e organica. Perciò i primi si appoggiano di preferenza a considerazioni di carattere lessicale, mentre gli altri tengono presenti le caratteristiche fonetiche e morfologiche. Fra i più acuti sostenitori di una concezione strumentale, e non retorica, della lingua è da ricordare Vincenzo Borghini.

Un episodio di grande interesse è rappresentato, nella seconda metà del Cinquecento, dalle controversie intorno alla lingua del Tasso, le quali sono il documento di una profonda crisi di gusto e di cultura: da una parte stanno i difensori del gusto rinascimentale della chiarezza luminosa e della musica armoniosa e fluente, quale si era realizzato supremamente nel *Furioso*, dall'altra i sostenitori del nuovo gusto del chiaroscuro e della musicalità più grave e spezzata e vistosa, che si era incarnato nella *Gerusalemme* e che era destinato a dominare nell'età successiva. Sul piano più specificamente linguistico, il contrasto fra la posizione degli avversari del Tasso, che criticano le sue innovazioni linguistiche sul fondamento della validità assoluta del canone del fiorentino parlato, e quella dei suoi difensori, che le giustificano appoggiandosi al criterio dell'*autorità* degli scrittori, significa, come ha osservato Mario Sansone, «crisi della lingua toscana verso la creazione della lingua "italiana", fondata per le vie della letteratura e della tradizione colta».

3.2 Il sensismo

Nel Seicento sono notevoli soprattutto certi spunti contro la Crusca e l'imitazione del Boccaccio, che costituiscono una delle tante manifestazioni della polemica dei moderni contro gli antichi, caratteristica dell'epoca, come L'*Anticrusca* (1612) di Paolo Beni e le osservazioni di Alessandro Tassoni intorno al *Vocabolario* dell'Accademia. Ma, come s'è già detto, solo nella seconda metà del Settecento la polemica ha una nuova fase interessante. Per le mutate condizioni linguistiche e culturali la discussione non verte più, o non tanto, sull'opposizione italiano-toscano quanto su quella fra italiano e lingue straniere (francese), e la sua impostazione dal carattere stilistico-retorico, prevalente nel Cinquecento, passa a un carattere filosofico. Due fattori hanno contribuito principalmente a questa mutata impostazione: il fenomeno del francesismo e la nuova mentalità filosofica (cfr. il capitolo precedente). Quest'ultima ha la sua influenza anche sulla formazione di nuove teorie intorno al linguaggio. Il sensismo, sostenendo la formazione meccanica delle lingue, la loro nascita uniforme, distruggeva il pregiudizio della superiorità di una lingua sull'altra, sul quale si fondavano molte argomentazioni dei controversisti.

Alle idee sensistiche si ispira il *Saggio sulla filosofia delle lingue* (1785) di Melchiorre Cesarotti, che riassume e sistema i vari dati della polemica linguistica del Settecento e che costituisce l'opera più organica sul linguaggio che sia stata scritta in Italia prima dell'avvento della linguistica moderna. Il ragionamento del Cesarotti poggia su due princìpi fondamentali: 1) non esistono lingue interamente "pure", perché ogni lingua è il risultato di molteplici incroci e mescolanze; 2) le lingue progrediscono col progredire dello spirito. Essi gli consentono di combattere sia i sostenitori di un "purismo" intransigente, nemico di ogni apporto di lingue straniere, anche quando questo è legittimato da effettive necessità (come la mancanza di termini per designare nuove cose e nuove idee), sia coloro che vorrebbero la lingua perpetuamente ancorata alla ripetizione delle forme di una data epoca considerate come perfette. Il suo scopo è quello di togliere la lingua al «dispotismo dell'autorità, e ai capricci della moda e dell'uso, per metterla sotto il governo legittimo della ragione e del gusto», «di far ugualmente guerra alla superstizione ed alla licenza, per sostituirci una temperata e giudiziosa libertà»: la sua conclusione ultima per ciò che riguarda la lingua scritta (che è quella che quasi esclusivamente lo interessa) è che essa deve avere «per base l'uso, per consigliere l'esempio, e per direttrice la ragione». Data l'impostazione del suo ragionamento, è naturale che egli non riconosca nessun particolare privilegio al toscano: la prima bellezza di un termine è la convenienza, perciò anche vocaboli tratti da altri dialetti hanno diritto di entrare nella lingua comune quando rispondano a quella condizione.

3.3 Dal Romanticismo ai nostri giorni

Le idee del Cesarotti, per quanto avversate dai puristi, come GIAN FRANCESCO GALEANI NAPIONE, autore di un trattato *Dell'uso e dei pregi della lingua italiana* (1791) di ispirazione nazionalistica, ebbero grande fortuna, soprattutto nella parte che combatteva l'esclusivismo dei cruscanti e difendeva la libertà dello scrittore: esse, dopo aver ispirato il MONTI nella sua polemica contro la Crusca (cfr. la *Proposta di alcune correzioni ed aggiunte al Vocabolario della Crusca*, pubblicata fra il 1817 e il 1824, dove si afferma che «nessuna autorità né viva né morta può essere la padrona di una favella, perché l'*uso* è il vero sovrano delle lingue, perché il cangiamento nazionale nell'idee e ne' costumi ne modifica il gusto e ne rinnova i colori»), furono entusiasticamente riprese dai nostri romantici del «Conciliatore». Ma proprio col Romanticismo sorgono nuove esigenze, che trovano la loro espressione principalmente nell'opera artistica e polemica di Alessandro Manzoni.

Il MANZONI considera il problema linguistico, come ogni altro problema, su un piano morale ed educativo di significato nazionale. Egli constata la distanza che ancora esiste in Italia fra lingua parlata e lingua scritta, distanza che impedisce allo scrittore italiano di compiere la sua opera di educatore del popolo, e cerca i mezzi per ovviare a tale inconveniente. Fin dal 1806 egli aveva proclamato questa esigenza, ma essa gli si farà sentire in forma particolarmente acuta durante la composizione del romanzo. Tuttavia fino al 1827, cioè fino al suo viaggio a Firenze, non ha ancora idee chiare sul modo di risolvere la difficoltà. In seguito egli si orienta decisamente verso la soluzione che propone l'uso vivo fiorentino come norma della lingua scritta. Il Manzoni vi è arrivato attraverso una serie di complesse osservazioni e riflessioni, che sono documentate dai suoi numerosi scritti sulla lingua, di cui i principali sono la lettera a Giacinto Carena *Sulla lingua italiana* (1847), la relazione al Ministro della Pubblica Istruzione *Dell'unità della lingua e dei mezzi di diffonderla* (1868), la *Lettera intorno al De vulgari eloquio di Dante Alighieri* (1868) e l'*Appendice alla Relazione intorno all'unità della lingua e ai mezzi di diffonderla* (1869).

Un'opera sistematica sul problema fu da lui vagheggiata per tutta la vita, ma mai condotta a termine. Gli scritti del Manzoni hanno un fondamento teorico e uno scopo pratico, di carattere politico-civile. Il fondamento teorico è la concezione della lingua come «una quantità di vocaboli adeguata agli usi di una società effettivamente vera», costituente un tutto organico a giudicare del quale vale un unico criterio, quello dell'uso; lo scopo pratico è quello di stabilire una norma linguistica unitaria, che consenta quell'unificazione linguistica degli Italiani che è la premessa della loro unificazione morale e sociale. Fondamento teorico ed esigenza pratica convergono a determinare la conclusione in favore del «fiorentino parlato delle persone colte», come suona l'ultima definizione manzoniana.

Le idee del Manzoni, pur fra contrasti, si affermano largamente, influenzando non solo la prosa degli scrittori (ma qui fu efficace soprattutto l'esempio del romanzo), ma la compilazione di vocabolari e grammatiche. Come abbiamo già accennato nel capitolo precedente, questa influenza (di cui una delle manifestazioni più vivaci e significative sono le *Lettere critiche* di RUGGIERO BONGHI, pubblicate nel 1855, col sottotitolo *Perché la letteratura italiana non sia popolare in Italia*) fu generalmente benefica, scacciando le abitudini retoriche e pedantesche, anche se alcuni suoi discepoli esagerarono in senso opposto, compiacendosi di vezzi popolareschi e fiorentineggianti, sì da provocare la reazione di scrittori come il Carducci, il quale affermava che alla vecchia pedanteria si era sostituita la «pedanteria in maniche di camicia». Accettata generalmente come invito a promuovere una lingua più semplice e spontanea e come riconoscimento della fondamentale fiorentinità della nostra lingua letteraria, la teoria del Manzoni fu invece criticata nelle sue affermazioni più rigide e risolute. La critica più rigorosa fu fatta dal grande glottologo GRAZIADIO ISAIA ASCOLI, nel Proemio all'*Archivio glottologico italiano* (1873). L'Ascoli riconosce il male della mancanza di unità linguistica, ma ricerca le cause che l'hanno provocato, analizzando la differenza fra le condizioni storiche dell'Italia e quelle della Francia e della Germania. Il motivo della mancata unità linguistica sta per lui «nella scarsità del moto complessivo delle menti, che è a un tempo effetto e causa del sapere concentrato nei pochi, e nelle esigenze schifiltose del delicato e instabile e irrequieto sentimento della forma», e quindi lo scopo a cui si deve tendere è di «rinnovare e allargare l'attività mentale della nazione», mentre la proposta manzoniana finisce per provocare una nuova «preoccupazione della forma».

Su un piano nuovo trasportò tutta la questione il CROCE nel saggio *Il Manzoni e la questione della lingua* (1911). Partendo dalla sua tesi della identità fra lingua e poesia, egli afferma che «il problema dell'unità della lingua è un problema insussistente, non essendovi niente di comune tra il concetto di *lingua* e il concetto di *unità*». Il rapporto è invece «tra lingua e arte, e la questione non è di unità ma di bellezza, e perciò non risolubile con norme di carattere materiale». Il Croce riconosce però che se il problema dell'unità della lingua non ha senso in sede teorica, la polemica manzoniana ha una giustificazione storica come espressione delle tendenze nazionali ed educative della nostra scuola romantica. Il medesimo principio direttivo il Croce ha usato anche nell'interpretare la controversia sulla lingua del Cinquecento, nel saggio su *Pietro Valeriano e la controversia sulla lingua*, nel quale ribadisce che non ha senso parlare di lingua-unità, o di lingua modello e afferma che i termini della controversia sulla lingua in Italia si «riducevano [...] al *de optima loquendi et scribendi ratione*», cioè non a un problema di lingua materialmente esistente, ma a un problema estetico di stile e di bellezza.

Negli stessi anni una rivolta anche linguistica veniva proposta da FILIPPO TOMMASO MARINETTI e dai suoi amici futuristi. Quanto meno in poesia occorreva distruggere la sintassi, disporre i «sostantivi a caso come nascono», abolire aggettivi, avverbi, congiunzioni e punteggiatura, usare il verbo all'infinito e collegare i sostantivi per analogia, arrivando con la rivoluzione tipografica a sopprimere la riga e a usare diversi caratteri e colori. Anche per il parlar comune le proposte di svecchiamento erano sorprendenti. Se gli esiti artistici degli scrittori futuristi non furono sempre eccelsi, la traccia lasciata dalle loro proposte innovative nella lingua letteraria appaiono notevoli, dato che ne approfittarono sia personaggi che aderirono in varia misura al movimento (Buzzi, Govoni, Lucini, Palazzeschi, Papini) sia alcuni estranei come Giuseppe Ungaretti. La rivoluzione futurista offrì anche lo spunto per l'opera di ricostruzione verbale proposta successivamente dallo stesso Ungaretti e, diversamente, da Umberto Saba. Ma ebbe frutti lontani nelle più recenti avanguardie e nel linguaggio della pubblicità e della comunicazione di massa.

Il problema dell'usare in letteratura una lingua non letteraria o antiletteraria o meno letteraria si riscontra in tutta una linea lombarda radicata nell'esperienza scapigliata che da Carlo Dossi a Carlo Emilio Gadda, passa attraverso Clemente Rebora e Gian Pietro Lucini, su una strada profondamente segnata da peculiari scelte stilistiche: «il poliglottismo, la deformazione e violenta invenzione verbale, la concretezza ed energia degli enunciati» (MENGALDO). Sul versante ligure l'urgenza del rinnovamento, della liberazione dal peso della tradizione linguistica, è proclamata da Piero Jahier e ripresa da Eugenio Montale, che sente fortemente proprio il compito di contribuire all'edificazione di una «lingua d'intesa»:

> Un primo dovere potrebb'essere dunque nello sforzo verso la semplicità e la chiarezza, a costo di sembrar poveri. In Italia non esiste, quasi, forse non esisterà mai, una letteratura civile, colta e popolare insieme [...]. Troppo lavoro rimane da compiere oggi [...], un ingrato travaglio senza luce e senza gioia: la creazione di un tono, di una lingua d'intesa che ci leghi alla folla per cui si lavora, inascoltati, che ci conceda l'uso del sottinteso e dell'allusione, e la speranza di una collaborazione. (MONTALE)

Spesso molto sensibili all'aspetto linguistico, le esperienze poetiche degli ultimi decenni hanno giocato con neologismi, parole dialettali, termini e costrutti prelevati da codici corporativi, generando non di rado testi babelici di marginale funzionalità comunicativa e dimostrando che

> liberarsi del linguaggio per mezzo del linguaggio stesso vuol dire solo produrre un linguaggio più artificioso, più convenzionale o più barocco di quello contro cui si lotta. (BARTHES)

Sono le conclusioni cui giunge una parte della narrativa contemporanea per la quale una questione della lingua esiste più nei fatti che nelle discussioni teoriche: dalla potenza evocativa ed eloquente del D'Annunzio e dalla prosa d'arte rondista del primo dopoguerra — Italo Svevo è caso a parte —, la narrativa recupera gradualmente i modi veristi sfociando in un neorealismo desideroso di "parlato" e di lingua di grado zero, fino al rischio del livellamento; poi la svolta verso l'inizio degli anni Sessanta da cui prendono il via numerose sperimentazioni (dai monologhi a ruota libera di Edoardo Sanguineti al plurilinguismo del Gadda) per approdare alla leggera linearità linguistica del pur immaginoso e favolistico Italo Calvino, teorico anch'egli dell'espressione e motivato a raggiungere «l'unica parte non cromata, non programmata dell'universo: cioè l'interiorità».

Su un versante diverso si pongono le varie esperienze di recupero del dialetto, parallele per certi aspetti al rilancio dei particolarismi anche in ambito culturale e politico. Non si tratta tuttavia di un rilancio della popolarità vernacola: il dialetto è scelto «come super-lingua, non già come sotto-lingua» (COLETTI), in quanto meno condizionato dalle convenzioni socioculturali, trasformabile in "lingua della poesia" o "lingua assoluta", come nel caso di Biagio Marin, che canta in un incantato "graesan" che non parla nessuno.

Repertorio bibliografico

La trattazione a tutt'oggi più chiara e completa è M. VITALE, *La questione della lingua*, Palermo, Palumbo, 1978 (e dello stesso Autore si veda anche *L'oro della lingua. Contributi per una storia del tradizionalismo e purismo italiano*, Milano-Napoli, Ricciardi, 1986); sintetica ma rigorosa è la voce di B.T. SOZZI, *Lingua, Questione della*, in *Dizionario critico della letteratura italiana*, dir. da V. Branca, Torino, UTET, 1974 (dello stesso Autore si veda anche *Aspetti e momenti della questione della lingua*, Padova, Liviana, 1955). Ancora utile in prospettiva storica è B. MIGLIORINI, *La questione della lingua*, in *Problemi e orientamenti*, vol. III: *Questioni e correnti di storia letteraria*, Milano, Marzorati, 1956-1961. Un'antologia, orientata soprattutto sugli ultimi due secoli, in *Letteratura e questione della lingua*, a cura di P. Zolli, Bologna, Zanichelli, 1979. Sulle controversie novecentesche si veda l'antologia *La nuova questione della lingua*, a cura di O. Parlangeli, Brescia, Paideia, 1979². Ormai invecchiati altri studi: T. LABANDE-JEANROY, *La question de la langue en Italie*, Strasbourg, Istra, 1925; F. D'OVIDIO, *Le correzioni dei «Promessi sposi» e la questione della lingua*, Napoli, Guida, 1933; B. CROCE, *Alessandro Manzoni e la questione della lingua*, in *Letteratura della nuova Italia*, vol. I, Bari, Laterza, 1973 (1ª ed. 1940) e ID., *Alessandro Manzoni, saggi e discussioni*, Bari, Laterza, 1969²; R.H. HALL, *The Italian «Questione della lingua»*, Chapel Hill, N.C., Univ. of North Carolina, 1942.

Su momenti particolari: K.O. APEL, *L'idea di lingua nella tradizione dell'Umanesimo da Dante a Vico*, Bologna, Il Mulino, 1975 (ed. or. 1963); M. TAVONI, *Latino, Grammatica, Volgare. Storia di una questione umanistica*, Padova, Antenore, 1984; C. DIONISOTTI, *Gli umanisti e il volgare fra Quattro e Cinquecento*, Firenze, Le Monnier, 1968; M. SANSONE, *Aspetti della questione della lingua in Italia nel secolo XVI*, in «La Rassegna della Letteratura italiana», 3-4, 1955; S. PARODI, *Gli Atti del primo Vocabolario*, Firenze, Sansoni, 1974 (sul primo vocabolario della Crusca); *Discussioni linguistiche del Cinquecento*, a cura di M. Pozzi, Torino, UTET, 1988; M. PUPPO, *Discussioni linguistiche del Settecento*, Torino, UTET, 1966²; *Proposizioni teoriche e indicazioni pratiche nelle discussioni linguistiche del Settecento*, a cura di L. Formigari, Bologna, Il Mulino, 1987; C. DE STEFANIS CICCONE, *La questione della lingua nei periodici letterari del primo Ottocento*, Firenze, Olschki, 1971; M. CORTI, *Il problema della lingua nel romanticismo italiano*, in *Metodi e fantasmi*, Milano, Feltrinelli, 1977 (1ª ed. 1969); F. TATEO, *Da Cesari a Leopardi*, in AA.VV., *La cultura letteraria italiana dell'Ottocento*, Bari, De Donato, 1976; L. SERIANNI, *Norma dei puristi e lingua d'uso nell'Ottocento nella testimonianza del lessicografo romano Tommaso Azzocchi*, Firenze, Accademia della Crusca, 1981; L. PEIRONE, *Polemiche sulla teoria linguistica manzoniana*, Genova, Tilgher, 1977; U. VIGNUZZI, *Discussioni e polemiche novecentesche sulla lingua italiana*, in *Letteratura italiana contemporanea*, vol. III, Roma, Lucarini, 1982.

Quanto ad alcuni protagonisti della secolare "questione", si vedano: G.I. Ascoli, *Scritti sulla questione della lingua*, a cura di C. Grassi, Torino, Einaudi, 1975; A. Manzoni-G.I. Ascoli, *Scritti sulla questione della lingua*, a cura di P. Berrettoni e E. Viveis, Torino, Loescher, 1974. E su Manzoni: Aa.Vv., *Manzoni. L'«eterno lavoro»*, Atti del Convegno di Milano, nov. 1985, Casa del Manzoni-Centro Nazionale Studi manzoniani, Milano, 1987; M. Dell'Aquila, *Manzoni e altro Ottocento*, Milano, Istituto Propaganda Libraria, 1992; G. Nencioni, *La lingua di Manzoni*, Bologna, Il Mulino, 1993. Su Leopardi: S. Gensini, *Linguistica leopardiana. Fondamenti teorici e prospettive politico-culturali*, Bologna, Il Mulino, 1984.

Parte quarta

Problemi generali di storia letteraria

1 Problemi delle origini

1.1 Il problema delle origini nella storiografia romantica

Come è difficile dire quando comincia una lingua (cfr. nella *Parte terza* il capitolo *Storia della lingua italiana*), così è difficile dire quando "comincia" una letteratura, dare un senso preciso e criticamente accettabile all'espressione «origini della letteratura italiana». Essa è collegata alla visione di una letteratura come un tutto organico, dotato di una propria distinta personalità, che nasce a un certo momento della storia e si sviluppa come forma autonoma, staccandosi dalle forme precedenti. Infatti la nozione di "origini" delle letterature è sorta in periodo romantico, connessa con la nozione di "primitivo" e con la concezione delle nazioni come organismi o personalità indipendenti. I romantici esaltavano il valore di ciò che è "primitivo" e "spontaneo" di fronte al derivato e riflesso, la "originalità" contro la tradizione, e si preoccupavano di ricercare i caratteri propri, primitivi, originali delle singole nazioni, in ogni aspetto della loro vita, quindi anche, e soprattutto, nella letteratura. Perciò essi ricercarono nel Medioevo le "origini" delle letterature moderne in connessione con le origini delle nazioni moderne: anzi videro proprio nel sorgere delle nuove lingue e letterature volgari il segno della nascita delle nuove nazioni in contrapposizione alle antiche. Essi concepirono il rapporto fra civiltà e letteratura antica e civiltà e letteratura moderna come opposizione netta, distacco reciso, e considerarono la tradizione classica come un impedimento al sorgere delle letterature volgari, attribuendo la funzione creativa della nuova civiltà a quei popoli che si erano formati liberamente al di fuori della tradizione latina, i popoli germanici, "barbari, primitivi", autoctoni (questa visione della storia è un prodotto della cultura germanica del Settecento, e fu diffusa in Europa soprattutto da Madame de Staël: cfr. più innanzi il capitolo *Preromanticismo e Romanticismo*).

In conseguenza di questa visione gli storici della letteratura credettero di identificare nella cultura del Medioevo una netta separazione fra i due ambienti, il latino e il volgare: il primo rappresentato dai dotti, eredi e conservatori della vecchia tradizione, il secondo dal popolo, creatore di una nuova civiltà e letteratura (interviene qui un altro dei miti romantici: quello del popolo come elemento spontaneo, originale, creatore ecc.). Dal popolo sorgevano le nuove grandi creazioni poetiche collettive, espressioni dell'anima nazionale: i poemi epici della Germania, della Francia, della Spagna.

Questo schema però presentava notevoli difficoltà a essere applicato all'Italia. Infatti qui l'elemento popolare creatore non poteva essere che latino (e tale lo considerò il CARDUCCI nei *Discorsi* sullo svolgimento della letteratura nazionale, come abbiamo visto nella *Parte terza* nel capitolo *La questione della lingua*). Inoltre alla letteratura italiana delle origini mancò il tipico prodotto popolare, l'epopea, mentre la prima manifestazione letteraria notevole, la poesia della scuola siciliana, non poteva essere considerata di carattere primitivo e popolare, perché era evidente in essa l'imitazione provenzale (anche se i nostri romantici del «Conciliatore» si sforzarono di trovar popolari, almeno per qualche aspetto, anche i poeti siciliani). Si tentò allora di introdurre la distinzione fra dotto e popolare all'interno della stessa tradizione latina, postulando accanto alla cultura classica dei dotti una cultura latina popolare, espressa in un latino popolare, e cercando in essa anche dei documenti di poesia epica (C. FAURIEL, *Dante et les origines de la littérature italienne*, corso di lezioni tenute alla Sorbona di Parigi negli anni 1832-1834), oppure si considerò l'origine della nostra, e delle altre letterature moderne, come manifestazione del risveglio della coscienza laica e popolare, immanentistica e naturalistica, contro quella chiesastica, trascendentalistica e ascetica.

Quest'ultima è la visione del Carducci nei già ricordati *Discorsi*, dove in questo senso viene sfruttata la famosa leggenda dell'anno "Mille": dopo i precedenti terrori per la convinzione che sarebbe finito il mondo, al sorgere del primo giorno del nuovo anno il popolo si sentì rinascere a nuova vita. Ora è innegabile che nella cultura delle origini hanno notevole influenza tendenze di carattere laico (si pensi per esempio a Federico II e alla sua influenza sull'ambiente culturale in cui si forma la poesia "siciliana", o all'importanza del *Trattato* di Andrea Cappellano per la concezione dell'amore nei nostri primi poeti), ma è stato dimostrato che non minori sono gli influssi della poesia e della cultura religiosa (su questo problema cfr. anche il capitolo seguente).

1.2 Nuova visione del problema

Il concetto fondamentale che domina l'interpretazione della cultura e della letteratura delle origini nel periodo romantico e, in parte, anche in quello positivistico, è dunque quello della separazione fra ambiente latino e ambiente volgare, dotto e popolare. Questo concetto, rifiutato anche dal DE SANCTIS nella sua *Storia*, è stato distrutto insieme dalla riflessione estetica e dalle nuove indagini filologiche. Il CROCE dissolse criticamente la concezione romantica di letteratura popolare come prodotto spontaneo, inconscio, dell'anima collettiva, affermando che ogni opera d'arte, di qualunque genere sia, risale sempre a un individuo creatore e che la differenza fra poesia popolare e poesia d'arte è unicamente di carattere psicologico: la prima «esprime moti dell'animo che non hanno dietro di sé, come precedenti immediati, grandi travagli del pensiero e della passione; ritrae sentimenti semplici in corrispondenti semplici forme», mentre l'altra «muove e sommuove in noi grandi masse di ricordi, di esperienze, di pensieri, di molteplici sentimenti e gradazioni e sfumature di sentimenti» (cfr. *Poesia popolare e poesia d'arte*, 1946, p. 5).

A parte questa nuova impostazione metodologica del problema, che non tutti gli studiosi hanno accettato, sono stati i risultati delle sempre più accurate indagini condotte sulla cultura del Medioevo, specialmente in questo secolo, a dimostrare l'inconsistenza della tesi romantica. Si è potuto accertare che fra letteratura in latino e letteratura in volgare c'è stata non opposizione, ma relazione costante e influsso dell'una sull'altra, e che anche le prime manifestazioni poetiche in volgare, considerate dai romantici come assolutamente popolari e spontanee, non erano prive di molteplici elementi di cultura. Così elementi di cultura latina, provenzale ecc. sono stati rilevati in Iacopone da Todi come in san Francesco; e delle *Chansons de geste* della Francia sono stati additati i modelli letterari nei poemi epici latini medievali (cfr. G. CHIRI, *L'epica latina medievale e la Chanson de Roland*, Genova, Emiliano degli Orfini, 1936). Altri studi sui romanzi cortesi, sulla cultura dei trovatori, sulla prosa d'arte italiana delle origini, hanno condotto al convincimento che la letteratura volgare delle origini si è svolta in stretta connessione con la letteratura latina coeva o di un prossimo passato, mentre era sempre vivo l'influsso degli scrittori latini del periodo classico, per esempio quello di Ovidio sui poeti provenzali. D'altro canto è stata anche combattuta la tesi di un contrasto netto fra cultura religiosa e cultura profana, osservando che invece è possibile additare nella musica e nella poesia religiosa le fonti immediate della musica e della poesia profana (cfr. U. SESINI, *Poesia e musica nella latinità cristiana dal III al V sec.*, Torino, SEI, 1949 e G. ERRANTE, *Marcabru e le fonti dell'antica lirica romanza*, Firenze, Sansoni, 1948). Anche la contrapposizione, sostenuta da un grande filologo del periodo positivistico, ALESSANDRO D'ANCONA, fra la *lauda*, forma poetica «ingenerata all'entusiasmo religioso che si manifestò nei bassi ordini del popolo italiano durante la seconda metà del tredicesimo secolo» e «improvvisata da popolani ignari», e l'inno ecclesiastico «scritto pensatamente da uomini dotti» (cfr. i due monumentali volumi delle sue *Origini del teatro italiano*, Torino, 1891; ora Roma, Bardi, 1971) si è rivelata alla critica più recente troppo rigida e sforzata, non rispondente alla complessità sfumata della realtà storica.

La ricerca delle fonti della lirica romanza ha condotto alcuni studiosi a verificare gli esiti del contatto della cristianità con il mondo arabo: i legami, individuati inizialmente in ambito ispanico (cfr. R. MENÉNDEZ PIDAL, *Poesía juglaresca y orígines de las literaturas románicas*, Madrid, 1957) come era forse inevitabile, sono attualmente studiati soprattutto da arabisti e appaiono di un certo rilievo anche per l'ambito italiano, in considerazione degli intensi scambi correnti fra la penisola e il mondo arabo.

Nell'ampio contesto degli studi romanzi s'inseriscono pure i noti e dibattuti interventi sulle origini dei tedeschi E. R. CURTIUS (*Europäische Literatur und lateinisches Mittelalter*, 1948) ed E. AUERBACH (*Lingua letteraria e pubblico nella tarda antichità latina e nel Medio Evo*, 1960). Una sintesi delle prospettive attuali si trova nei diversi saggi di A. RONCAGLIA sul problema delle origini esaminato anche con una prospettiva europea. Allo stesso si deve la voce *Origini* in *Dizionario critico della letteratura italiana* (1973).

1.3 Il problema del "ritardo" della letteratura italiana

Accanto ai problemi in linea di massima comuni a tutto l'ambiente letterario romanzo, per la letteratura italiana si presenta anche un problema particolare, quello del cosiddetto "ritardo" di essa rispetto alle altre letterature romanze.

Infatti, mentre negli altri paesi (Francia, Spagna, Portogallo) si hanno movimenti letterari in volgare fin dai secc. XI e XII, per l'Italia bisogna discendere al sec. XIII. Varie spiegazioni furono proposte di questo fatto. La prima è collegata all'interpretazione storica romantica, di cui abbiamo parlato in precedenza. Si afferma cioè che il ritardo è dovuto al maggior influsso della tradizione latina. Ma contro questa tesi è stato osservato che in Francia nei secc. XI e XII, quando si produce la prima grande fioritura letteraria in volgare, la cultura latina è più intensa che non in Italia. Inoltre nei paesi romanzi il latino, anche nei secc. XI e XII, è sempre sentito non come una lingua straniera, ma come qualche cosa di vivo e di familiare, come l'espressione di una gloriosa tradizione, alla quale la letteratura in volgare nella sua formazione consapevolmente si riallaccia.

Si addusse allora a spiegazione del ritardo il prevalere in Italia, in quel periodo, dello spirito pratico su quello poetico. Proposta da KARL VOSSLER, la tesi venne ripresa da ERNESTO GIACOMO PARODI nel discorso su *L'eredità romana e l'alba della nostra poesia* (1912): «larghezza e acutezza d'intelligenza pratica, grettezza d'intelligenza estetica e speculativa, ecco quei nostri antenati». Essa fu accolta anche da GIULIO BERTONI, il quale nella introduzione al suo volume *Il Duecento* (nella *Storia letteraria*, Vallardi) afferma che, nei secoli in cui fiorì presso altri popoli la lirica d'arte, l'Italia «fu [...] tutta impulso e fervore», ma «le energie italiane, agli albori della nuova civiltà, si esplicarono soprattutto in altri campi che quello dell'arte, e cioè nel campo morale e in quello della politica». L'Italia era allora «tormentata e agitata da problemi pratici; onde vi si ebbero, invece che poeti o verseggiatori eroici, poeti filosofi, poeti politici, cioè non vi furono propriamente poeti, ma versificatori, a cui la solennità degli argomenti consigliava, a torto o a ragione, di usare il latino, la lingua nobile e colta, la lingua della scuola, non il volgare». Questa ipotesi vuol essere una correzione di quella molto più radicale e deterministica di qualche studioso (come il tedesco THEODOR MOMMSEN) che addirittura considera come una costante dello spirito italiano l'attitudine pratica e antipoetica. Ma è stato notato da LUIGI RUSSO che essa poggia su una concezione umanistica e arcadica della letteratura, per la quale la poesia non potrebbe fiorire là dove è troppo vivace la vita politica, mentre «l'attività politica non esclude l'attività letteraria, e anzi dove c'è vivacità di vita politica, ivi è pure vivacità di vita letteraria; prova ne è la Toscana dei secc. XIII e XIV, la quale è la regione dove più ferve la vita comunale e dove più aspre sono le contese fra i cittadini di una stessa terra o tra comuni confinanti» (*Storia della letteratura italiana*, vol. I, Firenze, Sansoni, 1956, p. 8). Il Russo afferma che il problema del ritardo della letteratura italiana è un problema mal posto, perché la nuova civiltà romanza nasce anche in Italia già nel sec. XI come negli altri paesi; solo che gli Italiani sentivano ancora la lingua di Roma come la vera lingua italiana e perciò la manifestazione della loro fervida vita intellettuale va ricercata nella letteratura latina dell'epoca, superando il pregiudizio estetizzante, che considera letteratura solo quella strettamente poetica, e prendendo in esame le opere dei teologi, dei polemisti, dei cronisti ecc., e tenendo conto della forte tradizione retorica consegnata nelle *Artes dictaminis*, senza la quale non si spiega la nascita della prosa di Guittone d'Arezzo e più tardi del Boccaccio. Secondo il Russo cade anche l'altro problema di una letteratura italiana che sorgerebbe imitando la letteratura francese e provenzale, qualora si consideri l'afflato universalistico della cultura medievale, per cui quelle letterature non sono considerate in Italia come straniere, ma come endogene: «la lingua francese e la provenzale appaiono sempre la lingua della Romania, diversamente pronunziata nei diversi paesi»; senza dire poi che accanto alla poesia dei Siciliani, che appare di imitazione provenzale, c'è «la letteratura religiosa in Italia che è assolutamente autoctona e originalissima» (*op. cit.*, p. 11).

In quest'ultima affermazione del Russo è visibile il superamento di certe posizioni della storiografia del sec. XIX (che a sua volta le ereditava da quella illuministica), per cui i testi religiosi non venivano considerati sul medesimo piano di validità culturale di quelli profani.

Lungo una linea di decisa opposizione alla storiografia romantica e positivistica ha affrontato il problema delle origini della tradizione letteraria italiana anche ANTONIO VISCARDI. Dopo aver messo in luce l'unità della cultura medievale, dominata dalla tradizione classicistica, di cui era custode la scuola clericale, egli indica le origini letterarie romanze nell'interpretazione originale che del patrimonio ideale custodito dalla scuola clericale viene data, a cominciare dal sec. XI, nell'ambiente cavalleresco-cortese: «le letterature romanze sono prodotte da movimenti sorti nell'ambiente delle corti signorili, ad opera di uomini che nella tradizione della cultura clericale si sono formati e il patrimonio di quella cultura e delle esperienze tecnico-formali nella scuola e nella letteratura accademica pienamente possiedono e sanno vigorosamente usarne». L'epica francese e la lirica provenzale sono i due movimenti letterari con cui nascono le grandi letterature volgari romanze e «le origini *italiane* sono da riconoscere nell'esperienza linguistica e letteraria dei Siciliani che continua le esperienze dei trovatori provenzali» (*Le origini della tradizione letteraria italiana*, 1959, pp. 96 e 112).

In seguito, GIANFRANCO FOLENA (*Textus testis: caso e necessità nelle origini romanze*, in AA.VV., *Concetto, storia e immagini del Medioevo*, Firenze, Sansoni, 1973) ha osservato che le questioni relative al cosiddetto ritardo letterario italiano sono «pertinenti e risolubili solo nel quadro romanzo complessivo, nel differenziarsi di tradizioni culturali e formali omologhe spesso al di sopra dei confini linguistici» e che se, sul piano dell'invenzione e della tecnica letteraria della composizione, la Francia ha prodotto un vastissimo *corpus* di norme e tecniche poetiche, l'Italia ha invece sviluppato con anticipo in maniera autonoma la tecnica della prosa.

1.4 Aspetti della letteratura italiana del Duecento. La scuola siciliana e il problema del "toscaneggiamento"

In conseguenza delle considerazioni accennate nel paragrafo precedente, la critica moderna si è rivolta a studiare con rinnovata attenzione le manifestazioni letterarie di carattere religioso e moralistico o didascalico, che costituiscono la parte maggiore della letteratura del Duecento. L'aspetto più notevole che l'Italia presenta dal punto di vista culturale, anche rispetto ad altre nazioni come la Francia, è il forte frazionamento linguistico e letterario. Assai divergenti sono i dialetti italiani fra di loro e, in un primo momento, parecchi di essi tendono ad affermarsi come lingue letterarie in concorrenza con gli altri, mentre per un certo periodo anche lingue straniere, come il francese e il provenzale, sono utilizzate come lingue letterarie da scrittori italiani (parecchi sono i trovatori italiani che scrivono in provenzale, e ancora da Brunetto Latini il francese è considerato per la prosa la lingua più «comune e dilettevole»). Non esiste una tradizione culturale unitaria, ma accanto alla comune tradizione latina, diverse tradizioni locali. Tre sono i centri letterari più importanti: l'Umbria, dove fiorisce la lirica religiosa di san Francesco e di Iacopone da Todi e la poesia religiosa drammatica (*sacre rappresentazioni*); l'Italia settentrionale, dove si sviluppa una letteratura di intonazione didascalico-moralistica, strettamente legata a fonti latine e francesi; la Sicilia, che è la culla del primo movimento di poesia d'arte, la lirica della "Scuola siciliana". Ognuno di questi tre centri possiede una lingua letteraria costituita mediante un processo di nobilitazione del dialetto locale a contatto con influenze latine, francesi, provenzali. Di queste tre lingue il siciliano è quello destinato ad aver maggiore importanza in ordine alla formazione della futura lingua letteraria italiana. A questo proposito si presenta uno dei problemi più interessanti della nostra letteratura delle origini, quello del cosiddetto "toscaneggiamento" dei testi siciliani. Le poesie dei poeti "siciliani" furono trascritte da amanuensi quasi tutti toscani e quindi ricevettero una patina toscaneggiante. Infatti, molte volte i copisti toscani sostituirono a forme che al loro orecchio suonavano troppo siciliane le corrispondenti forme toscane. Questo procedimento è stato scoperto dai filologi (fra i quali è da ricordare specialmente GIOVANNI ALFREDO CESAREO, autore di un volume su *Le origini della poesia lirica e la poesia siciliana sotto gli Svevi*, 1894) esaminando soprattutto il comportamento di certe parole in rima. Per esempio il siciliano aveva la forma 'ogn'ura' di fronte a quella toscana 'ogn'ora'. Nella prima strofa della canzone *Meravigliosamente* di Iacopo da Lentini, secondo il testo trascritto nel cod. Vaticano 3793 (che contiene la più importante silloge della nostra lirica delle origini) 'ogn'ora' rima con 'pintura'; è evidente che qui il copista toscano ha sostituito 'ogn'ora' all'originario 'ogn'ura'. Non tutti i filologi si sono dimostrati interamente d'accordo con questa ipotesi (si veda per esempio quello che della lingua dei Siciliani dicono GIULIO BERTONI nel cap. VIII del cit. *Duecento*, e VINCENZO DE BARTHOLOMAEIS nel volume sui *Primordi della lirica d'arte in Italia*), ma oggi essa è quella prevalente.

Oltre a quello della lingua, la poesia siciliana ha offerto altri problemi di natura più propriamente critica sulla sua origine e sul suo carattere. Da una parte ci sono gli studiosi, come il Cesareo, che sostengono che essa è «un fatto spontaneo e quasi impulsivo», che è nata «per un impulso interiore della propria originalità, sia pure contaminata in seguito da influssi stranieri»; dall'altra quelli che, come il PELLEGRINI e il VISCARDI, considerano la sua origine legata strettamente all'influsso della poesia provenzale e vedono in essa una elaborata manifestazione letteraria pensabile solo in un clima di raffinata cultura. Nella prima interpretazione si può scorgere ancora un riflesso della concezione romantica delle origini spontanee e popolari delle letterature romanze, mentre nella seconda, oggi dominante, si rispecchia la visione nuova della poesia romanza come fenomeno di aristocratica cultura. Stabilita questa dipendenza della lirica siciliana da quella provenzale nei motivi e nella tecnica (cfr. A. SAKARI, *La scuola siciliana: prolungamento della poesia dei trovatori*, in *Atti del II Convegno degli italianisti in Finlandia*, Helsinki, 1983), e ammesso che essa ha quindi nel suo insieme un carattere convenzionale, la critica è ora orientata verso la identificazione delle personalità, o almeno degli accenti, che, pur nell'ambito della scuola, hanno fisionomia originale e poetica. Taluni studiosi hanno voluto ricondurre questi accenti a una ispirazione popolare, cedendo ancora una volta al preconcetto romantico che identifica "spontaneità" con "popolarità", ma altri, i più recenti e acuti, come AURELIO RONCAGLIA, mettono in guardia contro questo atteggiamento, facendo osservare che autentici temperamenti poetici possono manifestarsi pur ricamando sulla trama di motivi convenzionali.

1.5 Lo Stilnovo

Problemi in parte analoghi presenta l'altro e più importante movimento poetico delle origini, lo Stilnovo. La critica ha tentato, lavorando in molteplici direzioni, di definire i caratteri distintivi di quel gruppo di poeti che si sogliono raccogliere sotto l'insegna dell'espressione dantesca, si è sforzata di determinare in che cosa consistesse la "novità" che Dante attribuisce alla poesia sua e dei suoi compagni d'arte. Le interpretazioni possono essere raccolte schematicamente in due gruppi: quello di coloro che vedono la novità soprattutto nel contenuto elaborato da questi poeti e quello di coloro che credono che essa risieda piuttosto nell'aspetto artistico. Per certi studiosi (per esempio il VOSSLER, del quale cfr. *Die philosophischen Grundlagen zum «süssen neuen Stil»*, Heidelberg, 1904) al fondo della poesia degli stilnovisti sta una vera e propria concezione filosofica, una particolare teoria sulla natura della donna e sull'amore, ispirata alle dottrine della Scolastica. Altri, osservando che gli elementi principali di questa concezione erano già presenti nella poesia precedente dei Siciliani e dei Provenzali, riscontrano invece una novità di modi stilistici e di princìpi estetici, ora secondo una concezione ancora romanticheggiante, come FRANCESCO TORRACA che considera gloria degli stilnovisti l'esser tornati «a esprimere con la schiettezza e il calore nativo le impressioni dirette della realtà», ora richiamandosi alle dottrine retoriche del Medioevo e interpretando l'amore che «*ditta* dentro», secondo l'espressione dantesca dei noti versi del *Purgatorio* (canto XXIV, vv. 52-54), come il maestro di retorica, di raffinatezza letteraria, del quale i poeti precedenti e in particolare i guittoniani non seppero bene seguire gli insegnamenti (RUSSO). Nelle affermazioni di questi due ultimi studiosi è evidente il contrasto nell'interpretazione dei versi danteschi citati, interpretazione alla quale quella generale dello Stilnovo è sempre necessariamente collegata.

Una tesi in certo senso eclettica, risultante da una fusione delle due diverse correnti di interpretazione, è quella di NATALINO SAPEGNO (cfr. il cap. 1 del suo *Trecento* nella *Storia letteraria*, Vallardi), il quale afferma che la originalità dello Stilnovo non è né soltanto filosofica, né soltanto artistica e lo definisce come «il fissarsi di un determinato atteggiamento del gusto: il raccogliersi di alcune menti interessate ai problemi della poesia, con passione di creatori e coscienza di critici, intorno ad uno speciale contenuto poetico e a certe regole formali e retoriche, e una singolare maniera cioè di interpretare e di rappresentare le cose», mentre la novità solennemente attestata da Dante consisterebbe soprattutto «in un approfondimento e raffinamento dell'indagine psicologica».

Affine per qualche aspetto a quella del Sapegno è la posizione di FRANCESCO FLORA: «il dolce stile va [...] riportato, nella cultura, al sentimento, che i poeti ebbero di una nuova poesia: sentimento vago, non ragionato pensiero. Va considerato come un'aura letteraria alimentata da una cultura sensibilissima ed eletta, e volta a forme elaborate ed eleganti, in una ispirazione mediata che ricrea la più intima voce dell'Amore, e cioè il senso riposto che sotto le parole è celato» (cfr. il cap. v, *Dolce stil nuovo*, del vol. I della *Storia della letteratura italiana*, 1940-1942). Ma la sua più viva preoccupazione è quella di staccare dal generico ambiente della scuola, individuandole criticamente, le singole personalità dei poeti, perché, se è legittimo indagare i caratteri di una "dottrina poetica" comune, non è poi più possibile parlare di caratteri poetici comuni, «la poesia d'ogni poeta rimanendo, in quel ch'è davvero poesia, irreducibilmente ritrosa a gruppi e scuole, sicché i singoli artefici si sottraggono prodigiosamente alla formula del programma comune». Senza disconoscere certamente le personalità dei singoli poeti, MARIO MARTI sottolinea tuttavia la coscienza che gli stilnovisti ebbero della propria "novità" come gruppo rispetto ai poeti precedenti e individua i tratti comuni che rendono legittimo parlare di "scuola": «Gli stilnovisti costituiscono gruppo ed ebbero la sicura consapevolezza dei loro reciproci legami e della loro coerente caratterizzazione (*Stil nuovo*) rispetto agli altri rimatori, i quali, a loro volta, si sentirono diversi dagli stilnovisti e seppero accorgersi di quella loro unità e novità, polemizzando, direttamente e indirettamente, contro gli aspetti di quella nuova poetica, che a loro sembravano più sconcertanti» (*Storia dello Stil nuovo*, 1973).

Repertorio bibliografico

a) Origini

A. RONCAGLIA, *Problemi delle origini*, in *Problemi e orientamenti critici di lingua e letteratura italiana*, vol. III: *Questioni e correnti di storia letteraria*, Milano, Marzorati, 1956-1961 (lucida sintesi con ricca bibliografia); ID., *Le origini*, in *Storia della letteratura italiana*, dir. da E. Cecchi e N. Sapegno, vol. I, Milano, Garzanti, 1965-1969; e ancora ID., *Origini* in *Dizionario critico della letteratura italiana*, dir. da V. Branca, vol. I, Torino, UTET, 1986 (1ª ed. 1973) con essenziale bibliografia.

Lucide l'impostazione e la discussione metodologica di A. VISCARDI, *Le origini*, in *Storia letteraria Vallardi*, vol. I, Milano, Vallardi, 1939; successivamente lo stesso Autore è tornato sul problema in *Le origini della tradizione letteraria italiana*, Roma, Studium, 1959, in *Le letterature d'oc e d'oil*, Firenze, Sansoni-Accademia, 1967, e in *Ricerche e interpretazioni mediolatine e romanze*, Milano, Cisalpino, 1971.

Altri studi: A. MONTEVERDI, *Studi e saggi sulla letteratura italiana dei primi secoli*, Milano-Napoli, Ricciardi, 1954 e ID., *Cento e Duecento*, Roma, Edizioni dell'Ateneo, 1971; C. GUERRIERI CROCETTI, *Nel mondo neolatino*, Bari, Adriatica, 1969.

b) Medioevo

Sulla cultura e letteratura medievali si vedano le opere classiche di E.R. CURTIUS, *Letteratura europea e Medioevo latino*, trad. it. di A. Luzzato e M. Candela, a cura di R. Antonelli, Firenze, La Nuova Italia, 1992 (1ª ed. Berne, Franke, 1948; 2ª ed. 1954) e di E. AUERBACH, *Lingua letteraria e pubblico nella tarda antichità latina e nel Medioevo*, trad. it. di F. Codino, Milano, Feltrinelli, 1983 (1ª ed. 1960). Un recente inquadramento (sez. *Letteratura e istituzioni culturali*) in *Letteratura italiana*, dir. da A. Asor Rosa, vol. I, Torino, Einaudi 1982-1986, pp. 649-797 (con scritti di J. Le Goff, R. Antonelli e C. Bologna). E inoltre: S. BATTAGLIA, *La coscienza letteraria del Medioevo*, Napoli, Liguori, 1965; C.S. LEWIS, *L'allegoria d'amore. Saggio sulla tradizione medioevale*, trad. it. di G. Stefancich, Torino, Einaudi, 1969 (ed. or. 1936); I. BALDELLI, *Medioevo volgare da Montecassino all'Umbria*, Bari, Adriatica, 1971; il volume miscellaneo *Interpretazioni del Medioevo*, a cura di M.A. Della Torre, Bologna, Il Mulino, 1979; R. RUSSEL, *Generi poetici medioevali*, Napoli, Società Editrice Napoletana, 1982; P. CAMAROSANO, *Italia medioevale. Struttura e geografia delle fonti scritte*, Roma, La Nuova Italia Scientifica, 1991.

Sul latino del basso Medioevo si vedano la grammatica storica di V. VÄÄNÄNEN, *Introduzione al latino volgare*, trad. it. di A. Grandesso Silvestri, a cura di A. Limentani, Bologna, Pàtron 1982 e il miscellaneo *Latin vulgaire-latin tardif*, a cura di J. Herman, Tübingen, Niemeyer, 1987.

Un'utile antologia è *Poesia latina medioevale*, a cura di G. Vecchi, Modena, Guanda, 1958.

Sui provenzali: P. ZUMTHOR, *Lingua, testo, enigma*, trad. it. di M. Ugolini, C. Gazzelli e I. Molle, Genova, Il Melangolo, 1991 (1ª ed. Paris, Seuil, 1973); E. LANDONI, *La teoria letteraria dei Provenzali*, Firenze, Olschki, 1989. Sulla lingua e letteratura franco-italiana si veda il miscellaneo *Testi, cotesti e contesti del franco-italiano*, Tübingen, Niemeyer, 1988.

Sulla filologia romanza: A. MONTEVERDI, *Manuale di avviamento agli studi romanzi. Le lingue romanze*, Milano, Vallardi, 1952; E. AUERBACH, *Introduzione alla filologia romanza*, trad. it. di M. Massei, Einaudi, 1972 (1ª ed. 1963); R.M. RUGGERI, *La filologia romanza in Italia*, Milano, Marzorati, 1969.

c) Edizioni

La prima raccolta dei primi testi volgari italiani è quella allestita da E. MONACI, *Crestomazia italiana dei primi secoli*, Città di Castello, 1889-1912 (11ª ed. accresciuta a cura di F. Arese, Roma, Dante Alighieri, 1955). Raccolte meno ampie: A. MONTEVERDI, *Testi volgari italiani dei primi tempi*, Modena, Mucchi, 1965 (1ª ed. 1941); C. DIONISOTTI-C. GRAYSON, *Early Italian Texts*, Oxford, Blackwell, 1965²; A. CASTELLANI, *I più antichi testi italiani*, Bologna, Pàtron, 1980 (1ª ed. 1973); *Le origini: testi latini, provenzali e franco-italiani*, a cura di A. Viscardi, B. e T. Nardi, G. Vidossi e F. Arese, Milano-Napoli, Ricciardi, 1957.

La miglior raccolta commentata della nostra antica poesia è G. CONTINI, *Poeti del Duecento*, 2 voll., Milano-Napoli, Ricciardi, 1960; utile anche l'antologia *Letteratura italiana delle origini*, Firenze, Sansoni, 1968.

I testi dei poeti siciliani si leggono in *La Magna Curia (La scuola poetica siciliana)*, a cura di C. Guerrieri Crocetti, Milano, Bompiani, 1947; *Poeti della prima Scuola*, a cura di M. Vitale, Brescia, Paideia, 1951; *La poesia lirica del Duecento*, a cura di C. Salinari, Torino, UTET, 1968 (1ª ed 1951); *Le rime della scuola siciliana*, 2 voll., a cura di B. Panvini, Firenze, Olschki, 1962-1964 (ed. critica con *Glossario*; fondamentale). Si veda anche G. DA LENTINI, *Poesie. I*, a cura di R. Antonelli, Roma, Bulzoni, 1979.

Per le poesie degli stilnovisti, si vedano le seguenti edizioni: L. DI BENEDETTO, *Rimatori del Dolce stil novo*, Torino, UTET, 1925; M. MARTI, *Poeti del Dolce stil novo*, Firenze, Le Monnier, 1969 (con ampio commento). Importante G. CAVALCANTI, *Rime. Con le rime di Jacopo Cavalcanti*, a cura di D. De Robertis, Torino, Einaudi, 1986.

Sulla prosa duecentesca, un'ottima antologia è quella di C. SEGRE-M. MARTI, *La prosa del Duecento*, Milano-Napoli, Ricciardi, 1959. Lo stesso Segre ha egregiamente curato i *Volgarizzamenti del Due e Trecento*, Torino, UTET, 1980 (1ª ed. 1953). Recenti sono *Il romanzo di Tristano*, a cura di A. Scolari, presentazione di A. Giuliani, Genova, Costa e Nolan, 1990 e *Tristano riccardiano*, testo critico di E.G. Parodi, a cura di M.-J. Heijkant, Parma, Pratiche, 1991.

Altre edizioni di testi duecenteschi: *Rime dei memoriali bolognesi 1279-1300*, a cura di S. Orlando, Torino, Einaudi, 1981; G. VARANINI, *Laudi dugentesche*, Padova, Antenore, 1972; ANONIMI DEL SEC. XIII, *Laudario di Cortona* (riproduce il cod. 91 della Biblioteca Comunale di Cortona), a cura di C. Terni, prefaz. di G. Contini, Firenze, Regione Umbra-La Nuova Italia, 1988; AA.VV., *Fonti francescane*, Padova, Edizioni Francescane, 1986.

d) Studi

Una panoramica d'insieme si trova in A. SCHIAFFINI, *La prima elaborazione della forma poetica italiana*, in *Italiano antico e moderno*, a cura di T. De Mauro e P. Mazzantini, Milano-Napoli, Ricciardi, 1975 (post., con ricca bibliografia).

Sulla lirica siciliana, dopo i classici lavori di A. GASPARY, *La scuola poetica siciliana del sec. XIII*, rist. anast. Bologna, Forni, 1980 (1ª ed. Livorno, 1882) e di F. DE BARTHOLOMEIS, *Primordi della lirica d'arte in Italia*, Torino, SEI, 1943, la monografia migliore resta G. FOLENA, *Cultura e poesia dei Siciliani*, in *Storia della letteratura italiana*, dir. da E. Cecchi e N. Sapegno, cit., vol. I, pp. 225-289 (e dello stesso si veda la voce *Siciliani*, in *Dizionario critico della letteratura italiana*, dir. da V. Branca, cit., vol. III, con essenziale bibliografia). Valido anche F. BRUNI, *La cultura alla corte di Federico II e la lirica siciliana*, in *Storia della civiltà letteraria italiana*, dir. da G. Bárberi Squarotti, vol. I, t. 1, Torino, UTET, 1990, pp. 211-273. Utili sono W. PAGANI, *Repertorio tematico della Scuola poetica siciliana*, Bari, Adriatica, 1968 e il *Repertorio metrico della Scuola poetica siciliana* a cura di R. Antonelli, Palermo, Centro di Studi Filologici e Linguistici Siciliani, 1984.

Sullo Stilnovo la bibliografia è molto vasta; oltre alle opere di carattere enciclopedico, si vedano F. FIGURELLI, *Il dolce stil novo*, Napoli, Ricciardi, 1933; M. MARTI, *Storia dello Stilnovo*, 2 voll., Milella, Lecce, 1974; G. FAVATI, *Inchiesta sul Dolce Stil nuovo*, Firenze, Le Monnier, 1975; I. BERTELLI, *La poesia di Guido Guinizelli e la poetica del «Dolce Stil nuovo»*, Firenze Le Monnier, 1983. Utili E. SAVONA, *Repertorio tematico del Dolce Stil Nuovo*, Bari, Adriatica, 1973 e A. SOLIMENA, *Repertorio metrico dello Stilnovo*, Roma, Società Filologica Romana, 1980.

Sulla poesia duecentesca si vedano anche D. S. AVALLE, *Ai luoghi di delizia pieni. Saggio sulla lirica italiana del XIII secolo*, Milano-Napoli, Ricciardi, 1977; F. MANCINI, *La figura del cuore fra cortesia e mistica. Dai Siciliani allo Stilnuovo*, Napoli, Edizioni Scientifiche Italiane-Università di Perugia, 1988; E. LANDONI, *Il «libro» e la «sententia». Scrittura e significato nella poesia medioevale: Iacopone da Todi, Dante, Cecco Angiolieri*, Milano, Vita e Pensiero, 1990. Su un problema filologico assai dibattuto, si veda R. FASANI, *L'attribuzione del «Fiore»*, in «Studi e problemi di critica testuale», XXXIX, 1, 1989.

Sulla prosa: M. DARDANO, *Lingua e tecnica narrativa del Duecento*, Roma, Bulzoni, 1969; A. CASTELLANI, *La prosa italiana delle origini*, Bologna, Pàtron, 1982; A. TARTARO, *La prosa narrativa antica* (1984), in *Letteratura italiana*, dir. da A. Asor Rosa, cit., vol. III, t. 2: *La prosa*.

Sulla letteratura delle origini si seguano gli aggiornamenti proposti dalle riviste «Studi medievali», «Italia medioevale e umanistica», «Studi mediolatini e volgari», «Medioevo romanzo».

2 Medioevo, Umanesimo, Rinascimento

2.1 Il rapporto Medioevo-Rinascimento nella storiografia dall'Umanesimo al Positivismo

Ogni periodizzazione storica, ogni caratterizzazione di epoche della civiltà e della cultura si determina sempre entro un sistema di rapporti fra l'epoca in esame e quelle che l'hanno preceduta e seguita. Le nozioni di Medioevo, Umanesimo e Rinascimento si sono formate e continuano a vivere in un rapporto reciproco. Un mutamento di conoscenza e di prospettive sul Medioevo influisce sul concetto di Rinascimento e viceversa. Nell'impostazione tradizionale, ancora in parte corrente nella cultura non specializzata e manualistica, il rapporto fra Medioevo e Rinascimento (per il momento comprendiamo in questa nozione anche quella di Umanesimo), si è configurato soprattutto come opposizione netta. Tale concezione è legata all'immagine che gli stessi primi umanisti ebbero di sé e che fu sviluppata dalla cultura illuministica. Essi si considerarono come gli iniziatori di una rinnovata luce di cultura in contrasto con le tenebre dell'età precedente, anche se non ebbero ancora chiara l'idea di una divisione della storia umana in tre periodi, che comincia ad apparire dal Cinquecento presso storici non latini (presso GIOACCHINO DI WATT si trova già nel 1518 l'espressione *media aetas*). È loro convinzione che la cultura classica e il gusto estetico degli antichi si siano spenti nei secoli succeduti alla caduta dell'Impero Romano e che occorra rinnovarli e restaurarli; vedono nel Petrarca l'iniziatore di questo rinnovamento (LEONARDO BRUNI scrive che «Francesco Petrarca fu il primo il quale ebbe tanta grazia d'ingegno che riconobbe e rievocò in luce l'antica leggiadria dello stile perduto e spento»).

Il tema luce-tenebra, cultura classica-incultura medievale, proposto dalla storiografia umanistica, fu ripreso e arricchito di nuovi complessi motivi da quella illuministica, la quale disegnò nelle sue linee essenziali il mito di un Medioevo barbarico, superstizioso, tenebroso, irrazionale e innaturale, perché "mistico", "dogmatico", "ascetico", epoca oscura della storia umana, dalla quale la società europea era uscita appunto per merito degli uomini del Rinascimento, creatori della civiltà moderna. Gli illuministi estesero a tutti gli aspetti della civiltà l'immagine che gli umanisti avevano applicato specialmente alla letteratura e all'arte del Medioevo. JEAN-ANTOINE CONDORCET, nell'*Esquisse d'un tableau historique des progrès de l'esprit humain* raffigura il periodo compreso fra il sec. IV e le Crociate come un'epoca "disastrosa", dominata dall'ignoranza, dalla ferocia, dai sogni teologici, dalle imposture superstiziose e dall'intolleranza religiosa, quando l'Europa «compresa entro la tirannia sacerdotale e il dispotismo militare attende in mezzo al sangue e alle lacrime il momento in cui nuovi lumi le permetteranno di rinascere alla libertà, all'umanità, alla virtù».

Nell'*Essais sur les moeurs* (1756) il VOLTAIRE prospettò una visione analoga, nella quale è evidente l'influenza dell'atteggiamento polemico contro la religione e contro la Chiesa cattolica (quindi anche contro quella civiltà che pareva da essa ispirata), tipico del razionalismo illuministico.

La visione non muta molto presso i romantici, i quali accolsero in sostanza l'antitesi illuministica, ma (spesso, non sempre) capovolgendo il valore dei termini, valutando cioè in senso positivo il Medioevo, in quanto epoca di fede religiosa, di lealtà cavalleresca, di ardore guerriero, di primitiva barbarica passionalità, di impetuosa originalità artistica, e attribuendo a Umanesimo e Rinascimento caratteri negativi: indifferenza religiosa, corruttela morale, freddo intellettualismo, retorica, mancanza di originalità in campo estetico a causa dell'imitazione degli antichi. (E già GIAMBATTISTA VICO, anticipatore dei temi essenziali del pensiero romantico, aveva esaltato gli aspetti positivi, creativi, della "barbarie" medievale). La concezione di una netta antitesi fra Medioevo e Rinascimento (che nei romantici tedeschi assume talvolta anche l'aspetto di antitesi fra spirito germanico e spirito latino) si tramanda anche agli storici positivisti della seconda metà dell'Ottocento, i quali in genere tornano a interpretarla nel senso illuministico celebrando la ribellione naturalistica e individualistica del Rinascimento contro l'ascetismo e il dogmatismo dell'età precedente, e continuano a mantenere la nozione di una barbarie medievale, malgrado le prove in contrario offerte dai documenti di vita e di cultura medievale da loro stessi scoperti e illustrati (cfr. W.K. FERGUSON, *Il Rinascimento nella critica storica*, 1969).

Sintesi esemplare della concezione di Medioevo e Rinascimento come mondi chiusi e opposti è la celebre opera di JACOB BURCKHARDT su *La civiltà del Rinascimento in Italia*, uscita nel 1860 a Basilea e sulla quale si formò in gran parte la nozione del problema per molto tempo divulgata. Per il Burckhardt il Rinascimento rappresenta l'inizio della storia moderna, contrassegnato dall'individualismo, dalla scoperta dell'uomo e della natura, dalla liberazione della religiosità e della morale da vincoli dogmatici e chiesastici, dalla creazione di un nuovo senso della bellezza ispirato all'arte classica, e costituisce un'epoca coerente e armoniosa in tutte le sue manifestazioni. L'uomo tipico del Rinascimento gli appare un individualista sfrenato e orgoglioso, irreligioso e amorale, e per tali esemplari di strapotente individualità, di umanità superiore nel bene o nel male, non sa nascondere una sua estetica ammirazione (atteggiamento che avrà in seguito, in altri scrittori, sviluppi interamente decadentistici). Al Burckhardt (e al di là di questi, allo storico francese JULES MICHELET) si ricollega l'impostazione che del problema dà un'altra opera classica, che ha avuto grandissima influenza sulla nostra cultura: la *Storia della letteratura italiana* (1870-1871) di FRANCESCO DE SANCTIS. Qui però essa viene svolta in gran parte in senso opposto: infatti per il De Sanctis il periodo dell'Umanesimo e del Rinascimento è quello in cui muoiono gli ideali etici, politici, religiosi del Medioevo e a uno sviluppo straordinario dell'intelligenza contrasta il vuoto delle coscienze, mentre resta solo vivo il sentimento della bellezza (che ha la sua celebrazione più alta nell'Ariosto), degenerante però spesso, anche per l'imitazione degli antichi, in formalismo e retorica. Di fronte all'estatica ammirazione del Burckhardt per i "superuomini" del Rinascimento, il De Sanctis riassume tutta la tradizione etica e politica del Risorgimento in una severa condanna di coloro che, per l'esclusiva attenzione al proprio "interesse particolare" e per la mancanza di attiva volontà morale a guida dell'intelligenza, provocarono la perdita della libertà italiana (cfr. il fondamentale saggio su *L'uomo del Guicciardini,* nel vol. III dei *Saggi critici*, Milano, Principato, 1969).

2.2 Nuove ricerche sul Medioevo e loro conseguenze

A determinare e a confermare la concezione antitetica del rapporto Medioevo-Rinascimento, contribuì assai la relativamente scarsa conoscenza che per quasi tutto l'Ottocento si continuò ad avere del Medioevo. La sua revisione, fino quasi a un capovolgimento di posizioni, avviene appunto in relazione con lo straordinario ampliarsi delle cognizioni su quel periodo, dovuto alle ricerche compiute negli ultimi decenni del secolo scorso e nella prima metà del nostro. Come si è accennato, già gli storici positivisti avevano scoperto documenti che avrebbero dovuto spingerli a iniziare tale revisione, ma essi non trassero le conseguenze implicite delle loro scoperte: per esempio, restò per loro indiscusso che con la fine del sec. V s'interrompe la tradizione classica, conservata solo da uomini singolari e sporadici centri di studio. Inoltre i positivisti rimasero legati all'errore, che avevano già commesso gli storici illuministi, di non considerare come fonti di cultura le fonti religiose e di supporre *a priori* un'antitesi fra lettere divine e lettere umane. Errore analogo a quello di prendere in considerazione, nella valutazione della cultura medievale, soltanto gli *studi liberali, letterari,* trascurando le manifestazioni della scuola medievale, che ha indirizzo prevalentemente tecnico (e perciò occorreva tener conto anche di diplomatica, epistolografia ecc.).

Nelle nuove ricerche sul Medioevo si sono segnalati soprattutto studiosi francesi, qualche volta animati da un eccessivo spirito nazionalistico, tendente a esaltare l'apporto della Francia alla formazione della cultura moderna nei confronti dell'Italia. Il primo risultato dei loro studi è stato quello di operare entro quella compatta realtà storica designata genericamente come "Medioevo" una serie di distinzioni cronologiche, ambientali, culturali. L'uniforme panorama che presentava prima quell'epoca si è animato, articolato, colorito. E in esso sono apparsi come già fortemente segnati aspetti che prima si consideravano come propri dell'epoca successiva. Così sul piano letterario il culto degli antichi, considerato un tempo caratteristica saliente dell'Umanesimo italiano, con un continuo processo all'indietro, è stato prima ritrovato nel Trecento, poi nella Francia del sec. XII, poi, ancora più su, nella cosiddetta Rinascenza carolingia. Al posto dell'unico Umanesimo di una volta appariva una serie di Umanesimi, fra i quali quello italiano finiva per rappresentare soltanto l'ultimo svolgimento di un atteggiamento culturale già definito nei suoi caratteri principali almeno in Francia nel sec. XII. Analogamente, sul piano spirituale, quell'individualismo e quel naturalismo, che il Burckhardt considerava manifestazioni originali e fondamentali del Rinascimento italiano, si credette di trovarli già pienamente sviluppati nella Francia dell'XI e XII secolo. Queste tesi hanno avuto la loro forma più decisa ed estrema in un noto e assai discusso libro di JOHAN NORDSTRÖM, *Moyen-Age et Renaissance* (1933). L'opera del Nordström è concepita come una vera e propria confutazione di quella del Burckhardt, che viene contraddetto in quasi ogni sua affermazione. Anche il maggiore storico moderno del pensiero medievale, ETIENNE GILSON, ha ripetutamente e con vigore cercato di mettere in evidenza come non corrisponda alla realtà dei fatti e dei testi l'immagine del rapporto Medioevo-Rinascimento generalmente divulgatosi sulla falsariga dell'opera del Burckhardt. Il suo libro su *Heloïse et Abelarde* (1938) rintraccia nell'epistolario dei due celebri amanti la conoscenza e l'amore della cultura classica, lo spirito di individualità, l'esaltazione della passione assoluta, il gusto e l'attitudine all'autoanalisi, con l'intento preciso di dimostrare il disaccordo tra fatti e teoria nell'interpretazione del Burckhardt. Vedute analoghe su Medioevo e Rinascimento il Gilson aveva già esposto negli importanti saggi *Il Medioevo e il naturalismo antico, Filosofia medievale e umanesimo* (compresi nel vol. cit.), e *Humanisme médiéval et Renaissance* (in *Les idées et les lettres*, Paris, 1932).

A prescindere dalle conseguenze di carattere generale che questi studiosi hanno creduto di trarre dalle nuove conoscenze sull'epoca medievale e da una diversa interpretazione delle cognizioni già possedute dagli storici precedenti, sembra ormai quasi universalmente accettata una serie di nozioni sulla cultura medievale contrastante con le posizioni consuete nella storiografia del secolo scorso. Prima di tutto, quella della unità della cultura medievale, con conseguente dissoluzione della concezione romantica di un distacco fra ambiente dotto e ambiente popolare e, quindi, fra latino classico e latino volgare. Poi quella della continuità della conoscenza del latino tradizionale e della continuità di una tradizione di cultura letteraria diffusa dal sec. VI a Dante, che risulta dai testi posseduti dalle biblioteche (Silvestro II, Alcuino, Dante conoscono gli stessi testi). A tale tradizione si riconnette l'importanza attribuita in tutto il Medioevo agli studi liberali, non condannati (salvo che in manifestazioni isolate di rigoristi), ma considerati fondamento necessario agli studi divini (si ricordi che Dante pone il grammatico Donato in Paradiso fra gli spiriti sapienti). Si è inoltre accertata la continuità fra la scuola classica degli ultimi secoli imperiali e la scuola medievale: la tecnica dell'esegesi, e in particolare l'interpretazione *allegorica* dei testi, tipici di tutta la cultura medievale, è un'eredità di questa scuola classica. Infine, alla tesi romantica di una nascita delle letterature romanze in ambienti popolari e in opposizione alla tradizione latina si è obiettato che i più antichi testi delle letterature romanze sono di origine dotta e rivelano un rapporto di dipendenza rispetto alla tradizione latina (cfr. su ciò quanto già detto nel capitolo precedente).

Riassumendo, possiamo concludere che la più recente storiografia sul Medioevo tende a superare le opposizioni nette della storiografia precedente in una visione più unitaria dello svolgimento storico, per la quale il Medioevo, mentre da una parte continua per molti aspetti la cultura classica, dall'altra anticipa atteggiamenti e forme di un Rinascimento caratterizzato dal rinnovamento (cfr. F. ZERI, *Rinascimento e Pseudo-Rinascimento*, in *Storia dell'Arte italiana*, Torino, Einaudi, 1983). Per meglio delineare la fase del passaggio alcuni studiosi hanno dedicato le loro energie alla ricerca di elementi preumanistici nella letteratura e nella cultura dei primi tre secoli del nuovo millennio. Fra le opere più significative si ricordano: G. BILLANOVICH, *La tradizione del testo di Livio e le origini dell'Umanesimo* (Padova, Antenore, 1981) e W. ULLMANN, *Radici del Rinascimento* (Bari, Laterza, 1980).

2.3 Mutamento di nozioni e di idee su Umanesimo e Rinascimento e convergenza di risultati con le ricerche sul Medioevo

Parallelamente all'ampliamento delle conoscenze e all'approfondimento delle idee sul Medioevo è avvenuto un mutamento di nozioni e di idee intorno all'Umanesimo e al Rinascimento, che ha condotto a scalzare una delle tesi fondamentali del Burckhardt e in genere della storiografia del secolo scorso (comunque poi venisse interpretata: in senso positivo o in senso negativo): quella dell'indifferenza religiosa e morale di quell'epoca. Si è creduto da alcuni studiosi (Vladimir Zabughin, Ludwig Pastor) di poter attestare l'esistenza di un Umanesimo cristiano accanto a quello pagano; altri ha attirato l'attenzione sulla complessità degli elementi che costituiscono le personalità del Rinascimento italiano (Ernst Walser), o ha cercato le origini medievali del mito della "rinascita", che congiunge idealmente Medioevo e Riforma (Konrad Burdach); altri ancora come Giuseppe Toffanin, nei suoi numerosi studi sull'argomento, da *Che cosa fu l'Umanesimo* (1929) a *La religione degli Umanisti* (1950), ha ritenuto di poter identificare la realtà storica di una tradizione di cultura umanistica, di ispirazione platonico-cristiana, in perpetuo contrasto attraverso i secoli con una tradizione naturalistica di ispirazione aristotelico-averroistica; altri, infine, ha posto l'accento sul passaggio dagli ideali della salvezza collettiva e della palingenesi in tutta la società a quelli della salvezza individuale, e sulla ricerca di un accordo fra gli ideali della vita cristiana e le aspirazioni a un'esistenza felice anche sulla terra (R. Morghen, *Medioevo cristiano*, Bari, Laterza, 1991, 1ª ed. 1951).

Tutti questi studi (per quanto taluni di essi siano assai discussi) hanno fortemente contribuito a dissolvere l'immagine di un Umanesimo e di un Rinascimento pagani e naturalistici. Si è verificata così una convergenza d'indagini e di conclusioni, per le quali da un lato il Medioevo è apparso già ricco di tendenze rinascimentali e dall'altro il Rinascimento ancora in gran parte impregnato di elementi medievali. La conseguenza è stata che alla tesi del distacco fra le due epoche, che aveva dominato la storiografia del secolo scorso, si è andata a poco a poco sostituendo quella della *continuità*, dello stretto legame fra di esse. Essa è stata così espressa dal Gilson: «Non si esagerano certamente i fatti conosciuti dicendo che, letterariamente come moralmente, il Rinascimento è consistito piuttosto nel dare a certe tendenze profondissime del Medioevo pieno sviluppo, col rischio talvolta di ipertrofizzarle, che nell'opporvisi». Questa tesi risponde ai risultati di una più ampia e accurata indagine dei fatti, e insieme alle esigenze di una mentalità storiografica sensibile alla complessità e alle sfumature della realtà storica e diffidente verso le definizioni che pretendono di rappresentarla univocamente. Come dice ancora il Gilson, le espressioni "Medioevo" e "Rinascimento" sono «simboli astratti di periodi cronologici del resto mal definiti e non si può sperare di poter mai far loro corrispondere definizioni semplici applicabili a tutti i fatti che designano. Non esiste un'*essenza* del Medioevo e del Rinascimento: ecco il motivo per cui non se ne può dare la definizione».

Accentuando questo riconoscimento, Georg Weise ha affermato che, più che una ricerca di momenti di frattura e di taglio, sembra aderente alla realtà storica una concezione che s'impegni a dipanare e a indagare nel loro andamento evolutivo i diversi filoni culturali, tenendo conto del loro unirsi in accostamenti sempre nuovi.

Su queste premesse, e aderendo in parte alle tesi del Toffanin, egli ha creduto di identificare la continuità di una tendenza idealizzatrice ed eroicheggiante, nell'arte e nella vita, che si viene formando in Italia verso la fine del Quattrocento, giunge a maturità nel Cinquecento e costituisce l'unità ideale di un'epoca nuova che, staccatasi dalla fase gotica e tardomedievale, dura fino al Barocco. Ad essa s'intreccia e contrasta una tendenza naturalistica, la quale, già viva nel Quattrocento, s'imporrà definitivamente solo nell'età moderna.

Un attacco ancor più vigoroso alla visione (di ascendenza burckardtiana) di un Rinascimento come realtà monolitica, opposta a una realtà altrettanto compatta, il Medioevo, ha condotto HIRAM HAYDN, il quale nel volume *Il Controrinascimento* (*The Counter-Renassaince*, New York, Charles Scribner's Sons, 1950) distingue nel periodo compreso fra la metà del sec. XIV e gli inizi del XVII tre correnti che si succedono e insieme s'intersecano: il *Rinascimento classico o umanistico*, il *Controrinascimento*, la *Riforma scientifica*. Mentre il Rinascimento classico «non costituisce tanto un'aperta rivolta contro il pensiero medioevale [...] quanto, piuttosto, una continuazione della tradizione medioevale, ma con un trasferirsi su altre zone dei più profondi interessi», la corrente che lo Haydn definisce come *Controrinascimento* e nella quale comprende Lutero e Calvino come Machiavelli e Montaigne, sarebbe caratterizzata dal ripudio della tradizionale esaltazione della ragione quale principio regolatore della vita umana, e dalla fiducia invece nella fede, nell'istinto naturale, nel "fatto" empirico.

2.4 La nuova visione di Umanesimo e Rinascimento nella recente storiografia

La convergenza delle indagini rispettive sulle due epoche storiche ha generato un quasi universale riconoscimento della impossibilità di mantenere la loro opposizione sul piano tradizionale, per la coincidenza di molti aspetti un tempo ritenuti esclusivi dell'una o dell'altra. Ma allora è sorto il problema di distinguere e caratterizzare per altra via, di fronte ai vari "umanesimi" e alle varie "rinascite" medievali, quel particolare "Umanesimo" e "Rinascimento" italiano, definendo precisamente in che consiste la sua novità e originalità. Questa esigenza è stata soprattutto avvertita da storici italiani, educati dalla storiografia crociana a un delicato senso delle distinzioni, che li ha resi attenti di fronte al pericolo di avvicinare e confondere manifestazioni culturali e posizioni spirituali diverse, anche se analoghe, lasciandosi sfuggire quello che di ognuna è l'elemento nuovo e caratteristico. La storiografia italiana moderna diede un contributo notevole all'interpretazione del Rinascimento soprattutto con gli studi di GIOVANNI GENTILE (*Studi sul Rinascimento* e *Il pensiero italiano del Rinascimento*), il quale trasfigurò e sviluppò idealisticamente la tesi del Burckhardt, additando nell'Umanesimo e nel Rinascimento la nascita della visione moderna, immanentistica, della realtà, e considerando l'opera degli umanisti non come puro studio letterario, da cui si svolgerebbe in seguito la nuova cultura e civiltà del Rinascimento, ma già come manifestazione della nuova visione della realtà (questa distinzione fra un primo momento, l'Umanesimo, puramente letterario e un secondo momento, il Rinascimento, di rinnovamento del pensiero e di tutta la vita, risale, oltre che al Burckhardt, all'opera di GEORG VOIGT, *Die Wiederbelebung des klassischen Altertums*).

Si ricollega in parte al Gentile, ma tenendo il debito conto di tutte le altre indagini cui abbiamo accennato, EUGENIO GARIN, il quale al problema della caratterizzazione storica dell'Umanesimo e del Rinascimento ha dedicato numerose ricerche e meditazioni appassionate. I suoi studi più importanti sull'argomento sono raccolti nei volumi *Umanesimo italiano* (1952), *Medioevo e Rinascimento* (1954) e *Il Rinascimento italiano* (1980²). L'intuizione centrale del Garin è che l'Umanesimo segna «il passaggio dalla visione dell'essere conchiuso nella sua realtà all'uomo poeta, che vuol dire *creatore*», l'inizio di una nuova filosofia che concepisce la realtà in termini di libertà, volontà, attività, non come fissata entro forme cristallizzate, ma come plasmabile in modi sempre nuovi, l'inizio insomma del pensiero storicistico moderno. Perciò egli dà fortissimo rilievo alla mentalità storicista degli umanisti, affermando che la loro vera *filosofia* è la loro *filologia*, in quanto consapevolezza del proprio distacco dal passato e volontà di farlo rivivere nella sua obiettiva realtà, nelle sue concrete, individuali manifestazioni. In questo consiste l'originalità dello studio umanistico dell'antichità di fronte alla cultura classica del Medioevo: «Il Medioevo [...] conobbe l'antico: oggi noi sappiamo quanto grande parte, per esempio, del pensiero classico, soprattutto dopo il sec. XII, gli scolastici possedessero. Solo che poco importa, allora, determinare se una tesi sia stata di Platone o di Aristotele; importa assimilarla e confonderla in sé, se è vera e valida. [...] Con l'Umanesimo comincia la ricerca precisa del volto di ognuno: diventa essenziale ritrovare l'aspetto di un uomo. [...] Quel che vale non è tanto una universalità astratta, quanto una persona vivente, e vorrei dire il timbro della sua voce. L'incontro col passato, la presenza del passato, non è la confusione di una impersonale verità in cui è tutt'uno la mia e l'altrui mente è un colloquio ove io e l'altro scendiamo, ciascuno con i propri panni, con la parola che più schiettamente traduce di ognuno quello che è più suo». In questo colloquio con gli antichi gli umanisti autodefiniscono la propria personalità. «L'uomo "umano" cerca il vero Aristotele, e via via che lo ritrova e gli dà lineamenti precisi trova la propria originalità dinanzi a lui, ed è solo se stesso». Naturalmente il Garin torna ad accentuare energicamente il senso della "frattura" fra le due epoche, ammonendo di guardarsi dall'equivoco di «trascurare [...] la profondità di quel salto, che costituisce una netta frattura, cui non devono far velo analogie innegabili di motivi, e presentimenti ed annunci che è anche troppo facile ritrovare, o supporre, quando la radicale novità, che sola li costituisce suoi araldi, sia stata ormai raggiunta; che è l'errore in cui incorrono di frequente taluni sostenitori della continuità fra Medioevo ed Età moderna». Il Garin ha anche combattuto in numerosi scritti (e soprattutto nel cit. *Umanesimo italiano*) l'idea molto diffusa, perlomeno a cominciare dal Romanticismo (dal quale la ereditò il De Sanctis: si vedano le pagine sull'Umanesimo nella sua *Storia della letteratura italiana*), di una oziosità letteraria degli umanisti. Egli all'opposizione fra Umanesimo e tradizione scolastica o fra razionalismo e ortodossia, propria di molta storiografia precedente, sostituisce quella fra l'Umanesimo vero, intensamente impegnato intorno ai problemi della "vita civile" (i primi umanisti celebrano in Dante l'ideale dell'uomo completo opposto al letterato solitario, stoicamente isolato dal mondo), e la sua degenerazione accademica e retorica.

Sull'impegno civile e politico dei primi umanisti molta luce ha gettato il volume di HANS BARON, *The Crisis of the Early Italian Renaissance* (1ª ed. 1955), che studia i rapporti fra l'attività letteraria dei primi umanisti fiorentini e gli avvenimenti politici contemporanei (in particolare, il contrasto Firenze-Milano).

A questo superamento della visione romantica si ricollega, in sede strettamente letteraria, il distacco dall'altro pregiudizio illuministico-romantico: quello del carattere limitativo, retorico, privo di vita propria, del latino umanistico, e del suo influsso negativo sullo svolgimento del volgare. Riallacciandosi alle conclusioni di RAFFAELE SPONGANO sulla prosa letteraria del Quattrocento (*Un capitolo di storia della nostra prosa d'arte*, 1941), lo stesso Garin sostiene che il latino dei grandi umanisti è una lingua veramente viva, affermatasi attraverso una consapevolezza critica che definiva chiaramente i propri rapporti così col mondo antico come col Medioevo, lingua viva che non rappresenta una battuta d'arresto o un momento d'involuzione, ma si inserisce nella storia stessa del volgare.

Il problema del latino umanistico non è che un aspetto del più vasto problema, che riguarda tutta la letteratura del Rinascimento, quello dell'imitazione degli antichi. Mentre la critica romantica (e già quella del Settecento: si potrebbero citare in proposito, per esempio, interessanti battute di FRANCESCO ALGAROTTI), puntando sull' "originalità" (in una particolare, ristretta accezione) come criterio discriminante, svaluta in blocco la letteratura rinascimentale, soltanto perché dichiaratamente "imitatrice", la critica moderna si sforza di precisare e di intendere nel suo significato storicamente positivo questo principio dell'imitazione. UMBERTO BOSCO in una relazione su *La letteratura del Rinascimento* tenuta al III Convegno Internazionale sul Rinascimento (1953), riconduce l'esigenza dei modelli alla ricerca, propria dei poeti del Rinascimento, di un equilibrio spirituale tranquillo e sicuro, per cui rifuggono dal rappresentare romanticamente la passione nel suo tumulto immediato, ma la vogliono dominata e controllata. Questa ricerca rende essenziale per loro la norma, la regola certa: «Contro ogni pericoloso sbandamento spirituale non c'è che appellarsi a un'esperienza passata. Se quel che sentiamo, lo immaginiamo *unicum*, nato solo in noi, anzi in quel dato momento della nostra vita, mai esistito prima e fuori di noi, possiamo esaltarcene come di un'ingiustizia, e concepire essa stessa l'ingiustizia come un privilegio della nostra natura eccezionale. Come appunto faranno i romantici. Ma se inseriamo quel nostro sentire in una scia secolare; se, scrutando il passato, possiamo scorgere, per così dire, lo svilupparsi di quel sentire verso l'immancabile pace, ecco che esso perde la sua virulenza, tende a comporsi in linee sentimentali e poetiche ferme». Il DE BLASI, a sua volta, mette in luce come gli umanisti concepissero l'imitazione non come passiva riproduzione, ma come emulazione dei modelli antichi. Considerazioni di questo genere aiutano a intendere alcune delle manifestazioni caratteristiche della letteratura di quel periodo.

La critica più recente tende inoltre a mettere in rilievo la presenza nella letteratura rinascimentale, accanto al filone propriamente classicistico, legato alla norma e ai modelli, di un filone popolareggiante, più aderente alla realtà concreta e più libero nell'espressione. A conclusione di un saggio su *Rinascimento non classicistico* (1968) il Bosco auspica che «una nuova storiografia sul Rinascimento italiano conduca le sue indagini con ferma decisione su due vie, letterarie e linguistiche, diverse e anche spesso intersecantisi: quella della tradizione-regola-impegno culturale e morale-astrazione-solennità, e quella della concretezza della letteratura intesa *ad delectationem animi et ad ingenii exercitium*, della semplicità, dell'adesione alla vita vivente».

Più in generale, Carlo Dionisotti (*Discorso sull'Umanesimo*, 1956 e *Geografia e storia della letteratura italiana*, 1967) ha sottolineato la complessità e varietà degli aspetti e dei momenti della cultura e della letteratura umanistica e rinascimentale. L'immagine di un Rinascimento vario e complesso, poliforme e internamente conflittuale emerge anche dagli studi di Eugenio Battisti (*L'Antirinascimento*, Milano, Garzanti, 1989, 1ª ed., ivi, Feltrinelli, 1962) e di Ezio Raimondi (*Rinascimento inquieto*, Palermo, Manfredi, 1965).

In due volumi miscellanei sono sintetizzate le tendenze critiche attuali sul problema: *Il Rinascimento. Interpretazioni e problemi* (Roma-Bari, Laterza, 1979), dedicato a E. Garin, comprendente interventi di M. Boas Hall, A. Chastel, C. Grayson, D. Hay, P.O. Kristeller, N. Rubinstein, C.B. Schmitt, C. Trinkaus, W. Ullmann, e *Umanesimo e Rinascimento. Studi offerti a P.O. Kristeller* (Firenze, Olschki, 1980), con studi di V. Branca, A. Frugoni, E. Garin, V.R. Giustiniani, S. Mariotti, A. Perosa, C. Vasoli.

Repertorio bibliografico

a) Formazione dei concetti di Medioevo, Umanesimo, Rinascimento

Sulla formazione dei concetti di Medioevo, Umanesimo, Rinascimento: W. K. Ferguson, *Il Rinascimento nella critica storica*, trad. it. di A. Prandi, Bologna, Il Mulino, 1987³ (ed. or. 1949); D. Cantimori, *Sulla storia del concetto di Rinascimento* (1932), in *Storici e storia*, Torino, Einaudi, 1971; G. Falco, *La polemica sul Medioevo*, Napoli, Guida, 1988 (1ª ed. 1933); E. Anagnine, *Il concetto di Rinascita attraverso il Medioevo (v-x sec.)*, Milano-Napoli, Ricciardi, 1958; C. Vasoli, *Umanesimo e Rinascimento*, Palermo, Palumbo, 1976². Si veda anche il volume miscellaneo *Culture et societé en Italie du Moyen Age à la Renaissance*, Paris, Université de la Sorbonne Nouvelle, 1985. Sui termini "umanista" e "umanesimo": G. Billanovich, *Auctorista, humanista, orator*, nel volume miscellaneo *Studi in onore di A. Schiaffini*, Roma, Edizioni dell'Ateneo, 1958, pp. 143 sgg.

Un rapido profilo storico in R. Romano-A. Tenenti, *Alle origini del mondo moderno (1350-1550)*, Milano, Feltrinelli, 1967¹¹. Una ricostruzione in prospettiva politico-economico-sociale, dal Petrarca al 1534, in J. Macek, *Il Rinascimento italiano*, trad. it. di H. Kubistova Casadei, a cura di L. Perini, Roma, Editori Riuniti, 1992 (ed. or. 1965).

Sulla cultura medievale, si veda il cap. precedente. Sul cruciale passaggio dal Medioevo all'età rinascimentale, si veda il famoso libro di J. Huizinga, *L'autunno del Medioevo*, trad. it. di B. Jasink, Firenze, Sansoni, 1989 (1ª ed. 1966; ed. or. Harleem, 1928).

b) Interpretazioni

Sulle varie interpretazioni dell'Umanesimo e del Rinascimento: W. K. Ferguson, *Il Rinascimento nella critica storica*, cit.; il volume miscellaneo in onore di E. Garin, *Il Rinascimento. Interpretazioni e problemi*, Roma-Bari, Laterza, 1979, con saggi di C. Trinkaus, P. O. Kristeller, N. Rubinstein, M. Boas Hall, A. Chastel *et alii*. Utili antologie di testi critici, con introduzione e bibliografia: *Interpretazioni del Rinascimento*, a cura di A. Prandi, Bologna, Il Mulino, 1971; M. Ciliberto, *Il Rinascimento. Storia di un dibattito*, Firenze, La Nuova Italia, 1988 (1ª ed. 1975).

Per un primo approccio, oltre al vol. di V. Rossi, *Il Quattrocento*, Milano, Vallardi, 1933 (con supplemento bibliografico di A. Vallone, ivi, 1973³), molto utili sono gli studi di E. Garin: *Il rinascimento italiano*, Milano, ISPI, 1941; *Medioevo e Rinascimento. Studi e ricerche*, Bari, Laterza, 1933 (1ª ed. 1954); *L'Umanesimo italiano*, ivi, 1990¹¹; *La letteratura degli umanisti*, in *Storia della letteratura italiana*, dir. da E. Cecchi e N. Sapegno, vol. III, Milano, Garzanti, 1965-1969, pp. 1-331.

Antologie di testi: *Il Rinascimento italiano*, a cura di E. Garin, Bologna, Cappelli, 1980; E. Garin, *Prosatori latini del Quattrocento*, Milano-Napoli, Ricciardi, 1954; *Prosatori volgari del Quattrocento*, a cura di C. Varese, ivi, 1955. Due raccolte ha curato C. Bec: *L'umanesimo civile*, Torino, Paravia, 1975 e *L'umanesimo letterario*, ivi, 1976. Antologie di carattere più generale: G. PONTE, *Il Quattrocento*, Bologna, Zanichelli, 1966; G. CONTINI, *Letteratura italiana del Quattrocento*, Firenze, Sansoni, 1987²; R. SCRIVANO, *Il Cinquecento*, Bologna, Zanichelli, 1966. Sulla poesia latina: *Poeti latini del Quattrocento*, a cura di F. Arnaldi, L. Gualdo Rosa e L. Monti Sabia, Milano-Napoli, Ricciardi, 1964; *Renaissance Latin Verse*, London, Duckworth, 1979. Una valida antologia settoriale è A. TISSONI BENVENUTI, *Teatro del Quattrocento. Le corti padane*, Torino, UTET, 1983.

Rassegne di studi recenti: P. VECCHI GALLI, *Il «secolo senza poesia». Raccolta di testi e studi (1973-1985)*, in «Lettere italiane», XXXVIII 1986, pp. 395 sgg; M. POZZI, *Studi e ricerche sull'Umanesimo italiano. Rassegna bibliografica*, in «Giornale Storico della Letteratura Italiana», CLXV, 1988, pp. 99 sgg.; ID., *Studi sulla letteratura del Cinquecento. Rassegna bibliografica*, in «Giornale Storico della Letteratura Italiana», CLX, 1983, pp. 429 sgg. e CLXII, 1985, pp. 109 sgg. e 420 sgg.

c) **Opere generali**

Le più importanti opere generali su Umanesimo e Rinascimento, dopo il libro famoso di J. BURCKHARDT, *La civiltà del Rinascimento in Italia*, trad. it. di V. Valbusa, Firenze, Sansoni, 1990 (1ª ed. 1962; ed. or. 1860) sono: K. BURDACH, *Riforma, Rinascimento, Umanesimo*, trad. it. di D. Cantimori, Firenze, Sansoni, 1935 (ed. or. 1918); G. TOFFANIN, *Storia dell'Umanesimo*, 3 voll., Bologna, Zanichelli, 1942-1950 (1ª ed. Napoli, Perrella, 1933): sostiene polemicamente la continuità tra il primo Umanesimo e la civiltà medievale; A. TENENTI, *Il senso della morte e l'amore della vita, nel Rinascimento. (Francia e Italia)*, Torino, Einaudi, 1989 (1ª ed. 1957); E. BATTISTI, *Antirinascimento*, 2 voll., a cura di F. Simonazzi, Milano, Garzanti 1989 (1ª ed., ivi, Feltrinelli, 1962); E. RAIMONDI, *Rinascimento inquieto*, Palermo, Manfredi, 1965; D. HAY, *Profilo storico del Rinascimento italiano*, trad. it. di G. Pierpaoli e M. Baiocchi, Firenze, Sansoni, 1966 (ed. or. 1961); F. CHABOD, *Scritti sul Rinascimento*, Torino, Einaudi, 1981 (1ª ed. 1967); H. HAYDN, *Il Controrinascimento*, Bologna, Il Mulino, 1968; M.P. GILMORE, *Il mondo dell'Umanesimo (1453-1517)*, trad. it. di M. Luzzati, Firenze, La Nuova Italia, 1977; P.O. KRISTELLER, *La tradizione classica nel pensiero del Rinascimento*, trad. it. di F. Onofri, Firenze, La Nuova Italia, 1975 (1ª ed. 1965; ed. or. 1955); ID., *Concetti rinascimentali dell'uomo e altri saggi*, trad. it. di S. Silvestroni, ivi, 1978; H. BARON, *In Search of Florentine Civic Humanisme. Essays on the Transition from Medioeval to Modern Thought*, 2 voll., Princeton, Princeton University Press, 1988 (raccoglie scritti pubblicati a partire dal 1930).

Sul pensiero filosofico: E. CASSIRER, *Individuo e cosmo nella filosofia del Rinascimento*, Firenze, La Nuova Italia, 1977 (1ª ed. 1935); B. NARDI, *Saggi sull'aristotelismo italiano dal sec. XIV al XVI*, Firenze, Sansoni, 1958; E. GARIN, *La cultura filosofica del Rinascimento italiano. Ricerche e documenti*, Firenze, Sansoni, 1992 (1ª ed. 1961); C. VASOLI, *La dialettica e la retorica dell'Umanesimo*, Milano, Feltrinelli, 1968; G.C. GARFAGNINI, *Marsilio Ficino e il ritorno di Platone. Studi e documenti*, Firenze, Olschki, 1986.

Fondamentali risultano diversi volumi miscellanei. In particolare sull'Umanesimo: *Interrogativi dell'Umanesimo*, a cura di G. Tarugi, Firenze, Olschki, 1976; *Tradizione classica e letteratura umanistica (Scritti per A. Perosa)*, a cura di F. Cardini, E. Garin *et alii*, Roma, Bulzoni, 1985; *L'umanesimo nel passato e nel presente*, Atti del Convegno di Montepulciano, 1984, a cura di G. Tarugi, Firenze, Olschki, 1986; *Lorenzo Valla e l'Umanesimo italiano*, Atti del Convegno di Parma, ott. 1984, a cura di O. Besomi e M. Regoliosi, Padova, Antenore, 1986; AA.VV., *Pio II e la cultura del suo tempo*, a cura di L. Rotondi Secchi Tarugi, Milano, Guerini, 1991.

Volumi collettànei sul Rinascimento: *Il Rinascimento: significato e limiti*, Firenze, Sansoni, 1953; *Il mondo antico nel Rinascimento*, Atti del v Congresso Internazionale di studi sul Rinascimento, 1956, ivi, 1958; *Il pensiero italiano del Rinascimento e il tempo nostro*, Firenze, Olschki, 1970; *Il Rinascimento. Aspetti e problemi attuali*, Atti del x Congresso dell'Associazione Internazionale per gli studi di lingua e letteratura italiana, Belgrado, 1979, ivi, 1982; Aa.Vv. *Rinascimento meridionale e altri studi in onore di Mario Santoro*, a cura di M.C. Cafisse et alii, Napoli, Società Editrice Napoletana, 1987.

d) L'aspetto letterario

Venendo all'aspetto più propriamente letterario del Quattrocento e del Cinquecento, si considerino anzitutto i saggi raccolti da C. Dionisotti, *Geografia e storia della letteratura italiana*, Torino, Einaudi 1977 (1ª ed. 1967), soprattutto il *Discorso sull'Umanesimo italiano*, pp. 179 sgg., e *Chierici e laici*, pp. 47 sgg.; e U. Bosco, *Saggi sul Rinascimento italiano*, Firenze, Le Monnier, 1979. Altri studi: E. Bonora, *Retorica e invenzione. Studi sulla letteratura italiana del Rinascimento*, Milano, Rizzoli, 1970; M. Fubini, *Studi sulla letteratura del Rinascimento*, Firenze, Sansoni, 1971²; C. Scarpati, *Studi sul Cinquecento italiano*, Milano, Vita e Pensiero, 1985; E. Bigi, *Poesia latina e volgare nel Rinascimento italiano*, Napoli, Morano, 1989; C. Peirone, *Storia e tradizione della terza rima. Poesia e cultura nella Firenze del Quattrocento*, Torino, Tirrenia Stampatori, 1990; R. Fedi, *La memoria della poesia. Canzonieri, lirici e libri di rime nel Rinascimento*, Roma, Salerno, 1990.

Sulla filologia degli umanisti: R. Sabbadini, *Le scoperte dei codici latini e greci ne' secoli XIV e XV*, (rist. anast.), 2 voll., Firenze, Sansoni, 1967 (1ª ed. 1905-1914); Id., *Il metodo degli umanisti*, Firenze, Le Monnier, 1920; G. Billanovich, *I primi umanisti e le tradizioni dei classici latini*, Fribourg, Editions Universitaires, 1953; L.D. Reynolds-N.G. Williams, *Copisti e filologi. La tradizione dei classici dall'antichità al Rinascimento*, trad. it. di M. Ferrari, Padova, Antenore, 1987 (ed. or. 1968); S. Rizzo, *Il lessico filologico degli umanisti*, (rist. anast.), Roma, Edizioni di Storia e Letteratura, 1984 (1ª ed. 1973). Sulle biblioteche rinascimentali, si vedano il prezioso inventario di C. Bec, *Les livres des florentins (1413-1608)*, Firenze, Olschki, 1984, e il saggio di G. Cappelli, *Libri e letture a Firenze nel XV secolo*, in «Rinascimento», XXIX, 1989, pp. 143 sgg. Fondamentale per ogni ricerca sulla letteratura e filologia umanistiche è il censimento dei codici compilato da P.O. Kristeller, *Iter Italicum*, London-Leiden, Warburg Institut-Brill, 1965-1967; e si veda adesso l'*Iter italicum* III, ivi, 1983.

Sulla storiografia degli umanisti: M. Regoliosi, *Riflessioni umanistiche sullo «scrivere storia»*, in «Rinascimento», XXXI (II serie), 1991, pp. 3-37. Sul rapporto latino-volgare: M. Tavoni, *Latino, grammatica, volgare. Storia di una questione umanistica*, Padova, Antenore, 1984. Sul teatro rinascimentale: G. Ferroni, *Il testo e la scena. Saggi sul teatro del Cinquecento*, Roma, Bulzoni, 1980; Aa.Vv., *Il teatro italiano nel Rinascimento*, a cura di F. Cruciani e D. Seragnoli, Bologna, Il Mulino, 1987.

Sulle riflessioni estetiche e retoriche compiute in età rinascimentale, si veda anzitutto l'edizione dei *Trattati di poetica e retorica del Cinquecento*, 4 voll., a cura di B. Weinberg, Bari, Laterza, 1975; ad essa si affianchino i volumi antologici *Trattatisti del Cinquecento*, a cura di M. Pozzi, t. I, Milano-Napoli, Ricciardi, 1978 (con testi di Bembo, Speroni e Gelli; si prevedono altri due tomi, sulle discussioni linguistiche e sulle discussioni di poetica) e *Discussioni linguistiche del Cinquecento*, a cura di M. Pozzi, Torino, UTET, 1988. Tra gli studi: G. Hall, *Renaissance Literary Criticism. A Study of its Social Content*, New York, 1945; M.I. Herrick, *Comic Theory in the Sixteenth Century*, Urbana, Ill., University of Illinois Press, 1964. Sul principio dell'imitazione: G. Santangelo, *Il Bembo critico e il principio d'imitazione*, Firenze,

Sansoni, 1950; Aa.Vv., *Les commentaires et la naissance de la critique littéraire. France/Italie (XIVe-XVIe siècles)*, Actes du Colloque international sur le Commentaire, Paris, 1988, a cura di G. Mathieu-Castellani e M. Plaisance, Paris, 1990 (con scritti di P. Zumthor, M. Pozzi, M. Guglielminetti ecc.). Sulla questione della lingua: C. Segre, *Edonismo linguistico nel Cinquecento*, in *Lingua, stile e società*, Milano, Feltrinelli, 1974²; I. Paccagnella, *Il fasto delle lingue. Plurilinguismo letterario nel Cinquecento*, Roma, Bulzoni, 1984.

Per l'aggiornamento, si vedano le riviste: «Rinascimento»; «Italia medioevale e umanistica»; «Studies in Renaissance»; «Bibliothèque d'Humanisme et Renaissance»; «Schifanoia».

3 Il problema del Barocco

3.1 Dalle condanne settecentesche alla rivalutazione moderna del Barocco

La parola 'barocco' era inizialmente il nome di una delle figure del sillogismo, ma fin dal Cinquecento e dal Seicento venne spesso usata a designare un'argomentazione stravagante o perlomeno schematica e capziosa, lontana dalla realtà. Tale significato essa assunse in un clima culturale di insofferenza verso gli schematismi della filosofia scolastica. Secondo un'ipotesi finora largamente accolta, il significato sarebbe stato poi esteso a indicare l'artista che si distacca dalla realtà, che non segue le "vere regole" delle arti, e la parola venne usata come aggettivo qualificativo; e ciò potrebbe essere accaduto anche in conseguenza di un contatto con l'aggettivo francese *baroque*, ricavato dallo spagnolo *barueco* e dal portoghese *barroco* (che indicavano una perla di forma irregolare), col significato di "irregolare, bizzarro, capriccioso", e applicato ai modi delle arti figurative. Più di recente è stato invece proposto di riconoscere in *barocco* una voce regionale italiana, d'ambito popolare, significante "balordo, buono a nulla, strano, bislacco", assunta nella lingua comune letteraria per qualificare i particolari modi artistici secenteschi.

La nozione di 'barocco' come designazione storico-critica si viene formando, con significato polemico e negativo, soprattutto verso la fine del Settecento fra i teorici del "bello ideale" nelle arti figurative. FRANCESCO MILIZIA nel *Dizionario delle arti del disegno* (1797) definisce l'architettura del Seicento «il superlativo del bizzarro, l'eccesso del ridicolo. Borromini diede in deliri, ma Guarini, Pozzi, Marchione nella Sagrestia di S. Pietro, ecc., in *barocco*». L'atteggiamento del Milizia di fronte all'arte del Seicento è analogo a quello che, circa un secolo prima, avevano assunto i teorici dell'Arcadia di fronte alla letteratura marinistica. Questi avevano proclamato di voler uccidere «l'idra del mal gusto» e avevano accusato Giambattista Marino e i suoi seguaci di «stravaganza, bizzarria, pazzia, ecc.»;[1] il Milizia, mettendo nettamente sullo stesso piano letteratura e arti figurative, scriveva: «Borromini portò la bizzarria al più alto grado del delirio. Deformò ogni forma, mutilò frontespizi, rovesciò volute, tagliò angoli, ondulò architravi e cornicioni, e profuse cartocci, lumache, mensole, zig-zag e meschinità di ogni sorta. L'Architettura borrominesca è un'Architettura alla rovescia. Non è l'Architettura, è una scarabattoleria di un ebanista fantastico. [...] Borromini in Architettura, Bernini in Scultura, Pietro da Cortona in Pittura, il

---

[1] La critica più pertinente del vizio estetico fondamentale dei poeti secentisti, consistente in uno sfruttamento intellettualistico della metafora allo scopo di stupire il lettore, si trova nel trattato *Della perfetta poesia italiana* (1706) di LUDOVICO ANTONIO MURATORI.

Cavalier Marino in Poesia son peste del gusto». Il razionalismo e il classicismo letterario dell'Arcadia s'incontrano così col Neoclassicismo figurativo in una medesima esplicita e totale condanna. L'Arcadia lamentava distrutto dalle stravaganze del mal gusto marinistico il sobrio e armonico equilibrio del Petrarca e dei suoi imitatori del Cinquecento, i teorici del bello ideale vedevano con orrore sconvolte dalle audacie bizzarre del Borromini e del Bernini le regolari proporzioni dell'arte rinascimentale (per l'Arcadia cfr. il capitolo seguente).

Verso una diversa, e più positiva, valutazione dell'arte e della letteratura del Seicento cominciarono a preparare la via il Preromanticismo e il Romanticismo. Questa osservazione non si riferisce evidentemente al Romanticismo italiano. In esso le istanze di carattere politico e morale conducevano fatalmente a condannare il Seicento in blocco come età di decadenza, spiritualmente vuota, artisticamente retorica. Sarà sufficiente richiamare le pagine della *Storia della letteratura* del DE SANCTIS, il quale qui, come in tanti altri casi, riassume e approfondisce le interpretazioni della nostra cultura romantica (cfr. specialmente il cap. XVIII: *Marino*). D'altra parte la mentalità dei nostri romantici è ancora fortemente razionalistica, il loro ideale stilistico è quello della chiarezza e della semplicità, il loro gusto nelle arti figurative si ispira sempre ai canoni del Neoclassicismo. È ben naturale che per l'arte e la letteratura barocca non avessero alcuna comprensione e simpatia. Solo assai tardi, verso la fine dell'Ottocento, la cultura italiana, con scrittori di sensibilità più o meno decadentisticamente raffinata, come NENCIONI e D'ANNUNZIO, mostra i primi accenni a una valutazione anche positiva, se non altro sul piano estetico. Così D'Annunzio nel romanzo *Il piacere* (1889) attribuisce al protagonista l'intento di «scrivere sul Bernini un grande studio di decadenza, aggruppando intorno a quest'uomo straordinario che fu il favorito di sei papi non soltanto tutta l'arte ma anche tutta la vita del secolo», e manifesta ripetutamente la sua ammirazione per le opere e gli artisti di quell'epoca: tanto che la tipica Roma dannunziana è appunto la Roma barocca. Ma in Francia CHARLES BAUDELAIRE, per esempio, parecchio tempo prima, esaltava contro l'accademismo neoclassico la pittura romantica di Eugène Delacroix come pittura del movimento e del colore, tesa a imitare, «les palpitations eternelles de la nature», con termini che si possono benissimo applicare anche a molti pittori del Seicento, come Pieter Paul Rubens.

All'incirca nel medesimo tempo il romantico-decadente THÉOPHILE GAUTIER dava della poesia decadente una definizione che in gran parte può ugualmente riferirsi a quella secentistica: «Arte pervenuta a quel punto di estrema maturità cui volgono, prossime al tramonto, le civiltà che invecchiano: stile ingegnoso, complicato, dotto, pieno di gradazioni e di ricercatezze, estendente sempre i limiti della lingua, che prende qualchecosa a tutti i vocabolari tecnici, colori a tutte le tavolozze, note a tutti i tasti, sforzandosi di esprimere l'idea in quello che ha di più ineffabile, e la forma nei contorni più vaghi e fuggevoli, ascoltando, per tradurla, le confidenze sottili dei nervi, le confessioni delle passioni, che invecchiando si depravano, le strane allucinazioni dell'idea fissa che volge alla follia» (cit. da G. F. DAMIANI, *Sopra la poesia del cav. Marino*, Torino, Clausen, 1889, p. 11).

Baudelaire e Gautier documentano un mutamento del gusto, che doveva essere favorevole a una migliore comprensione dell'arte barocca. Tuttavia la piena definizione di un'arte di tipo barocco, diversa, ma non per questo necessariamente inferiore all'arte di tipo classico, è un prodotto della storiografia tedesca di fine Ottocento.

Anticipi in questa direzione c'erano già in JACOB BURCKHARDT e in FRIEDRICH NIETZSCHE, ma il merito principale va al grande storico delle arti figurative HEINRICH WÖLFFLIN. Fin dal 1888, nel libro su *Rinascimento e Barocco* (trad. it. dalla 3ª ed. tedesca, Firenze, Vallecchi, 1928), egli cerca di determinare i caratteri stilistici che distinguono il Barocco in rapporto all'arte del Rinascimento; ma porta poi a definitiva maturazione la sua visione del rapporto Classicismo-Barocco nell'altra, celebre opera *Concetti fondamentali della storia dell'arte*, uscita nel 1915 (trad. it. di R. Paoli, Milano, Longanesi, 1953). Il Wölfflin contrappone arte classica e arte barocca secondo cinque coppie antitetiche di categorie della "pura visibilità": *lineare-pittorico, superficie-profondità, forma chiusa-forma aperta, molteplicità-unità, chiarezza assoluta-chiarezza relativa*. Questa contrapposizione non ha alcun significato polemico: il Wölfflin afferma nella forma più decisa ed esplicita che l'opposizione delle due nozioni di Classicismo e Barocco si determina per lui non su di un piano valutativo, ma unicamente su di un piano di qualificazione storica e descrittiva: «La parola *classico* non implica qui un giudizio, in quanto esiste anche una *classicità* del Barocco. Il Barocco non segna né un declino né un superamento dell'arte classica, ma è solo un'arte fondamentalmente diversa». Questa distinzione egli è incline a trasportarla, al di là del significato strettamente storico, a un significato ideale, concependo tutta la storia dell'arte come retta da una legge evolutiva costante, per cicli, in ognuno dei quali si passa necessariamente da un modo *classico* di vedere a un modo *barocco*. Una concezione per certi aspetti ripresa anche in Francia da un altro storico dell'arte, HENRI FOCILLON, nel volume *La vie des formes* (1954, trad. it. di E. Bettim e E. De Angeli, Torino, Einaudi, 1990; 1ª ed. Milano, Minuziano, 1946), nel quale il Barocco appare come una fase necessaria nell'evoluzione di ogni stile figurativo, quella in cui le forme acquistano il massimo di vita e di libertà e, abbandonando quell'intimo rapporto reciproco che contraddistingue la fase classica, «vivono per se stesse con intensità, si diffondono senza freno, proliferano come un mostro vegetale», per cui si può parlare di un Barocco romano, gotico ecc. Questo trasporto della nozione dal terreno storico, in riferimento a un'epoca almeno approssimativamente determinata (il Seicento), a quello metastorico ha toccato il suo limite estremo nel libro dello scrittore spagnolo EUGENIO D'ORS, *Del Barocco* (trad. it. di L. Anceschi, Milano, Rosa & Ballo, 1945). Il D'Ors concepisce il Barocco come una categoria ideale che non solo si trova nelle più diverse epoche, ma tocca tutte le forme della civiltà, cosicché è tanto barocco l'alessandrinismo quanto il romanticismo, il francescanismo quanto l'irrazionalismo di Wagner, Rimbaud, Bergson ecc. Lo stile barocco e quello classico corrispondono a due diverse visioni della realtà e si contrappongono secondo coordinate di questo genere: «lo stile classico, tutto d'economia e di ragione, è lo stile delle forme che pesano e il Barocco, tutto musica e passione, è grande agitatore di forme che volano».

3.2 Il Barocco nella critica italiana del primo Novecento

La tesi del D'Ors ha suscitato vivaci e feconde discussioni, ma ha avuto, nella sua forma estremistica, scarso seguito, perché definizioni così generiche come quella riportata nel paragrafo precedente sono apparse di assai dubbia utilità storica e critica. Invece si è affermato nella storiografia moderna, e lo possiamo ormai considerare un acquisto definitivo, l'uso di una nozione del Barocco di tono positivo. Avversario tenace di questo atteggiamento si è sempre dimostrato BENEDETTO CROCE, che pure è fra i massimi iniziatori di uno studio serenamente storico della vita e della cultura del Seicento, attirandosi gli strali dei suoi contemporanei e, in particolare, di RENATO SERRA. Fin dalla *Storia dell'età barocca* (1929) il Croce sostenne energicamente l'opinione che è opportuno mantenere alla parola 'barocco' un significato esclusivamente negativo, usandola a designare una particolare forma del brutto: la ricerca dell'inaspettato e dello stupefacente. Il Croce difese la sua opinione soprattutto coll'osservare che il "bello" non ammette qualificazioni di nessun genere.

Altri storici moderni intendono valersi del termine per indicare una categoria della storia della cultura e del gusto e proprio come riconoscimento che certe forme di rappresentazione artistica e di espressione letteraria, già polemicamente condannate, sono ormai considerate obiettivamente nella loro giustificazione storica; LUCIANO ANCESCHI, cui si deve anche il recente *Idea del Barocco* (1984), propone di lasciare al termine *secentismo* «l'indicazione rigorosa di un vizio, prevalentemente e anche caratteristicamente letterario e italiano».

Nel libro *Il Parnaso in rivolta. Barocco e antibarocco nella poesia italiana* (1940) CARLO CALCATERRA estende la definizione di Barocco dal campo delle arti a quello della letteratura e tenta di approfondire la genesi interiore delle particolari forme espressive della poesia del Seicento, al di là di una generica ed estrema condanna. Secondo il Calcaterra lo stile barocco non è una bizzarria, ma una forma speciale di arte, in cui si rispecchia un modo speciale di vedere, il naturale riflesso espressivo di una nuova architettura dell'anima oscillante fra senso e intelletto, istinto e ragione, carnale e spirituale, naturale e sovrannaturale: documento di un momento di crisi, del passaggio a una gnoseologia nuova, quando ancora non si è raggiunto uno stabile equilibrio, ma si resta in bilico fra posizioni opposte. In questa visione il linguaggio figurato, caratteristico della letteratura barocca, non appare unicamente come il risultato di uno sforzo arbitrario d'ingegnosità tendente a suscitare la stupefazione del lettore, ma come la legittima conseguenza della ricerca di conciliare nell'espressione gli aspetti contrastanti delle cose. Il Calcaterra cioè, rivendica quello che oggi diremmo il valore "analogico" della metafora secentista, che istituisce rapporti fra le impressioni di sensi diversi e mette in contatto il mondo della pura sensibilità con quello dello spirito, rivelando un sentimento nuovo della natura e della vita, e lo distingue dalla pura sofisticazione intellettualistica e retorica, che si manifesta nelle arguzie del concettismo fine a se stesso, privo di intima ragione spirituale. Il Croce, in un saggio che resta ancora fondamentale (*Sensualismo e ingegnosità nella lirica del Seicento*, in *Saggi sulla letteratura italiana del Seicento*, 1911), aveva già compiuto un'essenziale discriminazione fra una tendenza sicuramente negativa della letteratura del Seicento, la ricerca dell'ingegnosità per se stessa, e una tendenza, il sensualismo, che poteva produrre, come produsse in effetti, anche risultati esteticamente positivi. Ma l'indagine del Calcaterra tende ad ampliare le dimensioni dell'anima "barocca" oltre i limiti della pura sensualità e, insieme, a ricondurre entro il raggio di una valutazione positiva molte di quelle manifestazioni che il Croce condanna in blocco sotto l'etichetta della "ingegnosità".

Anche un critico di formazione crociana, FRANCESCO FLORA, ha messo in rilievo il carattere di «analogia musicale», legato a una particolare visione delle cose e ai modi più nuovi della poesia moderna, che è in tanta parte del metaforeggiare degli scrittori barocchi. Egli scrive per esempio, a proposito del Marino, che «nella sua sensualità visiva, auditiva e tattile è trasposta per segrete affinità l'attenzione stupita del secolo verso il mondo naturale, quell'ansia di conoscere l'essenza delle cose e goderla in un rapporto panico», e che «Marino e i marinisti compirono esperienze che giovarono all'arte della parola, sia quella di un Foscolo o quella di un Baudelaire, sia infine quella più spiegatamente analogica di tutta la lirica dell'estremo romanticismo», riconoscendo che c'è «un Barocco mancato all'arte e un Barocco giunto all'equilibrio dell'arte, vogliamo dire alla classicità dell'arte» (cfr. i capitoli sul Barocco nella sua *Storia della letteratura italiana*, 1940-1942). Naturalmente il Flora accetta senza esitazione l'uso della parola 'barocco' come designazione del costume di un'età. Non c'è dubbio che, in un clima di sensibilità educata dalle esperienze verbali della letteratura moderna, certe espressioni dei marinisti non appaiono più come strampalerie, ma come il prodotto dell'audace ed efficace fusione di diversi ordini di impressioni. E anche un critico difficile, e non certo, nel complesso, troppo ben disposto verso la letteratura del Seicento, qual è ATTILIO MOMIGLIANO, riconosce quanto per certi temi, come quello dell'ineluttabile scorrere del tempo, «giovi alla forza dell'effetto il barocchismo dello stile», analogo a quello dei monumenti sepolcrali contemporanei; e, pur senza approfondire il problema, distingue dal secentismo sinonimo di artifizio, esteriorità ecc., un secentismo o barocchismo artisticamente valido, in quanto giustificato dal temperamento straordinario dello scrittore, come nel caso di Giambattista Della Porta, Giordano Bruno, Guarino Guarini e Giambattista Basile (cfr. i capp. XI e XII della sua *Storia della letteratura italiana*, 1933-1935).

3.3 Rovesciamento della prospettiva storiografica tradizionale: la poetica della "meraviglia" e l'interpretazione "interiore" del Barocco

Nella cultura italiana l'interpretazione non polemica, ma storica del Barocco ha finito per provocare il rovesciamento della prospettiva critica tradizionale, legata ancora alla concezione arcadica della nostra storia letteraria; prospettiva per la quale, nel delineare il quadro della letteratura del Seicento, di fronte ai "corrotti" marinisti venivano straordinariamente esaltati, come immuni dalla generale perversione del gusto, autori quali Fulvio Testi e Gabriello Chiabrera. È convinzione generale che il Seicento italiano sia nel complesso povero di poesia; ma chi vuol trovare qualche accento vivo e originale, lo cerca ormai non tanto nel Testi o nel Chiabrera, quanto proprio nei già tanto malfamati manifesti. La poetica della "meraviglia", che è a fondamento della letteratura marinistica,[2] non è più considerata negativa per defini-

---

2 A confermare la legittimità della definizione della poetica barocca come poetica della "meraviglia", sono citati di solito i noti versi del Marino: «È del poeta il fin la meraviglia, / parlo dell'eccellente e non del goffo; / chi non sa far stupir vada alla striglia». Ma si avverta che nel contesto (uno dei sonetti della *Murtoleide*, la *Fischiata* XXXIII) essi hanno significato ben diverso, anzi opposto: non vogliono esaltare il poeta che fa "meravigliare", ma, al contrario, satireggiare il Murtola, il quale, nel suo poema *La creazione* aveva introdotto cavoli, bietole, cipolle ecc., giustificandosi col dire che riteneva di far nascere da queste cose «la meraviglia maggiore e di notar maggiormente la Provvidenza di Dio». Infatti il sonetto conclude: «Io mai non leggo il cavolo e 'l carcioffo, / che non inarchi per stupor le ciglia, / com'essere possa un uom tanto gaglioffo».

zione e quindi responsabile della mancanza di vera poesia nell'Italia del Seicento. Una sorta di poetica della "meraviglia" è del resto alla base del verbo artistico futurista, proclamato e ribadito in numerosi manifesti e scritti teorici; il bisogno di ottenere l'effetto di colpire violentemente l'immaginazione e di attirare l'attenzione del pubblico è comune anche ad altre avanguardie novecentesche e persino al linguaggio della pubblicità. Ma la riscoperta del Barocco passa anche attraverso GIUSEPPE UNGARETTI traduttore e ammiratore di Luis de Góngora, si ricollega al gusto per l'arcano connaturato all'Ermetismo ma variamente riscontrabile negli ultimi decenni anche a livello divulgativo.

GIOVANNI GETTO, autore di un impegnativo saggio sulla poesia dei marinisti (costituisce l'introduzione alla sua antologia di marinisti, nei «Classici italiani» dell'UTET, 1954), mette in rilievo le «risorse intime che erano contenute nella poetica del Barocco», il «lievito fantastico, trasfiguratore, insito nella poetica della meraviglia», gli «esiti di fiaba e di allucinazione, di spettralità o di inquietudine, di festevolezza o di scherzoso colore, che potevano esserle connessi quando quella poetica si fosse potuta sviluppare nel fertile terreno della fantasia di un autentico poeta». Quel che mancò all'Italia del Seicento (non ad altre nazioni) fu appunto un vero temperamento di poeta. Nel suo saggio il Getto, pur riconoscendo l'assenza di un grande poeta fra i marinisti, illumina la varietà di aspetti nuovi e originali, di risultati espressivamente efficaci, di esperienze stilistiche innovatrici, offerta dalla poesia barocca, che il modulo critico tradizionale rappresenta come unicamente dedita a toni turgidi e pomposi e a ingegnosità metaforiche prive di giustificazione. I poeti barocchi allargano assai al di là dei limiti tradizionali (che sono poi quelli della lirica di ispirazione petrarchesca) l'orizzonte degli interessi contenutistici e formali. Tutto un mondo nuovo di "cose" e di aspetti inediti delle cose penetra per mezzo loro nel campo della lirica, ristretto fino ad allora a pochi temi e oggetti convenzionali, tradotti in un linguaggio straordinariamente selezionato e schifiltoso. La poetica della "meraviglia" si è «fatta inconsapevole mediatrice del sorgere di un nuovo ideale figurativo e dell'apparire di una nuova sensibilità linguistica [...] una realtà e una lingua che sembrano preparare certe esperienze della poesia illuministica e romantica».

Alla radice di questi nuovi modi figurativi sta una visione della realtà come movimento, instabilità, labilità, metamorfosi continua, trasformismo illusorio; visione che a sua volta è prima che un fatto estetico una intuizione etica: «La *Weltanschauung* di questi poeti insiste su una visione della vita fragile e fugace, sulla presenza continua del tempo distruttore e veloce, sull'ossessione lugubre e desolata della morte».

Questa interpretazione del Getto si accorda con la concezione che del Barocco si è andata diffondendo nella cultura europea e che ha conquistato anche quei settori che per tradizione apparivano più refrattari a un riconoscimento storico e critico dell'arte barocca, come quello della cultura francese, così intimamente nutrita di cartesiano razionalismo e di gusto classicheggiante. Un libro del critico svizzero JEAN ROUSSET (*La littérature de l'âge baroque en France*, 1953) è tutto dedicato a identificare la realtà storica di un'età barocca anche nella letteratura francese, e organizza preliminarmente una tematica di forme e di contenuti che può esser considerata entro certi limiti esemplare delle idee prevalenti nella critica moderna. Il Rousset considera l'epoca che va da Michel de Montaigne a Gian Lorenzo Bernini come dominata dal gusto della metamorfosi, dell'incostanza psicologica, dell'illusione, da una visione del mondo e della vita umana come un gioco fluttuante di apparenze che passano e si trasformano, come un volubile miraggio, e da una definizione dell'uomo in termini di mutamento, travestimento, movimento (il Bernini diceva che «un uomo non è mai così simile a se stesso come quando è in movimento»). In riferimento a queste tendenze egli distingue il "barocco" dal "classico", nel quale prevalgono il senso dell'ordine e della misura, l'amore della semplicità e la ricerca di un equilibrio stabile intorno a un centro fisso.

L'opposizione di barocco a classico può indurre facilmente a identificare Barocco e Romanticismo. Il D'Ors, come abbiamo visto, fa infatti del Romanticismo una manifestazione o sottospecie del Barocco. Ma con più vigile senso storico sia il Rousset sia il Getto mettono in luce, accanto all'analogia di alcuni aspetti, anche le profonde differenze. Il Rousset osserva che «il Barocco cerca la sua verità nel travestimento e nell'ornamento, il Romanticismo dichiara guerra a tutte le maschere; il Barocco decora ciò che il Romanticismo denuda; l'io barocco è un'intimità che si mostra, l'io romantico un segreto che si rivela nella solitudine; il Barocco tende a spostare l'essere verso il parere, il Romanticismo traduce un ripiegamento verso il fondo dell'essere». A sua volta il Getto rileva la diversità dei princìpi da cui scaturiscono risultati figurativi apparentemente simili: da un lato (romantico) il principio della libertà e della sincerità creatrice, dall'altro la poetica della meraviglia. Il Barocco, fondamentalmente intellettualistico e rivolto all'esterno, non conosce ancora la grande scoperta romantica: il mondo del sentimento.

3.4 Caduta delle spiegazioni tradizionali e nuove interpretazioni della Controriforma

La visione della letteratura secentista (considerazioni analoghe a quelle riferite sui poeti sono state fatte per i prosatori barocchi) nell'ampio quadro di un generale mutamento del gusto e della sensibiltà europei ha fatto cadere le vecchie spiegazioni superficiali del fenomeno e ne ha dissociato il problema da quello, al quale fu collegato soprattutto dalla storiografia ottocentesca, della decadenza politica e morale dell'Italia in quell'epoca. L'origine del secentismo fu ricercata volta per volta nel dispotismo, nell'influenza spagnola, nel Concilio di Trento, nel gesuitismo, nella degenerazione dell'Umanesimo e dell'aristotelismo, nell'imitazione del Tasso ecc. Tra queste spiegazioni, forse la più diffusa dall'Ottocento a oggi è quella che ne rende responsabile una presunta decadenza morale, una vuotaggine e oziosità spirituale provocate dalla Controriforma. Essa si è dapprima affermata con evidente carattere polemico in seno al liberalismo anticlericale del Risorgimento, non senza influsso di giudizi stranieri (e qualche anticipo c'è già nel Settecento, per esempio in GIUSEPPE PARINI). La sua espressione più risoluta e ingenua è nelle note parole con le quali LUIGI SETTEMBRINI apre il capitolo sul secentismo nelle sue *Lezioni di letteratura italiana* (1866): «Che cosa è il Secentismo? il Gesuitesimo nell'arte». Ma anche il DE SANCTIS parla di una letteratura vuota di idee e di sentimenti, «un gioco di forme, una semplice esteriorità», la quale rispecchiava «la passività dello spirito, naturale conseguenza di una teocrazia autoritaria, sospettosa di ogni discussione, e di una vita interiore esaurita e impaludata (cfr. il cap. *Marino* nella *Storia della letteratura italiana*; si vedano anche le pagine introduttive del cap. su *Torquato Tasso*, dove sono analizzate le conseguenze della Controriforma sulla vita intellettuale italiana).

Le varie spiegazioni sopra accennate furono criticate dal Croce (cfr. il cap. *Il Barocco* nella cit. *Storia dell'età barocca*), il quale tuttavia è ancora in parte sulla linea della storiografia risorgimentale, quando ripone la natura della decadenza italiana in una mancanza di "entusiasmo morale" e, pur riconoscendone largamente i meriti, attribuisce alla Controriforma un carattere intrinsecamente politico, che le vietò di creare nuove e progressive forme della vita etica, e che spiega l'aridità intellettuale e morale che l'accompagnò: «Nessun gran libro, di quelli che rivelano sempre più profondamente l'uomo all'uomo, appartiene all'ispirazione della Controriforma; nessun poeta [...] nessun artista perché l'arte del Seicento, quando non servì a fini pratici e si manifestò con ischiettezza, apparve apertamente sensuale» (cfr., nella medesima opera, il cap. *Controriforma*). Questa concezione della Controriforma ha subìto un processo di revisione da parte soprattutto di storici cattolici (maggiore di tutti Hubert Jedin, al quale si sono ispirati i più giovani storici italiani): essi hanno denunziato i toni polemici di molta storiografia e hanno cercato di porre in luce il rifiorire del sentimento religioso, la schiettezza e la sincerità con la quale l'opera "controriformistica" fu accettata e interiormente rivissuta dal popolo italiano. Come si esprime uno di questi storici, «il modo religioso di vita della Controriforma non fu in prevalenza tecnicamente intellettualistico, ma corrispose ad una sincera adesione al credo cristiano-cattolico quale era stato riaffermato solennemente nel Concilio di Trento» (M. Petrocchi, *La Controriforma in Italia*, 1947). Su *La cultura della Controriforma* è pure intervenuto, da posizioni marxiste, Alberto Asor Rosa (1979). Con una prospettiva originale si è accostata al complesso panorama ideologico secentesco Lia Mannarino, autrice dello studio *La condizione dell'intellettuale nel Seicento* (1980).

La critica attuale tende a estendere a più campi possibili l'esame di un secolo già troppo frettolosamente liquidato, dopo il successo avuto in tutta Europa presso i suoi contemporanei. La rilettura ancora in corso coinvolge sia le più varie esperienze della poesia barocca (poesie figurate *et similia* sono state anche ripraticate in questo secolo da movimenti di avanguardia), sia la dimenticata narrativa, per non parlare di tutta una produzione al confine tra letteratura e scienza (scritti di storici, filosofi, eruditi, teorici ecc.), da cui emerge il quadro di «un periodo di straordinaria e inesplorata ricchezza inventiva, capace, per di più, di offrire, in una sorta di *specimen* ideale, l'affascinante spettacolo di una civiltà che, mentre pensa di mantenere intatta la lezione del passato, in realtà la distrugge e prepara l'avvento di una nuova» (M. Guglielminetti, in *Dizionario critico della letteratura italiana*, 1973; dello stesso v. anche *Manierismo e Barocco*, vol. III della *Storia della Civiltà letteraria italiana*, 1990). All'attività drammatica è dedicato lo studio di Silvia Carandini, *Teatro e spettacolo nel Seicento* (1990).

3.5 Il Manierismo

Fino a qualche decennio addietro l'arte e la letteratura *barocche* venivano considerate in antitesi globale e diretta all'arte e alla letteratura *classica* del Rinascimento. Ma di recente fra Rinascimento e Barocco si è introdotta una categoria intermedia: il

Manierismo. Il termine 'manierismo' nacque nel campo delle arti figurative (pare intorno al 1600) e, come 'barocco', con significato prevalentemente negativo, che conservò fino alla critica del primo Novecento: per indicare, cioè, certe manifestazioni artistiche del tardo Cinquecento, che venivano interpretate come l'irrigidimento e la ripetizione schematica, la trasformazione in "maniera", delle forme create dall'arte classica del Rinascimento. Per primo MAX DVORÁK (cfr. *Kunstgeschichte als Geistesgeschichte*, 1924) vide nel Manierismo, nel suo carattere soggettivistico e deformante rispetto all'"oggettività" dell'arte rinascimentale, non un fenomeno di decadenza e di esaurimento, ma il ridestarsi della spiritualità e della fantasia individuale e creatrice in antitesi alle norme classiche. Rappresentanti massimi di questo atteggiamento sono, per Dvorák, Michelangelo, Tintoretto, e soprattutto il Greco. Egli inoltre estende la categoria del Manierismo dal campo delle arti figurative a quello della letteratura, considerando grandi scrittori manieristi Tasso, Rabelais, Shakespeare, Cervantes. L'indicazione fu raccolta da altri critici stranieri, fra cui ricorderemo ARNOLD HAUSER, il quale interpreta il Manierismo come «l'espressione artistica della crisi che nel Cinquecento scuote tutto l'Occidente, investendo insieme la vita politica, quella economica e quella intellettuale», come la fase iniziale dell'arte moderna, che implica «la fondamentale separazione fra l'idea e l'esistenza, l'essenza e la vita, Dio e il mondo». Gli intimi dissidi di questa civiltà in crisi producono un carattere di "ambiguità", di incertezza fra i limiti del reale e dell'irreale, di cui lo Hauser vede un'espressione tipica nel *Don Chisciotte*. Nell'opera di Miguel de Cervantes egli crede di scoprire anche altri tratti tipici del Manierismo, come la duplice natura dell'eroe, che ora tocca il ridicolo ora il sublime, il fenomeno del cosciente autoinganno, la presentazione capricciosa e grottesca, la struttura arbitraria, senza forma né misura ecc. Lo Hauser distingue nettamente il Manierismo, intellettualistico e aristocratico, dal Barocco, tendenzialmente sensuale e popolare (cfr. la sua *Storia sociale dell'arte*, 1951).

L'applicazione della categoria del Manierismo alla letteratura italiana è piuttosto recente. GEORG WEISE, in un saggio del 1960 su *Manierismo e letteratura*, sostiene la necessità di isolare entro la tradizione letteraria italiana posteriore al Petrarca una «vena di preziosità e raffinatezza goticheggianti», in contrasto sia col «retaggio umanistico di idealità e grandiosità» sia con le «tendenze naturalistiche e sensualistiche» del Barocco, che costituirebbe il fenomeno del Manierismo. Il termine e il concetto sono utilizzati invece da RICCARDO SCRIVANO per definire unitariamente la letteratura dell'età del Tasso (cfr. *Il Manierismo nella letteratura del Cinquecento*, 1959). Di Manierismo si è parlato più volte a proposito del Tasso (cfr., per es., il vol. di F. ULIVI, *Il manierismo del Tasso e altri studi*).

Come a Barocco, così a Manierismo è stato attribuito un significato non storicamente delimitato, ma extrastorico, tipologico. ERNST ROBERT CURTIUS lo intende come una categoria *retorica*, che ritorna costantemente e sotto la quale si possono raccogliere fenomeni anche lontanissimi nel tempo e nello spazio, ma unificati dal comune denominatore dell'opposizione al "classico". Sulla traccia del Curtius, un suo allievo, GUSTAV R. HOCKE, nel volume *Il Manierismo nella letteratura* (1959) ha ricostruito in maniera brillante ed estrosa una tipologia del Manierismo come l'irregolare, l'anormale, il disarmonico ecc., opposto al classico, dall'anticlassicismo dell'età alessandrina alla poesia del Novecento, passando attraverso la latinità argentea, il tardo Medioevo, l'età di Góngora, Shakespeare e Marino, il Romanticismo.

Il punto sull'argomento è stato fatto nel Convegno Internazionale su *Manierismo e letteratura* tenuto a Torino nel 1983 (Atti, 1986). Ancora sul Manierismo letterario è intervenuto GIANCARLO MAZZACURATI con *Il Rinascimento dei moderni*, 1987.

■ Repertorio bibliografico

a) Sul Barocco in generale

Sguardi complessivi sul concetto di Barocco: L. ANCESCHI, *Rapporto sull'idea di Barocco*, in *Del Barocco e altre prove*, Firenze, Vallecchi, 1953 (e cfr. il più recente *L'idea del Barocco*, Bologna, Nuova Alfa, 1984); C. CALCATERRA, *Il problema del Barocco*, in *Questioni e correnti di storia letteraria*, Milano, Marzorati; G. GETTO, *La polemica sul Barocco*, in *Letteratura e critica nel tempo*, Milano, Marzorati, 1979.

Per le discussioni più recenti si vedano: *Retorica e Barocco*, Atti del III Convegno Internazionale di studi umanistici, a cura di E. Castelli, Roma, Bocca, 1955; *Manierismo, Barocco, Rococò. Concetti e termini*, Atti del Convegno Internazionale, 1960, Roma, Accademia Nazionale dei Lincei, 1962; M. COSTANZO, *La critica del Novecento e le poetiche del Barocco*, Roma, Bulzoni, 1976; J. A. MARAVALL, *La cultura del Barocco*, trad. it. di C. Paez, Bologna, Il Mulino, 1985 (ed. or. Barcelona, 1975).

Per la storia del termine: O. KURZ, *Barocco: storia di una parola*, in «Lettere italiane», XII, 1960; B. MIGLIORINI, *Barocco*, in *Profili di parole*, Firenze, Le Monnier, 1971 (1ª ed. 1968); O. LURATI, *Origine di «Barocco»*, in «Vox romanica», 34, 1975.

Rassegne di studi: B. BASILE, *Rassegna di studi sul Barocco e il Barocco letterario italiano (1965-1972)*, in «Lettere italiane», XXIV, 1972; C. OSSOLA, *Rassegna di testi e studi tra Manierismo e Barocco*, in «Lettere italiane», XXVII, 1975; A. CORSANO, *Recenti discussioni sul Seicento*, in «Cultura e scuola», 53, 1975; D. ARICÒ, *Poesia barocca. Rassegna di testi e studi (1975-1988)*, in «Lettere italiane», XL, 1988.

b) La Controriforma

Sull'età della Controriforma: D. CANTIMORI, *Contributi alla storia del Concilio di Trento e della Controriforma*, Firenze, Vallecchi, 1954 e ID., *Umanesimo e religione nel Rinascimento*, Torino, Einaudi, 1980 (1ª ed. 1975); di valore scientifico notevole è *Storia della Chiesa*, dir. da H. Jedin, vol. VI: *Riforma e Controriforma (XVI e XVII secolo)*, Milano, Jaca Book, 1975, con scritti dello stesso Jedin *et alii*, e con accurata bibliografia (sul Concilio tridentino in particolare si veda la monumentale ricostruzione di H. JEDIN, *Il Concilio di Trento*, 4 voll., tt. 5, trad. it. di N. Beduschi, Brescia, Morcelliana, 1973-1981).

Sulla letteratura nell'età della Controriforma: G. MARZOT, *L'Italia letteraria durante la Controriforma*, Roma, Studium, 1962; C. DIONISOTTI, *La letteratura italiana nell'età del Concilio di Trento* (1965), in *Geografia e storia della letteratura italiana*, Torino, Einaudi, 1977 (1ª ed. 1967), pp. 227 sgg.; G. GETTO, *Letteratura ascetica e mistica nell'età del Concilio tridentino* (1947), in *Letteratura religiosa*, vol. II, Firenze, Sansoni, 1967. Un libro eccellente sull'immaginario di fine secolo è C. OSSOLA, *Autunno del Rinascimento*, Firenze, Olschki, 1974.

Sulla storia intellettuale: G. BENZONI, *Gli affanni della cultura. Intellettuali e potere nell'Italia della Controriforma e barocca*, Milano, Feltrinelli, 1978.

Sul Manierismo in particolare: R. SCRIVANO, *Il Manierismo nella letteratura italiana del Cinquecento*, Padova, Liviana, 1959; A. HAUSER, *Il Manierismo. La crisi del Rinascimento e l'origine dell'arte moderna*, trad. it. di C. e A. Bovero, Torino, Einaudi, 1988 (1ª ed. 1965; ed. or. München, Beck, 1964); G.R. HOCKE, *Il Manierismo nella letteratura*, trad. it. R. Zanasi, Milano, Il Saggiatore, 1965; W. SIPHER, *Rinascimento, Manierismo, Barocco*, Padova, Marsilio, 1968; G. WEISE, *Il Manierismo. Bilancio critico del problema stilistico e culturale*, Firenze, Olschki, 1971 e ID., *Manierismo e letteratura*, ivi, 1976; M. PRAZ, *Il giardino dei sensi. Studi sul Manierismo e il Barocco*, Milano, Mondadori, 1975 (sul gusto del bizzarro e del mostruoso); A. QUONDAM, *Problemi del Manierismo*, Napoli, Guida, 1975; C. BENINCASA, *Sul Manierismo come dentro a uno specchio*, Roma, Officina, 1979; M. COSTANZO, *I segni del silenzio e altri studi sulle poetiche e l'iconografia letteraria del Manierismo e del Barocco*, Roma, Bulzoni, 1983. E si veda il volume miscellaneo *Manierismo e letteratura*, Atti del Congresso Internazionale di Torino, 1983, a cura di D. Dalla Valle, Torino, A. Meynier, 1986 (con bibliografia); G. MAZZACURATI, *Il Rinascimento dei moderni*, Bologna, Il Mulino, 1987.

c) Edizioni moderne

Le moderne edizioni furono inaugurate dai *Lirici marinisti*, a cura di B. Croce, Bari, Laterza, 1968 (1ª ed. 1910: inaugurò la serie degli «Scrittori d'Italia»). Si vedano anche le seguenti antologie: *Lirici del Seicento e dell'Arcadia*, a cura di C. Calcaterra, Milano, Rizzoli, 1936; *Marino e i marinisti*, a cura di G.C. Ferrero, Milano-Napoli, Ricciardi, 1954; *Opere scelte di G.B. Marino e dei Marinisti*, 2 voll., a cura di G. Getto, Torino, UTET, 1962 (1ª ed. 1954), fondamentale; *Poesia del Seicento*, a cura di C. Muscetta e M.R. Massei, 2 voll., Torino, Einaudi, 1968 (1ª ed. 1964), la più ampia; *Opere di Gabriello Chiabrera e lirici del classicismo barocco*, a cura di M. Turchi, Torino, UTET, 1974 (con testi anche di F. Testi, O. Rinuccini, V. da Filicaia, A. Guidi *et alii*); *Poesia italiana. Il Seicento*, a cura di L. Felici, Milano, Garzanti, 1978.

Per la prosa: *Politici e moralisti del Seicento*, a cura di B. Croce e S. Caramella, Bari, Laterza, 1930; *Antologia della prosa scientifica italiana del Seicento*, a cura di E. Falqui, Firenze, Vallecchi, 1943; *Trattatisti e narratori del Seicento*, a cura di E. Raimondi, Milano-Napoli, Ricciardi, 1960 (fondamentale); *Viaggiatori del Seicento*, 2 voll., a cura di M. Guglielminetti, Torino, UTET, 1976 (1ª ed. 1967); *Scienziati del Seicento*, a cura di M.L. Altieri Biagi, Milano, Rizzoli, 1969 (ampliata, in collaborazione con B. Basile, nell'ed. Ricciardi, Milano-Napoli, 1980); *Romanzieri del Seicento*, a cura di M. Capucci, Torino, UTET, 1974.

Percorsi particolari esplorano le raccolte *Scrittori politici del '500 e del '600*, a cura di B. Widmar, Milano, Rizzoli, 1964 e *Storici e politici veneti del Cinquecento e del Seicento*, a cura di G. Benzoni e T. Zanato, Milano-Napoli, Ricciardi, 1982 (con testi di P. PARUTA, P.M. CONTARINI, A. NANI, C. QUERINI, F. MICANZIO).

d) Panoramiche complessive

Panoramiche complessive sulla letteratura del Seicento sono nei volumi di C. JANNACO-M. CAPUCCI, *Il Seicento*, Vallardi, Milano, 1986 (1ª ed. 1963) e nel corrispondente volume della *Storia della letteratura italiana*, dir. da E. Cecchi e N. Sapegno, Milano, Garzanti, 1965-1969, di taglio interdisciplinare. In chiave ideologica è strutturato il vol. V della *Letteratura italiana storia e testi*, dir. da C. Muscetta, Bari, Laterza, 1970-1980: *Il Seicento*, a cura di

A. Asor Rosa *et alii*. Si ricorra anche alle sintesi di M. GUGLIELMINETTI, *Barocco*, in *Dizionario critico della letteratura italiana*, dir. da V. Branca, vol. I, Torino, UTET, 1986 (1ª ed. 1973); *Manierismo e Barocco*, in *Storia della civiltà letteraria italiana*, dir. da G. Bárberi Squarotti, vol. III, Torino, UTET, 1990, con ampie bibliografie.

Fondamentali, tra gli studi monografici, le opere di B. CROCE, *Storia dell'età barocca*, Bari, Laterza, 1967⁵ e *Saggi sulla letteratura italiana del Seicento*, ivi, 1968 (1ª ed. 1911). E inoltre: G. TOFFANIN, *La fine dell'Umanesimo*, a cura di G. Mazzacurati, Manziana, Vecchiarelli, 1992 (1ª ed. 1920), Torino, Bocca; D. PETRINI, *Note sul Barocco*, Rieti, Biblioteca Editrice, 1929; C. CALCATERRA, *Il Parnaso in rivolta. Barocco e antibarocco nella poesia italiana*, Bologna, Il Mulino, 1961 (1ª ed. Milano, Mondadori, 1940), fondamentale; G. MARZOT, *L'ingegno e il genio nel Seicento*, Firenze, La Nuova Italia, 1944; E. D'ORS, *Del Barocco*, a cura di L. Anceschi, Milano, Rosa & Ballo, 1945 (ed or. 1935): per il D'Ors il Barocco sarebbe una «costante storica»; M. PRAZ, *Studi sul concettismo*, Firenze, Sansoni, 1946 (1ª ed. Milano, in «La cultura», 1934).

Tra gli studi più recenti: E. RAIMONDI, *Letteratura barocca. Studi sul Seicento italiano*, Firenze, Olschki, 1982 (1ª ed. 1961): molto innovativo, specie in rapporto a E. Tesauro; e ID., *Anatomie secentesche*, Pisa, Nistri-Lischi, 1966; F. CROCE, *Tre momenti del barocco letterario italiano*, Firenze, Sansoni, 1966; A. GRISERI, *Le metamorfosi del Barocco*, Torino, Einaudi, 1967 (di pregevole impostazione interdisciplinare); R. TESSARI, *La commedia dell'arte nel Seicento*, Firenze, Olschki, 1969; G. GETTO, *Barocco in prosa e in poesia*, Milano, Rizzoli, 1969; M. COSTANZO, *Critica e poetica del primo Seicento*, 3 voll., Roma, Bulzoni, 1969-1971; G. CONTE, *La metafora barocca. Saggio sulle poetiche del Seicento*, Milano, Mursia, 1972; S. BERTELLI, *Ribelli, libertini e ortodossi nella storiografia barocca*, Firenze, La Nuova Italia, 1973; O. BESOMI, *Esplorazioni secentesche*, Padova, Antenore, 1975; A.N. MANCINI, *Romanzi e romanzieri del Seicento*, Napoli, Società Editrice Napoletana, 1981; A. ASOR ROSA, *La narrativa italiana del Seicento*, in *Letteratura italiana*, Torino, Einaudi, 1984, vol. III, t. 2: *La prosa*; C. VARESE, *Scena, linguaggio e ideologia dal Seicento al Settecento*, Roma, Bulzoni, 1985; D. COFANO, *Tra continuità e rinnovamento. La questione della lingua e la critica letteraria del Seicento*, Bari, Adriatica, 1988; C. SCARPATI-E. BELLINI, *Il vero e il falso dei poeti. Tasso, Tesauro, Pallavicini, Muratori*, Milano, Vita e Pensiero, 1990.

Sul teatro: C. MOLINARI, *Le nozze degli dèi. Un saggio sul grande spettacolo italiano del Seicento*, Roma, Bulzoni, 1968 (con ricca documentazione); R. TESSARI, *La commedia dell'arte nel Seicento. «Industria» e «arte giocosa» della civiltà barocca*, Firenze, Olschki, 1980; S. CARANDINI, *Teatro e spettacolo nel Seicento*, Roma-Bari, Laterza, 1990 (con ampia bibliografia).

Tra i volumi miscellanei: *Il mito del classicismo nel Seicento*, Messina-Firenze, D'Anna, 1964: *«La più stupenda e gloriosa macchina». Il romanzo italiano del secolo XVII*, a cura di M. Santoro, Napoli, Società Editrice Napoletana, 1981; *Sul romanzo secentesco*, a cura di G. Rizzo, Galatina, Congedo, 1987.

Per l'aggiornamento, si tengano presenti la rivista «Studi secenteschi», dir. da U. Limentani e M. Capucci, dal 1960, e le periodiche rassegne di F. CROCE in «La rassegna della letteratura italiana».

4 Arcadia e Illuminismo

4.1 L'Arcadia nella critica dell'Ottocento e lo spostamento di visuale operato dal Croce

Come l'Arcadia di fronte al Barocco, così la "nuova letteratura" illuministica e romantica assunse un atteggiamento polemico di fronte all'Arcadia. L'immagine ancor oggi forse più diffusa dell'Arcadia è quella consegnata in alcune famose pagine della «Frusta letteraria» di GIUSEPPE BARETTI: le pagine che pungono «quella celebratissima letteraria fanciullaggine chiamata *Arcadia*» e la «poesia eunuca», dell'«inzuccheratissimo» Zappi con i suoi «smascolinati sonettini, pargoletti piccinini, mollemente femminini, tutti pieni d'amorini». Sulla medesima linea, con maggior severità di pathos morale e politico, i critici del Risorgimento videro nell'Arcadia l'ultima manifestazione della decadenza spirituale italiana. Già nel «Conciliatore» c'è qualche accenno di disprezzo all'inutile «migliaia di epigrammi e di sonetti, onde risuona la sterile arcadia»; ma LUIGI SETTEMBRINI afferma addirittura che «l'Arcadia fu l'ultima degradazione della poesia, come in quel tempo l'Italia era caduta nell'ultima degradazione morale», dovuta anch'essa, come il marinismo, all'opera dei Gesuiti, i quali vollero «opprimere la fantasia» e «ridurre gli uomini a bambini ed agnellini, metterli in un ovile e darli a condurre a un custode». Anche FRANCESCO DE SANCTIS, dopo aver delineato il quadro del rinnovamento intellettuale europeo nell'età cartesiana, si domanda: «che faceva l'Italia innanzi a quel colossale movimento di cose e d'idee? L'Italia creava l'Arcadia. Era il vero prodotto della sua esistenza individuale e morale. I suoi poeti rappresentano l'età d'oro, e in quella nullità della vita presente fabbricavano temi astratti e insipidi amori tra pastori e pastorelle». In questa prospettiva Pietro Metastasio diventa l'espressione della vuota società del tempo: «Quel suo dramma a superficie tragica, a fondo comico, coglieva la vita italiana nel più intimo: quel suo contrasto tra il grandioso del di fuori e la vacuità del di dentro». Di fronte a lui il Parini rappresenta invece il rinnovamento della coscienza e quindi la restaurazione della letteratura: il Parini «non è il puro letterato, chiuso nella forma, indifferente al contenuto; anzi la sostanza dell'arte è il contenuto, e l'artista è per lui l'uomo nella sua integrità. La poesia riacquista la serietà di un contenuto vivente nella coscienza». E mentre nel Metastasio la parola, svuotata di ogni contenuto, si era ridotta a pura musica, nel Parini «la forma si rimpolpa, si realizza, diviene essa medesima l'idea, armonia tra l'idea e l'espressione». Una «restaurazione della parola» alla quale, secondo il De Sanctis, aveva già cominciato a lavorare Carlo Goldoni, introduttore del "naturale nell'arte", il quale vide che «a restaurare la parola bisognava non lavorare intorno alla parola, ma intorno al suo contenuto, rifare il mondo organico o interiore dell'espressione» (cfr. *Storia della letteratura italiana*, cap. XX: *La nuova letteratura*, 1870-1871).

Uno spostamento di visuale comincia con GIOSUE CARDUCCI. Il Carducci, più disposto dei critici romantici a sentire il valore della disciplina letteraria, riconobbe all'Arcadia il merito di aver conservato «certe buone tradizioni di dottrina e di stile», che non furono senza importanza per la formazione degli scrittori del secondo Settecento, come Carlo Gozzi e il Parini. E a proposito del Parini egli, pur ammirandone più volte l'altezza morale, mise in rilievo quanto nella sua personalità di uomo e di poeta vi fosse di ancor legato al gusto della società e della letteratura dell'Arcadia (cfr. soprattutto i due volumi *Il Parini minore*, 1903, e *Il Parini maggiore*, 1907). Ma un mutamento in certo senso radicale della prospettiva storica tradizionale venne compiuto dal CROCE. Già nel capitolo *Decadenza* della *Storia dell'età barocca in Italia* (1929) egli additò proprio nell'Arcadia l'inizio del rinnovamento dopo il periodo di decadenza della vita italiana: «La ripresa fu segnata da una rivoluzione, non certamente poetica, ma letteraria e stilistica, della poi tanto spregiata e irrisa Arcadia, cioè dal bisogno di scrivere in modo semplice e modesto; dall'abbandono della scolastica e del peripatismo, e delle grossolane credenze di ogni sorta, per le scienze di osservazione e per le matematiche e per la filosofia; dalle indagini storiche sul passato d'Italia, e in primo luogo sulla storia della letteratura italiana». Qui l'Arcadia è vista come un aspetto dell'inizio del Risorgimento, il quale «comincia non nel 1815, come nei manuali scolastici, ma, sia pure in forma crepuscolare, intorno al 1670».

Questa tesi fu sviluppata dal Croce nel saggio *L'Arcadia* (1945), nel quale il fenomeno dell'Arcadia è considerato nell'ampio quadro di tutta la cultura europea dell'epoca. La funzione positiva dell'Arcadia fu nella reazione al baroccismo, nel promuovere «contro il culto del "sorprendente", con i suoi artifiziosi e vuoti rapporti d'immagini e con le sue timidezze, la seria e pacata espressione degli affetti e dei pensieri»; ma la sua opera va considerata come una delle manifestazioni del generale moto intellettuale europeo, che era il razionalismo, e «la sterilità di vera poesia, e l'abbondanza in suo luogo di versi rivolti ad altri non poetici fini, furono dell'Arcadia perché furono di quell'età», tutta impregnata di tendenze razionalistiche poco favorevoli alla poesia: la letteratura di quell'età fu, non soltanto in Italia, ma in tutta Europa, erotica, galante, gnomica, didascalica, pseudopoesia e non vera grande poesia. In questa visuale il Parini non appare più, come appariva al De Sanctis, il primo poeta della nuova letteratura, in antitesi con l'Arcadia, ma come scrittore interamente compreso nel gusto dell'Arcadia, anzi «la più alta cima che essa mai attingesse», mentre un senso nuovo della vita e della poesia si annunzia soltanto in Vittorio Alfieri.

4.2 Le interpretazioni del Fubini e del Toffanin e il rapporto Arcadia-Illuminismo

Sulla linea interpretativa del Croce si colloca MARIO FUBINI che mette in luce soprattutto (*Arcadia e Illuminismo*, in *Questioni e correnti di storia letteraria*, 1949) la consonanza di razionalismo e di classicismo, propria dell'età arcadica: «non vi è contraddizione [...] fra il razionalismo e il classicismo di questa età, fra le stesse affermazioni più precise della ragione e l'ossequio alle autorità letterarie, e il ribadito canone dell'imitazione: nell'arte dei classici, dei classici greci e latini e di quelli italiani, erano le qualità ignorate o negate dai secentisti, qualità di misura, di convenienza, di disciplina essenziali per ogni artista, e ad essi bisognava rifarsi per apprenderle»; inoltre egli rileva gli spunti nuovi che l'Arcadia presenta nella critica letteraria e nella concezione della storia della nostra letteratura come storia delle «vicende del buon gusto», che si svolge «dalla lenta liberazione dalla barbarie medievale al meriggio sfolgorante del Rinascimento, alla decadenza del Seicento, alla restaurazione arcadica». Nuovo è poi nel Fubini il problema del rapporto fra il generale moto degli spiriti e la vera e propria Accademia dell'Arcadia: essa viene considerata come la pratica attuazione «di una società letteraria, da più d'uno desiderata, che riunisse le persone colte d'Italia», la quale ebbe il merito non «di avere iniziata e nemmeno compiuta la restaurazione del buon gusto, bensì di aver tradotto, per dir così, quel programma letterario nei termini del costume sociale facendone un segno di raccolta per i letterati d'ogni parte d'Italia». Entro la visione dell'armonia fra razionalismo e classicismo il Fubini inquadra la sua interpretazione della personalità del Parini, interpretazione che supera l'antitesi fra le due tendenze contrastanti manifestatesi nella critica precedente (cfr. più innanzi il capitolo sul *Parini*).

Il rapporto fra l'Arcadia e il classicismo è stato inteso da qualche critico nel senso che la mente dei poeti e dei critici arcadici fu dominata dal "pregiudizio umanistico", cioè dalla coscienza di una dipendenza della nostra letteratura dalle letterature classiche, di cui essa si sarebbe sentita la sola continuatrice e ai cui modelli avrebbe sempre chiesto l'"autorizzamento" delle sue norme ed espressioni. Questa tesi venne sostenuta soprattutto da GIUSEPPE TOFFANIN nel volume *L'eredità del Rinascimento in Arcadia* (1929), ma ha incontrato serie critiche. Su di un'altra linea di ricerca CARLO CALCATERRA ha invece documentato una continuità fra la melica del Seicento e quella del Settecento: si veda il saggio su *La melica italiana dalla seconda metà del Cinquecento al Rolli e al Metastasio* (in *Poesia e canto*, Bologna, Zanichelli, 1951) e gli scritti raccolti nel volume *Il Barocco in Arcadia e altri scritti sul Settecento* (1950).

WALTER BINNI (*Preromanticismo italiano*, Napoli, ESI, 1948; *L'Arcadia e il Metastasio*, 1963; *Classicismo e neoclassicismo nella letteratura del Settecento*, Firenze, La Nuova Italia, 1963) partendo da posizioni sostanzialmente crociane, se ne discosta nella valutazione globale del Settecento, non ponendo l'accento sull'unitarietà, ma distinguendo fra epoca "arcadico-razionalistica" e un periodo successivo dominato dall'Illuminismo, dal Neoclassicismo o da un incipiente Romanticismo. Anche GIUSEPPE PETRONIO (*Dall'Illuminismo al Verismo*, Palermo, Manfredi, 1962) tende a esaltare il valore innovativo dell'Illuminismo a scapito dell'Arcadia troppo intenta a compiacersi per l'abilità letteraria per destare «un consenso sentimentale e morale, un'adesione della sua coscienza» di marxista. Elementi di continuità tra Rinascimento e Illuminismo sono indicati nei saggi di EUGENIO GARIN, *Dal Rinascimento all'Illuminismo. Studi e ricerche* (Pisa, Nistri-Lischi, 1970). Una panoramica di diverse interpretazioni dell'Illuminismo è costituita dagli Atti del Seminario di studi tenutosi a Reggio Emilia nel 1978-1979: *Lezioni sull'Illuminismo* (Milano, Feltrinelli, 1980).

Gli studi più recenti sono prevalentemente rivolti ad aspetti particolari o a singoli autori; afferiscono tuttavia al dibattito generale le proposte di delimitazione o di nuova denominazione: così, mutuato dalle arti figurative, serpeggia in ambito letterario il termine 'rococò', mentre sui confini dell'Arcadia letteraria variamente si continua a discutere.

Una sintesi dei dibattiti settecenteschi fra letteratura e cultura è stata curata da P. BLASONE in *Polemiche letterarie nel secolo dei lumi. Baretti, Bettinelli, Gozzi* (1992).

Repertorio bibliografico

a) Su Arcadia e Illuminismo in generale

Una sintesi tuttora valida è quella di M. FUBINI, *Arcadia e Illuminismo*, in *Questioni e correnti*, Milano, Marzorati (rist. in *Dal Muratori al Baretti. Studi sulla critica e sulla cultura del Settecento*, Bari, Laterza, 1975⁴). Più recente il fascicolo monografico di «Forum italicum», x, 1976: *Settecento Rivisited*.

Su un piano storico-culturale, due panoramiche generali e complementari sono in R. MOUSNIER - E. LABROUSSE - M. BOULOISEAU, *Il XVIII secolo. Rivoluzione intellettuale, tecnica e politica (1715-1815)*, Firenze, Sansoni, 1985 (1ª ed. 1953) e in D. CARPANETTO - G. RICUPERATI, *L'Italia del Settecento. Crisi, Trasformazioni, Lumi*, Bari, Laterza, 1986 (con bibliografia ragionata sugli studi recenti). Per un approfondimento delle varie problematiche legate all'età settecentesca è imprescindibile l'opera di F. VENTURI, *Settecento riformatore*, Torino, Einaudi, 1969 sgg. (sono usciti sinora 5 voll.: I: *Da Muratori a Beccaria*, 1969; II: *La Chiesa e la repubblica dentro i loro limiti (1758-1774)*, 1976; III: *La prima crisi dell'Antico Regime (1768-1776)*, 1979; IV: *La caduta dell'Antico Regime (1776-1789)*, tt. 2, 1984; V: *L'Italia dei lumi*, tt. 2, 1987 e 1990). Utile anche M. ROSA, *Politica e religione nel '700 europeo*, Firenze, Sansoni, 1974 (con antologia di testi).

Uno sguardo d'assieme sulla cultura settecentesca è offerto da alcuni pregevoli volumi miscellanei: *Problemi di lingua e letteratura italiana del Settecento*, Atti del IV Congresso dell'Associazione internazionale per gli studi di lingua e letteratura italiana, Magonza-Colonia, 1962, Wiesbaden, Steiner, 1965; *Sensibilità e razionalità nel Settecento*, 2 voll., a cura di V. Branca, Fondazione G. Cini, Firenze, Sansoni, 1967; *Nuove idee e nuova arte nel Settecento*, Atti del Convegno dei Lincei, Roma, 1975, Roma, Accademia Nazionale dei Lincei, 1977; *Immagini del Settecento in Italia*, a cura della Società Italiana di Studi sul sec. XVIII, Roma-Bari, Laterza, 1980 (con ampia bibliografia); *Scienza e letteratura nella scultura italiana del Settecento*, Atti del Convegno di Bologna, 1982, a cura di R. Cremante e W. Tega, Bologna, Il Mulino, 1984. Importante, anche se settoriale, *Storia della cultura veneta. Dalla Controriforma alla fine della Repubblica: il Settecento*, vol. V, a cura di G. Arnaldi e M. Pastore Stocchi, Vicenza, Neri Pozza, 1985-1986.

Opere complessive sulla letteratura settecentesca: il vol. VI della *Storia della letteratura italiana*, a cura di E. Cecchi e N. Sapegno, Milano, Garzanti, 1964-1969, in cui spicca la pregevole ricostruzione di W. BINNI (*Il Settecento letterario*, pp. 279-962); il volume di G. NATALI, *Il Settecento*, tt. 2, (1973) con le aggiunte bibliografiche di A. Vallone (1ª ed. 1929), nella *Storia letteraria d'Italia*, Milano, Vallardi, di cui si attende una nuova edizione; e il recente vol. IV: *Il Settecento e il primo Ottocento*, della *Storia della civiltà letteraria italiana*, dir. da G. Bárberi Squarotti, Torino, UTET (si veda in particolare M. CERRUTI, *Il Settecento*, pp. 1-296, con bibliografia aggiornata).

Mirati al problema linguistico sono G. Folena, *L'italiano in Europa. Esperienze linguistiche del Settecento*, Torino, Einaudi, 1983; *Teorie e pratiche linguistiche nell'Italia del Settecento*, a cura di L. Formigari, Il Mulino, Bologna, 1984; E. Travi, *La lingua in Italia tra riforme e letteratura, 1750-1800*, Milano, Vita e Pensiero, 1988².

b) Testi dei lirici

Testi dei lirici del Settecento in *Poeti minori del Settecento*, 2 voll., a cura di di A. Donati, Bari, Laterza, 1912-1913; *I lirici del Settecento e dell'Arcadia*, a cura di C. Calcaterra, Milano, Rizzoli, 1936; *Lirici del Settecento*, a cura di B. Maier, Milano-Napoli, Ricciardi, 1960 (con importante prefazione di M. Fubini); *Poesia del Settecento*, 2 voll., a cura di C. Muscetta e M.R. Massei, Torino, Einaudi, 1967; *Poesia italiana. Il Settecento*, a cura di G. Gronda, Milano, Garzanti, 1978; *Lirici del Settecento*, a cura di R. Solmi, Torino, UTET, 1989.

c) La cultura del primo Settecento

Sulla cultura del primo Settecento: F. Nicolini, *La giovinezza di G.B. Vico*, Bari, Laterza, 1932 (sull'ambiente culturale napoletano), ora in rist. anast., Bologna, Il Mulino; M. Fubini, *Stile e umanità di G.B. Vico*, Laterza, Bari, 1946 e Id., *Dall'Arcadia al Parini*, Milano, Malfasi, 1952; G. Margiotta, *Le origini italiane della Querelle des anciens et des modernes*, Roma, Studium, 1953 (sostiene la tesi delle origini italiane del Romanticismo). Un ampio quadro della cultura europea di questo periodo, in chiave di storia delle idee, è tratteggiato da P. Hazard, *La crisi della coscienza europea*, trad. it. di P. Serini, Milano, Il Saggiatore, 1983 (1ª ed. Torino, Einaudi, 1946; ed. or. 1935).

In particolare sull'Arcadia, dopo le prefazioni di G. Carducci alle due raccolte *Poeti erotici del sec. XVIII* e *Lirici del sec. XVIII*, rist. nel vol. XV dell'Edizione Nazionale, Bologna, Zanichelli, 1936, i primi studi notevoli furono B. Croce, *L'Arcadia*, 1945, in *La letteratura italiana del Settecento*, Bari, Laterza, 1949; C. Calcaterra, *Il Barocco in Arcadia e altri scritti sul Settecento*, Bologna, Zanichelli, 1950; G. Toffanin, *L'Arcadia. Saggio storico*, Bologna, Zanichelli, 1958³; W. Binni, *L'Arcadia* (1962), in *L'Arcadia e il Metastasio*, Firenze, La Nuova Italia, 1968 (1ª ed. 1963). Una prima ricostruzione della storia della critica in A. Piromalli, *L'Arcadia*, Palermo, Palumbo, 1975 (1ª ed. 1963). Altri studi: A. Franceschetti, voce *Arcadia*, in *Dizionario critico della letteratura italiana*, vol. I, dir. da V. Branca, Torino, UTET, 1986 (con bibliografia); M. Fubini, *Metrica e poesia nel Settecento* (1962), in *Saggi e ricordi*, Milano-Napoli, Ricciardi, 1971; G. Savoca, *L'Arcadia erotica e favolistica dal rococò al neoclassicismo*, in *Letteratura italiana. Storia e testi*, vol. VI, t. 1, dir. da C. Muscetta, Milano-Napoli, Ricciardi, 1973; E. Sala de Felice, *L'età dell'Arcadia*, Palermo, Palumbo, 1978; A. Quondam, *L'Arcadia e la «Repubblica delle lettere»*, in *Immagini del Settecento in Italia*, cit. Un'interessante indagine specifica nei volumi miscellanei *La colonia Renia. Profilo documentario e critico dell'Arcadia bolognese*, 2 voll., a cura di M. Saccenti, Modena, Mucchi, 1988.

Su Metastasio in particolare si vedano l'antologia *Opere scelte*, a cura di F. Gavazzeni, Torino, UTET, 1972 (1ª ed. 1968); la rassegna di M.G. Accorsi, *Vent'anni di studi metastasiani (1968-1988)*, in «Lettere italiane», XLI, 1989, pp. 604-627; *Metastasio e altro Settecento*, a cura di M. Saccenti, in «Italianistica», fasc. doppio, XIII, 1-2, 1984; il recente volume miscellaneo *Metastasio e il mondo musicale*, a cura di M.T. Muraro, Firenze, Olschki, 1986.

Una scelta delle *Opere* di G.B. Vico, a cura di M. Battistini, è stata recentemente pubblicata ne «I Meridiani», Milano, Mondadori, 1990; ottima anche l'edizione a cura di M. Fubini dell'*Autobiografia. Seguita da una scelta di lettere, orazioni e rime*, Torino, Einaudi,

1965. Su Vico si vedano: N. Badaloni, *Introduzione a Gian Battista Vico,* Bari, Laterza, 1984; G. Solerte, *Interpretazioni vichiane. Diritto, linguaggio e costume nella «Scienza nuova»,* Pisa, Giardini, 1986; gli aggiornamenti offerti dal «Bollettino», periodico del Centro di Studi vichiani di Napoli.

d) Raccolte di testi

Un'eccellente raccolta di testi illuministici è costiutuita da *Illuministi italiani,* tt. 7 (non ancora uscito è però il t. 6, a cura di G. Ricuperati, dedicato al Verri), Milano-Napoli, Ricciardi. Si vedano anche: *Viaggiatori del Settecento,* a cura di L. Vincenti, Torino, UTET, 1976 (1ª ed. 1950); *Letterati, memorialisti, viaggiatori del Settecento,* a cura di E. Bonora, Milano-Napoli, Ricciardi, 1952 (fondamentale); *Il «Caffè»,* a cura di S. Romagnoli, Milano, Feltrinelli, 1960; *Giornali veneziani del Settecento,* a cura di M. Berengo, ivi, 1962; *I giornali giacobini italiani,* a cura di R. De Felice, ivi, 1962; *Illuministi settentrionali,* a cura di S. Romagnoli, Milano, Rizzoli, 1962; *Discussioni linguistiche del Settecento,* a cura di M. Puppo, Torino, UTET, 1971³ (con ottima introduzione); *Romanzieri del Settecento,* a cura di F. Portinari, ivi, 1988; *Polemiche letterarie nel secolo dei lumi. Baretti, Bettinelli, Gozzi,* a cura di P. Blasone, Firenze, Ponte alle Grazie, 1992.

e) Bibliografie

La bibliografia sull'Illuminismo si è assai accresciuta negli ultimi decenni, spesso intrecciando vicende storiche e culturali a vicende più strettamente letterarie. Una sintesi d'assieme è nella voce di F. Chabod, *Illuminismo,* in *Enciclopedia Italiana,* Roma, Istituto dell'Enciclopedia Italiana, e in G. Petronio, *Profilo di un'età: l'Illuminismo,* Palermo, Palumbo, 1972. Più recenti: F. Valjavec, *Storia dell'Illuminismo,* Bologna, Il Mulino, 1974; P. Casini, *Introduzione all'Illuminismo,* 2 voll., Roma-Bari, Laterza, 1980² (vol. I: *Scienza, miscredenza e politica;* vol. II: *L'età dell'«Enciclopedia» e le riforme*). Sull'Illuminismo italiano cfr. D. Carpanetto, *L'Italia del Settecento. Illuminismo e movimento riformatore,* Torino, Loescher, 1980. Un'introduzione alla critica in G. Scalia, *L'Illuminismo. Storia della critica,* Palermo, Palumbo, 1985 (1ª ed. 1966) e nell'antologia di A. Santucci, *Interpretazioni dell'Illuminismo,* Bologna, Il Mulino, 1979.

f) Cultura e filosofia

Sulla cultura e sulla filosofia dell'Illuminismo: E. Cassirer, *La filosofia dell'Illuminismo,* trad. it. di E. Pocar, Firenze, La Nuova Italia, 1977 (1ª ed. 1932); M. Horkheimer - T.W. Adorno, *Dialettica dell'Illuminismo,* trad. it. di R. Solmi, Torino, Einaudi, 1982² (ed. or. 1947); G. de Ruggiero, *L'età dell'Illuminismo,* Bari, Laterza, 1950⁴ e Id., *Da Vico a Kant,* ivi, 1976⁴; N. Hampson, *Storia e cultura dell'Illuminismo,* Bari, Laterza, 1976³. Per quanto riguarda in particolare la filosofia dell'Illuminismo italiano: *La cultura illuministica in Italia,* a cura di M. Fubini, Torino, ERI, 1964; F. Diaz, *Politici e ideologi,* in *Storia della letteratura italiana,* dir. da E. Cecchi e N. Sapegno, vol. VI, cit., con vasta bibliografia. Importante lo studio recente di V. Ferrone, *I profeti dell'Illuminismo. Le metamorfosi della ragione nel tardo Settecento italiano,* Bari, Laterza, 1989.

Sulla letteratura dell'età illuministica si veda la sintesi di E. Guagnini, *L'età dell'Illuminismo e l'età napoleonica,* Palermo, Palumbo, 1979; ricco il volume miscellaneo *Rappresentazione artistica e rappresentazione scientifica nel «secolo dei lumi»,* a cura di V. Branca, Firenze, Sansoni, 1972. E inoltre: S. Romagnoli, *La buona compagnia. Studi sulla letteratura italiana del*

Settecento, Milano, Franco Angeli, 1991 (1ª ed. 1983); G. Gronda, *Le passioni della ragione. Studi sul Settecento*, Pisa, Pacini, 1984; M. Mari, *Venere celeste e Venere terrestre. L'Amore nella letteratura italiana del Settecento*, Modena, Mucchi, 1988; E. Raimondi, *I lumi dell'erudizione. Saggi sul Settecento letterario*, Milano, Vita e Pensiero, 1989 (in particolare su L. A. Muratori). Sulla storiografia illuministica: B. Croce, *Storiografia dell'Illuminismo* in *Teoria e storia della storiografia*, Bari, Laterza, 1976[11] (ora Milano, Adelphi, 1989); V. Titone, *La storiografia dell'Illuminismo*, in *Italia*, Milano, Mursia, 1975[3]. Sul pensiero linguistico: L. Rosiello, *Linguistica illuminista*, Bologna, Il Mulino, 1968.

Su alcuni autori in particolare: *Gasparo Gozzi. Il lavoro di un intellettuale nel Settecento veneziano*, Atti del Convegno di Venezia e Pasiano, 1986, a cura di I. Crotti e R. Ricorda, Padova, Antenore, 1989; G. Baldassarri, *Sull'«Ossian» di Cesarotti*, in «La rassegna della letteratura italiana», XCIV, 3, 1990; F. Arato, *Il secolo delle cose. Scienza e storia in Francesco Algarotti*, Genova, Marietti, 1991; P. di Sacco, *Bettinelli e la lingua della poesia (Con tre lettere inedite a Clementino Vannetti)*, in «Atti e Memorie dell'Accademia Virgiliana di Mantova», 1992.

Sul teatro si vedano il fascicolo monografico di «Quaderni di Teatro», III, 11, 1981; il volume miscellaneo *Roma e il teatro nel '700*, Atti del Convegno di Roma, 1982, a cura di G. Petrocchi, Roma, Istituto dell'Enciclopedia Italiana, 1984; R. Turchi, *La commedia italiana del Settecento*, Firenze, Sansoni, 1986.

g) Rapporti fra cultura italiana e culture europee

Sui rapporti tra la cultura italiana e le culture europee, si vedano i saggi raccolti in *Letterature comparate*, in *Problemi e orientamenti critici di lingua e letteratura italiana*, Milano, Marzorati. E inoltre: A. Graf, *L'anglomania e l'influsso inglese in Italia nel sec. XVIII*, Torino, Loescher, 1911; H. Bedarida - P. Hazard, *L'influence française en Italie au XVIIIe siècle*, Paris, Les Belles Lettres, 1934. Utile anche G. Folena, *L'Italiano in Europa, Esperienze linguistiche del Settecento*, cit.

5 Neoclassicismo

5.1 Genesi della poetica neoclassica

Ritorni alla tradizione classica si producono ripetutamente nella cultura occidentale e quindi, a rigore, si dovrebbe parlare di più movimenti *neoclassici*. Ma il termine 'Neoclassicismo', almeno nella storiografia letteraria italiana, vale ormai a indicare quel particolare movimento di restaurazione dell'ideale estetico classico, che si produce fra la fine del Settecento e gli inizi dell'Ottocento e che ha il suo culmine nell'età napoleonica. Come tutte le categorie critico-storiche, anche questa si è formata attraverso una lenta e complessa elaborazione e, naturalmente, anche oggi il suo contenuto presenta aspetti e limiti solo fino a un certo punto definiti e precisi.

La poetica neoclassica, che domina l'indirizzo indicato, ha la sua genesi verso la metà del Settecento, in connessione con gli scavi di Ercolano e Pompei e con la riproduzione delle opere d'arte venute allora in luce. Ispirandosi a tali opere, l'archeologo e storico tedesco JOHANN WINCKELMANN in numerosi studi, culminati nella *Storia dell'arte dell'antichità* (1764), delineò un ideale di perfezione artistica, i cui caratteri fondamentali sono la dignità, la grazia, la serenità, la compostezza anche nella rappresentazione del dolore, la semplicità: caratteri riassunti nella celebre definizione delle opere degli artisti greci come dotate di «nobile semplicità e quieta grandezza». Secondo il Winckelmann, alla bellezza, come al mare, convengono «la quiete e la calma»; essa è simile a «l'acqua presa da una sorgente, che quanto meno è saporosa, vale a dire priva di ogni particella straniera, tanto più si stima salubre». Simile tipo di bellezza si è incarnato soprattutto nei capolavori della scultura greca e l'Apollo del Belvedere rappresenta il più alto ideale dell'arte antica: un'immagine di grandezza e di grazia insieme, divinamente serena.

Si può far risalire al Winckelmann la creazione di quel mito della Grecia come mondo della serenità e della grazia che ebbe tanto vigore fino al tardo Ottocento. Dopo di lui altri trattatisti delle arti figurative, come ANTON RAPHAEL MENGS e FRANCESCO MILIZIA, teorizzarono e diffusero il culto del "bello ideale", ispirato ai modelli dell'arte classica; culto che dal campo delle arti figurative si estese a quello della letteratura, determinando anche qui un ritorno all'antico. Tale ritorno per certi aspetti può far ricordare l'Umanesimo del Quattrocento, ma, come osserva giustamente BRUNO MAIER, mentre l'Umanesimo è caratterizzato da un giovanile fervore di scoperta, sicché l'illusione della risurrezione del mondo classico coincide con la nascita di una nuova civiltà, «il neoclassicismo nasce soprattutto da zelo erudito e da passione antiquaria e archeologica, da un'idealizzazione platonico-metafisica dell'arte classica,

da una convinzione dogmatica [...] dell'eccellenza insuperabile degli antichi modelli».
(*Il Neoclassicismo*, 1964, p. 22). Esso consiste essenzialmente nel rivestimento di cose e persone contemporanee con panneggi classici, e in particolare mitologici (oltre che a tante composizioni del Monti, si pensi alle due odi foscoliane).

5.2 L'interpretazione romantica e il rovesciamento operato dal Carducci

Dai primi romantici il Neoclassicismo è confuso in una generale condanna insieme con ogni altra forma di classicismo della nostra tradizione culturale. Il loro atteggiamento di fronte ad esso è duramente polemico e si limita a coglierne gli aspetti esteriori e secondari, senza approfondirne i princìpi ideali e le ragioni storiche. Un approfondimento critico e storico si verifica nella successiva storiografia romantica, da PAOLO EMILIANI GIUDICI a FRANCESCO DE SANCTIS, nella quale si viene delineando la definizione di un periodo o indirizzo neoclassico, con caratteri suoi, giudicato ora positivamente ora negativamente a seconda della posizione ideologica dei diversi studiosi. Così, mentre l'Emiliani Giudici nella *Storia delle belle lettere in Italia* (1844) riconosce dalla seconda metà del Settecento in poi un movimento progressivo della nostra letteratura, al quale partecipano il Varano, il Cesarotti, l'Alfieri, il Monti, il Foscolo, il Pindemonte, il Cesari, il Leopardi, all'inverso CESARE CANTÙ nella sua *Storia della letteratura italiana* (1865) condanna come "accademica" la scuola letteraria fiorita durante l'epoca rivoluzionaria e imperiale, di cui fa capo il Monti e seguaci il Foscolo, il Giordani, il Leopardi, il Pindemonte, e ad essa contrappone la scuola romantica, che non propugnò l'imitazione degli antichi, ma l'unità fra le opere e la vita. Il De Sanctis, riallacciandosi all'Emiliani Giudici, vede una continuità fra la letteratura del secondo Settecento e quella del primo Ottocento (il Romanticismo ebbe apparenza di reazione, ma in realtà fu il proseguimento, sotto forme diverse, della rivoluzione); ma delimita un gruppo di classicisti in senso stretto (e di aspetti particolari dell'opera di altri scrittori appartenenti alla nuova grande letteratura, come il Foscolo), di cui dà una valutazione negativa.

L'interpretazione del De Sanctis è rovesciata da GIOSUE CARDUCCI, il quale nel saggio *Del rinnovamento letterario d'Italia* pone sotto l'emblema del classicismo il rinnovamento letterario operato nel secondo Settecento dal Parini e dall'Alfieri e continuato nell'Ottocento dal Monti, dal Foscolo, dal Leopardi e da altri minori. Studiando quindi gli ambienti culturali italiani del periodo pre e postrivoluzionario, egli vede in Vincenzo Monti, Ugo Foscolo e Pietro Giordani «il triumvirato che segna il passaggio, in questi anni e nel nuovo territorio italico, alla nuova letteratura: il neoclassicismo nazionale, derivante con modificazioni soggettive e oggettive da quel del Parini e dell'Alfieri». Inoltre, meglio disposto, per la sua particolare sensibilità di artista e di critico, a gustare la poesia di tipo umanistico e letterario, il Carducci dedicò molte fini indagini ai lirici minori del Settecento (Giovanni Fantoni, Ludovico Vittorio Savioli, Giovanni Paradisi, Luigi Cerretti ecc.), dei quali affermò il fondamentale carattere classicistico. Egli veniva così a definire con maggior precisione e compiutezza quella zona della nostra letteratura, non ancora molto esplorata dalla critica.

5.3 Le interpretazioni novecentesche del Neoclassicismo

Una nuova prospettiva si apre più tardi, quando, per merito soprattutto di GIUSEPPE CITANNA, il Neoclassicismo italiano viene considerato nel quadro più vasto del Neoclassicismo (e del Romanticismo) europeo. Il Citanna nel volume *Il Romanticismo e la poesia italiana dal Parini al Carducci* (1935) considera il Neoclassicismo, in ciò che ha di vivo, come un aspetto del Romanticismo, dell'ansia romantica di evasione dal presente verso nuove rive dello spazio e del tempo: esso è un «approdo a un paese esotico dopo un viaggio insolito e d'eccezione; Chénier e Guérin, Hölderlin, Keats, Foscolo, Grillparzer, sono tutti profondamente romantici nell'anima, e il loro classicismo è dunque anch'esso romanticismo, aspirazione nostalgica, diversamente atteggiata secondo i caratteri della personalità di ciascuno di questi poeti, verso un passato che è soltanto il passato del loro sogno, l'isola fantastica del loro desiderio errante e inappagato» (per questa aspirazione nostalgica del Romanticismo cfr. il capitolo seguente).

Una prospettiva analoga si trova in CESARE DE LOLLIS e nel suo scolaro DOMENICO PETRINI, che hanno interpretato anche il classicismo carducciano come una manifestazione di Romanticismo elegiaco e nostalgico. Al De Lollis si ricollega MARIO PRAZ, il quale in un saggio del 1935 sul *Il classicismo di G. Carducci* ha distinto un Neoclassicismo del primo Impero, che mira a «rendere come presenze reali forme incarnanti un metafisico ideale di bellezza» e un Romanticismo classicistico secondo Impero, il quale è invece dominato dalla ricerca di evasione e di oblio in un mondo di sogno (per queste interpretazioni cfr., più innanzi, il capitolo *Carducci*). Più tardi il Praz ammise anche nel primo Neoclassicismo una venatura di esotismo romantico e l'interpretazione del Neoclassicismo come di un aspetto del Romanticismo si è affermata in larga parte della critica contemporanea. Di «neoclassicismo romantico» o «romanticismo neoclassico» parla WALTER BINNI a proposito, per esempio, delle *Grazie* del Foscolo («l'incompiuto capolavoro del neoclassicismo romantico europeo»), nelle quali culmina una linea di poetica tendente al bello ideale, che si sviluppa nel secondo Settecento (essa è visibile, fra l'altro, nelle odi maggiori del Parini) e nel primo Ottocento (cfr. i diversi saggi raccolti nel volume *Classicismo e neoclassicismo nella letteratura del Settecento*).

Il saggio citato del Praz fa parte del volume *Gusto neoclassico* pubblicato nel 1940 nel quale, accanto alle manifestazioni letterarie, vengono suggestivamente illustrate quelle delle arti figurative, delle arti minori, del costume. Da esso, dichiaratamente, trasse lo spunto ATTILIO MOMIGLIANO per il suo studio *Gusto neoclassico e poesia neoclassica* (1945), finissima analisi della nostra poesia dal Savioli al Foscolo. Premesso che il Neoclassicismo si differenzia dal Classicismo del Quattrocento e del Cinquecento, perché nasce non dalla lettura dei classici, ma dalla suggestione delle arti figurative, egli vi distingue tre fasi fondamentali, rappresentate rispettivamente dai "cammei" del Savioli, dai "gruppi scenico-allegorici" del Monti e dai "bassorilievi" infusi di spiritualità del Foscolo.

Ricordiamo infine che, in una prospettiva non esclusivamente letteraria ma più largamente ideologico-culturale, PIERO TREVES (*Lo studio dell'antichità classica nell'Ottocento*, 1962) ha chiarito come solo col Romanticismo comincia in Italia lo studio propriamente storico dell'antichità e il passato diventa, da paradigma o modello, problema.

Un'ampia rassegna della critica sull'argomento si deve a BRUNO MAIER (*Il Neoclassicismo*, 1964), mentre MARIO PUPPO ha riproposto il problema sotto il profilo teorico nel saggio introduttivo dell'antologia *Poetica e poesia neoclassica da Winckelmann a Foscolo* (1975). Una ridefinizione del concetto di Classicismo si deve a RENÉ WELLEK (*Il termine e il concetto di classicismo nella storia letteraria*, in *Concetti di critica*, 1972).

La polemica classico-romantica è un *tópos* ancora abbastanza frequentato dalla critica, rivolta attualmente soprattutto alle indagini particolari; a titolo di esempio si segnala l'intervento di DOMENICO FELICE, *La polemica classico-romantica: il mito nella teoresi teatrale* (in «Otto/Novecento», 2, 1992).

Repertorio bibliografico

a) Il problema critico

Sulla storia del problema critico del Neoclassicismo: B. MAIER, *Il Neoclassicismo*, Palermo, Palumbo, 1973 (1ª ed. 1964); A. NOFERI, *Riflessioni sul Neoclassicismo*, in «Paradigma», 2, 1978; la voce *Neoclassicismo* di F. ULIVI, in *Dizionario critico della letteratura italiana*, dir. da V. Branca, vol. III, Torino, UTET, 1986, con bibliografia. Un'introduzione critica con testi antologici nell'agile M. PUPPO, *Poetica e poesia neoclassica da Winckelmann a Foscolo*, Firenze, Sansoni, 1975.

Una rassegna di studi in M. TURCHI, *La discussione sul Neoclassicismo*, in «La rassegna della letteratura italiana», LXIX, 3, ott.-dic. 1965. E si veda anche: I. MAGNANI CAMPANACCI, *Il rococò letterario. Studi e prospettive (1960-1986). Rassegna*, in «Lettere italiane», XXXVIII, 1986, pp. 542-577.

Sulla storia del termine e sul concetto di 'Classicismo': R. WELLEK, *Il termine e il concetto di classicismo nella storia letteraria*, in *Concetti di critica*, Bologna, Boni, 1972 (ed. or. New Haven and London, 1964).

b) Storia della tradizione classica

Per la storia della tradizione classica nella letteratura occidentale: G. HIGHET, *The Classical Tradition. Greek and Roman Influences on Western Literature*, New York-London, Oxford University Press, 1949; A. LA PENNA, *La tradizione classica nella letteratura italiana*, in AA. VV., *Storia d'Italia*, dir. da R. Romano e C. Vivanti, vol. V, t. 2, Torino, Einaudi, 1973; L. CANFORA, *Ideologia del Classicismo*, Torino, Einaudi, 1980. E si vedano adesso i contributi raccolti nella *Letteratura italiana*, dir. da A. Asor Rosa, vol. VI: *Teatro, musica, tradizione dei classici*, Torino, Einaudi, 1986.

Sulla restaurazione classicistica nella cultura europea tra Sette e Ottocento: L. BERTRAND, *La fin du Classicisme et le retour à l'antique dans la seconde moitié du XVIIIe siècle*, Paris, 1912; F. MEINECKE, *Classicismo, Romanticismo e pensiero storico nel sec. XVIII*, in *Senso storico e significato della storia*, trad. it. di G. Di Costanzo, Napoli, Edizioni Scientifiche Italiane, 1980 (1ª ed. 1948); M. PRAZ, *Gusto neoclassico*, Firenze, Sansoni, 1940 (4ª ed. accresciuta Milano, Rizzoli, 1990); sulle connessioni tra arte figurativa e letteratura: R. ASSUNTO, *L'antichità come futuro. Studio sull'estetica del Neoclassicismo europeo*, Milano, Mursia, 1973 e il più recente *Verità e bellezza nelle estetiche e nelle poetiche dell'Italia neoclassica e preromantica*, Roma, Quasar, 1984.

Sul Winckelmann e la teoria del bello ideale: L. VENTURI, *Storia della critica d'arte*, Torino, Einaudi, 1970 (1ª ed. 1964); B. CROCE, *Winckelmann*, in *Discorsi di varia filosofia*, vol. II, Bari, Laterza, 1945; E. PANOFSKY, *Idea. Contributo alla storia dell'estetica*, Firenze, La Nuova Italia,

1975 (1ª ed. ivi, Sansoni, 1952); D. PESCE, *Apollineo e dionisiaco nella storia del Classicismo*, Napoli, Morano, 1968. Buona l'edizione di J.J. WINCKELMANN, *Storia dell'arte nell'antichità*, Torino, Boringhieri, 1961 (ora anche negli «Oscar Saggi», Milano, Mondadori, 1993); e si veda l'antologia di scritti dello stesso *Il bello nell'arte. Scritti sull'arte antica*, a cura di F. Pfister, Torino, Einaudi, 1983.

Sul Neoclassicismo nell'arte figurativa, si veda il profilo sintetico di H. HONOUR, *Neoclassicismo*, trad. it. di N. Federici, Torino, Einaudi, 1933 (1ª ed. 1980).

Sui rapporti tra letteratura e arti figurative: G.C. ARGAN, *Da Hogarth a Picasso. L'arte moderna in Europa*, in particolare: *Problemi del Neoclassicismo*; *Il neoclassico*; *Studi sul neoclassico*, Milano, Feltrinelli, 1983.

c) Testi del Neoclassicismo italiano

Alcuni testi del Neoclassicismo italiano si possono vedere nel volume *Critici e storici della poesia e delle arti del secondo Settecento*, a cura di E. Bigi, Milano-Napoli, Ricciardi, 1960 (con ampia antologia di scritti di M. Cesarotti, C. Vannetti, F. Milizia *et alii*; è il t. 4 della serie *Dal Muratori al Cesarotti*). Per lo sfondo culturale ottocentesco: *Lo studio dell'antichità classica nell'Ottocento*, 5 volumi a cura di P. Treves, Torino, Einaudi, 1978 (1ª ed. Milano-Napoli, Ricciardi, 1962).

d) Il periodo rivoluzionario e l'età napoleonica

Sulla cultura e letteratura italiana del periodo rivoluzionario o "giacobino" e dell'età napoleonica, oltre alle varie storie della letteratura (in particolare cfr., nella *Storia letteraria d'Italia* dell'Editore Vallardi, il *Settecento* di G. NATALI, rist. 1964 e 1973 con le aggiunte bibliografiche di A. Vallone; il cap. *Vincenzo Monti e la cultura neoclassica* che apre il vol. VII della *Storia della letteratura italiana*, dir. da E. Cecchi e N. Sapegno, Milano, Garzanti, 1964-1968); si tengano presenti: P. HAZARD, *La Révolution Française et les lettres italiennes (1789-1815)*, Paris, 1910; A. MOMIGLIANO, *Gusto neoclassico e poesia neoclassica*, in *Cinque saggi*, Firenze, Sansoni, 1945, pp. 7-42; F. ULIVI, *Settecento neoclassico*, Pisa, Nistri-Lischi, 1957; W. BINNI, *Classicismo e neoclassicismo nella letteratura del Settecento*, Firenze, La Nuova Italia, 1976 (1ª ed. 1963). Un aspetto particolare indaga R. NEGRI, *Gusto e poesia delle rovine in Italia fra il Sette e l'Ottocento*, Milano, Ceschina, 1965.

Tra gli studi più recenti, spiccano quelli di M. CERRUTI, *Neoclassici e giacobini*, Milano, Silva, 1969 e *«L'inquieta brama dell'ottimo». Pratica e critica dell'antico (1796-1827)*, Palermo, Flaccovio, 1982, e di S. TIMPANARO, *Classicismo e Illuminismo nell'Ottocento italiano*, Pisa, Nistri-Lischi, 1988⁴ e *Aspetti e figure della cultura neoclassica*, ivi, 1981. Cfr. inoltre: F. CARDINI, *Ideologie letterarie dell'età napoleonica*, Roma, Bulzoni, 1975 e ID., *Tracollo napoleonico e fine dell'età neoclassica*, in «La rassegna della letteratura italiana», LXXXX, genn.-ag. 1976, pp. 32-69; N. MINEO, *Cultura e letteratura dell'Ottocento e l'età napoleonica*, Roma-Bari, Laterza, 1991 (1ª ed. 1977). Un'importante raccolta di saggi sulla letteratura di questo periodo: E. BIGI, *Poesia e critica tra fine Settecento e primo Ottocento*, Milano, Cisalpino-La Goliardica, 1986.

e) Vincenzo Monti

Le *Opere* di VINCENZO MONTI sono state pubblicate a cura di M. Valgimigli e C. Muscetta dall'Editore Ricciardi, Milano-Napoli, 1953; si vedano anche le *Opere scelte*, 2 voll., a cura di F. Chiodaroli, G. Barbarisi e G. Bezzola, Torino, UTET, 1963 e 1969). Recente l'edizione degli *Scritti sulla lingua italiana*, a cura di A. Dardi, Firenze, Olschki, 1990.

Bibliografie: G. Bustico, *Bibliografia di Vincenzo Monti*, Firenze, Olschki, 1924; J. Ciacci, *Aggiunte alla bibliografia montiana*, in «La bibliofilia», 2, LXXXVIII, 1985, pp. 159 sgg.

Tra gli studi più notevoli: L. Russo, *Vincenzo Monti e la letteratura moderna* e *Perché Vincenzo Monti fu quel poeta che fu*, in *Ritratti e disegni storici*, vol. III, Firenze, Sansoni, 1963; G. Muscetta, *Ritratto di Vincenzo Monti* (1953), in *Studi, ritratti, saggi e discorsi*, vol. I, Roma, Bonacci, 1988; W. Binni, *Monti poeta del consenso*, Firenze, Sansoni, 1981. Un volume miscellaneo è *Vincenzo Monti tra magistero e apostasia*, Atti del Convegno di Studi montiani, Alfonsine, 1978; Ravenna, Longo, 1982.

Sul Monti traduttore: M. Mari, *Eloquenza e letterarietà nell'«Iliade» di Vincenzo Monti*, Firenze, La Nuova Italia, 1982; I. De Luca, *Tre poeti traduttori. Monti, Nievo, Ungaretti*, Firenze, Olschki, 1988.

6 Preromanticismo e Romanticismo

6.1 La formazione del concetto di Preromanticismo e l'interpretazione del Binni

La critica europea definisce 'Preromanticismo' quell'insieme di tendenze che nella seconda metà del Settecento contrastano con la dominante mentalità razionalistica e sembrano anticipare quelli che saranno gli atteggiamenti tipici del Romanticismo. È stato notato soprattutto da studiosi francesi che già durante il periodo illuministico si diffondono correnti irrazionalistiche e mistiche, come il pietismo, portatrici di una concezione dell'universo e della vita umana molto diversa, e accanto ad esse profonde correnti di sentimentalità malinconica e pessimistica, che reagiscono a una visione della realtà considerata troppo schematica, meccanica e superficiale, incapace di cogliere la sostanza più intima della personalità individuale. Queste correnti s'incarnano in forma eccezionale nella personalità di JEAN-JACQUES ROUSSEAU, il quale contro la ragione e la cultura esalta lo stato di natura, contro la riflessione l'abbandono alla vita del sentimento e della fantasia, contro l'indifferenza o le negazioni religiose dei filosofi il contatto immediato ed estatico con Dio in seno alla innocente natura.

Intanto la critica tedesca veniva illuminando i caratteri del movimento dello *Sturm und Drang*, come prima consapevole ribellione alla ragione illuministica, con le sue tendenze universalistiche e livellatrici, e alle norme della letteratura classicheggiante, in nome del sentimento e dell'individualità geniale. Si è così a poco a poco delineato un vasto quadro di stati d'animo e di atteggiamenti del pensiero e del gusto che precorrono il Romanticismo. Nel campo specificamente letterario è stato messo in rilievo l'affermarsi di un nuovo concetto della poesia, non più legato ai modelli classici, per cui si riconosce la possibilità di forme diverse di bellezza e si esaltano i poeti cosiddetti primitivi o di *natura* (Omero, Shakespeare) di fronte ai poeti d'*arte* e di riflessione e cultura, mentre al concetto classicistico delle "regole" si contrappone quello del "genio", che agisce in forma pienamente originale e spontanea. È stata anche sottolineata la diffusione di una nuova sensibilità e di un nuovo gusto, che sostituiscono all'ideale classico della regolarità, dell'evidenza, dell'armonia la ricerca dell'irregolare, del tempestoso, del terribile, dell'indefinito: cioè un ideale nuovo di bellezza, che si può designare come quello del "sublime" di fronte al "bello".

Ricerche affini sono state compiute dalla critica letteraria italiana su talune zone della nostra letteratura settecentesca fin dai primi del Novecento: per esempio sugli influssi stranieri (cfr. il volume di A. GRAF, *L'Anglomania e l'influsso inglese in Italia nel sec. XVIII*, Torino, Loescher, 1911) o sulle correnti sentimentali e malinconiche (cfr. E. BERTANA, *Arcadia lugubre e preromantica*, nel volume *In Arcadia*, 1909 e G. MUONI, *Poesia notturna preromantica*, 1908), con particolare interesse per l'influsso dell'epica sentimentale e malinconica di Ossian. E naturalmente accenni al problema si trovano in tutte le opere dedicate al nostro Romanticismo, nonché in gran parte di quelle che studiano i più significativi autori del secondo Settecento, critici e poeti (Baretti, Bettinelli, Cesarotti, Alfieri ecc.). Ma l'argomento è stato fatto oggetto di un'indagine sistematica solo da WALTER BINNI nel volume *Preromanticismo italiano* (1948), nettamente superiore per ampiezza di visione e penetrazione critica al capitolo dedicato al medesimo argomento da GIULIO NATALI nel volume I del suo *Settecento* (nella *Storia letteraria* dell'Editore Vallardi). Le pagine del Natali hanno ispirazione nazionalistica e, rilevando tutti gli aspetti della letteratura italiana del Settecento analoghi ai princìpi banditi dai nostri romantici (quali furono sintetizzati dal Manzoni nella *Lettera sul Romanticismo*), mirano a dimostrare che «come nel campo della vita civile, anche senza la scossa della rivoluzione francese, l'Italia sarebbe, sia pur lentamente, risorta, così, anche senza il Romanticismo tedesco, l'Italia avrebbe avuto il *suo* Romanticismo», perché «lo avevano preparato il Metastasio, il Goldoni, il Parini, l'Alfieri, che, lungi dall'essere un riflesso (come sostengono alcuni critici stranieri) del Racine, del Molière, del Pope o del Boileau, del Voltaire, sono geni autoctoni, originali». L'indagine del Binni ha invece impostazione storica e, disdegnando i facili accostamenti superficiali, s'impegna in un'analisi approfondita e in una definizione precisa specialmente delle tendenze e dello svolgimento del gusto nel trapasso fra Illuminismo e Romanticismo (essa è sostanzialmente una storia di "poetica").

Il Binni riscontra inizialmente la mancanza in Italia di un estremismo illuministico come di un estremismo romantico e la non avvenuta graduale assimilazione dell'Illuminismo, che tornerà ancora come pensiero valido nella sintesi leopardiana, quando altrove trionfa l'idealismo romantico. Questo sfasamento della nostra cultura provoca un ingorgo di idee e di tendenze che rendono più difficile un passaggio graduale e semplice dalla poetica illuministica a quella romantica. In questa condizione d'incertezza cadono le traduzioni dei primi testi lirici europei e si verifica una inadeguatezza della vecchia forma letteraria alla nuova sensibilità. La mediazione fra il nuovo gusto e la tradizione settecentesca viene operata soprattutto da Melchiorre Cesarotti con la sua traduzione dell'*Ossian*: «Il gioco della fantasia non si chiude più intorno a un centro ben chiaro e principale, ma intorno a un sentimento, a un moto dell'anima sensibile. Alla oratoria solita si sostituisce un'oratoria dolente che canta la situazione dell'anima più che i fatti». Dopo il Cesarotti, la cultura preromantica era pronta per l'affermazione di una personalità nuova, Vittorio Alfieri, con la sua ribellione all'Illuminismo raziocinizzante per «l'affermazione di una passionalità senza limiti». Da questo punto di vista il Neoclassicismo del primo Ottocento appare non come una reazione al Preromanticismo, ma come un suo aspetto, che prepara l'equilibrio del maturo Romanticismo italiano.

Questa ricerca delle radici intime del Romanticismo nel Settecento sul piano della sensibilità e del gusto si accorda con la nuova prospettiva della nostra letteratura presentata, rivoluzionando i vecchi schemi, dal CROCE nel suo saggio sull'Alfieri: «È stato talvolta segnato l'inizio della nuova letteratura italiana nel Parini; ma il Parini è di mente e d'animo uomo del Settecento, del periodo razionalistico e delle riforme, e settecentesca sebbene elegantissima è l'arte sua didascalica e ironica nei toni maggiori, erotica e galante nei minori. Il vero inizio (quando si guardi al moto delle idee e alla qualità dei sentimenti) è in Vittorio Alfieri, che tocca corde che vibreranno a lungo nel sec. XIX, dal Foscolo e dal Leopardi fino al Carducci». Il Croce considera l'Alfieri, per il suo individualismo ribelle e passionale, come strettamente affine ai contemporanei rappresentanti dello *Sturm und Drang* in Germania e lo definisce un «protoromantico» (il saggio è del 1917 e si legge ora in *Poesia e non poesia*).

Sulla funzione mediatrice del Cesarotti, sul significato della figura dell'Alfieri come massima incarnazione dell'atteggiamento preromantico sono in genere d'accordo anche gli altri studiosi di questo periodo (FUBINI, BOSCO). I quali naturalmente, accanto all'Alfieri, richiamano come lontano anticipatore delle essenziali tendenze romantiche, non nel campo della poesia, ma in quello del pensiero, Giambattista Vico, che per primo esplorò e rivalutò quel mondo del sentimento e della fantasia, quell'"altro" dalla ragione che per tutto il Settecento sembra accompagnare come antitesi dialettica lo sviluppo del razionalismo.

6.2 Le prime definizioni di Romanticismo. Romanticismo germanico e Romanticismo latino

Il concetto di 'Preromanticismo' è una creazione della critica recente: esso è sorto quando si poté considerare il movimento romantico con sufficiente distacco in una prospettiva storica. Invece la definizione di 'Romanticismo' nasce e si trasforma col nascere e lo svilupparsi del movimento stesso. Agli inizi essa è tutt'uno con la coscienza stessa che il nuovo atteggiamento spirituale e letterario viene prendendo di sé. Di questo genere sono alcune definizioni che si incontrano nelle pagine di FRIEDRICH VON SCHLEGEL o di NOVALIS che vengono riecheggiate da AUGUST WILHELM VON SCHLEGEL o da Madame DE STAËL: «La poesia romantica è una poesia universale progressiva. [...] Essa sola è infinita, come essa sola è libera, e riconosce come sua prima legge questa: che l'arbitrio del poeta non soffra legge alcuna» (F. Schlegel); «In quanto conferisco al volgare un alto significato, al comune un aspetto enigmatico, al noto la dignità dell'ignoto, al finito un'apparenza infinita, io lo rendo romantico» (Novalis). Queste formule sono riprese dal fratello di Friedrich von Schlegel, August Wilhelm, e dalla Staël, e divengono la base per un'opposizione storica fra letterature antiche o classiche e letterature moderne o romantiche, sentite come radicalmente diverse di spirito e di forme: la letteratura classica riflette la mentalità e la civiltà dei popoli antichi, più semplici, meno riflessivi, riversati all'esterno e viventi in armonia con la natura, mentre la letteratura romantica esprime l'anima dei popoli moderni, i quali hanno appreso dal cristianesimo a ripiegarsi continuamente su se stessi e a staccarsi dalla terra per aspirare al cielo, che è la loro vera patria.

Per molto tempo questa opposizione è al fondo delle innumerevoli definizioni del Romanticismo date dai polemisti e poi dagli storici. Si avverte solo vagamente che dietro la rivoluzione letteraria sta un più profondo cambiamento degli spiriti, una nuova intuizione della realtà. Questo accade soprattutto in Italia, dove la scarsa conoscenza del Romanticismo tedesco da parte degli stessi primi romantici pesa sui critici e storici successivi, i quali continuano in genere a interpretare riduttivamente il Romanticismo come rivolta contro l'imitazione dei classici e come tentativo di costruire una letteratura a carattere nazionale e rispondente alle esigenze della vita contemporanea. Solo nella seconda metà dell'Ottocento si comincia ad acquistare una prospettiva storica più ampia e una più esatta comprensione del fenomeno. Già il DE SANCTIS nella *Storia della letteratura italiana* (1870-1872) lo definisce un serio movimento dello spirito, generato secondo le leggi eterne della storia. Ma un deciso cambiamento di prospettiva si verifica all'inizio del Novecento, quando si comincia a conoscere più largamente e seriamente il Romanticismo tedesco, sia attraverso la traduzione di testi significativi, sia attraverso studi di carattere generale, come le lezioni di ARTURO FARINELLI su *Il Romanticismo in Germania* (1910). Il Farinelli insiste energicamente sulla fondamentale differenza fra Romanticismo tedesco e Romanticismo latino: mistico, filosofico, estremamente individualistico il primo, sentimentale, con tendenze sociali, patriottiche, moraleggianti il secondo. Tale differenza è accentuata ancor di più da altri studiosi, come ALFREDO GALLETTI e GINA MARTEGIANI, autrice di un libro dal titolo significativo: *Il Romanticismo italiano non esiste* (1908).

La chiara coscienza di tale distinzione (della quale alcuni aspetti erano già stati acutamente colti dal De Sanctis) può essere considerata l'acquisto maggiore e più fecondo della critica moderna sul Romanticismo. Ad essa si collega quello della differenza fra lo *Sturm und Drang*, movimento di ribellione contro la tradizione in nome dell'individualità geniale e contro il razionalismo illuministico in nome della natura e della passione, e Romanticismo vero e proprio, nel quale prevale un carattere riflessivo, critico, sintetico. Tali distinzioni a volta a volta implicano e condizionano la definizione stessa del Romanticismo. Qualche studioso per esempio assume come paradigma ideale il Romanticismo tedesco e vede soltanto le differenze fra esso e i movimenti analoghi degli altri paesi, e allora è tratto a negare a questi ultimi il carattere di romantici (oltre al vol. cit. della Martegiani, cfr. R. BOTTACHIARI, *La rivoluzione romantica,* Roma, Perrella, 1943). Ma anche del Romanticismo tedesco molto diverse sono le interpretazioni, e spesso turbate dall'intervento di sentimenti e risentimenti nazionalistici e razzistici, e oscillanti secondo la filosofia personale dei vari critici. La linea dominante nelle interpretazioni più recenti sembra essere quella che mette in rilievo la forte coloritura intellettualistica del Romanticismo di fronte allo *Sturm und Drang*. Come affermano il Farinelli, lo studioso tedesco OSKAR WALZEL, GUIDO DE RUGGIERO e altri, il romantico non si abbandona passivamente al sentimento e agli oscuri impulsi naturali, ma vuol penetrare il sentimento di pensiero e scrutare criticamente il mistero.

6.3 Valutazioni negative

Altri studiosi hanno invece dato del Romanticismo (e non soltanto di quello tedesco) un'interpretazione totalmente mistico-irrazionalistica. Soprattutto taluni critici francesi, come PIERRE LASSERRE o ERNEST-ANTOINE SEILLIÈRE (autore di parecchi volumi, tra i quali i più noti sono: *Le mal romantique, Essai sur l'imperialisme irrationel,* Paris, 1908[2] e *Pour le centenaire du romantisme,* Paris, 1927), hanno assunto una posizione polemica e negativa, nella quale l'interpretazione mistica del Romanticismo coincide con una condanna morale (come sconvolgimento, morbo spirituale) e con un suo rifiuto in quanto fenomeno di origine e di natura germanica, malauguratamente penetrato anche nei paesi latini. Essi sviluppano una tesi che fu già assai cara ai primi classicisti, oppositori del Romanticismo in Francia e in Italia: il Romanticismo è una follia spirituale tedesca, una rivolta dell'individualismo barbarico germanico contro le sicure leggi e le perfette misure morali ed estetiche della civiltà latina (non molto lontano da queste posizioni è un noto studioso italiano, ALFREDO GALLETTI, del quale cfr. il volume *A. Manzoni*, 1ª ed. 1928, e l'introduzione alla *Lettera semiseria di Crisostomo*, Lanciano, Carabba, 1913).

Anche nella cultura tedesca tuttavia è presente una linea d'interpretazione negativa dell'aspetto mistico-irrazionale del Romanticismo, o perlomeno di valutazione dei pericoli in esso impliciti e rivelati da certe conseguenze del suo influsso nell'epoca moderna. Il grande narratore e saggista THOMAS MANN vede nel Romanticismo l'espressione di «quella bellissima fra le doti tedesche, l'interiorità tedesca», la quale contiene in sé «una certa fosca religiosità e potenza che potrebbe anche chiamarsi arcaismo dell'anima, che si sente vicina alle energie ctoniche, irrazionali e demoniache della vita, cioè alle vere sorgenti vitali e che si oppone ad una considerazione e trattazione del mondo meramente razionale in grazia di una più profonda conoscenza ed unione con ciò che è sacro». Egli definisce i Tedeschi «il popolo della controrivoluzione romantica dopo l'intellettualismo ed il razionalismo illuministici: di una rivolta della musica contro la letteratura, della mistica contro la chiarezza» (*La Germania e i tedeschi*, in *Moniti all'Europa*, Milano, Mondadori, 1947). Questo carattere del Romanticismo tedesco, di rappresentare il trionfo della musica, può essere valutato anche positivamente. Già FRIEDRICH NIETZSCHE riteneva che il Romanticismo tedesco fosse approdato a validi risultati solo nella musica e scorgeva nella musica sinfonica la sua più grande creazione; RICHARD BENZ afferma che la musica romantica ha rivelato una nuova lingua dell'anima, un nuovo senso del mondo (*Die deutsche Romantik*, Leipzig, Reclam, 1937).

Non ragioni nazionalistiche o genericamente moralistiche, ma ideologiche ispirano la condanna totale che del Romanticismo tedesco pronuncia il più illustre rappresentante della critica marxistica, GIÖRGY LUKÁCS, il quale lo presenta sostanzialmente come un fenomeno di reazione, che interrompe l'opera progressiva iniziata dall'Illuminismo e anticipa le tendenze decadenti. Esso gli appare caratterizzato da idealismo astratto e soggettivo, da individualismo privo di freni, da soggettivismo senza limiti, da amore dell'oscuro, dell'inconscio, dell'irrazionale e, insieme, o alla radice, da un contenuto sociale reazionario: come tale «una svolta fatale» nella storia dello spirito tedesco (cfr. *Breve storia della letteratura tedesca*, Milano, Mondadori, 1962). Su di un piano schiettamente politico, e con spirito accentuatamente polemico, PETER VIERECK ha creduto di poter identificare in alcuni princìpi fondamentali dei romantici tedeschi addirittura l'origine delle teorie nazionalsocialiste (cfr. *Dai romantici a Hitler*, Torino, Einaudi, 1956). Meno assoluto del Lukács e meno polemico del Viereck, ARNOLD HAUSER, nella *Storia sociale dell'arte* (4 voll., Torino, Einaudi, 1987, 1ª ed. 1956), osserva che i romantici tedeschi da inizi rivoluzionari diventano, in seguito, reazionari, mentre gli altri romantici europei, partendo da posizioni conservatrici, si avvicinano a posizioni liberali.

A portare la responsabilità dell'irrazionalismo romantico non sempre sono chiamati soltanto i Tedeschi, ma anche quel grande maestro della sensibilità che fu per tutta l'Europa Jean-Jacques Rousseau. JACQUES MARITAIN (in un saggio compreso in *Tre riformatori*, trad. it. di A. Pavan, Brescia, Morcelliana, 1979, 1ª ed. 1928) indicò limpidamente nell'opera del Rousseau il germe di parecchi degli atteggiamenti caratteristici della psicologia romantica: la confusione tra le inclinazioni empiricamente *primitive* e quelle metafisicamente *prime*, l'eccesso della sensibilità, il culto dell'*io* singolare, la fuga dalla realtà, la religiosità sentimentale o immanentistica ecc. Accanto a questa tendenza sentimentale e languida, discendente dal Rousseau, uno studioso slavo, VÁCLAV CERNY, ha identificato e ricostruito in seno al Romanticismo una tendenza titanica, che si riallaccia all'individualismo ottimistico del sec. XVIII e che porta a un atteggiamento di ribellione al male del mondo e allo sforzo di creare un mondo migliore con le pure forze umane (*Essai sur le titanisme dans la Poésie romantique occidentale entre 1815 et 1850*, Prague, 1935).

6.4 Il Romanticismo nella critica letteraria del ventesimo secolo

Fra le interpretazioni moderne, che non solo hanno un'impostazione libera da risentimenti nazionalistici o comunque polemici, ma cercano di abbracciare il fenomeno romantico nel suo complesso e nella sua anima più profonda, oltre le manifestazioni più evidenti e superficiali, inquadrandolo nello svolgimento di tutta la cultura, anzi di tutto lo spirito, sono notevoli quelle del Croce, dello Spirito e del De Ruggiero.

BENEDETTO CROCE nel capitolo III della sua *Storia d'Europa nel sec. XIX* (1932) definisce il Romanticismo come il prodotto del primo contrastato e drammatico affermarsi della nuova «religione della libertà» e distingue in esso due aspetti diversi: il primo è quello teorico e speculativo, e cioè «la rivolta, la polemica e la critica contro l'accademismo letterario e l'intellettualismo filosofico, che avevano dominato nell'età illuministica»; il secondo è quello pratico, sentimentale e morale, che coincide col cosiddetto "male del secolo", cioè con una forma di malattia e di debolezza dello spirito provocata dal crollo della vecchia fede in coscienze ancora incapaci di accogliere la nuova.

Secondo UGO SPIRITO il Romanticismo consiste essenzialmente «nella coscienza implicita o esplicita della antinomicità della vita» (*La vita come arte*, Firenze, Sansoni, 1943²). Egli ne trova i prodromi nell'Umanesimo, nel Rinascimento e nella Riforma «quando arte, religione e filosofia si confondono nello sforzo che l'uomo compie per conoscersi ed esprimersi, e quando il principio dei contrari comincia a imporsi al pensiero nella ricerca dell'unità». Dall'essenza antinomica e problematica del Romanticismo deriva che «il Romanticismo non risulta da alcuni elementi, bensì dal contrasto di tutti nel loro continuo avvicendarsi e richiamarsi in una coscienza che non riposa»; perciò è vano distinguere classici da romantici: Romanticismo e Classicismo sono i termini di un'antinomia generata dallo stesso Romanticismo. L'interpretazione dello Spirito ha qualche affinità con quella proposta dallo studioso francese JEAN WAHL nel libro *Le malheur de la conscience dans la philosophie de Hegel* (Paris, 1929). Il Wahl afferma che un'intuizione analoga è al fondo del misticismo cristiano di

Novalis, del misticismo pagano di Friedrich Hölderlin e della logica hegeliana: essa consiste nella coscienza di un'infelicità che si vuol superare, di una frattura nella storia umana che si vuole colmare. Lo sforzo di Friedrich Hegel sul piano filosofico, come quello di Novalis e di Hölderlin sul piano artistico, è di ritrovare al di là della dissonanza l'armonia, al di là dell'Inferno il Paradiso perduto: un'armonia e un Paradiso tanto più ricchi di vita e di felicità che quelli iniziali, quanto più profonda e complessa è stata l'esperienza intermedia di scissione e di infelicità. Il Wahl ha messo in luce due aspetti comuni a tutto il Romanticismo, anche se assai più accentuati in quello tedesco. Il primo è costituito dal mito di una primitiva armonia perduta e dal senso di una scissione nell'interno dello spirito umano, che lo rende infelice e quindi insofferente della realtà, teso verso un'armonia e una felicità assolute e irraggiungibili. L'altro aspetto consiste nel riconoscimento che l'armonia da conquistare non è primitiva, ingenua, al di qua dei contrasti, ma è il risultato di elementi contrastanti. Perciò, mentre la cultura illuministica si fondava su di un gioco di antitesi nette (ragione-storia, natura-società, individuo-Stato, dolore-piacere ecc.), il Romanticismo tende alla conciliazione di tutte le antinomie: alla fusione del sentimento con la ragione, dell'arte con la natura ecc.

Questo carattere sintetico del Romanticismo è rilevato anche da GUIDO DE RUGGIERO: «Il Romanticismo è un progresso, un divenire spirituale, che emerge dialetticamente dall'impulso originario dello *Sturm*, attraverso il limite e la mediazione neoclassica. Soggetto dello *Sturm* era la natura, la vita nella sua infinita attività, che vuol possedersi come un tutto e non può perché è incondita e informe. Soggetto del neoclassicismo è questa stessa natura umanizzata, compresa nel limite e nella forma umana. Soggetto del Romanticismo è lo Spirito, come unità di natura e di umanità, come forza infinita che si esplica attraverso il limite, come mobile forma che plasma l'informe, traboccante dai recessi oscuri di una natura infinitamente feconda. Esso nasce da un contrasto, che raccoglie in sé numerosi contrasti, ed è una sintesi che compendia molte sintesi» (*L'età del Romanticismo*, 1942, p. 430). In questa visione del Romanticismo, come appare chiaro sia dalle affermazioni del Wahl e dello Spirito sia da quelle del De Ruggiero, il Neoclassicismo della fine del Settecento e degli inizi dell'Ottocento non è più considerato l'opposto del Romanticismo, ma uno dei termini della sua interna dialettica.

Il Croce, il Wahl, lo Spirito, il De Ruggiero in modi diversi mirano a cogliere l'essenza del Romanticismo su di un piano storico-culturale, senza ridurne il significato a quello di un semplice episodio di polemica letteraria, tutto concluso in un limitato e ben definito periodo di tempo, ma senza d'altra parte allargarlo fino a comprendere movimenti culturali assai diversi e lontani nel tempo da quello che comunemente si designa col nome di "romantico" o anche un atteggiamento non determinato storicamente, ma eterno, dello spirito umano. Questo tipo di definizioni non storiche, ma *categoriali*, non è mancato per il Romanticismo, come non è mancato per altri concetti (cfr. quel che s'è detto a proposito di certe interpretazioni del Barocco). Lo stesso Croce, che nella *Storia d'Europa* propone una interpretazione *storica* del Romanticismo, altrove imposta il problema su di un altro piano, quello *estetico*, e identifica il Romanticismo col momento passionale presente in ogni opera d'arte, contrapposto al

Classicismo, che è invece il momento formale, onde l'antitesi romantico-classico si può ridurre a quella fra sentimento e intuizione, materia e forma, i due elementi della sintesi dai quali risulta l'opera d'arte. Qui il Romanticismo assume un significato estetico e insieme extratemporale: infatti in questo senso molte opere del periodo romantico possono venir considerate "classiche", in quanto in esse il tumulto passionale è stato superato nella serenità della forma, e all'inverso, anche le opere cosiddette "classiche", quando siano veramente belle, recano inevitabilmente in sé un elemento romantico. Quindi il Croce ritiene che vada superata l'antitesi fra Romanticismo e Classicismo nel concetto di *classicità*, ossia di raggiunta perfezione artistica che in sé comprende e supera gli altri due momenti. Questa soluzione presenta qualche analogia con quella che il Croce ha dato del problema del Barocco (cfr. il cap. su *Il problema del Barocco*, 3.2): entrambe derivano dalla concezione che la bellezza non ammette qualificazioni e che quindi non esiste un'arte *classica* e un'arte *barocca* o un'arte *romantica*, ma unicamente l'arte senza aggettivi. Come nel caso del Barocco non tutti gli studiosi sono rimasti soddisfatti di questa soluzione e, per esempio, MARIO PRAZ nell'introduzione al volume *La carne, la morte e il diavolo nella letteratura romantica* (1930), propone che il termine *romantico* sia usato invece in un significato strettamente storico a designare un particolare atteggiamento della *sensibilità*.

Lontano sia dall'interpretazione *storico-genetica*, sia da quella *categoriale* del Croce, su un più modesto piano descrittivo, RENÉ WELLEK ha cercato di fissare alcuni elementi comuni a tutto il Romanticismo europeo. Egli riscontra analoghe concezioni della poesia e dell'immaginazione poetica, analoga concezione della natura e del suo rapporto con l'uomo, e fondamentalmente il medesimo stile poetico, con un uso dell'*immaginazione*, del *simbolismo* e del *mito*, che è ben distinto da quello del Neoclassicismo del sec. XVIII. In base a questi caratteri rientrerebbero nel Romanticismo Schiller e Goethe, larga parte dell'ellenismo tedesco, francese e inglese, e tanto Chateaubriand per la sua concezione simbolica della natura, quanto Sénancour, per i temi dell'insoddisfazione e della noia e per la visione analogica della realtà (cfr. *The Concept of Romanticism*, in *Concepts of Criticism*, New Haven and London, Yale University Press, 1964).

Tra le interpretazioni intese a cogliere l'essenza spirituale del Romanticismo, al di là del semplice fenomeno letterario, meritano di essere ricordate anche quelle del Béguin e del Poulet. ALBERT BÉGUIN (*L'âme romantique et le rêve*, 1939) considera il Romanticismo su di un piano psicologico-religioso, come invenzione di miti (i miti dell'anima, dell'inconscio e della poesia), con i quali l'uomo cerca di superare la propria solitudine e reintegrarsi nel tutto. GEORGES POULET (*Les métamorphoses du cercle*, 1961) lo definisce come la coscienza della natura fondamentalmente soggettiva del pensiero, come un ritorno della realtà al centro dell'Io.

Numerosi saggi alla tematica europea e italiana del Romanticismo ha dedicato MARIO PUPPO (cfr. la raccolta *Romanticismo italiano e romanticismo europeo*, Milano, IPL, 1985): egli precisa che «per "romanticismo italiano" s'intende, non una generica categoria storico-spirituale, ma uno specifico movimento culturale e letterario, in concreto quello che si può chiamare il romanticismo lombardo»; inquadra quindi nel contesto culturale europeo l'attività letteraria dei maggiori romantici italiani, con particolare rilievo al dibattito Manzoni-Goethe-Foscolo sulla poesia.

6.5 Il Romanticismo italiano tra cultura e politica

Nel quadro delle interpretazioni di carattere generale, il Romanticismo italiano offre alla critica innanzi tutto il problema dell'esistenza stessa di un Romanticismo italiano in senso proprio. Ad esso si collegano strettamente quelli del rapporto fra Romanticismo italiano e Romanticismo straniero e del rapporto fra Romanticismo e Illuminismo. In secondo piano, ma sempre essenziale, si presenta il problema del rapporto fra Romanticismo e Neoclassicismo.

Chi considera l'essenza più profonda del fenomeno e le sue manifestazioni più caratteristiche, soprattutto in Germania, è indotto facilmente a negare che si possa parlare di un vero e proprio Romanticismo italiano come rivolgimento profondo degli spiriti e non soltanto come superficiale riforma letteraria. Chi invece guarda solo, o prevalentemente, all'aspetto letterario rivendica una fisionomia originale al nostro Romanticismo, ma può essere poi costretto a riconoscere che i princìpi letterari dei romantici erano già quasi interamente contenuti nelle opere dei critici letterari del Settecento. Il Romanticismo italiano come movimento letterario consapevole, con un programma esplicito di rinnovamento, sorge con oltre un decennio di ritardo rispetto a quello straniero, in particolare a quello tedesco; mentre risponde a esigenze etiche e intellettuali vive fin dalla metà del Settecento, riceve la spinta dall'esterno e assume spesso come princìpi teorici e come strumenti polemici risultati estremi o parziali di un moto spirituale non conosciuto nella sua realtà totale e organica. Di qui la coesistenza in esso di impulsi diversi e talvolta contraddittori, la sua fisionomia in un certo senso sfuggente. Si capisce come la polemica letteraria stessa dei nostri romantici sia potuta apparire priva di originalità, dipendente da un lato dalle premesse dell'estetica e della critica del Settecento, dall'altro dai princìpi enunciati da Madame de Staël e dallo Schlegel.

Nel 1905 GIUSEPPE ANTONIO BORGESE nel concludere il suo esame della polemica romantica in Italia (*Storia della critica romantica in Italia*), dichiarava che nel fondo della critica romantica rimanevano i princìpi estetici del Classicismo, che «si rinnovò l'indirizzo pratico della letteratura, il gusto non subì grandi rivolgimenti» e l'unico vero risultato positivo fu la concezione della storia letteraria. Altri studiosi hanno rilevato come dei grandi poeti stranieri moderni in Italia fu conosciuto veramente solo Byron, tanto che dal punto di vista del gusto si dovrebbe parlare piuttosto di *byronismo* che di *Romanticismo*: fu soprattutto la moda byroniana ad alimentare l'equivoco di un Romanticismo inteso come poesia del terribile e dell'orribile, del cupo e del mostruoso, del bizzarro e del satanico, tanto da provocare la reazione non solo estetica, ma morale (contro questo equivoco protestò già il Manzoni nella *Lettera sul Romanticismo*).

Che un grande rivolgimento del gusto non ci sia stato e che la nostra letteratura romantica abbia sviluppato e intensificato atteggiamenti già vivi almeno nel tardo Settecento è opinione generalmente diffusa. Tuttavia, accertato questo fatto, ci si preoccupa appunto di determinare e precisare quali siano gli aspetti nuovi storicamente significativi dell'opera dei romantici rispetto ai precedenti settecenteschi. VITTORE BRANCA nell'introduzione alla sua edizione completa del «*Conciliatore*» (Firenze, Le Monnier, 1948-1954) dà rilievo al fatto che l'affermazione dell'attività letteraria e dell'attività morale, non nuova in sé, «ora per la prima volta diventa il problema centrale, il programma e la bandiera di tutto un gruppo letterario, anzi del nostro ambiente artistico più vivo e fervido»; MARIO FUBINI (*Romanticismo italiano*, 1953) afferma che, se è vero che le pagine dei polemisti romantici non offrono novità di concetti e di interpretazioni critiche, esse valgono tuttavia come testimonianze del costume letterario, che con le polemiche fra i classici e i romantici nasce «se non una nuova critica, la premessa necessaria per una nuova critica», e che un più profondo e intimo sentimento della libertà rispetto agli illuministi anima la severa moralità con la quale i romantici vivono la polemica letteraria. UMBERTO BOSCO mette soprattutto in evidenza l'esigenza *realistica*, che, presente in tutti i romanticismi, ha speciale rilievo in quello italiano, dove essa viene a contrastare con la tradizione aulica e aristocratica della nostra letteratura e dove ha le prime grandi manifestazioni poetiche nella lirica dialettale di Carlo Porta e, qualche tempo dopo, di Giuseppe Gioachino Belli. Questo, come riconoscono insieme col Bosco altri critici, è il motivo essenziale del nostro Romanticismo, mentre assai debole vi appare la tendenza, così viva altrove, all'affermazione individualistica e all'effusione autobiografica. Le considerazioni riferite riguardano la polemica e l'opera letteraria di quella che fu, diremo così, ufficialmente la "scuola romantica" con i suoi prosecutori.

Ma la visione europea del Romanticismo e la penetrazione della sua essenza più profonda, al di sotto dell'aspetto meramente letterario, hanno condotto a una diversa valutazione critica anche di taluni di quegli scrittori che erano (e si consideravano essi stessi) rappresentanti del Classicismo. Anche il Neoclassicismo italiano dell'Ottocento, come quello europeo, è apparso in una luce romantica: scrittori come il Foscolo e il Leopardi, col mutare delle prospettive storiche, sono andati sempre più rivelando gli aspetti romantici della loro personalità. Si è visto che la loro immagine del mondo antico, la loro mitologia, come accade in Hölderlin o in John Keats, sono colorate da un sentimento di rimpianto e di nostalgia, sono cioè aspetti di quell'ansia nostalgica di evasione dai limiti del presente che è uno dei caratteri essenziali dello stato d'animo romantico. E del Foscolo si è anche messo in rilievo il risentito e drammatico individualismo, l'impeto passionale e ribelle e, insieme, la ricerca di una legge di armonia, il senso della tradizione e il culto delle memorie, il valore attribuito al sentimento e la religione della poesia immortalatrice: queste e altre note concorrono a determinare la sua fisionomia romantica.

Un altro problema importante, di cui si sta modificando l'interpretazione tradizionale, è quello del legame fra Romanticismo e Risorgimento. La polemica fra classici e romantici inizialmente si accentrò da noi attorno al motivo nazionalistico. I contendenti si accusavano a vicenda di tradimento verso la patria. I classicisti affermavano che i romantici volevano contaminare la purezza del retaggio ideale della tradizione greco-latina, perpetuatasi attraverso tutta la nostra storia, spingendoci a imitare gli stranieri; i romantici rispondevano che, al contrario, essi intendevano rinnovare la vita e la cultura italiana sull'esempio degli scrittori stranieri, proprio per riportarla a quell'altezza da cui era discesa durante i secoli della decadenza, e che in questo erano più autenticamente patrioti dei loro avversari. Esauritasi la polemica, in un primo momento sembrò evidente che per lo spirito di libertà e di indipendenza che li animava, per la loro ansia di rinnovamento della vita italiana, i romantici fossero i soli genuini rappresentanti dello spirito nazionale: si creò così un'identità fra Romanticismo e Liberalismo, Romanticismo e Risorgimento. Questa è per esempio la tesi di GIUSEPPE MAZZINI (si veda nei suoi *Scritti letterari* l'articolo su *Carlo Botta e i romantici*). In realtà molti di coloro che in letteratura si proclamavano classicisti furono liberali e patrioti, come Pietro Giordani, e spesso proprio fra i classicisti s'incontrano le più accese manifestazioni di spirito nazionalistico; pure a classicisti appartengono talune delle opere che più contribuirono ad alimentare lo spirito del Risorgimento, come le tragedie di Giovan Battista Niccolini. Naturalmente il nazionalismo dei classicisti appare prevalentemente legato al culto della tradizione greco-latina, quello dei romantici si ispira alla volontà di un rinnovamento spirituale e culturale che cerca anche nelle culture straniere stimoli e modelli.

Una tesi ardita e molto discussa ha proposto SEBASTIANO TIMPANARO, il quale, rovesciando le posizioni tradizionali, vede nel Classicismo di ispirazione illuministica (Monti, Giordani, Leopardi), in contrasto col Romanticismo, l'autentico filone progressivo della nostra cultura ottocentesca (*Classicismo e illuminismo nell'Ottocento italiano*, 1965).

Interessanti sotto il profilo teorico e critico sono le *Lezioni di critica romantica* di GIORGIO PETROCCHI (Milano, il Saggiatore, 1975) e lo studio di ANDREA BATTISTINI ed EZIO RAIMONDI, *Retoriche e poetiche dominanti* (in *Letteratura italiana* vol. III, t. 1, Torino, Einaudi, 1984).

Con un preciso riferimento cronologico e con attenzione anche all'aspetto politico è intervenuto ATTILIO MARINARI con *Classicismo, romanticismo e liberalismo nell'età della Restaurazione* (in *La Letteratura italiana. Storia e Testi*, Milano-Napoli, Ricciardi, 1977).

Finiscono coll'avere rilievo generale anche non pochi degli studi contemporanei sui principali esponenti o su specifici fenomeni: è il caso del saggio di R. BATTAGLIA BONIELLO su *Le versioni italiane di poesia epica e di lirica tedesche in Lombardia (1815-1848)* (1991) che scava nelle origini del Romanticismo italiano, o dei numerosi interventi su Ludovico di Breme fra i quali si cita il recente MICHELE DELL'AQUILA, *Profilo di Ludovico di Breme* (Fasano, Schena, 1988).

Riporta alla centralità del Manzoni nella questione dell'intervento di UMBERTO COLOMBO posto a introdurre l'edizione della manzoniana lettera al marchese Cesare d'Azeglio *Sul Romanticismo* (Azzate, Edizioni di Otto/Novecento, 1993), integrata dal testo di C. PORTA, *Il Romanticismo*, e da una cospicua appendice di testi non solo manzoniani sul tema.

6.5.1 Nota sulla storia del termine "romantico"

La parola 'romantico', come altre simili ('gotico', 'barocco'), ebbe inizialmente un significato negativo e polemico. Essa compare verso la metà del Seicento in lingua inglese col senso di "simile ai vecchi romanzi" cavallereschi e pastorali, cioè "falso, fantastico, irrazionale". Quest'uso polemico continua e si accentua nel razionalistico Settecento, ma nel medesimo periodo la corrente sentimentale comincia ad attribuire al termine un significato positivo: "attraente, atto a dilettare l'immaginazione". Esso viene adoperato a proposito di paesaggi simili a quelli descritti nei romanzi, e, in genere, degli aspetti selvaggi e malinconici della natura, e a designare non solo la scena, ma l'emozione di chi la contempla. Solo in Germania, tra la fine del Settecento e l'inizio dell'Ottocento, il significato di 'romantico' si amplia a indicare tutto un atteggiamento spirituale ed estetico e viene formulata nettamente l'antitesi fra poesia *romantica* e poesia *classica*.

Repertorio bibliografico

a) **Introduzione al Romanticismo**

Per un'introduzione al Romanticismo si vedano anzitutto alcuni volumi di M. Puppo: *Il Romanticismo*, Roma, Studium, 1990 (1ª ed. 1951); *Il Romanticismo. Saggio monografico con antologia di testi e della critica*, ivi, 1973 (1ª ed. 1967); *Poetica e critica del Romanticismo italiano*, ivi, 1988 (1ª ed. Milano, Marzorati, 1975). Si veda del Puppo anche la voce *Romanticismo*, in *Dizionario critico della letteratura italiana*, vol. IV, dir. da V. Branca, Torino, UTET, 1986. Altre trattazioni introduttive: U. Bosco, *Preromanticismo e Romanticismo*, in *Questioni e correnti*, Milano, Marzorati, 1973; R. Wellek, *Il concetto di Romanticismo nella storia letteraria*, in *Concetti della critica*, Bologna, Boni. Si tengano inoltre presenti: S. Battaglia, *Introduzione al Romanticismo italiano*, Napoli, Liguori, 1965 e P. Quaglia, *Invito a conoscere il Romanticismo*, Milano, Mursia, 1987.

Sul Preromanticismo in Italia: W. Binni, *Preromanticismo italiano*, Firenze, Sansoni, 1985 (1ª ed. Napoli, Edizioni Scientifiche Italiane, 1948).

Sul concetto di Romanticismo nella critica: G. Petronio, *Il Romanticismo*, Palermo, Palumbo, 1991⁵; sulla fortuna del Romanticismo in Italia: E. Fiandra, *Itinerari romantici. Rassegna di studi sul romanticismo tedesco in Italia (1900-1981)*, Napoli, Istituto Universitario Orientale, 1984, Sul termine 'romantico': C. Apollonio, *Romantico: storia e fortuna di una parola*, Firenze, Sansoni, 1958; Aa. Vv., *«Romantic» and its Cognates: The European History of a Word*, Toronto, University of Toronto Press, 1972.

b) **Il Preromanticismo in Europa e in Italia**

Sul Preromanticismo in Europa: P. van Tieghem, *Le Préromantisme*, Paris, Sfelt, 1969 (1ª ed. 1924) e Id., *Le sentiment de la nature dans le Préromantisme européen*, Paris, Nizet, 1960; G. Gusdorf, *Naissance de la conscience romantique au siècle des lumières*, Paris, Payot, 1976. Un aggiornamento nell'importante volume miscellaneo *Le Préromantisme: hypothèque ou hypothèse?*, Paris, Klincksieck, 1975. Sul Preromanticismo italiano, due volumi classici sono E. Bertana, *Arcadia lugubre e preromantica*, in *In Arcadia. Saggi e profili*, Napoli, Perrella, 1909 e G. Muoni, *Note. Poesia notturna preromantica*, Milano, Società Editrice Libraria, 1908. E inoltre: R. Salsano, *Sentimento del tempo in alcuni testi preromantici e romantici*, in «Otto/Novecento», III, 1979; A. Mazza Tonucci, *Il Preromanticismo*, in «Otto/Novecento», XI, 1987. Sullo Sturm und Drang: R. Pascal, *La poetica dello Sturm und Drang*, trad. it. di E. Mazzali, Milano, Feltrinelli, 1977 (ed. or. Manchester, Manchester University Press, 1953).

c) **Il Romanticismo**

Sul Romanticismo la bibliografia è immensa. Tra le opere di carattere generale più utili per un primo orientamento: A. Farinelli, *Il Romanticismo in Germania*, Milano, Bocca, 1945

(1ª ed. Bari, Laterza, 1911) e ID., *Il Romanticismo nel mondo latino*, 3 voll., Torino, Bocca, 1927; B. CROCE, *Storia d'Europa nel sec. XIX*, cap. III: *Il Romanticismo*, Bari, Laterza, 1964 (1ª ed. 1932; 4ª ed. economica, 1981); G. DE RUGGIERO, *Storia della filosofia*, vol. IV della parte 3ª: *L'Età del Romanticismo*, Bari, Laterza, 1966 (1ª ed. 1942); G. PICON, *Le Romantisme*, in *Encyclopédie de la Pléiade. Histoire des Littératures*, vol. II: *Littératures occidentales*, Paris, Gallimard, 1956; N. FRYE, *Il mito romantico*, trad. it. di S. Rosso-Mazzinghi, in «Lettere italiane», XIX, 1967, pp. 409-440 (Relazione al VI Congresso dell'AISLLI, di cui si vedano gli atti col titolo *Il Romanticismo*, a cura di V. Branca e T. Kardos, Budapest, Akadémiai Kiadö, 1968); P. VAN TIEGHEM, *Le Romantisme dans la littérature européenne*, Paris, A. Michel, 1969 (1ª ed. 1948); G. MACCHIA, *Origini europee del Romanticismo*, in *Storia della letteratura italiana*, vol. VII: *L'Ottocento*, dir. da E. Cecchi e N. Sapegno, Milano, Garzanti, 1965-1969; H. PEYRE, *Qu'est le Romantisme?*, Paris, Presses Universitaires, 1979 (1ª ed. 1971); G. HOFFMEISTER, *Deutsche und europäische Romantik*, Stuttgart, J.B. Metzlersche Verlagbuchhandlung, 1978; A. DE PAZ, *La rivoluzione romantica. Poetiche, estetiche, ideologiche*, Napoli, Liguori, 1984; M. PAGNINI, *Il Romanticismo*, Bologna, Il Mulino, 1986. Tra i volumi miscellanei: *The Romantic Movement*, a cura di A.K. Thorlby, London, Longman, 1966; *Die europäische Romantik*, Frankfurt am Main, Athenäum Verlag, 1972; *Los orígines del Romanticismo en Europa*, Madrid, Instituto Germano-Español, 1982; *Problemi del Romanticismo*, a cura di U. Cardinale, Milano, Shakespeare and Company, 1983; *Romanticismo: mito, simbolo, interpretazione*, a cura di S. Zecchi, Milano, Unicopli, 1987.

Su aspetti particolari: M. PRAZ, *La carne, la morte e il diavolo nella letteratura romantica*, Firenze, Sansoni, 1988 (1ª ed. Milano-Roma, La Cultura, 1930); R. ASSUNTO, *Sulla filosofia come sapere dell'assoluto e sulla poesia come sapere assoluto*, in «Testo», 19, 1990 (sull'estetica romantica); AA.VV., *Romanticismo e musica*, antologia a cura di G. Guanti, Torino, EDT Musica, 1981 (con saggio introduttivo).

Sul Romanticismo tedesco in particolare, due opere classiche sono: R. HAYM, *La scuola romantica*, trad. it. di E. Pocar, Milano-Napoli, Ricciardi, 1965 (ed. or. 1870); O. WALZEL, *Il Romanticismo tedesco*, trad. it. di V. Santoli, Firenze, Vallecchi, 1924 (con bibliografia). Un ampio quadro del movimento romantico in Germania in L. MITTNER, *Storia della letteratura tedesca. Dal Pietismo al Romanticismo (1700-1820)*, 3 voll. Torino, Einaudi, 1964. E si veda il volume collettaneo *Die deutsche Romantik*, a cura di H. Steffen, Göttingen, Vandehoeck & Ruprecht, 1967.

d) Testi

Un'antologia di testi scelti da tutta l'area del Romanticismo europeo è *Le Romantisme européen*, a cura di L. Biedermann, Paris, 1972. Per i testi dei romantici tedeschi si ricorra all'antologia (in trad. francese) *Les romantiques allemands*, a cura di A. Guerne, Bruges, 1963. Di F. SCHLEGEL si vedano: *Frammenti critici e scritti di estetica*, trad. it. di V. Santoli, Firenze, Sansoni, 1967 (1ª ed. 1937); *Storia della letteratura antica e moderna*, trad. it. di F. Ambrosoli, a cura di R. Assunto, Torino, Paravia, 1974. E inoltre: NOVALIS, *Frammenti*, trad. it. di E. Pocar, Milano, Rizzoli, 1976 (1ª ed. ivi, Istituto Editoriale Italiano, 1948); A.W. SCHLEGEL, *Corso di letteratura drammatica*, trad. it. di G. Gherardini, a cura di M. Puppo, Genova, Il Melangolo, 1977.

Per i testi del Romanticismo italiano si vedano le antologie: *Discussioni e polemiche sul Romanticismo*, 2 voll., a cura di A.M. Mutterle, Bari, Laterza, 1975 (1ª ed. a cura di E. Bellorini, ivi, 1943), con gli scritti più significativi della polemica fra classicisti e romantici nel periodo 1816-1826, ad esclusione degli interventi degli autori maggiori, come Monti e

Manzoni; *Manifesti romantici e altri scritti della polemica classico-romantica*, a cura di C. Calcaterra, ivi, 1950), con bibliografia (comprende l'articolo di M.me DE STAËL, *Sulla maniera e l'utilità delle traduzioni*, il discorso di L. DI BREME, *Intorno all'ingiustizia di alcuni giudizi letterari italiani*, le *Avventure letterarie* di P. BORSIERI, l'*Introduzione* alla «Biblioteca Italiana», la *Lettera semiseria* di G. BERCHET, le *Idee elementari* di E. VISCONTI e altri scritti minori); F. ALLEVI, *Testi di poetica romantica (1803-1826)*, Milano, Marzorati, 1960; M. DELL'AQUILA, *Primo Romanticismo italiano. Testi di poetica e critica*, Bari, Adriatica, 1976. Si tengano inoltre presenti: *Il Conciliatore. Foglio scientifico-letterario*, 3 voll., a cura di V. Branca, Firenze, Le Monnier, 1948-1954 (ed. accurata, con importante prefazione); *Critici dell'età romantica*, a cura di C. Cappuccio, Torino, UTET, 1968².

Per i testi dei singoli scrittori del gruppo milanese, si vedano anzitutto quelli di L. DI BREME, oggi il più studiato: *Polemiche*, a cura di C. Calcaterra, Torino, UTET, 1923; *Lettere*, a cura di P. Camporesi, Torino, Einaudi, 1966; *Grand Commentaire*, a cura di G. Amoretti, Milano, Marzorati, 1970; L. DI BREME - G. LEOPARDI, *Osservazioni sul «Giaurro». Discorso sulla poesia romantica*, a cura di M. Dell'Aquila, Fasano, Schena, 1989. Si vedano inoltre: S. PELLICO, *Lettere milanesi*, a cura di M. Scotti, suppl. al n. 28 del «Giornale Storico della Letteratura Italiana», 1963; P. BORSIERI, *Avventure letterarie di un giorno e altri scritti editi e inediti*, a cura di G. Alessandrini, Roma, Edizioni dell'Ateneo, 1967 (ed. purtroppo scorretta; se ne veda la recensione a cura di M. Scotti in «Giornale Storico della Letteratura Italiana», CXLV, 1968, pp. 137-142); G. BERCHET, *Lettera semiseria. Scritti scelti di critica e di polemica*, a cura di M. Reina, Milano, Mursia, 1991 (1ª ed. 1977); E. VISCONTI, *Saggi sul bello, sulla poesia e sullo stile. Redazioni inedite 1819-1822; edizioni a stampa 1833-1834*, a cura di A.M. Mutterle, Bari, Laterza, 1979.

e) Il Romanticismo italiano

Sul Romanticismo italiano in particolare si vedano: G.A. BORGESE, *Storia della critica romantica in Italia*, Milano, Il Saggiatore, 1963 (1ª ed. Napoli, Edizioni della «Critica», 1905); G. MARTEGIANI, *Il Romanticismo italiano non esiste. Saggio di letteratura comparata*, Firenze, Seeber, 1908; C. DE LOLLIS, *Saggi sulla forma poetica italiana dell'Ottocento*, a cura di B. Croce, Bari, Laterza, 1929 (poi in *Scrittori d'Italia*, a cura di G. Contini e V. Santoli, Milano-Napoli, Ricciardi, 1968); A. GALLETTI, *Le origini del Romanticismo italiano e l'opera di Alessandro Manzoni*, Milano, Montuoro, 1942; G. CITANNA, *Il Romanticismo e la poesia italiana dal Parini al Carducci*, Bari, Laterza, 1949 (1ª ed. 1935); U. BOSCO, *Realismo romantico*, Roma, Edizioni del Babuino, 1968 (1ª ed. Caltanissetta-Roma, Sciascia, 1959); M. SANTORO, *La poetica classico-romantica*, Napoli, Liguori, 1963 e ID., *Aspetti del Romanticismo dottrinario italiano*, ivi, 1967; G. ORIOLI, *Teorici e critici romantici*, in *Storia della letteratura italiana*, dir. da E. Cecchi e N. Sapegno, vol. VIII, cit.; M. APOLLONIO, *Il gruppo del «Conciliatore» e la cultura italiana dell'Ottocento*, Milano, CELUC 1969; M. FUBINI, *Romanticismo italiano*, Bari, Laterza, 1971 (1ª ed. 1953); S. TIMPANARO, *Classicismo e Illuminismo nell'Ottocento italiano*, Pisa, Nistri-Lischi, 1988²; M. PUPPO, *Studi sul Romanticismo*, Firenze, Olschki, 1969 e ID., *Romanticismo italiano e romanticismo europeo*, Milano, IPL, 1985; L. DERLA, *Letteratura e politica tra la Restaurazione e l'Unità*, Milano, Vita e Pensiero, 1977; A. FERRARIS, *Letteratura e impegno civile nell'«Antologia»*, Padova, Liviana, 1978; S. GILARDINO, *La scuola romantica. La tradizione ossianica nella poesia dell'Alfieri, del Foscolo e del Leopardi*, Ravenna, Longo, 1982; V. PALADINO, *«Meraviglioso» romantico: proposte del «Conciliatore»*, in «Critica letteraria», 42, 1984; M. ORCEL, *«Langue mortelle»: études sur la poétique du premier Romantisme italien*

(Alfieri, Foscolo, Leopardi), prefazione di J. Starobinski, Paris, L'Alphée, 1987; R. BATTAGLIA BONIELLO, *Le versioni italiane di poesia epica e di lirica tedesche in Lombardia (1815-1848)*, in «Otto/Novecento», XV, 1991.

Si tengano inoltre presenti le storie della letteratura più notevoli, tra cui *L'Ottocento* della *Storia letteraria d'Italia*, nuova ed. a cura di A. Balduino, vol. X, tt. 2, Milano, Vallardi, 1990 e il vol. IV della *Storia della civiltà letteraria italiana*, dir. da G. Bárberi Squarotti, Torino, UTET, 1992 (Parte II di F. PORTINARI).

Per il tardo Romanticismo in Italia: M. MARCAZZAN, *Dal Romanticismo al Decadentismo*, in *Orientamenti culturali. Le correnti*, vol. II, cit.; A. BALDUINO, *Letteratura romantica dal Prati al Carducci*, Bologna, Cappelli, 1967; A. DI PIETRO, *Per una storia della letteratura italiana postunitaria*, Milano, Vita e Pensiero, 1974.

Sulla letteratura risorgimentale, si veda S. LANARO-A. BALDUINO, *Risorgimento*, in *Dizionario critico della letteratura italiana*, dir. da V. Branca, vol. III, cit., (con essenziale bibliografia). Panoramiche più analitiche in V. SPINAZZOLA, *La poesia romantico-risorgimentale* e S. ROMAGNOLI, *Narratori e prosatori del Romanticismo*, in *Storia della letteratura italiana*, dir. da E. Cecchi e N. Sapegno, voll. VII e VIII, cit.

Per l'aggiornamento, si tengano presenti le riviste «Studies in Romanticism», dal 1961, e «Romantisme», Paris, dal 1971.

7 La Scapigliatura e il Verismo

7.1 La Scapigliatura: limiti e significato

Città vicina, non solo geograficamente, alle Alpi e quindi alle altre nazioni europee, Milano godeva nell'Ottocento di una posizione di preminenza produttiva che costituiva la base per ogni iniziativa anche culturale, mentre il maggiore sviluppo faceva emergere qui, prima che altrove, le contraddizioni insite nel processo di trasformazione. Istanze politiche, economiche e sociali, aspirazioni artistiche, programmi culturali furono i fermenti da cui trasse origine un complesso fenomeno culturale multiforme, facente comunque capo a una sede principale, Milano appunto, e caratterizzato dall'ansia di novità. L'incontro di parecchi personaggi di estrazione e di intendimenti diversi diede origine più a discussioni che a coralità; ma la critica, allargando a tutta una temperie il nome felicemente ideato per un gruppo soltanto, ha spesso accomunato nella Scapigliatura tutti gli intellettuali che in modi assai difformi parteciparono alla vita culturale milanese del ventennio 1860-1880 (Torino è il secondo centro della Scapigliatura; ma il fenomeno ha avuto sviluppi e legami anche lontani: cfr. F. BRUNO, *La Scapigliatura napoletana e meridionale*, Napoli, La Nuova Cultura Editrice, 1970).

Il termine 'scapigliato', dall'originario significato di "spettinato", ovvero di persona dai capelli in disordine, aveva già da secoli acquisito il metaforico senso di persona dai costumi disordinati come i capelli, quindi di individuo sregolato; traduceva il francese *bohème*, lanciato dal parigino HENRI MURGER, autore di *Scènes de la vie de bohème* (1847-1849). La determinazione storica della parola si deve al milanese Carlo Righetti, noto con lo pseudonimo di CLETTO ARRIGHI, il quale, dopo aver introdotto il termine nella prima edizione del romanzo *Gli ultimi coriandoli* (1857), lo inserì nel titolo del successivo, *La Scapigliatura e il 6 febbraio* (1862), incentrato sulle vicende di sei giovani scapestrati e perdigiorno che si muovono sullo sfondo del tentativo rivoluzionario mazziniano del 1853. Nella *Presentazione* di questo romanzo così definiva il fenomeno: «In tutte le grandi e ricche città del mondo incivilito esiste una certa quantità di individui d'ambo i sessi [...] fra i venti e i trentacinque anni, non più; pieni d'ingegno quasi sempre; più avanzati del loro secolo; indipendenti come l'aquila delle Alpi; pronti al bene quanto al male; inquieti, travagliati, turbolenti – i quali – e per certe contraddizioni terribili fra la loro condizione e il loro stato, vale a dire fra ciò che hanno in testa, e ciò che hanno in tasca, e per una loro particolare maniera eccentrica e disordinata di vivere, e per... mille e mille altre cause e mille altri effetti il cui studio formerà appunto lo scopo e la morale del mio romanzo – meritano di essere classificati in una nuova e particolare suddivisione della grande famiglia civile, come coloro che vi formano una casta *sui generis* distinta da tutte quante le altre. Questa casta o classe [...] vero pandemonio del secolo, personificazione della storditaggine e della follia, serbatoio del disordine, dello spirito d'indipendenza e di opposizione agli ordini stabiliti, questa classe, ripeto, che a Milano ha più che altrove una ragione e una scusa di esistere, io, con una bella e pretta parola italiana, l'ho battezzata appunto: la *Scapigliatura Milanese*. [...] Ha due aspetti la Scapigliatura: il buono e il cattivo. Da un lato un profilo più Italiano che Meneghino pieno di brio, di speranza e di amore, e rappresenta il lato simpatico e forte di questa classe [...] propagatrice delle brillanti utopie, focolare delle idee generose, anima di tutti gli elementi geniali, artistici o politici [...]. Dall'altro invece un volto smunto, solcato, cadaverico, su cui stanno le impronte delle notti passate nello stravizzo e nel giuoco [...] e la finale disperazione».

7.2 La Scapigliatura nelle interpretazioni della critica

La partizione registrata dall'Arrighi è soltanto una delle semplificazioni possibili di un fenomeno complesso e multiforme, per cui certamente non si può parlare della Scapigliatura come di una scuola letteraria o di un movimento, restando soltanto possibile registrare alcune coincidenze, un prevalere di accordo su alcuni elementi di poetica e un significativo europeismo culturale.

Il primo interessante punto di riferimento per una storia della critica sulla Scapigliatura si deve al coevo GIOSUE CARDUCCI (*Dieci anni a dietro*, 1880), cui sono da attribuire alcune distinzioni all'interno del gruppo e la definizione di poesia *democratica*, aggettivo che ancor oggi si usa per una parte della Scapigliatura. Fra il 1921 e il 1924 il problema veniva dibattuto su «La Rivista d'Italia» per iniziativa di PRIMO SCARDOVI. Un organico studio dei principali esponenti si deve a BRUNO NARDI, *Scapigliatura. Da Giuseppe Rovani a Carlo Dossi* (1924): da qui le proposte di ALFREDO GALLETTI, per un allargamento del gruppo, e di BENEDETTO CROCE che si conferma contrario ai raggruppamenti in genere e, in particolare, a riunire «ingegni tanto diversi e disparati quanto sono Rovani e Boito, Praga e Dossi, Tarchetti e Camerana».

WALTER BINNI, nel fare il quadro de *La poetica del Decadentismo* (Firenze, Sansoni, 1988; 1ª ed. 1936), avverte che manca agli scapigliati «una vera poetica organata, coerente»; continua in tale direzione LUCIANO ANCESCHI (*Le poetiche del Novecento in Italia*, Padova, Marsilio, 1990; 1ª ed. Milano, 1962), per il quale «non si può, a proposito della Scapigliatura, parlare di movimento organizzato, o comunque, in qualche modo preordinato» trattandosi di un libero convergere di personalità intorno a qualche motivo comune di poetica e «soprattutto ad alcune comuni insofferenze». ANGELO ROMANÒ (*Il secondo romanticismo lombardo e altri studi sull'Ottocento italiano*, 1958), accogliendo la proposta crociana, diluisce la Scapigliatura in un più ampio e meno impegnativo *secondo romanticismo lombardo*.

Al di là di contributi parziali, un'autentica svolta negli studi si ha con la *Storia della Scapigliatura* (1971) di GAETANO MARIANI che estende l'indagine anche agli scapigliati minori, individuando il più significativo collegamento fra loro nella crisi sociale del tempo. Tutti gli studi successivi si basano su quest'opera fondamentale per verifiche e approfondimenti. La più cospicua raccolta di dati per ulteriori ricerche è data dal regesto delle riviste dell'epoca, *La pubblicistica del periodo della Scapigliatura* (1984), curato da GIUSEPPE FARINELLI.

7.3 Il Verismo: le interpretazioni polemiche e la difesa desanctisiana del realismo nell'arte

Rielaborando con varia autonomia istanze provenienti soprattutto dalla Francia, i narratori italiani degli ultimi decenni del diciannovesimo secolo diedero vita a una produzione che viene prevalentemente raggruppata sotto le etichette di "Verismo" e di "Decadentismo". In realtà le due anime convissero largamente non solo nello stesso tempo, ma nelle stesse persone e opere, così che non c'è forse romanzo che non risenta almeno in piccola misura di entrambe e questo a prescindere dagli schieramenti e dalle intenzioni stesse degli scrittori.

Pure la Scapigliatura si nutrì di realismo, ma amando Charles Baudelaire e il maledettismo; e i legami francesi fra le due tendenze culminarono nella persona di Joris-Karl Huysmans che, prima di scrivere la "Bibbia del Decadentismo", *À rebours* (1884), militò nelle file naturaliste, dalle quali si congedò scrivendo a Emile Zola che desiderava approdare a un naturalismo più vasto, attento anche agli aspetti spirituali e misteriosi della realtà.

In Italia su "vero" e "verisimile" nella narrativa si era già pronunciato il MANZONI, condizionando l'evoluzione del romanzo per buona parte dell'Ottocento. La discussione sul realismo, variamente inteso, riprese vigore negli anni Settanta, in relazione soprattutto al crescere delle fortune letterarie dello Zola; i termini 'Realismo', 'Naturalismo' e 'Verismo' appaiono a lungo sostanzialmente intercambiabili, anche perché il dibattito prese varie direzioni collegandosi alla letteratura francese, recuperando la tradizione italiana (da Dante al Boccaccio fino al Manzoni stesso) e quella dialettale (Porta e Belli) e valutando le esperienze in atto, specialmente in ambito scapigliato.

È tuttavia possibile parlare di "Verismo" come di una corrente letteraria e artistica italiana perché, a partire dal 1872, LUIGI CAPUANA e GIOVANNI VERGA pubblicarono interventi critici e dichiarazioni di poetica che, pur non assumendo mai le caratteristiche di un manifesto o di un organico programma, documentano la coscienza di un indirizzo creativo. Di "Realismo" e di arte veristica si era iniziato a parlare in Italia intorno al 1860. Il sostantivo venne usato da PAOLO LIOY, nel 1862 come designazione polemica dell'arte di Honoré de Balzac, l'aggettivo qualche anno più tardi dal GUIDA in riferimento alle arti figurative. Realismo e Naturalismo diventano termini di uso comune dopo il 1870, quando si cominciano a conoscere le opere di Zola (la prima versione di un romanzo zoliano, *La curée*, è del 1875) e si apre un ampio dibattito intorno al nuovo movimento letterario, che in Italia assume preferibilmente il nome di Verismo.

Come nel caso del Romanticismo, le prime discussioni sul Verismo non hanno carattere critico, ma polemico. Da una parte vi sono i sostenitori, i quali, ispirandosi sia alle teorie e agli esempi del Naturalismo francese, sia alle richieste della cultura positivistica, proclamano la necessità che l'arte rappresenti obiettivamente la *verità*, liberandosi dagli idealismi falsificatori, dai convenzionalismi romantici e dall'intervento deformatore della *soggettività*; dall'altra gli avversari, che combattono il Verismo soprattutto in nome di princìpi morali. Luigi Capuana, che fu il primo teorico notevole del Verismo in Italia, dichiarava che l'arte deve «ripetere il segreto processo della natura»; Giovanni Verga, che ne fu il massimo artista, denunciava la "falsità" della letteratura romantico-borghese e affermava che l'arte deve essere assolutamente "impersonale": «Il trionfo del romanzo si raggiungerà allorché [...] il processo della creazione rimarrà un mistero, come lo svolgersi delle passioni umane [...] e l'opera d'arte sembrerà essersi fatta da sé [...] ch'essa stia per ragione propria, per il solo fatto ch'è come deve essere, ed è necessario che stia». I manzoniani, come Ruggero Bonghi, Francesco D'Ovidio, Cesare Cantù, consideravano i veristi profanatori così della bellezza come della virtù, esaltatori degli aspetti peggiori della vita umana. La confusione fra Verismo e immoralità fu favorita dall'opera di alcuni scrittori di second'ordine, come il Tronconi, i quali effettivamente sotto il nome della verità iniziarono una letteratura di propaganda più o meno immoralistica. D'altra parte la concezione positivistica della realtà, alla quale i veristi si richiamavano spesso esplicitamente, non poteva non destare la diffidenza e l'opposizione dei difensori di una concezione spiritualistica e religiosa. La loro condanna talvolta accomunava con i veristi il Carducci, perché ateo e pagano. Ma il Carducci stesso, mentre da un lato aveva manifestazioni di simpatia per la scienza positivistica nel campo della critica (fino a dichiarare suo ideale quello di «alzare col metodo storico più severo la storia letteraria al grado di storia naturale») e per il Naturalismo letterario in quanto ispirato a una visione irreligiosa della realtà, dall'altro, per il suo ideale di arte aristocratica e classicamente sintetica, avversava la minuziosità fotografica e sciatta dei descrittori veristi: «Che significa il realismo con la pretensione sua ad essere cosa tutta recente, a regnare solo ed esclusivo? Significa che non sappiamo più inventare, immaginare, raccogliere in uno le impressioni; e descriviamo minutamente a inventario, e scambiamo per cima dell'arte la fotografia» (*Del rinnovamento letterario in Italia*, 1874).

Una difesa del Naturalismo e del Realismo nell'arte non affidata a contingenti e superficiali ragioni polemiche, ma inquadrata in una visione personale e profonda dello svolgimento storico, si trova in alcune delle ultime pagine di Francesco De Sanctis, soprattutto nel saggio su *Zola e l'«Assommoir»* (1879). Nel Realismo egli vede il correttivo dell'eccessivo idealismo romantico, il ritorno dialettico, inevitabile e benefico, anche se inizialmente esagerato, di uno dei due momenti, l'ideale e il reale, dalla cui perenne relazione di antitesi e di sintesi risulta l'evoluzione della storia, e nella sua espressione artistica la reazione al vaporoso, all'indeterminato, al retorico, antico male italiano rinato nelle manifestazioni esagerate del Romanticismo: «La forma del realismo è [...] corpulenta, chiara, concreta, ma tale che ivi dentro traspaiono tutti i fenomeni della coscienza. L'uomo deve fare, non dire, quel che pensa. Ma nell'azione deve trasparire il suo pensiero, come nei moti dell'animale traspare il suo istinto. Questa è la forma obiettiva, la vita delle cose. L'artista è come il grande attore che oblia sé e riproduce il personaggio tal quale natura lo ha formato. Galileo, precursore del realismo anche in arte, chiamava questa naturalezza e semplicità. Perciò diceva divino l'Ariosto; perciò gli era antipatico il sentimentale e retorico Tasso. Per una razza fantastica, amica delle frasi e delle pompe, educata nell'arcadia e nella retorica, come generalmente è la nostra, il realismo è un eccellente antidoto». Il Realismo rappresentava quel limite dell'ideale, che egli aveva già indicato come l'essenza e il pregio dell'arte manzoniana. Criticava però la pretesa di un'arte riproduzione meccanica della natura e la teoria del romanzo sperimentale come rappresentazione impersonale, scientifica della realtà.

7.4 L'interpretazione del Croce e i rapporti fra Verismo e Romanticismo. Verismo e Naturalismo nella critica del Russo

Il De Sanctis, pur avendo guardato con simpatia alla nuova arte, non esercitò le sue facoltà critiche nell'esame particolare di nessuna delle opere notevoli della nostra letteratura veristica. Il primo grande critico di essa nel senso proprio della parola fu BENEDETTO CROCE. Con lui si esce veramente dalla fase polemica per entrare in quella critica e storica. Il gusto del Croce si è formato inizialmente proprio a contatto della letteratura verista e parecchi dei suoi primi saggi critici sono dedicati a scrittori veristi: Verga, Salvatore Di Giacomo, Capuana, Matilde Serao ecc. E qualche cosa delle tendenze della poetica verista è rimasto nei suoi primi giudizi, come quando nell'introduzione al saggio su Matilde Serao sembra considerare le opere d'arte quali rappresentazioni fedeli di particolari della realtà. Ma presto egli dà rilievo al sentimento personale dell'artista come indispensabile elemento unificatore, proprio per reazione alla teoria verista dell'*impersonalità*. Così nel saggio sul Verga tale teoria dell'impersonalità è già criticata di proposito. Questa critica riceve poi la sua piena giustificazione teorica nella conferenza sul *Carattere lirico dell'arte*, dove viene precisato in che senso si deve parlare di *personalità* in arte e come la sua presenza sia indispensabile perché l'arte esista. A proposito della letteratura naturalista egli scrive: «negli esempi addotti di arte impersonale, nei romanzi e drammi che si chiamano naturalistici, è stato anche agevole mostrare che in quanto e per quel tanto che essi sono schiette opere artistiche hanno la loro propria personalità, e sia pure che questa consista in uno smarrimento o perplessità di pensiero circa il valore da dare alla vita, o in una fede cieca nelle scienze naturali e nel sociologismo moderno. Dove davvero ogni personalità manca, e ne tiene luogo il pedantesco proposito di raccogliere documenti umani e descrivere le condizioni di certe classi sociali e il processo generico o individuale di certe malattie, manca altresì l'opera d'arte, e si trova in suo luogo un'opera di scienza, o di didascalica e divulgazione scientifica». Da queste parole risulta evidente come il Croce, nel dissolvere i princìpi e le illusioni del Verismo, sia fuori da una posizione polemica, su di un piano rigorosamente teorico e scientifico, tanto è vero che il rifiuto della teoria verista non gli impedisce di riconoscere il valore artistico, là dove c'è, delle singole opere composte da scrittori veristi. E questo è stato un acquisto definitivo per la critica posteriore.

Portata la questione del Verismo dal terreno polemico su quello critico-storico, hanno acquistato rilievo alcuni problemi generali di carattere storico, appunto soprattutto quelli del rapporto fra Verismo e Romanticismo e del rapporto fra Verismo italiano e Naturalismo francese. A questo riguardo ha avuto importanza fondamentale il saggio premesso da LUIGI RUSSO come *Introduzione* storica alla prima edizione del suo volume su *I narratori* (1923). Il Russo vede nel Verismo o Realismo la prosecuzione dell'indirizzo letterario iniziato in Italia dal Manzoni, nel suo carattere di lotta «contro la vecchia letteratura dotta, arcadica e vuota di ideali, e l'instaurazione di una nuova concezione, positiva, etica e democratica della vita e dell'arte». In questo senso il Realismo, «che parve reagire dispettosamente al romanticismo, non fu altro che uno svolgimento e un rinvigorimento delle più sane tendenze romantiche. Con il realismo, l'arte tenta di affiatarsi assolutamente con la vita, e si muove guerra al romanticismo, ma solo in quanto arcadia dissimulata». Il Verga fu nell'intimo del sentimento e del linguaggio un discepolo del Manzoni molto più fedele che non i manzoniani Grossi, Carcano e Cantù. Questo legame è una prova del carattere nazionale del Verismo. L'altra tesi sostenuta dal Russo nel suo saggio è appunto che il Verismo rispose a esigenze particolari della vita e della cultura italiana del secondo Ottocento. Come il romanzo storico esprimeva l'esigenza di «attraversare la coscienza letteraria nazionale [...] degli elementi positivi e vitali della storia», così nel racconto verista «si esprimeva la nuova esigenza di uscire dall'astratta e generica universalità delle nostre tradizioni storiche per aderire alla vita particolare delle nostre regioni, a quella vita grezza e inedita di elementari ma vigorose passioni e di curiose e commoventi tradizioni che si agitano nella più umile e vergine gente, di cui l'Italia è ricca nella versatilità etnica delle sue province». Da questo punto di vista converrebbe chiamare il nostro movimento verista piuttosto *provincialismo*, distinguendolo in tal modo dal Naturalismo francese, il cui solo e uniforme campo d'osservazione era Parigi, studiata nella vita dei suoi quartieri eccentrici con freddezza scientifica. Queste tesi, che il Russo aveva già prospettato nel volume sul Verga (1919) e che riprese in scritti minori, accentuando la funzione non solo del Verga, ma anche del Capuana, nella formazione di un nuovo gusto narrativo, sono state accolte da molti studiosi.

7.5 Il Verismo nella critica contemporanea

All'illuminazione dei rapporti fra Verismo italiano e Naturalismo francese recò un notevole contributo uno studioso francese, PAUL ARRIGHI, nei due volumi *Le vérisme dans la prose narrative italienne* e *La poésie vériste en Italie*, entrambi del 1937. Egli attribuisce al ritardo del Verismo sul Naturalismo la conseguenza che, prima d'aver raggiunto il suo massimo sviluppo, il Verismo fu soverchiato dalle nuove correnti letterarie (psicologismo, spiritualismo, cosmopolitismo ecc.). Il ritardo con cui la produzione francese si diffuse in Italia fu dovuto, secondo l'Arrighi, in gran parte all'opposizione della critica, la quale giudicava il romanzo francese in base a due criteri: morale e patriottico. Perciò si mettevano spesso insieme, senza distinguere, Balzac e De Kock, Sand e Sue, e i liberali che combattevano Balzac per ragioni morali si trovavano d'accordo con i reazionari che lo combattevano per ragioni politiche. L'Arrighi osserva anche che il concetto dell'oggettività e impassibilità dell'artista urtava contro le teorie mazziniane sulla funzione sociale e politica, essenzialmente educatrice, dell'arte; mentre, all'inverso, le teorie sociali rivoluzionarie manifestate da alcuni veristi incontrano la resistenza dell'aristocrazia e della borghesia conservatrici.

Un ampio quadro delle polemiche intorno al Verismo tracciò GIULIO MARZOT nel volume *Battaglie veristiche dell'Ottocento* (1941), illustrando minutamente le reazioni degli hegeliani, dei manzoniani, dei classicisti e il dibattito sul problema del rapporto fra arte e scienza. Dalla sua analisi risulta la generale incertezza dei princìpi teorici sia negli avversari sia nei difensori del Verismo.

Un rinnovamento d'interesse per le teorie e le opere dei veristi (anche minori, e non solo Verga, considerato ormai un classico) è avvenuto dopo la seconda guerra mondiale, in connessione con l'affermarsi del Neorealismo in letteratura e degli indirizzi marxistici nella critica. Esso è stato utile soprattutto per chiarire meglio i legami fra il Verismo e le condizioni sociali e politiche dell'Italia del secondo Ottocento, ma non ha prodotto mutamenti veramente radicali d'interpretazione e di valutazione. Un'attenta e spesso acuta ricostruzione della formazione e dello svolgimento della corrente realistica è il volume *I colori del vero* (1969) di ROBERTO BIGAZZI, il quale, fra l'altro, mette in evidenza l'effetto sconvolgente sull'animo della nuova Italia dell'infelice guerra del 1866, la resistenza della linea moderatamente progressista desanctisiana che cercava una conciliazione fra reale e ideale, il fallimento dello slancio del primo Verismo moderato e progressista, fallimento che porta all'angoscia dei vinti e muta il metodo realista in strumento polemico della propria desolazione.

Nuovi chiarimenti circa le relazioni fra le teorie estetiche dei naturalisti francesi e quelle dei veristi italiani ha recato MARIO POMILIO (*Dal Naturalismo al Verismo*, 1962), mentre i rapporti fra il Verismo (Verga in particolare) e il filone naturalistico-zoliano della Scapigliatura lombarda sono stati precisati nella citata *Storia della Scapigliatura* di GAETANO MARIANI, il quale ricompone in tal modo il quadro culturale italiano di quegli anni. In un panorama critico che si fa sempre più affollato, si segnala intorno alla fine degli anni Sessanta la disputa (apparsa su «Problemi» e poi raccolta, a cura di Alberto Asor Rosa, nel volume *Il caso Verga*, Palermo, Palumbo, 1972) fra critici marxisti contestatari o legati alle avanguardie e GIUSEPPE PETRONIO rappresentante della vecchia scuola marxista: ad ASOR ROSA, VITILIO MASIELLO e ROMANO LUPERINI, disponibili a sbarazzarsi del mito del realismo e a valorizzare in Verga soprattutto la componente eversiva ed espressionista, egli rimprovera di sovrapporre arbitrariamente la loro cultura e le loro idee a testi di tutt'altra epoca. Su questa scia si collocano numerosi altri interventi, fra cui quello di VITTORIO SPINAZZOLA che in *Verismo e positivismo artistico* (capitolo introduttivo del volume *Verismo e positivismo*, 1977) verifica l'importanza del soggiorno milanese del Capuana e del Verga, a stretto contatto con il mondo della Scapigliatura, e mostra di condividere l'«affermazione orgogliosa fatta dal Capuana: l'avvento del Verismo rappresenta, se non la fondazione del romanzo d'arte in Italia, certo l'acquisizione di una moderna diffusa consapevolezza dei problemi metodici, della molteplicità di esperimenti di linguaggio e dei limiti di rischio che il lavoro narrativo comporta».

Su *Teorie e forme della letteratura verista* (1985) è intervenuta MARIA LUISA PATRUNO. Di taglio prevalentemente sociologico, attento alla storia e alla cultura è infine lo studio di ANNAMARIA CAVALLI PASINI, *Tra eversione e consenso. Pubblico, donne, critici nel positivismo letterario italiano* (1989). MARIO G. GIORDANO, invece, in un testo per le scuole (*Il Verismo. Verga e i veristi minori. Storia testi e critica*, Napoli, Fratelli Conte, 1992), sostiene l'opportunità di rimuovere dal Verismo la «corazza di ideologismi e sociologismi» che finisce col relegare in posizione di secondo piano l'aspetto letterario.

Repertorio bibliografico

a) La Scapigliatura

Sulla Scapigliatura è fondamentale G. Mariani, *Storia della Scapigliatura*, Caltanissetta-Roma, Sciascia, 1971². Per la storia della critica: *La critica e gli scapigliati*, a cura di F. Bettini, Bologna, Cappelli, 1976; L. Bolzoni, *Le tendenze della Scapigliatura e la poesia fra tardo-romanticismo e realismo*, in Aa. Vv., *La letteratura italiana. Storia e testi*, dir. da C. Muscetta, Bari, Laterza, 1970-1980; vol. VIII, t. 2, M. Garrè, *Il dibattito critico sulla Scapigliatura lombarda: una questione novecentesca*, in «Otto/Novecento», 2, VII, 1983.

Tra gli studi più notevoli: B. Croce, *La letteratura della Nuova Italia. Saggi critici*, 5 voll., Bari, Laterza, 1974 (1ª ed. 1914-1915); P. Nardi, *Scapigliatura. Da Giuseppe Rovani a Carlo Dossi*, Milano, Mondadori, 1968; A. Romanò, *Il secondo Romanticismo lombardo e altri studi sull'Ottocento italiano*, Milano, Fabbri, 1958; J. Moestrup, *La Scapigliatura. Un capitolo della storia del Risorgimento*, København, Munksgaard, 1966; R. Bigazzi, *I ribelli di Milano*, in *I colori del vero. Vent'anni di narrativa: 1860-1880*, Pisa, Nistri-Lischi, 1978², pp. 131 sgg; Aa. Vv., *Il «Vegliardo» e gli «Antecristi». Studi su Manzoni e la Scapigliatura*, a cura di R. Negri, Milano, Vita e Pensiero, 1978; D. Isella, *Approccio alla Scapigliatura*, in *I Lombardi in rivolta*, Torino, Einaudi, 1984, pp. 231 sgg.; G. Farinelli, *Dal Manzoni alla Scapigliatura*, Milano, IPL, 1991. Su alcuni scapigliati piemontesi: G. De Rienzo, *Camerana. Cena e altri studi piemontesi*, Bologna, Cappelli, 1972. Un utile regesto per soggetti dei giornali e delle riviste stampati all'epoca a Milano in *La pubblicistica nel periodo della Scapigliatura*, a cura di G. Farinelli, Milano, Istituto di Propaganda Libraria, 1984.

Per i testi: *Racconti della Scapigliatura piemontese*, a cura di G. Contini, Milano, Bompiani, 1953; *Racconti della Scapigliatura milanese*, a cura di V. Spinazzola, Novara, De Agostini, 1959; *Lirici della Scapigliatura*, a cura di G. Finzi, Milano, Mondadori, 1965; F. Portinari, *Narratori settentrionali dell'Ottocento*, Torino, UTET, 1970; *Novelle italiane. L'Ottocento*, 2 voll., Milano, Garzanti, 1985.

Di I.U. Tarchetti si vedano *Tutte le opere*, a cura di E. Ghidetti, 2 voll., Bologna, Cappelli, 1967; e E. Ghidetti, *Tarchetti e la Scapigliatura lombarda*, Guida, Napoli, 1972. Si veda inoltre il volume miscellaneo *Igino Ugo Tarchetti e la Scapigliatura*, Atti del Convegno di S. Salvatore Monf., Cassa di Risparmio di Alessandria, 1977. Le *Poesie* di E. Praga sono state curate da M. Petrucciani, Bari, Laterza, 1969; si vedano inoltre: E. Praga-R. Sacchetti, *Memorie del presbiterio. Scene di provincia*, a cura di G. Zaccaria, Torino, Einaudi, 1977; E. Praga, *Due destini*, Milano, C. Lombardi ed., 1989; Id., *Schizzi a penna*, a cura di E. Paccagnini, Roma, Salerno ed., 1993. *Tutti gli scritti di A. Boito*, sono stati curati da P. Nardi, Milano, Mondadori, 1942 (dello stesso Nardi, cfr. *Vita di Arrigo Boito*, ivi, 1942). Più recente A. Boito, *Opere*, a cura di M. Lavagetto e E. Chierici, Milano, Garzanti, 1979. Una scelta delle opere di C. Dossi è uscita a cura di C. Linati, presso Garzanti, Milano, 1944; le *Note azzurre*, 2 voll., a cura di D. Isella, presso Adelphi, Milano, 1964; *Ritratti umani. Dal calamajo di un medico*, a cura di L. Della Bianca, Milano, presso l'Istituto Propaganda Libraria, 1992. Su Dossi si vedano: *La critica e Dossi*, a cura di L. Avellini, Bologna, Cappelli, 1978; F. SPERA, *Il principio dell'antiletteratura*, Liguori, Napoli, 1976; A. SCANNAPIECO, *«In tristitia hilaris, in hilaritate tristis». Saggio sulle «Note azzurre» di Carlo Dossi*, Abano Terme, Francisci, 1984.

b) Il Verismo

Introduzioni al Verismo: G. MARZOT, *Il Verismo*, in *Questioni e correnti*, Milano, Marzorati, 1974; L. CLERICI, *Invito a conoscere il verismo*, Mursia, Milano, 1989. Utili anche i capitoli di C.A. MADRIGNANI (*Scienza, filosofia, storia e arte nella cultura del Positivismo* e *Regionalismo, verismo e naturalismo in Toscana e nel Sud: Collodi, Pratesi, Capuana, De Roberto, Serao*), in *Letteratura italiana. Storia e testi*, dir. da C. Muscetta, vol. VIII, t. 1, cit.

Un quadro sintetico della cultura di fine Ottocento è B. CROCE, *Storia d'Italia dal 1872 al 1915*, cap. V (*Il pensiero e l'ideale*), Bari, Laterza, 1977 (1ª ed. 1927). Si vedano anche: R. FEDI, *Cultura letteraria e società civile nell'Italia unita*, Pisa, Nistri-Lischi, 1984, A.M. CAVALLI PASINI, *Tra eversione e consenso. Pubblico, donne, critici nel positivismo letterario italiano*, Bologna, CLUEB, 1989.

Sulla letteratura del Verismo: P. ARRIGHI, *Le Vérisme dans la prose narrative italienne* e ID., *La poésie vériste en Italie*, Paris, Boivin, 1937; G. MARZOT, *Battaglie veristiche dell'Ottocento*, Milano-Messina, Principato, 1941 (importante) e ID., *Preverismo. Verga e la generazione verghiana*, Bologna, Cappelli, 1965; M. POMILIO, *Dal Naturalismo al Verismo*, Napoli, Liguori, 1966; C. SALINARI, *Preludio e fine del realismo in Italia*, Morano, Napoli, 1967; G. TROMBATORE, *Riflessi letterari del Risorgimento in Sicilia*, Palermo, Manfredi, 1970; G. MARIANI, *Ottocento romantico e verista*, Napoli, Giannini, 1972; C.A. MADRIGNANI, *Ideologia e narrativa dopo l'unificazione*, Roma, Savelli, 1974; M. MUSITELLI PALADINI, *Nascita di una poetica: il Verismo*, Palumbo, Palermo, 1974 (in chiave marxista, sulla scia del Salinari e del Trombatore); F. PORTINARI, *Le parabole del reale. Romanzi italiani dell'Ottocento*, Torino, Einaudi, 1976; P.M. SIPALA, *Scienza e storia nella letteratura verista*, Bologna, Pàtron, 1976; V. SPINAZZOLA, *Verismo e Positivismo*, Milano, Garzanti, 1977; R. BIGAZZI, *I colori del vero. Vent'anni di narrativa (1860-1880)*, Pisa, Nistri-Lischi, 1978 (1ª ed. 1969): sull'origine del Verismo fino ai *Malavoglia* (fondamentale); S. ROSSI, *L'età del Verismo*, Palermo, Palumbo, 1978; E. GHIDETTI, *L'ipotesi del realismo. Capuana, Verga, Valera e altri*, Padova, Liviana, 1982; G. OLIVA, *Le ragioni del particolare*, Roma, Bulzoni, 1984 (su vari aspetti della poetica del Verismo); M.L. PATRUNO, *Teorie e forme della letteratura verista*, Manduria, Lacaita, 1985.

c) I testi

Per i testi dei veristi, si vedano *Narratori meridionali dell'Ottocento*, a cura di A. e E. Croce, Torino, UTET, 1970 (con i testi di V. Padula, V. Imbriani, L. Capuana, S. Di Giacomo, M. Serao, E. Scarfoglio, R. Bracco, F. De Roberto e altri) e *Narratori dell'Ottocento e del primo Novecento*, 5 voll., a cura di A. Borlenghi, Milano-Napoli, Ricciardi, 1961-1966 (in particolare i tt. 2 e 3). Sul teatro, l'antologia *Teatro verista siciliano*, a cura di A. Barbina, Bologna, Cappelli, 1970. Di L. CAPUANA: *Scritti critici*, a cura di E. Scuderi, Giannotta, Catania, 1972; *Gli «ismi» contemporanei*, a cura di G. Luti, Fabbri, Milano, 1973; *Carteggio Verga-Capuana*, a cura di G. Raya, Roma, Edizioni dell'Ateneo, 1984 (fondamentale). Di F. DE ROBERTO, *Romanzi, novelle e saggi*, a cura di C.A. Madrignani, Milano, Mondadori, 1984.

d) Gli scrittori veristi

Sui vari scrittori veristi si vedano i profili raccolti da B. CROCE in *La letteratura della nuova Italia. Saggi critici*, vol. III, cit. (specie *Giovanni Verga* e *Luigi Capuana*; e cfr. anche il saggio *La vita letteraria a Napoli dal 1860 al 1900*, vol. IV, pp. 263-349) e da L. RUSSO, *I narratori*, a cura di G. Ferroni, Palermo, Sellerio di Giorgianni, 1987; del Russo è utile *L'originalità letteraria della Sicilia dopo il 1860*, in *Ritratti e disegni storici*, vol. IV: *Dal Manzoni al De Sanctis*, Firenze, Sansoni, 1965, pp. 289 sgg.

Altri studi (su Verga si veda la specifica bibliografia critica): per Capuana, l'agile A. STORTI ABATE, *Introduzione a Capuana*, Roma-Bari, Laterza, 1989; G. A. MADRIGNANI, *Capuana e il Naturalismo*, Bari, Laterza, 1970; S. ZAPPULLA MUSCARÀ, *Capuana e De Roberto*, Caltanissetta-Roma, Sciascia, 1984; AA.VV., *Novelliere impenitente. Studi su Luigi Capuana*, a cura di E. Scarano, Pisa, Nistri-Lischi, 1985; C. PESTELLI, *Capuana novelliere. Stile della prosa e prosa in «stile»*, Verona, Gutenberg, 1991.

Su De Roberto si veda anzitutto l'agile P. M. SIPALA, *Introduzione a De Roberto*, Roma-Bari, Laterza, 1988. E inoltre: V. SPINAZZOLA, *Federico De Roberto e il Verismo*, Milano, Feltrinelli, 1961; C. A. MADRIGNANI, *Illusione e realtà nell'opera di Federico De Roberto*, Bari, De Donato, 1972; N. TEDESCO, *La norma del negativo. De Roberto e il realismo critico*, Palermo, Sellerio, 1981; A. DI GRADO, *Federico De Roberto e la «scuola antropologica». Positivismo, Verismo, leopardismo*, Bologna, Pàtron, 1982; G. GRANA, *«I Viceré» e la patologia del reale*, Milano, Marzorati, 1982.

8 Il Decadentismo

8.1 Il Decadentismo: limiti e significato

Già si è accennato al Decadentismo a proposito della contrapposta eppur contigua corrente del Realismo. Il significato del termine Decadentismo non è facilmente precisabile: coniato in Francia intorno al 1880, al solito ebbe all'inizio un valore polemico, nei due sensi, positivo e negativo. Da una parte venne assunto a designare una nuova forma di sensibilità e un nuovo gusto letterario, che, ricollegandosi a certi atteggiamenti romantici, muovevano alla ricerca di zone inesplorate della realtà psichica e naturale e di espressioni artistiche più squisite e raffinate. I primi scrittori francesi, con al centro Paul Verlaine, che consapevolmente si considerarono dei "decadenti", videro nella loro "decadenza" una qualità positiva, un segno di nobiltà e di distinzione, di aristocrazia spirituale. Ma subito il termine venne usato contro di loro in senso negativo, come definizione di un atteggiamento etico ed estetico morboso, di una degenerazione spirituale e artistica che doveva naturalmente essere condannata. Ed è il significato prevalente che ha mantenuto per parecchi anni nel linguaggio comune, dove ha finito per abbracciare tutte le forme d'arte e di letteratura succedutesi vertiginosamente negli ultimi decenni del secolo scorso e nella prima metà del nostro (Futurismo, Simbolismo, Cubismo, Astrattismo, Surrealismo ecc.), rimaste in genere poco accessibili alla comprensione del pubblico medio e considerate manifestazioni di irrazionalismo e di anormalità. Tuttavia il termine superò quasi subito i limiti del Decadentismo storico propriamente detto, limitato all'accennata esperienza francese fra il 1880 e il 1886, per divenire «essenzialmente una formula nella quale vengono riassunti diversi risultati di diverse ricerche. Citando la formula, si evoca una molteplicità di dati storici e si procede oltre nel ragionamento» (S. ANTONIELLI, in *Dizionario critico della letteratura italiana*).

In Italia i primi accenni ai poeti decadenti francesi compaiono in alcuni articoli a carattere prevalentemente informativo di VITTORIO PICA, pubblicati a cominciare dal 1885. Negli anni seguenti, ENRICO PANZACCHI tentò di dare una spiegazione del Decadentismo francese, risalendo alle sue origini storiche, e interpretandolo come una reazione in senso esageratamente soggettivo all'eccessiva oggettività della letteratura precedente, e ARTURO GRAF, nel saggio *Preraffaelliti, simbolisti ed esteti* (pubblicato nella «Nuova Antologia» del 1897), ampliò l'esame anche ai poeti inglesi e nello stesso tempo cercò di precisare i caratteri del Simbolismo, del quale diede in sostanza un giudizio negativo.

8.2 Polemiche e interpretazioni del Decadentismo nel primo Novecento

Una prima netta posizione critica nella nostra cultura, di fronte almeno a talune forme del Decadentismo, risale ancora, come per il Verismo, a BENEDETTO CROCE, il quale, nel caso di Gabriele D'Annunzio, distingue il contenuto psichico (che ha «un chiaro legame di parentela» con uno stato d'animo diffuso in tutta Europa, quello dei Barrès, dei Baudelaire, degli Huysmans ecc.) dalla forma artistica in cui è stato trasfigurato. Tuttavia, con l'andar del tempo, il Croce, pur continuando a riconoscere il valore artistico di certe espressioni di quegli artisti che comunemente si considerano decadenti (come Baudelaire), manifestò una sempre più viva avversione insieme morale ed estetica al Decadentismo, sotto il cui nome comprese tutto il complesso delle tendenze sensualistiche, vitalistiche, irrazionali della società moderna, determinate dal dilagare di una malattia che era già in germe nell'anima romantica. I passi delle sue opere che si potrebbero citare a conferma sono innumerevoli. A un certo punto la qualifica di decadente acquistò in lui un significato di condanna non più soltanto morale, ma estetica, come è chiaro proprio dal suo ultimo saggio sul D'Annunzio, del 1935, la cui conclusione, che D'Annunzio resterà sì «monumento insigne», ma di «arte decadente», ha un suono di condanna totale e non solo etica.

In termini più o meno simili la condanna della letteratura decadente si ritrova in altri critici, come GIUSEPPE PREZZOLINI e EUGENIO DONADONI, che la accusano soprattutto di mancare di «umanità». ATTILIO MOMIGLIANO, nel saggio *Le tendenze della lirica italiana dal Carducci a oggi* (1934), delinea lo svolgimento della lirica postcarducciana come una progressiva perdita delle capacità costruttive e sintetiche, dovuta al distacco da una cultura fondata soprattutto sul pensiero, come l'effetto del disgregamento e dell'anarchia spirituale.

LUIGI RUSSO, invece, dà del fenomeno decadente un'interpretazione storicamente più positiva. Egli riconosce gli aspetti morbosi delle esperienze decadenti della nostra letteratura postcarducciana e postverghiana, ma ritiene che si tratti di esperienze necessarie per lo «sprovincializzarsi» della nostra cultura, per l'«iniziazione dell'anima nazionale» alla vita europea, esperienze che hanno «qualche cosa di decisivo e di salutare per l'ampliamento del nostro spirito sempre angustamente nazionale nella sua innegabile classicità». Su questa valutazione positiva del Decadentismo italiano nel suo significato storico il Russo ha insistito poi ripetutamente. Sulla linea della sua interpretazione è stato composto il libro di WALTER BINNI, *La poetica del Decadentismo italiano* (1936), il quale si propone appunto una valutazione rigorosamente storica, fuor d'ogni negazione e polemica, e, contro la tesi che vede nel "Decadentismo" una "decadenza" del Romanticismo, afferma che il Decadentismo rappresenta una nuova concezione della poesia, fondata su una nuova sensibilità, un nuovo senso della vita.

Il Binni volle contrapporre la sua interpretazione "storica" a quella che gli parve «di polemica e antistorica negazione», delineata in un giovanilmente vivace libro di FRANCESCO FLORA, *Dal Romanticismo al Futurismo* (1921), il quale però ha il merito di aver inquadrato il problema del Decadentismo in un'interpretazione di tutto il corso della nostra civiltà dal Rinascimento ai nostri giorni. Il Flora riprese con maggior temperanza le proprie idee in uno scritto più recente (citato nel *Repertorio bibliogra-*

fico): alle origini del Decadentismo è una crisi religiosa «cominciata con la perdita di quell'equilibrio che il Rinascimento italiano riuscì a stabilire tra la terra e il cielo e che il Romanticismo disgregò. Il mondo moderno soffre della perdita di Dio, e più o meno consapevolmente anela a ritrovarlo, o con delusa indolenza dispera di raggiungerlo»; nel Decadentismo si ritrova «oscurato e quasi inconscio, un concetto laico della caduta e del peccato, come un fatto irredimibile, o redimibile soltanto nella parola». Questa crisi ha provocato molte storture morali ed estetiche; tuttavia il Decadentismo «mentre da una parte è il segno di una crisi morale e religiosa, dall'altro, nel tentativo di crearsi una filosofia che penetri e spieghi l'universo, è un'accentuazione di una tendenza analogica, volta a scoprire o per lo meno ad asserire le latenti simpatie delle cose. Per questa parte è divenuto un'abitudine del mondo moderno, e si ritrova anche in narratori e saggisti, specie per il gusto di una poesia in prosa, fatto valere dall'Ottocento». Pur partendo da diverse premesse, il Flora giunge a conclusioni non molto lontane da quelle del Russo e del Binni, valutando l'apporto positivo del Decadentismo nell'avviare un nuovo gusto.

Come il Flora, e diversamente dal Binni, sottolineano il legame fra Decadentismo e Romanticismo MARIO PUPPO (cfr. il cap. *L'eredità del Romanticismo* nel volumetto *Il Romanticismo*, Roma, Studium, 1990, 1ª ed. 1951) e MARIO MARCAZZAN (cfr. *Dal Romanticismo al Decadentismo*, 1956). Sul piano della poetica le ascendenze romantiche (e addirittura, per certi aspetti, settecentesche) delle concezioni decadenti erano già state identificate da LUCIANO ANCESCHI nel volume *Autonomia ed eteronomia dell'arte* (1936), che traccia la storia della formazione del concetto di "poesia pura" dagli estetici e poeti del Settecento inglese fino a Edgar Allan Poe, Charles Baudelaire, Paul Verlaine, Arthur Rimbaud, Stéphane Mallarmé e ai simbolisti; mentre MARIO PRAZ, nell'opera *La carne, la morte e il diavolo nella letteratura romantica* (1930), aveva magistralmente illustrato i temi patologici e morbosi della letteratura romantica che confluiscono, accentuandosi, in quella decadente.

L'interpretazione del Flora colloca il fenomeno del Decadentismo letterario entro l'ambito di una più vasta crisi spirituale. In questo senso una precisazione filosofica recò NORBERTO BOBBIO col volume su *La filosofia del Decadentismo* (1944). Il Bobbio afferma che «il Decadentismo è, assai più che un gusto letterario o uno stato d'animo, un atteggiamento di vita: implica quindi una determinata concezione del mondo e si ripercuote su tutti gli atti della vita spirituale». La filosofia sottesa al Decadentismo è l'Esistenzialismo, espressione della crisi dell'uomo moderno, che ha abbandonato l'ottimismo fiducioso del Rinascimento e dell'Illuminismo e si ripiega su se stesso, sulla propria esistenza individuale, chiusa in un'insuperabile finitezza; e alla serenità che dava il sentimento della padronanza sulle cose sostituisce l'angoscia di fronte al nulla.

8.3 Il Decadentismo secondo la critica letteraria contemporanea

Nella critica del secondo dopoguerra, particolarmente attenta ai fenomeni sociali in relazione con la letteratura, si nota una decisa tendenza a considerare il concetto di Decadentismo come indicativo non soltanto di un nuovo gusto letterario, ma di una particolare civiltà nelle sue diverse manifestazioni. Così ARCANGELO LEONE DE CASTRIS

(*Decadentismo e realismo*, 1959), ampliando la sua considerazione dal campo della lirica, a cui erano rimasti in genere limitati gli studiosi precedenti, a quello della narrativa, definisce il Decadentismo come «quel processo storico, che, traendo le sue condizioni e la sua stessa materia problematica dalla patologia morale e dalla crisi della spiritualità europea della tarda decadenza romantica, si pone, nei confronti di quella materia, come pluralistica tensione di rinnovamento, risolutiva inchiesta esistenziale e storica, fino a configurarsi nei termini costruttivi di una nuova coscienza del reale». Egli ritiene che, per molti aspetti, la storia del Decadentismo coincida con la storia della profonda crisi di valori, che agitò la borghesia europea tra la fine del secolo scorso e gli inizi del nostro.

CARLO SALINARI (*Miti e coscienza del Decadentismo italiano*, 1960), in una prospettiva rigidamente marxistica, interpreta la nascita della letteratura del Novecento in Italia come «reazione spiritualistica nei confronti dell'ultima manifestazione progressiva dell'Ottocento, il Positivismo, e del più avanzato tentativo di arte realistica, il Verismo», reazione corrispondente a «un processo involutivo dell'intera società europea», che tuttavia non ebbe soltanto effetti negativi, in quanto «la coscienza della crisi, la solitudine dell'artista staccato dal suo naturale *humus* storico, la disperazione dell'uomo moderno sono i grandi temi con cui artisti di ogni nazione si rendono consapevoli dell'alienazione della società a loro contemporanea».

Ripigliando taluni fili delle indagini precedenti e concentrando il suo esame soprattutto sull'opera del D'Annunzio, del Pascoli e del Fogazzaro, VITTORIO RODA (*Decadentismo morale e decadentismo estetico*, 1966), istituisce un nesso fra l'atteggiamento psicologico, le idee e i riflessi artistici dei decadenti. Il primo, secondo il Roda, consiste essenzialmente in una forma di egocentrismo che si determina come movimento regressivo all'interno dell'io «approdante al recupero di strati primitivi di coscienza e all'apprensione, sul piano dell'inconscio, dell'identità sostanziale di soggetto e oggetto». Le idee dei decadenti risultano condizionate da queste disposizioni regressive, che, sul piano letterario, si riflettono in un'arte di estremo approfondimento dell'io e la cui espressione più tipica e adeguata è la creazione di intense atmosfere musicali.

Secondo GIULIO MARZOT (*Il Decadentismo italiano*, 1971) l'importanza del fenomeno decadente nella storia della cultura «viene dal suo ufficio di rappresentanza sia del principio dell'evoluzione, sia della dottrina esistenziale, che assomma scienza, filosofia, religione, morale in una sintesi così profonda e vigorosa da sopraffare la dialettica idealistica». Con esso si pone l'istinto come «motore di assoluta libertà e potenza», ma «istinto in senso esistenziale che incorpora tutte le esperienze della cultura, cioè dello spirito originale, impresse nella materia delle cose e risolte in rinnovato potere creativo».

ELIO GIOANOLA (*Il Decadentismo*, 1972) ha indicato la novità del Decadentismo, anche rispetto agli antecedenti romantici, nella scoperta dell'"inconscio" e il suo fondamento ideologico nell'identificazione di Io e Mondo. Da questa situazione esistenziale derivano i caratteri della poetica decadente: «l'artista è a tu per tu con la propria nuda esistenzialità, in diretto contatto con i misteriosi mondi che fermentano oltre le soglie della coscienza [...] non esistono più diaframmi tra un'interiorità da esprimere e le strutture codificate che servono ad esprimerla [...] la poesia non predica più il reale, esterno o interiore, ma lo fonda, lo rivela, lo fa essere. Perciò la poesia non ha più messaggi che ricorrono a un codice, perché codice e messaggio coincidono».

Un'antologia del Decadentismo non solo italiano e un'ampia rivisitazione della critica relativa si trova in *Il Decadentismo. Materiali e testimonianze critiche* (1976) di ENRICO GHIDETTI, mentre una rassegna degli studi sull'argomento usciti negli anni Sessanta e Settanta si deve alla cura di ALESSANDRA BRIGANTI: *Problemi del Decadentismo: venti anni di studi (1960-1979)* (1980). Una rassegna de *La critica del Decadentismo* (1987) ha pubblicato GIUSEPPE FARINELLI, il quale conclude osservando che «la vicenda del Decadentismo appare ormai ascritta nei capitoli di un bilancio, se non conclusivo anche per la persistente varietà delle direzioni interpretative, certamente indispensabile per chi voglia stabilire, alla luce dei documenti, che la letteratura del Novecento è decifrabile purché si postulino queste due condizioni: "rivoluzione di mezzi espressivi, di contenuti e di gusto" (Scrivano); nuova concezione esistenziale dell'uomo, della poesia e dell'arte». Dei principali movimenti del Novecento, il Decadentismo appare «il termine-tropo che, convenzionalmente, riassume in sé gli archetipi che sottendono il sistema culturale contemporaneo nel suo complesso: il Decadentismo non è soltanto un gusto: è un atteggiamento di vita legato a una particolare concezione dell'universo. [...] La successione dei vari movimenti di natura estetica, dei vari manifesti, delle varie scuole, come [...] Simbolismo, Crepuscolarismo, Futurismo, Cubismo, Dadaismo, Surrealismo ecc., che vanno in nessun modo dimenticati nella specificità delle loro singole poetiche, non impedisce al Decadentismo di essere inteso quale accezione-sintesi di [...] una teoria che li comprende e nella quale, terra fertile, essi si sono riprodotti».

Repertorio bibliografico

a) **Per una panoramica generale**

Sul Decadentismo in generale: F. Flora, *Il Decadentismo*, in *Questioni e correnti di storia letteraria*, vol. III, Milano, Marzorati, 1974. Sulle origini: M. Marcazzan, *Dal Romanticismo al Decadentismo*, in *Orientamenti culturali. Letteratura italiana*, vol. I: *Le correnti*, t. 2, Milano, Marzorati, 1956. Sintesi utili sono anche: E. Ghidetti, *Il Decadentismo. Materiali e testimonianze critiche*, Roma, Editori Riuniti, 1984² (con i testi essenziali e un'introduzione succinta); V. Fortichiari, *Invito a conoscere il Decadentismo*, Milano, Mursia, 1987.

Si vedano anche le voci *Decadentismo*, di S. Antonielli, *Dizionario critico della letteratura italiana*, dir. da V. Branca, vol. II, Torino, UTET, 1986; di M. Praz, in *Enciclopedia del Novecento*, vol. II, Roma, Istituto dell'Enciclopedia Italiana 1975 sgg. e di E. Mazzali, in *Dizionario della letteratura mondiale del '900*, dir. da F.L. Galati, vol. I, Roma, Edizioni Paoline, 1980.

Per la storia della critica: R. Scrivano, *Il Decadentismo e la critica*, Firenze, La Nuova Italia, 1963 (con antologia della critica); A. Seroni, *Il Decadentismo*, Palermo, Palumbo, 1974 (1ª ed. 1964). Rassegne: A. Briganti, *Problemi del Decadentismo. Venti anni di studi (1960-1979)*, in «Cultura e scuola», 73, 1, 1980; M. Paladini Mussitelli, *Il concetto di Decadentismo nella critica italiana*, in «Problemi», 59, 1980; G. Farinelli, *La critica sul Decadentismo*, in «Otto/Novecento», 5-6, 1987, pp. 45-104.

b) **Il quadro culturale dell'epoca**

Per un quadro culturale generale dell'epoca: E. Garin, *Politica, società e cultura tra Ottocento e Novecento*, in *Letteratura italiana contemporanea*, dir. da G. Mariani e M. Petrucciani, vol. I, Roma, Lucarini, 1982. Sui motivi filosofici del Decadentismo: N. Bobbio, *La filosofia del Decadentismo*, Torino, Chiantore, 1944 (su un'ispirazione esistenzialistica del Decadentismo).

Su alcuni temi tipici dell'immaginario tardo-romantico e decadente: M. Praz, *La carne, la morte e il diavolo nella letteratura romantica*, Firenze, Sansoni, 1988 (1ª ed. Milano-Roma, La Cultura, 1930) e Id., *Perseo e la Medusa. Dal Romanticismo all'Avanguardia*, Milano, Mondadori, 1979 (in chiave interdisciplinare).

Sul Simbolismo in particolare: H. Friedrich, *La struttura della lirica moderna*, trad. it. di P. Bernardini Marzolla, Milano, Garzanti, 1983 (ed. or. 1953). Un'utile antologia di testi del Simbolismo europeo in M. Luzi, *L'idea simbolista*, Milano, Garzanti, 1959; si veda anche G. Viazzi, *Dal Simbolismo al déco. Antologia poetica*, 2 voll., Torino, Einaudi, 1981. Sul Simbolismo italiano: S. Giovanardi, *La presenza ignota. Indagini sulla poesia simbolista fra Otto e Novecento*, Roma, Istituto dell'Enciclopedia Italiana, 1982.

Sulla cultura dell'estetismo: G. SQUARCIAPINO, *Roma bizantina*, Torino, Einaudi, 1950. Sulla letteratura mitteleuropea: E. FISCHER, *Karl Kraus-Robert Musil-Franz Kafka*, trad. it. di S. Barone, Firenze, La Nuova Italia, 1974; A.M. RIPELLINO, *Praga magica*, Torino, Einaudi, 1979 (1ª ed. 1973); C. MAGRIS, *Il mito asburgico nella letteratura austriaca moderna*, Torino, Einaudi, 1981. Sulle avanguardie proto-novecentesche si veda la bibliografia del capitolo successivo.

c) Il Decadentismo italiano

La condanna di B. CROCE sul Decadentismo si legge in *La letteratura della Nuova Italia*, voll. IV e VI, Bari, Laterza, 1974 (1ª ed. 1914-1940), e ID., *Di un carattere della più recente letteratura italiana*, vol. IV, ivi.

Altri studi: F. FLORA, *Dal Romanticismo al Futurismo*, Milano, Mondadori, 1925; W. BINNI, *La poetica del Decadentismo italiano*, Firenze, Sansoni, 1988 (1ª ed. 1936: fondamentale); L. ANCESCHI, *Autonomia ed eteronomia dell'arte. Saggio di fenomenologia delle poetiche*, Milano, Garzanti, 1992 (1ª ed. Firenze, Sansoni, 1936: inserisce il Decadentismo italiano in un filone europeo); in chiave marxista: C. SALINARI, *Miti e coscienza del Decadentismo italiano. D'Annunzio, Pascoli, Fogazzaro, Pirandello*, Milano, Feltrinelli, 1991 (1ª ed. 1960); A. LEONE DE CASTRIS, *Decadentismo e realismo*, Bari, Adriatica, 1959 e soprattutto ID., *Il Decadentismo italiano. Svevo-Pirandello-D'Annunzio*, Bari, Laterza, 1989, (1ª ed. ivi, De Donato, 1974). In chiave psicologica: V. RODA, *Decadentismo morale e Decadentismo estetico*, Bologna, Pàtron, 1966; ID., *Il soggetto centrifugo. Studi sulla letteratura italiana fra Otto e Novecento*, Bologna, Pàtron, 1984; sugli stessi temi: ID., *Homo duplex. Scomposizioni dell'io nella letteratura italiana moderna*, Bologna, Il Mulino, 1991 (con capitoli su Tarchetti, Gualdo, D'Annunzio, Pascoli, Palazzeschi). Altri studi: G. MARZOT, *Il Decadentismo italiano*, Bologna, Cappelli, 1970; E. GIOANOLA, *Il Decadentismo*, Roma, Studium, 1991 (1ª ed. 1972: importante); R. TESSARI, *Pascoli, D'Annunzio, Fogazzaro e il Decadentismo italiano*, Torino, Paravia, 1976; C. ANNONI, *Il Decadentismo*, Brescia, La Scuola, 1982 (sintesi pregevole, con testi essenziali e pagine critiche); F. FINOTTI, *Sistema letterario e diffusione del Decadentismo nell'Italia di fine '800. Il carteggio Vittorio Pica-Neera*, Firenze, Olschki, 1988.

9 Dal Futurismo al Postmoderno

9.1 Caratteristiche epocali e problemi di partizione

Il Ventesimo secolo, ormai quasi al termine, si presenta con un panorama critico complesso e aperto. Esistono innanzi tutto problemi di delimitazione (c'è chi parte dal Pascoli e dal D'Annunzio, o addirittura dal Carducci, chi invece dai crepuscolari e futuristi, chi dalla prima guerra mondiale) e di periodizzazione: la più diffusa, di carattere schiettamente storico, ma molto pratica, fa riferimento principalmente alle due guerre mondiali, per cui si parla di primo anteguerra e di primo e secondo dopoguerra. Col prolungarsi di quest'ultimo, si tende a una divisione ulteriore che potrebbe, per coerenza, fissarsi su quella specie di guerra civile che fu la lotta armata della sinistra intorno al 1970, se si cerca un riferimento italiano (oltretutto comodamente inserito a un quarto di secolo dalla precedente cesura), oppure alla caduta del muro di Berlino, se si preferisce un riferimento europeo e mondiale. Diversa, ma di analogo tipo, è la periodizzazione proposta da ROMANO LUPERINI (*Il Novecento. Apparati ideologici, ceto intellettuale, sintesi formali nella letteratura italiana contemporanea*, 1981), il quale nega che le guerre determinino reali cambiamenti e distingue un'età dell'imperialismo (1903-1925), una delle origini del neocapitalismo e della sua ricostruzione (1926-1956) e una dell'apogeo e della crisi del neocapitalismo (1956-1979).

Le difficoltà dipendono prevalentemente dall'ancora modesta distanza degli avvenimenti, elemento essenziale per un giudizio equilibrato cui soccorre la sedimentazione storica che fa spesso naufragare la fama effimera e, più raramente, consente l'affioramento di espressioni meno legate all'attualità. Il panorama del Novecento letterario italiano appare quindi ancora affollato di opere e di personaggi la cui classificazione è in rapido movimento; il ricorso obbligato ai raggruppamenti (giustamente accusati di imprecisione e di inaffidabilità dal Croce, ma indispensabili per comunicare affinità e differenze, soprattutto in sede didattica) è complicato dalla mutevolezza di molti autori che riescono a passare attraverso sperimentazioni diverse o addirittura opposte, mentre altri, passata una certa moda letteraria, se la portano ugualmente addosso pur con qualche personalizzazione. E per meglio "individuare" i gruppi, là dove possibile conviene affidarsi alle tracce sicure rappresentate dalle riviste, dai manifesti o dalle opere collettive dei singoli gruppi (correnti, movimenti ecc.).

Autori e opere della letteratura contemporanea si prestano pure a un inventario geografico: in un'Italia troppo recente per essersi del tutto amalgamata, non è difficile individuare filoni regionali,[1] spesso particolarmente significativi, al di là della mera comodità descrittiva: si pensi per esempio a quella caratteristica famiglia costituita dagli scrittori triestini, legati da affinità culturali molto particolari, determinate anche dall'estraneità dallo Stato italiano prima e dalla perifericità poi. Con peculiarità proprie si presenta la letteratura italiana d'oltre confine, sia quella svizzera, sia quella istriana d'oggi, sia quella degli emigrati oltre oceano. Ad ambiti geografici indirizza pure la scelta di scrivere in *dialetto*, la quale si può tuttavia apparentare alle altre scelte espressive, soprattutto quando il dialetto è uno dei riferimenti più evidenti di una sperimentazione lessicale (come nel caso del Gadda), che magari attinge pure alle lingue straniere o ai linguaggi settoriali, o arriva alla creazione da parte dell'autore di un codice linguistico tutto proprio, come nel caso di Biagio Marin, cantore in un gradese scomparso e in parte mai esistito.

Fra i molti altri modi di ordinare la materia si segnala il discorso per generi, operato per lo più distinguendo poesia, narrativa, saggistica, teatro ecc., con varie articolazioni in sottogeneri definiti variamente e con diversi livelli di partizione (per es. il romanzo, sottogenere della narrativa; da cui il romanzo d'appendice, o poliziesco ecc.).

Mentre la letteratura facilmente si presta in questo secolo a supportare il cinema, la televisione o altre moderne forme di espressione, il letterato rischia di essere coinvolto in un meccanismo produttivo che induce a parlare di *industria culturale*: anche così è possibile operare raggruppamenti, che possono essere pure ideologici (dato che ogni schieramento ha i suoi canali) e che si evidenziano attraverso l'appartenenza di uno scrittore a una o a un'altra "scuderia" editoriale, con la conseguente probabilità di "piazzarsi" in premi, mostre, apparizioni televisive ecc.

Un tentativo di osservare il Novecento in un'artificiale prospettiva di lontananza riconduce inevitabilmente al discorso di GIUSEPPE FARINELLI citato nel precedente capitolo, per cui sarebbe il Decadentismo la matrice principale per intendere i crepuscolari e i futuristi, gli ermetici e forse pure gli esponenti della Neoavanguardia, insomma tutti coloro che si trovano accomunati da una forte carica di irrazionalità; resterebbero esclusi gli esponenti del Neorealismo e coloro che in vario modo ancora si alimentano alla linfa del Positivismo. Mentre non si può escludere che il tempo ridimensioni l'eccessiva polimorficità del secolo con una semplificazione di tale tipo (ma con l'avvertenza, formulata per l'Ottocento e valida anche per il Novecento, che nella prassi ogni autore ha finito coll'attingere a entrambe le fonti), un esame attuale della letteratura italiana del Novecento porta a individuare alcune fasi principali: l'epoca delle avanguardie (in primo piano il gruppo della rivista fiorentina «La Voce» e il Futurismo), il periodo di riordino e di maturazione (da «La Ronda» a «Solaria»), l'affermazione del Neorealismo e dell'impegno politico del letterato, che si conclude con ripetuti rilanci avanguardistici (la Neoavanguardia, i novissimi ecc.), il Postmoderno. Una registrazione dei problemi generali non può che tener conto dei fenomeni di punta sotto il profilo socioculturale, anche se non sempre coincidono con gli esiti letterariamente più significativi.

---

[1] Cfr. la collana diretta da P. Gibellini e G. Oliva, «Letteratura delle regioni d'Italia», Brescia, La Scuola, 1986 sgg.

9.2 Il Novecento nella critica

Già agli albori di questo secolo si registrano interventi critici sulla letteratura contemporanea: non di rado si tratta di programmi o di appunti *in itinere*, o di giudizi troppo immediati. Così gli interventi sulla letteratura, comparsi nella marinettiana «Poesia», ne «La Voce» di Prezzolini e di Papini e nella papiniana «Lacerba», sono interessanti per uno studio del dibattito teorico e dell'attività critica militante.

Una rassegna si può iniziare da BENEDETTO CROCE, che nel 1907 su «La Critica» disserta su *Di un carattere della più recente letteratura italiana*, ma soltanto per ricordare la scarsa propensione del grande filosofo per la letteratura contemporanea. Per un giudizio più aperto occorre arrivare a FRANCESCO FLORA (*Dal Romanticismo al Futurismo*, 1921; *La poesia ermetica*, 1936), ad ATTILIO MOMIGLIANO (*Impressioni di un lettore contemporaneo*, 1928) e a WALTER BINNI (*La poetica del Decadentismo*, 1936), i quali riescono a collocare i contemporanei, crepuscolari e futuristi compresi, in un quadro storico più ampio. Non sembra, invece, apportare contributi significativi alla sistemazione critica del primo Novecento il *Panorama de la littérature italienne contemporaine* (Paris, 1928) di BENJAMIN CRÉMIEUX, opera pure interessante per sapere come era vista oltralpe la nostra letteratura da un critico attento, già traduttore di Slataper e scopritore di Svevo.

Ancora di carattere prevalentemente militante, ma con la tendenza a un discorso unitario, sono le raccolte di saggi di RENATO SERRA, PIETRO PANCRAZI, CARLO BO, GIUSEPPE DE ROBERTIS, ALFREDO GARGIULO, ORESTE MACRÌ, LUCIANO ANCESCHI, GIANFRANCO CONTINI apparse intorno al 1940. Il distacco prodotto dalla guerra e dai rivolgimenti politici ad essa connessi favorisce una nuova fioritura di studi generali sul secolo, giunto ormai alla metà: nel 1950 ENRICO FALQUI fa una rassegna di *Prosatori e narratori del secolo* e nel 1954 pubblica *Novecento letterario*; nel 1949 il Flora esce con i suoi *Saggi di poetica moderna* (Messina-Firenze, D'Anna); poi è la volta di GIOVANNI GETTO, con *Poeti, critici e cose varie del Novecento* (Firenze, 1953).

Il dibattito critico si è quindi spostato sui problemi della letteratura del secondo dopoguerra con largo spazio dedicato al Neorealismo e al problema dell'impegno dell'intellettuale nella lotta politica. Argomento quanto mai caro alla corrente che, anche tramite l'insegnamento di ANTONIO GRAMSCI, si ricollega ai dettami di Marx: in una sinistra culturalmente egemone non esiste tuttavia accordo sull'interpretazione del verbo marxista, in particolare sulla teoria del "rispecchiamento". Dalla diversità di vedute scaturiscono differenti valutazioni della letteratura più recente (vedi: A. ASOR ROSA, *Scrittori e popolo*, 1965, e G. PETRONIO, *Quadro del Novecento italiano*, 1976; per una sintesi in un'ottica filosofica: N. BOBBIO, *Profilo ideologico del Novecento italiano*, 1990).

Il panorama novecentesco si è intanto fatto troppo ampio e si tende a uno studio frazionato, per periodi, correnti ecc., secondo gli esempi di partizione sopra accennati. Anche le maggiori opere su tutto il Novecento (per le quali si rimanda al *Repertorio bibliografico*) sono ormai per lo più frutto della fatica di più studiosi, specialisti dei singoli settori. Si cimentano nell'ardua impresa di offrire una propria visione complessiva del secolo GIULIANO MANACORDA, ELIO GIOANOLA, ROMANO LUPERINI, GIACINTO SPAGNOLETTI, GIORGIO LUTI e ANGELO MARCHESE. Un *Racconto del Novecento lettera-*

rio in Italia (1993) limitato al periodo 1890-1940 si deve a Giuseppe Petronio che così sperimenta un modo nuovo di tramandare la storia, non con la sistematica esposizione tipica del trattato, ma quasi parlando, un po' a ruota libera.

Negli ultimi decenni, al tardivo successo in Italia di nuovi metodi di interpretazione del testo e di teoria della letteratura e della comunicazione, fa riscontro una fioritura di studi e di proposte metodologiche: i più attivi in questo settore sono Ezio Raimondi, Cesare Segre, Maria Corti, Marziano Guglielminetti, Stefano Agosti, Luciano Anceschi.

9.3 Le avanguardie del primo Novecento: «La Voce» e il Futurismo

La critica odierna è sostanzialmente unanime nell'assegnare al movimento vociano e a quello futurista ruoli preminenti nella letteratura del primo Novecento, considerata in un quadro epocale estremamente complesso, nel quale continuano a pesare le figure ancor vive e operative di Verga, Capuana, Carducci, Pascoli e, soprattutto, D'Annunzio; più in sordina rispetto ai due movimenti d'avanguardia si consuma la non trascurabile esperienza crepuscolare e già si può parlare di protoermetismo. Le interferenze fra i diversi movimenti sono continue: basti osservare il travaso di uomini da un gruppo all'altro, particolarmente evidente nell'esperienza della rivista «Lacerba», fondata dai vociani Papini e Soffici e divenuta per un certo tempo l'espressione del Futurismo militante.

Un primo panorama, *Le riviste fiorentine del principio del secolo (1903-1916)* (Firenze, Sansoni, 1936) si deve alle giovanili fatiche di Aurelia Accame Bobbio, ritornata sull'argomento più di recente con *Le riviste del primo Novecento* (Brescia, La Scuola, 1985). Sul tema sono intervenuti A. Hermet cinque anni dopo (*La ventura delle riviste (1903-1940)*, Firenze, Vallecchi, 1941) e, più avanti, Luisa Mangoni (*Le riviste del Novecento*, in *Letteratura italiana*, Torino, Einaudi, 1982), Renato Bertacchini (*Le riviste del Novecento. Introduzione e guida allo studio dei periodici italiani. Storia, ideologia e cultura*, 1979), Romano Luperini (*Letteratura e ideologia del primo Novecento italiano*, Pisa, Pacini, 1973) e Giorgio Luti (*Firenze corpo 8*, Firenze, Vallecchi, 1983).

Ma anche sulle sole vicende legate più in particolare alla rivista fiorentina «La Voce» (i precedenti del «Leonardo», le riviste parallele, le edizioni legate alla rivista e ad essa sopravvissute per alcuni anni, i rivolgimenti interni e il movimento intellettuale suscitato) esiste una bibliografia ormai vastissima, alimentata in parte dagli stessi protagonisti di quella temperie culturale, primo fra tutti Giuseppe Prezzolini il quale, pur deluso per aver mancato l'obiettivo di un profondo rinnovamento etico e civile del paese, ebbe coscienza degli esiti culturali, letterari e artistici del periodico da lui fondato e in buona parte diretto e ritornò più volte a raccontare *Il tempo della «Voce»*,[2] curandone per l'editore Rusconi (1974) una parziale riedizione e riferendo

---

[2] Con questo titolo usciva una vasta rievocazione nel 1960 (Milano-Firenze, Longanesi); lo stesso è stato felicemente ripreso per il catalogo della Mostra fiorentina sull'editoria del primo Novecento: *Il Tempo de «La Voce». Editori, tipografi e riviste a Firenze nel primo Novecento*, a cura di A. Nozzoli e C. M. Simonetti, presentazione di G. Luti, Firenze, Nuovedizioni Enrico Vallecchi, 1982.

in un'apposita collana della Sansoni i suoi rapporti con alcuni dei principali collaboratori; anche la sua corrispondenza con costoro viene un po' alla volta pubblicata prevalentemente per le Edizioni di Storia e Letteratura di Roma. Altre antologie, con diverse delimitazioni legate alle vicende di direzione de «La Voce», erano in precedenza uscite a cura di ANGELO ROMANÒ (1960), di GIOVANNI SCALIA (1961), di GIANSIRO FERRATA (1961) e altri, mentre ENRICO FALQUI (1938) aveva curato un indice della rivista e ripubblicato in volume *Tutte le poesie della «Voce»* (Firenze, Vallecchi, 1966). Una *Storia e bibliografia* (con prefazione di G. Prezzolini, Pisa, Nitri-Lischi, 1956) si deve a CARLO MARTINI. Sulla traccia di effettivi mutamenti nella direzione e nell'indirizzo della rivista, gli interventi critici sogliono distinguere fra una "prima «Voce»", la più ricca di fermenti e dibattiti, compresa nel periodo 1908-1913, e le successive fasi sfociate, nel biennio 1915-1916, in un foglio quasi esclusivamente letterario: la «Voce bianca», così detta per il colore della carta, diretta da Giuseppe De Robertis. Indicano comunque nella prima «Voce» quella che maggiormente influenzò la cultura e creò quel "clima vociano" che favorì tutta una serie di fenomeni culturali (svecchiamento, apertura all'Europa, libero dibattito ecc.) e letterari (sul filo di una difficilmente afferrabile linea poetica che congiunge Jahier, Slataper, Rebora, Campana e altri). Sul valore innovativo dell'esperienza vociana esiste un accordo sostanziale della critica a partire dal CROCE e dal GRAMSCI, il quale vide nella rivista di Prezzolini «un aspetto del crocismo militante, perché volle democratizzare ciò che necessariamente era stato "aristocratico" nel De Sanctis e si era mantenuto "aristocratico" nel Croce. Il De Sanctis doveva formare uno stato maggiore culturale, «La Voce» volle estendere agli ufficiali subalterni lo stesso tono di civiltà e perciò ebbe una funzione, lavorò nella sostanza e suscitò correnti artistiche, nel senso che aiutò molti a ritrovare se stessi, suscitò un maggior bisogno di interiorità e di espressione sincera di essa, anche se dal movimento non fu espresso nessun grande artista» (*Letteratura e vita nazionale*, Torino, 1950). La riserva conclusiva non è certo condivisa da GIANCARLO VIGORELLI: «la «Voce» fu suscitatrice e stimolatrice di una letteratura di idee. È il suo merito, fuori discussione. Pur la stessa *poesia pura*: fate i nomi, e vedrete che anche i maggiori poeti e scrittori della seconda «Voce» erano pressapoco venuti al mondo sulla prima, da Jahier a Slataper, da Soffici a Boine, da Saba a Pea, da Sbarbaro a Rebora: e anche i futuri rondisti hanno esordito sulla prima «Voce», Bacchelli e Baldini, Cecchi e Cardarelli» (*Un omaggio a Prezzolini*, Roma, 1954). NATALINO SAPEGNO, invece, pur riconoscendo a «La Voce» il proposito «di scuotere, di rinnovare il gusto, di eliminare i residui rettorici, gli stanchi sentimentalismi», osserva che «la sua letteratura è, nel complesso, assai meno nuova delle intenzioni culturali a cui s'inspira; e queste intenzioni sono non di rado confuse ed incerte» (*Compendio della letteratura italiana*, Firenze, La Nuova Italia, 1947). Sul valore innovativo de «La Voce», sostanzialmente senza riserve e sottolineando la continuità fra le diverse fasi della rivista, interviene ripetutamente il ROMANÒ; per l'ANCESCHI «in un momento problematico di perplessità nel paese, «La Voce» fu l'urto di due mentalità: l'una già forte e consolidata, ma inadeguata, ormai, e fatta sterile; l'altra di spiriti nuovi, qualche volta improvvisatori e di formazione troppo rapida, ma geniali, aderenti al tempo, e fertili [...] Ecco dunque «La Voce» per quanto ha riferimento alla cultura poetica: il desiderio di un linguaggio adeguato, che nasca da una penetrazione del tempo e dell'uomo, con uno sforzo così intenso per liberarsi da ciò che s'era fino ad allora inteso come *letteratura* da parer quasi "antiletterario", e l'affermazione di un movimento aperto, senza le grandi campeggianti e solitarie figure dispotiche, e pure d'intensa vita spirituale e di profonda densità interiore, con una varietà di indirizzi in un'apertura di clima europeo» (*Lirica del Novecento*, Firenze, 1953).

Con un taglio prettamente filosofico e con attenzione agli aspetti storico-politici si è accostato al problema ETTORE GENTILE («*La Voce*» *e l'età giolittiana*, Milano, Pan, 1972). Attento alla politica, ma soprattutto alla letteratura è il saggio di UMBERTO CARPI, *La «Voce». Letteratura e primato degli intellettuali* (Bari, De Donato, 1975). Per ROMANO LUPERINI (*Gli esordi del Novecento e l'esperienza della «Voce»*, in *Letteratura italiana*, LVII, Roma-Bari, Laterza, 1976) «si spiega così la storia della [prima] «Voce»: [...] essa assolve per tre anni ad un compito costruttivamente critico e riformistico, inducendo gli intellettuali di varie tendenze (di provenienza cattolica come Romolo Murri o liberale come Giovanni Amendola o socialista come Gaetano Salvemini) a impegnarsi concretamente nella ricognizione e nella conoscenza della società contemporanea, per superare la "separazione netta esistente in Italia fra politica e cultura" («La Voce», 30 novembre 1911) e recuperare così una funzione agli intellettuali in quanto tali: e difatti «La Voce» non si identifica mai con un programma preciso o con un preciso gruppo o orientamento politico, ma raccoglie invece intellettuali di fatto emarginati dai loro originari gruppi sociali e politici e dalle forze organizzate politicamente nel paese, e quindi [...] di provenienza ideologica diversa, ma accomunati dal fatto di voler incidere sulla realtà in quanto intellettuali, in quanto portatori di valori culturali».

Di tipo sistematico è lo studio di GIUSEPPE MARCHETTI, *«La Voce». Ambiente. Opere. Protagonisti* (Firenze, Vallecchi, 1986). Con l'aumentare dell'importanza riconosciuta alla rivista, gli studi tendono a farsi più settoriali e specialistici, coinvolgendo direttamente alcuni dei protagonisti o dei collaboratori, particolari fasi o collegamenti o derivazioni. Così uno studio sull'apporto del gruppo giuliano a «La Voce» (G. BARONI, *Trieste e «La Voce»*, Milano, Istituto Propaganda Libraria, 1975) anticipa la più vasta indagine condotta in occasione del Convegno «Intellettuali di frontiera. Triestini a Firenze (1900-1950)» (Atti a cura di R. Pertici, Firenze, Olschki, 1985); ARTURO MAZZARELLA (*Percorsi della «Voce»*, Napoli, Liguori, 1990) ha ricercato i legami «con le più spregiudicate e vivaci esperienze letterarie europee», onde verificarne la portata nel rinnovamento promosso da «La Voce» e dalle riviste vicine «L'Anima» e «Bollettino della Biblioteca Filosofica».

Anche l'esperienza futurista parte da una rivista, la marinettiana «Poesia» che ne fu il trampolino di lancio: i dibattiti e l'infuocata inchiesta sul verso libero pubblicati su «Poesia» posero le basi per la nascita del Futurismo, pubblicato in francese nel «Figaro» del 20 febbraio 1909, appare contemporaneamente in «Poesia» anche nel testo italiano. Le successive vicende del movimento sono ripercorribili attraverso le riviste che sono nate nel nome del movimento e anche il manifesto che segna la data di nascita del Futurismo, come «L'Italia futurista», o ne sono state per un certo periodo la cassa di risonanza, come «Lacerba». Per la storia del movimento si può quindi fare riferimento anche agli studi su tali periodici; un'inventario delle testate futuriste è nella *Bibliografia del Futurismo. 1909-1944* (Roma, Biblioteca del Vascello, 1988) di Claudia Salaris; lo studio riguarda anche gli autori, i libri collettivi, i manifesti, i giornali d'avanguardia non futuristi, i giornali satirici dedicati al Futurismo e la critica che accompagnò l'evolversi del movimento, iniziando a intervenire pro e contro sin dal suo sorgere.

Per le riviste più significative sono ormai disponibili pure riedizioni o antologie o indici ragionati: è questo il caso di *Poesia (1905-1909)* (Napoli, Edizioni Scientifiche Italiane, 1992), a cura di François Livi, cui si deve il rilevante saggio introduttivo *Dal liberty al futurismo*, e de *«L'Italia futurista» (1916-1918)* (Roma, Edizioni dell'Ateneo & Bizzarri, 1977), mentre della papiniana, ma anche futurista «Lacerba» esiste tanto la riproduzione anastatica (Milano, Mazzotta, 1980) quanto l'antologia curata da Gianni Scalia (IV vol. de *La cultura italiana del '900 attraverso le riviste*, Torino, Einaudi, 1961).

È impossibile un esame completo della sterminata bibliografia riguardante le varie espressioni del Futurismo, dalla letteratura alle arti figurative, dalle arti minori alla comunicazione di massa, dalla moda alla politica, con ramificazioni non trascurabili all'estero. Dalle file dello stesso movimento futurista vengono le prime presentazioni del Futurismo, spesso degli sfacciati autoincensamenti. Nel 1921 si cimenta sull'argomento l'ancora acerba penna di Francesco Flora (*Dal Romanticismo al Futurismo*, cit.). È del 1923 il severo giudizio di Luigi Russo (*I narratori*, cit.) per il quale il Futurismo è solamente un «rumoroso episodio della vita letteraria novecentesca», più di retroguardia che d'avanguardia, che «liquida il vecchio, adempiendo alle funzioni precipitose delle squadre di polizia in un esercito in ritirata, ma non inizia il nuovo». Affinità coi crepuscolari trova nei futuristi Alfredo Galletti (*Il Novecento*, cit.), incapaci entrambi di salire dalla sensazione all'idea, sempre al di qua dell'arte; per la vastità della loro risonanza, sostiene che se non proprio la storia della poesia, certo quella delle idee e del costume, se non l'estetica la sociologia hanno l'obbligo di occuparsene. Osserva quindi che non si tratta di un fenomeno da liquidare in fretta, dato che il successo futurista riflette il gusto del grosso pubblico. Enrico Falqui, cui si deve anche il regesto bibliografico compreso in *Pezze d'appoggio antiche e nuove. Appunti bibliografici sulla letteratura italiana contemporanea* (Roma, Casini, 1951; poi ampliato: *Bibliografia e iconografia del Futurismo*, Firenze, Sansoni, 1959), con *Futurismo e Novecentismo* del 1953 riprende, dopo la guerra e la fine del fascismo, un argomento che, proprio per la compromissione del movimento con il regime, appare ancora difficile: offre quindi un'interpretazione globale del fenomeno, proposto come una continuazione esasperata della Scapigliatura milanese, ma valutato positivamente per la reale rispondenza alle generali esigenze di rinnovamento; opera pure un interessante accostamento tra Futurismo e Barocco. Luciano Anceschi, nella sua introduzione a *Lirica del Novecento* (Firenze, Vallecchi, 1953; ma vedi anche *Le poetiche del Novecento in Italia*, Torino, Paravia, 1972) pone invece l'accento sui collegamenti con la Francia e sulle derivazioni dal Simbolismo e segnala il valore culturale e dottrinale piuttosto che poetico del Futurismo, dal quale forse non scaturì una sola riga di poesia, ma che favorì la maturazione artistica dei molti che vi si accostarono, magari di sfuggita, come del resto capitò alla maggioranza degli scrittori italiani dell'epoca. L'apparentamento più sicuro è, secondo Sergio Antonielli (*Dal Decadentismo al*

Neorealismo, in *Le correnti*, vol. II, Milano, Marzorati, 1956) con il dannunzianesimo, al quale lo unisce anche il collegamento con una guerra (quella del 1915-1918) per sua natura ancora risorgimentale.

Alberto Frattini, in *Marinetti e il Futurismo* (in *Orientamenti culturali: I contemporanei*, vol. I, Milano, Marzorati, 1963) parte dalla constatazione della vastità di un fenomeno non limitato all'ambito culturale, letterario e artistico, ma coinvolgente pure il costume, la morale, la politica e la società; segue poi l'evoluzione del movimento distinguendo diverse fasi, partendo dal primo manifesto, carico di enfasi, iconoclastia verso il passato, frenesia perentoria, pirotecnico furore, ma anche di elementi vitali e costruttivi, come l'esigenza di adeguare le nuove espressioni artistiche alle profonde trasformazioni della vita moderna, dominata dalla tecnica. Osserva come la crisi del linguaggio si accompagni alla crisi spirituale.

Con toni apologetici torna a parlare di Futurismo nel 1968 uno dei protagonisti, Luigi Scrivo che per l'editore Bulzoni di Roma pubblica una *Sintesi del Futurismo. Storia e documenti* con propria introduzione e con prefazione di un altro futurista, il Viviani: l'opera è utile soprattutto per la vasta scelta di manifesti. Un'indagine sistematica nella preistoria del Futurismo si deve a Bruno Romani (*Dal Simbolismo al Futurismo*, Firenze, Sandron, 1969) che esamina, attraverso documenti e materiali, i rapporti del Marinetti con la cultura francese e del Futurismo con la cultura italiana del primo Novecento, argomento ripreso da Gaetano Mariani nel suo studio sulla produzione francese del Marinetti (*Il primo Marinetti*, Firenze, Le Monnier, 1970). Ripetutamente intervengono sul problema Luciano De Maria e Mario Verdone: il primo prevalentemente sulla figura del Marinetti e sulla teoria futurista, a partire dalla cura del volume *Teoria e invenzione futurista. Manifesti Scritti politici Romanzi Parole in libertà* (Milano, Mondadori, 1968) alla raccolta di saggi *La nascita dell'avanguardia* (Venezia, Marsilio, 1986); il secondo con studi soprattutto sul teatro (*Teatro del tempo futurista*, Roma, Lerici, 1969^1; Roma, Bulzoni 1988^2; *Teatro italiano d'avanguardia. Drammi e sintesi futuriste*, Roma, Officina, 1970; *Avanguardie teatrali. Da Marinetti a Joppolo*, Roma, Bulzoni, 1991), ma anche sulla letteratura (*Prosa e critica futurista*, Milano, Feltrinelli, 1973), sempre corredati da ampia documentazione e indirizzati a una rivalutazione del movimento. Un indirizzo del genere si riscontra pure nella raccolta di testimonianze di Umbro Apollonio, *Futurismo. Testi e documenti del Futurismo* (Milano, Mazzotta, 1970), dove si sottolinea che il Futurismo è l'unico contributo che l'Italia abbia saputo dare alla cultura europea moderna. Una rassegna della critica sul Futurismo si deve a Isabella Gherarducci (*Il Futurismo italiano. Materiali e testimonianze critiche*, Roma, Editori Riuniti, 1976), mentre una panoramica della critica dei futuristi si ha con la raccolta di *Collaudi futuristi* (a cura di G. Viazzi, Napoli, Guida, 1977). Una particolare attenzione al Futurismo meridionale si riscontra nello studio di Ugo Piscopo, *Questioni e aspetti del Futurismo, con un'appendice di testi del Futurismo a Napoli* (Napoli, Ferraro, 1976). Sull'estetica interviene Marzio Pinottini (*L'estetica del Futurismo. Revisioni storiografiche*, Roma, Bulzoni, 1979), mentre Claudia Salaris, oltre alla citata bibliografia, pubblica nel 1985 una *Storia del Futurismo. Libri giornali manifesti* (Roma, Editori Riuniti) e nel 1990 uno studio su *Marinetti editore* (Bologna, Il Mulino), molto interessante per la conoscenza del sistema futurista di comunicazione e di conquista del pubblico. All'accessibilità dei più significativi documenti del movimento ha contribuito LUCIANO CARUSO con la cura dell'imponente edizione anastatica di *Manifesti, proclami, interventi e documenti teorici del Futurismo* (Firenze, Spes-Salimbeni, 1980).

La veneziana mostra di Palazzo Grassi del 1986 dedicata a *Futurismo & Futurismi* (v. *Catalogo*, Milano, Bompiani 1986 e gli Atti del convegno «Futurismo, cultura e politica», Torino, Fondazione Agnelli, 1988) dava occasione per un ampio dibattito e nuovi studi: da quello generale di ENRICO CRISPOLTI su *Storia e critica del Futurismo* (Bari, Laterza) a quelli particolari come *Sicilia futurista* (Palermo, Sellerio di Giorgianni, 1986) della Salaris, con non rare incursioni nei campi dell'arte, della sociologia ecc. Un'esplorazione vasta e sistematica è costituita dai tre volumi di GIANNI GRANA, *Le avanguardie letterarie. Cultura e politica scienza e arte dalla Scapigliatura alla Neo-avanguardia attraverso il Fascismo* (Milano, Marzorati, 1986). Una vivace biografia del fondatore del movimento ha pubblicato GINO AGNESE (*Marinetti. Una vita esplosiva*, Milano, Camunia, 1990), mentre una sintesi della poesia italiana negli anni delle avanguardie storiche è tentata da GIANNI E. VIOLA: *Gli anni del Futurismo. La poesia italiana nell'età delle avanguardie* (Roma, Studium, 1990).

9.4 Da «La Ronda» all'Ermetismo

Nel complesso panorama della letteratura italiana immediatamente successiva alla prima guerra mondiale, il fenomeno più vistoso è la contrapposizione fra le spinte innovatrici in gran parte legate al Futurismo e l'aspirazione a un recupero della tradizione classica che costituisce l'elemento di coesione fra gli scrittori della rivista romana «La Ronda» (1919-1922). Fra l'avanguardia e il rondismo, non solo antifuturista questo, ma anche antivociano, anticarducciano, antidannunziano si gioca la cultura italiana fino all'Ermetismo e al Neorealismo, secondo un percorso che si segue abbastanza bene attraverso le riviste (da «Il Baretti» a «Il Selvaggio» e da «Novecento» a «Il Frontespizio» ecc.) che sintetizzano le singole posizioni. Un panorama dell'epoca anche in quest'ottica è dato da GIORGIO LUTI, *Letteratura italiana del ventennio fascista* (Firenze, La Nuova Italia, 1973); LUISA MANGONI, *L'interventismo della cultura* (Bari, Laterza, 1974); GIULIANO MANACORDA, *Letteratura e cultura nel periodo fascista* (Milano, Principato, 1974); ANNA PANICALI, *Le riviste del periodo fascista* (Messina-Firenze, D'Anna, 1978); GIUSEPPE LANGELLA, *Le riviste di metà Novecento* (Brescia, La Scuola, 1981). Esiste ormai anche una cospicua bibliografia sulle singole riviste, almeno sulle principali, alcune delle quali sono state riproposte in antologia: GIUSEPPE CASSIERI ha curato *Antologia della «Ronda»* (Firenze, Landi, 1955) e *«La Ronda» 1919-1923* (Torino, ERI, 1969). Gli studi sulle riviste di questo periodo uniscono non di rado interessi letterari e culturali con altri più strettamente storici, in relazione al fascismo e al particolare rapporto degli intellettuali con il regime.

Emerge fra le altre, soprattutto per una proposta di cultura aperta all'Europa, ma anche per la felicità nelle scelte letterarie, la fiorentina «Solaria» (1926-1936), diretta dal Carocci, poi da Giansiro Ferrata e infine da Alessandro Bonsanti, fondata sull'esperienza vociana e rondista. Antologizzata quasi subito da due dei direttori (*Antologia di «Solaria»*, a cura di A. Carocci e A. Bonsanti, Firenze, Parenti, 1937; poi *«Solaria». Antologia critica* a cura di E. Siciliano, Milano, Lerici, 1958), questa rivista è stata oggetto di numerosi studi, soprattutto in relazione ad alcuni dei suoi collaboratori (i maggiori poeti dell'epoca: Ungaretti, Montale, Saba, Quasimodo, i prosatori Svevo, Tozzi e Vittorini): *Un profilo di «Solaria»* del FERRATA è in *Presentazioni e sentimenti critici* (Cremona, Mangiarotti, 1967); CARLO BO ha inquadrato l'esperienza solariana nel contesto culturale con *La cultura europea a Firenze negli anni trenta* (in «L'Approdo letterario», apr.-giug. 1969); un altro studio d'insieme è di GIANNI SCALIA, *Giudizio su «Solaria»* (in «Letterature moderne», 1960). Il collegamento della rivista con l'Ermetismo è stato oggetto di un Convegno a Milano sintetizzato nel volume degli Atti: *Dai solariani agli ermetici* (Milano, Vita e Pensiero, 1989). Eugenio Montale sul terreno della poesia ed Elio Vittorini su quella della prosa sono i due scrittori di maggior riferimento per questa indagine condotta attraverso lo snodarsi di due diverse correnti, rispettivamente collegate alla rivista «Solaria» e ai modi dell'Ermetismo, con approfondimenti particolari (MARIO PETRUCCIANI su Dino Campana) e osservazioni fra letteratura e costume, come l'intervento di ENRICO ELLI sul *Centenario carducciano del 1935*, celebrazione culturale e politica che, nella sua varietà riflette le condizioni dell'Italia di quegli anni.

Dal saggio del FLORA, *La poesia ermetica* (1936), deriva la fortuna letteraria di 'ermetico' e di 'Ermetismo', termini già applicati ad antichi testi filosofici o religiosi. Con allusione al gusto per il magico e per il misterioso tipico di alcuni scrittori del primo Novecento (Dino Campana e Arturo Onofri, innanzi tutti) e con riferimento alle difficoltà interpretative di molti testi poetici volutamente carichi di ambiguità, s'inizia quindi a usare tali termini per una lirica costruita con linguaggio sintetico, simbolico e allusivo, quasi per "addetti ai lavori". Il discorso del Flora, fortemente critico nei confronti di tale maniera, si basava sostanzialmente sulle prove dell'Ungaretti e del Montale, mentre questi sono ormai normalmente considerati i precursori di un movimento caratterizzato da elaborazione e da dibattito teorico, svoltosi principalmente a Firenze a partire dagli anni Trenta, con i contributi di Bo, Luzi, Gatto, Bigongiari, Parronchi, Macrì. L'Ermetismo, per molti aspetti tributario di esperienze francesi di circa mezzo secolo prima, non solo si è affermato in Italia come corrente poetica egemone verso il finire della prima metà del Novecento, ma ha avuto una straordinaria fortuna, continuando a diffondersi nel sottobosco poetico di minori e imitatori fino ai giorni nostri. Esistendo l'Ermetismo prima in ambito critico che in quello poetico, una non trascurabile parte degli studi sul tema si deve alla non disinteressata penna degli stessi protagonisti, *in primis* lo stesso Bo, autore dei noti *Otto studi* (1939), il MACRÌ (*Caratteri e figure della poesia contemporanea*, Firenze, 1956), il SOLMI (*La poesia italiana contemporanea*, in «Circoli», I, 1939). È del 1968 la sintesi a più voci *Che cosa è stato l'Ermetismo*, apparsa in «L'Approdo letterario» (42, 1968); dell'anno successivo è lo studio di SILVIO RAMAT, *L'Ermetismo* (Firenze, La Nuova Italia, 1973²). Studi d'insieme sul movimento si devono al PETRUCCIANI (*La poetica dell'Ermetismo italiano*, Torino, Loescher, 1955) e GIACOMO DEBENEDETTI (in *Poesia italiana del Novecento*, Milano, Garzanti, 1974). A DONATO VALLI si devono una *Rassegna sull'Ermetismo* (in «Lettere italiane», XXI, 1969) e una *Storia degli ermetici* (Brescia, La Scuola 1978).

Il problema critico più vistoso è quello della distinzione fra coloro che posero le basi dell'Ermetismo e quelli che parteciparono consapevolmente alla corrente letteraria ermetica: una sintetica sistemazione si ha nella voce *Ermetismo*, curata dal RAMAT per il *Dizionario critico della letteratura italiana* dell'editrice UTET: «Il discrimine che induce oggi a distinguere una fase "preistorica" e una "storica" nell'Ermetismo, deriva innanzitutto da una differente concezione di fronte al problema del simbolo. Mentre Ungaretti e Montale, anche nei loro libri pubblicati negli anni Trenta (*Sentimento del Tempo, Le occasioni*), concepiscono per lo più il simbolo come un emblema difensivo, una protezione dello spirito dalla minaccia avvolgente della tenebra, del nulla, del non-essere (rivelando con ciò una precisa connessione con il carattere del simbolismo ottocentesco), assai diversa è la visione dei letterati più giovani, sopra ricordati [Luzi, Gatto, Bigongiari, Parronchi, Traverso, ...]: per loro il simbolo si pone come un indice della positività dell'essere. Si prepara così il capovolgimento totale del primitivo valore del simbolo, la cui crisi viene affiorando peraltro in alcuni momenti negli stessi Ungaretti e Montale, che si qualificano quindi come i (partecipi) precorritori del pieno Ermetismo».

Nelle discussioni del secondo dopoguerra, particolarmente sensibili agli aspetti politici e volte a una revisione della storia anche letteraria italiana del ventennio, venne variamente posto il problema dell'interpretazione politica dell'atteggiamento degli ermetici nei confronti del regime e durante la guerra e si arrivò a spiegare l'arcanismo come una scelta di libertà o di sopravvivenza in un momento in cui parlar chiaro poteva essere compromettente o pericoloso. Il più recente dibattito registra un superamento di tale problema, non ancora del tutto accantonato, mentre in primo piano si collocano le scelte espressive: «Se ho centrato il mio discorso sull'ermetismo e dintorni, non è perché ne sopravvaluti l'importanza dei risultati, ma perché, proprio dal punto di vista linguistico, questi offrono un materiale particolarmente interessante all'analisi, storicamente incisivo e, come non mi sono stancato di ripetere, compatto. Non dimentico per questo l'esistenza di alternative all'egemonia ermetica, a partire da quella radicale di *Lavorare stanca* di Pavese: radicale già nel modulo metrico impiegato, il verso lungo di durata a scarsa escursione sillabica e scandito da un numero costante di arsi, di fronte alla libertà accentuativa e di misure e al ritmo *faux-exprès* prediletti dagli ermetici. Mi si lasci però dire che oggi questo tentativo pavesiano mostra, almeno ai miei occhi, tutto il suo carattere programmatico e meccanico, che dalla forma si ribalta sullo stesso contenuto ideologico con cui fa corpo, quel narcisismo ed egotismo insopportabilmente truccati di populismo. Né tutte le alternative riescono a intaccare il fatto che questo periodo della nostra poesia presenta un'uniformità sovrapersonale di *langue* che può essere paragonata solo alle stagioni della più stretta osservanza petrarchistica, e che si oppone alla vivace diffrazione che domina i due periodi che lo precedono e seguono, da *Myricae* al primo dopoguerra e dal secondo dopoguerra ad oggi. E resta il fatto che il tentativo ermetico di fondare – al servizio di una sensibilità aristocratica – una lingua assoluta per la poesia, sottraendola quasi interamente allo scambio con la lingua della comunicazione, rimane degno di nota, anche per il contesto storico in cui si collocò. (E questo sia l'unico accenno che mi permetto al pertrattato, e difficile, problema dei rapporti fra ermetismo e fascismo. Mi basti dire che non credo certo alla tesi della critica fiancheggiatrice del movimento, secondo cui questo avrebbe realizzato la sua opposizione alla rozzezza e alla socialità demagogica del fascismo proprio nella squisitezza individualistica e insieme di gruppo, interamente scissa dal sociale, dei suoi temi e del suo linguaggio; ma all'opposto non stimo neppure equo liquidare l'intera operazione come semplicemente subalterna allo stato di cose. Dopo tutto, la vecchia e icastica formula nietzscheana di "malinconia all'ombra del potere" rende ottimamente, anche in questo caso, l'idea del rapporto fra una letteratura raffinata e tutta a combustione interna e un potere e una società che la condizionano potentemente se non altro per lo spessore delle esclusioni, dei silenzi, delle preterizioni cui la costringono). Si può anzi aggiungere che quella ricerca di una lingua poetica assoluta e separata consegue effetti che vanno al di là della ricerca di interiorizzazione, indeterminazione, sorpresa, de-razionalizzazione: nel suo *pathos* dell'ellissi e dell'essenzialità, l'ermetismo più ardito sembra trattare una lingua eminentemente distesa, plastica e analitica come l'italiano quasi *come se* fosse una lingua sintetica, dai nessi impliciti e dalle categorie e funzioni grammaticali fortemente connotative. Anche in ciò l'ermetismo, con le sue adiacenze, ci appare dunque come una singolare avanguardia, che puntò quasi tutte le sue carte sul rinnovamento e vorrei dire sulla verginità del linguaggio, mettendo fra parentesi quello che nelle avanguardie storiche novecentesche, dal futurismo all'espressionismo (anche "vociano") al surrealismo appunto, ne era stato il necessario propellente, la volontà di incidenza rivoluzionaria nella vita e nella società». (P. V. MENGALDO, *Il linguaggio della poesia*, in *Dai solariani agli ermetici*, cit.).

9.5 Il Neorealismo

Con radici nel Realismo ottocentesco e legami con non poca parte della produzione narrativa dei primi anni del Novecento, senza manifesti o programmi, ma per aggregazione di fatto, nasce intorno al 1930 il Neorealismo, in accesa polemica con il "rondismo", la "prosa d'arte" e il "frammentismo" per un recupero della storia e un maggior impegno dell'artista nella società. Dai primi accenni di GIOVANNI TITTA ROSA (*Invito al romanzo*, in «Corriere Padano», 16 febb. 1928) e di ARNALDO BOCELLI (*Ritorno al romanzo*, in «Corriere Padano», 28 ag. 1930), si arriva nel 1932 alla vistosa polemica pro e contro il Realismo sulle pagine dello stesso «Corriere Padano», dell'«Italia letteraria» e de «Il Saggiatore». Ma il Neorealismo già stava dando i suoi frutti migliori, dato che *Gli Indifferenti* di Alberto Moravia sono del 1929, *Fontamara* di Ignazio Silone è del 1930, come *Gente in Aspromonte* di Corrado Alvaro, mentre datano 1932 *I fratelli Rupe* di Leonida Repaci e 1933 l'inizio della pubblicazione a puntate su «Solaria» de *Il garofano rosso* di Elio Vittorini.

Il Neorealismo si afferma quindi rapidamente in ambito narrativo e soprattutto cinematografico (al punto che alcuni propongono di limitare a tale arte l'uso del termine), diventando egemone intorno e subito dopo la seconda guerra mondiale, sposandosi sempre più con contenuti ideologici marxisti, fino al tentativo di strumentalizzazione dello scrittore ai programmi politici, sfociato nella crisi e nella dissoluzione del Neorealismo stesso. Nonostante la crisi, il Neorealismo continua a imperare negli anni Cinquanta e a dare frutti anche oltre.

Al di là dell'impegno, la «narrativa neorealistica si configura come una cronaca, come una trascrizione delle cose [...]; comportò una tumultuosa rivoluzione linguistica, con l'adozione di una lingua immediata, antiletteraria, popolare, aperta alle voci e alle espressioni dialettali, persino gergali. Ma tale rivoluzione linguistica, non sorretta da una seria preparazione filologica e da una seria conoscenza del problema, si risolse di solito in una nuova retorica, la retorica dello scriver male e delle parolacce» (M. Santoro, *La letteratura del dopoguerra*, in *Civiltà letteraria italiana del XX secolo (1860-1970)*, Firenze, Le Monnier, 1971³).

La vicinanza storica e le implicazioni politiche non hanno giovato alla qualità degli studi sul Neorealismo, spesso di parte e prevalentemente volti, quindi, ad avvalorare tesi piuttosto che a dare un quadro il più possibile oggettivo. Così Salvatore Battaglia, nel tentare una sintesi del fenomeno nel *Dizionario critico della letteratura italiana*, si preoccupa di allargarne le radici ottocentesche e di annettere all'ambito realistico i maggiori scrittori del primo Novecento, compresi Svevo, Pirandello, Tozzi e Borgese, e conclude prospettando ulteriori sviluppi per un fenomeno a suo avviso ancora vitale: «il nuovo realismo non è stato un fenomeno soltanto italiano né esclusivamente letterario: un'indagine sulle probabili sollecitazioni del pensiero e dell'arte d'area internazionale è ancora da tentare (basterebbe rifarsi alla "nuova oggettività" – la "Neue Sachlichkeit" – della letteratura tedesca intorno al 1922), né si possono considerare soddisfacenti i rari e sporadici accostamenti finora istituiti con il N. delle arti figurative e con quello più vulgato del cinema. Tuttavia non si può negare che il N. narrativo offra una prospettiva più massiccia e organica e costituisca nel campo dei valori estetici un'esperienza di fortissima tensione. Basterebbero a farne fede due aspetti fondamentali: l'elaborazione linguistica (con l'assunzione della parlata ordinaria e quotidiana, con la parziale adozione di elementi dialettici e gergali, con una più spregiudicata invenzione lessicale) e l'intensa, convulsa, congestionata sperimentazione ideologica: entrambe feconde di tentativi, approcci, fermenti (seppure non sempre coronati da valide soluzioni), anche perché affiancate e stimolate da proponimenti e dibattiti teorici e tecnici, che indubbiamente hanno avuto il merito di ridestare la critica militante dall'uniformità e dall'acquiescenza e al contempo hanno rinnovato e rifermentato il conformismo e l'atonia dell'estetica idealista e crociana. In un senso strettamente specifico e rigoroso, la storia del N. si dovrebbe restringere a un gruppo di autori e di libri particolarmente impegnati (negli strumenti e linguistici e ideologici), nei cui limiti, a rigore, non rientrerebbero che pochi nomi e pochi titoli e rimarrebbero fuori gli scrittori e le opere di più provata autorità e di più ferma durata. Se ci si dovesse attenere a criteri così restrittivi, com'è la tendenza della storiografia più recente, la rubrica del N. si ridurrebbe forse ai minori e ai più giovani e acerbi: e perfino scrittori che sono stati considerati tra gli esponenti più vitali del nuovo realismo, si vedrebbero contestata la loro appartenenza. Viceversa, una prospettiva storiografica più liberale e più sensibile a comprendere il fenomeno nelle sue molteplici e interne implicazioni e a proiettarne l'efficacia, le possibilità e le convergenze a zone contigue e a correnti coetanee e parallele, finirà con riconoscere al N. una carica rigeneratrice che non si è esaurita ancora e che comunque non è stata supplita».

Tralasciando gli interventi "a scena aperta" fra i quali si cita soltanto l'*Inchiesta sul Neorealismo* promossa da Carlo Bo (Torino, 1951), un primo inquadramento è offerto dall'*Introduzione al Neorealismo* curata da Gian Carlo Ferretti (Roma, Editori Riuniti, 1974); molto equilibrato è lo studio di Maria Corti, *Neorealismo*, in *Il viaggio testuale. Le ideologie e le strutture semiotiche* (Torino, Einaudi, 1978). Per un panorama degli scritti teorici e una ricostruzione del clima infuocato di quegli anni è interessante *Neorealismo. Poetiche e polemiche* (a cura di C. Milanini, Milano, Il Saggiatore, 1980). Un efficace sguardo d'insieme sulla narrativa dal Futurismo al Neorealismo è il manuale di Giuseppe Farinelli, *Il romanzo fra le due guerre* (Brescia, La Scuola, 1980).

9.6 Dal gruppo della Neoavanguardia alla disseminazione postmoderna

Numerosi fermenti – per lo più provenienti d'Oltralpe con ragguardevole ritardo – offrono lo spunto per riflessioni teoriche e tentativi di trovare un'alternativa al Neorealismo imperante nell'immediato dopoguerra: si va dalla rielaborazione del pensiero filosofico di Edmund Husserl a quella delle teorie di Sigmund Freud e del suo vivace continuatore-antagonista Carl Gustav Jung, dalla scoperta della linguistica strutturale di Ferdinand de Saussure (morto oltre trent'anni prima) e del formalismo di Roman Jakobson all'accoglienza dell'antropologia sociale di Claude Lévi-Strauss. Infine, visti anche gli esiti delle avanguardie tedesche (*Gruppo '47*) e francesi (*nouveau roman*) e incoraggiati dal verbo della scuola marxista di Francoforte (Walter Benjamin e Theodor W. Adorno) fautrice di un'arte precorritrice dei tempi, alcuni letterati italiani variamente collegati con l'egemonia culturale marxista di quegli anni hanno iniziato forme di sperimentazione tecnica senza rinunciare all'impegno e all'allineamento politico; da questa fase, legata soprattutto allo sviluppo della rivista «Officina», si passa attraverso successivi stadi (le riviste di riferimento sono «Il Menabò» diretto da Elio Vittorini e da Italo Calvino e «Il Verri» diretto dall'Anceschi) di graduale liberazione dall'impegno e di ricerca di soluzioni espressive nuove: emblematica appare la pubblicazione in volume nel 1957 di *Quer pasticciaccio brutto de via Merulana* di Carlo Emilio Gadda. Agli inizi degli anni Sessanta un desiderio di coralità unisce un gruppo di poeti (Elio Pagliarani, Alfredo Giuliani, Edoardo Sanguineti, Antonio Porta, Nanni Balestrini), autodenominatisi *Novissimi* (rispolverando la catulliana esperienza dei *novi*): riescono, anche ispirandosi alle proposte parigine della rivista «Tel Quel» e del brillante teorico e critico francese Roland Barthes, a dar vita a un *Gruppo '63* e, con aggregazioni e incontri, nonché con un abile uso degli strumenti editoriali, influenzano la pubblica opinione e soprattutto gli addetti ai lavori, assicurandosi un posto di primo piano nel sempre più composito e frammentario panorama letterario italiano. Ma è quest'ultimo elemento, la perdita di unitarietà e persino di punti di riferimento certi, la caratteristica saliente degli ultimi decenni. Rimane così non molto rilevante il fatto che il Gruppo '63 e dintorni, legati nel nome di Neoavanguardia abbiano conosciuto una derivazione nel gruppo precariamente coagulatosi intorno alla feltrinelliana antologia *La parola innamorata. I poeti nuovi, 1976-1978* (a cura di G. Pontiggia e E. Di Mauro), o nel *Gruppo '93* fondato da alcuni scrittori che, per non invecchiare troppo in fretta in un mondo che mitizza il nuovo, si sono richiamati non all'anno di fondazione ma a quello di prevedibile scioglimento: «il Neosperimentalismo e la Neoavanguardia hanno insieme aperto e chiuso delle nuove vie; e precisamente quella del populismo cattolico-marxista di Pasolini e quella della contestazione radicale del Gruppo '63, contraddistinta dall'innegabile sperequazione tra le enunciazioni programmatiche e le realizzazioni testuali. Negli ultimi decenni è difficile, per non dire impossibile, indicare delle tendenze letterarie altrettanto ben definite: ci si trova di fronte, piuttosto, a una molteplicità di sperimentazioni e di proposte, in cui il ricupero o il riecheggiamento di "modelli" antichi e recenti si unisce alla ricerca, talora inquieta e spasmodica, di novità o di non sempre feconde alternative, tradizionali, moderne e post-moderne, sicché ne risulta un paesaggio complesso, variegato, talora labirintico, ma interessante per l'intento, proprio di molti autori, di interpretare e trascrivere in termini di letteratura una fenomenologia caotica, contraddittoria, spesso enigmatica e difficilmente decifrabile». (B. MAIER, *Premessa*, in *Storia della letteratura. Il secondo Novecento*, Milano, Miano, 1993).

«L'esperienza degli ultimi decenni ci insegna la vanità di ogni misura, l'inattendibilità di ogni criterio "scientifico" di giudizio. Autori già famosi vengono dimenticati nel giro di pochi anni; libri premiatissimi, libri approdati a quella riconsacrazione di massa che è costituita dalla sceneggiatura per cinema o per televisione, sono usciti dal circuito librario e non promettono di ritornarvi; nomi sulla cresta dell'onda sono risucchiati dall'abisso; altri invece, già sommersi dalle parole nuove, riaffiorano alla luce nel volgere misterioso del gusto. Per molti aspetti la vicenda dei nomi propri (poeti, narratori, drammaturghi, saggisti) somiglia stranamente a quella dei nomi comuni, riposti a sedimentare nei dizionari ma sempre disponibili a temporanee riesumazioni sull'ala ritornante degli arcaismi, dei preziosismi, della metaforizzazione simbolica, insomma del gioco letterario. Ora per reperire un filo d'Arianna nella labirintica o dedalea realtà delle lettere occorre a mio avviso un atto d'umiltà, cioè una franca ammissione dell'impossibilità d'acquisire ed adoperare uno strumento che spieghi tutto». (F. LANZA, *Introduzione*, in *Storia della letteratura*, cit.).

Proprio attraverso l'inafferrabilità, il rifiuto di ogni catalogazione, in un'epoca in cui si assiste a un continuo immane tentativo di omologazione e di incasellamento con strumenti e poteri sempre più potenti e raffinati, si manifesta l'esistenza di un nuovo modo di esprimersi, non ancora chiarito nei suoi elementi di riferimento se non nella volontà di superare una condizione riconosciuta e rifiutata, ma già denominato Postmoderno: «Nonostante la diversità di paradigmi epistemologici tra le diverse scienze coinvolte, alcuni elementi comuni e alcune analogie sono riscontrabili nel modo in cui i rappresentanti di ciascun campo artistico e intellettuale usano il termine postmoderno. La constatazione che accomuna tutti, e che costituisce il terreno su cui le considerazioni successive si possono sviluppare, riguarda la crisi dei paradigmi di interpretazione della realtà tesi ad una lettura totalizzante e sistematizzante dei fenomeni esaminati. Dal punto di vista filosofico, questo discorso si è incarnato nelle opere dei critici della ragione, sostenitori di una "ragione debole", che rinuncia a cercare un fondamento alla cui luce tutte le cose prendono senso (Gargani, Rovatti, Vattimo, Rorty). Per quanto riguarda invece le discipline "artistiche", architettura, letteratura, pittura, la crisi dei grandi sistemi e degli ideali di progresso e il conseguente primato del frammento si esprimono attraverso l'adozione di una molteplicità di codici linguistici, il cui livello di rappresentazione della realtà oggettuale è irrilevante al fine di fissarne la legittimità. Inoltre non trovano spazio progetti creativi che si sviluppino intorno a princìpi unificanti, l'arte viene concepita soprattutto come ripetizione, citazione, *patchwork*, al massimo vengono "ricreati" modelli del passato, secondo nuove misure e proporzioni (Bonito Oliva, Jameson). A tali manifestazioni artistiche, dimesse e con poche pretese di universalità e di validità oggettiva, sembra in ultima analisi riservata, nella società contemporanea, una dignità unicamente legata al ruolo economico che esse ricoprono. In tutti i campi, la mancanza di paradigmi assoluti lascia il posto ad una accentuazione dell'importanza strategica della dimensione comunicativa, dei linguaggi, dei simboli, delle immagini. In mancanza di progetti concreti, di contenuti stabili, di universi valoriali condivisi, la vita sociale come l'epistemologia come l'etica ruotano intorno alle forme (Maffesoli), diventano per così dire estetico-dipendenti. La realtà è "costruzione sociale" (Berger e Luckmann) e "rappresentazione" ben riuscita (Goffman), nella società dell'opinione pubblica può darsi solo una teoria della verità non come conformità ma come interpretazione, ermeneutica (Vattimo); l'etica è "etica del gusto" (Shusterman), "etica dell'estetica" (Maffesoli) che governa l'immagine che offriamo di noi stessi, che di noi stessi creiamo nell'interazione. L'autorealizzazione non segue un progetto, ma è misurata solo da un piacevole trascorrere del quotidiano, da una moltiplicazione di belle esperienze. Manifesta e dichiarata è l'influenza dei mezzi di comunicazione di massa su questa svolta epocale, mezzi che tutto avvicinano e perciò affogano in una complessità senza spiegazione, mezzi che parlano il linguaggio delle immagini rafforzandole fino a farne l'unica realtà; in particolare, è rilevante la funzione delle arti figurative e delle loro applicazioni proprio all'interno dell'universo massmediale che per tanti versi ha contribuito alla loro messa in crisi. Il trionfo dell'estetica sarebbe infatti il trionfo delle arti, se non fosse che ormai si tratta di un'estetica frammentata dai suoi teorici e svilita dal suo pubblico, caduta in basso, perché troppo veicolata alle masse, rovinata dalla sua stessa popolarità (Nedelmann); se non fosse che, finito ogni riferimento a canoni comuni, a una comunità di giudici riconosciuti, ben lungi dall'arrivare a una omologazione del bello, ci troviamo di fronte a una moltiplicazione dei "belli" (Vattimo)» (L. BOVONE, *In tema di Postmoderno. Tendenze della società e della sociologia*, Milano, Vita e Pensiero, 1990).

Sui fenomeni letterari di questi anni esiste una vastissima produzione recensoria, spesso sospesa fra critica e pubblicità; i condizionamenti di schieramento politico o di affiliazione editoriale spesso compromettono gravemente il valore di tali interventi critici. I tentativi di sistemazione storica più seri e significativi sono quelli compresi nei repertori generali, nei dizionari e nelle storie letterarie. Al di là di questo e del breve elenco riportato nel *Repertorio bibliografico* si segnalano in particolare l'utile *Bibliografia della poesia italiana d'avanguardia* (Roma, Bulzoni, 1977) di MATTEO D'AMBROSIO; l'indagine sui concetti di riferimento delle avanguardie operata da FRANCESCO MUZZIOLI, *Teoria e critica della letteratura nelle avanguardie italiane degli anni Sessanta* (Roma, Istituto dell'Enciclopedia Italiana, 1982) e due personali riletture degli ultimi decenni, rispettivamente sul fronte della poesia (N. LORENZINI, *Il presente della poesia, 1960-1990*, Bologna, Il Mulino, 1991) e della narrativa (S. TANI, *Il romanzo di ritorno. Dal romanzo medio degli anni Sessanta alla giovane narrativa degli anni Ottanta*, Milano, Mursia, 1990).

Repertorio bibliografico

a) **Opere generali**

Repertori enciclopedici: *La letteratura italiana. Storia e testi*, dir. da C. Muscetta, vol. IX (*Il Novecento dal Decadentismo alla crisi dei modelli*), tt. 2; Roma-Bari, Laterza, vol. X (*L'età presente dal fascismo agli anni Settanta*), tt. 2, 1976-1980; *Letteratura italiana contemporanea*, dir. da G. Mariani e M. Petrucciani, Roma, Lucarini, 1982; *Il Novecento*, 2 voll., in *Storia della letteratura italiana*, dir. da E. Cecchi e N. Sapegno, Milano, Garzanti, 1987 (1ª ed. 1969); *Il Novecento*, a cura di G. Luti, in *Storia letteraria d'Italia*, Vallardi-Piccin-Nuova Libraria, Padova, 1989.

Per l'aggiornamento bibliografico, oltre alle opere sopra citate, cfr. le *Rassegne bibliografiche* che chiudono le annate di «Studi novecenteschi», e inoltre: E. FALQUI, *Pezze d'appoggio antiche e moderne (o nuove?). Appunti bibliografici sulla letteratura italiana contemporanea*, Roma, Casini, 1951³; A. VALLONE, *Supplemento bibliografico* a A. GALLETTI, *Il Novecento*, Milano, Vallardi, 1967 (3ª ed., IV rist.); R. FRATTAROLO, in *Dizionario degli scrittori italiani contemporanei. Pseudonimi (1900-1975). Con un repertorio delle bibliografie nazionali di opere anonime e pseudoanonime*, Ravenna, Longo, 1975. Si vedano anche: la *Bibliografia essenziale* che chiude l'antologia di P. V. MENGALDO, *Poeti italiani del Novecento*, Milano, Mondadori, 1981 (1ª ed. 1978); le note bibliografiche sui singoli autori nei capitoli dell'antologia *Poesia italiana. Il Novecento*, 2 voll., Milano, Garzanti, 1988². Buona bibliografia parziale: A. D'ORSI, *La cultura nell'Italia fascista. Un decennio di studi*, Istituto per la storia della Resistenza in provincia di Alessandria, quad. 12, 1983, pp. 7-67.

b) **Antologie**

Antologie della letteratura contemporanea: G. CONTINI, *La letteratura dell'Italia unita*, Firenze, Sansoni, 1986 (1ª ed. 1968); G. PETRONIO-L. MARTINELLI, *Novecento letterario in Italia*, 3 voll., Palermo, Palumbo, 1974-1975; L. CARETTI-G. TELLINI, *Testi del Novecento letterario italiano*, Mursia, Milano, 1990. Un'antologia mirata è M. SCHETTINI, *La prima guerra mondiale. Storia/Letteratura*, Firenze, Sansoni, 1965.

Antologie di poesia: G. PAPINI-P. PANCRAZI, *Poeti d'oggi*, Firenze, Vallecchi, 1920 (2ª ed. accresciuta, ivi, 1925); L. ANCESCHI, *Lirici nuovi. Antologia di poesia contemporanea*, Milano, Mursia, 1964 (1ª ed. ivi, Hoepli, 1943); G. SPAGNOLETTI, *Antologia della poesia italiana contemporanea*, 2 voll., Firenze, Vallecchi, 1946; ID., *Antologia della poesia italiana. 1909-1949*, Parma, Guanda, 1953 (1ª ed. 1950); L. ANCESCHI-S. ANTONIELLI, *Lirica del Novecento*, Firenze, Vallecchi, 1961 (1ª ed. 1953); G. BÁRBERI SQUAROTTI-S. JACOMUZZI, *La poesia italiana contemporanea dal Carducci ai giorni nostri (con appendice di poeti stranieri)*, Messina-Firenze, D'Anna, 1963 (2ª ed. ampliata 1971); E. SANGUINETI, *Poesia italiana del Novecento*, 2 voll., Torino, Einaudi, 1969; P. V. MENGALDO, *Poeti italiani del Novecento*, Milano, Mondadori, 1978 (fondamentale). Tra le antologie poetiche di gruppo o tendenza: L. ANCESCHI, *Linea lombarda. Sei poeti*, Varese, Magenta, 1952 (aggiornata da G. LUZZI, *Poeti della linea lombarda. 1952-1985*, Milano, Cens Liscate, 1987) e ID., *Poesia italiana (1941-1988): la via lombarda*, Milano, Marcos y Marcos, 1989; A. BERARDINELLI-F. CORDELLI, *Il pubblico della poesia*, Cosenza, Lerici, 1975; G. PONTIGGIA-E. DI MAURO, *La parola innamorata. I poeti nuovi 1976-1978*, Milano, Feltrinelli, 1978; A. PORTA, *Poesia degli anni Settanta*, prefazione di E. Siciliano, Milano, Feltrinelli, 1979; F. CAVALLO-M. LUNETTA, *Poesia italiana della contraddizione*, Roma, Newton-Compton, 1989. Sulla poesia dialettale, è fondamentale l'antologia di P.P. PASOLINI-M. DELL'ARCO, *Poesia dialettale del Novecento*, Parma, Guanda, 1952; utile anche M. CHIESA-G. TESIO, *Le parole di legno. Poesia in dialetto del '900 italiano*, 2 voll., Milano, Mondadori, 1984. Sulla poesia femminile: B. FRABOTTA, *Donne in poesia. Antologia della poesia femminile in Italia dal dopoguerra a oggi*, Roma, Savelli, 1976.

Meno numerose le antologie di prosa, tra cui: A. BORLENGHI, *Narratori dell'Ottocento e del primo Novecento*, 5 voll., Milano-Napoli, Ricciardi, 1961-1966; G.B. ANGIOLETTI-G. ANTONINI, *Narratori italiani d'oggi*, Firenze, Vallecchi, 1939; G. GETTO-F. PORTINARI, *La prosa dal Carducci ai contemporanei*, Torino, Petrini, 1958. Sul racconto in particolare: E. GHIDETTI-L. LATTARULO, *Notturno italiano - Racconti fantastici del Novecento*, Roma, Editori Riuniti, 1984; M. PETRUCCIANI, *Racconti italiani del Novecento*, Roma, Lucarini, 1987; G. FINZI, *Novelle italiane: Il Novecento*, Milano, Garzanti, 1991.

c) Riviste

Un settore molto antologizzato è quello delle riviste letterarie. Si segnalano: G. FERRATA, *«La Voce» (1908-1916)*, San Giovanni Valdarno-Roma, Landi, 1961; G. PREZZOLINI, *«La Voce (1908-1913). Cronaca, antologia e fortuna di una rivista*, con la collaborazione di E. Gentile e V. Scheiwiller, Milano, Rusconi, 1974. Nella collana «La cultura del '900 attraverso le riviste», Torino, Einaudi, sono apparsi: A. ROMANÒ, *«La Voce» (1908-1914)*, 1960; G. SCALIA, *«Lacerba» «La Voce»*, 1961; F. GOLZIO-A. GUERRA, *L'Unità» «La Voce» politica (1915)*, 1962. Preziosi, anche se non del tutto esatti, gli *Indici della «Voce» e di «Lacerba»*, a cura di E. Falqui, Firenze, Vallecchi, 1966. Per le altre riviste novecentesche: M. MORASSO, *Scritti sul «Marzocco». 1897-1914*, a cura di P. Pieri, Bologna, Printer, 1990; D. FRIGESSI, *«Leonardo» «Hermes» «Il Regno»*, Torino, Einaudi, 1960; E. VILLA-P. BOERO, *«La Riviera Ligure»*, Treviso, Casanova, 1975; P. SPRIANO, *«L'Ordine nuovo» (1919-1920)*, Torino, Einaudi, 1963; L. BASSO-L. ANDERLINI, *Le riviste di Piero Gobetti*, Milano, Feltrinelli, 1961; G. CASSIERI, *«La Ronda» (1919-1923)*, Torino, ERI, 1969; A. PANICALI, *Le riviste del periodo fascista*, Messina-Firenze, D'Anna, 1978[2]; L. TROISIO, *Le riviste di «Strapaese» e «Stracittà» («Il Selvaggio», «L'Italiano», «900»)*, Treviso, Casanova, 1977; E. SICILIANO, *«Solaria». Antologia critica*, intr. di A. Carocci, Cosenza, Lerici, 1958; L. FALLACARA, *«Il Frontespizio» (1929-1938)*, San Giovanni Valdarno-Roma, Landi, 1961; M. FORTI-S. PAUTASSO, *«Il Politecnico»*, Milano, Rizzoli, 1975.

Sulle riviste: R. BERTACCHINI, *Le riviste del Novecento*, Firenze, Le Monnier, 1979 (1[a] ed. 1965); G. LANGELLA, *Il secolo delle riviste. Lo statuto letterario dal «Baretti» a «Primato»*, Milano, Vita e Pensiero, 1982; E. MONDELLO, *Gli anni delle riviste. Le riviste letterarie dal 1945 agli anni Ottanta*, Lecce, Milella, 1985.

d) Storie della letteratura e saggi critici

Tra le storie della letteratura novecentesca di un unico autore: G. MANACORDA, *Storia della letteratura italiana contemporanea. 1940-1965*, Roma, Editori Riuniti, 1967 (aggiornata fino al 1975, ivi, 1977); ID., *Storia della letteratura italiana tra le due guerre. 1919-1943*, ivi,

1980; ID., *Letteratura italiana d'oggi. 1965-1985*, ivi, 1987; E. GIOANOLA, *Storia letteraria del Novecento in Italia*, Torino, SEI, 1975; R. LUPERINI, *Il Novecento. Apparati ideologici, ceto intellettuale, sistemi formali nella letteratura italiana contemporanea*, 2 voll., Torino, Loescher, 1981 (discutibile ma importante); G. SPAGNOLETTI, *La letteratura italiana del nostro secolo*, 3 voll., Milano, Mondadori, 1985 (supera, dello stesso Autore, *Il profilo della letteratura italiana del Novecento*, Roma, Gremese, 1975); G. LUTI, *Introduzione alla letteratura italiana del Novecento. La poesia, la narrativa, la critica, le riviste e i movimenti letterari*, Roma, La Nuova Italia Scientifica, 1985; A. MARCHESE, *Storia intertestuale della letteratura italiana. Il Novecento dalle avanguardie ai contemporanei*, Messina-Firenze, D'Anna, 1990. Un'esauriente serie di profili in *Un'idea del '900. Dieci poeti e dieci narratori italiani del Novecento*, a cura di P. Orvieto, Roma, Salerno, 1984.

Tra le raccolte di saggi critici d'interesse generale, si segnalano anzitutto: G. CONTINI, *Esercizi di lettura sopra autori contemporanei con un'appendice su testi non contemporanei*, Torino, Einaudi, 1982 (1ª ed. Firenze, Parenti, 1939; 2ª ed. Firenze, Le Monnier, 1947); ID., *Altri esercizi (1942-1971)*, Torino, Einaudi, 1978 (1ª ed. 1972) e ID., *Ultimi esercizi ed elzeviri (1968-1987)*, ivi, 1989; G. DEBENEDETTI, *Saggi critici. Serie prima*, Firenze, Solaria, 1929 (ed. ampliata, Milano, Mondadori, 1955; rist. Venezia, Marsilio, 1989); ID., *Saggi critici. Nuova serie*, Roma, OET, 1945 (ed. ampliata, Milano, Mondadori, 1955; rist. Venezia, Marsilio, 1990); ID., *Saggi critici. Terza serie*, Milano, Il Saggiatore, 1959; ID., *Il romanzo del Novecento*, Milano, Garzanti, 1987 (1ª ed. 1971); ID., *Poesia italiana del Novecento*, ivi, 1993 (1ª ed. 1974). E inoltre: R. SERRA, *Le lettere*, a cura di U. Pirotti, Ravenna, Longo A., 1989 (1ª ed., Roma, Bontempelli & Invernizzi, 1914) e ID., *Saggi critici*, edizione nazionale a cura di I. Ciani, Roma, Libreria dello Stato, 1990; G.A. BORGESE, *La vita e il libro*, 3 voll., Torino, Bocca, 1910-1913; ID., *Tempo di edificare*, Milano, Treves, 1923; A. GARGIULO, *Letteratura italiana del Novecento*, Firenze, Le Monnier, 1940 (2ª ed. riveduta e accresciuta, 1958); P. PANCRAZI, *Scrittori d'oggi*, (6ª serie), Bari, Laterza, 1946-1953 (rist. con il titolo *Ragguagli di Parnaso. Dal Carducci agli scrittori d'oggi*, a cura di C. Galimberti, 3 voll., Milano-Napoli, Ricciardi, 1968); G. DE ROBERTIS, *Scrittori del Novecento*, Firenze, Le Monnier, 1958 (1ª ed. 1940); ID., *Altro Novecento*, Firenze, Le Monnier, 1962; S. ANTONIELLI, *Aspetti e figure del Novecento*, Parma, Guanda, 1955; E. FALQUI, *Novecento letterario italiano*, Firenze, Vallecchi, 1970-1979; M. APOLLONIO, *Letteratura dei contemporanei*, Brescia, La Scuola, 1955; ID., *I contemporanei*, ivi, 1969; P.P. PASOLINI, *Passione e ideologia (1948-1958)*, Milano, Garzanti, 1985 (1ª ed. 1960); L. ANCESCHI, *Le poetiche del Novecento in Italia. Studio di fenomenologia e storia delle poetiche*, Venezia, Marsilio, 1990 (prima stesura in *Momenti e problemi di storia dell'estetica*, Milano, Marzorati, 1961); S. SOLMI, *Scrittori negli anni*, Milano, Il Saggiatore, 1963; E. CECCHI, *Letteratura italiana nel Novecento*, a cura di P. Citati, Milano, Mondadori, 1972; A. BOCELLI, *Letteratura del Novecento*, Caltanissetta-Roma, Sciascia, 1975 (2ª serie 1980); P.V. MENGALDO, *La tradizione del Novecento. Da D'Annunzio a Montale*, Milano, Feltrinelli, 1975 (2ª serie, *Tradizione del Novecento*, Firenze, Vallecchi, 1987); L. CARETTI, *Sul Novecento*, Pisa, Nistri-Lischi, 1976; G. BÁRBERI SQUAROTTI, *Poesia e narrativa del secondo Novecento*, Milano, Mursia, 1978 (1ª ed. 1961); R. JACOBBI, *L'avventura del Novecento*, a cura di A. Dolfi, Milano, Garzanti, 1984.

e) Momenti parziali di storia culturale e letteraria

Su momenti parziali di storia della cultura e letteratura novecentesca: M. CARLINO-F. MUZZIOLI, *La letteratura italiana del primo Novecento (1900-1915)*, Roma, La Nuova Italia Scientifica, 1986; AA.VV., *Cultura e società in Italia nel primo Novecento (1900-1915)*, Atti del

Convegno di Milano, sett. 1981, Milano, Vita e Pensiero, 1984; M. Isnenghi, *Il mito della grande guerra da Marinetti a Malaparte*, Bari, Laterza, 1970; Id., *Intellettuali militanti e intellettuali funzionari. Appunti sulla cultura fascista*, Torino, Einaudi, 1979; AA.Vv., *La cultura italiana negli anni 1930-1945*, Atti del Convegno di Salerno, apr. 1980, 2 voll., Napoli, Edizioni Scientifiche Italiane, 1984; G.C. Ferretti, *«Officina». Cultura, letteratura e politica negli anni Cinquanta*, Torino, Einaudi, 1975; N. Ajello, *Intellettuali e pci (1944-1958)*, Bari, Laterza, 1979; M. Sechi, *La figura del corvo. Percorsi letterari degli anni Cinquanta*, Napoli, Liguori, 1990; C. Marabini, *Gli anni Sessanta: narrativa e storia*, Milano, Rizzoli, 1969; M. Petrucciani, *Scienza e letteratura nel secondo Novecento. La letteratura in Italia tra algebra e metafora*, Milano, Mursia, 1978; E. Siciliano, *La Bohème del mare. Dieci anni di letteratura (1972-1982)*, Milano, Mondadori, 1983; S. Pautasso, *Gli anni Ottanta e la letteratura. Guida all'attività letteraria in Italia dal 1980 al 1990*, Milano, Rizzoli, 1991.

f) Poesia

Panorami storici sulla poesia novecentesca: O. Macrì, *Le generazioni della poesia italiana del '900*, in «Paragone», 42, giug. 1953 (poi con il titolo *Risultanze del metodo delle generazioni*, in *Caratteri e figure della poesia italiana contemporanea*, Firenze, Vallecchi, 1956); G. Pozzi, *La poesia italiana del Novecento da Gozzano agli ermetici*, Torino, Einaudi, 1989 (1ª ed. 1965); G. Bárberi Squarotti, *La cultura e la poesia italiana del dopoguerra*, Bologna, Cappelli, 1966; D. Valli, *Saggi sul Novecento poetico italiano*, Lecce, Milella, 1967; A. Frattini, *Studi di poesia e di critica*, Milano, Marzorati, 1971; S. Ramat, *Storia della poesia italiana del Novecento*, Milano, Mursia, 1982 (1ª ed. 1976); P. Bigongiari, *Poesia italiana del Novecento*, 2 voll., Milano, Il Saggiatore, 1978-1980 (1ª ed. Firenze, Vallecchi, 1960); AA.Vv., *Ricerche sulla lingua poetica contemporanea: Rebora, Saba, Ungaretti, Pavese*, in «Quaderni del circolo filologico padovano», Padova, Liviana, 1966 (fondamentale); AA.Vv., *Il Novecento in poesia*, a cura di A. Marino, Milano, Associazione «Necchi», 1987; G. Cavallini, *Strutture, tendenze, esempi della poesia italiana del Novecento*, Roma, Bulzoni, 1988; G.A. Camerino, *Poesia senza frontiere e poeti italiani del Novecento*, Milano, Mursia, 1989.

In particolare sulla poesia del dopoguerra: M. Forti, *Le proposte della poesia e nuove proposte*, Milano, Mursia, 1971²; G. Finzi, *Montale, novissimi, postnovissimi (1959-1978)*, Milano, Mursia, 1979; G. Bárberi Squarotti - A.M. Golfieri, *Dal tramonto dell'Ermetismo alla Neoavanguardia*, Brescia, La Scuola, 1984; R. Barilli, *Viaggio al termine della parola. La ricerca intraverbale*, Milano, Feltrinelli, 1981; N. Lorenzini, *Il presente della poesia. 1960-1990*, Bologna, Il Mulino, 1991.

Sulla metrica: P.V. Mengaldo, *Questioni metriche novecentesche*, in AA.Vv., *Forme e vicende. Per Giovanni Pozzi*, a cura di O. Besomi *et alii*, Padova, Antenore, 1988; E. Esposito, *Metrica e poesia del Novecento*, Milano, Franco Angeli, 1992.

Sulla prosa novecentesca: L. Russo, *I narratori (1850-1950)*, Messina-Milano, Principato, 1958² (1ª ed. Roma, Leonardo, 1923; rist. a cura di G. Ferroni, Palermo, Sellerio di Giorgianni, 1987; fondamentale); E. Falqui, *Prosatori e narratori del Novecento italiano*, Torino, Einaudi, 1950; G. Pullini, *Il romanzo italiano del dopoguerra*, Padova, Marsilio, 1970 (1ª ed. 1961); R. Barilli, *La barriera del naturalismo. Studio sulla narrativa italiana contemporanea*, Milano, Mursia, 1964 (2ª ed. accresciuta 1980); C. Magris, voce *Narrativa* in *Enciclopedia del Novecento*, vol. IV, Roma, Istituto dell'Enciclopedia Italiana, 1975 sgg., pp. 450-474; AA.Vv., *Narratori italiani del primo Novecento*, a cura di G. Luti, Firenze, La Nuova Italia, 1985; R. Rinaldi, *Il romanzo come deformazione. Autonomia ed eredità gaddiana in Mastronardi, Bianciardi, Testori, Arbasino*, Milano, Mursia, 1985; G. Guglielmi, *La prosa italiana del*

Novecento. Umorismo Metafisica Grottesco, Torino, Einaudi, 1986; G. BÁRBERI SQUAROTTI, *La forma e la vita; il romanzo del Novecento*, Milano, Mursia, 1987 (supera, dello stesso Autore, *La narrativa italiana del dopoguerra*, Bologna, Cappelli, 1965); M. GUGLIELMINETTI, *Struttura e sintassi del romanzo italiano del primo Novecento*, Roma, Editori Riuniti, 1986 (1ª ed. Milano, Silva, 1964); ID., *Il romanzo del Novecento italiano*, Roma, Editori Riuniti, 1988; *La torre abolita. Saggi sul romanzo italiano del Novecento*, a cura di F. Pappalardo, Bari, Dedalo, 1988; *Tre narratori. Calvino, Primo Levi, Parise*, a cura di G. Folena, Padova, Liviana, 1989. Sulla narrativa degli anni Ottanta: R. CESERANI, *Il romanzo sui pattini*, Ancona, Transeuropa, 1990.

g) La critica letteraria

Sulla critica letteraria novecentesca, un vasto repertorio è *Letteratura italiana. I critici*, 5 voll., a cura di G. Grana, Milano, Marzorati, 1969. E inoltre: L. RUSSO, in *La critica letteraria contemporanea*, 3 voll., Firenze, Sansoni, 1967 (1ª ed. Bari, Laterza, 1942-1943); L. BALDACCI, *I critici italiani del Novecento*, Milano, Garzanti, 1969; S. BRIOSI, *Da Croce agli strutturalisti. Guida antologica alla critica letteraria del '900*, Bologna, Calderini, 1972; A. BOCELLI, *Posizioni critiche del Novecento*, Roma, Palombi, 1979; M. GUGLIELMINETTI-G. ZACCARIA, *La critica letteraria dallo storicismo alla semiologia*, Brescia, La Scuola, 1980; P. ORVIETO, *D'Annunzio o Croce. La critica italiana dal 1900 al 1915*, Roma, Salerno, 1988.

Su questioni di metodologia: E. RAIMONDI, *Tecniche della critica letteraria*, Torino, Einaudi, 1983 (1ª ed. 1967); *I metodi attuali della critica in Italia*, a cura di M. Corti e C. Segre, Torino, ERI, 1970 (fondamentale); D.S. AVALLE, *L'analisi letteraria in Italia*, Milano-Napoli, Ricciardi, 1970; *Sette modi di fare critica*, a cura di O. Cecchi e E. Ghidetti, Roma, Editori Riuniti, 1983; C. DI GIROLAMO-A. BERARDINELLI-F. BRIOSCHI, *La ragione critica*, Torino, Einaudi, 1986.

h) Avanguardie, crepuscolari, futuristi

Sulle avanguardie del primo Novecento: R. POGGIOLI, *Teoria dell'arte d'avanguardia*, Bologna, Il Mulino, 1962; R. TESSARI, *Il mito della macchina. Letteratura e industria nel primo Novecento italiano*, Milano, Mursia, 1973; L. DE MARIA, *La nascita dell'avanguardia*, Venezia, Marsilio, 1986.

Sui crepuscolari: G. FARINELLI, *Storia e poesia dei crepuscolari*, Milano, IPL, 1969; F. LIVI, *La parola crepuscolare: Corazzini, Gozzano, Moretti*, ivi, 1986; F. GRISI, *I crepuscolari*, Roma, Newton Compton, 1990.

Sul Futurismo: L. SCRIVO, *Sintesi del Futurismo. Storia e documenti*, Roma, Bulzoni, 1968 (riporta quasi tutti i «manifesti» futuristi); I. GHERARDUCCI, *Il Futurismo italiano. Materiali e testimonianze critiche*, Roma, Editori Riuniti, 1976; C. SALARIS, *Storia del Futurismo*, ivi, 1985; AA.VV., *Futurismo, cultura e politica*, Atti del Convegno di Venezia, 1986, a cura di R. De Felice, Torino, Fondazione Agnelli, 1988 (il Catalogo della Mostra, «Futurismo & Futurismi», Milano, Bompiani, 1986, ha un'utile bibliografia, che aggiorna A. BALDAZZI-A. BRIGANTI-R. DELLI COLLI-G. MARIANI, *Contributo a una bibliografia del Futurismo letterario italiano*, Roma, Cooperativa scrittori, 1977). Una valida antologia: L. DE MARIA, *Per conoscere Marinetti e il Futurismo*, Milano, Mondadori, 1981 (1ª ed. 1973).

Sugli scrittori della «Voce»: U. CARPI, *«La Voce». Letteratura e primato degli intellettuali*, Bari, De Donato, 1975; ID., *Giornali vociani*, Roma, Bonacci, 1979; R. CAVALLUZZI, *Prove della scrittura separata*, in «Lavoro critico», 27, sett.-dic. 1982; C. MARTIGNONI, *Per una storia dell'autobiografismo metafisico vociano*, in «Autografo», 1, 2, giug. 1984.

Sulla letteratura ligure, cfr. l'antologia di F. Toso, *Letteratura genovese e ligure. Profilo storico e antologia*, vol. v: *Il Novecento/1* e vol. vi: *Il Novecento/2*, Genova, Marietti, 1991. Per la critica; F. De Nicola, *La linea dell'avventura. Studi sui narratori e la narrativa in Liguria nel Novecento*, Savona, Sabatelli, 1987.

Sulla letteratura triestina: B. Maier, *Letteratura triestina del Novecento*, Trieste, Lint, 1969; Id., *saggi sulla letteratura triestina del Novecento*, Milano, Mursia, 1972; Id., *Dimensione Trieste. Nuovi Saggi sulla letteratura triestina*, Milano, IPL, 1987; G. Baroni, *Trieste e «La Voce». Il gruppo triestino e l'itinerario de «La Voce»*, ivi, 1975; Id., *Umberto Saba e dintorni. Appunti per una storia della letteratura giuliana*, ivi, 1984; A. Ara - C. Magris, *Trieste. Un'identità di frontiera*, Torino, Einaudi, 1982; Aa.Vv., *Intellettuali di frontiera, Triestini a Firenze (1900-1950)*, Atti del Convegno di Firenze, mar. 1983, a cura di R. Pertici, Firenze, Olschki, 1985; A. Benevento, *Scrittori giuliani, Michelstaedter Slataper Stuparich*, Azzate, Edizioni di Otto/Novecento, 1992.

Sulla «Ronda» e la prosa d'arte, oltre all'antologia a cura di G. Cassieri, cit., si vedano: E. Falqui, *Ragguaglio sulla prosa d'arte*, Firenze, Vallecchi, 1944; R. Scrivano, *Riviste. Scrittori e critici del Novecento*, Firenze, Sansoni, 1965; L. Caretti, in *Antichi e moderni*, Torino, Einaudi, 1977.

Sui «solariani»: L. Fava Guzzetta, *«Solaria» e la narrativa italiana intorno al 1930*, Ravenna, Longo, 1973; S. Briosi, *Il problema della letteratura in «Solaria»*, Milano, Mursia, 1976; Aa.Vv., *Dai solariani agli ermetici*, a cura di F. Mattesini, Milano, Vita e Pensiero, 1989. Sui narratori del surrealismo, si veda l'antologia *Italia magica (racconti surreali novecenteschi)*, a cura di G. Contini, Torino, Einaudi, 1988; e inoltre: L. Fontanella, *Il Surrealismo italiano. Ricerche e letture*, Roma, Bulzoni, 1983; Id., *La parola aleatoria. Avanguardia e sperimentalismo nel Novecento italiano*, Firenze, Le Lettere, 1992.

i) Dall'Ermetismo alla Neoavanguardia

Per un primo inquadramento sull'Ermetismo: M. Fioravanti, *La critica e gli ermetici*, Bologna, Cappelli, 1978 (con antologia della critica e bibliografia); O. Macrì, *Realtà del simbolo*, Firenze, Vallecchi, 1968; D. Valli, *Storia degli ermetici*, Brescia, La Scuola, 1978 (fondamentale). E inoltre: F. Flora, *La poesia ermetica*, Bari, Laterza, 1942 (1ª ed. 1936); M. Petrucciani, *La poetica dell'Ermetismo*, Torino, Loescher, 1955; S. Ramat, *L'Ermetismo*, Firenze, La Nuova Italia, 1973 (1ª ed. 1969); L. Anceschi, voce *Ermetismo*, in *Enciclopedia del Novecento*, vol. II, Roma, Istituto dell'Enciclopedia Italiana, 1975 sgg., pp. 741-751; M. Strazzeri, *Profilo ideologico dell'Ermetismo italiano*, Lecce, Milella, 1981 (1ª ed. 1978).

Sulla letteratura meridionalistica: W. Mauro, *Cultura e società nella narrativa meridionale*, Roma, Edizioni dell'Ateneo, 1965; P. Giannantonio, *Letteratura e meridionalismo*, Napoli, Liguori, 1975.

Sul Neorealismo, per un primo inquadramento: *Introduzione al Neorealismo*, a cura di G.C. Ferretti, Roma, Editori Riuniti, 1974; *Neorealismo. Poetiche e polemiche*, a cura di C. Milanini, Milano, Il Saggiatore, 1980. Altri studi: C. Muscetta, *Realismo, neorealismo e controrealismo*, Roma, Lucarini, 1990 (1ª ed. 1958); C. Salinari, *La questione del Realismo*, Firenze, Parenti, 1959; A. Asor Rosa, *Scrittori e popolo. Saggio sulla letteratura populista in Italia*, Torino, Einaudi, 1988 (1ª ed. Roma, Samonà e Savelli, 1965; fondamentale); M. Corti, *Neorealismo*, in *Il viaggio testuale. Le ideologie e le strutture semiotiche*, Torino, Einaudi, 1978 (importante); W. Siti, *Il Neorealismo nella poesia italiana (1941-1956)*, Torino, Einaudi, 1980. Sulla letteratura della Resistenza: l'antologia *La letteratura partigiana in Italia 1943-1945*, a cura di G. Falaschi, prefazione di N. Ginzburg, Roma, Editori Riuniti, 1984.

Sulla Neoavanguardia (o «Gruppo '63»): le antologie *I Novissimi. Poesie per gli anni '60*, a cura di A. Giuliani, Torino, Einaudi, 1972 (1ª ed. Milano, Rusconi & Paolazzi, 1961); *Gruppo '63*, a cura di A. Giuliani, in collaborazione con N. Balestrini, Milano, Feltrinelli, 1964. Per la critica: *Gruppo '63. Critica e teoria*, a cura di R. Barilli e A. Guglielmi, Milano, Feltrinelli, 1976; R. Esposito, *Ideologie della Neoavanguardia*, Napoli, Liguori, 1976; N. Lorenzini, *Il laboratorio della poesia*, Roma, Bulzoni, 1978; F. Muzzioli, *Teoria e critica della letteratura nelle avanguardie italiane degli anni Sessanta*, Roma, Istituto dell'Enciclopedia Italiana, 1982. Un utile repertorio è M. D'Ambrosio, *Bibliografia della poesia italiana d'avanguardia*, Roma, Bulzoni, 1977.

10 La letteratura italiana e le letterature straniere

10.1 Letteratura italiana e letteratura francese e provenzale nel periodo delle origini

Nei rapporti fra la letteratura italiana e le altre letterature si possono distinguere due fasi principali. A parte il periodo delle origini, nella prima fase, che va dal Trecento al Seicento, la nostra letteratura esercita una vasta influenza sulle altre, assumendo spesso funzione di guida e di modello. Nella seconda, dal Seicento ai nostri giorni, il rapporto si rovescia: è la letteratura italiana a ricevere l'influsso di quelle straniere, ad accoglierne indirizzi e modelli. Naturalmente ciò va inteso in linea generale ed entro certi limiti. Il movimento non è quasi mai a senso unico, e in certi casi si verificano uno scambio e una circolazione di esperienze tali da rendere indispensabile, per una buona comprensione dei fenomeni italiani, l'allargamento degli studi a una o più letterature straniere, per lo più europee.

La letteratura italiana, come si è già detto (cfr. il cap. 1), comincia "con ritardo" rispetto alle altre letterature romanze. Senza ritornare sul significato che si può dare a questa affermazione, constatiamo come un fatto che alcuni dei più notevoli prodotti della nostra letteratura delle origini si sviluppano in dipendenza da modelli stranieri, specificamente provenzali e francesi. La poesia siciliana trae temi, immagini, forme della poesia provenzale e li tramanda a sua volta alla lirica stilnovistica e a quella di Dante e del Petrarca. Con Dante, com'è stato detto, la lirica italiana conclude il movimento del provenzalismo europeo e col Petrarca apre la letteratura moderna. Il Petrarca, direttamente e attraverso lo Stilnovo, assorbe i succhi della poesia provenzale e li riversa, trasformati, in secoli di poesia europea.

Nel medesimo tempo dalla Francia passano all'Italia i temi e gli eroi delle *Chansons de geste*, le leggende di Bretagna, le forme allegoriche della poesia sul modello del *Roman de la Rose*. È noto come attraverso i cosiddetti poemi franco-veneti, i romanzi in prosa, in cantari ecc., fino ai poemi cavallereschi del Cinquecento, e in particolare al *Morgante* del Pulci, la letteratura epica francese subì una trasformazione in chiave realistico-borghese. Ma un filone realistico correva da secoli per tutta la letteratura europea ed esso culmina artisticamente nel *Decameron*, dove confluiscono e si armonizzano molteplici esperienze psicologiche e formali.

10.2 Dante e Boccaccio nelle letterature straniere dal Trecento al Cinquecento

Alla fine del Trecento, con una ascesa veramente prodigiosa, la letteratura italiana tocca cime di valore assoluto con Dante, Petrarca e Boccaccio, tre scrittori che diventano subito modelli anche per le altre letterature europee.

Dei tre il meno conosciuto e imitato, dal Trecento al Cinquecento, sia in Francia sia in Spagna e in Inghilterra (la Germania resta ancora ai margini del movimento culturale europeo) è Dante. La Francia offre qualche traduzione (la prima è della metà del Quattrocento) e qualche raro esempio di influsso della struttura della *Commedia* (come in Margherita di Navarra). La Spagna vanta le prime traduzioni di Dante nei linguaggi di uno dei grandi paesi europei: la castigliana in prosa di Enrique de Villena (1427) e la catalana di Andreu Febrer (1429), il quale introdusse nella penisola iberica la terza rima. La più tarda traduzione dell'*Inferno* (1513) ad opera di Antonio de Villegas è la prima traduzione della *Divina Commedia* stampata in Europa. L'influenza di Dante è larga ed evidente, nella prima metà del Quattrocento, in Francisco Imperial (di origine genovese), la cui opera migliore è un adattamento di passi del *Purgatorio* e del *Paradiso*, e in Juan de Mena, che ha sfruttato numerosi elementi della *Commedia* nel suo poema allegorico *Labyrintho de Fortuna* (1444). In Inghilterra, un «diffuso e penetrante influsso dantesco», come scrive MARIO PRAZ, è accertabile nell'opera di Geoffrey Chaucer, il quale più volte rese omaggio al «grande poeta d'Italia».

Lo stesso Chaucer mostra rapporti di dipendenza dal Boccaccio, di cui conosceva certamente alcune delle opere minori, mentre non è sicuro che avesse letto il *Decameron*. Anche in Spagna, prima e più del *Decameron*, furono conosciute, tradotte e imitate le opere minori, sia latine sia volgari. Numerosissime sono, per esempio, le traduzioni del *De casibus virorum illustrium*, e una grande fortuna ebbe la *Fiammetta*, dalla quale discende tutto un filone di racconti di carattere psicologico e sentimentale. Ma l'opera boccaccesca in volgare più letta e gustata in Spagna fino al Rinascimento fu il *Corbaccio*, interpretato come un libro di ispirazione ascetica e quindi consono alle tendenze dello spirito e della cultura spagnoli dell'epoca. Più difficile era presentare come morali ed esemplari le novelle del *Decameron*; e infatti meno larga e aperta che non quella delle opere minori fu in Spagna la fortuna del capolavoro boccaccesco (per quanto fin dal 1429 i Catalani ne possedessero una traduzione completa). Assai note furono inizialmente solo alcune novelle celebri, come quella di Griselda (attraverso la traduzione latina del Petrarca) e quella di Ghismonda e Guiscardo. Più tardi (secc. XVI e XVII) il *Decameron* offrì in abbondanza argomenti, non solo alla narrativa, ma al teatro.

Le ragioni religiose e morali, che ostacolavano in Spagna la diffusione del *Decameron*, non avevano uguale vigore in Francia, dove esso fu interamente tradotto (non direttamente, ma da una versione latina) nel 1414 da Laurent de Premierfait e imitato nel Cinquecento da Margherita di Navarra col suo *Heptameron* (1558). E che fosse molto letto l'attestano le ben sedici ristampe che ebbe nel solo Cinquecento una nuova traduzione di Antoine Le Maçon. Tuttavia anche in Francia furono prima tradotte alcune delle opere minori, specialmente latine: venne apprezzato prima l'erudito e il moralista che il narratore.

10.3 L'influenza del Petrarca umanista e poeta fuori d'Italia

Ma delle "tre corone" del nostro Trecento, fu senza dubbio il Petrarca colui che esercitò la maggiore influenza in tutta Europa. In Francia si diffusero prima i *Trionfi*. «Forse questa fortuna dei *Trionfi* deriva dalla loro stessa forma allegorica, gradita nel paese dove era stato scritto il *Roman de la Rose*, forse anche dalle numerose reminiscenze del mondo classico che contengono» (PELLEGRINI). Il periodo della fortuna del *Canzoniere* è, come nel resto d'Europa, il Cinquecento. Tutti i principali lirici del secolo risentirono l'influsso del Petrarca, che ebbe conseguenze notevoli anche sullo svolgimento della lingua francese. In Spagna il Petrarca ebbe fama dapprima come erudito e filosofo, e conosciute per prime furono le sue opere dottrinali, in particolare il *De remediis utriusque fortunae*. Presto letti e imitati furono anche i *Trionfi*, dei quali, fra l'altro, doveva riuscire familiare e attraente agli spiriti spagnoli il tema della caducità delle cose e della vanità delle grandezze mondane. Da Auzias March a Juan de Mena a Jorge Manrique, e ad altri scrittori meno famosi, sono avvertibili le tracce dei lamenti petrarcheschi sulla fuga del tempo e sul vano affaticarsi degli uomini. Meno facile è identificare i segni della prima penetrazione in Spagna del *Canzoniere*; ma ad ARTURO FARINELLI pare indubitabile che «parecchi poeti dei "Cancioneros" del '400 imparassero anche dal Petrarca a patire, a gemere, ad intonare [...] i loro inni e le nenie soporifere d'amore». Ma anche in Spagna è il Cinquecento il secolo del trionfo del *Canzoniere*. Già nella prima metà del Quattrocento il Marchese di Santillana aveva scritto sonetti "al modo italico". Su questa via, ma con maggiore aderenza al modello petrarchesco e con miglior tecnica, prosegue Almogáver Boscán, il quale è considerato l'introduttore della metrica italiana nella poesia spagnola (oltre a sonetti, scrisse canzoni, terzine, ottave, versi sciolti).

Accanto al Petrarca, il Boscán tiene presente anche il Bembo e gli altri petrarchisti del Cinquecento. Lo stesso fa il primo grande lirico spagnolo di tipo umanistico: Garcilaso de la Vega, il quale porta a perfezione l'opera iniziata dal Boscán, acclimatando stabilmente nella lingua di Castiglia le forme metriche e stilistiche della poesia italiana. Al Petrarca e ai petrarchisti si ispira anche, per certi aspetti della sua opera, il massimo poeta portoghese, Luis Vaz de Camões.

10.4 L'influsso dell'Umanesimo e del Rinascimento italiani negli altri paesi europei

L'influsso del Petrarca (padre dell'Umanesimo oltre che della nuova lirica) e dei petrarchisti confluisce e si confonde con quello di tutta la civiltà e letteratura dell'Umanesimo e del Rinascimento italiani in Europa. Francesi, Spagnoli, Portoghesi, Inglesi nel periodo del Rinascimento apprendono dagli Italiani nuove forme di vita e di arte.

In Francia l'influsso italiano fu vasto e profondo soprattutto durante il regno di Enrico II, ma era già cominciato durante quello di Francesco I, alla cui corte vissero in gran numero dotti, scrittori, artisti italiani (fra i quali Leonardo da Vinci, Benvenuto Cellini, Matteo Bandello, Luigi Alamanni). La cultura italiana ha un posto importante nella formazione intellettuale di tutti i maggiori scrittori francesi del Cinquecento, da François Rabelais a Michel de Montaigne, e una funzione decisiva nel movimento della Pléiade. Lo scritto nel quale viene esposto il programma della nuova scuola letteraria, la *Défense et illustration de la langue française* (1549), riecheggia, e qualche volta riproduce letteralmente, le idee esposte da Sperone Speroni nei *Dialoghi*; i suoi poeti considerano la letteratura italiana un modello da collocare sul medesimo piano delle due letterature classiche.

In Spagna alle origini del movimento umanistico troviamo la figura del già ricordato Marchese di Santillana, amico dei maggiori umanisti dell'epoca, raccoglitore appassionato di codici latini e greci e di testi italiani, nella biblioteca del quale, come fu detto, «è la culla dell'Umanesimo in Spagna». All'incirca nel medesimo periodo (prima metà del Quattrocento), Catalani e Aragonesi venivano a contatto diretto con la cultura italiana alla corte di Alfonso il Magnanimo in Napoli, nella quale convennero umanisti famosi come Lorenzo Valla, Enea Silvio Piccolomini, il Panormita (Antonio Beccadelli). La cultura dell'Umanesimo viene stabilmente assimilata a quella nazionale spagnola nella seconda metà del secolo, durante l'epoca dei "Re Cattolici", Ferdinando d'Aragona e Isabella di Castiglia. Una prima figura notevole di scrittore, nella cui opera è visibile l'impronta dei modelli ideali e formali del Rinascimento italiano, è Juan del Encina. Un conflitto fra la concezione rinascimentale della vita e quella medievale scorgono molti studiosi in uno dei capolavori della letteratura spagnola di questo e di tutti i tempi: la *Celestina* (1492-1497), di Fernando de Rojas. Ma il culmine dell'influsso della letteratura rinascimentale italiana in Spagna è rappresentato dall'opera, a cui abbiamo già accennato nel paragrafo precedente, del Boscán e del Garcilaso. Qui aggiungeremo che un'importanza decisiva in questa vicenda dei rapporti fra letteratura italiana e letteratura spagnola ebbe la presenza contemporanea in Spagna di due dei più illustri rappresentanti della cultura rinascimentale italiana, Baldassarre Castiglione e Bernardo Navagero, con i quali ebbe relazione il Boscán (che tradusse il *Cortegiano*). Di quella cultura, varia e viva sarà l'efficacia anche in seguito. Basti qui ricordare come in molte parti della sua opera ne risenta il sommo Cervantes.

In Inghilterra l'influsso dell'Umanesimo sulla letteratura in senso specifico si fece sentire piuttosto lentamente; ma rapido e vasto fu quello, in senso più largo, culturale. Le dottrine politiche del Machiavelli, gli ideali di vita sociale del Castiglione e di Giovanni Della Casa, il neoplatonismo dell'Accademia fiorentina, le teorie letterarie dei trattatisti, non solo furono conosciute, ma spesso diventarono esemplari per la società e la cultura inglese del Cinquecento.

Nel periodo umanistico l'influsso della cultura italiana comincia a estendersi anche in Germania e ai paesi nordici in genere. Anche qui alle origini troviamo il Petrarca, sulla scia del quale agiscono gli umanisti che soggiornano in quei paesi, primo fra tutti Enea Silvio Piccolomini. Della nuova cultura elaborata in Italia, tuttavia, i paesi nordici assimilarono quasi soltanto l'aspetto formale ed erudito: «La Rinascenza nel suo grandioso dispiegamento artistico e nei suoi temi filosofici più originali [...] rimase per allora un mondo chiuso alla mente dei Tedeschi e dei Nordici» (SANTOLI). Come abbiamo visto accadere inizialmente anche in Spagna, si traduce il Petrarca erudito e moralista e il Boccaccio delle novelle esemplari di Griselda e di Ghismonda o del trattato didattico *De claris mulieribus*. Una rozza traduzione del *Decameron* compiuta nel 1472 incontrò scarsa fortuna. La produzione letteraria che ebbe maggior efficacia nei paesi del Nord fu la poesia latina degli umanisti (Sannazaro, Vida, Fracastoro, Cotta, Navagero ecc.). Diversamente da quel che si verificò in Spagna, in Francia, e anche in Inghilterra, qui il Cinquecento rimase in sostanza medievale.

Gli scrittori italiani della Rinascenza che conobbero più vasta fortuna ed esercitarono più profondo influsso in Europa furono l'Ariosto, il Castiglione, il Machiavelli, il Tasso. All'Ariosto e al Tasso, per esempio, s'ispira in Inghilterra Edmund Spenser per la sua opera più importante, la *Regina delle Fate* (1595). Fama grande ebbe in Spagna, tra la fine del Cinquecento e gli inizi del Seicento, il Tasso: le sue tracce si trovano non solo nella poesia epica e lirica, ma anche in quella drammatica (come temi ariosteschi sono ripresi non solo nella poesia cavalleresca o epica, ma nel teatro e nei *romances*). L'Ariosto variamente influì sull'opera del portoghese Camões, e il Tasso sull'epica portoghese del secolo XVII. Il *Cortegiano* del Castiglione fu per tutta la società aristocratica europea del Rinascimento un vero codice di vita, sul quale si modellò l'ideale dell' "*honnête homme*" francese e del "*gentleman*" inglese. L'opera del Machiavelli, e in particolare il *Principe*, costituisce uno dei nodi essenziali della civiltà e della cultura europea. Le varie vicende della sua fortuna formano uno dei capitoli più vivi e più drammatici della storia intellettuale e morale d'Europa (cfr. nella *Parte quinta*, il capitolo 6, *Machiavelli*). Notevole anche l'influsso del teatro e della novellistica italiana del Cinquecento.

10.5 Letteratura italiana e letteratura spagnola nel Cinquecento e nel Seicento

Nel Rinascimento l'unica letteratura straniera che abbia avuto notevole diffusione in Italia è quella spagnola. Si è già accennato all'ambiente della corte napoletana di Alfonso il Magnanimo. Qui giunsero e di qui cominciarono a diffondersi nel resto d'Italia i *Cancioneros* e i romanzi cavallereschi. Molti Spagnoli immigrarono in Roma all'epoca dei papi della famiglia Borgia, recando con sé le abitudini e i gusti nazionali. Tra di essi, il già ricordato Juan del Encina e Francisco Delgado, autore della *Lozana Andaluza*, un quadro della malavita romana, che ebbe grande successo. L'influsso spagnolo s'intensificò coll'aumentare della potenza spagnola in Italia nel corso del Cinquecento, tanto da suscitare la protesta dei dotti italiani contro l'invasione della "barbarie" spagnola. Molte opere spagnole furono edite per la prima volta in Italia e moltissime furono tradotte (uno dei centri principali di traduzione e di diffusione fu Venezia, soprattutto per opera degli editori Giolito de' Ferrari). I romanzi cavallereschi, la *Celestina*, i racconti picareschi, i trattati di erudizione e di morale, nel testo o nella traduzione, ebbero grande voga in tutta Italia.

La diffusione della letteratura spagnola in Italia continua e si allarga nel Seicento. Era quella la sua epoca d'oro, mentre per la nostra cominciava la decadenza. Cervantes, Góngora, Quevedo, Lope de Vega, Calderón, Gracián furono ampiamente conosciuti, tradotti, celebrati. Lo stesso è da dire degli autori dei libri ascetici. Tuttavia il CROCE è contrario (cfr. il saggio *Cultura spagnola in Italia nel Seicento*, in *Uomini e cose della vecchia Italia*, 1ª serie, Bari, Laterza, 1956³) al parere critici italiani che attribuivano alla Spagna la responsabilità del cattivo gusto secentistico. Il Croce nega che il problema possa venire impostato in questi termini causalistici. L'unica questione legittima per lui è «se tra le condizioni del cosiddetto secentismo italiano si debba porre altresì lo spagnolismo». Questione cui si può dare una risposta affermativa in linea generale, rinviando a indagini particolari la precisazione dei modi e della misura in cui lo spagnolismo ha contribuito alla formazione del secentismo (cfr. *Secentismo e spagnolismo*, in *Saggi sulla letteratura italiana del Seicento*, Bari, Laterza, 1948³). L'impostazione crociana è stata accolta generalmente dalla critica posteriore, la quale, in ogni caso, anche in conseguenza della nuova visione di tutto il problema del Barocco (cfr. il cap. 3), ha abbandonato la vecchia tesi del secentismo come corruzione importata dalla Spagna.

Non si dimentichi inoltre che anche alcuni grandi scrittori spagnoli del Seicento (come il Góngora e il Quevedo) continuavano a derivare spunti e suggestioni dalla precedente e coeva letteratura italiana.

10.6 Rapporti fra la letteratura italiana e le letterature straniere nel Settecento

Tra la fine del Seicento e gli inizi del Settecento si viene formando in Italia la coscienza della decadenza della nostra letteratura e della superiorità di quelle straniere. Anche se certe forme e certi autori della letteratura italiana ancora nel Settecento si diffonderanno in tutta Europa, suscitando l'imitazione, come i melodrammi di Pietro Metastasio, di Giambattista Casti e di Lorenzo Da Ponte, altre nazioni hanno ormai acquistato maggior prestigio nel campo culturale e letterario. Prima di tutte la Francia, la quale ha assunto in un certo momento la funzione di guida intellettuale d'Europa. Per tutto il Settecento, e soprattutto nei primi decenni della seconda metà del secolo, è vasto e profondo l'influsso della cultura francese su quella italiana. Voltaire, Rousseau, Diderot, Montesquieu, Bernardin de Saint-Pierre sono fra gli autori più letti, tradotti, ammirati, imitati. Molte opere in lingua francese vengono pubblicate da editori italiani. L'intero settore della favolistica è in Italia dominato dalla personalità del secentesco Jean de La Fontaine. L'influsso francese è soprattutto visibile nel pensiero critico e nella lingua. Esso, naturalmente, non si produce in maniera del tutto pacifica e incontrastata. Un episodio significativo del contrasto fra cultura francese e cultura italiana è agli inizi di questo periodo la polemica Orsi-Bouhours. Nella seconda metà del Settecento l'opposizione fra culto della tradizione nazionale e influenza straniera, francese in ispecie, si riflette nelle polemiche linguistiche (cfr. nella *Parte terza* i capitoli *Storia della lingua italiana* e *La questione della lingua*).

Si mantiene nel Settecento il legame culturale con la Spagna. Fra coloro che studiarono la letteratura spagnola e ne favorirono la conoscenza in Italia vanno ricordati soprattutto GIUSEPPE BARETTI, che viaggiò due volte in Spagna e descrisse i suoi costumi e la sua cultura; GIOVANNI BATTISTA CONTI, autore di un'ampia *Scelta di poesie castigliane*, con la quale fece conoscere per la prima volta in Italia la più antica poesia spagnola; PIETRO NAPOLI SIGNORELLI, che nella *Storia critica de' teatri antichi e moderni* trattò ampiamente del teatro spagnolo. L'episodio più importante nelle relazioni culturali fra Italia e Spagna nel Settecento è l'immigrazione dei Gesuiti spagnoli, espulsi dalla loro patria nel 1767. Fra di essi spiccano l'Andrés, l'Arteaga, il Millás, il Lampillas, che ebbero una parte notevole nella vita culturale italiana dell'epoca. La loro presenza e la loro opera in Italia diedero origine a violente polemiche tra dotti italiani e spagnoli, che ricordano quelle già accennate fra Italiani e Francesi per l'analoga ispirazione nazionalistica. Il tema principale è quello della "corruzione del buon gusto italiano", della quale i dotti italiani attribuivano la causa all'influsso spagnolo, mentre gli Spagnoli, com'è naturale, difendevano la loro letteratura dall'accusa. Malgrado tutto, però, la cultura italiana conservava sempre presso gli Spagnoli un notevole prestigio, come può confermare il fatto che il loro più importante trattato di poetica di quel periodo, la *Poetica* (1737) di IGNACIO DE LUZÁN, per gran parte dipende direttamente dalla *Perfetta poesia* del Muratori.

Sulla via aperta dalla Francia, nel Settecento comincia in Italia anche l'influsso inglese: Addison, Pope, Swift, e più tardi, Young e Gray, furono fra gli scrittori più noti e imitati. Ma naturalmente l'autore la cui fortuna presenta maggior interesse è Shakespeare. Ricordato per la prima volta da LORENZO MAGALOTTI, poi dal CONTI, lodato da PAOLO ROLLI, difeso dal BARETTI contro Voltaire, Shakespeare cominciò a essere largamente conosciuto nella seconda metà del secolo, soprattutto attraverso la traduzione francese di Pierre Letourneur, e, col passar del tempo, di fronte alla diffidenza dei letterati più tradizionalisti, andò gradatamente crescendo l'entusiasmo dei suoi ammiratori. Un entusiasmo, tuttavia, che forse non fu pari a quello suscitato dalla malinconica poesia dello pseudo-Ossian, James Macpherson, fatta conoscere in Italia da Melchiorre Cesarotti. La moda ossianica, non solo in Italia ma in tutta Europa, è uno dei fenomeni più singolari nella storia del costume e del gusto.

Negli ultimi decenni del Settecento si affaccia al nostro orizzonte culturale anche la Germania, per merito soprattutto di AURELIO BERTOLA DE' GIORGI, di GIOVANNI BATTISTA CORNIANI e di CARLO DENINA. Il Bertola con l'*Idea della bella letteratura alemanna* (1784) e con l'*Elogio di Gessner* accende l'interesse per la poesia idillica tedesca del Settecento, in particolare per l'ammiratissimo Salomon Gessner. All'incirca nello stesso periodo vengono conosciuti Albrecht von Haller e Friedrich Gottlieb Klopstock. Da quest'ultimo trasse vari spunti il Monti, il quale, inoltre, nei versi sciolti *A don Sigismondo Chigi* (1783) e nei *Pensieri d'amore* (1782) riecheggiò, e spesso parafrasò, pagine del *Werther* del Goethe.

10.7 Il Romanticismo italiano e le letterature europee

Con la conoscenza e l'influsso di Shakespeare, Ossian e Goethe siamo ormai alle origini del Romanticismo. Nella formazione e nello sviluppo della cultura e del gusto dei nostri scrittori del periodo romantico entrano molteplici elementi tratti dalle letterature europee. In questo processo ha sempre un ruolo essenziale la Francia, sia per l'influsso proprio, sia come tramite di idee e modelli delle letterature inglese e tedesca. Basterà ricordare i nomi di Madame de Staël, di Chateaubriand, di Fauriel. Dal *De l'Allemagne* (1810) della Staël e dal *Corso di letteratura drammatica* (1801-1804) dello Schlegel, tradotto dal francese, derivano parecchi dei princìpi letterari e dei giudizi critici e storici dei nostri romantici. La cultura francese ebbe una importanza fondamentale per la formazione mentale e artistica del Manzoni e del Leopardi (meno per quella del Foscolo, più legato alla tradizione classica).

Alcuni dei grandi poeti moderni d'Europa diventano ora modelli per la nostra letteratura, come lo erano stati un tempo i poeti italiani per le letterature delle altre nazioni. Shakespeare, Goethe, Schiller per il teatro, Walter Scott per il romanzo storico, George Byron per la novella in versi e altri generi. Dei grandi poeti stranieri, Byron ebbe la fama più vasta e il maggior numero di traduttori e di imitatori, tanto che, come abbiamo già osservato (cfr. il capitolo 6, *Preromanticismo e Romanticismo*), si è detto che, dal punto di vista del gusto, bisognerebbe parlare piuttosto di *byronismo* che di *Romanticismo* italiano. Forse però l'esperienza decisiva, non solo per i poeti, ma per i critici, fu il contatto con la poesia shakespeariana, e sia pure, nella maggior parte dei casi, contatto non diretto ma mediato dalle traduzioni francesi. Si pensi, per esempio, al significato di Shakespeare per la formazione del gusto critico del De Sanctis. Dal Romanticismo tedesco discendeva anche a noi la concezione di Shakespeare come incarnazione della poesia, o perlomeno della poesia moderna, nella sua essenza più genuina.

Degli scrittori minori furono noti e imitati in particolare Alphonse de Lamartine, George Sand e Félicité-Robert de Lamennais. Quanto alla Spagna, in questo periodo agisce quasi soltanto come uno dei termini dell'*esotismo* romantico e come culla di alcune delle manifestazioni più caratteristiche di *poesia popolare*: si ricordino le traduzioni delle *Vecchie romanze spagnole* (1837) del BERCHET e i relativi saggi dello stesso Berchet e del CANTÙ. Fervida e intelligente attività dedicò alla letteratura spagnola anche il sacerdote PIETRO MONTI, sia come traduttore sia come critico. Grande fortuna ebbe il portoghese Camões, soprattutto per la sua ispirazione patriottica.

10.8 Influssi letterari stranieri nella letteratura contemporanea. La letteratura italiana all'estero oggi

La diffusione e l'influsso delle letterature straniere, soprattutto di quella francese, continuano nel periodo post-romantico e decadente. Ricordiamo i legami della Scapigliatura con Baudelaire e con le prime correnti decadenti; la grande fortuna della letteratura naturalistica francese, da Balzac a Flaubert a Zola a Maupassant, e i rapporti fra Naturalismo francese e Verismo italiano; l'importanza della cultura francese, storica e letteraria, nella formazione ideologica e critica del Carducci; la suggestione esercitata sul Pascoli da Verlaine e dai poeti parnassiani; la confluenza di tutti i motivi del Decadentismo europeo nell'opera del D'Annunzio, che attinse largamente agli scrittori francesi e inglesi.

Degli scrittori tedeschi più recenti fu conosciuto soprattutto Heinrich Heine, che il Carducci ammirò e imitò, mentre Nietzsche penetrava nella nostra cultura, benché con una immagine deformata, per il tramite dannunziano. Nell'ultimo decennio del secolo ebbe inizio anche la conoscenza del norvegese Henrik Ibsen, di cui si ritrovano gli echi nel teatro contemporaneo, e della letteratura russa (il proteiforme D'Annunzio si provò anche a imitare Tolstoj e Dostoevskij).

Dopo D'Annunzio, tutte le più importanti esperienze letterarie straniere trovarono un'eco in Italia. Particolarmente significativi per la storia della nostra poesia contemporanea i rapporti di crepuscolari ed ermetici col Simbolismo europeo. Nel corso del ventesimo secolo in un mondo reso sempre "più piccolo" dalla facilità delle comunicazioni si tende a una cultura globale, per cui anche in Italia si incominciano a diffondere conoscenze riguardanti la letteratura e la cultura dei paesi più vari, con uno spazio non trascurabile per l'estremo oriente. Ma il fenomeno più vistoso sia a livello mondiale sia in Italia è l'aumento di importanza della lingua inglese e delle letterature ad essa collegate: recente è la conoscenza e l'influsso della maggiore letteratura americana, rivelata, si può dire (a parte Edgar Allan Poe e Walt Whitman, noti già prima), dalle traduzioni di Cesare Pavese negli anni immediatamente precedenti la seconda guerra mondiale. Forse ancor più recente, e limitata in un ambito più ristretto, è la conoscenza della lirica contemporanea spagnola.

La letteratura italiana nel mondo, che ancora nell'Ottocento e nel primo Novecento aveva nell'attività delle compagnie teatrali italiane un ottimo strumento di penetrazione, sta diventando sempre più marginale e periferica. Chi all'estero studia la letteratura italiana per lo più lo fa per accostarsi ai grandi del passato: Dante, Petrarca, Machiavelli, innanzi tutto, letti, come Virgilio e Omero, spesso in traduzione per evitare la fatica di imparare una "lingua morta"; tale è, in effetti, l'italiano del Trecento e del Cinquecento e ben modesto è il valore commerciale dell'italiano contemporaneo, rispetto ad altre lingue variamente "più potenti".

La letteratura italiana moderna e contemporanea è riuscita ad avere una vasta risonanza esterna con due scrittori la cui opera, per varie circostanze, ha suscitato l'interesse degli scrittori e del pubblico degli altri paesi: D'Annunzio e Pirandello. Successo mondiale e imitazioni ovunque ha avuto il Futurismo, sopravvissuto per qualche anno in alcune aree alla morte del Marinetti. Un caso a parte è quello di Carlo Lorenzini, noto come Collodi: il suo libro *Le avventure di Pinocchio. Storia di un burattino* (1883) dalla fine dell'Ottocento a oggi si è affermato fino ad essere uno dei più diffusi e letti in ogni parte del mondo.

Se nel mondo a cultura globale esiste la tendenza a una letteratura unica (ma la lotta per la supremazia è ancora aperta e in ogni caso i particolarismi appaiono ancora fortissimi), diviene intanto sempre più importante la disciplina, nata nella prima metà del secolo scorso, che studia sistematicamente gli insiemi letterari sovranazionali (per esempio il genere tragico o il procedimento della rima): la *letteratura comparata*. Ad essa introduce efficacemente il trattato di CLAUDIO GUILLÉN, *L'uno e il molteplice* (Bologna, Il Mulino, 1992) che parte dalle definizioni e dalla teoria e giunge alle configurazioni storiche della disciplina, fornendo alla fine un'amplissima bibliografia.

Repertorio bibliografico

Data la vastità dell'argomento ci limitiamo ad alcune indicazioni.

a) Panoramica generale

Letterature comparate, in *Problemi e orientamenti critici*, vol. IV, Milano, Marzorati, 1948 (i vari saggi sui rapporti fra la letteratura italiana e le altre letterature europee, dei quali si veda l'indicazione nel capitolo *Orientamenti critici generali*, sono corredati da ampia bibliografia); L. Rango, *Prospettive di letteratura europea*, in *Letteratura italiana. Le correnti*, vol. II, cit.; A. Meozzi, *Azione e diffusione della letteratura italiana in Europa*, Pisa, Vallerini, 1932.

b) Rapporti con la letteratura francese

Sui rapporti con la letteratura francese: H. Bédarida - P. Hazard, *L'influence française en Italie au dixhuitième siècle*, Paris, 1934; P. Hazard, *La Révolution française et les lettres italiennes*, Paris, 1910; C. Pellegrini, *Tradizione italiana e cultura europea*, Messina-Firenze, D'Anna, 1947; F. Simone, *Il Rinascimento francese*, Torino, SEI, 1961; Id., *Umanesimo, rinascimento, barocco in Francia*, Milano, Mursia, 1968; *L'italianisme en France au XVIIe siècle*, Actes du VIIIe Congrès de la Société française de littérature comparée, Torino, SEI, 1968; C. Rizza, *Barocco francese e cultura italiana*, Cuneo, Stabilimento Editoriale Saste, 1973; F. Livi, *Dai simbolisti ai crepuscolari*, Milano, IPL, 1975.

c) Rapporti con la letteratura spagnola

B. Croce, *La Spagna nella vita italiana durante la Rinascenza*, Bari, Laterza, 1949; A. Farinelli, *Italia e Spagna*, Torino, Bocca, 1929; AA. Vv., *Italia e Spagna*, Firenze, Le Monnier, 1941; V. Cian, *Italia e Spagna nel secolo XVIII*, Torino, 1896; J.G. Fucilla, *Relaciones hispano-italianas*, Madrid, CSIC, 1953; F. Meregalli, *Storia delle relazioni letterarie tra Italia e Spagna*, Venezia, Libreria Universitaria, 1962; *Las relaciones literarias entre España e Italia en el Renacimiento*, in *Actas primer Congreso Internacional de hispanistas*, Oxford, 1964; AA. Vv., *Presenza della letteratura spagnola in Italia*, Firenze, Sansoni, 1974; M. Battlori, *La cultura hispano-italiana de los Jesuitas expulsos*, Madrid, Gredos, 1966; J. Arce, *El conocimiento de la literatura italiana en la España de la segunda mitad del siglo XVIII*, in «Cuadernos de la cátedra Feijoo», 20, Oviedo, 1968; *Función de lo italiano en la literatura española del siglo XIX*, in «Filologia moderna», 59-60-61, Madrid, 1977; J. Ragusa - J.L. Laurenti, *Relaciones literarias entre España e Italia: ensayo de una bibliografía de literatura comparada*, Boston, Mass., Hall, 1972; M. Puppo, *Fra Italia e Spagna: note di letteratura europea*, in «Italianistica», III, 1, 1974; AA. Vv., *Présence et influence de l'Espagne dans la culture italienne de la Renaissance*, Paris, Université Sorbonne Nouvelle, 1979.

Sui rapporti con le letterature ibero-americane: G. BELLINI, *Storia delle relazioni tra l'Italia e l'America di lingua spagnola*, Milano, Cisalpino La Goliardica, 1982 (1ª ed. 1977).

d) Rapporti con la letteratura portoghese

Per i rapporti con la letteratura portoghese: G.C. ROSSI, *La letteratura italiana e le letterature di lingua portoghese*, Torino, SEI, 1967. Inoltre, dello stesso ROSSI: *A poesia épica italiana do século XVI na literatura portuguesa*, Lisboa, 1944; *Per una storia del teatro italiano del Settecento (Metastasio) in Portogallo*, in «Annali dell'Istituto Universitario Orientale», sezione romanza, X, 1968; *Per una storia del teatro italiano del Settecento (Goldoni) in Portogallo*, in «Studi goldoniani», 2, 1970; *Il Machiavelli in Portogallo*, in «Revista da Facultade de Letras de Lisboa», 3ª serie, 13, 1971.

Vari studi sulla fortuna del teatro italiano in Portogallo ha scritto J. DA COSTA MIRANDA; fra essi citiamo: *Achegas para um estudio sobre o teatro de Apostolo Zeno em Portugal*, Coimbra, 1974; *O teatro de Goldoni em Portugal*, Coimbra, 1974; *Novos apontamentos para um futuro estudo sobre o teatro de Metastasio em Portugal no século XVIII*, in «Estudos Italianos em Portugal», 38-39, 1975-1976.

Per la fortuna di Camões in Italia: G. MANUPPELLA, *Camoniana Italica. Subsidios bibliograficos*, Coimbra, 1972; J. DA COSTA MIRANDA, *Camoes em Italia*, Lisboa, 1979.

e) Rapporti con la letteratura inglese

Per i rapporti con la letteratura inglese: R. MARSHALL, *Italy in English Literature, 1755-1815*, New York, 1934; P. REBORA, *Civiltà italiana e civiltà inglese*, Firenze, 1936 e ID., *Interpretazioni anglo-italiane*, Bari, Adriatica, 1961; M. PRAZ, *Ricerche anglo-italiane*, Roma, Edizioni di Storia e Letteratura, 1944 e ID., *Machiavelli in Inghilterra ed altri saggi sui rapporti anglo-italiani*, Firenze, Sansoni, 1962.

f) Rapporti con la letteratura tedesca

Per i rapporti con la letteratura tedesca: P. HAZARD, *L'invasion des littératures du Nord dans l'Italie du XVIII siècle*, in «Revue de littérature comparée», 1921; B. CROCE, *Cultura germanica in Italia nell'età del Risorgimento*, in *Uomini e cose della vecchia Italia*, 2ª serie, Bari, Laterza, 1956; V. SANTOLI, *Fra Germania e Italia*, Firenze, Le Monnier, 1962; M. PUPPO, *La scoperta del Romanticismo tedesco*, in *Studi sul Romanticismo*, Firenze, Olschki, 1969.

Per l'aggiornamento e la bibliografia si consultino le riviste: «Revue de littérature comparée», «Comparative Literature», «Rivista di letterature moderne e comparate».

Parte quinta

Introduzioni critiche agli Autori

1 Dante

1.1 La fama di Dante dal Trecento al Cinquecento

L'opera di Dante, soprattutto la *Divina Commedia*, fu largamente conosciuta e ammirata già durante la sua epoca. I contemporanei sentirono il fascino della sua arte, anche se non ne ebbero una coscienza critica. Essi esaltarono non tanto la sua poesia, quanto la sua scienza e la sua altezza morale. Il più significativo ritratto che del poeta ci ha lasciato il Trecento, la *Vita di Dante* (ca. 1355-1370) del BOCCACCIO, è delineato seguendo il proposito di offrire l'immagine ideale del sapiente, indefesso nello studiare e nel meditare, malgrado le cure familiari e politiche. Per il Boccaccio poesia è teologia e ufficio del poeta «alcuna verità sotto fabulosa finzione nascondere, con ornate e esquisite parole». In nessuno meglio che in Dante egli vedeva incarnata questa idea del poeta, che era poi l'idea comune della sua epoca. Nel commento che il Boccaccio fece ai primi diciassette canti dell'*Inferno* è degno di nota un altro aspetto: l'abbondanza delle spiegazioni intorno a riferimenti alla mitologia e alla storia antica. Essa è una manifestazione dell'incipiente atteggiamento umanistico, che si compiace di fare sfoggio di cultura classica e di dare particolare rilievo a quanto nel poeta studiato ha rapporto con la cultura classica.

Nel Boccaccio l'atteggiamento umanistico non contrasta con l'ammirazione per l'arte dantesca anche nei suoi aspetti più vivi, scabri, immediati e diciamo così "barbarici", legati alla mentalità e al gusto del Medioevo. Ma nel comportamento ambiguo del Petrarca si riflettono una sensibilità e un gusto già molto diversi: quelli che informeranno la letteratura umanistica e rinascimentale. A parte il pregiudizio della superiorità del latino, che si traduce naturalmente in una svalutazione del poema dantesco scritto in volgare, l'arte di Dante doveva apparire troppo rozza, violenta, disuguale a chi inaugurava, sul modello dei classici, l'ideale del decoro signorile e dell'equilibrata compostezza e misura.

L'atteggiamento del Petrarca è proseguito dagli umanisti, all'incirca per le stesse ragioni. Taluni dei primi umanisti fiorentini (LEONARDO BRUNI, COLUCCIO SALUTATI) celebrano in Dante proprio l'ideale dell'uomo completo, opposto al letterato solitario, che si isola dal mondo. Ma su questa concezione prevale poi quella del letterato serenamente distaccato dagli interessi familiari e politici (del resto già abbozzata dal Boccaccio nella *Vita* ricordata), che naturalmente determina reazioni sfavorevoli nei confronti di Dante. Il nuovo gusto formale educatosi sul Petrarca e sui classici, conduce a riprovare insieme il latino di Dante, perché ancora barbaro, e il suo volgare, perché lingua inferiore rispetto al latino, indegna di una grande opera, e perché, comunque, troppo poco raffinata. Anche quando, tra la seconda metà del

Quattrocento e i primi anni del Cinquecento, il pregiudizio contro il volgare sarà vinto, resterà attivo in senso sfavorevole per Dante il gusto del "decoro" e della compostezza formale.

Espressione esemplare di questa posizione sono alcune pagine delle *Prose della volgar lingua* (1525) di Pietro Bembo. Fisso al modello stilistico del Petrarca, che portò nella poesia volgare l'aristocratica eleganza dei classici, il Bembo rimprovera Dante di aver usato voci latine o straniere, o vecchie e rozze, o immonde e brutte, e di averne anche formate da sé «senza alcuna scielta e regola», tanto che «si può la sua Commedia giustamente rassomigliare ad un bello e spazioso campo di grano, che sia tutto d'avene e di logli e d'erbe sterili e dannose mescolato». L'ideale del "decoro" giunge al punto che il Bembo non si perita di affermare che «da tacere è quel tanto, che sporre non si può acconciamente, più tosto che, sponendolo, macchiarne l'altra scrittura».

È chiaro che il Cinquecento non dovesse essere disposto a una troppo congeniale comprensione dell'arte dantesca. Tuttavia per tutto il secolo continuò, come già nel Trecento e nel Quattrocento, specialmente in Firenze, l'interesse e lo studio delle opere del poeta. Il Trecento aveva già dato buon numero di commentatori notevoli della *Divina Commedia* (oltre al Boccaccio, ricordato, Graziolo dei Bambaglioli, Iacopo della Lana, Francesco da Buti, Benvenuto da Imola, Pietro Alighieri ecc.); il Quattrocento diede un commentatore dotto di lettere e di filosofia, Cristoforo Landino, che portò nella sua opera l'impegno che gli umanisti mettevano a commentare i classici. Nel Cinquecento numerose furono le esposizioni del poema di carattere soprattutto dottrinale e morale (Benedetto Varchi, Giambattista Gelli), composte nell'ambiente dell'Accademia fiorentina, mentre la polemica sulla lingua richiamava l'attenzione sulle opere minori, in particolare sul *De vulgari eloquentia*, che Gian Giorgio Trissino addusse a sostegno della sua teoria della lingua "cortigiana" (cfr. il capitolo su *La questione della lingua*).

Nella seconda metà del Cinquecento la diffusione della mentalità critica ispirata alla *Poetica* di Aristotele e alla teoria dei generi letterari (cfr. il capitolo su *La storia letteraria e i generi letterari*) produsse nuovi motivi per una valutazione negativa del poema, il quale appariva un'opera difficilmente riducibile a qualcuno dei generi "regolari" o "legittimi": a qualche critico una "commedia" di quel tipo sembrava una cosa mostruosa. Ci fu chi replicò, come Iacopo Mazzoni (autore del noto *Della difesa della Commedia di Dante*, 1587-1588), ma senza staccarsi da quei presupposti e sforzandosi di dimostrare la regolarità del genere. Si distacca nettamente da questi critici e sembra anticipare chiaramente posizioni moderne Vincenzo Borghini, il quale osserva a proposito del Bembo che questi «tirato dal suo genio in altra sorte di poesia, più dolce cioè e più delicata, non gustò né mise quello studio in quell'altra che conveniva a poterne con tutta dirittura giudicare», e a coloro che stimavano soprattutto la dottrina di Dante diceva di ammirare «il poeta come poeta, e non come filosofo e teologo».

1.2 Incomprensioni secentesche e settecentesche

Nel Seicento, che fu il secolo in cui la fama e la comprensione di Dante toccarono il punto più basso, alle ragioni svalutative cinquecentesche (ossequio alla poetica aristotelica e gusto formale, che ora, oltre il Petrarca, inclinava alla "morbidità" tassesca) si aggiunse l'atteggiamento, comune a tanta cultura del tempo, di disprezzo e di negazione verso la letteratura del passato, considerata rozza e rancida rispetto alle ingegnosità e squisitezze della nuova. PAOLO BENI definì Dante «poeta di niun giudizio e ingegno» e la *Commedia* «un miscuglio o capriccio senza regola e senza forma di poetica azione». FRANCESCO FULVIO FRUGONI giunse a dire che stimava di più «una strofa delle odi del Vidali, del Santinelli, del Ciampoli, del Testi, del Barducci, dello Stampa, del Dottori e d'altri lirici grandi del nostro secolo; un sonetto del Vidali, del Santinelli, di Ciro di Pers, di Tiberio Ceruli [...]; un'ottava del Tasso, dell'Ariosto, del Tassoni, del Chiabrera, del Graziani, del Cebà [...] che tutta la Commedia di Dante». Al secolo voluttuoso e marinista «mancò [...] la disposizione psicologica a leggere e comprendere Dante» (COSMO).

Tale disposizione non mutò molto nel Settecento. Dalla reazione arcadica fino al Parini il gusto dominante è quello petrarchesco e classicistico; inoltre la mentalità razionalistica e antistorica non era certo propizia a intendere e ammirare un'opera così imbevuta di idee e passioni tipicamente medievali, e così irsuta e difficile nella sua struttura e nella sua espressione per spiriti che amavano la chiarezza analitica e la scorrevolezza stilistica. VOLTAIRE definì la *Divina Commedia* poema bizzarro, con qualche bellezza naturale, ma in certi punti un vero guazzabuglio, e il CESAROTTI «un guazzabuglio mostruoso». A questa mentalità è dovuta la celebre "stroncatura" che del poema fece SAVERIO BETTINELLI in alcune pagine delle *Lettere virgiliane* (1758). Il Bettinelli lo giudica un tessuto di prediche, di dialoghi, di quistioni, con non altra guida che le passioni e il capriccio dell'autore, privo di azione o con azioni soltanto di discese, di passaggi, di salite, di andate e ritorni, bisognoso a ogni verso di traduzione, di spiegazione, d'allegoria, scritto in una lingua rozza e disarmonica. Dante ebbe sì «l'anima [...] sublime, l'ingegno acuto e fecondo, la fantasia vivace e pittoresca», ma gli mancò «buon gusto e discernimento nell'arte»: del suo poema si possono salvare tre o quattro canti veramente poetici e forse un altro migliaio circa di versi. Al Bettinelli replicò GASPARO GOZZI con il suo *Giudizio degli antichi poeti sopra la moderna censura di Dante attribuita a Virgilio* (1758), nel quale, pur non elevandosi a un piano critico superiore a quello del suo avversario, fece alcune giuste osservazioni, dettate più che altro dal buon senso e dall'innato rispetto per la tradizione letteraria, come quella che per intendere certe espressioni dantesche, che al Bettinelli e ad altri erano sembrate mostruose, bisognava studiare la lingua dei tempi e le altre opere del poeta.

Una diversa comprensione dell'arte dantesca iniziano nell'Italia del Settecento proprio le due maggiori personalità intellettuali dell'epoca, che ne superano la mentalità razionalistica, annunciando nel campo del pensiero e in quello della poesia la mentalità e il gusto dell'epoca seguente: Giambattista Vico e Vittorio Alfieri. Il VICO celebra Dante accanto a Omero come uno dei due grandi poeti "primitivi" dell'umanità, come il «toscano Omero» fiorito nel periodo della «barbarie ritornata». Mentre il Bettinelli aveva scritto che Dante sarebbe stato forse il maggiore dei poeti «se a miglior tempi fosse vissuto», il Vico lo ritiene grande proprio in grazia dei tempi barbari, feroci e appassionati e perciò stesso propizi alla poesia, che secondo l'estetica vichiana si nutre di vigorose passioni e di corpulente fantasie, non raffinate dal riflessivo "buon gusto". L'ALFIERI, in virtù di un'intima affinità spirituale, intese profondamente il nesso fra l'anima e la vita di Dante e la sua poesia: «Dante, dall'oppressione e dalla necessità costretto d'andarsene ramingo, non si rimosse perciò dal far versi; né con laide adulazioni né con taciute verità avvilì egli i suoi scritti e se stesso [...] Quella stessa necessità non poté pur impedire Dante di altamente pensare e di robustissimamente scrivere». Tra i critici stranieri espresse giudizi di spirito affine a quelli del Vico lo svizzero JOHANN JAKOB BODMER, affermando, contro le condanne della *Divina Commedia* come poema irregolare e strano o gotico (quest'aggettivo fu usato spesso nel Settecento a qualificare negativamente il poema), che Dante osservò sue proprie regole e che ciò che si condanna come gotico e strano sarebbe più giusto chiamarlo originale. Col Vico, con l'Alfieri e col Bodmer si preannunziavano motivi che avrebbe svolto la critica romantica. È da ricordare anche che nel Settecento si pubblicò la prima edizione completa delle opere di Dante (Venezia, Zatta, 1757-1758).

1.3 Rifioritura del culto di Dante nel primo Ottocento. La critica romantica

La cultura e la spiritualità romantica, non solo italiana ma europea, del primo Ottocento producono un rinnovamento profondo nel culto di Dante e nell'interpretazione della sua opera. A determinarlo agiscono soprattutto due motivi già affiorati nel Settecento e che hanno ora pieno sviluppo: il senso della personalità individuale e la mentalità storicistica. Agli occhi dei romantici la figura di Dante grandeggia appunto perché è quella di una grande personalità morale e politica, e insieme di un *genio* artistico primitivo e solitario, libero dall'ossequio alle regole e al gusto classicistico e razionalistico, nella cui opera si riflette l'epoca medievale, ora rivalutata in senso positivo sulla linea dell'indicazione vichiana. I motivi cioè che avevano determinato la valutazione negativa di classicisti e illuministi sono determinanti in senso opposto.

I romantici tedeschi, riecheggiati dai Francesi e dagli Italiani, elaborano la concezione di una civiltà *romantica*, radicalmente diversa da quella classica (cfr. nella *Parte quarta* il capitolo *Preromanticismo e Romanticismo*), civiltà che ha le sue origini nel mondo cristiano-barbarico del Medioevo: di questa civiltà la *Divina Commedia* viene considerata una delle espressioni più grandi e rappresentative. Come dirà WILHELM FRIEDRICH HEGEL, che riprende, per inserirla nella sua visione metafisica, la concezione romantica, essa è «la vera epopea artistica del Medioevo cristiano e cattolico». In Italia sul motivo storicistico si innesta quello nazionale-patriottico: Dante appare il genio tipicamente nazionale e, con una interpretazione generosamente anacronistica, il profeta del Risorgimento e il creatore dell'anima nazionale, sia a coloro che, come il Balbo, il Troya, il Tommaseo, il Gioberti ecc., guardano a lui con spirito cattolico e neoguelfo, sia a coloro, come il Foscolo, il Mazzini, il Guerrazzi, il Niccolini ecc. che leggono nelle sue opere i preannunzi della loro concezione ghibellina e laicistica.

A capo di tutta la nostra critica romantica e risorgimentale sta il FOSCOLO. Il suo *Discorso sul testo della «Divina Commedia»* (1825) e il suo *Parallelo fra Dante e il Petrarca* hanno importanza fondamentale per l'avviamento dell'interpretazione storica, psicologica ed estetica di Dante. Sorretto dal suo vivo senso dell'individualità, nel

Parallelo il Foscolo riconduce i particolari caratteri dell'arte dantesca ai caratteri dell'anima del poeta e alle condizioni storiche in cui fiorì; nel *Discorso* si preoccupa principalmente di illustrare storicamente il poema, convinto che Dante quanto più è guardato con occhio di storico tanto più grande sorge come poeta, e si sofferma a interpretare dal punto di vista artistico con grande finezza taluni episodi, come quello di Francesca da Rimini. Il Foscolo dà anche l'avvio all'interpretazione ghibellina, che avrà notevole seguito nel Risorgimento (Mazzini, Rossetti), secondo la quale Dante avrebbe perseguito l'audace disegno di una riforma della religione cattolica. Anche se questa tesi è certamente errata (e taluni seguaci del Foscolo, come Gabriele Rossetti, la forzarono fino al punto di sostenere l'appartenenza di Dante a una setta ereticale), ha il merito di avere additato nella religiosità il nucleo centrale della personalità dantesca.

Mentre lo studio e l'ammirazione per Dante si andavano sempre più diffondendo anche fuori dai confini nazionali, in Italia apparivano commenti, come quello di Niccolò Biagioli e soprattutto quello di Niccolò Tommaseo, che mostravano la tendenza a unire alla ricchezza e alla precisione dell'informazione storica (relativamente, si capisce, alle conoscenze del tempo) le osservazioni estetiche. Di osservazioni estetiche finissime abbonda il commento del Tommaseo, anche se più spesso attente a sottolineare bellezze particolari che non capaci di ampie ricostruzioni organiche.

Un'organica interpretazione estetica dell'opera di Dante, si ha solo col De Sanctis, i cui scritti sull'argomento, come scrisse il Croce, «sono da considerare nella storia degli studi su Dante vera pietra miliare». Nel De Sanctis sono presenti, strettamente connesse, una considerazione storico-ideale e una considerazione estetica della *Divina Commedia*, che, nella loro connessione, possono essere indicate dalla formula riassuntiva con cui egli definì il poema: «il Medioevo realizzato come arte». Il Medioevo del De Sanctis è in parte quello prospettato dai romantici, in parte quello delineato da storici posteriori, come Jacob Burckhardt, cioè il Medioevo teologico, mistico, ascetico, tutto volto all'al di là, allo spirituale, all'assoluto e all'eterno, e perciò di natura antiartistica, perché l'arte per il De Sanctis è costituita dal concreto vivente, dall'umano nella sua individualità storica. Questo mondo mistico e teologico, secondo il critico, è soltanto il «mondo intenzionale» del poeta, il quale raggiunge l'arte in quanto lo dimentichi e lo dissolva nella sua umanità di persona vivente nel limite e nella concretezza storica. Da questo punto di vista il culmine dell'arte dantesca è per il De Sanctis nell'*Inferno*, dove ancora vibra in tutta la sua passionalità la vita umana e terrena, mentre attraverso il *Purgatorio* e il *Paradiso* si verifica una progressiva dissoluzione delle forme, un processo verso l'astratto, perché la realtà da rappresentare è sempre più lontana dalla concreta esperienza terrena: nel *Paradiso* la poesia vive soltanto nei paragoni che richiamano la vita di qua. A far preferire l'*Inferno* interveniva anche il gusto romantico-verista del De Sanctis, amante delle situazioni drammatiche e appassionate e della figurazione plasticamente rilevate: e per questo nello stesso *Inferno* la più intensa poesia è per lui nella prima parte, dove regnano i grandi caratteri (Farinata, Pier delle Vigne, Francesca ecc.), mentre la poesia si va attenuando in seguito, via via che alle grandi passioni si sostituiscono i vizi e alle individualità i gruppi.

1.4 Le ricerche filologiche della critica positivistica

Il De Sanctis (a parte tutte le analisi particolari ricche di intuizioni geniali) aveva fissato nettamente due temi critici fondamentali, quello del rapporto fra il mondo intellettuale (religioso, filosofico, politico ecc.) di Dante e la sua poesia, e quello della valutazione estetica unitaria delle tre cantiche al di là dell'apprezzamento di singoli passi ed episodi. Ma essi non furono ripresi dalla critica immediatamente posteriore, la quale, conformemente al suo orientamento generale positivistico, si occupò principalmente, e spesso con risultati eccellenti, a cui devono rifarsi tutti gli studi posteriori, del problema del testo (sia della *Divina Commedia* sia delle opere minori), dell'analisi sistematica di tutti gli aspetti culturali dell'opera di Dante, della ricostruzione criticamente documentata della sua vita e dell'ambiente storico in cui si svolse. A quest'opera imponente collaborò tutta una schiera di studiosi insigni, italiani e stranieri: D'Ancona, Bartoli, Del Lungo, Carducci, Comparetti, Rajna, Moore, Witte, Toynbee ecc. Sintesi di essa possono essere considerati in un certo senso i due volumi dedicati a Dante da Nicola Zingarelli nella *Storia letteraria* dell'editore Vallardi, usciti in prima edizione al principio del Novecento.

Alle esigenze storico-culturali della critica positivistica è in parte legata anche l'altra grande opera monografica uscita in quegli anni, *La «Divina Commedia» studiata nella sua genesi e interpretata* (1907-1910) di Karl Vossler (il titolo originale è *Die Göttliche Komödie. Entwicklungsgeschichte und Erklärung*), nella quale però è viva anche la preoccupazione di non lasciar cadere l'insegnamento estetico desanctisiano. Con indagine sistematica amplissima, e spesso geniale, il Vossler esamina secondo tre punti di vista principali (religioso, filosofico, etico-politico) tutto il mondo di cultura e di civiltà che è confluito nella formazione della *Divina Commedia*, per giungere a caratterizzare, in relazione a esso, la personalità spirituale di Dante, e per elevarsi, sul fondamento di questa ricostruzione storico-culturale, a una valutazione estetica della sua poesia. Lo sforzo del Vossler fu dunque quello di fondere l'indagine storico-culturale con quella estetica e, se anche questa fusione non gli riuscì perfettamente (fu osservato, per esempio da Luigi Russo, che egli costruì due storie distinte e condotte con metodo diverso, «una storia storica della poesia e una storia estetica di essa»), il suo libro fu stimolante per indagini ulteriori, e offrì inoltre una ricca messe di osservazioni e di intuizioni acute e suggestive su tutta la civiltà del Medioevo e sulla personalità e l'opera di Dante.

1.5 *La poesia di Dante* del Croce e la polemica intorno al rapporto fra 'poesia' e 'struttura'

Il libro di Vossler, nella sua seconda edizione (1927), cade già nel vivo della polemica suscitata dall'opera più rivoluzionaria della critica dantesca moderna, *La poesia di Dante* (1921) di Benedetto Croce. L'intento, apparentemente modesto, del Croce fu di offrire «un'introduzione metodologica alla lettura della *Commedia*, e insieme come un saggio di questa lettura, condotta con semplicità, libera da preoccupazioni estranee»; ma, in realtà, egli scardinò vigorosamente una quantità di posizioni critiche precedenti, proponendo un modo di lettura e un'impostazione metodologica del tutto nuovi. I due temi principali del suo libro sono quello di un Dante che è soprattutto "poeta" e come tale va considerato, e l'altro, strettamente connesso col primo, del rapporto fra la 'poesia' e la 'struttura' nella *Divina Commedia*. La prima osservazione, il cui pieno significato naturalmente s'intende solo riportandola alla concezione crociana della poesia come pura attività fantastica, fa scadere di colpo un'infinità di problemi e di ricerche, in cui si era impegnata soprattutto la critica positivistica: indagini biografiche, ricerche di fonti, ricostruzioni del pensiero religioso, filosofico, politico ecc. di Dante hanno indubbiamente un loro interesse e una loro importanza, ma non costituiscono l'essenziale, perché Dante non fu né un grande filosofo, né un grande politico, né un creatore di nuove concezioni religiose, ma un grande poeta, e compito specifico della critica è di identificare nella sua opera ciò che è poesia distinguendolo da ciò che poesia non è, e di determinarne i caratteri. Si innesta qui l'altro problema, quello della 'struttura'. Infatti Dante autore della *Divina Commedia* non è soltanto un puro poeta, un trasfiguratore di sentimenti in immagini, ma uomo "pratico" che, accanto alla poesia, dà espressione ai vari interessi della sua pratica personalità: ideali politici e religiosi, intenzioni didascaliche e scientifiche ecc. Tutti questi elementi non estetici costituiscono la *struttura* del poema, che il Croce concepisce come un «romanzo teologico» o «etico-politico-religioso», analogo ai romanzi scientifici o socialistici dei tempi moderni, «il fine dei quali è divulgare e rendere altrui accetto e desiderabile qualcosa che si crede o si desidera, presentandolo con l'aiuto dell'immaginazione». La poesia dantesca fiorisce entro le linee di questo schema, il quale anzi talvolta esercita su di essa una sorta di compressione, impedendone il libero espandersi. Determinato il rapporto fra la poesia e la struttura (a indicare il quale egli adopera anche l'immagine di una «fabbrica robusta e massiccia» su cui si arrampica e si estende una «rigogliosa vegetazione»), il Croce passa a una rapida indicazione dei luoghi poetici delle tre cantiche, a una lettura rapsodica e non insistente, nella quale non mancano osservazioni nuove accanto a riprese personali di giudizi tradizionali, ed è soprattutto notevole, contro la generale tendenza romantica a esaltare sopra quella delle altre cantiche la poesia dell'*Inferno*, la rivalutazione estetica di taluni aspetti del *Paradiso* (come quella che il Croce chiama la «poesia dell'insegnare e dell'apprendere») e l'affermazione che dalla prima all'ultima cantica la poesia di Dante non diminuisce, ma aumenta di vigore.

Ma la critica immediatamente successiva, più che raccogliere queste indicazioni particolari, si accentrò intorno al problema della *struttura*, che effettivamente era la proposta più importante del libro del Croce e quella a cui egli stesso aveva dato il maggior rilievo. Si accese una viva polemica, alla quale parteciparono parecchi studiosi: dall'Arangio-Ruiz al Russo, dal Vossler al Rossi e al Breglia e, da ultimo, al Sansone (per più precise indicazioni cfr. il *Repertorio bibliografico* di questo capitolo). Dalla tesi crociana sembrava gravemente compromessa l'"unità" del poema e su questo insistono quanti polemizzano contro di essa, cercando di ricuperare questa unità o nell'anima dantesca, così vasta che ad essa poteva adeguarsi soltanto la gran mole del poema (ARANGIO-RUIZ), o nel personaggio di Dante, perché ogni parte dell'opera è connessa con la rappresentazione della figura del protagonista (VOSSLER), o nella raffigurazione dell'oltretomba, che ha una sua coerenza ambientale e psicologica, per cui i personaggi dell'aldilà dantesco «noi non possiamo vederli che in quell'ambiente soltanto, e quell'ambiente non possiamo figurarcelo che abitato da questi individui soltanto» (BREGLIA), o in un rapporto fra *struttura* e *poesia* per cui la prima non preesiste alla seconda, ma è generata da essa, è il mondo storico in cui l'*animus* poetico si dispiega e si concreta (RUSSO), o in altri modi ancora. Osservazioni interessanti furono fatte da varie parti nel corso di questa polemica, ma non si può dire che la posizione crociana venisse effettivamente superata, sia perché troppo spesso si discuteva in astratto, senza una profonda ripresa di contatto col testo dantesco, sia perché si rimaneva sostanzialmente entro i limiti della concezione estetica e metodologica del Croce, il quale, entro quei limiti, aveva già nel libro stesso, per quanto forse con osservazioni troppo rapide e laterali, implicitamente risposto ai suoi critici.

1.6 Al di là della posizione crociana: Momigliano, Getto, Apollonio

Un reale progresso rispetto alla posizione del Croce si poteva ottenere soltanto attraverso due vie: o con l'andar oltre la sua metodologia e la sua estetica, anzi oltre la sua filosofia delle distinzioni, mutando dalle radici l'impostazione del problema; o con l'iniziare una nuova lettura sistematica del poema dal punto di vista estetico, la quale venisse ricuperando la *struttura* alla *poesia* e mettendo in evidenza la *continuità* di quest'ultima.

Su questo piano di lettura l'opera più importante è il commento alla *Divina Commedia* (1945-1947) di ATTILIO MOMIGLIANO, scritto con l'intento dichiarato di porre in rilievo la poesia di là d'ogni «vegetazione parassitaria cresciuta sul testo della *Commedia*» e di distinguere «i problemi che non interessano la poesia (topografia fisica, topografia morale, cronologia del viaggio ecc.)» da quelli che «interferiscono con la poesia, ma sono probabilmente insolubili (allegoria)». È evidente l'impostazione crociana, ma trasferita dal piano metodologico generale su quello dell'analisti concreta e particolareggiata del testo. Il motivo conduttore dell'analisi è quello del paesaggio, inteso, come già il Momigliano aveva dichiarato in un saggio del 1924 su *Il paesaggio della Divina Commedia*, quale «perpetuo commento paesistico al tema psicologico della *Commedia*». Infatti, le chiose del critico, spesso finissime, mirano soprattutto a ricreare l'"atmosfera" psicologico-figurativa dei vari canti e a sottolineare la coerenza e la continuità della fantasia dantesca. Per questa via, pur non mancando naturalmente di notare i punti poeticamente opachi, il Momigliano ritrova, per virtù immediata di lettura, il senso dell'unità fantastica del poema. Tuttavia il suo gusto di lettore resta fondamentalmente di qualità romantico-impressionistica, legato al senso dell'umano e del drammatico, per cui, malgrado la sua eccezionale capacità di rivivere gli stati d'animo del poeta, egli non riesce a vincere una certa sordità estetica di fronte a larghe zone del *Paradiso*, nel suo complesso considerato ancora architettura dottrinale più che poesia.

Nella direzione di un superamento dell'impostazione metodologica, dopo un tentativo di LUIGI RUSSO, inteso a far valere accanto a quelli crociani taluni motivi della critica e dell'estetica del Gentile (cfr. *Il Dante del Vossler e l'unità poetica della «Divina Commedia»*, in *Problemi di metodo critico*, Bari, Laterza, 1929 e ora, con altri scritti, nel già cit. *La critica letteraria contemporanea*), e notevoli osservazioni di FAUSTO MONTANARI nel suo commento al poema (Brescia, La Scuola, 1949-1951), l'opera più impegnativa è la vastissima monografia (2 voll. di oltre 1300 pp.) di Mario Apollonio, *Dante. Storia della «Commedia»* (1951), la quale viene, più che a sostituire, data l'impostazione completamente diversa, a porsi accanto, nella collezione della *Storia letteraria* dell'editore Vallardi, al già ricordato *Dante* dello Zingarelli. Il metodo con cui l'Apollonio affronta il formidabile tema poggia implicitamente su di un'estetica non più idealistica, ma metafisica e ontologica, su di un'"estetica dell'essere". Al centro della sua interpretazione egli pone una poetica della "persona", radicata in una vitale partecipazione all'"essere": la *persona* di Dante è la radice dell'unità della sua opera, ma questa persona non è l'individuo eccezionale nel significato romantico, che comunica un suo mondo di sentimenti e di immagini viventi e valide soltanto per la loro intima coerenza, ma è l'uomo integrale, che ha la visione dell'Essere divino, a cui egli e tutto l'universo tendono, e che nella sua opera individua tutti gli aspetti della realtà nella loro consistenza metafisica, nel loro rapporto con Dio, il quale non è il principio ideale astratto dei filosofi, bensì il Dio Trinitario, Creatore e Redentore della Rivelazione cristiana. A definire la *Commedia* l'Apollonio si serve appunto della formula «meditazione trinitaria», che gli sembra evitare il pericolo della dissociazione crociana di un romanzo teologico da una parte e di frammenti poetici isolati dall'altra, in quanto Dante non accetta il tema della Trinità in astratto, come un puro concetto, ma incontrandosi con esso «decide del suo vivere» e «definisce i suggerimenti della fantasia». Perciò le immagini del poema non vivono di vita isolata, ma di un continuo riferimento all'Essere personale creatore, riferimento che non ne vanifica l'individualità, ma la rende più intensa e potente, e tutte sono rappresentative di una realtà intima a loro e che pur le trascende. «L'eterno, la creaturalità, la redenzione, non sono un'impalcatura sovrapposta ad episodi puramente visivi e sentimentali: sono l'atmosfera stessa in cui vivono i singoli episodi» (cfr. F. Montanari, *Ampiezza e profondità di Dante*, in «Studium», giugno 1952).

Da questo punto di vista l'Apollonio rovescia il rapporto romantico fra le tre cantiche, stimolando a leggere non il *Paradiso* secondo la suggestione della vitalità umana e terrena dell'*Inferno*, ma al contrario questo e il *Purgatorio* nella luce della prospettiva teologica che brilla nel *Paradiso*, dove le immagini non sono richiami al terreno (si ricordi la tesi del De Sanctis), ma riflessi e segni che invitano a guardare più oltre. In questa concezione anche il problema dell'*allegoria*, che aveva occupato tanta parte della critica ottocentesca e che il Croce aveva risolutamente respinto come estraneo all'interpretazione estetica (l'allegoria è una specie di linguaggio cifrato e non ha quindi nulla a che vedere con l'arte), acquista nuovo significato e sono riscattate quelle che potevano essere le esigenze positive di tutta una corrente interpretativa, che dal Pascoli al Valli al Pietrobono e altri aveva accanitamente ricercato i sottosensi e i sovrasensi del poema, nella convinzione che tale ricerca fosse necessaria per coglierne l'unità e comprenderne il più profondo valore. Entro la poetica della persona l'allegoria non è (almeno non sempre) un segno intellettualistico, ma un simbolo vivo, nel quale si attua un «processo di rifrazione che illumina di nuova luce il mondo prima nascosto», un «discorrere per emblemi», che traduce liricamente non l'intuizione concettuale, ma il sentimento vitale che Dante ha dell'analogia degli esseri.

L'Apollonio organizza e sviluppa nella sua vasta, e non di rado anche oscura, sintesi temi già proposti da altri studiosi. Umberto Cosmo, in uno dei libri più fervidi e significativi della critica dantesca contemporanea, *L'ultima ascesa* (1936), aveva mostrato la ricchezza umana e drammatica del *Paradiso*, e FRANCESCO FLORA nella sua *Storia della letteratura italiana* (1940-1942) aveva definito il *Paradiso* «il più aperto canto di Dante» e aveva parlato di "bellezza" della teologia, di allegoria come linguaggio poetico, di armonia dei vari temi nell'insieme e di impossibilità di separare le singole figure dallo sfondo; e per una nuova comprensione del *Paradiso* spunti interessanti si trovano già nelle pagine dedicate a questa cantica dal Vossler nella seconda edizione del libro citato e nello studio del GUZZO, *Il «Paradiso» e la critica del De Sanctis* (in «Rivista d'Italia», nov. 1924); ma il precedente più diretto, e dichiarato, è il volume di GIOVANNI GETTO, *Aspetti della poesia di Dante* (1947). Il Getto ha iniziato una lettura critica per "sezioni" o "temi" dominanti, sottolineando, per esempio, nelle sue varie modulazioni attraverso le tre cantiche, la «poesia dell'intelligenza», e soprattutto per primo ha cercato di definire un'ispirazione unitaria del *Paradiso*, che non è teologia in versi, come affermava la critica settecentesca e romantica, ma «poesia della teologia», «epos della vita interiore», «poesia della vita della grazia»: in esso il sentimento della grazia è «come gioia essenziale che inonda l'anima, come interiore trasalire dello spirito, ricco di un improvviso dono e di un'ignota ricchezza». In questa prospettiva le varie immagini ricorrenti di *fiori, cielo, luce* ecc. e «le metafore modellate sulla memoria di acque, sorgenti, fiumi, laghi, colli e prati, o su gentili parvenze di creature animali, colombi, allodole ecc.» non appaiono temi paesistici e naturali (come apparivano al De Sanctis), ma temi teologici, vivi di un complesso di richiami all'uso analogico che quelle immagini e metafore avevano avuto nella tradizione religiosa e letteraria del Medioevo.

1.7 Caratteri della moderna esegesi dantesca

Il nesso fra poesia e teologia è stato accentuato con vigore da FAUSTO MONTANARI nel volume *L'esperienza poetica di Dante* (1959): Dante è grande poeta non malgrado la teologia ma in forza della teologia, non perché la dimentica ma perché se ne imbeve; e tutta quella che sembra la macchina allegorica del poema non è per Dante un'allegoria escogitata razionalmente a freddo ma un'esperienza viva. La necessità di immergere la poesia dantesca nell'atmosfera culturale e mentale del suo tempo e il significato e la vitalità dell'allegoria, o della struttura (per adoperare un termine crociano), sono fra i temi critici fondamentali anche di alcuni insigni dantisti stranieri, come CHARLES S. SINGLETON (*Dante Studies*, vol. I: «*Commedia*», *Elements of Structure*; vol. II: *Journey to Beatrice*, 1958), e ERICH AUERBACH (*Dante als Dichter irdischen Welt*, 1929).

Dell'Auerbach si è utilizzato per l'esegesi dantesca soprattutto il magistrale studio sull'interpretazione *figurale* della storia, caratteristica del Medioevo, la quale consente d'intendere il significato e la funzione di personaggi danteschi come, per esempio, Catone: «L'interpretazione figurale stabilisce fra due fatti o persone un nesso in cui uno di essi non significa soltanto se stesso, ma significa anche l'altro, mentre l'altro comprende o adempie il primo». Il Catone che si uccise per la libertà era la "figura", e il Catone che appare nel *Purgatorio* è «la figura svelata o adempita», la «verità di quell'avvenimento figurale». La *figura* si distingue dalle altre forme allegoriche o simboliche «in virtù della pari storicità della cosa significante quanto della cosa significata». La *Divina Commedia* è «una visione che vede e proclama come già adempiuta la realtà figurale, e il punto peculiare è proprio che essa collega precisamente nel senso dell'interpretazione figurale, in maniera precisa e concreta, la realtà contemplata nella visione con i fatti storico-terreni».

Sul problema dell'allegoria nella *Commedia* hanno recato notevoli precisazioni storiche e approfondimenti critici ANTONINO PAGLIARO e UMBERTO BOSCO. Il primo distingue nettamente fra il *simbolo*, che ha carattere poetico, e l'*allegoria*, che è invece uno sviluppo concettuale arbitrario (cfr. il saggio *Simbolo e allegoria*, nel vol. *Ulisse*, 1967). Il secondo, ammesso che esiste un generale senso allegorico del poema, afferma che bisogna studiare le allegorie dantesche «non tanto per individuarne sempre il significato preciso e univoco, cosa che assai spesso non è possibile, ma per metterne in rilievo di volta in volta il potere di suggestione, in una certa direzione di pensiero e di sentimenti», e ricorda come la poetica medievale ammetteva la "polisemia" (ossia la pluralità di sensi) di un testo (cfr. il saggio, del 1951, *Tendenza al concreto e allegorismo nell'espressione poetica medievale* e la lettura, tenuta nel 1966, del canto XIV dell'*Inferno*).

Con un approccio di tipo linguistico si sono accostati al testo dantesco ROMAN JAKOBSON e PAOLO VALESIO cimentatisi in una lettura strutturalistica del sonetto *Se vedi li occhi miei di pianger vaghi* (in «Studi Danteschi», 1966) ed EZIO RAIMONDI, autore di un'*Analisi strutturale e semantica del canto IX del Purgatorio* (in *Metafora e storia*, Torino, Einaudi, 1977).

I tre volumi su *Psicoanalisi e strutturalismo di fronte a Dante* (a cura di E. Guidobaldi, Firenze, Olschki, 1972) attestano lo sforzo di adattare a Dante non solo il metodo strutturale, ma anche quello psicoanalitico: in alcuni casi si tratta del recupero di temi e proposte della critica precedente, verificati, approfonditi o interpretati alla luce dei moderni strumenti d'indagine.

Inserendosi in una posizione di rilievo nel moderno dibattito sulla religiosità e reinterpretando personalmente la teoria dell'Auerbach, utilizzando una pluralità di approcci, fra cui quello psicanalitico, CHARLES S. SINGLETON rilancia un'interpretazione teleologica del viaggio dantesco con i suoi *Dante Studies* (Cambridge, 1949; 1957; 1958) e con *The Irreducible Vision*, in *Illuminated Manuscripts of Divina Commedia* (Princeton, 1969). Ancora partendo dalla teoria figurale dell'Auerbach, ma tenendo conto dell'insegnamento dello Spitzer, si misura con l'americano Singleton GIORGIO BÁRBERI SQUAROTTI che rilegge l'incarnazione come passaggio dal mondo teologico a quello umano, dall'invisibile al visibile, dal pensiero alla poesia (*L'artificio dell'eternità*, Verona, Fiorini, 1972).

Una vasta *Storia della critica dantesca dal XIV al XX secolo* di ALDO VALLONE è compresa nella *Storia letteraria d'Italia* (a cura di A. Balduino, Padova, Vallardi, 1981); allo stesso autore si devono vari studi, fra i quali *Dante* (Milano, Vallardi, 1981^2), che tratta unitariamente aspetti biografici, storici, culturali e letterari, *Strutture e modulazioni nella Divina Commedia* (Firenze, Olschki, 1990), una serie di letture di singoli canti, e *Percorsi danteschi* (Firenze, Le Lettere, 1991), una raccolta di saggi comprendente un'analisi delle relazioni esistenti fra la *Commedia* e l'*Apocalisse*. La più aggiornata introduzione alla personalità artistica e umana di Dante è la *Vita di Dante* di GIORGIO PETROCCHI (Roma-Bari, Laterza, 1984^2).

1.8 Indagini filologiche e culturali del Novecento

Il grande filologo MICHELE BARBI si riallaccia ai grandi maestri della filologia positivistica, ma traccia anche vie nuove per la critica testuale (cfr. quanto al riguardo è stato detto nella *Parte seconda* nel capitolo *Filologia e critica letteraria*). Sotto la sua ispirazione venne compiuta una vasta opera di ricostruzione dei testi danteschi, della quale il documento maggiore è costituito dal testo critico di tutte le opere di Dante, apparso nel 1921 sotto gli auspici della Società Dantesca Italiana. Forse ancor più che per la *Divina Commedia* (il cui testo curato dal Vandelli non persuase interamente gli studiosi, i quali spesso gli preferirono quello preparato qualche anno più tardi dal Casella) questa edizione è importante per le opere minori, che erano state piuttosto trascurate dalla critica precedente. Delle opere si iniziò subito dopo, sotto la direzione del Barbi, una *Nuova Edizione Commentata*, della quale sono usciti finora il *Convivio* a cura di G. Busnelli e G. Vandelli, il *De vulgari eloquentia*, a cura di A. Marigo, le *Rime della «Vita nuova» e della giovinezza* a cura di M. Barbi e F. Maggini, e le *Rime della maturità e dell'esilio* a cura di M. Barbi e V. Pernicone.

In occasione del settimo centenario della nascita di Dante (1965) si è iniziata, sotto gli auspici della Società Dantesca Italiana, la pubblicazione di un'Edizione Nazionale delle *Opere*, di cui sono usciti la *Monarchia*, a cura di P. G. Ricci, *Il Fiore e Il Detto d'Amore*, a cura di G. Contini e la *Commedia secondo l'antica vulgata*, a cura di G. Petrocchi. L'apparizione di quest'ultima opera costituisce l'avvenimento più importante della recente filologia dantesca. Il curatore si è proposto di fissare un testo-base del poema (del quale non possediamo né l'autografo né le prime copie: il più antico manoscritto che ci sia noto è un codice fiorentino del 1330), fondato sui più antichi manoscritti, nei quali non è ancora molto avanzato quel processo di alterazione e contaminazione che diventa gravissimo dopo l'edizione del Boccaccio del 1355.

Da segnalare anche come avvenimento di grande importanza per gli studi danteschi in generale la pubblicazione della monumentale *Enciclopedia dantesca*, diretta dal Bosco, la quale si propone di «presentare l'immensa materia offerta dall'opera di Dante, sia attraverso l'esame di tutte le parole della *Divina Commedia* e delle altre opere volgari di Dante, sia attraverso l'illustrazione di tutti i problemi, le vicende, i personaggi ricordati da Dante o componenti il suo mondo culturale e umano».

I nuovi testi e commenti hanno offerto un solido fondamento agli studi sul pensiero e la cultura di Dante, fra i quali sono da segnalare in maniera particolare quelli di BRUNO NARDI, di ETIENNE GILSON e di AUGUSTIN RENAUDET. Il Nardi ha condotto ampie ricerche sull'ambiente culturale entro il quale si formò il pensiero dantesco, consegnate in vari volumi: *Saggi di filosofia dantesca* (1930), *Dante e la cultura medievale* (1942), *Nel mondo di Dante* (1944). L'impegno principale del Nardi, esperto conoscitore del pensiero medievale, è quello di combattere la riduzione degli elementi del pensiero filosofico dantesco al solo tomismo, integrando l'influenza di san Tommaso con quella di altri pensatori, e di dar preminente rilievo a una tendenza razionalistica di provenienza averroistica, che sarebbe soprattutto evidente nella *Monarchia*. Grande conoscitore del pensiero medievale è pure il Gilson, al quale si deve una acuta indagine intorno al problema della posizione del poeta-filosofo di fronte alla filosofia e al luogo che essa ha accanto alle altre attività proprie dell'uomo, religione e politica: *Dante et la philosophie* (1939). Il Renaudet si è invece rivolto a rintracciare gli elementi umanistici dell'opera dantesca (*Dante humaniste*, 1952). Per lui l'umanesimo di Dante è «un'etica della nobiltà umana», che si elabora lungo un itinerario che va dal *Convivio* alla *Commedia*: l'umanesimo del *Convivio* è soprattutto l'esaltazione, continuatrice della tradizione aristocratica dell'umanesimo greco-romano, di una nobiltà spirituale riservata a una ristretta cerchia di individui cultori della filosofia; quello della *Commedia* ha un'intonazione più intimamente cristiana, in quanto nasce dalla scoperta del valore umanistico della grazia, la quale eleva l'uomo all'intimità con Dio e ne salva la nobiltà, colpita dal peccato e dal disordine del mondo, dei quali nell'atmosfera di saggezza e grandezza quasi autosufficiente del *Convivio* sembra ancora mancare il senso. Nel secondo momento gli elementi della cultura classica non vengono rinnegati, ma ripresi e giustificati da un più profondo significato: i miti classici (la maggior parte dell'opera del Renaudet è dedicata a un esame dei vari miti classici in Dante) sono infatti riconosciuti come più o meno chiare profezie e prefigurazioni della Rivelazione cristiana. Uno dei temi più dibattuti dalla critica è quello del prevalere nel pensiero dantesco del razionalismo o del misticismo (su questo argomento cfr. M. BARBI, *Razionalismo e misticismo in Dante*, in *Problemi di critica dantesca*, vol. II, Firenze, Sansoni, 1941): il Renaudet ritiene che l'orientamento di Dante non sia né esclusivamente mistico né esclusivamente intellettualistico, ma risulti da un «conflato delle due istanze così che il riconosciuto limite della ragione non segna mortificazione o negazione della conoscenza e della virtù umana esaltata nell'Umanesimo classico, bensì apertura verso un Amore che supera la Ragione senza negarla» (F. MONTANARI, *art. cit.*). Questo atteggiamento consente a Dante la sintesi fra i valori effettivi del mondo greco-romano e i valori cristiani.

Le ampliate conoscenze sulla cultura medievale hanno anche consentito una più precisa definizione della poetica e della retorica dantesca e il chiarimento dei rapporti fra le strutture dell'opera letteraria dantesca e la tradizione del Medioevo non solo volgare, ma latino. Ricordiamo gli studi di ARISTIDE MARIGO, di ALFREDO SCHIAFFINI, di PIER VINCENZO MENGALDO sul *De vulgari eloquentia* e dello stesso Schiaffini sull'analisi della prosa della *Vita Nuova* e del *Convivio* in rapporto con i precetti e i modelli della retorica latina medievale. LUCIA BATTAGLIA RICCI e PETER DRONKE hanno indagato sul pensiero e sulla cultura di Dante in relazione alla sua epoca, rispettivamente con *Dante e la tradizione letteraria medioevale* (Pisa, Giardini, 1983) e con *Dante e le tradizioni latine medioevali* (Bologna, Il Mulino, 1990).

In sede filologica una delle proposte più suggestive è stata quella fatta da GIANFRANCO CONTINI, il quale, in base a considerazioni soprattutto di carattere linguistico-stilistico, ritiene di poter solidamente confermare l'attribuzione a Dante della composizione del *Fiore* (rifacimento toscano in sonetti del *Roman de la Rose*). Fra le miscellanee di studi filologici si segnala *Filologia e critica dantesca. Studi offerti a Aldo Vallone* (Firenze, Olschki, 1989).

Repertorio bibliografico

a) Opere bibliografiche e introduttive

T. WESLEY KOCH, *Cornell University Library. Catalogue of the Dante Collection Presented by W. Fiske*, Ithaca, New York, 1898-1900, e le relative *Additions* di M. FOWLER per gli anni 1898-1921, ivi, 1921; N.D. EVOLA, *Bibliografia dantesca (1920-1930)*, Firenze, Olschki, 1932; ID., *Bibliografia dantesca (1931-1934)*, in *Bibliografia degli studi sulla letteratura italiana*, Milano, Vita e Pensiero, 1938; ID., *Bibliografia dantesca (1935-1939)*, in «Aevum», XV, 1941; H. WIERUSZOWSKI, *Bibliografia dantesca*, in «Giornale dantesco», XXXIX, 1938, e XLI, 1940; A. VALLONE, *Gli studi danteschi dal 1940 al 1949*, Firenze, Olschki, 1950; *D. Alighieri*, Roma, Centro Nazionale per il Catalogo unico delle Biblioteche italiane, 1965.

Per gli studi dal 1950 al 1970 si dispone oggi di E. ESPOSITO, *Bibliografia analitica degli scritti su Dante (1950-1970)*, tt. 4, Firenze, Olschki, 1990. Sugli studi più recenti si vedano: M. MARTI, *Rassegne di studi danteschi*, in «Giornale Storico della Letteratura Italiana», CXLI, 515, 1984 e ivi, CLXIII, 522, 1986; F. SANGUINETI, *L'annata dantesca*, in «Belfagor», XLIV, 1989 e ID., *Dante quotidiano*, ivi, XLV, 1990.

La più aggiornata introduzione alla biografia e all'opera dantesca è G. PETROCCHI, *Vita di Dante*, Roma-Bari, Laterza, 1990³. Tra le altre opere introduttive, si segnalano: N. ZINGARELLI, *La vita, i tempi e le opere di Dante*, Milano, Vallardi, 1931²; M. APOLLONIO, *Dante, Storia della «Commedia»*, Milano, Vallardi, 1951; M. BARBI, *Dante. Vita, opere e fortuna*, Firenze, Sansoni, 1952²; S.A. CHIMENZ, *Dante*, in *Letteratura italiana*, vol. I, *I Maggiori*, Milano, Marzorati, 1956; U. COSMO, *Guida a Dante*, Firenze, La Nuova Italia, 1962²; F. MAGGINI, *Introduzione allo studio di Dante*, Pisa, Nistri-Lischi, 1965⁴; A. VALLONE, *Dante*, Padova, Piccin-Nuova Libraria, 1971; G. PADOAN, voce *Alighieri Dante*, in *Dizionario critico della letteratura italiana*, dir. da V. Branca, Torino, UTET, 1973 e ID., *Introduzione a Dante*, Firenze, Sansoni, 1985 (1ª ed. 1975); A. VALLONE, *Dante*, in *Storia letteraria d'Italia*, Milano, Vallardi, 1981². Oltre alla citata *Vita di Dante* del Petrocchi, una buona biografia resta U. COSMO, *Vita di Dante*, Firenze, La Nuova Italia, 1965³. Tutti i documenti d'archivio riguardanti la famiglia e la vita di Dante in *Codice diplomatico dantesco*, a cura di R. Piattoli, Firenze, 1950². Cfr. anche G. FALLANI, *Dante autobiografico*, Napoli, Società Editrice Napoletana, 1975.

Si tengano presenti anche alcuni repertori ed enciclopedie: G.A. SCARTAZZINI, *Enciclopedia dantesca*, Milano, 1886-1889, continuata da A. FIAMMAZZO, *Dizionario-concordanza delle opere latine e italiane*, Milano, 1905; P. TOYNBEE, *A Dictionary of Proper Names and Notable Matters in the Works of Dante*, Oxford, 1898 (nuova ed. a cura di Ch. S. Singleton, Oxford, Clarendon Press, 1968); E.A. FAY, *Concordance of the Divina Commedia*, Boston e London, 1888; F.S. SHELDON, *Concordanza delle opere italiane in prosa e del Canzoniere di Dante Alighieri*, Oxford, 1905; K. RAND-E.H. WILKINS, *Dantis Alagherii Operum latinorum concordantiae*, Oxford, 1912; *A Concordance to the Divina Commedia of Dante Alighieri*, a cura di

H. E. Wilkins e Th. G. Bergin, Cambridge, Mass., Harvard University Press, 1965; *La Divina Commedia* (testo, concordanze, lessici, rimario, indici), IMB Italia, 1965; *Concordanza della Commedia di Dante Alighieri*, condotta sul testo critico di G. Petrocchi, a cura di L. Lovera, premessa di G. Contini, indice analitico dei nomi e delle cose notevoli, a cura di F. Mazzoni, Torino, Einaudi, 1975. Ma soprattutto si veda l'*Enciclopedia dantesca*, 5 voll. e 1 vol. di *Appendice* (con materiali biografici, linguistici e bibliografici), dir. da U. Bosco, Roma, Istituto dell'Enciclopedia Italiana, 1978.

b) Edizioni e commenti

A cura della Società Dantesca è iniziata la pubblicazione presso Mondadori di un'Edizione Nazionale delle *Opere*, il cui frutto più importante è *La Commedia* secondo l'antica vulgata, a cura di G. Petrocchi, Milano, 1966-1967. Delle altre opere dell'Edizione Nazionale si dirà separatamente. Una ormai superata edizione critica di tutte le *Opere* è quella curata dalla Società Dantesca Italiana, Firenze, Bemporad, 1960 (1ª ed. 1921). Per le altre opere: *Vita nuova*, ed. critica a cura di M. Barbi, Firenze, Bemporad, 1932²; *Vita nuova*, a cura di D. De Robertis, Milano-Napoli, Ricciardi, 1980; *Convivio*, a cura di A. E. Quaglio, Firenze, Le Monnier, 1964 (1ª ed. a cura di G. Vandelli e G. Busnelli, Firenze, Le Monnier, 1954 e *Id.*, a cura di M. Simonelli, Bologna, Pàtron, 1966; *De vulgari eloquentia*, a cura di P. Rajna, Firenze, 1987 (rist. anast. Milano, Mondadori, 1965); *Id.*, a cura di A. Marigo, Firenze, Le Monnier, 1957³; *Id.*, a cura di P. V. Mengaldo, Padova, Antenore, 1968; *Monarchia*, a cura di G. Vinay, Firenze, Sansoni, 1950; *Id.*, a cura di P. G. Ricci, Milano, Mondadori, 1965; *Rime*, a cura di G. Contini, Torino, Einaudi, 1965²; *Rime della «Vita nuova» e della giovinezza*, a cura di M. Barbi e F. Maggini, Firenze, Le Monnier, 1956; *Rime*, a cura di B. Panvini, Palermo, Andò, 1968; *Rime della maturità e dell'esilio*, a cura di M. Barbi e V. Pernicone, Firenze, Le Monnier, 1969; *Epistole*, a cura di P. Toynbee, Oxford, Clarendon Press, 1920. E. Bolisani-M. Valgimigli, *La corrispondenza poetica di Dante Alighieri con Giovanni del Virgilio*, Firenze, Olschki, 1963; *De situ et forma aquae et terrae*, a cura di G. Padoan, Firenze, Le Monnier, 1967; *Le egloghe*, a cura di G. Brugnoli e R. Scarcia, Milano-Napoli, Ricciardi, 1980. Sulla tradizione delle opere dantesche, prezioso il saggio di G. Folena, *La tradizione delle opere di Dante Alighieri*, in *Atti del Congresso Internazionale di studi danteschi*, vol. I, Firenze, Sansoni, 1965.

Fra i migliori commenti della *Divina Commedia* per l'esattezza dell'informazione e la chiarezza e precisione espositiva ricordiamo quelli a cura di S. A. Chimenz, Torino, UTET, 1961; U. Bosco e G. Reggio, Firenze, Le Monnier, 1979; T. Di Salvo, Bologna, Zanichelli, 1985; S. Jacomuzzi, A. Dughera, G. Ioli e V. Jacomuzzi, Torino, SEI, 1990. Tra gli altri commenti si vedano quelli a cura di T. Casini, rinnovato da S. A. Barbi, Firenze, Sansoni, 1972; G. A. Scartazzini e G. Vandelli, Milano, Hoepli, 1979; N. Sapegno, Firenze, La Nuova Italia, 1972; L. Pietrobono, Torino, SEI, 1934; C. Grabher, Milano, Principato, 1971; A. Marchese, Torino, SEI, 1993. Il più notevole per l'interpretazione estetica è quello a cura di A. Momigliano, Firenze, Sansoni, 1973. Ricco di riferimenti a tutta la più recente esegesi dantesca quello a cura di G. Giacalone, Roma, Signorelli A., 1977. Eccellente l'edizione della *Divina Commedia*, 3 voll., a cura di E. Pasquini e A. E. Quaglio, Milano, Garzanti, 1988 (in un solo volume, ivi, 1982). Utile l'edizione a cura di G. Davico Bonino e G. Villaroel, Milano, Mondadori, 1985. Dei commenti antichi presenta ancora molto interesse per varie ragioni (cfr. il par. 1.3) quello del Tommaseo, a cura di U. Cosmo, Torino, UTET, 1934. Delle opere minori sono largamente commentate le ed. citate del *Convivio*, a cura di G. Vandelli e G. Busnelli; del *De vulgari eloquentia*, a cura di A. Marigo (con traduzione); della *Monarchia*, a cura di

G. Vinay (con traduzione). Della *Monarchia* si veda anche l'edizione commentata a cura di F. Sanguineti, Milano, Garzanti, 1985. Esistono molte edizioni commentate della *Vita nuova*: fra di esse indichiamo quelle a cura di A. D'Ancona, Pisa, 1884 (1ª ed. 1882); T. Casini, Firenze, Sansoni, 1885 (rifatta a cura di L. Pietrobono, 1922); D. Guerri, Firenze, 1922; N. Sapegno, Firenze, Vallecchi, 1932; D. Mattalia, Torino, Paravia, 1936. Pregevoli anche alcune edizioni in collane economiche: a cura di G. Davico Bonino, Milano, «Oscar» Mondadori, 1985; F. Sanguineti, Milano, «I grandi libri», Garzanti, 1977. Per il *Convivio* un buon commento in edizione economica è quello a cura di P. Cudini, Milano, Garzanti, 1980. Molto importante l'edizione delle opere latine commentate e tradotte da vari studiosi: *D. Alighieri, Opere minori*, a cura di D. De Robertis e G. Contini, t. II, Milano-Napoli, Ricciardi, 1979. È ora disponibile anche il tomo I, ancora a cura di D. De Robertis e G. Contini, ivi, 1984. Molto valida anche l'edizione delle *Opere minori*, Torino, UTET, 1983-1986, in 2 tomi (t. I: *Vita nuova, De Vulgari Eloquentia, Rime, Ecloge*, a cura di G. Bárberi Squarotti; t. II: *Convivio, Epistole, Monarchia, Questio de aqua et terra*, a cura di F. Chiappelli *et alii*). Cfr. anche: *Opere minori*, a cura di A. Del Monte, Milano, Rizzoli, 1960; *Tutte le opere*, a cura di F. Chiappelli, Milano, Mursia, 1965; *Id.*, a cura di L. Blasucci, Firenze, Sansoni, 1965.

c) Critica

Orientamenti generali sulla storia della critica dantesca: F. MAGGINI, *La critica dantesca dal Trecento ai giorni nostri*, in *Questioni e correnti di storia letteraria*, Milano, Marzorati, 1958; D. MATTALIA, *Dante Alighieri*, in *I Classici italiani nella storia della critica*, dir. da W. Binni, vol. I, Firenze, La Nuova Italia, 1977 (con amplia bibliografia); W. BINNI, *La critica dantesca*, Firenze, La Nuova Italia, 1950. E inoltre: B. MAIER, *Breve storia della critica dantesca*, in Appendice a U. COSMO, cit.; L. MARTINELLI, *Dante (Storia e antologia della critica)*, Palermo, Palumbo, 1973 (1ª ed. 1966); C. DIONISOTTI, *Varia fortuna di Dante* (1966), in *Geografia e storia della letteratura italiana*, Torino, Einaudi, 1967. Su vari aspetti della critica dantesca cfr.: A. VALLONE, *La critica dantesca nell'Ottocento*, Firenze, Olschki, 1975 (1ª ed. 1958); ID., *La critica dantesca nel Settecento e altri saggi danteschi*, ivi, 1961; ID., *L'interpretazione di Dante nel Cinquecento*, ivi, 1969; ID., *La critica dantesca del Novecento*, ivi, 1976; e dello stesso autore si veda il riassuntivo *Storia della critica dantesca dal XIV al XX secolo*, Milano-Padova, Vallardi-Piccin-Nuova Libraria, 1981. Si veda inoltre R. FRATTAROLO, *Studi su Dante dal Trecento all'età romantica*, Ravenna, Longo, 1970. Cfr. inoltre gli *Atti del Convegno di studi su aspetti e problemi della critica dantesca*, Roma, 1967; U. COSMO, *Con Dante attraverso il Seicento*, Firenze, La Nuova Italia, 1973; AA.VV., *Dante nel pensiero e nella esegesi dei secoli XIV e XV*, Firenze, Olschki, 1975; G. TAVANI, *Dante nel Seicento*, Firenze, Olschki, 1976. Per la fortuna di Dante all'estero: W.P. FRIEDERICH, *Dante's Fame Abroad*, Roma, Edizioni di Storia e Letteratura, 1950; *Dante nel mondo*, a cura di V. Branca e E. Caccia, Firenze, Olschki, 1965; AA.VV., *Dante in Francia, Dante in Spagna*, Bari, Oceania, 1978. Sulla critica dantesca in America, un utile repertorio è L. GIOVANNETTI, *Dante in America. Bibliografia (1965-1980)*, Ravenna, Longo, 1989. E si veda: AA.VV., *Studi americani su Dante*, a cura di G.C. Alessio e R. Hollander, Milano, Franco Angeli, 1989. Diverse le raccolte di pagine critiche su Dante: G. DE FEO-G. SAVARESE, *Antologia della critica dantesca*, Messina-Firenze, D'Anna, 1959; M. FUBINI-E. BONORA, *Antologia della critica dantesca*, Torino, Petrini, 1966; A. PAGLIARO, *La Divina Commedia nella critica*, Messina-Firenze, D'Anna, 1966; G. PETROCCHI-P. GIANNANTONIO, *Questioni di critica dantesca*, Napoli, Loffredo, 1969; U. BOSCO-G. IORIO, *Antologia della critica dantesca*, Milano, Principato, 1971; S. PASQUAZI, *Aggiornamenti di critica dantesca*, Firenze, Le Monnier, 1972. Fondamentale per molte questioni M. BARBI, *Problemi di critica dantesca*, 2 voll., Firenze, Sansoni, 1965 (1ª ed. 1941). Dello stesso: *Problemi fondamentali per un nuovo commento della «Divina Commedia»*, Firenze, Sansoni, 1956. Le più notevoli pagine dantesche di U. Foscolo, oltre che nel vol. IX (*Studi su Dante*, a cura di G. Da Pozzo e G. Petrocchi) dell'Edizione Nazionale delle *Opere*, Firenze, Le Monnier, 1979-1981, si possono leggere nella scelta dei suoi *Saggi letterari*, a cura di M. Fubini, Torino, UTET, 1926. In particolare sulla critica crociana di Dante: M. Sansone, *Dante e Benedetto Croce*, in *Dante e l'Italia meridionale*, Firenze, Olschki, 1966. Lo stesso Autore ha riassunto e discusso la polemica sul problema "poesia-struttura" in *Natura e limiti del rapporto di struttura e poesia nella critica dantesca*, in *Studi di storia letteraria*, Bari, Adriatica, 1950. Interessante per lo studio di tutto il mondo culturale e artistico di Dante: K. Vossler, *La «Divina Commedia» studiata nella sua genesi e interpretata*, trad. it. di S. Jacini e S. Vincenti della 2ª ed. tedesca, Bari, Laterza, 1983 (1ª ed. 1927). Vari importanti studi si trovano in *Atti del Congresso Internazionale di Studi danteschi*, Firenze, Sansoni, 1965, e in *Dante nella critica d'oggi*, a cura di U. Bosco, Firenze, Le Monnier, 1965, Cfr. anche i saggi raccolti in *Dante e Roma*, Atti del Convegno di Studi, a cura della «Casa di Dante», Firenze, Le Monnier, 1965; *Miscellanea di studi danteschi*, a cura dell'Istituto di letteratura italiana dell'Università di Genova, Genova, Bozzi, 1966; *Dante e Bologna ai tempi di Dante*, a cura della Facoltà di lettere e filosofia dell'Università di Bologna, Bologna, Commissione per i testi di lingua, 1967, *L'Umanesimo in Dante*, Atti del Convegno di Studi di Montepulciano, 1965, a cura di G. Tarugi, Firenze, Olschki, 1967. E inoltre: *Filologia e critica dantesca. Studi offerti a Aldo Vallone*, Firenze, Olschki, 1989.

Su aspetti diversi della personalità di Dante, si tengano presenti sul pensiero filosofico e la cultura in genere, G. Busnelli, *L'etica nicomachea e l'ordinamento morale dell'Inferno*, Bologna, Zanichelli, 1907; Id., *L'ordinamento morale del Purgatorio dantesco*, Roma, 1908; Id., *Il concetto e l'ordine del Paradiso dantesco*, Città di Castello, Lapi, 1911-1912; B. Nardi, *Saggi di filosofia dantesca*, Firenze, La Nuova Italia, 1966 (1ª ed. Roma, Dante Alighieri, 1930); Id., *Dante e la cultura medioevale*, a cura di P. Mazzantini, Bari, Laterza, 1990 (1ª ed. 1942); Id., *Nel mondo di Dante*, Roma, Edizioni di Storia e Letteratura, 1944; Id., *La filosofia di Dante*, in *Grande Antologia Filosofica*, Milano, Marzorati, 1952; Id., *Dal Convivio alla Commedia*, Roma, 1960; E. Gilson, *Dante et la philosophie*, Paris, Vrin, 1939 e Id., *Dante et Béatrice*, ivi, 1974; A. Pézard, *Le «Convivio» de Dante*, Paris, 1940; A. Renaudet, *Dante humaniste*, Paris, Les Belles Lettres, 1954²; P. Renucci, *Dante disciple et juge du monde gréco-latin*, Paris, Les Belles Lettres, 1954; R. Guardini, *Studi su Dante*, Brescia, Morcelliana, 1967; P. Giannantonio, *Dante e l'allegorismo*, Firenze, Olschki, 1969; J. Pépin, *Dante et la tradition de l'allégorie*, Paris, Vrin, 1970; G. Padoan, *Il pio Enea, l'empio Ulisse: tradizione classica e intendimento medievale in Dante*, Ravenna, Longo, 1987 (1ª ed. 1977); L. Battaglia Ricci, *Dante e la tradizione letteraria medioevale*, Pisa, Giardini, 1983; P. Dronke, *Dante e le tradizioni latine medioevali*, trad. it. di M. Graziosi, Bologna, Il Mulino, 1990 (ed. or. 1986). Sulla ricezione di Dante in età medievale: C. Paolazzi, *Dante e la «Commedia» nel Trecento. Dall'Epistola a Cangrande all'età di Petrarca*, Milano, Vita e Pensiero, 1989. Su Dante e l'astrologia: E. Travi, *Dal cerchio al centro. Studi danteschi*, Milano, Vita e Pensiero, 1990; R. Morghen, *Dante e Averroè*, in *L'averroismo in Italia*, Roma, Istituto Storico Italiano per il Medio Evo, 1979.

Sul pensiero politico: A. Solmi, *Il pensiero politico di Dante*, Firenze, La Voce, 1922; F. Ercole, *Il pensiero politico di Dante*, Milano, Alpes, 1927-1928; F. Battaglia, *Impero, Chiesa e stati particolari nel pensiero di Dante*, Bologna, 1944; A. Passerin d'Entrèves, *Dante politico e altri saggi*, Torino, Einaudi, 1955; J. Goudet, *La politique de Dante*, Lyon, L'Hermés, 1981; P. Brezzi, *Letture dantesche di argomento storico-politico*, Napoli, Ferraro, 1983; J.M. Ferrante, *The Political Vision of the Divine Comedy*, Princeton, N.J., Princeton University Press, 1984.

Sulla poetica e la linguistica: F. D'Ovidio, *Sul trattato «De vulgari eloquentia»*, in *Versificazione italiana e arte poetica medievale*, vol. IX delle *Opere*, Napoli, Guida, 1932; F. Di Capua, *Insegnamenti retorici medioevali e dottrine estetiche moderne nel «De vulgari eloquentia» di Dante*, Napoli, Loffredo, 1944; A. Pagliaro, *La dottrina linguistica di Dante*, in *Nuovi saggi di critica semantica*, Messina-Firenze, D'Anna, 1956; A. Schiaffini, *A proposito dello "stile comico" di Dante*, in *Italiano antico e moderno*, Milano-Napoli, Ricciardi, 1975; F. Tateo, *L'interpretazione scritturale e la «poetica» di Dante*, in *Retorica e poetica fra Medioevo e Rinascimento*, cit.; P.V. Mengaldo, *Linguistica e retorica in Dante*, Pisa, Nistri-Lischi, 1978; I. Pagani, *La teoria linguistica di Dante*, Napoli, Liguori, 1982; L. Peirone, *Autonomia e diacronia linguistica nella lirica di Dante*, Genova, Tilgher, 1987; P. Di Sacco, *«Quandoque mediocre, quandoque humile». (Su De vulg. el. II, IV)*, in «Lingua e stile», XXVII, 2, 1992.

Sull'arte: E.G. Parodi, *Poesia e storia nella «Divina Commedia»*, Napoli, Perrella, 1921 (nuova ed., a cura di G. Folena e P.V. Mengaldo, Venezia, Neri Pozza, 1965); B. Croce, *La poesia di Dante*, Bari, Laterza, 1952[7]; F. D'Ovidio, *Studi sulla «Divina Commedia»*, Napoli, Guida, 1931-1932; U. Cosmo, *L'ultima ascesa*, a cura di B. Maier, Firenze, La Nuova Italia, 1968 (1ª ed. Bari, Laterza, 1936); A. Momigliano, *Il paesaggio della «Divina Commedia»*, in *Dante, Manzoni, Verga*, Messina, D'Anna, 1944; A. Chiari, *Letture dantesche*, Firenze, Le Monnier, 1946; G. Getto, *Aspetti della poesia di Dante*, Firenze, Sansoni, 1966[2]; G. Fallani, *Poesia e teologia nella «Divina Commedia»*, Milano, Marzorati, 1959; F. Montanari, *L'esperienza poetica di Dante*, Firenze, Le Monnier, 1967[2]; E. Sanguineti, *Interpretazione di Malebolge*, Firenze, Olschki, 1962; E. Auerbach, *Studi su Dante*, trad. it. di M.L. De Pieri Bonino e D. Della Terza, Milano, Feltrinelli, 1991 (1ª ed. 1963); A.M. Chiavacci Leonardi, *Lettura del Paradiso dantesco*, Firenze, Sansoni, 1963; F. Mazzoni, *Contributi di filologia dantesca*, Firenze, Sansoni, 1965; U. Bosco, *Dante vicino*, Caltanissetta, Sciascia, 1985 (1ª ed. 1966); S. Pasquazi, *All'eterno dal tempo*, Roma, Bulzoni, 1985 (1ª ed. Firenze, Le Monnier, 1968); E. Paratore, *Tradizione e struttura in Dante*, Firenze, Sansoni, 1968; G. Petrocchi, *Itinerari danteschi*, Milano, Franco Angeli, 1992 (1ª ed. Bari, Adriatica, 1969); E. Raimondi, *Metafora e storia. Studi su Dante e Petrarca*, Torino, Einaudi, 1977 (1ª ed. 1970); M.M. Rossi, *Problematica della «Divina Commedia»*, Firenze, Le Monnier, 1970; T. Wlassics, *Interpretazioni di prosodia dantesca*, Roma, Signorelli A., 1972; Id., *Dante narratore. Saggi sullo stile della Commedia*, Firenze, Olschki, 1975; G. Bárberi Squarotti, *L'artificio dell'eternità, Studi danteschi*, Verona, Fiorini, 1972; G. Paparelli, *Ideologia e poesia in Dante*, Firenze, Olschki, 1975; M. Sansone, *Letture e studi danteschi*, Bari, De Donato, 1975; G. Contini, *Un'idea di Dante*, Torino, Einaudi, 1976; F. Forti, *Magnanimitade. Studi su un tema dantesco*, Bologna, Pàtron, 1977; J.A. Scott, *Dante magnanimo. Studi sulla «Commedia»*, Firenze, Olschki, 1977; P. Boyde, *Retorica e stile nella lirica di Dante*, trad. it. di G. Calenda, Napoli, Liguori, 1979; G. Gorni, *Il nodo della lingua e il Verbo d'Amore. Studi su Dante e altri duecentisti*, Firenze, Olschki, 1981[2]; Id., *Lettera come numero. L'ordine delle cose in Dante*, Bologna, Il Mulino, 1990; A.M. Chiavacci Leonardi, *La guerra della pietate. Saggio per una interpretazione dell'«Inferno» di Dante*, Napoli, Liguori, 1979; E.N. Girardi, *Studi su Dante*, Brescia, Edizioni del Moretto, 1980; Id., *Nuovi studi su Dante*, Milano, Edizioni di Teoria e Storia letteraria, 1987; E. Bigi, *Forme e significati nella «Divina Commedia»*, Bologna, Cappelli, 1981; M. Corti, *Dante a un nuovo crocevia*, Firenze, Libreria Commissionaria Sansoni, 1981; Id., *La felicità mentale. Nuove prospettive per Cavalcanti e Dante*, Torino, Einaudi, 1983; P. Armour, *The Door of Purgatory - A Study of Multiple Symbolism in Dante's «Purgatorio»*, Oxford, Clarendon Press, 1983; W. Binni, *Incontri con Dante*, Ravenna, Longo, 1983; R. Hollander, *Il Virgilio dantesco. Tragedia nella «Commedia»*, Firenze, Olschki, 1983; P. Giannantonio, *Endiadi*

Dottrina e poesia nella Divina Commedia, Firenze, Sansoni, 1983; G. MARTELLOTTI, *Dante e Boccaccio e altri scrittori dall'Umanesimo al Rinascimento*, Firenze, Olschki, 1983; F. FIGURELLI, *Studi danteschi*, Napoli, Istituto Universitario Orientale, 1983; V. RUSSO, *Il romanzo teologico. Sondaggi sulla Commedia di Dante*, Napoli, Liguori, 1984; E. TRAVI, *Dante fra Firenze e il paese sincero*, Milano, Istituto Propaganda libraria, 1984; ID., *Dal cerchio al centro. Studi danteschi*, Milano, Vita e Pensiero, 1990; V. PERNICONE, *Studi danteschi e altri saggi*, a cura di M. Dillon Wanke, Genova, Istituto di Letteratura Italiana, 1984; M. MARTI, *Studi su Dante*, Galatina, Congedo, 1984; P. BOYDE, *L'uomo nel cosmo. Filosofia della natura e poesia in Dante*, trad. it. di E. Gentili, Bologna, Il Mulino, 1984; F. SALSANO, *Personaggi della «Divina Commedia»*, Cassino, Sangermano Editore, 1984; S. PASQUAZI, *All'eterno dal tempo. Studi danteschi*, Roma, Bulzoni, 1985³; ID., *D'Egitto in Gerusalemme. Studi danteschi*, Roma, Bulzoni, 1985; G. FARRIS, *Dante o Imago Dei*, Savona, Sabatelli, 1985; R. MONTANO, *Dante filosofo e poeta*, Napoli, Conte G. B. Vico Editore, 1985; G. SANTANGELO, *Dante e la Sicilia e altre «letture» e note dantesche*, Palermo, Flaccovio, 1985; B. DELMAY, *I personaggi della Divina Commedia, Classificazione e Regesto*, Firenze, Olschki, 1986; D.S. CERVIGNI, *Dante's Poetry of Dreams*, Firenze, Olschki, 1986; G. BÁRBERI SQUAROTTI, *L'ombra d'Argo. Studi sulla «Commedia»*, Torino, Genesi, 1986; E. BONORA, *Interpretazioni dantesche*, Modena, Mucchi, 1988; M. DELL'AQUILA, *Al millesimo del vero. Letture dantesche*, Fasano, Schena, 1989; E. MALATO, *«Lo fedele consiglio della ragione»*, Roma, Salerno, 1990; A. VALLONE, *Strutture e modulazioni nella «Divina Commedia»*, Firenze, Olschki, 1990; P. SABBATINO, *L'Eden e la nuova poesia. Saggi sulla «Divina Commedia»*, Firenze, Olschki, 1991; G. OLIVA, *Per altre dimore. Forme di rappresentazione e sensibilità medioevale in Dante*, Roma, Bulzoni, 1991; M. DOZON, *Mythe et symbole dans la Divine Comédie*, Firenze, Olschki, 1991; F. FERRUCCI, *Il poema del desiderio. Poetica e passione in Dante*, Milano, Leonardo, 1991; T. BAROLINI, *Il miglior fabbro. Dante e i poeti della Commedia*, Torino, Bollati Boringhieri, 1993.

Per lo studio dei singoli canti della *Divina Commedia* si tengano poi presenti le varie serie di *Letture* dantesche: *Lectura Dantis,* Firenze, Sansoni, dal 1900; *Nuova Lectura Dantis*, Roma, Signorelli, 1950-1959; *Lectura Dantis Scaligera*, Firenze, Le Monnier, 1967-1968; *Nuove Letture dantesche*, ivi, 1966-1976. Si veda anche: *Letture dantesche*, a cura di G. Getto, Firenze, Sansoni, 1962; *Dante Commentaries*, a cura di D. Noland, Dublin, Irish Academic Press, 1977. Nuove serie di *Letture* dantesche: *Lectura Dantis neapolitana*, Napoli, Loffredo, 1986; *Lectura Dantis modenese; Lectura Dantis Metelliana; Letture Classensi*, Ravenna, Longo, 1981-1992. E come introduzione generale al poema, fra l'altro: F. MONTANARI, *La Divina Commedia*, Roma, Studium 1967; A. PAGLIARO, *Ulisse. Ricerche semantiche sulla Divina Commedia*, 2 voll., Messina-Firenze, D'Anna, 1967; T. SPOERRI, *Introduzione alla Divina Commedia*, Milano, Mursia, 1966; G. SAROLLI, *Prolegomena alla Divina Commedia*, Firenze, Olschki, 1971; CH. S. SINGLETON, *La poesia della Divina Commedia*, trad. it. di G. Prampolini, Bologna, Il Mulino, 1983 (1ª ed. 1978).

Per la questione del *Fiore* cfr.: G. CONTINI, *La questione del Fiore*, in «Cultura e scuola», 13-14, 1965 e ID., *Un nodo della cultura medievale: la serie Roman de la Rose-Fiore-Divina Commedia*, in *Un'idea di Dante*, cit.; L. VANOSSI, *Dante e il «Roman de la Rose». Saggio sul «Fiore»*, Firenze, Olschki, 1979; *Il Fiore e il Detto d'Amore*, a cura di C. Marchiori, Genova, Tilgher, 1983.

Per l'aggiornamento critico-bibliografico si tenga presente la rivista «Studi danteschi».

2 Petrarca

2.1 La celebrazione umanistica, il petrarchismo del Cinquecento e l'antipetrarchismo del Seicento

Fino all'Umanesimo il Petrarca è celebrato soprattutto come scrittore in latino. Si tratta di una valutazione suggerita dal poeta stesso, il quale le varie volte che difese la propria opera ricordò quasi esclusivamente gli scritti in latino e s'impegnò a spiegare la sua attività di cultore dei classici. Il suggerimento fu accolto dal Boccaccio e dagli altri primi biografi, che tutti considerarono in sottordine la sua produzione in volgare. Nel Trecento e nel Quattrocento non si determinò nemmeno una precisa tradizione imitativa della sua poesia, il cui influsso nella lirica è ancora contaminato con quello degli stilnovisti, di Dante, del classicismo latino ecc. Tuttavia, proprio in connessione con lo svolgimento dell'Umanesimo verso una posizione di rigida fedeltà ai modelli di Virgilio e di Cicerone, cominciò a diminuire la fama del latinista e a crescere quella del poeta in volgare. Appartengono al Quattrocento le prime edizioni del *Canzoniere*: di Vindelino da Spira (Venezia, 1470) e Valdezocco (Padova, 1472), che è la prima condotta sull'autografo principale (Vaticano Latino 3195).

Un momento decisivo per la fortuna del Petrarca e per la critica petrarchesca si ha agli inizi del Cinquecento. Nel 1501 Aldo Manuzio pubblicò la sua edizione del *Canzoniere*, curata da PIETRO BEMBO, il quale si servì di un suo manoscritto (oggi Cod. Vaticano 3196), fissando quello che fu per lungo tempo il testo vulgato dell'opera; lo stesso Bembo con le *Prose della volgar lingua* (1525, ma le idee che vi erano propugnate si erano già diffuse negli anni precedenti) e con l'esempio di un suo Canzoniere proponeva e imponeva il Petrarca come modello della lirica volgare. Nasceva così il "petrarchismo", cioè l'imitazione, a volte così pedissequa da giungere alla composizione di veri e propri centoni di luoghi del poeta imitato, dei temi e delle espressioni del Petrarca e, fenomeno forse più importante, si affermava quel "gusto" stilistico petrarchesco, gusto dell'equilibrio armonico e dell'eleganza aristocratica e schifiltosa, che avrebbe dominato la nostra lirica almeno fino al Romanticismo. Notevoli nel Cinquecento sono anche gli studi biografici e i commenti del *Canzoniere*, tra i quali vanno ricordati soprattutto, per acume critico e per proposte interpretative che interessano ancora oggi, quelli di ALESSANDRO VELLUTELLO (1525) e di LUDOVICO CASTELVETRO (1582, post.) (la più importante biografia è quella di LUDOVICO BECCADELLI). Con la diffusione europea del gusto rinascimentale si diffonde anche fuori d'Italia, e specialmente in Francia, lo studio e l'imitazione del Petrarca.

Una corrente antipetrarchista, avversa al gusto idealizzante e aristocratico del modello, percorre anche il Cinquecento (si ricordino certe parodie del Berni), ma è nel Seicento che il culto del Petrarca attraversa una crisi notevole. Vi contribuiscono diverse ragioni: prima di tutto quell'atteggiamento di disprezzo per la letteratura del passato, di cui abbiamo già parlato a proposito di Dante (cfr. il cap. I, 1.2); poi l'avviamento del nuovo gusto barocco verso un ideale di turgidezza ornamentale, di scintillio metaforico, di precisione e colore realistico, di sfoggiata ingegnosità, assai lontano da quello petrarchesco, anche se per certi punti, per esempio la ricerca di antitesi e di acutezze, poteva trovare dei precedenti proprio in taluni aspetti secondari della poesia del Petrarca. È principalmente contro questi aspetti della poesia del Petrarca, coinvolgendolo in una medesima condanna insieme con i secentisti, che si appuntano infatti le critiche di ALESSANDRO TASSONI nelle *Considerazioni sopra le rime del Petrarca* (1609). Un'anticipazione dell'opposizione secentesca si era già avuta alla fine del Cinquecento in uno scrittore di gusto stilistico in gran parte già barocco, GIORDANO BRUNO, il quale nel dialogo *Degli heroici furori* (1585) si scaglia con violenza contro la moda dell'idealismo amoroso petrarchesco. Non mancarono tuttavia anche nel Seicento gli estimatori del Petrarca, tra i quali è da ricordare JACOPO FILIPPO TOMMASINI, che nel *Petrarca redivivus* ammira il Petrarca come il primo scrittore uscito dalla barbarie medievale, proponendo così un tema destinato a largo sviluppo nella critica successiva.

2.2 Rifioritura del culto del Petrarca nell'Arcadia e nell'Illuminismo. I *Saggi* del Foscolo

Il culto del poeta rifiorisce con l'Arcadia, la quale appunto al Petrarca e ai petrarchisti del Cinquecento, oltre che ai classici, si ispira per la sua restaurazione del "buon gusto" contro le "bizzarrie" secentistiche: si ricordino il trattato *Della perfetta poesia* (1706) di LUDOVICO ANTONIO MURATORI e del medesimo le *Osservazioni* (1711) aggiunte a una ristampa delle *Considerazioni* del Tassoni. Anche gli illuministi si mantennero su questa linea rivalutativa e basti citare SAVERIO BETTINELLI, il quale quanto deprezzò Dante, altrettanto esaltò il Petrarca, talvolta con lodi esagerate, come nelle senili *Lodi del Petrarca*, talaltra invece con finezza e penetrazione, come nelle pagine sulla lingua del poeta nel *Discorso sopra la poesia italiana*, che certamente fornirono qualche spunto a pagine analoghe del Foscolo e del De Sanctis. Ma le tendenze utilitaristiche e certo gusto "realistico", che comincia a diffondersi nella letteratura illuministica, determinarono qualche atteggiamento di opposizione, come in GIUSEPPE BARETTI, rivolto però, più che contro il Petrarca, contro il Bembo e i petrarchisti del Cinquecento, considerati gli iniziatori della poesia vuota, retorica, accademica. La confusione fra Petrarca e petrarchismo è frequente anche in altri critici precedenti: è degno di ricordo perciò BIAGIO SCHIAVO, il quale nel *Filalete* (1738) mise in luce la grande differenza che c'è fra il Petrarca e i suoi imitatori, oltre a interpretarne acutamente il sentimento religioso. Fra i lavori eruditi del Settecento vanno segnalati soprattutto i *Mémoires pour la vie de François Pétrarque, ecc.* (1764-1767) del francese JACQUES-FRANÇOIS DE SADE, intesi a dimostrare l'identità fra la Laura del *Canzoniere* e Laura de Noves, sposa di Ugo de Sade. Le ricostruzioni del De Sade sono in gran parte fantastiche, ma hanno ugualmente importanza per aver suggerito più controllate ricerche ad altri biografi e notevoli spunti interpretativi ad alcuni critici, soprattutto al Foscolo.

Ugo Foscolo è il primo grande interprete del Petrarca. A intendere in profondità il grande lirico d'amore lo aiutavano, oltre il naturale acume critico, la sua esperienza di poeta e la sua esperienza di uomo innamorato (non bisogna dimenticare che i *Saggi sul Petrarca* [1821] furono scritti durante il suo amore per Carolina Russel e conservano disciolto in molte delle loro pagine un sottile sapore di confessione autobiografica). Il Foscolo, oltre a indagare con finissima psicologia i caratteri dell'amore petrarchesco, fissò alcuni punti di fondamentale importanza, che saranno ripresi e svolti dai critici posteriori, come il «perfetto accordo che regna nella poesia del Petrarca fra natura e arte; tra l'accuratezza di fatto e la magia d'invenzione, tra profondità e perspicuità, tra passione divorante e pacata meditazione», accordo derivante dal fatto che «l'armonia, eleganza e perfezione della sua poesia sono frutto di lunga fatica, ma i concetti primitivi e l'affetto scaturirono sempre dalla subita ispirazione di profonda e potente passione». Egli distingue tre tempi nel lavoro compositivo del Petrarca: le libere effusioni epistolari dei propri sentimenti agli amici, la loro più pacata e ordinata narrazione in versi latini, e infine la forma perfetta dei versi italiani. Altre osservazioni felicissime il Foscolo fece sul sentimento religioso del poeta, sul carattere elegiaco e non eroico della sua poesia politica, sulla perfezione della sua lingua che ha il pregio di una sorta di incorruttibilità.

2.3 La personalità del Petrarca entro la prospettiva della storiografia romantica e risorgimentale. Il *Saggio sul Petrarca* del De Sanctis

A taluni motivi dei *Saggi* foscoliani si riallacciano le pagine di Francesco De Sanctis, sia nel *Saggio sul Petrarca* (1ª ed. 1869) sia nella *Storia della letteratura italiana* (1870-1871). Ma per comprendere adeguatamente l'interpretazione del De Sanctis occorre riportarsi all'atmosfera romantica e ai temi critici e storiografici elaborati dalla cultura del primo Ottocento. Il gusto romantico, soprattutto in Italia, era orientato verso il realismo, cioè in una direzione divergente da quella petrarchesca, e la cultura risorgimentale in genere dava preminente importanza al carattere politico della letteratura, alla sua funzione di espressione e insieme di elemento formativo della vita nazionale. A queste tendenze corrispondevano la poesia e la personalità di Dante, mentre il Petrarca appariva come l'iniziatore di una letteratura accademica e oziosa, staccata dalla vita, come il rappresentante di quel momento storico che segna il trapasso dalla libera vita comunale a quella tirannica e cortigianesca delle Signorie: anche la sua poesia politica suonava piuttosto retorica. Cesare Balbo definì il Petrarca «un gran letterato e nulla più» e Luigi Settembrini «un uomo che non ha patria, nato nell'esilio, vissuto sempre vagante; non ha lingua, perché non ricorda il dialetto della sua famiglia, ed è costretto a parlare il dialetto di Provenza dove egli dimora; scrive in latino, poeteggia in lingua comune italiana che non è la lingua della sua donna, non è chierico perché non volle ordini sacri, ma ebbe canonicato e benefizi, non è laico perché veste da ecclesiastico; non appartiene ad alcun partito politico, è amico di tutti, va gridando pace in mezzo al più ravviluppato rimescolamento di guerra, ed è solo nel mondo». Come si vede, erano d'accordo nella condanna uomini di opposte fedi politiche. Ma, a parte i giudizi più temperati ed equanimi di altri studiosi, qualche storico della letteratura, come PAOLO EMILIANI GIUDICI, coglieva l'importanza del Petrarca come primo grande rappresentante di quel movimento umanistico che col suo spirito critico aveva dato l'avvio a una nuova cultura: il Petrarca «fu il vero interprete di quel veemente desiderio, che erasi universalmente manifestato, di contemplare nel genuino carattere i fatti, e nella vera fisionomia i personaggi, che dal lungo tempestare di tanti secoli si erano sconciamente sfigurati. Egli cominciò a separare gli elementi letterari, e insegnò il modo, o per lo meno ne annunziò il bisogno, di scomporli dall'ammasso, in che la scienza scolastica, comecché facoltà essenzialmente scomponitrice, li teneva congiunti per dominarli e giovarsene» (*Storia della letteratura italiana*, Firenze, 1865). Un'interpretazione dell'Umanesimo che, come sappiamo (cfr. nella *Parte quarta* il capitolo 2, 2.4), avrà sviluppi presso studiosi moderni.

Le pagine dell'Emiliani Giudici (che, del resto, nel valutare il significato del Petrarca come iniziatore di un rinnovamento culturale, si inseriscono in un filone critico già presente, come abbiamo accennato, nel Trecento e nel Quattrocento, e vivo anche nel Settecento: si possono richiamare a questo proposito alcune pagine del Bettinelli nel *Risorgimento d'Italia*) sono un esempio di come nell'interpretazione della personalità del Petrarca si rispecchino le particolari interpretazioni dello svolgimento culturale e del rapporto Medioevo-Rinascimento. Per JACOB BURCKHARDT, per esempio, il Petrarca è, insieme ai tiranni e ai condottieri, uno dei creatori del risorto individualismo, un celebratore della gloria intesa in senso moderno (*La civiltà del Rinascimento in Italia*, 1ª ed. Basilea, 1860), e JOSEPH-ERNEST RENAN (in *Averroés et l'Averroisme*, 1852) lo definisce il «primo uomo moderno».

Anche il De Sanctis nella *Storia della letteratura italiana* colloca il Petrarca entro la linea di sviluppo della nostra civiltà, come rappresentante insigne della "nuova generazione", succeduta a quella dantesca, con la quale «l'Italia volgeva le spalle al Medioevo» e «appariva l'aurora del Rinnovamento», e scorge nel suo animo il contrasto fra l'uomo medievale e l'uomo prerinascimentale, contrasto che genera la «malinconia di un mondo nuovo», non ancora interamente posseduto dalla coscienza. Ma più che questo schema storiografico conta la risolutezza con la quale il De Sanctis mette in primissimo piano il poeta in volgare, e la genialità con la quale ne compie la particolareggiata analisi. Questo atteggiamento è visibile soprattutto nel *Saggio*, alla cui composizione fu spinto appunto allo scopo di dimostrare che la grandezza del Petrarca è nella sua poesia italiana in polemica con lo studioso francese Alfred Mezières, il quale aveva dato rilievo esclusivo all'attività umanistica del Petrarca e aveva offerto della sua opera un'interpretazione psicologica. Il De Sanctis libera prima di tutto il Petrarca dal "petrarchismo", che è già in lui e che ne costituisce l'aspetto caduco, la "maniera", e mette da parte come retorica, salvo la canzone *All'Italia*, la poesia di ispirazione politica; poi analizza la sua "malattia" spirituale, determinata da una sproporzione fra volontà e potere, dalla quale nasce un dolore puramente elegiaco, una malinconia piena di grazia, che costituisce la colorazione dominante del sentimento d'amore, anima di tutte le liriche del *Canzoniere*. Centro del mondo petrarchesco è per il De Sanctis Laura, figurazione di donna più concreta di quelle di tutti i poeti medievali, tuttavia vivente ancora più del sentimento del poeta che di vita propria, la quale poeticamente comincia a vivere solo dopo la morte. In questa tesi si scorge il gusto romantico del critico (a cui abbiamo già accennato a proposito di Dante), orientato verso rappresentazioni di umanità calda e appassionata. Altra tesi circolante in tutto il saggio, e sviluppata specialmente nel capitolo sulla "forma" petrarchesca, è quella dell'aristocratica coscienza artistica del Petrarca, per la quale egli è «il più grande artista» del Medioevo, così dominato dal senso della bellezza e della grazia che spesso l'arte, la perfezione formale, diventa in lui fine a se stessa. Nasce così la famosa contrapposizione desanctisiana fra il Petrarca, più "artista" che "poeta", e Dante, che fu invece prima "poeta" che "artista".

Le pagine del De Sanctis sono il prodotto più alto della critica petrarchesca dell'Ottocento. Non si deve tuttavia dimenticare che nella penetrazione della psicologia del poeta e nel fine apprezzamento della sua arte esse erano state precedute, oltre che dalle pagine ricordate del Foscolo, da altre di critici francesi, soprattutto da Charles-Augustin de Sainte-Beuve.

2.4 Le ricerche erudite del periodo positivistico

Gli studi petrarcheschi del periodo seguente risentono, come quelli danteschi, del dominante indirizzo erudito e dell'orientamento naturalistico del pensiero. Dal primo punto di vista, qualunque sia stata l'incertezza dei princìpi metodologici, essi offrono risultati notevolissimi, come le edizioni e le versioni delle lettere procurate da Giuseppe Fracassetti, il fondamentale lavoro sul Petrarca studioso dei classici di PIERRE DE NOLHAC, *Pétrarque et l'humanisme* (1ª ed. 1892), la riscoperta dell'autografo del *Canzoniere* nel Codice Vaticano 3195, compiuta nel 1886, indipendentemente l'uno dall'altro, da Pierre de Nolhac e da Arthur Pakscher (questo codice era stato possesso di Pietro Bembo, ma gli eruditi del Settecento e dell'Ottocento lo avevano fino a quel momento considerato soltanto una copia non molto importante) e l'esemplare commento al *Canzoniere* di GIOSUE CARDUCCI e SEVERINO FERRARI (1899). Verso questi risultati della filologia ottocentesca sono debitori tutti gli studiosi moderni, tra i quali, oltre agli editori delle *Rime* (come il Mestica e il Salvo-Cozzo), si segnalarono specialmente IRENEO SANESI, che dimostrò l'arbitrarietà della distinzione fra rime "in vita" e rime "in morte" di Laura, e l'americano ERNEST H. WILKINS, autore di importanti studi sulla composizione del *Canzoniere* (cfr. *The Making of the «Canzoniere» and Other Petrarchan Studies*, 1951).

Assai minor considerazione merita la critica positivistica nei suoi tentativi di interpretazione dell'opera e della personalità del poeta. Si lessero le liriche con la preoccupazione di trovarvi il preciso riflesso della sua vita privata e si polemizzò col "misticismo" che avrebbe avvelenato la sua anima: quel misticismo che ADOLFO BARTOLI, autore del libro *Francesco Petrarca* (1888), apprezzabile peraltro per lo studio dei rapporti del poeta con la società del suo tempo, definì con grossolana espressione, indicativa di tutta una mentalità, «la peste bubbonica delle anime nel grande lazzaretto del Medioevo».

2.5 L'umanesimo del Petrarca secondo la critica del primo Novecento

A un diverso atteggiamento portarono il mutamento delle conoscenze e interpretazioni del Medioevo e del Rinascimento (cfr. nella *Parte quarta* il capitolo *Medioevo, Umanesimo, Rinascimento*), e il nuovo orientamento metodologico della critica letteraria promosso dal Croce. Tutti gli studiosi dell'Umanesimo e del Rinascimento hanno dedicato molta attenzione alla figura del Petrarca e naturalmente nella loro interpretazione si riverberano e a loro volta ne ricevono conferma, le diverse concezioni del generale svolgimento spirituale e culturale. Così GIOVANNI GENTILE (*Studi sul Rinascimento*, 1923) osserva che il Petrarca per primo ebbe coscienza acuta del distacco fra il vecchio e il nuovo mondo spirituale e dichiarò che la scienza e la filosofia medievale non conoscevano i «bisogni reali dello spirito umano»; se non possedette una filosofia, ebbe il senso del problema centrale della filosofia moderna, che è il problema dell'uomo, creatore dell'unico mondo reale, il mondo dello spirito: un Petrarca, insomma, quello del Gentile, anticipatore dell'idealismo moderno. Anche ANTONIO VISCARDI (*Francesco Petrarca e il Medioevo*, 1925) afferma che il Petrarca instaura «l'individualismo del pensare», abbandonando la medievale "impersonalità" e riconquistando la facoltà critica del pensiero, e che con ciò egli prepara la filosofia individualistica del Rinascimento. GIUSEPPE TOFFANIN invece (*Storia dell'Umanesimo*, 1933) vede in lui uno dei principali rappresentanti dell'«umanesimo platonico», che ricongiunge sant'Agostino a Cicerone e Cicerone a Platone, uno degli artefici maggiori dell'«assimilazione al Cristianesimo dei valori etici antichi».

La tendenza della critica successiva, conforme a quella già rilevata a proposito delle interpretazioni generali del Rinascimento (cfr. nella *Parte quarta* il capitolo *Medioevo, Umanesimo, Rinascimento*), è quella di attenuare l'accento troppo moderno, e persino paganeggiante, conferito da alcuni storici, come il BURCKHARDT, all'umanesimo petrarchesco, e di rivelarne l'anima sostanzialmente cristiana. CARLO CALCATERRA, che ha dedicato molto studio soprattutto ai rapporti fra il Petrarca e sant'Agostino, scrive che il Petrarca non mirò solo a una perfezione formale degna degli antichi, ma «a un'elevazione morale, sua propria e dell'evo suo, tanto più nobile quanto più ardua»: come umanista egli «rimane nella spiritualità romanzo-cristiana, perché riguarda l'*humanitas* quale ha vissuto, combattuto e dolorato prima dell'avvento di Cristo e quale vive, combatte e dolora dopo la venuta del Redentore», e nel suo umanesimo unisce al culto degli scrittori antichi quello degli scrittori cristiani (*Il Petrarca e il petrarchismo*, in *Questioni e correnti di storia letteraria*, vol. III, Milano, Marzorati, 1958).

L'accordo fra il cristianesimo agostiniano e la cultura classica del poeta è stato messo in luce anche nello studio delle sue concezioni politiche da RODOLFO DE MATTEI (*Il sentimento politico del Petrarca*, 1944), il quale, paragonandole con quelle di Dante, fa rilevare che, mentre Dante punta sulla *civilitas*, come società civile ch'è insieme ordine giuridico, politico e religioso, nel Petrarca è l'individuo che conta, è «l'*humanitas* che viene rivendicata e curata, quella condizione primaria e ultima che consente, al di fuori delle strutture sociali, la parentela dell'uomo col Figliuol dell'Uomo». L'attenzione che questi studiosi moderni prestano di nuovo agli scritti latini, dopo che la critica romantica, in particolare quella del De Sanctis, li aveva messi quasi da parte per concentrarsi su quelli volgari, è determinata dall'esigenza di intendere il poeta nella sua totalità e unità, compiendo un approfondimento, come scrive ancora il Calcaterra, «per cui la conoscenza dello scrittore latino meglio giova a disvelare lo spirito e l'arte di quello volgare e, per reciprocità, il *Canzoniere* e i *Trionfi* più a fondo ci fanno sentire quel che di originale hanno i carmi e le prose latine».

2.6 Interpretazioni unitarie e analisi stilistiche di metà Novecento

I risultati di queste nuove indagini e meditazioni, insieme con l'influsso dell'estetica crociana si riflettono nelle valutazioni complessive dello spirito e dell'arte del Petrarca operate da NATALINO SAPEGNO (il capitolo *Petrarca*, nel volume *Trecento* della *Storia letteraria* Vallardi) e da UMBERTO BOSCO con la monografia *Petrarca* (1946). Le pagine del Sapegno sono tutte animate dal proposito di superare le antitesi, che avevano avuto rilievo in tanta parte della critica precedente, fra l'umanista e il cristiano, fra il poeta e il letterato. Come i motivi umanistici, secondo il Sapegno, si unificano con quelli cristiani, pur essendo la cultura del Petrarca orientata essenzialmente in senso moderno, così la sapienza letteraria non è il limite o l'opposto, ma la condizione stessa della sua poesia, nella quale la passione giunge «nella ferma luce della rappresentazione artistica» spoglia ormai «di ogni palpito immediatamente autobiografico», e il velo letterario è intimamente connesso con la più profonda ispirazione.

Anche per il Bosco è fondamentale tenere presente il nesso fra autobiografia e letteratura, il «dominio letterario della passione»; ma, oltre il Sapegno, egli mira a unificare i vari aspetti dell'opera petrarchesca come variazioni di un unico tema fondamentale: il senso tormentoso della caducità delle cose terrene e l'ansia di una loro impossibile stabilità, partendo dal presupposto che nel Petrarca non c'è vero sviluppo spirituale e che ogni componimento lo rispecchia intero, «immobile, nella sua angosciosa perplessità, dal principio alla fine». In questo modo il Bosco si distacca risolutamente dalle interpretazioni romantico-veristiche del *Canzoniere*, alle quali è in parte ancora legato, per esempio, BENEDETTO CROCE, quando nel suo saggio sul Petrarca (in *Poesia popolare e poesia d'arte*, 1933) fissa in Laura il centro del mondo interiore del Petrarca, tutto risolto nel sentimento amoroso; e si distacca non solo, come fa già il Sapegno, dimostrando come Laura sia soltanto una creazione poetica, nient'altro che un sentimento, e come accanto al sentimento amoroso vivano altri affetti, ma con ben più decise affermazioni: Laura è per il poeta il mezzo per concretare liricamente i suoi stati d'animo fluttuanti, un omaggio alla tradizione letteraria – soprattutto stilnovistica – che imponeva di «incentrare nell'amore e nella donna ogni più varia esperienza, che altrimenti sarebbe rimasta evanescente e astratta».

Anche ATTILIO MOMIGLIANO, pur concependo ancora il *Canzoniere* come storia di un amore «durato per quasi tutta la vita», aveva sottolineato la presenza costante di quel sentimento della brevità della vita e della caducità della bellezza, che ne colora di malinconia ogni espressione, e sul fondamento di questo sentimento elegiaco della vita aveva identificato il legame fra la poesia amorosa e la poesia politica, la quale ha anch'essa nel Petrarca un'intonazione elegiacamente malinconica (cfr. le finissime pagine sul *Canzoniere* nella *Storia della letteratura italiana* [1933-1935] e il saggio *L'elegia politica del Petrarca*).

Più risolutamente Fausto Montanari pone la sostanziale unità del *Canzoniere* «in questa lotta contro la labilità del tempo [...] anche se, data la prevalenza degli argomenti d'amore, il Petrarca sente come filo principale della sua raccolta la vicenda amorosa della sua vita, quale vicenda esemplare degli errori umani: dalla vana afflizione delle cure terrestri alla pace del pentimento che si affida a Dio solo». Il Montanari ha anche lumeggiato la condizione di "perplessità" tipica dell'esperienza spirituale del Petrarca e la duplicità di piani su cui si attua il suo dissidio interiore: «un piano è costituito dal contrasto tra amore-beatitudine e amore-inutile tormento; l'altro da amore-elevazione alla gloria poetica e a Dio da una parte, e amore-dissipazione di energie intellettuali e spirituali dall'altra» (cfr. *Studi sul Canzoniere del Petrarca*, 1958).

Queste interpretazioni del sentimento fondamentale del Petrarca e la chiarificazione del nesso necessario fra la sua educazione classica e letteraria e la sua poesia, hanno prodotto anche un rinnovato interesse per i *Trionfi*. Si è ripreso così il motivo di un saggio di Renato Serra (del 1904, ma pubblicato soltanto postumo nel 1927), che attraverso un'analisi minuta e acuta della lingua e dello stile dei *Trionfi*, metteva soprattutto in evidenza il proposito, più accentuato che nel *Canzoniere*, di modellare la lingua volgare sul latino dei classici; mentre altri studiosi (Calcaterra, Bosco, Goffis), pur con divergenza di risultati, approfondivano il significato spirituale dell'opera, come tentativo di una sintesi di tutte le espressioni morali, sentimentali e culturali del poeta. La consapevolezza dell'estrema importanza che ha nella costituzione della poesia petrarchesca la indefessa e sottile elaborazione letteraria è poi all'origine di una serie di interessanti analisi stilistiche, che si valgono della possibilità di un confronto fra gli abbozzi e la redazione definitiva del *Canzoniere*. Di valore esemplare sono lo studio di Alfredo Schiaffini su *Il lavoro della forma in Francesco Petrarca* (1941) e quello di Gianfranco Contini, *Saggio di un commento alle correzioni del Petrarca volgare* (1943): perfetto il primo nell'analisi delle correzioni petrarchesche da un punto di vista essenzialmente filologico, acutissimo il secondo nell'identificare un vero e proprio "sistema" nel lavoro correttorio del Petrarca. Lo stesso Contini, nello studio *La lingua del Petrarca*, ha descritto i caratteri di questa lingua, che è ancora la nostra, perché il poeta «si è chiuso in un giro di inevitabili oggetti eterni sottratti alla mutabilità della storia». Altra classica descrizione della lingua petrarchesca è il saggio di Dámaso Alonso su *La poesia del Petrarca e il petrarchismo* (1959), che analizza le forme della "pluralità" e della "correlazione" nel *Canzoniere* e nei suoi imitatori.

Con minore rigore metodologico presentano risultati nuovi e stimolanti anche le analisi di critici educati al gusto della "poesia pura", fra cui ricordiamo Adelia Noferi, *Per una storia dello stile petrarchesco* (1946-1947). Sempre nell'ambito delle ricerche formali sono da segnalare il capitolo *Alcune forme strutturali* nel volume citato del Montanari; le finissime pagine sulla metrica del Petrarca in *Metrica e poesia* (1962) di Mario Fubini; le "letture" di alcuni testi petrarcheschi emblematici, condotte da Fredi Chiappelli, utilizzando la tecnica del confronto delle varianti (cfr. il volume *Studi sul linguaggio del Petrarca. La canzone delle visioni*, 1971); lo studio di Emilio Bigi su *Le ballate del Petrarca* (1974).

2.7 Il sesto centenario

L'intensa attività di studi dedicata al Petrarca negli anni Sessanta e Settanta, collegata pure con le celebrazioni del sesto centenario della morte, ha riconfermato l'eccezionale significato storico della sua personalità, e non solo nel campo poetico. Ha scritto uno dei più illustri studiosi del Petrarca, GIUSEPPE BILLANOVICH: «Il Petrarca filologo e maestro di spirito fu grande e influente quanto il Petrarca poeta. Il Petrarca esercitò tra il Trecento e il Cinquecento un'influenza così vasta e così energica sulla cultura e sulla spiritualità europea, che gli stessi eruditi che hanno una familiarità maggiore con le sue vicende e le sue opere e con il periodo nel quale visse stentano ancora ad immaginarne l'ampiezza e la profondità. Se non fosse sopraggiunto Francesco Petrarca, a nutrirla, a rinforzarla, a guidarla, la rivoluzione che gli Italiani iniziarono nella cultura occidentale durante il Trecento sarebbe stata più lenta e molto più debole; e perciò sarebbe stato molto più ristretto e molto più labile il canone di cultura ed arte che subito dopo nella loro grande età, tra il Quattrocento e il Cinquecento, essi imposero all'Europa, e che noi posteri lontani usiamo chiamare Umanesimo e Rinascimento» (*Petrarca e i classici*, in «Studi petrarcheschi», VII, 1961).

In una ancor più ampia prospettiva storica e spirituale, VITTORE BRANCA, facendo un bilancio del centenario (*Petrarca nel sesto centenario*, in «Il Veltro», 1974) ha vigorosamente affermato il permanente valore etico del messaggio del poeta «che ha teorizzato incontri attraverso i secoli, identità delle anime lungo il cammino della storia». JOSEPH G. FUCILLA, intervenendo a sua volta in occasione del centenario, nell'introdurre la sua bibliografia di *Oltre un cinquantennio di scritti sul Petrarca (1916-1973)* (Padova, Antenore, 1982) osserva che «l'ultimo cinquantennio è stato incontestabilmente il periodo più fertile di scritti sulla vita e sulle opere del Petrarca, sia per la quantità che per la utilità»; e segnala: «Il carattere proteiforme del Petrarca, la complessità delle sue relazioni con personaggi della sua epoca, la varietà delle sue opere e degli influssi che esse esercitano, presentano ad ogni passo ramificazioni e spunti di connessioni che spesso si estendono ben al di là degli scritti normalmente inclusi nelle bibliografie correnti. Mi riferisco ad articoli di riviste non meno che a capitoli, sottocapitoli e anche singole pagine di libri sulla storia medievale, rinascimentale e moderna, sull'Umanesimo, la filosofia, la religione, la politica, sulla vita dei Trecentisti contemporanei e dei poeti successivi, dal Rinascimento al Romanticismo, sulla fortuna di celebri autori dell'antichità romana e cristiana cari al Petrarca, sui generi e temi letterari, l'arte, la musica, ecc.: per le ragioni suddette tutto questo materiale è entrato a far parte della mia compilazione».

2.8 Petrarca oggi

L'inevitabile contrazione quantitativa degli interventi su Petrarca dopo il centenario è stata accompagnata da una loro ulteriore specializzazione: l'immagine globale del poeta è sempre meno al centro degli interessi della critica, intenta piuttosto a sondare relazioni e aspetti inediti tanto della produzione in volgare quanto di quella in latino. Continuano innanzi tutto le fatiche dei filologi intorno al complesso problema di raggiungere un testo petrarchesco accettabile, scegliendo nel *mare magnum* della tradizione manoscritta. Nelle prefazioni che accompagnano le edizioni di questo periodo è ricorrente il tema critico del dissidio psicologico; PASTORE STOCCHI, nell'introdurre le *Opere latine* curate da A. Bufano per la UTET (1975), sottolinea di Petrarca l'umanesimo che «dall'esistenza si volge a cercare il modello e la forma assoluta nel documento della letteratura, e dalla letteratura torna all'esistente per averne una conferma vissuta». UGO DOTTI, nel presentare la propria edizione delle *Epistole* (1978), traccia il profilo di un Petrarca sospeso tra vocazione ascetica e fermenti anti-feudali.

La ricostruzione del personaggio e del testo si accompagnano: così un'originale indagine sugli interessi letterari del Petrarca giovinetto, quasi una sua storia culturale, compare nell'edizione del *Livio di Petrarca e del Valla* ad opera del BILLANOVICH (*La tradizione del testo di Livio e le origini dell'Umanesimo*, Padova, Antenore, 1981); alcuni interventi di GIUSEPPE FRASSO e del FERA[1] aggiungono elementi di valutazione e di interpretazione rispettivamente del *Canzoniere* e dei *Trionfi* il primo, dell'*Africa* il secondo.

Due contrapposte interpretazioni del *Secretum* vengono da FRANCISCO RICO (*Vida u obra de Petrarca. I. Lectura del «Secretum»*, 1974 e *Precisazioni di cronologia petrarchesca: le «Familiares» VIII, II-V e i rifacimenti del «Secretum»*, in «Giornale Storico della Letteratura Italiana», 1978), e da BORTOLO MARTINELLI (*Il «Secretum» conteso*, Napoli, Loffredo, 1982), entrambi studiosi accorti e filologicamente agguerriti: il Rico sostiene che il poeta postdatò l'opera per accreditare di sé un'immagine non corrispondente al reale, mentre il Martinelli rifiuta la retrodatazione e difende la coerenza e la linearità etica del Petrarca. Nella disputa sono poi intervenuti numerosi studiosi.

Nella direzione di definire i rapporti del Petrarca con la cultura del suo tempo, o anche con i grandi del passato, si sono indirizzati MARCO SANTAGATA[2] che ha contribuito alla ricostruzione della biblioteca volgare del Petrarca individuando nella sua opera presenze di Dante, Arnaut e Guittone, FRANCO SUITNER[3] che ha invece magistralmente individuato e indicato le fonti stilnovistiche e dantesche del Petrarca, il FEO,[4] che ha indagato sulle ascendenze virgiliane, e il POZZI, autore di uno studio su *Petrarca, i padri e soprattutto la Bibbia* (in «Studi petrarcheschi», VI, 1989).

---

[1] G. FRASSO, *Studi sui «Rerum vulgarium fragmenta» e sui «Triumphi»*, Padova, Antenore, 1983; V. FERA, *Annotazioni inedite del Petrarca al testo dell'«Africa»*, in «Italia medioevale e umanistica», XXIII, 1980.

[2] *Per moderne carte. La biblioteca volgare di Petrarca*, Bologna, Il Mulino, 1990. Di un progetto autobiografico nella storia del *Canzoniere*, il Santagata tratta specificamente in *I frammenti dell'anima. Storia e racconto nel «Canzoniere» di Petrarca*, Bologna, Il Mulino, 1992.

[3] *Petrarca e la tradizione stilnovistica*, Firenze, Olschki, 1977.

[4] *Enciclopedia Virgiliana*, 1988, voce *Petrarca*.

■ Repertorio bibliografico

a) **Opere bibliografiche e introduttive**

Un'ampia bibliografia orientativa è nel volume di A. E. QUAGLIO, *Francesco Petrarca*, Milano, Garzanti, 1967. Altri contributi bibliografici: G. I. FERRAZZI, *Bibliografia petrarchesca*, Bassano, 1877 (rist. anast. Bologna, Forni, 1979); E. CALVI, *Bibliografia analitica petrarchesca, 1887-1904, in continuazione a quella del Ferrazzi*, Roma, 1904; C. CALCATERRA, *Rassegne petrarchesche*, in «Giornale Storico della Letteratura Italiana», XCI, 1928; XCIV, 1929, XCVI, 1930; e soprattutto gli informatissimi *Cenni bibliografici per un avviamento negli studi sul Petrarca e il Petrarchismo*, in *Questioni e correnti di storia letteraria*, Milano, Marzorati, 1958; S. A. CHIMENZ, *Petrarca*, in *Oltre un cinquantennio di scritti*, Padova, Antenore, 1982; E. H. WILKINS, *An Introductory Petrarch Bibliography*, in «Philological Quarterly», XXVII, 1948, e ID., *Recent Petrarch Publications*, in «Studies in the Renaissance», 1954; P. G. RICCI, *Sei anni di studi petrarcheschi*, in «Il Rinascimento», I, 1950; E. BONORA, *Studi petrarcheschi*, in «Giornale Storico della Letteratura Italiana», CXXXVII, 1960; M. TURCHI, *Il centenario del Petrarca e la critica*, in «Italianistica», VII, 1978; II e VIII, 1979. Un quadro molto ampio in J. G. FUCILLA, *Oltre un cinquantennio di scritti sul Petrarca (1916-1973)*, Padova, Antenore, 1982. Per gli ultimi studi: B. BASILE, *Rassegna petrarchesca (1975-1984)*, in «Lettere italiane», XXXVII, 2, 1985.

Le migliori introduzioni generali sono la monografia di U. Bosco, *Petrarca*, Bari, Laterza, 1977⁴; il capitolo di N. SAPEGNO, in *Trecento*, cit. nel testo; il volume di U. DOTTI, *Vita di Petrarca*, Bari, Laterza, 1987 (dello stesso: *Petrarca a Milano. Documenti milanesi: 1353-1354*, Milano, Ceschina, 1972). Si vedano anche: G. KÖRTING, *Petrarcas Leben und Werke*, Leipzig, 1878; H. W. EPPELSHEIMER, *Petrarca*, Bonn, 1926; L. TONELLI, *Petrarca*, Milano, Corbaccio, 1930; R. AMATURO, *Petrarca*, Bari, Laterza, 1988 (1ª ed. 1971); R. FEDI, *Francesco Petrarca*, Firenze, La Nuova Italia, 1975; N. MANN, *Petrarch*, Oxford, Oxford University Press, 1984; K. FOSTER, *Petrarch Poet and Humanist*, Edinburgh, Edinburgh University Press, 1984. Per la biografia, fondamentale E. H. WILKINS, *Vita del Petrarca, e la formazione del «Canzoniere»*, trad. it. di R. Ceserani, Milano, Feltrinelli, 1990 (1ª ed. 1964), oltre ai lavori del DOTTI, cit. Interessante A. FORESTI, *Aneddoti della vita di Francesco Petrarca*, a cura di A. Tissoni Benvenuti, Padova, Antenore, 1977.

Per le "concordanze" cfr. K. MCKENZIE, *Concordanze delle rime di Francesco Petrarca*, Oxford, 1912; *Concordanze del «Canzoniere» di Francesco Petrarca*, a cura dell'Ufficio lessicografico, Torino, ILTE, 1971; N. MANN, *A Concordance to Petrarch's «Bucolicum Carmen»*, Pisa, Nistri-Lischi, 1984.

b) Edizioni e commenti

Manca un'edizione moderna di tutte le opere; perciò per talune di esse bisogna ricorrere ancora alla prima edizione completa: *Francisci Petrarchae Florentini [...] Opera quae extant omnia*, Basilea, 1554 (ristampata nel 1581). È in corso di stampa presso l'editore Sansoni di Firenze l'Edizione Nazionale di tutte le *Opere*, della quale sono usciti: *Africa*, a cura di N. Festa, 1926; *Le Familiari*, a cura di V. Rossi e U. Bosco, 4 voll., 1933-1942; *Rerum memorandarum libri*, a cura di G. Billanovich, 1945; *De viris illustribus*, vol. I, a cura di G. Martellotti, 1964. Molte sono però le buone edizioni del *Canzoniere*: *Le Rime di Francesco Petrarca*, a cura di G. Carducci e S. Ferrari, Firenze, Sansoni, 1957 (1ª ed. ivi, 1899); *Le Rime sparse e i Trionfi*, a cura di E. Chiorboli, Bari, Laterza, 1930; *Rerum vulgarium fragmenta*, a cura di G. Contini, Parigi, Tallone, 1949; *Rime e Trionfi*, a cura di F. Neri, Torino, UTET, 1953; *Rime*, a cura di N. Zingarelli, Bologna, Zanichelli, 1963; *Il Canzoniere*, testo critico e introduzione di G. Contini, annotazioni di D. Ponchiroli, Torino, Einaudi, 1992 (1ª ed. 1964); *Rime*, a cura di G. Bezzola, Milano, Rizzoli, 1976; *Rime sparse*, a cura di G. Ponte, Milano, Mursia, 1990 (1ª ed. 1979). A cura di A. Noferi sono state ristampate le *Rime* con l'interpretazione di G. Leopardi, Milano, Longanesi, 1976. Del *Canzoniere* sono stati anche riprodotti il codice autografo Vaticano Latino 3195, diplomaticamente da E. Modigliani, Roma, Società Filologica Romana, 1904, e in fototipia da M. Vattasso, Milano, Hoepli, 1905, e l'altro codice autografo, che contiene gli abbozzi, rifacimenti, varianti, Vaticano Latino 3196, a cura prima di E. Monaci, poi di M. Porena, Roma, Accademia d'Italia, 1941, e di A. Romanò, Roma, Bardi, 1955. Sulla formazione del *Canzoniere* e altri problemi di filologia petrarchesca cfr. E.H. WILKINS, *The Making of the Canzoniere and Other Petrarchan Studies*, Roma, Edizioni di Storia e Letteratura, 1951; lo studio su *La formazione del «Canzoniere»* è tradotto nella cit. *Vita del Petrarca*. Delle *Rime disperse*, cfr. l'edizione a cura di A. Solerti, Firenze, Sansoni, 1909. Per le opere minori si vedano: *Trionfi*, testo critico a cura di C. Appel, Halle, Niemeyer, 1902 e Strasbourg, Heitz, 1906; *Id.*, a cura di C. Calcaterra, Torino, UTET, 1923; l'edizione cit. de *Le Rime sparse e i Trionfi*, a cura di E. Chiorboli; più recente *Triumphi*, a cura di M. Ariani, Milano, Mursia, 1991. E inoltre: *Il Bucolicum carmen e i suoi commenti inediti*, a cura di A. Avena, Cerchio, Studio Bibliografico Polla, 1977 (1ª ed. Padova, 1929); *Francisci Petrarchae Poemata*, a cura di H. Cochin, Paris, Rouart, 1929; *Invectiva contra quendam magni status hominem*, a cura di P.G. Ricci, Firenze, Le Monnier, 1949; *Invectivae contra medicum*, a cura di P.G. Ricci, Roma, Edizioni di Storia e Letteratura, 1978 (1ª ed. 1950); *De remediis utriusque fortunae*, a cura di O. Schottenloher, München, Fink, 1975; *Il mio segreto*, annotazioni e trad. a cura di U. Dotti, Milano, Rizzoli, 1981.

Le lettere del Petrarca sono state tradotte in italiano da G. Fracassetti: *Lettere di Francesco Petrarca delle cose familiari*, Firenze, Le Monnier, 1863-1867 e *Lettere senili*, Firenze, Le Monnier, 1869-1870. Una nuova traduzione delle *Familiari* (libri I-XI), è a cura di U. Dotti, Urbino, Argalia, 1974. A cura dello stesso: *Sine nomine. Lettere polemiche e politiche*, Bari, Laterza, 1974. E cfr. anche: *Familiarium rerum libri*, vol. I, a cura di U. Dotti, Roma, Archivio Guido Izzi, 1991. Una utile antologia commentata di testi petrarcheschi è *Petrarca*, 2 voll., nella collana «Classici», Milano-Napoli, Ricciardi, 1951-1955 (vol. I, a cura di F. Neri, G. Martellotti, E. Bianchi e N. Sapegno contiene le *Rime* e i *Trionfi* per intero e passi scelti delle opere latine in versi; vol. II, di *Prose*, a cura di E. Bianchi e G. Martellotti, contiene per intero il *Secretum* e il *De vita solitaria* e saggi delle altre prose tradotte in italiano e commentate). Altre notevoli antologie: *Rime e Trionfi*, a cura di R. Ramat, Milano, Rizzoli, 1957; *Canzoniere, Trionfi, Rime varie e una scelta di versi latini*, a cura di C. Muscetta e D. Ponchiroli,

Torino, Einaudi, 1958; *Opere*, a cura di E. Bigi e G. Ponte, Milano, Mursia, 1963; *Opere*, vol. I, (*Canzoniere, Trionfi, Familiarium rerum libri*), Firenze, Sansoni, 1975; *Opere latine*, a cura di A. Bufano, Torino, UTET, 1975; (contiene nella loro integrità: *Secretum, De vita solitaria, De otio religioso*, tre *Invettive, De sui ipsius* ecc., due *Orazioni* e il *Testamento*); *Epistole*, a cura di U. Dotti, ivi, 1978; *Rime e Trionfi*, a cura di E. Bonora, 1983².

I migliori commenti completi del *Canzoniere* sono quelli che accompagnano le citate edizioni del Carducci e del Chiorboli, e quello del Neri nel citato volume dei «Classici» Ricciardi; per i *Trionfi* si vedano l'edizione cit. del Calcaterra e l'edizione integrale commentata: *Triumphi*, a cura di M. Ariani, Milano, Mursia, 1988. Ottima antologia del *Canzoniere* e delle opere minori quella a cura di N. Sapegno, Firenze, La Nuova Italia, 1969. Si vedano anche i commenti al *Canzoniere*, a cura di P. Cudini, Milano, Garzanti, 1991; di A. Chiari, Milano, Mondadori, 1985; di G. Ponte, Milano, Mursia, 1986; di G. Bezzola, Milano, Rizzoli, 1984.

c) Critica

Orientamenti generali sulla storia della critica petrarchesca: C. CALCATERRA, *Petrarca e Petrarchismo*, in *Questioni e correnti di storia letteraria*, cit.; E. BONORA, *Francesco Petrarca*, in *I classici italiani della storia critica*, vol. I, Firenze, La Nuova Italia, 1971; *Petrarca*, a cura di B.T. Sozzi, Palermo, Palumbo, 1963; P.G. RICCI, *Introduzione al centenario: la critica petrarchesca del Novecento*, in «Studi petrarcheschi», 1976. I saggi petrarcheschi del FOSCOLO si possono leggere nel vol. X dell'Edizione Nazionale delle *Opere*; del *Saggio sul Petrarca* del DE SANCTIS, cfr. l'ed. a cura di E. Bonora, Milano, Marzorati, 1971.

Studi notevoli sul pensiero e la cultura: A. CARLINI, *Il pensiero filosofico religioso di Francesco Petrarca*, Iesi, 1904; G. GENTILE, *La filosofia del Petrarca*, in *Studi sul Rinascimento*, Firenze, Sansoni, 1968; V. ROSSI, *Studi sul Petrarca e il Rinascimento*, Firenze, Sansoni, 1930; N. SAPEGNO, *Il Petrarca e l'Umanesimo*, in «Annali della Cattedra petrarchesca», VIII, 1938; U. BOSCO, *Il Petrarca e l'umanesimo filologico*, in «Giornale Storico della Letteratura Italiana», CXX, 1942 (art. rist. in *Saggi sul Rinascimento italiano*, cit.); C. CALCATERRA, *Nella selva del Petrarca*, Bologna, Zanichelli, 1942; J.H. WHITFIELD, *Petrarca e il Rinascimento*, Bari, Laterza, 1949; G.A. LEVI, *Pensiero classico e pensiero cristiano nel «Secretum» e nelle «Familiari» del Petrarca*, in *Da Dante a Machiavelli*, Firenze, La Nuova Italia, 1935; G. BILLANOVICH, *Petrarca letterato: I, Lo scrittoio del Petrarca*, Roma, Edizioni di Storia e Letteratura, 1947 (opera importantissima per lo studio della cultura del Petrarca); ID., *La tradizione del testo di Livio e le origini dell'Umanesimo*, 2 voll., Padova, Antenore, 1981 (vol. I: *Tradizione e fortuna di Livio fra Medioevo e Umanesimo*; vol. II: *Il Livio del Petrarca e del Valla*); U. MARIANI, *Il Petrarca e gli agostiniani*, Roma, Edizioni di Storia e Letteratura, 1959²; F. TATEO, *Dialogo interiore e polemica ideologica nel «Secretum» del Petrarca*, Firenze, Le Monnier, 1965; F. SIMONE, *Il Petrarca e la sua concezione ciclica della storia*, in *Arte e storia (Studi in onore di L. Vincenti)*, Torino, Giappichelli, 1965; A. TRIPET, *Petrarca ou la connaissance de soi*, Genève, Droz, 1967; M. SCHIAVONE, *Note sul pensiero filosofico di Francesco Petrarca*, in *Problemi e aspetti dell'Umanesimo*, Milano, Marzorati, 1969; B. MARTINELLI, *Petrarca e il Ventoso*, Bergamo, Minerva Italica, 1977; U. DOTTI, *Il Petrarca e la scoperta della coscienza moderna*, Milano, Feltrinelli, 1978; A.M. VOCI, *Petrarca e la vita religiosa: il mito umanistico della vita eremitica*, Roma, Istituto Storico per l'età moderna e contemporanea, 1983. In particolare sulla cultura religiosa: G. POZZI, *Petrarca, i padri e soprattutto la Bibbia*, in «Studi petrarcheschi», VI, 2ª serie, 1989.

Sulla poetica del Petrarca: G. BÁRBERI SQUAROTTI, *Le poetiche del Trecento in Italia*, in *Momenti e problemi di storia dell'estetica*, vol. I, Milano, Marzorati, 1959. Sulle tradizioni poetiche e Petrarca: F. Suitner, *Petrarca e la tradizione stilnovistica*, Firenze, Olschki, 1977. Su Petrarca e Virgilio: M. Feo, *Petrarca Francesco*, voce in *Enciclopedia virgiliana*, vol. IV, Roma, Istituto dell'Enciclopedia Italiana, 1988.

Sull'arte: R. Giani, *L'amore nel «Canzoniere» di Francesco Petrarca*, Torino, Bocca, 1917; R. Verde, *Studio sulle rime del Petrarca*, Catania, 1939; B. Croce, *La poesia del Petrarca*, in *Poesia popolare e poesia d'arte*, Bari, Laterza, 1946² e Id., *Petrarca*, in *Poesia antica e moderna*, Bari, Laterza, 1950³; G. Contini, *Saggio di un commento alle correzioni del Petrarca volgare*, Firenze, Sansoni, 1943 e Id., *La lingua del Petrarca*, nel volume collettivo *Il Trecento*, Firenze, Sansoni, 1953 (rist. in *Varianti e altra linguistica*, Torino, Einaudi, 1979); A. Momigliano, *Intorno al «Canzoniere»*, in *Elzeviri*, Firenze, Le Monnier, 1945 e Id., *L'elegia politica del Petrarca*, in *Introduzione ai poeti*, Firenze, Sansoni, 1964²; M. Fubini, *Il Petrarca artefice*, in *Studi sulla letteratura del Rinascimento*, Firenze, Sansoni, 1971² e i capp. V (*La terzina dopo Dante*), VI (*La metrica del Petrarca*), VII (*La sestina*), in *Metrica e poesia*, Milano, Feltrinelli, 1970; A. Schiaffini, *Il lavoro della forma in Francesco Petrarca*, in *Italiano antico e moderno*, Milano-Napoli, Ricciardi, 1970; E. Bigi, *Alcuni aspetti dello stile del «Canzoniere» petrarchesco*, in *Dal Petrarca al Leopardi*, Milano-Napoli, Ricciardi, 1954; F. Montanari, *Studi sul «Canzoniere» del Petrarca*, Roma, Studium, 1958; A. Noferi, *L'esperienza poetica del Petrarca*, Firenze, Le Monnier, 1962; F. Neri, *Il Petrarca e le rime dantesche della Pietra*, in *Saggi*, Milano, Bompiani, 1964; F. Chiappelli, *Studi sul linguaggio lirico del Petrarca*, Firenze, Olschki, 1971; E. Paratore, *Dal Petrarca all'Alfieri*, Firenze, Olschki, 1975; P. Trovato, *Dante in Petrarca per un inventario dei dantismi nei «rerum vulgarium fragmenta»*, Firenze, Olschki, 1979; G. Getto, *«Triumphus Temporis». Il sentimento del tempo nell'opera di Francesco Petrarca*, in *Tempo e spazio nella letteratura italiana*, Firenze, Sansoni, 1983; G. Martellotti, *Scritti petrarcheschi*, a cura di M. Feo e S. Rizzo, Padova, Antenore, 1983; A. Balduino, *Boccaccio, Petrarca e altri poeti del Trecento*, Firenze, Olschki, 1984; S. Sturm Maddox, *Petrarca's «Metamorphoses»: Text and Subtext in the «Rime sparse»*, Columbia, Miss., University of Missouri Press, 1985; D. De Robertis, *Contiguità e selezione nella costruzion del «Canzoniere» di Francesco Petrarca*, in «Studi di filologia italiana», XLIII, 1985; W. Potters, *Chi era Laura? Strutture linguistiche e matematiche nel «Canzoniere» di Francesco Petrarca*, Bologna, Il Mulino, 1987; M. Vitale, *Le correzioni linguistiche del Petrarca nel «Canzoniere»*, in «Studi linguistici italiani», 14, 1988; M. Santagata, *Dal sonetto al «Canzoniere»*, Padova, Liviana, 1989²; Id., *Per moderne carte. La biblioteca volgare di Petrarca*, Bologna, Il Mulino, 1990 e Id., *I frammenti dell'anima. Storia e racconto nel «Canzoniere» di Petrarca*, Bologna, Il Mulino, 1992; M. Petrini, *La risurrezione della carne. Saggi sul «Canzoniere»*, Milano, Mursia, 1993.

Sui *Trionfi*: AA. Vv., *Petrarch's «Triumph». Allegory and Spectacle*, a cura di K. Eisenbichler e A.A. Iannucci, Toronto, Dovehouse, 1990. Sul *Secretum*: F. Rico, *Vida u obra de Petrarca*, vol. I: *Lectura del «Secretum»*, Chapel Hill, N.C., North Carolina Studies in the Romance Languages and Literatures, 1974; B. Martinelli, *Il «Secretum» conteso*, Napoli, Loffredo, 1982; H. Baron, *Petrarca's «Secretum»: Its Making and Its Meaning*, Cambridge, Mass., The Medieval Academy of America, 1985; R. Caputo, *Cogitans fingo. Petrarca tra «Secretum» e «Canzoniere»*, Roma, Bulzoni, 1987.

Sul movimento del "petrarchismo" in Europa: P. Van Tieghem, *Petrarca et le petrarquisme*, in *Précis d'histoire littéraire de l'Europe depuis la Renaissance*, Paris, Alcan, 1925; M. Vinciguerra, *Interpretazione del petrarchismo*, Torino, Baretti, 1926; A. Meozzi, *Il petrarchismo europeo*, Pisa, Vallerini, 1934; D. Alonso, *La poesia del Petrarca e il petrarchismo*, in *Saggio di metodi e limiti stilistici*, cit.; L. Forster, *The Icy Fire*, Cambridge, Cambridge University Press, 1969; D. Cecchetti, *Il petrarchismo in Francia*, Torino, Giappichelli, 1970;

F. Meregalli, *Alle origini del petrarchismo in Spagna*, in *Miscellanea di studi ispanici*, a cura dell'Istituto di Lingua e Letteratura spagnola dell'Università di Pisa, 1971-1973; H. Rüdiger, *Petrarca e il petrarchismo nella letteratura germanica*, in *Atti del Convegno Internazionale Francesco Petrarca*, dell'Accademia dei Lincei, Roma, Accademia dei Lincei, 1976; L. Keller, *Übersetzung und Nachahmung in europäischen Petrarkismus*, Stuttgart, Metzle, 1974; *Traduzione e tradizione europea del Petrarca*, Atti del III Convegno sui problemi della traduzione letteraria, Monselice, 1975; M.P. Manero Sorolla, *Introducción al estudio del petrarquismo en España*, Barcelona, Publicaciones Universitarias, 1987. Sul petrarchismo italiano: G. Spagnoletti, *Il petrarchismo italiano*, Milano, Garzanti, 1974; L. Baldacci, *Il petrarchismo italiano del Cinquecento*, Padova, Liviana, 1974; C. Dionisotti, *Fortuna del Petrarca nel Quattrocento*, in «Italia medioevale e umanistica», XVII, 1974; G. Izzi, voce *Petrarchismo*, in *Dizionario critico della letteratura italiana*, Torino, UTET, 1973; M. Guglielminetti, *Petrarca e petrarchismo. Un'ideologia della letteratura*, Torino, Einaudi, 1977; G. Gorni, *Per una storia del petrarchismo metrico in Italia*, in «Studi petrarcheschi», IV, 1987.

Molti scritti interessanti nei volumi miscellanei: *Petrarca e il petrarchismo*, Atti del III Congresso petrarchesco di Aix-en-Provence, 1959, Bologna, 1963; *Actes du Congrès International «Francesco Petrarca père des renaissances, serviteur de l'Amour et de la Paix»*, Avignon, Faculté des Lettres, 1974; *Francis Petrarch, Six Centuries Later. A Symposium*, a cura di A. Scaglione, Chicago, University of North Carolina, Chapel Hill and the Newberry Library, 1975; *Il Petrarca ad Arquà*, Atti del Convegno di studi nel VI centenario, a cura di G. Billanovich e G. Frasso, Padova, Antenore, 1975; *Atti del Convegno Internazionale Francesco Petrarca*, Roma, Accademia dei Lincei, 1976; *Francesco Petrarca, Citizen of the World*, a cura di A.S. Bernardo, Padova-Albany, Antenore-University of New York Press, 1980; cfr. anche Aa.Vv., *Lectura Petrarcae*, I-V, Firenze, Olschki, 1981-1986.

Un utile documento: *Codici latini del Petrarca nelle biblioteche fiorentine*, catalogo della mostra alla Biblioteca Medicea Laurenziana, a cura di M. Feo, Firenze, Le Lettere, 1991.

Per seguire lo svolgimento degli studi petrarcheschi si legga la rivista «Studi petrarcheschi» (esce dal 1948). Studi importanti spesso anche in «Italia medioevale e umanistica».

3 Boccaccio

3.1 Dal culto umanistico dello scrittore latino all'esaltazione cinquecentesca del prosatore volgare

La storia della critica boccaccesca presenta parecchie analogie con quella della critica petrarchesca. Fino al Seicento, si può dire che la fortuna critica del Boccaccio segua la medesima parabola di quella del Petrarca, ma complicata dall'intervento di una polemica moralistica e di una polemica linguistica, che hanno invece sull'altra assai limitata incidenza. In seguito anch'essa risente delle varie impostazioni del rapporto Medioevo-Rinascimento, dell'orientamento ideologico e filologico della cultura positivistica, del mutamento di metodologia prodotto dal Croce, infine degli orientamenti formalistici della critica più recente.

Il Trecento e il Quattrocento umanistico, come nel caso del Petrarca, a cominciare dall'autore stesso, esaltano le opere in latino, considerando il *Decameron* e le altre opere minori in volgare come produzioni non appartenenti all'alta e vera letteratura, ma a una categoria inferiore, scritte senza troppo impegno e destinate soprattutto al divertimento delle classi meno colte. È infatti in mezzo a queste classi, in mezzo agli ambienti borghesi e mercantili, che da principio si diffonde il *Decameron* (il che tra l'altro presenta particolari problemi al filologo che ricostruisca la storia del testo, trasmesso per una via così insolita).

Una rivalutazione dello scrittore volgare si verifica già alla fine del Quattrocento, con la ripresa della letteratura in volgare, quando LORENZO IL MAGNIFICO, per esempio, nel *Commento sopra alcuni dei suoi sonetti*, scrive che «Dante, il Petrarca e il Boccaccio hanno nelli gravi e dolcissimi versi ed orazioni loro monstro assai chiaramente con molta facilità potersi in questa lingua esprimere ogni senso». Ma è al primo Cinquecento, e specialmente all'opera di PIETRO BEMBO, che il Boccaccio deve non solo la piena rivalutazione del suo capolavoro, ma addirittura l'elevazione a modello della prosa volgare, come il Petrarca della poesia, e persino a modello di raffinata educazione nei modi dell'espressione, come appare dal *Galateo* (1551-1555) di monsignor Giovanni Della Casa.

Naturalmente il Boccaccio proposto dal Bembo è quello che rispondeva ai suoi ideali di aristocratica eleganza formale, il maestro di uno stile sempre ornato e solenne, degno di stare accanto a quello dei classici. Così l'opera già giudicata degna solo dell'attenzione di mercanti e borghesi poco letterati veniva assunta al livello della grande letteratura. Per tutto il Cinquecento il *Decameron* venne non solo tenuto come punto costante di riferimento e imitato, nella struttura, nei temi e nello stile, dai novellieri, ma sfruttato per gli argomenti anche dai commediografi e considerato modello di lingua da quasi tutti i trattatisti e prosatori in genere. Verso la fine del secolo la sua esemplarità linguistica venne codificata dai filologi dell'Accademia fiorentina, come Vincenzio Maria Borghini e Leonardo Salviati, i quali lo consideravano unicamente un testo di lingua, il massimo fra quelli tramandati dagli "aurei" secoli, irreparabilmente trascorsi, del Duecento e del Trecento, quando il toscano aveva raggiunto la perfezione. I filologi fiorentini sono gli autori di un'edizione del *Decameron*, attentamente curata dal punto di vista filologico, ma arbitrariamente rifatta in tutti i punti dove comparivano parole e frasi irriverenti verso la religione e la morale cristiana. L'edizione, che uscì nel 1573 a Firenze presso i Giunti, portava come titolo *Il «Decameron» di M. Giovanni Boccaccio, cittadino fiorentino, ricorretto in Roma et emendato secondo l'ordine del sacro Concilio di Trento*: titolo che spiega chiaramente l'origine della revisione moralistica del libro. Lo spirito della Controriforma portava a giudicare in maniera diversa dal passato le parti meno castigate e soprattutto quelle che potevano, a torto o a ragione, apparire dettate da un atteggiamento di scarso rispetto, o addirittura di satira, verso la Chiesa e i suoi membri. Occorre tener presente che i riformisti se ne erano già serviti appunto come di arma polemica per dimostrare la corruzione del clero medievale. Ciò può spiegare quello che ai moderni sembra un arbitrio inconcepibile. Comunque, da allora prese vita quella polemica di carattere moralistico intorno al *Decameron* che è durata, si può dire, fino quasi ai nostri giorni.

3.2 L'antiboccaccismo linguistico e moralistico del Seicento e del Settecento

Il Seicento fu generalmente avverso al Boccaccio, come al Petrarca, per le medesime ragioni che abbiamo ricordato a proposito di quest'ultimo: quella di carattere generale della poca considerazione per gli scrittori del passato e quella più particolare di un nuovo orientamento del gusto, di una diversa sensibilità linguistica e stilistica. Da questo punto di vista (e anche per i secoli seguenti) la polemica contro il Boccaccio s'identifica in gran parte con la polemica sulla lingua (cfr. nella *Parte terza* il capitolo *La questione della lingua*). Mentre diventa sempre più viva l'opposizione all'egemonia del toscano, comincia a farsi strada il gusto di uno stile prosastico più semplice e naturale di quello latineggiante del Boccaccio e dei suoi imitatori cinquecenteschi (singolare documento di questo atteggiamento è il libretto *L'Anticrusca* di Paolo Beni, pubblicato nel 1612, che è piuttosto un *Antiboccaccio*), mentre d'altro canto le tendenze barocche conducevano nella direzione di una esuberanza lessicale e di una ostentata ingegnosità, ugualmente lontane dalla linea del pur sempre misurato e armonico Boccaccio. Ad alcuni teorici del Barocco, come Emanuele Tesauro, la sua lingua, come quella dei suoi contemporanei, appariva ancora rozza e immatura, simile al latino arcaico di un Ennio o di un Plauto.

Anche l'Arcadia, mentre restaura il culto del Petrarca, si mantiene ostile al Boccaccio: ostilità che aumenta con gli illuministi. La concezione che questi avevano della letteratura, come di un'attività destinata alla diffusione di utili cognizioni, fatta di "cose" e non di "parole" e la mentalità razionalistica, amante dell'espressione "logica" e chiara, insieme con l'avversione a ogni ossequio non giustificato dalle autorità tradizionali: tutti questi motivi concorrevano a far assumere un atteggiamento polemico nei confronti dello stile del Boccaccio e dei suoi imitatori. Sono notissime le pagine di Giuseppe Baretti, nella «Frusta letteraria» e in altre opere, nelle quali vengono condannate le inversioni "innaturali" e "sforzate", contrarie al genio della nostra lingua, introdotte dal Boccaccio per l'affettazione di imitare il latino, e al suo stile studiato e innaturale viene contrapposto quello naturale e spontaneo di Benvenuto Cellini. Atteggiamento analogo si ritrova negli altri illuministi, da Saverio Bettinelli agli scrittori del «Caffè», nei quali ultimi la polemica contro il Boccaccio fa tutt'uno con la loro polemica contro gli «Aristotelici delle lettere» e contro il purismo toscaneggiante (cfr. anche quanto è stato detto in proposito nei capitoli *Storia della critica* e *La questione della lingua*).

Continua nel Settecento anche la polemica moralistica, alla quale partecipano pure i due più notevoli eruditi che in questo secolo si occupano del *Decameron*: Giovanni Gaetano Bottari e Domenico Maria Manni. Il Bottari cerca di difendere il Boccaccio, sostenendo che egli è un semplice narratore e non un esaltatore della licenziosità e scorgendo in lui il proposito di condannare le colpe degli individui, senza toccare i princìpi della Chiesa, e di satireggiare certi aspetti superstiziosi della religiosità medievale in nome della dignità dell'intelligenza umana (G. Bottari, *Lezioni sopra il «Decameron»*, lette alla Crusca fra il 1725 e il 1764, ma pubblicate soltanto a Firenze nel 1818). Il Manni si sforza invece di dimostrare la storicità dei fatti narrati dal novelliere per riversarne la responsabilità sui presunti autori (D. M. Manni, *Istoria del «Decameron»*, Firenze, 1742). Ma più di queste loro argomentazioni (alcune delle quali tuttavia ritorneranno con altro significato nella critica successiva, come l'antimedievalismo del Boccaccio e il culto dell'intelligenza), hanno valore le molteplici notizie storiche e linguistiche da loro raccolte a illustrazione delle novelle.

3.3 Il *Discorso* del Foscolo sul *Decameron*

Come per il Petrarca è ancora Ugo Foscolo ad aprire vie nuove alla critica. Il suo *Discorso sul testo del «Decameron»* (Londra, 1825) riprende alcuni temi della critica settecentesca, come quello dell'immoralità e quello dell'influsso negativo sullo svolgimento della nostra lingua, ma svolgendoli e approfondendoli con più matura coscienza storica, e connettendoli con intuizioni nuove. La parte più interessante del *Discorso*, nato dall'occasione di fornire un testo attendibile dell'opera (e il Foscolo comprese, con esatta intuizione filologica, che per questo era necessario ricostruire la storia esterna e interna di esso e indagare le condizioni linguistiche del tempo in cui fu composto), è quella dedicata all'esame della lingua del *Decameron*, sia da un punto di vista storico sia da un punto di vista estetico. Gli Accademici della Crusca, nella loro idolatria del Trecento, avevano considerato la lingua del Boccaccio come coincidente per la massima parte col dialetto fiorentino parlato del tempo, e per questo l'avevano proposta come unica lingua da scriversi e da parlarsi. Il Foscolo invece vi riconosce una combinazione tutta personale di dotto e di popolare, di lessico fiorentino e di sintassi latina: «Ei più ch'altri riconciliò parole popolari e poetiche, e la semplicità del nuovo idioma con la varietà e la gravità della sintassi latina». La lingua del Boccaccio è quindi una lingua artistica, la cui imitazione produsse sì effetti negativi sullo svolgimento successivo dell'italiano letterario, ma che in sé rispondeva alle esigenze particolari del narratore: quello stile è «a ogni modo felicemente appropriato a donne briose e giovani innamorati, che seggono novellando a diporto», e rispecchia i caratteri particolari della fantasia dell'autore: «Era il Boccaccio dotato della natura di facondia a descrivere minutamente e con meravigliosa proprietà ed esattezza ogni cosa. Mancava al tutto di quella fantasia pittrice la quale, condensando pensieri, affetti ed immagini, li fa scoppiare impetuosamente con modi di dire sdegnosi d'ogni ragione retorica»; egli vagheggia la lingua «da innamorato» come se «vedesse in ogni parola una vita che le fosse propria, né bisognosa altrimenti d'essere animata dall'intelletto». La simpatia del Foscolo andava evidentemente agli scrittori dotati di «fantasia pittrice»; ma, nella contrapposizione, egli delineava una precisa caratterizzazione critica dell'arte boccaccesca.

3.4 Le interpretazioni ideologiche della storiografia ottocentesca e la critica del De Sanctis

Col Romanticismo, come accade per il Petrarca, l'opera del Boccaccio viene considerata non più, o scarsamente, nei suoi aspetti letterari e linguistici, ma nel suo significato ideale, come espressione di un determinato momento storico. Già il Foscolo aveva avvertito il distacco fra l'età di Dante e quella del Petrarca e del Boccaccio: studiosi italiani e stranieri fino a FRANCESCO DE SANCTIS arricchiscono di determinazioni, e di contrastanti valutazioni, questa contrapposizione, innestandovi motivi vari di polemica ideologica. Fra i più significativi è lo storico francese EDGAR QUINET, il quale in *Les révolutions d'Italie* (Paris, 1848; trad. it. di C. Muscetta, Bari, 1935) presenta il Boccaccio come colui che dissipa i terrori e i fantasmi ammassati dalla religione medievale e precorre il libero naturalismo del Rinascimento: «il *Decameron* non è che l'accento di gioia espansiva dell'uomo sfuggito alla costrizione del Medioevo». Il Quinet osserva pure che col Boccaccio comincia una grave malattia della coscienza e della letteratura italiana, «l'indifferenza dell'animo», e che a partire da lui «la dottrina dell'arte per l'arte, indipendente da ogni idea di patria e di morale, è quella degli scrittori italiani». In questi giudizi del Quinet si scorge quel contrasto che è in tanti storici dell'Ottocento, compreso il De Sanctis, fra una tendenza laicista, che li porta a valutare positivamente la reazione naturalistica a quelli che essi considerano gli eccessi del misticismo e dell'ascetismo medievale, e un forte moralismo che fa loro scorgere gli aspetti negativi di quella reazione. Appunto al Quinet è ispirato nelle sue linee fondamentali lo schema storiografico nel quale il De Sanctis inserisce la sua interpretazione del Boccaccio (cfr. anche quanto sullo schema della *Storia* del De Sanctis è stato detto nella *Parte seconda* nel capitolo *La critica letteraria dalle origini al Croce*). Il *Decameron* è per il De Sanctis la «Commedia umana» contrapposta alla «Commedia divina» di Dante, l'espressione aperta di una rivoluzione spirituale che era già in atto confusamente nelle coscienze, e cioè la ribellione al mondo medievale della trascendenza e dell'ascetismo in nome dei diritti della natura e della realtà terrena. Questa rivoluzione produce la decadenza di ogni serio ideale morale (le uniche virtù ammirate dal Boccaccio sono quelle cavalleresche della gentilezza e della liberalità e sua sola serietà è quella artistica) e la nascita di un mondo governato dall'istinto e dal caso, spensierato e allegro, di intonazione essenzialmente comica, nel quale il comico sorge dalla caricatura che l'uomo intelligente fa degli uomini inferiori, sciocchi o ignoranti. In questo modo il De Sanctis riduce a unità la molteplice materia del libro, riconducendola all'atteggiamento spirituale che la informa in ogni suo aspetto. Di questo atteggiamento egli trova il riflesso nello stile dello scrittore, che analizza finemente, sviluppando anche alcuni spunti foscoliani. Importante nelle pagine del De Sanctis è la delineazione, compiuta per la prima volta, dello svolgimento spirituale e letterario del Boccaccio dalle opere minori al capolavoro, il quale fonde in armonica unità le varie esperienze biografiche e artistiche precedenti, raggiungendo la liberazione dall'eccesso dell'autobiografismo e dell'erudizione, da cui spesso le opere minori sono gravate.

L'età positivistica, al solito, si occupò soprattutto di problemi di fonti e di ricerche biografiche, senza avanzare nuove proposte critiche notevoli. Grande novità di interpretazione non è dato riscontrare nemmeno in alcune monografie uscite ai primi del Novecento, fra le quali la più nota e per varie ragioni apprezzabile è quella di HENRI HAUVETTE (*Boccace*, Paris, 1914), tramate sui soliti motivi della ribellione naturalistica all'ascetismo e della trionfante sensualità. A proposito di questa, l'Hauvette osserva che essa non è fine a se stessa, ma in funzione della contemplazione della bellezza e del trionfo dell'intelligenza, e insieme col realismo caricaturale e con la satira contro i religiosi, la riannoda a quella corrente di realismo sensuale che anche nel Medioevo non aveva mai cessato di accompagnare il movimento teologico e filosofico.

3.5 Boccaccio "poeta": gli studi di Croce, Momigliano, Bosco e Petronio

Nuovi sviluppi critici si hanno soltanto in conseguenza del rinnovamento metodologico operato da BENEDETTO CROCE, e di una rinfrescata lettura del *Decameron* a esso conseguente da parte del Croce stesso e in particolare di ATTILIO MOMIGLIANO. Motivi comuni di queste indagini sono la considerazione del Boccaccio in se stesso, fuori degli schemi storiografici e delle prospettive ideologiche della critica romantica, come puro artista, e la rivendicazione dell'ampiezza e della serietà del suo mondo spirituale. Il Croce in un saggio su *La novella di Andreuccio da Perugia* (1911) presentava il Boccaccio non più come l'iniziatore di una rivoluzione spirituale, ma semplicemente come un artista che osserva e rappresenta «la vita nella sua varietà e nelle sue infinite gradazioni, che dalle passioni più alte scendono alle più basse, dal santo giù fino alla bestia, e che, via via scapitando nella qualità, guadagnano nell'estensione e s'incorporano nella grande maggioranza degli uomini, che è plebe», e nell'analisi della novella rilevava che essa è «una cosa d'arte», e non già un semplice racconto storico, retta da una logica interna che è logica poetica. Egli riprese e ampliò questi motivi più tardi in un secondo saggio su *Il Boccaccio e Franco Sacchetti* (1930), che ha tendenza risolutamente estetica e individualizzante: il Boccaccio vi appare come un puro poeta, la cui prosa è «semplicemente poesia e canto», e che in quanto tale non rispecchia particolari tendenze di un'epoca, ma supera le singole tendenze pratiche, elevandosi «alla piena umanità, che è sensualità e più che sensualità, riso e altro dal riso». Questa affermazione è confermata dall'analisi delle novelle di *Messer Lizio e il rosignolo* e di *Messer Ciappelletto*, analisi da cui il critico deduce la conclusione che bisogna saper vedere al di là del sensuale e del comico, al quale in fondo si erano fermati quasi esclusivamente i critici, compreso il De Sanctis, la varietà di affetti e di toni poetici del *Decameron*: «casi strazianti, sacrifici ispirati dall'amore, e non da quello solo che si chiama comunemente amore, prove di lealtà e generosità, risoluto andare incontro alla morte; e la varietà dei caratteri e l'onda dello stile, e il colore con cui sono ritratte non solo figure e movenze di personaggi, ma scene della natura, di terra e di mare, foreste, paesaggi rigidi e bianchi di neve e bruciati dal sole, tempeste e naufragi e isole deserte, e poi solitari vicoli di città, in cui di notte accadono strani fatti, e via dicendo».

Fra il primo e il secondo saggio del Croce era uscito il commento del Momigliano (G. Boccaccio, *Il Decameron*, 49 novelle commentate da A. Momigliano, Milano, 1924), animato principalmente dall'intento di mettere in rilievo la ricchezza umana e poetica del Boccaccio: «È falsa la concezione che limita la poesia del Boccaccio alla licenza e alla burla», perché egli sentì vivamente «la tenerezza e gli affetti violenti» e fu capace «di ritrarre la vita sana e semplice non meno che quella dissipata»: egli «non fu soltanto un giocondo profanatore di sentimenti rispettabili e sacri, un allegro burlone, un uomo simpatico e buono, ma anche uno degli uomini più completi che abbia avuto la nostra poesia».

Dai saggi del Croce e dal commento del Momigliano trae ispirazione la critica posteriore, convinta che il Boccaccio va considerato unicamente come "poeta" e che il suo mondo poetico è molto più ricco, vario e profondo di quel che non appariva alla critica dell'Ottocento. Ma proprio dalla constatazione di questa varietà essa trae lo stimolo a proporsi il problema se sia possibile ridurre quella varietà a unità, identificando il centro poetico, il tema dominante del *Decameron*. Questa esigenza è visibile nelle due monografie più notevoli dedicate all'argomento in questi anni, quella di Umberto Bosco (*Il Decameron*, 1929) e quella di Giuseppe Petronio (*Il Decameron, saggio critico*, 1935). Entrambe pongono il motivo centrale unificatore del libro nel culto dell'intelligenza umana: secondo il Bosco, anche nelle novelle di carattere avventuroso o sensuale, «ciò che appassiona continuamente il Boccaccio poeta non è l'avventura o l'amore lascivo», ma l'uomo in quanto «intelligenza viva e operante», tanto che si può definire il *Decameron* il «poema dell'intelligenza», mentre il Petronio si sforza di precisare il carattere di questo culto dell'intelligenza, definendolo «generica simpatia per l'intelligenza, che a tutti i sentimenti può unirsi, dai più interessati ai più egoisti, dai più nobili ai più volgari, atteggiandosi nelle forme più contrastate e diverse secondo il carattere dell'uomo, i suoi particolari interessi, la sua particolare spiritualità». E questo motivo del culto dell'intelligenza accanto a quello della sensibilità è entrato ormai in quasi tutte le definizioni critiche, anche manualistiche, del *Decameron*, utilizzato talvolta in maniera assai poco convincente anche come giustificazione della "moralità" del Boccaccio, quasi che l'esaltazione spregiudicata dell'intelligenza umana in tutte le sue manifestazioni, buone o cattive, sia di per sé un atteggiamento più morale che il compiacimento per la libera espansione della sensualità. Ad ogni modo su di esso è fondata anche la negazione di ogni intento satirico nei riguardi della Chiesa e degli ecclesiastici, negazione accentuata soprattutto da Luigi Russo (cfr. il suo commento a 25 novelle del *Decameron*, Firenze, Sansoni, 1939): frate Cipolla è per il Boccaccio un furbo né più né meno di tanti altri furbi del libro, e lo scrittore si diletta nel rappresentarne l'astuzia che trionfa dell'ingenuità e sciocchezza dei suoi uditori e anche della malizia di coloro che volevano schernirlo.

Integrazione e approfondimento del motivo dell'"intelligenza" può essere considerata la proposta di GIOVANNI GETTO, il quale vede nascere le novelle boccacciane dalla «contemplazione appassionata dei limiti e degli ostacoli che dalla vita (natura e fortuna) sono posti all'uomo, e dell'uomo che quei limiti e quegli ostacoli subisce e affronta: un dramma in cui si celebra l'arte del vivere, del sapere vivere» (*Vita di forme e forme di vita nel Decameron*, 1957).

La ricerca dell'unità artistica del *Decameron* ha determinato anche una viva attenzione alla funzione della cornice del libro, della quale viene generalmente riconosciuta la necessità artistica e non soltanto decorativa (si veda soprattutto il saggio del Getto, *La cornice e le componenti espressive del Decameron*, nel vol. cit.).

3.6 Gli elementi medievali dell'opera del Boccaccio

L'orientamento generale dei critici continuatori del Croce è rivolto verso una considerazione estetica dell'opera del Boccaccio, concentrata quasi esclusivamente sul *Decameron*, e distaccata dall'interesse, così vivo invece nella critica romantica e, in forma diversa, anche in quella positivistica, per il suo inquadramento storico. Successivamente si è fatta risentire l'esigenza storicistica e, insieme, quella di una revisione delle costruzioni biografiche della filologia positivistica. Essa però, in connessione con la mutata concezione del rapporto Medioevo-Rinascimento e con l'ampliamento delle conoscenze sul Medioevo (analogamente a quanto abbiamo visto accadere per il Petrarca), si è svolta in direzione opposta a quella della critica dell'Ottocento: cioè nel mettere in rilievo gli elementi medievali, e non quelli rinascimentali, della personalità e dell'opera del Boccaccio.

Già GIUSEPPE LIPPARINI (*La vita e l'opera di Giovanni Boccaccio*, Firenze, 1927) aveva immerso tutta l'opera del Boccaccio nel Medioevo, un Medioevo naturalmente che non è soltanto l'età ascetica e monacale, ma anche quella del *Roman de la Rose* e dei *fabliaux*. Egli trova gli elementi medievali soprattutto nella struttura letteraria, sia delle opere minori sia del capolavoro, la quale si rifà a schemi e tendenze tipici della letteratura medievale. La tesi del Lipparini era alquanto esagerata e le sue analisi si fermarono forse un po' troppo agli aspetti esterni dell'opera boccaccesca: tuttavia il suo libro è ricco di spunti felici, che furono ripresi da altri studiosi, i quali misero in luce quanto di "gusto" medievale restasse nello scrittore già considerato iniziatore della letteratura rinascimentale. Ricordiamo GIUSEPPE BILLANOVICH, il quale, dopo aver esaminato, sviluppando spunti del Lipparini e di altri studiosi, come FERDINANDO NERI, la costruzione del *Decameron*, fondata su ingegnosi rapporti numerici, e lo svolgimento dei vari temi, definisce il libro un capolavoro «ben più gotico che rinascimentale», e soprattutto VITTORE BRANCA, il cui volume *Boccaccio medievale* (1956), frutto di vaste ricerche filologiche e storiche, aggiornatissimo con le più recenti indagini non solo sull'opera del Boccaccio ma su tutta la cultura medievale, rappresenta la più precisa e più solidamente documentata presa di posizione contro l'interpretazione tradizionale dello scrittore. Il Branca supera l'opposizione ottocentesca fra *Divina Commedia* e *Decameron*, vedendo nel capolavoro del certaldese non l'antitesi, ma l'integrazione di quello di Dante, l'epopea della società medievale nel periodo del suo luminoso declino, del suo splendido "autunno": epopea che ha negli avventurosi e abili "mercanti" i suoi eroi più rappresentativi. Entro questa linea interpretativa si colloca, con un suo significato caratteristico, l'indagine di ALFREDO SCHIAFFINI (*Tradizione e poesia nella prosa d'arte italiana dalla latinità medievale al Boccaccio*, Genova, 1934) sulla formazione dello stile boccaccesco, la quale offre una precisa determinazione storica di quella "latinità" del Boccaccio della quale quasi tutti i critici avevano parlato in maniera generica e con intenti polemici. Sviluppando qualche suggestivo accenno di ERNESTO PARODI (*Giovanni Boccaccio*, in *Poeti antichi e moderni*, Firenze, 1923), il quale, forse per primo, aveva dato risalto al gusto "alessandrino" dello scrittore e ai suoi rapporti con la prosa d'arte medievale, nel quadro di un'ampia esplorazione della cultura e delle tendenze stilistiche medievali, lo Schiaffini documenta, specie attraverso l'acuta analisi delle opere minori, il legame fra il gusto e l'elaborazione stilistica del Boccaccio e i precetti e gli esempi della prosa latina del Medioevo, i quali rispondevano al suo ideale di magnificenza ornata e di splendore retorico. Questa "oltranza stilistica", nella quale gli influssi della retorica medievale si fondono con i richiami della cultura classica, pur sempre medievalmente rivissuta, domina le opere minori, ma si viene via via attenuando e piegando ai bisogni dell'ispirazione, finché nel *Decameron* essa scompare come ornato retorico per diventare la struttura intima e spontanea della frase musicalmente poetica del grande prosatore-poeta, i cui periodi «cantano al nostro orecchio proprio come versi». Così l'affermazione crociana, ormai quasi universalmente ripetuta, di un Boccaccio "poeta" riceveva una conferma analitica e una persuasiva precisazione storica e filologica.

In relazione allo stile il Branca, nel citato *Boccaccio medievale*, ha poi finemente indicato la varietà dei registri, corrispondente alla varietà delle situazioni e dei personaggi, in armonia con i canoni più autorevoli delle arti retoriche classiche e medievali e ha determinato la posizione capitale del capolavoro boccaccesco nello svolgimento delle strutture narrative: esso rappresenta il punto d'incontro di due grandi filoni letterari — la tradizione "esemplaria" e l'aneddotica borghese — disgiunti ed estranei l'uno all'altro nel Medioevo, e che lo scrittore porta risolutamente dalla loro astrattezza e dalla loro episodicità dentro la storia, rinnovandoli e dotandoli di un linguaggio appropriato. Intelligentemente, utilizzando i risultati della critica precedente, MARIO BARATTO, nel volume *Realtà e stile nel Decamerone* (1970), ha ampiamente analizzato, nella loro complessa varietà, i modi narrativi e stilistici del capolavoro boccacciano, la cui «cifra essenziale» è «la latitudine narrativa e la molteplice articolazione di registri stilistici che ne deriva».

3.7 Indagini biografiche nel Novecento

Come abbiamo detto, una rinnovata esigenza storicistica si è manifestata anche nel campo delle ricerche biografiche e filologiche. SALVATORE BATTAGLIA per primo, e dopo di lui il Branca e il Billanovich, hanno smantellato le posizioni della filologia positivistica, la quale aveva considerato soprattutto le opere minori come opere autobiografiche, deducendo da esse, attraverso sottili interpretazioni, una biografia del Boccaccio in gran parte immaginaria. Già FRANCESCO TORRACA (cfr. *Per la biografia di Giovanni Boccaccio*, Roma, 1912, e *Giovanni Boccaccio a Napoli*, Napoli, 1915) aveva rilevato gli eccessi di queste ricostruzioni. Il Battaglia (*Elementi autobiografici nell'arte del Boccaccio*, in «La cultura», apr. 1930, e *Schemi lirici dell'arte del Boccaccio*, in «Archivium romanicum», XIX, I, 1935) interpreta le figure e gli avvenimenti descritti nelle opere minori su di un piano artistico e non biografico, come «rappresentazioni di particolari stati d'animo e non di fatti». Il Branca ha documentato «la soggezione del Boccaccio a tradizioni e a schemi letterari nel narrare esperienze del tutto personali» (*Schemi letterari e schemi autobiografici*, in *Boccaccio medievale e nuovi studi sul Boccaccio*, Firenze 1981). Sulla medesima linea interpretativa sono le ricerche del Billanovich, il quale nei suoi *Restauri boccacceschi* (1945) ha delineato una biografia del Boccaccio assai diversa da quella tradizionale, sia per i fatti esterni sia per gli atteggiamenti psicologici. I risultati di tutte queste indagini sono condensati nel *Profilo biografico* (1977) del Boccaccio tracciato dal Branca, il quale costituisce la più documentata e sicura ricostruzione della vita e dell'attività artistica dello scrittore. Esso distrugge "leggende" biografiche come quella famosa e tenace della senile condanna del *Decameron* per ragioni morali, e delinea la carriera letteraria del Boccaccio non più come divisa in una giovinezza tutta narrativa e tutta volgare e in una maturità tutta erudita e tutta latina, ma come continuamente impegnata su due fronti e su due registri. Sulla biografia sono intervenuti anche CARLO MUSCETTA (*Boccaccio*, Bari, Laterza, 1972) e PIER GIORGIO RICCI (*Studi sulla vita e sulle opere di Giovanni Boccaccio*, Milano-Napoli, Ricciardi, 1985). Fondamentale e complessivo è lo studio della personalità e dell'opera attuato da FRANCESCO BRUNI (*Boccaccio*, Bologna, Il Mulino, 1990).

3.8 Boccaccio oggi

Oltre che nelle indagini biografiche, la recente filologia si è esercitata con molto frutto anche nei problemi testuali. Di tutte le opere minori in volgare e anche in parte di quelle in latino sono state pubblicate edizioni assai migliori di quelle antiche e ha fatto anche un progresso notevolissimo il problema di un'edizione veramente critica del *Decameron*. Una nuova fase di questi studi fu rappresentata da un saggio del 1927 di MICHELE BARBI (*Sul testo del «Decameron»*, raccolto ora in *La nuova filologia e l'edizione dei nostri scrittori*, Firenze, 1938), che esaminava un numero cospicuo di nuovi codici oltre a quelli tenuti tradizionalmente presenti e riprendeva autorevolmente l'ipotesi (già prospettata dai filologi del Cinquecento) di diverse redazioni del libro risalenti all'autore stesso. Dei suggerimenti del Barbi hanno tenuto conto il PETRONIO nella sua edizione del *Decameron* (Torino, Einaudi, 1950) e soprattutto il BRANCA, nella sua edizione del 1952 (Firenze, Le Monnier), fondata sull'esame di oltre ottanta manoscritti. Successivamente (1976) il Branca ha curato per la collezione dei testi dell'Accademia della Crusca l'edizione critica dell'opera secondo l'autografo, conservato nel codice berlinese Hamilton, del quale ha curato pure una riproduzione fotografica: *Decameron. Facsimile dell'autografo conservato nel codice Hamilton 90 della Staatsbibliothek Preussischer Kulturbesitz di Berlino* (Alinari, 1975). Lo stesso è ritornato sul testo del *Decameron* per una nuova edizione (Torino, Einaudi, 1987) e dirige l'edizione di *Tutte le opere* per la collezione dei «Classici» Mondadori (i volumi già usciti sono curati, oltre che dallo stesso Branca, da A.E. Quaglio, A. Balduino, P.G. Ricci, G. Padoan, V. Zaccaria). Una recente edizione del *Corbaccio* si deve invece a MARIO MARTI (Galatina, Congedo, 1982).

Anche per Boccaccio si registra — accanto al fervore filologico che produce sia edizioni sempre migliori sia conseguenti dispute testuali — la tendenza degli studi più recenti verso indagini settoriali, spesso realizzate secondo metodologie particolari. Si è cimentato sul testo del Boccaccio, indagando in chiave psicanalitica, GUIDO ALMANSI dandone le audaci interpretazioni comprese in *L'estetica dell'osceno* (Torino, Einaudi, 1974).

Analisi strutturalistiche si devono invece a molti studiosi, fra cui VIKTOR ŠKLOVSKIJ (*Lettura del «Decameron»*, Bologna, 1969), TZVETAN TODOROV (*Grammaire du «Decameron»*, Paris, 1969), CESARE SEGRE (*Funzioni, opposizioni e simmetrie nella giornata VII del «Decameron»*, in «Studi sul Boccaccio», VI, 1971; *Le strutture e il tempo*, Torino, Einaudi, 1974), MARIO BARATTO (*Realtà e stile nel «Decameron»*, Vicenza, Neri Pozza, 1970), MARGA COTTINO-JONES (*An Anatomy of Boccaccio's Style*, Napoli, 1968) e ANTONIO STÄUBLE (*Strutture retoriche in cinque «orazioni» boccacciane*, in «Studi sul Boccaccio», 19, 1990).

Un approccio simbologico caratterizza gli studi di ROBERT HOLLANDER (*Boccaccio's Two Venuses*, New York, Columbia University Press, 1977 e *Boccaccio's Last Fiction*, ivi, 1988) e di V. KIRKHAM (*Reckoning with Boccaccio's «Questioni d'amore»*, in «Modern Language Notes», 89, 1974), al quale si deve anche l'indagine numerologica *Numerology and Allegory in Boccaccio's «Caccia di Diana»* (in «Traditio», 34, 1978).

L'attenzione di numerosi studiosi si è concentrata sulla cornice del *Decameron*: fra gli studi più significativi si segnalano GIORGIO BÁRBERI SQUAROTTI, *La «cornice» del «Decameron» o il mito di Robinson*, in *Il potere della parola. Studi sul «Decameron»*, (Napoli, Federico & Ardia, 1983); ALESSANDRO DURANTI, *Le novelle di Dioneo*, in *Studi di filologia e critica offerti dagli allievi a Lanfranco Caretti*, (Roma, Salerno, 1985); LUCIA BATTAGLIA RICCI, *Ragionare nel giardino. Boccaccio e i cicli pittorici del «Trionfo della Morte»* (ivi, 1987).

Un altro nodo della critica specialistica è il rapporto Dante-Boccaccio sia per le influenze dantesche riscontrabili nel testo di Boccaccio (F. FIDO, *Dante personaggio mancato del «Decameron»*, in *Le metamorfosi del centauro*, Roma, Bulzoni, 1977; R. HOLLANDER, *«Decameron»: The Sun Rises in Dante*, in «Studi sul Boccaccio», 14, 1983-1984), sia per il contributo di Boccaccio alla fortuna dantesca (G. PADOAN, *Giovanni Boccaccio editore e interprete di Dante*, Firenze, Olschki, 1979).

Repertorio bibliografico

a) **Opere bibliografiche e introduttive**

F. ZAMBRINI - A. BACCHI DELLA LEGA, *Bibliografia boccaccesca, Serie delle edizioni di Giovanni Boccaccio, latine, volgari e trasformate*, Bologna, 1875 (rist. anast. Bologna, Forni, 1967); G. TRAVERSARI, *Bibliografia boccaccesca*, Città di Castello, 1907; V. BRANCA, *Linee di una storia della critica al «Decameron», con bibliografia boccaccesca completamente aggiornata*, Roma, Dante Alighieri, 1939; E. ESPOSITO, *Boccacciana. Bibliografia delle edizioni e degli scritti critici (1939-1974)*, Ravenna, Longo, 1976; G. CHIECCHI, *Rassegna boccacciana: per un centenario (1971-1977)*, in «Lettere italiane», XXXI, 1979.

Come introduzioni generali, cfr. il recente e fondamentale F. BRUNI, *Boccaccio*, Bologna, Il Mulino, 1990. Ancora utile è il capitolo sul *Boccaccio*, in N. SAPEGNO, *Il Trecento*, in *Storia letteraria*, Milano, Vallardi, 1963; e inoltre: H. HAUVETTE, *Boccace*, Paris, 1914; C. GRABHER, *Boccaccio*, Torino, UTET, 1941. Per la biografia in particolare: G. BILLANOVICH, *Restauri boccacceschi*, Roma, Edizioni di Storia e Letteratura, 1945; C. MUSCETTA, *Boccaccio*, Bari, Laterza, 1992 (1ª ed. 1972); V. BRANCA, *Giovanni Boccaccio (Profilo biografico)*, Firenze, Sansoni, 1992 (1ª ed. 1977) e ID., voce *Boccaccio* in *Dizionario critico della letteratura italiana*, Torino, UTET, 1973; N. SAPEGNO, voce *Boccaccio Giovanni*, in *Dizionario Biografico degli Italiani*, X, Roma, Istituto dell'Enciclopedia Italiana, 1968. Significativo, in occasione del centenario, il catalogo della *Mostra di manoscritti, documenti e edizioni*, 2 voll., Certaldo, 1975. Molto informato P.G. RICCI, *Studi sulla vita e sulle opere di Giovanni Boccaccio*, Milano-Napoli, Ricciardi, 1985.

b) **Edizioni e commenti**

Un'edizione di *Tutte le opere* italiane e latine in 12 volumi è in corso di pubblicazione nei «Classici» Mondadori, sotto la direzione di V. Branca. Già pubblicati: vol. I, *Caccia di Diana, Filocolo*, a cura di V. Branca e A.E. Quaglio; vol. II, *Filostrato, Teseida, Ameto*, a cura di V. Branca, A. Limentani e A.E. Quaglio; vol. III, *Amorosa visione, Ninfale fiesolano, Vita di Dante*, a cura di V. Branca, A. Balduino e P.G. Ricci; vol. IV, *Decameron*, a cura di V. Branca; vol. VI, *Esposizioni sopra la Comedia di Dante*, a cura di G. Padoan; vol. IX, *De claris mulieribus*, a cura di V. Zaccaria; vol. X, *De casibus virorum illustrium*, a cura di P.G. Ricci e V. Zaccaria.

Tutte le opere volgari sono stampate nella collana «Scrittori d'Italia» dell'editore Laterza: *Il Filocolo*, a cura di S. Battaglia, 1938; *Il Filostrato e il Ninfale fiesolano*, a cura di V. Pernicone, 1937; *Teseida delle nozze d'Emilia*, a cura di A. Roncaglia, 1941; *Elegia di Madonna Fiammetta*, a cura di V. Pernicone, 1939; *L'Ameto, Lettere, Corbaccio*, a cura di N. Bruscoli, 1940; *Le Rime, l'Amorosa visione, la Caccia di Diana*, a cura di V. Branca, 1939; *Il Decameron*, a cura di A.F. Massèra, 1927, e a cura di Ch. S. Singleton, 1955; *Il Commento alla «Divina Commedia» e gli altri scritti intorno a Dante*, a cura di D. Guerri, 1918. Anche alcune delle opere latine sono pubblicate nella collana «Scrittori d'Italia»: *Opere latine minori*, a cura di A.F. Massèra, 1928; *Genealogia deorum gentilium*, a cura di V. Romano, 1951. Del *Decameron* si tenga presente anche l'edizione critica secondo l'autografo hamiltoniano a cura di V. Branca, Firenze, Accademia della Crusca, 1976. Dell'autografo hamiltoniano è stata anche pubblicata, sotto la direzione di Ch. S. Singleton, una trascrizione diplomatica e interpretativa (Baltimore and London, The John Hopkins University Press, 1974), e a cura di V. Branca una riproduzione fotomeccanica (Firenze, Fratelli Alinari-Istituto di Edizioni artistiche, 1975). Del *Teseida*, si veda anche l'edizione critica, a cura di S. Battaglia, Firenze, Sansoni, 1938; della *Comedia delle Ninfe*, l'edizione a cura di A.E. Quaglio, ivi, 1963; dell'*Amorosa Visione*, l'edizione critica a cura di V. Branca, ivi, 1944; del *Corbaccio*, le edizioni a cura di T. Nurmela, Helsinki, 1968 e a cura di M. Marti, Galatina, Congedo, 1982; cfr. anche le edizioni del *Corbaccio* a cura di G. Binni, Milano, Motta, 1989 e a cura di G. Natali, Milano, Mursia, 1992. Il *Trattatello*, a cura di G.P. Ricci, Alpignano, Tallone, 1969; le *Rime*, a cura di V. Branca, ivi, 1980; il *Ninfale fiesolano*, a cura di P.M. Forni, Milano, Mursia, 1991. Per indicazioni sui manoscritti delle opere del *Boccaccio*, cfr. V. BRANCA, *Tradizione delle opere di Giovanni Boccaccio*, vol. I, Roma, Edizioni di Storia e Letteratura, 1958 e vol. II, ivi, 1991; V. BRANCA-P.G. RICCI, *Un autografo del «Decameron»*, Padova, Cedam, 1962.

Edizioni commentate del *Decameron*: a cura di M. Marti, Milano, Rizzoli, 1958; V. Branca, Firenze, Le Monnier, 1965[5] e Milano, Mondadori, 1976; C. Salinari, Bari, Laterza, 1963; A.E. Quaglio, Milano, Garzanti, 1974; G. Petronio, Torino, Einaudi, 1975; N. Sapegno, Torino, UTET, 1975; V. Branca, Milano, Mondadori, 1984. Una grande edizione illustrata, con introduzione di V. Branca, è stata pubblicata dalle Case editrici Sadea-Sansoni, Firenze, 1966. Un volume contenente l'*Elegia* e il *Corbaccio*, è a cura di F. Erbani, Milano, Garzanti, 1988. Nei «Classici» Ricciardi sono usciti un volume contenente il *Decameron* e una scelta del *Filocolo*, del *Filostrato* e della *Fiammetta*, a cura di E. Bianchi, C. Salinari e N. Sapegno, Milano-Napoli, 1952, e un altro contenente *Opere in versi, Corbaccio, In laude di Dante, Prose latine, Epistole*, a cura di P.G. Ricci, Milano-Napoli, 1965. Commentata è pure l'edizione delle *Rime* e della *Caccia di Diana*, a cura di V. Branca, Padova, Liviana, 1958. Si veda anche *Boccaccio*, a cura di B. Maier, Bologna, Zanichelli, 1967; l'antologia di *Tutte le opere*, a cura di V. Branca, Brescia, La Scuola, 1969; *Opere minori in volgare*, a cura di M. Marti, Milano, Rizzoli, 1969; *Opere*, a cura di C. Segre, Milano, Mursia, 1975[5].

Per le "concordanze": *Concordanze del «Decameron»*, a cura di A. Barbina, Firenze, Giunti, 1969.

c) Critica

Orientamenti generali sulla storia della critica boccacciana e sulla fortuna dell'autore: V. BRANCA, *Storia della critica*, cit.; A. CHIARI, *Polemica sul Boccaccio*, in *Indagini e letture*, Città di Castello, Macrì, 1946; ID., *La fortuna del Boccaccio*, in *Questioni e correnti di storia letteraria*, Milano, Marzorati, 1958; G. PETRONIO, *Giovanni Boccaccio*, in *I classici italiani nella storia della critica*, vol. I, Firenze, La Nuova Italia, 1971. Per gli studi più recenti: G. AUZZAS, *Studi recenti sul Boccaccio*, in «Studium», LXV, 6-7, 1969; C. DE MICHELIS, *Rassegna boccacciana*, in «Lettere italiane», XXV, 1973; R. FRATTAROLO, *Boccaccio '75*, in «Accademie e Biblioteche d'Italia», XLIII, 1975; A. TARTARO, *Boccaccio*, Palermo, Palumbo, 1981.

Per la fortuna del Boccaccio fuori d'Italia cfr.: *Il Boccaccio nella cultura francese*, a cura di C. Pellegrini, Firenze, Olschki, 1971; *Il Boccaccio nella cultura inglese e angloamericana*, a cura di G. Galigani, ivi, 1974; *En el sexto centenario de la muerte de Boccaccio*, in «Filologia moderna», Madrid, 55, 1975; *Le Decameron en France*, Paris, Istituto Italiano di Cultura, 1976; AA.Vv., *Boccaccio in Europe. Proceedings of the B. Conference*, Louvain, December 1975, Leuwen University Press, 1977; *Il Boccaccio nelle culture e letterature nazionali*, a cura di F. Mazzoni, Firenze, Olschki, 1978. Un episodio importante della fortuna europea del Boccaccio è indagato da *La storia di Griselda in Europa*, a cura di R. Morabito, L'Aquila, Japadre, 1990. Ripubblica il testo dell'ultima novella con la lettera di Petrarca l'editore Sellerio, Palermo, 1991.

Studi notevoli: B. CROCE, *La novella di Andreuccio da Perugia*, in *Storie e leggende napoletane*, Milano, Adelphi, 1990 (1ª ed. Bari, Laterza, 1942), e ID., *Il Boccaccio e Franco Sacchetti*, in *Poesia popolare e poesia d'arte*, Napoli, Bibliopolis, 1991 (1ª ed. Bari, Laterza, 1957); U. BOSCO, *Il Decamerone*, Rieti, Biblioteca Editoriale, 1929; G. PETRONIO, *Il Decameron*, Bari, Laterza, 1935; V. BRANCA, *Il Cantare trecentesco e il Boccaccio del Filostrato e del Teseida*, Firenze, Sansoni, 1939; A. SCHIAFFINI, *Tradizione e poesia nella prosa d'arte italiana dalla latinità medievale al Boccaccio*, Roma, Edizioni di Storia e Letteratura, 1969²; F. NERI, *Il disegno ideale del «Decameron»*, in *Storia e poesia*, Torino, Chiantore, 1944; A. MOMIGLIANO, *Il tema del Decameron*, in *Elzeviri*, Firenze, Le Monnier, 1945; L. RUSSO, *Questioni allotrie sul «Decameron» e Motivi di poesia del «Decameron»*, in *Ritratti e disegni storici*, serie terza, Bari, Laterza, 1951 e *Letture critiche del Decameron*, Bari, Laterza, 1977⁵; F. MAGGINI, *Il Boccaccio traduttore dei classici*, in *I primi volgarizzamenti dai classici latini*, Firenze, Le Monnier, 1952; G. PADOAN, *L'ultima opera di Giovanni Boccaccio. Le esposizioni sopra il Dante*, Padova, Cedam, 1959; M. PASTORE STOCCHI, *Tradizione medievale e gusto umanistico nel «De montibus» del Boccaccio*, Padova, Cedam, 1963; G. GETTO, *Vita di forme e forme di vita nel «Decameron»*, Torino, Petrini, 1985 (1ª ed. 1966) e ID., *La peste del «Decameron» e il problema della fonte lucreziana*, in *Immagini e problemi di letteratura italiana*, Milano, Mursia, 1966; A.E. QUAGLIO, *Scienza e vita nel Boccaccio*, Padova, Liviana, 1967; H. JÖRG NEUSCHÄFER, *Boccaccio und der Beginn der Novelle*, München, Fink, 1969; M. BARATTO, *Realtà e stile nel Decameron*, Roma, Editori Riuniti, 1993 (1ª ed. Venezia, Neri Pozza, 1970); V. BRANCA, *Boccaccio medievale*, Firenze, Sansoni, 1986⁶ (edizione aggiornata con nuovi studi); G. PADOAN, *Il Boccaccio, Le Muse, il Parnaso e l'Arno*, Firenze, Olschki, 1978; R. STEFANELLI, *Il Boccaccio e la poesia*, Napoli, Loffredo, 1978; M. BEVILACQUA, *L'ideologia letteraria del Decameron*, Roma, Bulzoni, 1978; G. CAVALLINI, *La decima giornata del Decameron*, Roma, Bulzoni, 1980; R. FERRERI, *Innovazione e tradizione nel Boccaccio*, ivi, 1980; M.T. CASELLA, *Tra Boccaccio e Petrarca. I volgarizzamenti di Tito Livio e di Valerio Massimo*, Padova, Antenore, 1982; A. ROSSI, *Il «Decameron». Pratiche testuali e interpretative*, Bologna, Cappelli, 1982; G. BÁRBERI SQUAROTTI, *Il potere della parola. Studi sul Decameron*, Napoli, Federico & Ardia, 1983; L. WHITE SANGUINETI, *La scena conviviale e la sua funzione nel mondo del Boccaccio*, Firenze, Olschki, 1983; M. BARATTO, *Realtà e stile nel «Decameron»*, Roma, Editori Riuniti, 1984; P.D. STEWART, *Retorica e mimica nel «Decameron» e nella commedia del Cinquecento*, Firenze, Olschki, 1986; J. LEVAIRE SMARR, *Boccaccio and Fiammetta. The Narrator as Lover*, Urbana and Chicago, University Press, 1986; L. BATTAGLIA RICCI, *Ragionare nel giardino. Boccaccio e i cicli pittorici del «Trionfo della morte»*, Roma, Salerno, 1987; L. SURDICH, *La cornice di Amore. Studi sul Boccaccio*, Pisa, ETS, 1987; F. FIDO, *Il regime delle simmetrie imperfette*, Milano, Franco Angeli, 1988 (in prospettiva formalistico-narratologica); D. DELCORNO BRANCA, *Boccaccio e le storie di re Artù*, Bologna, Il Mulino, 1991 (con ampia bibliografia).

Studi notevoli in: *Atti del Convegno di Nimega sul Boccaccio*, a cura di C. Ballerini,

Bologna, Pàtron, 1976; *Boccaccio: Secoli di vita*, Atti del Convegno Internazionale sul Boccaccio, 1975, a cura di M. Cottino-Jones e E.F. Tuttle, Ravenna, Longo, 1977; *Boccaccio, Venezia e il Veneto*, a cura di V. Branca e G. Padoan, Firenze, Olschki, 1979; *Dante, Petrarch, Boccaccio. Studies in the Italian Trecento in Honor of Charles S. Singleton*, a cura di A.S. Bernardo e A.L. Pellegrini, Binghamton, N.Y., Medieval and Renaissance Texts and Studies, 1983. Si tengano presenti gli «Studi sul Boccaccio» che si pubblicano periodicamente dal 1963 sotto la direzione di V. Branca.

4 Poliziano

4.1 Le valutazioni della critica fra Sette e Ottocento

L'aerea poesia del Poliziano, tutta intessuta di visioni e immagini di sogno, aliena da impegni filosofici, morali e religiosi, da riferimenti sociali o polemici, non poteva determinare una troppo complessa problematica critica. La storia della critica polizianesca ha in effetti un procedimento lineare.

Nel Settecento viene particolarmente apprezzata sia in Italia sia all'estero (F. O. MENCKEN, *Historia vitae et in litteris meritorum Angeli Politiani*, Leipzig, 1736) la sua attività di umanista. L'opera poetica, più che giudicata in sé, viene assunta come momento della storia evolutiva di un genere (la favola di *Orfeo* come iniziatrice del teatro drammatico di imitazione classica in antitesi alle *Sacre rappresentazioni*) o di un metro (l'ottava, che perfeziona quella del Boccaccio e prepara quella dell'Ariosto e del Tasso).

L'apporto critico più significativo giunge nell'Ottocento da FRANCESCO DE SANCTIS, mentre la scuola positivistica, anche per il Poliziano, come per quasi tutti gli autori, fornisce buoni contributi filologici e biografici, ma poco per l'intelligenza diretta della poesia. L'interpretazione del De Sanctis risente della generale atmosfera culturale romantica, come della specifica impostazione della sua *Storia della letteratura italiana*, impostazione alla quale abbiamo accennato altre volte (cfr. nella *Parte seconda* il cap. 4, 4.2). Nel capitolo XI della *Storia* (*Le Stanze*) il Poliziano viene presentato come la più spiccata espressione della letteratura del suo secolo: un secolo pieno di cultura e di erudizione, ma privo di profonda serietà morale, politica o religiosa, spensierato e sensuale, il quale non poteva dare che «l'idillico e il comico» e non poteva «produrre che un mondo simile a sé, un mondo di pura immaginazione». Nel Poliziano c'è già «l'immagine schietta del letterato, fuori di ogni partecipazione alla vita pubblica, vuoto di ogni coscienza religiosa o politica o morale [...] il sentimento della bella forma, già così grande nel Petrarca e nel Boccaccio, in lui è tutto».

Guardato così, entro la prospettiva dello svolgimento generale della nostra civiltà, come la concepisce il De Sanctis, il poeta appare come l'iniziatore di quella letteratura ispirata unicamente al sentimento della bella forma, caratteristica del nostro Rinascimento, che culminerà nell'*Orlando furioso* (cfr., più innanzi, il cap. 5, 5.2). Da questo punto di vista la valutazione è, se non interamente negativa, fortemente limitativa. Ma, come spesso gli accade, dopo questo primo inquadramento, il De Sanctis abbandona lo schema storiografico e s'impegna nella caratterizzazione di quella poesia, nella quale egli sente pure qualche cosa di vivo, e precisamente «un vivo sentimento della natura e della bellezza». Definisce questo sentimento come «voluttà idillica», che è «senso trasportato nell'immaginazione e raffinato, divenuto sentimento» e «un godimento della natura senz'altro fine che il godimento», e ne analizza finemente la traduzione poetica nel metro dell'ottava: «ciascuna stanza è un piccolo mondo dove la cosa non lampeggia a guisa di rapida apparizione, ma ti sta riposata innanzi come un modello e ti mostra le sue bellezze. La stanza non ti dà l'insieme ma le parti; non ti dà la profondità, ma la superficie, quello che si vede. Pure le parti sono così bene scelte e la serie è ordita con una gradazione così intelligente, che l'ultimo te ne viene l'insieme, prodotto non dalla descrizione, ma dal sentimento». Nella sua analisi il De Sanctis finisce per recuperare alla poesia anche tutta quella letteratura che è sottesa a ogni verso del Poliziano: «tra il poeta e il suo mondo non ci è comunione diretta: ci stanno di mezzo Virgilio, Orazio, Stazio, Ovidio, che gli prestano le loro immagini e i loro colori. Ma egli ha un gusto così fine e un sentimento della forma così squisito che ciò che riceve esce con la sua stampa come una nuova creazione».

Alla trasformazione che le fonti classiche subiscono nel Poliziano aveva già dato rilievo il CARDUCCI nel discorso premesso alla sua edizione delle opere volgari del poeta (1863), affermando che egli sembra, come gli alchimisti, compiere «il miracolo di cambiare in oro ogni più vile metallo» restituendo «dignità alla materia, alla carne, alla forma contro l'ascetismo macerante e l'idealismo estenuante del Medioevo». Nel medesimo discorso il Carducci accentua d'altra parte il carattere di "popolarità" della poesia polizianesca, cioè della sua fortuna in mezzo al popolo.

4.2 Poliziano nella critica novecentesca

Il primo, più notevole sviluppo dell'interpretazione desanctisiana nella critica moderna è costituito dal saggio che ATTILIO MOMIGLIANO premise nel 1921 alla sua edizione delle *Stanze*, dell'*Orfeo* e delle *Rime* per la collana dei «Classici» dell'UTET. Sono pagine di raffinatissima sensibilità ed eleganza, dove la capacità del critico di − si direbbe quasi − riscrivere la poesia dell'autore su di un proprio registro, fa una delle sue prove più suggestive. Anche per il Momigliano il tema fondamentale della poesia del Poliziano è l'idillica contemplazione della natura e della bellezza; ma in quella contemplazione egli ha avvertito la vibrazione di una sottile malinconia, che nasce dal sentimento della fugacità della bellezza: «Nella *Giostra* l'anima del Poliziano è leggera, nuova e fragrante; la malinconia dolce delle cose troppo belle vela, tenuissimamente, il suo splendore e le infonde il sentimento vago della fine. L'esortazione a cogliere l'ora che passa, motivo giovanile e malinconico della classicità umanistica, suona nelle ballate ma è presupposta da tutta la grande lirica del poeta delle *Stanze*. L'incanto del suo mondo è troppo irreale, perché la coscienza non ne avverta indefinitamente la fugacità inevitabile». Soprattutto nelle *Stanze* il Momigliano analizza le cangianti espressioni di questo sentimento di idillio venato di malinconia, nel quale ritrova l'unità e il significato di tutto il poemetto: «L'unità e la giustificazione del poema sono qui, in quest'idillio della giovinezza che presente l'angoscia della vita».

Malgrado l'innegabile finezza interpretativa del critico e la quasi magicamente suasiva virtù della sua parola, resta l'impressione che egli abbia forse troppo accentuato la velatura malinconica, romantica e musicale della poesia del Poliziano. Si spiega così che altri studiosi insistano nel suo carattere essenzialmente "visivo", plastico: fra di essi spicca GIUSEPPE DE ROBERTIS, autore di vari saggi (*L'arte del Poliziano, Le «Stanze» o dell'ottava concertante, Le «Stanze» o del chiasmo*), il quale soprattutto si sofferma ad analizzare la struttura dell'ottava (un'«ottava in forma di concertato») come la strofa più adeguata all'espressione di quella "visibilità". Di "visione", "miraggio" ecc., aveva parlato anche EDMONDO RHO (*La lirica di Angelo Poliziano*, 1923), il quale, per altro, devia poi nella ricerca di un "primitivismo" e di un' "ingenuità fanciullesca" dell'anima e dell'arte del Poliziano, che riesce poco persuasiva. Una correzione di questa tesi può essere indicata nel saggio di NATALINO SAPEGNO su *Il sentimento umanistico e la poesia del Poliziano* (1938). Il Sapegno definisce il Poliziano «il poeta umanista» per eccellenza del secondo Quattrocento, e considera le *Stanze* come il «supremo fiore artistico di un grande movimento di cultura», il fiore della scaltrita e raffinata civiltà e cultura della Firenze quattrocentesca. Su questo incontro di poesia e cultura viene generalmente riconosciuta anche la fondamentale unità fra la produzione volgare e quella latina del Poliziano e quindi il carattere personale e artistico del suo latino.

Numerosi altri critici si sono occupati in seguito del Poliziano, con osservazioni particolari spesso interessanti; ma senza spostamenti troppo notevoli dalle posizioni indicate. Di questo vivo interesse della critica del Novecento sono state acutamente indicate le ragioni sia nell'affermarsi della critica estetica, che ha offerto il punto di vista più favorevole per apprezzare un poeta così puramente poeta come il Poliziano, sia nel clima letterario «nativamente incline a un ideale di poesia formalmente rarefatta, aristocratica, allusiva» (B. MAIER, *Angelo Poliziano*, in *I classici italiani nella storia della critica*, vol. I, Firenze, Sansoni, 1961).

In questi ultimi anni l'interesse si è rivolto piuttosto al filologo e all'umanista, studiato sia nella sua fisionomia particolare e nel suo significato entro il quadro dell'Umanesimo quattrocentesco sia nella sua relazione col poeta (si vedano i saggi del Garin, del Bigi, del Branca). Evento di capitale importanza in questo settore la pubblicazione (a cura di V. Branca e M. Pastore Stocchi, 1972) della seconda centuria dei *Miscellanea*, dalla quale risalta l'originalità anticipatrice del lavoro filologico del Poliziano.

VITTORE BRANCA ha approfondito anche il discorso sulla *Centuria secunda* dedicandovi una parte rilevante del volume *Poliziano e l'Umanesimo della parola* (Torino, Einaudi, 1983): qui offre un quadro dell'instabilità civile e dell'irrequietezza culturale che caratterizzano i momenti di composizione dell'opera; ricostruisce quindi con precisi riscontri le fonti e i collegamenti con le altre opere.

Le continue attenzioni della critica più recente al Poliziano filologo e umanista, hanno portato utili contributi anche allo studio della genesi della sua poesia; questo vale particolarmente per i saggi sulle traduzioni, fra i quali si segnalano quelli di A. CERRI, (*La traduzione omerica di Angelo Poliziano (Gli epiteti degli dei e degli eroi)*, in «Annali della Facoltà di Lettere e Filosofia dell'Università degli Studi di Milano», XXX, 1977; *Epiteti ed aggettivi nella versione omerica di Angelo Poliziano*, ivi, XXXI, 1978), intento a «cogliere il rivelarsi e il graduale costituirsi, attraverso determinate scelte di rifiuto, di accettazione, di intensificazione, di tendenze di gusto evidenti nel Poliziano maturo», e di A. LEVINE RUBISTEIN (*Imitation and Style in Angelo Poliziano's «Iliad» Translation*, in «Renaissance Quarterly», XXXVI, 1983).

Sulle *Rime* il dibattito critico si è fatto più vivace particolarmente in occasione di nuove edizioni: è il caso di quella curata da DANIELA DELCORNO BRANCA, presso l'Accademia della Crusca a Firenze nel 1986, cui si deve anche lo studio *Sulla tradizione delle «Rime» del Poliziano* (Firenze, Olschki, 1979) e il successivo approfondimento specialistico *Il laboratorio del Poliziano. Per una lettura delle «Rime»* (in «Lettere italiane», XXXIX, 1987). Si tratta di discussioni spesso testuali ma anche tematiche e stilistiche: così EMILIO BIGI, partendo dalla premessa di una favola basata sull'irrazionalità dell'amore, conclude l'analisi dell'*Orfeo* ponendo l'accento su una stilizzazione letteraria di gran lunga prevalente sugli spunti tematici (*Umanità e letterarietà nell'«Orfeo» del Poliziano*, in «Giornale Storico della Letteratura Italiana», CLIX, 1982).

Repertorio bibliografico

a) Opere bibliografiche e introduttive

Oltre ai repertori bibliografici generali: B. MAIER, *Angelo Poliziano*, in *I classici italiani nella storia della critica*, vol. I, Firenze, Sansoni, 1961; ID., *La critica polizianesca nel Novecento*, in «La rassegna della letteratura italiana», serie VII, LVIII, 1954, pp. 337-390; ID., *Angelo Poliziano*, in *Letteratura italiana, I Maggiori*, vol. I, Milano, Marzorati, 1956; G. FOLENA, *Poliziano Angelo*, in *Bibliografia degli studi sul Quattrocento*, in «Giornale Storico della Letteratura Italiana», CXXXII, 1955, pp. 143-145; D. DELCORNO BRANCA, *Rassegna polizianesca*, in «Lettere italiane», XXIV, 1, 1972; G. GASPARI, *Un decennio di studi sulle «Stanze» del Poliziano (1962-1972)*, in AA.VV., *Interrogativi dell'Umanesimo*, vol. I, Firenze, Olschki, 1976; A. BETTINZOLI, *Rassegna di studi sul Poliziano (1972-1986)*, in «Lettere italiane», XXXIX, 1987.

Per una visione complessiva della vita e delle opere, oltre alle trattazioni generali di storia letteraria, e in particolare V. ROSSI, *Il Quattrocento*, Milano, Vallardi, cfr. la monografia del MAIER in *Letteratura italiana, I Maggiori*, cit., e E. BIGI, voce *Ambrogini Angelo*, in *Dizionario biografico degli Italiani*, vol. II, Roma, Istituto dell'Enciclopedia Italiana, 1960. Dello stesso cfr. la voce *Poliziano*, in *Dizionario critico della letteratura italiana*, Torino, UTET, 1973. Utili anche: I. MAÏER, *Ange Politien. La formation d'un poète humaniste (1469-1480)*, Genève, Droz, 1966 e C. MUTINI, *Interpretazione del Poliziano*, Roma, Istituto dell'Enciclopedia Italiana, 1972. Fondamentale, infine, il contributo di V. BRANCA, *Poliziano e l'umanesimo della parola*, Torino, Einaudi, 1983.

b) Edizioni e commenti

Opera..., Basileae, 1553; *Le Stanze, l'Orfeo e le Rime*, a cura di G. Carducci, Firenze, Barbèra, 1863 (2ª ed., Bologna, 1912); *Prose volgari inedite e poesie latine e greche edite e inedite*, a cura di I. Del Lungo, Firenze, Barbèra, 1867; *L'Orfeo e le Stanze*, a cura di F. Neri, Strasbourg, 1911; *Stanze*, edizione critica a cura di V. Pernicone, Torino, Chiantore, 1954; *Opera omnia*, a cura di I. Maïer, vol. III: *Opera miscellanea et epistulae*, Torino, Bottega d'Erasmo, 1971 (rist. anast. dell'ed. del 1553, vol. III: *Cose vulgare*); *Commento inedito all'epistola ovidiana di Saffo e Faone*, a cura di E. Lazzaro, Firenze, Sansoni, 1971; *Miscellaneorum centuria secunda*, edizione critica a cura di V. Branca e M. Pastore Stocchi, Firenze, Alinari, 1972 (*editio minor*: Firenze, Olschki, 1978); abbiamo ora l'edizione critica delle *Rime*, a cura di D. Delcorno Branca, Firenze, Accademia della Crusca, 1986; pregevole anche: A. TISSONI BENVENUTI, *L'Orfeo del Poliziano con il testo critico dell'originale e delle successive forme teatrali*, Padova, Antenore, 1986.

Edizioni commentate: *Le Stanze, l'Orfeo e le Rime*, a cura di A. Momigliano, Torino, UTET,

1921; *Le Stanze, l'Orfeo e le Rime*, a cura di G. Trombatore, Milano, 1933; *Le Stanze, l'Orfeo e le Rime*, a cura di G. De Robertis, Firenze, Le Monnier, 1939²; *Poesie italiane e latine*, a cura di A. Polvara, Torino, SEI, 1948; *Rime*, a cura di N. Sapegno, Roma, Edizioni dell'Ateneo, 1967; *Stanze per la Giostra, Orfeo, Rime*, a cura di B. Maier, Novara, Istituto Geografico De Agostini, 1969; *Le Selve e la Strega, prolusioni nello studio fiorentino (1482-1892)*, a cura di I. Del Lungo, Firenze, 1925; *Sylva in scabiem* e *Pactianae coniurationis commentarium*, edizioni critiche, commento e cura di A. Perosa, Roma, 1954 e Padova, 1958. Delle *Stanze* si ha ora l'edizione a cura di M. Martelli, Alpignano, Tallone, 1979 (ripresa nella più accessibile edizione contenente anche la *Fabula d'Orfeo*, a cura di S. Carrai, Milano, Mursia, 1988).

Si veda inoltre: *Stanze, Orfeo, Rime*, a cura di S. Marconi, Milano, Feltrinelli, 1981; *Detti piacevoli*, a cura di T. Zanato, Roma, Treccani libri, 1983; *Commento inedito alle Satire di Persio*, a cura di L. Cesarini Martinelli e R. Ricciardi, Firenze, Olschki, 1985.

Per le "concordanze": *Concordanza delle Stanze di A. Poliziano*, a cura di D. Rossi, Hildesheim, Zürich-New York, Olms, 1983; I. ROHLSHOREN-A. FONTANA, *Concordanze delle poesie italiane di Angelo Poliziano*, Firenze, Cesati, 1986.

c) Critica

Orientamenti generali sulla storia della critica: B. MAIER, *Angelo Poliziano*, in *I classici italiani nella storia della critica*, cit.; R. LO CASCIO, *Poliziano*, Palermo, Palumbo, 1970. Studi notevoli: G. CARDUCCI, *Delle poesie toscane di messer Angelo Poliziano*, in *Le Stanze, l'Orfeo e le Rime*, cit. e in *Opere*, Edizione Nazionale, vol. XII; G. FUMAGALLI, *Angelo Poliziano*, Milano-Napoli, Ricciardi, 1915; A. MOMIGLIANO, *Il motivo dominante della poesia del Poliziano*, introduzione alla sua edizione cit. de *Le Stanze, l'Orfeo e le Rime* (ora raccolta in *Introduzione ai poeti*, Firenze, Sansoni, 1964²); E. RHO, *La lirica di Angelo Poliziano*, vol. I: *La poesia volgare*, Torino-Genova, 1923; M. ROSSI, *La poesia di Angelo Poliziano*, in «Annali dell'Istruzione media», VI, 1930; N. SAPEGNO, *Il sentimento umanistico e la poesia del Poliziano*, in «Nuova Antologia», LXXII, 1938 (ora in *Pagine di storia letteraria*, Palermo, Manfredi, 1966²); G. CITANNA, *La poesia del Poliziano*, in *Saggi sulla poesia del Rinascimento*, Milano, 1939; R. SPONGANO, *La poesia delle Stanze*, in *La prosa di Galileo e altri scritti*, Messina-Firenze, D'Anna, 1949; G. TROMBATORE, *Poliziano*, in *Saggi critici*, Firenze, 1950; G. DE ROBERTIS, *Le «Stanze» o dell'ottava concertante* e *Le «Stanze» o del chiasmo*, in *Studi*, Firenze, Le Monnier, 1944; ID., *L'arte del Poliziano*, in *Saggi*, Firenze, Le Monnier, 1953; G. GHINASSI, *Il volgare del Quattrocento e le «Stanze» del Poliziano*, Firenze, Le Monnier, 1957; G. PONTE, *Poetica e poesia nelle «Sylvae» del Poliziano*, in «La rassegna della letteratura italiana», LXIII, 1959; D. DE ROBERTIS, *Interpretazione della «Sylva in scabiem»*, in «Rinascimento», n.s., VII, 1967; D. DELCORNO BRANCA, *La tradizione delle Rime del Poliziano*, Firenze, Olschki, 1979; ID., *Il laboratorio del Poliziano. Per una lettura delle «Rime»*, in «Lettere italiane», XXXIX, 1987; E. BIGI, *Umanità e letterarietà nell'«Orfeo» del Poliziano*, in «Giornale Storico della Letteratura Italiana», CLIX, 506, 1982; G. GETTO, *Spazio e poesia nelle «Stanze» del Poliziano*, in *Tempo e spazio nella letteratura italiana*, Firenze, Sansoni, 1983; V. BRANCA, *Poliziano e l'umanesimo della parola*, Torino, Einaudi, 1983.

Sulla cultura del Poliziano cfr.: E. GARIN, *Filologia e poesia in Angelo Poliziano*, in «La rassegna della letteratura italiana», LVIII, 1945; V. BRANCA, *La incompiuta seconda centuria dei «Miscellanea» di Angelo Poliziano*, Firenze, Olschki, 1962; E. BIGI, *La cultura del*

Poliziano e altri studi umanistici, Pisa, Nistri-Lischi, 1967; G. GARDENAL, *Il Poliziano e Svetonio. Contributo alla storia della filologia umanistica*, Firenze, Olschki, 1975; S.L. BERMANN, *Neoplatonism in Poliziano's «Stanze della giostra»*, in «Forum Italicum», 1981. Sui rapporti col Ficino: V. BRANCA, *Tra Ficino «Orfeo ispirato» e Poliziano «Ercole ironico»*, in AA.VV., *Marsilio Ficino e il ritorno di Platone. Studi e documenti*, vol. II, a cura di G.C. Gargagnini, Firenze, Olschki, 1986.

Si vedano infine gli studi raccolti in *Il Poliziano e il suo tempo*, Atti del IV Congresso Internazionale di studi sul Rinascimento, Firenze, Sansoni, 1957.

5 Ariosto

5.1 La fortuna dell'Ariosto dal Cinquecento al Settecento

La fortuna dell'*Orlando furioso* attraversa nel Cinquecento due fasi: una prima di fervida e schietta adesione, una seconda di forti opposizioni miste a esaltazioni esagerate e a difese anche sofisticate per ragioni polemiche. Il Rinascimento sentì incarnato nel poema il proprio ideale di bellezza e il proprio senso della vita, anche se non seppe tradurre il suo consenso all'opera in comprensive e profonde formule critiche, ma si limitò in genere a metterne in rilievo i pregi particolari di evidenza rappresentativa e la dolcezza ed eleganza della lingua. Ma il mutamento del gusto che si verifica nella seconda metà del secolo, e che trova la sua espressione nel Tasso, e il contemporaneo affermarsi della mentalità critica ispirata al rispetto delle "regole", provocarono decisi attacchi al poema, accusato appunto di non osservare le regole, attacchi ai quali i difensori risposero rimanendo anch'essi sul terreno degli avversari, e cioè cercando di dimostrare, con argomentazioni necessariamente sforzate e cavillose, che anch'esso è un poema "regolare". Fra questi difensori il più notevole è GIOVAN BATTISTA PIGNA (*I Romanzi*, Venezia, 1554), il quale, oltre ad affermare, come GIAMBATTISTA GIRALDI CINTIO, che l'*Orlando furioso* rappresenta un genere nuovo obbediente a proprie regole, si mostra fine lettore del poema, specialmente nell'analisi delle correzioni e delle redazioni diverse dell'opera.

Il gusto barocco, esageratore di certi aspetti della poesia del Tasso, poteva consentire con quest'ultimo, non certo col limpido e misurato Ariosto, con la sua classica compostezza e sorridente saggezza. E dunque l'*Orlando furioso* incontrò nel Seicento la medesima incomprensione e avversione degli altri grandi capolavori del passato (cfr. i capitoli su *Dante, Petrarca* e *Boccaccio*). La manifestazione massima dell'atteggiamento avverso all'Ariosto si ha nei *Proginnasmi poetici* di BENEDETTO FIORETTI (5 volumi pubblicati fra il 1620 e il 1639 sotto lo pseudonimo di Udeno Nisiely). Il Fioretti trova il poema pieno di sconvenienze, errori, inverosimiglianze, barbarismi di lingua ecc., e si entusiasma solo di fronte al patetico dell'episodio della pazzia di Orlando. Non manca qualche voce diversa, ma è poco significativa. Unico, nel Seicento, ad ammirare incondizionatamente l'Ariosto, anzi a prenderlo come modello di perfezione artistica per mettere in evidenza nel confronto i difetti del Tasso, fu GALILEO GALILEI, al quale il Tasso appare «nelle sue invenzioni oltre tutti i termini gretto, povero e miserabile; e all'opposto, l'Ariosto magnifico, ricco e mirabile», e al considerare la *Gerusalemme* gli sembra «di entrare in uno studietto di qualche ometto curioso, che si sia dilettato di adornarlo di cose che abbiano, o per antichità o per rarità, o per altro, del pellegrino, ma che però sieno in effetto coselline», mentre al contrario, quando entra nel *Furioso*, vede «aprirsi un guardaroba, una tribuna, una galleria regia, ornata di cento statue antiche de' più celebri scultori, con infinite storie intere, e le migliori, di pittori illustri, con numero grande di vasi, di cristalli, d'agate, di lapislazzari e d'altre gioie e finalmente ripiena di cose rare, preziose, maravigliose e di tutta eccellenza» (cfr. *Considerazioni al Tasso*).

Più disposto a capire e ad ammirare l'Ariosto fu invece il Settecento, il quale anzi propose già alcuni dei temi critici significativi per l'interpretazione del poema. Il restaurato senso della misura classica, l'amore della naturalezza contro l'enfasi barocca, il gusto della lucidità espressiva e della limpidezza costruttiva, nel periodo illuministico, il culto del genio poetico che costruisce spontaneamente e liberamente il suo mondo senza sottoporsi ad alcuna regola, nel periodo preromantico, sono le ragioni principali di questa rivalutazione. Tutti i maggiori critici del Settecento espressero qualche giudizio notevole sull'*Orlando furioso*: da GIAN VINCENZO GRAVINA, che ne rilevò la «grazia nativa», che vale più d'ogni arte e regola, ad ANTONIO CONTI, che mise in evidenza l'arte di «accordare il verisimile col mirabile» (motivo che sarà approfondito dalla critica romantica), a GIUSEPPE BARETTI, che esaltò l'Ariosto accanto a Omero come il più grande di tutti i nostri poeti per la forza naturale della sua immaginazione, per il «poetico fuoco» che lo trasportava oltre ogni controllo critico e riflessivo, a SAVERIO BETTINELLI, che si mostrò particolarmente sensibile ai valori musicali della poesia ariostesca e alla sua intonazione di sciolta "familiarità". Fra i critici stranieri deve essere ricordato il VOLTAIRE, il quale da un primitivo riconoscimento piuttosto incerto (perché impacciato dal criterio classicistico dei generi) dell'incanto della poesia ariostesca, attraverso dubbi e correzioni giunse infine a una piena affermazione della sua grandezza: «Un tempo non osai porre [l'Ariosto] fra i poeti epici: l'avevo considerato solo il primo dei grotteschi; ma rileggendolo l'ho trovato tanto sublime quanto piacevole».

5.2 La critica romantica dal Foscolo al De Sanctis

Alle origini della critica romantica sta UGO FOSCOLO, il quale riprende alcuni dei motivi della critica settecentesca, ma li approfondisce in virtù del suo sentimento più intenso della poesia. Pur non giungendo mai a un'adesione senza riserve, egli avvertì la ricchezza e l'impetuosità fantastica dell'Ariosto e consegnò la sua impressione a un'immagine famosa della *Notizia intorno a Didimo Chierico* (1813): «Avea non so quali controversie con l'Ariosto, ma le ventilava da sé; e un giorno, mostrandomi dal molo di Dunkerque le lunghe onde con le quali l'Oceano rompea sulla spiaggia, esclamò: così vien poetando l'Ariosto!» (già il Baretti aveva parlato di «onde» e «cavalloni» della poesia ariostesca). Nel saggio *Sui poemi romanzeschi e narrativi italiani* (1825) egli insiste su questa potenza fantastica, che trascina il lettore a dispetto delle sue riflessioni critiche: «ci avvediamo di avere ragione, e nondimeno intendiamo che il poeta non crede bene di dover far caso delle nostre ragioni. Egli inebria la fantasia, vuole che quanto a sé piace piaccia anco a noi, che solo vediamo ciò ch'egli vede», e questo perché le sue finzioni non sono vaghe o arbitrarie, ma rappresentate «come se fossero creazioni fantastiche della natura». Il Foscolo avvertì anche il tono proprio della saggezza dell'Ariosto, che «parla delle colpe, ride delle follie, non come austero censore in collera col genere umano, ma come faceto e benevolo osservatore della umana natura», e il carattere complesso di quella perfezione stilistica, di quella uguaglianza e naturalezza espressiva dall'apparenza così facile: «Può darsi che fra le altre intellettuali sue facoltà una ne possedesse che era come crogiuolo per fondere e per affinare i modi di cui aveva mestieri», riuscendo a rivestire di un solo colore elementi di varia natura, onde «la lingua dell'Ariosto soddisfa egualmente il lettore che cerca solo di divertirsi al racconto, e quello che è in grado di apprezzare le più fine bellezze della dizione poetica» e «soltanto dopo la terza e dopo la quarta lettura del *Furioso* ci accorgiamo le più alte bellezze della poesia ariostesca non essere tali che colpiscano al primo tratto».

La critica romantica tra il Foscolo e il De Sanctis (che al solito ne sintetizza e potenzia i motivi, aprendo nuove prospettive), conforme alla sua tendenza dominante, è intesa soprattutto a determinare il significato storico dell'*Orlando furioso*, considerandolo (secondo la nota formula divulgata da Madame DE STAËL) come «espressione della società». A questo lavoro di interpretazione storica partecipano più o meno quasi tutti gli studiosi di storia e di letteratura italiana più noti di questo periodo, italiani e stranieri: il TORTI, il SISMONDI, il GINGUENÉ, il SALFI, il QUINET ecc.; ma due giudizi sono importanti sopra tutti gli altri: quello dello Hegel fra gli stranieri e quello del Gioberti, che in parte ne dipende, fra gli Italiani.

FRIEDRICH HEGEL nell'*Estetica* (1836-1838) inquadra il poema nella visione del passaggio dal Medioevo al Rinascimento: esso rappresenta la prima fase della «dissoluzione della cavalleria» (le fasi ulteriori saranno rappresentate da Cervantes e Shakespeare), dissoluzione che è appunto il segno di quel trapasso. Caratteristica dell'Ariosto è di unire nella sua "ironia" una rappresentazione comica della cavalleria con l'esaltazione di ciò che di nobile e generoso vi è nel senso cavalleresco: egli «nel trattar comicamente la cavalleria [...] sa assicurare e rilevare il nobile e il grande che sta nel senso cavalleresco, nel coraggio, nell'amore, nell'onore e nella bravura».

Anche VINCENZO GIOBERTI inserisce la sua interpretazione (che si legge nel *Primato morale e civile degli Italiani*, 1843) entro le linee di una sua concezione dello svolgimento della nostra civiltà come parabola discendente dall'età di Dante al Rinascimento («la poesia italiana dall'età di Dante a quella dell'Ariosto non crebbe ma andò declinando»: tesi che sarà ripresa dal De Sanctis), e pone come centro ideale dell'*Orlando furioso*, come suo principio unificativo, la "cavalleria". Partendo da questo centro egli spiega i caratteri e, in particolare, il senso di libertà fantastica, priva di scopi religiosi e morali, e la fusione del serio col giocoso. Infatti «la vita cavalleresca è sommamente bella [...] perché in essa la libertà individuale è sciolta da ogni legge positiva ed estrinseca» e il tipo cavalleresco è insieme «ridevole in quanto manca di condegno scopo» e «bello e attrattivo in quanto abbonda di forza, di spirito, ed è sprigionato dalla prosaica realtà della vita odierna sì che nasce quella fusione intima dei due componenti, quell'armonia e lucidità di concetti, quella fluttuazione dilettevole fra la gravità e il riso, che si risolve per chi legge in un'impressione di gioia pacata e sorridente, per chi scrive in un'ironia dolce, arguta, sarcastica, leggiadramente maliziosa». Formule riassuntive dell'interpretazione giobertiana sono che l'Ariosto è «il poeta della fisica» (mentre Dante è «il vate della metafisica») e che l'*Orlando furioso* è «ad un tempo la poesia e la satira del Medioevo».

Lungo la linea dello storicismo romantico, che abbiamo esemplificato nello Hegel e nel Gioberti, si sviluppa anche la critica desanctisiana. Nella *Storia della letteratura italiana* Francesco De Sanctis colloca l'*Orlando furioso* entro lo schema, che già conosciamo, di svolgimento della nostra civiltà, come «l'epopea del Rinascimento, il tempio consacrato alla sola divinità riverita ancora in Italia: l'Arte». Il tema dominante nelle sue pagine è appunto questo: che il poema è privo di ogni serietà di vita interiore, di ogni profondo contenuto sentimentale (religione, patria, famiglia, onore ecc.) e ubbidisce unicamente alla legge del culto dell'«arte per l'arte», risolvendosi in un mondo di pure immagini, che il poeta fa e disfa a suo talento. Questo mondo d'immagini è il prodotto dello «spirito non ancora consapevole, che vive al di fuori e si espande nel mondo e s'immedesima con quello e lo riflette puro con brio giovanile». Di qui deriva la limpidità e l'obiettività della forma ariostesca: il poeta «è tutto obliato e calato nelle cose e non ha un guardare suo proprio e personale», egli scompare e resta «la cosa che vive e si muove; e non vedi chi la muove, e pare si muova da sé». D'altra parte la coscienza che questo è soltanto un mondo di immaginazione, creato dall'autore a suo arbitrio, genera l'*umore* e l'*ironia*: «in questo mondo fanciullesco dell'immaginazione, dove si rivela un così alto sentimento dell'arte e insieme la coscienza di un mondo adulto e illuminato, si dissolve il Medioevo e si genera il mondo moderno». Riprendendo il tema dello Hegel e del Gioberti, e approfondendolo in una più sensibile attenzione al tono proprio della poesia ariostesca, il De Sanctis identifica l'oggetto della rappresentazione artistica nel mondo cavalleresco, la cui essenza è la libertà e il disordine, ma nota che «al di sopra di quest'anarchia cavalleresca c'è uno spirito sereno e armonico», che sa «nella maggiore apparenza del disordine raccogliere le fila, egli solo tranquillo e sorridente in mezzo al tumulto di tanti elementi cozzanti», e che rappresenta lo straordinario e l'assurdo, il meraviglioso e il favoloso con chiarezza, semplicità e naturalezza.

5.3 I giudizi della critica del primo Novecento: Croce e altri

La critica positivistica fornì materiali per una più precisa ricostruzione della vita e dell'ambiente del poeta e indagò sulle fonti del suo poema; il contributo più famoso è appunto l'opera di Pio Rajna su *Le fonti dell'Orlando furioso* (1876). Pure Giosue Carducci dedicò parecchi studi all'Ariosto (si veda il vol. xv dell'Edizione Nazionale delle *Opere: L'Ariosto e il Tasso*), sostenendo, in polemica col De Sanctis, il valore etico dell'*Orlando furioso*, indicato come la massima espressione letteraria del Rinascimento italiano.

Benedetto Croce nel suo saggio sull'Ariosto, uscito nel 1918 su «La critica», si riattacca direttamente alla formula desanctisiana dell'Ariosto poeta dell'«arte per l'arte», per dimostrarne la non validità estetica e per sostituirla con l'altra, di poeta dell'«armonia cosmica». Questa seconda formula significa che il sentimento ispiratore dell'*Orlando furioso* non è l'interesse per un particolare contenuto (religione, patria, amore, onore ecc.), ma per l'armonia di tutti i contenuti nella dialettica della realtà, «l'affetto per il puro ritmo dell'universo, per la dialettica che è unità, per lo svolgimento che è Armonia». Questo sentimento dominante dell'Armonia cosmica non distrugge gli altri sentimenti, ma li circonfonde tutti e li compone fra di loro, soggiogandoli a sé. Questa vittoria del motivo fondamentale su tutti i motivi particolari, che li priva della loro autonomia senza però distruggerli, si attua in virtù dello stile, del *tono*, e in essa consiste anche l'*ironia* ariostesca (che coincide quindi con la poesia): «Si direbbe, l'ironia dell'Ariosto, simile all'occhio di Dio che guarda il muoversi della creazione, di tutta la creazione, amandola alla pari, nel bene e nel male, nel grandissimo e nel piccolissimo, nell'uomo e nel granello di sabbia, perché tutta l'ha fatta lui, e non cogliendo in essa che il moto stesso, l'eterna dialettica, il ritmo e l'armonia».

Fu osservato che il Croce nel definire la poesia dell'Ariosto applicò un po' troppo rigidamente il principio della "cosmicità" dell'arte, che egli andava allora scoprendo, e che ritrovò in essa, più che i suoi specifici, i caratteri della poesia in generale; le sue pagine segnano tuttavia una svolta nell'interpretazione dell'Ariosto e tutta la critica successiva ha dovuto fare i conti con la lezione crociana. Così ATTILIO MOMIGLIANO, nel *Saggio sull'«Orlando furioso»* (1928), accentuò soprattutto il motivo della fusione di sogno e realtà e insistette sulla ricchezza affettiva e drammatica che sta sotto le aeree trame della fantasia ariostesca, circondando gli episodi principali del poema di un velo di sottili e squisite notazioni impressionistiche, che si direbbero talvolta quasi variazioni musicali sui temi offerti dal testo. Abbastanza vicina al saggio del Momigliano è l'*Introduzione all'Ariosto* (1926) di LUIGI AMBROSINI, che svolge principalmente il tema (di origine giobertiana, ma rivissuto attraverso la mediazione crociana) dell'unione di naturale e meraviglioso, definendo il mondo ariostesco come un "terzo regno" sospeso, fuori dello spazio e del tempo, fra il reale e l'irreale: «Fra la terra e il cielo messer Ludovico si è aperto uno spazio, dove si entra senza sofferenze e senza fede, senza religione rivelata: un terzo mondo, che i pedanti hanno per uso proprio definito cavalleresco, e il cui pregio poetico e carattere mirabile è d'esser fuori della storia e del tempo». Ancor più strettamente legato alla formula crociana è G. RANIOLO, il cui saggio su *Lo spirito e l'arte dell'«Orlando furioso»* (1929) può essere considerato essenzialmente un'applicazione e una verifica di essa, nell'analisi dei vari temi e situazioni del poema, dalla quale risulta il costante atteggiamento del poeta «misto di attenzione e distrazione, di simpatia e di impassibilità ironica».

Il più notevole saggio della succcessiva critica ariostesca è il volume di WALTER BINNI su *Metodo e poesia di L. Ariosto* (1947), che, senza rinnegare la formula crociana dell'armonia, intende approfondirla su di un piano di maggior concretezza storica, studiando il rapporto fra l'Ariosto e gli ideali spirituali ed estetici del suo tempo, la formazione della sua "poetica" di scrittore e la sua traduzione di questa poetica nei moduli espressivi. Il Binni vede nel poema l'espressione del "sovramondo" rinascimentale, nel quale gli elementi della realtà non sono dimenticati, ma librati in un'atmosfera ideale di aurea e serena perfezione, fusione di naturalismo e di platonismo, un mondo assoluto, fuori delle dimensioni abituali del tempo e dello spazio, costruito unicamente per mezzo della coerenza stilistica, del ritmo musicale dell'espressione. Infatti tutte le esperienze della poetica ariostesca tendono alla conquista di un «ritmo vitale» e tutti i suoi mezzi espressivi «ad un fluire colorito di ritmo, con l'asservimento di ogni altro elemento fantastico ad effetto di musica sinfonica». L'indagine sulla formazione della poetica dell'Ariosto ha condotto il Binni a prestare una rinnovata attenzione alle opere minori, in particolare alle *Commedie* e alle *Satire*, rivedendo i giudizi tradizionali, che sono in genere di scarso o nullo valore artistico per le prime e di significato prevalentemente psicologico per le seconde (il Croce le definì «graziosissimo epistolario versificato»), per rilevare la loro importanza come documenti dell'esercizio stilistico ariostesco, rivolto a ottenere (specie nelle *Satire*) un tono medio, tra fantastico e realistico, fra fiabesco e popolare, che costituisce il precedente necessario del tono del poema.

5.4 Ariosto oggi

La critica ariostesca degli ultimi decenni è orientata a presentare un'immagine notevolmente diversa da quella tradizionale dell'Ariosto e del suo poema, non più considerando il primo un "sognatore", indifferente ai contenuti umani e ai problemi morali e politici, interpretando il secondo nei suoi rapporti con la complessa realtà sociale e culturale dell'epoca: si vedano gli studi di Antonio Piromalli (*La cultura a Ferrara al tempo dell'Ariosto*, Firenze, 1953; *Ariosto*, Padova, Radar, 1969), di Lanfranco Caretti (*Autoritratto Ariostesco*, in *Antichi e moderni*, Torino, Einaudi, 1976) e di Riccardo Bruscagli (*Stagioni della civiltà estense*, Pisa, Nistri-Lischi, 1983); non mancano in questo campo studi specifici, come quello, motivato dall'occasione di un congresso, di Antonio Franceschetti (*Dall'«Innamorato» al «Furioso»: Letteratura cavalleresca e intrattenimento alla corte di Ferrara*, in *Passare il tempo. La letteratura del gioco e dell'intrattenimento dal XII al XVI secolo. Atti del convegno di Pienza*, Roma, Salerno, 1993).

Natalino Sapegno (*Il Quattrocento e l'Ariosto*, in *Storia della letteratura italiana*, Milano, Garzanti) ha ricondotto all'Umanesimo le origini della poesia ariostesca, mentre i più recenti studi sui *Cinque canti* esclusi dal poema (C. Segre, *Esperienze ariostesche*, Pisa, Nistri-Lischi, 1966; P. Fontana, *I «Cinque Canti» e la storia della poetica del «Furioso»*, Milano, Vita e Pensiero, 1962; E. Saccone, *Appunti per una definizione dei Cinque Canti*, in «Belfagor», XX, 1965; C.F. Goffis, *I «Cinque Canti» di un nuovo libro di Ludovico Ariosto*, Genova, Tilgher, 1975) mostrano un Ariosto dal tono nuovo, più austero e pessimistico, che prelude alla letteratura dell'età posteriore.

Interessanti talune nuove proposte di lettura, come quella per "sequenze narrative", e non più per canti o personaggi o filoni, avanzata da Renzo Negri (*Interpretazione dell'«Orlando furioso»*, Milano, Marzorati, 1971). È, in genere, di notevole importanza tutta la nutrita serie di studi intorno alla struttura e alla tecnica del poema, dall'illustre ed esemplare saggio di Gianfranco Contini (*Come lavorava l'Ariosto*, 1937) alle pagine delle *Letture ariostesche* (1973) di Mario Santoro e a quelle di Daniela Delcorno Branca sui rapporti fra *«L'Orlando furioso» e la tecnica del romanzo cavalleresco medievale* (1973) e di Giuseppe Dalla Palma su *Le strutture narrative dell'«Orlando Furioso»* (Firenze, Olschki, 1984).

Acute osservazioni si trovano negli scritti dedicati all'Ariosto da alcuni scrittori contemporanei che col poeta del Cinquecento hanno avuto un privilegiato rapporto a distanza, come Italo Calvino che, oltre a ispirarsi all'Ariosto per più di una delle sue opere narrative, ha realizzato un *Orlando Furioso di Ludovico Ariosto raccontato da Italo Calvino con una scelta del poema* (Torino, Einaudi, 1970), e Riccardo Bacchelli che, fin dal 1931, nel lavoro storico su *La congiura di Don Giulio d'Este*, accennò all'esperienza e alla saggezza umana e politica del poeta: motivo ripreso nel successivo, bellissimo saggio su *Arte e genio dell'Ariosto poeta della poesia* (1956), dov'è istituito un nesso vitale fra quell'esperienza e saggezza e l'unità dell'*Orlando furioso*: «la saggezza, la gnomica, la moralità del poema, così sature come sono di esperienza consumata, di machiavellesca verità effettuale, di riserbo e di segreto, di esperienze reali fatte capire senza dirle, risultano prodotte tanto dall'esperienza delle cose, quanto dell'intima difficoltà creativa, spiegando umanamente quel ch'è esteticamente sicuro: come esse concorrano potentemente e intimamente alla sovrana ma trascendente unità di un poema, alla materia del quale non temono di contrastare con aperto sarcasmo e con sardonica irrisione».

Fra gli indirizzi specialistici degli studi contemporanei si segnalano le indagini sulle fonti, per le quali sono stati fatti fra gli altri i nomi del Petrarca (E. BIGI, *Dal Petrarca al Leopardi*, Milano-Napoli, Ricciardi, 1954; M.C. CABANI, *Fra omaggio e parodia. Petrarca e petrarchismo nel «Furioso»*, Pisa, Nistri-Lischi, 1990), di Leon Battista Alberti (C. SEGRE, *op. cit.*), di Dante (L. BLASUCCI, *Studi su Dante e Ariosto*, Milano-Napoli, Ricciardi, 1969; C. OSSOLA, *Dantismi metrici nel «Furioso»*, in *Ludovico Ariosto. Lingua, stile e tradizione. Atti del Congresso organizzato dai Comuni di Reggio Emilia e di Ferrara*, Milano, 1976), di Orazio (G. PETROCCHI, *I fantasmi di Tancredi*, Caltanissetta-Roma, Sciascia, 1972), del Boiardo (G. PAPARELLI, *Tra Boiardo e Ariosto*, Salerno, 1971).

Dalle fonti, oltre che dai commenti tardocinquecenteschi, si è mossa anche MARINA BEER per il suo studio *Romanzi di cavalleria. Il «Furioso» e il romanzo italiano del primo Cinquecento* (Roma, Bulzoni, 1987): la studiosa, combinando filologia e sociologia, analizza quindi il poema come «punto di intersezione particolarmente sensibile delle diverse culture del mondo di antico regime». Di romanzo parla anche SERGIO ZATTI (*Il «Furioso» fra epos e romanzo*, Lucca, Pacini Fazzi, 1990) il quale, accostando con equilibrio analisi dei procedimenti narrativi e analisi della loro significanza (mutuando così in modo personale metodologie interpretative recentemente sperimentate oltre oceano), verifica come l'Ariosto esprima con le sue scelte «fiducia nella prospettiva narrativa di un mondo pluralistico e soggettivo compatibile con il mondo storicamente determinato dell'epica».

Con un approccio postmoderno si accosta al *Furioso* A. RUSSEL ASCOLI che tuttavia conclude il saggio *Ariosto's Bitter Harmony. Crisis and Evasion in the Italian Renaissance* (Princeton, Princeton University Press, 1987), concordando col De Sanctis nel dubitare della serietà del testo ariostesco: «Between flight and return, speculation and madness, this is where I hope I have situated the *Furioso*. And so it happens that I find myself in complete agreement with at least this DeSanctian judgment of the poem [...]:[1] "non sai se è una cosa seria o da burla"».

---

[1] «Tra fuga e ritorno, speculazione e pazzia, ecco dove spero di aver collocato il *Furioso*. E così mi succede di trovarmi completamente concorde con almeno questo giudizio del De Sanctis sul poema [...]: ...».

Repertorio bibliografico

a) **Opere bibliografiche e introduttive**

G.J. Ferrazzi, *Bibliografia ariostesca*, Bassano, 1881; G. Agnelli-G. Ravegnani, *Annali delle edizioni ariostee*, Bologna, Zanichelli, 1933; R. Ramat, *Bibliografia*, in *La critica ariostesca*, Firenze, La Nuova Italia, 1954; G. Fatini, *Bibliografia della critica ariostea (1519-1956)*, Firenze, Le Monnier, 1958; D. Medici, *La bibliografia della critica ariostesca dal «Fatini» ad oggi (1957-1974)*, in «Bollettino storico reggiano», VII, 27, 1974; G. Baldassarri, *Tendenze e prospettive della critica ariostesca nell'ultimo trentennio (1946-1973)*, in «La rassegna della letteratura italiana», LXXIX, 1975; R.J. Rodini-S. Di Maria, *Ludovico Ariosto. An Annoted Bibliography of Criticism, 1956-1980*, Columbia, Miss., University of Missouri Press, 1984; C. Badini, *Rassegna ariostesca (1976-1985)*, in «Lettere italiane», XXXVIII, 1, 1986; S. Patrito, *Guida alla critica dell'«Orlando Furioso» e Bibliografia cronologica della critica*, in Aa.Vv., *Prospettive sul «Furioso»*, a cura di G. Bárberi Squarotti, Torino, Tirrenia Stampatori, 1988; A. Casadei, *Panorama di studi ariosteschi*, in «Italianistica», XX, 1, 1991.

Per un primo orientamento: G. Natali, *Ludovico Ariosto*, Firenze, La Nuova Italia, 1967. La migliore biografia dell'Ariosto, ampia e accuratissima, è quella di M. Catalano, *Vita di Ludovico Ariosto*, 2 voll., Genève, Olschki, 1931. Cfr. anche N. Sapegno, voce *Ariosto Ludovico*, in *Dizionario biografico degli Italiani*, Roma, Istituto dell'Enciclopedia Italiana, 1960; E. Zanette, *Personaggi e momenti nella vita di Ludovico Ariosto*, Milano, Pan, 1970; R. Ceserani, *Dietro i ritratti di Ludovico Ariosto*, in «Giornale Storico della Letteratura Italiana», XCIII, 1976; M. Marchioni, *Biografia dell'Ariosto*, in *Prospettive sul «Furioso»*, cit. Si tenga anche presente A. Flamigni-R. Mangaroni, *Ariosto*, Milano, Camunia, 1989.

b) **Edizioni e commenti**

Orlando furioso: la miglior edizione critica è quella a cura di S. Debenedetti e C. Segre (secondo l'edizione del 1532 con le varianti delle edizioni del 1516 e del 1521), Bologna, Commissione per i Testi di lingua, 1960; il testo del poema è stato anche riprodotto diplomaticamente secondo le tre stampe del 1516, 1521 e 1532, a cura di F. Ermini, Roma, Società Filologica Romana, 1908-1913; *I cinque canti*, a cura di L. Firpo, Torino, UTET, 1964; a cura di L. Caretti, Torino, Einaudi, 1977 (1ª ed., Venezia, Corbo e Fiore, 1974).

Per quanto riguarda le opere minori: *Carmina*, a cura di E. Bolaffi, Modena, Società Tipografica Modenese, 1938; *Lirica*, a cura di G. Fatini, Bari, Laterza, 1924; *Commedie*, a cura di M. Catalano, Bologna, Zanichelli, 1940; a cura di A. Casella, G. Ronchi e E. Varagi, Milano, Mondadori, 1974; *Satire*, edizione critica a cura di C. Segre, Torino, Einaudi, 1987; *Lettere*, a cura di A. Stella, Milano, Mondadori, 1965. Si vedano anche le *Lettere dalla Garfagnana*, a cura di G. Scalia, Bologna, Cappelli, 1977; infine si veda l'unico tomo finora uscito di *Tutte le opere*, vol. III: *Satire*, a cura di C. Segre; *Erbolato*, a cura di G. Ronchi; *Lettere*, a cura di A. Stella, Milano, Mondadori, 1984.

Commenti dell'*Orlando furioso*: di R. Papini, Firenze, Sansoni, 1903; G. Raniolo, Firenze, Le Monnier, 1929; G. Fatini, Torino, SEI, 1958; P. Nardi, Milano, Mondadori, 1926; N. Sapegno, Milano, Principato, 1941; W. Binni, Firenze, Sansoni, 1951, con una scelta delle opere minori; R. Ceserani, 2 voll., Torino, UTET, 1966; G. Paparelli, Milano, Rizzoli, 1991; C. Segre, Milano, Mondadori, 1982. Parecchi di questi commenti più volte ristampati, sono a uso scolastico e contengono solo una scelta del poema. Delle opere minori esistono varie scelte commentate: di G. Fatini, Firenze, Sansoni, 1915; M. Ferrara, Firenze, Le Monnier, 1932; G. Trombatore, Firenze, La Nuova Italia, 1936; A. Vallone, Milano, Rizzoli, 1964. Delle *Satire* c'è l'edizione commentata a cura di G. Davico Bonino, Milano, Rizzoli, 1990. Un'edizione integrale e ampiamente commentata di tutte le opere dell'Ariosto (meno alcuni testi di scarsa importanza) è contenuta nei due volumi: *Orlando Furioso*, a cura di L. Caretti; *Opere minori*, a cura di C. Segre, Milano-Napoli, Ricciardi, 1954. Buone antologie commentate delle *Opere*: a cura di A. Seroni, Milano, Mursia, 1961 (il vol. III, con i *Carmina*, le *Rime*, l'*Erbolato*, le *Lettere*, a cura di M. Santoro, è uscito nel 1989); di G. Innamorati, Bologna, Zanichelli, 1968; di C. Muscetta e L. Lamberti, Torino, Einaudi, 1968; di E. Bigi, Milano, Rusconi, 1982.

c) Critica

Orientamenti sulla storia della critica e sulla fortuna dell'Ariosto: W. BINNI, *Storia della critica ariostesca*, Lucca, Lucentia, 1951; R. RAMAT, *La critica ariostesca*, Firenze, La Nuova Italia, 1954; ID., *Ludovico Ariosto*, in *I classici italiani nella storia della critica*, vol. I, Firenze, La Nuova Italia, 1971 (con ampia bibliografia); A. BORLENGHI, *Ariosto*, Palermo, Palumbo, 1974 (1ª ed. 1961); A. PIROMALLI, *Ariosto*, Padova, Radar, 1969; P. PAOLINI, *Situazione della critica ariostesca*, in «Italianistica», III, 3, 1974; G. BALDASSARRI, *La critica ariostesca dal '47 ad oggi*, in «La rassegna della letteratura italiana», 1-2, 1975; M. SANTORO, *Il nuovo corso della critica ariostesca*, in «Cultura e scuola», XIII, 52, 1974; S. PATRITO, *Guida alla critica dell'«Orlando Furioso»*, in AA.VV., *Prospettive sul «Furioso»*, cit.

Studi notevoli, sui tempi e la cultura: G. BERTONI, *L'«Orlando furioso» e la Rinascenza a Ferrara*, Modena, Orlandini, 1919; H. HAUVETTE, *L'Ariosto et la poésie chevaleresque à Ferrara au debut du XVIe siècle*, Paris, Champion, 1927; AA.VV., *L'Ariosto poeta e commissario in Garfagnana*, a cura di G. Fusai, Arezzo, 1933; S. PASQUAZI, *Rinascimento ferrarese*, Caltanissetta-Roma, Sciascia, 1957; C. DIONISOTTI, *Chierici e laici nella letteratura italiana del primo Cinquecento*, in *Geografia e storia della letteratura italiana*, Torino, Einaudi, 1967; AA.VV., *L'Ariosto: il suo tempo, la sua terra, la sua gente*, in «Bollettino storico reggiano» (numero monografico), VII, 27, 1974; A. PIROMALLI, *La cultura a Ferrara al tempo di Ludovico Ariosto*, Roma, Bulzoni, 1975; G. GETTO, *La corte estense di Ferrara come luogo di incontro di una civiltà letteraria*, in *Letteratura e critica nel tempo*, Milano, Marzorati, 1979; R. BRUSCAGLI, *Stagioni della civiltà estense*, Pisa, Nistri-Lischi, 1983. Sulle fonti del poema cfr. la classica opera di P. RAJNA, *Le fonti dell'«Orlando furioso»*, Firenze, Sansoni, 1975 (1ª ed. 1876).

Sulla personalità e sull'arte: U. FOSCOLO, *Poemi narrativi*, vol. XI dell'Edizione Nazionale delle *Opere*, Firenze, Le Monnier, 1958; F. DE SANCTIS, *Storia della letteratura italiana*, cap. XIII e ID., *La poesia cavalleresca*, a cura di M. Petrini, Bari, Laterza, 1954; B. CROCE, *Ariosto, Shakespeare e Corneille*, Bari, Laterza, 1968 (1ª ed. 1920, e cfr. adesso la rist., Milano, Adelphi, 1991); L. AMBROSINI, *Introduzione all'Ariosto*, in *Teocrito, Ariosto, minori e minimi*, Milano, Corbaccio, 1926; A. MOMIGLIANO, *Saggio sull'«Orlando Furioso»*, Bari, Laterza, 1928;

G. Raniolo, *Lo spirito e l'arte dell'«Orlando furioso»*, Milano, 1929; A. Baldini, *Ludovico della tranquillità*, Bologna, Zanichelli, 1933; A. Zottoli, *Dal Boiardo all'Ariosto*, Lanciano, Carabba, 1934; G. Contini, *Come lavorava l'Ariosto*, in «Meridiano di Roma», 18 lug. 1937 (poi in *Esercizi di lettura*, Firenze, Le Monnier 1947 e Torino, Einaudi, 1974); B. Migliorini, *Sulla lingua dell'Ariosto*, in «Italica», XXIII, 1946 (poi in *Saggi linguistici*, Firenze, Le Monnier, 1957; C. Grabher, *Sul teatro dell'Ariosto*, Roma, 1946; Id., *Poesia minore dell'Ariosto*, Roma, 1947; A. Momigliano, *Saggio sull'«Orlando furioso»*, Bari, Laterza, 1952^4; N. Cappellani, *La sintassi narrativa dell'Ariosto*, Firenze, La Nuova Italia, 1952; A. Piromalli, *Motivi e forme della poesia di Ludovico Ariosto*, Messina-Firenze, D'Anna, 1954; R. Bacchelli, *Arte e genio dell'Ariosto poeta della poesia*, in *La Congiura di Don Giulio d'Este*, Milano Mondadori, 1966 (1^a ed. 1958); L. Caretti, *Ariosto e Tasso*, Torino, Einaudi, 1970 (1^a ed. 1961); C. Dionisotti, *Appunti sui «Cinque canti» e sugli studi ariosteschi*, nel volume miscellaneo, *Studi e problemi di critica testuale*, Bologna, Commissione per i Testi di lingua, 1961; P. Fontana, *I «Cinque canti» e la storia della poetica del «Furioso»*, Milano, Vita e Pensiero, 1962; C. Segre, *Esperienze ariostesche*, Pisa, Nistri-Lischi, 1966; E. Bigi, *Vita e letteratura nella poesia giovanile dell'Ariosto*, in «Giornale Storico della Letteratura Italiana», CXLV, 1968; M. Turchi, *Ariosto o della liberazione fantastica*, Ravenna, Longo, 1969; W. Binni, *Metodo e poesia di Ludovico Ariosto*, Messina, D'Anna, 1970^3; G. Petrocchi, *Lettura dell'Orlando furioso*, Caltanissetta-Roma, Sciascia, 1972; R. Negri, *Interpretazione dell'Orlando furioso*, Milano, Marzorati, 1972^2; M. Santoro, *Letture ariostesche*, Napoli, Liguori, 1973; D. Delcorno Branca, *L'Orlando furioso e il romanzo cavalleresco medievale*, Firenze, Olschki, 1973; W. Moretti, *L'ultimo Ariosto*, Bologna, Pàtron, 1977; G. Paparelli, *Da Ariosto a Quasimodo*, Napoli, Società Editrice Napoletana, 1977; R. Baillet, *Le monde poétique de l'Arioste. Essay d'interprétation du «Roland Furieux»*, Lyon, L'Hermès, 1977; M. Santoro, *L'anello di Angelica. Nuovi saggi ariosteschi*, Napoli, Federico & Ardia, 1983; R. Manica, *Preliminari sull'Orlando furioso*, Roma, Bulzoni, 1983; G. Savarese, *Il Furioso e la cultura del Rinascimento*, Roma, Bulzoni, 1984; G. Della Palma, *Le strutture narrative dell'Orlando furioso*, Firenze, Olschki, 1984; M. Beer, *Romanzi di cavalleria. Il «Furioso» e il romanzo italiano del primo Cinquecento*, Roma, Bulzoni, 1987; A.R. Ascoli, *Ariosto's Bitter Harmony. Crisis and Evasion in the Italian Renaissance*, Princeton, N.J., Princeton University Press, 1987; M. Santoro, *Ariosto e il Rinascimento*, Napoli, Liguori, 1989; C. Fahy, *L'«Orlando furioso» del 1532*, Milano, Vita e Pensiero, 1989; M.C. Cabani, *Costanti ariostesche. Tecniche di ripresa e memoria interna nell'«Orlando furioso»*, Pisa, Scuola Normale Superiore, 1990 e Id., *Fra omaggio e parodia. Petrarca e petrarchismo nel «Furioso»*, Pisa, Nistri-Lischi, 1990; S. Longhi, *Ariosto insonniato. Il sogno e la poesia cavalleresca*, Milano, Franco Angeli, 1990; S. Zatti, *Il «Furioso» fra epos e romanzo*, Lucca, Pacini Fazzi, 1990; C. Segre, *Da uno specchio all'altro: la luna e la terra nell'«Orlando furioso»*, in *Fuori dal mondo. I modelli nella follia e nelle immagini dell'aldilà*, Torino, Einaudi, 1990.

Cfr. inoltre il numero speciale di «Italianistica», *Per l'Ariosto*, III, 3, 1974; il numero pure dedicato all'Ariosto de «La rassegna della letteratura italiana», 1-2, 1975; *Ludovico Ariosto. Atti del Convegno Internazionale*, Roma, Accademia Nazionale dei Lincei, 1975; *Ludovico Ariosto: lingua, stile, tradizione*, Atti del Congresso organizzato dai Comuni di Reggio Emilia e Ferrara, ott. 1974, a cura di C. Segre, Milano, Feltrinelli, 1976; Aa. Vv., *Studi sull'Ariosto*, a cura di E.N. Girardi, Milano, Vita e Pensiero, 1977; Aa. Vv., *Ariosto 1974 in America*, Atti del Congresso ariostesco, 1974, a cura di A. Scaglione, Ravenna, Longo, 1976; Aa. Vv., *Prospettive sul «Furioso»*, cit. Si veda anche Aa. Vv., *L'Ariosto, la musica, i musicisti*, a cura di M.A. Balsano, Firenze, Olschki, 1981.

Per la fortuna europea dell'Ariosto cfr.: J. Fucilla, *European Translations and Imitations of Ariosto*, in «Romanic Review», XXV, 1934; A. Cioranescu, *L'Ariosto en France, des origines à la fin du XVIIIe siècle*, Paris, 1939; A. Portnoy, *Ariosto y su influencia en la literatura española*, Buenos Aires, Estrada, 1932; O. Macrì, *L'Ariosto e la letteratura spagnola*, in «Letterature moderne», III, 1952; M. Chevalier, *Los temas ariostescos en el Romancero y la poesía española del siglo de oro*, Madrid, Editorial Castalia, 1968; E. Balmas, *Note sulla fortuna dell'Ariosto in Francia nel Cinquecento*, in *Studi e saggi sul Rinascimento francese*, Padova, Liviana, 1982; R. Ceserani, *Ariosto in America*, in «Forum Italicum», XIX, 1985; M. Bastiaensen, *Les premières traductions néerlandaises du «Roland Furieux»*, in «Revue de Littérature comparée», LXI, 1987.

6 Machiavelli

6.1 Machiavellismo e antimachiavellismo dal Cinquecento al Settecento

Il problema del Machiavelli non è soltanto un problema letterario: anzi, è un problema letterario perché prima di tutto è un problema storico e filosofico. La storia della critica machiavelliana documenta il vario reagire delle coscienze e delle situazioni storiche e culturali ad alcune fondamentali esigenze e antinomie dell'azione individuale e sociale, che egli con la forza del suo ragionamento e del suo stile ha portato dal piano dei dati di fatto più o meno accettati a quello della riflessione e della teoria, e si risolve praticamente nella storia del problema del rapporto fra morale e politica. Perciò del Machiavelli si sono occupati piuttosto storici e filosofi che letterati, anche se spesso le osservazioni più esatte sono venute proprio dai critici letterari, meno soggetti a ragionare in astratto e teoricamente, e più adatti a cogliere il preciso significato di uno scrittore nelle cui espressioni sono così indissolubilmente fusi il pensatore e l'artista.

La letteratura cinquecentesca sul Machiavelli ha carattere essenzialmente polemico. Essa si sviluppa nell'età della Controriforma, dopo che nel 1559 le sue opere erano state poste all'Indice, come condanna di teorie considerate immorali e contrapposizione di teorie diverse sulla politica, sia da parte di cattolici sia di protestanti, i quali spesso si rinfacciano a vicenda di agire in maniera tirannica e perversa per ubbidienza alle sue dottrine. Tra gli antimachiavellici più noti sono il cardinale inglese REGINALD POLE, il francese INNOCENT GENTILLET (autore di un libro che ebbe grande fortuna, l'*Antimachiavellus*, 1566), il gesuita spagnolo PEDRO DE RIBADENEYRA e un altro gesuita, ANTONIO POSSEVINO. In taluno di questi scrittori appare già accennata la tesi, destinata ad avere tanta fortuna e svariati sviluppi fino all'Ottocento, di un Machiavelli *obliquo*, che avrebbe composto il *Principe* per spingere un tiranno a seguire procedimenti che lo avrebbero condotto alla rovina, mentre fra i critici cattolici ha molto rilievo la difesa della Chiesa dall'accusa di essere responsabile della corruzione del mondo e della rovina d'Italia.

Tra la fine del Cinquecento e il principio del Seicento si manifestano dei tentativi di enucleare gli elementi positivi del machiavellismo, per inserirli in una concezione morale della politica: si viene cioè formando la teoria della *ragion di Stato*, come complesso delle norme che il principe deve seguire per governare avvedutamente il suo Stato, senza tuttavia offendere la morale cristiana. I più importanti di questi tentativi sono la *Ragion di stato* (1589) di GIOVANNI BOTERO, che tratteggia l'ideale di un principe cristiano, la cui azione politica sia sottoposta alla religione, e *Della ragion di stato* (1621) di Ludovico Zuccolo, il quale nega che la ragion di Stato sia per natura sua perversa e la definisce «un operare conforme all'essenza o forma di quello Stato che l'uomo si ha proposto di conservare o costituire», essenza che può essere secondo i casi buona o cattiva e, in conseguenza, tale sarà la ragion di Stato. Altri studiosi del Seicento, come Traiano Boccalini, condannano come perversa la ragion di Stato, ma ritengono che il Machiavelli abbia reso un servizio ai sudditi, rivelando loro le arti malvagie dei prìncipi, o, per usare l'espressione del Boccalini, mettendo denti di cane in bocca alle pecore (cfr. *Ragguagli di Parnaso*, I, 89).

L'Illuminismo giusnaturalistico, nel vagheggiare l'ideale del principe illuminato e filantropico, era naturalmente assai lontano dalla concezione machiavellica del principe: la confutazione di questa e l'esaltazione dell'altro è lo scopo del famoso *Antimachiavel* di Federico di Prussia, riveduto dal Voltaire. Ma proprio l'Illuminismo sviluppò in una giustificazione, che diventa addirittura apologia, la tesi dell'*obliquità*, fino a vedere al posto del maestro di violenze e di tirannidi l'esaltatore della libertà e il teorico della repubblica e della democrazia. Giuseppe Baretti, dopo aver richiamato come attenuante per le massime perverse del Machiavelli la corruzione dei tempi, suppone che col *Principe* egli volesse insieme presentare ai Fiorentini un'immagine mostruosa d'un tiranno assoluto, affinché si risolvessero a non volerne mai alcuno, e spingere con i suoi precetti i Medici alla rovina (*Prefazione a tutte l'opere del Machiavelli*, 1772); Jean-Jacques Rousseau dichiara che egli mascherò con l'esaltazione dei Medici il suo amore per la libertà e giunge a definire il *Principe* il «libro dei repubblicani». Sulla medesima linea, ma proiettando sulla figura del Machiavelli l'ardore del suo spirito preromantico, Vittorio Alfieri scrive che «dal solo suo libro *Del Principe* si potrebbero qua e là ricavare alcune massime immorali e tiranniche, e queste dall'autore son messe in luce (a chi ben riflette) molto più per disvelare ai popoli le ambiziose ed avvedute crudeltà dei prìncipi che non certamente per insegnare ai prìncipi a praticarle», mentre nelle altre sue opere «ad ogni sua parola e pensiero respira libertà, giustizia, acume, verità ed altezza d'animo somma: onde chiunque ben legge, e molto sente, e nell'autore s'immedesima, non può riuscire se non focoso entusiasta di libertà, e un illuminatissimo amatore d'ogni politica virtù» (*Del principe e delle lettere*, II, 9, 1778-1786).

Queste interpretazioni costituiscono la premessa e la spiegazione storica della perifrasi con la quale Ugo Foscolo designa il Machiavelli nei famosi versi dei *Sepolcri*: «quel grande, / Che temprando lo scettro a' regnatori, / Gli allor ne sfronda ed alle genti svela / Di che lagrime grondi e di che sangue». Ma il Foscolo, il quale progettava di scrivere sul Machiavelli un libro di cui restano solo dei frammenti (riprodotti nel vol. VIII dell'Edizione Nazionale delle *Opere*), cercò di dare di questo presunto atteggiamento del Machiavelli una spiegazione storica, esaminando le condizioni dell'Italia del suo tempo, per concludere che al Machiavelli dovette apparire «l'impossibilità che un principe nuovo occupasse e governasse indipendentemente tutta l'Italia» e che quindi egli volle fornire gli esempi validi in quella situazione storica per chi volesse salvare l'Italia dai mali maggiori: «gli antichi danni e perpetui del predominio della Chiesa, e l'imminente pericolo delle usurpazioni straniere». Con questa interpretazione storico-patriottica il Foscolo aperse la via alle interpretazioni ottocentesche.

6.2 Le interpretazioni patriottiche del Risorgimento. Manzoni e De Sanctis

Il Risorgimento rispecchiò nel Machiavelli, in senso positivo o negativo, i suoi ideali politici e morali: lo celebrò in genere, sulla traccia del Foscolo, come precursore dell'unità e dell'indipendenza italiana, ma ne criticò i mezzi proposti per attuarla, ripugnanti al proprio idealismo morale. Neoguelfi, come VINCENZO GIOBERTI (i quali avversavano soprattutto le sue idee sul Papato) e democratici come GIUSEPPE MAZZINI finirono per accordarsi nel condannarlo quale corruttore dello spirito italiano. Valgano come esempio queste parole del Mazzini: «La nostra educazione si è compiuta, per opera della lunga tirannide e del materialismo, su Machiavelli. La grande ombra di quell'illustre stende tuttora su noi il velo dell'analisi dissolvitrice, che comincia con la scienza e finisce con la negazione e lo sconforto: e la scienza quale possiamo attingerla a quella sorgente, si traduce negli intelletti mediocri, che sono i più, in meschina abitudine di piccolo calcolo, contraria ad ogni magnanima impresa» (*Opere*, edizione nazionale, IX, 332). E si sa che Mazzini opponeva alla politica fondata sugli "interessi", di cui il Machiavelli era stato il maggior teorico, quella fondata sui "princìpi".

Il giudizio più acuto in questo periodo lo diede ALESSANDRO MANZONI in una lunga nota all'*Appendice* al capitolo III delle *Osservazioni sulla morale cattolica* (1819), distinguendo il Machiavelli dal machiavellismo e rilevando in lui, accanto all'altezza dell'ingegno, una nobiltà morale, costretta suo malgrado ad accettare le conseguenze logiche di un'impostazione teorica errata: «Il Machiavelli non voleva l'ingiustizia sia astuta, sia violenta, come un mezzo, né unico, né primario, ai fini proposti. Voleva l'utilità, e la voleva o con la giustizia, o con l'ingiustizia, secondo gli pareva richiedessero i diversi casi. E non si può dubitare che il suo animo non fosse inclinato a preferire la prima. Senza ricorrere al testimone della sua condotta e come politico, e come privato, la cosa appare da' suoi scritti medesimi: poiché se nel lodare o nel consigliare l'ingiustizia, è sottile; nel maledirla, e nel lodare e consigliare il contrario, è anche eloquente e qualche volta affettuoso»: il miscuglio che si nota nei suoi scritti di massime oneste e inique non deriva appunto da altro che «dall'aver lui messa l'utilità al posto supremo che compete alla giustizia». Il Manzoni libera il Machiavelli dalle deformazioni polemiche che lo avevano presentato come una specie di genio del male (la pubblicistica inglese del Cinquecento e del Seicento lo aveva immaginato come uno strumento del diavolo, anzi come il diavolo stesso), e addita il punto essenziale a cui bisogna guardare per capire il suo pensiero: il criterio dominante dell'*utilità*.

Intanto specialmente studiosi stranieri davano l'avvio all'interpretazione storico-critica, cercando di intendere le dottrine del Machiavelli in rapporto con le condizioni e con le esperienze e necessità politiche dei suoi tempi. Fra di essi il più noto è THOMAS MACAULAY (*Machiavelli*, 1827), che, dopo aver delineato un quadro della società italiana del Cinquecento, raffinata e corrotta, conclude affermando che l'unica colpa del Machiavelli fu che «avendo adottato alcuni dei princìpi allora generalmente accettati, li dispose più luminosamente e si espresse con maggior vigoria di qualunque altro scrittore». Il saggio del Macaulay è più brillante che solido: un vero progresso nell'interpretazione del Machiavelli si verifica quando si comincia a cercare di penetrare e ricostruire organicamente il suo pensiero nella logica interna: e ciò accade col De Sanctis.

FRANCESCO DE SANCTIS tende non a giustificare moralmente il Machiavelli come "specchio dei tempi", ma a vedere nella sua opera uno dei documenti più significativi del trapasso da un'epoca culturale a un'altra, e nello stesso tempo si preoccupa di liberarlo da ogni troppo stretto rapporto con motivi e occasioni contingenti per assicurare la universale validità scientifica del suo pensiero (anche se qua e là nelle sue pagine affiorano gli echi della situazione politica contemporanea, come nella nota esclamazione della *Storia della letteratura italiana*: «In questo momento che scrivo, le campane suonano a distesa e annunziano l'entrata degli Italiani a Roma. Il potere temporale crolla, e si grida Viva l'unità d'Italia. Sia gloria al Machiavelli!»). Il Machiavelli, secondo il De Sanctis, «si presenta alla posterità come la negazione del Medioevo e come l'affermazione dei tempi moderni». Ciò significa «l'emancipazione dell'uomo dagli elementi soprannaturali e fantastici, e la conoscenza e il possesso di se stesso», la distruzione di una concezione soprannaturale e trascendente della realtà e la sostituzione di una concezione naturalistica e immanente, che crea nuovi valori nel campo morale e politico in luogo dei vecchi valori decaduti. Il programma del Machiavelli è lo stesso di tutto il mondo moderno: «la serietà della vita terrestre col suo istrumento, il lavoro; col suo obiettivo, la patria; col suo vincolo morale, la nazione; col suo fattore, lo spirito o il pensiero umano, immutabile ed immortale: col suo organismo, lo Stato, autonomo e indipendente». Con lui muore la Scolastica e nasce la scienza: questo mutamento di mentalità si riflette nello stile, dove al periodare sillogistico, proprio della Scolastica, si sostituisce la serie delle proposizioni assertive, che presentano la cosa nella sua realtà obiettiva, priva di supporti dimostrativi e di abbellimenti retorici.

L'età positivistica contribuì allo studio del Machiavelli soprattutto con ampie ricostruzioni analitiche, ricche di dati, fatti, documenti biografici e storici, per quanto non prive di giudizi particolari acuti, come quelle di PASQUALE VILLARI (*Niccolò Machiavelli e i suoi tempi*, Firenze, 1877-1878) e di ORESTE TOMMASINI (*La vita e gli scritti di Niccolò Machiavelli*, 2 voll., Torino, 1883-1911) opere entrambe di grande utilità per qualunque studio su aspetti parziali dell'argomento.

6.3 Meinecke, Croce ed Ercole: il Machiavelli teorico della scienza politica

Nuovi studi interpretativi offre la critica del primo Novecento. FRIEDRICH MEINECKE (*Die Idee der Staatsräson in der neueren Geschichte*, München-Berlin, 1924) sottolinea l'importanza del fatto che, se anche il Machiavelli poteva non insegnare nulla di nuovo, *insegnasse*, cioè elevasse a teoria e sistema ciò che prima era soltanto pratica tollerata, ma non razionalmente giustificata. Egli addita la sorgente spirituale del machiavellismo nella condizione dell'uomo «privato di ogni luce divina, trascendente e lasciato solo nella lotta con le forze demoniache della natura»: benché conservi ancora alcuni concetti dell'etica cristiana, il Machiavelli progetta una nuova etica naturalistica, libera e decisa nel seguire la voce della natura: «il male si acquista un posto accanto al bene e si atteggia a un bene esso stesso, o per lo meno a mezzo indispensabile per il conseguimento di un bene». Si inizia così il dissidio della civiltà moderna fra valori assoluti e valori relativi: liberando la sfera politica da tutti gli ostacoli non politici, il Machiavelli ha fatto nascere insieme le antinomie e i conflitti nel complesso della vita umana.

La considerazione del Machiavelli come un teorico e la coscienza delle antimonie e dei limiti impliciti nella sua teoria sono ancora più evidenti in BENEDETTO CROCE, il quale lo definisce lo scopritore della categoria autonoma dell'utile, ovvero della politica distinta dalla morale e dalla religione, e segna il limite alla sua "scoperta" nel fatto che egli, individuata la sfera dell'attività politica con le sue leggi, non ne ha però indagato i rapporti con le altre attività spirituali, implicandosi in dolorose aporie; onde il suo pensiero va integrato con quello del Vico, per il quale la politica è un momento solo della vita dello spirito e della società, il momento della forza, cui segue in eterno per svolgimento dialettico il momento della giustizia e della moralità, cioè dell'etica (cfr. *Machiavelli e Vico. La politica e l'etica*, in *Elementi di politica*, Bari, Laterza, 1925; il Croce ha poi ripreso e illustrato più volte questo concetto: cfr. per esempio: *Filosofia e storiografia*, Bari, Laterza, 1949, pp. 149 sgg.).

La tendenza a ricavare dal Machiavelli una teoria sistematica della politica si è accentuata in seguito lungo due linee principali: quella di un'interpretazione e sistemazione giuridica dei suoi concetti e quella di un loro sfruttamento in funzione delle nuove ideologie sul valore assoluto dello Stato. Della prima è soprattutto rappresentativo il volume di FRANCESCO ERCOLE, *La politica di Niccolò Machiavelli* (1926). L'Ercole sostiene che il Machiavelli, staccandosi dalle concezioni medievali, ebbe il concetto dello Stato sovrano e libero, il quale è la forma giuridica in cui si concreta una «vivente realtà storica e psicologica collettiva». Questo Stato s'identifica con la patria e soltanto per mezzo suo ed entro i suoi limiti si attua il bene comune così che la 'virtù' machiavellica, che ha carattere egoistico e immorale quando è rivolta all'utile individuale, acquista carattere etico quando è diretta al bene dello Stato, e l'amore di patria diventa la suprema moralità. Tale interpretazione ha qualche effettivo fondamento nei testi del Machiavelli, il quale avvertì il limite di una concezione strettamente utilitaria e individualistica, determinando un'opposizione, che è di carattere etico, fra le azioni rivolte soltanto al bene dell'individuo e quelle rivolte al bene comune dello Stato. Ma è altresì evidente che essa offre l'appiglio per l'assimilazione dell'idea machiavellica dello Stato a quella, di discendenza hegeliana, dello Stato etico, nel quale e per il quale magicamente l'utilità diventa moralità e la forza ragione: assimilazione più o meno apertamente compiuta da parecchi studiosi, fino ai camuffamenti operati in sostegno a sistemi totalitari.

6.4 L'esigenza storicistica e gli studi dello Chabod. Il Machiavelli "artista-eroe" della tecnica politica prospettato dal Russo. L'approfondimento dei modi espressivi negli studi del Chiappelli e del Montanari

Gli arbìtri teorici e polemici di queste interpretazioni hanno fatto risentire l'esigenza di una più fedele adesione ai testi, di una ricostruzione più concretamente storica delle idee del Machiavelli nella loro formazione e nel loro svolgimento, in riferimento alle precise situazioni storiche e alle esperienze personali da cui esse sorsero. Questa esigenza storicistica è rappresentata esemplarmente da FEDERICO CHABOD, il quale indaga le condizioni spirituali e politiche da cui nacque l'idea del *Principe*: in un mondo «vuoto di profondi motivi morali e politici, senza forza di masse, vivente solo nella isolata virtù di individui sparsi» era naturale che il Machiavelli dovesse auspicare l'avvento di un principe, il quale, infondendo nella massa inerte e amorfa del popolo la sua virtù, costituisse nella penisola uno Stato forte ed egemonico, che fosse in grado di far convergere anche le forze degli altri Stati minori allo scopo di respingere le invasioni da parte dei potenti Stati stranieri. Con lo Chabod scompaiono le anacronistiche concezioni del patriottismo ottocentesco, che proiettavano nel Cinquecento gli ideali risorgimentali di unità e indipendenza (cfr. *Del «Principe» di Niccolò Machiavelli*, in «Nuova rivista storica», IX, 1925). Il suo insegnamento è raccolto e sviluppato nell'ampia, analitica ricostruzione dello svolgimento storico del pensiero politico machiavelliano, compiuta da GENNARO SASSO (*Niccolò Machiavelli. Storia del suo pensiero politico*, 1958).

Allo Chabod si ispira, come pure al Croce e al Meinecke, e in parte anche all'Ercole, LUIGI RUSSO, il quale ha offerto una delle più solide ed equilibrate trattazioni dell'argomento (*Machiavelli*, 1949). Le specifiche attitudini ed esperienze di critico hanno favorito il Russo nell'intendere un autore così poco sistematico e scolastico, sempre insieme pensatore e artista, consentendogli anche di svolgere felicemente alcuni spunti desanctisiani su questo legame fra pensiero e arte, trascurati (salvo che dallo Chabod) dai critici precedenti. Egli definisce il Machiavelli «artista-eroe della tecnica politica», eliminando con questa formula il dissidio romantico, visto da alcuni critici, fra il pensatore e il politico e cogliendo il nocciolo essenziale degli interessi del Machiavelli, i quali si concentrano nella contemplazione dei procedimenti della tecnica politica in sé, a prescindere dai fini a cui tende e delle forme concrete in cui si attua. Cade così anche il problema di un contrasto fra un Machiavelli assolutista nel *Principe* e un altro repubblicano nei *Discorsi*, perché anche nei *Discorsi* egli è preso esclusivamente dal gusto di scoprire e mettere in evidenza le leggi dell'agire. Sulla traccia del Croce, il Russo rileva il limite del Machiavelli nel voler politicizzare tutta la vita, trascorrendo, nell'impeto di una reazione violenta a quella che a lui sembrava la debolezza di un'educazione religiosa che non riconosceva sufficientemente il valore della politica, al termine opposto di far della politica la sola religione di questo mondo. Tuttavia, trasportato dalla sua mentalità immanentistica, finisce per ammirare la moralità "tecnica" del Machiavelli, la quale risolve tutto il valore dell'azione nella logica interna con cui essa è compiuta, nella capacità che volta per volta l'individuo dimostra nel sapere assolvere il suo compito specifico. Ma con grande acume il Russo illumina il rapporto fra pensiero e arte, dimostrando come il pensiero del Machiavelli «non si genera mai in astratto e in generale, ma nasce sempre legato a una situazione particolare e a un qualche idolo politico, con cui contrasta la fantasia dello scrittore» e «non si irrigidisce mai in una formula; perché segue, versatile e proteiforme, l'ispirazione attuale della fantasia e del sentimento».

Da queste constatazioni sembra logico dedurre che un esame serio dell'opera dello scrittore fiorentino non possa prescindere da un'indagine ampia e approfondita dei moduli espressivi che le son propri. Un primo tentativo di descrizione analitica, scientificamente controllata, del linguaggio del Machiavelli sono gli *Studi sul linguaggio del Machiavelli* (1952) di FREDI CHIAPPELLI. Il Chiappelli (che considera soprattutto il *Principe*), dopo aver esaminato minutamente il lessico e la morfologia dello scrittore, giunge alla conclusione che coesistono in lui una tendenza tecnificatrice, che attribuisce ad alcuni termini caratteristici (*spegnere, ruinare, stato* ecc.) un ben preciso significato scientifico, e un impulso diverso, soggettivo, affettivo, stilistico: accanto a una spinta *trattatistica* una spinta *artistica*. Più tardi (1969) il Chiappelli integrò queste indagini in una serie di *Nuovi studi sul linguaggio del Machiavelli*, dedicati agli scritti dei primi anni, nei quali già si delineano parecchie di quelle abitudini di pensiero e di stile che saranno caratteristiche dello scrittore maturo. L'affermazione più risoluta della natura essenzialmente artistica dei testi machiavelliani è contenuta nel volume di FAUSTO MONTANARI, *La poesia del Machiavelli* (1953). Il Montanari rovescia le posizioni critiche tradizionali, affermando che il Machiavelli fu un grande poeta animato da «un'ardente volontà di vivere nelle più schiette parole una visione irresistibile della realtà [...] una visione così irresistibile che la visione sia un fatto e si imponga con la massiccia irresistibilità del fatto compiuto», e che «anche la freddezza d'acciaio che è stata notata nella sua prosa è una freddezza lirica, tutta animata dall'impeto dell'affermazione tagliente che taglia senza residui, e senza indugi». L'originalità di questa impostazione consiste nel fatto che la "poesia" del Machiavelli non è concepita come un "dopo" rispetto al "pensiero", e nemmeno come una traduzione sensibile di esso, ma come un elemento costitutivo e dinamicamente determinante, stimolatore del pensiero stesso, per cui l'espressione machiavellica risulta «dalla tensione fra gusto espressivo e calcolo tecnico» e in essa il gusto popolaresco di gesto violento e semplificatore coincide col calcolo intellettuale e scientifico di metodo assoluto.

6.5 Machiavelli oggi

La critica più recente si è posta preliminarmente il problema della certezza testuale e della cronologia: intorno a quest'ultima si è sviluppato un dibattito che ha visto FELIX GILBERT e HANS BARON sostenere che i *Discorsi* sono successivi al 1515 e il SASSO sostenere il contrario; problemi di datazione sono stati per altro sollevati anche per altre opere e, in particolare, per la *Mandragola* da ROBERTO RIDOLFI (*Studi sulle commedie del Machiavelli*, Pisa, 1968; dello stesso v. anche l'edizione della *Mandragola*, Firenze, 1965), per il *Discorso intorno alla nostra lingua* da CECIL GRAYSON (*Machiavelli e Dante*. *Per la data e l'attribuzione del «Dialogo intorno alla lingua»*, in «Studi e problemi di critica testuale», II, 1971), da DOMENICO DE ROBERTIS (*Cronologia del canone delle Rime antiche nel Cinquecento*, in «Rinascimento», XIX, 1979) e da GIANFRANCO VANAGOLLI (*Lineamenti storici di un problema di attribuzione e di datazione*, in «Italianistica», X, 1981).

Al Ridolfi si deve anche una fondamentale *Vita di Niccolò Machiavelli* (Roma, Belardetti, 1954) che ha aperto la strada a tutta una serie di studi biografici, editi in Italia e all'estero; fra questi si segnala l'infortunio occorso a DOMENICO MAFFEI, autore di uno studio su *Il giovane Machiavelli banchiere con Berto Berti a Roma* (Firenze, Bemporad, 1973), imperniato su documenti riguardanti non il noto scrittore ma un suo contemporaneo omonimo! Il Gilbert è tornato più volte a occuparsi del Machiavelli anche in relazione a Guicciardini (*Machiavelli e Guicciardini. Pensiero politico e storiografia a Firenze nel Cinquecento*, Torino, Einaudi, 1970), analizzando le idee, i problemi e le istituzioni fiorentine fra Quattro e Cinquecento, le lotte interne allo Stato fiorentino dell'epoca e il cambiamento degli ideali politici.

Del Machiavelli letterato si sono occupati in più riprese Carlo Dionisotti (diversi suoi interventi sono riuniti in *Machiavellerie*, Torino, Einaudi, 1980), il quale ne ha sottolineato la preferenza per la tradizione e i ritmi danteschi, rispetto a quelli petrarcheschi, G. Inglese, curatore pure dell'edizione dei *Capitoli* (Roma, Bulzoni, 1981) e Mario Martelli cui si devono studi particolari relativi ad attribuzioni e datazioni (*I «Ghiribizzi» a Giovan Battista Soderini*, in «Rinascimento», IX, 1969; *Da Poliziano a Machiavelli. Sull'epigramma «Dell'occasione» e sull'occasione*, in «Interpres», II, 1979), oltre alla cura di *Tutte le opere* per l'editore Sansoni (Firenze, 1971) e a proposte per l'epistolario (*Memento su un'edizione dell'epistolario machiavelliano*, in «La Bibliofilia», LXXIII, 1971).

Continua così a "crescere" l'epistolario del Machiavelli grazie ai nuovi ritrovamenti o riconoscimenti, accorpati nell'edizione di Franco Gaeta (*Lettere*, Torino, UTET, 1984). Alcuni critici considerano le lettere del Machiavelli alla stregua di una sua opera letteraria e non delle peggiori, perciò non sono mancati studi specifici in tale direzione (G. Ferroni, *Le "cose vane" nelle «Lettere» di Machiavelli*, in «La rassegna della letteratura italiana», LXXVI, 1972); Giorgio Bárberi Squarotti individua nelle lettere il documento più scoperto e quindi più idoneo per verificare «la condizione fondamentale della disposizione stilistica del Machiavelli, che nasce fondamentalmente dalla concezione e dalla gerarchia dei valori: la distinzione fra il sublime e il comico è conservata ed esemplarmente svolta proprio in funzione di una fondamentale svalutazione dell'azione e dell'intera prassi, come, appunto, è nella tradizione umanistica italiana, dopo Dante, nei confronti della politica. Il luogo dell'eroe è il sublime della contemplazione (intellettuale) e della pratica letteraria» (*Machiavelli o la scelta della letteratura*, Roma, Bulzoni, 1987).

Un ritratto complessivo recente e originale per l'approccio giornalistico è uscito in Italia nel 1990 per l'editore Laterza (S. De Grazia, *Machiavelli all'Inferno*).

6.6 Studi sul teatro

Dal punto di vista artistico e morale, accanto alle opere storiche e politiche, ha sempre destato grande interesse la *Mandragola*. Le interpretazioni di essa oscillano fra il riconoscimento di un suo valore puramente artistico e l'attribuzione di intenti satirici e moralistici. Il De Sanctis osserva che il Machiavelli «concepisce la commedia, come ha concepito la storia», cioè come «un gioco di forze, dotate ciascuna di qualità proprie, che debbono condurre inevitabilmente al tale risultato», e che c'è nel suo riso «alcunché di tristo e di serio, che oltrepassa la caricatura e nuoce all'arte». Il Machiavelli rappresenta fra Timoteo «con quella spaventevole freddezza con la quale ritrae il principe o l'avventuriero o il gentiluomo. Sono animali strani, che, curioso osservatore, egli analizza e descrive, quasi faccia uno studio, estraneo alle emozioni e alle impressioni», e nel suo stile si sente «meno il poeta che il critico, il grande osservatore e ritrattista». Di qui il De Sanctis deduce che la *Mandragola* è una commedia che ha fatto il suo tempo, perché «troppo incorporata in quella società, in ciò ch'ella ha di più reale e particolare».

Arturo Graf e Francesco Flamini affermano il carattere satirico della commedia, mentre Adolfo Gaspary vi vede soltanto un piacevole scherzo comico secondo lo spirito del secolo. Qualcuno, come Ireneo Sanesi, contempera in un certo senso le due opposte tesi, sostenendo che la rappresentazione artistica, siccome poggia su fatti e sentimenti reali, finisce per essere anche una satira della società cinquecentesca.

Con un'interpretazione più organica e netta (nel capitolo su *La «Commedia» del Rinascimento*, in *Poesia popolare e poesia d'arte*) il Croce sostiene che i personaggi della *Mandragola* si generano dalla «rassegnata chiaroveggenza» dello scrittore, il cui sentimento e la cui visione del mondo «non sono da cinico, perché egli ha l'anelito alla bontà e alla purezza, ma tengono certamente del pessimistico, perché egli non vede nella realtà spiraglio alcuno per il quale possa penetrare quella bontà e purezza, tanto la realtà è come una liscia palla, ben chiusa in sé, nelle proprie cupidigie, nella propria logica affatto utilitaria». Da questo stato d'animo del Machiavelli, da questo «suo veder profondo e pure angusto», dal suo «limitato e tormentato sentire doloroso, vien fuori il singolare suo tono di poesia».

Approfondendo l'interpretazione del Croce con un'analisi estesa anche dei modi stilistici, il Russo (*Machiavelli*) parla di «ispirazione meramente realistica» e di «gusto amaro del contemplare, perché il mondo è quello che è e non c'è modo di tramutarlo»: da ciò deriva «il distacco aristocratico dell'uomo per quella materia corrotta e insieme l'interesse vivissimo dell'artista ai particolari di quella corruttela, sempre lucidamente affisati e sublimati con aristocratica leggerezza».

Tutto il teatro del Machiavelli è stato oggetto negli ultimi anni di notevoli studi, soprattutto rivolti a mettere puntualmente in luce sia i rapporti fra le diverse opere e i legami con altri scritti del Machiavelli (come le *Lettere*), sia gli antecedenti tematici e linguistici (in particolare del *Decameron*). Da ricordare anche i nuovi accertamenti filologici, fra i quali spicca il ritrovamento, avvenuto nel 1961 ad opera del Ridolfi, di un manoscritto inedito della *Mandragola*, che ha dato occasione a fertili discussioni di carattere non soltanto filologico, ma critico.

Riscontri anche tematici fra il teatro e le opere maggiori sono stati effettuati da Giulio Ferroni sia con riferimento all'*Asino* (*Appunti sull'«Asino» di Machiavelli*, in *Letteratura e critica. Studi in onore di Natalino Sapegno*, Roma, Bulzoni, 1975) sia con una visione più ampia (*"Mutazione" e "riscontro" nel teatro di Machiavelli e altri saggi sulla commedia del Cinquecento*, Roma, Bulzoni, 1972). Un banale racconto salace, una sorta di opera di evasione, con i personaggi rifiniti solamente in superficie, è la *Mandragola* secondo Rocco Montano (*Machiavelli: valore e limiti*, Firenze, Sansoni, 1974). Edizioni, commenti e traduzioni bastano tuttavia ad attestare l'interesse della critica per questo settore della produzione creativa del Machiavelli. Un'accurata analisi della *Mandragola* e della *Clizia* è stata compiuta da Luigi Vanossi che ha lavorato con continui riferimenti alle opere politiche approfondendo particolarmente alcuni aspetti del linguaggio (*Situazione e sviluppo del teatro machiavelliano*, in *Lingua e strutture del teatro italiano del Rinascimento*, Padova, Liviana, 1970). Anche J. Mazzeo (*The Poetry of Power: Machiavelli's Literary Version*, in «Review of National

Literatures», I, 1970) ha confrontato opere politiche e teatro per concludere che le regole drammatiche coincidono con quelle del mondo politico e che anche nella *Mandragola* la diplomazia consente a tutti la realizzazione delle proprie aspirazioni.

La solamente parziale teatralità della *Mandragola* è stata osservata da FRANCO FIDO (*Machiavelli 1469-1969: politica e teatro nel badalucco di Messer Nicia*, in «Italica», XLVI, 1969) che segnala pure come l'uso del dialetto da parte dei personaggi più umili fosse funzionale al desiderio del Machiavelli di colpire il provincialismo dei suoi concittadini. In un più ampio discorso su *La commedia del Cinquecento* (Vicenza, Neri Pozza, 1975), MARIO BARATTO rileva la povertà di giochi nella *Mandragola*, costruita in modo del tutto privo di *suspense*. Fonti e archetipi della commedia del Machiavelli sono indicati da EZIO RAIMONDI (*Politica e commedia*, Bologna, Il Mulino, 1972), D. PEROCCO (*Il rito finale della «Mandragola»*, in «Lettere italiane», XXV, 1973), dal DIONISOTTI (*Appunti sulla «Mandragola»*, in «Belfagor», XXXIX, 1984) e, nell'introdurre un'edizione della *Mandragola*, dal SASSO il quale ritorna sul problema delle fonti in *Machiavelli e gli antichi e altri saggi* (Milano-Napoli, Ricciardi, 1989).

Repertorio bibliografico

a) **Opere bibliografiche e introduttive**

Contributo bibliografico, contenuto in A. NORSA, *Il principio della forza nel pensiero politico di Niccolò Machiavelli*, Milano 1936; *Bibliografia*, compresa in F. FIDO, *Machiavelli*, Palermo, Palumbo, 1975 (1ª ed. 1965); *Bibliografia*, contenuta nel vol. XI delle *Opere*, a cura di S. Bertelli, cit. più sotto; H. CLOUGH, *Machiavelli Researches*, in «Annali dell'Istituto Universitario Orientale», serie romana, IX, 1, 1967; S. BERTELLI-P. INNOCENTI, *Bibliografia machiavelliana*, Verona, Edizioni Valdonega, 1979; D. PEROCCO, *Rassegna di studi sulle opere letterarie del Machiavelli*, in «Lettere italiane», XXXIX, 4, 1987.

Ottima come introduzione generale è F. CHABOD, voce *Machiavelli*, in *Enciclopedia italiana*, Roma, Istituto dell'Enciclopedia Italiana; si veda anche CH. BEC, *Machiavel*, Paris, Bolland, 1985. Sono ancora molto utili: P. VILLARI, *Niccolò Machiavelli e i suoi tempi*, Milano, 1912 e O. TOMMASINI, *La vita e gli scritti di Niccolò Machiavelli*, Roma, 1911 (1ª ed. Torino, 1883). Fondamentale R. RIDOLFI, *Vita di Niccolò Machiavelli*, Firenze, Sansoni, 1978[7]. Agile profilo: L. PEIRONE, *Niccolò Machiavelli*, Bologna, Cappelli, 1971, discutibile in più punti. S. DE GRAZIA, *Machiavelli all'Inferno*, Bari, Laterza, 1990. Su un'angolatura particolare: E. WEIBEL, *Machiavel. Biographie politique*, Fribourg, Editions Universitaires, 1988.

b) **Edizioni e commenti**

Edizione critica: *Tutte le opere di Niccolò Machiavelli*, a cura di G. Mazzoni e M. Casella, Firenze, Barbèra, 1929; *Tutte le opere*, 2 voll., a cura di F. Flora e C. Cordié, Milano, Mondadori, 1949-1950. Un'edizione monumentale delle *Opere* (11 voll.), a cura di S. Bertelli, è stata pubblicata (1968-1982) dalla Casa editrice Olschki di Firenze in occasione del cinquecentesimo anniversario della nascita dello scrittore.

Altre edizioni scientifiche: *Lettere familiari*, a cura di E. Alvisi, Firenze, Sansoni, 1883; *Lettere*, a cura di G. Lesca, Firenze, in «Rinascimento del libro», 1929; *Epistolario*, a cura di S. Bertelli, Roma, Salerno, 1969; *Lettere*, a cura di F. Gaeta, Torino, UTET, 1984; *Operette satiriche*, a cura di L.F. Benedetto, Torino, UTET, 1920; *Istorie fiorentine*, a cura di P. Carli, Firenze, Sansoni, 1927; *Mandragola*, a cura di S. Debenedetti, Strasbourg, Biblioteca romanica, 1910 e a cura di R. Ridolfi, Firenze, Olschki, 1965; *Andria*, a cura di A.E. Quaglio, Verona, Officina Bodoni, 1971; *Legazioni. Commissarie. Scritti di governo*, a cura di F. Chiappelli, Bari, Laterza, 1971-1985; *Capitoli*, a cura di G. Inglese, Roma, Bulzoni, 1981; *Discorso o Dialogo intorno alla nostra lingua*, a cura di B.T. Sozzi, Torino, Einaudi, 1976; della stessa opera edizione critica in: O. CASTELLANI POLLIDORI, *Niccolò Machiavelli e il «Dialogo intorno alla nostra lingua»*, Firenze, Olschki, 1978; si veda anche del *Dialogo* l'edizione a cura di P. Trovato, Padova, Antenore, 1982. L'edizione critica della *Vita di Castruccio Castracani* è stata fornita da R. Brakkee, Napoli, Liguori, 1986; si veda anche l'edizione curata da G. Inglese, Milano, Rizzoli, 1991. *La Novella di Belfagor* e *L'Asino* sono pubblicate a cura di M. Tarantino, Roma, Salerno, 1990. Per la storia dei manoscritti e delle prime stampe cfr.: A. GERBER, *Niccolò Machiavelli, die Handschriften, Ausgaben, Uebersetzungen seiner Werke im 16. und 17. Jahrhundert*, Gotha, 1912-1913 (rist. anast. Torino, Bottega d'Erasmo, 1962). Si vedano inoltre: R. RIDOLFI, *Le carte del Machiavelli*, in «La Bibliofilia», LXXI, 1969; M. MARTELLI, *La tradizione delle opere di Machiavelli*, in «Cultura e scuola», IX, 1970.

Edizioni commentate del *Principe*: a cura di L. A. Burd, Oxford, 1981 (rist. anast. 1968); G. Lisio, Firenze, Sansoni, 1957 (1ª ed. 1900; importante dal punto di vista filologico); F. Chabod, Torino, UTET, 1927 (nuova edizione, a cura dello stesso e di L. Firpo, Torino, Einaudi, 1962; con importante studio introduttivo); L. Russo, Firenze, Le Monnier, 1931 (e dello stesso: *Antologia machiavellica*, Firenze, Sansoni, 1931, più volte ristampato); V. De Caprariis, Bari, Laterza, 1962; G. Sasso, Firenze, La Nuova Italia, 1963; F. Montanari, Torino, Petrini, 1967; U. Dotti, Milano, Feltrinelli, 1979.

Dei *Discorsi*: a cura di G. Piergili, Firenze, Le Monnier, 1893; *The Discourses of Niccolò Machiavelli*, a cura di L. J. Walker, London, Routledge & Kegan, 1950; si vedano anche i più recenti commenti a cura di C. Vivanti, Torino, Einaudi, 1983, e di G. Inglese, Milano, Rizzoli, 1984; delle *Storie: Istorie fiorentine*, a cura di V. Fiorini, Firenze, Sansoni, 1962.

Antologie delle varie opere maggiori: *Le opere maggiori*, a cura di P. Carli, Firenze, Le Monnier, 1928 (più volte ristampato); *Opere politiche*, a cura di M. Puppo, Firenze, Le Monnier, 1969; *Istorie fiorentine e altre opere storiche e politiche*, a cura di A. Montevecchi, Torino, UTET, 1986 (1ª ed. 1971).

Opere minori: *Operette satiriche*, a cura di L. F. Benedetto, cit.; *Commedie*, a cura di D. Guerri, Torino, UTET, 1932; *Commedie e Belfagor*, a cura di L. Russo, Firenze, Sansoni, 1943; *La Mandragola e la Clizia*, a cura di A. Borlenghi, Milano, Rizzoli, 1959; *Opere letterarie*, a cura di L. Blasucci, Milano, Adelphi, 1964 e a cura di A. Borlenghi, Napoli, Rossi, 1969; *Teatro*, a cura di G. Davico Bonino, Torino, Einaudi, 1979; *Opere letterarie*, a cura di L. Blasucci, Torino, UTET, 1989. Un'ampia scelta commentata da tutte le *Opere* a cura di M. Bonfantini, Milano-Napoli, Ricciardi, 1954. Altra scelta, a cura di E. Raimondi, Milano, Mursia, 1971 (1ª ed. 1966). Un'edizione commentata in 8 volumi delle *Opere complete* è uscita presso l'editore Feltrinelli di Milano, 1960-1965; altra edizione di *Tutte le opere*, a cura di M. Martelli, Firenze, Sansoni, 1992 (1ª ed. 1971).

Studi notevoli: F. DE SANCTIS, *Storia della letteratura italiana*, cap. XV (del De Sanctis si vedano anche le conferenze su *Niccolò Machiavelli*, nel vol. II dei *Saggi critici*); G. TOFFANIN, *Machiavelli e il tacitismo*, Napoli, Guida, 1972 (1ª ed. Padova, 1921); F. MEINECKE, *Die Idee der Staatsräson in der neueren Geschichte*, München e Berlin, 1923 (trad. it. di D. Scolari, *L'idea della ragion di stato nella storia moderna*, Firenze, La Nuova Italia, 1970); B. CROCE, *Machiavelli e Vico. La politica e l'etica*, in *Elementi di politica*, Bari, Laterza, 1974 (1ª ed. 1925); F. ERCOLE, *La politica di Niccolò Machiavelli*, Roma, 1926; F. CHABOD, *Del «Principe» di Niccolò Machiavelli*, Milano, 1926 (compreso, insieme con altri studi, tutti molto importanti, in F. CHABOD, *Scritti sul Machiavelli*, Torino, Einaudi, 1964); G. GENTILE, *L'etica del Machiavelli*, in *Studi sul Rinascimento*, Firenze, Sansoni, 1968 (1ª ed. 1936); A. RENAUDET, *Machiavel. Etude d'histoires des documents politiques*, Paris, 1956²; G. QUADRI, *Niccolò Machiavelli e la costruzione politica della coscienza morale*, Firenze, La Nuova Italia, 1949; A. GRAMSCI, *Note sul Machiavelli, sulla politica e sullo stato moderno*, Roma, Editori Riuniti, 1991 (1ª ed. Torino, Einaudi, 1949); F. CHIAPPELLI, *Studi sul linguaggio del Machiavelli*, Firenze, Le Monnier, 1952 e ID., *Nuovi studi sul linguaggio del Machiavelli*, ivi, 1969; G. Sasso, *Niccolò Machiavelli. Storia del suo pensiero politico*, Bologna, Il Mulino, 1980 (1ª ed. Napoli, Istituto Italiano per gli Studi storici, 1958); *Machiavelli e Cesare Borgia*, Roma, Edizioni dell'Ateneo, 1966 e *Studi sul Machiavelli*, Napoli, Morano, 1967; G. Ritter, *Il volto demoniaco del potere*, Bologna, Il Mulino, 1958; E. Namer, *Machiavel*, Paris, Presses Universitaires, 1961; R. Bacchelli, *«Istorico, comico e tragico» ovvero Machiavelli artista*, in *Studi critici*, Milano, Mondadori, 1962; G. Bárberi Squarotti, *La forma tragica del Principe e altri saggi sul Machiavelli*, Firenze, Olschki, 1966; M. Santoro, *Fortuna, ragione e prudenza nella civiltà del Cinquecento*, Napoli, Liguori, 1978²; R. Ridolfi, *Studi sulle commedie del Machiavelli*, Pisa, Nistri-Lischi, 1968; J. Maritain, *La fine del machiavellismo*, Vicenza, La Locusta, 1962; U. Spirito, *Machiavelli e Guicciardini*, Firenze, Sansoni, 1968²; F. Montanari, *La poesia del Machiavelli*, Roma, Studium, 1968²; F. Gilbert, *Machiavelli e Guicciardini*, trad. it. di F. Salvatorelli, Torino, Einaudi, 1970 e Id., *Machiavelli e il suo tempo*, trad. it. di A. De Caprariis e G. Gozzi, Bologna, Il Mulino, 1988³; L. Vanossi, *Situazione e sviluppo del teatro machiavelliano*, in Aa. Vv., *Lingua e strutture del teatro italiano del Rinascimento*, Padova, Liviana, 1970; R. De Mattei, *Dal premachiavellismo all'antimachiavellismo*, Firenze, Sansoni, 1970; E.N. Girardi, *Unità, genesi e struttura del Principe*, XXII, 1, 1970; G. Padoan, *La Mandragola del Machiavelli nella Venezia cinquecentesca*, XXII, 2, 1970; E. Garin, *Aspetti del pensiero del Machiavelli*, in *Dal Rinascimento all'Illuminismo*, Pisa, Nistri-Lischi, 1971; C. Dionisotti, *Appunti sui Capitoli del Machiavelli*, in *Collected Essays [...] Presented to K. Speight*, Manchester, University Press, 1971; E. Raimondi, *Politica e commedia. Dal Beroaldo al Machiavelli*, Bologna, Il Mulino, 1972; G. Ferroni, *«Mutazione» e «riscontro» nel teatro di Machiavelli*, Roma, Bulzoni, 1972; M. Celse, *La «beffa» chez Machiavel, dramaturge et conteur*, in Aa.Vv., *Formes et significations de la «Beffa» dans la littérature italienne de la Renaissance*, Paris, Université de la Sorbonne Nouvelle, 1972; C. Lefort, *Le travail et l'œuvre. Machiavel*, Paris, Gallimard, 1972; G. Sasso, *In margine al V centenario di Machiavelli*, Napoli, Guida, 1972; G. Cavallini, *Interpretazione della Mandragola*, Milano, Marzorati, 1973; R. Montano, *Machiavelli: valore e limiti*, Firenze, Sansoni, 1974; F. Chiappelli, *Machiavelli e la lingua fiorentina*, Bologna, Boni, 1974; J.J. Marchand, *Niccolò Machiavelli. I primi scritti politici*, Padova, Antenore, 1975; L. Russo, *Machiavelli*, Bari, Laterza, 1988⁶; G. Aquilecchia, *La favola Mandragola si chiama*, in *Schede di italianistica*, Torino, Einaudi, 1976; S. Zeppi, *Studi su Machiavelli pensatore*, Milano, Cesviet, 1976; U. Dotti, *Machiavelli e la fenomenologia del potere*, Milano, Feltrinelli, 1979; G. M. Anselmi, *Ricerche sul Machiavelli storico*, Milano, Feltrinelli, 1979; G. Sasso, *Niccolò Machiavelli*, Bologna, Il Mulino, 1980; J.G.A. Pocock, *Il momento machiavelliano. Il pensiero politico fiorentino e la tradizione repubblicana anglosassone*, trad. it. di A. Prandi, Bologna, Il Mulino, 1980; R. Esposito, *Politica e storia. Machiavelli e Vico*, Napoli, Liguori, 1980; A. Toscano, *Marsilio da Padova e Machiavelli*, Ravenna, Longo, 1981; F. Sanguineti, *Gramsci e Machiavelli*, Roma-Bari, Laterza, 1981; P. Larivaille, *La pensée politique de Machiavel. Les «Discours sur la Première Décade de Tite Live»*, Nancy, Presses Universitaires, 1982; C. Dionisotti, *Appunti sulla «Mandragola»*, in «Belfagor», XXXIX, 1984; G.M. Anselmi-P. Fazion, *Machiavelli, l'Asino e le bestie*, Bologna, clueb, 1984; R. Esposito, *Ordine e conflitto. Machiavelli e la letteratura politica del Rinascimento italiano*, Napoli, Liguori, 1984; F. Bausi, *I «Discorsi» di Niccolò Machiavelli. Genesi e strutture*, Firenze, Sansoni, 1985; M. Martelli, *Schede sulla cultura di Machiavelli*, in «Interpres», VI, 1985-1986 (importante sulla formazione di Machiavelli); G. Bárberi Squarotti, *Machiavelli o la scelta della letteratura*, Bulzoni, Roma, 1987; G. Sasso, *Machiavelli e gli antichi e altri saggi*, 3 voll., Milano-Napoli, Ricciardi, 1989; F. Grazzini, *Machiavelli narratore. Morfologia e ideologia della novella di «Belfagor» con il testo della «Favola»*, Roma-

Bari, Laterza, 1990; G. B. SCAGLIA, *Machiavelli. Passione e rischio della politica*, Roma, Studium, 1990; A. M. CABRINI, *Interpretazioni e stile in Machiavelli. Il terzo libro delle «Istorie»*, Roma, Bulzoni, 1990.

c) Critica

Orientamenti generali sulla storia della critica e sulla fortuna del Machiavelli: *Machiavelli*, a cura di F. Fido, Palermo, Palumbo, 1965; C. F. GOFFIS, *Niccolò Machiavelli*, in *I classici italiani nella storia della critica*, vol. I, cit. (rist. aggiornata Firenze, Sansoni, 1970); CH. BENOIST, *Le machiavellisme*, Paris, 1935; A. SORRENTINO, *Storia dell'antimachiavellismo europeo*, Napoli, 1936; A. PANELLA, *Gli antimachiavellici*, Firenze, Sansoni, 1943; L. RUSSO, *La critica machiavellica dal Cuoco a Croce*, in *Machiavelli*, Bari, Laterza, 1988; V. MASIELLO, *Momenti sintomatici nella moderna critica machiavelliana*, Roma, Palombi, 1964; G. PROCACCI, *Studi sulla fortuna del Machiavelli*, Roma, Istituto storico italiano per l'età moderna e contemporanea, 1965. Per le interpretazioni più recenti cfr. F. CHABOD, *L'età del Rinascimento*, in *Cinquant'anni di vita intellettuale italiana*, vol. I, cit.; M. PUPPO, *Machiavelli o il mito dell'azione pura*, in *Orientamenti critici*, Milano, Marzorati, 1958 e ID., *Orientamenti della critica sul Machiavelli*, in «Studium», LXII, 10, 1966; G. SANTONASTASO, *Studi sul Machiavelli nel secondo dopoguerra*, Bolzano, La Bodoniana, 1962; C. F. GOFFIS, *Gli studi machiavelliani nell'ultimo ventennio*, in «Cultura e scuola», 33-34, 1970; F. GILBERT, *Machiavelli in modern historical Scholarship*, in «Italian Quarterly», XIV, 1970; S. CHEMOTTI, *Umanesimo e Rinascimento. Machiavelli nella critica gramsciana*, Roma, Bulzoni, 1975; D. DELLA TERZA, *L'immagine più recente di Machiavelli*, in *Forma e memoria*, Roma, Bulzoni, 1979; C. DIONISOTTI, *Machiavellerie. Storia e fortuna di Machiavelli*, Torino, Einaudi, 1980; J. MACEK, *Machiavelli e il machiavellismo*, trad. it. di M. Antonetti, Firenze, La Nuova Italia, 1980.

Per la fortuna del Machiavelli all'estero: A. CHEREL, *La pensée de Machiavelli en France*, Paris, 1935; G. M. BERTINI, *La fortuna di Machiavelli in Spagna*, in «Quaderni ibero-americani», 1946-1947; E. S. MEYER, *Machiavelli and the Elizabethean Drama*, New York, B. Franklin, 1968; M. PRAZ, *Machiavelli in Inghilterra*, Firenze, Sansoni, 1962; P. D. STEWART, *Innocent Gentillet e la sua polemica antimachiavellica*, Firenze, La Nuova Italia, 1969; F. RAAB, *The English Face of Machiavelli*, London-Toronto, University Press, 1970; A. M. BATTISTA, *Direzioni di ricerca per una storia del Machiavelli in Francia*, Roma, Abete, 1970; C. GALLICET CALVETTI, *Spinoza lettore di Machiavelli*, Milano, Vita e Pensiero, 1972; E. GASQUET, *Le courant machiavelien dans la pensée et la litérature anglaises du XVIe siècles*, Paris, Didier, 1975; A. J. PANSINI, *Machiavelli and the U.S.A.*, Greenvale, Greenvale Press, 1977; A. D'ANDREA, *Machiavelli e l'eroe machiavelliano nel teatro di Marlowe* e *Calvinismo, antimachiavellismo e italofobia nel '500*, in *Il nome della storia*, Napoli, Liguori, 1982.

Per il problema dell'attribuzione del *Dialogo intorno alla nostra lingua*, oltre l'*Introduzione* all'edizione cit. dell'opera, a cura di B. T. Sozzi, e il volume, pure cit., di O. Castellani Pollidori, cfr. C. GRAYSON, *Machiavelli e Dante. Per l'attribuzione e la data del «Dialogo intorno alla nostra lingua»*, in *Cinque saggi su Dante*, Bologna, Pàtron, 1972 e ID., *A proposito di una nuova edizione del «Dialogo intorno alla lingua»*, in «Studi e problemi di critica testuale», 16, 1978; G. M. ANSELMI, *Dubbi sull'attribuzione del Dialogo della lingua al Machiavelli*, in «Studi e problemi di critica testuale», 9, 1974; M. MARTELLI, *Una giarda fiorentina. Il «Dialogo» della lingua attribuito a Niccolò Machiavelli*, Roma, Salerno, 1978; O. CASTELLANI POLIDORI, *Nuove riflessioni sul Discorso o Dialogo intorno alla nostra lingua*, Roma, Salerno, 1981; G. F. VANAGOLLI, *Lineamenti storici di un problema di attribuzione e di datazione (Discorso o Dialogo intorno alla nostra lingua*), in «Italianistica», X, 2, 1981; P. TROVATO, *Appunti sul «Discorso intorno alla nostra lingua» del Machiavelli*, in «Bibliofilia», LXXXIII, 1981; F. BRAMBILLA AGENO, *Due note testuali sul «Discorso intorno alla nostra lingua» del Machiavelli*, in «Studi di filologia italiana», XXXII, 1984.

Si tengano anche presenti gli articoli di vari autori raccolti nel cit. numero di «Cultura e scuola», e in *Machiavellismo e antimachiavellismo nel Cinquecento*, fascicolo speciale de «Il pensiero politico», II, 3, 1969; *Studies on Machiavelli*, edited by M.P. Gilmore, Firenze, Sansoni, 1972; *Machiavelli nel centenario della nascita*, Bologna, Boni, 1973; *Machiavelli attuale. Machiavel actuel*, Ravenna, Longo, 1982.

7 Guicciardini

7.1 Le prime valutazioni della *Storia d'Italia* nel Cinquecento e nel Seicento

Meno movimentata e drammatica che non quella della critica sul Machiavelli è la storia della critica guicciardiniana, ma pur sempre assai interessante. Per il carattere stesso della personalità esaminata, essa non affronta, o raramente, problemi radicalmente vitali, come quello del rapporto etica-politica; ma imposta più limitati problemi culturali e psicologici. Essi sono fondamentalmente questi: *a)* il valore storico e letterario dell'opera del Guicciardini; *b)* il suo rapporto con l'età in cui è nata; *c)* il carattere della psicologia del Guicciardini e il significato della sua esperienza individuale. Quest'ultimo problema acquista risalto soprattutto nella prima metà dell'Ottocento, quando vengono conosciute le opere minori, e in particolare i *Ricordi*. Prima, infatti, il Guicciardini è noto quasi soltanto come autore della *Storia d'Italia*.

Le prime valutazioni della *Storia*, nel Cinquecento e nel Seicento, sono condizionate dalle concezioni rispettive intorno ai compiti della storiografia. Finché domina la concezione tradizionale umanistico-retorica della storia come opera di bella eloquenza, la *Storia* viene ammirata soprattutto da un punto di vista stilistico, come opera letterariamente elaborata (si ricordi a questo proposito il giudizio di Tommaso Porcacchi). Più tardi, nella prima metà del Seicento, quando si comincia a concepire la storia come fonte di insegnamenti politici, come rivelazione della tecnica di governo dei prìncipi, l'opera del Guicciardini è invece considerata un modello di questo genere e contrapposta alla storiografia di carattere umanistico. Così fa, per esempio, ANTON GIULIO BRIGNOLE SALE, contrapponendo il Guicciardini a Paolo Giovio: «quindi non per altro, a mio giudizio, porta pregio il Guicciardini sopra il Giovio, sol che questi, qual pittor gentile, de' soggetti ch'egli ha per le mani, colorisce agli occhi altrui con vivacissimi tratti, senza inviscerarsi, la superficie, quegli per contrario, qual esperto notomista, trascurando anzi dilacerando la vaghezza della pelle, vien con l'acutezza della sua sagacità fino a mostrarci il cuore e il cervello dei famosi personaggi ben penetrato» (*Tacito abburattato*, Genova, 1643).

L'interesse e l'ammirazione per la storia guicciardiniana diminuiscono nella seconda metà del Seicento, quando al gusto "politico" delle storie si vengono sostituendo preoccupazioni di carattere erudito. Frattanto, però, avevano espresso giudizi acuti su di essa spiriti fini come JEAN BODIN, e soprattutto MICHEL DE MONTAIGNE, il quale notò la penetrazione psicologica del Guicciardini, la sua capacità di caratterizzare i fatti particolari, la sua visione pessimistica dell'umanità, nascente forse dalla proiezione su di un piano universale del proprio individuale temperamento utilitaristico.

7.2 L'attacco al Guicciardini nell'Ottocento dal duplice punto di vista filologico e etico-politico: Ranke e Quinet

Col Settecento si consolida la convinzione del valore della *Storia*, sia per l'acume politico che essa rivela, sia per la serietà della sua impostazione critica e filologica, sia per la fluidità e la sicurezza della sua struttura narrativa e stilistica. I giudizi negativi di GIUSEPPE BARETTI sono da riportare ai suoi estri polemici, e in particolare alla sua avversione alla prosa di tipo latineggiante.

La stima per la *Storia* si mantiene nei primi decenni dell'Ottocento. Ma in seguito essa subisce un duplice attacco. Da una parte si mette in dubbio l'attendibilità del Guicciardini come fonte storica, dall'altra si deplora la sua visione cinica e pessimistica della vita. Sul piano filologico l'attacco fu condotto con estrema violenza dal grande storico tedesco LEOPOLD VON RANKE, il quale nel suo esame critico della storiografia moderna (1824) dichiara che come "fonte" storica l'opera del Guicciardini è infida, perché l'autore esagera gli avvenimenti, è inesatto nell'utilizzare i documenti, manca di spirito critico, e infine procede più a modo di narratore che di severo scienziato. Più tardi, però, le indagini compiute da altri studiosi, come PASQUALE VILLARI, nell'archivio guicciardiano, dimostrarono l'infondatezza delle accuse del Ranke e lo scrupolo informativo e critico del Guicciardini.

Intanto il particolare clima etico e nazionalistico del periodo risorgimentale finiva per produrre un generale atteggiamento sfavorevole nei riguardi del Guicciardini, il quale veniva considerato come un rappresentante della teoria del successo, privo di ideali etici e patriottici, distaccato e cinico descrittore di un mondo dominato esclusivamente dalla politica, dal gioco degli interessi, spettatore impassibile della morte della patria. A questa interpretazione recò un notevole contributo anche lo storico francese EDGAR QUINET, autore delle *Révolutions d'Italie* (composte fra il 1848 e il 1852), un libro che molto influì sulla visione storica degli uomini del nostro Risorgimento, compreso il De Sanctis. Nel capitolo sul Machiavelli, il Quinet presenta il Guicciardini come l'incarnazione del machiavellismo degenerato, che utilizza per la servitù «il codice infernale composto per la libertà» e «assassina il suo paese col pugnale foggiato per difenderlo». Nello stile dello storico, così diverso da quello «ferrigno» del Machiavelli, pieghevole, brillante, fastoso, aulico, gesuitico, il Quinet scorge l'espressione adatta dei «raggiri di quell'epoca di frode», la «voce di un mondo in dissoluzione».

7.3 Il De Sanctis e il saggio su *L'uomo del Guicciardini*

Cade in questo periodo la pubblicazione delle *Opere inedite* (1857-1867) a cura di Giovanni Canestrini, le quali gettarono nuova luce sulla personalità del Guicciardini, determinando nuovi orientamenti della critica. Fra di esse spiccano i *Ricordi*, dalla lettura dei quali Francesco De Sanctis trasse l'ispirazione per il famoso saggio su *L'uomo del Guicciardini* (1869). Taluni motivi di esso sono anticipati nell'opera di scrittori precedenti, come Charles Benoist, autore della prima vasta monografia sul Guicciardini (*Guicciardini historien et homme d'état florentin au XVIe siècle*, 1862) e Giuseppe Ferrari (cfr. il suo *Corso sugli scrittori politici italiani* del 1862); ma il De Sanctis li rifonde in una sintesi personale e vigorosissima. Il De Sanctis si pone un problema storico generale che così formula nettamente all'inizio del saggio: l'Italia del Rinascimento «era salita al più alto grado di potenza, di ricchezza e di gloria, e nelle arti e nelle lettere e nelle scienze toccava già quel segno a cui poche nazioni e privilegiate sogliono giungere, e da cui erano lontanissime le altre nazioni, ch'ella chiamava con romana superbia "i barbari". Eppure al primo urto di questi "barbari", l'Italia, come per improvvisa rovina, crollò, e fu cancellata dal numero delle nazioni». Com'è potuto accadere questo? La spiegazione è da cercarsi nella sproporzione fra la forza dell'ingegno e la fiacchezza della tempra morale di una nazione esauritasi nel corso di una storia civile e culturale breve, ma intensissima: «non mancava l'ingegno, mancava la tempra. L'Italia era simile a quell'uomo che nella maturità dell'ingegno si sente già vecchio per avere abusate le forze. E non è l'ingegno, ma è il carattere o la tempra che salva le nazioni. E la tempra si fiacca quando la coscienza è vuota, e non muove l'uomo più altro che l'interesse proprio». Questo contrasto, secondo il De Sanctis, viene chiaramente confermato e illuminato appunto dai *Ricordi* del Guicciardini: «E mai non ho capito così bene perché l'Italia fosse allora sì grande e sì debole, che in questa lettura, dove lo storico con perfetto abbandono dipinge se stesso e sotto forma di consigli ti scopre i suoi pensieri più intimi, o, per dirla con parola moderna, il suo ideale politico e civile dell'uomo. L'uomo del Guicciardini, quale crede dovrebbe essere l'uomo "savio", com'egli lo chiama, è un tipo possibile solo in una civiltà molto avanzata, e segna quel momento che lo spirito già adulto e progredito caccia via l'immaginazione e l'affetto e la fede, ed acquista assoluta e facile padronanza di sé». Per quest'uomo savio, che ha scacciato da sé tutte le immaginazioni e le credenze del passato e limita il suo sguardo alla terra, al mondo reale e naturale, «vivere è voltare tutte le cose divine e umane, spirituali e temporali, animate e inanimate, a beneficio proprio». Anch'egli ama in astratto la verità, la giustizia, la libertà, la patria, ma gli «manca la forza di sacrificare *il suo particulare* a quello ch'egli ama e vuole». Un individuo simile a questo "savio", può forse vivere, ma una società non può, e ciò spiega perché gli Italiani, divenuti nel Cinquecento maestri di tale saviezza, andarono in rovina.

Nella *Storia della letteratura italiana* (cap. xv) il De Sanctis sintetizza rapidamente le conclusioni del saggio, ma si sofferma soprattutto a delineare i caratteri della *Storia d'Italia*, che egli definisce, riguardo alla potenza intellettuale, «il lavoro più importante che sia uscito da mente italiana»: un'opera nella quale l'uomo è considerato con mente scientifica come un fenomeno naturale e tutte le sue azioni limpidamente spiegate come il risultato di un meccanismo (in «questa specie di fisica storica» gli individui ci appaiono «come una specie di macchinette»). Alla chiarezza intellettuale, secondo il De Sanctis, non corrisponde però lo stile dal periodare avviluppato e affannoso, determinato dai preconcetti letterari e retorici che il Guicciardini ha in comune con i letterati del suo tempo. Per il critico napoletano, dominato dall'ideale romantico della prosa naturale, viva, spontanea, diventano artifici retorici tutti quegli aspetti della narrativa del Guicciardini che invece erano stati ammirati come qualità artisticamente positive da molti critici precedenti.

7.4 Gli orientamenti della critica del primo Novecento: rivalutazione della *Storia* rispetto alle altre opere, studi sulla personalità del Guicciardini e sul suo stile

Gli orientamenti fondamentali della critica del primo Novecento possono essere così riassunti: *a*) rivalutazione dell'importanza fondamentale della *Storia d'Italia*, rispetto alle opere minori; *b*) approfondimento della sua personalità al di fuori delle pregiudiziali etico-nazionalistiche della mentalità risorgimentale; *c*) analisi degli aspetti caratteristici della sua arte di narratore e definizione dei modi e degli svolgimenti del suo stile.

La rivendicazione del valore della *Storia* si può considerare iniziata dal saggio di EDUARD FUETER su *Guicciardini als Historiker* (1908) e ha raggiunto forse la sua manifestazione estrema in un volume di VITTORIO DE CAPRARIIS (*Francesco Guicciardini. Dalla politica alla storia*, 1950), nel quale viene compiuta una vera e propria stroncatura dei *Ricordi*. I caratteri peculiari della storiografia del Guicciardini, nei suoi legami col pensiero politico dell'autore e con gli orientamenti storici e politici contemporanei sono stati delineati con particolare chiarezza da FELIX GILBERT (*Machiavelli and Guicciardini*, 1965). A delineare un ritratto del Guicciardini più ricco e sfumato di quello tradizionale, più intimamente umano, hanno lavorato parecchi critici, fra i quali ricordiamo il PALMAROCCHI, l'OTETEA, il FLORA, il CECCHI, il MOMIGLIANO. I caratteri dell'arte narrativa e dello stile del Guicciardini sono stati studiati soprattutto da GIOVANNI GETTO e da MARIO FUBINI. Il primo ha analizzato finemente la struttura e i toni espressivi della *Storia d'Italia*; il secondo ha sottilmente indagato l'elaborazione stilistica dei *Ricordi* attraverso le varie redazioni. Da questa indagine risulta la costante consapevolezza stilistica dello scrittore, che di redazione in redazione mira a un progressivo affinamento del suo linguaggio, e la continuità e l'uniformità del suo travaglio espressivo, contro l'opinione tradizionale di un «Guicciardini scrittore semplice e familiare nelle opere minori» e di un Guicciardini «paludato autore della *Storia*», mentre in realtà il suo linguaggio ubbidisce sempre al suo atteggiamento mentale, è sempre cioè il linguaggio della "discrezione", della mente che considera pacatamente tutti i particolari e le sfumature delle cose. Dal saggio del Fubini risulta pure determinata la relazione fra le varie redazioni dei *Ricordi*: risultato che ha ricevuto conferma filologica dall'edizione critica dell'opera, esemplarmente compiuta da RAFFAELE SPONGANO (1950), sviluppando una tesi già posta con chiarezza da MICHELE BARBI nel saggio *Per una compiuta edizione dei «Ricordi politici e civili» del Guicciardini* (1932).

Un po' fuori da queste tendenze appare il volume di Ugo Spirito su *Machiavelli e Guicciardini* (1944), che si riallaccia alla sintesi desanctisiana, ma per sviluppare una più sistematica e radicale interpretazione del significato del Guicciardini nella storia del pensiero. Secondo lo Spirito, l'importanza ideale del Guicciardini sta nell'aver condotto con inflessibile coerenza alle sue conseguenze estreme la posizione del Machiavelli, seguendo rigorosamente tutta la logica dell'individualismo utilitaristico.

7.5 Guicciardini oggi

L'edizione dello Spongano ha stimolato il dibattito critico sul Guicciardini e ad essa fanno variamente riferimento le successive edizioni curate dal De Caprariis (1953), Emilio Pasquini (1975) e Emanuela Lugnani Scarano (1970).

Alla Scarano si deve una ricostruzione del pensiero del Guicciardini per cui i *Ricordi* appaiono come «un'opera caratterizzata da un interesse speculativo, oltre e più che precettistico» (*Le redazioni dei «Ricordi» e la storia del pensiero guicciardiniano dal 1512 al 1530*, in «Giornale Storico della Letteratura Italiana», 1970). La stessa studiosa ha scritto un vivace profilo, compreso nella letteratura dell'editore Laterza (1973), e altri interventi specialistici riguardanti il pensiero politico: *La ragione e le cose. Tre studi su Guicciardini* (Pisa, ETS, 1980).

Fra i temi dibattuti al congresso *Francesco Guicciardini 1483-1983. Nel v centenario della nascita* («Istituto Nazionale di Studi sul Rinascimento. Studi e Testi», Firenze, Olschki, 1984) emerge quello della destinazione delle *Storie fiorentine*: tutta privata, secondo Nicolai Rubinstein, che considera l'opera «una critica generale dell'evoluzione del regime repubblicano», in qualche modo pubblica, secondo Franco Gaeta, che segue da vicino i mutamenti di opinione politica del Guicciardini negli anni.

Sempre molto studiato è il rapporto Guicciardini-Machiavelli: in un'antologia (*Francesco Guicciardini. Antimachiavelli*, Roma, Editori Riuniti, 1984), sono accostati alcuni testi dei due scrittori scelti per affinità di argomento: il curatore, Gian Franco Berardi, trae così ragioni per approfondire la posizione ideologica del Guicciardini, definita aristocratica; sulle sue scelte politiche in relazione a quelle del Machiavelli interviene anche Matteo Palumbo (*Gli orizzonti della verità. Saggio sul Guicciardini*, Napoli, Liguori, 1984) che osserva come il Guicciardini si rendesse conto del declino del sistema sociale e delle difficoltà di gestire la situazione. Sulla diversità di posizioni del Guicciardini e del Machiavelli in ordine al problema sociale e, in particolare, alla preferibilità di un sistema a larga conflittualità rispetto a uno basato sulla concordia, al citato convegno è intervenuto Gennaro Sasso (*Guicciardini e Machiavelli*, in *Francesco Guicciardini 1483-1983. Nel v centenario della nascita*, cit.) il quale è tornato sul raffronto fra i due scrittori in occasione della celebrazione lincea (*I volti del «particulare»*, in *Francesco Guicciardini. Giornata lincea indetta nel v centenario della nascita*, Roma, Accademia Nazionale dei Lincei, 1985). Nella stessa occasione Luigi Firpo (*Guicciardini dalla storia alla politica*) sottolinea la rilevanza della politica anche nelle *Considerazioni* che accosta ai *Ricordi* (una vasta analisi delle *Considerazioni* si deve invece a M. GAGNEUX, *Un tentative de démythification de l'idéologie républicaine: les «Considérations sur les Discours de Machiavelli» de Francesco Guicciardini*, in «Culture et société en Italie du Moyen Age à la Renaissance. Hommage à André Rochon», Paris, Université de la Sorbonne Nouvelle, 1985).

Interessanti contributi sulla *Storia d'Italia* sono apparsi soprattutto in relazione alle più recenti edizioni: la Scarano, curando l'edizione UTET (1981), presenta un Guicciardini intento a creare un ordine letterario che funga per la «massa aggrovigliata degli eventi spaventosi e discontinui» da «filo lungo il quale essi possono disporsi secondo una successione continua, che, appunto in quanto successione, è anche concatenazione casuale».

Una panoramica di importanti giudizi sulla *Storia* del Guicciardini, a partire da quello del De Sanctis, è contenuta nel saggio di G. CABIBBE, *Il Guicciardini e la sua «Storia d'Italia»* (in «Nuova Antologia», apr.-giu. 1990).

Repertorio bibliografico

a) Opere bibliografiche e introduttive

Non esiste una completa bibliografia guicciardiniana. Cfr. intanto: V. LUCIANI, *Francesco Guicciardini and his European Reputation*, New York, 1936, ed. it. Firenze, 1949; P. GUICCIARDINI, *Contributo alla bibliografia di Francesco Guicciardini*, Firenze, Olschki, 1946 e i successivi aggiornamenti; M. SANTORO, *Guicciardini nel quinto centenario della nascita. Problemi e prospettive*, in «Forum Italicum», 127, 1983; P. BONDANELLA, *Francesco Guicciardini in Modern Critical Literature*, in «Annuali d'Italianistica», 2, 1989; G. RATI, *L'itinerario guicciardiniano e la critica più recente*, in «Cultura e scuola», XXIX, 1, 1990.

Buona introduzione generale è il capitolo *Francesco Guicciardini. La storia, la morale, la politica*, di M. GUGLIELMINETTI, in *Storia della civiltà letteraria italiana*, dir. da G. Bárberi Squarotti, vol. III: *Manierismo e Barocco*, Torino, UTET, 1990. Un po' superata è la monografia di V. VITALE, *Francesco Guicciardini*, Torino, UTET, 1941. Importanti trattazioni complessive: E. BENOIST, *Guicciardini historien et homme d'état florentin au XVI siècle*, Paris-Marseille, 1862; A. OTETEA, *Francesco Guicciardini, sa vie publique et sa pensée politique*, Paris, 1926. Si veda anche F. CHABOD, voce *Guicciardini Francesco*, in *Enciclopedia Italiana*, Roma, Istituto dell'Enciclopedia Italiana; la breve monografia sul Guicciardini di F. MONTANARI, in *Letteratura italiana. I Maggiori*, vol. I, Milano, Marzorati, 1958; R. BELVEDERI, voce *Guicciardini*, in *Dizionario critico della letteratura italiana*, dir. da V. Branca, Torino, UTET, 1973; il profilo di E. LUGNANI SCARANO, *Francesco Guicciardini*, in *Letteratura italiana. Storia e testi*, vol. II, t. 2: *Il Cinquecento*, Roma-Bari, Laterza, 1973.

Per la biografia: R. RIDOLFI, *Vita di Francesco Guicciardini*, Milano, Rusconi, 1982 (1ª ed. Roma, Belardetti, 1960).

b) Edizioni e commenti

Storia d'Italia, edizione critica, 4 voll., a cura di A. Gherardi, Firenze, Sansoni, 1919; a cura di A. Panigada, 5 voll., Bari, Laterza, 1929; a cura di S. Seidel Menchi, con introduzione di F. Gilbert, Torino, Einaudi, 1971. Dopo l'edizione delle *Opere inedite*, a cura di G. Canestrini, Firenze, Barbèra, 1857-1867, quasi tutti gli inediti sono stati ristampati con criteri più rigorosi a cura di R. Palmarocchi: *Storie fiorentine*, Bari, Laterza, 1931; *Dialogo e discorsi del reggimento di Firenze*, ivi, 1932; *Scritti politici e Ricordi*, ivi, 1933; *Scritti autobiografici e rari*, ivi, 1936. Si vedano inoltre: *Scritti inediti sopra la politica di Clemente VII dopo la battaglia di Pavia*, a cura di P. Guicciardini, Firenze, Olschki, 1942; *Le cose fiorentine*, a cura di R. Ridolfi, Firenze, Olschki, 1983 (1ª ed. 1943); *Ricordi*, edizione critica a cura di R. Spongano, Firenze, Sansoni, 1951. *Ricordi*, a cura di E. Pasquini, Milano, Garzanti, 1975. Una recente edizione dei *Ricordi*, è stata curata da V. De Caprio, Roma, Salerno, 1991.

Sono stati pubblicati anche i primi 13 volumi del *Carteggio*: voll. I-II, Bologna, 1938-1939; vol. III, Firenze, 1943; vol. IV, a cura di R. Palmarocchi, Roma, 1951; voll. V-XIII, a cura di P.G. Ricci, Roma, 1954-1967.

Si veda in merito l'articolo di P. JODONIE, *La ripresa dei lavori intorno al Carteggio di Francesco Guicciardini*, in «La Bibliofilia», LXXXIII, 1981. Lo stesso Autore ha curato i primi 12 volumi de *Le Lettere*, Roma, Istituto per la Storia dell'età moderna e contemporanea, 1986-1987. Ottima scelta di scritti è quella in 2 volumi, a cura di R. Palmarocchi, Milano-Roma, Rizzoli, 1941-1942. Altre antologie commentate: *Guicciardini*, a cura di V. De Caprariis, Milano-Napoli, Ricciardi, 1953; F. GUICCIARDINI, *Opere*, a cura di E. Lugnani Scarano, Torino, UTET, 1970-1971.

c) Critica

Un chiaro e informato orientamento sulla storia della critica è S. ROTTA, *Lineamenti di storia della critica guicciardiniana*, in *I classici italiani nella storia della critica*, a cura di W. Binni, vol. I, Firenze, La Nuova Italia, 1971.

Oltre le opere di carattere generale, studi notevoli: F. DE SANCTIS, *L'uomo del Guicciardini*, in «Nuova Antologia», ott. 1869 (ora in *Saggi critici*, vol. III, a cura di L. Russo, Bari, Laterza, 1952); L. VON RANKE, *Zur Kritik neuerer Geschichtsschreiber*, Leipzig, 1874; E. FUETER, *Guicciardini als Historiker*, in «Historische Zeitschrift», 100, 1908, e ID., *Geschichte der neueren Historiographie*, München-Berlin, 1911 (trad. it. *Storia della storiografia moderna*, a cura di A. Spinelli, Milano-Napoli, Ricciardi, 1970; 1ª ed. 1943-1944); P. TREVES, *Il realismo politico di Francesco Guicciardini*, Firenze, 1931; U. SPIRITO, *Machiavelli e Guicciardini*, 4ª ed. accresciuta, Firenze, Sansoni, 1970; R. PALMAROCCHI, *Studi guicciardiniani*, Firenze, 1947; M. FUBINI, *Le quattro redazioni dei «Ricordi» del Guicciardini*, in *Studi sulla letteratura del Rinascimento*, Firenze, La Nuova Italia, 1971²; V. DE CAPRARIIS, *Francesco Guicciardini. Dalla politica alla storia*, Bari, Laterza, 1950; R. RAMAT, *Il Guicciardini e la tragedia d'Italia*, Firenze, La Nuova Italia, 1953; E. CECCHI, *Guicciardiniana*, in *Ritratti e profili*, Milano, Garzanti, 1957; F. GILBERT, *Machiavelli e Guicciardini*, cit.; M. PHILLIPS, *Guicciardini. The Historian's Craft*, Toronto, 1977; R. RIDOLFI, *Studi guicciardiniani*, Firenze, Olschki, 1978; E. LUGNANI SCARANO, *La ragione e le cose. Tre studi su Guicciardini*, Pisa, ETS, 1980; G. SASSO, *Per Guicciardini*, Roma, Istituto Storico Italiano per il Medioevo, 1984; M. PALUMBO, *Gli orizzonti della verità. Saggio sul Guicciardini*, Napoli, Liguori, 1984.

Si vedano anche i contributi raccolti nei volumi miscellanei: *Francesco Guicciardini 1483-1983. Nel V centenario della nascita*, Firenze, Istituto Nazionale di studi sul Rinascimento, 1984; *Francesco Guicciardini*, Giornata indetta in occasione del V Centenario della nascita, Roma, Accademia Nazionale dei Lincei, 1985.

8 Tasso

8.1 Le polemiche intorno al Tasso dal Cinquecento al Settecento

Nella letteratura del Cinquecento il Tasso portò un sentimento e un gusto espressivo nuovi: il sentimento del patetico, del tragico, dell'eroico non esterno ma spirituale, del mistero; il gusto dell'espressione indefinita, musicale, allusiva, drammaticamente franta o elegiacamente liquefatta. Ciò può spiegare le accanite opposizioni incontrate dalla sua opera, le quali venivano da coloro che erano ancora legati al sentimento e al gusto del primo Rinascimento. Anche se si discuteva di regole aristoteliche e di problemi religiosi e morali, questo è il significato più intimo della polemica fra i difensori dell'Ariosto e quelli del Tasso, che dominò il campo della critica letteraria negli ultimi decenni del secolo e che coinvolse lo stesso poeta, tratto a discutere e a giustificare la sua opera e infine a mutarla anche in conseguenza di quelle discussioni. La poesia dell'Ariosto incarnava il gusto rinascimentale dell'equilibrata serenità, della proporzione armoniosa, della linea limpida e netta, tradotto in ritmi scorrevoli e in un impasto linguistico sobrio e preciso, lessicalmente e sinteticamente formato sul modello fiorentino. Di qui anche l'opposizione degli Accademici della Crusca, che difendevano insieme l'intonazione letteraria e quella linguistica della fino ad allora dominante tradizione toscana, quando accusavano il Tasso di usare uno stile «laconico, distorto, sforzato, insinuato e aspro». Appartiene ancora a questa tradizione GALILEO GALILEI, quando, come abbiamo già ricordato a proposito dell'Ariosto, critica aspramente il poema del Tasso, del quale, oltre a tutto il resto, lo infastidivano le continue "intarsiature", cioè quelli che a lui sembravano inutili riempitivi del verso, dovuti a povertà di vena poetica: «Uno tra gli altri difetti è molto familiare al Tasso, nato da una grande strettezza di vena e povertà di concetti: ed è, che mancandogli ben spesso la materia, è costretto andar rappezzando insieme concetti spezzati e senza dependenza e connessione tra loro, onde la sua narrazione ne riesce più presto una pittura intarsiata che colorita a olio» (cfr. *Considerazioni sul Tasso*).

Ma il Seicento fu un secolo di impronta tassesca. Quell'atteggiamento antitradizionalista, che abbiamo messo in rilievo a proposito di Dante, Petrarca, Boccaccio, Ariosto, si volgeva a favore del Tasso, esaltato come poeta "moderno" per eccellenza, che aveva superato tutti gli antichi, e il gusto letterario dell'epoca consonava in tanti aspetti col suo, anzi egli stesso per gran parte l'aveva formato. Se nel Cinquecento CAMILLO PELLEGRINO, nel dialogo *Il Carafa, overo de la epica poesia* (1584), giudica la *Gerusalemme* opera perfetta per la sua unità e per aver osservato le regole aristoteliche, alle quali invece l'Ariosto contravvenne, PAOLO BENI, antitradizionalista e anticruscante, esalta il poema al di sopra non solo dell'*Orlando furioso*, ma anche dell'*Iliade* e dell'*Eneide*, e considera il Tasso nuovo modello linguistico, italiano e non esclusivamente fiorentino, per ogni genere letterario, compresa la prosa (*Comparatione di Homero, Virgilio e Torquato*, Padova, 1607 e *L'Anticrusca*, Padova, 1612). E anche Udeno Nisiely, ossia Benedetto Fioretti, che abbiamo visto così avverso all'Ariosto, giudica la *Gerusalemme* superiore ai poemi omerici e romanzeschi.

Nel Settecento il Tasso diviene il centro di una nuova polemica: quella fra i critici stranieri (specialmente francesi) della nostra tradizione letteraria e linguistica e i difensori di essa. È il secolo in cui trionfa il gusto razionalista della chiarezza e naturalezza e i letterati francesi, che ritengono se stessi depositari e la loro lingua espressione perfetta di quel gusto, mentre accusano la lingua italiana di oscurità, innaturalezza, retorica, falso splendore metaforico, additano proprio nel Tasso l'esemplare supremo di questi difetti e lo rendono responsabile di una decadenza del gusto in Francia. Famosa è la critica di Nicolas Boileau (*Art poétique*, 1674), il quale parlava di «falsi brillanti» e di *clinquant* («orpello») dello stile tassesco. Ma gli studiosi italiani furono colpiti soprattutto dalle osservazioni del gesuita padre Dominique Bouhours e attorno ai suoi dialoghi su *La manière de bien penser dans les ouvrages d'esprit* (1689) scoppiò una vivace e interessante controversia, cui parteciparono quasi tutti i maggiori letterati italiani del tempo, i quali in genere difesero il Tasso difendendo le ragioni di un linguaggio poetico distinto da quello prosastico e i diritti della fantasia, creatrice di immagini, di fronte alla ragione cartesiana (su questa controversia cfr. G. Toffanin, *L'eredità del Rinascimento in Arcadia*, Bologna, Zanichelli, 1923, e M. Fubini, *Le «Osservazioni» del Muratori al Petrarca e la critica letteraria nell'età dell'Arcadia*, in *Dal Muratori al Baretti*, Bari, Laterza, 1975). Verso la fine del secolo si manifestano anche da parte di stranieri (come Jean-Jacques Rousseau) giudizi positivi sulle qualità della lingua italiana in generale e di quella del Tasso in particolare, mentre la lirica arcadica, come già quella del Seicento, riprendendo motivi e toni della lirica tassesca, manteneva un clima di gusto favorevole alla comprensione del poeta, anche se in una chiave ridotta di intonazione idillico-elegiaca (ma non erano mancati critici che, come Antonio Conti, avevano messo in rilievo la solennità e sostenutezza virgiliana del suo stile nel poema). Mentre non è facile incontrare in tutto il Settecento giudizi organici e approfonditi, numerosi critici manifestano la loro simpatia per il Tasso, come il Muratori, il Gravina (che pure ammirava di più l'*Orlando furioso*), il Bettinelli, e, fra gli stranieri, Voltaire. Molto nota è una lettera di Pietro Metastasio, che vi proclama la sua preferenza per la *Gerusalemme* rispetto all'*Orlando*.

8.2 Il Tasso "lirico" dei romantici e del De Sanctis

Il Romanticismo, oltre a impostare il problema del rapporto del Tasso con la sua età e con lo svolgimento generale della letteratura nazionale, secondo il fondamentale canone storiografico che abbiamo già notato a proposito di altri autori, sentì un vivo interesse per la personalità del poeta, per il suo intimo dramma psicologico, vedendo in lui l'immagine del poeta-martire, condannato dal suo stesso genio a urtarsi e a infrangersi contro la realtà meschina e ostile, vittima di persecuzioni tiranniche e pateticamente avvolto dal riflesso di romanzesche e infelici vicende amorose (cfr. U. Bosco, *L'uomo-poeta dei romantici*, in *Aspetti del Romanticismo italiano*, Roma, 1942, e M. Fubini, *Il Tasso e i romantici*, in *Studi tassiani*, vol. I, 1937). È l'immagine nelle sue linee essenziali che Johann Wolfgang Goethe aveva poeticamente evocato nel suo dramma famoso, *Torquato Tasso*. Essa corrispondeva poco indubbiamente alla realtà storica; tuttavia indicava che l'attenzione si veniva distaccando dai problemi esterni dei generi letterari e dei canoni linguistici per appuntarsi su quella realtà che è al fondo dell'opera e che ne rende ragione: la personalità del poeta; anche se il fascino esercitato da quella personalità negli aspetti più o meno reali della sua umanità quotidiana soverchiasse quello per l'opera nella sua fisionomia autonoma, anzi tendesse a far leggere l'opera nient'altro che come un documento di quella umanità. L'attrazione esercitata dalla personalità del Tasso uomo è così forte che ancora il De Sanctis e più tardi, nella nostra epoca, il Donadoni, impostarono la loro critica su di una stretta correlazione fra l'opera del poeta e la sua vita, rilevando negli scritti i riflessi delle vicende biografiche (grande interesse per l'umanità del Tasso sentì anche Giacomo Leopardi, che vide nella sua stessa ricchezza, nell'eccesso di sensibilità e di immaginazione, la radice dell'infelicità del poeta e la causa dei limiti artistici della sua opera).

L'impostazione del problema storico è opera soprattutto di critici stranieri: F. Schlegel, Hegel, Quinet, dai quali molteplici suggestioni, come nel caso di altri scrittori, dovevano venire al De Sanctis: fra di esse assai notevole quella sul temperamento lirico e soggettivo del Tasso e quindi sulla natura piuttosto lirica che epica del suo poema (al quale Hegel negava anche quella perfetta corrispondenza con la situazione storica, che è propria delle epopee primitive). Ma prima della sintesi desanctisiana, Ugo Foscolo aveva offerto alcune indicazioni felicissime sul carattere del poeta, sullo spirito religioso ed eroico che informa la *Gerusalemme*, sulla sublimità del suo stile, sulla grandezza delle liriche, finora spesso imitate, ma scarsamente valutate dal punto di vista critico (un'indicazione quest'ultima che, al di là dello stesso De Sanctis, sarà sfruttata solo dalla critica moderna). Esse si trovano nel saggio *Sui poemi narrativi e romanzeschi italiani* (già citato a proposito dell'Ariosto), nella recensione alla traduzione inglese del Wiffen (*Della «Gerusalemme liberata» tradotta in versi inglesi*) e nell'altro saggio su *Le poesie liriche di Torquato Tasso*.

Francesco De Sanctis si occupò del Tasso come dell'Ariosto in alcune lezioni giovanili, ma le sue idee più mature sull'argomento sono contenute nel capitolo XVII della *Storia della letteratura italiana*. Egli inserisce, secondo il solito, l'opera del poeta nel suo schema di svolgimento della nostra civiltà e letteratura vedendovi riflessa la crisi della sua epoca, il contrasto fra Rinascimento e Controriforma, fra richiami pagano-sensuali e preoccupazioni religiose e morali. Questi due mondi non si conciliarono mai nello spirito del Tasso e questo dissidio fece di lui un'anima malata, uno di quegli «illustri malati delle epoche di transizione» come era stato il Petrarca. Ma la più profonda natura del Tasso era quella rinascimentale e sentimentale, non quella eroica e religiosa; perciò il suo poema «sotto una vernice religiosa e storica, è, nella sua sostanza, un mondo romanzesco e fantastico conforme alla natura dello scrittore e del tempo». In esso trionfa la poesia del sentimento nei toni dell'idillio e dell'elegia, fatta non tanto di rappresentazioni nitide e obiettive quanto di effusioni liriche e musicali, nelle quali palpita l'anima pensosa e malinconica del poeta. Queste effusioni indefinite e musicali del sentimento sono ciò che il De Sanctis chiama, sfruttando efficacemente un'espressione dello stesso poeta, la «poesia del non so che», tanto lontana da quella dell'immaginazione lucida e serena, caratteristica dell'Ariosto. Mondo lirico, interiore, subiettivo quello del Tasso; immaginativo e pittoresco, perfettamente obiettivo quello dell'Ariosto.

8.3 Dalla monografia psicologistica del Donadoni alla critica estetica

I critici positivisti, oltre che delle solite ricerche di fonti, si occupano con particolare accanimento di indagini biografiche e psicologiche, anzi psichiatriche, assumendo spesso la vita del Tasso ad argomento dimostrativo della tesi, diffusa nella mentalità del tempo, dell'identità fra genio e anormalità psichica, o concludendo a moralistiche condanne dell'uomo (e della sua opera che ne rispecchia le deficienze) come debole di carattere e d'intelletto. Tuttavia alcune di queste ricerche ebbero il merito di sfatare parecchie delle leggende intessute dai romantici, magari qualche volta creandone delle nuove. L'opera più benemerita in questo senso è la *Vita di Torquato Tasso* (1895) di ANGELO SOLERTI, al quale si deve pure la prima edizione scientifica delle *Rime* del poeta (1898-1902).

Risente dell'eredità romantica, e per qualche parte di quella positivistica, ma per rinnovarle e approfondirle con non comune penetrazione e sensibilità, la prima grande monografia critica sul poeta, il *Torquato Tasso* (1919) di EUGENIO DONADONI. Il Donadoni vede nel Tasso una personalità in cui l'uomo si identifica col poeta, cioè che vive esclusivamente in funzione della coscienza di essere poeta, assorto nel suo sogno artistico, incapace quindi di accordarsi con la realtà pratica. In ciò sta la sua tragedia: egli «primo poeta italiano vittima e martire della sua facoltà fantastica e sentimentale è – per questo rispetto – il primo, in ordine di tempo, dei nostri poeti moderni». Questo esclusivo concentrarsi nella vita del sentimento e della fantasia determina le deficienze morali del Tasso, temperamento egocentrico ed egoista, solo formalmente e non intimamente religioso, le quali si riflettono anche nella sua opera, dove mancano o sono fiaccamente espressi gli affetti umani normali, e il sentimento religioso si risolve tutto nell'esteriorità delle formule e delle cerimonie, mentre con maggior efficacia sono espresse, per esempio, la brama sensuale e l'avidità di grandezza e di gloria (in taluni personaggi della *Gerusalemme* il Donadoni trova delle anticipazioni del superuomo ottocentesco). Secondo la tradizione di tutta la critica romantica fino al De Sanctis, il Donadoni interpreta la *Gerusalemme* come poema soggettivo e lirico, i cui personaggi rispecchiano i vari lati dell'anima del loro creatore; ma nell'analisi di questi personaggi, che amplia e arricchisce notevolmente quella del De Sanctis, egli mette in luce la novità e la schiettezza di tante situazioni e di tanti accenti, considerati in genere falsi o retorici, come le declamazioni di Armida e quel *parlar disgiunto* che offendeva i primi critici cinquecenteschi, e illumina la profondità di certe figure, come Solimano, immagine del titano sconfitto.

La critica del primo Novecento ha continuato ad approfondire l'interpretazione estetica dell'opera tassiana nella sua fisionomia individuale, lasciando piuttosto da parte il "dramma" del poeta, soprattutto se concepito come conseguenza e simbolo del contrasto fra Rinascimento e Controriforma. BENEDETTO CROCE non ha dedicato al Tasso una monografia particolare come all'Ariosto, ma ne ha discorso più volte con penetrazione e simpatia, facendo battere l'accento soprattutto sulla serietà dell'anima del poeta e sull'unità fondamentale della sua opera. Le sue pagine più notevoli sono forse quelle contenute nel saggio *Torquato Tasso. Su alcuni luoghi della «Gerusalemme»* (in *Poesia antica e moderna*), che definiscono l'intonazione "tragica" di molti episodi del poema, dove è da ricercare quella poesia tragica, della quale vanamente i retori lamentavano la mancanza nella nostra letteratura, cercandola soltanto nel genere letterario della tragedia: «Se tragicità è l'impeto e la gioia vitale che a un tratto si rovesciano nel dolore e nella morte, e vi si nobilitano, si purificano o si redimono, trageda deve dirsi il creatore [...] di Argante, di Solimano, di Clorinda, di Tancredi, di Erminia e di Armida». Sul rapporto Tasso-Controriforma il Croce è esplicito: il poeta non è il portavoce della Controriforma, ma unicamente della sua anima (come, del resto, per il Croce ogni altro poeta: si ricordi quanto è stato detto sulla sua concezione individualizzante e antisociologica della storia letteraria nel capitolo su *La storia letteraria*).

Sulla serietà dell'anima del Tasso e sulla sincerità del suo sentimento religioso, che anche il Donadoni, legato a una concezione eccessivamente rigida e unilaterale dell'esperienza religiosa, aveva misconosciuto, insistono tutti i maggiori critici moderni, dal MOMIGLIANO al FLORA, dal SAPEGNO al FUBINI. Quest'ultimo scrive, per esempio, che un sentimento così vivo, e sempre presente, del dolore e dei limiti dell'uomo, quale si riscontra nella *Gerusalemme*, «non può non essere fondamentalmente religioso» e quindi la religione della *Gerusalemme* non «è soltanto un elemento estraneo, introdotto in ossequio allo spirito del tempo, bensì un elemento essenziale della sua poesia» (cfr. *La poesia del Tasso*, in *Studi sulla letteratura del Rinascimento*, Firenze, Sansoni, 1947). Su questo punto si è anche esagerato, additando nel Tasso una volontà ascetica, della quale è invero molto difficile trovare le prove sia nella sua vita che nelle sue opere (cfr. l'Introduzione di G. PETROCCHI alla sua edizione critica de *Il Mondo creato*, Firenze, Le Monnier, 1951).

I critici ricordati hanno scritto pagine assai fini sui modi coi quali il poeta ha concretato artisticamente il suo mondo spirituale, sugli atteggiamenti caratteristici della sua fantasia e del suo linguaggio, svolgendo e arricchendo le osservazioni del De Sanctis e del Donadoni: finissime, fra tutte, le pagine di ATTILIO MOMIGLIANO, sia nella *Storia della letteratura*, sia nel saggio *I motivi del poema del Tasso* e nel commento alla *Gerusalemme liberata* (1946), dove è analizzato l'intreccio continuo di poesia e retorica nei versi del Tasso e la qualità sfumata e musicale del suo linguaggio. Il prevalente interesse estetico e non psicologico ha determinato una nuova attenzione alle opere minori (la critica precedente si era concentrata quasi esclusivamente sulla *Gerusalemme*), considerate appunto non come documenti di psicologia, ma come momenti di uno svolgimento artistico, favorendo anche una ripresa assai fervida di studi filologici, orientati in maniera nuova rispetto a quelli dell'Ottocento.

Il saggio più notevole di questo nuovo indirizzo è costituito dagli *Studi delle Rime del Tasso* (1950) di LANFRANCO CARETTI, importante per i risultati filologici, che modificano profondamente l'ordinamento dato dal Solerti, ma anche per la sottesa impostazione critica, secondo la quale, come conferma la ricostruzione, accertata attraverso lo studio delle varianti, dello svolgimento artistico del Tasso, il vero e unico «dramma» del poeta sarebbe quello di un irrimediabile decadimento artistico: «il dramma di un poeta che ha conosciuto la primavera felice delle libere e disinteressate creazioni, il gusto prezioso e il premio della fatica letteraria spesa interamente per la conquista di immagini perfette, e che invece più tardi è andato inutilmente ricercando quel tempo sereno e cordiale, quell'antica misura, quella primitiva fermezza»: questa è l'unica spiegazione della mediocrità artistica dell'ultimo Tasso, e non l'opera coartatrice e soffocatrice delle esigenze moralistiche, religiose ecc. (opinione temperata in seguito). Allo stesso Caretti si devono importanti indagini sul problema del testo della *Gerusalemme liberata*. Studi notevoli sono stati compiuti anche sul pensiero, la cultura, la poetica del Tasso: dal Sozzi, dal Mazzali, dal Petrocchi e da altri, mentre il Chiappelli ha studiato sistematicamente il suo linguaggio epico.

Sintetizza personalmente i nuovi orientamenti della critica tassiana, precisando con intelligenza problemi e interpretazioni, la monografia di Giovanni Getto, *Interpretazione del Tasso* (1951). L'indagine del Getto non mira, come in gran parte invece quella del Donadoni, allo sfruttamento biografico dei testi, ma all'identificazione dei temi dominanti nell'opera letteraria, isolando dai dati biografici solo quei motivi che giovano alla più sicura intelligenza dell'umanità del poeta, e dedica molta attenzione alle opere minori, in particolare alle *Rime*, con impegno di precisa caratterizzazione storica e di sottile discriminazione estetica (originale è in questo senso lo studio del rapporto *Liberata-Conquistata*, condotto come tentativo di «cogliere nei suoi termini essenziali un movimento stilistico, di osservare un processo di flusso e riflusso poetico, ricco di una varia oscillazione di acquisti e di smarrimenti lirici»). Interessanti osservazioni fa il Getto sui particolari caratteri della religiosità del Tasso, oscillante fra «una ornamentazione lussuosa, iconografica e liturgica, e una consapevolezza dolente, di natura etica, più che propriamente religiosa, ripiegata sulle sue stanche inquietudini, sui suoi timori di peccato e di morte, sulle forme vane che passano e si dileguano», priva di un vero senso del mistero e del sacro; sul suo sentimento della malinconia e della morte, diverso sia da quello petrarchesco che da quello romantico, perché legato a un'egoistica e pagana avidità di piaceri sensibili; sugli aspetti barocchi del gusto letterario, nel quale un'esigenza di razionalità e di regolarità s'incontra con l'amore della sensibilità indefinita e delle atmosfere sfumate. Dalle varie analisi particolari egli ricava una formula unitaria per definire la poesia del Tasso, che condensa le sparse osservazioni della critica precedente: «La poesia non deve essere cercata in un determinato sentimento dominante o in un elenco di sentimenti fondamentali, ma piuttosto in un ritmo sentimentale e in una atmosfera interiore. E allora potremmo forse parlare del Tasso come del poeta della perenne illusione e delusione della vita, della inquieta solitudine dell'anima, dell'anima assorta in un sogno e subito delusa del suo svanire».

8.4 Tasso nella critica contemporanea. Studi particolari e sulle opere minori

Dopo la sintesi del Getto non è più apparsa alcuna opera notevole di carattere complessivo, ma numerosi studi parziali che si muovono essenzialmente lungo le linee in essa indicate, tuttavia con nuovi sviluppi. Fra i più interessanti è l'approfondimento delle qualità e del significato del linguaggio e dello stile del Tasso. Le nuove prospettive critiche sul Barocco (cfr. nella *Parte quarta* il cap. 3, 3.4) hanno contribuito a far considerare l'aspetto "prebarocco" e "presecentistico" della poesia del Tasso non più in senso meramente negativo, come limite o difetto, ma come uno dei caratteri suoi propri e originali: «Il giudizio, storico ed estetico, sulla lingua del Tasso, non va impostato nella prospettiva della luminosa lingua ariostesca, ma su quella della lingua da lui inventata. Tasso non sarà scrittore valido dove non sarà presecentista, come si dice, ma invece proprio entro l'ambito del secentismo [...] del mirabile secentismo o del nuovo stile che egli iniziava» (M. SANSONE, *Le polemiche antitassesche della Crusca*, nel volume collettivo *Torquato Tasso*, 1957). Condotta «con i metodi della linguistica quantitativa, che applica ai testi letterari il calcolo combinatorio, della probabilità e della statistica» è l'indagine di M. CHIEREGATO, *Analisi quantitativa e valutazione del lessico dell'«Aminta» di Torquato Tasso* (in «Studi di Lessicografia Italiana», IV, 1982), da cui si ricava che «i due "lessemi-attanti" di più alta frequenza e pertanto dotati di più ampia ridondanza semica sono: *amore e morte*».

La critica più recente si è preoccupata di operare su testi certi avviando l'edizione di tutte le opere e anche indagini su quelle di dubbia attribuzione. Fra quanto già uscito, ha un posto di rilievo l'edizione della *Gerusalemme liberata* a cura del Caretti per l'editore Einaudi (1971), rifatta poi per l'editore Mondadori (1979); il Caretti ha così precisato il suo intento critico: «accertare i dati formali con il sussidio della filologia e della linguistica, tradotte in stilistica letteraria, e definire, fuori d'ogni moralismo astratto o presunzione apologetica, la vera situazione morale e storica del poeta». A margine delle edizioni si registra un attivo dibattito (cfr., per esempio: A. OLDCORN, *The Textual Problems of Tasso's «Gerusalemme Conquistata»*, Ravenna, Longo, 1976; L. CAPRA, *Alternative della «Liberata» accolte nella «Conquistata»*, in «Giornale Storico della Letteratura Italiana», 1978).

Tra le opere poetiche minori è stata studiata con particolare interesse e penetrazione l'*Aminta*, di cui il SOZZI ha procurato un'edizione critica e altri hanno finemente analizzato i caratteri artistici. L'*Aminta* fu sempre ammiratissima dai letterati italiani. GIUSEPPE PARINI la giudicò «il più nobile modello che abbia l'italiana lingua e poesia della gentilezza, della purità, dell'eleganza, del vezzo e di tutte le grazie insomma della dizione e dello stile», componimento senza pari nelle altre lingue europee, nel quale il Tasso «sul tronco delle greche bellezze [...] innestò le sue proprie e quelle della sua lingua di modo che ne venne un frutto nostrale [...] talvolta più dolce e saporito del primo e originario»; e GIOSUE CARDUCCI esaltò il «portento» del suo linguaggio, «portento vivo d'armonia tra l'ispirazione e l'espressione e l'impressione rispondentisi negli effetti, che è il sommo della poesia riflessa».

I critici del Novecento, piuttosto che ammirare genericamente linguaggio e stile dell'*Aminta* come modello di perfezione, hanno cercato di precisarne le caratteristiche, mettendone soprattutto in rilievo gli aspetti madrigaleschi e la natura intimamente musicale: dal FLORA che evidenzia la creazione del nuovissimo «recitativo» melodico, anticipatore del recitativo leopardiano, al Bosco, che definisce l'opera «il più bel madrigale della poesia italiana», e al FUBINI, il quale afferma che, se tanti libretti d'opera si ispireranno al suo linguaggio, «di fatto l'*Aminta* è già un libretto, un libretto, s'intende, che ha in sé la sua propria musica, e musicalmente giustifica anche quei passi che scrutinati da occhio critico potrebbero apparire difettosi per un eccesso di concettismo». L'interesse filologico dei contemporanei ha coinvolto anche altre opere minori: dopo l'edizione de *Il Mondo creato* a cura del Petrocchi, sono uscite edizioni de *I carmi latini*, degli *Intrichi d'amore*, del *Torrismondo*. Là dove non si dispone ancora di un testo criticamente affidabile si è avviato il lavoro preparatorio, come nel caso delle *Rime amorose* (per le quali cfr. gli interventi compresi negli *Studi di filologia e di letteratura italiana offerti a C. Dionisotti*, Milano-Napoli, Ricciardi, 1973). Sono pure uscite alcune pregevoli edizioni commentate fra cui si distingue quella del *Teatro* (a cura di M. Guglielminetti). Del teatro del Tasso, in un contesto più ampio, tratta RICCARDO SCRIVANO nel volume *Finzioni teatrali da Ariosto a Pirandello* (Messina-Firenze, D'Anna, 1982) contenente una ricostruzione storica di *Spazio e teatro nella Ferrara del Cinquecento*. Alle opere minori è in gran parte dedicato il volume di ANTONIO DANIELE, *Capitoli tassiani* (Padova, Antenore, 1983), contenente studi riguardanti lo stile, la lirica, gli scritti di poetica, il *Torrismondo* e le affinità Tasso-Leopardi.

Dalla revisione generale dell'opera tassiana escono capovolti pure alcuni giudizi critici consolidati nella tradizione: così secondo F. DONINI il Tasso della *Conquistata* non è inferiore a quello della *Liberata*, ma «semplicemente diverso [...] poeta reso più maturo dalle esperienze della vita e artista altrettanto perfetto» (*Gerusalemme conquistata e Gerusalemme liberata*, 1973). Sul passaggio *Dalla «Gerusalemme liberata» alla «Gerusalemme conquistata»* è intervenuta pure MARIA TERESA GIRARDI osservando come il Tasso intendesse con i mutamenti apportati «dare forma al grande poema epico cristiano dell'età moderna» (in «Studi tassiani», XXXIII, 1985).

La maggior parte degli studi degli ultimi anni è rivolta ad aspetti particolari: sulla linea di una illuminazione in chiave soprattutto stilistica della sensibilità poetica del Tasso è il commento del CHIAPPELLI alla *Gerusalemme liberata* (1982), suggestivamente definita «mondo aperto a motivi di mistero, di angoscia, di tenebra, di sprofondamento e ricupero, il campo non della luce meridiana e della prospettiva, ma della sfumatura, dell'annottare e dell'albeggiare» (dello stesso vedi anche: *Il conoscitore del caos: una "vis abdita" nel linguaggio tassesco*, Roma, Bulzoni, 1981). Tutto un settore di studi è dedicato alla ricerca delle fonti, in particolare agli influssi petrarcheschi, e all'influenza esercitata dal Tasso sulla letteratura posteriore. Notizie sull'ambiente in cui operò si trovano nello studio di R. BRUSCAGLI, *Stagioni della civiltà ferrarese* (Pisa, Nistri-Lischi, 1983). Fra i numerosi studi di interesse critico sulla corte si segnalano: G. BÁRBERI SQUAROTTI, *L'onore in corte. Dal Castiglione al Tasso*, Milano, Franco Angeli, 1986; R. CAVALLUZZI, *Nel sistema della corte. Intellettuali, potere e "crisi italiana"*, Palermo, Palumbo, 1986.

Fra le indagini tematiche ha un particolare rilievo quella sulla malinconia: variamente presente in numerosi saggi, finisce coll'entrare nel titolo (*Malinconia del Tasso*, Napoli, Liguori, 1980) dato dal GETTO alla riedizione della sua citata *Interpretazione del Tasso*. Il tema s'intreccia con quello della follia, ricorrente in tutta la critica tassiana; sotto il titolo *Poëta melancholicus. Tradizione classica e follia nell'ultimo Tasso* (Pisa, Pacini, 1984) BRUNO BASILE riunisce alcuni suoi saggi specialistici, riguardanti un settore ancora in parte inesplorato, quello del rapporto tra malattia e poesia: «Proprio nel fondo della sua sofferenza, dunque, il Tasso riesce a trovare un appiglio disperato, ricorrendo a una virtù che è discrimine tra normale e patologico, e coscienza temporanea di una legge eroica del soffrire. [...] Dopo tanti riferimenti agli eroi e ai letterati, resta nella lettera solo il riferimento alla Grecia mitica, che sapeva accettare nello scrittore e nel filosofo la traccia patologica, includendola, senza troppi scandali, nelle discettazioni filosofiche. Ippocrate, nelle *Epistulae*, aveva accettato di curare Democrito, magari per interloquire solo con un "eroe" del pensiero: e il Tasso si vuol porre sullo stesso piano, chiedendo di essere ascoltato come eroe e filosofo della malattia. Strana dichiarazione in un uomo del Cinquecento, attirato dalla razionalità come modello d'arte, e costretto a scoprire il *furor* nei letterati e nei trattatisti dopo averlo provato, esperimentato su se stesso. Il pensiero in questi casi corre oltre, ai teorici moderni della malattia, a Jacques Rivière che scriveva ad Artaud (altro caso "tassiano" di nevrosi delirante) "la salute è il solo bene ammissibile, il solo al quale ritengo che un uomo abbia il diritto di aspirare; ma quando è di primo acchito in un essere, *gli nasconde la metà del mondo*". A questa metà, evidentemente, il Tasso non voleva rinunciare, anche se gli poteva costare la compagnia di medici, di eroi "pazzi", di dimenticate tradizioni letterarie, più da "occultista" che da letterato. Ma, affermava un volgarizzatore del Ficino, la malinconia è quasi una malattia professionale dei letterati ("... se troppo abbonda o s'accende o travaglia l'animo con furori continui e con pazzie et offosca e perturba il giudicio buono. Tal che si può ragionevolmente dire, che i letterati sono sanissimi [...] e sono piacevolissimi e giocondissimi, se la malinconia non gli sforza spesso a stare mesti e di mala voglia et a uscire anco a le volte di se stessi et a fare delle pazie..."), un *penchant* inevitabile per i "figli di Saturno" che vogliono essere "pallidi, solitar, gravi e pensosi"».

Il rapporto della poesia tassiana con il mondo della magia è stato variamente sondato con studi specifici: M. Fabbri, *Magia, arte e mito nell'epica cortese del Cinquecento*, in «Spicilegio moderno. Saggi e ricerche di letteratura e lingue straniere», 1976; M. Praz, *Il giardino dei sensi. Studi sul Manierismo e sul Barocco*, Milano, Mondadori, 1975. Confinano con questi gli studi dedicati al Tasso demonologo e cultore dell'occulto, testimone di un irrazionalismo rinascimentale sommerso e anticipatore di analoghe inquietudini secentesche: G. Baldassarri, *Fra «Dialogo» e «Nocturnales annotationes». Prolegomeni alla lettura del «Messaggero»*, in «La rassegna della letteratura italiana», 2-3, 1972; B. Basile, *Tasso egittologo: geroglifici, obelischi e faraoni ne «Il Conte overo de le imprese»*, in «Filologia e critica», 1, 1979.

Dal Tasso parte l'indagine di Claudio Scarpati e di Eraldo Bellini, *Il vero e il falso dei poeti. Tasso Tesauro Pallavicino Muratori* (Milano, Vita e Pensiero, 1990): il capitolo dello Scarpati su *Vero e falso nel pensiero poetico del Tasso* scandaglia le «amfibolie tassiane, arditamente proposte negli scritti giovanili, poste in opera nella scrittura poematica con ardore innovativo che non sarà disgiunto da inquietudini e da dubbi, ma sostanzialmente difese fino alla fase ultima della sua riflessione: verità e finzione, unità e varietà, verosimiglianza e meraviglioso».

Fra i filoni d'indagine molto particolari si segnala quello delle intersezioni della poesia del Tasso con la musica, trattato già nel passato, ripreso, nel 1985, nel volume di AA.VV., *Torquato Tasso tra letteratura, musica, teatro e arti figurative,* (a cura di A. Buzzoni, Bologna, Nuova Alfa Editoriale) e, infine, da M. MAZZOLINI (*Tasso e Gesualdo, ovvero del suono dei pensieri*, in «Studi tassiani», XXXVII, 1990) che ha cercato di individuare «attraverso l'esame di un *corpus* di componimenti messi in musica da uno stesso autore (nella fattispecie Gesualdo da Venosa), alcuni luoghi e modi in cui le suggestioni poetiche della lirica tassiana si riflettono nello specifico musicale».

Repertorio bibliografico

a) Opere bibliografiche e introduttive

G.J. Ferrazzi, *Torquato Tasso. Studi biografici, critici, bibliografici*, Bassano, Pozzato, 1880; A. Solerti, *Bibliografia*, in *Vita di Torquato Tasso*, vol. III, Torino, Loescher, 1895, (giunge al 1894); Id., *Bibliografia delle pubblicazioni tassiane in occasione del terzo centenario della morte del poeta*, in «Rivista delle biblioteche e degli archivi», VI, 1895; A. Tortoreto-J.G. Fucilla, *Bibliografia analitica tassiana (1896-1930)*, Milano, Bolaffi, 1935; A. Tortoreto, *Nuovi studi su Torquato Tasso. Bibliografia analitica, 1931-1945*, in «Aevum», XX, 1946; L. Caretti, *Studi critici e bibliografici sul Tasso*, in «La vita e il libro», I, 1947; A. Tortoreto, *Bibliografia tassiana (1945-1951)*, in «Studi tassiani», 2, 1952; Id., *Rassegna bibliografica dei recenti studi tassiani*, in «Studi tassiani», 3, 1953 e anni successivi fino al 1983; Id., *Bibliografia essenziale tassiana*, in *Torquato Tasso*, a cura del Comitato per le celebrazioni di Torquato Tasso (Ferrara, 1954), Milano, Marzorati, 1957. Ricca e aggiornata la *Bibliografia* compresa nell'edizione della *Gerusalemme liberata*, a cura di L. Caretti, Torino, Einaudi, 1971.

La biografia fondamentale del Tasso è A. Solerti, *Vita di Torquato Tasso*, Torino, Loescher, 1895. Si vedano anche: G. Natali, *Torquato Tasso*, Firenze, La Nuova Italia, 1967; U. Bosco, voce *Tasso*, in *Enciclopedia Italiana*, Roma, Istituto dell'Enciclopedia Italiana; G. Getto, voce *Tasso*, in *Dizionario critico della letteratura italiana*, dir. da V. Branca, Torino, UTET, 1973. Una ricostruzione dettagliata anche se di finalità divulgativa, è F. Pittorru, *Torquato Tasso. L'uomo, il poeta, il cortigiano*, Milano, Bompiani, 1982. Per un primo accostamento si veda: G. Getto, *Malinconia di Torquato Tasso*, 4ª ed. riveduta e corretta, Napoli, Liguori, 1986 (ed. precedente, col titolo *Interpretazione del Tasso*, Napoli, ESI, 1967). Un altro saggio fondamentale è E. Donadoni, *Torquato Tasso*, Firenze, La Nuova Italia, 1967⁶.

b) Edizioni e commenti

Edizione completa delle *Opere*, 33 voll., a cura di G. Rosini, Pisa, Capurro, 1821-1832. Per la *Gerusalemme liberata* si vedano le edizioni a cura di A. Solerti, Firenze, Barbèra, 1895-1896; di L. Bonfigli, Bari, Laterza, 1930; di F. Flora, in *Poesie del Tasso*, Milano-Napoli, Ricciardi, 1952; di L. Caretti, Mondadori, Milano, 1979² (di questa progettata edizione di *Tutte le opere* è uscito il solo volume della *Gerusalemme liberata*, contenente pure *Il Gierusalemme*). Della *Gerusalemme conquistata*, edizione critica a cura di L. Bonfigli, Bari, Laterza, 1934. Le due redazioni del poema sono state edite integralmente a raffronto, a cura di F. Flora e E. Mazzali, Milano, Malfasi, 1952.

Per le opere minori in versi: *Rime*, a cura di A. Solerti, Bologna, Romagnoli, 1898-1902; *Opere minori in versi*, a cura di A. Solerti, Bologna, Zanichelli, 1891-1895; *Rinaldo*, a cura di L. Bonfigli, Bari, Laterza, 1936 (e si veda la recente edizione critica a cura di M. Sherberg,

Ravenna, Longo, 1990); *Aminta*, edizione critica, a cura di B. T. Sozzi, in *Opere del Tasso*, vol. II, Torino, UTET, 1974³; *Il Mondo creato*, a cura di G. Petrocchi, Firenze, Le Monnier, 1951; *Il Gierusalemme*, a cura di A. Di Pietro, Milano, Vita e Pensiero, 1951; *Galealto*, a cura di B. T. Sozzi, in «Studi tassiani», II, 1952. Per le opere in prosa: *Lettere*, a cura di C. Guasti, Firenze, Le Monnier, 1852-1855; *Dialoghi*, a cura di C. Guasti, Firenze, Le Monnier, 1858 e edizione critica, a cura di E. Raimondi, Firenze, Sansoni, 1958 (fondamentale); *Prose diverse*, a cura di C. Guasti, Firenze, Le Monnier, 1875; *Appendice alle opere in prosa*, a cura di A. Solerti, Firenze, Le Monnier, 1892; *Discorsi dell'arte poetica e del poema eroico*, a cura di L. Poma, Bari, Laterza, 1964; *I carmi latini*, a cura di F. Pavone, Catania, Giannotta, 1968; *Tre scritti politici*, a cura di L. Firpo, Torino, UTET, 1980.

La commedia *Intrichi d'amore*, attribuita al Tasso, è stata pubblicata in edizione critica a cura di E. Malato, Roma, Salerno, 1976; si vedano in proposito R. DE BAGGIS, *Sulla paternità degli «Intrichi d'Amore»*, in «Rivista italiana di drammaturgia», 7, 1978; G. PETROCCHI-E. MALATO, in «Filologia e critica», 1, 1980.

Edizioni commentate della *Gerusalemme liberata*: a cura di S. Ferrari, Firenze, Sansoni; P. Nardi, Milano, Mondadori; C. Varese, Firenze, Vallecchi; L. Russo, Milano, Principato; A. Momigliano, Firenze, La Nuova Italia; G. Getto e E. Sanguineti, Brescia, La Scuola; F. Chiappelli, Torino, Chiantore; M. Guglielminetti, Milano, Garzanti; L. Caretti, Torino, Einaudi; B. Maier, con ampia introduzione di E. Raimondi, Milano, Rizzoli; F. Chiappelli, Milano, Rusconi; C. Varese e G. Arbizzoni, Milano, Mursia; G. Cerboni Baiardi, Ferrara-Modena, Panini, 1991.

Edizioni commentate dell'*Aminta*: a cura di L. Fassò, Firenze, Sansoni, 1954⁴; G. Marzot, Milano, Trevisini, 1930; G. Petronio, Napoli, Perrella, 1933; M. Fubini e B. Maier, Milano, Rizzoli 1987³; C. Varese, Milano, Mursia, 1985. Un'edizione commentata del *Teatro*, a cura di M. Guglielminetti, Milano, Garzanti, 1983.

Un'ampia antologia di *Poesie e prose*, a cura di F. Flora, Milano, Rizzoli, 1934-1935; dello stesso Flora si veda l'edizione delle *Poesie* per i «Classici» Ricciardi, cit.; nella medesima collana: *Prose*, a cura di E. Mazzali, 1958. Altre ampie raccolte commentate delle *Opere*: a cura di G. Petrocchi, Milano, Mursia, 1961; B. Maier, Milano, Rizzoli, 1963-1965; C. Muscetta e L. de Vendittis, Torino, Einaudi, 1967²; E. Mazzali, Napoli, Rossi, 1970; B. T. Sozzi, Torino, UTET, 1981³.

c) Critica

Orientamenti generali sulla storia della critica e sulla fortuna del Tasso: C. VARESE, *Torquato Tasso*, in *I classici italiani nella storia della critica*, vol. I, dir. da W. Binni, Firenze, La Nuova Italia, 1971 (ristampato col titolo *Storia della critica tassesca*, in *Pascoli politico, Tasso e altri saggi*, Milano, Feltrinelli, 1961); C. CALCATERRA, *Controriforma e Seicento*, in *Un cinquantennio di studi*, Firenze, Sansoni, 1937 (contiene un'ampia rassegna degli studi tassiani negli ultimi decenni del sec. XIX e nei primi del sec. XX); R. M. RUGGERI, *Aspetti della critica tassesca contemporanea*, in «Rassegna di cultura e vita scolastica», 1, 1947; C. CORDIÉ, *Rassegna tassiana*, in «Giornale Storico della Letteratura Italiana», CXXXVII, 1950; E. BONORA, *Rassegna di studi tassiani*, in «Belfagor», VIII, 1952; B. T. SOZZI, *La fortuna letteraria del Tasso*, in «Studi tassiani», IV, 1954; ID., *Studi tasseschi*, in «Giornale Storico della Letteratura Italiana», CXXXVII, 1960; ID., *Critica tassiana dell'ultimo cinquantennio*, in *Nuovi studi sul Tasso*, Bergamo, Centro tassiano, 1963; A. TORTORETO, *Rassegne dei recenti studi tassiani*, cit.; G. DA POZZO, *Rassegne tassiane*, in «Lettere italiane», X, 2, 1958; e XVI, 4, 1964; B. BASILE, *Un decennio di studi tassiani (1970-1980)*, XXXIII, 3, 1981.

Per la fortuna del Tasso all'estero: C. B. Beall, *La fortune du Tasso en France*, Eugene, Or., University of Oregon, 1942; J. G. Simpson, *Le Tasso et la littérature et l'art baroque en France*, Paris, 1962; J. Arce, *Tasso y la poesía española*, Barcelona, Editorial Planeta, 1973; H. R. Cooper, *Torquato Tasso Eastern Europe*, in «Italica», LI, 1974.

Studi notevoli sulla vita e i tempi: P. A Serassi, *La vita di Torquato Tasso*, Firenze, Le Monnier, 1958; F. D'Ovidio, *Il carattere, gli amori e le sventure di Torquato Tasso*, in *Opere*, vol. XI, Roma, 1926; G. Firetto, *Torquato Tasso e la Controriforma*, Palermo-Milano, Sandron, 1926; G. Toffanin, *Il Tasso e l'età che fu sua*, Napoli, Libreria Scientifica Editrice, 1945; G. Getto, *La corte estense luogo d'incontro di una civiltà letteraria*, in *Letteratura e critica nel tempo*, cit.; A. Di Benedetto, *Tasso, minori e minimi a Ferrara*, Torino, Genesi, 1989.

Sulla cultura e le idee: C. Trabalza, *La critica letteraria del Rinascimento*, Milano, Vallardi, 1915; G. Toffanin, *La fine dell'Umanesimo*, Torino, Bocca, 1920; B. Croce, *La teoria del dialogo secondo Torquato Tasso* in *Poeti e scrittori del pieno e del tardo Rinascimento*, vol. II, Bari, Laterza, 1945; E. Raimondi, *Rinascimento inquieto*, Palermo, Manfredi, 1965; A. Daniele, *Capitoli tassiani*, Padova, Antenore, 1983.

Contengono notevoli saggi di carattere filologico e critico su vari aspetti dell'opera del Tasso: B. T. Sozzi, *Studi sul Tasso*, Pisa, Nistri-Lischi, 1954, e *Nuovi studi sul Tasso*, cit.; E. Mazzali, *Cultura e poesia del Tasso*, Bologna, Cappelli, 1957; L. Caretti, *Ariosto e Tasso*, Torino, Einaudi, 1970².

Cfr. inoltre: G. Galilei, *Considerazioni al Tasso*, in *Scritti letterari*, a cura di A. Chiari, Firenze, Le Monnier, 1960²; U. Foscolo, *Poemi narrativi*, in *Opere*, Edizione Nazionale, vol. XI, parte II; *Della «Gerusalemme liberata» tradotta in versi inglesi* e Id., *Le poesie liriche di Torquato Tasso*, in *Opere*, Edizione Nazionale, vol. X; F. De Sanctis, *Storia della letteratura italiana*, cap. XVII: *Torquato Tasso*; B. Croce, *Storia dell'età barocca in Italia*, Bari, Laterza, 1967 (cfr. soprattutto pp. 241-246); Id., *Torquato Tasso. Su alcuni luoghi della «Gerusalemme liberata»*, in *Poesia antica e moderna*, Bari, Laterza, 1943²; A. Momigliano, *I motivi del poema del Tasso*, in *Introduzione ai poeti*, Firenze, Sansoni, 1964²; M. Fubini, *La poesia del Tasso*, in *Studi sulla letteratura del Rinascimento*, cit.; U. Leo, *Torquato Tasso. Studien zur Vorgeschichte des Secentismo*, Berna, Franke, 1951 (svolge un'interpretazione esistenzialistica); F. Flora, *Unità lirica delle opere poetiche di Torquato Tasso*, saggio premesso all'ed. cit. delle *Poesie*; U. Bosco, *Sulla religiosità del Tasso*, in *Saggi sul Rinascimento italiano*, cit.; L. Caretti, *Ariosto e Tasso*, cit.; F. Chiappelli, *Studi sul linguaggio del Tasso epico*, Firenze, Le Monnier, 1957; F. Pool, *Desiderio e realtà nella poesia del Tasso*, Padova, Liviana, 1960; C. P. Brand, *Torquato Tasso*, Cambridge, Cambridge University Press, 1965; F. Ulivi, *Il manierismo del Tasso e altri studi*, Firenze, Olschki, 1966; F. Bruni, *Prospettive sul Tasso*, Napoli, Liguori, 1969; G. Petrocchi, *I fantasmi di Tancredi*, Caltanissetta-Roma, Sciascia, 1972; D. Donini, *Gerusalemme conquistata e Gerusalemme liberata*, Agno, Edizioni LEMA, 1973; F. Montanari, *Riflessioni sulla poesia del Tasso*, Savona, Sabatelli, 1974; C. Varese, *Torquato Tasso. Epos-Parola-Scena*, Messina-Firenze, D'Anna, 1976; G. Getto, *Nel mondo della «Gerusalemme»*, Roma, Bonacci, 1977; P. Braghieri, *Il testo come soluzione rituale: «Gerusalemme liberata»*, Bologna, Pàtron, 1978; C. Ballerini, *Il blocco della guerra e il suo dissolversi nella «Gerusalemme liberata»*, ivi, 1979; F. Chiappelli, *Il conoscitore del caos: una «vis abdita» nel linguaggio tassesco*, Roma, Bulzoni, 1981; Id., *Fantasma e espressione nel Tasso*, in *Il legame musaico*, Roma, Edizioni di Storia e Letteratura, 1984; A. Martinelli, *La demiurgia della scrittura poetica. Gerusalemme liberata*, Firenze, Olschki, 1983; S. Zatti, *L'uniforme cristiano e il multiforme pagano. Saggio sulla «Gerusalemme Liberata»*, Milano, Il Saggiatore, 1983; R. Bruscagli, *Stagioni della civiltà estense*, (cfr. il saggio *Il campo cristiano nella «Liberata»*),

Pisa, Nistri-Lischi, 1983; P. LARIVAILLE, *Poesia e ideologia. Letture della «Gerusalemme Liberata»*, Napoli, Liguori, 1987; G. PETROCCHI, in *Saggi sul Rinascimento italiano*, Firenze, Le Monnier, 1990; G. SCIANATICO, *L'arme pietose. Saggio sulla «Gerusalemme liberata»*, Padova-Venezia, Marsilio, 1990.

Sulle opere minori in particolare cfr.: G. CARDUCCI, *Su l'«Aminta» di Torquato Tasso, I Poemi minori del Tasso, Il «Torrismondo»*, in *Opere*, Edizione Nazionale, vol. XIV; A. SAINATI, *La lirica di Torquato Tasso*, Pisa, Nistri-Lischi, 1912-1915; A. CAPASSO, *Il Tassino. L'aurora di Torquato Tasso (1544-1565)*, Genova-Roma, Dante Alighieri, 1940; ID., *Studi sul Tasso minore*, Roma, Dante Alighieri, 1940; G. TROMBATORE, *L'Aminta*, in *Saggi critici*, Firenze, La Nuova Italia, 1950 (1ª ed. 1940); M. SANSONE, *L'Aminta*, Milano, Principato, 1941; C. CALCATERRA, *Le meliche di Torquato Tasso*, in *Poesia e canto*, Bologna, Zanichelli, 1951; F. FLORA, *I «Discorsi del poema eroico» di Torquato Tasso*, Milano, Malfasi, 1951; B. CROCE, *A proposito delle liriche di Torquato Tasso*, in *Poeti e scrittori del pieno e del tardo Rinascimento*, vol. III, Bari, Laterza, 1952; A. DI PIETRO, *Il noviziato poetico di Torquato Tasso*, Milano, Malfasi, 1953; G. RESTA, *Studi sulle lettere del Tasso*, Firenze, Le Monnier, 1957; A. MOMIGLIANO, *L'esordio del Tasso*, in *Studi di poesia*, Firenze, D'Anna, 1960³; G. RAGONESE, *Dal «Gierusalemme» al «Mondo creato»*, Palermo, Manfredi, 1963; U. BOSCO, *Medietà dell'«Aminta»*, in *Saggi sul Rinascimento italiano*, cit.; M. FUBINI, *Il Rinaldo del Tasso* e ID., *L'Aminta: intermezzo alla tragedia della Liberata*, in *Studi sulla letteratura del Rinascimento*, cit.; A. DI BENEDETTO, *Tasso, minori e minimi a Ferrara*, Pisa, Nistri-Lischi, 1970; L. CARETTI, *Studi sulle rime del Tasso*, Roma, Edizioni di Storia e Letteratura, 1973; A. OLDCORN, *The Textual Problems of Tasso's «Gerusalemme conquistata»*, Ravenna, Longo, 1976; C. VARESE, *op. cit.*; G. IORIO, *Soluzione musicale e soluzione teatrale. Un trentennio di studi sull'«Aminta»*, in «Cultura e scuola», 69, 1979; E. RAIMONDI, *Poesia come retorica*, Firenze, Olschki, 1980 (sulle *Rime*); G. DA POZZO, *L'ambigua armonia. Studio sull'«Aminta» del Tasso*, Firenze, Olschki, 1983; B. BASILE, *Poëta melancholicus: tradizione classica e follia nell'ultimo Tasso*, Pisa, Pacini, 1984; M. PIERI, *Interpretazione teatrale del «Torrismondo»*, in «La rassegna della letteratura italiana», XV, 3, 1986; V. MARTIGNONE, *Per l'edizione critica del «Torrismondo» di Torquato Tasso*, in «Studi di filologia italiana», XLV, 1987.

Si vedano anche i vari saggi raccolti nel vol. cit. *Torquato Tasso*, a cura del Comitato per le celebrazioni di Torquato Tasso, e gli *Atti del Convegno di Nimega sul Tasso*, a cura di C. Ballerini, Bologna, Pàtron, 1978; *Torquato Tasso*, a cura di A. Buzzoni, Nuova Alfa Editoriale, Bologna, 1985; *Tasso, la musica e i musicisti*, a cura di A. Balsamo e T. Walker, Firenze, Olschki, 1988.

Per l'aggiornamento si tenga presente la rivista «Studi tassiani».

9 Marino

9.1 Giovan Battista Marino dal trionfo presso i suoi contemporanei alla revisione critica del tardo Seicento e del Settecento

Il successo di Giovan Battista Marino presso i suoi contemporanei, veramente straordinario e non limitato all'Italia, è provato non soltanto dagli apprezzamenti di emuli ed estimatori, ma persino dai modi in cui i detrattori si davano da fare nel criticarlo.

In quanto fondatore della nuova scuola di poesia lirica, fu ritenuto da molti seguaci (il DE SOMMA, l'ALEANDRO, l'APROSIO) maestro indiscutibile; altri (S. ERRICO, *Le rivolte di Parnaso*, Milano, 1642; *L'occhiale appannato*, ivi, 1629) tuttavia mostrano un atteggiamento più indipendente, specialmente riguardo all'*Adone*: apprezzato come opera lirica, non avrebbe le caratteristiche necessarie per valere come poema epico, quale veniva presentato. Non distante da questo, anche se più severo, è il giudizio di TOMMASO STIGLIANI (*L'occhiale*, Venezia, 1627) che giunge a definire l'*Adone* «poema di madrigali», proprio perché sembra piuttosto una silloge di liriche che un'opera unitaria, e ne denuncia anche la complessiva tediosità e la pesantezza, causate dagli eccessi dello «stil metaforuto»; ne salva solamente alcune parti e le prime liriche, quelle in sostanza più lontane da un barocco che lo Stigliani non apprezza.

Da posizioni prettamente barocche parte invece la critica all'*Adone* formulata da NICOLA VILLANI (*Considerazioni di Messer Fagiano sopra la seconda parte dell'Occhiale del cavalier Stigliani*, Venezia, 1630) che contesta l'uso esagerato della metafora, tale non da ravvivare il discorso, come vorrebbe il gusto barocco, ma da soffocarlo, sterilizzandolo dalla passione. Il Villani anticipa così riserve che si sviluppano nella seconda metà del secolo, ampliandosi e coinvolgendo tutta la scuola e la tecnica barocca, con interventi di M. PELLEGRINI (*Delle acutezze*, Genova, 1639) e P. SFORZA PALLAVICINO (*Trattato sopra l'arte dello stile e del dialogo*, Roma, 1662) che fanno un discorso di carattere generale e di FRANCESCO FULVIO FRUGONI (*Ritratti critici*, Venezia, 1669) e DANIELLO BARTOLI (*Dell'uomo di lettere difeso et emendato*, Roma, 1646) che sollevano pure il problema dell'oscenità dei contenuti. Ciò non impedisce ai sostenitori di proseguire nell'esprimere il loro entusiasmo: per esempio FEDERICO MENINNI (*Il ritratto del sonetto e della canzone*, Napoli, 1677) colloca il Marino ben al di sopra del Petrarca, quanto a perfezione formale.

Con l'affermarsi dell'Arcadia non scompare l'ammirazione per la musicalità del verso del Marino, ma prevalgono tanto il rifiuto della ricercatezza formale, quanto l'esigenza di moralità nell'espressione artistica. Al Marino si rimprovera d'aver preteso di superare gli antichi in perfezione (D. BOUHOURS, *La manière de bien penser sur les œuvres de l'esprit*, Lyon, 1701), d'aver perseguito il bel suono anche a costo di scrivere frasi vuote (G.V. GRAVINA, *De disciplina poëtarum*, 1712), di essere superficiale per pochezza o assoluta mancanza di spirito filosofico (L.A. MURATORI, *Della perfetta poesia italiana*, Modena, 1708), di aver abbandonato la buona scuola del Petrarca e la tradizione toscana per azzardate e mal riuscite sperimentazioni (G.M. CRESCIMBENI, *Delle istituzioni della volgar poesia*, Venezia, 1730). Tanto il Muratori quanto il Crescimbeni tuttavia non negavano in toto la validità dell'opera mariniana, all'interno della quale indicavano parti originali e poeticamente riuscite; su questa strada proponeva una revisione del giudizio PIER IACOPO MARTELLO (*Commentario e Canzoniere*, Roma, 1710), impostando una lettura nuova, già basata sulla distinzione fra utile e piacevole, in certo modo anticipatrice del gusto illuminista.

Verso la metà del Settecento giunge la più netta condanna, formulata da ANTONIO CONTI (*Discorso sopra la italiana poesia*, in *Prose e poesie*, Venezia, 1756) che non perdona al Marino di aver tradito l'impegno culturale, scientifico e filosofico del diciassettesimo secolo, preferendogli le passioni d'amore, per giunta inclinate verso la lascivia. Abbandonate così le posizioni di primo piano, il Marino si ritrova trattato nel più vasto contesto della lirica barocca, cui da un lato si rimprovera la «perversa maniera del pensare, del ragionare, dell'immaginare» (G. PARINI, *Tutte le opere edite e inedite*, Firenze, Barbèra, 1943), dall'altro si riconosce l'abilità espressiva, l'«incantesimo» (F. ALGAROTTI, *Opere*, Cremona, 1784). Nella sua *Storia della letteratura italiana* (Modena, 1789) GEROLAMO TIRABOSCHI tratta di un Marino dalle buone doti di poeta, traviato dall'abuso della fantasia e del parlar figurato.

9.2 Marino nell'Ottocento: la critica romantica e quella positivistica

Del Marino e della sua scuola si occupa uno dei grandi teorici del Romanticismo europeo, FRIEDRICH VON SCHLEGEL nella sua *Storia della letteratura antica e moderna* (1815): l'imitazione degli antichi che per gli arcadi era elemento positivo e rassicurante, così da doverne rimproverare l'accantonamento, è per lo Schlegel negativo ed egli rimprovera al Marino di non aver saputo affrancarsi del tutto dal Classicismo, abusando invece della mitologia.

Con l'affermarsi nell'Ottocento in Italia della critica romantica si delineano intorno al Marino due posizioni contrapposte: una è quella di FRANCESCO TORTI che capovolge il giudizio del Tiraboschi per accusare il Marino di mancanza di fantasia e di povertà sentimentale; il Torti non si preoccupa né dell'immoralità né dell'abbandono delle «buone scuole», sì invece della fredda cerebralità: «le metafore dei secentisti non han mai per oggetto l'espressione del sentimento e l'energia dell'immagine, esse non cercano che di brillare all'ingegno» (*Prospetto del Parnaso italiano*, Milano, 1806). JEAN-CHARLES SISMONDI (*De la littérature du Midi de l'Europe*, Bruxelles, 1837), invece, sostiene che l'espressione sentimentale del Marino era la massima possibile in un'epoca di repressione della libertà e di crisi; in questo senso era giustificato il ruolo svolto dalla *voluttà* nella sua poesia. Una valutazione positiva della voluttà mariniana si legge anche in FRIEDRICH BOUTERWEK (*Geschichte der neuren Poesie und Beredsamkeit*, Berlin, 1819). Sulla linea del Sismondi si pongono sostanzialmente sia PAOLO

EMILIANI GIUDICI sia LUIGI SETTEMBRINI; quest'ultimo lega il tema della voluttà a quello della decadenza politica del secolo e mostra come il tema dell'amore, presente nella precedente letteratura, con precisi riferimenti al Tasso della *Gerusalemme liberata*, degeneri fino a divenire voluttà, parallelamente all'inoltrarsi nella crisi, la quale tuttavia stimola un positivo evolversi delle coscienze. L'*acutezza* stessa appare così opportuna, in quanto funzionale alle necessità di un poeta costretto a operare in una realtà particolare; e anche l'accusa di freddezza cade se uno sa leggere il testo in tale ottica (*Lezioni di letteratura italiana*, Napoli, 1872).

Dal Tasso parte anche FRANCESCO DE SANCTIS nel trattare il Marino nella sua *Storia della letteratura italiana* (1870-1871); egli ne fa un ritratto abilissimo: «Il re del secolo, il gran maestro della parola, fu il cavalier Marino, onorato, festeggiato, pensionato, tenuto principe de' poeti antichi e moderni, e non da plebe, ma da' più chiari uomini di quel tempo. Dicesi che fu il corruttore del suo secolo. Piuttosto è lecito di dire che il secolo corruppe lui o, per dire con più esattezza, non ci fu corrotti né corruttori. Il secolo era quello, e non potea esser altro; era una conseguenza necessaria di non meno necessarie premesse. E Marino fu l'ingegno del secolo, il secolo stesso nella maggior forza e chiarezza della sua espressione. Aveva immaginazione copiosa e veloce, molta facilità di concezione, orecchio musicale, ricchezza insauribile di modi e di forme, ...» che subitamente si volge in totale stroncatura: «nessuna profondità e serietà di concetto e di sentimento, nessuna fede in un contenuto qualsiasi. Il problema per lui, come pe' contemporanei, non era il che, ma il come. Trovava un repertorio esausto, già lisciato e profumato dal Tasso e dal Guarini, i due grandi poeti della sua giovinezza. Ed egli lisciò e profumò ancora più, adoperandovi la fecondità della sua immaginazione e la facilità della sua vena. La moda era alle idee religiose e morali, e il Murtola scriveva il *Mondo creato*, il Campeggi le *Lagrime della Vergine*, e il Marino la *Strage degl'innocenti*, e le sue stesse poesie erotiche inviluppava in veli allegorici. Ma la vita era in fondo materialista, gaudente, volgare, pettegola, licenziosa: il naturalismo viveva nella sua forma più grossolana sotto a quelle pretensioni religiose. Le prime poesie del Marino furono sfacciatamente lubriche, come la prima sua giovinezza; e, quando venne a età più matura, cercò non la correzione, ma la decenza esteriore, decorando i suoi furori erotici di un ammanto allegorico».

Dalla generale demolizione il De Sanctis salva tuttavia qualche breve immagine ben rifinita dalla «facile e briosa vocalità dei suoni» o allietata da una sensualità che era quanto «rimaneva di vivo in questi poeti seicentisti».

Concordante nel giudicare il secolo, ma non la poesia del Marino, appare FRANCESCO SAVERIO SALFI (*Résumé de l'Histoire de la Littérature Italienne*, Paris, 1826) che sostiene che l'ansia di nuovo che caratterizza il mondo scientifico secentesco è la stessa ad animare i poeti barocchi e a giustificarne l'esagerato sperimentalismo. Su posizioni non dissimili si trova ben più tardi ANTONIO BELLONI, curatore del *Seicento* per l'editore Vallardi, e persino ARTURO GRAF (*Il fenomeno del Secentismo*, in «Nuova Antologia», 1 ott. 1905) che sottolinea gli aspetti positivi dell'amore per il nuovo dei primi barocchi: liberazione della fantasia, forme nuove, superamento della divisione in diversi generi e arti.

Il Positivismo reca il suo contributo alla conoscenza del Marino con studi sulle date e sulle fonti e, soprattutto, biografici (M. MENEGHINI, *La vita e le opere di*

G. B. Marino, Roma, Manzoni, 1898 e il più affidabile A. BORZELLI, *Storia della vita e delle opere di Giovan Battista Marino*, Napoli, Priore, 1927²). Uno studio sulle fonti dà a GUGLIELMO FELICE DAMIANI l'occasione per un più ampio discorso (*Sopra la poesia del Cavalier Marino*, Torino, 1899) in cui si avvertono nuovi motivi di attualità del poeta barocco in un'epoca che sul tema della decadenza sta giocando la sua partita culturale, con non poche coincidenze tematiche e di tecnica espressiva.

9.3 I giudizi della critica contemporanea

BENEDETTO CROCE affronta con vaste e impegnative letture in più riprese il problema del Barocco e, all'interno di questo, dà una valutazione del Marino. I principali interventi sono *Saggi sulla letteratura italiana del Seicento* (1911), *Storia dell'età barocca in Italia: pensiero, poesia e letteratura, vita morale* (1928), *Nuovi saggi sulla letteratura italiana del Seicento* (1931), tutti editi da Laterza. Nei suoi primi *Saggi* il Croce indica nella *sensualità* l'unico elemento di vitalità autentica dei barocchi, ridotti per altro a una ingegnosità del tutto inutile nel mondo della poesia: del Marino salva quindi solamente alcune liriche particolarmente ricche di voluttà, liquidando il poeta come un «retore verboso e non poco pedante», figura neppur di primo piano della scuola barocca. Nella *Storia* pone l'accento su due particolarità del Barocco: il *descrittivismo* e la *sonorità*. Nota infatti come il Marino usi quasi copiare la realtà invece di rappresentarla, mostrandosi minuzioso, ma privo di una visione d'insieme, e come la sua non sia autentica musicalità ma soltanto sonorità, variamente mutuata da modelli letterari, senza una personale rielaborazione tale da farli rivivere.

Si può ritenere che con Croce la fortuna critica del Marino abbia toccato il fondo, dal quale è gradualmente risalita: così già CARLO CALCATERRA (*Il Parnaso in rivolta*, Milano, 1940) e FRANCESCO FLORA (*Storia della letteratura italiana*, Milano, 1942), pur partendo dalle posizioni del Croce, si distinguono, il primo per aver ricollocato il Marino al centro della poesia barocca intesa non come bizzarra e arbitraria, ma come una forma d'arte particolare e valida per esprimere quella temperie culturale, il secondo apprezzando la musicalità della lirica barocca e concludendo a proposito dell'*Adone*: «chi legga con l'animo di saggiatore di parole [...] e sappia resistere alle brutture concettose e goffe, non troverà in nessun altro libro italiano una messe più ricca».

GIULIO MARZOT (*L'ingegno e il genio del Seicento*, Firenze, 1944; *L'Italia letteraria durante la Controriforma*, Roma, Studium, 1962) prova a esaminare il Marino alla luce delle teorie letterarie barocche e scopre che, al di là di degenerazioni e affettazioni, esiste un Marino desideroso di approfondire il valore della parola, «uomo nuovo che acquista, d'istinto, la pienezza delle sue forze, ritrovando nel naturalismo pagano espressioni più elementari e perciò più congeniali», degno rappresentante del secolo, poeta fra i più autorevoli d'Italia.

Un recupero ancora più ampio si registra nello studio di WILHELM THEODOR ELWERT, *Zur Charakteristik der italienischen Barocklyrik*, (in «Romanistisches Jahrbuch», III, 1950): Marino appare uno scopritore del reale paragonabile al contemporaneo Galileo ed è apprezzato per aver creato forme nuove e mirabili. Anche il concettismo e la sensualità sono positivamente valutati come attestazione del desiderio del Marino di superare l'ambito petrarchesco in cui si era chiusa la precedente letteratura italiana.

Un profilo approfondito, brillante e positivo viene quindi da GIOVANNI GETTO (*Introduzione* a G.B. MARINO, *Opere scelte*, Torino, 1954) che include nel proprio esame le opere teoriche e le lettere del Marino, dalle quali trae non trascurabili chiavi interpretative; per il Getto l'elemento che maggiormente distingue il Marino dai suoi predecessori è l'ostentazione del lusso, voluta e continuata, mentre le sue sillogi poetiche sono strutturate in modo da poter fungere come da contenitore, «quasi un inventario di temi, di argomenti, di situazioni – che sembra documentare l'ostentato compiacimento del poeta nel riconoscere la propria capacità inventiva». Il linguaggio, l'*Adone* stesso, appaiono l'esito di una ricerca totale, mentre l'amore, ridotto a sensualità è pura ricerca continua di un'esistenza elegante e lussuosa. Importanti approfondimenti sullo stile del Marino vengono intanto dal Congresso *La critica stilistica e il barocco letterario* (gli *Atti* sono usciti a Firenze, Le Monnier, 1958), particolarmente per lo studio di IGNAZIO BALDELLI su *Elementi lontani dalla tradizione nel lessico dell'«Adone»*.

Dall'*Adone* parte pure lo studio di MARZIANO GUGLIELMINETTI, inizialmente un saggio in rivista, giunto poi alla dimensione del volume (*Tecnica e invenzione nell'opera di G.B. Marino*, Messina-Firenze, D'Anna, 1964). Lo stesso Guglielminetti tratta il Marino tanto in *Dizionario critico della letteratura italiana* (Torino, UTET, 1986), quanto nella recente *Storia della Civiltà Letteraria*, sempre della UTET: il critico, con ampi e precisi collegamenti estesi al mondo della scienza e delle arti figurative, si preoccupa di definire la «matrice culturale della dialettica, che presiede alla formazione dell'*Adone*» e il destinatario scelto dall'autore: «non più che di una minoranza di cortigiani e cavalieri il Marino volle essere il "precettore" suadente e complice, senza mai avvertire bisogno alcuno di estendere la sua utopia di pace e di amore fino oltre i limiti di una frazione sociale che non ha neanche i connotati di una classe». E conclude positivamente così: «Le sue ottave, oltre quarantamila, si snocciolano sempre con una sostanziale fedeltà metrica e lessicale alle ragioni di una poesia esperta e matura, dove le variazioni della trama non incidono a fondo sulla dizione poetica. All'interno di questa sostanziale omogeneità si ritrovano segmenti riconducibili ad opposte matrici espressive. Per tornare al nucleo vivo del poema, i canti del giardino di Venere, l'elenco dei vegetali e degli animali, degno di un moderno poema della creazione o di un antico esamerone [...] sta accanto ad inni all'Amore di ascendenza orfica o lucreziana; e frapposto c'è pure un inno bacchico, con endecasillabi accentati sulla terzultima che formano uno straordinario contrappunto timbrico e lessicale. Una sicurezza di mezzi espressivi così ostentata non ha paragoni nella tradizione letteraria precedente all'infuori di opere come la *Commedia* ed il *Decameron*, anche se il suo carattere dominante risulta alla fine, ancora una volta come nella *Lira*, provocato soprattutto da un'insaziabile ansia di sperimentabilità fine a se stessa, o quasi».

Contributi importanti per la definizione dello stile del Marino sono venuti da J.V. MIROLLO (*The Poet of the Marvelous. G.B. Marino*, New York and London, Columbia University Press, 1963), da EDOARDO TADDEO (vari saggi apparsi per lo più in «Studi secenteschi» dal 1963; poi *Studi sul Marino*, Firenze, Sandron, 1971), e da L. PANCIERA (*I barbarismi nelle polemiche seicentesche sulla lingua dell'«Adone»*, in «Studi linguistici italiani», XVI, 1990); sulle fonti ha lavorato CARMELA COLOMBO (*Cultura e tradizione nell'«Adone» di G.B. Marino*, Padova, 1967).

Di ragguardevole valore per una sistemazione critica dell'opera del Marino è la revisione testuale per una corretta edizione: a partire dal 1956, quando è uscita l'*Anversa liberata*, di incerta attribuzione, si è registrato un crescente impegno, volto soprattutto alle opere minori, intensificatosi negli anni Ottanta e tuttora in corso. Tali recuperi (indicati nel *Repertorio bibliografico*) hanno consentito un allargamento del dibattito (testimoniato dalle numerose recensioni e dagli studi di accompagnamento pure elencati in bibliografia) e una più approfondita conoscenza dell'autore e della formazione della sua poesia; importante in tal senso anche l'edizione delle *Lettere*, a cura del Guglielminetti.

Negli ultimi anni sono pure apparsi studi dal taglio specialistico, riguardanti aspetti particolari (M. DELL'AMBROGIO, *Tradurre, imitare, rubare: appunti sugli «Epitalami» del Marino*, in *Forme e vicende*, Padova, 1988; M. PIERI, *Fischiata XXXIII. Un sonetto di Giambattista Marino*, Parma, Pratiche, 1992; P. FRARE, *Contro la metafora. Antitesi e metafora nella prassi e nella teoria del Seicento*, in «Studi secenteschi», 1992), oppure di raffronto fra autori (R. REICHLIN - G. SOPRANZI, *Pastori barocchi fra Marino e Imperiali*, Fribourg, Edizioni Universitarie Friburgo Svizzera, 1988; C. CARUSO, *Paolo Giovio e Giovan Battista Marino*, in «Giornale Storico della Letteratura Italiana», CVIII, 1991; B. RIMA, *Lo specchio e il suo enigma. Vita di un tema intorno a Tasso e Marino*, Padova, Antenore, 1991).

Nel 1989 si è realizzata presso l'Università di Toronto una *Lectura Marini* con rilevanti contributi e curata da FRANCESCO GUARDIANI, lo stesso studioso cui si deve la monografia *La meravigliosa retorica dell'«Adone» di G. B. Marino* (Firenze, Olschki, 1989) che si chiude proponendo questa audace, attraente certificazione di attualità dell'opera mariniana: «Ci si è intesi nel definire questa nuova epoca "postmoderna", per significare che anche se non si conoscono esattamente gli sbocchi verso i quali ci stiamo avviando, certo siamo ormai definitivamente al di là dell'era "moderna" e forse agli inizi di un nuovo grande ciclo storico. Uno degli aspetti più vistosi, e quindi più riconoscibili, di questi nuovi tempi è costituito dal corale e continuo spettacolo offerto da esperienze culturali diverse che da ogni parte del mondo ci colpisce e ci attira, ma che anche, in un certo senso, ci sgomenta perché ci fa toccare i limiti della nostra capacità di assimilazione. Di fronte a questo stato di cose, l'artista, come ha recentemente osservato il Frye, può giungere a soffrire di agorafobia. Certo è che la realtà, a non volerla osservare imponendosi delle limitazioni di prospettiva, si presenta come una entità multiforme e variegata, un mondo fatto di mondi; per interpretarla, e anzi per viverci, l'atteggiamento più giusto sembra essere quello dell'accettazione del tutto senza scrupoli riduttivi. Basta pensare ad uno scrittore sensibile come Italo Calvino, fino alla fine coraggiosamente votato a dare una giustificazione del presente, per certificarsi di questo: dalle *Città invisibili* a *Se una notte d'inverno un viaggiatore* e finanche alla *Collezione di sabbia* troviamo nelle sue opere un continuo accumulo di "mondi", tutti presentati senza pre-giudizi con le loro indipendenti e diverse categorie di valori, ma tutti, allo stesso tempo, inscindibilmente correlati nella loro essenza come parti dell'umanità, sia questa vista nell'ambito di un universo geofisico che nell'ambito di un universo fantastico. La critica, e in particolare la critica letteraria, ha intensificato il suo lavoro aprendosi a più prospettive e favorendo interpretazioni interdisciplinari. Un corollario del necessario atteggiamento di accettazione della pluralità delle prospettive è rappresentato dalla sospensione dei giudizi di valore che in pratica è venuta a corrispondere all'impossibilità di liquidare un'opera (qualsiasi opera) con un'etichetta riduttiva. È per tutto questo che il Marino, con *L'Adone*, si ripropone al lettore contemporaneo; il poeta ha ben più da offrire che "versi sonori" e "concetti arguti". È soprattutto la sua poetica *in toto* che oggi interessa: una poetica fondata sulla parola che inventa disponendosi allo scambio e alla fruizione di nuove e diverse esperienze. Si tratta di una poetica che, in ultima analisi, si identifica con la retorica. E se, come ha insegnato Ernesto Grassi, "retorica è filosofia", non resta che accostare i termini estremi della doppia equazione, e cioè finalmente riconoscere che la poetica mariniana è filosofia».

Repertorio bibliografico

a) **Opere bibliografiche e introduttive**

C. DELCORNO, *Rassegna mariniana (1969-1974)*, in «Lettere italiane», XXVII, 1975; G. FULCO, *Bibliografia mariniana sommersa*, in «Filologia e critica», III, 1978; G.E. VIOLA, *Recenti studi sul Marino*, in «Cultura e scuola», XVII, 1978.

Biografie: M. MENGHINI, *La vita e le opere di Giambattista Marino*, Roma, Manzoni, 1898; A. BORZELLI, *Storia della vita e delle opere di Giovan Battista Marino*, Napoli, Priore, 1927²; F. PICCO, *Il cavalier Marino*, Roma, Formìggini, 1927. Un'opera introduttiva è M. PIERI, *Per Marino*, Padova, Liviana, 1976; si veda anche il buon profilo complessivo di M. GUGLIELMINETTI, *Giovanni Battista Marino. La lirica, l'epica e la parodia*, in *Storia della civiltà letteraria italiana*, dir. da G. Bárberi Squarotti, vol. III: *Manierismo e barocco*, Torino, UTET, 1990.

b) **Edizioni e commenti**

Per molte opere mariniane bisogna rifarsi alle stampe secentesche: *Il ritratto del serenissimo don Carlo Emanuello duca di Savoia*, Torino, 1608; *La Lira*, Venezia 1614; *Il Tempio*, Lyon, 1615; *Epitalami*, Venezia e Paris, 1616; *La Murtoleide*, Nürnberg, 1619, Frankfurt, 1619 e 1626, Speyra, 1629; *La Sampogna*, Paris, 1620; *La Sferza*, ivi 1625; *Il Padre Naso... con... le due prigionie di Napoli e Torino* ecc., ivi, 1626; *Egloghe*, Milano, 1627.

Esistono edizioni moderne soddisfacenti solo di poche opere. In particolare ne esistono due per l'*Adone*: l'una curata da M. Pieri, 2 voll., Bari-Roma, Laterza 1975-1977, l'altra da G. Pozzi, Milano, Mondadori, 1976¹; poi ivi, Adelphi, 1988². Per le altre opere: *Anversa liberata. De' capelli di Santa Maria Maddalena*, a cura di F. Salsano, Bologna, Commissione per i testi di lingua, 1956 (ma si tratta di attribuzione incerta); *«Dicerie sacre» e «La Strage de gl'innocenti»*, a cura di G. Pozzi, Torino, Einaudi, 1960; *Lettere*, a cura di M. Guglielminetti, Torino, Einaudi, 1966; *La Galeria*, 2 voll., a cura di M. Pieri, Padova, Liviana, 1979 (il volume II contiene il commento ai testi); *Amori*, a cura di A. Martini, Milano, Rizzoli, 1982; *Gierusalemme distrutta e altri teatri di guerra*, a cura di M. Pieri, Parma, La Pilotta, 1985; *Rime amorose*, a cura di O. Besomi e A. Martini, Ferrara-Modena, Panini, 1987; *Rime marittime*, a cura di O. Besomi, C. Marchi e A. Martini, ivi, 1988; *Rime boscherecce*, a cura di J. Hauser-Jakubowicz, ivi, 1991.

Antologie: *Poesie varie*, a cura di B. Croce, Bari, Laterza, 1913; *Marino e i marinisti. Opere scelte*, a cura di G. Getto, Torino, UTET, 1962²; *Marino e i marinisti*, a cura di G.G. Ferrero, Milano-Napoli, Ricciardi, 1954; *Opere*, a cura di A. Asor Rosa, Milano, Rizzoli, 1967.

c) **Critica**

Per la storia della critica: F. CROCE, *Giambattista Marino*, in *I classici italiani nella storia della critica*, a cura di W. Binni, vol. I, Firenze, La Nuova Italia, 1973² (con bibliografia ragionata fino al 1961). Cfr. anche V. PRESTA, *Giambattista Marino nella critica post-crociana*, in «Cultura e scuola», IX, 1970.

Per la fortuna del Marino all'estero e sui rapporti tra marinismo e letterature europee: C. W. CABEEN, *L'influence de G. B. Marino sur la littérature française dans la première moitié du XVIIe siècle*, Paris, Hachette, 1904; L. P. THOMAS, *Góngora et le gongorisme considerés dans leurs rapports avec le Marinisme*, H. Champion, 1911; M. PRAZ, *Secentismo e marinismo in Inghilterra*, Firenze, La Voce, 1925; F. NERI, *Il Marino e i poeti francesi*, in «Giornale Storico della Letteratura Italiana», CXI, 1938; F. J. WARNKE, *Marino and the English Metaphysicals*, in «Studies in the Renaissance», II, 1955; C. RIZZA, *Barocco francese e cultura italiana*, Cuneo, Stabilimento Tipografico Editoriale, 1973; F. GRAZIANI GIACOBBI, *La Fontaine lecteur de Marino*, in «Revue de littérature comparée», 58, 1984.

Tra gli studi più importanti: F. MANGO, *Il cavalier Marino: ricerche e studi*, Cagliari, Tipografia Avvenire in Sardegna, 1887; E. CANEVARI, *Lo stile del Marino nell'«Adone»*, Pavia, Frattini, 1901; B. CROCE, *Sensualismo ed ingegnosità nella lirica del Seicento*, in *Saggi sulla letteratura del Seicento*, Bari, Laterza, 1931 (e cfr. anche ID., *La «Strage degl'Innocenti»*, in *Varietà di storia letteraria e civile*, ivi, 1949); D. PETRINI, *Note sul barocco*, Rieti, Biblioteca Editrice, 1929; M. PRAZ, *Studi sul concettismo*, Firenze, Sansoni, 1946; G. GETTO, *Introduzione al Marino* (1951), in *Barocco in prosa e in poesia*, Milano, Rizzoli, 1969; F. CROCE, *Nuovi compiti della critica del Marino e del Marinismo*, in «La rassegna della letteratura italiana», LXI, 1957; I. BALDELLI, *Elementi lontani dalla tradizione nel lessico dell'«Adone»*, in AA. VV., *La critica stilistica e il Barocco letterario*, Firenze, Le Monnier, 1958; E. RAIMONDI, *Alla ricerca del classicismo*, in *Anatomie secentesche*, Pisa, Nistri-Lischi, 1966; C. COLOMBO, *Cultura e tradizione nell'«Adone» di Giambattista Marino*, Padova, Antenore, 1967; M. PIERI, *Eros e Manierismo nel Marino*, in «Convivium», XXXVI, 1968; O. BESOMI, *Ricerche intorno alla «Lira» di Giambattista Marino*, Padova, Antenore, 1969 (e dello stesso si veda: *Fra i ritratti del Giovio e del Marino. Schede per la «Galeria»*, in «Lettere italiane», XL, 1988); E. TADDEO, *Studi sul Marino*, Firenze, Sandron, 1971; B. PORCELLI, *Le misure della fabbrica. Studi sull'«Adone» del Marino e sulla «Fiera» del Buonarroti*, Milano, Marzorati, 1980; C. DIONISOTTI, *La Galleria degli uomini illustri*, in «Lettere italiane», XXXIII, 1981; G. P. MARAGONI, *Discorsi sul Marino heroico*, Parma, Istituto di Filologia Moderna, 1983; R. SIMON, *Giambattista Marino et les artistes de son temps d'après l'Epistolario*, in *La Correspondance*, vol. II: *Création littéraire, correspondance et vie littéraire*, Aix-en-Provence, Université de Provence, 1985; M. SLAWINSKI, *Agiografie mariniane*, in «Studi secenteschi», XXIX, 1988; F. GUARDIANI, *L'idea dell'immagine nella «Galeria» di Giambattista Marino*, in *Letteratura e arti figurative* (Convegno di Toronto-Hamilton-Montreal, 1985), vol. II, Firenze, Olschki, 1988; M. DELL'AMBROGIO, *Tradurre, imitare, rubare: appunti sugli «Epitalami» del Marino*, in *Forme e Vicende. Per Giovanni Pozzi*, a cura di O. Besomi, Padova, 1988; F. GUARDIANI, *La meravigliosa retorica dell'«Adone» di Giambattista Marino*, Firenze, Olschki, 1989; L. PANCIERA, *I barbarismi nelle polemiche seicentesche sulla lingua dell'«Adone»*, in «Studi linguistici italiani», XVI, 1990; P. CHERCHI, *Nuovo invito alla lettura dell'«Adone»*, in «Italica», LXVII, 1, 1990; P. FRARE, *Marino postmoderno? (a proposito di due recenti studi mariniani)*, in «Italianistica», XX, 1, genn.-apr., 1991; C. CARUSO, *Paolo Giovio e Giovan Battista Marino*, in «Giornale Storico della Letteratura Italiana», CVIII, 541, 1991; B. RIMA, *Lo specchio e il suo enigma. Vita di un tema intorno a Tasso e Marino*, Padova,

Antenore, 1991; M. PIERI, *Fischiata XXXIII. Un sonetto di Giambattista Marino*, Parma, Pratiche, 1992; P. FRARE, *Contro la metafora. Antitesi e metafora nella prassi e nella teoria letteraria del Seicento*, in «Studi secenteschi», XXXIII, 1992; F. GIAMBONINI, *Poesie estravaganti di Marino*, in «Studi secenteschi», XXXIV, 1993.

Fondamentali sono i saggi raccolti nel volume miscellaneo *Lectura Marini. L'«Adone» letto e commentato da vari*, Toronto, University Italian Press-Dovehouse, 1989 (con letture dei singoli canti dell'*Adone*).

10 Galilei

10.1 La fortuna di Galileo presso i suoi contemporanei e nel Settecento

Galileo Galilei è uno di quei personaggi troppo rilevanti in più di un settore per poter essere facilmente inquadrati: ogni esperto settoriale finisce inevitabilmente coll'arrestarsi ai confini della propria disciplina, potendo tutt'al più procedere oltre per poco e a tentoni. Galileo finisce quindi (come Leonardo da Vinci per esempio) coll'essere trattato sempre parzialmente o con parziale competenza.

Alla complessità dell'uomo si sono poi aggiunte le note vicende legate alla sua collisione con la Chiesa e con la mentalità del tempo legata alla tradizione aristotelica, con tutte le dispute e i condizionamenti da ciò derivati.

In sostanza, già il decreto ecclesiastico di condanna può considerarsi un contributo critico sull'opera galileiana; segna inoltre l'avvio delle discussioni pro e contro le sue tesi astronomiche inevitabilmente riguardanti i relativi testi.

Nel 1654 si hanno già una reticente *Vita di Galileo* di Nicolò Gherardini e un tendenzioso *Racconto istorico della vita di Galileo* di Vincenzo Viviani. Condizionati dai divieti ecclesiastici sono pure sia i contributi critici secenteschi sia le stesse edizioni delle *Opere* (Bologna, 1655-1666; Firenze, 1718) realizzate senza inserire gli scritti "pericolosi", che trovarono tuttavia il modo di circolare grazie a edizioni clandestine, come quella con la falsa indicazione «Firenze, 1718». Nel 1744 a Padova viene stampata una raccolta delle *Opere* comprendente anche l'incriminato *Dialogo dei due Massimi Sistemi*, ma con premesse, avvertenze e ammonizioni. Le preoccupazioni dottrinali continuano a condizionare la critica del primo Settecento, dando luogo a interventi ed elogi per lo più evasivi, anche quando si riconosce l'ingegno dello scienziato o addirittura la validità della «filosofia sperimentale»; tutto questo impedisce anche una seria valutazione estetica degli scritti galileiani, a proposito dei quali appena Paolo Frisi nel suo *Elogio del Galilei* (Milano, 1775) si ricorda dell'aspetto letterario definendo il *Saggiatore* «uno dei più bei pezzi della toscana eloquenza».

L'aspetto ideologico è in primo piano anche nei giudizi positivi che man mano iniziano a comparire verso la metà del Settecento in Italia e all'estero: David Hume (*Storia della casa Stuart*, Edinburgh, 1756) giudica Galileo superiore a Bacone; Francesco Algarotti in vari scritti celebra le innovazioni galileiane sul piano del metodo sperimentale e per aver teorizzato un nuovo sistema del mondo. Con l'affermarsi dell'Illuminismo l'ammirazione verso Galileo si diffonde sempre di più: così Lorenzo Mascheroni in versi canta che egli «primo infranse / l'idolo antico, e con periglio trasse / a la nativa libertà le menti» (*Invito a Lesbia Cidonia*, 1793) e grandi apprezzamenti gli vengono pure dal Leibniz e dal Kant.

Lo valutano come scrittore, invece, ANTONIO CONTI (*Della fantasia di Galileo*, in *Prose e poesie,* Venezia, 1756), che gli riconosce numerose doti espressive, facondia e chiarezza innanzitutto, e dà un'interpretazione ai personaggi del famigerato *Dialogo*, e GIUSEPPE PARINI (*Principi generali e particolari delle Belle Lettere*), che ne loda l'equilibrio, la regolarità unita alla naturalezza, e, anche lui, la chiarezza.

10.2 Galileo nella critica dell'Ottocento

Apprezzamenti alla sua chiarezza ed eleganza nell'espressione vengono anche da parte di GIOVANNI BATTISTA CANDIANI (*I secoli della letteratura italiana*, Brescia, 1804-1813) agli inizi dell'Ottocento, secolo durante il quale l'opera galileiana viene ampiamente conosciuta e ristampata.

Mentre, soprattutto per i suoi meriti di scienziato, ottiene il riconoscimento pubblico, di VINCENZO MONTI e di UGO FOSCOLO, il quale canta i successi del grande astronomo nelle *Grazie*, gli elogi di GIACOMO LEOPARDI riguardano proprio le sue capacità di scrittore: nei *Pensieri di varia filosofia e di bella letteratura* lo stile di Galileo viene lodato per l'eleganza e l'efficacia, con qualche contraddizione a proposito del galileiano culto per la precisione, poco apprezzata da un Leopardi notoriamente teorico di una poetica fondata sulla vaghezza.

Mentre continua in Italia e all'estero il dibattito sul suo valore di scienziato (con le riserve espresse da JEAN-BAPTISTE DELAMBRE e gli apprezzamenti di TERENZIO MAMIANI), rimane marginale l'interesse letterario: un contributo viene da VINCENZO GIOBERTI (*Introduzione allo studio della Filosofia,* Bruxelles, 1844) che, lodandone lo stile «scientifico, largo, vario, virile, facondo, eloquente [...] perfetto», accosta il Galilei ad altri importanti scrittori fra cui il Machiavelli per la prosa e l'Ariosto e persino Dante per le capacità fantastiche e di suggestione.

L'accostamento al Machiavelli vale anche secondo FRANCESCO DE SANCTIS che, nella *Storia della letteratura italiana*, tratta di Galileo con ammirazione per la sua opera e per la sua onestà di scienziato, ma anche per le sue capacità di scrittore: «Chi legge le lettere, i trattati, i dialoghi di Galileo, vi trova subito l'impronta della coltura toscana nella sua maturità: uno stile tutto cose e tutto pensiero, scevro di ogni pretensione e di ogni maniera, in quella forma diretta e propria in che è l'ultima perfezione della prosa. Usa i modi servili del tempo senza servilità, anzi tra' suoi baciamano penetra un'aria di dignità e di semplicità, che lo tiene alto su' suoi protettori. Non cerca eleganza né vezzi, severo e schietto, come uomo intento alla sostanza delle cose e incurante di ogni lenocinio».

Nelle dispute fra positivisti e idealisti Galileo finì col trovarsi in mezzo, considerato dai primi un precursore e facendo giungere gli altri, a volte, a riprendere i giudizi del Santo Uffizio. L'omaggio più significativo del Positivismo a Galileo è dato dall'opera di ANTONIO FAVARO che promosse l'edizione nazionale delle *Opere* (Bologna, 1890-1907), la pubblicazione degli atti del processo e della *Bibliografia galileiana* (a cura di A. Carli e dello stesso Favaro). L'aspetto letterario, rimasto ai margini delle discussioni, viene trattato da N. VACCALUZZO in *Galileo letterato e poeta* (Catania, 1896) che loda la prosa galileiana collegata a quella rinascimentale e particolarmente apprezzata per l'aderenza al reale.

10.3 Galileo Galilei nella critica contemporanea

L'edizione delle opere e del processo favorì il rinascere delle dispute filosofiche e scientifiche sul Galilei con l'intervento dei migliori cervelli del primo Novecento, dagli italiani Croce, Gentile e Banfi agli stranieri Cassirer, Wohlwill ed Einstein.

Ad ANTONIO BANFI si deve una *Vita di Galileo Galilei* (edita nel 1930 e ristampata dall'editore Feltrinelli nel 1962) che si chiude con una riflessione su «la personalità di Galileo e il suo valore nella storia della cultura»; per il Banfi «nell'opera galileiana tutto vive e si muove in organica unità: la disposizione delle parti, la distribuzione dei motivi, la dimostrazione scientifica, le divagazioni sperimentali e polemiche, la varietà dei ritmi, l'uso della lingua, e ciò perché tutto è retto e sostenuto da una energica unitaria attitudine spirituale».

Al di là delle polemiche riguardanti il Galilei critico, in quanto autore delle *Considerazioni al Tasso* e delle *Postille all'Ariosto* e *al Petrarca* (con interventi di C. TRABALZA, A. BELLONI, C. PRIVITERA e A. CHIARI), contano soprattutto gli studi sul Galileo maggiore: in questo campo si impegnano LEONARDO OLSCHKI (*Struttura spirituale e linguistica del mondo neolatino*, Bari 1935) e UMBERTO BOSCO (*Galileo scrittore*, in «La Cultura», genn. 1932) per individuare i "segreti" della sua prosa, descriverne le caratteristiche e spiegare le scelte che la regolano; inizia così a emergere l'importanza della lingua anche per la formulazione e la comunicazione dei contenuti scientifici. Sulla capacità di Galileo di esprimersi con inusitate chiarezza e concretezza si pronuncia pure FRANCESCO FLORA, mentre CARLO CALCATERRA (*Un cinquantennio di studi sulla letteratura italiana (1886-1936)*, Firenze, 1937) propone un accostamento fra l'esperienza barocca e lo sperimentalismo scientifico del Galilei. Con finezza filologica e accurati studi sui manoscritti, ALBERTO CHIARI (*Galilei e le lettere italiane*, in *Nel III centenario della morte di Galileo Galilei*, Milano, 1942) individua le origini tardolatine della prosa del Galilei e propone spiegazioni per l'uso del dialogo e sulla genesi della sua prosa. Ancora sulla lingua si pronunciano M.V. GIOVINE (*Galilei scrittore*, Genova-Milano-Napoli, 1943) che nega l'esistenza di una prosa scientifica galileiana, parlando piuttosto di uso scientifico della prosa cinquecentesca, BRUNO MIGLIORINI (*Lingua e cultura*, Roma, 1948) che invece individua alcuni termini "tecnificati" e RAFFAELE SPONGANO (*La prosa di Galileo e altri scritti*, Messina-Firenze, 1949) che sostiene l'assoluta novità della prosa galileiana prospettando un accostamento con il Guicciardini.

Nella seconda metà del ventesimo secolo continuano le discussioni su Galileo: da parte cattolica si assiste a una presa d'atto dell'errata impostazione data al problema secoli addietro e si opera una revisione, attestata fra l'altro dal volume 60 (1983) di «Angelicum. Pontificia Universitas a Sancto Thoma. Romae», esclusivamente contenente *Studia in honorem Galilaei (1633-1983)*; infine, a trecentocinquant'anni dalla morte, nel 1992 Giovanni Paolo II chiude il «caso Galileo» con un discorso tenuto alla Pontificia Accademia delle Scienze.

Galileo continua a comparire nei trattati di letteratura, anche se spesso con precisazioni e avvertimenti, quanto meno per delimitare il campo alle poche cose prettamente letterarie o per estenderlo alle prose scientifiche, a loro volta variamente definite e delimitate. Così nel *Dizionario critico della letteratura italiana*, M. PASTORE

STOCCHI precisa che «la vera "prosa scientifica", nata per l'appunto nell'età galileiana, si crea e si organizza come linguaggio totalmente extraletterario, pienamente autonomo e autosufficiente, che concresce in se stesso non ammettendo alcuna norma soggettiva, cioè disinteressatamente espressiva. È evidente che la prospettiva della storia letteraria è la meno adatta, per difetto di giurisdizione, a cogliere e a riassorbire in sé un fenomeno di tale portata: il pericolo – come di fatto la storia della critica testimonia – è quello di scambiare il travaglio degli scienziati venuti con e dopo Galilei, e che in definitiva non facevano professione di elzeviristi, per una ricerca di stile mentre era, molto più radicalmente, una ricerca di linguaggio che li portava fuori del Barocco come li avrebbe portati fuori da qualsiasi ambito letterario».

Il fascino esercitato da Galileo in ambito letterario, è attestato anche dalla fioritura di opere letterarie in cui la sua vicenda è variamente riproposta, come nel caso del dramma di BERTOLT BRECHT *Vita di Galileo* (Berlin, Suhrkamp, 1955; trad. it. di E. Castellani, Torino, Einaudi, 1971⁶). *Una biografia scientifica* è, invece, come recita il sottotitolo, il *Galileo* di STILLMAN DRAKE (trad. it. di L. Ciancio, Bologna, Il Mulino, 1988; ed or. *Galileo at Work. His Scientific Biography*, Chicago, The University of Chicago Press, 1978).

La critica degli ultimi anni ha dedicato al Galilei soprattutto studi particolari, come il contributo di TIBOR WLASSICS su *La genesi della critica letteraria di Galileo* (in «Aevum», XLVI, 1972) o la proposta di R. GATTO, *Il codice napoletano delle «Meccaniche» di Galileo: una nuova attribuzione* (in «Giornale critico della filosofia italiana», LXX, 1991) o il saggio di MARIA TERESA FRATTEGIANI, *Caratteristiche del linguaggio scientifico rintracciabili negli scritti di Galilei, Redi e Volta* (in «Gli Annali dell'Università per stranieri. Perugia», 15, 1990). Parzialmente utile ai fini di una storia della critica sul Galilei, nonostante l'impostazione prevalentemente filosofica, è l'impegnativo studio di M.A. FINOCCHIARO, *Galileo and the Art of Reasoning. Rhetorical Foundation of Logic and Scientific Method* (Dordrecht, Reidel Publishing Company, 1980), per le considerazioni comprese nel capitolo *The Rhetoric of Logic and the Logic of Rhetoric: Critique of the New Rhetoric*. Un poco noto Leopardi lettore di Galileo è al centro degli interessi di LORENZO POLATO, autore di *Lo stile e il labirinto. Leopardi e Galileo, e altri saggi* (Milano, Franco Angeli, 1991). Di più vasto respiro è infine il lavoro complessivo di ANDREA BATTISTINI, *Introduzione a Galilei* (Roma-Bari, Laterza, 1989).

Repertorio bibliografico

a) Opere bibliografiche e introduttive

A. CARLI-A. FAVARO, *Bibliografia galileiana (1568-1895)*, Roma, Ministero della Pubblica Istruzione, 1896; G. BOFFITO, *Bibliografia galileiana (1896-1940)*, Roma, Libreria dello Stato, 1943; E. GENTILI, *Bibliografia galileiana fra i due centenari (1942-1964)*, Venegono Inf., Seminario Arcivescovile, 1966; F. RUSSO, *Chronique galiléenne*, in «Archives de philosophie», XLVII, 1984.

Le biografie più accreditate: A. FAVARO, *Galileo Galilei*, Firenze, Barbèra, 1964² (1ª ed. Modena, Formìggini, 1910); A. BANFI, *Galileo Galilei*, Milano, Il Saggiatore, 1961²; L. GEYMONAT, *Galileo Galilei*, Torino, Einaudi, 1981⁹; G. MORPURGO TAGLIABUE, *I processi di Galileo e l'epistemologia*, Milano, Edizioni di Comunità, 1981 (1ª ed. 1963); B.G. KUZNETSOV, *Galilei*, Bari, Dedalo, 1979; S. DRAKE, *Galileo. Una biografia scientifica*, trad. it. di L. Ciancio, Bologna, Il Mulino, 1988 (ed. or. Chicago, The University of Chicago Press, 1978). Importante è poi *I documenti del processo di Galileo Galilei*, a cura di S.M. Pagano, Città del Vaticano, Pontificia Accademia delle Scienze, 1984. Cfr. anche Suor C. GALILEI, *Lettere al padre*, a cura di G. Morandini, Torino, La Rosa, 1983.

Le due migliori monografie introduttive sono: U. DOTTI, *Galileo Galilei: vita, opere, testi esemplari*, Milano, Accademia, 1979²; A. BATTISTINI, *Introduzione a Galilei*, Roma-Bari, Laterza, 1989.

b) Edizioni e commenti

L'Edizione Nazionale delle *Opere* è quella stampata in 20 volumi a cura di A. Favaro, I. Del Lungo e U. Marchesini dall'editore Barbèra, Firenze, 1890-1909 (rist. 1929-1939 e 1966); *La prosa*, a cura di A. Favaro e I. Del Lungo, Firenze, Sansoni, 1991 (1ª ed. 1911). Edizioni di opere singole, variamente commentate: *Sidereus nuncius*, a cura di M. Timpanaro-Cardini, Firenze, Sansoni, 1948; *Discorsi e dimostrazioni matematiche intorno a due nuove scienze*, a cura di A. Carugo e L. Geymonat, Torino, Boringhieri, 1958; *Dialogo sui massimi sistemi*, a cura di F. Brunetti, Bari, Laterza, 1963; *Il Saggiatore*, a cura di L. Sosio, Milano, Feltrinelli, 1992 (1ª ed. 1965); *Dialogo sopra i massimi sistemi del mondo*, a cura di L. Sosio, Torino, Einaudi, 1982²; *Istoria e dimostrazioni intorno alle macchie solari e loro accidenti*, a cura di M. Montinari, Theoria, Roma, 1982 (riproduce, con introduzione di E. Bellone, le *Lettere copernicane* dell'Edizione Nazionale); *Discorsi e dimostrazioni matematiche. Intorno a due nuove scienze attinenti alla meccanica ed i movimenti locali*, a cura di E. Giusti, Torino, Einaudi, 1990; *Sidereus Nuncius*, a cura di A. Battistini, Venezia, Marsilio, 1993.

Pregevoli scelte antologiche delle *Opere* di Galileo sono state curate da P. Pagnini, 5 voll.,

Firenze, Salani, 1935; S. Timpanaro, 2 voll., Milano, Rizzoli, 1936-1938; F. Flora, Milano-Napoli, Ricciardi, 1953; F. Brunetti, 2 voll., Torino, UTET, 1980 (1ª ed. 1964). Si vedano anche l'*Antologia galileiana*, a cura di A. Maccagni, Firenze, Barbèra, 1965 e gli *Scritti letterari*, a cura di A. Chiari, Firenze, Le Monnier, 1970². Recentemente ristampate: *La prosa di Galileo per saggi criticamente disposti*, a cura di I. Del Lungo e A. Favaro, con introduzione di C. Luporini, Firenze, Sansoni, 1984 (1ª ed. 1911); *Dal Carteggio e dai documenti. Pagine di vita*, introduzione di E. Garin, Firenze, Sansoni, 1984 (1ª ed. 1915).

c) Critica

Per la storia della critica: C. F. GOFFIS, *Galileo Galilei* (1955), in *I Classici italiani nella storia della critica*, dir. da W. Binni, vol. II, Firenze, La Nuova Italia, 1973²; AA. VV., *Fortuna di Galilei*, Bari, Laterza, 1964. Un aspetto particolare in B. BILINSKI, *Galileo Galilei e il mondo polacco*, Wrocław-Warszawa-Kraków, Ossolineum, 1969.

Sulla cultura scientifica e il pensiero filosofico: A. KOYRÉ, *Studi galileiani*, trad. it. di P. Galluzzi, Torino, Einaudi, 1976² (ed. or. 1939); A. BANFI, *Galileo e il Rinascimento*, in *L'uomo copernicano*, Milano, Mondadori, 1950; G. DE SANTILLANA, *Processo a Galileo*, Milano, Mondadori, 1960 (ed. or. 1955); V. RONCHI, *Il cannocchiale di Galileo e la scienza del Seicento*, Torino, Einaudi, 1959; L. BULFERETTI, *Galilei nella società del suo tempo*, Manduria, Lacaita, 1973 (1ª ed. 1964); E. GARIN, *Galileo e la cultura del suo tempo*, e ID., *Galileo «filosofo»*, in *Scienza e vita civile nel Rinascimento italiano*, Bari, Laterza, 1993 (1ª ed. 1965); F. MATARRESE, *Galileo tra Rinascimento e Illuminismo*, Bari, Laterza, 1969; W. SHEA, *La rivoluzione intellettuale di Galileo*, Firenze, Sansoni, 1974²; E. BELLONE, *Il sogno di Galileo. Oggetti e immagini della ragione*, Bologna, Il Mulino, 1980; M. A. FINOCCHIARO, *Galileo and the Art of Reasoning: Rhetorical Foundation of Logic and Scientific Method*, Dordrecht, Reidel, 1980; P. REDONDI, *Galileo eretico*, Torino, Einaudi, 1983. Sul "caso Galilei": E. ZOFFOLI, *Galileo. Fede nella ragione, ragioni della fede*, Bologna, Edizioni Studio Domenicano, 1990. Su alcuni aspetti della scienza contemporanea, si veda l'antologia *La scuola galileiana e l'origine della vita*, a cura di P. Cristofolini, Torino, Loescher, 1968; R. C. WESTFALL, *La rivoluzione scientifica del XVII secolo*, trad. it. di D. Panzieri, Bologna, Il Mulino, 1984; M. T. FRATTEGIANI, *Caratteristiche del linguaggio scientifico rintracciabili negli scritti di Galilei, Redi e Volta*, in «Gli Annali dell'Università per stranieri. Perugia», 15, 1991.

Sugli aspetti letterari: I. DEL LUNGO, *Galileo letterato*, in «Nuova Antologia», XXXIV, 1899; U. BOSCO, *Galilei scrittore* (1932), in *Saggi sul Rinascimento italiano*, Firenze, Le Monnier, 1970; M. BONTEMPELLI, *Galileo poeta*, in «Letteratura», 24, 1943; N. SAPEGNO, *Galileo scrittore*, in «Atti e memorie dell'Arcadia», III serie, I, 1948; R. SPONGANO, *La prosa di Galileo e altri scritti*, Messina, Principato, 1949; G. MARZOT, *Variazioni barocche nella prosa di Galileo Galilei*, in «Convivium», XXII, 1954 e XXIII, 1955; G. VARANINI, *Galileo critico e prosatore. Note e ricerche*, Verona, Fiorini-Ghidini, 1967; C. MUSCETTA, *Simplicio e la «commedia filosofica» dei «Massimi sistemi»* (1968); in *Realismo, neorealismo e controrealismo*, Milano, Garzanti, 1976; T. WLASSICS, *Galilei critico letterario*, Ravenna, Longo, 1974; L. CARETTI, *Galileo uomo di lettere*, in *Studi di letteratura e di storia in memoria di Antonio Di Pietro*, Milano, Vita e Pensiero, 1977; D. DELLA TERZA, *Galileo letterato: «Considerazioni sul Tasso»*, in *Forma e memoria*, Roma, Bulzoni, 1979; P. GUARANELLA, *La prosa e il mondo. «Avvisi» del moderno in Sarpi, Galilei e la nuova scienza*, Bari, Adriatica, 1986. Sulla lingua: M. L. ALTIERI BIAGI, *Galileo e la terminologia tecnico-scientifica*, Firenze, Olschki, 1965; A. BATTISTINI, *Gli «aculei» ironici della lingua di Galileo*, in «Lettere italiane», XXX, 1978; R. SPONGANO, *Due studi di prosa: 1 La prosa di Galileo; 2 Galileo scrittore*, in «Studi e problemi di critica testuale», 4, 42, 1991; R. GATTO, *Il codice napoletano delle «Meccaniche» di Galileo: una nuova attribuzione*, in «Giornale critico della filosofia italiana», LXX, 1991.

Contengono saggi importanti i seguenti atti dei convegni: *Galileo Galilei. Celebrazioni del IV centenario*, a cura di A. Alessandrini, Roma, Accademia Nazionale dei Lincei, 1965; *Scritti e discorsi nel IV centenario della nascita di Galileo Galilei*, Università di Padova, 1966; *Galileo Galilei nel IV centenario della nascita*, a cura di G. de Santillana e altri, in «Terzo Programma», 1, 1965; *Nel IV centenario della nascita di Galileo Galilei*, Milano, Vita e Pensiero, 1966.

11 Goldoni

11.1 Il "realismo" goldoniano nella critica dell'Ottocento

La storia della critica goldoniana è molto semplice e si potrebbe definire nella sua linea essenziale come storia del passaggio da un'interpretazione "veristica" o "realistica" a un'interpretazione "poetica" o "fantastica". La prima interpretazione è legata all'immagine che della sua opera lasciò il Goldoni stesso nei *Mémoires* e nelle prefazioni alle commedie. Essa si ritrova nella prima seria considerazione critica della sua arte (dopo il periodo settecentesco delle polemiche moralistiche, linguistiche o puramente personali: si ricordino i nomi dell'abate CHIARI, del GOZZI, del BARETTI): quella contenuta nell'ultimo capitolo (*La nuova letteratura*) della *Storia della letteratura* di FRANCESCO DE SANCTIS. Per il grande critico il Goldoni fu, con la sua riforma, l'iniziatore della nuova letteratura, concepita come «una ristaurazione del vero e del naturale nell'arte». Soltanto l'iniziatore, perché gli mancò, se non la chiarezza, l'audacia necessaria e in lui le aspirazioni artistiche contrastavano con le esigenze del mestiere. È suo merito aver messo al centro dell'arte «l'uomo, studiato come un fenomeno psicologico, ridotto alle sue proporzioni naturali e calato in tutte le particolarità della vita reale»; tuttavia di questa realtà umana egli vede solo la superficie, privo com'è di profondi interessi spirituali: «il poeta non medita, non si raccoglie, non approfondisce; sta tutto al di fuori, gioioso e spensierato, indifferente al suo contenuto e intento a caricarlo quasi per passatempo e con l'aria più ingenua, senza ombra di malizia e di mordacità: onde la forma del suo comico è caricatura allegra e smaliziata, che di rado giunge all'ironia» (in quest'accusa di "superficialità" resta la traccia di un giudizio che i nostri romantici ereditarono da AUGUST W. SCHLEGEL, il quale scrisse che il Goldoni «ritrae sempre la vita in superficie»). La conclusione delle brevi pagine del De Sanctis, che veramente lasciano l'impressione di una certa frettolosità, è fortemente limitativa: «Gli manca quella divina malinconia, che è l'idealità del poeta comico e lo tiene al di sopra del suo mondo, come fosse la sua creatura, che accarezza con lo sguardo e non la lascia che non le abbia data l'ultima finitezza». A questa conclusione del De Sanctis si rifà per confermarla BENEDETTO CROCE nelle rare occasioni in cui esprime qualche rapido giudizio sul Goldoni: per esempio in una delle *Postille* de *La poesia* (4ª ed. Bari, Laterza, 1946, p. 258): «Inferiore al Molière nell'osservazione morale, perché intelletto minore e aggirantesi in più semplice cerchia d'esperienza, il Goldoni sta tutto nella capacità di un'ilare visione degli uomini, delle loro passioncelle e difetti e vizi, o piuttosto difettucci e vizietti e curiosi dirizzoni, dei quali poi quasi sempre si ravvedono e correggono. Era anche un brav'uomo, di oneste intenzioni, bonario, pietoso, indulgente; ma la sua vena era quella».

Ma il tema dominante della critica dell'Ottocento è quello del "realismo" goldoniano: particolarmente accentuato, com'è naturale, nel periodo positivistico, quando il Goldoni apparve un geniale precursore dell'arte verista. A questo atteggiamento si collega la netta preferenza data alle commedie in dialetto, che sembrano più "vere" delle altre. Una caratteristica determinazione di esso è poi la tesi che fa del commediografo il fedele pittore di un particolare ambiente, quello veneziano. Sia nella critica del periodo romantico sia in quella del periodo positivistico, inoltre, prevale in genere il concetto di un Goldoni scarsamente colto, artista per genio spontaneo, e nello stesso tempo collocato in posizione antitetica rispetto alla letteratura della sua epoca (il CARDUCCI, per esempio, crea un'antitesi Goldoni-Metastasio). Il Positivismo tuttavia diede importanti contributi allo studio del Goldoni: ALESSANDRO GIUSEPPE SPINELLI, ARNALDO DELLA TORRE e CESARE LEVI hanno catalogato la bibliografia delle opere e della critica, il tedesco E. VON LOEHNER avviò un'edizione critica dei *Mémoires*, pubblicando però solo il primo volume (Venezia, Visentini, 1883); l'impresa continuò a cura di GUIDO MAZZONI che completò nel 1907 i due volumi delle *Memorie riprodotte integralmente dalla edizione originale francese* (Firenze, Barbèra). Nello stesso anno, celebrandosi il secondo centenario della nascita, GIUSEPPE ORTOLANI dava alle stampe la biografia *Della vita e dell'arte di C. Goldoni* (Venezia, Istituto Veneto di Arti Grafiche), mentre di O. MARCHESINI-CAPASSO usciva a Bergamo (Bolis) lo studio *C. Goldoni e la commedia dell'arte*.

11.2 Il rinnovamento critico operato dal Momigliano: il Goldoni "fantastico"

Il Novecento, apertosi con le celebrazioni del centenario e con il parallelo avvio dell'edizione della monumentale *Opera omnia* (*Opere complete di Carlo Goldoni edite dal Municipio di Venezia nel II centenario della nascita*, a cura di G. Ortolani, con la collaborazione di C. Musatti e di E. Maddalena, Venezia, 1907-1960), registra un mutamento notevole nella critica, in parte anche in conseguenza della polemica condotta dal CROCE contro la concezione "veristica" dell'arte in nome della libertà fantastica. Si tende ora a rivendicare al Goldoni la qualità di creatore di un suo mondo poetico personale e non soltanto di riproduttore geniale di una realtà esterna. In connessione con questa tendenza è quella di attenuare l'opposizione fra lo scrittore e la letteratura precedente, a mettere in rilievo i suoi legami tanto con la mentalità e la sensibilità dell'Arcadia (in particolare col Metastasio) quanto anche con la stessa commedia dell'arte. Il rapporto fra le due tendenze è evidente: quanto meglio si dimostreranno le affinità fra l'arte del Goldoni e quella così fantastica e convenzionale del melodramma e della commedia dell'arte, tanto più facilmente si dissolverà il mito del suo "realismo".

Il maggior rinnovatore della critica goldoniana è ATTILIO MOMIGLIANO, autore di numerosi studi (il primo, su *Il Bugiardo*, è del 1904), poi rielaborati e fusi nel capitolo XIV (*Il Goldoni*) della sua *Storia della letteratura italiana* (1935). Egli accetta il concetto tradizionale di un Goldoni scrittore dal mondo limitato e non profondo, tuttavia riconosce che, entro i suoi limiti, questi possiede una potenza di fantasia quale si trova solo nei grandi poeti: se non idealizza la vita e di rado scopre la più profonda vita individuale, tuttavia «è il più puro imitatore della natura esteriore e sociale che mai sia comparso nella nostra storia letteraria». Il Goldoni è realista «in quanto prende dalla realtà il movimento e certi colori, non il volume, la profondità, i problemi che si irradiano dal suo interno». Per questa ragione il Momigliano, specialmente nelle pagine della *Storia della letteratura*, accentua il legame dello scrittore con l'ambiente del Settecento arcadico definendolo «uno dei più caratteristici poeti del *rococò*, il «principe dei nostri poeti settecenteschi ed arcadi», pittore soprattutto d'ambienti più che di anime e di caratteri.

Un rapporto non di contrapposizione, ma di continuità con la commedia dell'arte, scorse lo studioso francese PHILIPPE MONNIER (*La comédie de Goldoni*, in *Venise au XVIIIe siècle*, Paris, 1908), il quale escluse dal teatro goldoniano ogni elemento riflesso, e lo considerò opera di un genio spontaneo e improvvisatore, che attua una forma di puro "realismo fantastico". La tesi di un Goldoni puro poeta in quanto creatore di un "teatro puro", che porta alla sua perfezione la tradizione della commedia dell'arte è stata condotta alle estreme conseguenze da EDMONDO RHO, in un articolo (*Il tono goldoniano*) pubblicato su «Nuova Antologia» il 1° giugno 1933, e in forma più sistematica nel volume *La missione teatrale di Carlo Goldoni* (1936). Eliminando ogni riferimento alla personalità umana dello scrittore, il Rho ne interpreta tutta l'opera in termini musicali, parlando di duetti, quartetti, concertati, architettura sonora dialogica, tecnica contrappuntistica, melopea continua, ariette, recitativi ecc.

La tendenza a mettere in rilievo le qualità creative e fantastiche del Goldoni, staccandosi dall'interpretazione "realistica" della sua arte, ha generato anche una diversa valutazione della sua lingua e del suo stile. Era giudizio tradizionale che le migliori commedie del Goldoni dovessero la loro vivacità in gran parte all'uso del dialetto veneziano, lingua frescamente popolare, "realistica", e già di per sé dotata di virtù teatrali, mentre le commedie in italiano apparivano scritte in una lingua piatta, scolorita, scorretta. Ora RENATO SIMONI fece osservare che il veneziano del Goldoni è tutt'altro che la riproduzione pura e semplice del dialetto popolare, bensì il prodotto di una deliziosa rielaborazione letteraria: «Per rendersi conto della politezza, della eleganza del dialetto goldoniano, bisogna paragonarlo al dialetto usato dagli scrittori del suo tempo. Gli almanacchi ne rigurgitano ed è un dialetto molle, insipido, che strilla plebeo o si infronzola di parole italiane stroncate malamente, rilevando in chi lo adopera un vocabolario scarso e ottuso il senso della convenienza verbale» (introduzione a C. GOLDONI, *Commedie scelte*, Napoli, 1916). Non dunque a un'intrinseca virtù del dialetto ma all'arte dello scrittore è dovuta la musicalità del linguaggio nelle commedie in veneziano. N. VALERI (*Intorno a Goldoni*, 1931; poi in AA.VV., *La cultura illuministica in Italia*, Torino, ERI, 1964²) individua nel naturalismo goldoniano «l'espressione spicciola di una filosofia che, essendo accessibile a molti, divenne facilmente patrimonio comune, come una specie di illuminismo popolare».

Analogamente al Simoni, ma in senso inverso, RICCARDO BACCHELLI combatté il giudizio tradizionale che il Goldoni scriva male in italiano, affermando che «dove prende e trasceglie dalle parlate dell'artificio e della conversazione di una società decaduta e stanca anche nelle squisitezze, che fra ampollosità spagnolesche e svenevolezze francesi si era ridotta caricatissima e artifiziatissima e non parlava più né lingua né dialetti, ma gergo, qui, dov'era quasi certo riuscir male, Goldoni procedé guidato da un istinto così eccellente e frugale da fargli scegliere fra la lingua delle cerimonie e del punto d'onore, dei patiti e dei servienti e delle servite, di cui sussistono gli inverosimili documenti letterali dell'epoca, quel tanto che, esprimendo riconoscibilmente animi e sentimenti, era anche atto a durare e restare» (*Confessioni letterarie*, Milano, La Cultura, 1932).

11.3 Goldoni oggi

La preoccupazione di rivendicare la libertà fantastica dello scrittore contro l'interpretazione realistica dell'Ottocento ha indotto un po' tutti gli studiosi del primo Novecento (anche senza giungere alle esagerazioni del Rho) a dare forse un rilievo eccessivo alle affinità della sua arte col melodramma e con la commedia dell'arte, e a togliere quasi ogni significato alla sua già tanto celebrata riforma. L'indirizzo della critica successiva sembra essere quello di un'interpretazione storicamente più equilibrata, che tenga conto adeguato dei vari aspetti della personalità goldoniana e del loro rapporto. Esso si riflette abbastanza chiaramente nelle pagine dedicate al Goldoni da NATALINO SAPEGNO nel suo *Compendio di storia della letteratura italiana* (1936-1947): «Dalla relazione dialettica fra un'esigenza musicale e fantastica e una tenace volontà di osservazione realistica e moralistica prende forma e carattere lo svolgimento dell'arte goldoniana» e, quanto alla riforma, è proprio in virtù di questo proposito che «l'attività poetica del veneziano prende posto nel quadro della cultura del suo tempo, e cioè si determina storicamente e si propone come modello ai posteri». Un'interpretazione sociologica del Goldoni viene dal russo A. K. GIVELEGOV (*C. Goldoni e le sue commedie*, in «Rassegna sovietica», IV, 9, 1953) che propone l'immagine di un Goldoni «portavoce della borghesia italiana più progredita in lotta contro il feudalesimo che doveva respingere la vecchia tecnica scenica della Commedia dell'arte, che costituiva ormai un ostacolo alla espressione del nuovo contenuto ideologico». Seguendo un'analoga linea interpretativa, secondo princìpi di estetica marxistica, GIUSEPPE PETRONIO ha attribuito alla "riforma" goldoniana il significato della creazione di un "genere" sostanzialmente nuovo, che sarebbe il riflesso letterario della situazione della società borghese veneziana nella seconda metà del Settecento (cfr. il cap. *Il teatro comico e Carlo Goldoni*, in *L'attività letteraria in Italia*, 1964; sull'argomento è tornato con *Il punto su Goldoni*, Roma-Bari, Laterza, 1986); e MARIO BARATTO ha delineato le tappe dell'analisi della società veneziana e dei suoi interni contrasti che il commediografo compie alla luce di una poetica per la quale «il *Mondo* vale [...] perché atto alla scena, colto cioè in certi aspetti comici della convivenza umana; e il *Teatro* è una tecnica espressiva che dimostra la sua efficacia rispetto a una varia e mutevole scoperta del reale» (cfr. il saggio *«Mondo» e «Teatro» nella poetica del Goldoni*, 1957; ora in *Tre studi sul teatro*, Venezia, Neri Pozza, 1964).

L'avvio a una più ferma e matura soluzione del contrasto ritornante nella critica goldoniana fra l'interpretazione realistico-sociale e quella del teatro puro o della fantasia musicale può essere offerto, secondo GIANFRANCO FOLENA, dall'analisi concreta della lingua dello scrittore, della quale, nello studio *L'esperienza linguistica di C. Goldoni* (1957), egli ha acutamente illuminato gli aspetti e la storia, nel gioco dei diversi piani (dialetto, italiano, francese). Sull'argomento è ritornato con nuovi saggi, ora riuniti in *L'italiano in Europa. Esperienze linguistiche del Settecento* (Torino, Einaudi, 1983).

Riallacciandosi al Folena, GIORGIO CAVALLINI ha messo soprattutto in rilievo la "vitalità sorprendente" del dialogo goldoniano, in sintonia con la dimensione del "quotidiano" nel suo teatro (*La dimensione civile e sociale del quotidiano nel teatro comico di Carlo Goldoni*, Roma, Bulzoni, 1986). Il dibattito critico trova corrispondenza nelle messe in scena e nei volumetti che spesso le accompagnano: l'allestimento diviene occasione per un commento vero e proprio, quando LUDOVICO ZORZI fa le prefazioni alle edizioni Einaudi de *L'amante militare* e de *Gl'innamorati* (1972), particolarmente interessanti per la ricostruzione dei modi goldoniani di comporre utilizzando i vecchi canovacci del teatro dell'arte; mutuando le tecniche dello strutturalismo giunge nel 1980 a verificare la *Persistenza dei modi dell'Arte nel testo goldoniano* (in *L'interpretazione goldoniana. Critica e messinscena*, Atti del Convegno del Teatro di Roma, a cura di N. Borscllino, Roma, Officina, 1982). Utilizzando strutturalismo c semiologia, ha curato l'antologia Einaudi (1972) ed è intervenuto altre volte KURT RINGGER, cercando di individuare le costanti stilistiche sia nelle commedie sia nei *Mémoires*: indica così alcune corrispondenze fra sintassi e struttura dell'intreccio e opera un censimento dei segni tipici del vocabolario teatrale goldoniano.

Nel Convegno del Teatro di Roma del 1980 (Atti, cit.) il Baratto, dopo aver trattato delle più rilevanti innovazioni goldoniane, segnala l'esigenza di una collaborazione tra studiosi e registi, resa possibile dall'«affermarsi di nuovi tipi sia di professori sia di registi, meno separati o isolati dal loro mestiere. Per gli studiosi di teatro vale innanzitutto l'ovvio ed evidente progresso compiuto in questi anni dalla ricerca drammaturgica: non solo per l'elementare considerazione che la "scena" è il luogo deputato, di destinazione e verifica, della scrittura teatrale [...], ma anche per la consapevolezza che la "messa in scena", per i risultati più evidenti e insieme per le contraddizioni più stridenti cui può sboccare, è uno strumento efficacissimo per attraversare l'opera, in questo caso di Goldoni, per leggerla a vari livelli, per "aggiustare" la valutazione critica». Altri interventi del Baratto, raccolti in *La letteratura teatrale del Settecento in Italia (Studi e letture su Carlo Goldoni)* (Vicenza, Neri Pozza, 1985), sono proseguiti in questa direzione. Nella stessa ha lavorato J. JOLY (*L'altro Goldoni*, Pisa, ETS, 1989) illustrando «la varietà dei registri espressivi e la complessità del discorso ideologico-teatrale» goldoniani.

Una caratteristica della critica più recente è data, anche per il Goldoni, dalla cura approfondita di aspetti particolari o anche marginali: così ANGELA GUIDOTTI (*Goldoni par lui-même. Commedie. Prefazioni. Autobiografia*, Alessandria, Edizioni Dell'Orso, 1992) ha approfondito «uno degli aspetti più trascurati [...] riguardante Goldoni visto da Goldoni stesso, quale emerge da un confronto fra i suoi interventi teorici e le soluzioni concrete»; M. SAULINI ha, invece, condotto una *Indagine sulla donna in Goldoni: frequenze e fusioni dei personaggi femminili nelle «Grandi commedie» (1760-1762)* (in «Yearbook of Italian Studies», 9, 1991); FRANCO FIDO, sempre intento a riscoprire aspetti sommersi del grande drammaturgo, ha fra l'altro di recente studiato *Riforma e "controriforma" del teatro. I libretti per musica di Goldoni fra il 1748 e il 1753* (in «Studi goldoniani», Venezia, 1985). Fra gli studi particolari non mancano quelli di raffronto, in particolare con Carlo Gozzi.

Un efficace e pratico strumento divulgativo per chi desidera accostarsi al Goldoni, sia sotto il profilo letterario sia sotto quello prettamente teatrale, è stato realizzato da SIRO FERRONE (*Carlo Goldoni. Vita, opere, critica, messinscena*, Firenze, Sansoni, 1990).

Il bicentenario della morte ha dato nuovo impulso agli studi goldoniani con manifestazioni e congressi i cui atti sono ancora in corso di edizione. Nell'occasione sono usciti: presso l'editore Mondadori l'edizione critica dei *Mémoires*, a cura di P. Bosisio; l'editore Garzanti ha edito la traduzione della stessa opera (*Memorie*) a cura di F. Portinari (sul testo mondadoriano del 1935) e una vasta riflessione critica sul teatro (O. BERTANI, *Goldoni. Una drammaturgia della vita*). Del Folena, già qui citato per i suoi studi linguistici, è uscito il *Vocabolario del veneziano di Carlo Goldoni*, a cura di D. Sacco e P. Borghesan, Roma, Istituto dell'Enciclopedia Italiana.

Repertorio bibliografico

a) Opere bibliografiche e introduttive

A. Della Torre, *Saggio di una bibliografia della critica goldoniana*, Firenze, 1908; E. Levi, *Contributo alla bibliografia della critica goldoniana*, in «Rassegna nazionale», 1907, e Id., *Le pubblicazioni del centenario goldoniano*, in «Rassegna bibliografica della letteratura italiana», 1908; M. Ortiz, *Rassegna goldoniana*, in «Giornale Storico della Letteratura Italiana», 1908, e soprattutto N. Mangini, *Bibliografia goldoniana (1908-1957)*, Venezia-Roma, Istituto per la collaborazione culturale, 1961, con i successivi aggiornamenti pubblicati in «Studi goldoniani», quaderni I-VIII, 1968-1988.

G. Ortolani, *Della vita e dell'arte di Carlo Goldoni*, Venezia, 1907; H.C. Chatfield-Taylor, *Goldoni. A Biography*, New York, 1916 (trad. it. Bari, Laterza, 1927). Discorsiva ma molto informata la biografia G. Geron, *Carlo Goldoni cronista moderno. Costume e moda nel Settecento a Venezia*, Venezia, Filippi, 1972. Più sbrigativa P. Ruffilli, *Vita amori e meraviglie del signor Carlo Goldoni*, Milano, Camunia, 1993.

Utili introduzioni alla figura e all'opera: F. Fido, *Guida a Goldoni. Teatro e società nel Settecento*, Torino, Einaudi, 1979; E. Steele, *Carlo Goldoni. Life, Works and Times*, Ravenna, Longo, 1981; G. Petronio, *Il punto su Goldoni*, Roma-Bari, Laterza, 1986; N. Jonard, *Introduzione a Goldoni*, ivi, 1990; S. Torresani, *Invito alla lettura di Carlo Goldoni*, Milano, Mursia, 1990; G. Folena, *Vocabolario del veneziano di Carlo Goldoni*, a cura di D. Sacco e P. Borghesan, Roma, Istituto dell'Enciclopedia Italiana, 1933.

b) Edizioni e commenti

Opere complete di Carlo Goldoni, edite dal Municipio di Venezia, a cura di C. Musatti, E. Maddalena, G. Ortolani, 40 voll., 1907-1960; *Tutte le opere di Carlo Goldoni*, a cura di G. Ortolani, Milano, Mondadori, 1935-1956. Ampia raccolta (14 commedie): C. Goldoni, *I capolavori*, Milano, Mondadori, 1970.

L'edizione critica dei *Mémoires* è uscita a cura di P. Bosisio, Milano, Mondadori, 1993; C. Goldoni, *Mémoires*, a cura di F. Portinari, Milano, Garzanti, 1993.

Tra le raccolte e le scelte antologiche più importanti, vi sono quelle curate da F. Zampieri per i «Classici» Ricciardi (Milano-Napoli, 1954) e da G. Folena e N. Mangini per i «Classici Italiani» Mursia (Milano, 1993; 1ª ed. 1969). Si vedano inoltre: *Commedie scelte*, a cura di F. Del Beccaro, Milano, Bietti, 1971²; *Commedie*, 3 voll., a cura di N. Mangini, Torino, UTET, 1971; *Commedie*, 4 voll., a cura di K. Ringger, Torino, Einaudi, 1972; *Commedie*, 2 voll., a cura di S. Bullegas e G. Davico Bonino, Milano, Garzanti, 1976; *Il teatro illustrato nelle edizioni del Settecento*, a cura di G.A. Cibotto e F. Pedrocco, Venezia, Marsilio, 1981; *Teatro*, 3 voll., a cura di M. Pieri, Torino, Einaudi, 1991. L'edizione commentata e tradotta delle *Memorie* è curata da P. Bianconi, Milano, Rizzoli, 1987 (si veda anche l'edizione a cura di F. Levi, Torino, Einaudi, 1985).

c) Critica

F. ZAMPIERI, *Profilo storico della critica goldoniana*, in «La rassegna della letteratura italiana», genn.-giug. 1953; G. PETRONIO, *Goldoni*, Palermo, Palumbo, 1958; N. MANGINI, *La fortuna di Carlo Goldoni e altri saggi goldoniani*, Firenze, Le Monnier, 1965. Un aggiornamento in E. MATTIODA, *Goldoni nella critica contemporanea*, in «Ateneo Veneto», CLXXV, 1988. Per la fortuna in Europa: *Goldoni in Francia*, Atti del colloquio dell'Accademia Nazionale dei Lincei, Roma, 1972; A.E. MAURER, *Carlo Goldoni: seine Komödien und ihre Verbreitung im deutschen Sprachraum des 18. Jahrhunderts*, Bonn, 1982 (con appendice bibliografica soprattutto sulle edizioni goldoniane in Germania).

Studi notevoli: M. ORTIZ, *La cultura del Goldoni*, in «Giornale Storico della Letteratura Italiana», XLVIII, 1906; ID., *Il canone principale della poetica goldoniana*, in «Atti dell'Accademia di archeologia, lettere e belle arti», Napoli, XXIV, 1906; O. MARCHINI-CAPASSO, *Goldoni e la commedia dell'arte*, Napoli, Perrella, 1912 (1ª ed. Bergamo, 1907); PH. MONNIER, *Venise au XVIIIe siècle*, Paris, Perrin, 1908; G. ZICCARDI, *I Mémoires, I rusteghi*, in *Vita e arte nel Settecento*, Firenze, Le Monnier, 1947; M. APOLLONIO, *L'opera di Carlo Goldoni*, Milano, Athena, 1932; R. BACCHELLI, *Confessioni letterarie*, Milano, La Cultura, 1932; E. RHO, *La missione teatrale di Carlo Goldoni*, Bari, Laterza, 1936; E. GIMMELLI, *La poesia di Goldoni*, Pisa, Vallerini, 1941; G.B. DE SANCTIS, *Carlo Goldoni*, Padova, 1948; M. DAZZI, *Goldoni e la sua poetica sociale*, Torino, Einaudi, 1957; E. CACCIA, *Carattere e caratteri nella commedia del Goldoni*, Brescia, Paideia, 1958; i vari scritti goldoniani di A. MOMIGLIANO sono ora raccolti in *Saggi goldoniani*, a cura di V. Branca, Venezia-Roma, Istituto per la collaborazione culturale, 1959. E inoltre: M. BARATTO, *«Mondo» e «Teatro» nella poetica del Goldoni*, in *Tre studi sul teatro*, Venezia, Neri Pozza, 1964; N. MANGINI, *I teatri di Venezia*, Milano, Mursia, 1974; ID., *Drammaturgia e spettacolo tra Settecento e Ottocento*, Padova, Liviana, 1979; W. BINNI, *Settecento maggiore: Goldoni, Parini, Alfieri*, Milano, Garzanti, 1978; P. BOSISIO, *Carlo Gozzi e Goldoni. Una polemica letteraria con versi inediti o rari*, Firenze, Olschki, 1979; G. PADOAN, *L'esordio del Goldoni e la conquista della moralità* e ID., *L'impegno civile di Carlo Goldoni*, in «Lettere italiane», XXXV, 1 e 4, 1983; G. NICASTRO, *Goldoni riformatore*, Catania, Facoltà di Lettere e Filosofia, 1983; G. FOLENA, *L'esperienza linguistica di Carlo Goldoni; Il linguaggio del Goldoni dall'improvviso al concertato; Itinerario dialettale goldoniano; Il vocabolario veneziano di Goldoni; Goldoni librettista comico; Il francese di Goldoni*, in *L'italiano in Europa. Esperienze linguistiche del Settecento*, Torino, Einaudi, 1983; F. FIDO, *Da Venezia all'Europa: prospettive sull'ultimo Goldoni*, Roma, Bulzoni, 1984; M. BARATTO, *La letteratura teatrale del Settecento in Italia (Studi e letture su Carlo Goldoni)*, Venezia, Neri Pozza, 1986; G. CAVALLINI, *La dimensione civile e sociale del quotidiano nel teatro comico di Carlo Goldoni*, Roma, Bulzoni, 1986; P. STEWART, *Goldoni fra letteratura e teatro*, Firenze, Olschki, 1989; M. SAULINI, *Indagine sulla donna in Goldoni: frequenze e funzioni dei personaggi femminili nelle «Grandi Commedie» (1760-1762)*, in «Yearbook of Italian Studies», 9, 1991; B. MULINACCI, *Aspetti della drammaturgia goldoniana negli «Innamorati»*, in «La rassegna della letteratura italiana», XCV, 1-2, 1991; O. BERTANI, *Goldoni. Una drammaturgia della vita*, Milano, Garzanti, 1993.

Per la lingua del Goldoni cfr. G. FOLENA, *Il linguaggio del Goldoni: dall'improvviso al concertato*, in «Paragone», 94, 1957 e ID., *L'esperienza linguistica di Carlo Goldoni*, in «Lettere italiane», X, 1, 1958, oggi in *L'italiano in Europa. Esperienze linguistiche del Settecento*, Torino, Einaudi, 1983.

Si vedano infine due importanti volumi miscellanei: *Studi goldoniani*, Atti del Convegno Internazionale di Venezia (1957), 2 voll. a cura di V. Branca e N. Mangini, Venezia-Roma, Istituto per la collaborazione culturale, 1962; *L'interpretazione goldoniana. Critica e messinscena*, Atti del Convegno del Teatro di Roma (1980), a cura di N. Borsellino, Roma, Officina, 1982.

Per gli aggiornamenti periodici, si consulti la rivista «Studi goldoniani» diretta da N. Mangini.

12 Parini

12.1 L'accoglienza favorevole all'opera del Parini nel Settecento

L'opera del Parini incontrò quasi universale favore presso i suoi contemporanei: essa rispondeva alle esigenze della mentalità e del gusto del tempo. E di questo favore sono testimonianza anche i noti versi della *Caduta*, dove si accenna all'incitamento dei cittadini al poeta perché porti a termine il *Giorno*. Tra le poche voci discordanti è quella di PIETRO VERRI, il cui giudizio negativo, e perfino sprezzante, nasce in parte da ragioni di polemica personale e in parte da diversità di atteggiamento spirituale, perché l'opposizione del Verri al mondo nobiliare e ai suoi privilegi era molto più radicale che non quella del Parini. Caldamente favorevole al Parini fu invece GIUSEPPE BARETTI. Giocava anche qui qualche motivo di risentimento polemico contro il Verri e l'opera del «Caffè»; ma nella sostanza i giudizi del Baretti nascono indubbiamente da ammirazione sincera. Nella «Frusta letteraria» del 1° ottobre 1763 egli presentava l'autore del *Mattino* come «uno di quei pochissimi buoni poeti che onorano la moderna Italia», il quale «con ironia molto bravamente continuata dal principio sino alla fine di questo poemetto [...] satireggia con tutta la necessaria mordacità gli effeminati costumi di que' tanti fra i nostri nobili, che non sapendo in che impiegare la loro meschina vita, e come passar via il tempo, la consumano tutta in zerbinerie e in illeciti amoreggiamenti». Un solo appunto serio egli faceva al poeta: quello di aver scritto in versi sciolti invece che in rima. Appunto che si spiega in rapporto alla personale teoria del Baretti intorno al verso sciolto e alla rima, più volte ribadita. Altre volte il Baretti tornò a parlare del Parini, sempre in senso positivo; il suo atteggiamento è sintetizzato da questo giudizio espresso nel 1768 in *An Account of the Manners and Customs of Italy*: «Il Parini sarà contato fra i più celebri poeti: sarà il Pope e il Boileau dell'Italia: li agguaglia già per la giustezza dei pensieri, per la esattezza e proprietà delle espressioni; sembra sorpassarli nella ricchezza della immaginazione e nella feracità della invenzione».

Le espressioni del Baretti: «giustezza dei pensieri», «esattezza e proprietà delle espressioni», indicano anche i motivi principali per i quali i contemporanei ammirarono il Parini, cioè l'equilibrio della mente e l'eleganza dello stile. Subito dopo la sua morte cominciò invece la trasfigurazione romantica della sua personalità, quella trasfigurazione che avrà il suo documento più significativo in alcune pagine famose dell'*Ortis* del Foscolo. Essa parte da alcuni tratti reali della figura del poeta, ma li accentua e li intensifica, fino a creare l'immagine eroica dell'uomo eticamente superiore in lotta con la sua epoca corrotta.

Questo processo trasfigurativo comincia già nella biografia dedicata al poeta dal discepolo Francesco Reina, che la premise alla sua edizione di tutte le *Opere* del Parini (6 voll., Milano, 1801-1804): edizione di importanza fondamentale, nella quale apparvero per la prima volta il *Vespro* e la *Notte*, le *Odi* e altre rime e prose inedite.

12.2 La trasfigurazione risorgimentale della personalità del Parini e il contrasto fra l'uomo e il letterato nella critica del Foscolo e del De Sanctis

Dal Foscolo ha inizio la vera e propria critica pariniana, ma non dal Foscolo delle pagine ricordate dell'*Ortis* e dei versi ancor più famosi dei *Sepolcri*, animati dal medesimo spirito. Con quelle pagine il Foscolo contribuì più di chiunque altro a creare quell'immagine del Parini eroe della patria e della libertà che fu cara agli uomini del Risorgimento; ma la sua interpretazione critica del poeta è da ricercare nel profilo che gli dedicò nel *Saggio sulla letteratura contemporanea in Italia* (apparso per la prima volta in Inghilterra nel 1818 sotto il nome del suo amico inglese John Hobhouse, come appendice illustrativa al canto IV del *Childe Harold* di George Byron, ma in realtà opera del Foscolo).

Il Foscolo qui non contrappone il Parini al suo tempo, ma lo vede in rapporto e consonanza con esigenze profonde della società contemporanea e soprattutto s'impegna a definire i caratteri particolari della sua arte. Egli riconosce lo squisito magistero del "letterato", felice imitatore dei latini e dello stile di Virgilio in particolare, efficacissimo descrittore, anzi "pittore", tanto che «ad eccezione di Dante, pochi poeti italiani ebbero il vanto di rappresentare le cose nei loro versi, in modo che un pittore leggendoli possa formarsene una giusta idea, e ritrarle»; ma rileva in lui una mancanza di sentimento intenso, di vero fuoco poetico: il suo modo di poetare «quantunque bellissimo [...] appartiene più al regno dell'immaginazione che a quello del sentimento», e perciò «tutto quello che un gusto squisito e ben coltivato può col solo proprio impulso eseguire, interamente si trova nelle opere del Parini; ma questi non potrà tuttavia essere giammai annoverato nella classe dei poeti ispirati». Giudizio che nel suo nocciolo essenziale sarà ripetuto dal Leopardi, quando stimerà il Parini piuttosto «letterato di finissimo giudizio» che «vero poeta», negandogli «forza di passione e di sentimento» (*Zibaldone*, edizione Flora, vol. I, pp. 499 e 1425), e che sarà ancora quello dei critici romantici, la cui sensibilità e poetica, ubbidienti ai princìpi della poesia-passione e della forma semplice e viva, non potevano facilmente accettare l'intonazione in genere pacata e lo stile squisitamente letterario, intessuto di espressioni latineggianti, nonché, naturalmente, le frequenti immagini mitologiche della poesia pariniana. Resta tuttavia in loro, come abbiamo già detto, l'ammirazione per la figura morale (e infatti il Parini è ricordato fra i "maestri" nel programma del «Conciliatore»); sicché sorge quel contrasto, che è il tema fondamentale della critica ottocentesca, fra l'"uomo", sentito come grande innovatore, e lo "scrittore", che sembra ancora legato a vecchi schemi, a una forma letteraria ormai morta e inadeguata al suo nuovo mondo spirituale.

Questo contrasto si ritrova nel saggio di Francesco De Sanctis (*Giuseppe Parini*, in *Saggi critici*, vol. III; comparso per la prima volta nella «Nuova Antologia», 1871), che, come in tanti altri casi, riprende e sviluppa verso nuove direzioni i motivi della critica precedente. Infatti il critico presenta il Parini come «il primo poeta» della nuova letteratura in antitesi con Pietro Metastasio, «l'ultimo poeta» della vecchia, come «il primo poeta della nuova letteratura, che sia uomo, cioè che abbia dentro di sé un contenuto vivace e appassionato, religioso, politico e morale», personalità in perfetta antitesi con la vecchia società, che «era forma fastosa ma vuota». Ma questa nuova letteratura nasce secondo il De Sanctis con due difetti d'origine: «Da una parte, come reazione alla vuota forma, vi si dà troppa importanza al contenuto, e, se guadagna di serietà, vi è debole il sentimento puro dell'arte, l'ingenuità e la spontaneità della prima ispirazione. Ci si vede una letteratura elaborata nelle alte cime dell'intelligenza, non uscita dal popolo, non scesa in mezzo al popolo. D'altra parte, come reazione al francesismo, si rappicca al passato, e per fastidio del moderno, ti riproduce l'antico. Nasce riflessa e classica». L'ispirazione romantica di questi giudizi è evidentissima. Ma nel corpo del saggio, andando al di là di questo contrasto (che è riassunto dalla nota frase: nel Parini «l'uomo valeva più dell'artista», e che, del resto, era delineato in funzione dello schema di svolgimento della *Storia* desanctisiana, del quale abbiamo parlato altrove: cfr. nella *Parte quarta* il capitolo *Neoclassicismo*), il De Sanctis definisce con una precisione e nettezza di contorni, con un senso di equilibrio sconosciuti alla critica precedente, la personalità morale del poeta, e determina il necessario legame fra questa personalità e la sua espressione artistica: «Aveva la calma della forza, quell'equilibrio interno che è la sanità dell'anima. Come ne' suoi bisogni, così nel suo spirito non era nulla di fittizio: vero e schietto [...] Vivere in modo conforme alla sua fede non è per lui niente di glorioso o di eroico, è strettamente il suo dovere, e non saprebbe fare altrimenti. Perciò la sua virtù è pura di ogni ostentazione e di ogni esagerazione: non ci è posa, non mira all'effetto [...] ha la pudicizia della sincera virtù, una contentezza piuttosto che una vanità di se stesso, e degli altri un'estimazione giusta, pura di ogni falso zelo. Ond'è che ti riesce insieme nobile e semplice. Com'è naturale nel suo sentire, così è giusto nel suo concepire, e proprio nel suo parlare. L'uomo educa l'artista». E di fronte all'accentuazione romantica della posizione accesamente combattiva del Parini in urto col suo tempo, il De Sanctis dà invece rilievo a quella temperanza di atteggiamento, non rivoluzionario, ma riformistico, che è dell'uomo come dello scrittore: «L'artista è d'accordo con l'uomo. La sua idea non è già una tesi che debba dimostrarsi, o un'aspirazione che si faccia via con la lotta, ma è come il sentimento di cosa a tutti nota, e tranquilla nella sua espansione. Non ha energia o impazienza rivoluzionaria; anzi ha l'intima persuasione che con la forza sola della ragione e della giustizia le condizioni dell'uomo possano divenire migliori. Perciò la sua esposizione è animata, ma tranquilla, e ha più la gravità dell'ode che i furori dell'inno».

Tuttavia nel saggio desanctisiano il contrasto fra l'uomo e l'artista rimane non pienamente risolto e alla critica successiva resta in eredità il problema «dell'adeguamento dell'uomo al poeta: una storicizzazione, cioè dell'"uomo" che veramente mostri che la sua "parola" fu l'unica e la vera che egli potesse pronunciare e che in quella "parola" c'è interamente l'uomo Parini, quello che egli effettivamente fu» (L. CARETTI, in *Il Parini e la critica*, 1953).

12.3 La nuova prospettiva critica inaugurata dal Croce e la conciliazione del contrasto nella critica del primo Novecento dal Momigliano al Fubini

Nel secondo Ottocento (che diede molte ricerche biografiche e culturali e alcuni egregi commenti, come quelli del SALVERAGLIO, del D'ANCONA e del BERTOLDI alle *Odi*, quelli del BORGOGNONI al *Giorno* e del MAZZONI a tutte le più importanti poesie pariniane) le pagine critiche più notevoli sono quelle di GIOSUE CARDUCCI (*Il Parini minore* e *Il Parini maggiore*, comprendenti studi scritti fra il 1881 e il 1905). Esse sono dedicate in gran parte a ricostruire l'ambiente in cui fiorì la poesia pariniana e a tessere di questa la storia in rapporto alle idee, alla cultura, al gusto del tempo, alle varie occasioni biografiche. Il Parini del Carducci, pur celebrato anche nella sua moralità, è un Parini molto più legato all'ambiente sociale e letterario dell'Arcadia che non quello dei critici romantici e del De Sanctis, uno che «in Arcadia il tacco almeno del piè sinistro ce l'ebbe sempre». Ma d'altra parte, per il Carducci, l'Arcadia non ebbe soltanto aspetti negativi, ma anche un aspetto positivo, quello della restaurazione delle buone tradizioni letterarie (cfr. nella *Parte quarta* il capitolo *Arcadia e Illuminismo*). Ed è soprattutto questo aspetto di eletta letteratura che il Carducci considera anche nell'opera del Parini. Le sue pagine migliori sono quelle che analizzano, con la conoscenza e la finezza dell'intenditore, lo stile del poeta e in particolare la tessitura sapiente del suo endecasillabo sciolto. Altri studiosi, invece, in armonia col clima culturale dell'epoca, sottolineano l'aspetto "realistico" e quello "sociale" della poesia pariniana.

Una svolta nella storia della critica pariniana è rappresentata da BENEDETTO CROCE, non per pagine da lui dedicate specificamente allo scrittore, ma per la nuova prospettiva delineata della nostra storia culturale e per il luogo che in quella prospettiva, coerentemente, il Parini viene ad assumere. Come abbiamo già detto (cfr. nella *Parte quarta* il capitolo *Arcadia e Illuminismo*), il Croce vede nell'Arcadia l'inizio del nostro rinnovamento dopo l'età della decadenza, ma d'altra parte addita soltanto in Vittorio Alfieri l'iniziatore della nuova letteratura, l'anticipatore dei sentimenti e dei toni romantici, mentre il Parini gli appare ancora uomo interamente del Settecento e dell'Arcadia: «È stato talvolta segnato l'inizio della nuova letteratura italiana nel Parini; ma il Parini è di mente e d'animo uomo del Settecento, del periodo razionalistico e delle riforme, e settecentesca sebbene elegantissima è l'arte sua, didascalica e ironica nei toni maggiori, erotica e galante nei minori» (*Alfieri*, saggio pubblicato per la prima volta ne «La critica» nel 1917; si legge ora in *Poesia e non poesia*).

La critica successiva si svolge sulla linea di questa definizione del Croce, o confermandone analiticamente le indicazioni, o correggendole in qualche parte, pur senza mai rovesciarla. Il più rigido e conseguenziario continuatore del Croce è GIUSEPPE CITANNA, il quale nel capitolo sul Parini del suo volume su *Il Romanticismo e la poesia italiana* (Bari, 1933) limita fortemente il valore del poeta, la cui arte, di intonazione fondamentalmente sarcastico-ironica, rispecchia uno spirito che si mantiene entro i limiti del buon senso e d'una onesta morale borghese e familiare, senza ancora nessuna delle profondità interiori proprie dei romantici, e non riesce ad accordare il sentimento morale col gusto miniaturistico, attratto a vagheggiare e a ritrarre con compiacenza quella stessa realtà che il sentimento del moralista condanna. L'eccessiva svalutazione del Citanna suscitò la reazione di altri critici, come PIETRO PANCRAZI e soprattutto ATTILIO MOMIGLIANO, che si proposero di riscattare il poeta da quella svalutazione, o, come il primo, suggerendo di astrarre dal canone critico crociano della "lirica pura", che non sarebbe adatto a intendere un poeta qual è il Parini, o rinnovando e approfondendo la lettura dell'opera per scoprirne le virtù poetiche, come fa il secondo. Per il Momigliano (*Il Parini discusso*, articolo apparso nel 1926) il Parini è un grande poeta, «un rinnovatore della materia poetica, quale di rado ebbe l'Italia», «forse il più grande poeta descrittore che abbia avuto l'Italia» e «con il Porta e con il Folengo, il nostro più grande poeta caricaturista». Tuttavia le sue caricature in genere sono esteriori, «rivelando assai poco dell'anima» e il *Giorno* manca di unità, di motivo dominante, che invece nella poesia grandissima è sempre presente: l'uniformità del poema è più stilistica che poetica. Una delle censure più frequenti, accentuata specialmente dal Citanna, che vede in ciò il difetto principale del poemetto, era quello della mancanza di vita del protagonista (il Citanna parla di «burattino», di cui il poeta tiene i fili): il Momigliano trova che il fatto che il protagonista di per sé non sia un vero personaggio non avrebbe grande importanza, se nel mondo descritto dal Parini circolasse ininterrotta la vita. Egli riprende il motivo del duplice sentimento di ripulsione-attrazione del poeta per il mondo da lui rappresentato e considera la *Notte* come l'opera che dà la più larga misura dell'ingegno poetico del Parini, appunto perché è la parte del poema dove si vedono più compiute le sue due facce di demolitore e insieme di cantore della società contemporanea.

La duplicità di sentimento e di ispirazione del Parini è risolta da DOMENICO PETRINI (*La poesia e l'arte di Giuseppe Parini*, 1930) nel senso di considerare come artisticamente riuscite solo le parti puramente descrittive, dettate dall'amore per quel mondo elegante e dall'amore per un amore di donna: «I momenti puramente descrittivi sono quelli precisamente in cui meglio l'eleganza fine della letteratura del *Giorno* si fonde con un mondo con cui essa s'intona [...]. Il Parini maggiore è il Parini che in questo mondo di eleganza cala la sua più vera passione umana, quella che in lui artisticamente era più profonda della polemica egualitaria e dell'entusiasmo rinnovatore; la passione d'amore di un amore di donna che venisse incontro al suo desiderio raccolto di affetti e di gioie, che si purificassero e nobilitassero di una vita nuova, in cui la voluttà fosse consacrata dall'amore [...]. Un poeta d'amore Giuseppe Parini, poeta di un amore che è fatto di sogno, di voluttà, e di stanchezza di desiderio...». Da questo punto di vista la satira rispecchia la forza della moralità pariniana, ma è, artisticamente, un impaccio, da cui si liberano i momenti di abbandono poetico.

Sulla qualità eminentemente descrittiva dell'arte pariniana insiste pure, riprendendo un accenno del Foscolo, GIUSEPPE DE ROBERTIS (*Il segno del Parini*, saggio del 1929), con l'affermare che il poeta «più che da tutti tradusse dai pittori» e che «si sentiva più a suo agio ogni volta che fuor dell'angustia dei problemi sociali e dei propositi morali, con disposizione a divertir la fantasia, si metteva a comporre». Anche per il De Robertis «il difficile in lui era trovare un accordo tra la sana ripugnanza e ribellione alla decadente vita del suo tempo, e la commozione meravigliata che sempre ebbe per le cose di quella civiltà che pure castigava». Il rapporto fra il

Parini e la società e la mentalità del suo tempo è stato approfondito da RAFFAELE SPONGANO e da WALTER BINNI. Il primo (*La poetica del sensismo e la poesia del Parini*, 1933) ha studiato i motivi ideali che vennero al Parini dalla cultura sensistica e le suggestioni esercitate sulla sua arte dalla poetica del Sensismo, che riteneva compito dell'artista la rappresentazione delle "cose" col massimo dell'"evidenza sensibile"; il secondo (*Preromanticismo italiano*, 1948) ha delineato i caratteri della sintesi pariniana tra Sensismo e Illuminismo al di qua ancora del Preromanticismo («I sentimenti innegabili, le passioni naturali istintive, la sensibilità affermata dal sensismo, sono ispirati nell'uomo proprio perché vengono affidati alla ragione e perché questa "alta rettrice" dal governo saggio della passioni tragga una grande virtù, formi uomini fortemente virtuosi. Un sensismo razionalistico non preromantico...») e ha precisato storicamente la qualifica di artista, data dal De Sanctis al Parini, in un accordo fra il poeta e la civiltà poetica del suo tempo, che richiedevano una figura poetica equilibrata e controllata: «Il Parini fu il poeta (l'espressione cioè, non solo il decoratore) di questa civiltà umana, di un umanitarismo che importava proprio una figura poetica non estrema, non passionale ma equilibrata e precisa: donde i limiti e l'accusa desanctisiana di "artista" verificabile storicamente nel controllo della poetica, ma inconsciamente vera per il clima poetico generale in cui quella poetica personale si inseriva traendone il massimo in linee già inizialmente, nativamente poco slanciate e libere». I limiti dell'umanesimo pariniano sono stati incisi con forza da GIOVANNI GETTO nel saggio su *L'umanesimo lirico del Parini* (1947), dov'è denunziato il carattere scarsamente cristiano della sua sensibilità e moralità: «Del cristianesimo manca in lui l'animo, il senso dell'eterno e dell'infinito, di Dio e della morte...» e «anche il senso del peccato si spoglia di ogni angosciosa individuale responsabilità cristiana di risonanza cosmica, per diventare precisa denuncia di mali sociali, acuta analisi di corruzioni del costume»; il suo umanesimo è «in sostanza una celebrazione etico-poetica dei valori umani pertinenti inizialmente alla stessa realtà fisica dell'uomo, quali la salute, la bellezza, l'amore, il lavoro [...] Egli è il poeta di una morale realizzatrice di un equilibrio di vita tipicamente illuministico».

La riduzione della moralità pariniana entro i limiti dell'umanesimo illuministico, che si è venuta operando successivamente attraverso le riflessioni critiche che abbiamo passato in rassegna, ha consentito di conciliare quel contrasto fra il Parini umanista e letterato e il Parini poeta e maestro di vita morale, che abbiamo visto essere il motivo dominante di molta critica sullo scrittore. Questa conciliazione ha trovato la forma più persuasiva nelle pagine dedicate al Parini da MARIO FUBINI nel saggio su *Arcadia e Illuminismo* (1950): «Non vi è contrasto fra il Parini umanista e il Parini poeta e maestro di vita morale: così intimamente congiunti erano nel suo spirito oraziano lo studio amoroso della bella parola e l'abito e il gusto del retto sentire [...] È qui [...] nella consonanza di buon gusto e di senso morale il centro vivo della personalità del Parini. Il gusto della parola esatta e precisa diventa una cosa sola col senso della giustizia, che dà a ciascuno il suo approvando o riprovando...». Questo accordo fra l'umanista e l'uomo morale spiega anche la natura del *Giorno*, il quale «è prima di tutto un grande poema umanistico, che non può procedere altrimenti che con i modi di una descrizione attenta ed elegante, risolvendosi in una serie di quadri abilmente composti e contrapposti, di figure, di caricature, di perifrasi ornamentali», e come tale va giudicato, e non accentuando qualcuno solo dei suoi motivi o fermandosi sui caratteri e le passioni dei personaggi.

12.4 Parini oggi

Giuseppe Petronio ha cercato di dimostrare l'esistenza nell'attività poetica del Parini di due fasi ben distinte, specchio di due diverse concezioni della vita e dell'arte. La prima (corrispondente alle prime odi e alle prime due parti del *Giorno*) nascerebbe «da una partecipazione attiva del Parini alla cultura ribelle, anticonformista, e rinnovatrice fiorita a Milano dopo il 1755-1756»; la seconda (costituita dal *Vespro* e dalla *Notte* e dalle odi della maturità) rifletterebbe un ripiegamento del poeta in se stesso, per cui «mentre la polemica nobiliare si faceva in lui più tenue e sfumata, venivano rafforzandosi il compiacimento per il lusso, l'amore per la grazia e per la bellezza, la tendenza ad una poesia sempre più raffinata» (cfr. il volume *Parini e l'Illuminismo lombardo*, 1961).

Il passaggio dall'una all'altra fase ha per il Petronio un carattere d'involuzione. Non radicale mutamento involutivo, ma graduale sviluppo da un atteggiamento illuministico a un atteggiamento neoclassico vede, invece, il Binni: «lo sviluppo della poesia pariniana dalle prime *Odi* e dal *Giorno* alle ultime *Odi* e all'ultima elaborazione del poemetto, fu insieme un allargarsi dell'animo pariniano da una mentalità più combattiva e illuministica a un senso più sereno e solenne della vita, e un precisarsi del suo gusto da forme di un classicismo illuministico e sensistico personalmente dominate, ad una concezione e ad una pratica della poesia chiaramente neoclassica» (cfr. il saggio del 1955 *La poesia del Parini e il Neoclassicismo*; il Binni ha ribadito in seguito la sua tesi). La continuità nello svolgimento dell'opera pariniana è stata quindi riaffermata da Sergio Antonielli, autore di una delle migliori monografie sul poeta: «Se si può pensare che col passare degli anni scrupoli morali, scrupoli politici, obiettive difficoltà di orientare la propria condotta abbiano portato il Parini a giudicare la nobiltà milanese diversamente da come l'aveva giudicata al momento della concezione del poema, non per questo si può dire che nel *Giorno* si sovrappongano strati di scrittura rispondenti a due poetiche fra loro diverse o inconciliabili. La concezione è stata unitaria» (*Giuseppe Parini*, Firenze, La Nuova Italia, 1973).

Una positiva svolta negli studi è stata determinata dall'attività filologica intorno al Parini, e in particolare al *Giorno*, culminata nell'edizione critica del poema a cura di Dante Isella (1969), il quale ha illuminato compiutamente il processo di elaborazione di un'opera che (un po' come le *Grazie* del Foscolo) ha accompagnato tutta la vita dell'autore, senza mai arrivare a una sistemazione definitiva. L'analisi rigorosa della situazione del testo mette in evidenza, contro le soluzioni arbitrarie dei vecchi editori, «la necessità di distinguere, sulla base della tradizione manoscritta e a stampa, nonché di tener distinte editorialmente, due redazioni del *Giorno*: una redazione corrispondente al progetto di partenza di un'opera in tre parti di cui due interamente realizzate (il *Mattino* e il *Mezzogiorno* nell'edizione del '63 e rispettivamente del '65), più una terza, la *Sera*, promessa per la primavera del '67 ma rimasta poi sempre un'attesa; e una seconda redazione, consegnata soltanto alle carte autografe, che risponde a un progetto più tardo, di un'opera in quattro parti, dove il *Mattino* e il *Mezzogiorno* (ribattezzato peraltro *Meriggio*), radicalmente rielaborati, si completano in una più vasta unità con il *Vespro* e la *Notte*» (*Introduzione* a G. Parini, *Il Giorno*, edizione critica a cura di D. Isella, Milano-Napoli, Ricciardi, 1969). L'indagine dell'Isella (condotta su di una linea già validamente segnata da altri studiosi, in particolare da LANFRANCO CARETTI) documenta in sede filologica quel mutamento di ispirazione che alcuni dei critici più acuti del Parini (come il Momigliano e il Petrini) avevano già indicato: il prevalere, cioè, di un'ispirazione centrifuga, sensibile ai particolari, sull'iniziale disposizione satirica. Allo stesso studioso si deve pure l'edizione critica delle *Odi* (ivi, 1975). Nel 1981 è infine uscita la riedizione de *La Gazzetta di Milano 1769* (a cura di A. Bruni, ivi) di cui, nel 1769, il Parini fu direttore.

Intorno a tali edizioni, che hanno determinato l'opportunità di nuovi commenti, si è sviluppato un significativo dibattito; FRANCO FIDO interviene direttamente sull'edizione del *Giorno* dandone una dettagliata relazione (*Parini restaurato e rivisitato*, in «Italica», 4, XLIX, 1972); AURELIA ACCAME BOBBIO coglie l'occasione per una rassegna della fortuna critica del capolavoro pariniano: *Storia del «Giorno»* (Roma, Elia, 1974); ETTORE BONORA rileva il «salto di qualità» avvenuto nell'intervallo che separa il *Mezzogiorno* dal *Mattino* e segnala che, a cominciare dall'episodio della vergine cuccia, «senza rinnegare l'intento satirico-didascalico, il poeta mira a un obiettivo più finemente artistico: la riduzione a spettacolo della vita del bel mondo» (*Introduzione* a G. PARINI, *Il Giorno*, 1982); nello stesso anno lo studioso pubblica presso l'editore Feltrinelli *Parini e altro Settecento. Fra Classicismo e Illuminismo*, in parte dedicato ad aspetti prettamente storici, come la partecipazione del Parini, sia nel campo pubblicistico, sia nella docenza al programma di riforme voluto dall'imperatrice Maria Teresa. Di aspetti storici tratta anche il saggio *Giuseppe Parini primo pittor del signoril costume* (in *La buona compagnia. Studi di letteratura italiana del Settecento*, Milano, Franco Angeli, 1983) di SERGIO ROMAGNOLI che osserva come il *Giorno* rappresentasse una «radicalizzazione della polemica anziché un'attenuazione», in conseguenza di una crescente sfiducia nelle riforme di cui si è detto.

Negli ultimi anni sono usciti anche studi particolari o comparativi: i rapporti più studiati sono quelli con il Porta, con il Foscolo o con esponenti della cultura lombarda in genere (cfr. D. ISELLA, *Lombardi in rivolta*, Torino, Einaudi, 1984). Lavorando sui pariniani *Soggetti e appunti per pitture decorative*, uno studio interdisciplinare ha condotto GENNARO SAVARESE con la sua *Iconologia pariniana: ricerche sulla poetica del figurativo* (già edita nel 1973 e ora Roma, Bulzoni, 1990). Sull'argomento avevano già scritto l'Antonielli e PIETRO FRASSICA. Due studi particolari si devono a HERMANN GROSSER, uno sulla metafora della marionetta e dell'automa (*La cultura degli automi e i suoi riflessi nel «Giorno»*, in «Giornale Storico della Letteratura Italiana», CLX, 1983) l'altro sulla metafora del contrasto luce/ombra: *Luci e tenebre nell'opera del Parini (analisi di un sistema di metafore)* (ivi).

Repertorio bibliografico

a) **Opere bibliografiche e introduttive**

G. BUSTICO, *Bibliografia di Giuseppe Parini*, Firenze, 1929 (fino al 1929); G. ZICCARDI, *Rassegne pariniane*, in «Giornale Storico della Letteratura Italiana», XCV, 1930 e CII, 1933; G. NATALI, *Il Settecento*, in *Storia letteraria*, Milano, Vallardi (la 6ª ed. 1964, contiene indicazioni bibliografiche fino al 1964). Aggiornamenti in F. FIDO, *Parini restaurato e rivisitato*, in «Italica», XLIX, 1972; I. MAGNANI, *Parini e la critica (1972-1984)*, in «Lettere italiane», XXXVII, 1, 1985. Un'introduzione rapida ma aggiornata in N. JONARD, *Introduzione a Parini*, Roma-Bari, Laterza, 1988. Si tenga conto anche di altre monografie: G. MAZZONI, *Parini*, Firenze, Barbèra, 1929; G. NATALI, *Giuseppe Parini*, Bologna, Zanichelli, 1952; A. ACCAME BOBBIO, *Parini*, Brescia, La Scuola, 1954; A. PIROMALLI, *Giuseppe Parini*, Firenze, La Nuova Italia, 1966.

b) **Edizioni e commenti**

Tutte le opere edite e inedite di Giuseppe Parini, a cura di G. Mazzoni, Firenze, Barbèra, 1925; *Prose*, a cura di E. Bellorini, Bari, Laterza, 1913-1915; *Poesie*, a cura dello stesso, Bari, Laterza, 1929; A. CHIARI, *Sulle «Odi» di Giuseppe Parini*, Milano, Vita e Pensiero, 1943 (contiene il testo critico delle *Odi*); *Il Giorno*, edizione critica a cura di D. Isella, Milano-Napoli, Ricciardi, 1969; *Le Odi*, edizione critica a cura di D. Isella, Milano-Napoli, Ricciardi, 1975. Si veda anche *La Gazzetta di Milano (1769)*, 2 voll., a cura di A. Bruni, Milano-Napoli, Ricciardi, 1981.
Commenti al *Giorno*: a cura di A. Borgognoni, Verona, 1891; G. Albini, Firenze, Sansoni, 1900 (ristampa, a cura di M. Fubini, 1957); A. Momigliano, Catania, 1925 (ristampa a cura di L. Caretti, Torino, Petrini, 1959); G. Ferretti, Milano, 1925; R. Amaturo, Milano, Feltrinelli, 1966; E. Bonora, Milano, Rusconi, 1984 (con ampia Introduzione e Bibliografia); G. Ficara, Milano, Mondadori, 1986. Commenti alle *Odi*: a cura di F. Salveraglio, Bologna, 1882; A. D'Ancona, Firenze, 1884; A. Bertoldi, Firenze, 1890 (ristampa anastatica a cura di R. Spongano, Firenze, Sansoni, 1970). Commenti al *Giorno* e alle *Odi*: a cura di G. Mazzoni, Firenze, 1897 (più volte ristampato); M. Scherillo, Milano, 1906; E. Bellorini, Napoli, 1920; G. Natali, Milano, 1925; R. Spongano, Torino, SEI, 1936; D. Guerri e W. Binni, Firenze, Vallecchi, 1945; A. Colombo, Firenze, La Nuova Italia, 1950; L. Poma, Bergamo, Minerva Italica, 1973; a *Tutte le poesie*, a cura di E. Mazzali, Milano, Ceschina, 1968; *Il Giorno, le Odi, dialogo sopra la nobiltà*, a cura di S. Orlando, Milano, Rizzoli, 1977. Un'ampia scelta di scritti in versi e in prosa del Parini con introduzione, note e bibliografia, è G. PARINI, *Poesie e prose*, a cura di L. Caretti, Milano-Napoli, Ricciardi, 1951. Altre notevoli scelte commentate: *Opere*, a cura di G.M. Zuradelli, Torino, UTET, 1961; a cura di E. Bonora, Milano, Mursia, 1974⁴; *Il Giorno, le Odi e poesie varie*, a cura di M. Fubini, Bologna, Zanichelli, 1963; *Il Giorno, Poesie e prose varie*, a cura di L. Caretti, Firenze, Le Monnier, 1969.

c) Critica

Per la storia della critica cfr. L. CARETTI, *Parini e la critica*, Firenze, La Nuova Italia, 1970³; *Parini*, a cura di G. Petronio, Palermo, Palumbo, 1957; F. ALLEVI, *Fortuna ed eredità del Parini*, Firenze, Le Monnier, 1970; C. COLICCHI, *Storia e antologia della critica pariniana*, Messina, Peloritana, 1974.

Studi notevoli: U. FOSCOLO, *Saggio sulla letteratura contemporanea in Italia*, vol. XI dell'Edizione Nazionale delle *Opere*; G. CARDUCCI, *Il Parini minore e il Parini maggiore*, voll. XVI e XVII dell'Edizione Nazionale delle *Opere*; G. MAZZONI, *Giuseppe Parini disegnato e studiato*, Firenze, 1929; D. PETRINI, *La poesia e l'arte di Giuseppe Parini*, Bari, Laterza, 1930 (ristampato in *Dal Barocco al Decadentismo. Studi di letteratura italiana*, a cura di V. Santoli, vol. I, Firenze, Le Monnier, 1957); G. CITANNA, *Il Romanticismo e la poesia italiana*, Bari, Laterza, 1949; G. DE ROBERTIS, *Il segno del Parini*, in *Saggi*, Firenze, Le Monnier, 1953; A. MOMIGLIANO, *Il Parini discusso*, in *Studi di poesia*, Firenze, D'Anna, 1960; F. PORTINARI, *Parini e la poetica dell'oggetto*, in *Problemi critici di ieri e di oggi*, Milano, Fabbri, 1959; R. SPONGANO, *La poetica del sensismo e la poesia del Parini*, Bologna, Pàtron, 1964; ID., *Il primo Parini*, Bologna, Pàtron, 1964; W. BINNI, *Parini e l'Illuminismo*, in *Carducci e altri saggi*, Torino, Einaudi, 1960; ID., *La poesia del Parini e il neoclassicismo*, in *Classicismo e neoclassicismo nella letteratura del Settecento*, Firenze, La Nuova Italia, 1963; ID., *Preromanticismo italiano*, Bari, Laterza, 1974; ID., *Settecento maggiore*, Milano, Garzanti, 1978; G. GETTO, *Umanesimo lirico del Parini*, in *Immagini e problemi della letteratura italiana*, cit.; M. FUBINI, *Arcadia e Illuminismo*, cit. nel *Repertorio bibliografico* del cap. *Arcadia e Illuminismo*; ID., *Elementi scientifici nel lessico poetico di Parini*, in *Saggi e ricordi*, Milano-Napoli, Ricciardi, 1971; C. COLICCHI, *Il «Dialogo sopra la nobiltà» e la polemica sociale di Giuseppe Parini*, Firenze, Le Monnier, 1965; L. POMA, *Stile e società nella formazione del Parini*, Pisa, Nistri-Lischi, 1967; D. ISELLA, *L'officina della «Notte» e altri studi pariniani*, Milano-Napoli, Ricciardi, 1968; R. AMATURO, *Congetture sulla «Notte» del Parini*, Torino, Einaudi, 1968; G. PETRONIO, *Parini e l'Illuminismo lombardo*, Bari, Laterza, 1972 (nuova edizione Roma-Bari, Laterza, 1987, con appendice di aggiornamento bibliografico); G. SAVARESE, *Iconologia pariniana: ricerche sulla poetica del figurativo in Parini*, Roma, Bulzoni, 1990 (1ª ed. Firenze, La Nuova Italia, 1973; 2ª ed. Padova, Liviana, 1986); S. ANTONIELLI, *Giuseppe Parini*, Firenze, La Nuova Italia, 1973; ID., *Motivi della cultura e della poesia del Parini*, in AA. VV., *Nuove idee e nuova arte nel '700 italiano*, Atti del Convegno dell'Accademia Nazionale dei Lincei, Roma, 1977; F. FELCINI, *Dell'ordinamento e del canone delle «Odi» pariniane*, in «Studi e problemi di critica testuale», 1978; P. GIBELLINI, *La voce del Parini e il «precettor d'amabil rito»*, in «Italianistica», IX, 1980; E. BONORA, *Parini e altro Settecento*, Milano, Feltrinelli, 1982; S. ROMAGNOLI, *Giuseppe Parini primo pittor del signoril costume*, in *La buona compagnia. Studi sulla letteratura italiana del Settecento*, Milano, Franco Angeli, 1983; P. DE TOMMASO, *Il «Giorno» e l'ideologia agraria del Parini*, Roma, Edizioni dell'Ateneo, 1983; H. GROSSER, *La cultura degli automi e i suoi riflessi nel «Giorno»* e ID., *Luci e tenebre nell'opera del Parini (Analisi di un sistema di metafore)*, in «Giornale Storico della Letteratura Italiana», CLX, 1983; D. ISELLA, *Foscolo e l'eredità del Parini*, in *I lombardi in rivolta*, Torino, Einaudi, 1984; M. TIZI, *Componenti didascaliche del «Giorno»*, in «Rivista di letteratura italiana», VI, 1, 1988; G. GASPARI, *Da Maggi al Beccaria*, in *Letteratura delle riforme. Da Beccaria al Manzoni*, Palermo, Sellerio, 1990; R. LEPORATI, *Per dar luogo alla notte. Sull'elaborazione del «Giorno» di Parini*, Firenze, Le Lettere, 1990; C. CALORI, *Parini, Zanella, Turoldo, sacerdoti poeti*, Milano, L'Informatore di Chioso, 1993.

13 Alfieri

13.1 Contrastanti valutazioni nei romantici del primo Ottocento. Gioberti e la prima interpretazione critica profonda e organica

Mentre la poesia del Parini incontrò il favore quasi universale dei contemporanei, quella dell'Alfieri suscitò, insieme con i consensi, manifestazioni di violenta avversione. Essa traduceva una sensibilità e un gusto espressivo troppo nuovi rispetto a quelli generalmente diffusi. La difficoltà che i contemporanei avevano a capirla può essere documentata dal giudizio che ne diede lo stesso Parini, il quale nel famoso sonetto *A Vittorio Alfieri* mostrò di aver avvertito la novità e la profondità dell'ispirazione alfieriana («dal cupo ove gli affetti han regno / trai del vero e del grande accesi lampi»), ma anche di non riuscire a sentir la necessità dello stile in cui quell'ispirazione si esprimeva («perché dell'estro ai generosi passi / fan ceppo i carmi?»). La durezza dei versi alfieriani fu uno dei rilievi fatti più spesso dai critici e se ne ha l'eco in alcuni noti epigrammi dell'Alfieri, pieni della sdegnosa consapevolezza dell'originalità e legittimità della propria espressione. Ma fin dai primi decenni dell'Ottocento si manifestò anche un atteggiamento di grande ammirazione per lo scrittore: ammirazione, anzi culto appassionato, che si rivolgeva però non tanto alla sua arte quanto alla sua personalità di campione della libertà, di avversario irriducibile di ogni tirannide, di profeta di un «popolo italiano futuro». In questa figura di vate e di eroe l'Alfieri vive già nelle pagine di UGO FOSCOLO, che fu il suo più grande discepolo spirituale, e dal Foscolo il culto si trasmise agli amici e discepoli di questo, uno dei quali, LUIGI PELLICO, fratello di Silvio, scriveva in una lettera del 1808: «Chiudo il secondo ed ultimo volume della *Vita* del nostro Vittorio, e caldo e furente ti saluto tutto amore e tutto entusiasmo. A quest'ora ti saranno già capitati i cinque ultimi tomi delle opere postume qui pubblicati ier l'altro e avrai pur passato delle ore appassionate per quell'uomo unico per genio e per sorte». E scriveva GIOVANNI TORTI nel 1812: «I suoi proseliti e i suoi entusiasti sono in gran numero; la *Vita scritta da esso* li ha riempiti ultimamente di un culto religioso che si approssima al furore e all'idolatria». Questo culto fu naturalmente più vivo tra i piemontesi, ma fu comune a tutti i più nobili spiriti del tempo e anche il MANZONI giovane si manifestò caldo ammiratore dell'Alfieri. Tuttavia esso subì presto attenuazioni e limitazioni, via via che andavano affrettandosi i nuovi ideali di vita e d'arte romantici, che proprio il Manzoni più d'ogni altro proponeva e sosteneva, come nuovo maestro d'arte e di vita dopo l'Alfieri e il Foscolo. La generazione romantica, educata al gusto della concretezza storica e al senso del limite, sentiva ormai come troppo astratti gli ideali alfieriani. Nel 1820

Silvio Pellico trovava già che gli amici piemontesi erano ardenti patrioti ma sempre «all'Alfieri; abborrono la tirannide ed amano la libertà, ma sempre in astratto, sempre guardando i greci e i romani, sempre disprezzando i moderni». Giudizi analoghi si potrebbero citare di molti altri, da Giuseppe Mazzini a Giovita Scalvini, al Manzoni maturo. Secondo Mazzini «non è l'eden dell'uomo libero» che Alfieri ci dipinge, «bensì l'inferno dello schiavo»; e per lo Scalvini la fama delle sue tragedie è testimonianza di «una vana illusione di una grandezza fantastica e ampollosa che non appartiene alla vita», mentre il Manzoni, se dobbiamo credere al Tommaseo, giunse a definirle «retorica in dialogo».

L'accusa principale che i nostri romantici fanno all'Alfieri, e che non investe soltanto la sua personalità spirituale ma la sua arte, è dunque quella di astrattezza, di mancanza di senso storico e di interesse per la vita moderna. Su di essa, oltre la generale mentalità romantica, hanno influito certamente anche i giudizi negativi espressi intorno all'Alfieri da parecchi critici romantici stranieri, a cominciare da August W. Schlegel, dal cui *Corso di letteratura drammatica* (1809-1811) dipendono in gran parte i princìpi e i giudizi letterari dei nostri romantici. Lo Schlegel accusò appunto l'Alfieri di astrattezza e di impoeticità, perché non vide realizzato in lui l'ideale romantico del dramma storico. L'obbedienza ai canoni del teatro classicheggiante e la trattazione di soggetti pagani sono motivi di valutazione negativa che ritorneranno in altri critici, tedeschi e francesi, insieme con quello della mancanza di originalità (per Jules Janin e Abel-François Villemain l'Alfieri sarà soprattutto un imitatore dei tragici francesi; si noti però che Jean-Charles Sismondi giudicava almeno il *Saul* tragedia «concepita nello spirito di Shakespeare e non in quello dei tragici francesi») e con quello del carattere aristocratico del suo teatro.

Le accuse degli stranieri provocano però anche difese, sia su di un piano nazionalistico sia su di un piano estetico, volte a rivendicare non soltanto il significato dell'Alfieri nella storia della coscienza italiana, ma anche l'originalità della sua arte. Si avvia così un primo approfondimento critico della poesia alfieriana. Il Foscolo in alcune pagine del *Saggio sulla letteratura contemporanea in Italia* (1818) aveva già messo in rilievo il carattere originale del genio alfieriano. Ma la prima organica interpretazione critica è quella di Vincenzo Gioberti, il quale, dopo aver definito l'Alfieri «restitutore del genio nazionale degli italiani», additò acutamente la necessaria corrispondenza fra i caratteri della tragedia alfieriana e il temperamento del suo autore. Secondo il Gioberti l'Alfieri segue le regole perché esse sono «in analogia coll'indole del suo talento», tanto che «se la legge delle unità non fosse stata nota e stabilita al tempo dell'Alfieri, questo scrittore l'avrebbe inventata» (l'osservazione venne fatta anche da Francesco Saverio Baldacchini e da Francesco Paolo Bozzelli): egli è «il poeta della volontà» e da ciò derivano «la concisione, il nervo e la durezza del suo verso, la semplicissima orditura della favola, la mirabile concatenazione del dialogo e la perfetta unità della composizione, la scarsità dei personaggi, la solitudine della scena, la mancanza di episodi, la cupa energia dei sentimenti, la terribilità della catastrofe, la fiera e robusta idealità dei caratteri, la crudezza delle tinte e dei contorni che non sfumano e non tondeggiano e mancano di chiaroscuro».

Il Gioberti coglie anche con grande penetrazione il legame che c'è nello spirito dell'Alfieri fra amore di libertà e volontà dominatrice e tirannica, e la conseguente profonda affinità che esiste fra gli eroi e i tiranni delle sue tragedie: «La sua volontà era nata per tiranneggiare; e trovandosi in collisione con le circostanze, ne nacque il talento per cui seppe l'Alfieri dipingere due cose contraddittorie, la libertà e i tiranni. Il sentimento infatti della libertà nel grado in cui l'ha dipinto l'Alfieri, suppone una bramosia di dominare combattuta dalle circostanze; se concentrata in un solo individuo ella è tirannia; se dilatata in un popolo ella è libertà» (V. GIOBERTI, *Scritti*, a cura di A. Guzzo, Torino, UTET, 1954).

13.2 La critica del De Sanctis: l'uomo più grande del poeta

Il Gioberti, mentre intende la necessità interiore della forma tragica alfieriana, vede però connaturata ad essa una forte limitazione, che è quella della fisionomia astratta dei personaggi, privi di quella «realtà ideale» che è «essenziale al poeta drammatico». Su di una linea analoga, ma con molto più complessi sviluppi, si svolge la critica di FRANCESCO DE SANCTIS. Questi propose quasi tutti i più importanti motivi della sua interpretazione nelle due recensioni vivacemente polemiche alla *Storia del sec. XIX* del tedesco Georg Gervinus e al saggio sulla *Mirra* (1855) del francese Jules Janin. Li riprese e li organizzò, inquadrandoli nel suo schema storiografico, nelle pagine sull'Alfieri della *Storia della letteratura italiana* (cap. XX: *La nuova letteratura*). Qui l'Alfieri appare in una posizione simmetrica a quella del Parini: egli rappresenta «l'uomo nuovo in veste classica», al quale «il patriottismo, la dignità, l'inflessibilità, la morale, la coscienza del diritto, il sentimento del dovere, tutto questo mondo interiore, oscurato nella vita e nell'arte italiana [...] viene, non da una viva coscienza del mondo moderno, ma dallo studio dell'antico congiunto col suo ferreo carattere personale». La differenza dal Parini consiste in una diversità di temperamento: «Togliete [...] l'ironia, fate salire sulla superfice in modo scoperto e provocante l'ira, il disgusto, il disprezzo, tutti quei sentimenti che Parini con tanto sforzo dissimula sotto il suo riso, e avete Vittorio Alfieri. È l'uomo nuovo che si pone in atto di sfida in mezzo ai suoi contemporanei: statua gigantesca e solitaria col dito minaccioso». Questa solitudine spirituale spiega la sua opera: «la tragedia è lo sfogo lirico de' suoi furori, de' suoi odi, della tempesta che gli ruggìa dentro» e i suoi personaggi non sono certo astrazioni, come le chiamavano i critici, «anzi sono fantasmi appassionati, ribollenti, sanguigni», tuttavia sembrano «più personificazioni che persone», perché il poeta li nutre unicamente della sua sostanza passionale, incapace di uscire da sé: gli manca l'amore, «la scienza della vita, quello sguardo pacato e profondo, che t'inizia nelle sue ombre e ne' suoi misteri e te ne porge tutte le armonie». Egli è quasi unicamente signoreggiato dal sentimento politico e «il sentimento politico è troppo violento e impedisce l'ingenua e serena contemplazione». Anche il De Sanctis quindi accetta in fondo l'impostazione critica romantico-risorgimentale, che, come nel caso del Parini, vede l'uomo, l'educatore della coscienza nazionale più grande del poeta; infatti egli conclude le sue pagine osservando che la tragedia alfieriana «infiammò il sentimento politico e patriottico, accelerò la formazione di una coscienza nazionale, ristabilì la serietà di un mondo interiore nella vita e nell'arte» (si osservi tuttavia che nei *Saggi* del 1855 aveva combattuto l'opinione che l'Alfieri avesse fatto della sua arte uno strumento di propaganda politica: «nessuno amò più la sua arte solo per l'arte; vagheggiò un ideale altissimo di tragica perfezione»).

13.3 Le interpretazioni psicopatologiche della critica positivistica e il libro del Bertana

La critica della seconda metà dell'Ottocento non si discostò molto da quella del periodo romantico: si interessò, cioè, della personalità umana dell'Alfieri più che di quella poetica, del significato politico più che di quello artistico della sua opera. Citiamo come esempio la imaginosa, e alquanto retorica, definizione che GIOSUE CARDUCCI diede del dramma alfieriano: «il dramma è la rossa criniera e il ruggito del leone astigiano tra i cancelli accademici di Luigi decimoquarto»; nella forma della tragedia regolare «l'Alfieri con la forza nervosa di Dante ci mise dentro il contratto sociale, e con le unità di luogo e di tempo bandì la rivoluzione». Ma i critici positivisti, con le loro ricerche biografiche e le loro indagini psicologiche, si accanirono spesso a diminuire la statura dell'eroe, che i romantici e il De Sanctis avevano posto così in alto, rivelando tutti i lati deboli e incongruenti del suo carattere, finché gli alienisti, come era accaduto per il Tasso, lo proclamarono un anormale, scoprendo che era certamente affetto da nevrosi epilettica. Le varie tendenze, erudite, psicologiche e psicopatologiche della critica positivistica si compendiano nel volume di EMILIO BERTANA, *Vittorio Alfieri studiato nella vita, nel pensiero e nell'arte* (1902). È un volume ampio e assai precisamente documentato, sempre assai utile per chi studi la formazione delle varie opere alfieriane, anche se di struttura troppo analitica e molto discutibile nell'impostazione. Infatti il Bertana conduce un continuo raffronto fra i fatti della vita dell'Alfieri quali risulterebbero dai documenti e il modo come essi sono narrati nell'autobiografia, per concludere alla fondamentale insincerità dell'autore e alla sua natura di posatore e di egocentrico, privo di vera forza di volontà e piuttosto vittima di impulsi frenetici di origine nevrotica. Quanto alla sua arte, il critico la considera ancora come asservita agli intenti politici e, salvo la *Mirra* e il *Saul*, valida unicamente come documento d'un uomo e d'un tempo e come preannunzio di un rinnovamento politico.

Già in questo periodo s'incontrano però qua e là spunti nuovi: per esempio, l'accenno a certi aspetti romantici del temperamento alfieriano e il richiamo alla sua natura di poeta e non di uomo d'azione o di politico, mentre qualche critico riprende l'accenno desanctisiano al carattere essenzialmente lirico della sua ispirazione. Il saggio più notevole è forse quello di EUGENIO DONADONI (*Vittorio Alfieri*, in *Discorsi letterari*, 1905), il quale dipinge l'Alfieri come un superuomo e, insieme, come un temperamento elegiaco e malinconico, nel quale «la stanca anima classica piange, per la prima volta».

13.4 Nuovo orientamento della critica alfieriana determinato dal Croce: l'Alfieri individualista e protoromantico

Il saggio del Donadoni costituisce per certi aspetti l'anticipazione più diretta di quello di BENEDETTO CROCE (*Alfieri*, in «La critica», settembre 1917), che segna l'inizio di un profondo rinnovamento della critica alfieriana.

Il Croce, come abbiamo già ricordato a proposito del Parini, apre il suo saggio affermando che il vero inizio della nuova letteratura italiana non è nel Parini, ma nell'Alfieri, «che tocca corde le quali vibreranno a lungo nel secolo decimonono, dal Foscolo e dal Leopardi fino al Carducci». Egli lo considera affine ai contemporanei *Stürmer und Dränger* di Germania, al pari dei quali è fortemente individualista, violentemente passionale, amante della solitudine e sensibile agli incanti naturali e alla voluttà della malinconia: un *protoromantico* dunque. Non ancora un vero e proprio romantico, perché «del romantico all'Alfieri mancarono tratti essenziali, l'ansia religiosa sul fine e il valore della vita, l'interessamento per la storia, e il compiacimento per gli aspetti particolari e realistici delle cose» e «anche la sua autobiografia sta sulla linea delle confessioni alla Rousseau, ricca di passione e scarsa di senso storico». L'affinità con lo *Sturm und Drang* si scorge anche nella concezione che l'Alfieri ha dei suoi tiranni, che sono figure di superuomini, per le quali intimamente egli prova simpatia. Nella rappresentazione di queste figure, che non vivono solo «nel sogno sterminato di dominazione», ma anche «nell'impeto delle passioni indomabili e contrastanti, nella lotta del grande e del piccolo», e non in quella degli eroi della libertà «alquanto dottrinari e di solito mediocri», sta la poesia dell'Alfieri, il quale fu anche uomo agitato da ardenti passioni politiche, che si esprimevano in impeti di oratoria, ma nel più profondo dell'anima sua fu un poeta.

La critica del primo Novecento si svolge per gran parte entro le linee dell'interpretazione tracciata dal Croce. E prima di tutto essa ha sviluppato il tema dell'*individualismo* e dell'affinità con lo *Sturm und Drang*. UMBERTO CALOSSO nel volume *L'anarchia di V. Alfieri* (1924) esaspera l'indicazione del Croce fino a concepire un Alfieri smisuratamente titanico, travolto da «anarchica volontà di potenza», acceso da un'illimitata brama di grandezza, precursore dei superuomini e degli anarchici dell'Ottocento. L'individualismo e la sete di grandezza sono le note essenziali della personalità alfieriana anche per RAFFAELLO RAMAT (*Alfieri tragico-lirico*, 1940), il quale ne deduce coerentemente anche i caratteri del suo teatro, che è solo in apparenza tragico, ma sostanzialmente lirico, come espressione di un'individualità tutta concentrata in se stessa e incapace di vedere negli altri uomini altro che sé, tesa a esaltarsi in una tirannica solitudine. Il Ramat è forse il critico che ha svolto con la maggior consequenziarietà la tesi dell'*individualismo*, ma un atteggiamento analogo si trova in altri studiosi, come GIUSEPPE CITANNA (*Il dramma di Vittorio Alfieri*, in «La critica», 1925), GIUSEPPE GUIDO FERRERO (*L'amore e la poesia di Vittorio Alfieri*, 1932), GIULIO MARZOT (*Alfieri tragico*, 1936). Il Ferrero definisce l'Alfieri «un ribelle alle leggi inesorabili della vita», che «è perenne accettazione di limiti», e un protoromantico in quanto poeta della «spettralità come apparire del superumano, con un suo tremendo volto meduseo», donde la sua poesia sarebbe essenzialmente «l'urto della volontà contro l'orrore spettrale».

Anche LUIGI RUSSO vede nell'Alfieri soprattutto l'impeto dell'affermazione individualistica e superumana e definisce la *Vita* come l'autobiografia di un superuomo, «forse il primo superuomo apparso nel cielo europeo», teso verso una «libertà apollinea», che è la libertà del letterato che si crea il suo mondo di fantasia fuori dei limiti della realtà quotidiana, in urto non con la tirannia degli uomini, ma con la tirannide "cosmica". Egli interpreta la tragedia di Saul come la tragedia di un «superuomo che tenta di affermare il suo io...» e considera anche Mirra una *superdonna*, che vorrebbe affermare la sua insana passione fuori delle leggi umane e divine; e, in coerenza con questa interpretazione individualistica, invita a leggere anche il teatro alfieriano come opera di natura essenzialmente lirica e solo esteriormente tragica (cfr. *La vita dell'Alfieri* e *Lettura lirica del teatro alfieriano*).

L'interpretazione individualistica ha determinato logicamente la negazione di ogni effettivo significato ideologico e politico alle *Operette* alfieriane in prosa, considerate soltanto come una proiezione del sentimento di esaltazione del proprio *io*, o, come si esprime il Russo, di un «individualismo eroico privo di ogni utilità sociale» (*Vittorio Alfieri e l'uomo nuovo europeo*, in «Belfagor», 31 lug. 1949). Il Russo stesso però ha posto in rilievo il valore ideale del trattato *Del Principe e delle lettere*, come prima delineazione della nuova poetica del letterato-cittadino, che informerà la letteratura dell'Ottocento, e, in genere, se non una precisa dottrina politica, la fede animatrice che emana dalle opere politiche dell'Alfieri (cfr. la sua *Prefazione* all'edizione del trattato *Del Principe e delle lettere*, Firenze, Le Monnier, 1943). Del resto, che fosse impossibile trovare nell'Alfieri una sistematica dottrina sociale e politica aveva già messo in chiaro nel suo saggio il Croce, che anche più recentemente dimostrò l'incapacità logica e sistematica dello scrittore nello studio *Sul trattato «Del Principe e delle lettere» di Vittorio Alfieri*. È evidente che a maggior ragione dovesse venir abbattuta l'interpretazione politica del teatro alfieriano, sulla quale aveva puntato la critica dell'Ottocento, e, da una parte, si attribuisce la maggior importanza a quei drammi, come il *Saul* e la *Mirra*, che evadono dal rigido schema politico del contrasto libertà-tirannide, dall'altra, anche nei drammi di intonazione scopertamente politica, si enucleassero i momenti nei quali il poeta esprime liricamente la vita più profonda della sua anima passionale, giudicando il resto oratoria o astrazione.

13.5 Temperamenti alla tesi individualistica nel Momigliano e nel Fubini

Sull'individualismo protoromantico dell'Alfieri, e in particolare sull'affinità con quello dello *Sturm und Drang*, recò una assai puntuale precisazione LEONELLO VINCENTI (*Alfieri e lo Sturm und Drang*, in *Festgabe für Karl Vossler*, München, 1932), facendo notare, accanto alle innegabili somiglianze, anche le differenze, che consistono soprattutto nel pessimismo dell'Alfieri rispetto al fiducioso ed entusiastico atteggiamento degli *Stürmer* di fronte alla vita, e nella sua concezione della morte come liberazione dell'angoscia del vivere, mentre per gli *Stürmer* essa rappresenta il mistico annegamento nel Tutto, l'appagamento dell'anelito all'infinito. La nota pessimistica è accentuata anche da MARIO FUBINI, il quale la considera come la necessaria conseguenza di quella *religione dell'eroismo*, di quel sogno di una vita eroica, al di là di ogni limite e possibilità umana, che costituisce l'aspetto dominante dello spirito alfieriano (M. FUBINI, *V. Alfieri - Il pensiero - La tragedia*, 1937). Il pessimismo alfieriano nasce dal senso del limite contro il quale fatalmente urta ogni affermazione umana, un limite quindi al quale sono soggetti tutti, eroi e tiranni, le cui figure sono circondate perciò tutte da un'ombra di tristezza e di dolore. Questa insistenza sulle tonalità pessimistiche, dolorose della poesia alfieriana attenuava la rigidità del profilo superumano delineato dalla critica precedente, avvicinando l'immagine del poeta a quella del resto dell'umanità, fuori di quell'atmosfera di gelida solitudine morale in cui essa sembrava averlo racchiuso. La presenza di un tormento morale nelle creature dell'Alfieri era già stata avvertita, forse in maniera alquanto esagerata, da ATTILIO MOMIGLIANO nella sua interpretazione delle figure di Saul e di Mirra (cfr. i commenti e le introduzioni al *Saul*, Catania, Muglia, 1921 e alla *Mirra*, Firenze, Vallecchi, 1923; commenti e introduzioni poi rifusi dall'autore nelle pagine dedicate all'Alfieri nella sua *Storia della letteratura italiana*). In esse egli vede il dramma dell'uomo che si sente solo a «combattere contro le forze tremende della vita, contro le leggi fatali che ci incatenano», a difendere la propria libertà morale contro le passioni e le forze naturali che la impediscono. Accenni analoghi s'incontravano anche in altri critici fra quelli già ricordati, ma in genere erano soffocati dalla dominante interpretazione superumana.

L'esposizione dei vari motivi umani della personalità alfieriana, intesa a sfumarne e arricchirne i contorni, è stata proseguita dal Fubini stesso (il quale ha raccolto gli altri suoi diversi scritti sull'argomento nel volume *Ritratto dell'Alfieri e altri studi alfieriani*, uscito nel 1951, che viene a costituire come la seconda parte di quello prima citato) e da altri critici (DE ROBERTIS, BINNI, SANSONE, BRANCA ecc.) specialmente attraverso lo studio delle opere minori. Tra queste hanno, com'è naturale, attirato maggiormente l'attenzione le *Rime* e l'autobiografia. Delle *Rime* è stato ricercato il significato autobiografico e insieme quello artistico, precisando la fisionomia del *petrarchismo* alfieriano (su ciò si vedano in particolare il saggio del Fubini, *Petrarchismo alfieriano*, e quello del De Robertis su *Le Rime*); dell'autobiografia è stato condotto da più lati un attento esame con criterio ormai completamente diverso da quello della critica positivistica. Questa si era preoccupata di controllare la veridicità della narrazione: la critica moderna non ha più preoccupazioni di questo genere e legge l'autobiografia per rintracciarvi l'immagine ideale che lo scrittore voleva dare di sé, non tanto i precisi *fatti* esterni della sua vita, quanto le note caratteristiche della sua personalità, e infine i momenti che hanno valore artistico. In questo senso lo scritto più notevole è quello già citato del Russo, che identifica i motivi illuministici (come la ricerca della *naturale infanzia* dell'uomo, delle qualità *primitive* improntate nell'animo dalla *natura*, al di là delle sovrastrutture e delle deformazioni culturali) e quelli romantici (come la malinconia, l'amore della solitudine, il pessimismo, l'insofferenza dei limiti ecc.) e persino decadenti in anticipo (come l'esplorazione di certe «zone ombrose della coscienza», la ricerca del tempo perduto, l'analisi di certi moti oscuri dell'anima fanciullesca ecc.); e inoltre rivela e analizza i procedimenti artistici dello scrittore e il suo personalissimo linguaggio, nel quale si traducono ora un'ispirazione oratoria e ora un'ispirazione ingenuamente poetica.

L'approfondimento della personalità alfieriana, la scoperta della sua ricchezza e complessità ha determinato anche un mutamento nell'interpretazione della sua arte, alla quale la struttura tragica è apparsa non sovrapposta, ma connaturata, se è vero che l'essenza di essa sta nella rappresentazione dell'urto dell'individuo-eroe contro il limite posto dalla realtà: intimamente tragica, dunque, e non lirica, la poesia dell'Alfieri. Questa tesi è stata sostenuta efficacemente dal Binni in *Vita interiore dell'Alfieri* (1942). In forma più precisa e concreta si è venuta così anche determinando la prospettiva storica in cui la personalità dell'Alfieri va collocata e si sono messi adeguatamente in luce anche i molteplici legami che l'Alfieri ha con il suo tempo, e con quegli stessi pensatori dell'Illuminismo che tanto aborriva. Un'equilibrata sintesi di questa prospettiva storica, che colloca il poeta fra Illuminismo e Romanticismo, si può trovare nelle pagine del già citato *Ritratto* di Alfieri del Fubini, il quale afferma che «non s'intende l'Alfieri al di fuori dell'Illuminismo, di quell'attesa proposta dell'ultimo Settecento di una palingenesi dell'umanità ricondotta al regno della ragione e della libertà, mercé un rivolgimento politico conseguibile con pacifiche riforme; non s'intende al di fuori di quella comune cultura, di quel comune sentire, di quelle comuni speranze, che affratellavano gli individui delle diverse parti d'Europa, dando loro la coscienza di appartenere ad una società eletta, depositaria di un nuovo verbo, iniziatrice di una nuova e più degna umanità [...] e dalla schiera degli illuministi, inteso ciascuno a combattere gli "abusi", i "pregiudizi", gli "errori" nei diversi campi del sapere, esce il nostro poeta, che sublimando in sé medesimo gli spiriti polemici del tempo, si atteggia a guerriero sceso a giostrare ardito con i vizi e i tiranni», e «l'opera sua tutta segna il trapasso dall'età delle riforme all'età della rivoluzione per lo spirito con cui egli rivive i motivi della polemica illuministica», ricollocando la politica nell'intimo della coscienza come un valore religioso, sicché «la libertà politica non è più ideale fra ideali, ma ideale più che supremo, unico, quello a cui l'individuo deve tenere con tutte le sue forze, perché la sua vita sia vita vera».

13.6 L'Alfieri oggi

Questo rinnovato interesse per il significato storico dell'Alfieri non va interpretato come un ritorno alla tesi romantica della grandezza politica superiore a quella poetica, ma come espressione dell'esigenza di approfondire l'essenza di quella personalità che è alla radice della poesia. In primo piano resta sempre l'arte dello scrittore, che anzi è stata attentamente studiata analiticamente nella sua elaborazione stilistica, come hanno fatto VITTORE BRANCA in *Alfieri e la ricerca dello stile* (Firenze, Le Monnier, 1959²), EZIO RAIMONDI in *La giovinezza letteraria di Vittorio Alfieri* (in *Il concerto interrotto*, Pisa, Pacini, 1979), GIUSEPPE CAMERINO in *Elaborazione dell'Alfieri tragico* (Napoli, Liguori, 1977) e altri. Essi hanno illuminato gli interni rapporti fra le diverse esperienze stilistiche (in particolare il processo circolare dalla lirica alla tragedia e dalla tragedia alla lirica) e messo in evidenza l'influsso sul linguaggio alfieriano di quella "langue des passions", che è espressione caratteristica della civiltà letteraria di tutta l'Europa del Settecento (fondamentalmente settecentesca, come chiarisce il Branca, è anche la poetica dell'Alfieri, che si muove fra razionalismo e neoclassicismo). Appartiene a questo orientamento anche la revisione critica che si sta compiendo di esperienze artistiche a lungo trascurate e, in genere, sbrigativamente giudicate come negative e prive d'interesse: in tal senso è fondamentale l'opera di dissodamento totale realizzata dal Centro Nazionale Astese di Studi Alfieriani con l'Edizione Nazionale di tutte le opere; per questo il centro si è valso della collaborazione di diversi studiosi, rendendo più celere il compimento dell'impresa e più ampio il dibattito. L'uscita dei volumi è stata accompagnata da recensioni e saggi e ha favorito la pubblicazione di edizioni parziali commentate nelle collane dei classici dei maggiori editori italiani. Tale fervore filologico è stato pure coronato da scoperte collaterali, fra le quali si segnalano i ritrovamenti di manoscritti da parte di R. MARCHETTI (*Nuovi manoscritti alfieriani*, in «Il Platano», 1, 1981) e V. BRANCA (*Un ignorato apografo alfieriano*, in «Annali alfieriani», 4, 1985).

Un ritratto e una serie di saggi interpretativi del Binni appaiono in due volumi concettualmente non distanti: il *Settecento maggiore* (Milano, Garzanti, 1978) e *Saggi alfieriani* (Roma, Editori Riuniti, 1981). V. Branca ripropone le sue fatiche alfieriane giovanili arricchite da ampliamenti e revisioni, come traspare sin dal titolo: *Alfieri e la ricerca dello stile (con cinque nuovi studi)* (Bologna, Zanichelli, 1981).

Riprende il proprio discorso alfieriano con nuovi saggi il Raimondi che, con un approccio psicanalitico, si addentra nel *Saul* e nella *Mirra* interpretando i personaggi come «ombre di una soggettività che si muove sulla scena» (*Le ombre del teatro alfieriano*, in Aa.Vv., *Scene e figure del teatro italiano*, Bologna, Il Mulino, 1985) e cercando di precisare le coordinate del paradigma antropologico alfieriano considerato «come la drammatizzazione dell'onirico in quanto esplorazione di ciò che l'Alfieri chiamava la perplessità umana, cioè uno stato di tensione e di lacerazione». Una lettura psicanalitica delle prime sei tragedie (*Le Désir et l'Utopie. Etudes sur le théâtre d'Alfieri et de Goldoni*, Clermont-Ferrand, Faculté des Lettres, 1978) e di *Merope* e *Rosmunda* (*Il teatro dell'Alfieri come auto-analisi e psicodramma*, in «Annali alfieriani», 4, 1985) si deve invece a Jacques Joly. Una lettura psicanalitica, quasi inevitabile dato il tema dell'incesto, è praticata per la *Mirra* (P. Azzolini, *La negazione simbolica nella «Mirra» alfieriana*, in «Lettere italiane», XXXII, 1980).

Interviene in più riprese sull'Alfieri, per giungere a darne un'interpretazione d'insieme Arnaldo Di Benedetto che, nella raccolta *Vittorio Alfieri. Le passioni e il limite* (Napoli, Liguori, 1987), sostiene che egli «non fu uno scrittore meramente politico: nonostante che sia tra l'altro annoverato fra quanti prepararono le condizioni propizie al Risorgimento, che però lo imbalsamò e lo usò senza veramente riconoscersi in lui»; individuando lo Herder e il Rousseau fra i suoi ascendenti culturali e il Leopardi fra i suoi discendenti, annota: «da un'ispirazione morale, non politica, muove la maggior parte delle tragedie alfieriane, e certo le migliori. La tirannide ha nell'astigiano un fondamento metafisico e, prima che in un assetto politico, essa alligna nella natura limitativa dell'uomo». Lo stesso critico è tornato sull'Alfieri con *Virtù sconosciuta* (Torino, Fogola, 1991).

Esce in questi anni tutta una serie di studi particolari: così Mario Trovato (*Il messaggio poetico dell'Alfieri: la natura del limite tragico*, Roma, Edizioni dell'Ateneo & Bizzarri, 1978) scandaglia le tragedie alla ricerca dei motivi religiosi, passando in rassegna gli interventi della critica sul fato. Sull'ideologia stilistica dell'Alfieri, con specifico riferimento ai modi della sua ricerca del "sublime" interviene Gian Luigi Beccaria (*Linguaggio tragico alfieriano*, in *L'arte dell'interpretare. Studi critici offerti a Giovanni Getto*, Cuneo, L'Arciere, 1984). Giovanni Getto rilegge la *Vita* alfieriana nell'ottica delle dimensioni di spazio e di tempo, le stesse usate per altri protagonisti della letteratura, così da poter arrivare a un discorso comune (*Tempo e spazio nella letteratura italiana*, Firenze, Sansoni, 1983). Simona Costa propone una lettura della *Vita* in relazione con altre opere di carattere autobiografico scritte nel Settecento in Europa (*Lo specchio di Narciso: autoritratto di un «homme de lettres»*, Roma, Bulzoni, 1983). Una più vasta disamina del genere si ha in *Lo specchio di Dedalo. Autobiografia e biografia* (Bologna, Il Mulino 1990). Su Alfieri testimone della Rivoluzione francese si registrano vari interventi, fra cui il volume di Stefano Calabrese, uscito in corrispondenza con il bicentenario della rivoluzione: *Una giornata alfieriana. Caricatu-*

re della Rivoluzione francese (Bologna, Il Mulino, 1989). Un confronto fra la sensibilità del Pindemonte e quella dell'Alfieri di fronte ai medesimi avvenimenti è in GIORGIO BARONI, *Ippolito Pindemonte e Vittorio Alfieri testimoni oculari dell' '89 parigino* (in «Vita e Pensiero», 11, 1989).

Fra gli studi di comparazione fra autori, si segnalano di GIORGIO BÁRBERI SQUAROTTI, autore pure di altri studi alfieriani, *Foscolo tragico* (in «Esperienze letterarie», IV, 1979), di SERGIO GILARDINO, *La scuola romantica: la tradizione ossianica nella poesia dell'Alfieri, del Foscolo e del Leopardi* (Ravenna, Longo, 1982) e di GUIDO SANTATO, *Alfieri e Voltaire. Dall'imitazione alla contestazione* (Firenze, Olschki, 1988) da cui emerge un Alfieri che «ben difficilmente avrebbe potuto essere il poeta vate di una vicenda storica che avesse un corso positivo, in senso rivoluzionario o riformatore. Era però il poeta fatto su misura per una situazione storica *negativa*, che vivesse di attese, speranze, vigilie: e l'Alfieri fu realmente il poeta di questa attesa storica, di un discorso letterario e politico articolato interamente al futuro. Stretto alla sua identificazione di mito personale, mito politico e mito tragico, l'Alfieri si pone come grande irrazionalista contro il secolo dei lumi ormai volgente all'esplosione rivoluzionaria».

Repertorio bibliografico

a) **Opere bibliografiche e introduttive**

G. BUSTICO, *Bibliografia di Vittorio Alfieri*, Firenze, Olschki, 1927 (dai tempi dell'Alfieri al 1927); G.G. FERRERO, *Gli studi alfieriani nel Novecento*, in «La nuova Italia», 1, 1930; ID., *Rassegne alfieriane*, in «Giornale Storico della Letteratura Italiana», 1931-1951; P. CAZZANI, *Rassegna alfieriana*, in «Annali alfieriani», I, 1942; *Elenco di scritti apparsi per il bicentenario alfieriano*, in «Convivium», 3-4, 1949 e 1-2, 1950. Cfr. anche le indicazioni bibliografiche contenute in G. NATALI, *Settecento*, in *Storia letteraria*, Milano, Vallardi, 1964; A. FABRIZI - C. DOMENICI - G. SANTATO, *Rassegne alfieriane*, in «Lettere italiane», XX, 1968, XXII, 1970, XXV, 1973 e XXX, 1978. Per i contributi più recenti si vedano G. SANTATO, *Rassegne alfieriane*, in «Annali alfieriani», III, 1983; B.M. DA RIF, *Rassegne alfieriane*, in «Lettere italiane», XXXIX, 1987.

E. BERTANA, *Vittorio Alfieri studiato nella vita, nel pensiero e nell'arte*, Torino, Loescher, 1904; E. SANTINI, *Vittorio Alfieri*, Messina, Principato, 1931; P. SIRVEN, *Vittorio Alfieri*, 8 voll., Paris, Droz e Boivin, 1934-1950; W. BINNI, *Vita interiore dell'Alfieri*, Bologna, Cappelli, 1942 (ora in appendice a *Saggi alfieriani*, Roma, Editori Riuniti, 1981); M. APOLLONIO, *Alfieri*, Brescia, La Scuola, 1950; G.A. LEVI, *Vittorio Alfieri*, Brescia, Morcelliana, 1950; C. JANNACO, voce *Alfieri Vittorio*, in *Dizionario critico della letteratura italiana*, Torino, UTET, 1973. Assai pregevole, infine, M. CERRUTI, voce *Alfieri Vittorio*, in *Grande dizionario enciclopedico*, vol. I, Torino, UTET, 1984; ID., *Alfieri*, in *Storia della civiltà letteraria italiana*, dir. da G. Bárberi Squarotti, vol. IV: *Il Settecento e il primo Ottocento*, Torino, UTET, 1992 (con aggiornata bibliografia).

b) **Edizioni e commenti**

Opere, 11 voll., Torino, Paravia, 1903 (conosciuta cone «Edizione del Centenario»). Ormai si dispone dell'Edizione Nazionale pubblicata sotto gli auspici del «Centro di studi alfieriani», Asti, Casa d'Alfieri. Sono usciti i seguenti volumi: *Vita*, a cura di L. Fassò, 1951 (2 voll., di cui il secondo riproduce la prima redazione); *Scritti politici e morali*, a cura di P. Cazzani, vol. I, 1951, vol. II, 1966; *Tragedie*, a cura di C. Iannaco: *Filippo*, 1952, *Polinice*, 1953, *Antigone*, 1953, *Virginia*, 1955; a cura di R. Del Bello: *Agamennone*, 1967, *Oreste*, 1967, *Maria Stuarda*, 1970, *Agide*, 1975; a cura di A. Fabrizi: *Merope*, 1968, *Bruto primo*, 1975, *Bruto secondo*, 1975; a cura di L. Rossi: *La congiura dei Pazzi*, 1968, *Don Garzia*, 1975; a cura di M. Capucci: *Mirra*, 1974; *Tragedie postume*, vol. II, a cura di R. Del Bello, 1978; *Parere sulle tragedie e altre prose critiche*, a cura di M. Pagliai, 1978; *Commedie*, a cura di F. Forti, voll. I e II, 1953, vol. III, 1958; *Epistolario*, a cura di L. Caretti, vol. I (1767-1788), 1963; *Estratti d'Ossian e da Stazio per la tragica*, a cura di P. Camporesi, 1969; *Epistolario*, a cura di L. Caretti, vol. II (1789-1798), 1981; *Saul*, testo definitivo e redazione inedita, a cura di C. Jannaco, 1982; *Appunti di lingua e letterari*, a cura di M. Sterpos e G.L. Beccaria, 1983; *Eneide*, a cura di M. Guglielminetti, M. Masoero e C. Sensi, 1983; *Teatro greco*, traduzioni, a cura di C. Sensi, 1984; *Scritti politici e morali*, vol. III, a cura di G. Mazzotta, 1984; *Terenzio*, a cura di M. Masoero, 1984; *Tragedie postume*, vol. III: *Alceste prima*, a cura di C. Domenici; *Alceste seconda*, a cura di R. Del Bello, 1985; *Epistolario*, vol. III, a cura di L. Caretti, 1989; *Sofonisba*, a cura di L. Rossi, 1989. Sono previsti ancora 3 volumi di *Bibliografia* (catalogo dei manoscritti, edizioni, saggistica critica).

Da tener presente anche l'edizione delle *Opere* (non completa), a cura di F. Maggini, Firenze, Le Monnier, 1926-1933 (importante soprattutto il volume che contiene l'edizione critica delle *Rime*). Le *Tragedie* sono pubblicate anche nelle collane dei «Classici» Laterza, a cura di N. Bruscoli, Bari, 1946-1947, dei «Classici» Mondadori, a cura di P. Cazzani, Milano, 1958, dei «Classici» UTET, a cura di G.M. Zuradelli, Torino, 1973. Altre edizioni pregevoli: *Giornali e lettere scelte*, a cura di W. Binni, Torino, Einaudi, 1949; *Del Principe e delle lettere*, a cura di G. Bárberi Squarotti, Milano, Serra & Riva, 1983; *Della tirannide*, a cura di G. Izzi, Archivio Guido Izzi, 1985; *La virtù sconosciuta*, a cura di A. Di Benedetto, Torino, Fogola, 1991.

Edizioni commentate della *Vita*: a cura di E. Bertana, Napoli, Perrella, 1910; D. Guerri, Firenze, Vallecchi, 1925; L. Fassò, Firenze, Sansoni, 1926; L. Russo, Messina, Principato, 1936; G. Dossena, Torino, Einaudi, 1974²; G. Cattaneo, Milano, Garzanti, 1977; V. Branca, Milano, Mursia, 1983; A. Dolfi, Milano, Mondadori, 1986; M. Cerruti, Milano, Rizzoli, 1987. Numerosi i commenti a gruppi di tragedie o a tragedie singole: *Teatro scelto*, a cura di N. Busetto, Milano, Vallardi, 1907; *L'opera poetica di Vittorio Alfieri*, a cura di N. Vaccalluzzo, Livorno, Giusti, 1924; *Tragedie scelte*, a cura di M. Porena, Firenze, Sansoni, 1925; *Saul*, a cura di A. Momigliano, Catania, Muglia, 1921 (con importante introduzione critica); G. Marzot, Firenze, Le Monnier, 1934; R. Ramat, Firenze, La Nuova Italia, 1940; F. Montanari, Torino, SEI, 1971; G. Getto e R. Tessari, Torino, Petrini, 1973; V. Branca, Milano, Rizzoli, 1980 (col *Filippo*); *Filippo*, a cura di E. Carrara, Napoli, Perrella, 1930; G. Marzot, Firenze, Vallecchi, 1936; G. Di Pino, Firenze, Le Monnier, 1950; G. Marzot, Milano, Mursia, 1986; *Mirra*, a cura di A. Momigliano, Firenze, Vallecchi, 1924. Si vedano anche: *Tutte le tragedie*, a cura di A. Ruschioni, Milano, Bietti, 1974; *Tragedie*, 3 voll., a cura di L. Toschi, Firenze, Sansoni, 1985; *Tragedie*, a cura di S. Jacomuzzi, Milano, Mondadori, 1988; *Tragedie*, a cura di B. Maier, Milano, Garzanti, 1989. Commenti alle *Rime*: a cura di R. Guastalla, Firenze, Sansoni, 1912; E. DE BENEDETTI, Milano, Vallardi, 1914. Antologie di opere varie: *Vita, rime e altri scritti minori*, a cura di M. Scherillo, Milano, Hoepli, 1917; *Antologia delle opere minori*, a cura di R. Ramat, Firenze, Vallecchi, 1937. Una scelta egregiamente commentata, a cura di M. Fubini, nel vol. II dei *Classici italiani*, dir. da L. Russo, Firenze, Sansoni. Un'ampia scelta è quella a cura di F. Maggini: *Opere di Vittorio Alfieri*, 2 voll., Milano, Rizzoli, 1939-1941. Altre raccolte di scritti alfieriani: *Vita, Rime e Satire*, a cura di L. Fassò, Torino, UTET, 1971²; *Opere*, a cura di V. Branca, Milano, Mursia, 1967³; *Opere*, a cura di M. Fubini e A. Di Benedetto, vol. I, Milano-Napoli, Ricciardi, 1977.

Si vedano anche: *Del Principe e delle lettere*, a cura di L. Russo, Firenze, Le Monnier, 1943; *Giornali e lettere scelte*, a cura di W. Binni, Torino, Einaudi, 1950; *Del Principe e delle lettere*, a cura di F.G. Cecchini, Torino, Loescher, 1969.

c) Critica

Sulla storia della critica cfr. B. MAIER, *Alfieri*, Palermo, Palumbo, 1962². In particolare per la critica dal Croce in poi: C. CAPPUCCIO, *La critica alfieriana*, Firenze, La Nuova Italia, 1951; per la critica ottocentesca, si veda M. FUBINI, voce *Alfieri*, in *Dizionario biografico degli italiani*, Roma, Istituto dell'Enciclopedia Italiana, 1961; ID., *Alfieri nell'Ottocento*, in *Ritratto dell'Alfieri*, Firenze, La Nuova Italia, 1963³. Vedi anche: R. DE BELLO, *Contributo a una storia della fortuna alfieriana*, in «Convivium», n. s., IV, 1960. Sulla fortuna europea: L. RICALDONE, *Momenti e motivi della recente critica alfieriana in Europa*, in «Studi piemontesi», IX, 1980; A. PARDUCCI, *Traduzioni spagnole di tragedie alfieriane*, in «Annali alfieriani», I, 1942; G.C. ROSSI, *L'Alfieri e il Portogallo*, ivi; B. BASSI, *L'Alfieri e la Svezia*, ivi, II, 1943; E.H. WILKINS, *Alfieri in America*, in «Convivium», XVII, 1949; E. BARELLAI, *Alfieri e la Danimarca*, in «Il Veltro», XXV, 1981.

Studi notevoli sul pensiero: P. GOBETTI, *La filosofia politica di Vittorio Alfieri*, Pinerolo, Pittarino, 1923 (ora in *Opere complete*, Torino, Einaudi, 1969); G. GENTILE, *L'eredità di Vittorio Alfieri*, Firenze, La Nuova Italia, 1924; L. SALVATORELLI, *Il pensiero politico italiano dal 1700 al 1800*, Torino, Einaudi, 1975 (3ª ed. ivi, 1949); B. CROCE, *Sul trattato «Del Principe e delle lettere» di Vittorio Alfieri*, in *Discorsi di varia filosofia*, vol. II, Bari, Laterza, 1945; N. SAPEGNO, *Alfieri politico*, in *Ritratto del Manzoni e altri saggi*, Bari, Laterza, 1992 (1ª ed. 1961); L. RUSSO, *Ritratti e disegni storici*, serie 3ª: *Dall'Alfieri al Leopardi*, Firenze, Sansoni, 1963³; M. FUBINI, *Vittorio Alfieri e la crisi dell'illuminismo* e *Patria e nazione nel pensiero dell'Alfieri*, in *Ritratto dell'Alfieri*, cit.; V. MASIELLO, *L'ideologia tragica di Vittorio Alfieri*, Roma, Edizioni dell'Ateneo, 1964; L. VINCENTI, *Alfieri e lo Sturm und Drang e altri saggi di letteratura italiana e tedesca*, Firenze, Olschki, 1966; A. D'ANDREA, *Alfieri e il mito dell'Italia*, in *Il nome della storia*, Roma-Napoli, Liguori, 1982; AA.VV., *Vittorio Alfieri e la cultura piemontese fra illuminismo e rivoluzione*, Atti del Convegno Internazionale di studi in memoria di C. Palmisano, a cura di G. Ioli, Torino, Bona, 1985; G. BÁRBERI SQUAROTTI, *Politica e poesia: le «Satire»*, in «Annali alfieriani», IV, 1, 1985; G. SANTATO, *Alfieri e Voltaire: dall'imitazione alla contestazione*, Firenze, Olschki, 1988.

Sull'arte: A.W. SCHLEGEL, *Corso di letteratura romantica*, trad. it. di G. Gherardini, Milano, Molina, 1844² (ristampato a cura di M. Puppo, Genova, Il Melangolo, 1977), lezione IX; U. FOSCOLO, *Saggio sulla letteratura contemporanea in Italia*, cit.; V. GIOBERTI, *Giudizi letterari*, in *Scritti scelti*, a cura di A. Guzzo, Torino, UTET, 1974 (1ª ed. 1954); F. DE SANCTIS, *Veuillot e la Mirra, Janin e Alfieri, Janin e la Mirra, Giudizi del Gervinus sopra Alfieri e Foscolo*, in *Saggi critici*, vol. I, e ID., *Storia della letteratura italiana*, cap. XX; E. DONADONI, *Vittorio Alfieri*, in *Discorsi letterari*, Palermo, Sandron, 1905; B. CROCE, *Alfieri*, in *Poesia e non poesia*, Bari, Laterza, 1974⁸; ID., *Saluto a Vittorio Alfieri* e *Le satire di Vittorio Alfieri*, in *La letteratura italiana del Settecento*, Bari, Laterza, 1949; U. CALOSSO, *L'anarchia di Vittorio Alfieri*, Bari, Laterza, 1924; G. CITANNA, *Il dramma di Vittorio Alfieri*, in *Il Romanticismo e la poesia italiana dal Parini al Carducci*, Bari, Laterza, 1949²; G.G. FERRERO, *Vittorio Alfieri*, Torino, Chiantore, 1945³; G. MARZOT, *Alfieri tragico*, Firenze, Vallecchi, 1936; R. RAMAT, *Alfieri tragico-lirico*, Firenze, Le Monnier, 1940 (ristampato col titolo *Vittorio Alfieri - Saggi*, Firenze, Sandron, 1964); A. MOMIGLIANO, *Delle tragedie dell'Alfieri*, in *Introduzione ai poeti*, Firenze, Sansoni, 1964³; M. FUBINI, *Vittorio Alfieri. Il pensiero, la tragedia*, Firenze, Sansoni, 1953² e ID., *Ritratto dell'Alfieri*, cit.; G. DE ROBERTIS, *Letture dell'Alfieri*, in *Saggi*, Firenze, Le Monnier, 1953²; E. RAIMONDI, *La giovinezza letteraria dell'Alfieri*, in *Memorie dell'Accademia di Scienze di Bologna*, s. V, IV-V, 1952-1953; ID., *Giovinezza letteraria di Vittorio Alfieri*, in *Il concerto interrotto*, Pisa, Pacini, 1979; V. BRANCA, *Alfieri e la ricerca dello stile*, Firenze, Le Monnier, 1959² (nuova ed. con cinque nuovi studi, Bologna, Zanichelli, 1981³); ID., *Momenti autobiografici e momenti satirici nell'opera di Vittorio Alfieri*, nel vol. collettaneo *Studi alfieriani*, Firenze, 1950; L. CARETTI, *Il «fidato» Elia e altre note alfieriane*, Padova, Liviana, 1961; R. SCRIVANO, *La natura teatrale dell'ispirazione alfieriana e altri scritti alfieriani*, Milano-Messina, Principato,

1962; W. Binni, *Saggi alfieriani*, Roma, Editori Riuniti, 1981² (1ª ed. Firenze, La Nuova Italia, 1969); Id., *La rivoluzione alfieriana*, in *Preromanticismo italiano*, Bari, Laterza, 1974; Id., *Settecento maggiore*, cit.; C. Jannaco, *Studi alfieriani vecchi e nuovi*, Firenze, Olschki, 1974; G. Getto, *Saul*, in *Tre studi sul teatro*, Caltanissetta-Roma, Sciascia, 1976; R. Scrivano, *Biografia e autobiografia. Il modello alfieriano*, Roma, Bulzoni, 1976; L. Sannia Nowe, *Dall'idea alla tragedia - Nascita della forma tragica nel «Filippo alfieriano»*, Padova, Liviana, 1976; G. Debenedetti, *Vocazione di Vittorio Alfieri*, Roma, Editori Riuniti, 1977; G. A. Camerino, *Elaborazione dell'Alfieri tragico*, Napoli, Liguori, 1977; J. Joly, *Le Désir et l'Utopie. Etudes sur le théâtre d'Alfieri et de Goldoni*, Clermont Ferrand, Association des Publications de la Faculté des Lettres et Sciences humaines, 1978; G. Rando, *Tre saggi alfieriani*, Roma, Herder, 1980; C. Doni, *Alfieri traduttore dei classici latini (Sallustio-Virgilio)*, Padova, Liviana, 1980; S. Costa, *Lo specchio di Narciso: autoritratto di un «homme de lettres». Su Alfieri autobiografo*, Roma, Bulzoni, 1983; R. Fedi, *Il «fare» e il «raccontare»: memoria e scrittura nella «Vita» di Vittorio Alfieri*, in «Annali d'italianistica», 4, 1986; A. Di Benedetto, *Vittorio Alfieri. Le passioni e il limite*, Napoli, Liguori, 1987; M. Orcel, *«Langue mortelle». Etudes sur la poétique du premier romantisme italien (Alfieri, Foscolo, Leopardi)*, préface de J. Starobinski, Paris, L'Alphée, 1987; M. Cerruti, *Le buie tracce. Intelligenza subalpina al tramonto dei Lumi*, Torino, Centro Studi Piemontesi, 1988; S. Calabrese, *Una giornata alfieriana. Caricature della Rivoluzione francese*, Bologna, Il Mulino, 1989; B. Alfonzetti, *Il corpo di Cesare. Percorsi di una catastrofe nella tragedia del Settecento*, Modena, Mucchi, 1989; A. Battistini, *Lo specchio di Dedalo. Autobiografia e biografia*, Bologna, Il Mulino, 1990; G. Capello, *Invito alla lettura di Vittorio Alfieri*, Milano, Mursia, 1990; D. Gorret, *Il poeta e i mille tiranni. Per una rilettura critica del «Misogallo» di Vittorio Alfieri*, Salerno, Laveglia, 1991; M. Riva, *Saul o del «furor divino»*, Atti del Seminario *Malinconia. Malattia melanconica e letteratura moderna*, a cura di A. Dolfi, Roma, Bulzoni, 1991.

14 Foscolo

14.1 Il culto per il Foscolo nel primo Ottocento

La singolare e potente personalità del Foscolo suscitò presso i contemporanei opposti sentimenti di avversione e di affetto, di disprezzo e di entusiasmo. Nel cuore dei giovani il suo culto si collocò presto accanto a quello per l'Alfieri e lo sostituì interamente. Della straordinaria impressione esercitata sul loro animo innumerevoli sono le testimonianze. GIOVITA SCALVINI scriveva: «Foscolo mi sembra abitato da uno di que' dei che i Germani sentono passare nelle foreste», e SILVIO PELLICO si rivolgeva al poeta con queste parole: «È gran tempo ch'io ti considero come l'unico vero, sommo italiano, e quindi persona sacra e serbata dal destino a mostrare che Alfieri fu pianta naturale di questa terra e non uno sterile prodotto del caso». Gli avversari lo coprivano di disprezzo e di ridicolo, per lo più per ragioni puramente personali di rivalità o di interesse. Ma si manifestò anche presto un'opposizione che nasceva da più profonde ragioni, cioè da una diversità di atteggiamento spirituale. Coloro stessi che tanto lo avevano esaltato da giovani, diventati maturi si volsero ad altri ideali e finirono per distaccarsi più o meno da lui, come si erano distaccati dall'Alfieri: è il caso del Pellico, dello Scalvini, del Berchet. La polemica sulla figura dell'uomo durò attraverso tutto l'Ottocento. Nel Risorgimento lo considerarono maestro spirituale i rappresentanti della corrente laica e democratica, e basti citare il giudizio di GIUSEPPE MAZZINI: «Ugo Foscolo, per acume d'ingegno, filosofia di pensiero, e potenza d'espressione a null'altro secondo; per nobiltà di cuore, e indipendenza di vita, primo». Fecero invece ampie riserve, o furono decisamente, e qualche volta malignamente, avversi, in genere cattolici e neoguelfi. Fra di essi si distingue GINO CAPPONI, il quale scrisse: «Il Foscolo era uomo da più dei suoi libri, e quindi conviene cercarlo nelle lettere e negli scritti, dove egli diffondeva troppo sparsamente se medesimo, e da quegli ricomporre l'uomo, ch'era, a mio credere, il maggiore dei tempi suoi». Nella seconda metà dell'Ottocento, mentre perdura vivo il culto negli eredi della tradizione laica risorgimentale, come il De Sanctis, la svalutazione della figura umana del poeta raggiunge le forme estreme e ridicole degli scienziati antropologi, come CESARE LOMBROSO, per il quale tutti gli aspetti singolari della sua vita e della sua opera, che già avevano colpito i contemporanei, diventano senz'altro indizi sicuri di temperamento degenerato, di sensibilità pervertita, di personalità grande ma disonesta e persino incline al delitto.

Risentono in molta parte delle opposte intenzioni diffamatorie e apologetiche anche le numerose biografie del poeta scritte nel corso dell'Ottocento: dal PECCHIO (1830), dal CARRER (1842), dal PAVESIO (1870), dal GEMELLI (1881), dal DE WINCKELS (1885-1898) e da altri.

14.2 Primi giudizi sulle opere e il Foscolo critico di se stesso

Contrastanti furono anche i giudizi dei contemporanei sulle opere del Foscolo. Fra i giovani esse, e in particolare l'*Ortis*, i *Sepolcri* e l'*Orazione inaugurale*, destarono il più ardente entusiasmo. E grande fu il successo presso ogni categoria di lettori. Fra i rappresentanti del mondo letterario frequenti furono invece gli appunti e le riserve. Non hanno alcun interesse quelli degli avversari personali, che nascono unicamente da spirito polemico. Invece sono degni di considerazione, ancor più che l'entusiasmo generico degli esaltatori, i giudizi di alcuni eminenti scrittori, come il Cesarotti, il Bettinelli, il Pindemonte, giudizi nei quali ha rilievo, proprio attraverso le incomprensioni, la novità dell'arte foscoliana, e l'enunciazione dei "difetti" di quest'arte segna il primo avvio di un discorso critico su di essa. L'accusa più comune è quella di "oscurità": essa denuncia la difficoltà, per spiriti educati al gusto settecentesco della chiarezza analitica, di penetrare e accettare lo stile concentrato e balenante, espressione di tutta una diversa sensibilità, proprio del nuovo scrittore. Nell'*Orazione inaugurale* MELCHIORRE CESAROTTI notava sì uno stile «in generale nobile, energico, scelto», ma anche «periodi troppo lunghi, passaggi non abbastanza marcati, costruzioni imbarazzate, inversioni gratuitamente sforzate e di mal effetto, espressioni misteriose, voci oscure e latinismi inopportuni». E SAVERIO BETTINELLI a proposito dei *Sepolcri* scriveva all'autore: «Avete troppo ingegno per me, onde mi riesce oscuro lo stile di questo Carme, benché da me letto e riletto con applicazione. Altri più acuti l'intenderanno, ma niuno quanto voi levato a sì alta sfera di grandi pensieri e di frasi tutte vostre e poco, credetemi, chiare per noi mediocri». Quanto all'*Ortis* riconoscevano la potenza dello stile, ma restavano sconcertati di fronte alla violenta passionalità che arde le sue pagine, ben lontana dalla moderata *sensibilità* di cui essi si compiacevano: il Cesarotti si sentiva preso da «compassione, ammirazione e ribrezzo» di fronte a quell'opera «scritta da un genio in un accesso di febbre maligna». Più favorevole è in genere IPPOLITO PINDEMONTE, specialmente nei riguardi dei *Sepolcri*, dei quali riconosce e caratterizza felicemente l'originalità: «Ove trovaste quella malinconia sublime, quelle immagini, quei suoni, quel misto di soavità e di forza, quella dolcezza e quell'ira? È una cosa tutta vostra, che star vuole da sé e non si può a verun'altro paragonare». Anche lui confessa però di non aver inteso certi passaggi e certe gradazioni.

Tra i giudizi degli ammiratori è notevole quello di LUIGI PELLICO, il quale dimostra di capire il significato e l'efficacia dello stile del carme, connaturato con la *sublimità* della sua ispirazione: «Quelle ardite transazioni, e quella religiosa oscurità, stimolo all'attenzione e carattere del sublime, contraendo il pensiero e agitando l'immaginazione del lettore, gli offriranno idee alte e vivaci perché mosse da un altro argomento, ma idee sue proprie».

Interessanti riflessioni critiche sull'opera del Foscolo vengono dallo stesso Foscolo, il quale nella *Notizia bibliografica sull'Ortis* (1816) analizzò la propria opera, ribattendo felicemente l'accusa, mossagli da vari critici, che la passione politica e la passione amorosa siano contrastanti, col far osservare che nell'*Ortis* il vero contrasto è «tra la disperazione delle passioni e l'ingenito amor della vita» e che «l'amore più lungamente e più spesso fa dimenticare al cuore dell'Ortis l'altra passione, finché dopo d'avere tutte e due combattuto contro alla disperazione, e non vincono, sono costrette a congiungersi ad essa, ed affrettare la catastrofe»; e delineò nettamente la differenza fra il suo libro e il *Werther* del Goethe. Anche la qualità del proprio stile egli seppe caratterizzare con sicuro acume critico, osservando che, se l'autore del *Werther* «depurò e arricchì una lingua che non aveva scrittori classici», egli «ridiede forza e novità a una lingua classica da più secoli». Lo stile dell'*Ortis* «piglia improvvisamente vari colori dalla molteplicità degli oggetti: i suoi pensieri sono disordinati: e nondimeno lo stile ha sempre uno stesso tenore, mantenuto dal carattere dell'individuo; e il disordine forma un tutto che si direbbe composto armonicamente di dissonanze [...]. La ruggine dell'antichità in que' vocaboli è emendata dall'evidenza, l'idiotismo dalla proprietà, la stranezza dalla necessità, e le parole suonano sì forti dal cuore di chi le scriveva, che non ispiccano agli occhi, né s'ha tempo né sangue freddo da considerarle col microscopio grammaticale...». Altrove, discorrendo dei *Sepolcri*, egli fece notare il chiaroscuro poetico derivante dal contrasto fra la mestizia dei sentimenti e la lietezza delle immagini che «hanno la mobile attitudine della gioia», la sapiente tessitura musicale dei versi e l'intonazione *sublime* dell'episodio finale (lettura al Guillon, in *Opere*, Firenze, Le Monnier).

14.3 Giudizi della critica cattolica e romantica

Gli scrittori del «Conciliatore» mostrano evidente l'impronta foscoliana negli accenni polemici contro antiquari, bibliografi ed eruditi e contro la cultura fratesca, e nell'esaltazione del culto delle memorie e di un ideale di letterato in cui più che l'eccellenza dell'ingegno rifulga la nobiltà dell'animo. Ma nelle pagine del periodico milanese non compare nessuna valutazione critica del poeta, che i seguaci delle nuove idee romantiche dovevano cominciare a considerare con un certo distacco. Lo spirito e la poetica di quello che, tanto per intenderci, chiameremo il romanticismo manzoniano, spiegano appunto i giudizi di alcuni seguaci del Manzoni. Se spogliamo le molte pagine che al Foscolo dedicò Niccolò Tommaseo da tutto ciò che è frutto di gratuita malignità e di sofistica bizzarria e di invincibile pedanteria, vedremo che la valutazione sostanzialmente negativa, non solo dell'uomo ma dello scrittore, poggia sul fatto che egli seguì princìpi ideali e canoni artistici opposti a quelli del romanticismo manzoniano. Questo ebbe ispirazione religiosa, volle banditi la mitologia e ogni ricordo del mondo pagano, cercò un'arte popolare, una forma semplice e piana. E invece il Foscolo fu uno spirito irreligioso, per il quale «l'eternità è il *nulla eterno* e la fede dell'immortalità è illusione», coltivò una poesia «idolatrica e voluttuosa», e «in letteratura ebbe [...] impopolari dottrine».

Il Tommaseo, come il suo amico Scalvini, che ha scritto sul Foscolo parecchie pagine assai notevoli, insistono specialmente, com'è naturale, e non senza ragione, sulla mancanza di *princìpi* che determinerebbe il carattere frammentario dell'opera del poeta. Con maggior serenità e profondità esaminò il pensiero foscoliano da un punto di vista cristiano Antonio Rosmini (*Della speranza. Saggio sopra alcuni errori di U. Foscolo*, in *Opuscoli filosofici*, 1827), il quale ne identificò il motivo centrale nella dottrina dell'illusione, che dev'essere logicamente l'unica speranza e felicità concessa ai mortali quando si parta dalla convinzione che la vita sta nel moto e la morte consiste nella quiete e che l'intelletto non può mai raggiungere la verità per riposare in essa.

Alle qualità proprie dello scrittore, anzi del prosatore, rivolse invece la sua attenzione RUGGERO BONGHI e nelle sue conclusioni è visibilissima l'applicazione estremistica delle teorie manzoniane, e in genere romantiche, sulla lingua e lo stile e sulla "popolarità" della letteratura. Egli afferma che il Foscolo ebbe «soverchio sviluppo delle facoltà di sentire e piccolo delle facoltà di ragionare» e che perciò riuscì «prosatore mediocre; gonfio e sforzato nelle frasi, ambiguo e incerto nelle parole; di concetti o esagerati, o vieti, o non maturi, e dominato perpetuamente da una paura puerile del senso comune nel pensare e nell'esprimere»: a lui mancò soprattutto il senso dell'analisi, senza del quale non si può riuscire grandi scrittori (R. BONGHI, *Perché la letteratura italiana non è popolare in Italia. Lettere critiche*, Milano, 1856).

Fuori del campo cattolico si trovano spunti notevoli nel LEOPARDI, nel CATTANEO (che mise in rilievo l'incitamento all'attività eroica che si sprigiona anche dalle opere di ispirazione pessimistica, come l'*Ortis*, e intuì acutamente il substrato autobiografico della critica del Foscolo), nel SETTEMBRINI, del quale è soprattutto degno di ricordo, perché divergente dalla tradizione di quasi tutta la critica ottocentesca, il giudizio sulle *Grazie*, considerate «la più bella poesia del Foscolo, più bella dei *Sepolcri* assai». Ma non s'incontra nessuna organica interpretazione prima del De Sanctis.

14.4 De Sanctis e la prima ricostruzione storica della personalità foscoliana

Taluni dei motivi della critica precedente ritornano in FRANCESCO DE SANCTIS, ma per la prima volta essi si fondono e si integrano in una ricostruzione storica dello svolgimento della personalità foscoliana, ricostruzione dalla quale la valutazione estetica emerge con un'evidenza quasi necessaria. Il grande saggio, scritto in occasione del ritorno in patria delle ossa del poeta (*Ugo Foscolo*, in «Nuova Antologia», giu. 1871) e riassunto poi un po' frettolosamente nel capitolo ultimo della *Storia della letteratura italiana*, inquadra la storia interiore del Foscolo entro il disegno che già conosciamo della storia della vita spirituale italiana, e la narra secondo un ritmo di sviluppo dialettico che ha fatto ricordare le triadi hegeliane. Il Foscolo si presenta sulla scena della società italiana quando questa è percorsa da un'ansia di rinnovamento, che però resta puramente letterario, senza influenza sulla vita pratica, perdurando ancora quella che il De Sanctis, come sappiamo, considera la malattia dell'anima italiana dal Concilio di Trento: la scissione fra le idee e i fatti. Il Foscolo vive dei grandi ideali e delle illusioni che già avevano animato l'Alfieri, ma, diversamente da questo, esperimenta l'urto di essi con la realtà, in cui non riescono a penetrare, e il conseguente disinganno: «Alfieri è l'illusione. Foscolo è il disinganno»; entrambi «sono la voce della nuova Italia in quella sua prima apparizione innanzi allo spirito; idea ancora vuota, ma non più accademica, piena di energia e destinata a vivere». L'espressione di questo disinganno del Foscolo è l'*Ortis*. «Era tutto fede, credeva alla libertà, credeva alla scienza, credeva alla gloria: al primo urto della realtà rinnega e bestemmia tutto, anche se stesso. La tragedia non ci è più: ci è una situazione lirica nata dalla tragedia». Da questa situazione, che il De Sanctis definisce «il suicidio in permanenza», non poteva nascere un romanzo, per il quale mancava al Foscolo la capacità dell'analisi, «il senso e il gusto della vita reale», ma soltanto una «poesia in prosa», e questa prosa poetica, sintetica e scultoria «non è la vita in atto, ma un formulario della vita» e quasi «la sua astrazione rettorica». Il Foscolo dell'*Ortis* si avviava dunque verso una nuova forma di astrazione e di retorica per il suo atteggiamento di distacco verso la vita. Ma lo salvò appunto «l'esercizio della vita», le armi e gli amori: le Odi «dove l'anima si espande nella varietà della vita» attestano la sua guarigione.

Dall'illusione attraverso il disinganno egli giunge così al pieno contatto con la realtà nella sua concretezza, alla conquista della misura del reale. Di qui nasce il nuovo impeto lirico, culminante nei *Sepolcri*. «Un mondo più elevato e nobile viveva [...] nell'anima del Foscolo»; nel carme egli «sviluppa tutte le sue forze, e in quel grado di verità e di misura che è proprio di un ingegno maturo»: il sentimentalismo, il filosofismo, il classicismo, l'erudizione, l'abilità tecnica, «tutte queste forze sparpagliate, esitanti, che non avevano ancora trovato un centro, sono raccolte e riconciliate in questo mondo pieno e concreto, dove ciascuna trova nelle altre il suo limite o la sua misura». E questo centro è la coscienza: il mondo ideale che aveva ancora qualche carattere retorico nel Parini e nell'Alfieri «nei *Sepolcri* appare per la prima volta nel suo carattere d'intimità, come un prodotto della coscienza e del sentimento» e «questa prima voce della nuova lirica ha non so che di sacro, come un Inno: perché infine ricostituire la coscienza è ricostituire nell'anima una religione». Tutta la ricostruzione desanctisiana converge sui *Sepolcri* e le pagine più belle e persuasive del saggio sono quelle dedicate all'analisi del carme. Esso rappresenta per il De Sanctis insieme il culmine della vita spirituale e artistica del Foscolo e un momento fondamentale della vita spirituale italiana, la rinascita della coscienza, del mondo interiore.

Dopo i *Sepolcri* la parabola artistica del poeta segue una curva discendente. Le *Grazie* non sono più l'espressione di una vera situazione lirica, di una condizione determinata del mondo interiore, ma «la storia e la metafisica di questo mondo» dunque «non più poesia, ma una lezione con accessorii poetici». Le *Grazie* segnano già il passaggio alla critica, nella quale il Foscolo portò uno spirito nuovo, cioè la coscienza che «la vita come nella natura, così nell'arte viene dal di dentro, e che dove non è mondo interiore, non è mondo esterno che viva»: egli è «il primo fra i critici italiani che considera un lavoro d'arte come un fenomeno psicologico, e ne cerca i motivi nell'anima dello scrittore e nell'ambiente del secolo in cui nacque». La sua critica si accorda quindi con la sua poesia e con il suo insegnamento: «in questa reintegrazione della coscienza o di un mondo interiore accordavasi il poeta, il professore e il critico».

14.5 Le monografie del Donadoni e del Citanna e l'interpretazione romantica del neoclassicismo foscoliano

La prima ampia e profonda indagine analitica del mondo spirituale del Foscolo è quella compiuta da EUGENIO DONADONI nel volume *Ugo Foscolo pensatore, critico, poeta* (1910), rimasto fondamentale per tutti gli studi posteriori, in quanto riassume e organizza i risultati della storiografia dell'Ottocento e pone i presupposti per nuove ricerche. Il Donadoni coglie il contrasto fra le premesse sensistiche e meccanicistiche del pensiero del poeta e le più intime esigenze del suo spirito, tra i risultati della ragione e le richieste del sentimento: il sensismo conduceva il Foscolo a conclusioni deterministiche e pessimistiche, ma dallo stesso sensismo egli trasse la convinzione che quel che conta non è la ragione, ma il sentimento, e vide nelle "illusioni" create dal sentimento il rifugio contro gli assalti della realtà e nelle passioni il fondamento della vita morale. La coscienza del contrasto fra le premesse intellettuali e le esigenze del sentimento determina gli stati d'animo di malinconia e stanchezza e quel senso della fatalità del dolore e quel desiderio di solitudine, che sono le note romantiche del suo spirito: «nel Foscolo è visibilissima quell'aria di irrequieto dolore, quel desiderio di pace e di oblio, che fu sì comune agli uomini e agli scrittori della generazione romantica, e che trovò forse la sua espressione artistica più intiera nel Renato dello Chateaubriand». Una fondamentale tendenza romantica il critico rileva anche nelle idee estetiche del poeta. Quanto alla valutazione della sua arte le pagine più notevoli sono forse quelle dedicate alle *Grazie*. Il Donadoni, opponendosi al giudizio del De Sanctis, segna la differenza fra il classicismo intimo delle *Grazie* e il classicismo convenzionale e decorativo del Monti e degli altri poeti neoclassici: «Il classicismo delle *Grazie* non è ornamento. È abito spirituale: è culto». Esso è il riflesso estetico di quella «religione dell'armonia», che è assai più di un concetto (come invece pensava il De Sanctis) e per la quale il Foscolo fu veramente «benché in grado minore di prima, poeta: un poeta conciliato con sé e con le cose, intimamente mutato da quello che era stato nell'*Ortis* e nei *Sepolcri*».

Gli elementi romantici della personalità del Foscolo erano già stati rilevati, fra gli altri, da ARTURO GRAF (*Foscolo, Manzoni e Leopardi*, 1898), mentre sull'aspetto positivo del suo classicismo aveva insistito GIOSUE CARDUCCI, che studiò soprattutto l'attività giovanile del poeta (*Adolescenza e gioventù poetica di Ugo Foscolo*, saggio del 1882). L'interpretazione che il Donadoni diede delle *Grazie* preparava non solo la piena rivalutazione estetica del carme di fronte alla condanna desanctisiana, ma anche la risoluzione del classicismo foscoliano in un aspetto e momento dal suo romanticismo: che fu il compito maggiore della critica successiva. A questi risultati contribuiscono insieme la più acuta sensibilità critica determinata dal diffondersi dell'estetica crociana e la più ampia e approfondita nozione del Romanticismo che comincia a formarsi nei primi decenni del Novecento (cfr. nella *Parte quarta* il capitolo *Preromanticismo e Romanticismo*).

GIUSEPPE CITANNA (*La poesia di U. Foscolo*, 1920) afferma che il poeta «simboleggiando nell'arte classica e in genere nella vita ellenica specialmente un ideale di suprema bellezza in contrasto col proprio tempo», esprimeva quel dissidio fra le aspirazioni e la realtà, che è un atteggiamento romantico e che si ritrova in altri rappresentanti del Neoclassicismo europeo. Di un neoclassicismo romantico del Foscolo parla anche GIUSEPPE MANACORDA (*Studi foscoliani*, 1921), avvicinando il poeta ai romantici tedeschi. Anche BENEDETTO CROCE (*Foscolo*, in «La critica» del 1922), con superiore lucidità e saldezza di concetti, integra il classicismo del Foscolo nell'unità della sua anima di uomo e scrittore europeo, partecipe dei più profondi movimenti spirituali della sua epoca, romantico per l'ispirazione personale della sua arte, per il suo senso storico, per la concezione del «poeta primitivo», classico per il suo amore della naturalezza e dell'armonia, per la perfezione stessa della sua poesia. Approfondendo la concezione del Donadoni, il Croce identifica nelle "illusioni" del Foscolo delle forze ideali, che vincono il limite dell'iniziale concezione pessimistica, e che generano i motivi fondamentali della sua poesia: Morte, Eroismo, Bellezza, Arte.

Questi quattro motivi egli vede intrecciarsi in tutte le opere del poeta, sostenendo che sono tutti contenuti già nell'*Ortis*, e che si fondono dialetticamente in unitaria atmosfera religiosa ed estetica nei *Sepolcri*. Anche nelle *Grazie* il Croce avverte la presenza di una ricca umanità e di un afflato unitario di poesia malgrado l'apparenza frammentaria. Questo giudizio sulle *Grazie* il Croce ha ribadito e ampliato poi nel saggio *Intorno alle «Grazie»*, dove afferma che «è raro trovare una poesia più unitaria di quella delle *Grazie*, di più unitaria ispirazione e stile», una poesia che canta mirabilmente l'incanto della bellezza e l'incanto della poesia e dell'arte.

La critica di ispirazione idealistica, seguendo il canone crociano della distinzione fra poesia e non poesia, procedette anche a un lavoro di discriminazione delle parti poetiche da quelle non poetiche nell'opera del Foscolo, lavoro condotto già dal Citanna con una certa meccanicità e rigidità, proseguito dal Croce e da altri con maggior finezza. Un complesso lavoro di interpretazione storica ed estetica viene organicamente sintetizzato e approfondito nella monografia di MARIO FUBINI, *Ugo Foscolo* (1928). Il Fubini ricostruisce la figura intellettuale e artistica del Foscolo, non tanto rinnegando i risultati parziali dell'indagine del Donadoni, quanto interpretandoli con spirito diverso. Egli respinge giustamente come privo di consistenza ogni tentativo di sistemazione organica del pensiero foscoliano (dal quale si erano lasciati attirare altri studiosi, come EVA ZONA, di cui cfr. *L'unità del pensiero foscoliano*, in «Giornale Storico della Letteratura Italiana», LXIII, 1914): in esso non ci sono idee originali né conclusioni sistematiche e coerenti; quello che interessa è invece la dialettica psicologica, che si esprime attraverso le affermazioni contraddittorie e che è il fondamento della poesia. Di questa dialettica il Fubini rifà la genesi (mentre il Donadoni si era fermato a una serie di constatazioni piuttosto statiche, di risultati più che di svolgimento storico), mettendone in rilievo la direzione sostanzialmente sana e positiva, in virtù delle illusioni che non sono immagini poetiche, ma per il poeta ben salda realtà. Ne rintraccia quindi la presenza alla radice delle opere poetiche, rispetto alle quali non reca conclusioni generali nuove dopo quelle del Croce, ma che analizza nei vari motivi e momenti con grande finezza. Tra le pagine più importanti del libro sono quelle in cui il Fubini, riprendendo concetti già esposti nella Introduzione alla sua edizione di una scelta di *Saggi letterari* del Foscolo (1926), tratta della critica foscoliana delineandone i presupposti e le attuazioni, il legame con la cultura settecentesca e le posizioni originali, i risultati nuovi e i limiti. Egli fa notare soprattutto la connessione fra l'attività critica e quella poetica, il gusto per le individualità energiche e creatrici, il culto per la fantasia creatrice dei miti, la ricerca di una letteratura intimamente legata con la vita di tutto un popolo, l'interesse per la multiforme vita storica che si agita dietro l'opera d'arte, e il senso vivo, che, poeta, il Foscolo ebbe della parola poetica, nella quale sentì vivere tutta l'anima dello scrittore, riconquistando così, nell'analisi della parola singola, quell'unità dell'opera d'arte che spesso gli sfuggiva di fronte all'opera nella sua totalità (egli non possedette ancora, e fu forse il limite più forte della sua critica, il concetto romantico di opera come *organismo spirituale*).

Il Fubini illumina anche il rapporto fra l'attività del critico e quella del traduttore, e su quest'ultima e su altri aspetti minori della personalità foscoliana egli scrive pagine assai interessanti ed equilibrate, precisando il significato, forse esagerato da precedenti studiosi, degli scritti cosiddetti didimei (cioè intonati a quel nuovo ritratto di sé che il Foscolo, dopo l'*Ortis*, disegnò nella *Notizia intorno a Didimo Chierico*). Questi aspetti minori egli è tornato poi a illuminare più compiutamente in altri studi e nell'importante prefazione alla sua edizione critica della traduzione del *Viaggio sentimentale* di Laurence Sterne, della *Notizia* e di quelle *Lettere dall'Inghilterra*, che i precedenti editori avevano pubblicato assai imperfettamente sotto il titolo di *Gazzettino del bel mondo* (è il vol. v dell'Edizione Nazionale delle *Opere* del Foscolo, dal titolo *Prose varie d'arte*). Un'integrazione della monografia costituisce anche il volumetto *Lettura dell'Ortis* (1947), il quale rappresenta in forma organica i vari problemi dibattuti dalla critica intorno al libro, da quello della sua formazione a quello del suo valore artistico. Già il De Sanctis aveva accennato alla formazione del libro a strati successivi e la sovrapposizione di varie redazioni aveva dimostrato VITTORIO ROSSI in alcuni studi assai notevoli, facendo risalire a questa sovrapposizione le contraddizioni e i difetti dell'opera (*Sull'«Ortis» del Foscolo* e *La formazione e il valore estetico dell'Ortis*, pubblicati per la prima volta nel 1917). Le conclusioni del Rossi furono accettate da quasi tutti gli studiosi: il Fubini le riprende, affermando che non si può parlare dell'*Ortis* come di un'opera organica, compiuta e definitiva, ma come di una somma di motivi poetici e speculativi, che si raccolgono attorno al nome di Iacopo, e di un complesso di pagine scritte in momenti diversi e che riflettono uno spirito diverso. Frattanto ALBERTO CHIARI, nell'importante studio *Verso l'«Ortis»* (1941), aveva indicato i numerosi anticipi di motivi e atteggiamenti stilistici del romanzo rintracciabili nelle lettere e nelle opere precedenti.

14.6 Altre interpretazioni del primo Novecento

Nell'ambito della critica del primo Novecento gli scritti del Fubini nel loro complesso costituiscono la sistemazione più organica, precisa ed equilibrata dell'opera del Foscolo. Entro linee interpretative fondamentalmente comuni altri studiosi accentuano uno o un altro motivo. In contrapposizione con la critica romantica uno dei motivi dominanti è l'esaltazione della poesia delle *Grazie*, sino ad affermare che esse sono il capolavoro del Foscolo, come fa il CARACCIO nel volume *Ugo Foscolo, l'homme et le poète* (1934), o addirittura il vertice di tutta la poesia dell'Ottocento (così FRANCESCO FLORA nella sua *Storia della letteratura italiana*).

Con maggior misura LUIGI RUSSO nota la continuità di svolgimento dai *Sepolcri* alle *Grazie*, nelle quali vivono i soliti miti della patria, dell'amore e del sepolcro, ma dominati da una «più alta e lontana musa che è l'Armonia» e che non sono perciò la poesia raffinata di un esteta decadente, che si distacca dalla vita, ma contengono, anche se meno esplicita che nei *Sepolcri*, una loro "politicità" (*Ugo Foscolo poeta e critico*). Anche un critico ancora legato assai più sensibilmente all'interpretazione romantica, qual è ATTILIO MOMIGLIANO, segnala la differenza fra le *Grazie* e i prodotti del Neoclassicismo coevo: «il Foscolo [...] primo e solo fra tutti i neoclassicisti, è riuscito a infondere un'anima nelle forme classiche suscitate dal Savioli per vaghezza d'eleganza e dal Monti per vaghezza di grandiosità. Nelle *Grazie* vi sono atteggiamenti squisiti di danzatrici, consoni al gusto del tempo, e sonatrici d'arpa e cigni, cari anch'essi alle arti figurative di quegli anni, ma c'è soprattutto una spiritualità raffinata da un senso della natura purificatrice e incantatrice dell'arte, quale non ebbero nemmeno Winckelmann e Canova» (*Gusto neoclassico e poesia neoclassica*, 1945).

Giuseppe De Robertis (*Linea della poesia foscoliana. I sonetti del Foscolo*) tende a sottolineare, assai più di quel che non facesse la critica precedente, la continuità dello svolgimento artistico del Foscolo e i complessi rapporti che legano le varie opere fra di loro, maggiori e minori, compreso l'*Epistolario*, considerato prima quasi esclusivamente da un punto di vista psicologico e che si è cominciato a leggere anche come documento d'arte o almeno di preparazione all'arte. Nello studio *Per un frammento delle «Grazie»*, egli indica il germe di un mirabile passo delle *Grazie* in una lontana pagina dell'*Ortis*, scoperta seguendo anche attraverso l'*Epistolario* la elaborazione poetica del motivo fino alla forma definitiva e perfetta. Questo tipo d'indagini ha spinto a dedicare molta attenzione alle opere minori, in particolare a quelle che si sogliono chiamare didimee e anche alle traduzioni omeriche, soprattutto per rintracciarvi la preparazione del tono sentimentale ed espressivo delle *Grazie*.

14.7 Foscolo oggi

Il contributo più rilevante dalla critica degli ultimi decenni è dato dalle nuove edizioni critiche, fra le quali sono da segnalare in modo particolare (oltre le già ricordate *Prose d'arte*, a cura del Fubini) le traduzioni omeriche (a cura di G. Barbarisi), la prima redazione dell'*Inno alle Grazie* (ad opera di F. Pagliai), le *Ultime lettere di Jacopo Ortis* (edite da G. Gambarin nelle tre redazioni del 1798, 1802, 1817). Proprio in relazione al problema editoriale dell'*Ortis*, appare di notevole interesse, non solo filologico, ma critico, per le prospettive che apre sulla tecnica compositiva del Foscolo, lo studio di Mario Martelli su *La parte del Sassoli* (1970), che fa risalire a un manoscritto del Foscolo stesso quella continuazione dell'*Ortis* pubblicata nell'edizione bolognese del 1798 e finora attribuita interamente ad Angelo Sassoli. Intorno alle edizioni si è sviluppato un fiorente dibattito con contributi del Pagliai, dell'Orlando, del Mazzamuto e altri. Alla costruzione di un ritratto attendibile del Foscolo il contributo maggiore è venuto dalla monumentale edizione dell'*Epistolario* (avviata da P. Carli nel 1949, continuata da G. Gambarin e F. Trompeano e, infine, da M. Scotti). Un ritratto umano e letterario del Foscolo emerge dalle pagine di Claudio Varese: *Autobiografia delle lettere* (Roma, Salerno, 1979). Evento importante è stato la pubblicazione dell'edizione critica delle *Grazie* (1985) compiuta dallo Scotti. Essa, mentre dimostra l'inesistenza delle *Grazie* come poema organico e l'arbitrarietà di ogni tentativo di ricostruzione di un testo del genere, offre un materiale immenso, che consente di seguire nelle varie fasi e in tutti i particolari il complesso lavoro creativo del poeta, mai approdato a una sistemazione definitiva del carme vagheggiato.

I più recenti studi d'insieme sul Foscolo sono di Glauco Cambon (*Ugo Foscolo. Poet of Exile*, Princeton, Princeton University Press, 1980), L. Derla (*L'Isola il Velo l'Ara. Allegoria e mito nella poesia di Ugo Foscolo*, Genova, ECIG, 1984), Marco Cerruti (*Introduzione a Foscolo*, Bari, Laterza, 1990). Di ampio respiro e coinvolgente tutta l'opera del Foscolo è anche *Lo scrittoio di Ugo Foscolo* di Vincenzo Di Benedetto: una trattazione che parte dai sonetti e giunge alle *Grazie*, con interessanti riferimenti alle fonti, alcune delle quali (Omero, Pindaro, Virgilio...) individuate grazie alla specifica formazione classica del critico: opera prettamente di analisi, si basa sul riscontro degli autografi e sulla consultazione dell'*Epistolario*, per offrire una ricca messe di elementi utili all'interpretazione dell'opera.

La critica degli ultimi decenni ha brillato soprattutto nell'approfondire argomenti specifici; così al Foscolo giovane si sono dedicati ALDO VALLONE (*Genesi e formazione letteraria dei «Sepolcri»*, Asti, Arethusa, 1946), CARLO DIONISOTTI (*Venezia e il noviziato poetico di Ugo Foscolo*, in «Lettere italiane», 1, 1966; ora in *Appunti sui moderni*, Bologna, Il Mulino, 1988), LANFRANCO CARETTI nella *Storia della letteratura italiana* dell'editore Laterza e B. ROSADA con *La prima raccolta poetica di Foscolo* (in «Atti dell'Istituto Veneto di Scienze, Lettere ed Arti», 1976-1977).

Prevalentemente all'*Ortis*, l'opera recentemente più studiata e ripubblicata, sono dedicati alcuni studi di L. Derla (*Interpretazione dell'«Ortis»*, in «Convivium», XXXV, 1967; *Foscolo e la crisi del classicismo*, in «Belfagor», XXVIII, 1973), interessato al «processo onde l'esperienza esistenziale — e perciò sociologica — dell'autore si è tradotta in un linguaggio, una retorica, una tematica narrativa che sono, a loro volta, rapporti sociali». Con un approccio di tipo psicanalitico si accosta all'*Ortis* GIULIANO MANACORDA (*Materialismo e masochismo. Il «Werther», Foscolo e Leopardi*, Firenze, La Nuova Italia, 1973) confrontando testi di Goethe, Foscolo e Leopardi e soffermandosi in particolare su alcuni personaggi e sul tema del suicidio: «La distruzione di sé nell'ottica masochista coincide con l'affermazione. Nella logica dell'inconscio il masochista è una fenice: pensa di rinascere più bello e più forte dalle proprie ceneri. Così avviene in natura: tutto muore e tutto rinasce più bello e più forte che prima. Il meccanismo sembra veramente molto simile: la struttura inconscia di Werther e Ortis coincide coi modi di divenire della materia così come vengono descritti da Spinoza e da Leopardi». Nel generale incremento di studi legato al centenario foscoliano del 1978, si segnalano sull'*Ortis* gli interventi di GUIDO BEZZOLA (*Noterelle ortisiane*, in «Otto/Novecento», 1978) e CESARE GOFFIS (*L'«Ortis» e la "vera storia di due amanti infelici"*, in «La rassegna della letteratura italiana», 1978); dell'*Ortis* e insieme dei *Sonetti*, come fossero un tutt'uno, nel suo *Saggio sul Foscolo* (Milazzo, Spes, 1978) tratta ENZO NOÈ GIRARDI, il quale torna sul «problema dell'unità» nel saggio *Ugo Foscolo e la condizione del poeta moderno*, compreso nel volume miscellaneo *Foscolo e la cultura bresciana* (Brescia, Grafo, 1979), per come il poeta moderno, «chiamato a produrre bellezza in un mondo che ormai, dall'illuminismo in avanti, non concepisce la bellezza se non come ornamento o strumento del pensiero e di un pensiero a sua volta subordinato all'utilità, [...] non abbia che un modo di sottrarsi al servizio [...] trascendendo da poeta il pensato e il vissuto che è pur sempre la materia del suo costruire, sì che la bellezza si ponga come superamento dei limiti stessi di quel pensare e di quel vivere».

Uno studio sul teatro foscoliano, volto a «ricostruire la vita scenica del *Tieste*» si deve a M. RICCA (*Fortuna scenica del «Tieste» di Ugo Foscolo*, in «Misure critiche», 25, 1977); del rapporto politica-teatro nel Foscolo tratta CESARE DE MICHELIS in *Letterati e lettori nel Settecento veneziano* (Firenze, Olschki, 1979). Al pensiero politico del Foscolo hanno dedicato studi BIANCAMARIA FRABOTTA (*Ugo Foscolo e la crisi del giacobinismo: le due inconciliabili libertà*, in «La rassegna della letteratura italiana», LXXXI, 1977), il BEZZOLA (*Foscolo politico*, in «Nuova Antologia», 2130, 1979), NORBERT JONARD (*Le "jacobinisme" de Foscolo. Etudes sur le XVIIIe siècle*, Bruxelles, 1980) ed ENEA BALMAS (*La biblioteca francese di Ugo Foscolo*, in «Acme», 3, 1985).

All'analisi della tecnica compositiva e stilistica del poeta sono rivolti specificamente i notevoli studi di GIOVANNI GETTO, *La composizione dei «Sepolcri» di Ugo Foscolo*

(Firenze, Olschki, 1977) e di ORESTE MACRÌ, *Semantica e metrica dei «Sepolcri» del Foscolo* (Roma, Bulzoni, 1978); per il Getto «tre immagini, una di natura una di civiltà una di morte, si compongono in ritmo unitario nell'interrogativo inaugurale dei *Sepolcri* [...]. In tale nodo fantastico è il simbolo complesso dell'intera trama figurativa del carme»; il Macrì, che usa anche la psicanalisi per penetrare il mondo foscoliano, così indica i termini essenziali di riferimento dei *Sepolcri*: «non un assoluto naturale (rappresentato dall'estinzione del singolo e insensibilità del defunto) contro un relativo storico (immortalità "poetica" della persona di valore), ma un assoluto unico (almeno virtuale), nel quale si incide l'avventura eroica della storia umana».

Le posizioni del Foscolo sul problema della lingua, emergenti non da dispute, cui il Foscolo non partecipò, ma da interventi indiretti, sono trattate da MAURIZIO VITALE (*Il Foscolo e la questione linguistica del primo Ottocento*, in «La rassegna della letteratura italiana», 1979).

Mentre non mancano altri studi sulle opere minori e minime, per i quali si rimanda alle rassegne indicate nel *Repertorio bibliografico*, fra gli studi specialistici si ricordano alcuni fra i numerosi e vari confronti con altri autori: un accostamento col Mazzini è proposto da PAOLO SIPALA in *Mazzini e Foscolo* (in «Cultura e scuola», XVII, 67, 1978) e da G. CATTANI in *L'eredità di Foscolo in Mazzini* (in AA.VV., *Mazzini nella letteratura*, Roma, Bulzoni, 1975); di *Foscolo nel progetto pedagogico del De Sanctis* tratta MICHELE DELL'AQUILA (in «Italianistica», 2, 1979); accostano Foscolo a Leopardi GIOVANNI G. AMORETTI (*Poesia e psicanalisi: Foscolo e Leopardi*, Milano, Garzanti, 1979) e ANTONINO SOLE (*Foscolo e Leopardi fra rimpianto dell'antico e coscienza del moderno*, Napoli, Federico & Ardia, 1990); GIOVANNI DA POZZO, riprendendo un tema già scandagliato, nella romana Casa di Dante ha commemorato Foscolo nel bicentenario, riferendo del suo culto per Dante e dell'attività di Foscolo critico e filologo dantesco; CARLA APOLLONIO interviene ripetutamente in «Otto/Novecento» (1977-1978) sul rapporto Foscolo-Inghilterra. Tutta una serie di collegamenti viene proposta in occasione del Convegno *Foscolo e la cultura bresciana* (Atti a cura di P. Gibellini) e nel volume *Foscolo e la cultura meridionale* (a cura di M. Santoro, Napoli, SEN, 1980).

Repertorio bibliografico

a) **Opere bibliografiche e introduttive**

A. Ottolini, *Bibliografia foscoliana*, Venezia, La Nuova Italia, 1928² (giunge sino al 1920); N.D. Evola, *Bibliografia foscoliana (1920-27)*, in «I libri del giorno», x, 1927; L. Fassò, *Rassegne foscoliane*, in «Giornale Storico della Letteratura Italiana», dal 1921 al 1953; F. Pavone, *Bibliografia foscoliana*, in «Biblion. Rivista di bibliografia e erudizione varia», I, 1946-1947; R. Frattarolo, *Studi foscoliani. Bibliografia della critica (1921-52)*, Firenze, Sansoni Antiquariato, 1954-1956; le due *Rassegne foscoliane* di B. Rosada in «Lettere italiane», XXVIII, 1976 e XXXII, 1980; D. De Camilli, *Appunti di critica foscoliana (1971-1984)*, in «Italianistica» xv, 1986; e si veda l'esauriente *Bibliografia* che chiude il capitolo su *Foscolo* di A. Balduino, in *Storia Letteraria d'Italia*, vol. x, t. 1: *L'Ottocento*, Padova, Piccin-Nuova Libraria, 1990.

Come introduzione allo studio dell'opera: M. Martelli, *Ugo Foscolo*, Firenze, Le Monnier, 1988²; G. De Rienzo, *Invito alla lettura di Ugo Foscolo*, Milano, Mursia, 1983; M. Cerruti, *Introduzione a Foscolo*, Bari-Roma, Laterza, 1990. Una biografia abbastanza recente è R. Turchi, *Ugo Foscolo e la patria infelice*, Padova, Liviana, 1981.

Si veda inoltre: G. Chiarini, *La vita di Ugo Foscolo*, Firenze, Barbèra, 1927; M. Apollonio, *La vita di Ugo Foscolo*, Milano, Athena, 1927; C. Antona Traversi-A. Ottolini, *Ugo Foscolo*, Milano, Corbaccio, 1927-1928; F. Allevi, *Ugo Foscolo*, Bologna, CELI, 1948; D. Bulferetti, *Ugo Foscolo*, Torino, UTET, 1952; G. Natali, *Ugo Foscolo*, Firenze, La Nuova Italia, 1971 (1ª ed. 1953); A. Frattini, *Il neoclassicismo e Ugo Foscolo*, Bologna, Cappelli, 1965; E. Mandruzzato, *Foscolo*, Milano, Rizzoli, 1991 (1ª ed. 1978); M. Pastore Stocchi, *1792-1797: Ugo Foscolo a Venezia*, in *Storia della cultura veneta*, vol. VI, Vicenza, Neri Pozza, 1986. Cfr. anche: U. Foscolo, *Autobiografia dalle lettere*, a cura di C. Varese, Roma, Salerno, 1979. Per la vita del Foscolo in Inghilterra: E.R. Vincent, *Ugo Foscolo esule fra gli Inglesi*, trad. it. di U. Limentani, Firenze, Le Monnier, 1954; C.M. Franzero, *Ugo Foscolo a Londra*, Parma, Guanda, 1971. Sui problemi della biografia foscoliana: P. Fasano, *La vita e il testo: introduzione a una biografia foscoliana*, in «La rassegna della letteratura italiana», 1980.

b) **Edizioni e commenti**

La prima edizione completa delle *Opere* è stata quella pubblicata a cura di F.S. Orlandini e E. Mayer in 11 volumi presso l'editore Le Monnier, Firenze, 1850-1862, con un'*Appendice* a cura di G. Chiarini (1890). È in corso di completamento presso lo stesso editore l'Edizione Nazionale. In essa sono apparsi finora: *Lezioni, articoli di critica e di polemica*, a cura di E. Santini, 1933; *Prose politiche e letterarie dal 1811 al 1816*, a cura di L. Fassò, 1933; *Prose varie d'arte*, a cura di M. Fubini, 1951; *Saggi e discorsi critici (Saggi sul Petrarca, Discorso sul testo* del «*Decameron*», *Scritti minori su poeti italiani e stranieri*), a cura di C. Foligno, 1953; *Ultime lettere di Jacopo Ortis*, a cura di G. Gambarin, 1955; *Saggi di letteratura italiana*, a cura di C. Foligno, 1958; *Tragedie e poesie minori*, a cura di G. Bézzola, 1961; *Esperimenti di traduzione dell'«Iliade»*, a cura di G. Barbarisi, 1961-1967; *Prose politiche e apologetiche (1817-1827)*, a cura di G. Gambarin, 1964; *Scritti letterari e politici dal 1796 al 1808*, a cura di G. Gambarin, 1972; *Scritti vari di critica e storia letteraria (1817-1827)*, a cura di U. Limentani e J.M.A. Lindon, 1978; *Epistolario*, voll. I-V, a cura di P. Carli, 1949-1956, vol. VI a cura di G. Gambarin e F. Tropeano, 1966, voll. VII e VIII, a cura di M. Scotti, 1970 e 1974; *Studi su Dante*, 2 voll., a cura di G. Da Pozzo e G. Petrocchi, 1979 e 1981; *Poesie e Carmi* (contiene i sonetti, i *Sepolcri*, le *Grazie*), a cura di F. Pagliai, G. Folena e M. Scotti, 1985. Imminenti, a cura di M. Scotti, i due ultimi volumi dell'*Epistolario*. Sui vari problemi che presenta l'edizione delle opere cfr. M. BARBI, *L'edizione nazionale del Foscolo e le «Grazie»*, in *La nuova filologia e l'edizione dei nostri scrittori da Dante a Manzoni*, Firenze, Sansoni, 1983 (1ª ed. Firenze, Le Monnier, 1938). Vivaci discussioni ha suscitato l'edizione del volume di *Poesie e carmi*, cit.; si veda in proposito M. SCOTTI, *Edizione delle opere non pervenute all'ultima volontà dell'autore*, in AA.VV., *La critica del testo*, Roma, Salerno, 1985.

Altre edizioni di carattere scientifico: *Poesie*, a cura di G. Chiarini, Livorno, Giusti, 1904 e a cura di V. Pisani, Milano, 1945; *Prose*, a cura di V. Cian, Bari, Laterza, 1912-1920; *Scritti vari inediti di Ugo Foscolo*, a cura di F. Viglione, Livorno, Giusti, 1913; *Le ultime lettere di Jacopo Ortis*, a cura di C. Cordié, Milano, Bianchi-Giovini, 1943 (contiene anche i testi del 1798 e del 1817, la *Lettera bibliografica* e altri documenti interessanti la storia del libro); *Poesie satiriche*, a cura di G. Bézzola, Milano, 1951; F. PAGLIAI, *Prima redazione (fiorentina) dell'Inno alle Grazie di Ugo Foscolo*, in «Studi di filologia italiana», XIX, 1961; *Le Grazie*, edizione critica a cura di S. Orlando, Brescia, Paideia, 1974. Come possibile inedito giovanile del Foscolo è stata pubblicata da M. Scotti in «Giornale Storico della Letteratura Italiana», CLVI, 493, 1979, la tragedia *Edippo*.

Numerosissime sono le edizioni commentate di opere singole e di scelte dalle varie opere. Elenchiamo le più notevoli: *Liriche scelte, I sepolcri, Le Grazie*, a cura di S. Ferrari, Firenze, Sansoni, 1891 (più volte riprodotta in seguito); *Poesie, lettere e prose letterarie*, a cura di T. Casini, Firenze, Sansoni, 1891; *Le Opere*, a cura di E. Donadoni, Napoli, Perrella, 1918; *Prose e poesie scelte*, a cura di A. Momigliano, Messina, Principato, 1929; *Prose e poesie*, a cura di L. Russo, Firenze, Sansoni, 1941; *Antologia foscoliana*, a cura di C.F. Goffis, Torino, Paravia, 1941; *Liriche ed epigrammi*, a cura di E. Chiorboli, Bologna, Zanichelli, 1954; *Ultime lettere di Jacopo Ortis*, a cura di E.N. Girardi, Milano, Le Stelle, 1966; di A. Balduino, Padova, Radar, 1968; di L. Felici, Milano, Garzanti, 1974; C. Muscetta, Torino, Einaudi, 1980¹⁰; di G. Bezzola, Milano, Rizzoli, 1980³; di G. Cavallini, Brescia, La Scuola, 1983; di G. Davico Bonino, Milano, Mondadori, 1986; di G. Nuvoli, Milano, Principato, 1986; di M. Puppo, Milano, Rusconi, 1987 (con ricca bibliografia); di P. Frare, Milano, Feltrinelli, 1994; *Poesie*, a cura di E.N. Girardi, Milano, Le Stelle, 1968; *I Sepolcri*, a cura di B.T. Sozzi, Torino, SEI, 1970; *Poesie*, a cura di M. Puppo, Torino, Petrini, 1971²; *Lettera apologetica*, a cura di G. Nicoletti, Torino, Einaudi, 1978; *Lettere scritte dall'Inghilterra (Gazzettino del bel mondo)*, a cura di E. Sanguineti, Milano, Mursia, 1978; *Le Grazie*, a cura di M. Scotti, Firenze, Le Monnier, 1987; *Poesie*, a cura di G. Bézzola, Milano, Rizzoli, 1980²; traduzione del *Viaggio sentimentale*, a cura di M. Bulgheroni, Milano, Garzanti, 1983; *Ultime lettere di Jacopo Ortis - Poesie e carmi*, a cura di M. Puppo, Milano, Rusconi, 1987; *Scritti didimei*, a cura di G. Luti, Firenze, Vallecchi, 1991 (1ª ed. Milano, Longanesi, 1974); *Lettere d'amore*, a cura di G. Bézzola, Milano, Rizzoli, 1983; *Il sesto tomo dell'io*, edizione critica e commento a cura di V. Di Benedetto, Torino, Einaudi, 1992.

Per gli scritti critici, particolarmente: *Prose scelte critiche e letterarie*, a cura di R. Fornaciari, Firenze, Barbèra, 1910; *Saggi letterari*, a cura di M. Fubini, Torino, UTET, 1926; *Storia della letteratura italiana*, saggi raccolti e ordinati da M.A. Manacorda, Torino, Einaudi, 1979. Ampie raccolte recenti di scritti vari: a cura di G. Bézzola, Milano, Rizzoli, 1956; di M. Puppo, Milano, Mursia, 1966²; di L. Baldacci, Bari, Laterza, 1962; di G.F. Goffis, Napoli, Rossi, 1969; di G. Gavazzeni, Milano-Napoli, Ricciardi, 1974; di E. Bottasso, Torino, UTET, 1974³. Un repertorio utilissimo è infine la catalogazione di G. ACCHIAPPATI dei reperti della sua preziosa *Raccolta*. Sono usciti 3 voll.: *Lettere autografe e manoscritti di Ugo Foscolo*, a cura di G. Acchiappati, Milano, Cordani, 1988 (raccoglie 57 lettere tra le lettere autografe e manoscritti, di cui 15 inediti); *Lettere autografe e manoscritti di contemporanei. Edizioni originali e ristampe. Scritte su riviste letterarie e giornali*, tt. 2: *1796-1813* e *1814-1841*, 1988 e 1989.

c) Critica

Utili per uno sguardo d'insieme i lavori di W. BINNI, *Foscolo e la critica. Storia e antologia della critica*, Firenze, La Nuova Italia, 1966³ e *Storia della critica foscoliana*, in *Ugo Foscolo. Storia e poesia*, Torino, Einaudi, 1982. Cfr. anche M.T. LANZA, *Foscolo*, Palermo, Palumbo, 1981².

Su momenti parziali: M. PUPPO, *Foscolo e i romantici*, in *Studi sul romanticismo*, Firenze, Olschki, 1969; O. MACRÌ, *Il Foscolo negli scrittori italiani del Novecento*, Ravenna, Longo, 1980; A. RUSCHIONI, *U. Foscolo: posizioni della critica nel venticinquennio 1950-1975*, in AA.Vv., *Foscolo e la cultura bresciana dell'Ottocento*, a cura di P. Gibellini, Brescia, Grafo Editore, 1979. Le due più importanti monografie complessive sono: E. DONADONI, *Ugo Foscolo pensatore, critico, poeta*, Firenze, Sandron, 1964³; M. FUBINI, *Ugo Foscolo*, Firenze, La Nuova Italia, 1978.

Altri studi notevoli sul pensiero e la cultura: A. ROSMINI, *Studi critici su Ugo Foscolo e Melchiorre Gioia*, Padova, CEDAM, 1976; V. CIAN, *Ugo Foscolo erudito*, in «Giornale Storico della Letteratura Italiana», XLIX, 1907; F. VIGLIONE, *Ugo Foscolo in Inghilterra*, Catania, Muglia, 1910; E. DE NEGRI, *La logica della necessità e l'estetica della libertà nel Foscolo*, in «Civiltà moderna», XII, 1940; E. BOTTASSO, *Foscolo e Rousseau*, Torino, 1941; L. RUSSO, *Foscolo politico*, in «Belfagor», 1946, 1947 e 1948; ID., *La nuova critica dantesca del Foscolo e del Mazzini*, in *Problemi di metodo critico*, Bari, Laterza, 1950; G.A. BORGESE, *Storia della critica romantica in Italia*, cit.; M. FUBINI, *Introduzione alla critica foscoliana*, in *Romanticismo italiano*, cit.; A. CHIARI, *Dante e il Foscolo*, in *Indagini e letture*, 3ª serie, Firenze, Le Monnier, 1961; A. NOFERI, *I tempi della critica foscoliana*, Firenze, Sansoni, 1953; N. FESTA, *Foscolo critico*, Firenze, Le Monnier, 1953; G. MARZOT, *Il Foscolo dantista*, in *Studi di varia umanità in onore di F. Flora*, Milano, Mondadori, 1963; G. BÉZZOLA, *Foscolo politico*, in «Nuova Antologia», 2130, 1979; N. JONARD, *Le "jacobinisme" de Foscolo*, in *Etudes sur le XVIIIe siècle*, vol. VII: *L'Europe et ses révolutions*, Bruxelles, 1980; L. BRACCESI, *Foscolo e lo specchio dell'antico*, in *Proiezioni dell'antico*, Bologna, Pàtron, 1982; A. QUONDAM, *L' "Occhio filosofico" e gli "antiquari giganti". L'erudizione e la critica letteraria settecentesca negli scritti foscoliani*, in «Rivista di letteratura italiana», 3, 1984; E. BALMAS, *La biblioteca francese di Ugo Foscolo*, in «Acme», 3, 1985; C. CAMPAGNOLO, *Foscolo traduttore fra teoria e storia*, in «La rassegna della letteratura italiana», VIII, XCI, 1987.

Sulla personalità e l'arte: G. MAZZINI, Introduzione a *La «Commedia» di Dante illustrata da Ugo Foscolo* e ID., Introduzione a *Scritti politici inediti di Ugo Foscolo*, in *Scritti editi e inediti*, vol. XXIX, Imola, Galeati, 1919; N. TOMMASEO, *Foscolo Ugo*, in *Dizionario d'estetica*, Milano, Perrelli, 1860³; ID., *Pagine inedite per una vita del Foscolo*, in R. CIAMPINI, *Studi e ricerche su*

N. *Tommaseo*, Roma, Edizioni di Storia e Letteratura, 1944; G. SCALVINI, *Foscolo, Manzoni, Goethe*, a cura di M. Marcazzan, Torino, Einaudi, 1948; C. CATTANEO, *Ugo Foscolo e l'Italia*, in *Scritti letterari*, vol. I, Firenze, Le Monnier, 1948; F. DE SANCTIS, *Ugo Foscolo*, in *Saggi critici*, vol. III; G. CARDUCCI, *Adolescenza e gioventù poetica di Ugo Foscolo*, in *Opere*, Edizione Nazionale, vol. XVIII; A. GRAF, *Foscolo, Manzoni, Leopardi*, Torino, Chiantore, 1955 (1ª ed. 1898); G. CITANNA, *La poesia di Ugo Foscolo*, Bari, Laterza, 1952²; G. MANACORDA, *Studi foscoliani*, Bari, Laterza, 1921; B. CROCE, *Foscolo*, in *Poesia e non poesia*, Bari, Laterza, 1974⁸; ID., *Intorno alle Grazie*, in *Poesia antica e moderna*, Bari, Laterza, 1950; V. ROSSI, *Sull'«Ortis» del Foscolo* e *La formazione e il valore estetico dell'«Ortis»*, in *Scritti di critica letteraria*, vol. III, Firenze, Sansoni, 1930; A. MOMIGLIANO, *La poesia dei «Sepolcri»*, in *Introduzione ai poeti*, Firenze, Sansoni, 1964³; ID., *Foscolo e Sterne*, in *Studi di poesia*, Firenze, D'Anna, 1960³; ID., *Gusto neoclassico e poesia neoclassica*, in *Cinque saggi*, Firenze, Sansoni, 1945; M. MARCAZZAN, *Didimo Chierico e altri saggi*, Milano, Libreria degli Omenoni, 1930; M. STERPA, *Le Grazie di Ugo Foscolo*, Catania, Caniglione e Giuffrida, 1930; G. DE ROBERTIS, *Linea della poesia foscoliana*, in *Saggi*, Firenze, Le Monnier, 1953²; ID., *I sonetti del Foscolo* e *Per un frammento delle Grazie*, in *Studi*, vol. I, Firenze, Le Monnier, 1953²; ID., *Foscolo, Sterne e Didimo*, in «Paragone», 1951; ID., *Per una lettura dell'«Ortis»*, *Il lavoro dell'Ortis*, *I tre Ortis*, *Idea delle Grazie*, *Il tempo felice delle Grazie*, in *Studi*, vol. II, Firenze, Le Monnier, 1971; A. CHIARI, *Verso l'Ortis*, in *Indagini e letture*, Città di Castello, Macrì, 1946; F. FLORA, *Ugo Foscolo*, Milano, Società Editrice Nazionale, 1940 (riprodotto poi nel vol. III della *Storia della letteratura italiana*); G.F. GOFFIS, *Studi foscoliani*, Firenze, La Nuova Italia, 1942 e ID., *Nuovi studi foscoliani*, ivi, 1958; R. RAMAT, *Itinerario ritmico foscoliano*, Città di Castello, Macrì, 1946; C. VARESE, *Linguaggio sterniano e linguaggio foscoliano*, Firenze, Sansoni, 1947; M. APOLLONIO, *Fondazioni della cultura italiana moderna*, vol. I, cap. IV, Firenze, Sansoni, 1948; C. GRABHER, *Interpretazioni foscoliane*, Firenze, Sansoni, 1948; L. CARETTI, *Sulle lettere del Foscolo all'Arese*, in *Studi e ricerche di letteratura italiana*, Firenze, La Nuova Italia, 1951; P. BIGONGIARI, *Alle origini dello stile foscoliano* e ID., *Fra strati e strati dell'Ortis*, in *Il senso della lirica italiana e altri studi*, Firenze, Sansoni, 1952; P. GIANNANTONIO, *Per la storia dell'«Ipercalisse»*, in «Annali della Facoltà di Lettere e Filosofia dell'Università di Napoli», II (1952), Napoli, 1953; P. CARLI, *Le lettere del Foscolo all'Arese e il loro ordinamento*, in *Saggi danteschi*, Firenze, Le Monnier, 1954; W. BINNI, *Vita e poesia del Foscolo nel periodo fiorentino* e ID., *L'«Aiace» del Foscolo*, in *Carducci e altri saggi*, Torino, Einaudi, 1967²; A. PAGLIARO, *L'unità dei «Sepolcri»*, in *Nuovi saggi di critica semantica*, Firenze-Messina, D'Anna, 1956; M. FUBINI, *Ortis e Didimo. Ricerche e interpretazioni foscoliane*, Milano, Feltrinelli, 1963; L. RUSSO, *Ritratti e disegni storici*, serie 3ª, cit.; P. MAZZAMUTO, *Cronaca filologica delle «Grazie»*, in *Tra filologia e critici*, Palermo, Palumbo, 1968; F. PAGLIAI, *Nota per un progetto di edizione critica delle «Grazie»*, in «Studi di filologia italiana», XXVIII, 1970; M. MARTELLI, *La parte del Sassoli*, ivi; M. SCOTTI, *Foscolo fra erudizione e poesia*, Roma, Bonacci, 1972; G. MANACORDA, *Materialismo e masochismo. Il «Werther», Foscolo e Leopardi*, Firenze, La Nuova Italia, 1973; S. ORLANDO, *Dall'Ortis alle Grazie*, Torino, Loescher, 1974; E. CIRCEO, *Le «Grazie» del Foscolo*, Napoli, Loffredo, 1974; P. FASANO, *Stratigrafie foscoliane*, Roma, Bulzoni, 1975; G. PAPARELLI, *Storia della lirica foscoliana*, Napoli, Società Editrice Napoletana, 1976²; A. VALLONE, *Le «Grazie» nella storia della poesia foscoliana*, Napoli, Liguori, 1977; G. GETTO, *La composizione dei «Sepolcri» di Ugo Foscolo*, Firenze, Olschki, 1977; O. MACRÌ, *Semantica e metrica dei «Sepolcri» del Foscolo*, Roma, Bulzoni, 1978; G. GAMBARIN, *Saggi foscoliani e altri studi*, Roma, Bonacci, 1978; M. PUPPO, *Foscolo e la cultura europea*, in «Atti dell'Ateneo di Scienze, Lettere e Arti di Bergamo», XL, 1976-1977 e 1977-1978; E.N. GIRARDI, *Saggio sul*

Foscolo, Milazzo, Spes, 1978; G. NICOLETTI, *Il metodo dell'«Ortis» e altri studi foscoliani*, Firenze, La Nuova Italia, 1978; G.G. AMORETTI, *Poesia e psicanalisi: Foscolo e Leopardi*, Milano, Garzanti, 1979; G. CAMBON, *Ugo Foscolo Poet of Exile*, Princeton, N. J., Princeton University Press, 1980; M. BERENGO-D. ISELLA-C. DIONISOTTI-D. DE ROBERTIS-G. ORELLI-M. LUZI, *Lezioni sul Foscolo*, Firenze, La Nuova Italia, 1981; S. GAMBERINI, *Analisi dei Sepolcri*, Messina-Firenze, D'Anna, 1982; C. VARESE, *Foscolo: sternismo, tempo e persona*, Ravenna, Longo, 1982; R. MACCHIONI IODI, *Itinerario della lirica foscoliana*, Roma, Bulzoni, 1983; L. DERLA, *L'isola - Il velo - L'Ara. Allegoria e mito nella poesia del Foscolo*, Genova, ECIG, 1984; P. FRARE, *Endecasillabo dei sonetti del Foscolo*, in «Otto/Novecento», VIII, 1, 1984 e ID., *La rima dei sonetti del Foscolo*, in «Otto/Novecento», XII, 6, 1988; L. GALEOTTI, *Leggendo l'«Edippo» di Ugo Foscolo*, in «Studi e problemi di critica testuale», 1, 1986; B. MARTINELLI, *Ugo Foscolo: le ragioni della poesia*, in «Testo», 20, 1990; L. SEBASTIO, *Dettar la storia co' poemi: Foscolo 1803*, Bari, Adriatica, 1986; M.A. TERZOLI, *Il libro di Jacopo. Scrittura sacra nell'«Ortis»*, Roma, Salerno, 1988; V. DI BENEDETTO, *Lo scrittoio di Ugo Foscolo*, Torino, Einaudi, 1990; G. CAVALLINI, *Studi e note su Foscolo e Leopardi*, Roma, Bulzoni, 1990; A. SOLE, *Foscolo e Leopardi fra rimpianto dell'antico e coscienza del moderno*, Napoli, Federico & Ardia, 1990.

Studi interessanti di vari autori nel volume *Studi su Ugo Foscolo*, a cura dell'Università di Pavia, Torino, Chiantore, 1927; in «Forum Italicum», 4, 1978, e in «Cultura e scuola», 67, 1978. Altri volumi collettanei: *Foscolo e la cultura bresciana del primo Ottocento*, a cura di P. Gibellini, cit.; *Foscolo e la cultura meridionale*, a cura di M. Santoro, Napoli, Società Editrice Napoletana, 1980; *Lezioni su Foscolo*, Firenze, La Nuova Italia, 1981; *Atti dei convegni foscoliani* (Venezia, Milano, Firenze), 3 voll., Roma, Istituto Poligrafico dello Stato, 1988.

15 Leopardi

15.1 I giudizi negativi dei romantici cattolici e quello positivo del Gioberti

La critica leopardiana in senso proprio comincia col De Sanctis. I contemporanei non compresero quasi affatto la lirica più intima e originale del poeta e, quando ammirarono, ammirarono le prime canzoni patriottiche, che rispondevano alle tendenze dominanti nella nostra poesia romantica. Lo stesso PIETRO GIORDANI, che pure esaltò sconfinatamente il Leopardi, lodò più le canzoni patriottiche che le altre liriche e, in genere, pregiò nel Leopardi più che il poeta nella sua genuina personalità lo scrittore che rispondeva, o avrebbe dovuto rispondere, al suo ideale classicistico e retorico del «perfetto scrittore italiano». I rappresentanti del Romanticismo cattolico, come GINO CAPPONI e NICCOLÒ TOMMASEO, condannarono in blocco l'opera del recanatese per la sua ispirazione atea e pessimistica, e lo stesso PIETRO COLLETTA, che non era un romantico cattolico, così scriveva al Capponi dopo uscita l'edizione fiorentina dei *Canti*: «Ho letto parecchi dei componimenti antichi, alcuni dei nuovi; e ti dico all'orecchio che nulla mi è piaciuto. La medesima eterna, ormai insopportabile malinconia, gli stessi argomenti; nessuna idea, nessun concetto nuovo; tristezza affettata e qualche seicentismo: stile bello».

Sulla bellezza dello stile, se non dei *Canti*, delle *Operette morali* erano d'accordo anche ALESSANDRO MANZONI e il Tommaseo (che lo giudicò «il libro meglio scritto che fosse uscito da tempo alla luce»). Naturalmente del tutto negativo doveva essere il loro giudizio, e quello degli spiritualisti in genere, sul contenuto di esse: il Leopardi vi scherniva, e così nella *Ginestra*, i loro ideali religiosi e tutta quanta la fede ottimistica di quello che chiamò il «secol superbo e sciocco». Sulle *Operette* felici osservazioni si trovano in un saggio di GIUSEPPE MONTANI (in «Antologia», febbraio 1828), il quale le definì una «musica altamente melanconica», che si può cogliere solo nel complesso e non nelle singole operette: e una prima delineazione unitaria della personalità leopardiana è nel celebre articolo di C.A. DE SAINTE-BEUVE (*Leopardi*, pubblicato nella «Revue des deux mondes» nel 1844 e ristampato nei *Portraits contemporaines*), il quale la colloca sulla linea del titanismo romantico europeo, distinguendola da questo per la sua misura classica (il Leopardi è «il classico per eccellenza fra i romantici»). Ma le pagine più notevoli, prima del De Sanctis, sono quelle che al poeta dedicò VINCENZO GIOBERTI nel *Primato* e nel *Gesuita moderno*. Anche il Gioberti condanna le teorie filosofiche del Leopardi, ma penetra con calda comprensione la sua umanità e trova nelle stesse affermazioni concettualmente errate la sete di assoluto di un cuore che «per felice contraddizione seppe amare la virtù benché la credesse una chimera dell'immaginazione», e osserva che «la pittura ch'egli fa delle miserie umane» è dolorosa, ma utile, perché «vera sostanzialmente e solo difettosa in quanto non è accompagnata dalla speranza»; inoltre avverte la superiorità artistica dei cosiddetti grandi idilli sulle precedenti canzoni.

15.2 La ricostruzione storica del De Sanctis: tema del contrasto fra "cuore" e "intelletto" e valutazione negativa delle *Operette*

Il Leopardi fu uno dei più grandi amori critici di FRANCESCO DE SANCTIS, che al poeta diletto dedicò numerosi scritti nei vari momenti della sua vita. Ma tutti sono riassunti, e i loro motivi principali organicamente sistemati e approfonditi, nello studio *Giacomo Leopardi*, estrema fatica del critico, purtroppo interrotta dalla morte (fu pubblicato postumo nel 1885 dal suo scolaro Raffaele Bonari). Questo studio è la prima interpretazione organica e profonda dello svolgimento della personalità e dell'arte leopardiana e costituisce il fondamento di tutta la critica posteriore. Il De Sanctis avvertì come forse mai in precedenza la necessità di dare una base storica alla sua ricostruzione critica, la quale è risultata così una «vera e propria monografia dinamica, attenta ai legami con la società e lo spirito dell'epoca in quanto essenzialmente rivisti nel vivo svolgersi di una personalità nello spazio e nel tempo» (W. Binni). Il De Sanctis studia in stretta connessione i vari momenti della vita e della poesia del Leopardi, dai primi tentativi giovanili alle canzoni patriottiche, agli *Idilli*, alle nuove canzoni fino alle *Operette morali*. Qui il critico fa come una pausa per ricapitolare, riorganizzare e approfondire quanto aveva già detto nei capitoli precedenti, allo scopo di illuminare compiutamente la personalità del Leopardi, la sua filosofia, la sua morale. Incomincia poi l'esame della nuova grande poesia leopardiana fiorita dopo le investigazioni intorno all'«acerbo vero», esame che giunge fino al *Canto di un pastore errante*: qui il libro si interrompe.

Il punto centrale nell'interpretazione desanctisiana della personalità del Leopardi è quello della contraddizione fra intelletto e cuore: intelletto che nega e cuore che afferma e che ama la vita. Tutta la filosofia del Leopardi si compendia nell'affermazione della nullità delle cose, e del dolore e della morte come uniche realtà. Essa dovrebbe condurre logicamente alla negazione di ogni significato della vita pratica, all'unica morale del suicidio. Ma alle conclusioni dell'intelletto si ribellano la natura e il cuore, che creano le *illusioni*. Illusioni le chiama l'intelletto, ma esse sono in realtà gli ideali di un cuore nobile che «sentiva profondamente la virtù, la dignità di uomo, l'amore, la bellezza, la gloria, la patria», di uno spirito intimamente religioso per il suo «sentimento vivo dell'infinito e dell'eterno e del mistero delle cose». Si genera così una lotta fra la natura e il "vero", e ora vince l'una e ora vince l'altro, ma di rado queste due forze sono scompagnate: «Questo dualismo è la forza dinamica della poesia leopardiana, la leva che la mette in moto e che ne fa un organismo originale. Essa è insieme il canto dell'amore e della morte». La contraddizione ne costituisce l'essenza poetica, perché «l'arte non ubbidisce alla logica astratta, come non vi ubbidisce la vita [...] L'arte ha una logica sua che prende i suoi criteri non dal solo intelletto, ma da tutta l'anima, com'è in un dato momento...». Queste varie situazioni dell'anima, variazioni di una situazione fondamentale, il critico analizza nelle diverse poesie, mettendo in rilievo la superiorità artistica degli *Idilli*, nei quali si effonde immediatamente l'anima del poeta, sulle prime canzoni, che si appigliano spesso ad argomenti esterni (fortemente limita soprattutto il valore delle canzoni patriottiche). Il De Sanctis dà la prima definizione critica dell'idillio leopardiano come «il motivo musicale e poetico, nella sua prima semplicità, di quello che più tardi sviluppandosi fu rappresentazione della vita pastorale»: motivo il quale è «l'impressione immediata e nuova prodotta dalla contemplazione della natura su anime solitarie e malinconiche». E di questa contemplazione mette in luce la natura religiosa soprattutto nella mirabile analisi dell'*Infinito*.

Là dove non esiste la contraddizione, la complessa situazione sentimentale, dove l'intelletto regna solo, morta è la poesia e l'arte in genere. Questo è per il De Sanctis il caso delle *Operette morali*, e il suo giudizio su di esse è quasi completamente negativo. Anche al fondo delle *Operette* c'è una duplicità, che giustifica la forma del dialogo di parecchie di esse, ma che non è, come nella poesia, scissione interna tra il vero e l'illusione, «chiarita tale dall'intelletto, pur desiderata, goduta, lamentata», bensì contrapposizione di un atteggiamento di superiorità intellettuale alle opinioni del volgo: «nella prosa l'intelletto regna solo, cacciate dall'anima tutte le illusioni, e afferma la sua vittoria con un cotal risolino a spese del volgo, ch'esso incalza e deride dall'alto della sua superiorità». D'altra parte il Leopardi non sa mantenersi di fronte al vero, che egli proclama, con assoluta calma e imparzialità, perché quel vero «lo attrista e guasta il suo umore e lo tien preoccupato, e gli vieta la serenità dell'arte». Perciò manca alla sua prosa «l'interesse che viene da una sincera e calda partecipazione personale, e l'interesse che viene dalla calma e serenità dello spirito». Né si può dire che conservi un interesse scientifico, perché al Leopardi «mancano [...] le alte qualità di un ingegno filosofico». Per di più egli non espresse i suoi pensieri «con la semplicità di uomo trascinato dalla sua anima, che si crei egli medesimo il suo pensiero e la sua arte», ma li trasferì in una prosa che ha qualche cosa di artificioso e di precostituito, che manca di naturalezza, di modernità, di vita: «un lavoro finito, degno di ammirazione, ma senza eco e senza effetto letterario, perché frutto d'ingegno solingo, e sente di biblioteca, e non esce di popolo». In quest'ultimo giudizio si avverte l'influsso del romantico gusto personale del critico per una prosa viva, svelta e popolare. Al suo gusto romantico per il plastico e per il drammatico risale anche l'altro giudizio negativo sulle *Operette*, e cioè che i personaggi dei dialoghi manchino di vita propria. Il De Sanctis tuttavia sentì l'appassionato abbandono lirico del dialogo di *Tristano e un amico*, e intese il significato della sistemazione filosofica delle *Operette* nella dialettica dello svolgimento dello spirito leopardiano, come premessa al fiorire della nuova poesia: «Ora non discute più, non dimostra, non lotta, non s'illude. Quel mondo, divenutogli chiaro e fisso come un assioma, è ormai il dato e l'antecedente di ogni sua concezione». Scompare perciò ogni intento polemico, ogni contatto diretto col mondo esterno: il poeta si concentra tutto in se stesso: «di vivo, di presente non c'era che lui co' suoi ideali e l'universo co' suoi misteri». Da questa situazione nasce la nuova poesia, che abbandona le contraddizioni e i tentennamenti intellettuali, gl'involucri mitici e storici, la ricerca di sonorità e solennità espressiva, che si notano a tratti nella poesia precedente, specialmente nelle canzoni: chiarezza, coerenza, semplicità caratterizzano ora la lirica leopardiana, nella quale il poeta, tornato «il pittore dell'anima sua» come negli *Idilli*, giunto alla piena coscienza e al pieno possesso di sé, sale «a quel punto di perfezione, che la forma non ha più valore per sé, e non è che voce immediata di quel di dentro».

15.3 Sviluppi e revisioni dell'interpretazione del De Sanctis

La critica posteriore al De Sanctis è, in un modo o nell'altro, legata alla ricca problematica del suo saggio: ora svolgendone coerentemente i motivi, ora forzandoli a esiti assai lontani dal suo equilibrio critico, ora integrandone i giudizi, ora anche spostandoli notevolmente, ma sempre, o quasi sempre, sotto lo stimolo delle sue impostazioni.

L'esigenza che il De Sanctis aveva avvertito di un fondamento storico e biografico alla sua interpretazione estetica si trasforma, nei rappresentanti del metodo erudito, in una ricerca minuziosa di dati biografici, con l'intento di dimostrare la veristica coincidenza fra la rappresentazione poetica e la realtà (si vedano per esempio gli *Studi leopardiani* di GIOVANNI MESTICA) e, peggio ancora, le sue indagini sulla psicologia del Leopardi diventano le indagini scientifiche sul temperamento nevropatico, sulle anomalie psichiche del poeta, da parte dei rappresentanti della scuola lombrosiana (PATRIZI, SERGI).

Il giudizio del De Sanctis sul Leopardi come pensatore è, come abbiamo visto, interamente negativo: esso sarà confermato da BENEDETTO CROCE (*Leopardi*, in «La critica», 1922), per il quale il pessimismo (come l'ottimismo) non è un atteggiamento filosofico e la fondamentale condizione dello spirito leopardiano «non solo era sentimentale e non già filosofica, ma si potrebbe addirittura definirla un ingorgo sentimentale, un vano desiderio e una disperazione così condensata e violenta, così estrema, da riversarsi nella sfera del pensiero e determinare i concetti e i giudizi». Se non l'idea dell'«ingorgo sentimentale» (nella quale si tradisce la scarsa simpatia e comprensione che in fondo il Croce ha per il Leopardi), la tesi che il filosofare del poeta sia soprattutto il riflesso concettuale di una situazione sentimentale, e variabile e oscillante secondo il variare e oscillare di questa, è stata accettata da buona parte degli studiosi, specie dai critici letterari. Altri invece, in particolare filosofi, hanno cercato di dare una sistemazione unitaria al pensiero del Leopardi, la cui interpretazione si è inevitabilmente colorita del pensiero personale dello studioso: così abbiamo avuto un Leopardi prepositivista (CANTELLA), sensista (GATTI), scettico (RENSI), esistenzialista o quasi (AMELOTTI), e persino «progressivo» (LUPORINI).

Agli studi sul pensiero del poeta ha recato un notevole aiuto la pubblicazione dello *Zibaldone*: primo a giovarsene fu GIOSUE CARDUCCI; poi lo utilizzò ampiamente per ricostruire lo svolgimento intellettuale del Leopardi BONAVENTURA ZUMBINI (*Studi sul Leopardi*, 1902-1904), per quanto in maniera piuttosto esterna e meccanica. Al Carducci e allo Zumbini risale la tesi di una divisione del pessimismo leopardiano in due periodi ben distinti: pessimismo storico e pessimismo cosmico. Tesi che nella sua rigidezza fu confutata da diversi studiosi e specialmente da GIULIO AUGUSTO LEVI, al quale si deve una fra le più impegnative ricostruzioni della personalità intellettuale del Leopardi (*Storia del pensiero di Giacomo Leopardi*, Torino, 1911, studio rifuso e allargato nella posteriore monografia *Giacomo Leopardi*). Il Carducci e lo Zumbini, in sostanza, irrigidiscono delle posizioni già desanctisiane. Un distacco notevole dall'interpretazione del De Sanctis è invece rappresentato dal *Leopardi* (1923) di KARL VOSSLER, la migliore monografia che sia stata scritta finora sul recanatese dopo il saggio del De Sanctis. Il Vossler respinge la tesi di un contrasto psicologico alle origini della poesia leopardiana, perché l'arte «trova la sua perfezione solo nell'armonia dello spirito e nella pace dell'anima». Egli individua nel centro dello spirito leopardiano un atteggiamento religioso, che ha la forma di un «misticismo orientato naturalisticamente», del quale analizza la traduzione artistica attraverso il senso del mistero e dell'infinito, senso cui è legato il gusto espressivo del vago e dell'indefinito. Alla religiosità del Leopardi, come abbiamo visto, aveva già dato rilievo il De Sanctis, e le sue affermazioni furono riprese e acutamente approfondite da EUGENIO DONADONI nel saggio su *Il sentimento dell'infinito nella poesia leopardiana* (1923) e molte osservazioni interessanti sull'argomento aveva già scritto GAETANO NEGRI (cfr. *Divagazioni leopardiane*, Pavia, 1894-1899); e sul carattere "indeterminato" del paesaggio e del linguaggio idillico leopardiano, sulla predilezione del poeta per la musica e per l'espressione musicale (mentre il De Sanctis tendeva invece ad accentuare gli aspetti plastici) spunti notevoli erano in un saggio di ARTURO GRAF (in *Manzoni, Foscolo, Leopardi*, Torino, 1898). Su queste linee il Vossler conduce un'interpretazione unitaria e completa dell'opera leopardiana. Analogo a quello del De Sanctis, e forse ancora più severo, è il giudizio del Vossler sulle *Operette morali*, considerate «una deviazione accessoria», in cui l'ispirazione è guastata sempre «da una goccia di veleno agrodolce».

15.4 La rivalutazione della prosa leopardiana agli inizi del Novecento

Su questo punto invece si manifesta la divergenza più sensibile della critica moderna rispetto al De Sanctis (al quale d'altra parte restano legati ancora sostanzialmente anche eminenti critici moderni, come il Momigliano e il Flora). GIOVANNI GENTILE, per primo, insistette sulla vitalità poetica dell'apparente filosofia leopardiana, cercando di dimostrare l'unità spirituale e artistica delle *Operette*, considerate come un poema nel quale si svolge in tre ritmi fondamentali un unico motivo (cfr. l'*Introduzione* alla sua edizione delle *Operette*, Bologna, Zanichelli, 1918). La ricostruzione sistematica del Gentile è stata soggetta a numerose critiche e si è anche osservato che dell'asserita "poeticità" mancava una dimostrazione concreta, per l'indifferenza del filosofo rispetto ai valori formali; ma si riconobbe che egli avviava una nuova valutazione della poesia e del pensiero del Leopardi, proponendo, come dice LUIGI RUSSO, in luogo della formula desanctisiana del contrasto fra cuore ricchissimo e mente arida, quella di una poesia che nasce sì dal sentimento, ma da un «sentimento carico di speculazione». Un'affermazione ancor più decisa della poeticità delle *Operette* è in GIUSEPPE DE ROBERTIS, il quale, mentre critica la tesi gentiliana della loro unità speculativa, le giudica interamente, salvo qualche dialogo fallito, opera di pura invenzione, risolta in uno stile che è «incanto e magia» (cfr. *Zibaldone* scelto e annotato con *Introduzione* a cura di G. De Robertis, Firenze, 1922; l'*Introduzione* è stata poi rifusa dall'autore nel suo *Saggio sul Leopardi*, 1944). Le pagine del De Robertis appartengono a un caratteristico momento culturale, quello nel quale intorno alla rivista «La Ronda» si manifestò un ritorno all'ordine e alla tradizione classica in contrapposto alle tendenze romantiche del principio del secolo. In questo periodo si formò anche una specie di "mito" del Leopardi, come scrittore sommo, prosatore perfetto, e si lesse lo *Zibaldone* per coglierví non tanto le affermazioni del suo pensiero quanto le espressioni più segrete della sua poetica e della sua poesia, i documenti della sua difficile e sottile arte di letterato. In questa valutazione positiva dell'elemento letterario nell'opera del Leopardi i "rondisti" erano stati preceduti dal Carducci, che all'elaborazione formale delle sue poesie e alla formazione del suo linguaggio nel continuo riferimento con la tradizione dedicò molta attenzione, in contrasto con l'atteggiamento del De Sanctis, che, per il suo principio romantico della "spontaneità" e della "immediatezza", vide nella "letteratura" e nel "classicismo" dello scrittore un limite della sua ispirazione e un ostacolo alla sua modernità (gli studi leopardiani del Carducci si leggono in *Opere*, Edizione Nazionale, vol. xx).

La rivalutazione rondista del Leopardi prosatore trascorre, al di là di un equilibrato giudizio critico e storico, in una indiscriminata esaltazione di carattere polemico e pragmatico. La prima serena e sistematica analisi critica delle *Operette* si deve a MARIO FUBINI nello studio introduttivo e nel commento alla sua edizione di esse (1933). Il Fubini raccoglie l'indicazione del Gentile che la poesia delle *Operette* vada ricercata nella loro filosofia e la sviluppa nella definizione del momento spirituale in cui esse nascono e nell'analisi dei motivi e dei toni in cui variamente si specifica e si esprime lo stato d'animo fondamentale: «Le *Operette* rappresentano il momento in cui nella speculazione del Leopardi riaffluisce, per così dire, il suo sentimento»; esse «nascono quando il Leopardi ripiegandosi su se medesimo trova purificati e chiariti i motivi originari del suo pessimismo, formulati in alcuni concetti tra logici e fantastici a cui egli si può rivolgere con moto di affetto, di amore e di odio»: da questo moto di affetto, rivolto non a oggetti concreti ma a concetti, nasce la loro particolare poesia, che è sempre, come nei *Canti*, effusione della «voce del cuore», ma in tono più contenuto e smorzato. I protagonisti delle *Operette* «non sono tanto quei pallidi personaggi che si chiamano Ruysch o Colombo, Tasso o Malambruno [...] ma quelli che possiamo chiamare concetti-miti di Felicità, Piacere, Noia, Natura», e in esse fluisce «una vita sentimentale fatta più tenue e meno intensa dal lavoro dell'intelletto». Perciò nel trapasso dal Leopardi delle *Operette* al Leopardi dei *Canti* della maturità il Fubini non scorge «il trapasso da un Leopardi filosofo a un Leopardi poeta ma da una poesia più limitata nella sua aspirazione, inevitabilmente più povera e monotona, ad una poesia in cui confluisce, fantasticamente trasfigurata, tutta la vita di un individuo». Riallacciandosi al Fubini è giunto ad una ancora più esplicata e risoluta affermazione del valore poetico delle *Operette* EMILIO BIGI, il quale, attraverso una fine analisi della tecnica stilistica della prosa leopardiana, mette in evidenza come questa rappresenti «una *situazione di sovrana moderazione affettiva*, di alto dominio interiore, in cui gli antichi ardori e le antiche passioni non possono apparire che come ombre remote, che si profilano tacite e incorporee in un animo ormai chiaro e sicuro della vanità delle cose del mondo e della tenuità della vita». Quell'attenuazione dell'affetto di cui parla il Fubini è quindi interpretata dal Bigi non come una «limitazione di poesia», ma come una «modificazione e caratterizzazione psicologica del tono poetico». La posizione del De Sanctis è così interamente superata da un gusto critico non più legato all'amore del plastico e del passionalmente drammatico. E infatti, lungi dal ricercarvi, come il De Sanctis, il "dramma" e i "personaggi", il Bigi considera le *Operette* come «*suites* linguistico-musicali, in cui ciò che veramente conta è la coerenza interna del linguaggio e del ritmo» (*Tono e tecnica delle «Operette morali»*, in «Belfagor», 1950).

15.5 La tesi "idillica" del Figurelli e il suo superamento (Binni)

Un altro punto fondamentale dell'interpretazione del De Sanctis ha subìto un processo di svolgimento da un lato e di revisione dall'altro: quello che addita negli *Idilli* (sia nei veri e propri *Idilli* giovanili sia nei cosiddetti *Grandi Idilli* dell'età matura), la più grande poesia leopardiana. Il Croce, nel saggio citato, ammonì a non materializzare questa predilezione e a intenderla nel suo senso ideale e profondo, cioè come indicazione dell'atteggiamento sentimentale dal quale unicamente scaturisce la «vera poesia del Leopardi», che è un atteggiamento "idillico". Questo suggerimento del Croce è diventato la tesi fondamentale del libro di FERNANDO FIGURELLI, *Leopardi poeta dell'idillio* (1941), nel quale la distinzione fra poesia *idilliaca* e *non idilliaca* si è irrigidita in un criterio assoluto di valore, per cui c'è *poesia* dov'è presente l'animo idillico e *non poesia* dove esso manca. La critica successiva nei suoi migliori rappresentanti è rivolta a superare questa posizione (che, fra l'altro, impoverisce e schematizza la personalità leopardiana entro un'unica dimensione), enucleando in essa altri atteggiamenti spirituali che hanno trovato una coerente espressione poetica. In questa direzione l'opera più significativa è *La nuova poetica leopardiana* (1947) di WALTER BINNI, la quale delinea accanto alla figura del Leopardi idillico quella di un Leopardi eroico e combattivo, sicuro possessore di sé e del suo mondo interiore in virtù di un'originale e profonda esperienza personale. Questo Leopardi nasce durante l'esperienza dell'amore per la Fanny Targioni Tozzetti e costruisce una nuova, coerente "poetica", diversa da quella dell'"idillio", mediante la quale riesce a esprimere con pienezza di poesia il suo nuovo atteggiamento spirituale nel ciclo di liriche che vanno dal *Pensiero dominante* alla *Ginestra*. Di esse il Binni accentua notevolmente il valore estetico rispetto alla maggior parte della critica precedente (per esempio, *A se stesso*, che il Croce giudica esempio tipico di «epigrafia, che non sembra possa dirsi lirica», appare invece al Binni «un esempio perfetto ed estremo» della «poetica eroica dell'ultimo periodo leopardiano»). Queste ricerche costituiscono un avviamento alla miglior definizione di quell'«ultimo Leopardi» che il De Sanctis non arrivò a studiare, definizione che sembra appunto il compito maggiore affidato alla critica leopardiana di oggi (sui caratteri dei *Canti* dell'ultimo periodo sono intanto molto notevoli le osservazioni di RICCARDO BACCHELLI nel suo originale e spesso finissimo commento a una scelta di *Canti* e *Operette morali*. Un contributo ragguardevole all'interpretazione del Leopardi è venuto anche da quel sensibilissimo e affezionato lettore della sua poesia che fu GIUSEPPE UNGARETTI (cfr. *Vita di un uomo. Saggi e interventi*, Milano, Mondadori, 1974, *ad indicem*); ma un dialogo col Leopardi si riscontra pure in altri poeti contemporanei: Rebora, Cardarelli, Montale, Gatto, Luzi, Fortini...

15.6 Leopardi oggi

La tesi del Binni, riconfermata e sviluppata in scritti posteriori, fino alla riassuntiva *Introduzione* alla sua edizione di *Tutte le opere* del Leopardi (1969), si appoggia a un'interpretazione accentuatamente laica e progressiva dell'esperienza spirituale leopardiana. Questa interpretazione, sulla cui formazione ha influito lo studio acuto, ma assai unilaterale, di CESARE LUPORINI, *Leopardi progressivo* (riedito con una *Avvertenza*, Roma, Editori Riuniti, 1981), coglie un aspetto della personalità del poeta, ma lascia in ombra quell'ansia di assoluto, quell'inquietudine religiosa, che pure nelle sue pagine hanno sentito molti dei suoi critici più penetranti, dal Gioberti al De Sanctis, dal Vossler al Getto. Inoltre, nel Binni, e più in altri critici contemporanei, il rilievo dato giustamente all'atteggiamento eroico e ribelle, rivoluzionario del Leopardi rischia spesso di ridurre la sua protesta (cfr. W. BINNI, *La protesta di Leopardi*, Firenze, Sansoni, 1973) a una dimensione contingentemente storico-sociale, e precorritrice di atteggiamenti contemporanei, mentre essa ha carattere esistenziale, come hanno riaffermato con vigore SERGIO CAMPAILLA nel volume *La vocazione di Tristano. Storia interiore delle «Operette morali»* (Bologna, Pàtron, 1977) e CESARE GALIMBERTI nell'*Introduzione* al suo commento delle *Operette morali* (1977). Il Campailla sottolinea il distacco del Leopardi, non solo dallo spiritualismo ottocentesco, ma dall'ottimismo razionalistico e scientifico dell'età dei lumi, la sua inattualità nel senso nietzschiano della parola; il Galimberti scrive che «le *Operette morali* del '24 nascono sui convincimenti di un male originario inseparabile dalla storia umana e anzi dal mondo di un Assoluto anteriore a ogni esistenza e coincidente col nulla, di un'estraneità al mondo per i pochi non accecati dalle tenebre dell'errore e del male» e accenna suggestivamente alla presenza nel pensiero leopardiano di una sotterranea componente gnostica.

Il rilievo acquistato da questa visione dell'atteggiamento spirituale leopardiano ha stimolato un interesse particolare per l'opera dell'ultimo Leopardi anche per quegli scritti minori che avevano avuto finora attenzione piuttosto scarsa dagli studiosi, come i *Paralipomeni* e i *Pensieri*. Una ricostruzione complessiva, attenta e penetrante, di quest'ultimo periodo dell'attività leopardiana è quella di ANGIOLA FERRARIS dal titolo, appunto, *L'ultimo Leopardi* (Torino, Einaudi, 1987; cfr. anche *La vita imperfetta. Le «Operette morali» di Leopardi*, Genova, Marietti, 1991). Si collocano in quest'ottica anche gli interventi di ERNESTO TRAVI, raccolti prima in *Giacomo Leopardi tra immaginazione e sentimento* (Milano, Vita e Pensiero, 1975) e poi in *Immaginazione sentimento e ragione in Giacomo Leopardi* (Milano, Vita e Pensiero, 1988): la complessità dell'interiore compromesso fra immaginato e possibile è uno degli elementi scrutati dal Travi, con attenzione ai dati linguistici e filologici e ai rilievi temporali; verificando, fra gli altri, i rapporti fra pensiero filosofico e religione e registrando passi significativi, il Travi esamina anche il progetto di *Inni cristiani* che «nella certezza leopardiana che manca tuttora una poesia religiosa popolare, anche se "la religione nostra ha moltissimo di quello che somigliando all'illusione è ottimo alla poesia", si profilano secondo due particolari orientamenti: da un lato l'esaltazione di una religione che permetta all'uomo di pervenire nuovamente ad una dimensione eroica e sensibile per tutto ciò che di bello il mondo offre, e dall'altra, e più circostanziatamente, l'invocazione accorata dell'uomo alla divinità dal profondo del suo dolore». Il più significativo messaggio del poeta di Recanati è, dunque, «nel non darsi mai vinto, nel convincere gli altri in tal senso, nella rinnovata fiducia nella possibilità di un colloquio con la natura e con gli uomini», nell'ostinato tentativo di scoprire «a qual suo dolce amore / Rida la primavera, / A chi giovi l'ardore e che procacci / Il verno co' suoi ghiacci».

Intervenendo più volte sul Leopardi, ALVARO VALENTINI ne sottolinea la modernità e nota come «Leopardi cantò la miseria dell'umano stato, ma consentì a se stesso di elevarsi, in virtù del riconoscimento di questa miseria, fino a fronteggiare il destino; si collocò come poeta, inerme e indifeso, in una solitudine che ne pose in rilievo la grandezza e l'infelicità; ma consentì pure che le effusioni dell'animo fossero anche un pensiero dominante e fece del colloquio tra uomo e natura un dramma metafisico che il personaggio *io* sottolinea in tutta la sua tragicità di voce che grida nel deserto» (*Leopardi. L'io poetante*, Roma, Bulzoni, 1983).

Il tema della modernità del Leopardi è il primo e più rilevante argomento del Convegno promosso dall'Accademia Marchigiana di Scienze, Lettere ed Arti nel 150° anno della morte (Atti: *Leopardi e noi. La vertigine cosmica*, a cura di A. Frattini, G. Galeazzi e S. Sconocchia, Roma, Studium, 1990): ALBERTO FRATTINI, cui si deve pure l'importante rassegna *Leopardi nella critica dell'Otto e del Novecento* (Roma, Studium, 1989), è giunto nell'attualizzare il messaggio leopardiano a trattare delle *prospettive del terzo millennio*, con riferimenti al pensiero scientifico e mostrando un inedito Leopardi "futurista". Gli altri argomenti principali riguardano la problematica etico-teoretica e sociale e i rapporti con gli autori del Novecento, Pirandello, Ungaretti e Rebora innanzi tutto.

Ai rapporti del Leopardi con la cultura del passato sono stati dedicati i Convegni *Leopardi e il Settecento* (Atti, Firenze, Olschki, 1964), *Leopardi e la letteratura italiana dal Duecento al Seicento* (ivi, 1978), *Leopardi e il mondo antico* (ivi, 1982); ai rapporti con la cultura europea il Convegno *Leopardi e la cultura europea* (Atti, Roma, Bulzoni, 1989).

Riunendo in volume alcuni interventi per lo più scritti per convegni o altre occasioni particolari, MICHELE DELL'AQUILA si sofferma particolarmente sul ruolo delle stimolazioni sensoriali nella poesia leopardiana, odori, suoni, colori e altro (*Leopardi. Il commercio coi sensi ed altri saggi*, Fasano, Schena, 1993); uno dei saggi riguarda i viaggi di cui non rimangono nella poesia leopardiana se non poche impressioni esplicite anche se «gli occhi del poeta infelice si fermarono quasi senza parere, ma acutamente, su uomini e cose, paesaggi e città se tutto si ritrova poi nei versi e nelle prose [...] Ma tutto quell'osservare il mondo e la vita, quella scienza della condizione umana dolorosamente acquisita, si aprirà solo alla confidenza della letteratura, passerà attraverso i suoi filtri risultandone irriconoscibile».

Alle ragioni profonde della poesia del grande recanatese, punta NEURO BONIFAZI (*Leopardi, l'immagine antica*, Torino, Einaudi, 1991) con estrema sensibilità a ogni possibile interpretazione, accettando il «rischio di non poter [...] determinare fino in fondo o definire esattamente il vago e l'indeterminato, e di restare nello spazio vuoto e dilatato delle suggestioni e delle ipotesi». Di qui la ripresa del concetto di "immagine antica", cioè legata al mito e alle prime età della vita e dell'uomo, mentre si chiarisce il meccanismo che porta il poeta a esaltare le ragioni del proprio dolore, trovando nella malinconia una sorta di piacere. E l'attualità dei suoi canti è sottolineata nella «visione pessimistica di un'umanità di ragione corrotta, [...] priva di virtù civili e morali e distaccata dalle sue radici».

Fra i contributi più significativi degli ultimi decenni vanno annoverate le edizioni critiche dei testi leopardiani (cfr. *Repertorio bibliografico*), giunte a coinvolgere anche le opere minori, così da fornire elementi utili per una conoscenza complessiva del suo pensiero e delle fasi della formazione: per valutare la rilevanza di tali operazioni basti verificare l'edizione dello *Zibaldone* (a cura di R. Pacella, Milano, Garzanti, 1991) nella quale un intero volume di oltre 1500 pagine è dedicato ad apparato, note, indici ecc.

Sul pensiero leopardiano si segnala infine lo studio *Il nulla e la poesia. Alla fine dell'età della tecnica: Leopardi* (Rizzoli, Milano, 1990) di EMANUELE SEVERINO, secondo il quale Leopardi ha aperto la strada a tutto il pensiero contemporaneo: «la grandezza del pensiero di Leopardi sta nel modo determinato in cui esso intende l'intreccio del nulla e della poesia alla fine dell'età della tecnica. Se la civiltà occidentale vuole essere coerente alla propria essenza, deve riconoscere che la propria filosofia è la filosofia di Leopardi. L'autentica filosofia dell'Occidente, nella sua essenza e nel suo più rigoroso e potente sviluppo, è la filosofia di Leopardi».

Repertorio bibliografico

a) Opere bibliografiche e introduttive

G. Mazzatinti-M. Menghini-G. Natali-C. Musumarra, *Bibliografia leopardiana*, 3 voll., Firenze, Olschki, 1931-1953 (parte I: fino al 1858; parte II: fino al 1930; parte III: fino al 1951) (opera fondamentale); A. Tortoreto, *Bibliografia analitica leopardiana (1952-1960)*, Firenze, Olschki, 1963; A. Tortoreto-C. Rotondi, *Bibliografia analitica leopardiana (1961-1970)*, ivi, 1973; E. Giordano, *Il labirinto leopardiano. Bibliografia 1976-1983*, Napoli, ESI, 1986; E. Carini, *Bibliografia analitica leopardiana (1971-1980)*, Firenze, Olschki, 1986; M. Mazzocca-T. Nannuzzi, *Leopardiana - Testi, Studi, Convegni recenti*, in «Lettere italiane», XXXVIII, 2, 1986.

G. Chiarini, *La vita di Giacomo Leopardi*, Firenze, Barbèra, 1905 (ristampa anastatica, con una nota di F. Brioschi, Menziana, Vecchiarelli, 1988); L. Tonelli, *Giacomo Leopardi*, Milano, Corbaccio, 1937; G. Ferretti, *Vita di Giacomo Leopardi*, Bologna, Zanichelli, 1940; R. Wis, *Giacomo Leopardi. Studio biografico*, Helsinki, Società Neofilologica, 1960; F. Pavone-A. Tortoreto, *Schede leopardiane biografiche e bibliografiche*, Acireale, Galatea, 1983; M. Picchi, *Storie di casa Leopardi*, Milano, Rizzoli, 1990²; R. Minore, *Leopardi: l'infanzia, la città, gli amori*, Milano, Bompiani, 1987; R. Damiani, *Vita di Leopardi*, Milano, Mondadori, 1992. Da segnalare la ristampa di: A. Ranieri, *Sette anni di sodalizio con Giacomo Leopardi (1879)*, Milano, Garzanti, 1979.

Come introduzione allo studio dell'opera: G. C. D'Amato, *Giacomo Leopardi*, Firenze, Le Monnier, 1970; N. Borsellino-A. Marinari, *Leopardi. Introduzione all'opera*, Roma, Bulzoni, 1973; A. Tartaro, *Leopardi*, Roma-Bari, Laterza, 1978; A. Bon, *Invito alla lettura di Leopardi*, Milano, Mursia, 1985; A. Frattini, *Giacomo Leopardi*, Roma, Studium, 1986; V. Guarracino, *Guida alla lettura di Leopardi*, Milano, Mondadori, 1987. Si vedano anche gli ampi profili di A. Borlenghi, *Giacomo Leopardi*, in *Storia letteraria d'Italia*, dir. da A. Balduino, vol. X, t. 2: *L'Ottocento*, Milano-Padova, Vallardi-Piccin-Nuova Libraria, 1990 (con ricca e precisa bibliografia di G. Pizzamiglio) e F. Portinari, *Giacomo Leopardi*, in *Storia della civiltà letteraria italiana*, dir. da G. Bárberi Squarotti, vol. IV: *Il Settecento e il primo Ottocento*, Torino, UTET, 1992.

Per le "concordanze": A. Bufano, *Concordanze dei «Canti» del Leopardi*, Firenze, Le Monnier, 1969; L. Lovera-C. Colli, *Concordanze leopardiane*, in G. Leopardi, *Opere*, a cura di C. Muscetta e G. Savoca, Torino, Einaudi, 1968; *Concordanze diacroniche delle «Operette morali» di Giacomo Leopardi*, a cura di O. Besomi *et alii*, Hildesheim-Zürich, Olms-Weidmann, 1988.

b) Edizioni e commenti

Tutte le opere, 5 voll., a cura di F. Flora, Milano, «Classici» Mondadori, 1938-1949 (voll. I-II: *Le poesie e le prose*; voll. III-IV: *Zibaldone*, con un indice preziosissimo; vol. V: *Lettere*). Oltre questa, l'unica edizione completa è quella delle *Opere complete di Giacomo Leopardi*, 16 voll., a cura di A. Ranieri, Firenze, Le Monnier, 1845.

Importanti le edizioni critiche a cura di F. Moroncini, Bologna, Cappelli, 1927-1931: *Canti, Operette morali, Opere minori approvate* (nuova ed. ivi, 1978). Lo stesso Moroncini ha curato un'edizione dell'*Epistolario* (contenente anche le lettere dei corrispondenti), 7 voll., Firenze, Le Monnier, 1934-1941 (con una *Appendice con lettere e note aggiunte*, a cura di G. Ferretti e un *Indice analitico*, a cura di A. Duro).

Altre edizioni: *Opere*, a cura di G. De Robertis, Milano, Rizzoli, 1937 (ampia scelta in 3 voll., con un utilissimo indice analitico); *Opere*, a cura di G. Ferretti, Torino, UTET, 1948; *Opere*, a cura di S. e R. Solmi, Milano-Napoli, Ricciardi, 1956-1966; *Opere*, a cura di G. Getto, Milano, Mursia, 1966; *Opere*, a cura di C. Muscetta e G. Savoca, Torino, Einaudi, 1968; *Tutte le opere*, a cura di W. Binni, Firenze, Sansoni, 1969 (molto importante); *Opere*, a cura di M. Fubini, Torino, UTET, 1977; *Scritti filologici*, a cura di G. Pacella e S. Timpanaro, Firenze, Le Monnier, 1969; *Tutti gli scritti inediti, rari e editi 1809-1820*, a cura di M. Corti, Milano, Bompiani, 1972; *Fragmenta Patrum Graecorum*, a cura di G. Moreschini, Firenze, Le Monnier, 1976; *Operette morali*, edizione critica a cura di O. Besomi, Milano, Il Saggiatore, 1979; *Porphyrii de Vita Plotini et ordine librorum eius*, a cura di G. Moreschini, Firenze, Olschki, 1982; *Discorso di un italiano sopra la poesia romantica*, edizione critica di O. Besomi, Bellinzona, Casagrande, 1988; *Discorso sopra lo stato presente dei costumi degl'Italiani*, a cura di N. Bellucci, Roma, Delotti, 1988; *Il manuale di Epitteto*, a cura di G. Moreschini, Roma, Salerno, 1990; *Zibaldone*, edizione critica a cura di G. Pacella, Milano, Garzanti, 1991.

Edizioni commentate dei *Canti*: a cura di A. Straccali e O. Antognoni, Firenze, Sansoni, 1920; G.A. Levi, Firenze, La Nuova Italia, 1921 (sobrio ma molto preciso); G. De Robertis, Firenze, Le Monnier, 1925; M. Fubini, Torino, Loescher, 1964 (1ª ed. Torino, UTET, 1930); F. Flora, Milano, Mondadori, 1937 (più volte ristampato; importante soprattutto per le annotazioni sul linguaggio poetico del Leopardi, contiene anche alcune *Operette morali*); L. Russo, Firenze, Sansoni, 1945; R. Bacchelli, Milano, Garzanti, 1945; G. Ferretti, Bologna, Zanichelli, 1947; A. Frattini, Brescia, La Scuola, 1974; N. Gallo e C. Garboli, Torino, Einaudi, 1976; G. e D. De Robertis, Milano, Mondadori, 1978; E. Peruzzi, Milano, Rizzoli, 1981; D. De Robertis, Milano, Il Polifilo, 1984; A. Tartaro, Roma-Bari, Laterza, 1984; E. Ghidetti, Firenze, Sansoni, 1988.

Edizioni commentate delle *Operette morali*: a cura di I. Della Giovanna, Firenze, Sansoni, 1895; G. Gentile, Bologna, Zanichelli, 1918; M. Fubini, Torino, Loescher, 1977; S. Orlando, Milano, Rizzoli, 1976; C. Galimberti, Napoli, Guida, 1986. Esistono anche, a cura di G. De Robertis, una scelta dello *Zibaldone*, Firenze, Le Monnier, 1933 e una dell'*Epistolario*, ivi, 1933.

Dello *Zibaldone* si vedano le edizioni a cura di R. e S. Solmi, Torino, Einaudi, 1977^6; C. Galimberti, Milano, Adelphi, 1982; A.M. Moroni, Milano, Mondadori, 1983^2; U. Dotti, Milano, Garzanti, 1985; E. Peruzzi, Pisa, Scuola Normale Superiore, 1990. Per i *Pensieri*, si vedano le edizioni a cura di G. Galimberti, Milano, Adelphi, 1983; U. Dotti, Milano, Garzanti, 1985. Antologie di *Poesie e prose*: a cura di S.A. Nulli, Milano, Hoepli, 1953; G. Getto e S. Tessari, Firenze, Le Monnier, 1973. I *Canti-Operette morali*, a cura di F. Montanari, A. Chiari e A. Ruschioni, Milano, Bietti, 1973; *Poesie e prose*, 2 voll., a cura di R. Damiani e M.A. Rigoni, Milano, Mondadori, 1987-1988; *Antologia leopardiana*, commentata da G. Contini, Firenze, Sansoni, 1988.

Si veda anche l'edizione del *Discorso di un italiano intorno alla poesia romantica*, a cura di E. Mazzali, con un saggio introduttivo di F. Flora, Bologna, Cappelli, 1971 (1ª ed. 1957); l'edizione della *Crestomazia italiana*, a cura di G. Bollati e G. Savoca, Torino, Einaudi, 1968; *Paralipomeni della Batracomiomachia*, a cura di E. Boldrini, Torino, Loescher, 1970; G. Cavallini, Galatina, Congedo, 1987; U. Dotti, Milano, Rizzoli, 1982; *Giacomo Leopardi. La vita e le lettere*, a cura di N. Naldini, Milano, Garzanti, 1983; *Lettere agli amici di Toscana*, a cura di W. Spaggiari, Milano, Mursia, 1989. Per la corrispondenza tra Giacomo e Monaldo Leopardi cfr. *Il monarca delle Indie*, a cura di G. Pulce, Milano, Adelphi, 1988.

c) Critica

Sintesi chiara e informata della storia della critica leopardiana: E. BIGI, *Giacomo Leopardi*, in *I Classici italiani nella storia della critica*, vol. II, Firenze, La Nuova Italia, 1971. Cfr. anche C.F. GOFFIS, *Leopardi*, Palermo, Palumbo, 1975⁵; C. GALIMBERTI, voce *Leopardi*, in *Dizionario critico della letteratura italiana*, Torino, UTET, 1973. Tra i contributi parziali più notevoli: G. MAZZONI, *Leopardi*, in *Un cinquantennio di studi*, Firenze, Sansoni, 1937; A. MOMIGLIANO, *Lettura di una bibliografia*, in *Elzeviri*, Firenze, Le Monnier, 1945; M. MARTI *La fortuna del Leopardi nella critica predesanctisiana*, in «Antico e nuovo», II, 1946 e III, 1947; A. FRATTINI, *Studi leopardiani nel dopoguerra*, in *Studi leopardiani*, Pisa, Nistri-Lischi, 1956; ID., *Critica e fortuna dei Canti di Giacomo Leopardi* e ID., *La critica leopardiana degli anni settanta*, in «Cultura e scuola», 56, 1975; M. FUBINI, *Leopardi nella critica dell'Ottocento*, in *Leopardi e l'Ottocento*, Atti del II Convegno Internazionale di studi leopardiani, Firenze, Olschki, 1970; M. MARTI, *Leopardi nella critica del Novecento*, in *Leopardi e il Novecento*, Atti del III Convegno Internazionale di studi leopardiani, ivi, 1974; C. DIONISOTTI, *Fortuna di Leopardi*, in *Essays in Honour of I.K. Whitfield*, London, St. George's Press, 1975; C. STUFFERI MALMIGNATI, *Leopardi nella coscienza critica dell'Ottocento*, Roma, Bonacci, 1976; A. FRATTINI, *Leopardi nella critica dell'Otto e del Novecento*, Roma, Studium, 1989; M. SANTORO, *Leopardi nella critica internazionale*, Napoli, Federico & Ardia, 1989. Per l'influsso di Leopardi: R. NEGRI, *Leopardi e la poesia italiana*, Firenze, Le Monnier, 1970; G. LONARDI, *Leopardismo. Saggio sugli usi di Leopardi dall'Otto al Novecento*, Firenze, Sansoni, 1974; E. VILLA, *I poeti liguri e Leopardi*, Padova, Liviana, 1979; A. DOLFI, *La doppia memoria. Saggi su Leopardi e il leopardismo*, Roma, Bulzoni, 1986.

Per la fortuna del Leopardi all'estero cfr. N. SERBAN, *Leopardi et la France*, Paris, Champion, 1913; E. CAMINATI, *Leopardi und die deutsche Kritik*, Freiburg, 1949; A. DEL GRECO, *Leopardi in Hispanic Literature*, New York, 1952; J. ARCE, *Leopardi nella critica spagnola dell'Ottocento*, in *Leopardi e l'Ottocento*, cit.; ID., *Leopardi e la poesia spagnola del Novecento*, in *Leopardi e il Novecento*, cit. Le prime importanti monografie complessive sono state: F. DE SANCTIS, *Giacomo Leopardi* (di cui si veda l'edizione cit. a cura di W. Binni); K. VOSSLER, *Leopardi*, Napoli, Ricciardi, 1925; G.A. LEVI, *Giacomo Leopardi*, Messina-Milano, Principato, 1931; A. ZOTTOLI, *Leopardi. Storia di un'anima*, Bari, Laterza, 1927; J.H. WHITFIELD, *Giacomo Leopardi*, Napoli, Ferraro, 1964. Tra i più recenti contributi complessivi: C. MUSCETTA, *Schizzi, studi e letture*, Bonacci, Roma, 1976; F. BRIOSCHI, *La poesia senza nome. Saggio su Leopardi*, Milano, Il Saggiatore, 1980; i saggi di C. DIONISOTTI, *Leopardi e Compagnoni, Leopardi e Bologna, Preistoria del pastore errante, Leopardi e Ranieri, Fortuna di Leopardi*, in *Appunti sui moderni. Foscolo, Manzoni e Leopardi*, Bologna, Il Mulino, 1988; E. TRAVI, *Immaginazione sentimento e ragione in Giacomo Leopardi*, Milano, Vita e Pensiero, 1988;

A. Frattini, *Giacomo Leopardi. Una lettura infinita*, Milano, IPL, 1989. Le pagine leopardiane del Carducci si leggono in *Opere*, Edizione Nazionale, vol. XX; quelle del Gioberti in *Pensieri e giudizi di V. Gioberti sulla letteratura italiana e straniera*, a cura di R. Ugolini, Firenze, 1856.

Altri studi notevoli sul pensiero e la cultura: F. De Sanctis, *Schopenhauer e Leopardi*, in *Saggi critici*, vol. II; F. Moroncini, *Studio sul Leopardi filologo*, Napoli, Morano, 1891; B. Zumbini, *Studi sul Leopardi*, Firenze, 1902-1904; G. Gentile, *Manzoni e Leopardi*, Milano, Treves, 1928; Id., *Poesia e filosofia di Giacomo Leopardi*, Firenze, Sansoni, 1934 (poi in: *Manzoni e Leopardi, Saggi critici*, Firenze, Sansoni, 1960); M. Fubini, *L'estetica e la critica letteraria nei Pensieri di Giacomo Leopardi*, in «Giornale Storico della Letteratura Italiana», XCVII, 1930; L. Giusso, *Leopardi e le sue ideologie*, Firenze, Sansoni, 1935; G. Amelotti, *Filosofia del Leopardi*, Milano, Dante Alighieri, 1939; C. Luporini, *Leopardi progressivo*, in *Filosofi antichi e moderni*, Roma, Editori Riuniti, 1980 (1ª ed. Firenze, Le Monnier, 1947); F. Flora, *Leopardi e la letteratura francese*, Milano, Marzorati, 1948; R. Amerio, *L'ultrafilosofia di Giacomo Leopardi*, Torino, 1953; M. Marcazzan, *Leopardi e l'ombra di Bruto*, in *Nostro Ottocento*, Brescia, La Scuola, 1955; U. Bosco, *Titanismo e pietà di Giacomo Leopardi*, Firenze, Le Monnier, 1957; A. Frattini, *Cultura e pensiero in Leopardi*, Roma, Ausonia, 1958; H.L. Scheel, *Leopardi und die Antiken*, München, 1959; M. Porena, *Studi leopardiani*, Bologna, Zanichelli, 1960; G. Singh, *Leopardi and the Theory of Poetry*, University of Kentucky Press, 1964; G. Manacorda, *Materialismo e masochismo*, cit.; A. Dolfi, *Leopardi tra negazione e utopia*, Padova, Liviana, 1973; B. Biral, *La posizione storica di Giacomo Leopardi*, Torino, Einaudi, 1974; V. Gazzola Stacchini, *Leopardi politico*, Bari, De Donato, 1974; D. Barsotti, *La religione di Giacomo Leopardi*, Brescia, Morcelliana, 1975; T. Bolelli, *Leopardi linguista*, in «Studi e saggi linguistici», XVI, 1976; D. Consoli, *Leopardi. Natura e società*, Roma, Studium, 1977; M. Carbonara Naddei, *Momenti del pensiero greco nella problematica leopardiana*, Lecce, Milella, 1977; N. Jonard, *Giacomo Leopardi. Essai de biographie intellectuelle*, Paris, Société Les Belles Lettres, 1977; W. Binni, *La protesta di Leopardi*, Firenze, Sansoni, 1977³; E. Circeo, *La poesia satirico politica del Leopardi*, Roma, Edizioni dell'Ateneo, 1978; S. Timpanaro, *La filologia di Giacomo Leopardi*, Roma-Bari, Laterza, 1978; A. Frattini, *Letteratura e scienza in Leopardi*, Milano, Marzorati, 1978; U. Carpi, *Il poeta e la politica*, Napoli, Liguori, 1978; E. Peruzzi, *Leopardi e i Greci*, Firenze, Olschki, 1979; F. Russo, *Leopardi politico*, Recanati, Micheloni, 1979; T. Bolelli, *Leopardi linguista e altri saggi*, Messina-Firenze, D'Anna, 1982; S. Gensini, *Linguistica leopardiana*, Bologna, Il Mulino, 1984; M.A. Rigoni, *Saggi sul pensiero leopardiano*, Napoli, Liguori, 1985; S. Di Bello-M. Naddei Carbonara, *Il 'però hýpsous' e la poetica leopardiana*, Napoli, Loffredo, 1985; C. Ferrucci, *Leopardi filosofo e le ragioni della poesia*, Venezia, Marsilio, 1987; A. Carannante, *I difetti del vero. Percorsi della poesia leopardiana tra filosofia e filologia*, Pisa, ETS, 1987; G.A. Levi, *Storia del pensiero di Giacomo Leopardi*, Bologna, Boni, 1987; M. Aversano, *La conversione di Leopardi: l'influsso dell'«Ortis» sul «Frontone»*, Salerno, Edisud, 1988; A.C. Bova, *Illaudabil meraviglia*, Napoli, Liguori, 1992 (sull'influsso delle fonti francesi e tedesche).

Cfr. anche: *Leopardi e il Settecento*, Atti del I Convegno Internazionale di studi leopardiani, Firenze, Olschki, 1964; *Leopardi e la letteratura italiana dal Duecento al Seicento*, Atti del IV Convegno Internazionale di studi leopardiani, ivi, 1978; *Leopardi e il mondo antico*, Atti del V Convegno Internazionale di studi leopardiani, ivi, 1982; *Leopardi e la cultura europea*, Roma e Leuwen University Press, 1989; *Leopardi e il pensiero moderno*, a cura di C. Ferrucci, Milano, 1989; *Giacomo Leopardi: il problema delle «fonti» alla radice della sua opera*, a cura di A. Frattini, Roma, Coletti, 1990. Sulle traduzioni: *La corrispondenza imperfetta. Leopardi tradotto e traduttore*, a cura di A. Dolfi e A. Mittescu, Roma, Bulzoni, 1990; A. SOLE, *Foscolo e Leopardi fra rimpianto dell'antico e coscienza del moderno*, Napoli, Federico & Ardia, 1990.

Sull'arte: F. DE SANCTIS, in *Saggi critici*; G. CARDUCCI, in *Opere*, Edizione Nazionale, vol. XX; A. GRAF, *Foscolo, Manzoni, Leopardi*, cit.; E. MESTICA, *Studi leopardiani*, Firenze, 1901; B. CROCE, *Leopardi*, in *Poesia e non poesia*, Bari, Laterza, 1974[8]; ID., *Leopardi*, vol. I, «*Amore e morte*», vol. II, *Il canto «A se stesso» e un'ode tedesca del Seicento*, in *Poesia antica e moderna*, Bari, Laterza, 1950[3]; E. DONADONI, *Il sentimento dell'infinito nella poesia leopardiana*, nel volume miscellaneo *Da Dante al Manzoni*, Pavia, 1923; C. DE LOLLIS, *Petrarchismo leopardiano*, in *Saggi sulla forma poetica italiana dell'Ottocento*, Bari, Laterza, 1929 (ora in *Scrittori d'Italia*, cit.); M. FUBINI, *Introduzione* all'edizione cit. delle *Operette morali*; G. REICHENBACH, *Studi sulle Operette morali di Giacomo Leopardi*, Firenze, La Nuova Italia, 1934; F. FIGURELLI, *Leopardi poeta dell'idillio*, Bari, Laterza, 1941; M. MARTI, *La formazione del primo Leopardi*, Firenze, Sansoni, 1944; A. MOMIGLIANO, *Il carteggio di Leopardi*, in *Cinque saggi*, Firenze, Sansoni, 1945; ID., *Introduzione a Leopardi*, in *Introduzione ai poeti*, cit.; G.G. FERRERO, *Prosa classica dell'Ottocento*, Torino, Gheroni, 1946 (sulla prosa delle *Operette morali*); A. BORLENGHI, *Saggio sul Leopardi*, Firenze, Sansoni, 1947; L. RUSSO, *Ritratti e disegni storici*, serie terza: *Dall'Alfieri al Leopardi*, cit.; G. TOFFANIN, *Prolegomeni alla lettura del Leopardi*, Napoli, ESI, 1952; E. BIGI, *Dal Petrarca al Leopardi (Studi di stilistica storica)*, Milano-Napoli, Ricciardi, 1954 e ID., *La genesi del canto notturno e altri studi sul Leopardi*, Palermo, Manfredi, 1967; E. PERUZZI, *Saggio di lettura leopardiana*, in «Vox romanica», XV, 1956; K. MAURER, *G. Leopardi's «Canti» und die Auflösung der lyrischen Genera*, Frankfurt am Main, Klostermann, 1957; C. GALIMBERTI, *Linguaggio del vero in Leopardi*, Firenze, Olschki, 1959; R. BACCHELLI, *I Paralipomeni alla Batracomiomachia di Giacomo Leopardi*, in *Leopardi e Manzoni*, Milano, Mondadori, 1960; G. DE ROBERTIS, *Saggio sul Leopardi*, Firenze, Vallecchi, 1960 (1[a] ed. 1944); W. BINNI, *La nuova poetica leopardiana*, Firenze, Sansoni, 1962 (1[a] ed. 1947); L. SPITZER, *L'Aspasia di Leopardi*, in «Cultura neolatina», XXIII, 1963 (ora in *Studi italiani*, Milano, Vita e Pensiero, 1976); C. BO, *L'eredità di Leopardi e altri saggi*, Firenze, Vallecchi, 1964; A. MONTEVERDI, *Frammenti critici leopardiani*, Napoli, ESI, 1967 (fondamentale); G. SAVARESE, *Saggio sui Paralipomeni di Giacomo Leopardi*, Firenze, La Nuova Italia, 1967; S. BATTAGLIA, *L'ideologia letteraria di Giacomo Leopardi*, Napoli, Liguori, 1968; A. BRILLI, *Satira e mito nei Paralipomeni leopardiani*, Urbino, Argalia, 1968; G. LONARDI, *Classicismo e utopia nella lirica leopardiana*, Firenze, Olschki, 1969; N.J. PERRELLA, *Night and the Sublime in Giacomo Leopardi*, Berkeley, University of California Publications in Modern Philology, 1970; F. FIGURELLI, *La formazione di Leopardi sino al 1819*, Napoli, De Simone, 1971; A. VALLONE, *Interpretazione della poesia leopardiana*, Napoli, Liguori, 1974; S. SOLMI, *Studi e nuovi studi leopardiani*, Milano-Napoli, Ricciardi, 1975; P. BIGONGIARI, *Leopardi*, Firenze, La Nuova Italia, 1976[2]; C. MUSCETTA, *Leopardi*, Roma, Bonacci, 1976; D. CONSOLI, *Leopardi, natura e società*, Roma, Studium, 1977; G. GETTO, *Saggi leopardiani*, Firenze, D'Anna, 1977[2]; S. CAMPAILLA, *La vocazione di Tristano. Storia interiore delle «Operette morali»*, Bologna, Pàtron, 1977; G. CECCHETTI, *Sulle «Operette morali»*, Roma, Bulzoni, 1978; G.G. AMORETTI, *Poesia e psicanalisi: Foscolo e Leopardi*, cit.; E. PERUZZI, *Studi leopardiani*, vol. I: *La sera del dì di festa*, Firenze, Olschki, 1979; F.B. BOTTI, *La nobiltà del poeta*, Napoli, Liguori, 1979; M. MARTI, *Dante, Boccaccio, Leopardi*, Napoli, Liguori, 1980; C. LUPORINI, *Leopardi progressivo*, Roma, Editori Riuniti, 1980[2]; L. CELLERINO, *Tecniche ed etica del paradosso. Studio sui Paralipomeni di Leopardi*, Cosenza, Lerici, 1980; E.G. CASERTA, *L'ultimo Leopardi: pensiero e poesia*, Roma, Bonacci, 1980; F. CERAGIOLI, *I canti fiorentini di Giacomo Leopardi*, Firenze, Olschki, 1981; G. BÁRBERI SQUAROTTI, *Leopardi: le allegorie della poesia*, in *Dall'anima al sottosuolo*, Ravenna, Longo, 1982; S. Timpanaro, *Antileopardiani e moderati nella sinistra italiana*, Pisa, ETS, 1983; P. Pelosi, *Leopardi fisico e metafisico*, Salerno, Palladio, 1984; N. Bonifazi, *Leopardi autobiografico*, Ravenna, Longo, 1984; P. Fasano, *L'entusiasmo della ragione. Il romantico e l'antico nell'esperienza leopardiana*, Roma, Bulzoni, 1984; M. Ricciardi, *La logica dei «Canti»*, Milano, Franco Angeli, 1985; L. Blasucci, *Leopardi e i segnali dell'Infinito*, Bologna, Il Mulino, 1985; E. Bigi, *Poesia e critica tra fine Settecento e primo Ottocento*, Milano, Cisalpino-La Goliardica, 1986; V. Stella, *Sentimento e teoresi in Leopardi*, in AA.Vv., *Teoresi e poeticità nella cultura europea*, Genova, Università di Genova, 1986; M. Ricciardi, *Giacomo Leopardi: la logica dei «Canti»*, Milano, Franco Angeli, 1986; M. Dell'Aquila, *La virtù negata*, Bari, Adriatica, 1987; L. Piccioni, *Linea poetica dei «Canti» leopardiani*, Milano, Rusconi, 1988; A. Prete, *Il pensiero poetante. Saggio su Leopardi*, Milano, Feltrinelli, 1988[2]; A. Ferraris, *L'ultimo Leopardi*, Torino, Einaudi, 1987; M. Marti, *I tempi dell'ultimo Leopardi*, Galatina, Congedo, 1988; M. Picone, *L'infinito di Leopardi e il mito di Ulisse*, in «Lettere italiane», XLI, 1989; U. Cesari, *Alla ricerca del lettore. Saggio su Leopardi*, Verona, Fiorini, 1990; E. Giordano, *La corazza e la spada. Saggi leopardiani*, Salerno, Laveglia, 1990; N. Bonifazi, *Leopardi. L'immagine antica*, Torino, Einaudi, 1991; A. Ferraris, *La vita imperfetta. Le «Operette morali» di Leopardi*, Genova, Marietti, 1991; G. Di Fonzo, *La negazione e il rimpianto. La poesia leopardiana dal «Bruto minore» alla «Ginestra»*, Roma, Bulzoni, 1991; A. Folin, *Leopardi e la notte chiara*, Marsilio, Venezia, 1993; R. Cavalluzzi, *Leopardi e altre occasioni critiche*, Roma-Bari, Laterza, 1993; M. Dell'Aquila, *Leopardi. Il commercio coi sensi e altri saggi*, Fasano, Schena, 1993; G. Petrocchi, *Il tramonto della luna. Studi tra Leopardi e oggi*, Napoli, ESI, 1993.

16 Manzoni

16.1 I giudizi goethiani sul Manzoni e il problema del rapporto storia-poesia

La grandezza poetica del Manzoni fu annunziata al mondo da un critico d'eccezione: JOHANN WOLFGANG GOETHE. I suoi articoli sugli *Inni sacri* e le tragedie, i suoi giudizi sui *Promessi sposi* (tramandatici da Johann Peter Eckermann nei *Colloqui con Goethe negli ultimi anni della sua vita*, 1836-1848) segnano l'inizio della critica manzoniana, impostando alcuni dei suoi problemi fondamentali. Negli *Inni sacri* il grande poeta tedesco riconosce la presenza di «un ingegno veramente poetico» e di una religiosità sincera, ma priva di esagerazioni («L'autore si mostra cristiano senza fanatismo, cattolico-romano senza bacchettoneria, zelante senza durezza...») e proclama *Il Cinque Maggio* «la poesia più bella che sia stata composta su quell'argomento». Ma molto più importanti sono le considerazioni sulle tragedie e il romanzo, dove il Goethe pone per la prima volta con chiarezza il problema del rapporto fra storia e poesia, problema che sarà dominante anche nella critica moderna. Si sa che il Manzoni aveva diviso i personaggi del *Carmagnola* in *storici* e *ideali*: Goethe osserva che «non v'è persona storica per il poeta. Quand'egli vuol rappresentare il mondo morale da lui concepito fa l'onore a certi individui della storia di prenderne a prestito i nomi per le sue creature», e anche le figure del Manzoni sono «tutte ugualmente ideali». Il Manzoni tenne conto dell'osservazione e nell'*Adelchi* abbandonò la distinzione fra personaggi storici e ideali, ma non rinunziò a fondare la sua rappresentazione sopra un'accurata ricostruzione storica, e allora il Goethe fece notare che «ogni poesia converte i soggetti che tratta in anacronismi» e che è «diritto inalienabile del poeta di modificare a suo talento la mitologia e di trasformare in mitologia la storia». Tuttavia riconobbe che il Manzoni, siccome a questa ricerca di un fondamento storico era spinto dall'indole del suo ingegno, era riuscito ugualmente a raggiungere la poesia, e che lo stesso accadeva in rapporto alle sue esigenze morali: egli era riuscito nello scopo di «accordare perfettamente dati reali ed irrefutabili con quanto la morale e l'estetica richiedono». Anche a proposito dei *Promessi sposi* riappare la considerazione sull'eccessiva preoccupazione che il Manzoni avrebbe per la storia e che finirebbe per uccidere la poesia. Il giudizio sul romanzo è inizialmente senza riserve, addirittura entusiastico: «L'impressione che si riceve dalla lettura è tale che si passa continuamente dalla commozione alla meraviglia e dalla meraviglia alla commozione, e da questi due grandi affetti non s'esce mai»; ma davanti ai capitoli storici sulla carestia e la peste, esso muta: «In questo romanzo lo storico giovò al poeta; ma ora [...] io trovo che lo storico ha giocato al poeta un brutto tiro, poiché il Manzoni sveste qui d'un tratto l'abito del poeta, e ci si presenta per troppo tempo nella sua nudità di storico». Malgrado ciò, il Goethe considera il romanzo l'opera maggiore del Manzoni, perché «qui apparisce nella sua pienezza quel suo mondo interiore che nelle tragedie non aveva avuto nessuna occasione di svilupparsi».

16.2 Valutazioni contrastanti di classicisti e romantici. Scalvini e il problema del rapporto poesia-religione

I giudizi del Goethe ebbero notevole risonanza in Italia; ma non si può dire che trovassero subito un ambiente troppo adatto ad accettarli. In Italia l'opera del Manzoni inizialmente offrì soprattutto un nuovo pretesto alle polemiche fra romantici e classicisti. Gli *Inni sacri* erano passati quasi inosservati e anche il «Conciliatore» dedicò ad essi soltanto un assai mediocre articolo (1819) di GIAN BATTISTA DE CRISTOFORIS. Ma il *Carmagnola*, apparendo nel pieno del dibattito (1820) e per di più accompagnato da una prefazione dichiaratamente favorevole ad alcuni dei princìpi estetici dei romantici, suscitò vive discussioni i cui motivi più o meno si ripeterono più tardi a proposito dell'*Adelchi*. Le accuse dei classicisti si fondano soprattutto sul pregiudizio delle tre unità (non rispettate dal poeta) e su quello di un certo modello di linguaggio nobile ed eroico necessario alla tragedia; le difese dei romantici, com'è naturale, su ragioni opposte. Fra i giudizi sfavorevoli merita ricordo specialmente quello di UGO FOSCOLO nell'articolo *Della nuova scuola drammatica italiana* (1826), che è una presa di posizione contro tutta la scuola romantica. Il Foscolo naturalmente non ripete i pregiudizi dei classicisti, ma accentra la sua critica sul problema del rapporto fra storia e poesia, sostenendo che la tragedia non può essere fondata sul vero storico, perché la scena e la poesia hanno bisogno delle alterazioni della storia e della finzione poetica e «il secreto in qualunque lavoro dell'arti d'immaginazione sta tutto nell'incorporare e identificare la realtà e la finzione in guisa che l'una non predomini sopra l'altra e che non possano mai dividersi né analizzarsi, né facilmente distinguersi l'una dall'altra». A parte le argomentazioni di carattere generale sulle regole, sul rapporto storia-poesia ecc., sono poi interessanti certe osservazioni che dimostrano la difficoltà da parte del *gusto* più diffuso di adeguarsi alla particolare intonazione dell'arte manzoniana: osservazioni che non s'incontrano soltanto nelle pagine dei classicisti, ma anche in quelle di taluno fra i romantici e che riguardano la scarsa "pateticità" e "drammaticità" di quell'arte e il suo stile non sufficientemente nobile ed elevato. Tali riserve si presentano, insieme ai problemi generali, a proposito dei *Promessi sposi*.

Il romanzo ebbe un'immediata straordinaria fortuna fra i lettori: non altrettanto favorevole fu in genere la reazione di letterati e critici letterari. L'opposizione dei classicisti è abbastanza facilmente comprensibile: dava loro fastidio il genere nuovo, misto di storia e d'invenzione, non rientrante nelle categorie riconosciute, e soprattutto la rappresentazione di un mondo di umili personaggi ed eventi, diverso da quello aristocratico e illustre dell'arte tradizionale, e il tono dimesso e familiare dello stile. Ma anche i romantici avevano difficoltà a concedere un'ammirazione incondizionata: se la novità del genere era per loro un pregio, lamentavano poi l'assenza o la scarsità di personaggi e scene drammatici e appassionanti e anche la scelta di un'età di decadenza come sfondo del libro invece dell'età comunale, più adatta a permettere lo sfogo di un acceso sentimento patriottico. Persino la scelta di protagonisti umili era ancora biasimata da un ammiratore e da un romantico come Niccolò Tommaseo.

Il Manzoni, molto più risolutamente che non con le liriche e le tragedie, iniziava col romanzo un gusto morale e artistico assai diverso da quello dominante, che era, tanto per i classicisti quanto per i romantici, quello foscoliano e byroniano della passionalità intensa e della forma sintetica e impetuosa. Egli proponeva invece un nuovo tipo di arte analitica e riflessa, pacatamente e minuziosamente realistica: il calmo scrupolo d'inseguire la verità anche nelle pieghe più riposte del cuore e l'abitudine di accompagnare sempre la meditazione all'emozione sconcertavano tutti i critici del tempo. Solo lentamente la sua misura spirituale e artistica riuscì a imporsi e a diventare anzi l'ideale dei nostri romantici. Il trapasso si può seguire in parecchi di essi. Particolarmente significativo è l'esempio dello Scalvini, il quale nei suoi primi appunti sui *Promessi sposi* lamenta la lentezza con la quale il Manzoni scrive, «l'abitudine di paragonare sempre all'intelletto ciò che è nato dal cuore» e l'assenza nel libro di una rappresentazione dell'uomo «tutto intero, con quelle grandi facoltà dell'uomo volto a gloria o a desolazione dalle passioni, bello e terribile come le procelle»; egli, dopo un lungo corso di riflessioni, finirà invece per esaltare il Manzoni come un «genio sterminato», incarnazione perfetta del poeta moderno.

Giovita Scalvini è autore del più notevole saggio sul romanzo composto prima degli scritti in proposito del De Sanctis, nel quale si intrecciano tutti i principali problemi trattati dalla critica manzoniana del tempo. Con intuizione sicura lo Scalvini penetra lo spirito del romanzo, identificando il nucleo ispiratore dell'arte del Manzoni nella religione, e coglie il nesso che vi è per lo scrittore fra religione e morale, mettendo poi in rilievo il carattere del suo cristianesimo, moralistico più che dogmatico e fortemente democratico; ciò che gli consente di capire e giustificare quella scelta degli umili protagonisti che aveva scandalizzato il pur cattolico Tommaseo. Inoltre, egli intende che la morale dei *Promessi sposi* non è moralismo astratto e predicatorio, ma commozione vitale che s'incarna in figure concrete e autonome: «Egli non fa del moralista mai, né del teologo; non falsa la natura dell'arte che tutto vuole vestire d'immagini [...]. Egli ha suscitato fantasmi, che differentemente rispondessero al suo pensiero: e questi si muovono liberi, e ciascuno vive di vita sua propria; ma ne lasciano a un tempo scorgere che l'anima, la quale si è in loro incorporata, li tiene legati e sospesi a sé, come sostanza e vita di tutti». Ma a questo proposito si nota nel saggio dello Scalvini una qualche incertezza: infatti in un altro punto egli scrive parole che sembrano voler limitare la libertà e la ricchezza dell'ispirazione del libro, e che comunque sono state interpretate e sono diventate celebri come espressione della tesi che nei *Promessi sposi* l'arte sarebbe frenata dagli intenti morali e religiosi, cioè di quella che con terminologia moderna è chiamata la tesi della natura oratoria più che poetica del romanzo: «nel suo libro è un non so che di austero, quasi direi d'uniforme, d'insistente senza alcuna tregua mai verso un unico obietto: non ti senti spaziare libero per entro la gran varietà del mondo morale: t'accorgi spesso di non essere sotto la gran volta del firmamento che copre tutte le multiformi esistenze, ma bensì d'essere sotto quella del tempio che copre i fedeli e l'altare». Minor rilievo ha in questo saggio l'altro problema assai dibattuto dalla critica del tempo: quello del rapporto fra l'arte e la storia. Tuttavia anche di esso lo Scalvini dà una soluzione molto decisa, che rivela l'influsso delle affermazioni goethiane: «l'arte non serve alla storia, ma è da quella servita» e il Manzoni ha dato alla storia l'impronta del suo animo, diversamente dal Grossi, i cui *Lombardi* hanno più sembianze «di copia di storico che di creazione di poeta».

Il saggio dello Scalvini è del 1831; nei decenni seguenti la critica manzoniana non fa quasi nessun progresso fino al De Sanctis: l'opera dello scrittore è oggetto spesso di giudizi polemici di carattere ideologico e politico (come quello di LUIGI SETTEMBRINI secondo il quale i *Promessi sposi* sono «il libro della Reazione») e, dopo la revisione del 1840, anche linguistico. Ad attestare la grande stima che essa tuttavia godé sempre presso gli spiriti più eletti, è sufficiente citare giudizi come quelli di VINCENZO GIOBERTI (i *Promessi sposi* sono «l'opera più grande e stupenda che siasi pubblicata in Italia dalla *Divina Commedia* e dal *Furioso* in poi») o di GIUSEPPE VERDI, il quale definì il romanzo manzoniano «non soltanto il più bel libro del nostro tempo, ma uno dei più belli che siano mai usciti dal cervello umano», «non [...] soltanto un libro», ma «una consolazione per l'umanità».

16.3 I saggi del De Sanctis e la formula della «misura dell'ideale»

FRANCESCO DE SANCTIS dedicò al Manzoni nel 1872 un corso di lezioni, che poi rifuse in quattro articoli, pubblicati nella «Nuova Antologia» fra il 1872 e il 1873 (*Il mondo epico-lirico di Alessandro Manzoni*, *La poetica del Manzoni*, *La materia dei «Promessi sposi»*, *I «Promessi sposi»*), i quali costituiscono una compiuta monografia sull'argomento. Il De Sanctis eredita alcuni dei temi della critica precedente, ma li rinnova profondamente in un'interpretazione organica che va al centro della personalità manzoniana per spiegare i vari aspetti della sua arte e che nello stesso tempo inserisce questa personalità in una linea di svolgimento storico, anzi fa di essa il punto d'arrivo di tutta la storia della nostra letteratura. Nell'analisi dell'opera del Manzoni, e soprattutto dei *Promessi sposi*, egli sviluppa il motivo centrale non solo della sua estetica e della sua critica, ma della sua concezione della realtà e della vita morale: il rinnegamento degli ideali astratti e retorici, l'esigenza della concretezza, della conciliazione fra ideale e reale, dell'azione limitata ma positiva.

Secondo il De Sanctis fin dal Medioevo la nostra letteratura è sempre intimamente corrosa dal culto degli ideali astratti, dalla tendenza a esaltare tipi di perfezione, staccandosi dalla natura e dalla storia per smarrirsi nel mondo delle combinazioni puramente immaginative, in un gioco di forme prive di serietà. Fu merito del secolo XVIII un riavvicinamento al reale, la ricerca della "naturalezza", ma con scarso risultato per il persistere delle abitudini retoriche. La scuola neoclassica (Parini, Alfieri, Foscolo) era animata da un contenuto giovane e rigoglioso, ma che non fu capace di crearsi la sua forma, sicché si ebbero contenuto nuovo e forma vecchia (cfr. i paragrafi sul De Sanctis nei capitoli *Parini*, *Alfieri*, *Foscolo*). Anche gli ideali di un Alfieri e di un Foscolo rimangono intellettivi e astratti, incapaci di immedesimarsi interamente con la storia, e si traducono in forme o razionali, nude, liriche, come nell'*Ortis*, o tipiche, assolute, astratte, come nelle tragedie alfieriane. Quello che fu effettivamente per il Manzoni poeta e critico il problema più tormentoso, e che già la critica, come abbiamo visto, aveva insistentemente discusso, cioè il rapporto fra la storia e l'invenzione, è il motivo centrale anche dell'interpretazione del De Sanctis, ma inteso in senso profondamente nuovo, ossia come problema del rapporto fra *ideale* e *reale*.

Il filo conduttore dei saggi è quello che segue il progressivo cammino dell'artista verso la meta ultima, la perfetta conciliazione e fusione dell'ideale e del reale, che si attua soltanto nei *Promessi sposi*. Negli *Inni*, nelle *Tragedie*, nel *Cinque Maggio* c'è un mondo epico-lirico, che rivela già un vivo senso del reale, ma che non è ancora «calato in tutta la varietà e la ricchezza della vita». Le tragedie rappresentano un deciso passo verso la conciliazione dei due elementi, perché l'idea del Manzoni non è, come quella dell'Alfieri, «l'idea sua a cui servono gli avvenimenti», ma è «quale risulta dagli avvenimenti, non generalizzata, non astratta da quelli, ma colta lì in mezzo, nell'esercizio della vita, tra gli accidenti e le varietà e spesso le contraddizioni della storia», e ciò spiega la necessità della nuova forma tragica, indipendente dalle tre unità, ampia nella trama, popolata di personaggi che «non sono iddii o eroi, tipi in forma d'uomo, ma son veri uomini, con la loro forza e la loro debolezza, e parlano in un linguaggio comune, smessa ogni convenzione, o declamazione». Tuttavia nelle tragedie quel mondo morale-religioso che rappresentava l'ideale del Manzoni resta staccato e contrapposto al mondo della storia, che ne è la negazione, e trova la sua espressione soltanto nel coro, o in taluni personaggi, come Marco, Adelchi, Ermengarda, i quali però non lottano veramente contro la loro età e si lasciano trascinare dagli avvenimenti, «onde nasce un ideale elegiaco, passivo, mancato, lirico e punto drammatico». Invece nei *Promessi sposi* l'ideale non resta separato dalla realtà, ma fa tutt'uno con i limiti concreti di un mondo storico, non è «un ideale realizzato dall'immaginazione con processi artificiali, ma è un ideale divenuto già una vera realtà storica, e colto così come si trova in una data epoca e in un dato luogo [...] limitato nella sua natura, partecipe di tutte le imperfezioni dell'esistenza, non più un ente logico o un tipo, ma divenuto una vera forza vivente, non più una individuazione, cioè a dire un'apparenza d'individuo, ma una vera individualità». Questo carattere del mondo artistico del romanzo il De Sanctis riassume nella nota formula della «misura dell'ideale», che egli poi specifica e rende concreta nell'analisi dei personaggi, del tono e dello stile.

Dalle medesime ragioni è prodotto lo stile del libro. Come aveva mostrato la necessità della forma tragica manzoniana, così il De Sanctis addita l'interna radice di quello stile che veniva esaltato, o condannato a seconda dei casi, come modello di *popolarità*, quasi fosse polemicamente costruito per ubbidire a un certo ideale opposto a quello classico del linguaggio nobile e solenne: «Ne' *Promessi sposi* linguaggio e stile non è costruito *a priori*, secondo modelli e concetti. L'è conseguenza di un dato modo di concepire, di sentire e di immaginare. Lo stile è la combinazione delle due forze, che aveva lo scrittore in così alto grado: la virtù analitica e la virtù immaginativa».

Data la prospettiva della sua interpretazione il De Sanctis è portato ad accentuare gli aspetti naturalistici e realistici dell'opera manzoniana, staccandoli da quelli religiosi, che sono spesso considerati come un residuo artisticamente irrisolto. Così nel *Cinque Maggio* il concetto religioso costituisce soltanto la cornice e si traduce in «una bell'opera dell'immaginazione, da cui non esce nessun serio sentimento del divino» e il quadro è invece «la storia di un genio rifatta dal genio»; e nei *Promessi sposi* «il vero interesse non è nella posizione che occupa ciascun personaggio dirimpetto al mondo religioso e morale preesistente nella immaginazione del poeta, ma nella ricca originalità della sua esistenza individuale». Questa concezione sarà ripresa ed esasperata da tutto un filone della critica moderna, costituendo il principale fondamento del problema se i *Promessi sposi* siano opera di poesia o di "oratoria" (cfr. anche quel che s'è detto più sopra a proposito dello Scalvini).

16.4 La critica positivistica e la "questione della lingua". Le discussioni sul "giansenismo" del Manzoni e il capovolgimento della prospettiva critica nella monografia del Momigliano

I frutti più notevoli degli studi manzoniani del periodo positivistico sono vari contributi biografici, la pubblicazione delle opere inedite o rare (che giovò assai alla conoscenza dello svolgimento intellettuale e artistico dello scrittore) e il gruppo degli scritti di Francesco D'Ovidio sulle teorie manzoniane intorno alla lingua (per cui cfr. nella *Parte terza* il capitolo *La questione della lingua*). Anche gli scritti di Giosue Carducci non hanno troppa importanza perché dettati in genere da animo polemico, da spirito di avversione insieme al cattolicesimo, al romanticismo e al manzonismo più che da serena volontà di capire lo spirito e l'arte del Manzoni: basterà ricordare il giudizio sui *Promessi sposi*: «novella provinciale [...] domesticamente e democraticamente modesta», il cui problema psicologico «fu un fenomeno passeggero in alcune anime di una sola generazione, e la preoccupazione di cotesto breve momento, la restaurazione romantica del cattolicismo, vizia, raffredda, attristisce tutto lo spirito artistico di quel libro».

Questo tipo di critiche dettate da spirito anticlericale si ritrova anche in parecchi altri studiosi dell'epoca. Ad esse reagirono verso la fine del secolo i già ricordati D'Ovidio e Arturo Graf (cfr. il già più volte cit. *Foscolo, Manzoni e Leopardi*), il quale inoltre, in armonia con le tendenze della letteratura di quel periodo, insiste sul carattere realistico dell'arte manzoniana. I primi decenni del Novecento sono invece in gran parte occupati da discussioni intorno alla religiosità del Manzoni, le quali, comunque se ne voglia giudicare l'impostazione, produssero un notevole approfondimento del mondo interiore dello scrittore. Sono le discussioni intorno al suo preteso giansenismo, incentrate soprattutto sul problema della natura della conversione, che si vide riflessa nella conversione dell'Innominato (cfr., per esempio, P.P. Trompeo, *Il «Parì» del Manzoni*, studio del 1913, e A. Pellizzari, *Studi manzoniani*, 1914). La punta estrema della tesi di un giansenismo manzoniano è rappresentata dall'opera di Francesco Ruffini, *La vita religiosa di A. Manzoni* (1931). Il Ruffini sostiene non solo che il Manzoni è stato un giansenista, ma che «l'epoca della sua fecondità letteraria è tutta esattamente conclusa nel ciclo giansenistico della sua vita e che l'arte sua è fiorita in un'atmosfera satura dello spirito di Port-Royal». Il libro del Ruffini diede occasione a un importante saggio di Adolfo Omodeo (*La religione del Manzoni*), dove la religione del Manzoni appare caratterizzata, in contrasto col tono dominante nel cattolicesimo dei suoi contemporanei, da «una aderenza immediata al contenuto evangelico della fede», da «una sempre vivace presenza nell'animo del dramma salutare della croce vissuto in tutti i suoi momenti», quasi ultima forma di un cristianesimo arcaico, medievale, pretridentino. Ai sostenitori del giansenismo manzoniano si oppongono naturalmente parecchi studiosi che ne rivendicano la perfetta ortodossia cattolica, come GIULIO SALVADORI (*Enrichetta Manzoni Blondel e il «Natale» del '33*, 1929) e NATALE BUSETTO (*La genesi e la formazione dei «Promessi sposi»*, 1921). A un certo momento sembra stabilirsi generalmente un'opinione media, la quale, mentre riconosce l'influsso dell'atmosfera spirituale giansenistica sulla severa concezione che il Manzoni ebbe della vita morale, esclude qualunque adesione al contenuto teologico del giansenismo: opinione prevalente tuttora.

Ma, ai fini dell'interpretazione critica dell'opera del Manzoni, queste indagini sulla vita religiosa, in qualunque direzione siano state condotte, hanno avuto soprattutto l'effetto e il merito di capovolgere la visione ottocentesca: la sua religione (giansenista o cattolica, non importa) è stata vista non più come il limite, ma come l'anima e la sostanza della sua arte. Questo capovolgimento ha per la prima volta piena evidenza nella più significativa monografia comparsa dopo i saggi del De Sanctis, quella di ATTILIO MOMIGLIANO (*Alessandro Manzoni. La vita. Le Opere*, 1915-1919), che segna una tappa di capitale importanza nella storia della critica manzoniana. Il Momigliano pone al centro della vita del Manzoni la conversione e al centro della sua arte la fede: «la conversione dominò [...] non soltanto il suo pensiero ma anche la sua fantasia: è perciò il fatto capitale della sua vita, il centro delle vicende del Manzoni uomo, critico e artista», e «la fede equanime, senza passione, è la chiave miracolosa che ha aperto alla fantasia del Manzoni le porte del mondo e gliel'ha spalancato dinanzi in una chiarità contemplativa che nessun altro poeta nostro ha conosciuto». Tutto il libro, e specialmente le mirabili pagine sui *Promessi sposi*, definiti *epopea della Provvidenza*, è una dimostrazione di questo concetto. Il critico fa sentire la presenza della visione della vita generata nel Manzoni dalla fede, e che è quella «di un umile cuore ignaro – di Lucia – fatta cosciente dalla meditazione d'un intelletto instancabile», in ogni momento e aspetto del libro: nella costruzione dei personaggi come nella rappresentazione dei grandi eventi storici, nelle descrizioni della natura come nel nitore dello stile. Questa intuizione del nucleo essenziale gli consente di rivelare tutto un lato del libro rimasto finora in ombra, rivendicando la grandezza e la necessità artistica di quei quadri storici che la critica dell'Ottocento, dal Goethe al De Sanctis, aveva in genere giudicato infelici o accessori: «i *Promessi sposi* non sono soltanto un'odissea cristiana luminosamente coronata per la condotta, in complesso, rassegnata e sublime di Renzo e Lucia, ma la storia degli errori, delle debolezze, delle angosce di un'età [...] nel capolavoro manzoniano la storia milanese del secolo XVII non è secondaria né riguardo allo spirito né riguardo all'arte di tutto il romanzo». L'intuizione esatta della qualità della fede manzoniana e dello stato d'animo che ne discende induce il Momigliano a distinguere nettamente il Manzoni dal Romanticismo: «il pensiero cristallino e operoso del Manzoni non ha nulla a che fare con l'ozio grigio e fascinante dei romantici [...] la sua tristezza è molto distante da quella romantica; il suo pensiero è più simile alla geometria che alla *rêverie*. Egli non conosce nessuna eccitazione fantastica, né quella della fantasia materiale [...] né quella della fantasia sentimentale».

La differenza tra il Manzoni e il Romanticismo, indagata su di un piano non tanto psicologico-artistico quanto su di un piano intellettuale e culturale, è il tema fondamentale dell'altra importante monografia uscita non molti anni dopo, *Alessandro Manzoni. Il pensatore e il poeta* (1927) di ALFREDO GALLETTI, la quale, diversamente da quella del Momigliano, è, più che un'indagine dell'animo e dell'arte del Manzoni, una storia dello svolgimento della sua mente nel quadro della cultura della sua epoca. Studi precedenti avevano già messo in rilievo accanto alla religione (giansenistica o cattolica) altri elementi entrati nella formazione della personalità manzoniana, in particolare l'eredità del pensiero illuministico; intanto (come abbiamo già detto altrove: cfr. nella *Parte quarta* il cap. 6, 6.2) si era venuta formando una più vasta e precisa conoscenza del Romanticismo europeo, conoscenza alla quale collaborò in misura notevole lo stesso Galletti. L'eredità settecentesca e rivoluzionaria era già uno dei motivi salienti della critica del De Sanctis, per il quale il Manzoni «rimaneva l'erede di Beccaria, il figlio del secolo decimottavo» e il suo cristiancsimo era «il mondo della libertà e dell'uguaglianza, tolto a' filosofi e rivendicato alla Bibbia, alla rivelazione cristiana»; motivo che fu ripreso e approfondito da altri studiosi come il D'Ovidio ed EUGENIO DONADONI (*Gli spiriti umanitari del Settecento e l'opera del Manzoni*). Anche il Galletti vede nel Manzoni la conciliazione di razionalismo e cattolicesimo, esigenza critica ed esigenza religiosa, conciliazione ed equilibrio che tengono il Manzoni lontanissimo dal vero e proprio Romanticismo, la cui essenza consiste per il critico in un panteismo mistico e in un individualismo esasperato, di marca germanica e protestante. Questo equilibrio si riflette anche nell'estetica del Manzoni, la quale, con i suoi princìpi della socialità dell'arte e della subordinazione della fantasia alla storia, è piuttosto una forma di Classicismo purificato che non di Romanticismo. Il Galletti, come il Busetto nello studio citato su *La genesi e la formazione dei «Promessi sposi»*, vede nel romanzo, e specialmente nella sua redazione definitiva, il culmine dello svolgimento spirituale e artistico del Manzoni. Allo studio di questo svolgimento aveva recato un notevole contributo appunto il raffronto fra le diverse redazioni del libro, reso possibile da quando il Lesca, nel 1916, pubblicò la prima stesura col titolo *Gli sposi promessi*: raffronto che fu condotto sistematicamente per la prima volta dal Momigliano nell'importante studio, apparso nel «Giornale Storico della Letteratura Italiana» del 1917, su *La rielaborazione degli Sposi promessi*.

16.5 L'interpretazione del Croce e il problema poesia-oratoria nei *Promessi sposi*

Ai primi decenni del Novecento appartengono per la massima parte anche gli scritti dedicati al Manzoni da BENEDETTO CROCE, che hanno nel complesso un'ispirazione di misura notevolmente diversa da quella degli studi del Momigliano, del Busetto, del Galletti (e degli altri di affine indirizzo), e che hanno fortemente influenzato tutto un settore della critica contemporanea. Essi rappresentano da una parte una ripresa di motivi romantici, dall'altra un superamento deciso di certi aspetti della critica romantica e desanctisiana in particolare; inoltre, come quasi tutti gli scritti critici del Croce, sono legati a preoccupazioni metodologiche. L'eredità romantica si rivela nella concezione passionale e drammatica della poesia, in conseguenza della quale il critico trova la vera *poesia* del Manzoni nell'*Adelchi*, dove «cozzano disperatamente i più diversi e opposti sentimenti, vi tumultua la vita», mentre nei *Promessi sposi* s'inizia il periodo della riflessione e della prosa: infatti «in quel romanzo non si fa sentire nella sua forza e nel suo libero moto nessuno di quelli che si chiamano gli affetti e le passioni umane», i quali sono tutti assoggettati al sentimento etico. Da questa interpretazione, il cui legame con la critica romantica è sottolineato esplicitamente dal Croce stesso col riportare il noto giudizio dello Scalvini (da noi pure riferito più sopra), discende la conclusione che i *Promessi sposi* sono fondamentalmente un'opera non di libera poesia, ma di *oratoria*, di persuasione morale e religiosa, dove la poesia è «come asservita e frenata» dal proposito etico. A determinare questo atteggiamento influisce notevolmente anche la scarsa simpatia del Croce, erede anche in questo della tradizione laica ottocentesca, per il cattolicesimo, che informa tutta la visione manzoniana della vita: antipatia e incomprensione che appare evidente nel suo giudizio assolutamente, e quasi acremente, negativo sulla *Morale cattolica*. Ma, come abbiamo detto, nei suoi saggi ci sono anche dei rilievi intesi a confutare certe posizioni della critica romantica: tra queste, il lamento che ai personaggi dei *Promessi sposi* manchi l'immediatezza e la spontaneità di quelli dello Shakespeare e che essi siano spesso tipici e "costruiti". Secondo il Croce ciò significa pretendere dal Manzoni un sentimento ispiratore assai lontano da quello che è il suo, cioè il «tragico sentimento cosmico shakespeariano», mentre nell'ambito della sua ispirazione i suoi personaggi sono perfettamente intonati e individuati. Egli ha anche rivendicato contro il De Sanctis la grandezza poetica della figura di Adelchi, non ben compresa dal De Sanctis appunto per la sua predilezione per certi toni d'arte, come il dramma shakespeariano e la prima parte del *Faust*, «che finivano a rappresentare per lui indebitamente l'esigenza e il carattere di ogni arte e poesia» (queste parole furono scritte nel 1946, ma già in un saggio del 1921 Adelchi era definito «personaggio sommamente poetico»).

La critica successiva, piuttosto che raccogliere queste indicazioni, assai utili per una migliore comprensione dell'arte manzoniana, si attardò a disputare, spesso in forma alquanto astratta e accademica, intorno al problema se i *Promessi sposi* siano opera di oratoria o di poesia. Non è il caso di riferire tutte le varie opinioni particolari. La posizione estrema in senso crociano è rappresentata da GIUSEPPE CITANNA, per il quale non solo i *Promessi sposi* sono «una grande opera di persuasione, un meraviglioso strumento di propaganda» e non un'opera di poesia, ma non costituiscono nemmeno l'espressione più ricca del mondo spirituale manzoniano, perché questo vi appare soffocato entro «un sistema di idee sempre più rigido e chiuso», che isterilisce la più autentica e spontanea ispirazione poetica, la quale nascerebbe dal sentimento del «contrasto tra la morale cattolica e l'ideale etico-storico (cfr. *Il Romanticismo e la poesia italiana*, cit.). Molto più elastica ed equilibrata è la posizione di LUIGI RUSSO, che avverte nei *Promessi sposi* un'ispirazione complessa, meditativa lirica e parenetica, nella quale però l'atteggiamento fondamentale è quello poetico; complessità di ispirazione che egli ritrova in tutta l'arte manzoniana: «Questo problema di poesia e oratoria non sorge soltanto per i *Promessi sposi*, ma s'impone anche per l'opera giovanile del poeta, per il cantore degli *Inni sacri* e delle poesie civili e delle tragedie. Direi che fin d'allora l'ispirazione manzoniana è assai complessa. Sempre a base di ogni lirica o tragedia, noi troviamo l'ispirazione etico-storica [...] la quale passa irrequietamente attraverso tre momenti: un momento di abbandono fantastico, più propriamente lirico; un momento meditativo e storicamente illustrativo; e infine un momento oratorio vero e proprio [...] E il sentimento morale abbraccia e complette ed eguaglia e dà l'unità di tono a coteste fasi successive dell'espressione [...] Anche nei *Promessi sposi* noi abbiamo questa alternativa di momenti lirici e di momenti di raccoglimento riflessivo, e altri spunti di parenetica cattolica e di persuasione morale. Ma se di un atteggiamento fondamentale si deve parlare, bisogna pur dire che l'atteggiamento fondamentale è quello poetico...» (*Ritratti e disegni storici*, serie seconda, Bari, Laterza, 1946). Il Russo quindi, pur risentendo la suggestione della tesi crociana, evita la contrapposizione posta dal Croce, ed esasperata dal Citanna, fra un momento poetico rappresentato soprattutto dall'*Adelchi*, e un momento prosastico od oratorio, i *Promessi sposi*. Ciò è confermato dalla sua interpretazione dell'*Adelchi*, nel quale egli avverte la presenza di un sentimento religioso ancora per certi aspetti angusto rispetto all'«afflato religiosamente più universale del romanzo», angustia che si traduce esteticamente in un senso lirico che ha sempre «qualche cosa di episodico e non di cosmico»; c'è dualismo insanabile fra gli eroi puri della forza e gli eroi puri della religione, una «parzialità teologica, della grazia concessa solo ad alcuni e negata ad altri» che diventa anche «parzialità estetica» e determina la frammentarietà della tragedia (*Parere sull'«Adelchi»*, in *Ritratti...*, cit.).

16.6 La negazione crociana del valore del Manzoni storico e gli studi del Nicolini. Manzoni e la cultura illuministica e romantica

Oltre quello dell'arte il Croce affrontò nei suoi scritti altri problemi, come quelli del Manzoni storiografo e delle idee sulla lingua, prospettando soluzioni che hanno avuto grande peso per gli avviamenti della critica successiva. Quanto alle idee sulla lingua sappiamo già (cfr. nella *Parte terza* il cap. 3, 3.3) che egli, in forza delle premesse della sua estetica (identità fra arte e linguaggio), giudica errata la teoria manzoniana dal punto di vista dottrinale, ma le riconosce una benefica funzione pratica, in quanto promosse «un modo di scrivere più semplice e svelto, più generalmente italiano, più prossimo alla vita». Completamente negativo è invece il suo giudizio sul Manzoni storico, che egli accusa di incapacità a intendere veramente la storia, perché «l'interesse morale in lui ha soverchiato l'interesse storico» e, per esempio, il suo saggio su *La rivoluzione francese del 1789* è «un sofistico processo alla Rivoluzione francese, ma non punto di storia della Rivoluzione nel suo nesso e significato». Direttamente ispirati alla tesi crociana sono i lavori di Fausto Nicolini (*Peste e untori nei «Promessi sposi»*, 1939), il quale si propose di dimostrare le scarse attitudini storiche del Manzoni, che nelle sue ricerche «restò sempre alla superficie, attenendosi, senza troppa critica, alla prima fonte in cui s'imbattesse» e che non possedette quella «religione della storia [...] senza la quale non è costruibile alcuna seria e concludente storiografia», onde la sua descrizione della vita italiana nel Seicento non è quel capolavoro d'intelligenza storica tradizionalmente ammirato, ma, come aveva già detto il Croce, un capolavoro piuttosto di satira e di ironia.

Il Croce, mentre negava al Manzoni mente storica (negazione che naturalmente fu ed è accettata soltanto da coloro che condividono la concezione crociana della storia), diede rilievo al suo merito di iniziatore (col *Discorso su alcuni punti della storia longobardica in Italia*) di quella che fu chiamata la scuola storiografica neoguelfa e offrì qualche prezioso suggerimento sui suoi rapporti con la storiografia illuministica e con quella liberale francese del periodo della Restaurazione. Questi ultimi furono poi studiati da CESARE DE LOLLIS (*Alessandro Manzoni e gli storici francesi della Restaurazione*, 1926), il quale sostenne che il Manzoni attinse alla teoria delle razze di Amédée Thierry (fondata sulla divisione fra conquistatori e conquistati, vincitori e vinti) la visione pessimistica della storia che circola nell'*Adelchi* e nel *Discorso*, e che ne dedusse la sua simpatia per gli oppressi: visione e simpatia alle quali, naturalmente, contribuì anche il giansenismo pessimistico e democratico. Al De Lollis si riallaccia ANGELANDREA ZOTTOLI (*Umili e potenti nella poetica di A. Manzoni*, 1931), il quale ritiene di poter ricondurre soprattutto all'influsso delle teorie del Thierry la scoperta da parte del Manzoni che accanto alla storia scritta, storia dei potenti, esiste una storia più importante da ricostruire, quella degli umili, degli oppressi, e la formazione, in conseguenza, di una nuova poetica che sostituisce agli alti personaggi (ancora protagonisti delle tragedie) gli umili, la folla anonima: mutamento di poetica che è alle origini dei *Promessi sposi* e che determina lo "sliricamento" dell'autore, cioè il suo atteggiamento di distacco di fronte alle azioni dei suoi personaggi come se si trattasse di una storia già scritta, che gli impone le sue leggi. La ricostruzione del pensiero manzoniano di fronte alla storia sbocca nello Zottoli, come nel De Lollis, in una conclusione estetica: che è nel De Lollis la definizione del romanzo come "idillio" governato dalla Provvidenza, nel quale son venute meno le basi per un romanzo storico e si è prodotta talvolta (come nell'episodio della monaca di Monza) una visione deterministica della realtà, ed è nello Zottoli l'affermazione che i *Promessi sposi* sono un'opera d'arte, nata spontaneamente e non costruita, libera da ogni preconcetto storicistico e moralistico, nella quale le parti storiche sono necessarie, e l'unità intima è determinata dal fatto che in essa la reale verità degli eventi non può essere esposta se non attraverso i casi di personaggi immaginari, e i casi di questi personaggi non possono essere raccontati se non attraverso l'esposizione di alcuni eventi storici.

Analogo orientamento ha il *Saggio sulla storiografia manzoniana* (1938) di MARIO SANSONE, volto a dimostrare che lo storicismo manzoniano vive in un'atmosfera romantica e non illuministica e che tutta l'opera del Manzoni, precipuamente l'opera poetica, è storica, non nel senso esterno che trae i suoi argomenti dalla storia, ma perché vuol essere una risoluzione lirica del problema storico: risoluzione raggiunta pienamente nei *Promessi sposi*, che sono una storiografia ideale, nella quale la poesia assorbe e insieme realizza in pieno la storia, soddisfacendo l'esigenza del poeta di intendere il mondo e la sua storia, di innalzare la realtà entro un criterio di razionale comprensione secondo la tendenza fondamentale dello spirito romantico. Queste conclusioni il Sansone ha ripreso nel suo volume su *L'opera poetica di Alessandro Manzoni* (1947), che si presenta come una storia della pura fantasia manzoniana, astraendo da ogni riferimento biografico, culturale ecc. (l'opposto, per intenderci, di un libro come quello del Galletti). Il sentimento che il Manzoni ha della realtà, e che si concreta nelle sue figurazioni artistiche, si svolge secondo il critico da un senso quasi oppressivo del dolore e del male del mondo, che si risolve nel distacco dalla vita e dalle passioni e nell'anelito alla morte (tragedie e in particolare *Adelchi*), al riconoscimento e all'accettazione della necessità delle contraddizioni della vita, e della santità e provvidenzialità del suo muoversi e svolgersi: si potrebbe dire, a un'intuizione dialettica della realtà, come armonia di contrari, di cui la religione cristiana non è che la trascrizione in termini mitici. Come espressione di questo sentimento del mondo i *Promessi sposi* sono per il Sansone anzitutto un'opera di grande poesia, nella quale gli elementi *allotri*, non poetici (soprattutto le parti storiche) vivono in un nesso di necessità dialettica con la poesia, che essi non opprimono ma condizionano. Alla risoluta affermazione del trionfo della poesia nel romanzo arriva per vie diverse, e magari opposte, anche RICCARDO BACCHELLI, nella sua acuta introduzione all'antologia di scritti manzoniani nei «Classici» Ricciardi (1953), dove, accettando i risultati delle indagini del Nicolini, dichiara che al Manzoni fu completamente ignoto e incomprensibile un concetto idealistico della storia e che in lui il poeta fa costantemente violenza allo storiografo: tanto che persino la *Colonna infame* è piuttosto che un libro di storia una forte opera d'arte.

Il generale accoglimento dei *Promessi sposi* come il più grande romanzo italiano dell'Ottocento ha indotto la critica a indagare analiticamente le forme concrete in cui quest'arte si manifesta: la formazione e i caratteri della prosa manzoniana. Fra i primi insigni documenti di questo indirizzo sono alcuni studi di GIUSEPPE DE ROBERTIS, composti intorno al 1950 (La *«Morale cattolica»*, *Struttura dei «Promessi sposi»*, *Le parti morali degli «Sposi promessi»*). Della stessa epoca (1952) è un primo tentativo di ampia analisi stilistica del romanzo, il *Saggio sui «Promessi sposi»* di REMO FASANI. A favorire quest'ordine di ricerche contribuì la pubblicazione (1954) in edizione critica delle tre redazioni del romanzo. Sul problema del passaggio dal *Fermo e Lucia* ai *Promessi sposi* si sono manifestate due tendenze principali: una a considerare il *Fermo e Lucia* come un'autonoma esperienza narrativa, ciò che ha fatto in particolare CLAUDIO VARESE nello studio *Fermo e Lucia un'esperienza manzoniana interrotta* (1964); l'altra, a tenere sempre presente il rapporto fra le varie redazioni del libro, soprattutto per illuminare i procedimenti artistici dello scrittore. Analogo interesse si è manifestato per il problema della formazione del linguaggio poetico manzoniano, come dimostrano gli studi di AURELIA ACCAME BOBBIO, di GILBERTO LONARDI e di CESARE GOFFIS.

Reagendo alle posizioni idealistiche, per non interpretare la religione del Manzoni come un limite della poesia, ROCCO MONTANO non sente più la necessità di ridurla a involucro mitico di un sentimento puramente umano, immanentistico della realtà; anzi cerca proprio nei suoi particolari caratteri, obiettivamente rilevati, la fonte degli atteggiamenti spirituali e artistici dello scrittore; nel volume *Manzoni o del lieto fine* (1950) chiarisce la funzione della "storia" nella struttura dell'arte manzoniana e la natura non arbitrariamente moralistica, ma intrinsecamente "morale" di questa; analogamente FILIPPO PIEMONTESE (*Studi sul Manzoni e altri saggi*, 1952), osserva come la poesia del Manzoni sia essenzialmente «contemplazione del mistero religioso nei suoi riflessi terreni» e come in essa i dogmi non vengano vanificati in quanto tali, perché essi non sono astrazioni concettuali, ma «centri pulsanti di vita», indefinitamente e diversamente fecondi nello spirito dei singoli che li accolgono; la Accame Bobbio interviene soprattutto sul travaglio spirituale manzoniano all'epoca della composizione delle tragedie (*La crisi manzoniana del 1817* e *Storia dell'«Adelchi»*).

16.7 Manzoni oggi

L'attenzione della critica per Manzoni non ha conosciuto pause negli ultimi decenni: l'attività filologica si è rivolta soprattutto agli scritti minori di cui sono uscite diverse edizioni.

In costante riferimento, esplicito o implicito, alla religione del Manzoni, come a centro illuminante della sua arte, è condotta la puntuale lettura dei *Promessi sposi* di GIOVANNI GETTO (*Letture manzoniane*, 1964), in cui sono finemente messi in risalto, entro quella luce, i temi della casa e della famiglia, «intorno a cui si raccoglie l'ispirazione della poesia manzoniana e si compone l'immagine più autenticamente sua della vita terrena». Al di là di una enucleazione dei temi fondamentali della poesia del Manzoni, lo stesso critico ha aperto in seguito una serie di prospettive estremamente suggestive sui comportamenti della sua memoria creatrice, esplorando sottilmente la fitta trama dei vitali rapporti, consapevoli e inconsci, con l'opera di grandi scrittori stranieri, da Racine e Voltaire a Rousseau, da Schiller a Shakespeare a Cervantes: esplorazione che perentoriamente conferma l'apertura "europea" dello spirito manzoniano (cfr. G. GETTO, *Manzoni europeo*, 1971). E in una vasta prospettiva europea ha collocato l'operazione artistica manzoniana EZIO RAIMONDI nel suo saggio sui *Promessi sposi* (*Il romanzo senza idillio*, Torino, Einaudi, 1974; dello stesso critico cfr. pure il recente studio *La dissimulazione romanzesca. Antropologia manzoniana*, Bologna, Il Mulino, 1990).

Una biografia vivace e quasi discorsiva, ma molto documentata si deve a FERRUCCIO ULIVI (*Manzoni*, Milano, Rusconi, 1984): ne emerge un Manzoni inquieto che così egli sintetizza in un altro intervento (*Linee per un ritratto di Manzoni*, Napoli, Istituto Suor Orsola Benincasa, 1988): «Se Manzoni si sottraeva alle ambagi della letteratura, in nome di "altro" che la trascendeva, le attribuiva il diritto e il dovere di un ambito di verifica e di comunicazione. Anche qui in termini precisi. Se per un verso evitava di farsi coinvolgere nel pathos romantico – donde il rigido escludere qualsiasi nota soggettiva sia nell'opera che nell'epistolario – amputava ogni esorbitanza dalla misura della favola. Favola anche il racconto della guerra o della peste, che ci fa percepire lo scalpitìo già leggendario delle truppe in marcia, o la vista del lazzaretto dei bambini allattati dalle capre, in braccio ad un barbuto cappuccino. Ma anche dal punto di vista religioso ciò che eccedeva andava amputato dal libro; il libro, appunto, fatto letterario, e non opera devozionale. Opera di nessuna propaganda. A ragione, Dio non doveva esservi neppure nominato. Altro il discorso che avrà luogo con la *Storia della colonna infame*. Rigore, scrupolo, segreto sorriso, e mistero, che gravitano al centro del "poema sacro" in latenza dei *Promessi sposi*».

Un ritratto complessivo dello scrittore si deve a UMBERTO COLOMBO (*Alessandro Manzoni*, Roma, Edizioni Paoline, 1985): un'opera che rettifica dati, interpretazioni e dicerie tanto falsi quanto diffusi e riesce a dare un'immagine globale del Manzoni uomo e scrittore. Lo stesso critico è autore di numerosi altri studi sul Manzoni, fra i quali si segnala la documentatissima lettura de *Il primo capitolo dei «Promessi sposi»* (Azzate, Edizioni di Otto/Novecento, 1992).

Utilizzando alcuni schemi della critica marxista, e insieme i risultati degli studi della Bobbio e del Sansone, ARCANGELO LEONE DE CASTRIS, nel volume *L'impegno del*

Manzoni (1965), ha delineato la storia interna dello scrittore, incardinata sui due momenti chiave dell'esperienza del romanzo e della sconfessione del romanzo. La sua tesi fondamentale è che tutte le opere del Manzoni costituiscono dei tentativi, ogni volta falliti, di cogliere e rappresentare la realtà storica nella sua dimensione più autentica e profonda. Lungo una linea di ricerca affine LUIGI DERLA (*Il realismo storico di A. Manzoni*, 1965) addita nel conflitto fra la persona e la storia il tema centrale della meditazione manzoniana. L'esame della visione storica del Manzoni riconduce al problema del rapporto fra storia e poesia, sul quale, fra i molti altri, è tornato il Varese nel volume *L'originale e il ritratto* (1975); altri saggi sul Manzoni egli ha raccolto nel 1992 (*Manzoni uno e molteplice. Con un'appendice sul Tommaseo*, Roma, Bulzoni) con l'intento di «dimostrare l'unità e la molteplicità del Manzoni in [una] varietà di riprese, di concordanze, di interruzioni». Anche il Sansoni è recentemente tornato sul Manzoni con il volume *Manzoni francese. 1805-1810. Dall'Illuminismo al Romanticismo* (Roma-Bari, Laterza, 1993), un'approfondita indagine sul periodo di formazione culturale del giovane Manzoni in una Parigi stimolante, in contatto con gli Ideologi e con Claude Fauriel, «conversazioni che dettero progressivamente a Manzoni la consapevolezza di una nuova poesia, che è sostanzialmente la poesia romantica». Sugli anni della formazione del Manzoni sono usciti pure gli studi di GAETANO TROMBATORE (*Saggio sul Manzoni. La giovinezza*, Vicenza, Neri Pozza, 1983) e di GUIDO BEZZOLA (*Giulia Manzoni Beccaria*, Milano, Rusconi, 1985).

Il problema del cosiddetto "silenzio" poetico del Manzoni dopo i *Promessi sposi* è stato affrontato, con impostazione originale e stimolante, da RENZO NEGRI (*Manzoni diverso*, 1976). In contrasto con tutta (o quasi) la critica precedente, il Negri considera il Manzoni posteriore al romanzo, non un autore poeticamente esaurito, ma uno scrittore di ricerca anticipatrice, che nella *Storia della colonna infame* e nell'analisi della Rivoluzione francese, «racconti rispettivamente d'inchiesta giudiziaria e politica», istituisce gli archetipi delle forme narrative attuali.

Fra gli studi specialistici si segnalano le trascrizioni dei processi manzoniani, quello della monaca di Monza e quello agli untori (Milano, Garzanti, 1985 e 1988), a cura di GIUSEPPE FARINELLI, il quale approfondisce tali argomenti nella raccolta *Dal Manzoni alla Scapigliatura* (Milano, Istituto Propaganda Libraria, 1991), comprendente pure una lettura attualizzante degli *Inni sacri*: egli si sofferma sulla terribile importanza del rapporto Dio-uomo: «Si vive come se non si dovesse morire mai. Ma si muore. La tragedia del vecchio, soprattutto, è in questa contraddizione. Essa produce la grande solitudine. Non serve al vecchio l'eutanasia; gli serve la speranza, cioè gli serve Dio. E quando l'affetto dei suoi cari, se c'è, e la considerazione degli amici, se c'è, si fermano ineluttabilmente davanti alla nera soglia, di là ad attenderlo c'è Dio, perché solo Dio può dirgli senza retorica e senza panacea, con la realtà del suo amore: *hodie mecum eris in Paradiso*». Giunge così ad approfondire il senso e le ragioni di questi inni e dei relativi agganci a una liturgia che non è solamente usanza, perché è innanzitutto emblema di misteriosa verità.

Il bicentenario della nascita (1985) ha dato occasione a un gran numero di studi, rivolti ad approfondire la personalità dell'uomo e dell'artista, che sempre più si è andato rivelando, in antitesi con lo stereotipo tradizionale, complessa, difficile, tormentata, e insieme radicalmente innovatrice in ambito non solo italiano, ma europeo.

Fra i temi maggiormente trattati sono il rapporto del Manzoni con la cultura europea (soprattutto francese), lo svolgimento della sua poetica, la sua concezione della storia, il significato umano, sociale, artistico dei *Promessi sposi*. Nel volume promosso per l'occasione dall'Università Cattolica, *Manzoni tra due secoli* (Milano, Vita e Pensiero, 1986) FRANCESCO MATTESINI definisce il saggio manzoniano sulla morale cattolica una «professio fidei», valido approfondimento della fede quotidiana; CARLO ANNONI (*Un'interpretazione dell'«Adelchi»*) individua nella struttura dell'*Adelchi*, un'opera concepita «sotto il segno della teologia della croce», «due architemi elementari e opposti», uno «basso-chiuso-oscuro», l'altro «alto-aperto-luminoso»; analizzando finemente l'*Adelchi* e confrontandola con altre opere manzoniane, CLAUDIO SCARPATI precisa il concetto manzoniano di tragico inteso come sventura dell'innocente e il valore del dolore nell'idea manzoniana di redenzione.

Fra le manifestazioni promosse dal Centro Nazionale di Studi Manzoniani (promotore pure di convegni periodici o legati a specifiche occasioni e della pubblicazione degli *Annali* e del «Bollettino») si segnala il Congresso Internazionale *Manzoni. "L'eterno lavoro"* (Atti sui problemi della lingua e del dialetto nell'opera e negli studi del Manzoni, Milano, Centro Nazionale di Studi Manzoniani, 1987): i maggiori linguisti italiani riuniti hanno trattato della «posizione manzoniana lungo l'itinerario della sua operosità di teorico della lingua e di scrittore», delle sue prime esperienze linguistiche, della sua «dottrina in rapporto con la scienza linguistica del Sette e dell'Ottocento e con gli indirizzi retorico-letterari delle correnti classicistiche», intervenendo «sulla lingua dei *Promessi sposi* nei suoi dati fonomorfologici, sintattici, stilistici; sui modi e sulla natura delle correzioni apportate dal Manzoni al testo della prima edizione in vista della ultima edizione; sul peso che il dialetto ha esercitato nella attività manzoniana e sulla sua persistente presenza nel romanzo; sulle polemiche che la tesi "fiorentina" del Manzoni aveva suscitato in Italia e in ispecie sul dissidio espresso dal grande glottologo Graziadio Isaia Ascoli; infine sui problemi filologici posti dagli scritti inediti di carattere linguistico dello scrittore» (M. Vitale).

Anche gli *Atti del XIV Congresso Nazionale di Studi Manzoniani*, Lecco 10-14 ottobre 1990 (Milano, Casa del Manzoni / Centro Nazionale di Studi Manzoniani, 1991) costituiscono un aggiornamento la cui importanza appare evidente sin dal cartello di relatori, comprendente, oltre ai più rinomati studiosi italiani, anche esperti convenuti dalla Francia, dall'Irlanda e dall'Argentina. Alla prolusione del presidente del Centro GIANCARLO VIGORELLI, *Per restituire Manzoni alla letteratura europea*, ha direttamente risposto FOLCO PORTINARI trattando del romanzo storico europeo; in questa direzione si è mossa anche ELENA SALA DI FELICE accostando le figure femminili manzoniane a quelle di Scott. UMBERTO COLOMBO ha tramandato agli atti una ponderosa e significativa relazione su *Le albe nei «Promessi Sposi»*. STEFANO JACOMUZZI ha posto in evidenza l'evoluzione dell'atteggiamento del Manzoni nei confronti della guerra: da una prima accettazione dell'epica romantica particolarmente visibile nell'*Adelchi* nell'ossimoro «giulive canzoni di guerra», o nel *Conte di Carmagnola* risonante di masse di soldati gioiosi nell'imminenza dell'attacco o, ancora, nei movimentati ricordi di Napoleone nel *Cinque Maggio*, ai *Promessi sposi* in cui «la parola *guerra* è pronunciata sempre isolata, senza epiteti [...] e i soldati sono sempre e solo *soldatacci, soldatesca*, con intenzione spregiativa» perché «non c'è più posto, ormai, per un respiro epico che non sia quello delle imperscrutabili operazioni di Dio, e miserabile diventa ogni gesto, ogni azione che tenti ammantare con orpelli ciò che è solo ribalderia [...]; la storia degli uomini si è rivelata per quello che è e i campi di battaglia ne sono il magazzino degli orrori». SALVATORE NIGRO, trattando del linguaggio religioso, ha chiarito il senso e la sapiente ambiguità della metafora manzoniana; FRANCO LANZA, prendendo spunto dalla recente edizione (Bologna, Boni) degli scritti di Vittorio Imbriani, ha esaminato gli interventi di questo critico accesamente anticlericale sul grande romanziere cattolico. Nel Manzoni della *Storia della colonna infame*, definita «arringa-inchiesta-dossier», il FARINELLI ha individuato «il capostipite italiano di quei ricercatori-artisti che, su vario registro ideologico, furono assillati (come Sciascia) dal bisogno di verità». MICHELE DELL'AQUILA ha illustrato come, nella lettera al Casanova del 1871, Manzoni blocchi qualsiasi comparazione stilistica fra le due redazioni del romanzo, per orientare la critica verso una mera comparazione linguistica, attribuendo il merito della stesura definitiva al popolo di Firenze che offriva e imponeva un modello espressivo completo, moderno e comune per tutta la nazione e inducendo così a un'interpretazione fuorviante della sua stessa opera, condizionato dalla passione per l'unificazione linguistica sul modello dei benparlanti di Firenze. Lo stesso Dell'Aquila ha riunito altri suoi studi sotto il titolo *Manzoni e altro Ottocento* (Milano, Istituto Propaganda Libraria, 1992): la sua attenzione al Manzoni in questo libro si concentra soprattutto sugli aspetti linguistici: dall'esame di alcune lettere al Cesari in cui Manzoni esprime la propria posizione «riflessiva, misurata e rispettosa» nei confronti del purismo al «groviglio non risolto della lingua» in relazione alle prime stesure del romanzo, dalle difficoltà di conciliare le intenzioni popolari con la necessità patriottica di una lingua unitaria al rapporto di Manzoni con i vocabolari. Il problema della lingua scaturisce in un Manzoni «che pure di lingue agevoli ne aveva più d'una, dal meneghino nativo al francese colto, dalla *koiné* letteraria italica più o meno venata di lombardo, alla lingua aulica della poesia dell'età neoclassica»; il suo itinerario si svolse «attraverso sperimentazioni analogiche eclettiche, europeizzanti, con utilizzazioni di termini colti, di calchi latini e francesi, di espressioni del parlato, ma sempre in direzione di una ricerca di chiarezza, di perspicuità, di medietà, di modernità, non disgiunta da dignità e compostezza». L'approdo del Manzoni a Firenze e il suo accoglimento del fiorentino quale unica lingua per tutta l'Italia, con le conseguenti proposte anche in sedi politiche e ufficiali, sono esaminati dallo studioso nelle sue implicazioni e nei suoi esiti anche lontani con cenni all'unificazione linguistica italiana ormai in gran parte avvenuta.

Con particolare attenzione alla lingua e allo stile si sono ripetutamente accostati al Manzoni anche ERNESTO TRAVI e GIORGIO CAVALLINI; il Travi, nel volume *Al servizio della parola: Manzoni e la lingua* (Milano, CUSL, 1989), partendo dall'eredità settecentesca esamina la posizione del Manzoni in relazione alle polemiche sulla lingua in Lombardia, i problemi linguistici sorti nella composizione delle diverse opere, nelle loro varie stesure e il contributo del Manzoni alle dispute sulla lingua dell'Italia unita. Il Cavallini nella sua ultima silloge, *Un filo per giungere al vero. Studi e note su Manzoni* (Messina-Firenze, D'Anna, 1993) si sofferma sul "sistema" manzoniano che «per attuare l'esigenza di una poesia vicina al vero, di una poesia la cui essenza non consista nell'inventare dei fatti» si fonda non sul classicismo ma sulla storia, conciliandola tuttavia con le esigenze dell'artista: «La storia ci dà gli avvenimenti esterni, ciò che gli uomini hanno fatto, ma passa sotto silenzio ciò che essi hanno pensato, i sentimenti e i discorsi con cui hanno rivelato la loro individualità: tutto questo è il dominio della poesia [...] Il poeta non ha il diritto di inventare [...] i fatti, ma può intuire [...] o, per meglio dire, scorgere, cogliere ed esprimere [...] tutto quello che la volontà umana ha di forte e di misterioso, che la sventura ha di religioso e di profondo».

Ancora su *La lingua di Manzoni*, che si conferma uno degli argomenti più dibattuti degli ultimi anni, si segnala il recentissimo libro di GIOVANNI NENCIONI nella collana di «Storia della lingua italiana» del Mulino (coordinata da F. Bruni): lo studioso analizza i principali registri linguistici e stilistici del Manzoni, sottolineandone la coerenza nel passare dalle prose argomentative a quelle artistiche; valuta la rilevanza dell'innovazione della prosa italiana operata dal Manzoni e la ricchezza di memorie e di colori del suo periodare.

Repertorio bibliografico

a) **Opere bibliografiche e introduttive**

Non esiste una bibliografia generale manzoniana. Per le opere si veda specialmente: A. Vismara, *Bibliografia manzoniana*, Torino, Paravia, 1875; M. Parenti, *Bibliografia manzoniana*, Firenze, Sansoni, 1936 (vol. I, contenente la bibliografia delle raccolte generali e dei *Promessi sposi*); Id., *Bibliografia delle edizioni a stampa delle lettere di Alessandro Manzoni*, Milano, Casa del Manzoni, 1944; Id., *Rarità bibliografiche dell'Ottocento*, Bergamo, Istituto Italiano d'Arti grafiche, 1944; *Bibliografia manzoniana*, a cura di S. Uselli Castellani e S. Brusamolino Isella, Milano, Il Polifilo, 1974; M. Lombardi, *Saggio di bibliografia manzoniana (1974-1978)*, in «Aevum», LIV, 3, 1980; G. Rati, *A. Manzoni e la critica (1973-1980)*, in «Cultura e scuola», XX, 77, 1981; P. Azzolini, *Rassegna manzoniana (1973-1982)*, in «Lettere italiane», XXXIV, 4, 1982; *A. Manzoni. Rassegna bibliografica essenziale 1980-1985*, a cura di S.B. Chandler, B. Magliochetti, A. Urbanic e A. Verna, in «Rivista di studi italiani», III, 2, 1985; F. Di Ciaccia, *Rassegna bibliografica manzoniana intorno al centenario (1983-1985)*, in «L'Italia francescana», 61, 1986; V. De Caprio, *Aggiornamento bibliografico: Manzoni*, in «Annali d'Italianistica», IV, 1986. Dal 1983 su «Otto/Novecento» esce il «Bollettino» del Centro Nazionale di Studi Manzoniani di Milano; una *Bibliografia manzoniana*, a cura di U. Colombo, registra fedelmente soggetti e autori di argomento manzoniano.

Per un primo orientamento: G. Tellini, *Alessandro Manzoni*, Firenze, La Nuova Italia, 1975; U. Colombo, *Alessandro Manzoni*, Roma, Edizioni Paoline, 1985; A. Marchese, *Guida alla lettura del Manzoni*, Milano, Mondadori, 1986; E. Sala Di Felice, *Il punto su: Manzoni*, Roma-Bari, Laterza, 1989; una biografia d'impianto narrativo, ma bene informata, è F. Ulivi, *Manzoni*, Milano, Rusconi, 1984. Sul piano biografico contiene molte notizie indispensabili G. Titta Rosa, *Colloqui col Manzoni*, Milano, Ceschina, 1954; sulla formazione: G. Trombatore, *Saggio sul Manzoni*, vol. I: *La giovinezza*, Vicenza, Neri Pozza, 1984 e T. Gallarati Scotti, *La giovinezza del Manzoni*, Milano, Mondadori, 1969. Un po' invecchiati ma ancora utilizzabili: L. Tonelli, *Manzoni*, Milano, Corbaccio, 1953³; C. Angelini, *Manzoni*, Torino, SEI, 1953.

Si tengano inoltre presenti: N. Ginzburg, *La famiglia Manzoni*, Torino, Einaudi, 1983; G. Bezzola, *Giulia Manzoni Beccaria*, Milano, Rusconi, 1985; U. Colombo, *Vita di Enrichetta Manzoni Blondel*, Milano, IPL, 1991.

Per le "concordanze": Accademia della Crusca, *Concordanze degli «Inni Sacri» di Alessandro Manzoni*, Firenze, Olschki, 1967; G. De Rienzo - E. Del Boca - S. Orlando, *Concordanze dei «Promessi sposi»*, Milano, Mondadori, 1985; G. De Rienzo, *Le parole di Lucia. Esercizio al computer*, in *Per amore di Lucia*, Milano, Rusconi, 1980; P. Frare, *Rimario manzoniano*, in «Testo», 8, 1985. Utile: G. Cavallini, *Saggio di dizionario fraseologico manzoniano*, Roma, Bulzoni, 1975.

b) Edizioni e commenti

La migliore edizione moderna è *Tutte le Opere*, a cura di A. Chiari e F. Ghisalberti, Milano, «Classici» Mondadori. Sono usciti: vol. I: *Poesie e tragedie*, 1957; vol. II: *I promessi sposi*, 1954; vol. III: *Opere morali e filosofiche*, 1963; vol. IV: *Saggi storici e politici*, 1963; vol. VII: *Lettere*, 1970; vol. V: *Scritti linguistici e letterari*, 2 tomi, 1974-1991. Il vol. II, in 3 tomi, comprende il *Fermo e Lucia*, l'edizione del 1825-1827, e quella definitiva del 1840-1842; il vol. VI, dedicato a *Postille di letture varie*, non è mai uscito. Del vol. VII è uscita un'importante ristampa: *Tutte le lettere*, a cura di C. Arieti, con aggiunta di lettere inedite o disperse, a cura di D. Isella, Milano, Adelphi, 1986.

Altra importante edizione delle *Opere* è quella a cura di M. Barbi e F. Ghisalberti, Milano, Casa del Manzoni, 1942-1950, in 3 voll.: vol. I: *I Promessi sposi e Storia della colonna infame*; vol. II: *Opere varie*; vol. III: *Scritti non compiuti. Poesie giovanili e sparse. Lettere, pensieri, giudizi* (quest'ultimo con aggiunto un assai utile *Indice dei nomi e delle cose*). Soltanto tre volumi sono usciti della progettata Edizione Nazionale (su di essa cfr. M. BARBI, *Piano per un'edizione nazionale delle Opere di Alessandro Manzoni*, in «Annali manzoniani», I, 1939): *Poesie rifiutate e abbozzi delle riconosciute*, Firenze, Sansoni, 1954; *Le tragedie secondo i manoscritti e le stampe*, ivi, 1958 e *Le poesie e le tragedie secondo la redazione definitiva*, ivi, 1961 (tutti e tre a cura di J. Sanesi).

Altre edizioni notevoli: *Tutte le opere*, a cura di G. Lesca, Firenze, Barbèra, 1946 (1ª ed. 1923); *Liriche e tragedie*, a cura di G. Lesca, Dante Alighieri, 1943 (1ª ed. Napoli, Perrella, 1927-1928: contiene anche le varianti e le successive stesure); *Tragedie, Inni sacri e Odi* (nella forma definitiva e negli abbozzi), a cura di M. Scherillo, Milano, Hoepli, 1907; *Opere inedite o rare*, a cura di R. Bonghi, Milano, Richiedei, 1883-1898; *Postille al Vocabolario della Crusca*, a cura di D. Isella, Milano-Napoli, Ricciardi, 1964; *Osservazioni sulla morale cattolica*, edizione critica a cura di R. Amerio, Milano-Napoli, Ricciardi, 1966; *Il Conte di Carmagnola*, edizione critica a cura di G. Bardazzi, Milano, Fondazione Mondadori, 1985. Si veda anche *Frammenti di un libro d'avanzo*, a cura di A. Stella e L. Danzi, Università di Pavia-Dipartimento di Scienza della Letteratura, Pavia 1983 (su un trattato linguistico del 1824 ca., distrutto dal Manzoni e recuperato poi fortunosamente in parte).

Tutta l'elaborazione dei *Promessi sposi* può essere ora agevolmente studiata nell'edizione dei cit. «Classici» Mondadori, e in *A. Manzoni, Fermo e Lucia, I promessi sposi 1840 e 1825-27*, in edizione interlineare; *Storia della colonna infame*, a cura di L. Caretti, Torino, Einaudi, 1971. Del *Fermo e Lucia* cfr. anche l'edizione a cura di C.F. Goffis, Milano, Marzorati, 1970.

Edizioni commentate dei *Promessi sposi*: a cura di E. Pistelli, Firenze, Sansoni; L. Russo, Firenze, La Nuova Italia, 1982[16]; G. Petronio, Torino, Paravia, 1962[2]; A. Momigliano, Firenze, Sansoni, 1985[2]; C. Angelini, Torino, UTET; G. Titta Rosa, Milano, Mursia, 1977[13]; L. Caretti, Bari, Laterza, 1989[9]; G. Getto, Firenze, Sansoni, 1987[2]; N. Sapegno e G. Viti, Firenze, Le Monnier; E. Bonora, Torino, Loescher, 1972; E.N. Girardi, Torino, Petrini; G. De Rienzo, Torino, SEI, 1981; A. Marchese, Milano, Mondadori, 1985; E. Raimondi e L. Bottoni, Milano, Principato, 1987; G. Pampaloni, Novara, De Agostini, 1988; I. Gherarducci e E. Ghidetti, Firenze, La Nuova Italia, 1990.

Per le altre opere cfr.: *Poesie scelte*, a cura di A. D'Ancona, Firenze, Barbèra, 1892; *Liriche scelte*, a cura di A. Momigliano, Torino, UTET, 1925; *Inni sacri*, a cura di M. Chini, Roma, 1933; *Le poesie*, a cura di E. Chiorboli, Bologna, Zanichelli, 1948; *Tutte le poesie*, a cura di G. Titta Rosa, Milano, Ceschina, 1967; *Tutte le poesie*, a cura di G. Lonardi e P. Azzolini,

2 voll., Venezia, Marsilio, 1987; *Tragedie, Inni sacri e Odi*, a cura di M. Scherillo, Milano, Hoepli, 1907; *Liriche e tragedie*, a cura di L. Russo, Firenze, Vallecchi, 1932 (poi Sansoni); *Liriche e tragedie*, a cura di N. Busetto, Torino, SEI, 1937; *Poesie e tragedie*, a cura di A. Frattini, Brescia, La Scuola, 1981; *Adelchi e liriche scelte*, a cura di A. Galletti e P. Dalai, Bologna, Cappelli, 1947; *Adelchi*, a cura di E. Santini, R. Garzia, A. Volpicelli e S. Blazina, Milano, Garzanti, 1991; *Conte di Carmagnola*, a cura di A. Chiari, Firenze, Le Monnier, 1947; *Tragedie*, a cura di G. Bollati, Torino, Einaudi, 1982²; a cura di S. Blazina, Milano, Garzanti, 1991; a cura di P. Bosisio, Torino, Einaudi, 1990; *Osservazioni sulla morale cattolica*, a cura di A. Cojazzi, Torino, SEI, 1912 (più volte ristampato); a cura di U. Colombo, Milano, Edizioni Paoline, 1986²; *Sul Romanticismo. Lettere al marchese D'Azeglio*, a cura di U. Colombo, Azzate, Edizioni di Otto/Novecento, 1993 (contiene anche C. PORTA, *Il Romanticismo*); *Lettre à M. Chauvet*, a cura di N. Sapegno, Roma, Edizioni dell'Ateneo 1947; A. Rosellina e U. Colombo, Milano, Casa del Manzoni, 1988; *Dell'invenzione*, a cura di E. De Giuli, Torino, Paravia, 1935; P. Prini, Brescia, Morcelliana, 1986; *Scritti di estetica*, a cura di U. Colombo, Milano, Edizioni Paoline, 1967; *Storia della colonna infame*, a cura di A. Paredi, Milano, Ceschina, 1973; L. Caretti, Milano, Mursia, 1973; R. Negri, Milano, Marzorati, 1974; L. Sciascia, Palermo, Sellerio, 1981; C. Riccardi, Milano, Mondadori, 1984; *Scritti storici e pensieri sulla storia*, a cura di D. Faucci, Padova, Liviana, 1972; *Scritti filosofici*, a cura di R. Quadrelli, Milano, Rizzoli, 1976; *Scritti linguistici*, a cura di F. Monterosso, Milano, Edizioni Paoline, 1972; M. Cataudella, Napoli, Liguori, 1972; *Scritti di teoria letteraria*, a cura di A. Sozzi Casanova, Milano, Rizzoli, 1981; *Opere minori*, a cura di C. Curto, Milano, Mondadori, 1954; *La Rivoluzione francese del 1789 e la Rivoluzione italiana del 1859*, a cura di F. Sanguineti, Genova, Costa & Nolan, 1985; *Della lingua italiana*, a cura di R. Liprandi, Napoli, Liguori, 1986; interessante anche A. MANZONI, *Il «mestiere guastato» delle lettere* (raccolta dei giudizi del Manzoni sulla letteratura italiana), a cura di G. Vigorelli, Milano, Rizzoli, 1985. Si tenga infine presente: *Le Stresiane. Dialoghi di Alessandro Manzoni con Antonio Rosmini elaborati da R. Bonghi*, a cura di P. Prini, Brescia, Camunia, 1985.

Ampie scelte commentate di scritti manzoniani: a cura di V. Arangio Ruiz e M. Vitale, Torino, «Classici» UTET, nuova serie; R. Bezzola, Milano, «Classici» Rizzoli; R. Bacchelli, Milano-Napoli, Ricciardi, 1953; L. Caretti, Milano, Mursia, 1965⁴; G.F. Goffis, Bologna, Zanichelli, 1967. *Tutte le opere* sono state raccolte in un volume a cura di G. Orioli, E. Allegretti, G. Manacorda e L. Felici, Roma, Avanzini e Torraca, 1965, e in 2 voll., a cura di M. Martelli, Firenze, Sansoni, 1971.

c) Critica

Trattazioni generali della storia della critica sul Manzoni: E. SANTINI, *Storia della critica manzoniana*, Lucca, Lucentia, 1951 (ricca di notizie, ma spesso imprecisa); M. CECCONI GORRA, *Manzoni*, Palermo, Palumbo, 1959; M. SANSONE, *Manzoni*, in *I classici italiani nella storia della critica*, vol. II, Firenze, La Nuova Italia, 1973; L. CARETTI, *Manzoni. Guida storica e critica*, Roma-Bari, Laterza, 1984².

Trattazioni parziali: A. MOMIGLIANO, *Gli studi manzoniani dal 1935 al 1938*, in «Annali manzoniani», I, 1939; M. BARBI, *«I promessi sposi» e la critica*, in «Annali manzoniani», III, 1942; F. GHISALBERTI, *Critica manzoniana di un decennio (1938-1948)*, in «Annali manzoniani», V, 1949; R. SPONGANO, *Le prime interpretazioni dei «Promessi sposi»*, Bologna, Pàtron, 1973³; M. PUPPO, *Orientamenti e problemi della critica manzoniana dopo Croce*, in «Cultura e scuola», 49-50, 1974 (poi in *Poesia e verità* cit. più sotto); A. COTTIGNOLI, *Manzoni fra i critici dell'Ottocento*, Bologna, Boni, 1978. Si vedano anche: G. Petrocchi-P. Giannantonio, *Questioni di critica manzoniana*, Napoli, Loffredo, 1970; U. Colombo, *Manzoni e gli «umili». Storia e fortuna critica*, Milano, Edizioni Paoline, 1972; G. Bárberi Squarotti - M. Guglielminetti, *Manzoni. Testimonianze di critica e di polemica*, Messina-Firenze, D'Anna, 1973; G. Vigorelli, *Manzoni pro e contro*, Milano, IPL, 1976 (vasta raccolta di testimonianze intorno allo scrittore e alla sua opera). Tutti gli scritti del Goethe intorno al Manzoni si possono leggere tradotti in: P. Fossi, *La Lucia del Manzoni e altre note critiche*, Firenze, Sansoni, 1937; sui rapporti fra Goethe e Manzoni cfr., fra gli interventi più recenti: H. Rüdiger, *Interessamento di Goethe per Manzoni*, in *Atti del Convegno di studi manzoniani*, Roma, Accademia Nazionale dei Lincei, 1974; M. Puppo, *Manzoni e Goethe: il dibattito su poesia e storia*, in *Poesia e verità*, cit. più sotto, Aa.Vv., *Goethe e Manzoni. Rapporti tra Italia e Germania intorno al 1800*, a cura di E.N. Girardi, Firenze, Olschki, 1992. Gli scritti manzoniani del Croce sono raccolti nel volume *Manzoni*, Bari, Laterza, 1969⁶; quelli del De Sanctis nel volume *Alessandro Manzoni*, a cura di L. Blasucci, ivi, 1962².

Per la fortuna del Manzoni all'estero, cfr.: D. Christesco, *La fortune de Manzoni en France*, Paris, Editions Balzac, 1943; J. Goudet, *Fortuna e sfortuna del Manzoni in Francia*, in «Quaderni francesi», I, 1970; A.M. Battista, *Direzioni di ricerca per una storia del Manzoni in Francia*, Roma, Abete, 1970; L. Portier, *La critique manzonienne en France*, in «Annali manzoniani», VII, 1972; G.C. Rossi, *Il Manzoni nella Spagna dell'Ottocento*, in «Convivium», 4, 1958; F. Meregalli, *Manzoni in Spagna*, in «Annali manzoniani», VII, 1977; O. Macrì, *Varia fortuna del Manzoni in terre iberiche*, Ravenna, Longo, 1976; W. Th. Elwert, *Il Manzoni e la critica tedesca*, in «Paideia», XXIX, 1-2, 1974; M. De Las Nieves Muñiz Muñiz, *Manzoni e la Spagna: revisione di un vecchio problema*, in «Problemi», 75, 1986; G. Gilmozzi, *Sui rapporti di Alessandro Manzoni con la cultura tedesca*, in «Rivista di letterature moderne e comparate», 28, 2, 1975; O. Ragusa, *Manzoni in America*, in «Italianistica», II, 1973; E. Caserta, *Un decennio di studi manzoniani in America (1974-'83)*, «Annali d'italianistica», 3, 1985. Una rassegna bibliografica di studi su Manzoni all'estero in «Rivista di letterature moderne e comparate», mar. 1973. Due opere classiche di carattere generale ma fatalmente invecchiate sono: A. Momigliano, *Alessandro Manzoni*, Milano-Messina, Principato, 1958⁵; A. Galletti, *Manzoni*, Novara, De Agostini, 1972 (1ª ed. 1927). Interessanti le monografie di due studiosi stranieri: L. Portier, *Alessandro Manzoni*, Paris, Presses Universitaires, 1956; S.B. Chandler, *Alessandro Manzoni. The Story of a Spiritual Quest*, Edinburgh, Edinburgh University Press, 1974. Analizzano la personalità e l'opera del Manzoni nel quadro della sua problematica culturale e religiosa: F. Petrocchi, *Manzoni. Letteratura e vita*, Milano, Rizzoli, 1971 e A. Accame Bobbio, *Alessandro Manzoni segno di contraddizione*, Roma, Studium, 1975. Di interesse specialistico: *Vita e processo di Suor Virginia, Maria De Leyva Monaca di Monza*, a cura di G. Vigorelli, U. Colombo, A. Agnoletto, E. Cattaneo, G. Farinelli, A.M. Tonucci e E. Paccagnini, Milano, Garzanti, 1985.

Altri studi notevoli sul pensiero e la cultura: G.A. Borgese, *Storia della critica romantica in Italia*, cap. X, cit.; A. Pellizzari, *Studi manzoniani*, Napoli, Perrella, 1914; A. Galletti, *Manzoni, Shakespeare e Bossuet*, Bologna, Zanichelli, 1915; E. Donadoni, *Gli spiriti umanitari del Settecento e l'opera del Manzoni*, in *Scritti e discorsi letterari*, Firenze, Sansoni, 1921 (ora in *Studi danteschi e manzoniani*, a cura di W. Binni, Firenze, La Nuova Italia, 1963); F. Maggini, *Manzoni e la tradizione classica*, Firenze, Perrella, 1923; C. De Lollis, *Manzoni e gli storici francesi della Restaurazione*, Bari, Laterza, 1926 (ora in *Scrittori d'Italia*, cit.); F. Ruffini, *La vita religiosa di Alessandro Manzoni*, Bari, Laterza, 1931; G. Salvadori, *Enrichetta Manzoni*

Blondel e il Natale del '33, Milano, 1929; ID., *Libertà e servitù nel pensiero giansenista e in Alessandro Manzoni*, Brescia, Morcelliana, 1942; A. ZOTTOLI, *Umili e potenti nella poetica di Alessandro Manzoni*, Roma, Tumminelli, 1942²; ID., *Il sistema di Don Abbondio*, Bari, Laterza, 1933; P. FOSSI, *La conversione di Alessandro Manzoni*, Firenze, La Nuova Italia, 1974² (1ª ed. Bari, Laterza, 1933); G. CALDERARO, *Alessandro Manzoni e il mondo latino e greco*, Firenze, Sansoni, 1937; F. NICOLINI, *Peste e untori nei «Promessi sposi»*, Bari, Laterza, 1937; ID., *Arte e storia nei «Promessi sposi»*, Milano, Longanesi, 1958; I.F. DE SIMONE, *Alessandro Manzoni, Esthetics and Literary Criticism*, New York, Vanni, 1946; A. ACCAME BOBBIO, *Il cristianesimo manzoniano tra storia e poesia*, Roma, Edizioni di Storia e Letteratura, 1954 e ID., *La crisi manzoniana del 1817*, Firenze, Le Monnier, 1960; A. OMODEO, *La religione del Manzoni*, in *Difesa del Risorgimento*, Torino, Einaudi, 1955²; P. MAZZAMUTO, *Poetica e stile di Alessandro Manzoni*, Firenze, Le Monnier, 1957; P.P. TROMPEO, *Il Pari del Manzoni*, in *Vecchie e nuove rilegature giansenistiche*, Napoli, ESI, 1958; R. AMERIO, *Alessandro Manzoni filosofo e teologo*, Torino, Edizioni di «Filosofia», 1958; J. GOUDET, *Catholicisme et poésie dans le roman de Manzoni*, Lyon, Imprimérie Général du Sud-Est, 1961; U. COLOMBO, *Itinerario manzoniano*, Milano, Edizioni Paoline, 1965; L. DERLA, *Il realismo storico di Alessandro Manzoni*, Milano, Istituto Editoriale Cisalpino, 1965; M. SANSONE, *Storiografia manzoniana*, Bari, Laterza, 1967; D. VALLI, *Romagnosi e Manzoni tra realtà e storia*, Lecce, Milella, 1968; B. FAZIO ALLMAYER, *La formazione del pensiero etico-storico del Manzoni*, Firenze, Sansoni, 1969; E.N. GIRARDI, *Manzoni reazionario*, Bologna, Cappelli, 1972²; A.C. JEMOLO, *Il dramma del Manzoni*, Roma, Bulzoni, 1974; C. DIONISOTTI, *Manzoni and the Catholical Revival*, British Academy, Oxford University Press, 1975; E.N. GIRARDI, *Sul Manzoni critico*, in *Studi di letteratura e storia in onore di A. Di Pietro*, Milano, Vita e Pensiero, 1977; ID. e G. SPADA, *Manzoni e il Seicento lombardo*, Milano, Vita e Pensiero, 1977; M. PUPPO, *Poesia e verità. Interpretazioni manzoniane*, Messina-Firenze, D'Anna, 1979; A. CHIARI, *Manzoni il credente*, Milano, IPL, 1979; M. FORTI, *Lo stile della meditazione. Dante, Muratori, Manzoni*, Bologna, Il Mulino, 1981; A.R. PUPINO, *«Il vero solo è bello». Manzoni retorica e logica*, ivi, 1982. Tra gli studi recenti sulla religiosità: A.M. D'AMBROSIO MAZZIOTTI, *Incontri e dissidi manzoniani*, Brescia, Morcelliana, 1982; C. ANGELINI, *Con Renzo e con Lucia (e con gli altri). Saggi sul Manzoni*, Brescia, Morcelliana, 1986; P. DI SACCO, *Arte e fede nel Manzoni*, Casale Monf., Piemme, 1986; ID., *Il romanzo della misericordia. Per un'interpretazione teologica dei «Promessi sposi»*, in «Vita e pensiero», LXXVI, 6, 1993; U. COLOMBO, *La fede cristiana e il mondo poetico manzoniano*, in «Informazioni dell'Ufficio Catechistico Diocesano», Milano, XXVII, 3, 1991; M. SANSONE, *Manzoni francese 1805-1810: dall'Illuminismo al Romanticismo*, Roma-Bari, Laterza, 1993; G.P. MARCHI, *Per la monaca di Monza e altre ricerche intorno a Manzoni*, Verona, Libreria Editrice Universitaria, 1993.

Per le idee intorno alla lingua: C. BAGLIETTO, *Il problema della lingua nella storia, [...] del Manzoni*, in «Annali della Scuola Normale Superiore di Pisa» (Lettere, Storia e Filosofia), serie II, XXIV, 1955; F. FORTI, *Intorno alle idee linguistiche del Manzoni*, in «Annali manzoniani», VII, 1977; M. CORTI, *Uno scrittore in cerca della lingua*, in *Metodi e fantasmi*, Milano, Feltrinelli, 1969; F. MONTEROSSO, *Introduzione* alla cit. edizione degli *Scritti linguistici*; M. DELL'AQUILA, *Manzoni. La ricerca della lingua attraverso le testimonianze dell'epistolario*, Bari, Adriatica, 1974; M. PUPPO, *Tommaseo, Rosmini, Manzoni e i problemi del linguaggio*, in *Poetica e poesia di N. Tommaseo*, Roma, Bonacci, 1979; F. MATARRESE, *Il pensiero linguistico manzoniano*, Padova, Liviana, 1983; F. BRUNI, *Per la linguistica generale di A. Manzoni*, in AA.VV., *Italia linguistica: idee, storia, strutture*, Bologna, Il Mulino, 1983; L. PEIRONE, *La lingua della poesia nel pensiero di A. Manzoni*, Genova, Tilgher, 1986; L. SERIANNI, *Le varianti fonomorfologiche dei «Promessi sposi» 1840 nel quadro dell'Italiano ottocentesco*, in «Studi linguistici italiani», XII, 1, 1986; A. CASTELLANI, *Consuntivo della polemica Ascoli-Manzoni*, ivi; E. TRAVI, *Al servizio della parola: Manzoni e la lingua*, Milano, CUSL, 1989; M. VITALE, *La lingua di Alessandro Manzoni. Giudizi della critica ottocentesca sulla prima e seconda edizione dei «Promessi sposi» e le tendenze della prassi correttoria manzoniana*, Milano, Cisalpino, 1992²; G. NENCIONI, *La lingua del Manzoni*, Bologna, Il Mulino, 1993. Fondamentale su tutte le questioni linguistiche manzoniane è il volume miscellaneo *Manzoni. «L'eterno lavoro»*, Congresso di Milano, nov. 1985, Milano, Casa del Manzoni-Centro Nazionale di Studi Manzoniani, 1985. In particolare sulla revisione linguistica del romanzo, si veda: F. DANELON, *«Note» di Giovita Scalvini su «I promessi sposi»*, Firenze, La Nuova Italia, 1986; V. PALADINO, *La revisione viscontea del romanzo manzoniano e altri saggi*, Milano, IPL, 1988²; G.G. AMORETTI, *«L'oracolo di casa Manzoni»: Emilia Luti e la revisione dei «Promessi sposi»*, in «Otto/Novecento», XVI, 5, 1992.

Sull'arte: U. FOSCOLO, *Della nuova scuola drammatica in Italia*, in *Opere*, Edizione Nazionale, vol. XI; N. TOMMASEO, *Alessandro Manzoni*, in *Ispirazione e arte*, Firenze, Le Monnier, 1858; G. SCALVINI, *Foscolo, Manzoni, Goethe*, a cura di M. Marcazzan, Torino, Einaudi, 1948; A. GRAF, *Foscolo, Manzoni, Leopardi*, Torino, Chiantore, 1955²; F. D'OVIDIO, *Studi manzoniani* e *Nuovi studi manzoniani*, in *Opere complete*, voll. VI e VII, Napoli, Guida; N. BUSETTO, *La genesi e la formazione dei «Promessi sposi»*, Bologna, Zanichelli, 1921; L. RUSSO, *Ritratti e disegni storici*, serie quarta (*Dal Manzoni al De Sanctis*), Firenze, Sansoni, 1965³; ID., *I personaggi dei «Promessi sposi»*, Bari, Laterza, 1993 (1ª ed. 1952); U. BOSCO, *Lettura degli Inni sacri manzoniani*, in *Aspetti del Romanticismo italiano*, Roma, Cremonese, 1942; G. PETRONIO, *Formazione e storia della lirica manzoniana*, Firenze, Sansoni, 1947; M. SANSONE, *L'opera poetica di Alessandro Manzoni*, Milano-Messina, Principato, 1986 (1ª ed. 1947); G. DE ROBERTIS, *Primi studi manzoniani e altre cose*, Firenze, Le Monnier, 1949 e ID., *Studi*, vol. II, ivi, 1971; F. ULIVI, *Il Manzoni lirico*, Roma, Gismondi, 1950; R. MONTANO, *Manzoni o del lieto fine*, Napoli, Conte, 1951²; F. PIEMONTESE, *Studi sul Manzoni e altri saggi*, Milano, Marzorati, 1952; A. MOMIGLIANO, *La rielaborazione degli «Sposi promessi»*, in *Dante, Manzoni e Verga*, Messina-Firenze, D'Anna, 1952; G. MARGIOTTA, *Dalla prima alla seconda stesura dell'«Adelchi»*, Firenze, Le Monnier, 1956; G. NENCIONI, *Conversioni dei «Promessi sposi»*, in «La rassegna della letteratura italiana», LX, 1, 1956; G. PETROCCHI, *La tecnica manzoniana del dialogo*, Firenze, Le Monnier, 1959; R. BACCHELLI, *Leopardi e Manzoni*, Milano, Mondadori, 1960; N. SAPEGNO, *Ritratto di Manzoni e altri saggi*, Bari, Laterza, 1992 (1ª ed. 1961); A. CHIAVACCI, *Il parlato nei «Promessi sposi»*, Firenze, Sansoni, 1961; S. BATTAGLIA, *Biografia letteraria di Alessandro Manzoni*, Napoli, Liguori, 1962; E. DE MICHELIS, *Studi sul Manzoni*, Pisa, Nistri-Lischi, 1962 e ID., *La Vergine e il Drago*, Padova, Marsilio, 1968; A. ACCAME BOBBIO, *Storia dell'«Adelchi»*, Firenze, Le Monnier, 1963 e ID., *La formazione del linguaggio lirico manzoniano*, Roma, Edizioni di Storia e Letteratura, 1963; C. VARESE, *Fermo e Lucia: un'esperienza manzoniana interrotta*, Firenze, La Nuova Italia, 1964; G.F. GOFFIS, *La lirica di Alessandro Manzoni*, Firenze, La Nuova Italia, 1964; G. GETTO, *Letture manzoniane*, Firenze, Sansoni, 1992 (1ª ed. 1964); G. LONARDI, *L'esperienza stilistica del Manzoni tragico*, Firenze, Olschki, 1965; G. BÁRBERI SQUAROTTI, *Teoria e prove dello stile del Manzoni*, Milano, Silva, 1965; A. LEONE DE CASTRIS, *L'impegno del Manzoni*, Firenze, Sansoni, 1965; A. CHIARI, *Rileggendo Manzoni*, Roma, Edizioni dell'Ateneo, 1967; A. MAZZA, *Studi sulle redazioni dei Promessi sposi*, Milano, Edizioni Paoline, 1968; C. ANGELINI, *Capitoli sul Manzoni vecchi e nuovi*, Milano, Mondadori, 1969; G. MAZZACURATI, *Il primo tempo della lirica manzoniana*,

Napoli, Liguori, 1969; G. GETTO, *Manzoni europeo*, Milano, Mursia, 1971; E. PARATORE, *Studi sui Promessi sposi*, Firenze, Olschki, 1972; L. CARETTI, *Manzoni. Ideologia e stile*, Torino, Einaudi, 1972; E. RAIMONDI, *Il romanzo senza idillio*, Torino, Einaudi, 1974; F. ULIVI, *Manzoni. Storia e Provvidenza*, Roma, Bonacci, 1974; M. PETRINI, *Rivoluzioni manzoniane*, Messina-Firenze, D'Anna, 1974; C. VARESE, *L'originale e il ritratto*, Firenze, La Nuova Italia, 1975; E. DE ANGELIS, *Qualcosa sul Manzoni*, Torino, Einaudi, 1976; E. BONORA, *Manzoni. Conclusioni e proposte*, Torino, Einaudi, 1976; G. TELLINI, *Manzoni fra storia e romanzo*, Roma, Salerno, s.d.; R. NEGRI, *Manzoni diverso*, Milano, Marzorati, 1976; E. SALA DI FELICE, *Costruzione e stile nei Promessi sposi*, Padova, Liviana, 1977; G. DE RIENZO, *L'avventura della parola nei Promessi sposi*, Roma, Bonacci, 1980; ID., *Per amore di Lucia*, Milano, Rusconi, 1980; M. DE LAS NIEVES MUÑIZ MUÑIZ, *La novela histórica italiana. Evolución de una estructura*, Cáceres, Servicio de Publicaciones de la Universidad de Extremadura, 1980; A. BORLENGHI, *Il successo contrastato dei Promessi sposi e altri studi sull'Ottocento italiano*, Milano-Napoli, Ricciardi, 1980; G. BÀRBERI SQUAROTTI, *Il romanzo contro la storia. Studi sui «Promessi sposi»*, Milano, Vita e Pensiero, 1980; ID., *Manzoni: le delusioni della letteratura*, Rovito, Marra, 1988; C.E. GADDA, *Apologia manzoniana* e *Manzoni diviso in tre dal bisturi di Moravia*, in *Il tempo e le opere*, Milano, Adelphi, 1982; G. RAGONESE, *Da Manzoni a Fogazzaro*, Palermo, 1983; V. SPINAZZOLA, *Il libro per tutti. Saggio sui «Promessi sposi»*, Roma, Editori Riuniti, 1983; R.S. DOMBROSKI, *L'apologia del vero. Lettura e interpretazione dei «Promessi sposi»*, Padova, Liviana, 1984; D. ISELLA, *Porta e Manzoni, Porta in Manzoni*, in *I Lombardi in rivolta*, Torino, Einaudi, 1984; G. CAVALLINI, *Lettura dell'Adelchi e altre note manzoniane*, Roma, Bulzoni, 1984; F. CORDERO, *La fabbrica della peste*, Bari, Laterza, 1984; P. FASANO, *L'utile è il bello*, Napoli, Liguori, 1984; L. BOTTONI, *Drammaturgia romantica. Il sistema letterario manzoniano*, Pisa, Pacini, 1984; G. BALDI, *I «Promessi sposi»: progetto di società e mito*, Milano, Mursia, 1985; U. DOTTI, *Il savio e il ribelle. Manzoni e Leopardi*, Roma, Editori Riuniti, 1986; *Sur Manzoni*, in «Revue des Etudes Italiennes», n.s., XXXII, 1-4, 1986 (saggi di vari autori sul Manzoni e la Francia); A. DI BENEDETTO, *La storia, le passioni, la vera natura umana. La teoria tragica di Alessandro Manzoni*, in «Giornale Storico della Letteratura Italiana», 4, 1986; F. DI CIACCIA, *La parola e il silenzio. Peste carestia ed eros nel romanzo manzoniano*, Pisa, Giardini, 1987; G. PETROCCHI, *Manzoniana e altre cose dell'Ottocento*, Caltanissetta-Roma, Sciascia, 1987; S. PAUTASSO, *I Promessi sposi. Appunti e ipotesi di lettura*, Milano, Arcipelago, 1988; G. BÉZZOLA, *Schede critiche*, Milano, Cisalpino-La Goliardica, 1989; C. LERI, *Oscura prosa rimata. Studi sugli «Inni sacri» manzoniani*, Pisa, Pacini, 1989; L. PEIRONE, *La lingua poetica del Manzoni. Il filone «comico»*, Genova, Tilgher, 1990; E. RAIMONDI, *La dissimulazione romanzesca. Antropologia manzoniana*, Bologna, Il Mulino, 1990; G. FARINELLI, *Dal Manzoni alla Scapigliatura*, Milano, IPL, 1991; G. LONARDI, *Ermengarda e il Pirata. Manzoni, dramma epico, melodramma*, Bologna, Il Mulino, 1991 (sulla ricezione di Manzoni nell'800); G. CAVALLINI, *Un filo per giungere al vero. Studi e note su Manzoni*, Firenze, D'Anna, 1993; M. SANSONE, *Manzoni francese. 1805-1810. Dall'Illuminismo al Romanticismo*, Roma-Bari, Laterza, 1993.

Si tengano presenti inoltre: *Atti del Convegno di studi manzoniani*, Roma, Accademia Nazionale dei Lincei, 1974; *Manzoni scrittore europeo*, a cura di P. Borraro, Salerno, Grafica Iannone, 1976; *Manzoni, Venezia e il Veneto*, a cura di E. Caccia e C. Galimberti, Firenze, Olschki, 1976. Tra i molti recenti volumi miscellanei si segnalano: *Inchiesta sulla ventisettana*, a cura di C. Toscani, Azzale, Edizioni di Otto/Novecento, 1981; *Atti del XII Congresso Nazionale di studi manzoniani*, Milano, Casa del Manzoni, Centro Nazionale Studi Manzoniani, 1984; *Manzoni. Il suo e il nostro tempo*, Milano, Electa, 1985.

In occasione poi del bicentenario (1985) si celebrarono molti convegni, con successiva pubblicazione degli Atti. Si segnalano: *Manzoni e il suo impegno civile*, Convegno di Brescia, ott. 1985, Azzate, Edizioni di Otto/Novecento, 1986; *Manzoni a Firenze. Due giornate di studio (23-24 novembre 1985)*, a cura di G. Tellini, Firenze, Gabinetto Vieusseux, 1986; *Manzoni tra storia e attualità* (Letture manzoniane di Ancona, Macerata e Urbino), a cura di G. Galeazzi, Ancona, La Lucerna, 1986; *Politica ed economia in Alessandro Manzoni*, Convegno di Bergamo, febb. 1985, introduzione di A. Agazzi, Comune di Bergamo, Edizioni dell'Ateneo, 1986. Altri volumi miscellanei: *Manzoni tra due secoli*, Milano, Vita e Pensiero, 1986; *Omaggio ad Alessandro Manzoni nel bicentenario della nascita*, a cura di G. Catanzaro, F. Santucci e S. Vivona, Assisi, Accademia Properziana del Subasio, 1986.

Per l'aggiornamento, oltre agli «Annali manzoniani», di cui si sono pubblicati in tutto 8 numeri tra il 1939 e il 1990, si tenga presente che la rivista «Otto/Novecento» è corredata da molti articoli d'interesse manzoniano, oltre che dal *Bollettino bibliografico*, cit.

17 Carducci

17.1 L'interpretazione "classica" del Croce e i suoi svolgimenti

Il primo avvio a un'impostazione critica del problema della poesia carducciana si può dire che fu dato dal noto libro di ENRICO THOVEZ, *Il pastore, il gregge e la zampogna* (1909). È un libro di carattere essenzialmente autobiografico e polemico; ma che tuttavia, proprio per le sue esagerazioni e le sue violenze in un periodo di intemperante retorica agiografica e celebrativa, è valso a richiamare a un'interpretazione più spregiudicata e intelligente dell'opera del Carducci. Stimolato dalla sua idea di un'antitesi fra una poesia di sentimento, che è l'unica vera e schietta poesia (quella dei Greci e del Leopardi), e una poesia riflessa o di cultura, il Thovez afferma la qualità retorica del classicismo carducciano, e, svalutando le grandi odi celebrative e culturali, compresa l'ammiratissima *Alle fonti del Clitumno*, porta la sua attenzione sulle poesie di ispirazione più genuina: le rievocazioni della storia medievale, come *Faida di comune* e *Comune rustico*, o le impressioni naturalistiche, come *San Martino* e *Canto di marzo*. Nel complesso il suo Carducci appare soprattutto un letterato, il quale ignora i grandi motivi dell'anima umana, l'amore, l'ebbrezza, il dolore, e che solo eccezionalmente sa uscire dal suo mondo di morte forme letterarie per cogliere qualche impressione fresca e viva. L'appellativo di "letterato", anzi di "professore", come qualifica negativa, avrà una certa fortuna critica posteriore, fino al libro infelicemente demolitore di PIERO BARGELLINI (*Carducci*, 1943).

Una ben diversa valutazione della cultura e del classicismo del Carducci diede BENEDETTO CROCE nel suo saggio del 1909, che non solo fissò con magistrale sicurezza e chiarezza alcuni aspetti essenziali della personalità carducciana, ma resta come il saggio più convincente ed esemplare di una sua interpretazione in senso classico. Per il Croce il classicismo del Carducci non è un fenomeno di natura letteraria, ma il riflesso di un ideale di vita immanentistico, antiascetico, sano e vigoroso: «il Carducci fu antiromantico, perché il romanticismo significò per lui i nervi che prevalgono sui muscoli, la femminilità che si sostituisce alla virilità, il lamento che prende il luogo del proposito, la vaga fantasticheria che infiacchisce e svoglia dal lavoro. Fu antiromantico, altresì perché nel romanticismo sospettò qua e là il misticismo, la trascendenza, l'ascesi». In lui la cultura storico-letteraria non fu erudizione pura o vagheggiamento di belle forme, ma si animò di tutto il calore della sua passione politica e patriottica: la sua poesia di argomento storico non è ricostruzione dotta del passato, ma la storia ricreata dall'anima del poeta. Perciò il Carducci appare al Croce non un "professore", ma l'incarnazione del poeta-vate, del poeta eroico, e, per il suo ideale di bellezza, di eroismo e di sanità spirituale, simboleggiato nel mondo dell'Ellade e di Roma, l'ultimo omerida della letteratura moderna. Un'immagine che il Croce ha riconfermato e arricchito di linee e di colori in parecchi scritti successivi sino a uno dei suoi ultimi saggi: *Intorno a due liriche di Volfango Goethe e di Giosuè Carducci* (1950).

Sulla linea del Croce sono l'interpretazione di TOMMASO PARODI (in una serie di articoli usciti su «La cultura» nel 1911) e di A. MEOZZI (*L'opera di G. Carducci*, 1921). Ma entrambi accentuano maggiormente il carattere letterario della poesia carducciana e, in particolare, il Meozzi a proposito delle *Odi barbare* si spinge fino a parlare di posizione puramente estetica e contemplativa, di un contenuto consistente soltanto nella parola e nel verso come musica, suono, colore. Di ispirazione crociana sono ancora le pagine dedicate al Carducci da ATTILIO MOMIGLIANO (cfr. *Le prime «Odi barbare»*, in *Studi di poesia*, Bari, Laterza, 1948 e *Sanità del Carducci*, in «Corriere della Sera», 6 giugno 1935, ma specialmente la *Storia della letteratura italiana*, cap. XXII), il quale parla della sua «sanità», «schiettezza», magnanimità di sentire. Ma egli poi interpreta questi caratteri in connessione col movimento realistico della seconda metà dell'Ottocento: «Carducci, visto sullo sfondo del secondo Ottocento, appare come colui che ha sollevato in una sfera epica l'aspirazione realistica dei suoi tempi». È naturale perciò, non solo che possa avvicinarlo al Verga, ma che insista molto sulle sue doti di «pittore di paesaggi», giudicando per esempio l'ode *Alle fonti del Clitumno* «nella sua vita profonda, una magnifica serie di quadri paesistici».

Naturalista e realistico, il Carducci è però sempre per il Momigliano un poeta di ispirazione profondamente idealistica e morale, anzi eroica, anche se nettamente antiromantica. Invece il naturalismo carducciano ha un accento panico per GIUSEPPE ANTONIO BORGESE, il quale ritiene logico ricollegarlo a quello del D'Annunzio (cfr. *La vita e il libro*, Bologna, 1911). La proposta del Borgese, senza dubbio la più divergente dall'interpretazione del Croce, ha avuto scarso seguito. Se ne può additare uno svolgimento deciso solo in FRANCO VALSECCHI, che non solo ritiene il classicismo il sentimento fondamentale del poeta, ma lo considera come una forma di pieno paganesimo (cfr. *Carducci*, 1929).

17.2 Inizio di un'interpretazione "romantica" nel Russo. Il Carducci romantico e decadente

Dall'"omerida" del Croce al "fauno" del Valsecchi la differenza è grande. Tuttavia nella corrente interpretativa delineata finora c'è questo di comune: il rilievo quasi esclusivo dato al *classicismo*, o meglio all'*antiromanticismo* del Carducci. Anche il Momigliano nella prima edizione della *Storia* escludeva la presenza di venature romantiche nella sua poesia: «È significativo che fra tanta poesia della storia, non ci sia mai nel Carducci il tema delle rovine e del silenzio come motivo di malinconia e di abbandono [...]. Nella poesia del Carducci Roma è più presenza che ricordo, più esaltazione che nostalgia»; e, diversamente dal D'Annunzio, «Carducci non avrebbe potuto cantare Ravenna, porto donde l'anima varca verso i regni della contemplazione e della morte, né Venezia dei rii abbandonati, grondanti di malinconia come una sonata di Chopin o un quadro di Boecklin».

Eppure l'accenno alla possibilità di un legame, non certo con questo romanticismo d'intonazione decadente, ma col romanticismo in una accezione più limitata e paesana, c'era persino nel primo saggio del Croce, nell'affermazione che «la *Canzone di Legnano*, con arte tanto diversa e tanto più vigorosa e sicura, è ancora una "fantasia" del Berchet». Lo spunto crociano fu approfondito e svolto da Luigi Russo nella *Introduzione* a *I narratori* (1923), in connessione con una nuova, più ampia visione del nostro Romanticismo. Per il Russo la polemica antiromantica del Carducci significa polemica contro l'aspetto negativo del Romanticismo, contro il vecchio idealismo vuoto in favore del più sano spirito romantico, che è quello realistico, e la sua poesia attua quel *pathos* poetico della storia, che era stato il sogno vano dei suoi avversari: «nella *Faida di comune*, nella *Leggenda di Teodorico*, nei *Campi di Marengo*, nella *Canzone di Legnano*, nel *Comune rustico*, si ritrovava tanto *pathos* della storia, quanto non in tutte le ballate e i romanzi storici di tutti i laureati poeti del Romanticismo».

La concezione del Russo inquadrava risolutamente la personalità del Carducci nello svolgimento del Romanticismo; ma soltanto per i suoi aspetti realistici e storici, cioè per quegli aspetti che lo ricongiungevano alle tendenze più caratteristiche del Romanticismo italiano. Da una simile prospettiva restavano quasi completamente fuori le *Odi barbare*. Per una visione più completa del problema del romanticismo carducciano occorreva non solo una nuova interpretazione delle *Odi barbare*, ma l'allargamento dello sguardo dal Romanticismo italiano a quello europeo. È quanto fece Cesare De Lollis in alcune pagine del saggio *Appunti sulla lingua poetica del Carducci* (apparso nel 1912 e raccolto poi in *Saggi sulla forma poetica italiana dell'Ottocento*) identificando nelle prime *Odi barbare* (*Fantasia, Sull'Adda, Terme di Caracalla*) un atteggiamento elegiaco e nostalgico, la «contemplazione incantata d'un passato remoto, irrinnovabile, fatto di preistoria oltre che di storia, di miti, oltre che di realtà», e asserendo che «nulla v'è di più cristiano, medievale, romantico, che smarrire il senso del presente per sconfinare nel dominio del passato o del futuro, del vano ricordo o della trepida speranza». In questo modo il De Lollis illuminava la poesia del Carducci sullo sfondo di quell'atteggiamento di disperata nostalgia che è al centro del Romanticismo europeo e che costituisce anche l'anima segreta del Neoclassicismo del primo Ottocento, e richiamava i nomi dell'Hölderlin, del Keats, dello Schiller dell'inno *Gli Dei della Grecia* e del Leopardi del canto *Alla primavera*. La sua interpretazione fu ripresa e forzata dal discepolo Domenico Petrini (*Poesia e poetica carducciana*, 1927), il quale nelle *Barbare* scorge sotto l'eleganza del parnassiano i segni del decadente, il mondo della sensualità romantica che gode della forma per il gusto malato del colore e del canto; e ritorna, più temperata, in Giuseppe Citanna (cfr. *Il Romanticismo e la poesia italiana dal Parini al Carducci*). Secondo il Citanna, col Carducci il Neoclassicismo romantico nel suo motivo essenziale, la nostalgia della bellezza antica, raggiunge la sua piena espressione.

Il passo più deciso nell'affermazione e nella precisazione storica del romanticismo carducciano fu compiuto da Mario Praz in un articolo del 1935 (*Il «classicismo» di G. Carducci*). Il Praz distingue da un Classicismo Primo Impero un Romanticismo classicistico Secondo Impero, nel quale domina la nostalgia esotica, quell'*ulterioris ripae amor* in cui consiste l'essenza del Romanticismo. Il romanticismo del Carducci in questo senso comincia, non quando il poeta venne a contatto con autori stranieri come Victor Hugo e Heinrich Heine, dai quali attinse soltanto superficiali atteggiamenti retorici; ma quando, dopo il 1870, il disgusto per la bassa politica e in genere la vita della società italiana lo spinse a cercare rifugio in un mondo di pura contemplazione. Allora incontrò i parnassiani, che lo trasformarono in un vero romantico, comunicandogli la loro immagine dell'Ellade come termine di tensione nostalgica. Dall'idea falsa e ingenua che il Carducci si fece del Romanticismo negli anni giovanili «derivò l'equivoco che doveva portare alla curiosa contaminazione nella sua poesia matura di classicismo genuino, e di pseudoclassicismo, cioè di esotismo romantico».

17.3 La lirica carducciana nell'interpretazione della critica degli ultimi decenni

La critica del secondo dopoguerra appare generalmente orientata verso un'interpretazione romantica del Carducci: si vedano il *Discorso sulla poesia romantica* di RAFFAELLO RAMAT (Lucca, 1949) e il volume (per altro, assai discutibile) di MANLIO CIARDO, *Genesi romantica della poesia del Carducci* (Firenze, 1953).

Una lettura sociologica della poesia carducciana ha indotto NATALINO SAPEGNO (*Storia di Carducci*, in «Società», v, 1, 1949) a riprendere le vecchie accuse di impoeticità già formulate da Alfredo Oriani e dal Thovez; di un Carducci così relegato fra i minori ha invece preso le difese il Russo (*Carducci senza retorica*, Bari, Laterza, 1957) che ne esalta la figura e lo definisce «poeta funebre» per la sua disponibilità a cantare la solitudine e la morte. Si è giunti anche ad avvicinare la sua opera alle esperienze poetiche più recenti (cfr. G. PAPARELLI, *Carducci e il Novecento*, Napoli, Istituto Editoriale del Mezzogiorno, 1953). La scoperta, sotto la veste classica, di una vena romantico-decadente ha sollecitato una lettura della poesia carducciana attenta a certe voci intime, in parte sfuggite alla critica precedente: in questa direzione si vedano, per esempio, le *Interpretazioni carducciane* di WALTER BINNI (in «La rassegna della letteratura italiana, 3-4, 1957; poi in *Carducci ed altri saggi*, Torino, Einaudi, 1973²).

Mentre continuano le polemiche sulla collocazione del Carducci nella storia letteraria, fra chi lo collega prevalentemente all'ambito ottocentesco e chi ne valuta gli elementi innovativi e di anticipazione dei modi della lirica novecentesca, anche per risolvere questo problema, alcuni studiosi hanno allargato le indagini all'ambiente e alla situazione socio-culturale nell'Ottocento, con attenzione al rapporto intercorrente fra le sue scelte culturali e ideologiche e la sua poesia (F. MATTESINI, *Per una lettura storica di Carducci*, Milano, Vita e Pensiero, 1975; E. CACCIA, *Poesia e ideologia del Carducci*, Brescia, Paideia, 1970); altri hanno esaminato prevalentemente l'evoluzione dei suoi atteggiamenti politici, in relazione al pensiero (G. SPADOLINI, *Fra Carducci e Garibaldi*, Firenze, 1981). RICCARDO BRUSCAGLI, lavorando intensamente sull'*Epistolario*, ne ha ricavato elementi rilevanti per la ricostruzione dell'ambiente umano e letterario: *Carducci nelle lettere. Il personaggio e il prosatore* (Bologna, Pàtron, 1972).

Un momento di intensificazione della fortuna critica carducciana è coinciso con il centocinquantesimo anniversario (1985) della nascita, celebrato particolarmente nel Convegno di Pisa e Pietrasanta, *Carducci poeta*, i cui Atti sono usciti presso l'editore Giardini (Pisa, 1987) e nel Convegno di Bologna, *Carducci e la letteratura italiana*, i cui Atti sono usciti nel 1988 per l'editore Antenore di Padova.

Fra gli interventi più interessanti del Convegno pisano, si segnala la ricerca di Guido Capovilla su *Carducci e la lingua italiana. Una panoramica*: ne emerge il disinteresse del Carducci per «la dimensione teoretica dei problemi linguistici» da cui dipende la mancanza di «un reale confronto col pensiero linguistico del proprio secolo»; sono scandagliati i rapporti della lingua carducciana con la parlata toscana del tempo e quelli del poeta con gli scrittori coevi (dello stesso vedi pure: *Per le «Odi barbare»*, in «La rassegna della letteratura italiana», VIII, 2, 1990). Fabrizio Franceschini, trattando di *Carducci poeta e le tradizioni popolari*, spiega come il Carducci abbia instaurato «un rapporto vivo e diretto col complesso delle tradizioni popolari toscane e più generalmente con la situazione socio-culturale del contado», giungendo a riflettere sulla «parte che ebbe il popolo nella formazione della poesia italiana».

In entrambi i convegni e, in generale, nella critica più recente, non mancano accostamenti con altri poeti, soprattutto contemporanei: Manzoni, Pascoli, D'Annunzio, Lucini (per i collegamenti col Leopardi, vedi A. Zambelli, *La memoria leopardiana in Carducci poeta*, in «Italianistica», XX, 2, 1991, e C. Lombardo, *Percorsi leopardiani nel primo Carducci*, in «Otto/Novecento», XIV, 3-4, 1990).

Nell'ambito filologico si segnalano le edizioni critiche delle *Prime Odi barbare* (a cura di P. Van Heck, Leiden, 1988) e delle *Odi barbare* (a cura di G. A. Papini, Milano, Fondazione Mondadori, 1988).

Fra gli studi specialistici si distinguono i saggi di Anna Maria Tosi (*Il poeta dentro le mura. Ottocento carducciano e bolognese*, Modena, Mucchi, 1990: uno sguardo nella vita accademica e culturale della Bologna tardottocentesca) e di Mario Saccenti (*Il grande artiere. Commenti e documenti carducciani*, Modena, Mucchi, 1991: una raccolta di studi che penetra in profondità nell'esperienza carducciana, con particolare riguardo alle *Odi barbare*, con riscontri testuali condotti sugli autografi, e al Carducci critico lettore del giovane Manzoni autore del *Trionfo della libertà*).

17.4 Carducci critico

Nel Carducci critico, pur riconoscendone ampiamente i pregi di solida erudizione, raro buon gusto e «un'intelligenza della forma quale quasi solamente un letterato, che abbia l'abito dell'arte, riesce a possedere», il Croce notò «la mancanza di una salda dottrina estetica, di una filosofia dell'arte». Da questa mancanza di un saldo pensiero deriva la scarsità, nelle sue tante pagine di critica, di interpretazioni storiche nuove: in lui il poeta soverchiava il pensatore e perciò i suoi lavori di critica «sono, considerati nella sostanza, in parte il materiale e quasi il terriccio donde germinò la sua poesia, in parte la prosecuzione di questa poesia stessa che si allarga nel ritmo della prosa». Che anche nelle pagine di critica il Carducci sia soprattutto un artista è opinione generalmente accettata, e la riprende per esempio il Momigliano quando afferma che è il «senso figurativo e – nei momenti più alti e fondamentali – epico della nostra storia letteraria e soprattutto civile, il fermento vitale e inimitabile della sua critica», la quale ha un carattere «essenzialmente e frammentariamente artistico» (*Carducci critico*, in *Studi di poesia*, cit.). Ma rispetto al giudizio generale del Croce gli studi più recenti hanno tuttavia recato alcune precisazioni e modificazioni. Così Daniele Mattalia ha dimostrato che nel Carducci almeno lo sforzo per una sistemazione dottrinale ci fu e che esso fu assai influenzato dal pensiero romantico, e in particolare da quello di Vincenzo Gioberti (*L'opera critica di Giosuè Carducci*, 1933); mentre il Russo ha sottolineato vigorosamente il significato dell'ispirazione "umanistica" della sua critica: «La fede più concreta di Carducci fu sempre la sua fede di artista nell'arte, e più propriamente nella storica lingua d'Italia. Egli fu il poeta di quella lingua in tutta la sua araldica nobiltà, e, come critico, se il De Sanctis è passato nelle storie letterarie per il critico della Forma con la effe maiuscola, il Carducci vi dovrebbe passare come il critico del linguaggio poetico» (*Carducci critico*, in *La critica letteraria contemporanea*, vol. I).

È questa qualità soprattutto che ha ravvivato l'interesse per il Carducci critico negli anni più recenti, nei quali è così pronunciato il gusto per le indagini di carattere formale. E parallelamente si è anche andato accentuando il rilievo dato ai valori artistici della prosa carducciana in confronto alla poesia (cfr. per esempio il saggio di G. Getto, *Prosa e poesia di Giosuè Carducci*, e il capitolo dedicato al Carducci da G. Contini nel suo volume sulla letteratura dell'Otto-Novecento). Su questa linea è significativa pure l'indicazione del carattere "sperimentale" della sua poesia, per cui «ogni componimento [...] viene a rappresentare un incontro più o meno felice con un tema, con un altro poeta, con una tradizione letteraria, un esperimento al quale possono affiancarsi altri e diversi» (M. Fubini, *Introduzione* a G. Carducci, *Poesie e prose scelte*, Firenze, La Nuova Italia, 1968).

Enzo Noè Girardi dedica al Carducci ampio rilievo nella sua trattazione della *Critica dei poeti* (in *Manzoni De Sanctis Croce e altri studi di storia della critica letteraria*, Milano, Vita e Pensiero, 1986): «non c'è dubbio, in prospettiva estetica, che il Carducci più difficilmente discutibile è quello che rinuncia a mettere in versi la storia ideologizzata, o a montare sulla bigoncia del tribuno o del vate, trovando invece la sua più vera efficacia anche come testimone della realtà italiana, anche come critico del malor civile, quando le sue ragioni di rinnovamento gli accadde di manifestarle indirettamente e spontaneamente per favole e simboli, senza gonfiamento di gote e tirate retoriche, sollevandosi al di sopra del contingente non solo per ciò che riguarda il variare della moda e delle parole d'ordine della politica spicciola, ma anche per ciò che concerne l'attualità culturale».

L'attività critica del Carducci è stata al centro dell'interesse del citato Convegno bolognese *Carducci e la letteratura italiana*. Oltre alle relazioni dedicate a specifici settori dell'esercizio critico carducciano, si segnalano i due interventi iniziali di Alberto Asor Rosa e di Gianfranco Folena: il primo, trattando di *Carducci e la cultura del suo tempo*, mostra l'infondatezza della diffusa immagine di un Carducci «radicale ed estremistico sostenitore di una rivoluzione letteraria controcorrente» e mostra come invece egli invochi «la *sofrosine*, la scienza classica dell'equilibrio e della moderazione, a sovraintendere alle sorti della letteratura italiana contemporanea, nel quadro di un novello Rinascimento, destinato a reintegrare [...] la dolorosa frattura della Riforma». Il secondo mostra un *Carducci maestro di retorica* la cui filologia e critica «sono nate *ex ipso sinu Rhetoricae*», essendo questo «un suo carattere peculiare e permanente, e insieme il limite suo e della sua scuola» e spiega le fonti e i modi di appropriazione di tale retorica.

Repertorio bibliografico

a) Opere bibliografiche e introduttive

Non esiste una bibliografia carducciana completa. Si ricorre a contributi parziali (oltre che ai soliti repertori generali): E. PALMIERI, *Contributo ad una bibliografia carducciana*, in appendice a *G. Carducci*, Firenze, Le Monnier, 1926; G.C. FERRERO, *Documenti e commenti carducciani*, in «Rivista di sintesi letteraria», I, 1934; N.D. EVOLA, *Bibliografia carducciana del centenario*, in «Leonardo», VII, 1936; G. FATINI, *Bibliografia carducciana (1835-1860)*, in «L'Archiginnasio», Bologna, XXXIV, 1939; W.F. SMITH, *A Bibliography of Critical Material (1858-1940) on Giosuè Carducci*, Colorado, 1942; G.A. PERITORE, *Nota bibliografica*, in Appendice al vol. *La poesia di Giosuè Carducci*, Modena, Società Tipografica Modenese, 1949; M. SANTORO, *Carducci*, in «Cultura e scuola», 8, 1963; C. DEL GIUDICE, *Rassegna di studi critici sul Carducci (1957-1977)*, in «Critica letteraria», VI, 1977; A. BRAMBILLA, *Rassegna carducciana*, in «Giornale Storico della Letteratura Italiana», CLXVI, 1989; si veda infine la bibliografia che chiude la voce *Carducci*, di G. SANTANGELO, in *Dizionario critico della letteratura italiana*, vol. I, 1986².

Per un primo accostamento: R. DELLA TORRE, *Invito alla lettura del Carducci*, Milano, Mursia, 1985; A. PIROMALLI, *Introduzione a Carducci*, Bari-Roma, Laterza, 1988. Per la biografia si veda la voce *Carducci*, di M. SCOTTI, in *Dizionario biografico degli italiani*, Roma, Istituto dell'Enciclopedia Italiana, 1977; e inoltre: A. JEANROY, *Giosuè Carducci l'homme et le poète*, Paris, Champion, 1911; G. CHIARINI, *Memorie della vita di Giosuè Carducci*, Firenze, Barbèra, 1923; E. PALMIERI, *G. Carducci*, cit.; G. PETRONIO, *Giosuè Carducci, l'uomo e il poeta*, Messina, D'Anna, 1930; G. NATALI, *I giorni e le opere di Giosuè Carducci*, Roma, Signorelli, 1935; G. FATINI, *Carducci giovane, 1835-1860*, Bologna, Zanichelli, 1939; M. PENNA, *Carducci*, Torino, Gambino, 1940; A. GALLETTI, *Giosuè Carducci, il poeta, il critico e il maestro*, Milano, Accademia, 1948³; N. BUSETTO, *Giosuè Carducci. L'uomo, il poeta, il critico e il prosatore*, Padova, Liviana, 1960; M. BIAGINI, *Il poeta della terza Italia: vita di Giosuè Carducci*, Milano, Mursia, 1976³.

Interessanti per la vivace rievocazione della personalità umana del poeta, e del suo ambiente, i volumi di M. VALGIMIGLI, *Il nostro Carducci*, Bologna, Zanichelli, 1935; *Carducci allegro*, ivi, 1955 (entrambi ora in: *Uomini e scrittori del mio tempo*, Firenze, Sansoni, 1965). Interessanti anche i vari saggi sul Carducci di P. PANCRAZI, in *Ragguagli di Parnaso*, vol. I, Milano-Napoli, Ricciardi, 1967. Dello stesso PANCRAZI si legga *Un amoroso incontro*, Firenze, Le Monnier, 1951 (sui rapporti fra il Carducci e Annie Vivanti).

b) Edizioni e commenti

Tutte le *Opere* del Carducci sono stampate nell'Edizione Nazionale, 30 voll., Bologna, Zanichelli, 1935-1940; ivi pure le *Lettere*, la cui pubblicazione è terminata col volumi XXII (1969). Questa edizione sostituisce (ma non felicemente) la precedente raccolta in 20 volumi delle *Opere di Giosuè Carducci*, Bologna, Zanichelli, 1889-1909. Presso il medesimo editore è stato pubblicato a cura del Carducci stesso, anche un volume di tutte le *Poesie* e una scelta delle *Prose* (1901-1905). Si vedano anche le *Poesie di Giosuè Carducci nei loro autografi*, a cura di A. Sorbelli, Bologna, Zanichelli, 1935.

Utile è F. TRABAUDI FOSCARINI DE FERRARI, *Il pensiero del Carducci*, indice analitico sistematico di tutta la materia contenuta nei 20 volumi della prima edizione delle *Opere* di G. Carducci, Bologna, Zanichelli, 1929. L'edizione critica delle *Odi barbare* è stata approntata da G. A. PAPINI, Milano, Fondazione Mondadori, 1988. Due recenti edizioni di opere singole, ambedue assai curate, sono *Dello svolgimento della letteratura nazionale* e *Ça ira*, a cura di V. Gatto, Roma, Archivio Guido Izzi, 1988-1989.

Si vedano anche: *Antologia carducciana*, a cura di G. Mazzoni e C. Picciola, Bologna, Zanichelli, 1908 (più volte ristampata); *Carducci, Pascoli e D'Annunzio*, a cura di F. Bernini e L. Bianchi, Bologna, Zanichelli, 1935; *Prose scelte*, a cura di L. Bianchi e P. Nediani, Bologna, Zanichelli, 1935; *Prose*, a cura di G. Falaschi, Milano, Garzanti, 1987; *Odi barbare*, a cura di M. Valgimigli, Bologna, Zanichelli, 1959; *Giambi ed epodi*, a cura di E. Palmieri, ivi, 1959; *Rime nuove*, a cura di P. P. Trompeo e G. B. Salinari, ivi, 1961; *Rime e ritmi*, a cura di M. Valgimigli e G. B. Salinari, ivi, 1965; *Prose e poesie*, a cura di G. Getto e G. Davico Bonino, Firenze, 1965; *Tutte le poesie*, a cura di C. Del Grande, Milano, Bietti, 1967; *Poesie e prose*, a cura di E. Travi, Torino, SEI, 1968; *Poesie e prose scelte*, a cura di M. Fubini e R. Ceserani, Firenze, La Nuova Italia, 1968; *Poesie*, a cura di M. Rettori, Milano, Garzanti, 1986 (1ª ed. 1978); *Poesie*, a cura di G. Bárberi Squarotti, Milano, Garzanti, 1983²; *Prose critiche*, a cura di G. Falaschi, Milano, Garzanti, 1987; dall'epistolario è ricavato il volume *Amarti è odiarti. Lettere a Lidia 1872-1878*, a cura di G. Davico Bonino, Milano, Archinto, 1990. Si veda anche la ristampa anastatica de *La poesia barbara nei secoli XV e XVI*, a cura di E. Pasquini, Bologna, Zanichelli, 1985.

Molti testi si trovano anche ottimamente commentati nelle migliori antologie scolastiche e in G. DE ROBERTIS, *Poeti lirici moderni e contemporanei*, Firenze, Le Monnier, 1953. Un *Commento* a tutte le *Poesie* del Carducci, in 9 volumi, è stato approntato da D. FERRARI, Bologna, Zanichelli, 1919-1931. Utile anche L. M. CAPPELLI, *Dizionarietto carducciano*, Livorno, Giusti, 1925-1926².

c) Critica

Per la storia della critica: G. SANTANGELO, *Carducci*, Palermo, Palumbo, 1960²; E. ALPINO, *Carducci*, in *I classici italiani nella storia della critica*, vol. II, cit. Inoltre gli *Appunti sulla critica carducciana*, in Appendice al volume del PERITORE, cit.; P. LEONETTI, *Carducci e i suoi contemporanei*, Firenze, 1955; e, per studi più recenti, M. PUPPO, *Carducci romantico*, in «Studium», mag. 1953.

Per la fortuna di Carducci all'estero cfr. G. MAUGAIN, *Giosuè Carducci et la France*, Paris, Champion, 1915; M. DELL'ISOLA, *Carducci nella letteratura europea*, Milano, Malfasi, 1951; L. FOSCOLO BENEDETTO, *Carducci e la Francia*, in *Uomini e tempi*, Milano-Napoli, Ricciardi, 1953; V. B. VARI, *Carducci y España*, Madrid, Gredos, 1963; N. JONARD, *Carducci et les poètes parnassiens*, in «Revue des études italiennes», n.s., XVI, 2, 1970.

La maggior parte degli scritti del CROCE sul Carducci è stata raccolta in *Carducci*, Bari, Laterza, 1961.

Studi notevoli: E. THOVEZ, *Il pastore, il gregge e la zampogna*, Torino, De Silva, 1948; R. SERRA, *Per un catalogo*, in *Scritti*, a cura di G. De Robertis e A. Grilli, vol. I, Firenze, Le Monnier, 1958²; T. PARODI, *Giosuè Carducci e la letteratura della nuova Italia*, Torino,

Einaudi, 1939; E. Cecchi, *L'eredità di Giosuè Carducci*, in *La poesia di G. Pascoli*, Milano, Garzanti, 1968²; C. De Lollis, *Appunti sulla lingua poetica del Carducci*, in *Saggi sulla forma poetica italiana dell'Ottocento*, Bari, Laterza, 1929 (ora in *Scrittori d'Italia*, cit.); A. Meozzi, *L'opera poetica di Giosuè Carducci*, Firenze, Vallecchi, 1921; P.P. Trompeo, *Carducci e D'Annunzio*, Roma, Tumminelli, 1943; A. Momigliano, *Le prime Odi barbare*, in *Studi di poesia*, più volte cit.; Id., *Le tendenze della lirica italiana dal Carducci ad oggi*, in *Introduzione ai poeti*, più volte cit.; Id., *Lettere a Lidia*, in *Ultimi studi*, Firenze, La Nuova Italia, 1954; D. Petrini, *Poesia e poetica carducciana*, in *Dal Barocco al Decadentismo*, a cura di V. Santoli, cit.; A. Baldini, *Carducciana*, in *Fine Ottocento*, Firenze, Le Monnier, 1947; U. Bosco, *La poesia di Giosuè Carducci*, Napoli, Morano, 1947; G. De Robertis, *Nascita della poesia carducciana*, in *Saggi*, Firenze, Le Monnier, 1953²; G. Paparelli, *Carducci e il Novecento*, Napoli, Istituto Editoriale del Mezzogiorno, 1953; L. Russo, *Carducci senza retorica*, Bari, Laterza, 1957; F. Ulivi, *Il primo Carducci*, Firenze, Le Monnier, 1957; F. Flora, *La poesia e la prosa di Giosuè Carducci*, Pisa, Nistri-Lischi, 1959; G. Devoto, *Giosuè Carducci e la tradizione linguistica dell'Ottocento*, in *Nuovi studi di stilistica*, cit.; M. Petrini, *Postille al Carducci barbaro*, Messina-Firenze, D'Anna, 1963; W. Binni, *Carducci ed altri saggi*, Torino, Einaudi, 1973²; E. Caccia, *Poesia e ideologia del Carducci*, Brescia, Paideia, 1970; M.T. Marabini Moevs, *Fra marmo pario e archeologia: l'antichità nella vita e nell'opera di Giosuè Carducci*, Bologna, Cappelli, 1971; R. Bruscagli, *Carducci nelle lettere. Il personaggio e il prosatore*, Bologna, Pàtron, 1972; M. Praz, *Il classicismo del Carducci*, in *Gusto neoclassico*, Milano, Rizzoli, 1974; F. Mattesini, *Per una lettura storica di Carducci*, Milano, Vita e Pensiero, 1975; G. Getto, *Carducci e Pascoli*, Caltanissetta-Roma, Sciascia, 1977³; G.A. Papini, *Carducci: storia e simbolo dell'aurora*, in «Etudes des lettres», avril-septembre 1978, pp. 121-136; G. Petrocchi, *La lettura antidecadente di Wagner: Carducci e altri*, in «Letteratura italiana contemporanea», v, 1984; A. Cottignoli, *Carducci lettore di Manzoni*, in «Strenna storica bolognese», XXXVI, 1986; A.M. Tosi, *Il poeta dentro le mura. Ottocento carducciano e bolognese*, Modena, Mucchi, 1989; E. Elli, *Il concetto di «forma» in Carducci*, Roma, Bulzoni, 1990; G. Capovilla, *Per le «Odi barbare»*, in «Rivista di letteratura italiana», VIII, 2, 1990; A. Zambelli, *La memoria leopardiana in Carducci poeta*, in «Italianistica», XX, 2, 1991; sullo stesso tema: C. Lombardo, *Percorsi leopardiani nel primo Carducci*, in «Otto/Novecento», XIV, 3-4, 1990; M. Saccenti, *Il grande artiere. Commenti e documenti carducciani*, Mucchi, Modena, 1991. Si vedano inoltre due importanti volumi miscellanei: *Carducci poeta*, Atti del Convegno di Pietrasanta e Pisa, a cura di U. Carpi, Pisa, Giardini, 1987; *Carducci e la letteratura italiana*, Atti del Convegno di Bologna, a cura di M. Saccenti, Padova, Antenore, 1987.

Sul Carducci critico si vedano: D. Mattalia, *L'opera critica di Giosuè Carducci*, Genova, Emiliano degli Orfini, 1933; A. Momigliano, *Carducci critico*, in *Studi di poesia*, cit.; L. Russo, *Carducci critico*, in *La critica letteraria contemporanea*, Firenze, Sansoni, 1967; E.N. Girardi, *La critica dei poeti, con particolare riferimento al Carducci e al suo scritto su «Critica e arte»*, in AA.Vv., *Cultura e società in Italia nell'età umbertina. Problemi e ricerche*, Milano, Vita e Pensiero, 1981.

18 Verga

18.1 Iniziali indifferenze e avversioni

Del Verga ebbero grande successo fra i contemporanei i romanzi giovanili. Invece i capolavori della maturità incontrarono l'indifferenza del pubblico e, in genere, l'indifferenza o l'ostilità dei critici. Varie sono le ragioni di questa incomprensione: il carattere stesso dell'arte del Verga, chiusa e scabra, priva di ogni concessione ai gusti facili della folla, apparentemente fredda e distaccata, senza scoperte intenzioni propagandistiche o educative; la confusione fra l'autore e la "scuola" del Verismo, con la conseguente condanna dell'uno nella condanna dell'altro (cfr. nella *Parte quarta* il capitolo *La Scapigliatura e il Verismo*); l'orientamento generale della sensibilità e del gusto, influenzato dal misticismo idillico pascoliano, dal misticismo sensualistico del Fogazzaro, dall'estetismo e dal sensualismo dannunziano: atteggiamenti tutti assai lontani dalla semplicità e austerità etica e artistica del Verga; infine il pregiudizio linguistico, per il quale le sue opere apparivano scritte "male", in forma troppo poco nobile, più dialettale che italiana. La mancanza di un evidente legame con la tradizione aristocratica della nostra letteratura, la antiletterarietà, costituì inzialmente uno degli ostacoli più forti, in un ambiente letterario dominato dal gusto e dai metodi critici del Carducci: in questo senso molto noto e significativo è il giudizio di EDOARDO SCARFOGLIO, il quale ne *Il libro di Don Chisciotte* (Roma, 1885) pospone Verga al Capuana, «perché manca a lui quella serietà e larghezza di preparazione che l'altro possiede», e definisce il suo stile «una contorsione faticosa e fastidiosa».

I primi spunti critici positivi e intelligenti si trovano in alcuni articoli di LUIGI CAPUANA, il quale appunto giustificò la necessità artistica di quel linguaggio, dove l'autore aveva fuso felicemente «il bronzo della lingua letteraria entro la forma sempre fresca del [...] dialetto affrontando bravamente anche un imbroglio di sintassi, se questo riusciva a dare una più sincera espressione ai [...] concetti, o all'intonazione della scena, o al colorito del paesaggio». E altri accenni interessanti, destinati a essere sviluppati in seguito, si trovano in altri studiosi, come FRANCESCO TORRACA e GUIDO MAZZONI. Ma la prima presentazione critica solidamente impostata è il saggio *G. Verga* di BENEDETTO CROCE, uscito su «La critica» nel 1903. Il Croce delinea tutto il cammino dello scrittore dalle opere giovanili a quelle della maturità, osservando che non c'è netto distacco fra le une e le altre; pone l'inizio del secondo e più grande periodo della sua produzione nel bozzetto siciliano *Nedda*; chiarisce il rapporto fra Verga e il Verismo, il quale «non fece se non confermare e rafforzare ciò che già era nell'animo dello scrittore», agendo come «spinta liberatrice», e con la dottrina del l'"impersonalità" andò incontro al suo bisogno di affinare e perfezionare costantemente la propria arte. A proposito del problema dell'"impersonalità", il Croce reca un importante chiarimento metodologico, dimostrando come di fatto l'arte sia sempre "personale" e come, nel caso specifico, anche il Verga abbia una sua "personalità", che è «fatta di bontà e di malinconia». In questo modo egli dissolve insieme il valore teorico della dottrina dell'impersonalità e il pregiudizio diffuso sulla freddezza e impassibilità dello scrittore siciliano.

18.2 Prima organica interpretazione critica e storica nel libro del Russo: l'arte del Verga come «epos dei primitivi»

Al giudizio del Croce segue un altro periodo di disinteresse, finché nel 1919 esce il saggio di LUIGI RUSSO, che segna un momento fondamentale nella fortuna e nella penetrazione critica dell'opera verghiana (*G. Verga*, Napoli, Ricciardi). Il Russo, che in questo libro fa la prima grande prova del suo storicismo critico, ricostruisce con ampiezza e organicità tutto lo svolgimento dell'arte del Verga, in rapporto con lo svolgimento della sua personalità morale e sullo sfondo della mentalità e della cultura della sua epoca. Per primo, svolgendo l'indicazione del Croce, egli definisce nettamente e compiutamente il rapporto fra Verga e il Verismo, precisando nel medesimo tempo le relazioni fra questo movimento letterario e il Naturalismo francese da una parte, il Romanticismo dall'altra. Contro le frettolose e superficiali affermazioni di una genesi totalmente extranazionale del Verismo e di una dipendenza dell'arte del Verga da quella di Emile Zola, il Russo mette in luce le profonde differenze sia tra il Verismo italiano, rievocazione del mondo provinciale lungo la più genuina linea realistica del nostro Romanticismo, e il Naturalismo francese, di intonazione scientifica e di ambiente cittadino, anzi parigino, sia fra i temperamenti dei due scrittori, scientifico e prosastico lo Zola, lirico e melodico il Verga. Rilevata la continuità fra le opere giovanili e quelle della maturità per la nota comune della "passionalità", il critico cerca di spiegare però il passaggio dalla rappresentazione di un mondo di passioni romantiche e superficiali in un ambiente aristocratico e artificiale a quello delle passioni ingenue ed elementari dei "primitivi", secondo una linea di progresso etico che è anche progresso artistico. Il Verga, a cominciare da *Vita dei campi*, celebra l'*epos* dei primitivi, che egli, diversamente dai naturalisti francesi, non guarda con distacco scientifico come soggetti patologici, ma come esseri umani, i cui umili sentimenti possono essere eroici come i sentimenti più complessi: il Verga «ha risvegliato l'uomo, dove gli altri vedevano il bruto, ed egli ha saputo calarsi nella profondità misteriosa del mondo interiore del barbaro. Stilisticamente, questa miracolosa adesione alla logica dei primitivi, si è tradotta in una specie di musica triste e monotona con cui lo scrittore viene accompagnando la narrazione». Questo *epos* dei primitivi ha il suo accento più alto nei *Malavoglia*, che sono il poema del «focolare domestico» e della fedeltà «nel senso religioso, alla vita, alle costumanze antiche e severe, agli affetti semplici e patriarcali [...] alla santità dell'ideale e della saggezza antica disconosciuta». Il Russo accentua il sentimento di religiosità che pervade il racconto, una religiosità priva di serenità e di consolazione, una forma di cristianesimo elementare ma profondo. Il sentimento ispiratore del libro ha una logica unitaria che genera la sua unità lirica. Questo equilibrio comincia a rompersi con le *Novelle rusticane* e anche il *Mastro-don Gesualdo*, poema della «religione della roba», ha una struttura meno compatta del primo romanzo, perché in esso la rappresentazione lirico-tragica delle vicende del protagonista si stacca da quella satirica e bozzettistica del mondo che lo circonda. L'apparire di un acre spirito polemico e caricaturale, espressione di un più esasperato pessimismo, denunzia già l'inaridirsi della fantasia, e fa presentire che l'arte dello scrittore è al suo epilogo.

Il libro del Russo determinò una rifioritura di studi sul Verga, provocando animate discussioni, «consensi e dissensi», come suona il sottotitolo di un volumetto di ATTILIO MOMIGLIANO, *G. Verga narratore* (Palermo, 1929), significativo soprattutto come documento della difficoltà per un'accettazione completa e convinta dell'arte verghiana anche da parte di un critico dotato di sensibilità finissima e di grande apertura di gusto (il Momigliano si è poi avvicinato sempre di più a quell'arte, come dimostra la redazione ultima di quelle pagine, raccolta, insieme con altre posteriori sul Verga, in *Dante, Manzoni, Verga,* Messina, D'Anna, 1944). Ma non si può dire che la critica posteriore abbia recato nuovi approfondimenti di grande rilievo rispetto alle linee fondamentali di quel libro. Sono state studiate con attenzione le opere giovanili (R. RAMAT, *Etica e poesia nei romanzi giovanili del Verga*), si sono potute indagare meglio la biografia e la formazione culturale (cfr. la *Vita di G. Verga* di N. CAPPELLANI); ma per quel che riguarda l'interpretazione critica generale o si sono sviluppate, e qualche volta esasperate, le tesi del Russo, o si è deviato da esse in direzioni poco fruttuose, obbedendo a particolari preconcetti, come ha fatto GIULIO MARZOT (*L'arte del Verga*, 1930), che ha creduto di poter accertare la presenza nel Verga di una forma di "estetismo" dissimulato, onde la sua forza espressiva sarebbe soltanto la «finissima maschera di una violenza polemica e teorica». Su questa via qualche studioso è persino arrivato a definirlo «temperamento d'esteta e di sensuale» (F. BIONDOLILLO, *Problemi verghiani*, in *Fasti e nefasti*, Palermo, La Tradizione, 1932).

18.3 Verga oggi

La critica del secondo dopoguerra ha dimostrato un rinnovamento d'interesse e di simpatia per l'arte verghiana. Questo si spiega in gran parte come effetto di taluni atteggiamenti della mentalità di quel periodo, che spingono a ricercare nelle opere del Verga gli esempi di un'arte di ispirazione sociale. In questa direzione è soprattutto notevole, per l'equilibrio con cui è condotto, fuori da interpretazioni grezzamente contenutistiche e propagandistiche, un saggio di NATALINO SAPEGNO, *Appunti per un saggio sul Verga* (in «Risorgimento», 1, 3, 1945). In questa direzione si sono mossi GAETANO TROMBATORE (*Arte sociale di Giovanni Verga*, in «Rinascita», mar. 1947), per il quale l'osservazione degli squilibri e dei contrasti sociali coincide con il «mondo morale» del Verga e corrisponde al suo personale modo «di guardare e giudicare la vita umana», alla sua visione globale del mondo, e GIUSEPPE PETRONIO (*Lettura di «Mastro-don Gesualdo»*, in «Rassegna d'Italia», nov.-dic. 1948 / genn.-febb. 1949) che indica come elemento essenziale dell'opera analizzata la «descrizione distaccata o polemica del piccolo borgo»; il critico si sofferma pure sulla tecnica narrativa per concludere che nel *Mastro-don Gesualdo* ci si trova dinanzi a una lirica in prosa, una «lirica consustanziata di vita vissuta, [...] dell'umile realtà di ogni giorno».

A un'interpretazione più genuinamente lirica torna invece VINCENZO PERNICONE nel saggio sulla *Malinconia di G. Verga* (in «Annali della Scuola Normale Superiore di Pisa», I e II, 1948).

Uno dei problemi fondamentali della critica verghiana fu, fin dagli inizi, quello del linguaggio. Esso ha acquistato particolare risalto, in relazione con l'affermarsi dell'indirizzo stilistico nella critica contemporanea. Naturalmente non si fa più questione di forma dialettale o italiana, popolare o nobile (la legittimità estetica del linguaggio verghiano venne già riconosciuta nel saggio del Croce), ma si ricercano e si definiscono i moduli originali della tecnica narrativa e stilistica dello scrittore come necessaria espressione del suo mondo spirituale. In questo ambito d'indagine sono da segnalare soprattutto lo studio di GIACOMO DEVOTO su *I "piani" del racconto in due capitoli dei «Malavoglia»* (in «Bullettino del Centro di Studi filologici e linguistici siciliani», Palermo, 1954), quello di LEO SPITZER su *L'originalità della narrazione nei «Malavoglia»* (in «Belfagor», 1, 1956; poi in *Studi italiani*, Milano, Vita e Pensiero, 1976), l'analisi di EMERICO GIACHERY della novella *La roba* («*La roba» e l'arte del Verga*, Roma, 1959) e l'esame delle strutture espressive del *Verga maggiore* (Firenze, 1968) condotta da GIOVANNI CECCHETTI. Su *Il linguaggio dei «Malavoglia» tra storia e poesia* (in *Tecniche e valori dal Manzoni al Verga*, Firenze, 1969) è intervenuto anche ETTORE CACCIA.

La discussione, negli ultimi anni, si è accentrata soprattutto sul significato del pessimismo verghiano interpretato da taluni (ADRIANO SERONI e i già citati Sapegno, Trombatore, Petronio) come riflesso di una precisa condizione storica, da altri (ALBERTO ASOR ROSA, VITILIO MASIELLO, ROMANO LUPERINI) come visione più metafisica che storica. Sulla disputa nel suo complesso si veda la raccolta di interventi curata dall'Asor Rosa, *Il caso Verga* (Palermo, Palumbo, 1972).

Negli ultimi decenni si registra un'apprezzabile attività filologica che ha portato a nuove o a migliori edizioni testuali, con particolare riferimento alle lettere per la cui edizione si è impegnato soprattutto GINO RAYA.

Sulla produzione teatrale si è soffermato PAOLO M. SIPALA nel suo studio che coinvolge vari aspetti della vita e dell'opera dell'*Ultimo Verga* (Catania, 1969); SIRO FERRONE ha scandagliato tempi e luoghi del teatro verghiano (*Il teatro di Verga*, Roma, 1972); ANNA BARSOTTI, sempre a proposito del teatro, ha individuato collegamenti con la coeva produzione drammatica; GIOVANNI OLIVA ha indagato sul teatro verghiano con accostamenti, particolarmente con quello del conterraneo Pirandello (*La scena del vero. Letteratura e teatro da Verga a Pirandello*, Roma, Bulzoni, 1992). Su *Giovanni Verga e il cinema muto* è invece intervenuta SARAH ZAPPULLA MUSCARÀ nel volume *Letteratura lingua e società in Sicilia. Studi offerti a Carmelo Musumarra* (Palermo, Palumbo, 1989), comprendente pure altri studi specialistici sul Verga.

Del già citato Sipala è pure una ricerca sui fondamenti teorici del Verismo, compiuta attraverso le prese di posizione del Verga e di altri veristi (*Scienza e storia nella letteratura verista*, Bologna Pàtron, 1976). Dalle teorie veriste si è mosso anche GIUSEPPE SAVOCA (*Strutture e personaggi. Da Verga a Bonaviri*, Roma, Bonacci, 1989) che rileva la sostanziale incoerenza del Verga, ponendo a confronto le sue teorie con le corrispondenti soluzioni narrative, particolarmente nei *Malavoglia*. Indica così tutta una serie di occasioni in cui Verga ha trasgredito ai suoi programmi di oggettività e di impersonalità e ha finito col partecipare dell'ottica dei suoi "vinti", «pensando con loro, calandosi al livello dei loro sentimenti, parteggiando chiaramente per essi». Nel contesto del movimento verista hanno studiato Verga GIACOMO DEBENEDETTI (*Verga e il naturalismo*, Milano, Garzanti, 1976) e VITTORIO SPINAZZOLA (*Verismo e positivismo*, Milano, Garzanti, 1977).

Un'interessante biografia letteraria del Verga si deve a NINO BORSELLINO (*Storia di Verga*, Bari, Laterza, 1982) volta fra l'altro a ridimensionare il regionalismo del Verga e dei veristi, per proporne la ricollocazione in ambito europeo, dato che «nessun altro scrittore della sua età può oggi apparirci quanto Verga depositario di una *funzione* letteraria, sovranazionale oltre che nazionale».

Un esame dell'inquadrabilità de *Il Marito di Elena* nell'ambito della letteratura di massa o di consumo è nella relazione «*Il Marito di Elena*» *di G. Verga e il problema della «trivialità» fittizia* di H. METER al Convegno triestino del 1978 sulla «Trivialliteratur» («*Trivialliteratur?». Letterature di massa e di consumo*, Trieste, Lint, 1979); analogamente sulla ricezione del Verga minore si è espresso REMO CACCIATORI: *Il successo della «Storia di una capinera» e la narrativa patetica ottocentesca* (in *Scrittore e lettore nella società di massa. Sociologia della letteratura e ricezione. Lo stato degli studi*, Trieste, Lint, 1991).

Repertorio bibliografico

a) Opere bibliografiche e introduttive

N. Cappellani, *Vita di Giovanni Verga*, Firenze, Le Monnier, 1940; Id., *Opere di Giovanni Verga*, Firenze, Le Monnier, 1940 (nel vol. II: Bibliografia della critica); Id., *Conclusioni critiche sul Verga*, ivi, 1954 (con supplementi bibliografici fino al 1954); L. Russo, *Appendice bibliografica a Giovanni Verga*, Bari, Laterza, 1978^8; *Nota bibliografica* aggiunta a G. Santangelo, *Storia della critica verghiana*, Firenze, La Nuova Italia, 1973^4; G. Raya, *Bibliografia verghiana*, Roma, Ciranna, 1972; «Italianistica», XI, 1, 1981 (fascicolo dedicato al Verga con schedario aggiornato al 1980); R. Verdirame, *Rassegna verghiana (1969-1983)*, in «Lettere italiane», XXXVI, 3, 1984.

Oltre al citato volume del Russo, si dispone di una buona serie di opere introduttive: S. Zappulla Muscarà, *Invito alla lettura di Verga*, Milano, Mursia, 1977; E. Ghidetti, *Verga. Guida storico-critica*, Roma, Editori Riuniti, 1979; N. Borsellino, *Storia di Verga*, Bari, Laterza, 1982; G. Viti, *Verga verista. Guida a «I Malavoglia», a «Mastro-don Gesualdo» e alle maggiori novelle veriste*, Firenze, Le Monnier, 1983^4; M. Paladini Musitelli, *Verga*, Lecce, Milella, 1984; G. Mazzacurati, *Verga*, Napoli, Liguori, 1985; un contributo a più voci è *Il punto su Verga*, a cura di V. Masiello, Bari, Laterza, 1986.

La biografia più accreditata è G. Cattaneo, *Verga*, Torino, UTET, 1963. Di rilevante interesse anche biografico è F. De Roberto, *Casa Verga e altri saggi verghiani*, a cura di C. Musumarra, Firenze, Le Monnier, 1964; utile anche G. Raya, *Verga e i Treves*, Roma, Herder, 1988 (con lettere inedite).

b) Edizioni e commenti

I primi volumi dell'Edizione Nazionale sono stati pubblicati da Le Monnier-Banco di Sicilia. Sono finora usciti: vol. I: *I Carbonari della montagna - Sulle lagune*, 1988; vol. XIV: *Vita dei campi*, 1987; vol. XVII: *Drammi intimi*, 1987; vol. V: *Tigre reale I*, 1988. Un altro testo critico è G. Verga, *Mastro-don Gesualdo*, a cura di C. Riccardi, Milano, Il Saggiatore, 1979. Un'edizione ormai superata è quella delle *Opere*, a cura di L. e V. Perrone, Milano, Mondadori, 1939-1952 (in 7 volumi).

Tra le raccolte di opere si vedano: *Tutte le novelle*, a cura di C. Riccardi, Milano, Mondadori, 1979; *I grandi romanzi*, a cura di F. Cecco e C. Riccardi, Milano, Mondadori, 1979; *I grandi romanzi*, a cura di F. Cecco e C. Riccardi, ivi, 1987^2; *Le novelle*, 2 voll., a cura di G. Tellini, Roma, Salerno, 1980; *Tutti i romanzi*, a cura di E. Ghidetti, Firenze, Sansoni, 1984; *Tutto il teatro*, a cura di N. Tedesco, Milano, Mondadori, 1980. Un'ampia scelta in G. Verga, *Opere*, a cura di L. Russo, Milano-Napoli, Ricciardi, 1968^2; cfr. anche G. Verga, *Opere*, a cura di G. Tellini, Milano, Mursia, 1988.

Per quanto riguarda gli epistolari: G. VERGA, *Lettere al suo traduttore*, a cura di F. Chiappelli, Firenze, Le Monnier, 1954; *Lettere d'amore*, a cura di G. Raya, Roma, Ciranna, 1971; *Carteggio Verga-Capuana*, a cura di G. Raya, Roma, Edizioni dell'Ateneo, 1984 (1ª ed. Firenze, Le Monnier, 1975); *Lettere sparse*, a cura di G. Finocchiaro Chimirri, Roma, Bulzoni, 1979; G. FINOCCHIARO CHIMIRRI, *Postille a Verga. Lettere e documenti inediti*, ivi, 1977². Molto utile G. FINOCCHIARO CHIMIRRI, *Regesto delle lettere a stampa di Giovanni Verga*, Catania, Società di Storia patria per la Sicilia Orientale, 1977 (con le numerose correzioni e aggiunte di C. CORDIÈ, in «Lettere italiane», XXXI, 1979); si veda anche *Biblioteca di Giovanni Verga*, Catalogo a cura di C. Lanza, S. Giarratana e C. Deitano, Catania, Edigraf, 1985.

Commenti ai *Malavoglia*: a cura di L. Russo, Firenze, Vallecchi, 1925; P. Nardi, Milano, Mondadori, 1968 (1ª ed. 1939); C. Musumarra, Brescia, La Scuola, 1984; R. Luperini, Milano, Mondadori, 1988; T. Di Salvo, Bologna, Zanichelli, 1989; A. Marchese, Torino, SEI, 1993. Al *Mastro-don Gesualdo*: a cura di L. Russo, Milano, Mondadori, 1934. Alle *Novelle*: a cura di L. Russo, Firenze, Vallecchi, 1924; E. Sanguineti, Bologna, Cappelli, 1979; N. Merola, Milano, Garzanti, 1981; A. Marchese, Torino, SEI, 1994.

c) Critica

G. SANTANGELO, *Storia della critica verghiana*, cit.; A. SERONI, *Verga (Storia della critica)*, Palermo, Palumbo, 1960; si veda anche il cap. I (*La fortuna del Verga*) della citata monografia del Russo; M. POMILIO, *Fortuna del Verga*, Napoli, Liguori, 1962; *Interpretazioni verghiane*, a cura di R. Luperini, Roma, Savelli, 1975; M. MUSITELLI PALADINI, *Verga*, Lecce, Milella, 1984; V. STELLA, *L'intelligenza della poesia*, Roma, Bonacci, 1990 (su Capuana, Russo, Pirandello e Croce lettori di Verga). Sulla critica del secondo Ottocento: R. MELIS, *La bella stagione del Verga: Francesco Torraca e i primi critici verghiani*, Catania, Fondazione Verga, 1990. Sull'influenza del Verga nel nostro secolo: C. MUSUMARRA, *Verga e la sua eredità novecentesca*, Brescia, La Scuola, 1981.

Studi notevoli: L. CAPUANA, *Studi sulla letteratura contemporanea*, I serie, Milano, 1880, II serie, Catania, 1882; ID., *Gli ismi contemporanei*, Catania, 1898 (gli scritti del Capuana sul Verga sono raccolti in: L. CAPUANA, *Verga e D'Annunzio*, Bologna, Cappelli, 1972); B. CROCE, *Giovanni Verga*, in *Letteratura della nuova Italia*, vol. III, Bari, Laterza, 1914-1915; G. MARZOT, *L'arte del Verga*, Vicenza, 1930; A. MOMIGLIANO, *Verga narratore*, in *Dante, Manzoni, Verga*, Messina, D'Anna 1944; N. SAPEGNO, *Appunti per un saggio sul Verga*, in *Ritratto di Manzoni*, cit.; G. TROMBATORE, *Mastro-don Gesualdo*, in *Saggi critici*, Firenze, La Nuova Italia, 1950; V. LUGLI, *Lo stile indiretto libero in Flaubert e Verga*, in *Dante e Balzac*, Napoli, ESI, 1952; G. DEVOTO, *Giovanni Verga e i piani del racconto*, in *Nuovi studi di stilistica*, cit.; V. BRANCATI, *L'orologio del Verga*, in «Il Mondo», 27 sett. 1955; A. NAVARRIA, *Lettura di poesia nell'opera di Giovanni Verga*, Messina-Firenze, D'Anna, 1962; O. RAGUSA, *Verga's Milanese Tales*, New York, Vanni, 1964; C. MUSUMARRA, *Verga minore*, Pisa, Nistri-Lischi, 1965; F. NICOLOSI, *Il Mastro-don Gesualdo (dalla prima alla seconda redazione)*, Roma, Edizioni dell'Ateneo, 1967; E. GIACHERY, *Verga e D'Annunzio*, Milano, Silva, 1968; R. LUPERINI, *Pessimismo e verismo in Giovanni Verga*, Padova, Liviana, 1968; E. CECCHETTI, *Il Verga maggiore*, Firenze, La Nuova Italia, 1968; P.M. SIPALA, *L'ultimo Verga*, Catania, Bonanno, 1969; G.P. MARCHI, *Concordanze verghiane*, Verona, Fiorini, 1970; V. MASIELLO, *Verga fra ideologia e realtà*, Bari, De Donato, 1970; C. MUSUMARRA, *Vigilia della narrativa verghiana*, Catania, Giannotta, 1971²; A. ASOR ROSA, *Il caso Verga*, Palermo, Palumbo, 1972; S. FERRONE, *Il teatro di Verga*, Roma, Bulzoni, 1972; R. BIGAZZI, *Sul Verga novelliere*, Pisa, Nistri-Lischi, 1975; G. DEBENEDETTI, *Verga e il naturalismo*, Milano, Garzanti, 1976; L. SPITZER, *L'originalità della narrazione nei*

Malavoglia, in *Studi italiani*, Milano, Vita e Pensiero, 1976 (fondamentale); R. SCRIVANO, *La narrativa di Giovanni Verga*, Roma, Bulzoni, 1977; S. CAMPAILLA, *Anatomie verghiane*, Bologna, Pàtron, 1978; G. RAGONESE, *Interpretazione del Verga*, Roma, Bulzoni, 1978; D. CONSOLI, *Due saggi verghiani*, Roma, Lucarini, 1979; N. MEROLA, *Su Verga e D'Annunzio*, Roma, Edizioni dell'Ateneo, 1979; N. TEDESCO, *Il cielo di carta. Teatro siciliano da Verga a Ioppolo*, Napoli, Guida, 1980; G. BALDI, *L'artificio della trasgressione. Tecnica narrativa e ideologia nel Verga verista*, Napoli, Liguori, 1980; C. MUSUMARRA, *Verga e la sua eredità novecentesca*, Brescia, La Scuola, 1981 (con ampia bibliografia); D. WOOLF, *Il realismo di Verga*, Palermo, Palumbo, 1982; G. ALFIERI, *Il motto degli antichi. Proverbio e contesto nei Malavoglia*, Catania, Fondazione Verga, 1985; T. WLASSICS, *Nel mondo dei «Malavoglia». Saggi verghiani*, Pisa, Giardini, 1986; F. NICOLOSI, *Verga tra De Sanctis e Zola*, Bologna, Pàtron, 1986; G.P. MARCHI, *Verga e il rifiuto della storia*, Palermo, Sellerio, 1987 (sul bozzetto inedito *L'africano*); L. JANNUZZI, *Sul primo Verga*, Napoli, Loffredo, 1988; S. BLAZINA, *La mano invisibile. Poetica e procedimenti narrativi del romanzo verghiano*, Torino, Tirrenia Stampatori, 1989; R. LUPERINI, *Simbolo e costruzione allegorica in Verga*, Bologna, Il Mulino, 1989; G. SAVOCA, *Strutture e personaggi. Da Verga a Bonaviri*, Roma, Bonacci, 1989; G. PATRIZI, *Il mondo visto da lontano. Il fatto e il percorso nella poetica verghiana*, Catania, Fondazione Verga, 1989; D. TANTERI, *Le lagrime e le risate delle cose*, ivi, 1989; G. PETRONIO, *Restauri letterari da Verga a Pirandello*, Roma-Bari, Laterza, 1990; G. OLIVA, *La scena del vero. Letteratura e teatro da Verga a Pirandello*, Roma, Bulzoni, 1992. Un tema particolare in G. RAYA, *Verga e il cinema*, Roma, Herder, 1984 (sul Verga soggettista).

Volumi miscellanei: *Studi verghiani*, a cura di A. D'Antona, Palermo, Mazzone, 1977; *La letteratura siciliana nella critica contemporanea*, Catania, Archivio storico per la Sicilia Orientale, 1980; Atti del Convegno di studi su «*I romanzi fiorentini*» *di G. Verga*, Catania, Biblioteca della Fondazione Verga, 1981; *Verga. L'ideologia, le strutture narrative, il «caso critico»*, a cura di R. Luperini, Lecce, Milella, 1982; «*I Malavoglia» di G. Verga (1881-1981). Letture critiche*, a cura di C. Musumarra, Palermo, Palumbo, 1982; Atti del Convegno Internazionale di studi su «*I Malavoglia*», Catania, Biblioteca della Fondazione Verga, 1982; *Incontri siracusani su G. Verga*, Siracusa, 1983.

19 Fogazzaro

19.1 I primi giudizi e il saggio del Croce

L'interesse dei primi lettori e critici del Fogazzaro si rivolse soprattutto ai contenuti ideali e agli intenti morali e religiosi, in senso positivo o negativo a seconda delle particolari convinzioni. Libri come *Daniele Cortis* (uscito nel 1885), per esempio, furono esaltati quali espressioni di idealismo e di spiritualismo in contrapposizione alle tendenze materialistiche e veristiche dominanti in molta parte della cultura e della letteratura dell'epoca. Questo atteggiamento venne favorito dall'aperta partecipazione dello scrittore al movimento modernista e in genere dalla sua polemica per un rinnovamento religioso e sociale. Solo nei primi anni del Novecento si comincia ad affrontare criticamente il problema dell'arte fogazzariana, cercando di determinarne i caratteri e di indagare il suo rapporto col mondo intellettuale e morale dello scrittore. Così, mentre alcuni critici osservano che spesso nei romanzi dello scrittore vicentino la tesi soverchia l'arte, altri come ENRICO THOVEZ, rilevano che la sua opera «è corsa da una fiamma di poesia, anzi di lirismo», o notano, come RENATO SIMONI, il particolare carattere "musicale" della sua prosa narrativa.

Fondamentale, tra i primi saggi critici, quello di BENEDETTO CROCE, apparso su «La critica» nel 1903. Secondo il procedimento per eliminazione, che gli è consueto soprattutto in questo periodo, il Croce distingue nettamente ciò che nell'opera del Fogazzaro è negativo e ciò che è, dal punto di vista artistico, positivo. La parte negativa è rappresentata da tutto il complesso delle intenzioni religiose, morali, politiche ecc., dello scrittore: «egli ha un sistema d'idee al quale non è artisticamente pari, e dal quale troppe cose nell'esecuzione lo distraggono. I motivi della sua fortuna sono nello stato di spirito di certe classi sociali, e nel miscuglio di religione e di sensualità, ben accetto alle anime fiacche e sognatrici». Come artista sente la voluttà e non il dovere e la sua arte decade tutte le volte che si mette al servizio delle sue idee. Ma «nonostante le sue tesi e i suoi pasticci idealistico-sensuali, il Fogazzaro ha scritto la sua bella pagina nella storia della nostra letteratura». Infatti «ha molta ricchezza di vita intima e sa sorprendere i contrasti e le sfumature del sentimento [...] ha vivo l'amore e la simpatia per la natura [...] ha anche una vena comica, non profonda, ma facile». In conformità a un'opinione che si è andata ben presto consolidando nella critica, e che è tuttora la dominante, anche per il Croce il Fogazzaro riuscì a fondere armonicamente i vari aspetti della sua personalità solo in *Piccolo mondo antico*: «questa tenerezza e delicatezza di sentimenti, questa penetrazione psicologica, questo spirito d'osservazione della vita quotidiana nei suoi lati comici ed umoristici, tutti gli elementi di un'anima artistica, sparsamente disseminati, e talvolta stridenti, nelle opere precedenti, si congiungono, si rassettano, trovano il loro posto nel *Piccolo mondo antico* (1896), ch'è senza dubbio il miglior libro del Fogazzaro, quello in cui egli ha indovinato se stesso e che solo dà completa la misura del suo ingegno».

Il giudizio negativo sul mondo ideale del Fogazzaro venne accentuato dal Croce nel saggio del 1908 *Di un carattere della più recente letteratura italiana*, dove lo scrittore vicentino è indicato, insieme col D'Annunzio e col Pascoli, come uno dei tre più significativi rappresentanti dell'"insincerità" della contemporanea vita spirituale e letteraria italiana. Molti anni più tardi (1935) nel saggio *L'ultimo Fogazzaro* egli confermerà la sua valutazione limitatrice dell'opera fogazzariana, osservando che negli ultimi romanzi torna a scomporsi quell'equilibrio che lo scrittore aveva raggiunto in *Piccolo mondo antico*.

19.2 La monografia del Donadoni. L'interpretazione antirealistica e "musicale" dell'arte fogazzariana (Momigliano, Trombatore, Nardi)

Sulla linea dell'interpretazione crociana, ma con notevoli sviluppi originali, si colloca la prima importante monografia critica sul Fogazzaro: quella di EUGENIO DONADONI (1912). Spirito appassionato di problemi psicologici e morali, e insieme dominato da un rigorismo etico e religioso d'impronta, si direbbe, protestante, il Donadoni compie una penetrante, ma anche assai spesso eccessivamente severa, analisi della personalità dello scrittore. Il punto di partenza della sua interpretazione sta nella convinzione che il Fogazzaro è un sentimentale, quindi uno scrittore elegiaco e idillico, un vinto d'amore: di qui nei suoi romanzi il sentimento della morte, come sconfitta, estinzione, e anche il grottesco comico («il ragazzo, creatura tutta sentimento, si diletta non meno di piangere che di ridere»). Il Fogazzaro non possiede un fulcro, un nodo centrale di pensiero, donde nelle sue opere il difetto di organismo, di coordinazione e di subordinazione delle varie parti. Anche il suo Dio «è costruito dal sentimento assai più che scaturito dalle profondità della coscienza» ed è un Dio più di teosofia che di teologia, che serve solo ad assicurare la continuità della vita terrena, e particolarmente dell'amore. Manca al Fogazzaro la fede, quella che è la premessa tacita di tutto il mondo manzoniano, e perciò sono così continui nella sua opera i richiami al mondo esteriore: il suo Santo è un abulico, dilettante di molte cose, tutto convenzionale, nel quale il dramma della santità è sostituito dalla declamazione e dalla scenografia. Unico motivo schietto appare al Donadoni l'idillio d'amore, un amore contemplativo, che si deliba sempre e non si compie mai, «elegia desolata della gioia d'amore perduta», che si spezza contro la dura realtà.

Sia nel Croce sia nel Donadoni si avverte, accanto all'atteggiamento negativo nei riguardi del mondo ideologico e morale del Fogazzaro, una scarsa attenzione e sensibilità per quell'atmosfera misteriosa, indefinita, musicale, che avvolge tante sue pagine e che lo avvicina ai contemporanei rappresentanti della reazione antipositivistica e antirealistica. Questa parentela è colta e sottolineata da ATTILIO MOMIGLIANO nella sua *Storia della letteratura italiana* (1934). Il Momigliano colloca su di un medesimo piano Fogazzaro, Pascoli e D'Annunzio, i quali «pur partendo dal positivismo e dal realismo, ne rappresentano la reazione spiritualistica o mistica o estetizzante»; osserva che Marina di *Malombra* «ha le impronte delle donne perverse e fatali della letteratura decadentistica europea» e che col personaggio di Corrado Silla, passionale e debole, «comincia la malattia morale del decadentismo, quella che mette capo a Borgese e a Moravia»; definisce infine il carattere non pittoresco, ma musicale del paesaggio fogazzariano: «Fogazzaro, in certo modo, ha preceduto Pascoli e aperto in Italia la via di quella sentimentalità indefinita, fatta di accordi occulti, che accosta inevitabilmente la poesia alla musica». L'unità artistica di un romanzo come *Malombra* è per il Momigliano costituita appunto dall'«atmosfera musicale».

La proposta critica del Momigliano è ripresa da GAETANO TROMBATORE (*Fogazzaro*, 1938), che in un'effusa onda lirico-musicale fa consistere il carattere e il fascino dell'opera fogazzariana, orchestrante le note dell'amore, della morte, del dolore, del mistero. Motivi abbastanza affini svolgono RAFFAELLO VIOLA e altri critici. E già prima uno degli studiosi più benemeriti del Fogazzaro, PIERO NARDI (curatore dell'edizione critica di tutte le opere dello scrittore), aveva dato rilievo all'aspetto suggestivo e musicale della sua arte, ma interpretandolo come il risultato di un ampliamento del metodo naturalistico: «il Fogazzaro ha allargato la sfera dell'indagine naturalistica e ha per tale via ampliato l'orizzonte della realtà capace di diventare oggetto di rappresentazione. Non s'è fermato agli involucri corporei; e dagli istinti partendo, è salito a esplorare quella superior regione dell'interiorità umana in cui il senso si trasforma in sentimento, e poi l'altra, dove i sentimenti appaiono sublimati dall'intelletto, e talora irraggiati dalla luce del trascendente [...]. Egli è sempre partito dall'osservazione di temperamenti presentatisi nel campo visivo della sua realtà d'uomo [...] come potrebbesi, personaggio per personaggio, documentare con tutta intera l'opera sua narrativa» (*A. Fogazzaro su documenti inediti*, 1930).

19.3 Fogazzaro oggi

Le interpretazioni sopra delineate, pur nella diversità dei risultati, si ricollegano tutte, in maniera più o meno evidente, all'indirizzo di critica letteraria promosso dal Croce e che ha dominato la nostra cultura nella prima metà del secolo. Nel secondo dopoguerra anche gli studi sul Fogazzaro hanno risentito dei nuovi orientamenti, sociologici o stilistici, della critica. Da una parte il Trombatore (*Il successo di Fogazzaro*, in «Risorgimento», ag. 1945) e CARLO SALINARI (*Miti e coscienza del decadentismo*, Milano, 1969) hanno ricercato il legame fra l'opera del romanziere e il travaglio della società italiana fra il 1888 e il 1910; dall'altra vari critici hanno indagato la tecnica costruttiva e stilistica del narratore. Fra di essi segnaliamo in particolare GIACOMO DEVOTO (*Studi di stilistica*, Firenze, Le Monnier, 1950), il quale ha analizzato acutamente le forme espressive in cui si concreta l'*epos* dei "piccoli mondi" fogazzariani.

LUIGI RUSSO (*I narratori*, Milano-Messina, Principato, 1958) fa sue le accuse della critica marxista nel denunciare la collusione del Fogazzaro con l'aristocrazia, ma ne apprezza, da posizioni laiche, il modernismo e la tensione verso il nuovo, pur con una certa confusione fra sacro e profano.

In un'ottica mutata si accostano all'opera e alla figura umana GIORGIO DE RIENZO con *Fogazzaro e l'esperienza della realtà* (Milano, Silva, 1967) e DONATELLA e LEONE

Piccioni con la biografia *Fogazzaro* (Torino, UTET, 1970). Il De Rienzo, che ritorna sul Fogazzaro nel 1981 (*Il poeta fuori gioco*, Roma, Bulzoni) e nel 1983 (*Invito alla lettura di Antonio Fogazzaro*, Milano, Mursia), mira a una lettura unitaria di tutta l'opera della quale sottolinea gli elementi di modernità, fra i quali il senso di straniamento, le difficoltà nei rapporti interpersonali, la ricerca di uno stretto rapporto con Dio. I Piccioni sottolineano la modernità dell'impianto psicologico, le capacità di comunicativa della lingua fogazzariana, già accusata di corrività, e l'ansia di rinnovamento morale.

Di "antinaturalismo" parla a proposito del Fogazzaro BRUNO PORCELLI in *Momenti dell'antinaturalismo. Fogazzaro, Svevo, Corazzini* (Ravenna, Longo, 1975): egli sostiene che si tratta di rifiuto totale del realismo, motivato dall'aspirazione a sfuggire la realtà quotidiana che nei romanzi appare ridotta a bozzetto o a particolare grottesco. Valuta progressista la posizione del Fogazzaro nell'ambito del Decadentismo ROBERT A. HALL (*Antonio Fogazzaro e la crisi dell'Italia moderna*, New York, Ithaca, 1967), il quale individua nei suoi romanzi un procedimento di simbolizzazione delle problematiche culturali attraverso personificazioni narrative. La complessità e l'inafferrabilità dei personaggi fogazzariani e la modernità della struttura narrativa sono al centro dell'ampio saggio di GIORGIO CAVALLINI su *La dinamica della narrativa di Fogazzaro* (Roma, Bulzoni, 1978).

Nuovi contributi vengono intanto dalla rivisitazione di opere e scritti minori: degli atteggiamenti ideologici e culturali ha trattato PAOLO ROSSI nell'*Introduzione* ad A. FOGAZZARO, *Ascensioni umane. Teoria dell'evoluzione e filosofia cristiana* (Milano, Longanesi, 1977) e in *Antonio Fogazzaro: l'evoluzionismo senza Darwin*, in *Immagini della scienza* (Roma, Editori Riuniti, 1977). Una riflessione sul Fogazzaro teorico della letteratura viene da ELENA LANDONI, curatrice di una raccolta di *Scritti di teoria e critica letteraria* (Milano, Edizioni di teoria e storia letteraria, 1983), la quale mostra un Fogazzaro affascinato «dall'occulto, dal misterioso, da situazioni indeterminate che sfuggono ad una situazione razionale». GIORGIO PETROCCHI, in una serie di interventi legati alla pubblicazione delle lettere del Fogazzaro, sottolinea come il suo cattolicesimo non sia individuale (*Antonio Fogazzaro*, in *Letteratura italiana contemporanea*, Roma, Lucarini, 1979) e segnala l'attualità della sua condizione spirituale. GIORGIO PULLINI, intervenendo soprattutto sulle opere più tarde, riconduce l'attenzione fogazzariana al passato, a una sorta di autobiografismo, demolendo così l'accusa di regressione che collocava la narrativa fogazzariana nei pressi del romanzo storico d'impianto ottocentesco (*Antonio Fogazzaro*, in *Storia della cultura veneta*, Vicenza, Neri Pozza, 1986).

Repertorio bibliografico

a) Opere bibliografiche e introduttive

Non esiste una bibliografia fogazzariana sistematica e completa. Si tengano soprattutto presenti: S. RUMOR, *Antonio Fogazzaro, la sua vita, le sue opere, i suoi critici*, Milano, 1912², la cui bibliografia è stata integrata e proseguita da A. PIROMALLI, in *Fogazzaro e la critica*, Firenze, La Nuova Italia, 1952 e *Fogazzaro*, Palermo, Palumbo, 1959. Cfr. inoltre F. FINOTTI, *Dimenticare Fogazzaro (rassegna fogazzariana 1970-1990)*, in «Lettere italiane», XLII, 1990.

Per la vita, oltre il citato volume del Rumor, cfr.: T. GALLARATI-SCOTTI, *La vita di Antonio Fogazzaro*, Milano, Mondadori 1982 (1ª ed. 1963); D. e L. PICCIONI, *Fogazzaro*, Torino, UTET, 1970. Per un primo orientamento: G. DE RIENZO, *Invito alla lettura di Fogazzaro*, Milano, Mursia, 1983; A. PIROMALLI, *Introduzione a Fogazzaro*, Bari-Roma, Laterza, 1990.

b) Edizioni e commenti

Tutte le opere, 15 voll., a cura di P. Nardi, Milano, Mondadori, 1931-1944. *Piccolo mondo antico*, a cura di P. Nardi, Milano, Mondadori, 1958¹²; G. Mariani, Roma, Tumminelli, 1967; G. Pullini, Padova, RADAR, 1968; R. Bertacchini, Torino, SEI, 1971; L. Baldacci, Milano, Garzanti, 1973; G. De Rienzo, Brescia, La Scuola, 1984; M. Vitta, Milano, Principato, 1992. *Malombra*, a cura di A. Mor, Torino, SEI, 1967; *Il mistero del poeta*, a cura di E. Landoni, Milano, Editrice Bibliografica, 1991; *I racconti*, a cura di F. Romboli, Milano, Mursia, 1991; *Ascensioni umane. Teoria dell'evoluzione e filosofia cristiana*, a cura di P. Rossi, Milano, Longanesi, 1977; *Scritti di teoria e critica letteraria*, a cura di E. Landoni, Milano, Edizioni di teoria e storia letteraria, 1983; cfr. inoltre la *Corrispondenza Fogazzaro-Bonomelli*, a cura di C. Marcora, Milano, Vita e Pensiero, 1968. Il testo di *Piccolo mondo antico* compare infine nel volume IV dei *Narratori dell'Ottocento e del primo Novecento*, a cura di A. Borlenghi, Milano-Napoli, Ricciardi, 1966. Si veda la raccolta *I capolavori* (contiene *Malombra, Piccolo mondo antico, Leila*), a cura di G. De Rienzo, Milano, Mursia, 1968.

c) Critica

Per la storia della critica cfr. i due volumi del PIROMALLI, cit.; inoltre: G. TROMBATORE, *Il successo di Fogazzaro*, in *Riflessi letterari del Risorgimento in Sicilia*, Palermo, Manfredi, 1970; E. GHIDETTI, *Antonio Fogazzaro*, in *I classici italiani nella storia della critica*, dir. da W. Binni, vol. III, Firenze, La Nuova Italia, 1971. Le prime due monografie complessive sono: P. NARDI, *A. Fogazzaro*, Milano, Mondadori, 1945³ e L. PORTIER, *A. Fogazzaro*, Paris, 1937. Altri studi notevoli: B. CROCE, *A. Fogazzaro*, in «La critica», 20 mar. 1903 (poi in *La letteratura della nuova Italia*, vol. IV, Bari, Laterza); ID., *L'ultimo Fogazzaro*, in «La critica», 20 mag. 1935 (poi in *La letteratura della nuova Italia*, vol. VI, cit.); E. DONADONI, *A. Fogazzaro*, Bari, Laterza, 1939²; L. RUSSO, *I narratori*, Milano-Messina, Principato, 1958³; *L'arte narrativa del Fogazzaro*, in «Belfagor», 31 genn. 1956; *Il Fogazzaro nella storia*, in «Belfagor», 31 lug. 1956; U. LEO, *Fogazzaros Stil und der symbolistische Lebensroman*, Heidelberg, 1928; A. MOMIGLIANO, *«Daniele Cortis»*, in *Studi di poesia*, Messina-Firenze, D'Anna; G. DEVOTO, *Dai «Piccoli mondi» del Fogazzaro*, in *Studi di stilistica*, Firenze, Le Monnier, 1950; G. DE RIENZO, *Fogazzaro e l'esperienza della realtà*, Milano, Silva, 1967; ID., *Il «Piccolo mondo antico» di Fogazzaro*, in *Il poeta fuori gioco*, Roma, Bulzoni, 1981; P. GIUDICI, *I romanzi di Antonio Fogazzaro e altri saggi*, Roma, Edizioni dell'Ateneo, 1970; G. TROMBATORE, *Fogazzaro*, Palermo, Manfredi, 1970²; E. GHIDETTI, *Le idee e le virtù di Antonio Fogazzaro*, Padova, Liviana, 1974; A. PIROMALLI, *Miti e arte in Antonio Fogazzaro*, Firenze, La Nuova Italia, 1973; B. PORCELLI, *Momenti dell'antinaturalismo: Fogazzaro, Svevo, Corazzini*, Ravenna, Longo, 1975; G. CAVALLINI, *La dinamica della narrativa di Fogazzaro*, Roma, Bulzoni, 1978; R. A. HALL JR., *Fogazzaro*, Boston, Mass., 1978; F. BONALUMO, *La figura del sacerdote nell'opera di Fogazzaro*, in «Otto/Novecento», 3-4, 1980; C. BO, *Fogazzaro profeta non ascoltato*, in «Nuova rivista europea», 31, sett.-nov. 1982; C. RAGONESE, *Da Manzoni a Fogazzaro. Studi sull'Ottocento narrativo*, Palermo, 1983.

Un importante volume miscellaneo è *Antonio Fogazzaro*, Atti del Convegno di Como, ott. 1982, a cura di A. Agnoletto, E. N. Girardi e C. Marcora, Milano, Franco Angeli; si attende la stampa degli Atti del Convegno Internazionale di Vicenza su *Antonio Fogazzaro, le opere, i tempi*, 1991.

20 Pascoli

20.1 Prime approssimazioni critiche dal Croce al Galletti

La prima impostazione del problema critico della poesia pascoliana si deve a BENEDETTO CROCE. In un saggio di ampie dimensioni pubblicato su «La critica» nel 1906 (poi in *Letteratura della nuova Italia*, vol. IV), egli, partendo dall'impressione indecisa, insieme di attrazione e di repulsione, provata alla lettura di molte delle poesie pascoliane e cercando di trovarne la ragione, arriva alla conclusione che il Pascoli è «uno strano miscuglio di spontaneità e di artifizio: un grande-piccolo poeta, o se piace meglio, un piccolo-grande poeta», ricco di motivi ispiratori bellissimi, che però difficilmente riesce a svolgere in componimenti perfetti, perché temperamento di "frammentario", felicissimo nel cogliere i particolari, ma privo di virtù costruttive e sintetiche. Questo suo temperamento è costante in tutte le opere, tanto nelle *Myricae* quanto nei *Poemi conviviali*, come costante, malgrado le diverse apparenze, è il suo stato d'animo fondamentale, che è quello "idillico", di un idillio venato di dolore. Il Croce ha poi sempre ribadito il suo giudizio, accentuandone anzi il carattere negativo coll'accentuarsi del suo atteggiamento polemico nei riguardi del "decadentismo", del quale il Pascoli gli è apparso un tipico rappresentante, insieme col D'Annunzio, per il suo "impressionismo" e il suo "frammentismo".

La negatività e talvolta l'asprezza dei giudizi crociani hanno in gran parte origine in una profonda diversità di temperamento e di gusto: sano, equilibrato l'uno, classico l'altro. Alla sensibilità eccezionale, sempre un po' malata, del Pascoli, al suo gusto espressivo così diverso da quello classico, tendente allo sfumato, all'indefinito, al musicale, hanno avuto la possibilità di accostarsi maggiormente critici dal temperamento più affine al suo, meglio disposti a penetrare nelle sottigliezze della sua psicologia e nelle raffinatezze della sua espressione. Alcune tra le prime, più fini approssimazioni critiche furono compiute da RENATO SERRA (*Pascoli*, in *Scritti critici*, Firenze, La Voce, 1910), il quale analizzò soprattutto l'originalissima struttura del verso pascoliano. Acute osservazioni sulla tecnica del Pascoli, sulla fiacchezza sintetica, sulla gracilità strutturale delle sue poesie che si risolvono in genere in «una lunga ondulazione ritmica», ma anche sulla sorprendente novità ed efficacia di tante sue espressioni, fece poco dopo EMILIO CECCHI nel volume *La poesia di G. Pascoli* (1912). Ma il motivo più notevole del suo libro, motivo destinato ad avere molta influenza sulla critica successiva, è quello del «senso del mistero» come carattere proprio della miglior poesia pascoliana. Per essere veramente grande poeta bisogna che il Pascoli non si limiti alla rappresentazione pura e semplice, per quanto viva e immediata, delle cose, ma «è necessario che lo spettacolo delle cose si franga, davanti ai suoi occhi, e che l'ala molle e agghiacciante del mistero, dell'ignoto, sfiori il suo cuore».

Queste notazioni del Cecchi additavano una direzione interpretativa divergente da quella "idillica" e paesana del Croce, invitando a ricercare una nuova prospettiva critica che illuminasse meglio la sostanza più profonda della sconcertante arte pascoliana. Fondamentale in questo senso fu il volume di ALFREDO GALLETTI, *La poesia e l'arte di G. Pascoli* (Roma, Formiggini, 1918). Il Galletti ricollega la personalità e la "poetica" del Pascoli alle tendenze dell'estremo Romanticismo europeo di carattere panteistico e simbolistico, definendo come «misticismo sentimentale» il suo atteggiamento spirituale, dominato dalla «religiosità del mistero», atteggiamento che determina una concezione magica e simbolistica della poesia. In questo senso viene interpretata l'estetica del "fanciullino", che il Croce aveva considerato solo come un riflesso teorico dell'arte del Pascoli, osservando che essa confonde l'*ideale* fanciullezza della poesia, sinonimo di contemplazione pura, con la *realistica* fanciullezza, «che si aggira in un piccolo mondo perché non conosce e non è in grado di dominarne uno più vasto». Secondo il Galletti essa è invece un'estetica dedotta con coerenza dal misticismo sentimentale e da essa deriva logicamente anche il carattere prevalentemente "musicale" della poesia pascoliana.

20.2 Le "impressioni" del Momigliano e l'interpretazione decadentistica del Pascoli dal Petrini al Binni

Il libro del Galletti, molto importante (malgrado la struttura dispersa e l'eccessiva facilità e abbondanza dei richiami non sempre persuasivi e illuminanti) per aver risolutamente collocato il Pascoli nell'ambito del Romanticismo decadente, restava però generico, perché troppo poco si preoccupava di definire entro quell'ambito i caratteri propri della personalità pascoliana. In questa direzione molte acute e preziose osservazioni sono disseminate in alcuni scritti di ATTILIO MOMIGLIANO, apparsi in quegli anni sotto forma di recensioni sul «Giornale Storico della Letteratura Italiana» (il più importante fu ristampato in *Impressioni di un lettore contemporaneo*, Milano, Mondadori, 1928 e tutti vennero rifusi nel capitolo sul Pascoli nella *Storia della letteratura italiana*). Il Momigliano, dopo aver notato il carattere decadente della "primitività" pascoliana, mette in rilievo il difetto di continuità ideativa nella sua poesia, la funzione disgregatrice che vi ha spesso il pensiero, la mancanza in essa di una complessa e solida struttura spirituale: «Il mondo poetico e spirituale del Pascoli è fatto di sentimenti crepuscolari o di sgomenti grandiosi o di purezze infantili, e non conosce le costruzioni umane del mondo morale. Per quanto sottile o solenne, la sua spiritualità è primitiva ed è incapace di dar forma artistica ai sentimenti e ai pensieri che sono il frutto dell'evoluzione secolare dell'umanità». Per questo egli è riuscito solo di quando in quando a comunicarci la sua ansia del mistero: ci sarebbe riuscito di più «se avesse avuto la capacità di fermar la sua anima sopra aspetti meno indefiniti del mistero, se il suo spirito, non accontentandosi d'una sensazione vaga, fosse stato più curioso di fissare il volto proteiforme dell'enigma, avesse tentato [...] di coglierlo nelle mille forme della vita universale e umana in cui si presenta». Per questa debolezza intellettuale, per questa natura essenzialmente sensitiva, il Pascoli, malgrado le apparenze diverse, è simile al D'Annunzio, e inoltre anche la sua poesia è spesso corrosa da una forma particolare di retorica, difficile da scorgere, che si può definire una *declamazione sottovoce*.

Sugli aspetti retorici, artificiosi della poesia pascoliana si era già fermato con insistenza il Croce, il quale aveva anche dato rilievo al carattere erudito, decorativo, prezioso del classicismo pascoliano, come si manifesta specialmente nei *Poemi conviviali*. Le sue osservazioni furono riprese e analiticamente confermate mediante una minuta indagine stilistica da DOMENICO PETRINI, in un saggio rimasto incompiuto su *La poesia di Giovanni Pascoli* (in «La civiltà moderna», I, 1929 e II, 1930). Secondo il Petrini, i *Poemi conviviali* sono «poesia raffinata di letterato, che s'incanta dell'antico, con l'illusione di riviverlo nella sua anima risentendone più davvicino le forme», e in essi, e nelle *Canzoni di re Enzo*, l'amore della parola rara, l'uso dei nomi propri per ricostruzione coloristica del passato, l'accumulamento dei particolari, la ricerca del luccichìo brillante nei colori, le similitudini esornative, lo spezzettamento dell'endecasillabo sono tutte caratteristiche di una letteratura puramente *decorativa*, «d'un alessandrino attento a cogliere nella storia il colore delle cose, ma che non può affermarne l'anima».

In forme varie e da diversi punti di vista si era venuta così delineando la fisionomia "decadentistica" del poeta. Su questo punto recò ulteriori chiarimenti e approfondimenti il libro di WALTER BINNI su *La poetica del decadentismo italiano* (1936). Nel capitolo dedicato alla *Poetica di G. Pascoli*, il Binni rileva che essa è «poetica di un decadentismo italiano, incentrato in un senso immediato delle cose, scarsamente mistico, malgrado le più comuni apparenze», di un decadentismo «non ancora conscio dei fondamenti teorici della rivoluzione poetica operata in Europa dopo il Romanticismo»: il Pascoli, pur attribuendo al poeta la funzione di scopritore della poeticità insita nelle cose, «non arriva mai a far della poesia l'unico metodo di conoscenza del reale, come fanno i decadenti puri», e la sua sensibilità «suggerisce cose, sfumature di cose, ma non i mondi dell'inconoscibile, del misterioso, che restano un limite, un'aspirazione, non una conquista». Con queste constatazioni il Binni limita e precisa molto la tesi del Galletti.

20.3 Il Pascoli non decadente del Pietrobono, del Giuliano e del Piemontese

Se si eccettua il Galletti, tutti i critici che interpretarono l'arte del Pascoli come "decadentistica" la definirono di natura essenzialmente sensibile, negata all'espressione di ricchi contenuti sentimentali e intellettuali, implicitamente svalutandone, quando non lo dichiarassero esplicitamente, la parte più costruita e ambiziosa (*Odi e Inni, Poemi conviviali* ecc.) per giudicarla un po' tutta sul metro dell'impressionismo atassico delle *Myricae*. Contro questa tendenza si è sempre manifestata (fin dalle prime polemiche del Pietrobono col Croce) quella a ricercare nel Pascoli un mondo spirituale più complesso e profondo e, in conseguenza, ad attribuire un miglior significato alle raccolte, e alle singole poesie, che sembrano evadere dal limite impressionistico. Di questa tendenza si possono additare come esempi significativi il commento di LUIGI PIETROBONO a una scelta di poesie (apparso per la prima volta nel 1918), il volume di

Balbino Giuliano su *La poesia di G. Pascoli* (1934) e quello di Filippo Piemontese dal titolo assai indicativo: *Il pellegrino del mistero* (1938). Il Giuliano trova il centro lirico della poesia pascoliana nell'espressione di un sentimento di «religiosità del mistero» e afferma che il momento culminante di essa è rappresentato dai *Poemi conviviali*; il Piemontese accetta la tesi di un'intima religiosità del Pascoli, ma non la limita a questo culto negativo dell'ignoto, scorgendovi anche «una venerazione non meno spontanea e accorata per la natura e per la bellezza e la bontà della vita», da cui fiorisce anche una particolare forma di eroismo, un eroismo fatto di sconforto e di rinunzia, di sforzo solitario e silenzioso, che riesce a esprimersi poeticamente in parecchi momenti anche di *Odi e Inni* (una raccolta della quale il Piemontese rivendica quindi il valore poetico contro il quasi generale deprezzamento della critica).

Del sentimento dell'ignoto e del mistero, che è quasi concordemente riconosciuto come la nota fondamentale del misticismo pascoliano, e della tecnica simbolistica che gli è connessa, furono indagate le radici, oltre che nella natura del poeta e nella generale atmosfera spirituale e culturale dell'Ottocento, più specificamente nelle suggestioni della mentalità positivistica, e, dopo Francesca Morabito, che studiò soprattutto i rapporti fra il Pascoli e lo Hartmann nel volume *Il misticismo di Giovanni Pascoli* (1920), Raffaello Viola notò acutamente l'origine positivistica non solo della religione e dell'etica del mistero, ma della stessa poetica del simbolo: «come nella conoscenza scientifica il positivista aggrega il nuovo dato dell'esperienza alla classe e ai generi già formati nella mente per precedenti astrazioni, egualmente il poeta ha il compito di condurre l'ignoto termine sentimentale all'immagine nota; o, viceversa, è l'assidua ricerca di una seconda immagine pregnante e illustrativa da mettere in relazione con un'altra interiore già data e comune» (*La poesia italiana di Giovanni Pascoli*, 1945).

20.4 Tecnica e simboli pascoliani nella critica degli anni Cinquanta e Sessanta

La direzione più rilevata della critica successiva sul Pascoli è quella che indugia sull'analisi della sua tecnica espressiva e che, senza preoccuparsi troppo dei sentimenti e dei contenuti psicologici e intellettuali, e quindi nemmeno della coerenza e compattezza di singoli componimenti, nei margini delle particolari scoperte verbali ricupera le sue più intense illuminazioni poetiche. Un posto eminente in questo lavoro di scavo e di definizione della parola pascoliana spetta a Francesco Flora, il quale ha ripreso, sviluppato, integrato motivi delle pagine della sua *Storia della letteratura italiana* e di altri testi in una prolusione, che per l'ampiezza e per l'impegno critico costituisce una vera e propria monografia: *Pascoli* (1956). In essa il volume, il tono, il sapore, il colore, i riflessi e le risonanze del linguaggio pascoliano vengono saggiati e scrutati da innumerevoli punti di vista e attraverso tutte le opere, a cominciare dalle traduzioni omeriche. La ricca esemplificazione riesce a dare l'impressione della costanza del tono espressivo genuino e personale del poeta, pur attraverso la varietà dei temi e delle invenzioni ideali. Il Flora bada in particolare a mettere in evidenza la novità della forma poetica pascoliana e il suo valore di premessa e condizione delle espressioni poetiche più recenti: «tutta la poesia moderna italiana, dopo il Carducci, ultimo poeta del Risorgimento, compresa quella del D'Annunzio ha subìto l'influsso irresistibile quanto pareva più segreto di Giovanni Pascoli. Il suo palpito si avverte nella più sensibile voce dei poeti d'oggi, se pur essi furono maggiormente attratti dalla calamita dei grandi decadenti francesi: si avverte dove frangono il tessuto dei versi e delle immagini, dove eludono gli accenti e le rime deformando il verso e la strofa, si ritrova soprattutto nell'impasto fonico e analogico».

Il rapporto fra la forma poetica del Pascoli e quella dei poeti del Novecento venne riconsiderato da ALFREDO SCHIAFFINI in un'accorta analisi su *Giovanni Pascoli disintegratore della forma poetica tradizionale* (1955), alla quale, consentendo e dissentendo, si sono ricollegati vari altri studiosi. Fra gli esploratori del linguaggio pascoliano spicca GIANFRANCO CONTINI con il fondamentale studio su *La lingua del Pascoli* (1958).

Lo studio dello Schiaffini (con altri suoi interventi sul medesimo argomento: vedi anche *Antilirismo nel linguaggio della poesia moderna*, in *Mercanti. Poeti. Un maestro*, Milano-Napoli, Ricciardi, 1969) e le pagine del Flora hanno impostato vigorosamente quello che è fra i temi più vivi, più discussi, più suscettibili di attraenti sviluppi della critica pascoliana: il rapporto fra Pascoli e il Novecento, che viene indagato non soltanto sul piano linguistico, ma su quelli dell'ideologia e della poetica, e, in genere, della spiritualità sottesa alla parola del poeta. A questo proposito è notevole soprattutto il saggio di LUCIANO ANCESCHI, *Pascoli verso il Novecento* (1962).

Altri critici hanno approfondito con notevoli risultati la struttura decadente della spiritualità e dell'arte del Pascoli. Già in un saggio del 1955 (su «Digitale purpurea») GIOVANNI GETTO aveva messo in evidenza aspetti di autentico decadentismo, una curiosità rivolta «alle esperienze più avvelenate della letteratura europea». Alcuni suggerimenti del Getto furono ripresi da CLAUDIO VARESE in un volumetto, il cui titolo è di per sé significativo: *Pascoli decadente* (1964). Il Varese insiste soprattutto sull'estetismo pascoliano, presente tanto nella poesia politica quanto in quella di ispirazione classicistica e che lo avvicina sia al D'Annunzio sia a certi tipici rappresentanti stranieri del Decadentismo.

Nel 1966 GIORGIO BÁRBERI SQUAROTTI, nel volume *Simboli e strutture della poesia del Pascoli*, offrì un'ampia interpretazione della simbologia pascoliana, accentrata attorno all'immagine-mito del "nido", simbolo della paura di fronte all'esistenza reale, della nostalgia dell'infanzia e addirittura di uno stato al di là dell'infanzia, dell'angoscia e insieme dell'oscura attrazione della morte: «la regressione del Pascoli è verso uno stato prenatale, presso i familiari, i padri, le madri, in una condizione primordiale di esistenza prima del tempo, prima del ventre materno, là dove regnano i morti intesi come il mondo prima della nascita, incerto, ambiguo, in cui ci si può rifugiare non come entro il riposo certo, senza ricordo, come nel luogo dove infine tutto è evidente, l'angoscia delle cose si giustifica perché ci si trova ormai al di là di esse, nella "vera" realtà diminuita di vita, di memoria, di azione». Infatti per il Pascoli «le cose sono estranee alla conoscenza e alla fruizione dell'uomo», un mondo disorganizzato e incomprensibile di fronte agli sforzi di una ragione fallita. Da questa impossibilità di una presa razionale sugli oggetti deriva la natura intimamente simbolica di tutte le forme della poesia pascoliana (al di là dei simboli evidenti e dichiarati): «la poesia non è che l'ossessivo tentativo di cogliere per via di analogia, di onomatopea, di musicalità, di forzatura di linguaggio e d'immagine, qualche voce perduta».

Su di una linea interpretativa vicina a quella del Bárberi Squarotti è Cesare Goffis, quando in *Pascoli antico e nuovo* (1969) analizza, quale condizione delle strutture della poesia pascoliana, la «dissoluzione dell'ordine gnoseologico», di una visione del cosmo come «sicurezza di spazio e di tempo, di soggetto, o punto di vista dell'apprendimento, e oggetto», sostituita da una «visione allucinata del reale», in cui le cose oscillano continuamente fra essere e non essere, entro un tempo privo di logica, come nel sogno. Anche il Goffis sottolinea i temi della paura dell'esistenza, della regressione verso l'infanzia, e la connaturata simbolicità del discorso poetico pascoliano. Ma il suo saggio è soprattutto notevole perché dimostra non solo il parallelismo cronologico, ma la profonda analogia di ispirazione e di forma tra la poesia latina e la poesia italiana del Pascoli: anche nei *Carmina* l'intuizione pascoliana si svolge alle zone crepuscolari fra conscio e inconscio, fra reale e irreale, e, se la loro struttura è più vasta e ordita di quella delle composizioni tipo *Myricae*, è pur sempre «struttura labile: non architettura, non "epica", ma atmosfera musicale, senza un centro, senza equilibrio: è flusso di memorie, di sensazioni, percezioni, spesso con tono di incubo».

Su *Il latino del Pascoli* (1961) (ma le sue osservazioni molto spesso illuminano anche il poeta in italiano) è intervenuto anche Alfonso Traina che con acuta sensibilità ha penetrato i modi espressivi dei *Carmina*, nei quali si attua una sorta di "simbiosi" fra lingua classica e lingua viva.

20.5 Pascoli oggi

Trascorsa l'epoca delle grandi sintesi, prevalendo negli studi gli indirizzi settoriali, negli anni Settanta e seguenti anche l'interesse per il Pascoli si è manifestato con studi prevalentemente specialistici: innanzi tutto con le iniziative editoriali, fra cui spiccano la pubblicazione degli abbozzi e delle varianti di taluni componimenti, l'edizione critica delle *Myricae* (a cura di G. Nava, Firenze, Sansoni, 1974; poi Roma, Salerno, 1978) e l'edizione di parti dell'epistolario. A queste si accompagnano le indagini filologiche di Nadia Ebani: *Bibliografia e apparato delle stampe dei «Canti di Castelvecchio»* (in «Studi di filologia italiana», 1970), *«Il gelsomino notturno» nelle carte pascoliane* (in *Studi di filologia e letteratura italiana offerti a Carlo Dionisotti*, Milano-Napoli, Ricciardi, 1973) ecc. Sugli scartafacci, ha lavorato pure Cesare Garboli (*Restauri pascoliani*, in «Paragone», ag. 1979; *Poesie famigliari*, ivi, febb. 1981). In margine alle edizioni non sono mancate le dispute, animate soprattutto da Giuseppe Leonelli e dallo stesso Garboli (ivi, 1981-1983).

Una nuova, originale interpretazione complessiva della poesia latina del Pascoli è il volume di Francesco Olivari, *Modi e significati del Pascoli latino* (Azzate, Edizioni di Otto/Novecento, 1982). La tesi fondamentale dell'autore è che l'uso dell'una o dell'altra lingua «cambia [...] nel Pascoli il taglio della poesia, l'impronta generale, il modo stesso di costituirsi in poesia già da un punto di vista formale e interno alla poesia stessa in quanto tale», che esiste «una differente organizzazione dei contenuti sentimentali e conoscitivi nei testi latini rispetto a quelli italiani».

Al teatro pascoliano si sono dedicati Antonio De Lorenzi, cui si deve la cura della raccolta di *Testi teatrali inediti* (Ravenna, Longo, 1979) e A. Rossi con lo studio *Convivi e teatro in Pascoli* (in «Paragone», ag. 1979).

Anticipando il tema del Convegno di Studi Pascoliani su *Giovanni Pascoli: poesia e poetica*, celebratosi a San Mauro nell'aprile 1982 (Atti: Rimini, Maggioli, 1984), PIER LUIGI CERISOLA pubblicava nel 1980 i pascoliani *Saggi di critica e di estetica* (Milano, Vita e Pensiero) con un saggio introduttivo su *L'estetica di Giovanni Pascoli*, volto particolarmente a individuare le fonti europee della poetica dell'inconscio; sull'ideologia del Pascoli è intervenuto ROMANO LUPERINI, trattando di *Pascoli: la vita come poesia* (in *Il Novecento*, Torino, Loescher, 1981).

Lingua e stile sono al centro delle analisi condotte da GIAN LUIGI BECCARIA (*L'autonomia del significante*, Torino, Einaudi, 1975; *Le forze della lontananza*, Milano, Garzanti, 1989), da TERESA FERRI (*Pascoli e il labirinto del sogno. Per una semantica del linguaggio poetico delle «Myricae»*, Roma, Bulzoni, 1976), da MARIO PAZZAGLIA (*Teoria e analisi metrica*, Bologna, Pàtron, 1974) e, ancora con particolare interesse verso la metrica, da PIER VINCENZO MENGALDO (*Introduzione* all'edizione di *Myricae*, Milano, Rizzoli, 1981). Incentrata su *Myricae* è anche l'indagine linguistica di FURIO FELCINI, *Indagini e proposte per una storia delle «Myricae»* (Roma, La Goliardica, 1976). Problemi tanto testuali (con la riesumazione di inediti) quanto metrico-stilistici vengono trattati da GUIDO CAPOVILLA in alcuni studi apparsi in rivista o pronunciati a convegni negli anni Ottanta e riuniti nel volume *Fra le carte di Castelvecchio* (Modena, Mucchi, 1989).

Della lingua, in più ampio contesto, hanno trattato recentemente LUCA SERIANNI (*Storia della lingua italiana. Il secondo Ottocento*, Bologna, Il Mulino, 1990), che si sofferma sul plurilinguismo pascoliano, e VITTORIO COLETTI (*Storia dell'italiano letterario. Dalle origini al Novecento*, Torino, Einaudi, 1993) che annota la presenza di un «polo veterogrammaticale» accanto alla «grande novità pascoliana [consistente] nell'adozione a scopo di precisa nominazione delle cose e dei rumori, di materiale prosastico derivato dai lessici speciali, spesso dialettali, della botanica, della zoologia e di materiale "programmaticale", onomatopeico e puramente fonico», per cui la sua lingua, aperta anche al dialetto, «parla anche al di sotto della soglia semantica e paradigmatica del dizionario, nel raccordo segreto e percepibile della sequenza dei significanti».

Repertorio bibliografico

a) **Opere bibliografiche e introduttive**

Si dispone ora finalmente di uno spoglio completo e sistematico, che rende obsolete altre precedenti e più rapide panoramiche: F. FELCINI, *Bibliografia della critica pascoliana (1879-1979), degli scritti dispersi e delle lettere del poeta*, Ravenna, Longo, 1982. Un'utile integrazione a quest'opera è A. TRAINA, *Cento anni di studi pascoliani. (Addenda alla bibliografia del Felcini)*, in «Studi e problemi di critica testuale», XXV, 1982. Si vedano anche gli aggiornamenti periodicamente offerti dalla «Rivista pascoliana», il cui primo numero è uscito nel 1989. Utili anche: G. NAVA, *Bibliografia di Myricae*, in «Studi di filologia italiana», XXV, 1967; N. EBANI, *Bibliografia e apparato delle stampe dei Canti di Castelvecchio*, ivi, XXVIII, 1970.

Come introduzione allo studio dell'opera: G. COLICCHI, *G. Pascoli*, Firenze, Le Monnier, 1971; R. BARILLI, *Pascoli*, Firenze, La Nuova Italia, 1986. Fra le monografie complessive, una delle migliori resta forse quella di A. GALLETTI, *La poesia e l'arte di G. Pascoli*, Milano, 1955⁴. Si vedano anche: D. BULFERETTI, *G. Pascoli: l'uomo, il maestro, il poeta*, Milano, Libreria Editrice Milanese, 1914; A. MEOZZI, *La vita e la meditazione di Giovanni Pascoli*, Firenze, Le Monnier, 1925; M. BIAGINI, *Il poeta solitario. Vita di Giovanni Pascoli*, Milano, Mursia, 1976³ (1ª ed. Corticelli, 1953); G. SOZZI, *G. Pascoli*, Firenze, La Nuova Italia, 1962; M. PASCOLI, *Lungo la vita di G. Pascoli*, memorie curate e integrate da A. Vicinelli, Milano, Mondadori, 1962. Utili materiali in G. CAPOVILLA, *La formazione letteraria del Pascoli a Bologna*, vol. I: *Documenti e testi*, Bologna, CLUEB, 1988.

b) **Edizioni e commenti**

La prima edizione completa (meno le *Myricae*, pubblicate dall'editore Giusti di Livorno) delle *Opere* è apparsa presso l'editore Zanichelli, Bologna, 1903-1913. L'edizione di riferimento è quella dell'editore Mondadori (collana dei «Classici moderni»): *Tutte le poesie italiane*, con prefazione di A. Baldini, Milano, 1950⁴; *Carmina*, a cura di M. Valgimigli, ivi, 1951; *Prose*, a cura di A. Vicinelli, ivi, 1946-1952. Vedi inoltre: *Myricae*, 2 voll., edizione critica a cura di G. Nava, Firenze, Sansoni, 1974; *Testi teatrali inediti*, a cura di A. De Lorenzi, Ravenna, Longo, 1979. Non esiste un'edizione completa delle lettere del Pascoli. Si vedano: G. PASCOLI, *Lettere agli amici lucchesi*, a cura di F. Del Beccaro, Firenze, Le Monnier, 1960; *Lettere agli amici urbinati*, a cura di G. Cerboni Baiardi, Urbino, Istituto storico d'arte, 1963; *Lettere a M. Novaro e ad altri amici*, Bologna, Boni, 1971; *Lettere a una gentile ignota*, a cura di C. Marabini, Milano, Rizzoli, 1972. Cfr. anche A. VERGELLI, *Castello in aria. Carteggio inedito Agnoletti-Pascoli*, Roma, Bulzoni, 1985.

La migliore antologia oggi disponibile è *Opere*, 2 voll., a cura di C. Garboli e G. Leonelli, Milano, «Meridiani» Mondadori. Un'ampia antologia commentata è *Opere*, a cura di G.F. Goffis, Milano, «Classici» Rizzoli, 1970. Invecchiata ma molto diffusa è G. Pascoli, *Poesie*, a cura di L. Pietrobono, Milano, Mondadori (più volte ristampata).

Si vedano inoltre: *Opere*, 2 voll., a cura di M. Perugi, Milano-Napoli, Ricciardi, 1980-1981; *Poesie, Il fanciullino*, a cura di F. Gianessi, Milano, Fabbri, 1986; *Carducci, Pascoli, D'Annunzio*, antologia poetica a cura di F. Bernini e L. Bianchi, Bologna, Zanichelli (più volte ristampata); *Le tre corone (Carducci, Pascoli, D'Annunzio)*, poesie e prose a cura di A. Vicinelli, Milano, Mondadori (più volte ristampata). Per le poesie latine: *Delle poesie latine di Giovanni Pascoli. Il libro delle dediche. Il libro delle Odi e degli Epigrammi*, a cura di G.B. Pighi, Bologna, Pàtron, 1956; G. Pascoli, *Pomponia Graecina*, a cura di A. Traina, ivi, 1967; Id., *Fanum Apollinis*, a cura di E. Pianezzola, ivi, 1970.

Si vedano inoltre: *Primi poemetti*, a cura di G. Leonelli, Milano, Mondadori, 1982; *Canti di Castelvecchio*, a cura di G. Nava, Milano, Rizzoli, 1983; *Poemetti*, a cura di E. Sanguineti, Torino, Einaudi, 1971; *Poesie*, a cura di E. Gioanola, Torino, SEI, 1971; *Poesie*, a cura di F. Montanari, Milano, Signorelli, 1971; *L'opera poetica di Giovanni Pascoli*, a cura di P. Treves, Firenze, Alinari, 1980; *Poemi cristiani*, a cura di A. Traina, Milano, Rizzoli, 1984; *Phidyle*, a cura di P. Sommer, Firenze, Sansoni, 1972; *Senex Corycius*, a cura di C. De Meo, Bologna, Pàtron, 1974; *Saturae*, a cura di A. Traina, ivi, 1977; *Myricae*, testo critico e commento a cura di G. Nava, Roma, Salerno, 1983²; *Reditus Augusti*, a cura di A. Traina, Firenze, La Nuova Italia, 1978; *Moretum*, a cura di M. Tartari Chersoni, ivi 1983; *Saggi di critica e di estetica*, a cura di P.L. Cerisola, Milano, Vita e Pensiero, 1980; *Il fanciullino*, a cura di G. Agamben, Milano, Feltrinelli, 1982.

Utili: G.L. Passerini, *Vocabolario pascoliano*, Firenze, Sansoni, 1915; L.M. Cappelli, *Dizionario pascoliano*, Livorno, Giusti, 1916; G. Rossi, *Rimario pascoliano*, Bologna, Zanichelli, 1930; P.R. Horne, *Concordanze pascoliane: Myricae*, Leeds, W.S. Maney and Son, 1988.

c) Critica

Per la storia della critica: S. Antonielli, *Pascoli*, in *I classici italiani nella storia della critica*, a cura di W. Binni, vol. II, Firenze, La Nuova Italia, 1971; A. Piromalli, *I problemi della critica pascoliana*, in *La poesia di Giovanni Pascoli*, Pisa, Nistri-Lischi, 1957; P. Mazzamuto, *Pascoli*, Palermo, Palumbo, 1960; A. Prete, *La critica e Pascoli*, Bologna, Cappelli, 1975; e si veda il capitolo relativo in R. Barilli, *Pascoli*, cit.

La maggior parte degli scritti del Croce sul Pascoli è stata raccolta in un volume: *Giovanni Pascoli, studio critico*, Bari, Laterza, 1947⁴. Altri studi notevoli: R. Serra, *Pascoli*, in *Scritti di R. Serra*, a cura di G. De Robertis e A. Grilli, Firenze, Le Monnier, 1958²; E. Cecchi, *La poesia di Giovanni Pascoli*, Milano, Garzanti, 1968²; E. Turolla, *La tragedia del mondo nella poesia civile di Giovanni Pascoli*, Bologna, Zanichelli, 1926; A. Momigliano, *A proposito di un commento*, in *Impressioni di un lettore contemporaneo*, Milano, Mondadori, 1928; Id., *Le poesie varie del Pascoli*, in *Studi di poesia*, più volte cit.; Id., *La voce del Pascoli*, in *Ultimi studi*, Firenze, La Nuova Italia, 1954; D. Petrini, *La poesia di Giovanni Pascoli*, in *Dal Barocco al Decadentismo*, cit.; B. Giuliano, *La poesia di Giovanni Pascoli*, Bologna, Zanichelli, 1934; N. Benedetti, *La formazione della poesia pascoliana*, Firenze, Sansoni, 1934; P. Bianconi, *G. Pascoli*, Brescia, Morcelliana, 1935; A. Capasso, *Due saggi su Giovanni Pascoli*, Roma, Augustea, 1936; F. Piemontese, *Il pellegrino del mistero*, Modena, Guanda, 1938; C. Curto, *La poesia del Pascoli*, Torino, SEI, 1940; G.A. Peritore, *La poesia di Giovanni Pascoli*,

Modena, Società Editrice Tipografica Modenese, 1942; A. Seroni, *Per una storia delle «Myricae»*, in *Apologia di Laura*, Milano, Bompiani, 1948; R. Viola, *La poesia italiana di Giovanni Pascoli*, Padova, Liviana, 1949²; T. Rosina, *Pascoli e D'Annunzio*, in *Saggi dannunziani*, Genova, Del Mastro, 1952; G. Petrocchi, *La formazione letteraria di Giovanni Pascoli*, Firenze, Le Monnier, 1953; P. Vannucci, *Pascoli e gli Scolopi*, Roma, Signorelli, 1953; P. Pancrazi, *Pascoli e Panzini*, in *Ragguagli di Parnaso*, vol. III, cit.; S. Antonielli, *La poesia del Pascoli*, Milano, Edizioni della Meridiana, 1955; M. Valgimigli, *Pascoli*, Firenze, Sansoni, 1956; A. Piromalli, *La poesia di Giovanni Pascoli*, cit.; F. Flora, *La poesia di Giovanni Pascoli*, Bologna, Zanichelli, 1959; R. Froldi, *I «Poemi conviviali» di Giovanni Pascoli*, Pisa, Nistri-Lischi, 1960; C. Varese, *Pascoli decadente*, Firenze, Sansoni, 1964; G. Bárberi Squarotti, *Simboli e strutture della poesia del Pascoli*, Firenze, D'Anna, 1966; G. Distante, *Giovanni Pascoli poeta inquieto fra '800 e '900*, Firenze, Olschki, 1968; G. F. Goffis, *Pascoli antico e nuovo*, Brescia, Paideia, 1969; A. Valentini, *Tradizione e invenzione nelle Myricae*, Roma, Bulzoni, 1973; G. Petrocchi, *Storia della poesia di Giovanni Pascoli*, Roma, Elia, 1975; O. Giannangeli, *Pascoli e lo spazio*, Bologna, Cappelli, 1975; F. Felcini, *Indagini e proposte per una storia delle Myricae*, Roma, La Goliardica, 1976; P.G. Conti, *Saggio pascoliano*, Napoli, Società Editrice Napoletana, 1976; M. Del Serra, *Giovanni Pascoli*, Firenze, La Nuova Italia, 1976; W. Binni, *La poetica di Giovanni Pascoli* (1935), in *La poetica del Decadentismo italiano*, Firenze, Sansoni, 1977; G. Getto, *Carducci e Pascoli*, Caltanissetta-Roma, Sciascia, 1977³; G. Debenedetti, *Pascoli: la «rivoluzione inconsapevole»*, Milano, Garzanti, 1979; G.B. Pighi, *Scritti pascoliani*, a cura di A. Traina, Roma, Edizioni dell'Ateneo, 1980; G. Santato, *Per una semantica del possessivo pascoliano*, in «Lettere italiane», 4, 1981; E. Fumi, *Analisi di un racconto: i «Primi Poemetti»*, in «Paragone», 430, 1985; G. Borghello, *Il simbolo e la passione: aspetti della linea Pascoli-Pasolini*, Milano, Mursia, 1986; M. Pazzaglia, *«Il ritorno a San Mauro» di Giovanni Pascoli*, Accademia pascoliana San Mauro Pascoli, 1987; G. Capovilla, *Fra le carte di Castelvecchio. Studi pascoliani*, Modena, Mucchi, 1989; E. Giachery, *Trittico pascoliano*, Roma, Bulzoni, 1989; E. Favretti, *Il mito, l'avventura, la calda vita. Pascoli, Marinetti, Saba*, Alessandria, Edizioni dell'Orso, 1990; A.M. Girardi, *Interpretazioni pascoliane*, Napoli, ESI, 1990. Sul Pascoli critico letterario: P. Ferratini, *I fiori sulle rovine. Pascoli e l'arte del commento*, Bologna, Il Mulino, 1990.

Sul poeta latino e la sua cultura classica, oltre il citato volume del Goffis, cfr.: A. Gandiglio, *Giovanni Pascoli poeta latino*, Napoli-Genova, Perrella, 1924; A. Mocchino, *L'arte del Pascoli nei carmi latini*, Firenze, Le Monnier, 1924; G. Pasquali, *Poesia latina di Pascoli*, in *Terze pagine stravaganti*, Firenze, Sansoni, 1942; E. Zilliacus, *Giovanni Pascoli et l'antiquité*, Helsingfors (trad. it. Pratola Peligna, 1912); A. Traina, *Saggio sul latino del Pascoli*, Padova, Antenore, 1961 (nuova ed. *Il latino del Pascoli*, Firenze, Le Monnier, 1971); E. Paratore, *La poesia latina del Pascoli*, in *Antico e nuovo*, Caltanissetta-Roma, Sciascia, 1965; A. Traina, *Presenze antiche nella poesia cosmica di Pascoli*, in «Belfagor», mar. 1973; F. Olivari, *Modi e significati del Pascoli latino*, Azzate, Edizioni di Otto/Novecento, 1982; M. Perugi, *Le «Myricae» latine di Giovanni Pascoli*, in «Maia», 1, 1986.

Sulle sue interpretazioni dantesche: L. Valli, *L'allegoria di Dante secondo Giovanni Pascoli*, Bologna, Zanichelli, 1922; G. Getto, *Pascoli dantista*, cit.; S. Battaglia, *Gli scritti danteschi di Giovanni Pascoli*, in *Studi per il centenario della nascita*, cit. più sotto; M. Perugi, *Introduzione* ai 2 voll. di *Opere*, Milano-Napoli, Ricciardi.

Si tengano presenti molti volumi collettivi: *G. Pascoli*, letture di M. Valgimigli, G. Lipparini, L. Pietrobono, G. Devoto, A. Gismondi, A. Orvieto, G. Briganti, B. Sanminiatelli, G. Pasquali, G. De Blasi, Firenze, Sansoni, 1937; *Omaggio a Pascoli nel centenario della nascita*, Milano, Mondadori, 1955; *Discorsi nel centenario della nascita*, a cura dell'Università di Bologna, Zanichelli, 1958; *Studi pascoliani*, promossi dalla Società di studi romagnoli, cit.; *Studi per il centenario della nascita di Giovanni Pascoli*, Bologna, Commissione per i testi di lingua, 1962; *Pascoli*, Atti del Convegno Nazionale di studi pascoliani del 1962, Santarcangelo di Romagna, 1965; *Giovanni Pascoli. Poesia e poetica*, Atti del Convegno di San Mauro del 1982, Rimini, Maggioli, 1984; *Testi ed esegesi pascoliana*, Atti del Convegno di San Mauro del 1987, Bologna, CLUEB, 1988.

21 D'Annunzio

21.1 La formula crociana del D'Annunzio «dilettante di sensazioni» e i suoi sviluppi nel Gargiulo e nel Flora

Anche della personalità e dell'opera del D'Annunzio una prima sistematica definizione critica è dovuta a BENEDETTO CROCE. In un saggio del 1903 (*Gabriele D'Annunzio*, ora in *Letteratura della nuova Italia*, vol. IV) egli si propone di distinguere e definire la vera personalità dannunziana, liberandola da tutte quelle false, sovrappostegli dal poeta stesso o da altri: il falso buono, il falso eroe, il falso mistico, il falso profeta ecc. Dall'analisi delle singole opere e dalla discussione delle opinioni dei critici il Croce ricava la conclusione che D'Annunzio ebbe «un mutare apparente e un persistere reale» e che sotto le più diverse forme rimase immutata la sua disposizione verso la vita, che è quella di un «dilettante di sensazioni», al quale manca qualsiasi contenuto ideale, qualsiasi particolare concezione etica della vita. Correlativo a questa disposizione psichica è il carattere di "frammentarietà" della sua arte, viva solo nei particolari sensibili e incapace di ampie e armoniche rappresentazioni della vita; per cui si può dire che anche le sue tragedie, i suoi romanzi e poemi formano soltanto raccolte di liriche o cicli di liriche. Il Croce in questo saggio riconosce però che nella rappresentazione frammentaria degli aspetti sensibili delle cose D'Annunzio è spesso poeta vigoroso. Più tardi, giunto all'elaborazione più matura della sua estetica, gli negherà invece decisamente la qualità di poeta, perché privo di umanità e quindi incapace di far sentire nelle sue espressioni la «risonanza con la vita del tutto, con la vita del cosmo» (cfr. soprattutto il saggio *L'ultimo D'Annunzio*, pubblicato nel 1935, ora in *Letteratura della nuova Italia*, vol. VI).

Fra le prime monografie critiche sul poeta, quella di ALFREDO GARGIULO (*Gabriele D'Annunzio*, 1912) e quella di FRANCESCO FLORA (*D'Annunzio*, 1926), sono da una parte sviluppo e variazione, conferma analitica, dall'altra precisazione e approfondimento delle tesi contenute nel saggio crociano del 1903. Il Gargiulo, attraverso un'attenta esplorazione analitica di tutte le opere, conferma la condanna crociana per tutti gli aspetti pseudo-eroici, pseudo-spirituali ecc. della personalità dannunziana (espressi specialmente nei drammi e nei romanzi), ma limita e precisa ulteriormente la natura sensibile di questa nell'ambito di una sensibilità unicamente paesistica e visiva: per il Gargiulo, D'Annunzio è il lirico del paesaggio, il più grande paesista della poesia moderna, creatore di visioni nelle quali uomo e natura s'identificano, «il paesaggio e l'anima che lo investe coincidono perfettamente» (questo accade nelle liriche del *Canto novo* e soprattutto in quelle di *Alcyone*). Il Flora a sua volta riduce il motivo della sensualità a quello della "lussuria", unico contenuto di tutte le opere del D'Annunzio, che può diventare poesia soltanto riscattandosi interamente in "musica": una musica che però resta sempre in lui al grado di «primo schiudersi dell'umano sulla vitalità terrestre», di una «confessione fonica della pura vitalità» (del Flora si veda anche il capitolo sul D'Annunzio nella sua *Storia della letteratura italiana*).

Fuori della linea segnata dal saggio del Croce si muove invece GIUSEPPE ANTONIO BORGESE (*G. D'Annunzio*, 1909), il quale scopre romanticamente nel D'Annunzio una dialettica di drammi spirituali, e attribuisce alla sua opera più profondi significati ideali, considerando la *Laus vitae* come una specie di *Divina Commedia* dei tempi moderni.

21.2 D'Annunzio decadente e altre tesi della critica del primo Novecento

Nel caratterizzare il temperamento del D'Annunzio, il Croce lo aveva avvicinato a quello dei decadentisti stranieri (Baudelaire, Verlaine, Barrès, Huysmans ecc.). Il tema del Decadentismo fu ripreso da altri critici, come MARIO PRAZ, il quale mise in rilievo specialmente il dannunziano «amor sensuale della parola» (cfr. l'ultimo capitolo *D'Annunzio e l'amor sensuale della parola*, nel volune *La carne, la morte e il diavolo nella letteratura romantica*, 1931), e WALTER BINNI, che distinse acutamente il decadentismo dannunziano, di natura scarsamente intellettuale, privo di spirito critico e di vere profondità mistiche, con forti limiti italiani e provinciali, da quello assai più sottile e profondo degli scrittori stranieri (cfr. il cap. II, *La poetica di G. D'Annunzio e l'estetismo*, in *La poetica del Decadentismo italiano*, più volte cit.). Sugli aspetti europeizzanti dell'opera del D'Annunzio e sul significato positivo del suo estetismo, come stimolo a una apertura dell'anima italiana fuori dei limiti provinciali, si ferma LUIGI RUSSO, sottolineando l'intonazione pragmatica di questo estetismo: è un'estetismo dell'adozione, che tende a produrre determinati effetti pratici, a tradurre nella realtà certi miti. Da questo punto di vista il Russo giustifica il teatro dannunziano, pur così scarso di poesia, che ha una genesi letteraria e insieme estetico-politica e «segna il trapasso dall'estetismo per gli iniziati all'altro estetismo per le moltitudini frenetiche» (*Il teatro dannunziano e la politica*).

Altra tesi del Croce era, come abbiamo detto, quella della mancanza di svolgimento nell'opera del D'Annunzio: tesi a cui si collegava la considerazione, esplicita soprattutto nel secondo saggio, del nessun valore di tutta la produzione posteriore all'*Alcyone*, ripetizione di vecchi motivi, composta secondo logore ricette. Sulla immobilità, in un certo senso atemporale, dell'opera dannunziana sono d'accordo anche altri critici. Ma alcuni di essi, come il Momigliano e il Russo, hanno prestato miglior attenzione ai libri apparsi dopo l'*Alcyone*, riscontrandovi qualche caratteristica degna di rilievo. ATTILIO MOMIGLIANO considera il *Compagno dagli occhi senza cigli* (nelle *Faville del maglio*) la migliore delle prose dannunziane di una certa ampiezza e osserva che negli ultimi scritti è sempre più evidente quella inclinazione verso «le zone morbide, stanche ed ermetiche della poesia», quel gusto di una trasfigurazione della realtà sensibile in un'atmosfera magica e musicale, da cui nascono le più grandi pagine dello scrittore; e LUIGI RUSSO rileva nelle ultime opere «nuova dolcezza melodica» e «magica trasparenza di stile», e in molti tratti particolarmente della *Leda* e delle

Faville «una leggerezza e una raffinatezza d'espressione, una rapidità e semplicità di periodo, da cui si può trarre l'impressione che una sincera spiritualità muova le parole del poeta». Ancora il Momigliano, in uno dei suoi ultimi saggi (*Lo svolgimento della lirica dannunziana*) ribadisce che tutte le pagine belle di D'Annunzio, sia in versi sia in prosa, tendono all'indefinito e al magico, esprimono una natura portata a evadere dalla realtà e a vivere in una sfera d'incanto.

Già RENATO SERRA nelle *Lettere* (1913) aveva sottolineato la felicità artistica di certe pagine del più recente D'Annunzio, libere da schemi e programmi e tutte risolte in «impressioni che hanno la rapidità e insieme l'assolutezza del momento». Più tardi EMILIO CECCHI, nel saggio *Il Notturno e l'esplorazione d'ombra* (1939) individuò nella prosa dannunziana un settore dominato da «un'arte allusiva, anziché realistica», culminante nella «astrazione decorativa» del *Notturno*.

In questa direzione si è fatta strada la tesi dell'esistenza di un D'Annunzio *post-alcionio*, diverso da quello precedente, e magari superiore, affine per i modi della sensibilità e dello stile a quegli scrittori moderni che si sogliono genericamente definire "ermetici"; un D'Annunzio che, per distinguerlo dall'altro, è stato chiamato "notturno" (con riferimento a uno dei libri più indicativi della nuova maniera: il *Notturno*). GIUSEPPE DE ROBERTIS ha tracciato lo svolgimento dell'arte dannunziana secondo tre tempi massimi: *Canto nuovo, Alcyone, Faville del maglio*, che l'hanno condotta da una «sensualità carnale a una sensualità senza carne» e ha definito la prosa degli ultimi libri l'«acquisto più grande alla storia della prosa moderna» (*D'Annunzio. Il libro segreto*, in *Scrittori del Novecento*, 2ª ed. Firenze, Le Monnier, 1943). Questa posizione è stata esasperata da ADELIA NOFERI, la quale delinea la parabola artistica dannunziana come un passaggio dall'impressionismo e dall'eloquenza alla suggestività e alla magia, sicché D'Annunzio, che aveva cominciato come verista, al termine del suo lungo viaggio di ricerche nei regni dell'espressione, approderebbe ai porti dell'ermetismo (cfr. il vol. *L'Alcyone nella storia della poesia dannunziana*, 1946).

21.3 D'Annunzio oggi

La situazione storica, radicalmente mutata dopo la seconda guerra mondiale, e la caduta del fascismo hanno creato un distacco profondo dal D'Annunzio e da tutti i miti incarnati nella sua personalità e nella sua opera; si registra quindi nei primi anni del secondo dopoguerra un atteggiamento negativo nei suoi riguardi da parte di molti esponenti della cultura italiana. Questo atteggiamento negativo, che riprende, e in più casi accentua, le risultanze del saggio crociano del 1935, ha motivi di ordine non soltanto letterario, ma morale, sociale e politico. Anche durante quel periodo tuttavia si registrano alcuni studi, fra cui quelli biografici di ANGELO GATTI (*Donne nella vita e nell'arte di Gabriele D'Annunzio*, Parma, Guanda, 1951; *Vita di Gabriele D'Annunzio*, Firenze, Sansoni, 1956; *Gabriele D'Annunzio. Studi. Saggi*, Bologna, 1959), le ricerche di G. Tosi (*D'Annunzio en Grèce. Laus vitae et la croisière de 1895 d'après des documents inédits*, Paris, Calmann-Lévy, 1947; *La vie et le rôle de D'Annunzio en France au début de la Grande Guerre (1914-1915)*, Firenze, 1961), l'edizione delle *Lettere a Barbara Leoni* (a cura di B. Borletti, Firenze, 1954), lo studio storico di PAOLO ALATRI su *Nitti, D'Annunzio e la questione adriatica* (Milano, 1959) e l'impegnativo lavoro di EURIALO DE MICHELIS, *Tutto D'Annunzio* (Milano, Feltrinelli, 1960). Del 1960 è anche il trattato di CARLO SALINARI su *Miti e coscienza del decadentismo italiano* (Milano, Feltrinelli) che propone una lucida sistemazione storica dei miti dannunziani accanto a quelli degli altri scrittori fra Otto e Novecento.

La svolta avvenne in coincidenza con il centenario che riunì in Convegno al Vittoriale il meglio della critica letteraria italiana e critici stranieri: la lettura degli Atti (*L'arte di Gabriele D'Annunzio*, Milano, Mondadori, 1968) basta ad avvertire l'esistenza e la rilevanza della svolta: si va dalle sollecitazioni di ALFREDO SCHIAFFINI a superare i pregiudizi, alle riserve di NATALINO SAPEGNO («il posto che gli compete è [...] fra i minori [...]; e sia pure fra quei minori che lasciano una forte impronta nel gusto del loro tempo») e alla determinante relazione di EZIO RAIMONDI che accantona la posizione crociana, leggendo l'estetismo dannunziano generato dalla scelta di considerare l'arte come una forma di conoscenza e la particolare espressione dannunziana come una risposta individuale alle inquietudini della società. EMILIO MARIANO (cui si deve pure il volume biografico e critico *Sentimento del vivere ovvero Gabriele D'Annunzio*, Milano, Mondadori, 1962) e VITTORE BRANCA davano indicazioni e sollecitazioni sul lavoro da svolgere sull'immensa mole di documenti giacenti negli archivi della Fondazione del Vittoriale.

All'attività della Fondazione rimangono legati molti degli studi successivi, vuoi per la concomitanza con convegni vuoi per l'accessibilità ai testi che conoscono in questi decenni attenzioni generose (di cui sono testimonianza le edizioni già uscite e quelle in gestazione).

Importanti appaiono i contributi sulla lingua: alla prosa si dedicano F. TROMPEANO (*Saggio sulla prosa dannunziana*, Firenze, 1962) e MARZIANO GUGLIELMINETTI (*L'orazione di D'Annunzio*, in *Struttura e sintassi del romanzo italiano del primo Novecento*, Milano, 1964; poi in *Il romanzo italiano del Novecento. Strutture e sintassi*, Roma, Editori Riuniti, 1986); alla poesia PIER VINCENZO MENGALDO (*La tradizione del Novecento. Da D'Annunzio a Montale*, Milano, 1975). VITTORIO COLETTI nella sua *Storia dell'italiano letterario* (1993) segnala l'«enorme significato storico dell'esperienza dannunziana per il Novecento». La disponibilità delle concordanze, realizzate in massima parte da GIUSEPPE SAVOCA (Firenze, Olschki, 1988) renderà in un prossimo futuro più agevoli gli studi in questo settore.

Dei problemi tecnici e strutturali trattano GIORGIO PETROCCHI (*Poesia e tecnica narrativa*, Milano, Mursia, 1965), MARIO RICCIARDI (*Coscienza e struttura della prosa di D'Annunzio*, Torino, Giappichelli, 1970), ANGELO JACOMUZZI con un lavoro incentrato sul rapporto arte-vita (*Gabriele D'Annunzio: una poetica strumentale*, Torino, Einaudi, 1974) e, con attenzione al simbolo e ai problemi testuali, il benemerito filologo dannunziano PIETRO GIBELLINI in vari luoghi fra cui *Logos e mythos. Studi su Gabriele D'Annunzio* (Firenze, Olschki, 1985).

Sui miti dannunziani interviene EMERICO GIACHERY (*Verga e D'Annunzio*, Milano, Silva, 1968), individuando un complesso sistema simbolico in una struttura di tipo labirintico; al tema *D'Annunzio e il simbolismo europeo* (Atti: Milano, Il Saggiatore, 1976) è dedicato il Convegno di Gardone del 1973 con specifici interventi di EZIO RAIMONDI, LUCIANO ANCESCHI, GIORGIO BÁRBERI SQUAROTTI (allo stesso critico si devono pure altri interventi fra cui gli studi sulla metrica e sullo stile compresi in

Il gesto improbabile (Palermo, Flaccovio, 1971), e lo studio del rapporto esistente fra la struttura linguistica dannunziana e la struttura sociale del tempo: *Poesia e ideologia borghese* (Napoli, Liguori, 1976); *Gli inferi e il labirinto* (Bologna, Cappelli, 1974); *La forma e la vita: il romanzo del Novecento* (Milano, Mursia, 1987).

Si registra negli ultimi anni una crescita di interesse per la prosa e per il teatro: nel 1976 sono usciti di Jacques Goudet, *D'Annunzio romanziere* (Firenze, Olschki) e di Giovanni Getto, *Tre studi sul teatro* (Caltanissetta-Roma, Sciascia). Con particolare attenzione alle prose, al teatro e alle "carte segrete", quelle pagine di diario fra le cui annotazioni si riconoscono i primi spunti di molte realizzazioni poetiche, ha riletto l'opera di Gabriele D'Annunzio Gianni Oliva (*D'Annunzio e la poetica dell'invenzione*, Milano, Mursia, 1992), che spiega l'importanza di tali appunti: «D'Annunzio trasforma il processo di scrittura in una attività di natura indiziaria e si serve del taccuino per isolare gli elementi, gli scarti rivelatori di situazioni, le tracce infinitesimali e nascoste che permettono l'accesso ad una realtà più ampia e complessa. [...] Il suo foglio di taccuino ha la funzione di compiere un'operazione archivistica quasi passiva, limitata alla semplice riproduzione del documento, fino a che non subentrerà la scrittura attiva che muterà il *documento* in *monumento*». Un ragguardevole contributo agli studi sul teatro dannunziano è recentemente venuto dalla pubblicazione di una grande mole di materiali raccolti «secondo un punto di vista [...] dello spettacolo, di cui D'Annunzio, vero imprenditore della comunicazione di massa, si fece teorico e interprete» in «*Arrestate l'autore!*». *D'Annunzio in scena. Cronache, testimonianze, illustrazioni, documenti inediti e rari del primo grande spettacolo del '900* (a cura di L. Granatella, Roma, Bulzoni, 1993).

Del complesso rapporto autore-pubblico ha trattato il Raimondi nella *Storia della letteratura italiana* dell'editore Garzanti, spiegando il legame esistente fra esibizionismo e industria culturale. A quest'ambito si può ascrivere l'indagine di Vito Salierno sull'arduo rapporto *D'Annunzio e i suoi editori* (Milano, Mursia, 1987). Con un taglio sociologico è intervenuto anche Gianni Turchetta con *D'Annunzio, l'«inverecondia» e il mercato letterario* (in *Scrittore e lettore nella società di massa...*, cit., 1991).

L'eccezionalità del personaggio D'Annunzio continua a stimolare i biografi che in vario modo si cimentano sulla sua figura: mentre si rimanda al *Repertorio bibliografico* per l'elenco, si segnala la tendenza perdurante ad assecondare, soprattutto in interventi parziali, la sopravvivenza di un mito, basato sul gesto o sulla notizia d'effetto e sulla curiosità e la voglia di sognare del pubblico.

Repertorio bibliografico

a) Opere bibliografiche e introduttive

Manca un repertorio bibliografico completo sull'opera dannunziana. Questi i contributi più importanti: R. Forcella, *D'Annunzio*, Roma, Fondazione Leonardo, 1926-1928 (poi Firenze, Sansoni, 1936-1937; ma si arresta al 1887); G. De Medici, *Bibliografia di Gabriele D'Annunzio*, Roma, Centauro, 1929; J.G. Fucilla-J.M. Carrière, *D'Annunzio abroad. A Bibliographical Essay*, 2 voll., New York, Columbia University Press, 1935-1937 (sulla fortuna all'estero); M. Parenti, *Bibliografia dannunziana essenziale*, Firenze, Sansoni, 1940; E. Falqui, *Bibliografia dannunziana*, Firenze, Le Monnier, 1941²; M. Vecchioni, *Bibliografia critica di Gabriele D'Annunzio*, Pescara-Roma, Edizioni Aternine, 1970; A. Baldazzi, *Bibliografia della critica dannunziana nei periodici italiani dal 1880 al 1938)*, Roma, Cooperativa Scrittori, 1977; R. Bertazzoli, *Rassegna di studi sull'«Alcyone» di Gabriele D'Annunzio*, in «Giornale Storico della Letteratura Italiana», 497, 1980; N. Lorenzini, *Rassegna di studi dannunziani (1963-1982)*, in «Lettere italiane», xxxv, 1983; N. De Vecchi Pellati, *Rassegna di studi dannunziani*, in «Testo», 4, 1983. Per l'aggiornamento si consultino le sezioni bibliografiche dei «Quaderni dannunziani» (iniziati nel 1955) e dal 1977 dei «Quaderni del Vittoriale».

Numerose le biografie dannunziane: fondamentale resta A. Gatti, *Vita di Gabriele D'Annunzio*, Firenze, Sansoni, 1956 (da integrare con *Correzioni e aggiunte alla «Vita di Gabriele D'Annunzio»*, Roma-Pescara, Edizioni Aternine, 1969). Si vedano inoltre: F. Antonicelli, *La vita di D'Annunzio*, Torino, eri, 1964; G. Luti, *Gabriele D'Annunzio*, Milano, cei, 1965; P. Chiara, *Vita di Gabriele D'Annunzio*, Milano, Mondadori, 1978; P. Alatri, *Gabriele D'Annunzio*, Torino, utet, 1983; F. Ulivi, *Gabriele D'Annunzio*, Milano, Rusconi, 1988.

Sugli aspetti politici della vita di D'Annunzio: N. Valeri, *D'Annunzio davanti al fascismo*, Firenze, Le Monnier, 1965; M.A. Leeden, *D'Annunzio a Fiume*, Roma-Bari, Laterza, 1978; R. De Felice, *D'Annunzio politico. 1918-1938*, ivi, 1978; V. Salierno, *D'Annunzio e Mussolini. Storia di una cordiale inimicizia*, Milano, Mursia, 1988.

Per un primo approccio si veda il capitolo *D'Annunzio* steso da G. Luti per la *Storia letteraria d'Italia*, vol. xi, t. 1: *Il Novecento*, dir. da A. Balduino, Milano-Padova, Vallardi-Piccin, 1989, con ampia bibliografia ragionata. Un'ampia guida critica è E. De Michelis, *Tutto D'Annunzio*, Milano, Feltrinelli, 1960. Per un primo approccio: *Il punto su D'Annunzio*, a cura di F. Senardi, Roma-Bari, Laterza, 1989. Cfr. anche G. Laffi-I. Nardi, *Gabriele D'Annunzio*, Firenze, La Nuova Italia, 1974.

b) Edizioni e commenti

Edizione Nazionale delle *Opere di Gabriele D'Annunzio*, Milano, Mondadori, 1927-1936; un'*editio minor*, ivi, 1931 e sgg. L'edizione più diffusa è *Tutte le opere*, a cura di E. Bianchetti, ivi, 1939-1950, in 11 voll.; si dispone ora di un'importante edizione ne «I Meridiani» dell'editore Mondadori: *Versi d'amore e di gloria*, 2 voll., dir. da L. Anceschi, a cura di A. Andreoli e N. Lorenzini, 1984; *Prose di romanzi*, 2 voll., dir. da E. Raimondi, a cura degli stessi, 1988-1989; *Tutte le novelle*, a cura di A. Andreoli e M. De Marco, ivi, 1992. Per la nuova Edizione Nazionale è uscito il vol. VII, *Alcyone*, edizione critica a cura di P. Gibellini, Milano, Mondadori, 1988. Importante la raccolta degli scritti giornalistici giovanili: *Pagine disperse*, a cura di A. Castelli, Roma, Lux, 1913; si dispone ora di una nuova edizione a cura di M. Boni, *Le cronache de «La Tribuna»*, Bologna, Boni, 1992. Interessanti i *Taccuini*, a cura di E. Bianchetti e R. Forcella, Milano, Mondadori, 1966 e *Gli altri Taccuini*, a cura di E. Bianchetti, ivi, 1976; si veda anche il diario *Di me a me stesso*, a cura di A. Andreoli, ivi, 1990.

Per quanto riguarda gli epistolari: *Gabriele D'Annunzio à G. Hérelle*, correspondance présentée par G. Tosi, Paris, Denoêl, 1946; *Lettere a B. Leoni*, a cura di B. Borletti, Firenze, Sansoni, 1954; *Carteggio D'Annunzio-Mussolini (1919-'38)*, a cura di R. De Felice e E. Mariano, Milano, Mondadori, 1971; *Carteggio D'Annunzio-Duse*, a cura di P. Nardi, Firenze, Le Monnier, 1975; *Carteggio D'Annunzio-Ojetti (1894-1937)*, a cura di C. Ceccuti, ivi, 1979; *Lettere a Gisella Zucconi*, a cura di I. Ciani, Centro Nazionale di studi dannunziani, 1986; *Lettere a Jouvence*, prefazione di P. Gibellini, Milano, Archinto, 1988; *Lettere da Napoli*, a cura di A.R. Pupino, Napoli, Istituto Suor Orsola Benincasa, 1988. Importanti l'*Inventario degli autografi di Gabriele D'Annunzio al Vittoriale*, in «Quaderni dannunziani», XXXVI-XXXVII, 1968 e il *Catalogo delle lettere di Gabriele D'Annunzio al Vittoriale*, in «Quaderni dannunziani», XLII-XLIII, 1976. Per le concordanze, si vedano quelle della *Chimera*, a cura di G. Savoca e A. D'Aquino, Firenze, Olschki, 1988; del *Poema paradisiaco*, a cura di G. Savoca, ivi, 1988; dell'*Isotteo* e delle *Elegie romane*, a cura di G. Savoca e A. D'Aquino, ivi, 1990; dell'*Alcyone*, a cura di F. Gavazzeni, in «Quaderni del Vittoriale», XXXIII, 1982.

Si vedano inoltre: *Il fiore delle Laudi* (poi col titolo di *Antologia della lirica*), a cura di F. Flora, Milano, Mondadori, 1934 e sgg.; le edizioni commentate da E. Pambieri per l'editore Zanichelli di Bologna, 8 voll., da *Maya* (1941) a *Asterope* (1964); F. BERNINI, *Commento alle poesie liriche di Gabriele D'Annunzio*, Bologna, 1932; *Prose scelte*, a cura di D. Pastorino, Milano, Mondadori, 1937. Raccolte antologiche recenti: *Poesie, teatro, prose*, a cura di M. Praz e F. Guerra, Milano-Napoli, Ricciardi, 1966; *Poesie*, a cura di F. Roncoroni, Milano, Garzanti, 1978; *Prose*, a cura dello stesso, ivi, 1983; *Scritti politici di Gabriele D'Annunzio*, a cura di P. Alatri, Milano, Feltrinelli, 1980. Edizioni di opere singole e commentate: *Violante dalla bella voce*, a cura di E. De Michelis, Milano, Mondadori, 1970; *La penultima ventura. Scritti e discorsi fiumani*, a cura di R. De Felice, ivi, 1974; *Libro segreto*, a cura di P. Gibellini, ivi, 1977; *Solus ad solam*, a cura di F. Roncoroni, ivi, 1979; *Favole mondane*, a cura di F. Roncoroni, Milano, Garzanti, 1981; *Alcyone*, a cura di F. Roncoroni, Milano, Mondadori, 1982; *Fedra*, a cura di P. Gibellini, ivi, 1986; *Pagine sull'arte*, a cura di P. Gibellini, Milano, Electa, 1986. Utili: R. GARZIA, *Il vocabolario dannunziano*, Bologna, 1913; R. VECCHIONI, *Dizionario delle immagini dannunziane*, Pescara, Tondonati, 1974.

c) Critica

Per la storia della critica: S. ANTONIELLI, *D'Annunzio*, in *I classici italiani nella storia della critica*, vol. II, cit.; G. LUTI, *Situazione della critica dannunziana*, in «Quaderni dannunziani», XXXVIII-XXXIX, 1969; G. PETRONIO, *D'Annunzio*, Palermo, Palumbo, 1977; A. CAPASSO, *Il frutto di dieci anni di critica dannunziana (1971-1981)*, Savona, Sabatelli, 1982.

Studi notevoli: B. CROCE, *G. D'Annunzio*, in *La letteratura della nuova Italia*, vol. IV, Bari, Laterza; ID., *L'ultimo D'Annunzio*, in *La letteratura della nuova Italia*, vol. VI, cit. (per la critica dannunziana del Croce cfr.: M. Sansone, *Croce e D'Annunzio*, in «Abruzzo», I, 3, 1963 e M. Puppo, *Croce e D'Annunzio*, Firenze, Olschki, 1964); G.A. Borgese, *D'Annunzio*, Milano, Bompiani, 1932²; E. Thovez, *Il pastore, il gregge e la zampogna*, Torino, De Silva, 1948 (1ª ed. Napoli, Ricciardi, 1910); A. Gargiulo, *G. D'Annunzio*, Firenze, Sansoni, 1941²; F. Flora, *D'Annunzio*, Milano-Messina, Principato, 1935²; A. Momigliano, *Notturno*, in *Impressioni di un lettore contemporaneo*, Milano, Mondadori, 1928; Id., *Lo svolgimento della lirica dannunziana*, in *Ultimi studi*, Firenze, La Nuova Italia, 1954; A. Meozzi, *G. D'Annunzio*, Pisa, Vallerini, 1930; T. Rosina, *Attraverso le Città del silenzio (Fonti e interpretazioni)*, Messina, Principato, 1931; Id., *Saggi dannunziani*, Genova, Edmondo del Mastro, 1952; Id., *Noterelle dannunziane*, Genova, 1958; P. Pancrazi, *Studi sul D'Annunzio*, Torino, Einaudi, 1939 (nuova ed. in *Ragguagli di Parnaso*, cit.); A. Gargiulo, *I metri di D'Annunzio*, in *Letteratura italiana del Novecento*, Firenze, Le Monnier, 1958 (1ª ed. 1940); P.P. Trompeo, *Carducci e D'Annunzio*, Roma, Tumminelli, 1943; W. Binni, *La poetica di Gabriele D'Annunzio e l'estetismo*, in *La poetica del Decadentismo italiano*, cit.; G. De Robertis, *D'Annunzio. Il libro segreto*, in *Scrittori del Novecento*, Firenze, Le Monnier, 1958⁴; A. Noferi, *L'Alcyone nella storia della poesia dannunziana*, Firenze, Vallecchi, 1946; L. Russo, *Il teatro dannunziano e la politica e altri studi sul D'Annunzio*, in *Ritratti e disegni storici*, serie IV, cit.; L. Bianconi, *D'Annunzio critico*, Firenze, Sansoni, 1940; B. Migliorini, *D'Annunzio e la lingua italiana*, in *Saggi di lingua italiana del Novecento*, Firenze, Sansoni, 1963²; G. Contini, *Vita macaronica del francese dannunziano*, in *Esercizi di lettura*, cit.; G. Devoto, *La musicalità dannunziana*, in *Studi di stilistica*, Firenze, Le Monnier, 1950; E. De Michelis, *D'Annunzio a contraggenio*, Roma, Edizioni dell'Ateneo, 1963; E. Mazzali, *D'Annunzio artefice solitario*, Milano, Nuova Accademia, 1962; F. Tropeano, *Saggio sulla prosa dannunziana*, Firenze, Le Monnier, 1962; M. Praz, *D'Annunzio e l'amor sensuale della parola*, in *La carne, la morte e il diavolo nella letteratura romantica*, Firenze, Sansoni, 1966⁴; Id., *Il museo dannunziano*, in *Il patto col serpente*, Milano, Mondadori, 1973; E. Paratore, *Studi dannunziani*, Napoli, Morano, 1966; M. Guglielminetti, *L'orazione di Gabriele D'Annunzio*, in *Struttura e sintassi del romanzo italiano del primo Novecento*, Milano, Silva, 1967; E. Giachery, *Verga e D'Annunzio*, cit.; E. Raimondi, *Gabriele D'Annunzio*, in *Storia della letteratura italiana*, dir. da E. Cecchi e N. Sapegno, vol. IX, 1969, cit.; M. Ricciardi, *Coscienza e struttura nella poesia di D'Annunzio*, Torino, Giappichelli, 1970; G. Bárberi Squarotti, *Il gesto improbabile. Tre saggi su Gabriele D'Annunzio*, Palermo, Flaccovio, 1971; L. Testaferrata, *D'Annunzio «paradisiaco»*, Firenze, La Nuova Italia, 1972; G. Luti, *La cenere dei sogni. Studi dannunziani*, Pisa, Nistri-Lischi, 1973; A. Jacomuzzi, *Una poetica strumentale: Gabriele D'Annunzio*, Torino, Einaudi, 1974; M. Puppo, *Mito e verità di Gabriele D'Annunzio*, Savona, Sabatelli, 1975; E. Circeo, *Il D'Annunzio "notturno" e la critica dannunziana di un settantennio*, Pescara, Edizioni Trimestre, 1975; I. Ciani, *Storia del libro dannunziano «Le novelle della Pescara»*, Milano-Napoli, Ricciardi, 1975; G. Getto, *La città morta*, in *Tre studi sul teatro*, Caltanissetta-Roma, Sciascia, 1976; M.T. Marabini Moevs, *Gabriele D'Annunzio e le estetiche della fine del secolo*, L'Aquila, Japadre, 1976; J. Goudet, *D'Annunzio romanziere*, Firenze, Olschki, 1976; V. Roda, *La strategia della totalità. Saggio su Gabriele D'Annunzio*, Bologna, Pàtron, 1978; G. Mariani, *La vita sospesa. Saggio sui «Taccuini» di Gabriele D'Annunzio*, in *La vita sospesa*, Napoli, Liguori, 1978; F. Gavazzeni, *Le sinopie di Alcyone*, Milano-Napoli, Ricciardi, 1979; F. Lanza, *D'Annunzio bizantino*, Azzate, Edizioni di Otto/Novecento, 1983; A. Mazzarella, *Il piacere e la morte. Sul primo D'Annunzio*, Napoli, Liguori, 1983; H. James, *D'Annunzio e Flaubert*, trad. it. di A. Fabris Grube, a cura di G. Almansi, Milano, Serra & Riva, 1983; G.A. Borgese, *G. D'Annunzio*, nuova edizione a cura di A.M. Mutterle, Milano, Mondadori, 1983;

P. GIBELLINI, *Logos e Mythos. Studi su G. D'Annunzio*, Firenze, Olschki, 1985; F. ROMBOLI, *Un'ipotesi per D'Annunzio. Note sui romanzi*, Pisa, ETS, 1986; L. SCORRANO, *La fenice, la cenere. Saggi e note su Gabriele D'Annunzio*, Napoli, Ferraro, 1988; L. GRANATELLA, *D'Annunzio e Pirandello tra letteratura e teatro*, Roma, Bulzoni, 1989; N. DE VECCHI PELLATI, *Tipi, simboli, emblemi dell'Immaginifico*, Milano, Vita e Pensiero, 1989; G. LORENZATO, *La notte e la scrittura: l'assenza del libro (Il «Notturno» di G. D'Annunzio)*, in «Otto/Novecento», XIV, 1, 1990; G. BÁRBERI SQUAROTTI, *La scrittura verso il nulla: D'Annunzio*, Torino, Genesi, 1992; G. OLIVA, *D'Annunzio e la poetica dell'invenzione*, Milano, Mursia, 1992; V. VALENTINI, *La tragedia moderna e mediterranea. Sul teatro di Gabriele D'Annunzio*, Milano, Franco Angeli, 1992; R. BARILLI, *D'Annunzio in prosa*, Milano, Mursia, 1993.

Tra i volumi collettanei: il numero speciale della rivista «Letteratura», mar. 1939, *Omaggio a D'Annunzio*, a cura di G. De Robertis e E. Falqui; *G. D'Annunzio*, Firenze, Sansoni, 1939; *G. D'Annunzio nel centenario della nascita*, Roma, Edizioni del Centro di Vita italiana, 1964; *L'arte di G. D'Annunzio*, Milano, Mondadori, 1968; *D'Annunzio e il simbolismo europeo*, a cura di E. Mariano, Milano, Il Saggiatore, 1976; *D'Annunzio e la poesia di massa*, a cura di N. Merola, Bari, Laterza, 1979; *Atti della Tavola rotonda «D'Annunzio» e la lingua letteraria del Novecento*, in «Quaderni dannunziani», XL-XLI, 1972; *D'Annunzio e il classicismo*, in «Quaderni del Vittoriale», 23, 1980; *D'Annunzio e la religiosità*, ivi, 8, 1981; *D'Annunzio la musica e le arti figurative*, ivi, 34-35, 1982; *D'Annunzio e Pirandello*, ivi, 36, 1982; *D'Annunzio a Yale*, a cura di P. Valesio, Milano, Garzanti, 1989.

A partire dal 1979 si tengono a Pescara, con periodicità annuale, convegni internazionali organizzati dal Centro Nazionale di studi dannunziani, di cui sono usciti i seguenti volumi di Atti: *D'Annunzio giovane e il Verismo*, Pescara, Centro Nazionale di studi dannunziani, 1981; *Natura e arte nel paesaggio dannunziano*, ivi, 1982; *Il «Trionfo della morte»*, ivi, 1983; *«Canto novo» nel centenario della pubblicazione*, ivi, 1983; *D'Annunzio giornalista*, ivi, 1984; *D'Annunzio e la cultura germanica*, ivi, 1985; *«La Figlia di Iorio»*, ivi, 1986.

22 Svevo

22.1 Il "caso Svevo"

Noto è il ritardo con cui la critica si accorse dell'esistenza dello Svevo, che dovette aspettare circa trentacinque anni per veder riconosciuto il proprio valore. Insignificanti erano state le accoglienze riservate al primo romanzo, *Una Vita*, edito nel 1891, segnalato da due recensioni locali anonime e da un articolo di DOMENICO OLIVA (in «Corriere della Sera», 11 dicembre 1892) che centrava la rilevanza della componente psicologica, mentre denunciava la pesantezza dell'analisi e la povertà inventiva. Scarsi anche i riscontri a *Senilità* (1898) e i primi interventi su *La coscienza di Zeno* (1923).

Il successo gli arride all'improvviso nel 1925-1926 quando EUGENIO MONTALE pubblica nella rivista milanese «L'Esame» (nov.-dic. 1925) il fondamentale saggio *Omaggio a Italo Svevo* (ora in E. MONTALE - I. SVEVO, *Lettere, con gli scritti di Montale su Svevo*, Bari, 1966); quasi contemporaneamente, sfonda all'estero grazie alla presentazione di BENJAMIN CRÉMIEUX e alle traduzioni di passi di *Senilità* e de *La Coscienza di Zeno* fatte da VALÉRY LARBAUD e dallo stesso Crémieux, pubblicate in un numero della rivista parigina «Le navire d'argent», interamente dedicato a Svevo (febb. 1926). I Francesi lo consacrano come uno dei principali esponenti della letteratura italiana, attribuendogli non poche somiglianze con Proust: «Ni Manzoni, ni Verga, ni D'Annunzio n'ont exercé la moindre influence sur Italo Svevo. Il se présente un isolé dans la littérature italienne d'aujourd'hui, un peu à la façon dont Proust, avec qui il n'est pas sans analogie, est apparu en 1913 dans la littérature française. Et tout d'abord, comme Proust, il traite en connaisseur une matière qui jusque-là se réduisait à quelques poncifs: les héros bourgeois de Svevo baignent dans la vie commerciale du port de Trieste comme ceux de Proust dans le "grand monde" [...] Italo Svevo est le premier romancier d'analyse qu'ait produit l'Italie contemporaine et on peut dire le seul».[1]

Il saggio del Montale definisce Svevo interprete efficace degli «impulsi e degli sbandamenti dell'anima contemporanea», coglie alcuni aspetti essenziali, come l'inettitudine che contraddistingue significativamente i tre protagonisti dei romanzi e, soprattutto, coglie il valore innovativo e l'apertura europea della sua narrativa: «quan-

---

[1] «Né Manzoni, né Verga, né D'Annunzio hanno esercitato la minima influenza su Italo Svevo. Egli si presenta isolato nella letteratura italiana odierna, un po' come Proust, con il quale ha qualche analogia, è apparso nel 1913 nella letteratura francese. E immediatamente, come Proust, egli tratta da esperto una materia che fino ad allora si riduceva a qualche luogo comune: gli eroi borghesi di Svevo s'immergono nella vita commerciale del porto di Trieste come quelli di Proust nel "gran mondo" [...] Italo Svevo è il primo romanziere psicoanalitico che abbia prodotto l'Italia contemporanea e si può dire l'unico.»

do [...] uscì, inosservata, *La coscienza di Zeno*, erano da tempo cominciati quei moti che il primo Svevo, con autori non nostri, aveva in qualche modo percorsi; e un'arte ne sorgeva, vogliosa di totalità e di estreme, difficili psicologie: un sondaggio instancabile nelle regioni più buie della coscienza. Il romanzo tende ormai a ritrovare il poema attraverso la vecchia ricetta della *tranche de vie*; e si celebra da più parti l'Ulisse moderno e la sua disperazione appena mascherata dal sorriso. Tendenze, certo, più confuse e intenzionali che fissate in chiare realizzazioni d'arte; e consone alle letterature straniere più che alla nostra, condannata a pochi temi e a poche certezze; ma tendenze, in ogni modo, reali, che non potrebbero essere negate senza una palese stortura della verità. Si pensi al binomio Freud-Joyce. E non si trascurino i rapporti personali che unirono Svevo a Joyce».

Il saggio montaliano e, soprattutto, il lancio francese, che non si ferma con il numero de «Le navire d'argent», ma continua con recensioni e segnalazioni, impedisce alla critica italiana di continuare a tacere. Ne nasce un caso letterario, in cui molti prendono posizione variamente.[2] Non mancano pesanti stroncature, come quella di GUIDO PIOVENE (*Narratori*, in «La parola e il libro», IX, 1927; in «La Fiera Letteraria», del 18 lug. 1946, egli ammette l'errore riconoscendo i meriti di Svevo): «I cenacoli parigini, non contenti di regalarci pose e snobismi letterari sempre nuovi, ci regalano anche le "celebrità italiane". Italo Svevo, commerciante triestino, scrittore di tre mediocri romanzi, valutato da noi, secondo i suoi meriti, con una rispettosa indifferenza, è improvvisamente annunciato come un grande scrittore da uno scadente poeta irlandese abitante a Trieste, Joyce, uno scadente poeta di Parigi, Valéry Larbaud, e un critico, il Crémieux, che, essendo intenditore di cose francesi, passa in Francia come intenditore di cose italiane; forse perché ne conosce pochissimo, fra gente che non ne conosce nulla. Quale il merito dello Svevo? D'essersi avvicinato, più d'ogni altro italiano, a quella letteratura passivamente analitica, che ebbe i suoi fastigi in Proust, ed è arte scadente, se arte è opera d'uomini vivi ed attivi; se un pittore vale più d'uno specchio. I cenacoli italiani, servilmente, accettarono la nuova gloria; ma essi, per fortuna, sono così estranei al pubblico e alla letteratura viva, che tutto rimase lì».

Le resistenze sono motivate dall'anticonvenzionalità, dalla dissacrazione dei valori sociali preminenti, dall'impurità linguistica: tutti elementi particolarmente rilevanti anche perché di segno opposto alla politica culturale fascista. Alla sensibilità nazionalistica, inoltre, non poteva suonar bene l'iniziativa parigina che qualcuno[3] definì «un atto di imperio letterario, quasi una colonizzazione».

Dopo la morte (1928), comunque, «Solaria» dedica a Svevo un numero di *Omaggio* (3-4, 1929) e GIOVAN BATTISTA ANGIOLETTI scrive: «Non m'è stato facile accostarmi all'arte di Svevo: un'arte lontana da quella che era nei miei gusti, un'arte che non teneva conto di certe leggi di stile, di certi abbandoni e reticenze che, forse a torto, mi sono cari. Ma subito ho sentito in Italo Svevo un uomo ben più in alto della comune genia dei letterati». E intanto il "caso Svevo" è oggetto di dibattito critico anche nel mondo tedesco (che non manca tra l'altro di tentativi di appropriazione, date le origini familiari e culturali dello Svevo) e in quello inglese e americano.[4]

---

2 Un'estesa trattazione dell'intera polemica è nell'*Introduzione* di B. MAIER a I. SVEVO, *Opere*, vol. II, p. 1, Milano, Dall'Oglio, 1969.

3 V. BRANCATI, *Uno scrittore che la Francia ci invidia*, in «Cultura fascista», 15 mar. 1932.

4 Anche per questo v. la cit. *Introduzione* del Maier.

22.2 Nuovi studi fra il 1930 e il 1960

GIACOMO DEBENEDETTI, che già aveva partecipato all'omaggio solariano, ritorna sullo Svevo ripetutamente (*Saggi critici - Nuova serie*, Roma, 1945): anch'egli si sofferma sull'importanza dell'indagine psicologica che condiziona il tessuto narrativo, e spiega il senso della contrapposizione delle condizioni dell'inettitudine e della capacità di vivere. ELIO VITTORINI (vari interventi raccolti poi in *Diario in pubblico*, Milano, Bompiani, 1957) osserva come Svevo non tenda come Proust al recupero della perduta felicità dell'infanzia, ma a definire una condizione «di umana abulicità, di morbosità apicale», per cui, al posto del proustiano fanciullo, si trova l'immagine di un vecchio, indubbiamente più realistica e concreta.

Un'interessante indagine stilistica viene avviata da GIACOMO DEVOTO (*Le correzioni di Italo Svevo*, in «Letteratura», II, ott. 1938; poi in *Studi di stilistica*, Firenze, Le Monnier, 1950): egli studia le varianti fra la prima e la seconda stesura di *Senilità*, individuando «unilateralità e deficienze» nella revisione, condizionata a suo avviso dalla rassegnazione dell'autore alle critiche ricevute; le correzioni comporterebbero infatti un poco apprezzabile «aumento di letterarietà, talora preziosa».

Negli anni successivi la seconda guerra mondiale vengono alla luce le opere minori dello Svevo: nel 1949 esce il volume *Corto viaggio sentimentale e altri racconti inediti*, a cura di UMBRO APOLLONIO (Milano, Mondadori); nel 1954 e nel 1960 escono i *Saggi e pagine sparse* e le *Commedie* (sempre a cura dell'Apollonio, ivi); nel 1962 il *Diario per la fidanzata*, a cura di BRUNO MAIER (Trieste, Edizioni dello Zibaldone), e nel 1966 l'*Epistolario*, ancora a cura del Maier (Milano, Dall'Oglio), primo volume di quell'*Opera omnia*, principale strumento di lavoro per gli studiosi fino alle più recenti edizioni degli anni Ottanta. I numerosi scritti editi per la prima volta allargano il campo di indagine e aumentano le possibilità di comprensione: particolare rilevanza assumono gli elementi di raccordo fra le varie opere che consentono di proporre delle spiegazioni anche per il lungo tempo trascorso fra i primi due romanzi e l'ultimo.

Nel 1950 esce anche una biografia interessante sia per i contenuti sia per il modo in cui è stata realizzata: l'ha scritta la poetessa Lina Galli sulla base delle memorie di LIVIA VENEZIANI SVEVO, la vedova dello scrittore (*Vita di mio marito, con inediti di Italo Svevo*, Trieste, 1951, ma 1950). Partendo da un discorso biografico, GIACINTO SPAGNOLETTI ricostruisce la formazione culturale del giovane Svevo (*La giovinezza e la formazione letteraria di Italo Svevo*, in «Studi Urbinati», XXVII, 2, 1953; *Documenti sulla giovinezza di Italo Svevo*, in «Idea», 7 mar.-9 mag. 1954; dello stesso vedi pure *Svevo, la vita, il pensiero, i testi esemplari*, Milano, 1972).

Il problema della lingua continua a essere al centro dell'attenzione: così ETTORE BONORA (*Italo Svevo*, in «Belfagor», 1949) sostiene che «il vero difetto della lingua di Svevo è più sintattico che lessicale: quello cioè di una lingua che dovendo possedere tutta la fluidità e la sinuosità necessarie all'analisi e al sentimento interiore del tempo urta troppo di frequente, quasi ad ogni pagina, nelle durezze del concreto esteriore. Il difetto, come mostrano le correzioni tentate per *Senilità* e la migliore franchezza della *Coscienza di Zeno*, non è un fatto di tecnica: è il risultato in parte di concessioni alla poetica del romanzo tradizionale, del conservare nel racconto certo materiale di *carnet*, in parte della grande istintività che ha guidato Svevo nella sua scoperta».

E l'Apollonio, nell'*Introduzione* alla citata edizione del *Corto viaggio sentimentale*, segnala che «Svevo si crea il suo linguaggio, come ogni vero artista, e lo fa con accanimento pari all'intensità con cui segue gli abbandoni della sua mente e della sua osservazione. C'è interdipendenza quasi perfetta tra le condizioni del fatto propriamente letterario e quelle della sollecitazione creativa: c'è unità artistica insomma. Quando gli si rimprovera una certa trascuratezza di stile, si confonde lo stile – forma propria, unica e irripetibile – con la lingua – modulo fisso e abitudinario, immobile e per nulla creativo».

Sul rapporto arte-vita, di cui afferma la coerenza, è incentrato invece il contributo di CARLO BO (*Per un ritratto di Svevo*, in «Paragone», ag. 1953) che traccia un sintetico profilo dello Svevo, evidenziandone l'indipendenza ideologica e artistica.

Il rapporto dello Svevo con la psicanalisi ha particolarmente interessato GIULIO CATTANEO (*Svevo e la psicanalisi*, in «Belfagor», XIV, 1959). Chiude questo periodo la cospicua monografia di ARCANGELO LEONE DE CASTRIS, *Italo Svevo* (Pisa, Nistri-Lischi, 1959; cfr. dello stesso *Il Decadentismo italiano. Svevo, Pirandello, D'Annunzio*, Bari, Laterza, 1989): il critico, che analizza l'opera sveviana secondo un approccio di tipo marxista, segnala che i tre protagonisti sveviani rispecchiano la crisi morale e ideologica della società borghese; nell'umorismo caratteristico de *La coscienza di Zeno* individua la «misura morale che colma la sproporzione fra tanto impegno della coscienza e tanto disimpegno della vita», con riferimento alla situazione di Zeno, l'abulico antieroe conscio di vivere in una società svuotata di ogni serio e rassicurante punto di riferimento, assillata da problemi assurdi, degni quindi non di attenzione o di giudizio, ma solo di ironica irrisione.

22.3 Svevo oggi

Esce nel 1961 la prima edizione della monografia del MAIER (*La personalità e l'opera di Italo Svevo*, Milano, Mursia; nelle successive edizioni il titolo è *Italo Svevo*), largamente rielaborata soprattutto per la seconda edizione (1968) e più volte riedita con aggiornamenti sino a oggi. Si tratta di un'opera fondamentale che, unitamente con i vari altri interventi del Maier sull'argomento pubblicati nei volumi delle opere o in varie sedi e per lo più raccolti in volumi di studi sulla letteratura triestina, costituisce l'imprescindibile riferimento per gli studiosi.

Il Maier, che si giova di una accuratissima conoscenza dell'autore, della famiglia, dell'ambiente umano e culturale, termina la sua monografia (edizione del 1968) accreditando l'immagine di uno Svevo «"poeta della problematicità del reale": non sarebbe forse esagerato considerare *Una vita*, *Senilità* e *La coscienza di Zeno* come le parti di una grande "trilogia" o di un unico "ciclo" narrativo, e quasi, saremmo tentati di dire, le tre "redazioni", composte in tempi diversi e fra loro successivi, d'un medesimo libro. Se, ora, si volesse cogliere e fissare criticamente la nota distintiva dell'attività letteraria sveviana nel suo complesso, osserveremmo ch'essa consiste nell'analisi interiore [...], e si manifesta soprattutto nel motivo, tipicamente proprio del nostro autore, della "senilità", intesa in un senso non cronologico, ma ideale, come "condizione" senile, come atteggiamento contemplativo piuttosto che pratico, passivo piuttosto che attivo, di fronte all'esistenza e ai suoi molteplici problemi; in quello della "malattia", d'altronde col tema accennato (e con quello della "morte") perfettamente congruente, se è vero che la "senilità" è assai prossima a uno stato morboso (e più in un significato psichico che strettamente patologico) dell'organismo (*"senectus ipsast morbus"*!), o addirittura identificabile con esso; e in quello dell'"originalità" vitale, ossia della varia, polivalente, incomprensibile fisionomia che assume per gli uomini, di volta in volta, il pavesiano "mestiere di vivere". Sono questi i grandi temi ispiratori dell'arte dello Svevo; e a essi ne va aggiunto uno che tutti idealmente include, e costituisce il nucleo profondo della sua attività di scrittore: quello della [...] "problematicità del reale", il cui simbolo latamente allusivo, può ben essere ritenuto, anche per quel che vi s'avverte di ambiguo e d'inafferrabile, e magari di sfingico e di meduseo, nella sua pendolare oscillazione fra intelligenza e condanna, fra disperazione e utopia – ch'è poi l'oscillazione stessa della composita, labirintica, "aperta" realtà –, l'ironico riso di Zeno».

Ancora nel 1961 si registra uno studio di GIORGIO LUTI (*Italo Svevo e altri studi sulla letteratura italiana del primo Novecento*, Cosenza, Lerici) che sostiene che lo scrittore triestino ha adattato i propri modi espressivi ai diversi contesti sociali indagati e alla sua graduale presa di coscienza della crisi della società borghese. Su queste orme si muove sostanzialmente anche SANDRO MAXIA (*Lettura di Italo Svevo*, Padova, Liviana, 1986; 1ª ed. 1965) che sonda le radici culturali mitteleuropee dello Svevo, nominando Marx, Bebel, Darwin, Spencer, Schopenhauer, Weininger, Freud, Mann, Musil e avverte che in Svevo «su un fondo culturale sostanzialmente positivistico, si innestano alcune idee generali che mostrano un legame con la cultura idealistica tedesca». Joyce, Kafka e Proust sono indicati da MARCO FORTI (*Svevo romanziere*, Milano, 1966) per un accostamento con Svevo sulla strada dell'innovazione delle forme del romanzo europeo. A La Rochefoucauld lo paragona NUNZIO DI GIACOMO (*Letture sveviane*, Messina-Firenze, D'Anna, 1968) che giunge a estrarre dai tre romanzi «alcuni pensieri che sono indicativi della forza di penetrazione psicologica, della conoscenza dell'uomo e della saggezza di Italo Svevo». Il collegamento Svevo-Schopenhauer, piuttosto frequente, compare persino nel titolo di LUCA CURTI, *Svevo e Schopenhauer. Rilettura di una vita* (Pisa, ETS, 1992).

GENO PAMPALONI (*Italo Svevo*, in «Terzo programma», 2, 1964) nega l'esistenza di una denuncia antiborghese nei romanzi dello Svevo e spiega la sua narrativa come «un'esperienza individualistica esasperata» volta a superare il fallimento del Positivismo.

Prevalentemente stilistica è invece l'analisi di MARZIANO GUGLIELMINETTI (*Il monologo interiore*, in *Struttura e sintassi del romanzo italiano del primo Novecento*, Milano, 1964) che segnala l'importanza dell'abbandono sin dal primo romanzo, *Una vita*, del discorso diretto privilegiato dai veristi per il monologo interiore, la graduale acquisizione di libertà sintattica nel passare da un romanzo all'altro e la funzione dell'ironia, chiamata a temperare «la categoricità delle più impegnate affermazioni di sapienza etica».

Un suggestivo accostamento Svevo-Pirandello propone RENATO BARILLI (*La linea Svevo-Pirandello*, Milano, Mursia, 1988; 1ª ed. 1974) che si rifiuta di ragionare secondo lo schema marxista del "rispecchiamento" e valuta invece l'ipotesi di un progetto di rinnovamento etico voluto dai due scrittori.

Psicanalitico è l'approccio critico di EDUARDO SACCONE (*Commento a «Zeno»*, Bologna, Il Mulino, 1973) che formula la diagnosi di uno Zeno malato di neurosi ossessiva; passa quindi agli strumenti dello strutturalismo per valutare attraverso quali figure retoriche tale stato mentale si travasi nella struttura de *La coscienza di Zeno*.

Sottolinea l'estraneità dello Svevo al quadro letterario del primo Novecento italiano SILVANO DEL MISSIER nel volume *Italo Svevo. Introduzione e guida allo studio dell'opera sveviana. Storia e antologia della critica* (Firenze, Le Monnier, 1976): «lo Svevo, operando isolato in una fascia politicamente avulsa e geograficamente periferica della Penisola e in un contesto culturale eccentrico rispetto a essa, ma assai meno provinciale, più europeo, rimane affatto immune dalle sollecitazioni ideali dominanti nel primo decadentismo italiano. Il suo realismo psicologico e la sua disincantata, sofferta nozione della crisi che travaglia l'uomo e la società borghese non trovano riscontro nel mondo egocentrico, estetizzante, paganamente naturalistico e eroico del D'Annunzio, né in quello ambiguamente oscillante fra torbida sensualità e mistica religiosità del Fogazzaro e neppure in quello del Pascoli, che stempera il proprio vago umanitarismo e socialismo spiritualista nell'assorta, dolorosa contemplazione di un oscuro male cosmico e in una sottile voluttà di pianto. [...] La figura centrale dei romanzi di Svevo, infatti, si avventura nella grigia e sfibrante quotidianità della vita con disarmata inettitudine, ma anche con la disincantata consapevolezza che l'esistenza è una cosa misera e precaria, una malattia "sempre mortale" [...] Ma se rifugge da atteggiamenti vittimistici o trionfalistici, lo Svevo ritiene essere poi imprescindibile funzione dell'intellettuale e dello scrittore affondare lo sguardo nei profondi squilibri psicologici e morali dell'uomo e mettere a nudo le storture di una società fondata sull'ipocrisia e percorsa da inquietudini e lacerazioni insanabili. In questo senso lo scrittore triestino può essere idealmente affiancato in Italia al solo Pirandello che, pure imbevuto di cultura tedesca, intona anch'egli la propria opera a una visione non molto dissimile, incentrandola nel dissidio fra l'anelito alla libertà ideale e all'autenticità di vita interiore del protagonista e la lancinante coscienza che questi ha di vegetare rinchiuso nella rigida forma, prigioniero della "maschera" posticcia e grottesca impostagli dalla società a salvaguardia delle proprie snaturanti convenzioni».

Sull'epistolario sveviano, indicato come il testimone più autorevole dei venticinque anni di «silenzio narrativo», ha lavorato GABRIELLA CONTINI (*Le lettere malate di Svevo*, Napoli, Guida, 1979); l'«osmosi lettera-letteratura», individuata dal Maier come possibilità di sviluppo e di travaso dalla lettera alla letteratura, è, secondo la Contini, un «fenomeno reversibile e tale che si alterna sempre reciprocamente nelle due direzioni [...]. Ne deriva un movimento di sovraimpressioni, echi, postille interne, diramazioni, convergenze, ...». Sempre dall'esame delle pagine sparse la stessa studiosa ha tratto elementi per presentare nel volume *Il quarto romanzo di Svevo* (Torino, Einaudi, 1980), un sotterraneo disegno strutturale che giustifica e rafforza l'ipotesi di un quarto romanzo incompiuto.

Un settore particolare di studi è quello del teatro sveviano: variamente affrontato dai maggiori esperti, è stato trattato in una tesi di laurea da RUGGERO RIMINI (*La morte nel salotto. Guida al teatro di Svevo*, Firenze, Nuovedizioni Enrico Vallecchi, 1974); sul teatro, da professionista dello spettacolo, ha scritto più volte TULLIO KEZICH. Ben due interventi sul teatro sono raccolti in *Contributi sveviani* (Trieste, Lint, 1979): di

ANDREA GAREFFI, *Destino, analogia, trasgressione nel teatro di Italo Svevo*, e di GIUSEPPE A. CAMERINO, *Svevo e il teatro di prosa*, uno studio sintetico, ma che coinvolge tanto l'opera quanto l'esperienza umana di Svevo. Dimensione umana e letteraria sono entrambe presenti anche nella successiva monografia del Camerino (*Italo Svevo*, Torino, UTET, 1981), comprendente una bibliografia riguardante *La Trieste di Svevo*, e nello studio di PASQUALE TUSCANO, *L'integrazione impossibile. Letteratura e vita in Italo Svevo* (Milano, Istituto Propaganda Libraria, 1985).

Il venir meno, per decadenza dei termini legali, dei diritti d'autore sull'opera di Svevo ha favorito a partire dal 1985 un notevole rilancio sul mercato librario delle sue opere, per iniziativa di editori diversi in libera concorrenza; in margine alle edizioni sono nate recensioni e discussioni; se ne trova una significativa traccia già in *Italo Svevo oggi* (Atti del Convegno, Firenze, 3-4 febb. 1979, a cura di M. Marchi, Firenze, Nuovedizioni Enrico Vallecchi, 1980); questo volume contiene interventi di G. LUTI (*Introduzione*; dello stesso vedi pure: *L'ora di Mefistofele. Studi sveviani vecchi e nuovi (1960-1987)*, Firenze, La Nuova Italia, 1990), C. BO *(Ritratto di Svevo)*, G. ZAMPA *(Italo Svevo e la cultura asburgica)*, C. MAGRIS *(Italo Svevo: la vita e la rappresentazione della vita)*, G. PAMPALONI *(Italo Svevo narratore: da «Una vita» a «Senilità»)*, M. LAVAGETTO *(Correzioni su Zeno)*, T. KEZICH *(Sfortune e fortune del teatro di Svevo)* e B. MAIER *(Per un'edizione critica delle opere di Italo Svevo)*.

Si segnala fra le molte per la ricchezza e la competenza del commento l'edizione dei romanzi commentata dal Maier (Milano, Mursia, 1986-1990). Su *Il caso Svevo. (Guida storica e critica)* (Bari, Laterza, 1993²) è apparso un volume a cura di ENRICO GHIDETTI.

Repertorio bibliografico

a) **Opere bibliografiche e introduttive**

B. MAIER, *Bibliografia*, in I. SVEVO, *Opera omnia. Romanzi. Una vita - Senilità - La coscienza di Zeno*, Parte seconda, Milano, Dall'Oglio, 1969; ID., *Nota bibliografica*, in *Italo Svevo*, Milano, Mursia, 1980[6]; ID., *Nota bibliografica*, in I. SVEVO, *Senilità*, Milano, Mursia, 1990; P. SARZANA, *Bibliografia*, in I. SVEVO, *Romanzi (Una vita, Senilità, La coscienza di Zeno)*, Milano, Mondadori, 1985. Per l'aggiornamento si consultino le rassegne critiche e bibliografiche indicate nella Parte prima.

Per la vita il primo riferimento è nell'opuscolo-omaggio, contenente una breve autobiografia e un saggio di S. BENCO, *Italo Svevo scrittore. Italo Svevo nella sua nobile vita*, Milano, Giuseppe Morreale Editore, s.d. (1929) (riedito in anastatica, a cura di P. Briganti, Parma, Edizioni Zara, 1985; il *Profilo autobiografico* è stato ripubblicato anche nel vol. III delle *Opere*, Milano, Dall'Oglio, 1968; un'altra biografia è della moglie L. VENEZIANI SVEVO (stesura di L. Galli), *Vita di mio marito*, con prefazione di E. Montale, Milano, Dall'Oglio, 1976; E. GHIDETTI, *Italo Svevo. La coscienza di un borghese triestino*, Roma, Editori Riuniti, 1980; G. A. CAMERINO, *Italo Svevo*, Torino, UTET, 1981; *Iconografia sveviana. Scritti parole e immagini della vita privata di Italo Svevo*, a cura di L. Svevo Fonda Savio e B. Maier, Pordenone, Studio Tesi, 1989 (1ª ed. 1982).

b) **Edizioni e commenti**

Raccolte: *Opera omnia*, a cura di B. Maier (ma le *Commedie* sono a cura di U. Apollonio), Milano, Dall'Oglio, 1966-1969; *Romanzi...*, a cura di P. Sarzana, cit.; *Tutti i romanzi e i racconti*, Roma, Newton Compton, 1991.

Dell'edizione critica delle opere a cura di B. Maier sono usciti sinora i tre volumi dei tre romanzi, Pordenone, Studio Tesi, 1985-1986.

Altre edizioni: *Una vita*, con introduzione di B. Maier, Milano, Dall'Oglio, 1981; con introduzione e presentazione di G. Contini (con *Senilità*), Milano, Garzanti, 1985; a cura di M. Lunetta, Roma, Newton Compton, 1985; con introduzione di G. Spagnoletti, Milano, Mondadori, 1985; con prefazione di G. Bárberi Squarotti, Milano, Bompiani, 1987; a cura di G. Isotti Rosowsky, Torino, SEI, 1993.

Senilità, con introduzione di B. Maier, Milano, Dall'Oglio, 1981; con introduzione e presentazione di G. Contini (con *Una vita*), Milano, Garzanti, 1985; a cura di M. Lunetta, Roma, Newton Compton, 1985; con introduzione di G. Pontiggia, Milano, Mondadori, 1985; con prefazione di G. Bárberi Squarotti, apparati critici di G. Zaccaria, Milano, Bompiani, 1985; con introduzione di G. Spagnoletti, Milano, Rizzoli, 1986; a cura di M. Guglielminetti e A. Cavaglion, Brescia, La Scuola, 1986; di B. Maier, Milano, Mursia, 1990; di C. Benussi, Milano, Feltrinelli, 1991.

La coscienza di Zeno, con prefazione di E. Montale, introduzione di B. Maier, Milano, Dall'Oglio, 1981; con introduzione di G. Contini, presentazione di E. Saccone, Milano, Garzanti, 1985; a cura di M. Lunetta, Roma, Newton Compton, 1985; di G. Contini, Milano, Mondadori, 1985; con prefazione di G. Bárberi Squarotti, apparati critici di A. Bon, Milano, Bompiani, 1985; con prefazione di F. Brioschi, Milano, CDE, 1985; con introduzione di G. Dego, Milano, Rizzoli, 1986; a cura di M. Guglielminetti e A. Cavaglion, Brescia, La Scuola, 1986; di B. Maier, Milano, Mursia, 1986; di T. Di Salvo, S. Bettelli e R. Biolchini, Bologna, Zanichelli, 1992.

Altre opere: *Argo e il suo padrone e altri racconti*, a cura di A. Baruffaldi, Napoli, Morano, 1991; *Corto viaggio sentimentale*, Roma, Newton Compton, 1992; I. SVEVO-E. MONTALE, *Carteggio con gli scritti di Montale su Svevo*, a cura di G. Zampa, Milano, Mondadori, 1976; *Carteggio con James Joyce, Valéry Larbaud, Benjamin Crémieux, Marie Anne Comnène, Eugenio Montale, Valerio Jahier*, a cura di B. Maier, Milano, Dall'Oglio, 1978; *I racconti*, introduzione di G. Contini, presentazione di C. Magris, Milano, Garzanti, 1985; *La novella del buon vecchio e della bella fanciulla*, a cura di G. Turchetta, Milano, Marcos y Marcos, 1985; *Novelle*, scelta e introduzione di G. Contini, Milano, Mondadori, 1986; *Teatro*, introduzione di G. Contini, presentazione di O. Bertani, Milano, Garzanti, 1986; *Scritti su Joyce*, a cura di G. Mazzacurati, Parma, Pratiche, 1986; *Il vegliardo*, edizione critica a cura di B. Maier, Pordenone, Studio Tesi, 1987; *I racconti*, a cura di M. Lunetta, Roma, Newton Compton, 1988; *I racconti*, a cura di G. Spagnoletti, Milano, Rizzoli, 1988; *Rigenerazione. Commedia in tre atti*, Torino, Einaudi, 1989.

c) Critica

Per la storia della critica: B. MAIER, *Introduzione* e *Aggiornamento dell'Introduzione*, in I. SVEVO, *Opera omnia. Romanzi...*, cit.; M. LUNETTA, *Invito alla lettura di Svevo*, Milano, Mursia, 1976 (1ª ed. 1972); S. MAXIA, *Svevo. Storia e antologia della critica*, Palermo, Palumbo, 1975; S. DEL MISSIER, *Italo Svevo. Introduzione e guida allo studio dell'opera sveviana. Storia e antologia della critica*, Firenze, Le Monnier, 1976; I. VISINTINI, *Studi sveviani*, Napoli, Federico & Ardia, 1983; M. PRETOLANI CLAAR, *Guida alla lettura di Svevo*, Milano, Mondadori, 1986; E. GHIDETTI, *Il caso Svevo. Guida storica e critica*, Bari, Laterza, 1993 (1ª ed. 1984).

Monografie: A. LEONE DE CASTRIS, *Italo Svevo*, Pisa, Nistri-Lischi, 1959; G. LUTI, *Italo Svevo e altri studi sulla letteratura italiana del primo Novecento*, Cosenza, Lerici, 1961; ID., *Svevo*, Firenze, La Nuova Italia, 1967; B. MAIER, *La personalità e l'opera di Italo Svevo*, Milano, Mursia, 1961 (e quindi, con il titolo *Italo Svevo*, 2ª ed., ivi, 1968; 3ª ed., ivi, 1971; 4ª ed., ivi, 1975; 5ª ed., ivi 1978; 6ª ed., ivi, 1980); S. MAXIA, *Lettura di Italo Svevo*, Padova, Liviana, 1965; M. FORTI, *Italo Svevo romanziere con un inedito di Italo Svevo*, Milano, Scheiwiller, 1966; P.N. FURBANK, *Italo Svevo, the Man and the Writer*, London, Secker & Warburg, 1966; N. JONARD, *Italo Svevo et la crise de la bourgeoisie européenne*, Paris, Les Belles Lettres, 1969; T. KEZICH, *Svevo e Zeno, Vite parallele*, Milano, Scheiwiller, 1970; G. SPAGNOLETTI, *Svevo, la vita, il pensiero e scritti vari*, Milano, Accademia, 1972; ID., *Svevo. Ironia e nevrosi*, Massa, Memoranda Edizioni, 1986; M. FUSCO, *Italo Svevo, conscience et réalité*, Paris, Gallimard, 1973 (trad. it. di P. Bimbi, *Italo Svevo*, Palermo, Sellerio, 1984); G. PAMPALONI, *Italo Svevo*, Trieste, Edizioni «Italo Svevo», 1974; G.A. CAMERINO, *Italo Svevo e la crisi della Mitteleuropa*, Firenze, Le Monnier, 1974; ID., *Svevo*, Torino, UTET, 1981; S. DEL MISSIER, *Italo Svevo. Introduzione e guida allo studio dell'opera sveviana. Storia e antologia della critica*, Firenze, Le Monnier, 1984 (1ª ed. 1976); CH. C. RUSSEL, *Italo Svevo. The Writer from Trieste. Reflections on His Background and His Work*, Ravenna, Longo, 1976; G. BORGHELLO, *La coscienza borghese. Saggio sulla narrativa di Svevo*, Roma, Savelli, 1977; N. LEBOWITZ, *Italo Svevo*, New

Brunswick-New Jersey, Rutgers University Press, 1978; E. GHIDETTI, *La coscienza di un borghese triestino*, Roma, Editori Riuniti, 1980; S. MAXIA, *Svevo e la prosa del Novecento*, Bari, Laterza, 1981; P. TUSCANO, *L'integrazione impossibile. Letteratura e vita in Italo Svevo*, Milano, Istituto Propaganda Libraria, 1985; F. ANZELLOTTI, *Il segreto di Svevo*, Pordenone, Studio Tesi, 1985; B. WEISS, *Italo Svevo*, Boston, Twayne Publisher a Division of G. K. Hall & Co., 1987; J. GATT-RUTTER, *Italo Svevo. A Double Life*, Oxford, Clarendon Press, 1988; M. BIONDI, *Svevo*, in AA.Vv., *Il Novecento*, vol. I, a cura di G. Luti, Milano, F. Vallardi, 1989 (con ampia e aggiornata bibliografia); I. BERTELLI, *Italo Svevo. Vita e opere*, Milano, Bignami, 1989; G. LUTI, *L'ora di Mefistofele. Studi sveviani vecchi e nuovi (1960-1987)*, Firenze, La Nuova Italia, 1990; L. FAVA GUZZETTA, *Primo romanzo di Italo Svevo. Una scrittura della scissione e dell'assenza*, Messina-Firenze, D'Anna, 1991; L. CURTI, *Svevo e Schopenhauer. Rilettura di una vita*, Pisa, ETS, 1992.

Altri studi notevoli: profili e saggi complessivi: E. MONTALE, *Omaggio a Italo Svevo*, in «L'Esame», IV, 11-12, 1925; B. CRÉMIEUX, *Italo Svevo*, in «Le navire d'argent», II, 9, 1926; G. DEBENEDETTI, *Svevo e Schmitz*, in «Il Convegno», X, 1, 1929 (poi in *Saggi critici*, Milano, Mondadori, 1955); ID., *Italo Svevo*, in *Il romanzo del Novecento. Quaderni inediti*, presentazione di E. Montale, Milano, Garzanti, 1971; E. BONORA, *Italo Svevo*, in «Belfagor», IV, 1949 (poi in *Gli ipocriti di Malebolge e altri saggi di letteratura italiana e francese*, Milano-Napoli, Ricciardi, 1953); C. Bo, *Per un ritratto di Svevo*, in «Paragone», IV, 44, 1953 (poi in *Riflessioni critiche*, Firenze, Sansoni, 1953); G. VIGORELLI, *Italo Svevo (1861-1928)*, in «Almanacco Bompiani 1961», Milano, Bompiani, 1960; M. GUGLIELMINETTI, *Struttura e sintassi nei romanzi di Italo Svevo*, in «Cratilo», I, 1, 1963 (poi in *Struttura e sintassi del romanzo italiano del primo Novecento*, Milano, Silva, 1964); S. BATTAGLIA, *La coscienza della realtà nei romanzi di Svevo*, in «Filologia e letteratura», X, 1964; G. CONTINI, *Italo Svevo*, in *La letteratura dell'Italia unita (1861-1968)*, Firenze, Sansoni, 1968; M. RICCIARDI, *L'educazione del personaggio nella narrativa di Italo Svevo*, Palermo, Flaccovio, 1972; R. BARILLI, *La linea Svevo-Pirandello*, Milano, Mursia, 1972; C. MUSATTI, *Svevo e la psicoanalisi*, in «Belfagor», XXXIX, 1974 (poi in *Riflessioni sul pensiero psicoanalitico*, Torino, Boringhieri, 1976); M. LAVAGETTO, *L'impiegato Schmitz e altri saggi su Svevo*, Torino, Einaudi, 1975; A. ASOR ROSA, *La barriera dell'ironia*, in AA.Vv, *Storia d'Italia*, vol. IV: *Dall'Unità a oggi*, Torino, Einaudi, 1975; T. DE LAURENTIS, *La sintassi del desiderio. Struttura e forme del romanzo sveviano*, Ravenna, Longo, 1976; E. SACCONE, *Il poeta travestito. Otto scritti su Svevo*, Pisa, Pacini, 1977; R. BIGAZZI, *Da Verga a Svevo. Polemiche sul romanzo*, in *I colori del vero. Vent'anni di narrativa (1860-1880)*, Pisa, Nistri-Lischi, 1978; C. MAGRIS, *Nel cinquantenario di Svevo. La scrittura e la vecchiaia selvaggia*, in «Sigma», XI, 1, 1978 (poi in *L'anello di Clarisse*, Torino, Einaudi, 1985); E. GIOANOLA, *Un killer dolcissimo. Indagine psicanalitica sull'opera di Italo Svevo*, Genova, Il Melangolo, 1979; C. BAIOCCO, *Analisi del personaggio sveviano*, Roma, Centro Internazionale Stampa Universitaria, 1984; R. JACOBBI, *Italo Svevo*, in *L'avventura del Novecento*, a cura di A. Dolfi, Milano, Garzanti, 1984; M. JEULAND MEYNAUD, *Zeno e i suoi fratelli. La creazione del personaggio nei romanzi di Italo Svevo*, Bologna, Pàtron, 1985; B. MAIER, *Sveviana*, in *Dimensione Trieste. Nuovi saggi sulla letteratura triestina*, Milano, Istituto Propaganda Libraria, 1987; ID., *Note sveviane*, in «Metodi e ricerche», Udine, VIII, 2, 1989.

Pubblicazioni comprendenti scritti di vari autori: *Il caso Svevo*, a cura di G. Petronio, Palermo, Palumbo, 1976; *Italo Svevo cinquant'anni dopo*, in «Otto/Novecento», II, 6, 1978; *Contributi sveviani*, presentazione di R. Scrivano, Trieste, Lint, 1979; *Italo Svevo oggi*, a cura di M. Marchi, Firenze, Vallecchi, 1980; *Italo Svevo: «l'inquietudine del nostro tempo»*, a cura di R. Brambilla, Assisi, Pro Civitate Christiana, 1981; *Il romanzo di Pirandello e Svevo*, introduzione di E. Lauretta, Firenze, Vallecchi, 1984.

23 Pirandello

23.1 Primi giudizi. L'interpretazione "filosofica" del Tilgher

L'opera del Pirandello conobbe tardi il riconoscimento del pubblico e l'interesse della critica. Solo dopo la pubblicazione del romanzo *Il fu Mattia Pascal* (1904) la fama letteraria dello scrittore uscì dagli ambienti siciliani e romani, ai quali era rimasta fino ad allora ristretta, e solo con la produzione teatrale essa varcò i confini d'Italia, diffondendosi poi per il mondo con una rapidità travolgente. In un primo momento, quando ancora non si era fatto conoscere largamente come autore di teatro, Pirandello poté venir confuso col gruppo dei veristi, e addirittura con narratori di tipo commerciale, anche da un critico dell'acume di RENATO SERRA, il quale ne *Le lettere* (1913) lo mette insieme con Térésah, la Prosperi, la Guglielminetti, Iolanda, Brocchi, Ojetti, Pastonchi ecc. e si limita a distinguerlo dagli altri con queste parole: «C'è, per esempio, un'intenzione di realismo più penetrante nel Pirandello, con una ricerca di particolari umili duri e silenziosamente veri, che dovrebbero far scoppiare i contrasti della pietà e dell'umorismo: ma quella ricerca e quella precisione è proprio ciò che pesa di più nelle sue pagine, che gli dà quella particolare ingratitudine delle fatiche accurate e un po' sciupate; il suo bozzetto val più della novella; e la novella molto meglio del romanzo».

Più tardi, il successo del drammaturgo, con la novità e, per molti, la stravaganza dei suoi temi e della sua tecnica, pose nell'ombra il narratore, che pure conteneva le radici di quello e la cui conoscenza avrebbe reso meno grande la sorpresa del pubblico e dei critici per gli *enigmi* del teatro pirandelliano, e favorì anche nella critica, come fu detto, un atteggiamento rivolto piuttosto a *chiarire* che a *capire*. Questo atteggiamento fu rafforzato dalla comparsa di quello che può essere considerato il primo tentativo di un'interpretazione unitaria dell'opera pirandelliana: il saggio di ADRIANO TILGHER in *Studi sul teatro contemporaneo* (1922). Il Tilgher indicava come "problema centrale" dell'opera di Pirandello l'opposizione di Vita e Forma: «La filosofia implicita nell'arte di Pirandello gira tutta intorno al dualismo fondamentale di Vita e Forma: la Vita perpetuamente mobile e fluida, che si cala e non può non calarsi, in una forma, pur repugnando profondamente ad ogni forma; la Forma che determinandola, dando confini rigidi alla Vita, ne aggela e uccide il palpito irrequieto». Da questa opposizione deriva il *relativismo* pirandelliano: «Il pensiero non rimane astratto e puramente teorico, ma si fonde con la passione, e l'impregna di sé e a sua volta si colora alla sua fiamma. E perché dei due elementi in lotta la Vita e la Forma, non è la Forma che crea la Vita, ma è la Vita che crea la Forma in cui correre e stagnare, è chiaro il perché del *relativismo* pirandelliano. Pirandello è relativista, nega che esista una realtà e verità fuori di noi, sostiene che per ognuno essere e apparire sono la stessa cosa, che non v'è scienza ma solo opinione (*Così è (se vi pare)*) e che tutte le opinioni si equivalgono (*Ciascuno a suo modo*), appunto perché per lui tutte le nostre affermazioni e teorie e leggi e norme non sono che forme effimere in cui per qualche istante si cala la vita, in sé destituita d'intima verità e consistenza». Coerentemente alla sua estetica, che valuta l'opera d'arte in quanto risoluzione figurativa dei problemi spirituali di un'epoca, il Tilgher vede in Pirandello colui che ha saputo dare la soluzione artistica del problema fondamentale della coscienza contemporanea, e, da questo punto di vista, ha il merito di aver additato per il primo nell'opera del drammaturgo un significato universale. L'interpretazione del Tilgher, originale anche se irrigidita in una formula, non solo condizionò per molto tempo gran parte della critica, ma s'impose all'autore medesimo, che si trovò come rivelato a se stesso e ne ebbe lo stimolo ad accentuare nelle sue opere la dialettica intellettualistica a scapito dell'intuizione vitale. Di conseguenza l'attenzione finì per concentrarsi sempre di più sul teatro, che quella dialettica poneva in maggior evidenza, e sulla "filosofia" o "pseudofilosofia" pirandelliana piuttosto che sull'arte, e il "pirandellismo" offuscò la visione dell'autentico Pirandello.

23.2 Il giudizio negativo del Croce

Un diverso atteggiamento si trova nel profilo che a Pirandello dedicò LUIGI RUSSO nel suo volume su *I narratori* (composto nel 1922 e pubblicato nel 1923, quindi contemporaneo dei primi saggi del Tilgher). Il Russo comincia col distinguere l'opera di Pirandello dall'esperienza provinciale dei veristi, perché fin dagli inizi lo scrittore «investiva il suo mondo fantastico con uno spirito contraddittorio e tormentato», rileva l'origine non intellettualistica del suo umorismo, che «scoppia non da un aggiustato e filosofico contrasto tra l'ideale e il reale, ma proprio dall'esasperato dualismo tra quella che è la vita nuda e quelle che sono le affettuose illusioni di cui l'ammantano gli uomini»; scopre nelle novelle il fiorire di «improvvisi capolavori, in cui la crudeltà pirandelliana si rivela nella sua sostanza profonda, come tragica e ritrosa condoglianza capace solo di esprimersi in una forma contrariata e dispettosa, senza mai la goccia di una lagrima». In esse la prosa è «pienamente affiatata col contenuto: una prosa a scaglie, nuda di immagini, indelicata nel suono, con una sintassi non sintetica come la prosa epica del Verga, ma analitica, frantumata in una serie successiva di brevi proposizioni mentali, che rendono al vivo con ingratitudine musicale [...] tutta l'agitazione di un eterno e disperato soliloquio». Ma in seguito, secondo il Russo, Pirandello, trascinato dalla sua curiosità speculativa e secondato da alcuni interpreti, ha finito «col credere ad una sua responsabilità filosofica e col concettualizzare il suo primitivo problema artistico». Perciò il suo teatro, per quanto episodio non arbitrario della sua attività, «non poteva essere che una forma divulgativa o una complicazione intellettuale del primitivo problema artistico».

Quando il Russo scriveva queste pagine, BENEDETTO CROCE non aveva ancora espresso alcun giudizio sullo scrittore siciliano (a parte la critica negativa del saggio su *L'umorismo*), ma è evidente in esse la suggestione del metodo e, si direbbe, in parte, anche del gusto crociano. Taluni spunti di esse si ritrovano, ma accentuati in senso negativo, nel saggio che a Pirandello il Croce dedicò molti anni più tardi, nel 1935. Qui, dopo avere notato il «sobrio vigore» di taluna delle prime novelle (giudicate per altro, nel complesso, insieme con i romanzi, come «una prosecuzione, alquanto in ritardo, dell'opera della scuola veristica italiana»), il critico ferma la sua attenzione sull'arte della "seconda maniera", iniziata col *Fu Mattia Pascal*, della quale dà questa definizione: «taluni spunti artistici, soffocati o sfigurati da un convulso inconcludente filosofare». La definizione viene confermata mediante l'analisi di alcuni dei più noti drammi pirandelliani. Il critico ammette la possibilità che l'autore si trovi veramente in una condizione di desolazione e di esasperato pessimismo, ma nega che questa condizione sia stata superata artisticamente: Pirandello «ha composto una ricetta, ha trovato una maniera, e la viene adoperando con aria, cioè con stile, tutt'altro che d'angosciato, addolorato e furibondo: tutt'al più, con lo stile di un intellettuale esasperato, e "prigioniero" lui, veramente, dei demoni logici che ha evocati e che non riesce né a sottomettere né a fugare». Il suo successo è dovuto in parte al fatto che la sua opera offre al buon borghese il gusto di vedersi sfilare davanti affermazioni e negazioni arrischiate, pseudoteorie, fantastiche spiegazioni, in parte al fatto che il suo scetticismo e pessimismo rispondono a uno stato d'animo generalmente diffuso.

Sul Pirandello il Croce tornò in seguito, in rapide osservazioni occasionali, con maggior comprensione della sincerità e della serietà dello scrittore, ma ribadendo il suo giudizio esteticamente negativo: «fu un uomo tormentato e non un semplice industriante teatrale sulla materia di un immaginato tormento; ma la serena gioia della bellezza non gli appartenne». Il pessimismo radicale è un difetto della sua arte, perché «un uomo può essere ed è pessimista, ossesso dal senso del male che sta nella sua anima e nel mondo tutto; triste, amaro, disperato; e questo stato d'animo può diventar materia d'arte ossia forma estetica come ogni altro stato d'animo; ma perché ciò avvenga, quella materia deve trasformarsi nella verità»; ma «le rappresentazioni del Pirandello hanno dell'unilaterale e perciò del non raggiunto poeticamente», né i suoi drammi possono dirsi tragici «giacché la tragicità ha a sua necessaria premessa la credenza nella responsabilità morale e nell'identità personale, cose che il Pirandello disconosce o nega».

23.3 Primi sondaggi nella struttura dell'universo di Pirandello e primi tentativi di studio sistematico della sua opera

La critica del Croce, e di coloro che ne hanno accolto e sviluppato i motivi, muove dalla constatazione di una compresenza nell'opera pirandelliana di tendenze artistiche e di tendenze intellettualistiche, col risultato di un soffocamento o snaturamento delle prime da parte delle seconde, e finisce per accettare come artisticamente valide solo quelle parti (specialmente alcune delle prime novelle) che sono ancora legate a una visione della vita e a una tecnica naturalistica. Il resto è considerato quasi unicamente prodotto di ingegnosità e di artificio. Uno sforzo notevole di liberarsi dagli schemi crociani appare in due acuti saggi pubblicati poco dopo la morte dello scrittore. MASSIMO BONTEMPELLI nella sua commemorazione (*Pirandello o del candore*), parlava del "candore" come della nota caratteristica dell'umanità e dell'arte del Pirandello e avvertiva che occorre penetrare al di là delle apparenze più corpose e oggettive del suo mondo: «Forse l'universo tragico pirandelliano, per forza di un intuito di natura profetica, è il più fedele adombramento di quel che può essere il mondo misterioso dell'antevita ove le anime non sono che formule pronte e cercano in grande affanno di insinuarsi nell'incarnato, di rubarsi il turno per arrivare alla loro attuazione terrestre». Partendo da questa osservazione e dalla distinzione, pure proposta dal Bontempelli, fra *persona* e *personaggio*, GIACOMO DEBENEDETTI (*Una giornata di Pirandello*) afferma che non è vero che le figure di Pirandello siano prive di libertà, ma che «la loro libertà è tutta confinata nella zona del *prima*, dove potevano ancora dir di no alla proterva voglia di individuarsi come personaggi. Obbedendole, hanno deciso a loro modo la propria sorte», sicché il palcoscenico, che per gli altri drammaturghi è un luogo convenzionale su cui produrre le loro fantasie, per Pirandello «è addirittura l'elemento iniziale del dramma, il luogo delle metamorfosi che, toccato appena, consuma la trasformazione delle creature in personaggi». La poesia più vera di Pirandello è «in quell'anelito verso il mondo del *prima*, che i personaggi, come in un coro inconscio, compongono con la somma delle loro disperazioni», e l'universo pirandelliano si potrebbe riassumere come «un diuturno servaggio in un mondo senza musica, sospeso ad un'infinita possibilità musicale: all'intatta e appagata musica dell'*uomo solo*».

Mentre si effettuavano questi primi sondaggi nell'intima struttura dell'universo pirandelliano, cominciava a manifestarsi l'esigenza di uno studio sistematico e unitario di tutta l'attività dello scrittore e di un suo preciso inquadramento storico. Notevole in tale senso è un saggio di ANTONIO DI PIETRO (*Saggio su L. Pirandello*) apparso nel 1941. Il Di Pietro definisce Pirandello «uno dei pochissimi, se non proprio l'unico scrittore italiano, che il travaglio del cosiddetto decadentismo ha vissuto, dalle sue più lontane origini fino alle sue ultime conseguenze e che, per la molteplicità delle sue interferenze e per l'unità empirica e ideale del suo graduale sviluppo, può offrire, in certo modo, il filo d'Arianna in un periodo di così vasto rivolgimento di valori e di forme». Egli segue l'intero arco dell'esperienza artistica dello scrittore attraverso le diverse tappe, dagli inizi naturalistici alla dissoluzione del naturalismo dall'interno per l'irrompere di tendenze spiritualistiche, che lasciano intravedere nuovi valori, alla definitiva disgregazione dell'*io* romantico e naturalistico e infine alla riscoperta di un senso di provvidenzialità e di armonia nelle cose, al ritrovato senso del mistero e del miracolo. Nell'interpretazione del Di Pietro l'arte pirandelliana mostra un coerente sviluppo (sia pure con esitazioni, indugi, ritorni) dal naturalismo realistico e sentimentale al *realismo magico* e impregnato di religiosa spiritualità (un'interpretazione religiosa di Pirandello, ma in forme meno controllate, avevano già proposto PIETRO MIGNOSI e SILVIO D'AMICO). Uno studio sistematico (ma condotto secondo moduli critici più vicini a quelli del Croce) e un tentativo di inquadramento storico vuol essere anche la monografia *L. Pirandello* di A. JANNER (1948, ma buona parte dei capitoli che la compongono erano già apparsi negli anni 1939-1944).

23.4 Il significato di Pirandello nel quadro della civiltà moderna

Il tema del significato dell'opera di Pirandello nel quadro della civiltà moderna è forse il più vivo nella critica recente. Anche il RUSSO, ritornando sull'argomento a distanza di parecchi anni, ha visto in Pirandello l'autore di una svolta nella letteratura non solo italiana, ma europea, l'iniziatore di un «romanticismo decadente», l'inauguratore della nuova «poetica dell'irrazionale», l'«inconfessato capostipite di una nuova tradizione italiana ed europea». La sua provincia, fin dalle prime opere, non è quella veristica, ma una vaga provincia "metafisica", e le vicende da lui raccontate sono l'«epopea di una vita che si chiude tutta nel chiuso opaco dei cranii» (*Il noviziato letterario di L. Pirandello*, 1946).

Un'interpretazione ampia e organica dell'esperienza artistica di Pirandello sullo sfondo della crisi letteraria e ideologica contemporanea è il volume di ARCANGELO LEONE DE CASTRIS, *Storia di Pirandello* (1962). In antitesi netta con la posizione crociana, il Leone De Castris parte dal presupposto che la poesia di Pirandello non può sorgere, «al di fuori o contro quella tensione meditativa, quella consapevole ricerca e maturazione ideologica», che è il suo travaglio umano e «la condizione autentica del suo sentimento della vita». Egli «vive fino alle ultime conseguenze, nella solitudine della sua coscienza, tutta la tragedia della spiritualità europea dopo il crollo delle ultime metafisiche della ragione: e appunto per incapacità teorica e ragionativa resta inchiodato a un dramma insolubile, a una sconfitta razionale e a una pena umana ch'è la condizione di fondo della sua poesia». Inizialmente Pirandello vive la tragedia in un contesto sociale, come crisi dei valori della società borghese in una zona *storica* di dissolvimento; ma il suo tormento si trasforma poi in tormento esistenziale, irrimediabilmente connesso al vivere stesso (il ponte di passaggio è rappresentato dal romanzo *Il fu Mattia Pascal*). Entro questa prospettiva assumono rilievo centrale, come di un'*acmé* della tensione ideologica e poetica di Pirandello, alcuni dei drammi più celebri: *Così è (se vi pare)*, *Sei personaggi in cerca d'autore*, *Enrico IV*; mentre minor significato viene attribuito alle novelle, e quale un fallimento è giudicato il surrealismo delle ultime opere, la «candida illusione d'una consolazione surreale, d'un capovolgimento mistico della tragedia dell'uomo».

Prendendo lo spunto proprio dall'interpretazione del Leone De Castris, FAUSTO MONTANARI ha affermato che la grandezza del Pirandello maggiore è «nella purezza dell'accettazione della disperazione, senza impiastri di moralismo consolatore (come in *Lazzaro*, 1929), o di naturalismo erotico (come in *Liolà*, 1917), o di estetismo evasivo (come nei *Giganti della montagna*, 1931-1936)». Perciò il vertice della sua arte è rappresentato dai *Sei personaggi*, incontro di un tormento personale con il tormento di una generazione, dove «i sei personaggi gridano in eterno la disperazione di un mondo che ha bisogno di assoluto e nella possibilità dell'assoluto non crede: ma non si placano in una soluzione evasiva» (*Una storia di Pirandello*, in «Studium», genn. 1963). Affine per certi aspetti è l'interpretazione che della visione pirandelliana della vita dà MICHELE F. SCIACCA in un saggio sui *Giganti della montagna* (1974): il pessimismo del Pirandello, come quello del Leopardi, non è storico o sociologico, ma ontologico; per lui «non è ingannevole o mistificante questa o quella realtà storica, lo è la storia in quanto tale» e l'uomo è sempre "in crisi", non in una determinata epoca o situazione politico-sociale.

Ma le interpretazioni più recenti tendono a ricostruire la storia del pensiero pirandelliano non più attorno al dilemma poesia-filosofia, bensì esaminandolo nella sua «magnifica coerenza interna», come scrive RENATO BARILLI: che è coerenza non speculativa, di filosofo, ma complessa e autonoma coerenza artistica, irriducibile a qualunque sistematizzazione.

Questo e altri filoni d'indagine si propongono nella critica degli ultimi decenni in modo più analitico, sia quando viene esaminato da E. Licastro il rapporto tra novelle e teatro, sia nello studio di E. Villa sulla «dinamica narrativa», sia soprattutto nelle nuove ricerche di stampo simbolico e psicanalitico. Queste ultime hanno illuminato la sottile "ambiguità" o "circolarità" di Pirandello, un autore che riutilizza sistematicamente figure e motivi da un luogo all'altro della sua vasta opera, ma sempre caricandoli di un senso nuovo e inquietante; appartengono a questo filone di indagine le riflessioni di Jean-Michel Gardair sull'ossessiva figura del "doppio", l'interpretazione di Edoardo Ferrario sullo strabismo di Mattia Pascal come motore del "fantastico", e soprattutto l'ormai celebre libro di Giovanni Macchia (*Pirandello o la stanza della tortura*) sul tema dell'incubo, della prigione, dei fantasmi. Un'indagine psicanalitica a tutto campo ha poi proposto Elio Gioanola a partire dal presupposto della centralità assoluta che in Pirandello riveste il tema della "follia".

L'aumento dell'interesse da parte della critica e del pubblico di lettori e spettatori e il moltiplicarsi degli interventi, non significano, peraltro, com'è ovvio, la raggiunta compiutezza ed esaustività dell'esegesi sul conto di un autore così ricco e polivalente. Tuttavia la critica pirandelliana, specie a partire dal Congresso Internazionale di Venezia del 1961 (gli *Atti* relativi sono usciti nel 1967), si muove ormai da tempo nella direzione più fertile: assumendo quella antiletterarietà di Pirandello e quella sua così corrosiva discussione del "fare" poetico come termini positivi, a comprendere e valorizzare. Aiuta in ciò la sempre più ricca disponibilità degli strumenti scientifici di base. La sistematica catalogazione, approntata da Alfredo Barbina, di tutta la bibliografia pirandelliana dal 1889 al 1961 (impresa meritoriamente continuata da C. Donati), l'edizione critica dei romanzi, poi delle novelle e infine del teatro nei «Meridiani» dell'editore Mondadori, la pubblicazione di importanti carteggi pirandelliani ricostruiti da Sarah Zappulla Muscarà (curatrice meritoria anche di una recentissima raccolta del teatro in siciliano), l'iniziativa annuale dei convegni di studio agrigentini, che dal 1974 isolano di volta in volta ambiti monografici o tematici: tutto ciò apre agli studiosi molteplici e più consapevoli vie d'indagine. Resiste però la sensazione di quanto ancora ci sia da studiare e comprendere sul conto di un autore così labirintico e polisemico come Pirandello, che non per nulla, proprio per questo motivo, ci appare oggi come il primo vero scrittore "classico" del nostro Novecento.

Repertorio bibliografico

a) **Opere bibliografiche e introduttive**

Bibliografia della critica pirandelliana 1889-1961, a cura di A. Barbina, Firenze, Le Monnier, 1967; un aggiornamento in C. DONATI, *Bibliografia della critica pirandelliana 1961-1981*, Firenze, La Ginestra, 1986. Per un sistematico aggiornamento della vasta pubblicistica pirandelliana si veda lo «Schedario» ragionato della «Rivista di studi pirandelliani» (nuova serie dal 1988, dir. da N. Borsellino).

V. NARDELLI, *L'uomo segreto: vita e croci di Luigi Pirandello*, Milano, Mondadori, 1932 (ristampato a cura di M. Abba, Milano, Bompiani, 1986); G. GIUDICE, *Luigi Pirandello*, Torino, UTET, 1963 (è la biografia più accreditata); si veda anche E. LAURETTA, *Luigi Pirandello. Storia di un personaggio «fuori di chiave»*, Milano, Mursia, 1980. Su momenti particolari: E. PROVIDENTI, *Il giovane Pirandello in Germania*, in «Le forme e la storia», 1, 1989; G. FAUSTINI, *Luigi e Jenny: storia di un amore primaverile*, in «Nuova Antologia», 2179, lug.-sett. 1991. Sui rapporti biografici con la Abba: P. FRASSICA, *A Marta Abba per non morire*, Milano, Mursia, 1991. Su Pirandello uomo di teatro e capocomico: C. TAMBERLANI, *Pirandello nel «Teatro... che c'era»*, Roma, Bulzoni, 1982; A. D'AMICO-A. TINTERRI, *Pirandello capocomico*, Palermo, Sellerio, 1987. Un profilo biografico è tratteggiato dalla nipote M. L. D'AGUIRRE in *Vivere con Pirandello*, Milano, Mondadori, 1989. Si veda anche l'*Album Pirandello*, prefazione di V. Consolo, Milano, Mondadori, 1992.

Opere di carattere introduttivo: F. VIRDIA, *Invito alla lettura di Luigi Pirandello*, Milano, Mursia, 1975 (succinto ma esauriente); A. LEONE DE CASTRIS, *Storia di Pirandello*, Bari, Laterza, 1986[7]; N. BORSELLINO, *Ritratto e immagini di Pirandello*, ivi, 1991; F. ANGELINI, *Il punto su Pirandello*, ivi, 1992.

b) **Edizioni e commenti**

L'edizione più completa a tutt'oggi disponibile è quella dei *Classici Contemporanei Italiani* dell'editore Mondadori, 6 volumi, dal 1957 in poi (comprende i romanzi, le *Novelle* in 2 tomi, il teatro delle *Maschere nude* in 2 tomi, il volume di *Saggi, Poesie, Scritti varii* con bibliografia). È in corso di completamento l'edizione critica pirandelliana promossa, nei «Meridiani» dell'editore Mondadori, da G. Macchia; sono usciti i *Romanzi* in 2 tomi, a cura di G. Macchia e M. Costanzo, 1973; i 3 volumi (ciascuno in 2 tomi) delle *Novelle per un anno*, a cura di M. Costanzo, 1985-1987-1990; i 2 volumi delle *Maschere nude*, a cura di A. D'Amico, 1986-1993; S. Zappulla Muscarà ha curato l'edizione di *Tutto il teatro in dialetto edito e inedito*, 2 voll., Milano, Bompiani, 1993.

Per la tesi di laurea, cfr. *La parlata di Girgenti*, a cura di S. Milioto, Firenze, Vallecchi, 1981. La rivista giovanile «Ariel» è stata ristampata a cura di A. Barbina, Roma, Bulzoni,

1984. Per i carteggi: otto lettere alla sorella Lina furono pubblicate a cura di S. D'Amico in «Terzo programma», 3, 1961; cfr. anche il *Carteggio inedito Pirandello-Martoglio*, a cura di S. Zappulla Muscarà, Milano, Pan, 1980; *Carteggi inediti di Luigi Pirandello (con Ojetti, Albertini, Orvieto, Novaro, De Gubernatis, De Filippo)*, a cura di S. Zappulla Muscarà, Roma, Bulzoni, 1980; *Lettere da Bonn (1889-1891)*, a cura di E. Providenti, ivi, 1984; *Epistolario familiare giovanile (1886-1898)*, a cura di E. Providenti, Firenze, Le Monnier, 1986; *Lettere d'amore di Luigi ad Antonietta*, a cura di A. Barbina, Roma, Bulzoni, 1986. Sul problema degli scritti spurii: E. PROVIDENTI, *Luigi Pirandello: falso d'autore?*, in «Lettere italiane», XXXIX, 2, 1987.

Un'edizione commentata de *Il fu Mattia Pascal* è a cura di C. Toscani, Milano, Mondadori, 1986; tra le antologie delle *Novelle per un anno* si vedano quelle commentate da P. Briganti, Milano, Bruno Mondadori, 1990; da P. Di Sacco, Milano, Mursia, 1993 e da A.L. Lenzi, Torino, SEI, 1993. Per *Il fu Mattia Pascal* c'è il buon commento scolastico di G. Morelli, Milano, Mursia, 1993. Un'edizione parziale dell'*Umorismo* è a cura di S. Guglielmino, Milano, Mondadori, 1987.

c) Critica

Per la storia della critica: S. MONTI, *Pirandello*, Palermo, Palumbo, 1974; A. ILLIANO, *Introduzione alla critica pirandelliana*, Verona, Fiorini, 1976; G. FERRONI, *Luigi Pirandello*, in *I classici italiani nella storia della critica*, vol. III: *Da Fogazzaro a Moravia*, dir. da W. Binni, Firenze, La Nuova Italia, 1977. Per gli studi più recenti: G. CORSINOVI, *Rassegna pirandelliana (1973-1978)*, in «Otto/Novecento», III, 2, 1979; C. VALERI, *Vent'anni di bibliografia (1960-1980)*, in «Rivista di studi pirandelliani», III, 1980; P. DI SACCO, *Rassegna di studi pirandelliani: gli anni Ottanta*, in «Testo», 8, 1984; S. BLAZINA, *Rassegna di studi pirandelliani: i romanzi (1961-1983)*, in «Lettere italiane», XXXIV, 1984.

Studi notevoli: P.M. ROSSO DI SAN SECONDO, *Luigi Pirandello*, in «Nuova Antologia», 1-2, 1916; A. TILGHER, *Studi sul teatro contemporaneo*, Roma, Libreria di Scienze e Lettere, 1923 (poi in *Il problema centrale. Cronache teatrali 1914-'26*, Edizioni del Teatro Stabile di Genova, 1973); L. RUSSO, in *I narratori* (1923), Milano, Principato, 1957²; A. GRAMSCI (1934), in *Letteratura e vita nazionale*, Torino, Einaudi, 1950; P. MIGNOSI, *Il segreto di Pirandello*, Milano, Tradizione, 1935; C. ALVARO, voce *Pirandello*, in *Enciclopedia Italiana*, vol. XXVII, Roma, Istituto dell'Enciclopedia Italiana, 1935; M. BONTEMPELLI, *Pirandello o del candore*, in «Nuova Antologia», LXXII, 1937; L. BÀCCOLO, *Luigi Pirandello*, Genova, Emiliano degli Orfini, 1938; A. DI PIETRO, *Saggio su Pirandello*, Milano, Vita e Pensiero, 1941; G. DEBENEDETTI, *«Una giornata» di Pirandello*, in *Saggi critici*, Roma, OET, 1945; E. JANNER, *Luigi Pirandello*, Firenze, La Nuova Italia, 1948; G. PETRONIO, *Pirandello novelliere e la crisi del realismo*, Lucca, Lucentia, 1950; L. SCIASCIA, *Pirandello e il pirandellismo (con lettere inedite di Pirandello a Tilgher)*, Palermo, Sciascia, 1953 (e si veda dello stesso il fondamentale *Pirandello e la Sicilia*, Caltanissetta-Roma, Sciascia, 1961); M. BARATTO, *Le théâtre de Pirandello*, Paris, 1957; L. FERRANTE, *Luigi Pirandello*, Firenze, Parenti, 1958; C. SALINARI, *Miti e coscienza del decadentismo italiano* (1957), Milano, Feltrinelli, 1960; G. CALENDOLI, *Luigi Pirandello*, Catania-Roma-Milano, La Navicella, 1962; F. RAUHUT, *Der junge Pirandello oder das Werden eines existentiellen Geistes*, München, Beck, 1964; W. STARKIE, *Luigi Pirandello. 1867-1936*, Berkeley-Los Angeles, University of California Press, 1965; G. ANDERSSON, *Arte e teoria. Studi sulla poetica del giovane Pirandello*, Stockholm, Almqvist & Wilksell, 1966; B. TERRACINI, *Le «Novelle per un anno» di L. Pirandello*, in *Analisi stilistica. Teoria, storia, problemi*, Milano, Feltrinelli, 1966; AA.VV., *Atti del Congresso Internazionale di studi pirandelliani*, Firenze, Le

Monnier, 1967; C. VICENTINI, *L'estetica di Pirandello*, Milano, Mursia, 1970; L. LUGNANI, *Pirandello, letteratura e teatro*, Firenze, La Nuova Italia, 1970; G. F. VENÈ, *Pirandello fascista*, Milano, SugarCo, 1971; R. ALONGE, *Pirandello tra realismo e mistificazione*, Napoli, Guida, 1972; R. BARILLI, *La linea Svevo-Pirandello*, Milano, Mursia, 1988 (1ª ed. 1972); ID., *Pirandello. Una rivoluzione culturale*, ivi, 1986; A. LEONE DE CASTRIS, *Il decadentismo italiano. Svevo, Pirandello, D'Annunzio*, Bari, De Donato, 1974; E. VILLA, *La dinamica narrativa di Luigi Pirandello*, Padova, Liviana, 1976; J.M. GARDAIR, *Pirandello e il suo doppio*, Roma, Abete, 1977 (ed. or. 1972); F. NICOLOSI, *Luigi Pirandello primo tempo. Dalla poesia alla narrativa*, Roma, Edizioni dell'Ateneo & Bizzarri, 1978; E. FERRARIO, *L'occhio di Mattia Pascal. Poetica ed estetica in Pirandello*, Roma, Bulzoni, 1978; P. PUPPA, *Fantasmi contro giganti. Scena e immaginario in Pirandello*, Bologna, Pàtron, 1978; C. SICARI, *Lo specchio e lo stigma. Il racconto pirandelliano*, Ravenna, Longo, 1979; G. CORSINOVI, *Pirandello e l'espressionismo*, Genova, Tilgher, 1979; A. BARBINA, *La biblioteca di Pirandello*, Roma, Bulzoni, 1980; G. MACCHIA, *Pirandello o la stanza della tortura*, Milano, Mondadori, 1981; E. GIOANOLA, *Pirandello, la follia*, Genova, Il Melangolo, 1983; G. CERINA, *Pirandello o la scienza della fantasia. Mutazioni del procedimento nelle «Novelle per un anno»*, Pisa, ETS, 1983; F. GIOVIALE, *La poetica narrativa di Pirandello. Tipologia e aspetti del romanzo*, Bologna, Pàtron, 1984; P. DI SACCO, *L'epopea del personaggio. Uno studio sul teatro di Pirandello*, Roma, Lucarini, 1984; B. ALFONZETTI, *Il trionfo dello specchio. Le poetiche teatrali di Pirandello*, Catania, CUECM, 1984; G. LUTI, *Il teatro di Pirandello*, in AA.VV., *Scene e figure del teatro italiano*, Bologna, Il Mulino - Teatro Municipale di Reggio Emilia, 1985; R. SCRIVANO, *La vocazione contesa. Note su Pirandello e il teatro*, Roma, Bulzoni, 1987; G. MAZZACURATI, *Pirandello nel romanzo europeo*, Bologna, Il Mulino, 1987; W. KRYSINKI, *Il paradigma inquieto. Pirandello e lo spazio comparativo della modernità*, Napoli, Edizioni Scientifiche Italiane, 1988; L. SALIBRA, *Lessicologia d'autore. Studi su Pirandello e Svevo*, Roma, Edizioni dell'Ateneo, 1990; F. ENIA, *Il teatro di Pirandello: la filosofia*, in «Cultura e libri», VIII, 73, 1991; N. GAZICH, *Per una tipologia della novella pirandelliana: il caso delle metanovelle*, in «Otto/Novecento», XVII, 5, 1992; C. DONATI, *Il sogno e la ragione. Saggi pirandelliani*, Napoli, Edizioni Scientifiche Italiane, 1993; C. DONATI - A. T. OSSANI, *Pirandello nel linguaggio della scena. Materiali bibliografici dai quotidiani italiani*, Ravenna, Longo, 1993.

Di notevole interesse gli Atti dei convegni di Agrigento, organizzati dal Centro di studi pirandelliani. I primi convegni si sono svolti sul teatro dei "miti" e sui romanzi (gli Atti relativi sono stati pubblicati dall'editore Palumbo di Palermo nel 1975 e 1976); sono seguiti i convegni sul «teatro nel teatro», su *Pirandello e il cinema*, sugli atti unici, sulle *Novelle per un anno*, su *Pirandello e la drammaturgia tra le due guerre* (gli Atti sono stati pubblicati dal Centro di studi di Agrigento nel 1977, 1978, 1979, 1980 e 1985), sulla poesia di Pirandello (Firenze, Vallecchi, 1981), sulla saggistica e il teatro dialettale (Palermo, Palumbo, 1982 e 1983), su *Pirandello e la cultura del suo tempo* (Milano, Mursia, 1984), su *Pirandello e il teatro* (Palermo, Palumbo, 1985), sui rapporti tra Pirandello e le teorie e pratiche teatrali del primo '900 (coi titoli: *Teatro: teoria e prassi* e *Testo e messa in scena in Pirandello*, Roma, La Nuova Italia Scientifica, 1986), su *Il fu Mattia Pascal* (ivi, 1988), su Pirandello e l'"oltre" (Milano, Mursia, 1991), su *Pirandello e la politica* (ivi, 1992). A questi si aggiungano altri volumi miscellanei: *Il teatro di Pirandello*, Città di Asti, 1967; *Il romanzo di Pirandello e Svevo* (Convegno di Verona), a cura di E. Lauretta, Firenze, Vallecchi, 1984; *Pirandello 1986* (Convegno di Berkeley), a cura di G. P. Biasin e N.J. Perilla, Roma, Bulzoni, 1987. In prospettiva comparativa si muovono infine i saggi raccolti in AA.VV., *Alle origini della drammaturgia moderna. Ibsen Strindberg Pirandello*, Genova, Costa & Nolan, 1987.

24 Saba

24.1 Il primo tempo della critica sabiana

È noto che Saba si lamentava spesso delle incomprensioni della critica e del ritardo con cui la sua opera venne apprezzata; se per la prima parte poteva avere non poche ragioni, per la seconda va chiaramente detto che Saba non faticò più della media nell'affermarsi. Non si può in sostanza parlare di un "caso Saba" come si è parlato del "caso Svevo".

Chiaramente nei primi tempi, come tutti gli esordienti, dovette accontentarsi di pochi giudizi con molte riserve, legati all'ambito locale o al mondo de «La Voce», che certamente non inquadrò bene Saba, etichettato "crepuscolare" da SCIPIO SLATAPER – etichetta che faticò molto a scrostarsi di dosso, ma la rivista lo recensì ripetutamente e gli diede spazio sulle proprie colonne e nella collana di poesia, per il suo secondo libro di versi.[1]

Con *Il Canzoniere. 1900-1921* Saba è già al suo quarto libro di versi, ma al primo grosso esperimento di revisione e ristesura, e con questo libro incomincia a farsi strada: «non sono molti i poeti che, radunando oggi, in un volume solo, la loro fatica di vent'anni riuscirebbero a dare quell'impressione di unità e di fedeltà a se stessi, che è invece uno dei caratteri del *Canzoniere* di Saba» scrive di lui PIETRO PANCRAZI (*Classicità di Saba*, in *Venti uomini un satiro e un burattino*, Firenze, Vallecchi, 1923). Soprattutto si è già fatto conoscere da GIACOMO DEBENEDETTI, il critico che più d'ogni altro contribuirà alla sua affermazione; nel 1924, in «Primo Tempo», il Debenedetti avverte: «Saba è un ritorno dello spirito, o meglio ancora, dell'anima alla sua sacra semplicità, sostenuto da motivi moderni d'intelligenza». È solo il primo di un'innumerevole serie di interventi di presentazione e di sostegno, ma già parla di classicità e di «piena unità d'arte e di vita» (*Saggi critici*, Milano, Mondadori, 1952).

E di classicità parlano anche ADOLFO FRANCI (*Umberto Saba*, in «L'Italia che scrive», dic. 1925), SERGIO SOLMI (*Umberto Saba poeta*, in «Il Baretti», 7, 1926; poi in *Scrittori negli anni*, Milano, Il Saggiatore, 1963) che invita a notare «un volto di tristezza straniera ed immemorabile, che ci tocca appunto in ragion della sua misteriosa lontananza e ci richiama al pensiero di una razza errante da tanti secoli», ed EUGENIO MONTALE (*Umberto Saba*, in «Il Quindicinale», 1 giu. 1926) che avverte come egli si giovi di parole «nelle loro incidenze più comuni in apparenza, ma in realtà più intime».

---

[1] Cfr. per questi rapporti: G. BARONI, *Trieste e «La Voce»*, Milano, Istituto Propaganda Libraria, 1975.

24.2 Dall'*Omaggio* di «Solaria» alla guerra

Il salto di qualità nella ricezione della poesia sabiana si registra con l'uscita di «Solaria» del maggio-giugno 1928, un numero di *Omaggio a Saba* (con articoli di S. BENCO, R. FRANCHI, P.E. GADDA, E. MONTALE, S. SOLMI, G. DEBENEDETTI). Il Montale implicitamente spiega perché la critica abbia atteso vent'anni a celebrare il nuovo poeta, sottolineando l'importanza del lavoro di affinamento e di revisione svolto negli ultimi anni da Saba e prospettando così l'apertura «per il poeta di una fase alta, ricca di suggestioni e di imprevisti»; il Debenedetti si preoccupa di ribaltare l'accusa del Cecchi, che aveva definito Saba un paio d'anni prima "popolano": «è proprio il popolano che sventando le care insidie del fanciullo, impedisce a Saba di diventare un *poeta puer* e crepuscolare».

A gettare acqua sul fuoco interviene ALFREDO GARGIULO con *Domande a G. Debenedetti*, nell'«Italia letteraria» del 21 dicembre 1930: denunciando il lassismo della critica, stralciava alcuni pezzi di recensioni di estimatori del Saba, per registrare delle riserve nelle loro stesse enunciazioni e così concludere: «il consenso [...] fu animato da parecchia indulgenza; o forse indulgenza è dir poco: a taluno parve addirittura di poter attribuire alle deficienze stesse un positivo valore. Dovremmo riconoscere un pregio fin nella persistente prosaicità [...]. E ci son poi — a parte il fiducioso abbandono a tutte le forme metriche tradizionali — le non meno candide derivazioni del poeta dalle tonalità della nostra lirica più alta, gli "ardui ponti", il "pingue fico", l'"alma impaurita"; il Saba può adoperare allocuzioni siffatte, come se nulla fosse, senza ombra di ironia». La stroncatura, da cui si salvano solo *La brama* e poco altro, trova risposta immediata nella stessa rivista con *Domande a Gargiulo* del DEBENEDETTI che nega la correttezza dell'operazione del Gargiulo e spiega il senso di certe affermazioni portando abilmente la polemica sul piano della teoria della critica. Le accuse del Gargiulo rimasero tuttavia a lungo presenti a coloro che scrissero in seguito, che non di rado si preoccuparono di rispondergli, magari indirettamente.

La polemica non nocque tuttavia alla fortuna critica del Saba, dato che provocò risposte e precisazioni, quindi alimentò l'interesse sulla sua poesia, sempre definita per qualche verso anomala; fra gli interventi di quel periodo si segnalano quello di GIUSEPPE DE ROBERTIS su «Pan» (mag. 1934; poi in *Scrittori italiani del '900*, Firenze, 1940) che avvia la ricerca delle fonti sabiane, guardando soprattutto agli scrittori italiani del secondo Ottocento; la recensione di GIANFRANCO CONTINI alle *Tre composizioni* (in «Rivista rosminiana», genn.-mar. 1934), un'analisi stilistica che svela come la metrica sabiana dipenda da legami logico-contenutistici e non estetici; l'articolo di EURIALO DE MICHELIS, *Attualità di Saba* (in «Oggi», genn. 1934) che ribalta la questione posta dal Gargiulo: «Facile e inutile [...] soffermarsi sulla prosaicità di Saba e sulla occasionalità [...], perché il problema critico [...] nasce [...] a questo punto, e consiste propriamente nell'illuminare l'uno e l'altro aspetto dello scrittore, anzi l'uno con l'altro, arrivando a rendersi conto come, attraverso quella prosaicità e quella occasionalità, il Saba giunga ai migliori, e sieno magari gli unici, accenti della sua poesia».

24.3 La critica sul Saba dalla fine della guerra all'uscita delle *Prose*

Nel secondo dopoguerra la critica torna a occuparsi del Saba anche in relazione alle nuove raccolte e al nuovo *Canzoniere*. Il PANCRAZI (*Aspetti della poesia*, in «Il Ponte», mar. 1946) lo presenta come «il poeta di un rassegnato dolore di vivere; da quello trae la pagana e direi oraziana prontezza a cogliere i sentimenti e le cose nel loro limite breve», parlando di quotidianità come fa WALTER BINNI (*Nota sul «Canzoniere» di Saba*, in «Letteratura», mag.-giu. 1946, poi in *Critici e poeti dal Cinquecento al Novecento*, Firenze, La Nuova Italia, 1963²) analizzando in particolare la lingua e lo stile. Sulla funzione del dolore in Saba intervengono variamente, non di rado con riferimenti all'ancor calda tragedia dell'ebraismo, FRANCESCO FLORA (*"Ultime cose" di Saba*, in «La Nuova Europa», 22 apr. 1945, poi in *Saggi di poetica moderna*, Messina-Firenze, D'Anna, 1949), per il quale Saba punta a liberarsi con «sconcertante limpidezza» da un «affanno primigenio», MARIO MARCAZZAN (*La poesia di Umberto Saba*, in «Humanitas», giu.-lug. 1946) e GIOVANNI GETTO (*Poeti, critici e cose varie del Novecento*, Firenze, Sansoni, 1953). Di un Saba disincantato e pessimista parla FRANCO FORTINI, a proposito di *Tre vie* (in «Il Politecnico», 24 nov. 1945): «Questi versi sembrano facili; ma la poesia ch'è in essi viene appunto dalla scoperta, che il poeta ha fatto, e che noi rifacciamo con lui, che è forse vano tentativo quello di liberare il mondo (e le parole) dalla tristezza e dalla stanchezza che gli uomini e la storia vi hanno accumulato».

Una valutazione globale e complessa de «*Il Canzoniere*» *di Umberto Saba* (in «Società», lug.-ag. 1946) viene da CLAUDIO VARESE. Esce intanto quell'atipica e interessante opera che è la *Storia e cronistoria del Canzoniere*, «lettura necessaria», osserva il Varese (in «Nuova Antologia», ott. 1957) «non solo per chi vuol capire la poesia di Saba e la letteratura contemporanea, ma anche per chi è curioso della storia d'Italia di questi ultimi sessant'anni».

Poco dopo la morte del Saba compare una gran messe di scritti commemorativi; particolare rilievo ha il numero di «Galleria» (genn.-apr. 1960), interamente dedicato al Saba, ricco di testimonianze e contenente una vasta nota bibliografica, oltre ad alcuni saggi, fra cui il documentato studio di BRUNO MAIER, *Appunti sul noviziato artistico di Umberto Saba*, e la particolare ricerca di JOLE TOGNELLI, *Colori e cose nella poesia di Saba*.

Nel 1963 esce la prima monografia di FOLCO PORTINARI (*Umberto Saba*, Milano, Mursia): una lettura attenta di tutta l'opera condotta con finalità didattiche e tenendo conto delle indicazioni fornite dal poeta nella sua *Storia e cronistoria del Canzoniere*.

24.4 Saba oggi

Con l'uscita del volume mondadoriano delle *Prose* (1964) inizia la sistemazione filologica dell'opera sabiana; un lavoro in gran parte da compiere e che ha visto l'esito più interessante nell'edizione critica a cura di GIORDANO CASTELLANI de *Il Canzoniere 1921* (Milano, Fondazione Mondadori, 1981); questa ha fatto aumentare l'attesa di un'edizione critica di tutto il *Canzoniere*; è invece uscito un volume nella collana «I Meridiani» che, riunendo *Tutte le poesie* (a cura di A. Stara, introduzione di M. Lavagetto, Milano, Mondadori, 1988) in edizione dichiaratamente non critica, lascia intendere che, nei progetti di chi dispone del materiale necessario, la meta più ambita non è a portata di mano. Il volume comprende le composizioni incluse nell'indice dell'ultimo *Canzoniere* (Torino, Einaudi, 1965), le poesie rifiutate «vale a dire quelle che – comprese nelle prime edizioni a stampa delle raccolte poetiche di Saba – sono state in vari momenti estromesse dal canone del *Canzoniere* e, infine, le disperse, cioè mai raccolte da Saba in volume e ripescate da periodici o da carte manoscritte o dattiloscritte». È tuttavia forse l'epistolario il tassello mancante di cui si sente maggiormente la mancanza, essendo edito solo per scelte, che sono state oggetto di discussioni. A discussioni, anche sull'onestà (cfr. E. FAVRETTI, *La prosa di Umberto Saba-Dai racconti giovanili a «Ernesto»*, Roma, Bonacci, 1982) dell'operazione, ha dato adito pure la pubblicazione postuma dell'*Ernesto* (Torino, Einaudi, 1975). Fra le edizioni parziali si segnala la riedizione per Il Saggiatore (Milano, 1981) della raccolta *Coi miei occhi* con introduzione e diffuse note di CLAUDIO MILANINI.

Una vasta monografia su tutta l'opera, con un'indagine biografica, è *Lettura e storia di Saba* di ETTORE CACCIA (Milano, Bietti, 1967) cui nel 1974 seguono gli agili profili di PIETRO RAIMONDI (*Invito alla lettura di Saba*, Milano, Mursia) e di ANTONIO PINCHERA (Firenze, La Nuova Italia), attento soprattutto alla metrica e allo stile (dello stesso vedi: *Metrica e stile di Umberto Saba: le epifanie del sonetto*, in Atti del Convegno internazionale «Il Punto su Saba», Trieste 25-27 mar. 1984, Trieste, Lint, 1985).

L'aspetto stilistico e metrico è al centro dell'attenzione anche dello studio di ANTONIO GIRARDI (*Un esperimento metrico sabiano: i sonetti di «Poesie»*, in *Atti...*, cit.) e della relazione di MICHELE DELL'AQUILA, *Saba dei «Versi militari»: le molte voci della poesia*, letta al Convegno triestino per il centenario della nascita e pubblicata in «Otto/Novecento» (2, 1993), nel numero dedicato a Saba per la ricorrenza. Nello stesso erano compresi anche una relazione del MAIER sull'importante rapporto *Saba e Trieste*[2] e lo studio di GIORGIO BARONI che si addentra nell'ottica religiosa della poesia del Saba: *Dio, forse nessuno. Il senso del divino nell'opera poetica di Umberto Saba* (ora in *Umberto Saba e dintorni*, Milano, Istituto Propaganda Libraria, 1984; sull'argomento vedi pure: P. ZOVATTO, *Umberto Saba tra religiosità e razionalismo*, in Atti del Convegno Internazionale «Il Punto su Saba», cit.; G. LUTI, *Religiosità e inquietudine nell'opera di Umberto Saba*, in AA.VV., *Umberto Saba. L'uomo e il poeta*, Assisi, Biblioteca Pro Civitate Christiana, 1991).

Di un poeta che ha inteso presentare la propria lirica come una trasposizione della propria vita, forse anche più della norma di questo secolo Ventesimo che ha adottato la regola dell'autobiografismo letterario, la biografia non può che essere importante. Perciò chi ha analizzato l'opera sabiana ha sempre dedicato variamente attenzione anche all'uomo e alle sue esperienze. Ma la prima organica biografia è la *Storia di Umberto Saba* pubblicata (Milano, Camunia, 1989) da STELIO MATTIONI, collaudato autore di romanzi, triestino: è scritta più con lo spirito del narratore che con quello dello studioso, tuttavia il Mattioni non prospetta delle divagazioni fantasiose sul massimo poeta triestino, ma indica alcune delle fonti, rimandando per il resto a

---

2 Ora in *Dimensione Trieste. Nuovi saggi sulla letteratura triestina*, Milano, Istituto Propaganda Libraria, 1987: il volume comprende altri studi utili per inquadrare il poeta nel contesto culturale e letterario triestino.

testimonianze raccolte e annotate personalmente. Ne emerge un profilo molto dettagliato con qualche indugio su particolari e aneddoti e qualche sorpresa, riuscendo a comunicare un Saba vivo, con le sue contraddizioni e civetterie.

Fra le chiavi con cui si cerca di penetrare nei segreti della poesia del Saba si pone ai primi posti la psicanalisi: argomento già variamente toccato da GIACOMO DEBENEDETTI,[3] GIANSIRO FERRATA,[4] GUIDO PIOVENE,[5] MICHEL DAVID (che gli dedica una parte nel volume *La psicoanalisi nella cultura italiana*, Torino, Bollati Boringhieri, 3ª ed. 1990), diviene un vero e proprio canale di accesso all'opera in *Saba e la psicanalisi* di RENATO AYMONE (Napoli, Guida, 1971) ed è uno degli strumenti basilari, insieme alle acquisizioni storiche e linguistiche, per lo studio di MARIO LAVAGETTO, *La gallina di Saba* (Torino, Einaudi, 1974; dello stesso vedi l'*Introduzione* all'antologia *Per conoscere Saba*, Milano, Mondadori, 1981).[6]

Con un approccio tanto sociologico quanto linguistico si accosta al Saba FRANCO FORTINI (*I poeti del Novecento*, in *Letteratura italiana. Storia e testi*, Roma-Bari, Laterza, 1976) e invita ad accettare tutto Saba per «intero, con il suo profilo talvolta sgradevole, con la sua parte oscura, debole, nevrotica e perfino malsana. Solo l'ampiezza del suo testo complessivo consente infatti al lettore di afferrare la cadenza fondamentale della sua poesia, anche quando dovesse farsi meno perspicua, col passare dei decenni, la rete dei rapporti linguistici che il "falsetto" di Saba aveva reso possibile».

La ricerca delle fonti si sta sviluppando in varie direzioni: è il caso delle suggestive ipotesi di collegamento con Altenberg e Kraus avanzate da MASSIMO CACCIARI nel volume *Dallo Steinhof. Prospettive viennesi del primo Novecento* (Milano, Adelphi, 1980); derivazioni da Freud e da Nietzsche evidenzia LORENZO POLATO (*Sulla scrittura aforistica di Saba*, in «Studi novecenteschi», dic. 1980) trattando delle *Scorciatoie*. A un apporto di Nietzsche accenna anche il LUPERINI in *La cultura di Saba* (*Atti del Convegno Internazionale «Il punto su Saba»*, cit.), ma asserendo che tale apporto, grazie al suo «solido fondo razionale [...], non approda mai in Saba né al compiacimento dell'angoscia esistenziale, né alla teorizzazione della disgregazione e della fine del soggetto, né al disfrenamento dionisiaco». A Nietzsche si riferisce CLAUDIO MAGRIS (*Dietro le parole*, Milano, Garzanti, 1978) quando avverte che dietro la facciata della fraternità e dell'amicizia si celano nella poesia sabiana aggressività, passione e grandezza satanica. Delle fonti italiane tratta ELVIO GUAGNINI in un capitolo sulla *Formazione di Saba* nel volumetto *Il punto su: Saba* (Roma-Bari, Laterza, 1987).

---

[3] Cfr. di questo critico che sempre si è dedicato al Saba la recente raccolta *Poesia italiana del Novecento. Quaderni inediti*, Milano, Garzanti, 1993.

[4] *Le scorciatoie di un poeta saggio*, in «Il Politecnico», 30 mar. 1946.

[5] *Scorciatoie di Saba*, in «Corriere della Sera», 3 nov. 1946.

[6] Cfr. pure: G. VOGHERA, *Gli anni della psicanalisi*, Pordenone, Studio Tesi, 1980; *Trieste Saba e la Psicoanalisi*, catalogo della Mostra, a cura di A.M. Accerboni Pavanello, Trieste, ott. 1983.

Repertorio bibliografico

a) **Opere bibliografiche e introduttive**

Bibliografia in U. SABA, *Tutte le poesie*, a cura di A. Stara, introduzione di M. Lavagetto, Milano, Mondadori, 1988; G. CASTELLANI, *Bibliografia delle edizioni originali di Umberto Saba*, Trieste, Biblioteca Civica, 1983; *Nota bibliografica*, a cura di L. Zorn, in «Galleria», genn.-apr. 1960; *Per conoscere Saba*, a cura di M. Lavagetto, Milano, Mondadori, 1981.

Per la vita: S. MATTIONI, *Storia di Umberto Saba*, Milano, Camunia, 1989; F.S. TAPPARELLO, *Ricordando Umberto Saba*, Vicenza, La Serafica, 1957; N. BALDI, *Il Paradiso di Saba*, Milano, Mondadori, 1958; A. SPAINI, *Autoritratto triestino*, Milano, Giordano, 1963; A. PITTONI, *Caro Saba*, Trieste, Biblioteca Civica, 1977; N. BALDI-A. MOTTOLA, *Immagini per Saba*, presentazione di M. Cecovini, Trieste, Comitato per le celebrazioni dell'anno di Umberto Saba, 1983; P.A. QUARANTOTTI GAMBINI, *Il poeta innamorato*, Pordenone, Studio Tesi, 1984.

b) **Edizioni e commenti**

Raccolte complessive: *Tutte le poesie*, cit.: *Il Canzoniere 1921*, edizione critica a cura di G. Castellani, Milano, Fondazione Mondadori, 1981; ID., Milano, Mondadori, 1981; *Prose*, a cura di L. Saba, prefazione di G. Piovene, nota critica di A. Marcovecchio, Milano, Mondadori, 1964; *Il Canzoniere*, Torino, Einaudi, 1986.

Opere singole: *Ernesto*, Torino, Einaudi, 1975; le singole raccolte di liriche sono uscite in varie date presso l'editore Mondadori; *Coi miei occhi*, a cura di C. Milanini, Milano, Il Saggiatore, 1981; *Il letterato Vincenzo*, a cura di R. Saccani, Lecce, Manni, 1989; *Ricordi - Racconti (1910-1947)*, Milano, Mondadori, 1964.

Carteggi: U. SABA-P.A. QUARANTOTTI GAMBINI, *Il vecchio e il giovane*, a cura di L. Saba, Milano, Mondadori, 1965; U. SABA, *Lettere a un'amica*, Torino, Einaudi, 1966; U. SABA-I. SVEVO-G. COMISSO, *Lettere inedite*, a cura di M. Sutor, Padova, Gruppo di Lettere moderne, 1968; U. SABA, *Amicizia. Storia di un vecchio poeta e di un giovane canarino*, a cura di C. Levi, Milano, Mondadori, 1976; U. SABA, *Lettere a un amico vescovo*, Vicenza, La Locusta, 1980; U. SABA, *La spada d'amore. Lettere scelte 1902-1957*, a cura di A. Marcovecchio, Milano, Mondadori, 1983; U. SABA, *Atroce paese che amo. Lettere famigliari (1945-1953)*, a cura di G. Lavezzi e R. Saccani, Milano, Bompiani, 1987.

c) **Critica**

Per la storia della critica: G. SAVARESE, *Umberto Saba*, in *I classici italiani nella storia della critica*, vol. III, Firenze, La Nuova Italia, 1977; L. POLATO, *Rassegna di studi sabiani (1974-1982)*, in «Lettere italiane», 4, 1983; il volume di *Atti del Convegno Internazionale «Il punto su Saba*», Trieste 25-27 mar. 1984, Trieste, Lint, 1985 (comprende una trattazione di F. Muzzioli su *Saba e la sua «fortuna»* e una serie di contributi sulla fortuna di Saba all'estero); F. Muzzioli, *La critica e Saba*, Bologna, Cappelli, 1976; E. Guagnini, *Immagini di Saba*, in *Il punto su: Saba*, Roma-Bari, Laterza, 1987.

Studi principali: R. Aymone, *Saba e la psicanalisi*, Napoli, Guida, 1971; B. Maier, *Saggi sulla letteratura triestina del Novecento*, Milano, Mursia, 1972; Id., *Dimensione Trieste. Nuovi saggi sulla letteratura triestina*, Milano, Istituto Propaganda Libraria, 1987; M. Lavagetto, *La gallina di Saba*, Torino, Einaudi, 1974; E. Favretti, *La prosa di Saba. Dai racconti giovanili a Ernesto*, Roma, Bonacci, 1982; G. Baroni, *Umberto Saba e dintorni*, Milano, Istituto Propaganda Libraria, 1984 (in appendice uno scritto raro di Saba); E. Guagnini, *Il punto su: Saba*, cit.

Altri studi notevoli: G. Mariani, *Poesia e tecnica nella lirica del Novecento*, Padova, Liviana, 1958; G. De Robertis, *Altro Novecento*, Firenze, Le Monnier, 1962; F. Portinari, *Umberto Saba*, Milano, Mursia, 1963; S. Solmi, *Scrittori negli anni*, Milano, Il Saggiatore, 1963; M. David, *La psicoanalisi nella cultura italiana*, Torino, Boringhieri, 1966; E. Caccia, *Lettura e storia di Saba*, Milano, Bietti, 1967; A. Frattini, *Poeti italiani tra primo e secondo Novecento*, Milano, Istituto Propaganda Libraria, 1967; A Pittoni, *L'anima di Trieste*, Firenze, Vallecchi, 1968; L. Piccioni, *Maestri e amici*, Milano, Rizzoli, 1969; P.P. Pasolini, *Passioni e ideologia*, Milano, Garzanti, 1970; S. Ramat, *La pianta della poesia*, Firenze, Vallecchi, 1972; G. Titta Rosa, *Vita letteraria del Novecento*, Milano, Ceschina, 1972; G. Debenedetti, *Poesie italiane del Novecento*, vol. VI, Milano, Garzanti, 1974; G. Baroni, *Trieste e «La Voce»*, Milano, Istituto Propaganda Libraria, 1975; S. Benco, *Scritti di critica letteraria e figurativa*, Trieste, Lint, 1977; P. Raimondi, *Invito alla lettura di Saba*, Milano, Mursia, 1978; L. Caretti, *Il Saba di Montale*, in «Nuovi Argomenti», genn.-mar. 1978; C. Magris, *Dietro le parole*, Milano, Garzanti, 1978; L. Polato, *Linee della storia poetica di Saba nella fase centrale del «Canzoniere»*, Atti dell'Istituto Veneto di scienze, lettere ed arti, anno acc. 1962-1963; Id., *Sulla scrittura aforistica di Saba*, in «Studi novecenteschi», dic. 1980; G. Voghera, *Gli anni della psicanalisi*, Pordenone, Studio Tesi, 1980; G. Magrini, *Saba e Carducci: lettura del «Torrente»*, in «Paragone-Letteratura», ag. 1982.; A. Ara-C. Magris, *Trieste. Un'identità di frontiera*, Torino, Einaudi, 1982; T. Ferri, *Poetica e stile di Umberto Saba*, Urbino, Quattro Venti, 1984; R. Saccani, *Prime notizie sul «Fondo Umberto Saba»*, in «Autografo», febb. 1984; G. Spagnoletti, *La letteratura italiana del nostro secolo*, Milano, Mondadori, 1985; P. Zovatto, *Religiosità e dolore in Umberto Saba*, in Aa.Vv., *Trieste fra umanesimo e religiosità*, Trieste, Ricerche religiose del Friuli e dell'Istria, 1986; B. Maier, *Il gioco dell'alfabeto. Altri saggi triestini*, Gorizia, Istituto Giuliano di storia, cultura e documentazione, 1990; G. Debenedetti, *Poesia italiana del Novecento. Quaderni inediti*, Milano, Garzanti, 1993.

Si vedano inoltre i numeri di riviste dedicati a Saba: «Solaria», mag. 1928; «La Fiera Letteraria», 5 nov. 1950; «Galleria», cit.; «Nuovi Argomenti», genn.-mar. 1978; «Otto/Novecento», mar.-apr. 1983 (comprende interventi e testimonianze di R. Aymone, G. Baroni, A. Benevento, G. Castellani, M. Dell'Aquila, B. Maier, N. De Giovanni, M. Fraulini, L. Galli). E le opere collettive: *1983 anno di Umberto Saba. Celebrazioni per il centenario della nascita*, Trieste, Comitato cittadino per l'anno di Saba, 1983; *Atti del Convegno Internazionale «Il punto su Saba»*, Trieste, Lint, 1985 (comprende interventi di: S. Mattioni, L. Luperini, A. Pinchera, F. Muzzioli, F. Cale, M. David, R.S. Dombroski, E. Kanduth, M. Machiedo, G. Rabac-Condric, A. Rakar, M. Zoric, G.A. Camerino, A. Cavaglion, A. Di Benedetto, E. Favretti, F. Folkel, A. Girardi, B. Maier, C. Milanini, G. Morpurgo Tagliabue, A.M. Pavanello Accerboni, F. Russo, G. Schiavi, R. Tordi, G. Voghera, A. Zovatto); *Atti del Convegno «Umberto Saba, Trieste, e la cultura mitteleuropea»*, Milano, Mondadori, 1986 (comprende interventi di: G. Debenedetti, M. Lavagetto, G.L. Beccaria, G. Castellani, G. Giudici, M. Luzi, G. Morandini, F. Muzzioli, E. Sanguineti, G. Bárberi Squarotti, A. Girardi, M.A. Grignani, E. Guagnini, C. Varese, O. Cecchi, B.M. Frabotta, M. Guglielminetti, L. Mancinelli, W. Pedullà, F. Portinari, P. Chiarini, G. Cusatelli, A. Cavaglion, L. Polato, F. Rella, G. Savarese, R. Tordi).

25 Ungaretti

25.1 I primi giudizi

I primi riconoscimenti critici al giovane Ungaretti arrivano dall'ambiente vociano: GIOVANNI PAPINI, nel recensire *Il Porto Sepolto* su «Il Resto del Carlino» (4 febb. 1917), riesce a cogliere subito alcuni elementi chiave della lirica ungarettiana dalla "metafisica estenuazione" a questa immagine d'insieme: «c'è qui nettezza di visione ch'è tutta italiana di quella buona, e un lasciarsi andare alla deriva nelle proprie immaginazioni ch'è quasi orientale, e una mobilissima magneticità di raccordi e dissonanze ch'è francese moderna». GIUSEPPE DE ROBERTIS (*Cronache letterarie. Ungaretti e Folgore*, in «Il Progresso», 27 dic. 1919), pur esprimendo un giudizio poco positivo verso la poesia di Ungaretti, definita «frammentaria» e «fondata sulla distruzione», distingue brillantemente Ungaretti dai futuristi, anticipando la futura evoluzione del poeta.

Intervengono quindi sulla lirica ungarettiana E. SAFFI (in «La Ronda», nov. 1919) e G. MARONE (*Difesa di Dulcinea*, Napoli, Libreria della Diana, 1920), che ne indicano la matrice orientale, mentre ALBERTO SAVINIO (in «La vraie Italie», mag. 1920) e altri sottolineano l'importanza degli influssi francesi; EMILIO CECCHI (in «La Tribuna», 25 lug. 1923) invece tenta di ribaltare tutte le posizioni assunte in precedenza dalla critica, negando sia le influenze francesi sia quelle orientali, o limitando al più le suggestioni impressioniste alla produzione peggiore; tende invece a valorizzare l'ascendenza petrarchesca.

ENRICO THOVEZ (*L'arco di Ulisse*, Napoli, Ricciardi, 1921) e LORENZO MONTANO (in «Corriere italiano», 10 ag. 1923) sottolineano entrambi le distanze di Ungaretti dai futuristi, ma concludono con una valutazione di merito diversa, positiva quella del Montano, piuttosto negativa quella del Thovez che rimprovera a Ungaretti la distruzione della lirica tradizionale e l'introduzione del frammentismo. PIETRO PANCRAZI (in «Il Resto del Carlino», 1° sett. 1923) dimostra apprezzamento per la "grazia" e la "levità" delle espressioni liriche ungarettiane, ma formula riserve per l'impervietà di alcuni passi: «Sospesi così e lacunosi, troppo si affidano al loro potere allusivo e si compiacciono di ermetismo». Ben più pesante il giudizio di FRANCESCO FLORA: «Lirismo essenziale, dicono; ma è una sintesi così schematica che l'arte se n'è ita e lo sforzo di riduzione non è che una minuta analisi camuffata da sintesi. [...] Stampate solo un verbo all'infinito: "dormire". E voi riempirete questo schema di una lunga visione. Ma ciò non è arte» (*Dal romanticismo al futurismo*, Piacenza, Porta, 1921).

GIACOMO DEBENEDETTI in «Orizzonte italico» (genn. 1924) difende Ungaretti dall'accusa di artificiosa costruzione di versi con strumenti retorici e anche da quella di voluta oscurità: «Chiarezza istintiva e studiosa intelligenza si sono fuse in lui, dandogli una lucidità che ha dell'arcano»; riconosce nella poesia ungarettiana moderate influenze del Decadentismo francese e di Valéry in particolare.

A chiudere questa prima fase di incertezza della critica, caratterizzata da giudizi non sempre approfonditi e spesso basati più sul dato biografico e di colore che sull'esegesi, è determinante l'intervento di ALFREDO GARGIULO[1] che, dopo aver esaminato parecchi dei giudizi espressi in precedenza da altri e aver respinto la generica catalogazione di Ungaretti fra i frammentisti, dimostra la validità della lirica ungarettiana anche per aver essa saputo ridare primordialità al linguaggio liberato dal peso della storia. Nei suoi successivi studi su Ungaretti esamina anche i rapporti con il Barocco e con la cultura europea.

25.2 I saggi di Contini e di Bo

Con l'intervento del Gargiulo s'apre un nuovo periodo nella critica ungarettiana, nel quale alle recensioni e ai primi giudizi necessariamente poco calibrati si succedono i primi saggi di rilievo che, insieme agli studi del Gargiulo, hanno posto le basi su cui anche in seguito ha operato la critica. Questo non significa che ancora non continuino a emergere riserve, anche di illustri penne; è, ad esempio, del 1929 un sintetico giudizio di GIUSEPPE PREZZOLINI decisamente poco benevolo: «Ungaretti è uno dei rari poeti nuovi; ha dato poche profonde e sentite espressioni, gridi e spasmi d'un momento, mai fatti eterni dall'arte; confesso di non capire un suo recente classicismo» (*La cultura italiana*, Milano, Corbaccio, 1929²). L'opinione del Prezzolini probabilmente non è mutata neanche in seguito, se nella *Storia tascabile della letteratura italiana*, edita nel 1976 (Milano, Pan), lo definisce «generalmente riconosciuto come sovrano», ma non aggiunge alcun commento personale.

Gli studi più importanti sono di GIANFRANCO CONTINI e di CARLO BO. Contini ritorna tre volte[2] sulla poesia di Ungaretti, compiendo un'analisi attenta specialmente al dato stilistico. Nella sua indagine su *L'Allegria* sottolinea che «il fondo su cui s'incide la poesia d'Ungaretti è proprio [...] un sentimento vivacissimo del concreto; ma, inseparabile, l'avvertimento di cose *lontane*, di conoscenze *inappagabili*. [...] Più che il "diario", a cui troppi s'appigliarono, all'origine della disposizione poetica ungarettiana sta l'"unanimità"; la quale [...] si ricollega a un senso corale della terra, della patria, della socialità [...]. Siamo [...] in un clima senza durata: la sua durata nacque il più possibile incognita, si consumò prima di farsi effabile». Una riserva il Contini formula sui momenti in cui «in ispecie riflettendo sopra se stesso, si fece troppo esplicito; dove, per esempio, troppo esplicitamente intese narrare esperienze religiose». Sull'importanza del momento corale Contini insiste anche a proposito di *Sentimento del tempo*. Fra le ascendenze ungarettiane sottolinea soprattutto Leopardi. Anche Bo rifiuta l'immagine di un poeta ossessionato dal reale, accreditata da alcuni

---

[1] Gargiulo interviene più volte su Ungaretti: la prima in «Il Convegno», X-XII, 1924.
[2] *Ungaretti o dell'Allegria*, in «Rivista rosminiana», ott.-dic. 1931; *Materiali sul secondo Ungaretti*, in «L'Italia letteraria», 9 lug. 1933; *Ungaretti in francese*, in «Circoli», mag. 1939; i tre studi furono poi raccolti in *Esercizi di lettura*, Firenze, Parenti, 1939, pp. 39-62.

critici: «Se davvero [...] l'uomo vive sulla terra poeticamente, come vuole Hölderlin, Ungaretti è fra noi colui che ha vissuto di più. In questo senso, i suoi libri sono dei diarî, non troviamo che la testimonianza della sua vita poetica». Per Bo, «la soggezione d'Ungaretti a un'immagine pura e essenziale di poesia ha dettato i passaggi della sua coscienza: a considerarla dalle origini, si può dire che l'abbia portato a una nozione attiva della verità, al senso aperto della creazione. Rifacendosi da una povertà che non era una maniera ma la conclusione d'un atto di coscienza senza polemica, separato dalla violenza dell'aria, partendo dalla pagina bianca non già come soluzione d'un'insuperabile volontà di poesia ma come possibilità di vita assoluta il primo lavoro d'Ungaretti ha dovuto essere quello della parola, e si badi non d'una parola essenziale come finora s'è detto ma d'una parola comune pura dei vizi del tempo, schiava dei desideri del poeta, della parola non più limite artificiale ma proprio come massima probabilità d'allusione e scansione naturale d'un nostro presente poetico insospettato» (*Dimora della poesia*, in *Otto studi*, Firenze, Vallecchi, 1939).

25.3 Alle radici della poesia ungarettiana

Dopo che già il Flora s'è occupato di ermetismo nel suo complesso nel 1936 (*La poesia ermetica*, Bari, Laterza), nel 1942 SALVATORE ROMANO cerca di individuare le origini e gli elementi costitutivi della poetica dell'ermetismo (*Poetica dell'ermetismo*, Firenze, Sansoni). Egli condivide l'interpretazione del Flora tendente a «ricondurre ad un sostanziale nucleo lirico impressionistico i modi e gli sviluppi della maggior parte della poesia» ungarettiana, ma ritiene anche che «il significato della più genuina poesia di Ungaretti» vada ricondotto e limitato a quel passaggio dall'analogismo impressionistico ad un più sintattico e articolato ritmo di espressione, che nei luoghi più felici di questa poesia rappresenta il segno di un più concreto e positivo superamento dell'impressione nel canto. Per FRANCESCO CASNATI va rivalutata quella serie di "canti" che affrontano il problema della morte: «Essi piacciono meno ai critici, che risolvono tutto un poeta nello stilismo, ossia nei "tormenti formali", e respingono in "un piano inferiore i punti (?) dove l'aderenza alla vita resta cruda" [...] Nella *Vita d'un uomo* essi segnano invece alcuni dei momenti di più intensa e consapevole interiorità, e permettono meglio di capire la qualità della sua anima, la serietà con cui intende e vive la vita prima di attuarla come poesia» (*Cinque poeti*, Milano, Vita e Pensiero, 1944). Tale intervento del Casnati acquista spessore soprattutto se raffrontato a posizioni preconcette di alcuni critici, prevalentemente di estrazione crociana che, a priori, disconoscono validità artistica a testi in cui sia valorizzata un'esperienza religiosa.

Un'altra svolta nell'interpretazione della poesia ungarettiana è segnata dal saggio del DE ROBERTIS *Sulla formazione della poesia ungarettiana* (Introduzione a *Poesie disperse*, cit.) in cui, al recupero delle varianti e delle liriche espunte dal canzoniere, viene dato il significato di indagine sul modo di costruire la parola poetica, non senza attenzione agli influssi futuristi e crepuscolari che hanno suggestionato il primo Ungaretti; nel contempo il De Robertis affaccia un'altra ipotesi sulle ascendenze facendo il nome di Foscolo. Da queste posizioni muove anche l'interpretazione di SERGIO ANTONIELLI, che conclude accettando anche l'aspetto religioso dell'itinerario poetico: «Ora il cammino del retore e il cammino dell'uomo-poeta sono stati percorsi: la tecnica è fatto acquisito, pacificato tormento, e la pensosa religiosità ungarettiana, presente fin dall'inizio [...], si libera e si permette la concretezza cattolica» (*Aspetti e figure del Novecento*, Parma, Guanda, 1955; ma il saggio su Ungaretti risale al 1949). Ancora sulle varianti si esercitano con competenza e precisione nel 1950 LEONE PICCIONI e nel 1954 PIERO BIGONGIARI, con saggi introduttivi rispettivamente a *La terra promessa* e a *Un grido e paesaggi*. Con questo Piccioni continua la sua indagine su Ungaretti che lo porta poi nel 1970 a curare l'edizione completa delle liriche e a scrivere la più completa biografia ungarettiana.

Contro «ogni ricerca che tenda a isolare il senso della novità e vitalità» della lirica ungarettiana «sul piano del mezzo espressivo, della innovazione stilistica e linguistica, trascurando i nessi necessari tra l'energia dell'espressione formata e la dinamica dei sostrati spirituali», muovendo quindi implicitamente dalle posizioni del Casnati, nonché dichiaratamente da quelle del Bo, ALBERTO FRATTINI, nel suo studio sull'*Ontologia del dolore nella lirica ungarettiana* (in *Poeti italiani tra primo e secondo Novecento*, Milano, IPL 1967; ma il saggio risale al 1958), condotto con estrema acribia, pone l'accento sull'importanza dell'esperienza religiosa: «Solo nel mistero di Cristo ha senso il mistero dell'umano dolore: e proprio in questo, nel disperato scavo che Ungaretti ha condotto su questo [...] è da ricercarsi il senso di quel destino esistenziale e formale che della sua poesia ha fatto una delle voci esemplari del nostro tempo, sulla linea di displuvio tra un'era ormai antica e un'altra che si prepara ad accogliere la realtà dell'uomo di Dio e del cosmo in una nuova misura di razionalità e di amore».

25.4 Le prime monografie

Negli anni Cinquanta Ungaretti è ormai riconosciuto fra i massimi poeti viventi e s'inizia la serie di numeri speciali di riviste a lui dedicati: dopo quello de «La Fiera Letteraria» del 1° novembre 1953, è la volta nel 1958 di «Letteratura»; in tale occasione ENRICO FALQUI prende in esame anche la produzione in prosa. Nello stesso anno esce anche la prima monografia (Milano, Fabbri) dedicata interamente a Ungaretti: l'autore, GIGI CAVALLI, esamina tutta l'opera cogliendo anche l'importanza delle traduzioni sulla formazione della poesia ungarettiana e tenta una definizione più precisa delle ascendenze ungarettiane sulla base dei rilievi già formulati dalla critica in precedenza. Il lavoro si risolve purtroppo nell'analisi e, nonostante apprezzabili intuizioni, manca di una sintetica interpretazione del poeta. Di importanza nettamente superiore, e ancora strumento basilare di studio, è invece la monografia di LUCIANO REBAY su *Le origini della poesia di Ungaretti* (Roma, Edizioni di Storia e Letteratura, 1962); in questo lavoro vengono esaminate con rigore scientifico, senza indulgere a intuizioni mal sostenute, le fonti ungarettiane. Sulla varietà degli esiti di tale ricerca vale riportare la chiusa dello stesso Rebay: «Da Palazzeschi a D'Annunzio, dai poeti crepuscolari ai futuristi ed ai lirici giapponesi, da Baudelaire a Rimbaud e ad Apollinaire, dal Petrarca al Leopardi a Mallarmé, abbiamo visto che le origini della poesia ungarettiana hanno radici numerose ed estese. Il fatto che le più importanti di esse riconducano, oltre che al Leopardi, ai maggiori esponenti del simbolismo e del post-simbolismo francese [...] costituisce a nostro avviso una delle più alte benemerenze d'Ungaretti. Dobbiamo in gran parte a lui e alla sua fatica se la poesia italiana ha ricominciato a parlare un linguaggio non solo europeo, ma universale, ed è oggi un'autentica espressione delle angosce, dei sogni e delle speranze dell'uomo moderno».

Nel 1967 FOLCO PORTINARI (*Giuseppe Ungaretti*, Torino, Borla), al termine di un'attenta analisi che non trascura ascendenze e influssi, sottolinea l'importanza dell'itinerario spirituale ungarettiano e il valore, anche umano, del suo messaggio poetico consistente soprattutto in un recupero di fiducia e di serenità: «Ungaretti sembra essere l'ultimo poeta, postremo, della grande tradizione platonico-petrarchesca [...], una voce che sembra porsi in contraddizione con una cultura di critica e altrettanto assoluta negatività, la quale tenta, con alterna fortuna, di sostituirsi a quella tradizione. Ma è proprio della sua poesia [...], è nelle parole riscoperte vergini e nuove, che una civiltà può ancora riconoscersi».

Un nuovo libro dedicato a tutta l'opera di Ungaretti viene edito nel 1967 dalla Columbia University; il lavoro, di GLAUCO CAMBON, poi ampliato e pubblicato in Italia dall'editore Einaudi nel 1976, prende in esame sia le poesie sia le prose ungarettiane e approfondisce soprattutto aspetti semantici e linguistici; tenta inoltre con notevole persuasione un raccordo fra la problematica esistenziale e quella espressiva: «La crisi religiosa da Ungaretti confessata [...] lo portò a cercare esistenzialmente in Cristo, dio-uomo, quella *coincidentia oppositorum* che forma in pari tempo una meta costante (e diversamente perseguita attraverso le varie fasi di sperimentazione stilistica) della sua poesia. Misura e mistero: un'equazione impossibile se non sul piano della fede dal punto di vista religioso, ove il termine 'Grazia' può valere da prototipo del termine 'grazia' o 'felicità' in poesia. E d'altronde, il binomio paradossale è traducibile, sul piano della poetica, in quello di tecnica e ispirazione, forma e forza».

25.5 Studi specialistici e l'edizione di tutte le poesie

Contemporaneamente ai lavori monografici testé citati si assiste a un continuo fiorire di studi su particolari aspetti dell'opera ungarettiana. Del linguaggio si occupa nel 1959 JOAN GUTIA (*Linguaggio di Ungaretti*, Firenze, Le Monnier); EDOARDO SANGUINETI, nel rileggere *L'Allegria*, ripropone, in contrasto col Contini, l'interpretazione diaristica sia pur risolta in «quella di una storia eternamente offerta, ed eternamente ricondotta, al presente [...] dell'anima» (*Documenti per «L'Allegria»*, in *Tra Liberty e crepuscolarismo*, Milano, Mursia, 1961). ALVARO VALENTINI opera un'acuta analisi semantica basata sull'esame di alcune parole ricorrenti nella poesia ungarettiana e nota come Ungaretti abbia «salvato [...] il seme di poche parole, le più trite e le più comuni; e con esse ha ricominciato un discorso che, in sostanza, era quello di chi riscopriva il mondo e i propri rapporti col mondo» (*Saggio di semantica ungarettiana*, in *Semantica dei poeti*, Roma, Bulzoni, 1970). L'edizione di tutte le poesie in unico volume nel 1970 contribuisce ad aumentare l'interesse della critica verso Ungaretti. Continuano intanto a uscire numeri di riviste a lui dedicati: «Galleria» nel dicembre 1968, «L'Herne» nel 1969; e, dopo la sua morte avvenuta nel giugno, «Books Abroad» nell'autunno 1970, «L'Approdo letterario» nel marzo 1972, «Forum italicum» nel giugno 1972.

Una nuova monografia impostata sull'analisi semantica esce in Francia ad opera di

Gérard Genot (*Sémantique du discontinu dans «L'Allegria» d'Ungaretti*, Paris, Klincksieck, 1972). Dello stesso 1972 è una proposta di rilettura di Giorgio Bárberi Squarotti: «Ungaretti avverte l'impossibilità dell'eloquenza nella forma tradizionale, effusa retoricamente (ha davanti la lezione crepuscolare, soprattutto quella palazzeschiana, che ha demolito l'elazione verbale con l'ironia): ma crede, tuttavia, ancora appieno in quell'eloquenza, e la ripropone, allora, per la via della concentrazione, opposta alla via (carducciana, pascoliana, dannunziana, ecc.) dell'effusione, del dispiegamento formale e verbale. [...] Per un istante solo, fra l'esperienza parigina e quella di «Lacerba», fra Palazzeschi e il futurismo, Ungaretti ha tentato la retorica dell'*inventio* e l'ideologia della poesia come ipotesi mondana e metamorfosi profetica: dopo, la sua è stata la via lunga, splendida ma stretta e deterministicamente conclusa e conosciuta, della ripetizione di oggetti della natura e dell'anima dati da sempre, fra i quali l'intervento del poeta non può essere altro che quello dell'abile, prestigioso e sapiente combinatore» (in *Gli inferni e il labirinto - Da Pascoli a Montale*, Bologna, Cappelli, 1974; ma il saggio *Per una rilettura di Ungaretti* risale al 1972). Ancora dello stesso anno è un saggio di Renata Lollo sul motivo tematico del deserto che viene visto come elemento di «coerenza e specifica unità» nella ricerca metafisica ungarettiana (*Il deserto nella poesia di Ungaretti*, in Aa.Vv., *Studi in onore di Alberto Chiari*, Brescia, Paideia, 1972).

In uno studio del 1973 Mario Petrucciani identifica «nell'ossimoro "effimero-eterno", rinsaldato fonovisivamente dalla *e* iniziale, sbalzato sul forte rilievo sintattico e grafico dell'*enjambement*», «la chiave di tutto il discorso ungarettiano sulla memoria». Ed è in questo ossimoro che identifica «il referente archetipico del messaggio della *Terra promessa*».[3] L'edizione delle prose critiche di Ungaretti con prefazione di Carlo Bo e con un ampio studio introduttivo di Mario Diacono hanno provocato nuovi interventi su Ungaretti critico.

L'anno successivo (1975) esce presso l'editore Mursia una ponderosa monografia di Carlo Ossola: dopo aver esaminato le ascendenze culturali e letterarie di Ungaretti, il critico ferma la propria attenzione su «miti e strutture». Il saggio, prevalentemente di analisi, tiene conto di tutta l'esegesi critica precedente pur non facendone un'esplicita rassegna; Ossola, nel tentativo di uscire «dall'ormai saturo "gioco delle parti" [...] tra parola e mondo, fatto poetico e dato storico» sostiene che «la poesia non è solo lessico, non parte solo "dal numero 5 della rue des Carmes" e non solo dalla metafora [...], ma si costituisce, tanto più in Ungaretti, nell'incrociarsi e nel sovrapporsi di altri sistemi e funzioni, dalle unità foniche e fonosimboliche, al rapporto metrica-sintassi, al ritmo e alla rima, a una serie insomma di risorse che non si dispiegano al livello strettamente semantico e ideologico della parola. [...] Il problema che Ungaretti affronta non è strumentalmente collocato "nel linguaggio", quasi la parola fosse veicolo opaco e resistente a un messaggio che la trascende e non le appartiene; ma la poesia è essa stessa un fatto "di linguaggio", è istituita dal linguaggio e in essa si dispiega. [...] In Ungaretti "è riscoperto, insomma, il nome come fatto

---

[3] *Dalla memoria: il prodigio dell'effimero (Prolegomeni per la Terra Promessa)*, in *Segnali e archetipi della poesia*, Milano, Mursia, 1974. Su Ungaretti Mario Petrucciani interviene ancora in più occasioni; con particolare riferimento alla *Terra promessa* e alle derivazioni da s. Agostino, Virgilio e Dante sviluppa un discorso ampio e suggestivo in *Il condizionale di Didone. Studi su Ungaretti*, Napoli, Edizioni Scientifiche Italiane, 1985.

religioso", sottolineava già il Contini; esso fornisce l'unica totalità sperimentale dall'uomo, l'unica agnizione possibile del trascendente, se è vero che "non si ha nozione di libertà se non per l'atto poetico che ci dà nozione di Dio", concludeva il poeta: numen nomen!».

Negli ultimi anni è ancora tutto un fiorire di volumi e saggi su Ungaretti dagli studi complessivi di MAURA DEL SERRA (*Giuseppe Ungaretti*, Firenze, La Nuova Italia, 1977), JONES FREDERIC (*Ungaretti*, Edinburgh, University Press, 1977), GIORGIO LUTI (*Invito alla lettura di Ungaretti*, Milano, Mursia, 1974-1980), GIORGIO BARONI (*Giuseppe Ungaretti*, Firenze, Le Monnier, 1992; 1ª ed. 1980), ENRICO GIACHERY (*Nostro Ungaretti*, Roma, Studium, 1988) e MARCO FORTI (*Ungaretti girovago e classico*, Milano, Scheiwiller, 1991) alla preziosa indagine di GIUSEPPE FASO sulla critica (*La critica e Ungaretti*, Bologna, Cappelli, 1977); di particolare utilità per gli studiosi la catalogazione delle *Concordanze dell'«Allegria»* curata da E. Chierici e E. Paradisi (Roma, Bulzoni, 1977). I rapporti fra Ungaretti e Petrarca sono stati analizzati da MASSIMILIANO BONI (*Ungaretti e Petrarca*, Bologna, EDIM, 1976), mentre quelli con Leopardi sono oggetto di uno studio di FELICE SIGNORETTI (*Tempo e male. Ungaretti su Leopardi*, Urbino, Argalia, 1977). Sulla biografia, ai citati studi del PICCIONI si aggiunge ora *Vita di Giuseppe Ungaretti* (Milano, Camunia, 1990) di WALTER MAURO.

In tutta la critica più recente sostanzialmente non si discute la validità artistica dell'opera ungarettiana, ma s'indaga per definirne la portata e chiarirne i misteri. La strada attualmente intrapresa è quella delle singole indagini su particolari aspetti dell'opera per superare i principali scogli interpretativi e preparare quindi il materiale per una sistemazione critica della *Vita d'un uomo*. Un passo avanti in tale direzione è stato compiuto dal Convegno Internazionale tenutosi a Urbino nell'ottobre 1979: gli oltre cento contributi, ora negli *Atti*,[4] sono in sostanza il più vasto repertorio di problemi critici e di proposte di lettura della poesia ungarettiana.

Si segnala infine l'importante contributo rappresentato dalla realizzazione della *Concordanza delle poesie di Giuseppe Ungaretti. Testo, Concordanza, Liste di frequenza, Indici* (Firenze, Olschki, 1993) da parte di GIUSEPPE SAVOCA.

---

[4] *Atti del Convegno Internazionale su Giuseppe Ungaretti. Urbino 3-6 ottobre 1979*, a cura di C. Bo, M. Petrucciani, M. Bruscia, M.C. Angelini, E. Cardone e D. Rossi, Urbino, Quattro Venti, 1981. Cfr. pure gli Atti del Convegno svoltosi a Roma nel 1980 su *Ungaretti e la cultura romana*, Roma, Bulzoni, 1983.

Repertorio bibliografico

a) Opere bibliografiche e introduttive

Mancando una completa bibliografia ungarettiana, conviene consultare gli elenchi riportati nei volumi delle opere: *Vita d'un uomo. Tutte le poesie*, a cura di L. Piccioni, Milano, Mondadori, 1986 (1ª ed. 1969); e *Vita d'un uomo. Saggi e interventi*, a cura di M. Diacono e L. Rebay, Milano, Mondadori, 1986 (1ª ed. 1974). Una rassegna della critica su Ungaretti, con pagine scelte, è il volume di G. Faso, *La critica e Ungaretti*, Bologna, Cappelli, 1977. Sull'accoglienza della critica al primo Ungaretti: G. Mariani, *Per una storia della critica ungarettiana: i primi giudizi sul poeta*, in «Letteratura», 35-36, 1958.

Le principali biografie sono quelle di L. Piccioni, *Vita d'un poeta. Giuseppe Ungaretti*, Milano, Rizzoli, 1970 e di W. Mauro, *Vita di Giuseppe Ungaretti*, Milano, Camunia, 1990.

Per le concordanze: G. Savoca, *Concordanza delle poesie di Giuseppe Ungaretti. Testo, Concordanza, Liste di frequenza, Indici*, con premessa di M. Petrucciani, Firenze, Olschki, 1993.

b) Edizioni e commenti

Le opere di Ungaretti, edite in un primo tempo in più volumi nella collana «Lo Specchio» dell'editore Mondadori, sono ora raccolte nei due volumi cit. sopra della collezione, pure mondadoriana, de «I Meridiani». Il volume *Tutte le poesie* comprende anche le prefazioni, una cronologia e saggi di G. De Robertis, A. Gargiulo, L. Piccioni e P. Bigongiari; reca in *Appendice* note dell'autore e di A. Mariani, e l'*Apparato critico delle varianti*, a cura di G. De Robertis, L. Piccioni e M. Diacono. Ha lo stesso titolo *Vita d'un uomo. Tutte le poesie*, ma non comprende le 96 pagine introduttive, l'edizione mondadoriana nella collana degli «Oscar» (1992).

Opere in versi: l'editore Mondadori continua a ristampare pure le singole raccolte *L'Allegria*, *Sentimento del tempo* (1919-1935), *Il dolore* (1937-1946), *Il taccuino del vecchio* (1952-1960). *Il Porto Sepolto*, a cura di E. Serra, Udine, Stabilimento Tipografico Friulano, 1916 è stato ristampato anastaticamente a Roma, Istituto Poligrafico e Zecca dello Stato, 1990. *La Guerre*, Paris, Etablissements Lux, 1919 è stata ristampata anastaticamente a Roma, Istituto Poligrafico e Zecca dello Stato, 1990.

Edizioni critiche: *Il Porto Sepolto*, a cura di C. Ossola, Milano, Il Saggiatore, 1981; Venezia, Marsilio, 1990. *L'Allegria*, a cura di C. Maggi Romano, Milano, Fondazione Mondadori, 1982; *Sentimento del tempo*, a cura di R. Angelica e C. Maggi Romano, Milano, Fondazione Mondadori, 1988.

Antologie: *Vita d'un uomo. 106 poesie (1914-1960)*, Milano, Mondadori, 1992. Presso lo stesso editore sono uscite altre antologie non limitate alla poesia: *Per conoscere Ungaretti*, a cura di L. Piccioni, 1986 e *Poesie e prose liriche*.

Opere in prosa: *Il povero nella città*, Milano, Edizioni della Meridiana, 1949; *Il deserto e dopo*, Milano, Mondadori, 1969 (1ª ed. 1961); *Viaggetto in Etruria*, Roma, ALUT, 1965; *Invenzione della poesia moderna. Lezioni brasiliane di letteratura (1937-1942)*, a cura di P. Montefoschi, Napoli, Edizioni Scientifiche Italiane, 1984; *Lezioni su Giacomo Leopardi*, a cura di M. Diacono e P. Montefoschi, Roma, Presidenza del Consiglio dei Ministri, 1989.

Traduzioni: *Da Góngora a Mallarmé*, Milano, Mondadori, 1961 (1ª ed. 1948); *Fedra di Jean Racine*, Milano, Mondadori, 1950; *Vita d'un uomo: Visioni di William Blake*, Milano, Mondadori, 1965; *Saint-John Perse: Anabase, seguita dalle traduzioni di T.S. Eliot e G. Ungaretti*, Verona, Le Rame, 1967; *Visioni di Blake*, a cura di A. Tagliaferri, Milano, Mondadori, 1980.

Lettere: *Lettere dal fronte a Gherardo Marone (1916-1918)*, Milano, Mondadori, 1978; *Lettere a Soffici. 1917-1930*, a cura di P. Montefoschi e L. Piccioni, Firenze, Sansoni, 1981; *Lettere a Enrico Pea*, a cura di G. Soldateschi, introduzione di G. Luti, Milano, Scheiwiller, 1983; *Giuseppe Ungaretti-Giuseppe De Robertis. Carteggio 1931-1962. Con un'Appendice di redazioni inedite di poesie di Ungaretti*, introduzione, testi e note a cura di G. De Robertis, Milano, Il Saggiatore, 1984; *Ungaretti, Pea e altri. Lettere agli amici egiziani*, a cura di F. Livi, Napoli, Edizioni Scientifiche Italiane, 1988; *Lettere a Giovanni Papini*, a cura di L. Piccioni e M.A. Terzoli, introduzione di L. Piccioni, Milano, Mondadori, 1988; *Giuseppe Ungaretti-Alessandro Parronchi. Carteggio*, Roma-Napoli, Edizioni Scientifiche Italiane, 1992.

c) Critica

Studi di carattere generale: C. OSSOLA, *Giuseppe Ungaretti*, Milano, Mursia, 1982 (1ª ed. 1975); G. LUTI, *Invito alla lettura di Ungaretti*, Milano, Mursia, 1974; G. BARONI, *Introduzione e guida allo studio dell'opera ungarettiana. Storia e antologia della critica*, Firenze, Le Monnier, 1992 (1ª ed. 1980).

Altri studi notevoli: G. PAPINI, in «Il Resto del Carlino», 4 febb. 1917; poi in *Testimonianze*, Milano, Facchi, 1918; G. DE ROBERTIS, in «Il Progresso», 27 dic. 1919; A.E. SAFFI, in «La Ronda», nov. 1919; G. MARONE, *Difesa di Dulcinea*, Napoli, Libreria della Diana, 1920; A. SAVINIO, in «La vraie Italie», mag. 1920; E. THOVEZ, *L'arco di Ulisse*, Napoli, Ricciardi, 1921; F. FLORA, *Dal romanticismo al futurismo*, Piacenza, Porta, 1921; E. CECCHI, in «La Tribuna», 25 lug. 1923; P. PANCRAZI, in «Il Resto del Carlino», 1° sett. 1923; G. DEBENEDETTI, in «Orizzonte italico», genn. 1924; A. GARGIULO, in «Il Convegno», X-XII, 1924; B. CRÉMIEUX, *Panorama de la littérature italienne contemporaine*, Paris, Kra, 1928; G. CONTINI, *Ungaretti o dell'Allegria*, in «Rivista Rosminiana», ott.-dic. 1931; G. CONTINI, *Materiali sul secondo Ungaretti*, in «L'Italia letteraria», 9 lug. 1933; F. FLORA, *La poesia ermetica*, Bari, Laterza; C. BO, *Dimora della poesia*, in *Otto studi*, Firenze, Vallecchi, 1939; G. CONTINI, *Ungaretti in francese*, in «Circoli», mag. 1939 (questo studio e i due precedenti sono raccolti in *Esercizi di lettura*, Firenze, Parenti, 1939); A. SERONI, *Ragioni critiche*, Firenze, Vallecchi, 1944; F. CASNATI, *Cinque poeti*, Milano, Vita e Pensiero, 1944; M. APOLLONIO, in *Ermetismo*, Padova, CEDAM, 1945; F. GIANNESSI, in *Gli ermetici*, Brescia, La Scuola, 1951; C. BO, *Riflessioni critiche*, Firenze, Sansoni, 1953; L. PICCIONI, *Sui contemporanei*, Milano, Fabbri, 1953; AA. VV., in «La Fiera Letteraria», numero speciale dedicato a Ungaretti, 1° nov. 1953; S. ANTONIELLI, in *Aspetti e figure del Novecento*, Parma, Guanda, 1955; M. PETRUCCIANI, in *La poetica dell'ermetismo italiano*, Torino, Loescher, 1955; AA. VV., in «Letteratura», numero speciale dedicato a Ungaretti, 35-36, 1958; G. CAVALLI, *Ungaretti*, Milano, Fabbri, 1958; G. MARIANI, *Tecnica e poesia nella lirica del Novecento*, Padova, Liviana, 1958; J. GUTIA, *Linguaggio di Ungaretti*, Firenze, Le Monnier, 1959; E. SANGUINETI, in *Tra Liberty e crepuscolarismo*, Milano, Mursia, 1961; L. ANCESCHI, *Le poetiche del Novecento in Italia*, Milano,

Marzorati, 1962; L. REBAY, *Le origini della poesia di Ungaretti*, Roma, Edizioni di Storia e Letteratura, 1962; F. PORTINARI, *Giuseppe Ungaretti*, Torino, Borla, 1967; G. CAMBON, *Ungaretti*, New York & London, Columbia University Press, 1967; A. FRATTINI, *Ontologia del dolore nella lirica ungarettiana*, in *Poeti italiani tra primo e secondo Novecento*, Milano, IPL, 1967; AA.VV., in «L'Approdo», numero dedicato a Ungaretti, genn.-mar. 1968; AA.VV., in «Galleria», numero speciale dedicato a Ungaretti, dic. 1968; S. RAMAT, in *L'ermetismo*, Firenze, La Nuova Italia, 1969; AA.VV., in «L'Herne», numero speciale dedicato a Ungaretti, Paris, 1969; L. PICCIONI, *Vita d'un poeta. Giuseppe Ungaretti*, Milano, Rizzoli, 1970; C.A. MEZZACAPPA, *Noia e inquietudine nella «Vita d'un uomo» di Giuseppe Ungaretti*, Padova, Rebellato, 1970; A. VALENTINI, *Semantica dei poeti. Ungaretti e Montale*, Roma, Bulzoni, 1970; G. GENOT, *Sémantique du discontinu dans «L'Allegria» d'Ungaretti*, Paris, Klincksieck, 1972; AA.VV., in «L'Approdo letterario», numero speciale dedicato a Ungaretti, 57, 1972; AA.VV., in «Forum italicum», numero speciale dedicato a Ungaretti, VI, 2, 1972; G. BÁRBERI SQUAROTTI, in *Il codice di Babele*, Milano, Rizzoli, 1972; R. LOLLO, *Il deserto nella poesia di Ungaretti*, in AA.VV., *Studi in onore di Alberto Chiari*, Brescia, Paideia, 1972; M. CONTI, *Apollinaire e Ungaretti*, in «Rivista di letterature moderne e comparate», 4, 1972; M. PETRUCCIANI, in *Segnali e archetipi della poesia*, Milano, Mursia, 1974; L. ANCESCHI, *Ungaretti 1919-1927: la parola «staccata in pause»*, in «Il Verri», 7, 1974; M. BONI, *Ungaretti e Petrarca*, Bologna, EDIM, 1976; M. DEL SERRA, *Giuseppe Ungaretti*, Firenze, La Nuova Italia, 1977; G. FASO, *La critica e Ungaretti*, Bologna, Cappelli, 1977; E. CHIERICI-E. PARADISI, *Concordanze dell'«Allegria»*, Roma, Bulzoni, 1977; F. SIGNORETTI, *Tempo e male. Ungaretti su Leopardi*, Urbino, Argalia, 1977; M. BROSE, *Ungaretti's Promised Land: the Mistification of L'Allegria*, in «Italica», New York, Autumn, 1977; F. DI CARLO, *Ungaretti e Leopardi. Il sistema della memoria, dall'«Assenza» all'«Innocenza»*, Roma, Bulzoni, 1979; M. PETRUCCIANI, *Ungaretti e Dante. La memoria, Virgilio, «Il perenne Enea»*, in «Otto-Novecento», Brunello, genn.-febb. 1979; D. O'CONNOR, *Accordi ed echi interni nella poesia di Ungaretti*, in «Studi e problemi di critica testuale», ott. 1979; L. PICCIONI, *Vita d'Ungaretti*, Milano, Rizzoli, 1980; L. PICCIONI, *Ungarettiana. Lettura della poesia, aneddoti, epistolari inediti*, Firenze, Vallecchi, 1980; L. PICCIONI, *Lettura del carteggio Ungaretti-Pea*, Roma, Edizioni della Cometa, 1980; AA.VV., *Giuseppe Ungaretti. Problemi e proposte critiche*, Roma, Istituto di Studi Romani, 1981; AA.VV., *Atti del Convegno Internazionale su G. Ungaretti*, Urbino, Quattro Venti, 1981; G. BARONI, *«Fuggitivo tremito»: il tempo secondo Ungaretti*, in «Filologia italiana», Ankara, 13, 1983; AA.VV., *Ungaretti: il sentimento del tempo*, Assisi, Cittadella, 1984; M. PETRUCCIANI, *Il condizionale di Didone. Studi su Ungaretti*, Napoli, Edizioni Scientifiche Italiane, 1985; P. MONTEFOSCHI, *Ungaretti. Le eclissi della memoria*, Napoli, Edizioni Scientifiche Italiane, 1986; E. GIACHERY, *Nostro Ungaretti*, Roma, Studium, 1988; W. MAURO, *Vita di Giuseppe Ungaretti*, Milano, Camunia, 1990; M. FORTI, *Ungaretti girovago e classico*, Milano, Scheiwiller, 1991; C. BORONI, *Giuseppe Ungaretti dall'«Innocenza» alla «Memoria»*, Venezia, Corbo & Fiore, 1992.

26 Montale

26.1 Il primo tempo della critica montaliana

Fin dal suo primo apparire la poesia di Montale destò l'interesse della critica. Gli *Ossi di seppia* furono non a caso recensiti da critici del calibro di Emilio Cecchi, Sergio Solmi e Giuseppe De Robertis. Solmi sottolineò la «materia verbale [...] ricca e scabra» della raccolta, Cecchi la sua «consapevolezza critica» (la sostanza d'intenzionale poetica e di colta consapevolezza, poi tante altre volte riscontrata), De Robertis la forza simbolica delle immagini; e anche il primo recensore in assoluto degli *Ossi*, l'amico Carlo Linati, segnalandone sul «Convegno» del 1925 «la propensione gnomica» e il suo «tono riflessivo», aveva acquisito un punto fermo decisivo per la successiva esegesi montaliana. Un primo organico inquadramento venne quindi, nel 1928, dall'*Introduzione* di Alfredo Gargiulo alla seconda edizione degli *Ossi*: vi si incontra la celebre formula della «corrosione critica dell'esistenza», che individuava il tema centrale montaliano nella dichiarata impossibilità di vivere, secondo la chiusa tutta in negativo di *Non chiederci la parola*.

Nel 1933 apparve il primo intervento di Gianfranco Contini, il lettore più "fedele" e forse più illuminato di Montale. Contini mostrava di prediligere, rispetto alle poesie della sezione *Mediterraneo*, preferita da Gargiulo, i brevi *Ossi* che danno titolo all'altra sezione, quella eponima del libro: in quei rapidi componimenti meglio si mostrerebbe infatti l'"essenza" degli oggetti, che costituirebbe il tratto più marcato di vicinanza tra Montale e la fertile stagione dei simbolisti europei, primo fra tutti il poeta angloamericano T.S. Eliot. Questi apprezzò e tradusse *Arsenio*, forse la lirica più innovativa di *Ossi di seppia*, quella che lasciava chiaramente presagire la successiva svolta della poesia montaliana, *Le occasioni*, verso la poetica dell'oggetto emblematico, in tangenza con l'esperienza dei lirici ermetici fiorentini.

Negli anni Trenta le vicende della vita portarono Montale a Firenze, direttore del Gabinetto Vieusseux e al centro di un giro di letture, di conoscenze e di rapporti umani coi poeti della giovane generazione ermetica che a lui guardavano come a un caposcuola. Il frutto di quella stagione fiorentina fu appunto *Le occasioni* (1939), il libro che consacrò definitivamente la fama del poeta genovese. Sulle poesie delle *Occasioni*, fatte circolare tra gli amici e pubblicate in rivista già prima della raccolta in volume, intervennero molte altre voci di rilievo, tra cui Piero Bigongiari, Carlo Bo, Oreste Macrì, Pietro Pancrazi. Quest'ultimo in particolare sviluppò un'osservazione di Contini, che già aveva distinto una fase «assertiva» da una «descrittiva», di riflessione, e individuò nella poesia montaliana un momento «fisico» (il precisarsi di un oggetto, un'immagine, un ricordo) da un momento «metafisico», di carattere appunto morale e riflessivo: una conferma di quell'alternanza poesia-non poesia che lo stesso Montale ebbe retrospettivamente a individuare nel primo momento della sua produzione lirica.

L'uscita delle *Occasioni* sollecitò un ritorno su Montale di Solmi e di Contini: entrambi per insistere sul dato di essenzialità appunto simbolica di quella poesia. Per Solmi si tratta di una «concrezione» per la quale il «poema» (il *poem* degli inglesi) viene *lavorato* «come un oggetto sensibile»; e Solmi sottolinea qui come tutto ciò inserisca positivamente Montale in una linea di reale modernità, che comprende «tutta l'ultima esperienza poetica europea». Per Contini quella delle *Occasioni* è una poesia degli «istanti di grazia» che dà luogo alla «liberazione» di un «fantasma nascosto»; coi relativi rischi dell'«oscurità», sottolineati da Gargiulo, unica voce dissonante nel coro di apprezzamenti.

26.2 Montale nella critica del dopoguerra

Nell'immediato dopoguerra Montale diviene un autore di primissimo piano nell'ambito della nostra cultura letteraria; le attenzioni costanti della critica, da sempre attratta dai ricchissimi spunti interpretativi insiti nella sua poesia, e il riconoscimento quasi unanime degli altri scrittori (ad eccezione per Ungaretti, che ebbe sempre un rapporto difficile se non conflittuale con il poeta genovese), attirano sulle opere di Montale una serie di interventi, molti giornalistici e divulgativi, che portano a conoscenza del grande pubblico aspetti anche inediti della sua personalità; le stesse vicende biografiche (Montale diviene a Milano uno dei più noti collaboratori del diffusissimo quotidiano «Corriere della sera») contribuiscono a incrementare questa fama, che ovviamente si accrescerà ulteriormente con l'assegnazione del premio Nobel (1975).

Intanto era stata l'uscita (1956) della terza raccolta lirica montaliana, *La bufera e altro*, a sollecitare nuove riflessioni e insieme i primi tentativi di storicizzazione complessiva, finalizzati a indagare sulle fonti del poeta e sull'area culturale di sua pertinenza, oltreché sui modi e le forme specifiche dei testi. Contini sottolineò come quel terzo libro non avesse portato un reale mutamento nella linea di poetica dell'autore; l'irruzione prepotente di una realtà esterna tragica come la guerra aveva cioè solo accentuato la negatività della visione, non prodotto un rovesciamento nell'uso dei mezzi espressivi. Forse fu proprio questa continuità ciò che maggiormente spiacque ai critici d'area marxista, che rimproverarono a Montale una generale assenza d'impegno civile, tanto più dolorosa per un poeta che aveva incarnato una linea d'ideale opposizione al regime fascista e che si era proposto quindi come un punto di riferimento importante per la generazione della Resistenza (è il ragionamento svolto da CARLO SALINARI in *Montale dopo la bufera*, 1961).

Si segnalano tuttavia, in quello stesso periodo, altre letture meglio capaci d'intendere la specificità della poesia montaliana. È il caso dell'intervento critico, assai denso e stimolante, di PIER PAOLO PASOLINI (1957, poi raccolto in *Passione e ideologia*): nella sua ampia rilettura, il poeta-critico sottolinea l'esemplarità dell'opera montaliana rispetto a un'epoca e a un mondo «divisi». In quegli stessi anni tocca a un altro poeta-critico, EDOARDO SANGUINETI, indagare un aspetto specifico e fino ad allora inedito, vale a dire il rapporto tra Montale e Gozzano; Sanguineti arriva a ipotizzare una linea crepuscolare che attraverserebbe l'intero nostro Novecento, muovendosi per l'appunto *Tra Gozzano e Montale*. Uno specialista come PIETRO BONFIGLIOLI indagava invece, sempre nell'area delle "fonti" del poeta, i rapporti tra Montale e Pascoli; un rapporto dialettico, perché se sono evidenti i debiti di lingua e stile che Montale contrae col pascolismo, è però vero che da Pascoli lo separano forti differenze di carattere ideologico e semantico.

26.3 Montale oggi

Questa posizione è condivisa anche da un altro studioso, PIER VINCENZO MENGALDO, pure interessato a rintracciare una "linea" entro cui situare l'esperienza montaliana. Mengaldo nel 1966 illustrò, in prospettiva eminentemente linguistica, gli apporti dannunziani sulla lirica montaliana. Ma è in fondo un'acquisizione della critica anche più recente che in Montale operi una scelta fondamentalmente plurilinguistica: ritroviamo nelle sue liriche la lingua letteraria e dotta, le lingue speciali (per esempio della botanica o della vita di mare), la lingua d'uso della comunicazione quotidiana. Ciascuno dei tre ambiti interferisce sugli altri, anche se di ciascuno di essi si può fissare il momento di maggiore presenza: nelle liriche più antiche prevale la lingua colta, l'uso del termine-oggetto segna le raccolte centrali, il lessico familiare e giornalistico caratterizza maggiormente la fase finale. La stessa discussione sulle fonti rischia di condurre fuori mano, se non si tiene conto che esse sono una sorta di "forma" culturale cui nessun autore può, neanche volendo, sottrarsi: «ci dovremmo caso mai meravigliare – scrive D'ARCO SILVIO AVALLE (in *La semiotica letteraria italiana*, a cura di M. Mincu, Milano, Feltrinelli, 1982) – se nella poesia di Montale non ritrovassimo elementi pascoliani, crepuscolari, dannunziani, visto che Montale vive concretamente nel XX secolo e non può parlare altra lingua che la "lingua" del XX secolo».

Proprio Avalle è un esponente di punta (ma in prospettiva storico-filologica più che semiologico-fonologica) della critica strutturalistica, che a partire dagli anni Sessanta ha arricchito di nuovi apporti la critica montaliana. I testi così "polivalenti" di Montale sollecitavano del resto l'applicazione di questa e di altre metodologie, come quella psicanalitica. Antesignana della lettura semiotica fu un'analisi appunto di Avalle dedicata alla lirica *Gli orecchini* (1965), divenuta il modello di tante altre consimili operazioni. Sulla stessa linea si collocheranno le indagini di ANGELO MARCHESE (in *Visiting Angel*, 1977) e di STEFANO AGOSTI. Di quest'ultimo è rimasto famoso un esercizio di lettura (in *Cinque analisi. Il testo della poesia*, Milano, Feltrinelli, 1982) sul "mottetto" montaliano *La speranza di pure rivederti*, nelle *Occasioni*: in esso il ricordo dell'amata si salderebbe in modo apparentemente inspiegabile con l'immagine di due sciacalli portati a spasso «a Modena tra i portici»; e secondo Agosti la chiave di lettura occulta della lirica consisterebbe nella parola *Morti* (*Modena + portici*), che svelerebbe l'immagine nel suo significato complessivo (morte simbolica dell'amata = sciacallo come cane della morte).

Il momento di una prima consacrazione ufficiale del poeta si ebbe nel 1966, quando, per il settantesimo compleanno di Montale, uscirono diversi fascicoli miscellanei, a lui dedicati da diverse prestigiose riviste («Letteratura», «La rassegna della letteratura italiana» e altre). Poco prima era uscito il libro di SILVIO RAMAT, che rappresenta la prima organica monografia su Montale (*Montale*, 1965); del 1973 sarà l'altro sistematico contributo di MARCO FORTI (*Eugenio Montale. La poesia, la prosa di fantasia e d'invenzione*), attento anche alla novità di Montale prosatore.

L'ultimo "tempo" di Montale, segnato dalla pubblicazione di *Satura* (1971), ha sollecitato nuove prese di posizione e discussioni. L'ultimo Montale manifesta il raro coraggio di proporre una sostanziale modifica della propria già consolidata immagine di "classico" del nostro Novecento: da qui il rovesciamento di prospettiva che lo conduce a degradare l'"alto" simbolismo di prima in senso comicamente "basso". Proprio nella stagione che lo ha celebrato col Nobel per la letteratura, lo scrittore ha saputo depistare molti studiosi e rifiutare la propria imbalsamazione critica, proponendo un'immagine di sé ancora in reale mutamento. Un'inattesa proliferazione inventiva (qualcuno ha parlato di «logorrea senile») ha dettato la bellezza di quattro libri (*Satura, Diario del '71 e del '72, Quaderno di quattro anni, Altri versi*) in meno di un decennio, a paragone dell'intervallo sempre quindicennale trascorso fra l'una e l'altra delle precedenti raccolte; mentre il poeta sembra giocare consapevolmente sul registro del *metalinguaggio*, cimentandosi in divertite parodie delle proprie liriche precedenti o restituendo un'idea di lingua come balbuzie e afasia. Tutto ciò ha sollecitato attorno a *Satura* e ai libri successivi un dibattito critico interessante anche come occasione di ripensamento sulle precedenti raccolte, che sollecita tentativi di collegamento tra queste e la nuova fase, e ipotesi di bilancio finale sotto forma di studi complessivi; così UMBERTO CARPI conduce (*Montale dopo il fascismo dalla «Bufera» a «Satura»*, Padova, Liviana, 1971) un'approfondita indagine intorno allo sfondo ideologico sul quale s'impianta la poesia montaliana, mentre STEFANO JACOMUZZI disegna un'immagine complessiva esaminando in *Sulla poesia di Montale* (Bologna, Cappelli, 1968) cinque temi salienti. Ricordiamo inoltre gli interventi su *Satura* di MARIA CORTI (in «Strumenti critici», 15, 1971), ancora Mengaldo (in *La tradizione del Novecento. Da D'Annunzio a Montale*, Milano, Feltrinelli, 1975), MARIO MARTELLI (*Il rovescio della poesia*, Milano, Longanesi, 1977).

Negli ultimi anni la saggistica su Montale si è enormemente infittita, a testimonianza della centralità del poeta nel contesto della nostra letteratura contemporanea. Parimenti le linee d'indagine si sono moltiplicate, investendo sia la posizione storica dello scrittore e il piano delle ideologie, sia il livello formale e metrico, come pure i modelli poetici e i rapporti con le contemporanee esperienze italiane ed europee. La stessa indagine filologica ha dato frutti importanti, che si sono concretizzati nel 1980 con la pubblicazione dell'*Opera omnia* di Montale in edizione critica, caso più unico che raro per un autore che all'epoca era ancora vivente.

Repertorio bibliografico

a) Opere bibliografiche e introduttive

Bibliografie e rassegne della critica in R. PETTINELLI-A. QUONDAM, *Bibliografia montaliana (1925-1966)*, in «La rassegna della letteratura italiana», LXX, 1966; R. SCRIVANO, *Eugenio Montale*, in *I classici italiani nella storia della critica*, dir. da W. Binni, vol. III: *Da Fogazzaro a Moravia*, Firenze, La Nuova Italia, 1977; G. IOLI, *Rassegna di studi montaliani da «Satura» a «Altri versi»*, in «Lettere italiane, XXXV, 1983.

La biografia più informata è G. NASCIMBENI, *Eugenio Montale. Biografia di un poeta*, Milano, Longanesi, 1986 (1ª ed. 1969), interessante anche per i depistaggi operati dallo scrittore intervistato; cfr. inoltre *Eugenio Montale: immagini di una vita*, a cura di F. Contorbia, con introduzione di G. Contini, Milano, Librex, 1985; utili anche l'accurata cronologia allegata a *Eugenio Montale. Tutte le poesie*, a cura di G. Zampa, cit., e il ricordo della nipote B. MONTALE, *Montale e sua madre. Cronaca familiare*, in «Nuova Antologia», apr.-giu. 1986. Per un primo orientamento: G. MANACORDA, *Montale*, Firenze, La Nuova Italia, 1969; C. SCARPATI, *Invito alla lettura di Eugenio Montale*, Milano, Mursia, 1974²; M. MARTELLI, *Eugenio Montale. Introduzione e guida allo studio dell'opera montaliana*, Firenze, Le Monnier, 1982; M. FORTI, *Per conoscere Montale*, Milano, Mondadori, 1986; R. LUPERINI, *Storia di Montale*, Bari, Laterza, 1986; P. CATALDI, *Montale*, Palermo, Palumbo, 1991.

b) Edizioni e commenti

Un'utile *Bibliografia montaliana*, che recensisce tutti gli scritti anche dispersi del poeta, è curata da L. Barile, Milano, Mondadori, 1977. L'edizione critica di riferimento è *L'opera in versi*, a cura di R. Bettarini e G. Contini, Torino, Einaudi, 1980. Pregevole anche *Tutte le poesie*, a cura di G. Zampa, Milano, Mondadori, 1984. Un'edizione ancora incompleta è il *Diario postumo. Prima parte, 30 poesie*, a cura di A. Cima e R. Bettarini, Milano, Mondadori, 1991 (contiene liriche scritte tra il 1969 e il 1977), di cui 24 edite nel 1986 dalla Fondazione Schlesinger; le rimanenti 36 saranno stampate nel 1996 dall'editore Mondadori, secondo il progetto dell'autore, che raccolse 66 poesie in 11 buste, contenente ciascuna 6 poesie. Interessante il giovanile *Quaderno genovese*, a cura di L. Barile, con uno scritto di S. Solmi, Mondadori, Milano, 1983.

Una *Concordanza di tutte le poesie di Eugenio Montale*, a cura di G. Savoca, è uscita presso l'editore Olschki (2 voll., Firenze, 1987).

Non ci sono invece raccolte complessive delle numerose prose montaliane. Sillogi di scritti giornalistici in *Nel nostro tempo*, Milano, Rizzoli, 1972 e *I miei scritti sul «Mondo»*, a cura di G. Spadolini, Firenze, Le Monnier, 1981. Per le altre prose ci si rivolga alle edizioni originali: *Farfalla di Dinard*, Venezia, Neri Pozza, 1956 (2ª ed. ampliata da 25 a 49 prose, Milano, Mondadori 1960); *Auto da fé. Cronache in due tempi*, Milano, Il Saggiatore, 1972²; *Fuori di casa*, Milano-Napoli, Ricciardi, 1969; *Sulla poesia*, a cura di G. Zampa, Milano, Mondadori, 1976, raccoglie i numerosi interventi di critica e poetica di Montale; in *Prime alla Scala*, a cura di G. Lavezzi, ivi, 1981, le recensioni musicali scritte per il «Corriere d'Informazione». Importante *Montale commenta Montale*, a cura di L. Greco, Parma, Pratiche, 1980, con gli autocommenti di Montale sulla propria poesia sollecitati da S. Guarnieri.

Gli epistolari sono per la maggior parte inediti. Quelli disponibili sono: E. MONTALE-I. SVEVO, *Carteggio (con gli scritti di Montale su Svevo)*, a cura di G. Zampa, Milano, Mondadori, 1976 (1ª ed. De Donato, Bari, 1966); *Lettere a Quasimodo*, a cura di S. Grasso, Milano, 1981; *Lettere a Pugliatti*, a cura di S. Palumbo, prefazione di C. Bo, Milano, All'Insegna del Pesce d'Oro, 1986.

Un'antologia è *Poesie scelte*, a cura di M. Forti, Milano, Mondadori, 1987; un'edizione commentata dei *Mottetti* ha allestito D. Isella, Milano, Adelphi, 1988².

c) Critica

Una partenza obbligata per gli studi critici è costituita dal volume di G. CONTI, *Una lunga fedeltà. Scritti su Eugenio Montale*, Torino, Einaudi, 1974. Fondamentale è anche la monografia di M. FORTI, *Eugenio Montale. La poesia, la prosa di fantasia e d'invenzione*, Milano, Mursia, 1974²; e si veda anche ID., *Nuovi saggi montaliani*, ivi, 1990.

Altri studi notevoli: S. SOLMI, *«Ossi di seppia»* (1925), poi con gli altri studi montaliani in *Scrittori negli anni*, Milano, Il Saggiatore, 1963; E. CECCHI, *Alla ricerca della gioventù* (1925), in *Letteratura italiana del Novecento*, a cura di P. Citati, vol. II, Milano, Mondadori, 1972; A. GARGIULO, *Eugenio Montale* (1928), in *Letteratura italiana del Novecento*, Firenze, Le Monnier, 1958; A. CONSIGLIO, *Eugenio Montale* (1928), poi col titolo *Montale primo*, in *Studi di poesia*, Firenze, Edizioni di Solaria, 1934; G. DE ROBERTIS, *«Ossi di seppia»* (1931), poi in *Scrittori del Novecento*, Firenze, Le Monnier, 1940; O. MACRÌ, *Dell'analogia naturale: Montale* (1936), in *Esemplari del sentimento poetico contemporaneo*, Vallecchi, Firenze, 1941; V. SERENI, *In margine alle «Occasioni»* (1940), poi in *Letture preliminari*, Padova, Liviana, 1973; P. BIGONGIARI, *Storia di Montale* (1939), poi con altri importanti saggi montaliani in *Poesia italiana del Novecento*, t. II, Milano, Il Saggiatore, 1980; C. Bo, *Della poesia di Montale*, in *Otto studi*, Firenze, Vallecchi, 1939; P. PANCRAZI, *Eugenio Montale poeta fisico e metafisico*, in *Scrittori d'oggi*, serie III, Bari, Laterza, 1946; M. PRAZ, *T. S. Eliot and Eugenio Montale*, in *T. S. Eliot. A Symposium*, London Editions Poetry, 1948; E. SANGUINETI, *Da Gozzano a Montale*, in *Tra Liberty e crepuscolarismo* (1955), Milano, Mursia, 1961; A. GIULIANI, *Il fantasma di Montale* (1956), in *Immagini e maniere*, Milano, Feltrinelli, 1965; P. BONFIGLIOLI, *Pascoli, Gozzano, Montale e la poesia dell'oggetto*, in «Il Verri», II, 4, 1958; R. MACCHIONI JODI, *Montale e la crisi dell'uomo moderno*, in «Il Ponte», XV, sett. 1959 (poi in *Scrittori e critici del Novecento*, Ravenna, Longo, 1968); P.P. PASOLINI, *Montale*, in *Passione e ideologia*, Milano, Garzanti, 1960; G. BÁRBERI SQUAROTTI, *Montale la metrica e altro* (1961), in *Gli inferi e il labirinto. Da Pascoli a Montale*, Bologna, Cappelli, 1974; S. RAMAT, *Montale*, Firenze, Vallecchi, 1968² e ID., *L'acacia ferita e altri saggi su Montale*, Padova, Marsilio, 1986; S. JACOMUZZI, *Sulla poesia di Montale*, Bologna, Cappelli, 1968 e ID., *La poesia di Montale dagli «Ossi» ai «Diari»*, Torino, Einaudi, 1978; D.S. AVALLE, *Tre saggi su Montale*, Torino, Einaudi, 1970 (con la fondamentale interpretazione semiologica de *Gli orecchini*); A. VALENTINI, *Lettura di Montale*, Roma, Bulzoni, 1971; U. CARPI, *Montale dopo il fascismo. Dalla «Bufera» a «Satura»*, Padova, Liviana, 1971; M. CORTI, *Un nuovo messaggio di Montale: «Satura»*, in «Strumenti critici», 15, 1971; G. CAMBON, *Eugenio Montale*, New York & London, Columbia University Press, 1972;

S. Agosti, *Forme transcomunicative in «Xenia»*, in *Il testo poetico. Teoria e pratiche d'analisi*, Milano, Rizzoli, 1972; P.V. Mengaldo, *La tradizione del Novecento. Da D'Annunzio a Montale*, Milano, Feltrinelli, 1975; A. Marchese, *Visiting Angel. Interpretazione semiologica della poesia di Montale*, Torino, SEI, 1977 (e si veda anche il ricapitolativo profilo *Montale*, in «Otto/Novecento», XIV, 1, 1990); M. Martelli, *Il rovescio della poesia. Interpretazioni montaliane*, Milano, Longanesi, 1977; G. Lonardi, *Il vecchio e il giovane e altri studi su Montale*, Bologna, Zanichelli, 1980 e Id., *Il poeta e l'agone. Un esempio di partita doppia montaliana*, Verona, Essedue, 1989; E. Bonora, *Le metafore del vero. Saggi sulle «Occasioni»*, Roma, Bonacci, 1981; G. Orelli, *Accertamenti montaliani*, Bologna, Il Mulino, 1984; R. Luperini, *Montale e l'identità negata*, Napoli, Liguori, 1984; F. Fortini, in *Nuovi saggi italiani*, Milano, Garzanti, 1987; M.A. Grignani, *Prologhi ed epiloghi. Sulla poesia di Eugenio Montale, con una prosa inedita*, Ravenna, Longo, 1987 (in prospettiva linguistica e onomastica); G. Ioli, *Eugenio Montale. La laurier e il girasole*, Paris-Genève, Champion-Slatkine, 1987 (con ragionata bibliografia).

Importanti alcuni numeri speciali di riviste: «La fiera letteraria», VIII, 28, 1953; «Letteratura», XXX, 79-81, 1966; «La rassegna della letteratura italiana», a cura di W. Binni, LXX, 2-3, 1966. Tra i volumi miscellanei: *Omaggio a Montale*, a cura di S. Ramat, Milano, Mondadori, 1966; *Contributi per Montale*, a cura di G. Cillo, Lecce, Milella, 1976; *La poesia di Eugenio Montale*, Milano-Genova, Librex, 1982 (fondamentale); *La poesia di Eugenio Montale*, a cura di S. Campailla e C.F. Goffi, Firenze, Le Monnier, 1984; *Quaderno montaliano*, a cura di P.V. Mengaldo, Padova, Liviana, 1989; *Per la lingua di Montale* (Atti del seminario di Firenze, nov. 1987, con appendice di liste alla concordanza montaliana), a cura di G. Savoca, Firenze, Olschki, 1989. Accurate analisi di singole liriche sono in Aa.Vv., *Eugenio Montale. Profilo di un autore*, a cura di C. Segre e A. Cima, Milano, Rizzoli, 1977 e in Aa.Vv., *Letture montaliane* (in occasione dell'80° compleanno del poeta), Genova, Bozzi, 1977.

Sul *Diario postumo* cfr. P. Cataldi, in «Belfagor», 3, 1991. Sulle prose: C. Segre, *Invito alla «Farfalla di Dinard»*, in *I segni e la critica*, Torino, Einaudi, 1970; R. Negri, *Montale in prosa*, in «La rassegna lucchese», 50, 1970.

27 Calvino

27.1 I primi giudizi della critica

Sin dagli inizi la critica si pone per Calvino il problema del fantastico, della sua eccezionalità rispetto alla letteratura contemporanea e della compatibilità o meno con l'impegno politico; l'evoluzione dell'opera di Calvino da un lato e delle teorie critiche (o delle strategie culturali) dall'altro hanno condizionato giudizi e rettifiche, mentre l'erudizione dell'autore sulle innovazioni e le mode della analisi testuale aiutavano la sua fantasia ad anticipare o a ribaltare le deduzioni dei critici, stimolandone nel contempo l'interesse.

Il primo importante avallo pubblico della sua narrativa viene da CESARE PAVESE, cui va non solo il merito di aver riconosciuto la stoffa dello scrittore attraverso la prima prova de *Il sentiero dei nidi di ragno*, ma anche quello di aver indicato la via del successivo sviluppo: «l'astuzia di Calvino, scoiattolo della penna, è stata questa, di arrampicarsi sulle piante, più per gioco che per paura, e osservare la vita partigiana come una favola di bosco, clamorosa, variopinta, "diversa". [...] C'è qui dentro un sapore ariostesco. Ma l'Ariosto dei nostri tempi si chiama Stevenson, Kipling, Dickens, Nievo, e si traveste volentieri da ragazzo» (*Il sentiero dei nidi di ragno*, in «l'Unità», Roma, 26 ott. 1947; ora in *Saggi letterari*, Torino, Einaudi, 1968); Pavese conclude ponendo in relazione la narrativa di Calvino con l'attualità del Neorealismo; su queste linee, si muove per molti anni gran parte della critica seguente, variamente accentuando favola o realismo.

CLAUDIO VARESE in vari tempi e luoghi si è interessato a tutta l'opera di Calvino; il primo intervento è una recensione de *Il sentiero dei nidi di ragno*,[1] definito «romanzo del destino», dalla «sensualità remota e intricata, che la psicanalisi rischiara a tratti», i cui «personaggi tendono alla condizione simbolica, ad incarnare forse troppo direttamente ed essenzialmente un unilaterale motivo umano». Viene nel contempo sottolineato il tono «della ballata e della fiaba», non disdetto neppure da «i temi di morte, di sangue e di orrore». CARLO BO (in «La fiera letteraria», Roma, 23 mar. 1952) pone l'accento sulla componente fantastica e sulla marginalità del Neorealismo, i cui «schemi, le lezioni stabilite sono stati fortunatamente solo dei mezzi sollecitanti, degli

---

[1] In «Nuova Antologia», Roma, mag. 1948. Fra le successive recensioni del Varese riportate nella stessa rivista si segnala quella dell'agosto 1960, *Italo Calvino: da «I racconti» al «Il cavaliere inesistente»*, in cui il critico indaga sulle fonti di Calvino con particolare riferimento all'Illuminismo, all'Ottocento, alla poesia cavalleresca, nominando tra gli altri Pulci, Boiardo, Ariosto, Voltaire. L'attenzione di Claudio Varese per Calvino continua fino ad oggi, testimoniata dall'intervento al Convegno di Firenze nel febbraio 1987 su *Italo Calvino librettista e scrittore in versi* e dal saggio *Le sfide di Italo Calvino*.

aiuti». EMILIO CECCHI, trattando nel 1952 de *Il visconte dimezzato* (in *Di giorno in giorno. Note di letteratura italiana contemporanea [1945-1954]*, Milano, Garzanti, 1954), trova l'occasione per rivisitare le opere precedenti: «è la prima volta che leggo un libro di Italo Calvino senza dovere ogni tanto ripescare faticosamente e rimettere a fuoco la fiducia e l'attenzione [...]. Si restava perplessi, dovendo ogni momento saltare dal buono al pessimo». Il buon giudizio riservato al *Visconte* è dovuto alla favola «piena di stregonerie, di barocchi miracoli e di capricci grotteschi»; sono proposti accostamenti a Mario Tobino, per il modo di innestare la favola sul realismo, e a Bosch, Brueghel, Altdorfer e Grünewald per la «vena nordica, gotica». Anche GIULIANO MANACORDA (*Nota su Italo Calvino*, in «Belfagor», Firenze, 31 mar. 1957) giunge a un primo bilancio, segnalando come il «nocciolo dell'intuizione poetica di Calvino e il significato autentico del suo "favoleggiare"» scaturiscano dal «gusto ancora intatto dell'avventura, quell'atteggiamento davanti alle cose dei grandi che sta fra la derisione e l'ammirazione» e la vocazione morale sia tutt'uno con quella letteraria, salvo che nel *Visconte* i cui limiti sarebbero ascrivibili a una prevalenza della vena morale.

Nel ripercorrere l'itinerario calviniano dal *Sentiero dei nidi di ragno* al *Barone rampante*, GIORGIO PULLINI (*Il barone rampante*, in «Comunità», Milano, nov. 1957) denuncia la «sempre maggiore volatilizzazione del senso realistico» e i rischi connessi: «la tecnica si è sveltita e scaltrita, la molla inventiva si è fatta elastica, inesauribile, l'intuizione acuta, sorniona, suadente: ma in questo trionfo dell'irreale sul possibile, temiamo talvolta di toccare il colmo della sua fertilità espressiva e di perdere il contatto col concreto, le cui allusioni rischiano di fissarsi in un moralistico simbolismo».

ALBERTO ASOR ROSA, confrontando le dichiarazioni di poetica di Calvino con le applicazioni narrative, giustifica l'inclinazione per le fiabe in quanto non sarebbero l'esito di compiacimenti decadenti, ma "vere", intrise di azione, moralità e intelligenza; denuncia tuttavia che «come una parte di [...] Calvino può decadere facilmente nel neorealismo più grezzo e volgare, così l'altra può decadere nel vuoto divertimento, nel puerile *pastiche*, nella gratuità più assoluta» (*Calvino dal sogno alla realtà*, in «Mondoperaio», Roma, mar.-apr. 1958).

Adattando a Calvino la definizione nietzschiana di «pathos della distanza», CESARE CASES nota come la sua opera viva nella «tensione tra la solitudine nella distanza e la comunità necessaria, ma disgustosamente vicina e infida»: «in entrambe le situazioni estreme l'uomo è mutilato, e si tratta di ricomporlo, ciò che non può avvenire che nella favola» (*Italo Calvino e il «pathos della distanza»*, in «Città aperta», Roma, 7-8, 1958).

RENATO BARILLI, recensendo ne «Il Mulino» (ag. 1959) *I racconti*, vi saluta il superamento del rigido schema bipartito, del bifrontismo (realismo-favola), cui contrappone tutta una serie di intonazioni, riconducibili particolarmente a Kafka e al naturalismo ottocentesco; estendendo quindi la sua indagine, segnala l'accuratezza percettiva e la corrispondente precisione linguistica di Calvino, meritevole ma moderata, in quanto limitata al comune dizionario senza travalicamenti in «lingue specialistiche e tecniche», nega la possibilità di accostare validamente lo scrittore ligure alla nuova narrativa francese — il richiamo all'*école du regard*, a Robbe-Grillet e a Butor resterebbe «del tutto esterno» –, da cui lo separerebbe proprio la moderazione, travestita da razionalismo antidecadente, dettata da «un "buon senso" italiano, con tutte le connotazioni limitative, di grettezza, di conformismo, che a questo termine si accompagnano».

27.2 Dagli anni Sessanta alla morte

Giorgio Bárberi Squarotti, nel tracciare un rapido profilo di Calvino (in *Poesia e narrativa del secondo Novecento*, Milano, Mursia, 1961), nega la collocabilità della sua narrativa nell'ambito della fiaba («Proprio i dati stilistici, infatti, impediscono di situare sia *Il visconte dimezzato* sia, ora, *Il barone rampante* sotto il segno della libera fantasia, della fiaba [...]: non c'è nel discorso di Calvino nessuno degli stilemi che traducono il passaggio dal reale al fiabesco, nessuno dei termini dell'evasione surreale, ma sempre vi diffonde la sua luce una chiarezza razionalistica» e neppure vi individua «suggestioni del realismo ottocentesco», mentre vi riscontra «l'esito di una volontà precisa di riferimento ai moduli del romanzo settecentesco»).

Un capitolo è dedicato a *Calvino tra fiaba e realtà* anche in *Preludio e fine del realismo in Italia* (Napoli, Morano, 1967) di Carlo Salinari: il Calvino più apprezzato è quello de *La speculazione edilizia*, mentre «decisamente infelice» è giudicato *Il cavaliere inesistente*, parzialmente riuscite le *Cosmicomiche*, mentre il critico lamenta l'abbandono da parte di Calvino dell'iniziale «impegno morale e ideale», per la pigrizia e la comodità di raggiungere facilmente la letteratura attraverso la favola.

Il dualismo di Calvino nell'interpretazione di Angelo Guglielmi (*Avanguardia e sperimentalismo*, Milano, Feltrinelli, 1964) ha funzione strumentale («In lui la favola è un espediente, è il ricorso a un trucco di cui si serve per mettere la realtà nelle condizioni adatte per crescere, per "inventarsi"»), mentre diviene, nell'analisi di Gian Carlo Ferretti (*Calvino: l'intelligenza del negativo*, in *La letteratura del rifiuto*, Milano, Mursia, 1968), dissidio «tra l'assunzione troppo diretta della polemica sociale e della discussione ideologica e politica su temi di immediata attualità, e la tendenza ad *alleggerire* i problemi della società contemporanea nei termini di una favola ironicamente distaccata»: tutto il saggio prosegue in chiave prevalentemente sociologica, incentrato sul rapporto fra ideologia e narrativa.

I limiti dello sperimentalismo di Calvino sono segnalati da Vittorio Spinazzola (*Ti con zero non convince*, in «Vie nuove», Roma, 1° febb. 1968) che, nel recensire *Ti con zero*, definisce «eccellenti prove» le precedenti opere realistiche e fantastiche, mentre negli ultimi racconti lo scrittore mimerebbe i procedimenti della logica scientifica e il «tono di conversazione sofisticata» appesantirebbe il ritmo narrativo. Guido Fink (*Ti con zero*, in «Paragone-Letteratura», Firenze, febb. 1968), recensendo *Ti con zero*, solleva il problema dei continui colpi di scena di Calvino e li pone in relazione con una certa limitatezza dei suoi esiti.

Al termine di un profilo vasto e approfondito su tutto l'itinerario di Calvino, Antonia Mazza (*Italo Calvino: uno scrittore dimezzato?*, in «Letture», Milano, genn. 1971; poi, con aggiornamenti e integrazioni sull'ultimo Calvino, ivi, apr. 1986) segnala l'impegno, «politico o genericamente morale», dissimulato «anche sotto apparenze svagate» e la peculiare «poetica del negativo», distinta «da altre, contemporanee, che potrebbero venir battezzate così, per il deciso rifiuto del decadente e del morboso, [...] modernissima nell'espressione [...], inquieta e quindi altrettanto attuale nella sostanza», pone infine l'accento sull'«affermazione vigorosamente morale» insita nella sua narrativa.

L'intervento di GUIDO ALMANSI, *Il mondo binario di Italo Calvino* (in «Paragone-Letteratura», ag. 1971), pone in discussione l'attendibilità degli enunciati teorici di Calvino sulla sua stessa narrativa: «arriverei a dire che esistono due romanzi omonimi di Calvino. Il primo è uno dei più belli della letteratura italiana del dopoguerra, il secondo un brutto romanzo pieno di ambizioni sbagliate. Il primo è *Il cavaliere inesistente* che tutti noi conosciamo; il secondo è *Il cavaliere inesistente* come viene descritto nella introduzione del 1960 a *I nostri antenati*, tutto diligentemente pre-ordinato e geometricamente costruito in una serie di opposizioni binarie, già bell'e disteso sul lettino operatorio, pronto per il bisturi critico di Roman Jakobson». La poesia nascerebbe negli scritti di Calvino non dal programmato equilibrio geometrico, ma, al contrario, dagli imprevisti inquinamenti di elementi non appartenenti allo schema. GIUSEPPE BONURA, nel suo *Invito alla lettura di Calvino* (Milano, Mursia, 1972), enuclea i temi principali e offre una sintesi paradigmatica dei giudizi della critica. Il capitolo sui temi è forse quello che consente i maggiori approfondimenti interpretativi: il punto di partenza è, ancora una volta, l'esperienza resistenziale, gravida di implicazioni anche interiori («Il ragazzo che aborriva la violenza è costretto a diventare violento»); l'indagine prosegue attraverso i filoni dell'umanità, della poetica della menomazione, della regressione strategica alla ricerca dell'eden d'altri tempi o d'altra età perduto, del pathos della distanza (definizione dichiaratamente ripresa dal Cases). L'immagine di un Calvino «compresso tra realismo e razionalismo, tra la necessità di abbandonarsi ad un movimento che continua con furia la sua corsa ma che, egli sente, distruggerebbe la sua individualità, e la necessità soggettiva di imbrigliare il tiranno selvaggio della realtà affidando all'estro del bizzarro protagonista il compito di costruire continuamente delle vie di fuga» è al centro del contributo di GIOVANNI FALASCHI, *Calvino fra "realismo" e razionalismo* (in «Belfagor», 31 lug. 1971).

Nel 1973 esce ad opera di CONTARDO CALLIGARIS la più ponderosa monografia (*Italo Calvino*, Milano, Mursia, 1973) sinora compiuta su Calvino; l'analisi porta il critico a definire l'opera di Calvino «un avvicendarsi di scelte formali (con valore di proposte storiche) che, discutendo – nella trasposizione fantastica dei contenuti – la loro stessa legittimità, rivolgono un'ultima globale esortazione al soggetto storico: l'esortazione a rimettere continuamente in discussione il suo rapporto con storia e natura, così come il soggetto scrittore [...] ha continuamente rivoluzionato, in 25 anni di produzione letteraria le proprie scelte formali (e cioè i suoi rapporti con lo spazio logico)». Trattando de *Le città invisibili*, PIER VINCENZO MENGALDO (*L'arco e le pietre (Calvino, «Le città invisibili»)*, in *La tradizione del Novecento. Da D'Annunzio a Montale*, Milano, Feltrinelli, 1975) mette in guardia da un'analisi strutturale di tale opera costruita «strutturalisticamente» e segnala l'importanza di «individuare le ragioni del metodo». La disamina di FRANCESCA BERNARDINI NAPOLETANO, *I segni nuovi di Italo Calvino. Da «Le cosmicomiche» a «Le città invisibili»* (Roma, Bulzoni, 1977) è particolarmente attenta al linguaggio cui sarebbero affidate le speranze di «superare le barriere delle interdizioni e di formulare nuovi significati»; superata la dicotomia calviniana, per ogni oscurità testuale sarebbero aperte le possibilità liberatorie del linguaggio che «si attuano non soltanto tramite l'autore, ma anche attraverso il lettore, il quale può trarre (liberare) dal testo (dal linguaggio, dalla scrittura) infiniti significati». Nell'originale studio di MARIO PETRUCCIANI *Scienza e letteratura nel secondo novecento. La ricerca letteraria in Italia tra algebra e metafora* (Milano, Mursia, 1978) alcune pagine sono dedicate a Calvino, la cui disponibilità a far convergere letteratura e scienza anche fruendo delle tradizioni familiari è fuori discussione; il critico nega che tale indirizzo rappresenti sostanzialmente un'evasione — «alibi e riposo», per citare il Calligaris — e ricollega l'attenzione per la scienza alla ricerca narrativa alimentata a fonti interdisciplinari.

MARCO PAPA dedica un intero saggio (*La realtà, la fotografia, la scrittura. Postille in margine a «L'avventura di un fotografo» di Italo Calvino*, in «La rassegna della letteratura italiana», Firenze, genn.-ag. 1980) all'analisi de *L'avventura di un fotografo*, uno dei racconti del volume *Gli amori difficili*, notando come «Calvino si serva della metafora della fotografia per raccontare un possibile apologo sulla condizione dell'intellettuale» e come «proprio il fotografo sia, in definitiva, l'unico personaggio veramente creativo del libro [...] la fotografia risultando infatti più facile metafora del rapporto dell'arte con il reale, nonché della necessità di commisurarsi con la tecnica per rappresentarlo». GIOVANNA CERINA termina la sua precisa analisi testuale di *Ultimo viene il corvo* (in *L'eroe, lo spazio narrativo e la costruzione del significato. Lettura di «Ultimo viene il corvo» di I. Calvino*, in AA.VV., *Dalla novella rusticale al racconto neorealista*, Roma, Bulzoni, 1979) individuandovi una «storia che emblematicamente rinnova la fase del ciclo esistenziale [...], mediata narrativamente attraverso lo schema antropologico del rito iniziatico.» ARCANGELO LEONE DE CASTRIS (*Da Calvino al sapere plurale (alcuni sintomi culturali degli anni Settanta)*, in «Lavoro critico», Bari, genn.-giu. 1981) parte da Calvino e dai suoi esperimenti narrativi per formulare alcune ipotesi sullo stato della cultura; appurato che «Calvino offre appigli immediati alle operazioni di smontaggio, classificazione, analisi quantitativa dei segni e dei meccanismi agenti nel suo sistema narrativo: di una immediatezza anzi non priva di ironia, di autoironica esibizione della macchina come gioco, provocazione del lettore credulo ancorché colto e rigoroso», ma che pure «ha più volte tentato di suggerire ai suoi critici [...] una serie di indicazioni problematiche per una lettura non ancillare e ripetitiva dei sensi della sua operazione letteraria», il critico giunge a comparare certe operazioni letterarie con l'intero contesto ambientale: «Dalla scrittura combinatoria di Calvino, azzeratrice della storicità del vissuto e carica di atmosfere di attesa, al descrittivismo della semiotica letteraria, protetto dal valore del non-conoscibile modello; dall'autonomismo miracoloso dei saperi disseminati e delle strutture microfisiche dei poteri regionali agli itinerari antropologici di certa microstoria, dove il sociale e il materiale sembra essere l'antiistituzionale per definizione, l'autenticità repressa del sapere storico; fino all'estetica del "rizoma", al nomadismo delle macchine desideranti, al sogno dell'inconscio come anti-storia. Sarebbe certo arbitrario trattare queste forme come espressioni intercambiabili di una realtà indifferenziata. Ma è chiaro che il rapporto talora esplicito che le attraversa non deve essere occultato». CLAUDIO MILANINI, recensendo *Una pietra sopra. Discorsi di letteratura e società* (in «Belfagor», Firenze, 31 genn. 1981), nota come lo scrittore si appelli a biologi, linguisti, matematici e ad altri scienziati, benché la scelta della discontinuità si possa anche intendere come «esorcismo nei confronti di un pessimismo storico-politico che sconfina nel pessimismo cosmico».

Lo studio di PAOLO BRIGANTI su *La vocazione combinatoria di Calvino* (in «Studi e problemi di critica testuale», Bologna, apr. 1982), approdando al punto di partenza – nel senso che dall'inseguimento di Calvino nei suoi giochi combinatori emerge l'accertamento della circolarità e, quindi, dell'indefinitezza del percorso –, si conclude salutando il ritorno alla narratività pura, classicamente basata sul gioco avvicente, insieme con la «continua programmatica frustrazione di siffatta lettura "appassionata"» e con la rinuncia della letteratura a decodificare il reale. L'intervento di HÉLÈNE LEROY, *Calvino '60-'70* (in «Inventario», Povegliano Veronese, dic. 1982), illumina sui rapporti di Calvino con l'OULIPO,[2] composto da matematici e da scrittori riuniti per scoprire «il massimo numero di strutture coercitive di un altro genere di quelle già utilizzate nella tradizione classica» e per «trasportare nel campo del linguaggio concetti esistenti nei differenti settori della matematica». Analogamente MARIA LUISA DI FELICE (*Le cosmicomiche di Italo Calvino come parabole epistemologiche*, in «Problemi», Roma, mag.-ag. 1982) annota che «l'originalità delle *Cosmicomiche* risiede prima di tutto nell'apertura del testo artistico al discorso scientifico» e CARLO FERRUCCI (*Italo Calvino: utopia della crisi o crisi dell'utopia?*, in *La letteratura dell'utopia. Sociologia del romanzo contemporaneo*, Milano, Mursia, 1984) ricorda che «Calvino è, vuol essere sempre più [...] uno *scienziato* della letteratura o un letterato della scienza», ma anche che il romanzo *Se una notte d'inverno un viaggiatore* appare di «sorprendente felicità» per il superamento dell'«angoscia di insufficienza, di non aver detto e incorniciato e sintetizzato tutto».

27.3 La critica degli ultimi anni

La morte dello scrittore ha dato spazio ad articoli di cronaca e commemorativi, in Italia e all'estero; nel Convegno Internazionale di Firenze del febbraio 1987 e nel precedente incontro di Sanremo si sono visti pure i segni di indagini pluridirezionali, molte delle quali non esaurienti, ma indicative di un itinerario ancora in gran parte da percorrere, eppure già significative di quanto sia arduo e ampio il compito della critica. I due simposi hanno pure avviato una ricognizione di tutti gli scritti di Calvino, cui si accompagna un interesse nuovo per aspetti particolari della sua produzione, dal giornalismo all'attività editoriale (cfr.: G.C. ROSCIONI, *Calvino editore*; G.C. FERRETTI, *La collaborazione ai periodici*; A. FAETI, *Con Cosimo e Gurdulù. Note su Italo Calvino e la scuola*, in AA.VV., *Atti del Convegno Internazionale (Firenze, Palazzo Medici-Ricciardi 26-28 febbraio 1987)*, Milano, Garzanti, 1988). Alla ricerca di persuasive chiavi di lettura sono stati coinvolti anche specialisti delle scienze variamente toccate dallo scrittore nelle sue creazioni (la seconda parte dei cit. *Atti del Convegno Nazionale di studi di Sanremo*, pp. 79-112, comprende interventi di geografi, astronomi, cibernetici, etologi e biologi).

Fra le proposte interpretative globali si segnalano quelle di ENRICO GHIDETTI e di ELIO GIOANOLA, entrambe sostenute da un'analisi del fantastico di Calvino; il Ghidet-

---

[2] *Ouvroir de littérature potentielle*, laboratorio di letteratura potenziale, emanazione del *Collège de Pataphysique* di Alfred Jarry.

ti lo considera non «elusione di una realtà storicamente determinata», ma «veridica rappresentazione per immagini di fiaba dell'essere nel mondo» (*Il fantastico ben temperato di Italo Calvino*, in «Il Ponte», Firenze, mar.-apr. 1987 e in *Il sogno della ragione. Dal racconto fantastico al romanzo popolare*, Roma, Editori Riuniti, 1987) e ne segue l'evoluzione sino al prevalere dell'arte combinatoria, meditativa piuttosto che inventiva, freddamente intellettuale. Il Gioanola, alla ricerca di una spiegazione del fantastico, giunge a considerare tutta l'opera «un lungo esorcismo contro la pesantezza insostenibile dell'io e del mondo, una fuga nella luce incorruttibile dello stile per evitare i contatti annichilatori con gli altri e con l'altro» (*Modalità del fantastico nell'opera di I. Calvino*, in «Resine», Genova, genn.-febb.-mar. 1987).

Nel 1988 esce la prima edizione di *Italo Calvino. Introduzione e guida allo studio dell'opera calviniana. Storia e antologia della critica* (Firenze, Le Monnier) di GIORGIO BARONI, contenente tra l'altro la prima biografia di Calvino; il Baroni segnala che la narrativa di Calvino «ha raggiunto libertà ed evocazioni, ordinariamente riservate alla poesia, rinunciando magari a raccontare, nel senso tradizionale di riferire fatti, perché quelli presentati come tali sono irreali, mere allegorie d'immagini pensate da menti che esistono solo per convenzione letteraria, assomigliando quindi tutto a un ricamo elegante e allusivo, dalla polisemia esasperata, ovvero dal senso evasivo. Si giunge così all'aspetto più arduo nell'interpretazione di Calvino: il rinvio all'infinito, nel tempo o nello spazio, nella metafora ripetuta, nella circolarità dei rimandi – incompiutamente accennato nei primi scritti, univocamente perseguito poi – non appare solamente uno schema espressivo, ma corrisponde a una concezione esistenziale, che parte dall'inafferrabilità del senso della vita, da cui deriva l'impossibilità di avere un sicuro parametro per intervenire sull'esistenza; lo stesso agire appare a un certo punto svuotato d'ogni prospettiva e l'architettura verbale, nei suoi suggestivi, ma inconcludenti sillogismi, corrisponde all'intenso vano vivere d'oggi e, forse, al continuo divenire della natura. Il fascino della sua eleganza, i labirinti attraverso cui Calvino accompagna la mente di chi accetta di seguirlo, l'arguzia dei suoi ragionamenti pronunciati con ironico sorriso sono i segni d'un'evasività che ora cela e ora svela la disperazione di chi in fondo a tutto il gioco riconosce una definitiva dissolvenza».

Dell'anno seguente è la monografia *Introduzione a Calvino* (Bari, Laterza) di CRISTINA BENUSSI che afferma che «le invenzioni calviniane, sempre sospese tra razionalità e paradosso, celano probabilmente in queste caratteristiche la funzione della letteratura, così come gli appare possibile nell'era culturale in cui le cose sono conoscitivamente svanite per lasciare al loro posto un "segno", e in cui il sapere si è ridotto quindi a sintassi logica». Si segnala infine l'importante saggio di CLAUDIO MILANINI, *L'utopia discontinua* (Milano, Garzanti, 1990) che si chiude con un'interpretazione dell'ultimo Calvino: «Le escursioni stilistiche sono assai forti [...]; ma, sempre, [...] la pietà creaturale predomina sul disegno. E quasi sempre il proverbiale umorismo di Calvino si limita a giocare su sottotoni e rovesciamenti semantici, ritraendosi in parentetiche, limitative, concessive: disegnando una trama di parole fluttuanti, una collana con molti nodi vuoti [...]. Segno non minore, ci sembra, del profondo disagio con cui lo scrittore pagava il proprio tributo a quella letteratura della *Gegenutopie*, o controutopia, che costituiva ormai un'espressione di comunanza centrale non solo europea».

Repertorio bibliografico

a) **Opere bibliografiche e introduttive**

Manca una bibliografia completa. G. BERTONE, *Appunti per una bibliografia di Italo Calvino*, in *Italo Calvino. La letteratura, la scienza, la città. Atti del Convegno Nazionale di studi di Sanremo*, Genova, Marietti, 1988; *Bibliografia*, in G.C. FERRETTI, *Le capre di Bikini. Calvino giornalista e saggista, 1945-1985*, Roma, Editori Riuniti, 1989. Calvino ha pubblicato in periodici non solo italiani numerosissimi saggi e articoli, per l'elenco parziale dei quali si rinvia a: G. FALASCHI, *Italo Calvino*, in «Belfagor», 30 sett. 1972 e a F. BERNARDINI NAPOLETANO, *I segni nuovi di Italo Calvino. Da «Le Cosmicomiche» a «Le città invisibili»*, Roma, Bulzoni, 1977.

Per il periodo successivo si ricorda che Calvino fra l'altro collaborò negli anni Settanta al «Corriere della sera» e, negli anni Ottanta, a «la Repubblica».

Per la vita e per un'introduzione all'opera: G. BARONI, *Italo Calvino. Introduzione e guida allo studio dell'opera calviniana. Storia e antologia della critica*, Firenze, Le Monnier, 1990 (1ª ed. 1988). Per un'introduzione generale all'opera: C. BENUSSI, *Introduzione a Calvino*, Bari, Laterza, 1989; F. GIRELLI CARASI, *Guida alla lettura di Calvino*, Milano, Mondadori, 1991.

b) **Edizioni e commenti**

Narrativa: (la maggior parte dei romanzi e dei racconti di Calvino è stata ripetutamente ristampata. Di ogni opera si segnalano solamente la prima edizione in volume, quelle successive che contengano innovazioni significative e l'ultima).

Romanzi e racconti, Milano, Mondadori, vol. I, 1991, vol. II, 1992; *Il sentiero dei nidi di ragno*, Torino, Einaudi, 1947; la successiva edizione (Torino, Einaudi, 1964) contiene un'introduzione dell'autore; Milano, Garzanti, 1987; *Ultimo viene il corvo*, Torino, Einaudi, 1949; Milano, Garzanti, 1988; *Il visconte dimezzato*, Torino, Einaudi, 1952; Milano, Mondadori, 1990; *L'entrata in guerra*, Torino, Einaudi, 1954; Milano, Mondadori, 1990; *Fiabe italiane. Raccolte dalla tradizione popolare durante gli ultimi cento anni e trascritte in lingua dai vari dialetti da Italo Calvino*, Torino, Einaudi, 1956; Milano, Mondadori, 1990; *Il barone rampante*, Torino, Einaudi, 1957; Milano, Mondadori, 1990; *I giovani del Po*, in «Officina», a puntate dal genn. 1957 all'apr. 1958; *La speculazione edilizia*, Torino, Einaudi, 1958; Milano, Mondadori, 1990; *I racconti*, Torino, Einaudi, 1958; Milano, Mondadori, 1990; *Il cavaliere inesistente*, Torino, Einaudi, 1959; Milano, Mondadori, 1990; *I nostri antenati*, Torino, Einaudi, 1960 (comprende *Il Visconte dimezzato, Il barone rampante, Il cavaliere inesistente* e un'introduzione dell'autore); Milano, Garzanti, 1985; Milano, Mondadori, 1991; *La giornata d'uno scrutatore*, Torino, Einaudi, 1963; Milano, Mondadori, 1990; *Marcovaldo ovvero Le stagioni in città*, Torino, Einaudi, 1963; Milano, Mondadori, 1990; *La nuvola di smog e La formica argentina*, Torino, Einaudi, 1965; Milano, Mondadori, 1990; *Le cosmicomiche*, Torino, Einaudi, 1965; Milano, Garzanti, 1988; *Ti con zero*, Torino, Einaudi, 1967; Milano, Garzanti, 1988; *Il castello dei destini incrociati*, in *Tarocchi. Il mazzo visconteo di Bergamo e New York*, Parma, Franco Maria Ricci Editore, 1969; *Gli amori difficili*, Torino, Einaudi, 1970; Milano, Mondadori, 1990; *Le città invisibili*, Torino, Einaudi, 1977 (1ª ed. 1972); *Il castello dei destini incrociati*, Torino, Einaudi, 1973 (comprende anche *La taverna dei destini incrociati*); *Se una notte d'inverno un viaggiatore*, Torino, Einaudi, 1979; *Palomar*, Torino, Einaudi, 1983; Milano, Mondadori, 1990; *Collezione di sabbia*, Milano, Garzanti, 1984; Milano, Mondadori, 1990; *Cosmicomiche vecchie e nuove*, Milano, Garzanti, 1984; *Sotto il sole giaguaro*, Milano, Garzanti, 1986; Milano, Mondadori, 1992; *La strada di San Giovanni*, Milano, Mondadori, 1990.

Saggistica e giornalismo: *Orlando furioso di Ludovico Ariosto raccontato da Italo Calvino con una scelta del poema*, Torino, Einaudi, 1970; *Una pietra sopra. Discorsi di letteratura e società*, Torino, Einaudi, 1980 (comprende pagine sparse scritte fra il 1955 e il 1978); *Sulla fiaba*, a cura di M. Lavagetto, Torino, Einaudi, 1988; *Lezioni americane*, Milano, Garzanti, 1988; *I libri degli altri. Lettere 1947-1981*, a cura di G. Tesio, Torino, Einaudi, 1991; *Perché leggere i classici*, Milano, Mondadori, 1991.

Introduzione a libri: *Prefazione* a C. Pavese, *La letteratura americana e altri saggi*, Torino, Einaudi, 1951; *Prefazione* a R. Queneau, *I fiori blu*, trad. it. di I. Calvino, Torino, Einaudi, 1969; *Introduzione* a E. De Amicis, *Amore e ginnastica*, Torino, Einaudi, 1971; *Piccola guida alla piccola cosmogonia*, in R. Queneau, *Piccola cosmogonia portatile*, Torino, Einaudi, 1982.

Testi per musica: *La panchina. Opera in un atto di Italo Calvino. Musica di Sergio Liberovici*, Torino, Tipografia Toso, 1956.

c) Critica

Opere notevoli: F. Bernardini Napoletano, *Da «Le Cosmicomiche» a «Le città invisibili»*, Roma, Bulzoni, 1977; A. Frasson-Marin, *Italo Calvino et l'imaginaire*, Genève-Paris, Editions Slatkine, 1986; G. Baroni, *Italo Calvino. Introduzione e guida allo studio dell'opera calviniana. Storia e antologia della critica*, Firenze, Le Monnier, 1990 (1ª ed. 1988); C. Benussi, *Introduzione a Calvino*, Bari, Laterza, 1989; C. Milanini, *L'utopia discontinua*, Milano, Garzanti, 1990; F. Girelli Carasi, *Guida alla lettura di Calvino*, Milano, Mondadori, 1991; N. Borsellino, *Il viaggio interrotto di Italo Calvino*, Modena, Mucchi, 1991.

Altri studi: C. Pavese, *«Il sentiero dei nidi di ragno»*, in «l'Unità», Roma, 26 ott. 1947, ora in *Saggi letterari*, Torino, Einaudi, 1968; C. Varese, *Scrittori d'oggi*, in «Nuova Antologia», Roma, mag. 1948; G. Pampaloni, *Il secondo libro di Calvino*, in «Comunità», Ivrea, sett.-ott. 1949; E. Cecchi, *Il visconte dimezzato*, in *Di giorno in giorno. Note di letteratura italiana contemporanea (1945-1954)*, Milano, Garzanti, 1954; G. Manacorda, *Nota su Calvino*, in «Belfagor», Firenze, 31 mar. 1957; L. Sciascia, *Italo Calvino, «Il barone rampante»*, in «Il Ponte», Firenze, dic. 1957; G. Pullini, *Italo Calvino «Il barone rampante»*, in «Comunità», Milano, nov. 1957; V. Volpini, *«Il barone rampante» di Italo Calvino*, in «Città di vita», Firenze, genn.-febb. 1958; A. Asor Rosa, *Calvino dal sogno alla realtà*, in «Mondoperaio-Supplemento scientifico-letterario», Roma, mar.-apr. 1958; C. Cases, *Italo Calvino e il pathos della distanza*, in «Città aperta», Roma, 7-8, 1958; G. Pullini, *I racconti di Calvino*, in «Comunità», Milano, mar. 1959; R. Barilli, *I racconti di Calvino*, in «Il Mulino», ag. 1959; C. Varese, *Italo Calvino da «I racconti» a «Il cavaliere inesistente»*, in «Nuova Antologia», Roma, ag. 1960; R. Barilli, *La barriera del naturalismo. Studi sulla narrativa italiana contemporanea*, Milano, Mursia, 1964; F. Guizzi, *Realismo e favola di Calvino*, in «Mondoperaio», Roma, mar. 1961; G. Bárberi Squarotti, *Poesia e narrativa del secondo Novecento*, Milano, Mursia, 1961; G. Mariani, *La giovane narrativa italiana tra documento e poesia*, Firenze, Le

Monnier, 1962; C. SALINARI, *Preludio e fine del realismo in Italia*, Napoli, Morano, 1967; G. FERRETTI, *La letteratura del rifiuto*, Milano, Mursia, 1968; C. ANNONI, *Italo Calvino: la resistenza tra realtà e favola*, in «Vita e Pensiero», Milano, XII, 1968; V. SPINAZZOLA, *Ti con zero non convince*, in «Vie nuove», Roma, 1° febb. 1968; G. FINK, *Ti con zero*, in «Paragone-Letteratura», Firenze, febb. 1968; A. MAZZA, *Italo Calvino: uno scrittore dimezzato?*, in «Letture», Milano, genn. 1971; G. ALMANSI, *Il mondo binario di Italo Calvino*, in «Paragone-Letteratura», Firenze, ag. 1971; F. PETRONI, *Italo Calvino: dall'impegno all'Arcadia neocapitalistica*, in «Studi novecenteschi», Padova, lug.-sett. 1971; M. CORTI, *Il gioco dei tarocchi come creazione d'intrecci*, in «La Battana», Fiume, sett. 1971; G. FALASCHI, *Calvino fra "realismo" e razionalismo*, in «Belfagor», Firenze, 31 lug. 1971; ID., *Italo Calvino*, in «Belfagor», Firenze, 30 sett. 1972; G. BONURA, *Invito alla lettura di Calvino*, Milano, Mursia, 1972; V. SPINAZZOLA, *Catalogo del caos*, in «l'Unità», Milano, 14 dic. 1972; C. CALLIGARIS, *Italo Calvino*, Milano, Mursia, 1973; *Il Menabò (1959-1967)*, a cura di D. Fiaccarini Marchi, Roma, Edizioni dell'Ateneo, 1973; P. MENGALDO, *La tradizione del Novecento. Da D'Annunzio a Montale*, Milano, Feltrinelli, 1975; B. TERRACINI, *I segni e la storia*, Napoli, Guida, 1976; E. GRIMALDI, *Storia di Pin. Virtualità e azione nel «Sentiero dei nidi di ragno»*, in «Misure critiche», Salerno, genn.-mar. 1976; G. PANDINI, *Polivalenza della fiaba nel «Visconte dimezzato» di Italo Calvino*, in «Otto/Novecento», Brunello, mar.-apr. 1977; F. DI CARLO, *Come leggere «I nostri antenati» («Il Visconte dimezzato», «Il barone rampante», «Il cavaliere inesistente») di Italo Calvino*, Milano, Mursia, 1978; F. RAVAZZOLI, *Alla ricerca del lettore perduto in «Le città invisibili» di Italo Calvino*, in «Strumenti critici», Torino, febb. 1978; M. PETRUCCIANI, *Scienza e letteratura nel secondo novecento. La ricerca letteraria in Italia tra algebra e metafora*, Milano, Mursia, 1978; G. CERINA, *L'eroe, lo spazio narrativo e la costruzione del significato. Lettura di «Ultimo viene il corvo» di I. Calvino*, in AA.VV., *Dalla novella rusticale al racconto neorealista*, Roma, Bulzoni, 1979; C. SEGRE, *Se una notte d'inverno un viaggiatore sognasse un aleph di dieci colori*, in «Strumenti critici», Torino, ott. 1979; M. PAPA, *La realtà, la fotografia, la scrittura. Postille in margine a «L'avventura di un fotografo» di Italo Calvino*, in «La rassegna della letteratura italiana», Firenze, genn.-ag. 1980; R. MELE, *Lo specchio del viaggiatore di Calvino*, in «Misure critiche», Salerno, ott.-dic. 1980/genn.-giu. 1981; R. LUPERINI, *Il Novecento. Apparati ideologici, ceto intellettuale, sistemi formali nella letteratura italiana contemporanea*, Torino, Loescher, 1981; G. DE MATTEIS, *Ideologia e stile nell'ultima narrativa di Italo Calvino*, in «Studi e problemi di critica testuale», Bologna, apr. 1981; A. LEONE DE CASTRIS, *Da Calvino al sapere plurale (alcuni sintomi culturali degli anni settanta)*, in «Lavoro critico», Bari, genn.-giu. 1981; C. MILANINI, *Italo Calvino, «Una pietra sopra. Discorsi di letteratura e società»*, in «Belfagor», Firenze, 31 genn. 1981; P. BRIGANTI, *La vocazione combinatoria di Calvino*, in «Studi e problemi di critica testuale», Bologna, apr. 1982; A. LEROY, *Calvino '60-'70*, in «Inventario», Povegliano Veronese, dic. 1982; M.L. DI FELICE, *Le Cosmicomiche di Italo Calvino come parabole epistemologiche*, in «Problemi», Roma, mag.-ag. 1982; C. FERRUCCI, *La letteratura dell'utopia. Sociologia del romanzo contemporaneo*, Milano, Mursia, 1984; I. SCARAMUCCI, *Da Calvino a Bacchelli*, in «Il ragguaglio librario», Milano, nov. 1985; E. GHIDETTI, *Il sogno della ragione. Dal racconto fantastico al romanzo popolare*, Roma, Editori Riuniti, 1987; E. GIOANOLA, *Modalità del fantastico nell'opera di I. Calvino*, in «Resine», Genova, genn.-febb.-mar. 1987; C. VARESE, *Le sfide di Italo Calvino*, in «La Battana», Fiume, mar. 1987; C. OSSOLA, *L'invisibile e il suo «dove»: «geografia interiore» di Italo Calvino*, in «Lettere italiane», apr.-giu. 1987; V. SPINAZZOLA, *L'io diviso di Italo Calvino*, in «Belfagor», Firenze, 30 sett. 1988; AA.VV., in «Nuova Corrente», numero dedicato a I. Calvino, Genova, genn.-giu. 1987; AA.VV., *Italo Calvino. Atti del Convegno Internazionale, Firenze, Palazzo Medici-Ricciardi,*

26-28 febbraio 1987, a cura di G. Falaschi, Milano, Garzanti, 1988; AA.VV., *Italo Calvino. La letteratura, la scienza, la città. Atti del Convegno Nazionale di studi di Sanremo*, a cura di G. Bertone, Genova, Marietti, 1988; C. GARBOLI, *Plutone nella rete*, in «L'Indice dei Libri del mese», Roma, dic. 1988; G. BARONI, *Il presente e l'eterno: mille e una Venezia del Calvino combinatorio*, in «Il banco di lettura», Trieste, febb. 1989; G.C. FERRETTI, *Le capre di Bikini. Calvino giornalista e saggista. 1945-1985*, Roma, Editori Riuniti, 1989; C. BENUSSI, *Introduzione a Calvino*, Roma-Bari, Laterza, 1989; AA.VV., *Tre narratori. Calvino, Primo Levi, Parise*, a cura di G. Folena, Padova, Liviana, 1989; R. PULETTI, *Calvino e le lezioni americane*, Roma, Lucarini, 1991; P. SABBATINO, *Il secondo Novecento nelle lettere di Calvino*, in «Otto/Novecento», mag.-ag. 1992.

Indice degli Autori e dei Critici

Abrams M. H., 68
Accame Bobbio A., 235, 405, 406, 465, 474, 475, 476
Acchiappati G., 435
Accorsi M. G., 189
Addison J., 261
Adorno T. W., 190, 245
Agamben G., 510
Agnelli G., 331
Agnese G., 240
Agosti S., 66, 69, 235, 561, 565
Agostino, sant', 48, 293, 554
Ajello N., 251
Akmajian A., 120
Alamanni L., 101, 257
Alatri P., 515, 518, 519
Alberti L. B., 102, 330
Albini G., 406
Aleandro G., 372
Alessio G., 123
Alessio G. C., 284
Alfieri G., 495
Alfieri V., 51, 74, 101, 130, 185, 193, 200, 201, 271, 272, 336, 401, 408-421, 422, 425, 426, 457, 458
Alfonso il Magnanimo, 258, 259
Alfonzetti B., 421, 540
Algarotti F., 165, 373, 382
Alighieri D., v. Dante
Alighieri P., 270
Allegretti E., 473
Allevi F., 213, 407, 433
Almansi G., 312, 569, 575
Alonge R., 540
Alonso A., 63
Alonso D., 63, 70, 295, 301
Alpino E., 486
Altemberg P., 545
Altieri Biagi M. L., 120, 133, 182, 387
Alvaro C., 243, 539
Alvisi E., 345
Amaseo R., 135
Amaturo R., 298, 406, 407
Ambrosini L., 328, 332
Amelotti G., 441, 451

Amendola G., 237
Amerio R., 451, 472, 475
Amoretti G. G., 213, 432, 437, 452, 476
Anagnine E., 167
Anceschi L., 59, 69, 82, 174, 181, 183, 216, 227, 231, 234, 235, 236, 238, 245, 248, 249, 250, 253, 506, 516, 519, 557, 558
Anderlini L., 249
Andersson G., 539
Andreoli A., 519
Andrés J., 260
Angelica R., 556
Angelini C., 471, 472, 475, 476
Angelini F., 538
Angelo di Costanzo, 102
Angioletti G. B., 249, 523
Annoni C., 231, 468, 575
Anselmi G. M., 347, 348
Antognoni O., 449
Antona Traversi C., 433
Antonelli R., 41, 155, 156, 157
Antonicelli F., 518
Antonielli S., 225, 230, 238, 248, 250, 404, 405, 407, 510, 511, 519, 551, 557
Antonini G., 249
Antonucci G., 45
Anzellotti F., 531
Apel K. O., 142
Apollinaire G., 552
Apollonio C., 432
Apollonio M., 19, 23, 24, 59, 81, 211, 213, 250, 277, 282, 396, 418, 433, 436, 557
Apollonio U., 239, 524, 525, 529
Appel C., 299
Aprosio A., 372
Aquilecchia G., 347
Ara A., 253, 547
Arangio Ruiz V., 275, 473
Arato F., 191
Arbizzoni G., 369
Arce J., 264, 370, 450
Arese F., 156

Argan G. C., 197
Ariani M., 299, 300
Aricò D., 181
Arieti C., 472
Ariosto L., 52, 65, 87, 93, 129, 159, 218, 259, 271, 317, 324-334, 358, 359, 360, 361, 362, 383, 566
Aristotele, 43, 48, 50, 76, 77, 86, 164, 270
Armour P., 286
Arnaldi F., 168
Arnaldi G., 188
Arrighi C., vedi Righetti C.
Arrighi P., 220, 223
Artaud A., 366
Arteaga S., 260
Artusi P., 108
Ascoli A. R., 333
Ascoli G. I., 140, 143, 468
Asor Rosa A., 61, 155, 157, 178, 183, 196, 221, 234, 253, 379, 484, 491, 494, 531, 567, 574
Assunto R., 20, 196, 212
Auerbach E., 41, 63, 69, 149, 155, 156, 278, 279, 286
Auzzas G., 314
Avalle D. S., 41, 66, 69, 157, 252, 561, 564
Avanzi G., 5
Avellini L., 222
Avena A., 299
Aversano M., 451
Aymone R., 545, 547
Azzolini P., 416, 471, 472

Bacchelli R., 236, 329, 333, 347, 391, 396, 444, 449, 452, 464, 473, 476
Bacchi della Lega A., 313
Bàccolo L., 539
Bacone F., 382
Badaloni N., 190
Badini C., 331
Baglietto C., 475
Baillet R., 333
Baiocco C., 531

Balbo C., 272, 290
Baldacchini F. S., 409
Baldacci L., 68, 252, 302, 434, 500
Baldassarri G., 191, 331, 332, 366
Baldazzi A., 252, 518
Baldelli I., 42, 133, 155, 376, 380
Baldensperger F., 81
Baldi G., 477, 495
Baldi N., 546
Baldini A., 236, 333, 487, 509
Balduino A., 20, 41, 214, 279, 301, 312, 313, 433, 434
Balestrini N., 101, 245, 254
Ballerini C., 315, 370
Bally Ch., 120
Balmas E., 334, 431, 435
Balsano M. A., 333
Balzac, H. de, 217, 220, 262
Bambaglioli, G. dei, 270
Bandello M., 257
Banfi A., 384, 386, 387
Baratto M., 310, 312, 315, 344, 392, 393, 396, 539
Barbarisi G., 197, 430, 434
Bárberi Squarotti G., 21, 60, 122, 157, 183, 188, 214, 248, 250, 251, 252, 279, 284, 286, 287, 300, 312, 315, 331, 342, 347, 365, 417, 419, 420, 452, 474, 476, 477, 486, 506, 507, 511, 516, 520, 521, 529, 530, 548, 554, 558, 564, 568, 574
Barbi M., 32, 33, 35, 37, 38, 41, 270, 281, 282, 283, 284, 311, 353, 434, 472, 473
Barbi S. A., 283
Barbina A., 223, 314, 537, 538, 539, 540
Bardazzi G., 472
Barellai E., 420
Baretti G., 50, 72, 78, 184, 200, 260, 261, 289, 305, 325, 336, 351, 389, 398
Bargellini P., 479
Barile L., 563
Barilli R., 105, 251, 254, 509, 510, 521, 526, 531, 536, 540, 567, 574
Barolini T., 287
Baron H., 164, 168, 301, 341
Baroni G., 237, 253, 417, 541, 544, 547, 555, 557, 558, 572, 573, 574, 576
Barrès M., 226, 514
Barsotti A., 491
Barsotti D., 451
Barthes R., 66, 70, 85, 141, 245
Bartoli A., 24, 274, 292
Bartoli D., 372
Baruffaldi A., 530
Basile B., 181, 182, 298, 365, 366, 369, 371
Basile G., 175

Bassi B., 420
Basso L., 249
Bastiaensen M., 334
Battaglia C., 121
Battaglia F., 285
Battaglia S., 43, 122, 155, 211, 244, 310, 311, 313, 314, 452, 476, 511, 531
Battaglia Boniello R., 209, 214
Battaglia Ricci L., 281, 285, 312, 315
Battista A. M., 348, 474
Battisti C., 123
Battisti E., 166, 168
Battistini A., 86, 209, 385, 386, 387, 421
Battistini M., 189
Battlori M., 264
Baudelaire C., 100, 172, 175, 217, 226, 227, 262, 514, 552
Bausi F., 106, 347
Bazzanella C., 121
Beall C. B., 370
Beaugrande, D. de, 121
Bebel A. F., 526
Bec Ch., 168, 169, 345
Beccadelli A., 258
Beccadelli L., 288
Beccaria C., 84, 461
Beccaria G. L., 21, 66, 70, 133, 134, 416, 419, 508, 548
Bédarida H., 191, 264
Beer M., 330, 333
Béguin A., 206
Belli G. G., 75, 208, 217
Bellini B., 122
Bellini E., 183, 366
Bellini G., 265
Bellone E., 386, 387
Belloni A., 19, 374, 384
Bellorini E., 212, 406
Bellucci N., 449
Beltrami P. G., 106
Belvederi R., 356
Bembo P., 48, 129, 135, 136, 137, 169, 257, 270, 288, 289, 292, 303
Benco S., 529, 542, 547
Benedetti N., 510
Benedetto L. F., 345, 346
Benevento A., 253, 547
Beni P., 138, 271, 304, 358
Benincasa C., 182
Benjamin W., 245
Benoist Ch., 348, 352
Benoist E., 356
Benussi C., 529, 572, 573, 574, 576
Benveniste E., 120
Benvenuto da Imola, 270
Benz R., 203
Benzoni G., 182
Berardi G. F., 354

Berardinelli A., 67, 249, 252
Berchet G., 97, 213, 262, 422, 481
Berengo M., 190, 437
Berger P. L., 247
Bergin Th. G., 283
Bergson H., 173
Bermann S. L., 323
Bernardini A., 41
Bernardini Napoletano F., 569, 573, 574
Bernardo A. S., 302, 316
Berni F., 289
Bernini F., 486, 510, 519
Bernini G. L., 171, 172, 177
Berruto G., 121, 134
Bertacchini R., 17, 235, 249, 500
Bertalot L., 40
Bertana E., 200, 211, 411, 418, 419
Bertani O., 394, 396, 530
Bertazzoli R., 518
Bertelli I., 157, 531
Bertelli S., 183, 345
Bertini G. M., 348
Bertoldi A., 401, 406
Bertone G., 573
Bertoni G., 19, 150, 152, 332
Bertrand L., 196
Besomi O., 168, 183, 251, 379, 380, 448, 449
Bettarini R., 563
Bettelli S., 530
Bettinelli S., 72, 200, 271, 289, 291, 305, 325, 359, 423
Bettini F., 222
Bettinzoli A., 321
Bevilacqua M., 315
Bézzola G., 197, 299, 300, 431, 434, 435, 467, 471, 477
Bezzola R., 473
Biagini M., 485, 509
Biagioli N., 273
Bianchetti E., 518, 519
Bianchi E., 299, 314
Bianchi L., 486, 510
Bianconi L., 520
Bianconi P., 395, 510
Biedermann L., 212
Bigazzi R., 221, 222, 223, 494, 531
Bigi E., 58, 169, 197, 286, 295, 300, 301, 319, 320, 321, 322, 330, 332, 333, 443, 444, 450, 452, 453
Bigongiari P., 59, 241, 242, 251, 436, 452, 552, 556, 559, 564
Bilinski B., 387
Billanovich G., 61, 161, 167, 169, 296, 297, 299, 300, 302, 309, 310, 311, 313
Binni G., 314
Binni W., 3, 25, 59, 74, 81, 186, 188, 189, 194, 197, 198, 199, 200, 211, 216, 226, 227, 231, 234, 284,

286, 328, 332, 333, 396, 403, 404, 406, 407, 414, 416, 418, 419, 421, 435, 436, 439, 444, 445, 449, 450, 451, 452, 482, 487, 504, 511, 514, 520, 543
Biolchini R., 530
Biondi M., 69, 531
Biondolillo F., 490
Biral B., 451
Blair H., 84
Blanchot M., 60
Blasone P., 187, 190
Blasucci L., 284, 330, 346, 453
Blazina S., 473, 495, 539
Bloch E., 110
Bo C., 59, 234, 241, 244, 452, 501, 525, 528, 531, 550, 551, 552, 554, 557, 559, 564, 566
Boas Hall M., 166, 167
Bobbio N., 227, 230, 234, 466
Boccaccio G., 34, 63, 71, 92, 94, 116, 126, 128, 129, 130, 135, 136, 138, 150, 217, 256, 258, 269, 270, 280, 288, 303-316, 317, 358
Boccalini T., 336
Bocelli A., 69, 243, 250, 252
Böckh A., 32
Bodin J., 350
Bodmer J.J., 272
Boero P., 249
Boffito G., 386
Boiardo M. M., 129, 330, 566
Boileau N., 200, 359, 398
Boine G., 236
Boito A., 216, 222
Bolaffi E., 331
Boldoncini S., 17
Boldrini E., 450
Bolelli T., 121, 451
Bolisani E., 283
Bollati G., 450, 473
Bologna C., 155
Bolzoni L., 222
Bon A., 448, 530
Bonalumo F., 501
Bonanni F., 17
Bonari R., 439
Bondanella P., 356
Bonfantini M., 346
Bonfigli L., 368
Bonfiglioli P., 561, 564
Bonghi R., 139, 218, 425, 472
Boni M., 519, 555, 558
Bonifazi N., 60, 446, 453
Bonito Oliva A., 246
Bonora E., 58, 169, 190, 284, 287, 298, 300, 369, 405, 406, 407, 472, 477, 524, 531, 565
Bonsanti A., 240
Bontempelli M., 387, 534, 535, 539
Bonura G., 569, 575

Borgese G.A., 68, 207, 213, 244, 250, 435, 474, 480, 498, 514, 520
Borghello G., 511, 530
Borghesan P., 394
Borghini V., 137, 270, 304
Borgognoni A., 401, 406
Borlenghi A., 69, 223, 249, 332, 346, 448, 452, 477, 500
Borletti B., 519
Boroni C., 558
Borsellino N., 61, 393, 448, 492, 493, 538, 574
Borsieri P., 213
Borzelli A., 375, 379
Boscán A., 257, 258
Bosco U., 61, 165, 169, 201, 208, 211, 213, 279, 280, 283, 284, 285, 286, 294, 295, 298, 299, 300, 308, 315, 360, 364, 368, 370, 371, 384, 387, 451, 476, 487
Bosisio P., 394, 395, 396, 473
Botero G., 335
Bottachiari R., 202
Bottari G.G., 305
Bottasso E., 435
Botti F.B., 452
Bottiroli G., 67
Bottoni L., 472, 477
Bouhours D., 84, 260, 359, 373
Bouloiseau M., 188
Bouterwek F., 71, 373
Bova A.C., 451
Bovone L., 247
Boyde P., 286, 287
Bozzelli F.P., 409
Braccesi L., 435
Bracco R., 223
Braghieri P., 370
Brakkee R., 346
Brambilla A., 485
Brambilla Ageno F., 41, 349
Branca V., 35, 41, 61, 67, 154, 157, 166, 183, 188, 189, 190, 196, 208, 211, 212, 213, 214, 230, 282, 284, 296, 309, 310, 311, 312, 313, 314, 315, 316, 319, 321, 322, 323, 396, 414, 415, 416, 419, 420, 516
Brancati V., 494, 523
Brand C.P., 370
Brandi C., 67
Brecht B., 385
Breglia S., 275, 276
Breme, L. di, v. Ludovico di Breme
Bremond C., 70
Brezzi P., 285
Briganti A., 229, 230, 252, 539
Briganti G., 511
Briganti P., 571, 575
Brignole Sale A.G., 350
Brilli A., 452
Brioschi F., 67, 252, 450, 530

Briosi S., 105, 252, 253
Brocchi V., 532
Bronzini G. B., 110
Brooks C., 105
Brose M., 558
Brugnoli G., 283
Brunet J., 121
Brunetière F., 54
Brunetti F., 386, 387
Bruni A., 405, 406
Bruni F., 19, 21, 133, 157, 311, 313, 370, 470, 475
Bruni L., 158, 269
Bruno F., 215
Bruno G., 49, 63, 77, 130, 175, 289
Brusamolino Isella S., 471
Bruscagli R., 329, 332, 365, 370, 482, 487
Bruscoli N., 313, 419
Bufano A., 297, 300, 448
Bulferetti D., 433, 509
Bulferetti L., 387
Bulgheroni M., 434
Bullegas S., 395
Burckhardt J., 159, 160, 161, 162, 163, 168, 173, 273, 291, 293
Burd L.A., 346
Burdach K., 162, 168
Busa R., 123
Busetto N., 419, 460, 461, 473, 476, 485
Busnelli G., 280, 283, 285
Bustico G., 198, 406, 418
Buti, F. da, v. Francesco da Buti
Butor M., 567
Buzzi P., 140
Buzzoni A., 367
Byron G., 207, 262, 399

Cabani M.C., 330, 333
Cabeen C.W., 380
Cabibbe G., 355
Cabrini A.M., 348
Caccia E., 284, 396, 482, 487, 491, 544, 547
Cacciari M., 545
Cacciatori R., 492
Caffi M., 122
Cafisse M. C., 169
Calabrese S., 416, 421
Calcagnini C., 135
Calcaterra C., 174, 181, 182, 183, 186, 189, 213, 293, 294, 295, 298, 299, 300, 369, 371, 375, 384
Calderaro G., 475
Calderón de la Barca P., 51, 259
Cale F., 547
Calendoli G., 539
Caliaro I., 17
Calligaris C., 569, 570, 575
Calmeta (il), v. Colli, V. de'

Calori C., 407
Calosso U., 412, 420
Calvi E., 298
Calvino I., 107, 141, 163, 245, 329, 377, 566-576
Camarosano P., 155
Cambon G., 430, 437, 553, 558, 564
Camerana G., 216
Camerino G. A., 251, 415, 421, 528, 529, 530, 547
Caminati E., 450
Camões, L. Vaz de, 257, 259, 262, 265
Campagnolo C., 435
Campailla S., 445, 452, 495
Campana D., 236, 241
Campeggi R., 374
Camporesi P., 213, 418
Candiani G. B., 383
Canepari L., 122
Canestrini G., 351, 356
Canevari E., 380
Canfora L., 196
Cantella F., 441
Cantimori D., 167, 181
Cantù C., 193, 218, 220, 262
Capasso A., 371, 510, 519
Capello G., 421
Capovilla G., 483, 487, 508, 509, 511
Cappellani N., 333, 490, 493
Cappellano A., 148
Cappelli G., 169
Cappelli L. M., 486, 510
Capponi G., 422, 438
Cappuccini G., 117
Cappuccio C., 213, 419
Capra L., 364
Caprettini G. P., 70
Capuana L., 92, 217, 218, 219, 220, 221, 223, 224, 235, 488, 494
Capucci M., 20, 182, 183, 418
Caputo R., 301
Caraccio A., 429
Caracciolo A., 68, 73, 82
Caramella S., 182
Carandini S., 178, 183
Carannante A., 451
Carbonara Naddei M., 451
Carcano G., 220
Cardarelli V., 123, 236, 444
Cardinale U., 212
Cardini F., 168, 197
Cardona G. R., 110, 121
Carducci G., 18, 72, 78, 89, 93, 96, 97, 100, 101, 103, 104, 131, 140, 148, 185, 189, 193, 201, 216, 218, 232, 235, 262, 274, 292, 299, 300, 318, 321, 322, 327, 364, 371, 390, 401, 407, 411, 412, 427, 436, 441, 442, 443, 451, 452, 459, 479-487, 488, 505

Carena G., 139
Caretti L., 3, 20, 25, 64, 70, 248, 250, 253, 329, 331, 332, 333, 362, 363, 364, 368, 369, 370, 371, 387, 400, 405, 406, 407, 418, 419, 420, 431, 436, 472, 473, 477, 547
Carini E., 448
Carli A., 383, 386
Carli P., 345, 346, 430, 434, 436
Carlini A., 300
Carlino M., 250
Caro A., 91, 95
Carocci A., 240, 249
Carpanetto D., 188, 190
Carpi U., 237, 252, 451, 562, 564
Carrai S., 322
Carrara E., 419
Carrer L., 97, 422
Carrière J. M., 518
Carugo A., 386
Caruso C., 377, 380
Caruso L., 240
Casadei A., 331
Casanova G. G., 469
Casella A., 331
Casella M., 280, 345
Casella M. T., 315
Caserta E. G., 68, 452, 474
Cases C., 62, 567, 569, 574
Casini P., 190
Casini T., 283, 284, 434
Casnati F., 551, 552, 557
Cassiani G., 101
Cassieri G., 240, 249, 253
Cassirer E., 168, 190, 384
Castellani A., 122, 156, 157, 476
Castellani G., 543, 546, 547, 548
Castellani Pollidori O., 345, 348
Castelli A., 519
Castelli E., 181
Castelvecchi A., 121
Castelvetro L., 288
Casti G., 260
Castiglione B., 129, 137, 258, 259
Catalano G., 70
Catalano M., 331
Cataldi P., 563, 565
Cataudella M., 473
Cattaneo C., 425, 436
Cattaneo G., 419, 493, 525
Cattani G., 432
Cavacutti S., 121
Cavaglion A., 529, 530, 547, 548
Cavalcanti G., 156
Cavalli G., 552, 557
Cavalli Pasini A. M., 221, 223
Cavallini G., 251, 315, 347, 393, 396, 434, 437, 450, 469, 471, 477, 499, 501
Cavallo F., 249
Cavalluzzi R., 252, 365, 453

Cazzani P., 418, 419
Cebà A., 271
Cecchetti D., 301
Cecchetti E., 494
Cecchetti G., 452, 491
Cecchi E., 155, 157, 167, 182, 188, 190, 197, 212, 213, 214, 236, 248, 250, 252, 353, 357, 487, 502, 503, 510, 515, 542, 549, 557, 559, 564, 567, 574
Cecchi O., 548
Cecchini F. G., 419
Cecco F., 493
Cecconi Gorra M., 473
Ceccuti C., 519
Cecovini M., 546
Cellerino L., 452
Cellini B., 63, 257, 305
Celse M., 347
Ceragioli F., 452
Cerboni Baiardi G., 369, 509
Cerina G., 540, 570, 575
Cerisola P. L., 105, 508, 510
Cerny V., 204
Cerretti L., 193
Cerri A., 319
Cerruti M., 21, 188, 197, 418, 419, 421, 430, 433
Ceruli T., 271
Cervantes, M. de, 179, 258, 259, 326, 466
Cervigni D. S., 287
Cesana G., 123
Cesareo G. A., 152
Cesari A., 130, 193, 469
Cesari U., 453
Cesarini Martinelli L., 322
Cesarotti M., 50, 72, 84, 91, 115, 138, 139, 193, 197, 200, 201, 261, 271, 423
Ceserani R., 18, 76, 81, 252, 298, 331, 332, 334, 486
Chabod F., 168, 190, 340, 345, 346, 348, 356
Chandler S. B., 474
Chastel A., 166, 167
Chateaubriand, F.-R. de, 206, 261, 427
Chatfield-Taylor H. C., 395
Chaucer G., 256
Chemotti S., 348
Chénier A., 194
Cherchi P., 380
Cherel A., 348
Chesneau Du Marsais C., 84
Chevalier M., 334
Chiabrera G., 101, 102, 103, 175, 271
Chiappelli F., 284, 295, 301, 341, 345, 346, 347, 363, 365, 369, 370
Chiara P., 518

Chiari A., 41, 286, 300, 314, 384, 387, 389, 406, 429, 435, 436, 449, 472, 473, 475, 476
Chiarini G., 433, 434, 448, 485
Chiarini P., 548
Chiavacci Leonardi A. M., 286, 476
Chiecchi G., 313
Chieregato M., 364
Chierici E., 555, 558
Chiesa M., 134, 249
Chimenz S. A., 282, 283, 298
Chini M., 472
Chiodaroli F., 197
Chiorboli E., 299, 300, 434, 472
Chiri G., 149
Chomsky N., 119
Christesco D., 474
Ciacci J., 198
Ciampini R., 435
Ciampoli G., 271
Cian V., 264, 434, 435
Ciani I., 250, 519, 520
Ciardo M., 482
Cibotto G. A., 395
Ciccia C., 134
Cicerone, 83, 124, 288, 293
Ciliberto M., 167
Cima A., 563
Cioranescu A., 334
Circeo E., 436, 451, 520
Ciro di Pers, 271
Citanna G., 194, 213, 322, 401, 402, 407, 412, 420, 426, 427, 428, 436, 462, 463, 481
Citati P., 250
Clements R. J., 81
Clerici L., 223
Clough H., 345
Cochin H., 299
Cofano D., 183
Cohen K., 70
Cohen R., 76
Cojazzi A., 473
Colagrosso F., 62
Coletti V., 133, 134, 141, 508, 516
Colicchi C., 407, 509
Colletta P., 438
Colletti L., 69
Colli C., 448
Colli, V. de', 136
Collodi, v. Lorenzini C.
Colocci A., 136
Colombo A., 406
Colombo C., 376, 380
Colombo U., 209, 466, 468, 471, 474, 475
Comisso G., 546
Compagnon A., 110
Comparetti D., 274
Concari T., 19
Condorcet J.-A., 158

Consiglio A., 564
Consoli D., 68, 451, 452, 495
Consolo V., 538
Contarini P. M., 182
Conte G., 183
Conte M. E., 121
Conti A., 359, 373, 383
Conti G., 564
Conti G. B., 260, 261
Conti M., 558
Conti P. G., 511
Contini G., 38, 41, 64, 65, 68, 70, 134, 156, 168, 222, 234, 248, 250, 253, 280, 281, 283, 284, 286, 287, 295, 299, 301, 329, 333, 450, 484, 506, 520, 527, 529, 530, 531, 542, 550, 553, 555, 557, 559, 560, 563
Cooper H. R., 370
Corazzini S., 123
Cordelli F., 249
Cordero F., 477
Cordié C., 345, 369, 434, 494
Corneille P., 50, 88
Corniani G. B., 261
Corsano A., 181
Corsinovi G., 539, 540
Cortelazzo M., 123
Corti M., 66, 67, 70, 82, 122, 133, 142, 235, 244, 252, 253, 286, 449, 475, 562, 564, 575
Cosenza M. E., 21
Cosmo U., 271, 277, 282, 283, 284, 286
Costa S., 416, 421
Costanzo M., 181, 182, 183, 538
Cotta G. B., 259
Cottignoli A., 473, 487
Cottino-Jones M., 312, 316
Coveri L., 121
Cremante R., 188
Crémieux B., 234, 522, 523, 531, 557
Crescimbeni G. M., 24, 71, 373
Crispolti E., 240
Cristofolini P., 387
Croce A., 223
Croce B., 32, 45, 48, 54-57, 58, 59, 60, 61, 62, 63, 65, 66, 68, 72, 73, 74, 75, 79, 80, 81, 82, 84, 85, 86, 105, 110, 116, 118, 121, 140, 142, 148, 174, 178, 182, 183, 184, 185, 189, 191, 196, 200, 201, 204, 205, 206, 212, 216, 219, 222, 223, 226, 231, 232, 234, 236, 259, 264, 265, 273, 274, 275, 276, 277, 286, 293, 294, 301, 303, 307, 308, 309, 315, 327, 328, 329, 332, 339, 340, 343, 346, 362, 370, 371, 375, 379, 380, 384, 389, 390, 401, 411, 412, 413, 420, 427, 428, 436, 441, 444, 452, 461, 462, 463, 474, 479, 480, 481,
483, 486, 488, 489, 491, 494, 496, 497, 498, 500, 502, 503, 504, 510, 513, 514, 519, 533, 534, 535
Croce E., 223
Croce F., 183, 380
Crotti I., 191
Cucchi M., 21
Cudini P., 284, 300
Culler J., 67
Curti L., 526, 531
Curtius E. R., 85, 149, 155, 179
Curto C., 473, 510
Cusatelli G., 548

Da Costa Miranda J., 265
D'Aguirre M. L., 538
Dalai P., 473
Dalla Palma G., 329
D'Amato G. C., 448
D'Ambrosio M., 247, 254
D'Ambrosio Mazziotti A. M., 475
Damiani G. F., 172, 375
Damiani R., 448, 449
D'Amico A., 538
D'Amico S., 24, 535, 539
D'Ancona A., 78, 149, 274, 284, 401, 406, 472
D'Andrea A., 348, 420
Danelon F., 476
Daniele A., 365, 370
Daniello A., 96
D'Annunzio G., 17, 56, 89, 91, 92, 93, 96, 100, 101, 104, 123, 131, 141, 172, 226, 228, 231, 232, 235, 262, 263, 480, 483, 497, 502, 504, 506, 513-521, 522, 527, 552
Dante, 15, 40, 45, 48, 49, 51, 52, 53, 56, 71, 73, 77, 87, 88, 91, 92, 94, 95, 96, 97, 99, 103, 127, 128, 135, 136, 137, 153, 161, 164, 217, 255, 256, 263, 269-287, 288, 289, 290, 292, 293, 303, 306, 310, 312, 326, 330, 342, 358, 383, 399, 411, 432, 554
Danzi L., 472
Da Ponte L., 260
Da Pozzo G., 285, 369, 371, 432, 434
D'Aquino A., 519
Dardano M., 120, 122, 123, 134, 157
Dardi A., 197
Da Rif B. M., 418
Darwin C., 78, 526
Dati L., 102
Davico Bonino G., 283, 284, 332, 346, 395, 434, 486
David M., 60, 69, 545, 547
D'Azeglio C., 209
Dazzi M., 396
De Amicis E., 574

De Angelis E., 477
De Baggis R., 369
De Bartholomaeis V., 152, 157
De Bello R., 420
De Benedetti E., 419
Debenedetti G., 60, 241, 250, 421, 492, 494, 511, 524, 531, 535, 539, 541, 542, 545, 547, 548, 549, 557
Debenedetti S., 331, 345
De Blasi G., 165, 512
De Camilli D., 433
De Caprariis V., 346, 353, 354, 357
De Caprio V., 356, 471
De Cristoforis G. B., 455
De Federicis L., 18
De Felice R., 190, 252, 518, 519
De Feo G., 284
De' Giorgi Bertola A., 261
De Giovanni N., 547
De Giuli E., 473
Dego G., 530
De Grazia S., 342, 345
De Guglielmi A., 17
De Kock C.-P., 220
Delambre J.-B., 383
De Laurentis T., 531
Del Beccaro F., 3, 395, 509
Del Bello R., 418, 419
Del Boca E., 471
Delcorno C., 379
Delcorno Branca D., 315, 320, 321, 322, 329, 333
Delgado F., 259
Del Giudice C., 485
Del Grande C., 486
Del Greco A., 450
Della Casa G., 100, 258, 303
Dell'Acqua M., 209, 446
Della Giovanna I., 449
Dell'Ambrogio M., 377, 380
Della Palma G., 333
Della Porta G., 175
Dell'Aquila M., 17, 143, 213, 287, 432, 453, 469, 475, 544, 547
Dell'Arco M., 249
Della Terza D., 348, 387
Della Torre A., 390, 395
Della Torre M. A., 155
Della Torre R., 485
Delli Colli R., 252
Dell'Isola M., 486
Del Lungo I., 274, 321, 322, 386, 387
Delmay B., 287
Del Missier S., 527, 530
Del Monte A., 105, 284
De Lollis C., 63, 69, 194, 213, 452, 464, 474, 481, 487
De Lorenzi A., 507, 509
Del Popolo C., 21, 133
Del Serra M., 511, 555, 558

De Luca I., 198
De Marco M., 519
De Maria L., 239, 252
De Mattei R., 293, 347
De Matteis G., 575
De Mauro T., 120, 121, 134, 156
De Medici G., 518
De Meo C., 510
Demers R. A., 120
De Michelis C., 17, 314, 431
De Michelis E., 476, 516, 518, 519, 520, 542
De Negri E., 435
De Nicola F., 253
Denina C., 261
De Paz A., 212
De Rienzo G., 222, 433, 471, 472, 477, 498, 499, 500, 501
Derla L., 213, 430, 431, 437, 467, 475
De Robertis D., 20, 283, 284, 301, 322, 341, 437, 449
De Robertis G., 234, 236, 250, 319, 322, 402, 407, 414, 420, 430, 436, 442, 449, 452, 465, 476, 486, 487, 515, 520, 521, 542, 547, 549, 551, 556, 557, 559, 564
De Roberto F., 223, 224, 493
De Ruggiero G., 190, 202, 204, 205, 212
De Sanctis F., 23, 29, 51, 52, 53, 54, 57, 63, 68, 71, 72, 75, 78, 84, 148, 159, 160, 164, 172, 177, 184, 185, 193, 202, 218, 219, 236, 262, 273, 274, 277, 278, 289, 290, 291, 292, 293, 300, 306, 307, 308, 317, 318, 326, 327, 330, 332, 338, 342, 343, 346, 351, 352, 355, 357, 359, 360, 361, 362, 370, 374, 383, 389, 399, 400, 401, 403, 410, 411, 420, 422, 425, 426, 427, 429, 436, 438, 439, 440, 441, 442, 443, 444, 445, 450, 451, 452, 456, 457, 458, 460, 461, 462, 474, 484
De Sanctis G. B., 396
De Santillana G., 387
Desideri G., 69
De Simone I. F., 475
De Stefanis Ciccone C., 142
De Tommaso P., 407
De Vecchi Pellati N., 518, 521
De Vendittis L., 369
Devoto G., 64, 70, 117, 118, 120, 122, 133, 487, 491, 494, 498, 501, 511, 520, 524
De Winckels F. G., 422
Diacono M., 554, 556, 557
Diaz F., 190
Di Bello S., 451
Di Benedetto A., 370, 371, 416, 419, 421, 477, 548

Di Benedetto L., 156
Di Benedetto V., 430, 434, 437
Di Biase C., 122
Di Capua F., 286
Di Carlo F., 558, 575
Di Ciaccia F., 471, 477
Dickens Ch., 566
Diderot D., 260
Di Fausto, 22
Di Felice M. L., 571, 575
Di Fonzo G., 453
Di Giacomo N., 526
Di Giacomo S., 219, 223
Di Girolamo C., 67, 106, 252
Di Grado A., 224
Di Maria S., 331
Di Mauro E., 245, 249
Dionigi da Borgo-Sansepolcro, 40
Dionisotti C., 8, 20, 61, 75, 142, 156, 166, 167, 169, 181, 284, 302, 332, 333, 342, 344, 347, 348, 380, 431, 437, 450, 475
Di Pietro A., 214, 369, 371, 535, 539
Di Pino G., 419
Di Sacco P., 191, 286, 475, 539, 540
Di Salvo T., 283, 494, 530
Distante G., 511
Dolfi A., 250, 419, 450, 451
Dombroski R. S., 477, 547
Domenici C., 418, 419
Donadoni E., 22, 58, 226, 360, 361, 362, 363, 368, 411, 420, 426, 427, 428, 434, 442, 452, 461, 474, 497, 501
Donati A., 189
Donati C., 537, 538, 540
Doni C., 421
Donini D., 370
Donini F., 365
D'Ors E., 173, 177, 183
D'Orsi A., 248
Dossena G., 419
Dossi C., 141, 216, 222
Dostoevskij F. M., 262
Dotti U., 21, 23, 297, 298, 299, 300, 346, 347, 386, 449, 450, 477
Dottori, C. de', 271
Doubrovsky S., 67
D'Ovidio F., 142, 218, 286, 370, 459, 461, 476
Dozon M., 287
Drake S., 385, 386
Dronke P., 281, 285
Du Bellay J., 100
Dubois J., 90, 120
Duchet C., 110
Ducrot O., 120
Dughera A., 283
Durante M., 133
Duranti A., 312

Duro A., 122
Dvorák M., 179

Eagleton T., 69
Ebani N., 507, 509
Eckermann J.P., 454
Eco U., 66, 85, 110, 111
Edmont E., 115
Einstein A., 384
Eisenbichler K., 301
Eisenzweig U., 110
Eldmann B., 5
Eliot T.S., 557, 559
Elli E., 241, 487
Ellis I.M., 67
Elwert W.Th., 106, 375, 474
Emiliani Giudici P., 193, 291, 374
Emmet Jones R., 70
Encina, J. del, 258, 259
Enia F., 540
Eppelsheimer H.W., 298
Equicola M., 136
Erbani F., 314
Ercole F., 285, 339, 340, 346
Erlich V., 70
Ermini F., 331
Erodoto, 43
Errante G., 149
Errico S., 372
Escarpit R., 110
Eschilo, 43, 52
Esposito E., 7, 21, 251, 282, 313
Esposito R., 254, 347
Evola N.D., 7, 282, 433, 485

Fabbri M., 366
Fabrizi A., 418
Faeti A., 571
Fahy C., 333
Falaschi G., 253, 486, 569, 573, 575
Falco G., 167
Fallacara L., 249
Fallani G., 282, 286
Falqui E., 182, 234, 236, 238, 248, 249, 250, 251, 253, 518, 521, 552
Fantoni G., 102, 103, 193
Farinelli A., 202, 211, 257, 264
Farinelli G., 61, 217, 222, 229, 230, 233, 245, 252, 467, 469, 477
Farris G., 287
Fasani R., 78, 157, 465
Fasano P., 433, 436, 453, 477
Faso G., 555, 556, 558
Fassò L., 369, 418, 419, 432, 433
Fatini G., 331, 332, 485
Faucci D., 473
Fauriel C., 148, 261, 467
Faustini G., 538
Fava Guzzetta L., 253, 531
Favaro A., 383, 386, 387
Favati G., 157
Favretti E., 511, 544, 548

Fay E.A., 282
Fazio Allmayer B., 475
Fazion P., 347
Febrer A., 256
Federico II, 148
Federico di Prussia, 336
Fedi R., 169, 223, 298, 421
Felcini F., 407, 508, 509, 511
Felice D., 195
Felici L., 182, 434, 473
Feo M., 297, 301
Fera V., 297
Ferguson W.K., 159, 167
Ferrante J.M., 285
Ferrante L., 539
Ferrara M., 332
Ferrari D., 486
Ferrari, G. de', 259
Ferrari G., 352
Ferrari L., 22
Ferrari S., 292, 299, 369, 434
Ferrario E., 537, 540
Ferraris A., 68, 213, 445, 453
Ferrata G., 236, 240, 241, 249, 545
Ferratini P., 511
Ferrazzi G.J., 298, 331, 368
Ferreri R., 315
Ferrero G.C., 182, 485
Ferrero G.G., 379, 412, 418, 420, 452
Ferretti G.C., 244, 251, 253, 568, 571, 573, 576
Ferretti G., 406, 448, 449, 575
Ferri T., 508, 547
Ferrone S., 393, 491, 494
Ferrone V., 190
Ferroni G., 169, 224, 251, 342, 343, 347, 539
Ferrucci C., 451, 571, 575
Ferrucci F., 287
Festa N., 299, 435
Fiammazzo A., 282
Fiandra E., 211
Ficara G., 406
Ficino M., 323, 366
Fido F., 312, 315, 344, 345, 348, 393, 395, 396, 405, 406
Figurelli F., 157, 287, 444, 452
Filicaia, V. da, 182
Fink G., 568, 575
Finocchiaro M.A., 385, 387
Finocchiaro Chimirri G., 494
Finotti F., 231, 500
Finzi G., 222, 249, 251
Fioravanti M., 253
Fioretti B., 324, 359
Fiorini V., 346
Firetto G., 370
Firpo L., 331, 346, 354, 369
Fischer E., 231

Flamigni A., 331
Flamini F., 19, 343
Flaubert G., 262
Flora F., 23, 58, 153, 174, 175, 226, 227, 230, 231, 234, 238, 241, 253, 278, 345, 353, 362, 364, 368, 369, 370, 371, 375, 384, 387, 429, 436, 442, 449, 450, 451, 487, 505, 506, 511, 512, 514, 519, 520, 543, 549, 551, 557
Florescu V., 105
Florido F., 135
Focillon H., 173
Fogarasi M., 122
Fogazzaro A., 228, 488, 496-501, 527
Foglietta U., 135
Fokkema D.W., 67
Folena G., 123, 151, 157, 189, 191, 252, 283, 286, 321, 392, 393, 394, 395, 396, 434, 484
Folengo T., 402
Foligno C., 434
Folin A., 453
Folkel F., 548
Fontana A., 322
Fontana P., 329, 333
Fontanella L., 253
Forcella R., 518, 519
Foresti A., 298
Formigari L., 189
Fornaciari R., 435
Forni P.M., 314
Forster L., 301
Forti F., 286, 418, 475
Forti M., 249, 251, 475, 526, 530, 555, 558, 562, 563, 564
Fortichiari V., 230
Fortini F., 62, 96, 444, 543, 545, 565
Foscolo U., 51, 52, 74, 88, 91, 99, 100, 101, 103, 115, 130, 175, 193, 194, 201, 207, 208, 261, 272, 273, 285, 289, 290, 292, 300, 305, 306, 325, 326, 332, 336, 337, 360, 370, 383, 398, 399, 402, 404, 405, 407, 408, 409, 412, 420, 422-437, 455, 457, 476, 551
Foscolo Benedetto L., 68, 81, 486
Fossi P., 474, 475
Foster K., 298
Fowler M., 282
Frabotta B., 249, 431, 548
Fracassetti G., 292, 299
Fracastoro G., 259
Fraenkel A., 41
Franceschetti A., 189, 329
Franceschini F., 483
Francesco da Buti, 270
Francesco D'Assisi, san, 16, 149, 152
Franchi R., 542
Franci A., 541

Franci G., 110
Franzero C. M., 433
Frare P., 377, 380, 381, 434, 437, 471
Frassica P., 405, 538
Frasso G., 297, 302
Frasson-Marin A., 574
Frattarolo R., 7, 248, 284, 314, 433
Frattegiani M. T., 385, 387
Frattini A., 239, 251, 433, 446, 448, 449, 450, 451, 473, 547, 552, 558
Fraulini M., 547
Frederic J., 555
Freud S., 60, 69, 245, 523, 526, 545
Friederich W. P., 284
Friedrich H., 230
Friedrich W. P., 81
Frigessi D., 249
Frisi P., 382
Froldi R., 511
Frugoni A., 166
Frugoni F. F., 271, 372
Frye N., 60, 67, 110, 212, 377
Fubini M., 58, 63, 79, 82, 87, 93, 96, 105, 169, 185, 186, 188, 189, 190, 201, 208, 213, 284, 285, 295, 301, 353, 357, 359, 360, 362, 364, 369, 370, 371, 403, 406, 407, 413, 414, 415, 419, 420, 428, 429, 430, 433, 435, 436, 443, 449, 450, 451, 452, 484, 486
Fucilla J. G., 7, 264, 296, 298, 334, 368, 518
Fueter E., 353, 357
Fulco G., 379
Fumagalli G., 5, 322
Fumi E., 511
Funaioli G., 105
Furbank P. N., 530
Fusai G., 332
Fusco M., 530

Gadamer H. G., 69
Gadda C. E., 132, 141, 233, 245, 477, 542
Gaeta F., 342, 345, 354
Gagneux M., 355
Galati F. L., 230
Galeani Napione G. F., 139
Galeazzi G., 446
Galeotti L., 437
Galigani G., 314
Galilei C., 386
Galilei G., 129, 130, 135, 218, 324, 358, 370, 382-388
Galimberti C., 250, 445, 449, 450, 452
Gallarati Scotti T., 471, 500
Gallas H., 69
Galletti A., 19, 202, 203, 213, 216, 238, 248, 461, 464, 473, 474, 485, 503, 504, 509

Galli L., 524, 529, 547
Gallicet Calvetti C., 348
Gallo N., 449
Gambara V., 127
Gambarin G., 35, 430, 434, 436
Gamberini S., 437
Gandiglio A., 511
Garavelli Mortara B., 105
Garboli C., 449, 507, 509, 576
Garcilaso, v. Vega, G. de la
Gardair J. M., 537, 540
Gardenal G., 323
Gareffi A., 528
Garfagnini G. C., 168, 323
Gargani A., 246
Gargiulo A., 234, 250, 513, 520, 542, 550, 556, 557, 559, 560, 564
Garin E., 20, 164, 165, 166, 167, 168, 186, 230, 319, 347, 387
Garrè M., 222
Garzia R., 473, 519
Gaspari G., 321, 407
Gaspary A., 24, 157
Gasquet E., 348
Gatti A., 441, 515, 518
Gatto R., 241, 242, 385, 388, 444
Gatto V., 486
Gatt-Rutter J., 531
Gautier T., 172
Gavazzeni F., 189, 519, 520
Gavazzeni G., 435
Gazich N., 540
Gazzola Stacchini V., 451
Gelli G., 169, 270
Genette G., 70, 85, 107, 110
Genot G., 554, 558
Gensini S., 121, 143, 451
Gentile E., 237, 249
Gentile G., 59, 163, 164, 276, 293, 300, 346, 384, 420, 442, 443, 449, 451
Gentili E., 386
Gentillet I., 335
Gerber A., 346
Geron G., 395
Gervinus G., 410
Gessner S., 261
Gesualdo da Venosa, 367
Getto G., 24, 25, 59, 74, 81, 176, 177, 181, 182, 183, 234, 249, 278, 286, 287, 301, 309, 315, 322, 332, 353, 363, 365, 368, 369, 370, 376, 379, 380, 403, 407, 416, 419, 421, 431, 432, 436, 445, 449, 452, 466, 472, 477, 484, 486, 487, 506, 511, 517, 520, 543
Geymonat L., 386
Gherardi A., 356
Gherardini N., 382
Gherarducci I., 239, 252, 472
Ghidetti E., 222, 223, 229, 230, 249, 252, 449, 472, 493, 500, 501, 528, 529, 530, 531, 571, 575

Ghinassi G., 322
Ghisalberti F., 472, 473
Giacalone G., 283
Giachery E., 60, 70, 491, 494, 511, 516, 520, 555, 558
Giacomo da Lentini, v. Iacopo da Lentini
Giambonini F., 381
Giani R., 301
Giannangeli O., 511
Giannantonio P., 253, 284, 285, 286, 436, 474
Giannessi F., 510, 557
Gibellini P., 233, 407, 432, 516, 519, 521
Giglio R., 17
Gilardino S., 213, 417
Gilbert F., 341, 342, 347, 348, 353, 357
Gilliéron J.-L., 115
Gilmore M. P., 168, 349
Gilmozzi G., 474
Gilson E., 161, 162, 280, 285
Gimma G., 24, 71
Gimmelli E., 396
Ginguené P. L., 71, 326
Ginzburg N., 471
Gioacchino di Watt, 158
Gioanola E., 23, 60, 69, 228, 231, 234, 250, 510, 531, 537, 540, 571, 572, 575
Gioberti V., 52, 272, 326, 327, 337, 383, 409, 410, 420, 438, 445, 451, 457, 484
Giordani P., 193, 209, 438
Giordano E., 448, 453
Giordano M. G., 221
Giovanardi S., 230
Giovannetti L., 284
Gioviale F., 540
Giovine M. V., 384
Giovio P., 350
Giraldi Cintio G., 324
Girardi A., 511, 544, 548
Girardi E. N., 67, 68, 286, 333, 347, 431, 434, 436, 472, 475, 484, 487
Girardi M. T., 365
Girelli Carasi F., 573, 574
Gismondi A., 511
Giudice G., 538
Giudici G., 548
Giudici P., 501
Giuliani A., 245, 254, 564
Giuliano B., 505, 510
Giusso L., 451
Giusti E., 386
Giustiniani V. R., 166
Givelegov A. K., 392
Gobetti P., 420
Goethe J. W., 51, 100, 206, 261, 262, 360, 424, 431, 454, 455, 460, 474

Goffis C. F., 59, 295, 329, 348, 387, 431, 434, 435, 436, 450, 465, 472, 473, 476, 507, 510, 511
Goffman E., 247
Goldmann L., 110
Goldoni C., 184, 200, 389-397
Golfieri A. M., 251
Golzio F., 249
Góngora, L. de, 176, 180, 259, 260
Gonzone, 124
Gorni G., 286, 302
Gorret D., 421
Goudet J., 285, 474, 475, 517, 520
Govoni C., 140
Gozzano G., 93, 95, 101, 123, 561
Gozzi C., 185, 389, 393
Gozzi G., 271
Grabher C., 283, 313, 333, 436
Gracián B., 49, 83, 259
Graf A., 79, 100, 101, 191, 199, 225, 343, 374, 427, 436, 442, 452, 459, 476
Gramsci A., 61, 234, 236, 346, 539
Grana G., 224, 240, 252
Granatella L., 521
Granese A., 69
Grassi E., 111, 378
Grasso S., 564
Gravina G. V., 49, 77, 90, 325, 359, 373
Gray T., 261
Grayson C., 156, 166, 341, 348
Graziani G., 271
Graziani Giacobbi F., 380
Grazzini F., 347
Greco L., 564
Gregorio V, 124
Grignani M. A., 548, 565
Grillparzer F., 194
Grimaldi E., 575
Griseri A., 183
Grisi F., 252
Gronda G., 189, 191
Grosser H., 405, 407
Grossi T., 220, 457
Guadagnoli A., 93
Guagnini E., 190, 545, 547, 548
Gualdo L., 231
Gualdo Rosa L., 168
Guanti G., 212
Guaragnella P., 105, 387
Guardiani F., 377, 380
Guardini R., 285
Guarini G., 171, 175, 374
Guarracino V., 448
Guastalla R., 419
Guasti C., 369
Guérin G.-P., 194
Guerne A., 212
Guerra A., 249
Guerra F., 519

Guerrazzi F. D., 272
Guerri D., 284, 314, 346, 406, 419
Guerrieri Crocetti C., 155, 156
Guglielmi A., 254, 568
Guglielmi G., 251
Guglielminetti A., 532
Guglielminetti M., 21, 69, 123, 170, 178, 182, 183, 235, 252, 302, 356, 365, 369, 376, 377, 379, 419, 474, 516, 520, 526, 529, 530, 531, 548
Guglielmino S., 539
Guicciardini F., 124, 342, 350-357, 384
Guicciardini P., 356
Guidi A., 77, 95, 182
Guidobaldi E., 279
Guidotti A., 393
Guillén C., 82, 263
Guiraud P., 121
Guittone d'Arezzo, 150
Guizzi F., 574
Gusdorf G., 211
Gutia J., 553, 557
Guyard M. F., 81
Guzzo A., 278, 410, 420

Hall G., 169
Hall R. A., 499
Hall R. A. jr., 121, 501
Hall R. H., 142
Haller, A. von, 261
Hamann J., 50
Hampson N., 190
Harnish R. M., 120
Hauser A., 179, 182, 203
Hauser/Jakubowicz J., 379
Hauvette H., 307, 313, 332
Hay D., 166, 168
Haydn H., 163, 168
Haym R., 212
Hazard P., 189, 191, 197, 264, 265
Hegel W. F., 205, 272, 326, 327, 360
Heilmann L., 120
Heine H., 32, 262, 482
Herder J. G., 50, 115, 416
Herman J., 155
Hermet A., 235
Herrick M. I., 169
Highet G., 196
Hirsch E. D., 67
Hjelmslev L., 120
Hobhouse J., 399
Hocke G. R., 179, 182
Hoffmeister G., 212
Hölderlin F., 194, 205, 208, 481, 551
Hollander R., 284, 286, 312
Honour H., 197
Horkheimer M., 190
Horne P. R., 510
Hugo V., 482

Huizinga J., 167
Humboldt, W. von, 115
Hume D., 382
Husserl E., 59, 245
Huysmans J.-K., 217, 226, 514

Iacopo da Lentini, 100, 152, 156
Iacopo della Lana, 270
Iacopone da Todi, 149, 152
Iannucci A. A., 301
Ibsen H., 262
Illiano A., 539
Imbornone F., 17
Imbriani V., 223, 469
Imperial F., 256
Incanti C., 17
Inglese G., 342, 345, 346
Innamorati G., 332
Innocenti P., 345
Ioli G., 283, 420, 563, 565
Iorio G., 284, 371
Isella D., 33, 66, 222, 404, 405, 406, 407, 437, 472, 477, 564
Isnenghi M., 251
Isotti Rosowsky G., 529
Izzi G., 302, 419

Jaberg K., 122
Jacobbi R., 20, 250, 531
Jacomuzzi A., 516, 520
Jacomuzzi S., 25, 248, 283, 419, 468, 562, 564
Jacomuzzi V., 283
Jahier P., 141, 236
Jakobson R., 70, 86, 120, 245, 279, 569
James H., 520
Jameson F., 246
Janin J., 409, 410
Jannaco C., 19, 20, 182, 418, 419, 421
Janner A., 535, 539
Jannuzzi L., 495
Jarry A., 571
Jauss H. R., 69, 75, 76, 81
Jeanroy A., 485
Jedin H., 178, 181
Jemolo A. C., 475
Jeuland Meynaud M., 531
Jeune S., 81
Jodonie P., 357
Joly J., 393, 416, 421
Jonard N., 395, 406, 431, 435, 451, 486, 530
Jörg Neuschäfer H., 315
Joyce J., 523, 526
Jud J., 122
Jung C. G., 245

Kafka F., 526, 567
Kanduth E., 547

Kant I., 382
Kardos T., 212
Keats J., 194, 208, 481
Keller L., 302
Kellogg R., 67
Kezich T., 527, 528, 530
Kibédi Varga A., 105
Kipling R., 566
Kirkham V., 312
Klopstock F. G., 261
Körting G., 298
Koyré A., 387
Kracauer S., 110
Kraus K., 545
Krezer H., 110
Kristeller P. O., 42, 166, 167, 168, 169
Krysinki W., 540
Kunne Ibsch E., 67
Kurz O., 181
Kuznetsov B. G., 386

Labande-Jeanroy T., 142
Labrousse E., 188
Lachmann K., 32, 34
Laffi G., 518
La Fontaine, J. de, 260
Lamartine, A. de, 262
Lamberti L., 332
Lamennais, F.-R. de, 262
Lampillas F. X., 261
Lanaro S., 214
Landino C., 270
Landoni E., 156, 157, 499, 500
Langella G., 240, 249
Lanza F., 246, 469, 520
Lanza M. T., 435
La Penna A., 196
Larbaud V., 522, 523
Larivaille P., 347, 371
La Rochefoucauld, F. de, 526
Lasserre P., 202
Latini B., 152
Lattarulo L., 249
Laurenti J. L., 264
Lauretta E., 531, 538
Lausberg H., 105
Lavagetto M., 60, 528, 531, 544, 545, 546, 547, 548, 574
Lavezzi G., 564
Lazzaro E., 321
Lebowitz N., 530
Leconte de Lisle C. M., 100, 103
Leeden M. A., 518
Lefort C., 347
Le Goff J., 155
Leibniz G. W., 382
Le Maçon A., 256
Lenzi A. L., 539
Leo U., 370, 501
Leonardi C., 19

Leonardo da Vinci, 257, 382
Leone De Castris A., 61, 227, 231, 466, 476, 525, 530, 536, 538, 540, 570, 575
Leonelli G., 507, 509, 510
Leonetti P., 486
Leopardi G., 39, 65, 74, 89, 95, 101, 103, 130, 193, 201, 208, 209, 213, 261, 299, 360, 365, 383, 385, 399, 412, 416, 425, 431, 432, 438-453, 479, 481, 483, 536, 550, 552, 555
Leopardi M., 450
Leporati R., 407
Lepschy A. L., 133
Lepschy G., 133
Leri C., 477
Leroy H., 571, 575
Leroy M., 121
Lesca G., 345, 461, 472
Letourneur P., 261
Levaire Smarr J., 315
Levi C., 390
Levi E., 395
Levi F., 395
Levi G. A., 300, 418, 441, 449, 450, 451
Levine Rubistein A., 319
Lévi-Strauss C., 245
Lewis C. S., 155
Liala, v. Negretti L.
Licastro E., 537
Limentani A., 42, 313
Limentani U., 183, 434
Linati C., 559
Lindon J. M. A., 434
Lioy P., 217
Lipparini G., 309, 511
Liprandi R., 473
Lisio G., 346
Livi F., 238, 252, 264, 557
Lo Cascio R., 322
Lo Cascio V., 85
Loehner, E. von, 390
Lollo R., 554, 558
Lombardi M., 471
Lombardo C., 483, 487
Lombroso C., 422
Lonardi G., 450, 452, 465, 472, 476, 477, 565
Longhi S., 333
Lope de Vega, v. Vega, Lope de
Lorenzato G., 521
Lorenzini C., 263
Lorenzini N., 247, 251, 254, 518, 519
Lotman J. M., 70, 85, 105, 119
Lovera L., 283, 448
Luciani V., 356
Lucini G. P., 92, 140, 141, 483
Luckmann T., 247
Lucrezio, 34

Ludovico di Breme, 209, 213
Lugarini E., 121
Lugli V., 494
Lugnani L., 540
Lugnani Scarano E., 354, 356, 357
Lukács G., 61, 203
Lunetta M., 249, 529, 530
Luperini L., 547
Luperini R., 69, 221, 232, 234, 235, 237, 250, 491, 494, 495, 508, 545, 563, 565, 575
Luporini C., 441, 445, 451, 452
Lurati O., 181
Lutero M., 163
Luti G., 25, 61, 223, 234, 235, 240, 248, 250, 251, 434, 518, 519, 520, 526, 528, 530, 531, 540, 544, 555, 557
Luzán, I. de, 261
Luzi M., 59, 95, 230, 241, 242, 437, 444, 548
Luzzi G., 249

Maas P., 41
Macaulay T., 337
Maccagni A., 387
Macchia G., 212, 537, 538, 540
Macchioni Jodi R., 25, 437, 564
Macek J., 167, 348
Machado A., 100
Machiavelli N., 72, 129, 137, 163, 258, 259, 263, 335-349, 350, 351, 354, 383
Machiedo M., 547
Macpherson J., 261
Macrì O., 59, 234, 241, 251, 253, 334, 432, 435, 436, 474, 559, 564
Maddalena E., 390, 395
Madrignani C. A., 223, 224
Maffei D., 341
Maffesoli M., 247
Magalotti L., 261
Maggi C. M., 15
Maggi Romano C., 556
Maggini F., 280, 282, 283, 284, 315, 419, 474
Magnani Campanacci I., 196, 406
Magrini G., 547
Magris C., 60, 231, 251, 253, 528, 530, 531, 545, 547
Mai L., 39
Maier B., 61, 189, 192, 195, 196, 246, 253, 284, 286, 314, 319, 321, 322, 369, 419, 523, 524, 525, 527, 528, 529, 530, 531, 543, 544, 548
Maïer I., 321
Maini R., 12
Malagoli L., 70
Malato E., 287, 369
Malispini R., 40
Mallarmé S., 227, 552

Mamiani T., 383
Manacorda G., 234, 240, 249, 427, 431, 436, 451, 473, 563, 567, 574
Manacorda M. A., 435
Mancinelli L., 548
Mancini A. N., 183
Mancini F., 157
Mandruzzato E., 433
Manero Sorolla M. P., 302
Manfré G., 5
Mangaroni R., 331
Mangini N., 395, 396, 397
Mango F., 380
Mangoni L., 235, 240
Manica R., 333
Manley Hopkins G., 88
Mann N., 298
Mann T., 203, 526
Mannarino L., 178
Manni D. M., 305
Manno F. P., 105
Manrique J., 257
Manuppella G., 265
Manuzio A., 288
Manzoni A., 34, 74, 84, 88, 91, 94, 101, 102, 103, 116, 130, 131, 139, 140, 143, 200, 207, 209, 213, 217, 220, 261, 337, 408, 409, 424, 438, 454-478, 483, 522
Marabini C., 251, 509
Marabini Moevs M. T., 487, 520
Maragoni G. P., 380
Maravall J. A., 181
Marazzini C., 21, 133
Marcazzan M., 214, 227, 230, 436, 451, 543
March A., 257
Marchand J.-J., 347
Marchese A., 70, 105, 121, 234, 250, 283, 471, 472, 494, 561, 565
Marchesini U., 386
Marchesini-Capasso O., 390
Marchetti G., 237
Marchetti R., 415
Marchi C., 379
Marchi G. P., 475, 494, 495
Marchini-Capasso O., 396
Marchioni M., 331
Marchiori C., 287
Marconi S., 322
Marcora C., 500
Marcovecchio A., 546
Margherita di Navarra, 256
Margiotta G., 189, 476
Mari M., 191, 198
Mariani A., 556
Mariani G., 61, 216, 221, 222, 230, 239, 248, 252, 500, 520, 547, 556, 557, 574
Mariani U., 300
Mariano E., 516, 519

Marigo A., 280, 281, 283
Marin B., 141, 233
Marinari A., 209, 448
Marinetti F. T., 92, 140, 239, 263
Marino A., 251
Marino G. B., 49, 91, 171, 172, 175, 180, 372-381
Mariotti S., 166
Maritain J., 204, 347
Marone G., 549, 557
Marot C., 100
Marraro F., 6
Marshall R., 265
Martegiani G., 202, 213
Martelli L., 137
Martelli M., 106, 322, 342, 346, 347, 348, 430, 433, 436, 473, 562, 563, 565
Martello P. I., 88, 373
Martellotti G., 287, 299, 301
Marti M., 18, 58, 154, 156, 157, 282, 287, 312, 314, 450, 452, 453
Martignone V., 371
Martignoni C., 18, 252
Martinelli A., 370
Martinelli B., 297, 300, 301, 437
Martinelli L., 248, 284
Martini A., 379
Martini C., 236
Martini G. S., 5
Marx K., 234, 526
Marzot G., 181, 183, 220, 223, 228, 231, 369, 375, 387, 412, 419, 420, 435, 490, 494
Mascheroni L., 382
Masiello V., 221, 348, 420, 491, 494
Masoero M., 419
Massariello Merzagora G., 122
Massei M. R., 182, 189
Massèra A. F., 313, 314
Matarrese F., 387, 475
Mathieu-Castellani G., 170
Mattalia D., 284, 483, 487
Mattesini F., 468, 482, 487
Mattioda E., 396
Mattioni S., 544, 546, 547
Maugain G., 486
Maupassant, G. de, 262
Maurer A. E., 396
Maurer K., 452
Mauro W., 253, 555, 556, 558
Mauron C., 60
Maxia S., 526, 530, 531
Mayer E., 433
Mazza A., 476, 568, 575
Mazza Tonucci A., 211
Mazzacurati G., 180, 182, 183, 476, 493, 530, 540
Mazzali E., 230, 363, 368, 369, 370, 406, 450, 520
Mazzamuto P., 430, 436, 475, 510

Mazzantini P., 156, 285
Mazzarella A., 237, 520
Mazzatinti G., 40, 448
Mazzeo J., 343
Mazzini G., 52, 209, 272, 273, 337, 409, 422, 432, 435
Mazzocca M., 448
Mazzolini M., 367
Mazzoni F., 286, 315
Mazzoni G., 3, 19, 283, 345, 390, 401, 406, 407, 450, 486, 488
Mazzoni I., 270
Mazzotta G., 419
Mazzucchelli G. M., 24
McKenzie K., 298
Mc Keon R., 105
Medici D., 331
Medici, L. de, 97, 303
Medici M., 121
Meinecke F., 196, 338, 340, 346
Mele R., 575
Melis R., 494
Mena, J. de, 256, 257
Mencken F. O., 317
Meneghini M., 374
Menèndez Pidal R., 38, 149
Mengaldo P. V., 141, 243, 248, 250, 251, 281, 283, 286, 508, 516, 561, 562, 565, 569, 575
Menghini M., 379, 448
Mengs A. R., 192
Meninni F., 49, 372
Meozzi A., 264, 301, 480, 487, 509, 520
Meregalli F., 81, 264, 301, 474
Merola N., 494, 495
Mestica C., 292, 441, 452
Metastasio P., 17, 103, 184, 189, 200, 260, 359, 390, 400
Meter H., 492
Meyer E. S., 348
Meyer-Luebke W., 122
Mezières A., 291
Mezzacappa C. A., 558
Micanzio F., 182
Michelet J., 159
Migliorini B., 117, 118, 120, 122, 128, 133, 142, 181, 333, 384, 520
Mignosi P., 535, 539
Milanini C., 245, 253, 544, 546, 548, 570, 572, 574, 575
Milioto S., 538
Milizia F., 171, 192, 197
Millas J., 260
Mineo N., 197
Minore R., 448
Mirollo J. V., 376
Mittner L., 75, 212
Mocchino A., 511
Moestrup J., 222
Mohrmann C., 121

Molière, 200, 389
Molinari C., 183
Momigliano A., 23, 58, 175, 194, 197, 226, 234, 276, 283, 286, 294, 301, 307, 308, 315, 318, 321, 322, 328, 332, 333, 353, 362, 369, 370, 371, 390, 391, 396, 402, 405, 406, 407, 414, 419, 420, 429, 434, 436, 442, 450, 452, 459, 460, 461, 472, 473, 474, 476, 480, 483, 487, 490, 494, 497, 498, 501, 503, 510, 514, 515, 520
Mommsen T., 150
Monaci E., 156, 299
Mondello E., 249
Monnier Ph., 391, 396
Montaigne, M. de, 163, 177, 258, 350
Montale B., 563
Montale E., 95, 123, 141, 241, 242, 444, 522, 529, 530, 531, 541, 542, 559-565
Montanari F., 59, 67, 68, 133, 276, 277, 278, 281, 286, 287, 295, 301, 341, 346, 347, 356, 370, 419, 449, 510, 536
Montani G., 438
Montano L., 549
Montano R., 287, 343, 347, 465, 476
Montefoschi P., 557, 558
Monterosso F., 473, 475
Montesquieu C.-L., 260
Montevecchi A., 346
Monteverdi A., 19, 155, 156, 452
Monti P., 262
Monti S., 539
Monti V., 91, 93, 101, 103, 139, 193, 194, 197, 198, 209, 212, 261, 383, 427, 429
Monti Sabia L., 168
Montinari M., 386
Moore E., 274
Mor A., 500
Morabito F., 505
Morabito R., 315
Morandini G., 548
Morasso M., 249
Moravia A., 243, 498
Morawski S., 69
Moreschini G., 449
Moretti W., 333
Morghen R., 162, 285
Moroncini F., 449, 451
Moroni A. M., 449
Morpurgo Tagliabue G., 386, 548
Mottola A., 546
Mounin G., 120, 121
Mousnier R., 188
Mozzi M. A., 40
Mulinacci B., 396
Muljačić Ž., 122, 133

Muñiz Muñiz, M. de las Nieves, 474, 477
Muoni G., 211
Muraro M. T., 189
Muratori L. A., 17, 49, 71, 171, 191, 261, 289, 359, 373
Murger H., 215
Murphy J. J., 105
Murri R., 237
Murtola G., 175, 374
Musatti C., 390, 395, 531
Muscetta C., 3, 61, 182, 189, 197, 198, 222, 223, 248, 253, 299, 306, 311, 313, 332, 369, 387, 434, 448, 449, 450, 452
Musil R., 526
Musitelli Paladini M., 223, 494
Musset, A. de, 100
Musumarra C., 448, 494, 495
Mutini C., 321
Mutterle A. M., 212
Muzio G., 135, 137
Muzzioli F., 247, 250, 254, 547, 548

Naldini N., 450
Namer E., 347
Nani A., 182
Nannuzzi T., 448
Napoli Signorelli P., 260
Nardelli V., 538
Nardi B., 156, 168, 216, 280, 285
Nardi I., 518
Nardi P., 222, 332, 369, 494, 498, 500, 519
Nardi T., 156
Nascimbeni G., 563
Natali G., 19, 20, 188, 197, 200, 314, 331, 368, 406, 418, 433, 448, 485
Nava G., 507, 509, 510
Navagero B., 258, 259
Navarria A., 494
Nedelmann J., 247
Nediani P., 486
Negretti L., 109
Negri G., 442
Negri R., 3, 197, 222, 329, 333, 450, 467, 473, 477, 565
Nencioni E., 118, 172
Nencioni G., 120, 133, 143, 470, 476
Neri F., 299, 300, 301, 309, 315, 321, 380
Nicastro G., 396
Niccolini G. B., 209, 272
Nicoletti E., 69
Nicoletti G., 434, 437
Nicolini F., 189, 463, 465, 475
Nicolosi F., 494, 495, 540
Nietzsche F., 173, 203, 262, 545
Nievo I., 17, 566

Nigro S., 110, 469
Nisiely U., v. Fioretti B.
Nobile Stolp G., 6
Noferi A., 68, 196, 295, 299, 301, 435, 515, 520
Noland D., 287
Nolhac, P. de, 292
Nordström J., 160
Norsa A., 345
Novajra A., 21
Novalis, 201, 205, 212
Novati F., 19
Nozzoli A., 235
Nulli S. A., 449
Nurmela T., 314
Nuvoli G., 434

O' Connor D., 558
Ojetti U., 532
Olbrechts-Tyteca L., 85
Oldcorn A., 364, 371
Oliva D., 522
Oliva G., 17, 223, 233, 287, 491, 495, 517, 521
Olivari F., 507, 511
Olschki L., 384
Omero, 32, 34, 49, 50, 64, 199, 263, 271, 325, 430
Omodeo A., 459, 475
Onofri A., 241
Orazio, 48, 49, 93, 101, 102, 124, 318, 330
Orcel M., 213, 421
Orelli G., 17, 437, 565
Oriani A., 482
Orioli G., 213, 473
Orlandini F. S., 433
Orlando F., 60, 69
Orlando S., 156, 406, 430, 434, 436, 449, 471
Orsi G. G. F., 83, 260
Orsini G. N. G., 68
Ortiz M., 395, 396
Ortolani G., 390, 395
Orvieto A., 511
Orvieto P., 250, 252
Ossani A. T., 540
Ossola C., 181, 330, 554, 556, 557, 575
Otetea A., 353, 356
Ottino G., 5
Ottolini A., 433
Ovidio, 149, 318

Piromalli A., 189
Paccagnella I., 170
Pacella R., 447, 449
Padoan G., 282, 283, 285, 312, 313, 315, 316, 347, 396
Padula V., 223
Pagani I., 286

Pagani W., 157
Pagano S. M., 386
Pagliai F., 430, 434, 436
Pagliai M., 418
Pagliaini A., 6
Pagliaini A. P., 6
Pagliarani E., 245
Pagliaro A., 279, 284, 286, 287, 436
Pagnini A., 69
Pagnini M., 212
Pagnini P., 386
Pakscher A., 292
Paladini Musitelli M., 230, 493
Paladino V., 213, 476
Palazzeschi A., 123, 140, 231, 552, 554
Palazzi F., 123
Palermo A., 21
Palmarocchi R., 353, 356, 357
Palmieri E., 485, 486
Palumbo M., 354, 357
Palumbo S., 564
Pambieri E., 519
Pampaloni G., 472, 526, 528, 530, 574
Panciera L., 376, 380
Pancrazi P., 234, 248, 250, 402, 485, 511, 520, 541, 543, 549, 557, 559, 564
Pandini G., 575
Panella A., 348
Panicali A., 240, 249
Panigada A., 356
Panofsky E., 196
Panormita, v. Beccadelli A.
Pansini A. J., 348
Panvini B., 156, 283
Panzacchi E., 225
Paolazzi C., 285
Paolini P., 332
Papa M., 570, 575
Paparelli G., 69, 286, 330, 332, 333, 436, 482, 487
Papini G. A., 483, 486, 487
Papini G., 140, 234, 235, 248, 549, 557
Papini R., 332
Pappalardo F., 252
Paradisi E., 555, 558
Paradisi G., 193
Paratore E., 286, 301, 477, 511, 520
Parducci A., 420
Paredi A., 473
Parenti M., 518
Pareyson L., 74
Parini G., 35, 63, 72, 91, 93, 101, 102, 103, 130, 177, 184, 185, 186, 193, 194, 200, 271, 364, 373, 383, 398-407, 408, 410, 411, 426, 457
Paris G., 78
Parlangeli O., 142

Parodi E. G., 63, 133, 150, 156, 286, 310
Parodi S., 142
Parodi T., 480, 486
Parronchi A., 241, 242
Paruta P., 182
Pascal R., 211
Pascoli G., 63, 89, 93, 104, 228, 231, 232, 235, 262, 277, 483 497, 498, 502-512, 527, 561
Pascoli M., 509
Pasolini P. P., 132, 245, 249, 250, 547, 560, 564
Pasquali G., 32, 37, 41, 512
Pasquazi S., 284, 286, 287, 332
Pasquini E., 283, 354, 356, 486
Passerin d'Entrèves A., 285
Passerini G. L., 510
Pastonchi F., 532
Pastor L., 162
Pastore Stocchi M., 188, 297, 315, 319, 321, 385, 433
Pastorino D., 519
Patrito S., 331, 332
Patrizi F., 49, 441
Patrizi G., 495
Patruno M. L., 221, 223
Pautasso S., 249, 251, 477
Pavanello Accerboni A. M., 548
Pavese C., 242, 263, 566, 574
Pavesio P., 422
Pavone F., 369, 432, 448
Pazzaglia M., 24, 106, 508, 511
Pea E., 236
Pecchio G., 422
Pedrocco F., 395
Pedullà W., 548
Peirone C., 169
Peirone L., 120, 122, 133, 142, 286, 345, 475, 477
Pellegrini A. L., 316
Pellegrini C., 264, 314
Pellegrini M., 83, 152, 257, 372
Pellegrino C., 358
Pellico L., 408, 423
Pellico S., 213, 409, 422
Pellizzari A., 459, 474
Pelosi P., 453
Penna M., 485
Pépin J., 285
Perelman C., 85
Peritore G. A., 485, 486, 510
Pernicone V., 105, 280, 283, 287, 313, 321, 491
Perocco D., 344, 345
Perosa A., 166, 322
Perrella N. J., 452
Perrone L., 493
Perrone V., 493
Pertici R., 237
Perugi M., 510, 511

Peruzzi E., 449, 451, 452
Pesce D., 197
Pestelli C., 224
Petrarca F., 31, 49, 51, 52, 65, 88, 89, 90, 91, 92, 95, 96, 99, 103, 128, 129, 135, 136, 158, 172, 179, 255, 256, 257, 258, 263, 269, 270, 288-302, 303, 304, 305, 306, 309, 315, 317, 330, 358, 360, 372, 373, 552, 555
Petrini D., 63, 74, 183, 194, 380, 402, 405, 407, 481, 487, 504, 510
Petrini M., 301, 332, 477, 487
Petrocchi F., 474
Petrocchi G., 3, 37, 61, 68, 191, 209, 279, 280, 282, 283, 284, 285, 286, 330, 333, 362, 363, 365, 369, 370, 371, 434, 453, 474, 476, 477, 487, 499, 511, 516
Petrocchi M., 178
Petroni F., 575
Petronio G., 24, 25, 61, 75, 81, 186, 190, 211, 221, 234, 235, 248, 308, 311, 314, 315, 369, 392, 395, 396, 404, 407, 472, 476, 485, 490, 491, 495, 519, 539
Petrucciani M., 60, 123, 222, 230, 241, 248, 249, 251, 253, 554, 556, 557, 558, 570, 575
Pettinelli R., 563
Peyre H., 212
Pézard A., 285
Pfeiffer R., 41
Pfister F., 197
Pfister M., 123
Phillips M., 357
Pianezzola E., 510
Piattoli R., 282
Pica V., 225
Picchi M., 448
Picciola C., 486
Piccioni D., 498, 500
Piccioni L., 453, 499, 500, 547, 552, 555, 556, 557, 558
Picco F., 379
Piccolomini E. S., 258
Picon G., 212
Picone M., 453
Piemontese F., 465, 476, 505, 510
Piemontese M. E., 121
Piergili G., 346
Pieri M., 371, 377, 379, 380, 381, 395
Pieri P., 249
Pietrobono L., 277, 283, 284, 504, 510, 511
Pighi G. B., 510, 511
Pigna G. B., 324
Pinchera A., 544, 547
Pindaro, 101, 430
Pindemonte I., 193, 417, 423

Pinottini M., 239
Pinter D., 110
Pinto O., 5
Pintor F., 40
Piovene G., 523, 545, 546
Pirandello L., 244, 263, 446, 491, 494, 526, 527, 532-540
Pirodda G., 17
Piromalli A., 329, 332, 333, 406, 485, 500, 501, 510, 511
Pirotti U., 250
Pisani V., 434
Piscopo U., 239
Pistelli E., 472
Pitigrilli, v. Segre D.
Pittano G., 123
Pittoni A., 546, 547
Pittorru F., 368
Plaisance M., 170
Platen, A. von, 100
Platone, 43, 45, 164, 293
Plauto, 304
Pocock J. G. A., 347
Poe E. A., 227, 263
Poggi I., 121
Poggi Salani T., 133
Poggioli R., 252
Polato L., 385, 545, 546, 547, 548
Pole R., 335
Poliziano A., 34, 87, 94, 97, 103, 317-321
Polvara A., 322
Poma L., 369, 406, 407
Pomilio M., 221, 223, 494
Ponchiroli D., 299
Ponte G., 168, 299, 300, 322
Pontiggia G., 245, 249, 529
Pool F., 370
Pope A., 200, 261, 398
Porcacchi T., 350
Porcelli B., 380, 499, 501
Porena M., 299, 419, 451
Porta A., 81, 208, 245, 249
Porta C., 75, 209, 217, 402, 405, 473
Portier L., 474, 500
Portinari F., 21, 190, 214, 222, 223, 249, 394, 395, 407, 448, 468, 543, 547, 548, 553, 558
Portnoy A., 334
Possevino A., 335
Potters W., 301
Poulet G., 206
Pozzi G., 251, 297, 300, 379
Pozzi M., 168, 169, 170
Praga E., 216, 222
Prandi A., 167
Prati G., 97
Praz M., 61, 74, 182, 183, 194, 196, 206, 212, 227, 230, 256, 265, 348, 366, 380, 481, 487, 514, 519, 520, 564

Premierfait, L. de, 256
Prenti M., 471
Presta V., 380
Prete A., 453, 510
Pretolani Claar M., 530
Prezzolini G., 7, 226, 234, 235, 236, 249, 550
Prini P., 473
Privitera C., 384
Procacci G., 348
Prosperi C., 532
Proust M., 522, 523, 524, 526
Providenti E., 538, 539
Pulce G., 450
Pulci L., 17, 255, 566
Puletti R., 576
Pullega P., 25
Pullini G., 251, 499, 500, 567, 574
Pupino A. R., 475, 519
Puppa P., 540
Puppo M., 59, 68, 69, 121, 142, 190, 195, 196, 206, 211, 212, 213, 227, 264, 265, 346, 348, 420, 434, 435, 436, 473, 474, 475, 486, 520
Pusterla F., 17

Quadrelli R., 473
Quadri G., 346
Quadrio F. S., 24
Quaglia P., 211
Quaglio A. E., 283, 298, 312, 313, 314, 315, 345
Quarantotti Gambini P. A., 546
Quasimodo S., 90, 241
Queneau R., 574
Querini C., 182
Quevedo, F. de, 100, 259, 260
Quinet E., 306, 326, 351, 360
Quintiliano, 48, 83
Quirk R., 121
Quondam A., 62, 182, 189, 435, 563

Raab F., 348
Rabac-Condric G., 547
Rabelais F., 179, 258
Racine J., 88, 200, 466
Ragonese G., 371, 477, 495, 501
Ragusa J., 264
Ragusa O., 474, 494
Raimondi E., 60, 67, 86, 166, 168, 182, 183, 191, 209, 235, 252, 279, 286, 344, 346, 347, 369, 370, 371, 380, 416, 420, 466, 472, 477, 516, 517, 519, 520
Raimondi P., 544, 547
Rajna P., 54, 78, 274, 283, 327, 332
Rakar A., 547
Ramat R., 331, 332, 357, 412, 419, 420, 436, 482, 490
Ramat S., 241, 242, 251, 253, 547, 558, 562, 564

Ramous M., 106
Rand K., 282
Rando G., 421
Rango L., 264
Ranieri A., 448, 449
Raniolo G., 328, 332, 333
Ranke, L. von, 351, 357
Rapallo U., 121
Rati G., 356, 471
Rauhut F., 539
Ravazzoli F., 575
Ravegnani G., 331
Raya G., 223, 491, 493, 494, 495
Rebay L., 552, 556, 558
Rebora C., 141, 236, 444, 446
Rebora P., 265
Redondi P., 387
Reggio G., 283
Regoliosi M., 168, 169
Reichenbach G., 452
Reichlin R., 377
Reina F., 399
Rella F., 548
Renan J.-E., 291
Renaudet A., 280, 281, 285, 346
Rensi G., 441
Renucci P., 285
Renzi L., 122
Repaci L., 243
Repossi C., 17
Resta G., 371
Rettori M., 486
Reynolds L. D., 41, 169
Rho E., 319, 322, 391, 392, 396
Ribadeneyra, P. de, 335
Ricaldone L., 420
Ricca M., 431
Riccardi C., 473, 493
Ricci P. G., 280, 283, 298, 299, 300, 311, 312, 313, 314, 357
Ricciardi M., 453, 516, 520, 531
Ricciardi R., 322
Riccobono M. G., 68
Richards I. A., 67
Rico F., 297, 301
Ricoeur P., 70, 105
Ricorda R., 191
Ricuperati G., 188, 190
Ridolfi R., 341, 343, 345, 346, 347, 356, 357
Riffaterre M., 70
Righetti C., 215, 216
Righi G., 41
Rigoni M. A., 450, 451
Rima B., 377, 380
Rimbaud A., 173, 227, 552
Rimini R., 527
Rinaldi R., 21, 251
Ringger K., 393, 395
Rinuccini O., 182
Ripellino A. M., 231

Ritter G., 347
Riva M., 421
Rivière J., 366
Rizza C., 264, 380
Rizzo G., 183
Rizzo S., 41, 169, 301
Robbe-Grillet A., 567
Robert W., 121
Robins R. H., 120
Roda V., 228, 231, 520
Rodini R. J., 331
Rognoni E., 120
Rohlfs G., 122
Rohlshoren I., 322
Rojas, F. de, 258
Rolli P., 103, 261
Romagnoli S., 190, 214, 405, 407
Romani B., 68, 239
Romanò A., 216, 222, 236, 249, 299
Romano M., 110
Romano R., 167, 196
Romano S., 551
Romano V., 314
Romboli F., 500, 521
Roncaglia A., 149, 153, 155, 313
Ronchi G., 331, 332
Ronchi V., 387
Roncoroni F., 519
Ronsard, P. de, 100
Rorty R., 246
Rosa M., 188
Rosada B., 431, 433
Roscioni G. C., 571
Rosellina A., 473
Rosiello L., 191
Rosina T., 511, 520
Rosini G., 368
Rosmini A., 424, 435
Rossetti S., 273
Rossi A., 70, 315, 507
Rossi D., 322
Rossi E., 275
Rossi G., 510
Rossi G. C., 265, 420, 474
Rossi L., 418, 419
Rossi M., 322
Rossi M. M., 286
Rossi P., 499, 500
Rossi S., 223
Rossi V., 19, 23, 167, 299, 300, 321, 429, 436
Rosso di San Secondo P. M., 539
Rotondi C., 448
Rotondi Secchi Tarugi L., 168
Rotta S., 357
Rousseau J.-J., 199, 204, 260, 336, 359, 412, 416, 466
Rousset J., 176, 177
Rovani G., 216
Rovatti P. A., 246
Rubinstein N., 166, 167, 354

Rucellai G., 91
Rüdiger H., 81, 302, 474
Ruffilli P., 395
Ruffini F., 459, 474
Ruggeri R. M., 156, 369
Rumor S., 500
Ruschioni A., 419, 435, 449
Russel C., 290
Russel Ch. C., 530
Russel R., 155
Russel Ascoli A., 330
Russo F., 386, 451, 548
Russo L., 23, 25, 58, 59, 63, 67, 68, 73, 150, 151, 153, 198, 219, 220, 223, 224, 226, 227, 238, 251, 252, 274, 275, 276, 308, 315, 340, 343, 346, 347, 348, 357, 369, 412, 413, 414, 419, 420, 429, 434, 435, 436, 442, 449, 452, 462, 463, 472, 473, 476, 481, 482, 484, 487, 489, 490, 493, 494, 498, 501, 514, 520, 533, 535, 539
Russo V., 287
Ruwet N., 70

Saba L., 546
Saba U., 101, 140, 236, 241, 541-547
Sabbadini R., 41, 169
Sabbatino P., 287, 576
Saccani R., 546, 547
Saccenti M., 189, 483, 487
Sacco D., 394
Saccone E., 329, 527, 530, 531
Sade, J.-F. de, 289
Saffi A. E., 549, 557
Saffo, 104
Sainte-Beuve, C.-A. de, 52, 100, 292, 438
Saint-Pierre, B. de, 260
Sakari A., 152
Sala Di Felice E., 189, 468, 471, 477
Salaris C., 238, 239, 240, 252
Salfi F. S., 326, 374
Salibra L., 540
Salierno V., 517, 518
Salinari C., 61, 156, 223, 228, 231, 253, 314, 498, 516, 539, 560, 568, 575
Salinari G. B., 486
Salsano F., 287, 379
Salutati C., 269
Salvadori G., 460, 474
Salvatorelli L., 420
Salvemini G., 237
Salveraglio F., 401, 406
Salviati L., 304
Sampson R., 120
Sand G., 220, 262
Sanesi I., 292, 343, 472
Sanga G., 122

Sanguineti E., 141, 245, 248, 282, 286, 369, 434, 494, 510, 548, 553, 557, 561, 564
Sanguineti F., 284, 347, 473
Sanminiatelli B., 511
Sannazaro J., 129, 259
Sannia Nowe L., 421
Sansone M., 23, 59, 68, 138, 275, 285, 286, 364, 371, 414, 464, 465, 466, 467, 473, 475, 476, 477, 520
Santagata M., 297, 301
Santangelo G., 169, 287, 485, 486, 493, 494
Santato G., 417, 418, 420, 511
Santillana, Y. L. de, 257, 258
Santini E., 418, 433, 473
Santoli V., 38, 75, 258, 265, 407
Santonastaso G., 348
Santoro M., 183, 213, 244, 329, 332, 333, 347, 356, 432, 450, 485
Santucci A., 190
Sapegno N., 17, 19, 20, 23, 58, 61, 81, 153, 154, 157, 167, 182, 188, 190, 197, 212, 213, 214, 248, 283, 284, 294, 298, 299, 300, 313, 314, 319, 322, 329, 331, 332, 362, 387, 392, 420, 472, 473, 476, 482, 490, 491, 494, 516
Sarolli G., 287
Sartori A., 121
Sarzana P., 17, 529
Sasso G., 340, 341, 344, 347, 354, 357
Sassoli A., 430
Saulini M., 393, 396
Saussure, F. de, 118, 120, 245
Savarese G., 284, 333, 405, 407, 452, 546, 548
Savinio A., 549, 557
Savioli L. V., 193, 194, 429
Savoca G., 60, 122, 123, 189, 448, 449, 450, 491, 495, 516, 519, 555, 556, 563
Savona E., 157
Sbarbaro C., 123, 236
Scaglia G. B., 348
Scaglione A., 68, 333
Scalia G., 190, 236, 238, 241, 249, 331
Scalvini G., 409, 422, 424, 436, 456, 457, 459, 462, 476
Scannapieco A., 222
Scaramucci I., 575
Scarano E., 224, 355
Scarcia R., 283
Scardovi P., 216
Scarfoglio E., 223, 488
Scarpati C., 169, 183, 366, 468, 563
Scartazzini G. A., 282, 283
Scheel H. L., 451
Scheiwiller V., 249

Scherillo M., 406, 419, 473
Schettini M., 248
Schiaffini A., 63, 85, 156, 281, 286, 295, 301, 310, 315, 506, 516
Schiavi G., 548
Schiavo B., 289
Schiavone M., 300
Schick C., 120
Schiller F., 51, 52, 206, 262, 466, 481
Schlegel, A. W. von, 51, 201, 207, 212, 261, 389, 409, 420
Schlegel, F. von, 32, 201, 212, 360, 373
Schmitt C. B., 166
Schneider F., 40
Scholes R. E., 67
Schopenhauer A., 526
Schottenloher O., 299
Schuchardt H., 115
Schwarze C., 121
Sciacca M. F., 536
Scianatico G., 371
Sciascia L., 469, 473, 539, 574
Scolari A., 156
Sconocchia S., 446
Scorrano L., 521
Scott J. A., 286
Scott W., 262, 468
Scotti M., 430, 434, 436, 485
Scrivano R., 3, 25, 61, 168, 179, 182, 229, 230, 253, 365, 420, 421, 495, 531, 540, 563
Scrivo L., 239, 252
Scuderi E., 223
Sebastio L., 437
Sechi M., 251
Segre C., 18, 41, 66, 67, 120, 156, 170, 235, 252, 312, 314, 329, 330, 331, 332, 333, 565, 575
Segre D., 109
Seidel Menchi S., 356
Seillière E.-A., 202
Sénancour, E.-P. de, 206
Senardi F., 518
Sensi C., 419
Sensini M., 121
Serafini M., 121
Serao M., 219, 223
Serassi P. A., 370
Serban N., 450
Sereni V., 564
Sergi P., 441
Serianni L., 121, 133, 142, 476, 508
Seroni A., 230, 332, 491, 494, 511, 557
Serra E., 556
Serra R., 174, 234, 250, 295, 486, 502, 510, 515, 532
Sesini U., 149
Settembrini L., 177, 184, 290, 374, 425, 457

Severino E., 447
Sforza Pallavicino P., 372
Shakespeare W., 50, 51, 52, 56, 73, 100, 180, 199, 261, 262, 326, 409, 462, 466
Shea W., 387
Sheldon F. S., 282
Sherberg M., 368
Sicari C., 540
Siciliano E., 240, 249, 251
Signoretti F., 555, 558
Silone I., 243
Simon R., 380
Simone F., 264, 300
Simone R., 121
Simonelli M., 283
Simonetti C. M., 235
Simoni R., 391, 496
Simpson J. G., 370
Singh G., 451
Singleton Ch. S., 278, 279, 282, 287, 313, 314
Sipala P. M., 223, 224, 432, 491, 494
Sipher W., 182
Sirven P., 418
Sismondi, J.-C.-L. Simonde de, 71, 326, 373, 409
Siti W., 253
Šklovskij V., 312
Slataper S., 234, 236, 541
Slawinski M., 380
Smith W. F., 485
Snell B., 120
Soffici A., 235, 236
Soldanieri N., 97
Soldateschi G., 557
Sole A., 432, 437, 452
Solerte G., 190
Solerti A., 299, 361, 362, 368, 369
Solimena A., 157
Solmi A., 285
Solmi R., 189, 241, 449
Solmi S., 250, 449, 452, 541, 542, 547, 559, 560, 563, 564
Sommer P., 510
Sommerfelt A., 121
Sopranzi G., 377
Sorbelli A., 486
Sorrentino A., 348
Sosio L., 386
Sozzi B. T., 142, 300, 345, 348, 363, 364, 369, 370, 434
Sozzi G., 509
Sozzi Casanova A., 473
Spada G., 475
Spadolini G., 482, 563
Spaggiari W., 450
Spagnoletti G., 234, 248, 250, 302, 524, 529, 530, 547
Spaini A., 546
Spencer H., 526

Spenser E., 259
Spera F., 21, 222
Speroni S., 129, 169, 258
Spinazzola V., 214, 221, 222, 223, 224, 477, 492, 568, 575
Spinelli A., 357
Spinelli A. G., 390
Spinelli T., 17
Spingarn J. E., 68
Spinoza B., 431
Spirito U., 204, 205, 347, 354, 357
Spitzer L., 62, 63, 64, 69, 100, 279, 452, 491, 494
Spoerri T., 287
Spongano R., 105, 165, 322, 353, 356, 384, 387, 403, 406, 407, 473
Spriano P., 249
Squarciapino G., 231
Staël, A.-L.-G. de, 50, 147, 207, 213, 261, 326
Stampa E., 271
Stara A., 543, 546
Starkie W., 539
Starobinski J., 41, 67, 69, 421
Stäuble A., 312
Stazio, 318
Steele E., 395
Stefanelli R., 315
Steffen H., 212
Stella A., 17, 331, 332, 472
Stella V., 453, 494
Sterne L., 429
Sterpa M., 436
Sterpos M., 419
Stevenson R. L., 566
Stewart P. D., 315, 348, 396
Stigliani T., 372
Storti Abate A., 224
Straccali A., 449
Strazzeri M., 253
Stufferi Malmignati C., 450
Sturm Maddox S., 301
Stussi A., 41, 133, 134
Sue E., 220
Suitner F., 297, 301
Surdich L., 315
Sutton W., 70
Svevo I., 141, 234, 241, 244, 522-531, 546, 564
Swift J., 261
Symons J., 110

Taddeo E., 376, 380
Tagliaferri A., 557
Tagliavini C., 121, 133
Taine H. A., 53
Tamberlani C., 538
Tani S., 247
Tanteri D., 495
Tapparello F. S., 546
Tarantino M., 346

Tarchetti I. U., 216, 222, 231
Tartari Chersoni M., 510
Tartaro A., 157, 314, 448, 449
Tarugi G., 168, 285
Tasso B., 101
Tasso T., 33, 49, 79, 98, 100, 103, 137, 177, 179, 218, 259, 271, 317, 324, 358-371, 374, 411
Tassoni A., 49, 138, 271, 289
Tateo F., 105, 142, 286, 300
Tavani G., 284
Tavoni M., 142, 169
Tedesco N., 224, 493, 495
Tega W., 188
Tekavčić P., 122
Tellini G., 248, 471, 478, 493
Tenenti A., 167, 168
Térésah, v. Ubertis C. T.
Terni C., 156
Terracini B., 64, 69, 120, 539, 575
Terzoli M. A., 437, 557
Tesauro E., 49, 83, 183, 304
Tesio G., 17, 134, 249, 574
Tessari R., 183, 231, 252, 419
Tessari S., 449
Testaferrata L., 520
Testi F., 175, 182, 271
Thierry A., 464
Thomas L. P., 380
Thorlby A. K., 212
Thovez E., 92, 479, 482, 486, 496, 520, 549, 557
Tilgher A., 532, 533, 539
Timpanaro S., 197, 209, 213, 387, 449, 451, 453
Timpanaro Cardini M., 386
Tinterri A., 538
Tiraboschi G., 24, 71, 373
Tissoni Benvenuti A., 168, 298, 321
Titone V., 191
Titta Rosa G., 243, 471, 472, 547
Tizi M., 407
Tobino M., 567
Todorov T., 85, 105, 119, 120, 312
Toffanin G., 19, 162, 163, 168, 183, 185, 186, 189, 293, 346, 359, 370, 452
Tognelli J., 543
Tolomei C., 102, 137
Tolstoj L. N., 262
Tommaseo N., 92, 94, 116, 122, 272, 273, 283, 409, 424, 435, 438, 456, 476
Tommasini J. F., 289
Tommasini O., 338, 345
Tommaso d'Aquino, san, 48, 280
Tonelli L., 298, 448, 471
Tordi R., 548
Torraca F., 153, 311, 488
Torresani S., 395
Torti F., 100, 326, 373

Torti G., 408
Tortoreto A., 368, 369, 448
Toscani C., 69, 539
Toscano A., 347
Toschi L., 20, 419
Tosi A. M., 483, 487
Tosi G., 515, 519
Toso F., 253
Toynbee P., 274, 282, 283
Tozzi F., 241, 244
Trabalza C., 122, 370, 384
Trabaudi Foscarini De Ferrari F., 486
Traina A., 507, 509, 510, 511
Traversari G., 313
Traverso L., 242
Travi E., 189, 285, 287, 445, 450, 469, 476, 486
Treves P., 194, 197, 357, 510
Trifone P., 122
Trinkaus C., 166, 167
Tripet A., 300
Trissino G. G., 91, 101, 136, 137, 270
Troisio L., 249
Trombatore G., 223, 322, 332, 371, 467, 471, 490, 491, 494, 498, 500, 501
Trompeano F., 430, 516
Trompeo P. P., 61, 459, 475, 486, 487, 520
Tronconi C., 218
Tropeano F., 434, 520
Trovato M., 416
Trovato P., 301, 345, 349
Troya C., 272
Turchetta G., 517, 530
Turchi M., 182, 196, 298, 333
Turchi R., 20, 191, 433
Turolla E., 510
Tuscano P., 17, 528, 531
Tuttle E. F., 316

Ubertis C. T., 532
Ugolini R., 451
Ulivi F., 3, 25, 179, 196, 197, 370, 466, 471, 477, 487, 518
Ullmann S., 120
Ullmann W., 161, 166
Ungaretti G., 35, 96, 123, 140, 176, 241, 242, 444, 446, 549-558, 560
Uselli Castellani S., 471

Väänänen V., 155
Vaccalluzzo N., 383, 419
Valdezocco B., 288
Valentini A., 446, 511, 553, 558, 564
Valentini V., 521
Valeri C., 539
Valeri N., 391, 518

Valeriano P., 137
Valéry P., 550
Valesio P., 105, 279
Valgimigli M., 197, 283, 485, 486, 509, 511
Valjavec F., 190
Valla L., 258
Valli D., 241, 251, 253, 277, 475
Valli L., 511
Vallone A., 19, 59, 167, 188, 197, 248, 279, 282, 284, 287, 332, 431, 436, 452
Valsecchi F., 480
Van Dijk T. A., 121
Van Heck P., 483
Van Tieghem P., 211, 212, 301
Vanagolli G. F., 341, 348
Vandelli G., 37, 280, 283
Vannetti C., 197
Vannucci P., 511
Vanossi L., 287, 343, 347
Varagi E., 331
Varanini G., 18, 156, 387
Varano A., 193
Varchi B., 137, 270
Varese C., 61, 168, 183, 369, 370, 371, 430, 436, 437, 465, 467, 477, 506, 511, 543, 548, 566, 574, 575
Vari V. B., 486
Varvaro A., 19, 134
Vasoli C., 166, 167, 168
Vassalli S., 123
Vattimo G., 246, 247
Vaz de Camões L., 100
Vecchi G., 156
Vecchi Galli P., 168
Vecchioni M., 518
Vecchioni R., 519
Vega, G. de la, 257, 258, 259
Vega, Lope de, F., 51
Vellutello A., 288
Venè G. F., 540
Veneziani Svevo L., 524, 529
Venturi F., 188, 196
Verde R., 301
Verdi G., 457
Verdirame R., 493
Verdone M., 239
Verga G., 63, 109, 131, 217, 218, 219, 220, 221, 224, 235, 480, 488-495, 522, 533
Vergelli A., 509
Verlaine P., 225, 227, 262, 514
Verlato M., 121
Verri P., 398
Viazzi G., 230, 239
Vicentini C., 540
Vicinelli A., 509, 510
Vico G. B., 17, 31, 49, 50, 63, 84, 115, 159, 189, 190, 201, 271, 272, 339

Vida M. G., 259
Vidali A., 271
Vidossi G., 156
Viereck P., 203
Viglione F., 434, 435
Vignuzzi U., 42, 142
Vigorelli G., 236, 468, 473, 474, 531
Villa E., 249, 450, 537, 540
Villani N., 372
Villari P., 338, 345, 351
Villaroel G., 283
Villegas, A. de, 256
Villemain A.-F., 409
Villena, E. de, 256
Vinay G., 283, 284
Vincent E. R., 433
Vincenti L., 190, 413, 420
Vinciguerra M., 301
Vindelino da Spira, 288
Viola G. E., 140, 379
Viola R., 498, 505, 511
Virdia F., 538
Virgilio, 77, 124, 263, 288, 301, 318, 399, 430, 554
Viscardi A., 19, 23, 151, 152, 155, 156, 293
Visconti E., 213
Visintini I., 530
Vismara A., 471
Vitale M., 133, 142, 156, 301, 432, 468, 473, 476
Vitale V., 356
Viti G., 472, 493
Vitta M., 500
Vittorini E., 241, 243, 245, 524
Vivanti C., 196, 346
Vives J.-L., 83
Viviani V., 239, 382
Voci A. M., 300
Voghera G., 545, 548
Voigt G., 163
Volpi G., 19
Volpicelli A., 473

Volpini V., 574
Voltaire, 50, 159, 200, 260, 261, 271, 325, 336, 359, 466, 566
Vossler K., 62, 63, 69, 150, 153, 274, 275, 278, 285, 442, 445, 450

Wahl J., 204, 205
Walker L. J., 346
Walser E., 162
Walzel O., 202, 212
Warnke F. J., 380
Warren A., 67
Warren R. P., 105
Wartburg, W. von, 120
Weibel E., 345
Weinberg B., 68, 169
Weininger O., 526
Weinrich H., 105
Weise G., 162, 179, 182
Weiss B., 531
Wellek R., 25, 67, 195, 196, 206, 211
Wesley Koch T., 282
Westfall R. C., 387
Whatmough I., 121
White H., 105
White Sanguineti L., 315
Whitfield J. H., 300, 450
Whitman W., 263
Widmar B., 182
Wieruszowski H., 282
Wilamowitz Moellendorf, U. von, 41
Wilkins E. H., 282, 283, 292, 298, 299, 420
Williams N. G., 169
Williams R., 69
Wilson N. G., 41
Winckelmann J., 192, 196, 197, 429
Wis R., 448
Witte K., 274
Wlassics T., 286, 385, 387, 495
Wolf F. A., 32
Wölfflin H., 173

Woolf D., 495
Wordsworth W., 100

Young E., 261

Zabughin V., 162
Zaccaria G., 69, 252, 529
Zaccaria V., 312, 313
Zambardi A., 111
Zambelli A., 483, 487
Zambrini F., 313
Zampa G., 528, 530, 563, 564
Zampieri F., 395, 396
Zanato T., 182, 322
Zanette E., 331
Zanzotto A., 101
Zappi G. F., 184
Zappulla Muscará S., 224, 491, 493, 537, 538, 539
Zatti S., 330, 333, 370
Zecchi S., 212
Zeppi S., 347
Zeri F., 161
Ziccardi G., 396, 406
Zilliacus E., 511
Zingarelli N., 19, 122, 274, 277, 282, 299
Zoffoli E., 387
Zola E., 54, 217, 262, 489
Zółkiewski S., 70
Zolli P., 123
Zona E., 428
Zonta G., 23
Zoric M., 547
Zorzi L., 393
Zottoli A., 333, 450, 464, 475
Zovatto A., 547
Zovatto P., 544, 548
Zuccolo L., 336
Zumbini B., 441, 442, 451
Zumthor P., 156, 170
Zuradelli G. M., 406, 419